Précis d'interprétation législative

Deuxième édition

Stéphane Beaulac, Ph.D. (*Cantab.*)

Frédéric Bérard, LL.B., M.A. (*McGill*)

Précis d'interprétation législative, 2ᵉ édition
© LexisNexis Canada Inc. 2014
Août 2014

LexisNexis Canada Inc.
215, rue St-Jacques, suite 1111, Montréal, Québec H2Y 1M6, 514-287-0339

Service à la clientèle
1-800-668-6481 – commandes@lexisnexis.ca – www.lexisnexis.ca/quebec

Catalogage avant publication de Bibliothèque et Archives nationales du Québec et Bibliothèque et Archives Canada

Beaulac, Stéphane, 1971-

    Précis d'interprétation législative

    Deuxième édition.

    Comprend des références bibliographiques et un index.

    ISBN 978-0-433-47784-6

    1. Droit - Canada - Interprétation. 2. Canada. Charte canadienne des droits et libertés. 3. Droits de l'homme - Canada - Interprétation. 4. Droit international - Interprétation. I. Bérard, Frédéric, 1977- . II. Titre.

KE482.S84B4 2014   349.71   C2014-941128-6

Imprimé et relié au Canada

AVANT-PROPOS

Cet ouvrage didactique, dans le domaine névralgique qu'est l'interprétation législative, propose une grille d'analyse succincte et des stratégies d'argumentation efficaces pour apprivoiser et, à terme, maîtriser les rudiments méthodologiques essentiels à la pratique du droit. Il vise à enseigner aux étudiants et à rappeler aux juristes, à l'aide d'explications claires et d'illustrations pertinentes, les rouages de l'interprétation du droit écrit au Québec et au Canada. Il s'agit d'un livre dit « hybride », qui conjugue doctrine et extraits de jurisprudence, en plus d'inclure des questions pour accompagner le lecteur et susciter sa réflexion.

Le *Précis d'interprétation législative* s'est mérité le Prix 2010 du Recteur de l'Université de Montréal pour le meilleur ouvrage didactique et le professeur Beaulac est heureux de pouvoir maintenant s'associer à maître Bérard comme coauteur pour la deuxième édition. Revue, augmentée, voire bonifiée, cette nouvelle mouture garde néanmoins le même découpage : abordant tout d'abord la méthodologie d'interprétation en général – théorie officielle, principe moderne – sont ensuite examinées en détail, les méthodes formelles (texte, contexte, objet) et les méthodes complémentaires (historiques, pragmatiques, autorités) d'interprétation législative. Les questions d'interprétation bilingue et bijuridique, notamment, retiendront notre attention, ainsi que l'interprétation en matière pénale et fiscale. Un thème particulier sera par ailleurs discuté, soit le droit international et l'interprétation en droit interne. Le dernier chapitre clôt notre étude avec un arrêt de synthèse : la décision de la Cour suprême du Canada, en mars 2014, dans l'affaire *Nadon*.

À PROPOS DES AUTEURS

Professeur Stéphane BEAULAC, Ph.D. (*Cantab.*)

Stéphane Beaulac est professeur titulaire à la Faculté de droit de l'Université de Montréal. Il a débuté sa carrière à Dalhousie Law School, en 1998. Il enseigne notamment le droit international public, le droit international des droits humains et l'interprétation des lois. Il est docteur (Ph.D.) en droit public international de l'Université de Cambridge (Collège Darwin), d'où il détient aussi un LL.M. (*first class honour*). Sa formation est bijuridique : droit civil à Ottawa (*summa cum laude*) et common law à Dalhousie (premier au programme national). Il fut clerc juridique à la Cour suprême du Canada, auprès de la juge Claire L'Heureux-Dubé. À plusieurs reprises, il fut chercheur et professeur invité en Europe : *fellowship* Max Weber à l'Institut universitaire européen de Florence; *fellowship* Neil MacCormick à l'Université d'Édimbourg; séjour au Centre de droit international d'Amsterdam, à l'Institut de justice transitionnelle d'Ulster et au Centre de droit constitutionnel comparé de l'Université de Trente. Le professeur Beaulac est l'auteur, le coauteur ou le codirecteur d'une douzaine de livres, dont *The Power of Language in the Making of International Law* (2004), *International Human Rights and Canadian Law* (2007), *Précis d'interprétation législative* (2008), *Interpretatio non cessat* (2011), *Précis de droit international public* (2012), *Charte canadienne des droits et libertés* (2013). Il a aussi publié un grand nombre d'articles de doctrine dans des revues savantes (environ 60 textes). Il publiera prochainement un ouvrage, cosigné avec Frédéric Bérard, portant sur le droit à la sécession. Membre du Barreau de l'Ontario, Mᵉ Beaulac a participé aux travaux de comités parlementaires à Ottawa; souvent invité à intervenir dans les médias, il est un intellectuel public et engagé dans les débats chauds en droit public, au pays et à l'international (Sénat, conflit étudiant, Kosovo).

Mᵉ Frédéric BÉRARD, LL.B., M.A. (*McGill*)

Frédéric Bérard est titulaire d'un baccalauréat en droit de l'Université de Montréal et d'une maîtrise en sciences politiques de l'Université McGill, où il a également poursuivi des études doctorales et reçu la prestigieuse Bourse CRSH. Chargé de cours à la Faculté de droit de l'Université de Montréal depuis

2003, où il enseigne des cours en droit constitutionnel, en droit administratif et en interprétation des lois, Me Bérard est le quintuple récipiendaire du *Prix d'excellence professorale André-Morel*, en 2008, 2011, 2012, 2013 et 2014. Il figure également, à titre d'étudiant, sur la liste d'excellence de cette même faculté, où il est actuellement doctorant. En plus d'avoir pratiqué le litige commercial et administratif au sein du cabinet Stikeman Elliott, il a été conseiller constitutionnel auprès de divers ministres et parlementaires au niveau fédéral et provincial. Il est notamment auteur des textes et ouvrages suivants : *Fiscalité, financement public et pouvoir de dépenser* (JurisClasseur 2011); *La classification des actes administratifs* (JurisClasseur 2013); *La fin de l'État de droit* (Éditions XYZ 2014); *Le pouvoir réglementaire : caractéristiques générales et conditions de validité* (Actualité juridique municipale 2014); *De l'importance capitale de l'État de droit* (Éditions Dialogue Nord-Sud 2014). Il publiera prochainement un ouvrage, cosigné avec Stéphane Beaulac, portant sur le droit à la sécession. Me Bérard intervient régulièrement auprès des divers médias québécois afin de commenter l'actualité juridico-politique.

TABLE DES MATIÈRES

Chapitre 4
Les méthodes complémentaires d'interprétation législative............ 295

Chapitre 5
Question particulière : le droit international....................... 407

Chapitre 1

INTRODUCTION

Le sujet du présent ouvrage, soit l'interprétation législative, fait partie d'un champ d'études plus large, qu'on peut intituler l'interprétation juridique[1]. Ce dernier, à son tour, peut être inclut dans un domaine encore plus large que le droit, soit l'interprétation de textes, voire l'interprétation du discours ou même l'interprétation de la communication humaine. Dans le cadre de cet ouvrage, il n'est pas utile de se perdre davantage dans un exercice rappelant le folklorique refrain « l'arbre est dans ses feuilles »... sauf pour mettre en évidence que la question de l'interprétation va au-delà de la loi et, de fait, transcende les sciences juridiques. Ce premier constat est primordial et nous permet de penser que l'intérêt pour la méthodologie d'interprétation en droit trouve écho dans plusieurs autres spécialisations des sciences humaines et des sciences sociales[2]. À vrai dire, en théorie du droit, ce n'est qu'à la fin du XXe siècle que s'est amorcé ce « virage interprétatif »[3], phénomène observé depuis la fin du XIXe siècle ailleurs[4], en philosophie et en linguistique[5].

L'interprétation juridique dont il est question ici se limite à l'interprétation de la législation, c'est-à-dire l'interprétation des lois et règlements – ce que d'aucuns

---

1. Voir O.W. Holmes, « The Theory of Legal Interpretation » (1898-1899) 12 Harv. L. Rev. 417.
2. Au sujet de l'étude du langage, en général, voir Michel Foucault, *Les mots et les choses – Une archéologie des sciences humaines*, Paris, Gallimard, 1966.
3. Voir M.S. Moore, « The Interpretative Turn in Modern Theory: A Turn for the Worse? » (1989) 41 *Stan. L. Rev.* 871.
4. Voir H. Aarsleff, *The Study of Language in England, 1780-1960*, 2e éd., Londres, Athlone Press, 1983, à la p. 127, où l'auteur écrit : « It is universally agreed that the decisive turn in language study occurred when the philosophical, a priori method of the eighteenth century was abandoned in favour of the historical, a posteriori method of the nineteenth ».
5. Parmi les œuvres les plus importantes, on notera : W.D. Whitney, *Language and the Study of Language: Twelve Lectures on the Principles of Linguistic Science*, Londres, Trübner, 1867; F. de Saussure, *Cours de linguistique générale*, Paris, Payot, 1916; L. Wittgenstein, *Tractatus Logico-Philosophicus*, Londres, Paul & Trubner, 1922; C.K. Ogden et I.A. Richards, *The Meaning of Meaning – A Study of the Influence of Language upon Thought and of the Science of Symbolism*, 2e éd., Londres, Kegan Paul, 1927; N. Chomsky, *Syntactic Structures*, La Haye, Mouton, 1957; H.P. Grice, « Meaning » (1957) 66 Philosophical Review 377; L. Wittgenstein, *Philosophical Investigations*, Oxford, Basil Blackwell, 1958; J.L. Austin, *How to do Things with Words*, Oxford, Clarendon Press, 1962; D. Davidson, *Inquiries into Truth and Interpretation*, Oxford, Clarendon Press, 1984.

appellent le « droit écrit » – appréhendée eu égard à l'épistémologie dominante du positivisme juridique. Ce dernier est généralement considéré comme ayant les caractéristiques suivantes :

> a. il n'y a pas de droit naturel et seul le droit positif existe; b. le droit est un ensemble de règles qui sont des commandements, un produit de la volonté humaine, ou de l'autorité; c. ces commandements émanent du Souverain ou de l'État; d. ils sont assortis de sanctions, qui garantissent l'application du droit par la force; e. ils forment un système fermé, complet et cohérent; f. l'activité des juges est une activité logique car toute décision peut être déduite des règles préalablement émises par le Souverain, sans référence à des fins sociales ou à des règles morales[6].

Suivant l'épistémologie positiviste, le droit écrit qu'est la législation se distingue du droit non écrit : au premier chef la jurisprudence, mais aussi la coutume et les principes généraux. Évidemment, ces notions font référence aux sources du droit dans une juridiction ou, exprimé autrement, à la provenance légitime de la normativité, c'est-à-dire les règles obligatoires sanctionnées sur un territoire par l'autorité souveraine[7].

Bref, au Canada et au Québec, en vertu de la pyramide dite « kelsenienne » (de l'auteur Hans Kelsen[8]), on s'entend généralement pour dire que les sources juridiques en droit interne sont principalement au nombre de deux, à savoir :

- la législation, et
- la jurisprudence

Puisque l'objectif de cet ouvrage est d'exposer la manière dont les lois sont interprétées, il est d'abord nécessaire d'élaborer sur ce qu'on entend par législation et par l'interprétation de la législation. Le Britannique Sir Peter Benson Maxwell écrivait dans *On the Interpretation of Statutes*, publié pour la première fois en 1875[9], que la loi peut se définir de façon générale comme *la volonté du législateur* (en anglais, « the will of the legislature »)[10]. Cette définition très large rejoint un autre concept central en interprétation législative, que l'on verra en détail dans un moment, celui de *l'intention du législateur*. Nous savons, par ailleurs, que la législation est dite primaire lorsque le texte législatif est adopté par l'autorité législative souveraine elle-même, ou

---

6.   *Dictionnaire encyclopédique de théorie et de sociologie du droit*, 2ᵉ éd., Paris, Librairie générale de droit et de jurisprudence, 1993, p. 461, « positivisme ».

7.   Sur le concept de souveraineté, qui doit être compris dans son contexte historique, voir S. Beaulac, « Le pouvoir sémiologique du mot 'souveraineté' dans l'œuvre de Bodin », (2003) 16 *International Journal for the Semiotics of Law* 45.

8.   Voir H. Kelsen (trad. C. Eisenmann), *Théorie pure du droit*, Paris, Dalloz, 1962.

9.   P.B. Maxwell, *On the Interpretation of Statutes*, Londres, a.m.e., 1875.

10. P.B. Maxwell, *On the Interpretation of Statutes*, 12ᵉ éd. par P.St.J. Langan, Londres, Sweet & Maxwell, 1969, à la p. 1.

la législation est subordonnée (secondaire), lorsqu'elle est le résultat d'une délégation législative du pouvoir d'adoption de normes. À ce sujet, un auteur résumait ainsi :

> It is important to realize that a sovereign legislative body can enact statutes pursuant only to its legislative competence. Such legislation is referred to as primary legislation, in that it is passed by the sovereign legislative body itself. However, there is another category of legislation in Canada, and this is referred to as subordinate legislation.
>
> Subordinate legislation is legislation enacted by a person, body or tribunal subordinate to a sovereign legislative body. Subordinate legislation takes many forms: by-laws, ordinances, statutory instruments, orders in council, rules and regulations.[11]

L'application de la même approche interprétative en matière de réglementation (législation déléguée) a été confirmée très récemment par la Cour suprême du Canada, en 2013, dans l'affaire *Wood c. Schaeffer*[12].

* * *

À ce stade-ci, de façon provisoire à tout le moins, il convient de définir l'interprétation législative comme ceci : il s'agit du processus par lequel on détermine le sens des règles juridiques contenues dans un texte législatif, que ce soit une loi ou un règlement. Cette définition sommaire sera complétée dans les chapitres suivants, bien évidemment.

---

11.   G.L. Gall, *The Canadian Legal System*, 5ᵉ éd., Scarborough, Carswell, 2004, p. 40-41.
12.   *Wood c. Schaeffer*, 2013 CSC 71, para. 33.

Chapitre 2

LA MÉTHODOLOGIE D'INTERPRÉTATION LÉGISLATIVE

A. INTRODUCTION

Comme dans d'autres domaines de recherche, l'interprétation est étudiée en droit afin de savoir comment le message communiqué devrait être compris[13]. En ce sens, la législation est une activité communicationnelle qui permet au législateur de transmettre de l'information de nature normative aux justiciables. À cet égard, il est important de faire une distinction entre le médium de communication, c'est-à-dire la loi, et le message ainsi communiqué, c'est-à-dire la norme de droit. Autrement dit, au niveau des concepts, il faut distinguer la règle juridique du texte juridique[14]. Pierre-André Côté, professeur émérite à la Faculté de droit de l'Université de Montréal, élaborait sur cette distinction dans un papier au titre fort évocateur : « Le mot "chien" n'aboie pas : réflexions sur la matérialité de la loi »[15].

Le texte de loi contient évidemment la règle, mais il n'est pas lui-même la règle. La disposition législative, par le biais des mots qui la constituent, exprime de fait la substance normative de la loi. À strictement parler, toutefois, il est erroné d'associer les deux pour dire, par exemple, que le texte est en soi normatif. C'est plutôt le message contenu dans le texte qui est normatif et c'est cette information qui constitue la règle juridique. Cette nuance conceptuelle est cruciale pour plusieurs raisons, la principale étant de dissocier l'aboutissement de l'exercice d'interprétation, à savoir le sens de la loi, de la méthode textuelle d'interprétation des lois. En d'autres termes, une interprétation législative adéquate ne peut s'arrêter à un examen du support de communication de la normativité, c'est-à-dire le texte législatif. Elle doit se pour-

---

13. Voir, en général, K. Benyekhlef, *Une possible histoire de la norme – Les normativités émergentes de la mondialisation*, Montréal, Thémis, 2008.
14. Voir P.-A. Côté, « Le traducteur et l'interprète, ou le double sens de la loi » dans Y. Poullet, P. Wéry et P. Wynants (dir.), *Liber Amicorum Michel Coipel*, Bruxelles, Kluwer, 2004, p. 85, à la p. 91 : « Le texte, c'est le produit de l'activité législative, des mots sur du papier ou sur un écran d'ordinateur, un objet qui a une consistance matérielle, qui nous fait face objectivement. Le texte se distingue aussi bien du sens du texte que du contenu de la règle, qui ont une consistance purement idéelle, qui n'existent que dans notre univers mental ».
15. P.-A. Côté, « Le mot "chien" n'aboie pas : réflexions sur la matérialité de la loi », dans *Mélanges Paul Amselek*, Bruxelles, Bruylant, 2005, 279.

suivre pour inclure d'autres éléments qui ont été reconnus au cours des années comme étant les moyens légitimes de déterminer le sens de la loi, un point sur lequel nous reviendrons.

Il est vrai qu'on entend souvent des expressions telles « nous devons lire le texte de loi », « je ne fais qu'appliquer la lettre de la loi », « nous sommes liés par le texte de loi », ce qui porte à penser que l'interprétation des lois se limite à l'interprétation du texte. Il semble toutefois que ces formulations constituent plutôt ce qu'on pourrait appeler des raccourcis verbaux pour exprimer une idée plus complexe qui, dans la plupart des cas, n'a pas besoin d'être mentionnée dans le détail. On dit « interpréter un texte » quand on veut dire « interpréter la règle dans le texte », de la même façon qu'on dit en général « boire un verre » quand on veut dire, en fait, « boire le contenu du verre ». Il n'y a rien d'inexact dans l'expression « boire un verre », étant entendu évidemment que ce n'est pas le verre, mais bien le liquide qu'il contient, qui sera avalé. De même, il n'y a rien d'inexact dans l'expression « interpréter un texte », en autant que l'on comprenne bien que ce qui sera interprété est la norme juridique énoncée par le texte de loi.

B. LA THÉORIE OFFICIELLE DE L'INTERPRÉTATION DES LOIS

Dans un contexte juridique, la méthodologie d'interprétation s'intéresse à la façon de déterminer la teneur de la normativité qui, théoriquement, provient du souverain et qui est reçue par les sujets de droit. Il est d'autant plus important d'identifier ces méthodes en raison du principe de la primauté du droit (« rule of law »)[16], de nature constitutionnelle au Canada, qui prévoit notamment que les justiciables doivent pouvoir savoir ce à quoi ils sont soumis[17]. Cerner le processus par lequel on décide de la teneur des normes juridiques poursuit donc l'idéal de sécurité juridique[18]. La juge L'Heureux-Dubé[19], minoritaire dans *2747-3174 Québec Inc. c. Québec (Régie des permis d'alcool)*[20], a résumé la problématique de la façon suivante :

> Un exercice d'interprétation à la Humpty-Dumpty n'est en fait rien d'autre qu'une interprétation fondée sur les règles aléatoires ou floues, ou qui est accomplie

---

16. Voir S. Beaulac, « The Rule of Law in International Law Today » dans G. Palombella et N. Walker, dir., *Relocating the Rule of Law*, Oxford, Hart Publishing, 2008, 197.

17. Voir l'œuvre classique sur le sujet, A.V. Dicey, *Introduction to the Study of the Law of the Constitution*, 10ᵉ éd., Londres, Macmillan, 1961 aux pp. 195-203.

18. Voir les actes du Xᵉ Congrès de l'Association internationale de méthodologie juridique, sur le thème de la sécurité juridique, tenu à l'Université de Sherbrooke du 24 au 27 octobre 2007, (2008) 110 *Revue du Notariat* 1 (numéro spécial du Xᵉ Congrès de l'Association internationale de méthodologie juridique sur la sécurité juridique).

19. Voir aussi mes commentaires à ce sujet, en introduction dans Stéphane Beaulac, « L'interprétation de la Charte : reconsidération de l'approche téléologique et réévaluation du rôle du droit international » dans G.-A. Beaudoin et E.P. Mendes, dir., *Charte canadienne des droits et libertés*, 4ᵉ éd., Markham, LexisNexis Butterworths, 2005, 27 (réimprimé dans (2005) 27 Sup. Ct. L. Rev. (2d) 1).

20. *2747-3174 Québec Inc. c. Québec (Régie des permis d'alcool)*, [1996] 3 R.C.S. 919, [1996] A.C.S. nᵒ 112.

uniquement de façon intuitive ou en se fondant sur des impressions non rationalisées, ou encore en omettant de considérer les prémisses sous-jacentes du raisonnement juridique. Il va de soi que les tribunaux doivent éviter ce genre d'exercice d'interprétation.[21]

La référence à Humpty-Dumpty se rapporte au fameux épisode du récit *Alice au pays des merveilles*[22], de l'écrivain britannique Lewis Carroll (pseudonyme de C.L. Dodgson), lorsque l'héroïne parle avec cet étrange personnage, qui lui déclare d'un ton quelque peu dédaigneux : « Quand *moi* j'emploie un mot, il signifie exactement ce que je veux qu'il signifie – ni plus, ni moins »[23].

À la base la plus élémentaire, la méthodologie d'interprétation a donc pour but premier d'éviter l'aléatoire, le flou, l'arbitraire. Elle souhaite encadrer le processus de détermination du sens de la règle juridique contenue dans le texte normatif. Il s'agit, essentiellement, d'une fonction heuristique. Autrement dit, les méthodes d'interprétation juridique, dont celles en interprétation législative, servent de guide pour identifier l'intention du souverain, constituant en l'occurrence l'intention du législateur.

En doctrine, on a tenté de synthétiser dans une théorie les principaux éléments qui caractérisent la méthodologie d'interprétation des lois. La théorie la plus intéressante et satisfaisante étant de loin celle proposée par Pierre-André Côté : il s'agit de la « théorie officielle de l'interprétation ». Elle est dite officielle parce qu'elle se fonde sur des observations de la pratique judiciaire, du pouvoir public ultimement responsable d'interpréter et d'appliquer le droit, dont la législation. Elle se résume aux sept caractéristiques ou traits dominants suivants[24] :

- *L'activité législative est une activité de communication;*
- *L'interprétation a pour objectif la découverte de l'intention du législateur;*
- *Le sens que l'on recherche, c'est celui qu'a voulu le législateur à l'époque de l'adoption;*
- *Le sens du texte repose dans celui-ci : il est prédéterminé;*
- *Chaque texte possède un sens véritable et un seul;*
- *L'interprétation et l'application de la loi constituent deux phénomènes successifs et dissociés;*
- *Le sens du texte peut être clair. Sinon, il peut être découvert en ayant recours aux principes d'interprétation.*

---

21. *2747-3174 Québec Inc. c. Québec (Régie des permis d'alcool)*, [1996] 3 R.C.S. 919, à la p. 995, [1996] A.C.S. n° 112.
22. Voir l'œuvre originale en langue anglaise, Lewis Carroll (pseudonyme pour C.L. Dodgson), *Through the Looking-Glass, and What Alice Found There*, Londres, Macmillan, 1872 au chapitre 6.
23. Lewis Carroll, *Through the Looking-Glass, and What Alice Found There*, Londres, Macmillan, 1872, à la p. 124. Traduction du passage suivant : « "When *I* use a word," Humpty Dumpty said, in a rather scornful tone, "it means just what I choose it to mean – neither more nor less" » [italiques dans l'original].
24. Tiré de la plus récente édition de P.-A. Côté, coll. S. Beaulac et M. Devinat, *Interprétation des lois*, 4ᵉ éd., Montréal, Thémis, 2009 aux pp. 6-10.

La théorie officielle de l'interprétation, comme le dit Pierre-André Côté lui-même, souffre d'importantes carences. Nous examinerons brièvement les trois principales, qui peuvent être formulées succinctement ainsi : a) la prétention d'être une théorie exhaustive (en anglais, « a total theory »), b) le refus de reconnaître le rôle créateur de l'interprète, et c) l'absence de considération du résultat sur la détermination du sens de la loi.

Le plus grave problème avec la théorie officielle de l'interprétation est qu'on la croit capable d'expliquer le phénomène de l'interprétation législative dans son ensemble, et ce, avec l'aide de l'idée-structure qu'est l'intention du législateur[25]. Toutefois, aussi importante soit-elle, cette notion n'est pas la seule valeur en présence dans le processus d'interprétation des lois[26]. Plusieurs autres facteurs que l'on considère généralement légitimes dans le cadre d'un exercice interprétatif ne pourraient être justifiés si le seul et unique but était la fidélité à l'intention du législateur. Les plus pertinentes de ces valeurs sont celles liées aux idéaux de justice et d'équité, ainsi que celles concernant la stabilité, la prévisibilité et la sécurité juridique[27]. Ce sont ces autres facteurs, beaucoup plus que la notion d'intention du législateur, qui soutiennent l'argument interprétatif fondé sur les précédents jurisprudentiels, par exemple, de même que les arguments pragmatiques faisant appel à des présomptions d'intention, comme la présomption de constitutionalité des lois ou la présomption de conformité avec le droit international.

Le deuxième élément problématique de la théorie officielle de l'interprétation a trait au fait qu'elle dissimule et masque le rôle de l'interprète. La notion d'intention du législateur ne laisse aucune place à une dimension créatrice ; le juge ne fait que déclarer ce que le législateur souhaite, point à la ligne. Comme l'expliquait le juge Iacobucci dans l'affaire *Bell ExpressVu Limited Partnership c. Rex* :

> Les textes législatifs sont l'expression de la volonté du législateur. [...] Plus précisément, lorsqu'une loi est en jeu dans une instance judiciaire, il incombe au tribunal (sauf contestation fondée sur des motifs d'ordre constitutionnel) de l'interpréter et de l'appliquer conformément à l'intention souveraine du législateur.[28]

L'idée que le sens d'une loi est totalement prédéterminé et que l'exercice d'interprétation est purement déductif a été rejeté depuis un certain temps en doctrine[29].

---

25. Voir L.M. Solan, « Private Language, Public Laws : The Central Role of Legislative Intent in Statutory Interpretation » (2004-2005) 93 Geo. L. J. 427.

26. Voir S. Beaulac et P.-A. Côté, « Driedger's "Modern Principle" at the Supreme Court of Canada : Interpretation, Justification, Legitimization » (2006) 40 R.J.T. 131, à la p. 166.

27. Pour deux exemples à la Cour suprême du Canada où ces considérations ont trouvé écho, voir *Harvard College c. Canada (Commissaire aux brevets)*, [2002] 4 R.C.S. 45, [2002] A.C.S. n° 77, et *R. c. Daoust*, [2004] 1 R.C.S. 217, [2004] A.C.S. n° 7.

28. *Bell ExpressVu Limited Partnership c. Rex*, [2002] 2 R.C.S. 559, [2002] A.C.S. n° 43 au para. 62.

29. Voir, par exemple, S. Bernatchez, « De la vérité à l'intersubjectivité et du texte au contexte : vers une conception réflexive de l'interprétation du droit », dans S. Beaulac et M. Devinat (dir.), *Interpretatio non cessat – Mélanges en l'honneur de Pierre-André Côté / Essays in Honour of Pierre-André Côté*, Cowansville, Éditions Yvon Blais, 2011, 79 ; R.S. Abella, « Public Policy and the Judicial Role », (1989) 34 *R.D. McGill* 1021 ; D. Gibson, « Judges as Legislators : Not Whether But How »,

On reconnaît maintenant que le juge fait et peut légitimement faire davantage que découvrir le sens de la loi enfoui dans le texte[30]. D'aucuns prônent même la candeur relativement à l'aspect personnel et subjectif de l'interprétation[31]. À tout le moins, nous disent les auteurs de la dernière édition du traité de Pierre-André Côté, « on ne peut pas expliquer l'interprétation de la loi sans admettre que cette activité puisse exiger de l'interprète qu'il procède à des choix qui engageront sa personnalité, ses croyances, ses valeurs »[32].

La troisième et dernière principale lacune de la théorie officielle de l'interprétation concerne l'influence de son application sur le sens de la loi. En mettant exclusivement au cœur de l'analyse la question de savoir ce que l'autorité constituante souhaitait au moment de l'adoption du texte, on donne la fausse impression que les effets de l'application d'une loi sont complètement étrangers à l'identification de son sens. Les aspects pragmatiques de l'interprétation législative seraient ainsi refoulés, voire occultés[33]. Or, à la lumière de la jurisprudence[34], on voit que l'interprétation et l'application des lois n'est pas un processus linéaire de la sorte; il y aurait plutôt, dans bien des cas, un effet rétroactif de l'application de la loi sur l'identification du sens de la règle juridique qu'elle contient[35]. À cet égard, certains parlent « d'inversion du raisonnement »[36], puisque la conclusion judiciaire sur la question d'interprétation est prise en compte, *ex ante*, comme élément d'interprétation de la législation sous étude.

* * *

Ces incohérences entre le discours formel et la pratique concrète des tribunaux à l'égard de la source normative législative commandent le développement de modèles théoriques alternatifs à la théorie officielle de l'interprétation. Pour pallier les problèmes identifiés plus haut, il faudrait donc penser à un modèle a) qui laisse place à

(1986-1987) 25 *Alta. L. Rev.* 249; J. Deschênes, « Le rôle législatif du pouvoir judiciaire », (1974) 5 *R.D.U.S.* 1; L.-P. Pigeon, « The Human Element in the Judicial Process », (1970) 8 *Alta. L. Rev.* 301.

30.   Voir, notamment, R. Sullivan, *Driedger on the Construction of Statutes*, 3ᵉ éd., Toronto & Vancouver, Butterworths, 1994, aux pp. 131-132, qui écrit : « There is only one rule in modern interpretation, namely, courts are obliged to determine the meaning of legislation in its total context, having regard to the purpose of legislation, the consequences of proposed interpretations, the presumptions and special rules of interpretation, as well as admissible external aids. In other words, the courts must consider and take into account all relevant and admissible indicators of legislative meaning. After taking these into account, the court must then adopt an interpretation that is appropriate. An appropriate interpretation is one that can be justified in terms of (a) its plausibility, that is, its compliance with the legislative text; (b) its efficacy, that is, its promotion of the legislative purpose; and (c) its acceptability, that is, the outcome is reasonable and just ».

31.   Voir N.S. Zeppos, « Judicial Candor and Statutory Interpretation » (1989-1990) 78 Geo. L. J. 353.

32.   P.-A. Côté, coll. S. Beaulac et M. Devinat, *Interprétation des lois*, 4ᵉ éd., Montréal, Thémis, 2009, à la p. 18.

33.   Voir F. Ost et M. Van de Kerchove, *Jalons pour une théorie critique du droit*, Bruxelles, Publications des Facultés universitaires Saint-Louis, 1987, p. 218.

34.   Voir, notamment, *R. c. Stewart*, [1988] 1 R.C.S. 963, [1988] A.C.S. nᵒ 45.

35.   *R. c. Stewart*, [1988] 1 R.C.S. 963, [1988] A.C.S. nᵒ 45 aux para. 183 et s. Voir aussi R. Dickerson, *The Interpretation and the Application of Statutes*, Boston, Little, Brown, 1975, aux pp. 29 et s.

36.   J. Ghestin et G. Goubeaux, *Traité de droit civil : Introduction générale*, 4ᵉ éd., Paris, Librairie générale de droit et de jurisprudence, 1994, à la p. 42.

des valeurs autres que l'intention du législateur, b) qui reconnaît un certain rôle créateur à l'interprète, et c) qui accepte que le résultat puisse influencer l'interprétation.

Depuis les années 1980, en doctrine, on préconise une théorie alternative qu'on appelle *l'interprétation créatrice soumise à des contraintes*[37]. S'inspirant de recherches en études littéraires[38], des auteurs anglo-saxons ont suggéré que l'essence de l'exercice d'interprétation ne peut pas être la découverte d'un sens prédéterminé; ce serait plutôt le processus d'interprétation qui confère un sens à la norme juridique contenue dans le texte législatif[39]. Comme l'écrivait le philosophe français Paul Ricoeur, dans *Du texte à l'action – Essais d'herméneutique*, « le sens d'un texte n'est pas derrière le texte, mais devant lui »[40]. En fait, cette théorie alternative s'insère dans le raisonnement de type herméneutique[41], dans la grande tradition allemande[42], dont l'une des prémisses veut qu'il soit impossible que l'activité de compréhension d'un texte (l'interprétation) échappe à la subjectivité de la personne qui le fait[43].

Ceci étant, le lecteur ou l'interprète n'a pas carte blanche, n'a pas libre cours dans la construction de ce qu'il lit, de ce qu'il interprète. Il existerait diverses contraintes, des balises, qui viennent limiter l'exercice de création du sens de la norme juridique contenue dans le texte législatif[44]. Comme l'expliquait Jerzy Wroblewski, l'interprétation du droit serait encadrée principalement de trois façons : a) par la terminologie que l'on trouve dans la source juridique (contexte linguistique); b) par l'ensemble du corpus normatif dans le système juridique (contexte systémique); et c) par les effets pratiques de l'application de la norme juridique (contexte fonctionnel)[45]. En plus de reconnaître formellement un rôle au juge dans la détermination du sens de la loi,

---

37.   Voir P.-A. Côté, coll. S. Beaulac et M. Devinat, *Interprétation des lois*, 4ᵉ éd., Montréal, Thémis, 2009, aux pp. 22 et s.

38.   Voir, notamment, S. Fish, *Is There a Text in this Class?: The Authority of Interpretive Communities*, Cambridge (É.-U.), Harvard University Press, 1980.

39.   Voir, principalement, O.M. Fiss, « Objectivity and Interpretation » (1982) 34 Stan. L. Rev. 739; D. Miers, « Legal Theory and the Interpretation of Statutes » dans W. Twinning (dir.), *Legal Theory and Common Law*, Oxford, Basil Blackwell, 1986, 115; et W.N. Eskiridge et P.P. Frickey, « Statutory Interpretation and Practical Reasoning » (1990) 42 *Stan. L. Rev.* 321.

40.   P. Ricoeur, *Du texte à l'action – Essais d'herméneutique*, Paris, Seuil, 1986, à la p. 116.

41.   Voir G.L. Ormiston et A.D. Schrift (dir.), *The Hermeneutic Tradition – From Ast to Ricoeur*, Albany (É.-U.), State University of New York Press, 1990; R.E. Palmer, *Hermeneutics – Interpretation Theory in Schleiermacher, Dilthey, Heidegger, and Gadamer*, Evanston (É.-U.), Northwestern University Press, 1969.

42.   Les principaux auteurs sont : F. Ast, *Grundlinien der Grammatik, Hermeneutik und Kritik*, Landshut (Allemagne), Thomann, 1808; F.D.E. Schleiermacher, *Über die Religion. Reden an die Gebildeten unter ihren Verächtern*, Berlin, Johann Friedrich Unger, 1799; W. Dilthey, *Einleitung in die Geisteswissenschaften*, Leipzig, Dunder & Humblot, 1883; et H.-G. Gadamer, *Wahrheit und Methode Über die Religion. Reden an die Gebildeten unter ihren Verächtern – Grundzüge einer philosophischen Hermeneutik*, Tübingen (Allemagne), Mohr, 1960.

43.   Voir, notamment, P. Ricoeur, *Hermeneutics and the Human Sciences – Essays on Language, Action and Interpretation*, Cambridge, Cambridge University Press, 1981.

44.   Voir M. Krygier, « The Traditionality of Statutes » (1988) 1 *Ratio Juris* 21, aux pp. 31-34.

45.   Voir J. Wroblewski, « L'interprétation en droit : théorie et idéologie » (1972) 17 *Archives de philosophie du droit* 51, à la p. 60.

cette théorie de l'interprétation créatrice soumise à des contraintes permet par ailleurs d'étendre les valeurs fondamentales devant orienter l'exercice d'interprétation (outre l'intention du législateur) et de justifier la considération des conséquences d'une interprétation lorsqu'on décide de la teneur de la règle juridique.

Il faut ajouter que ce modèle alternatif explique mieux les rapports entre celui qui rédige la loi (l'auteur) et celui qui interprète la loi (le lecteur)[46]. On laisse ainsi pleine place à l'influence de l'interprète, tout en soulignant qu'il revient au rédacteur d'orienter le sens à donner à la règle[47]. Bien que le sens ne soit pas fixé par le texte législatif, la détermination est néanmoins dirigée par le biais du libellé utilisé pour exprimer la norme juridique. Comme Felix Frankfurter en faisait déjà la remarque : « Si les tribunaux ne se limitent plus au texte, ils sont encore limités par le texte »[48]. Connaissant les contraintes de type linguistique, systémique et fonctionnel, le rédacteur législatif adoptera un certain style de rédaction – avec un libellé dont le degré de précision variera – pour laisser une marge de manœuvre plus ou moins grande à l'interprète dans son exercice de création du sens de la norme législative.

* * *

QUESTIONS

1. Quelles sont les principales critiques pouvant être formulées à l'endroit de la théorie officielle de l'interprétation ?

2. Selon la théorie alternative, le rôle participatif du juge est-il exempt de toute forme de contraintes applicables ?

3. Quelles seraient, le cas échéant, lesdites contraintes auxquelles l'interprète devrait alors s'assujettir ?

4. Quelle est l'importance de considérer le résultat lors du processus de détermination du sens de la loi ?

5. Outre l'intention du législateur, existe-t-il quelques valeurs pouvant être appréciées au cours du processus interprétatif ?

* * *

Bien qu'elle ait été élaborée pour avoir une portée plus large que l'interprétation législative, la notion de « texture ouverte » est directement applicable à ces questions relatives au rôle du juge par rapport au support communicationnel qu'est le texte de loi. Dans l'extrait qui suit, il est intéressant de voir, en outre, comment cette épisté-

---

46. À ce sujet, voir A. D'Amato, « Can Legislatures Constrain Judicial Interpretation of Statutes? » (1989) 75 *Va. L. Rev.* 561; et A.-F. Bisson, « L'interaction des techniques de rédaction et des techniques d'interprétation des lois » (1980) 21 *C. de D.* 511.

47. Voir C.P. Curtis, « A Better Theory of Legal Interpretation », (1949-1950) 3 *Vand. L. Rev.* 407.

48. F. Frankfurter, « Some Reflections on the Reading of Statutes », (1947) 47 *Colum. L. Rev.* 527, à la p. 543, traduction de l'extrait suivant : « While courts are no longer confined to the language, they are confined by it ».

mologie permet d'appréhender la méthodologie d'interprétation dans deux champs particuliers, à savoir :

- l'interprétation législative en <u>droit civil</u>, par opposition à celle en common law, et

- l'interprétation <u>constitutionnelle</u>, en contraste avec celle de la simple législation

---

Extrait tiré de S. Beaulac, « "Texture ouverte", droit international et interprétation de la Charte canadienne », dans E. Mendes & S. Beaulac (dir.), *Charte canadienne des droits et libertés*, 5ᵉ éd., Toronto, LexisNexis, 2013, 191, aux pp. 196-205.

– La notion de « texture ouverte »

Bien qu'elle nous vienne de l'auteur allemand Fredrich Waismann[49], l'expression « texture ouverte » (en anglais, « open texture »[50]) est généralement associée au théoricien britannique Herbert Hart, qui lui donnera une place centrale dans sa philosophie du droit, articulée dans son *opus magnum*, *The Concept of Law*[51], publié en 1961[52]. Le chapitre intitulé « Formalism and Rule-Scepticism » explique la position selon laquelle il y a une imprécision inhérente au langage exprimant la normativité, que celle-ci soit dans une loi adoptée par le parlement ou dans la *ratio decidendi* d'une décision judiciaire. Plusieurs cas d'application du langage juridique sont relativement clairs, ce que Hart a nommé le noyau de sens clair (en anglais, « core situations »); en revanche, d'autres cas d'application sont plus problématiques ou incertains, ce que l'auteur appelle la zone de pénombre (en anglais, « penumbra situations »). Voici comment il résume ces deux scénarios :

> The open texture of law means that there are, indeed, areas of conduct where much must be left to be developed by courts or officials striking a balance, in the light of circumstances, between competing interests which vary in weight from case to case. None the less, the life of the law consists to a very large extent in the guidance both of officials and private individuals by determinate rules which, unlike the applications of <u>variable standards,</u> do *not* require from them a fresh judgment from case to case.[53]

---

49.   Friedrich WAISMANN, « Verifiability », (1945) 19 *Proceedings of the Aristotelian Society, Supplementary* 119, p. 121, republié dans Antony FLEW (dir.), *Logic and Language*, First Series, Oxford, Basil Blackwell, 1952, p. 117. Waismann, quant à lui, fut grandement influencé par l'œuvre de Ludwig Wittgenstein et sa philosophie du langage, surtout ses écrits posthumes, dont Ludwig WITTGENSTEIN, *Philosophical Investigations*, New York, Macmillan, 1958, § 80 et 142. Voir aussi : Gordon P. BAKER et Peter Michael Stephan HACKER, *Wittgenstein: Rules, Grammar & Necessity*, Oxford, Basil Blackwell, 1985, p. 229-32.

50.   Ce que l'auteur Hart appelle aussi les « marges d'imprécision » (en anglais, « fringe of vagueness ») dans les règles juridiques, à l'instar de Waismann qui utilisait l'expression « possibilités d'imprécision » (en anglais, « possibility of vagueness ») dans le langage. Voir aussi : Brian BIX, « H.L.A. Hart and the "Open Texture" of Language », (1991) 10 *Law & Phil.* 51, p. 56.

51.   Herbert L.A. HART, *The Concept of Law*, Oxford, Clarendon Press, 1961 [ci-après « HART »].

52.   Sur les théories de Hart, en particulier relativement au langage, on consultera : Timothy A.O. ENDICOTT, « Law and Language », dans Jules COLEMAN et Scott SHAPIRO (dir.), *The Oxford Handbook of Jurisprudence and Philosophy of Law*, Oxford, Oxford University Press, 2002, p. 935.

53.   Herbert L.A. HART, *The Concept of Law*, Oxford, Clarendon Press, 1961, p. 132 [italiques dans l'original; nos soulignements].

Exception faite des situations où la règle juridique se situe à l'intérieur de ce noyau de sens clair – auquel cas, très peu, voire aucune interprétation n'est requise – la normativité consiste habituellement en des standards juridiques variables, eux-mêmes en fait tributaires du niveau variable de détail et de précision dans le langage choisi pour les exprimer, le tout suivant un raisonnement de type progressif (en anglais, « sliding scale »)[54]. Les règles juridiques peuvent donc être considérées comme étant plus ou moins à « texture ouverte » et, partant, comme invitant l'interprète (par ex. le ou la juge) à une participation plus ou moins importante dans la réalisation et l'actualisation de la normativité applicable à des cas particuliers.

Il peut être intéressant de tracer un parallèle, *mutatis mutandis*, entre la « texture ouverte » suggérée par Hart et l'idée bien connue en théorie juridique de langue française de « notions à contenu variable » (qu'on a traduit par « notions of variable content » ou « notions of variable standard »)[55]. Il va sans dire que dans la tradition civiliste, il est on ne peut plus normal et de pratique fréquente que l'autorité constituante (législature ou autre) choisisse de formuler les normes législatives ou réglementaires dans des termes généraux, vagues, voire flous, ce qui explique que l'interprète (juge ou autre) doive s'investir davantage dans l'exercice d'interprétation. Ceci étant, l'idée de « notions à contenu variable » de droit civil s'apparente considérablement à celle de « texture ouverte » en common law, comme en font foi les propos suivants de Chaïm Perelman du Centre national belge de recherches de logique :

> Tenant compte de la variété infinie des circonstances, du fait qu'il n'est pas capable de tout prévoir et de tout régler avec précision, admettant que des règles rigides s'appliquent malaisément à des situations changeantes, le législateur peut délibérément introduire dans le texte de la loi des notions à contenu variable, flou, indéterminé, telles que l'*équité*, le *raisonnable*, l'*ordre public*, la *faute grave*, en laissant au juge le soin de les préciser dans chaque cas d'espèce.[56]

L'auteur explique ensuite le lien direct entre le style de langage juridique utilisé et le niveau de participation de l'interprète : « En effet, plus les notions juridiques applicables sont vagues et indéterminées, plus grand est le pouvoir d'appréciation laissé aux juges »[57].

– La « texture ouverte » en droit écrit : état des lieux

Du fait principalement de la juridiction de la province de Québec, de tradition civiliste en ce qui concerne son droit privé, la réalité juridique canadienne se distingue depuis assez longtemps par son style hybride de rédaction législative et par une approche interprétative ne cadrant pas exactement avec l'orthodoxie anglo-saxonne de common law (formulation

---

54.   Mon collègue Luc. B. Tremblay me faisait remarquer que cette image de progression entre deux pôles peut également être associée aux travaux de Dworkin. Ceci étant, je préfère utiliser cet outil heuristique afin de suggérer que la « texture ouverte » de Hart n'est pas un tout-ou-rien, soit le noyau ou la pénombre. Il s'agirait plutôt d'un moyen pour aller de façon progressive d'une extrémité (le noyau) vers l'extérieur de l'autre extrémité (la pénombre). Ce raisonnement progressif permet de visualiser les niveaux variables de détail et de précision dans le langage juridique.

55.   Sur cette association, voir : Neil MACCORMICK, « On Reasonableness », dans Caïm PERELMAN et Raymond VANDER ELST (dir.), *Les notions à contenu variable en droit*, Bruxelles, Bruylant, 1984, p. 131.

56.   Caïm PERELMAN, « Les notions à contenu variable en droit, essai de synthèse », dans Caïm PERELMAN et Raymond VANDER ELST (dir.), *Les notions à contenu variable en droit*, Bruxelles, Bruylant, 1984, p. 363, à la p. 365 [italiques dans l'original].

57.   *Id.*

détaillée, interprétation stricte)[58]. L'observateur ne sera pas surpris d'un tel constat car, après tout, le droit civil est le système juridique de l'un des deux peuples fondateurs du Canada et, de nos jours, de l'une des principales provinces au pays. On a souvent fait cas de l'abâtardissement du droit civil québécois[59], en raison de l'influence de la common law, mais le « cross-fertilisation » a toujours connu la réciprocité au Canada, tel que le suggère l'auteur Patrick Glenn en parlant de « la civilisation de la common law »[60]. Les façons de faire civilistes en matière de rédaction législative, et par voie de conséquence en ce qui a trait à l'interprétation législative, ont donc eu une influence sur la réalité juridique pancanadienne. Cela est particulièrement vrai au niveau fédéral où, galvanisé en outre par les efforts d'harmonisation des lois fédérales avec le droit civil québécois depuis dix ans, l'on voit un langage juridique ayant des traits clairement civilistes dans la législation adoptée à Ottawa[61].

On entend souvent dire que la juridiction civiliste de la province de Québec n'est pas une « puriste » et ce, d'une part, parce qu'elle se distingue des autres juridictions du pays uniquement du fait de son droit privé et, d'autre part, parce que même pour ces matières qui relèvent de l'article 92(13) de la *Loi constitutionnelle de 1867* (« propriété et droit civil ») – comme en témoigne le *summum* civiliste qu'est le *Code civil du Québec*[62] – l'influence de la common law est grandement présente. Ceci étant, il faut néanmoins faire la part des choses et comprendre que, clairement, le droit civil québécois se distingue du droit privé des autres provinces canadiennes en bonne partie à cause des dispositions normatives typiques de son droit écrit, comme celles que l'on trouve dans le *Code civil du Québec*, qui sont nettement à « texture ouverte » ou, pour le dire autrement, font appel à des « notions à contenu variable ». La disposition préliminaire de celui-ci explique d'emblée pourquoi un tel langage vague y est généralement utilisé : on y énonce le « droit commun » applicable en matière de droit privé au Québec[63]. La disposition préliminaire[64] se lit comme suit, au second paragraphe :

> Le Code est constitué d'un ensemble de règles qui, en toutes matières auxquelles se rapportent la lettre, l'esprit ou l'objet de ses dispositions, établit, en termes exprès

---

58. Voir, à cet égard : Lionel A. LEVERT, « Bilingual and Bijural Legislative Drafting: To Be or Not to Be ? », (2004) 25 *Stat. L. Rev.* 151.

59. Voir, notamment : Jean-Louis BAUDOUIN, « L'interprétation du Code civil québécois par la Cour suprême du Canada », (1975) 53 *R. du B. can.* 715.

60. H. Patrick GLENN, « La civilisation de la common law », (1993) 45 *R.I.D.C.* 559.

61. Voir, sur ces questions de bijuridisme au fédéral : Michel BASTARACHE, « Le bijuridisme au Canada », dans *L'harmonisation de la législation fédérale avec le droit civil de la province de Québec et le bijuridisme canadien*, 2ᵉ publication, Ottawa, Ministère de la Justice du Canada, 2001, p. 1 ; Charles D. GONTHIER, « Quelques réflexions sur le bijuridisme – Convergence et valeurs », (2003) 33 *R.G.D.* 305 ; Ruth SULLIVAN, « The Challenges of Interpreting Multilingual, Multijural Legislation », (2004) 29 *Brook. J. Int'l L.* 985.

62. Sur l'interprétation du *Code civil du Québec*, qui a pris effet en 1994, voir : Pierre-André CÔTÉ (dir.), *Le nouveau Code civil – Interprétation et application*, Montréal, Éditions Thémis, 1992 ; Alain-François BISSON, « Nouveau Code civil et jalons pour l'interprétation – traditions et transitions », (1992) *Revue de droit de l'Université de Sherbrooke* 1. Par ailleurs, s'agissant de l'ancien *Code civil du Bas Canada*, on consultera le texte classique suivant : Pierre-Basile MIGNAULT, « Le Code civil de la province de Québec et son interprétation », (1935-1936) *U.T.L.J.* 104.

63. John E.C. BRIERLEY, « La notion de droit commun dans un système de droit mixte : le cas de la province de Québec », dans *La formation du droit national dans les pays de droit mixte*, Aix-en-Provence, Presses universitaires d'Aix-Marseille, 1989, p. 103.

64. Au sujet du rôle de la disposition préliminaire du *Code civil du Québec*, on consultera : Alain-François BISSON, « La Disposition préliminaire du Code civil du Québec », (1999) 44 *R.D. McGill* 539.

ou de façon implicite, le droit commun. En ces matières, il constitue le fondement des autres lois qui peuvent elles-mêmes ajouter au code ou y déroger.

En prévoyant la normativité d'application générale – c'est-à-dire, le droit commun – dans la juridiction de la province de Québec, notre code civil emploie sciemment un langage assez vague et souvent volontairement indéterminé[65]. À titre d'exemple, l'on peut penser à la notion de « bonne foi » prévue à l'article 6 et reprise notamment aux articles 932, 1375 et 2805 du *Code civil du Québec*[66]. Il existe d'innombrables exemples évidents de libellé à « texture ouverte » dans ce principal instrument législatif de droit commun; on peut ainsi citer le standard de « consentement libre et éclairé », prévu entre autres à l'article 10, ou encore la notion à contenu variable à laquelle réfère l'article 1457, en parlant de « règles de conduite [...] suivant les circonstances, les usages ou la loi ».

Il convient maintenant de voir de quelle façon le type de rédaction législative dans un texte de loi est tributaire de la nature des règles juridiques qu'on souhaite adopter[67]. En d'autres termes, il y a un lien relationnel direct séquentiel entre, d'une part, la nature de la normativité de droit écrit et le style rédactionnel de la loi et, d'autre part, entre ce type de rédaction législative et l'exercice méthodologique d'interprétation et d'application des lois. Dans un premier temps, on doit distinguer le droit d'application générale, le droit commun dans une juridiction (dont on vient de parler, en discutant du *Code civil du Québec*) du droit d'application particulière ou droit dit d'exception, cette dernière catégorie étant constituée de règles qui, par définition, dérogent, ajoutent ou précisent les règles de droit commun d'application générale[68]. Au Québec, un exemple de législation d'exception est la *Loi sur la protection du consommateur;*[69] dans les juridictions de common law, on peut donner le *Statute of Frauds* en exemple[70].

Sur la base de cette dichotomie entre le droit commun et le droit d'exception, il est donc suggéré que la nature des règles juridiques dans une loi explique, dans une large mesure, le style de rédaction législative adopté par l'autorité constituante (la législature) pour coucher par écrit lesdites normes. Une législation d'application générale va justifier un libellé vague et flou; en revanche, une législation d'application particulière va appeler à une rédaction détaillée et précise. Ce type de rédaction législative aura, pour sa part, un rapport de cause à effet sur la méthodologie d'interprétation législative. Un libellé vague et

---

65. Voir, à ce sujet : H. Patrick GLENN, « La disposition préliminaire du *Code civil du Québec*, le droit commun et les principes généraux du droit », (2005) 46 *C. de D.* 339.

66. Sur la notion de bonne foi en droit civil québécois, on consultera les travaux de Marie Annik GRÉ-GOIRE, notamment, *Liberté, responsabilité et utilité : la bonne foi comme instrument de justice*, Cowansville, Éditions Yvon Blais, 2010. Il est intéressant de constater, par ailleurs, une incursion nouvelle de cette notion à contenu variable dans le système de common law, comme en matière de dommages-intérêts exemplaires (ou punitifs) : *Whiten c. Pilot Insurance Co.*, [2002] 1 R.C.S. 595, [2002] A.C.S. no 19 (C.S.C.); voir également : Stéphane BEAULAC, « A Comparative Look at Punitive Damages in Canada », (2002) 17 *S.C.L.R. (2d)* 351.

67. Sur le style civiliste, on consultera : Nicholas KASIRER (dir.), *Le droit civil, avant tout un style ?*, Montréal, Éditions Thémis, 2003.

68. Sur l'idée de « droit commun », voir : Adjutor RIVARD, « La notion du "droit commun" », (1924-1925) 3 *R. du D.* 257.

69. *Loi sur la protection du consommateur*, RLRQ, c. P-40.1.

70. *Statute of Frauds* (1677), 29 Chas. 2, c. 3, est une législation d'exception adoptée en droit anglais pour imposer des conditions de forme à certains contrats (être par écrit). De la législation équivalente existe dans plusieurs juridictions de common law canadiennes, dont l'Ontario : *Statute of Frauds*, R.S.O. 1990, c. S.19.

une terminologie floue, qu'on associe typiquement à la tradition civiliste, inviteront à une interprétation large et libérale; en revanche, une rédaction lourde et une formulation dans les détails, habituellement associées aux systèmes de common law, commanderont pour leur part une interprétation stricte et restrictive.

Mais soyons clairs, en débusquant par ailleurs un mythe tenace : ce n'est pas tant la tradition juridique (droit civil, common law) qui expliquerait un *a priori* quelconque, favorable ou défavorable à la portée d'une disposition législative, c'est plutôt le style de rédaction qui devrait être considéré comme responsable d'une tendance à interpréter un texte législatif soit généreusement, soit restrictivement. Les petites formules suivantes, qui ne se veulent évidemment pas exhaustives, pourront sans doute aider à visualiser les explications relativement aux liens, dans l'ordre, entre (i) la nature des règles, (ii) le style de rédaction, et (iii) l'approche interprétative :

(A) tradition civiliste = le droit écrit est du droit commun d'application générale = rédaction de texture ouverte = interprétation téléologique, évolutive et généreuse

(B) systèmes de common law = le droit écrit est du droit d'application particulière = rédaction lourde et détaillée = interprétation statique, stricte et restrictive

Le point crucial à voir ici concerne l'élément déterminant qui amène à un certain type d'interprétation et, surtout, qu'il n'y a pas de lien direct entre l'interprétation et la tradition juridique en question (droit civil, common law). En réalité, le lien causal se situerait plutôt entre l'approche interprétative (libérale, restrictive) et le style de rédaction législative (plus ou moins à texture ouverte). Ce n'est qu'en aval qu'il y a un lien relationnel avec, respectivement, la nature du droit se trouvant en forme législative et éventuellement le système juridique.

Ces distinctions et catégories suggérées dans le raisonnement en la matière ne sont pas purement rhétoriques ou théoriques, loin de là. Elles sont nécessaires à la compréhension de la situation contemporaine du droit écrit dans les différentes juridictions au pays. Pour alimenter la discussion, il est utile de se référer aux motifs de l'arrêt *Épiciers Unis Métro-Richelieu Inc.*[71], rendu en 2004 par la Cour suprême du Canada. Écrivant l'opinion unanime dans cette affaire, le juge LeBel relève ceci (à noter, l'utilisation du verbe être au passé) :

> Traditionnellement, les méthodes d'interprétation du *Code civil du Québec* et du droit d'origine législative des provinces de common law <u>étaient</u> différentes, voire clairement opposées (P.-A. Côté, Interprétation des lois (3e éd. 1999), p. 34 et suiv.). Dans les provinces de common law, les textes législatifs ou « statutes » étaient considérés comme un droit d'exception dont la nature justifiait souvent une interprétation restrictive, parfois empreinte de formalisme. Au contraire, le *Code civil du Québec*, qui établit le droit commun de cette province de droit civil, devait être interprété largement. Dans l'arrêt *Doré c. Verdun (Ville)*, [1997] 2 R.C.S. 862, le juge Gonthier précisa à ce propos que « contrairement au droit d'origine législative des ressorts de common law, le *Code civil* n'est pas un droit d'exception et son interprétation doit refléter cette réalité. Il doit recevoir une interprétation large qui favorise l'esprit sur la lettre et qui permette aux dispositions d'atteindre leur objet » (par. 15) [...].[72]

---

71. *Épiciers Unis Métro-Richelieu Inc., division « Éconogros » c. Collin*, [2004] 3 R.C.S. 257, [2004] A.C.S. no 55 (C.S.C.) [nos soulignements].

72. *Id.*, p. 267-68 [nos soulignements].

De nos jours, il ne semble plus adéquat d'associer nécessairement l'interprétation stricte et restrictive avec la tradition anglo-saxonne de common law, pas plus que de dire que l'approche interprétative large et libérale est toujours celle qui prévaut en droit civil, comme au Québec par exemple. Pourquoi ? Parce qu'il n'est plus vrai – en fait, il n'a jamais été bien fondé – de dire que le droit écrit au Québec est constitué uniquement de droit commun, d'application générale; outre la *Loi sur la protection du consommateur*, donnée en exemple plus tôt, il y a toujours eu des lois québécoises visant à déroger, préciser ou ajouter au droit commun (comme la disposition préliminaire du *Code civil du Québec* le confirme). De l'autre côté, dans les juridictions de common law au Canada, bien qu'il ne soit pas erroné de penser que la plupart des textes législatifs demeurent du droit d'exception, leur droit commun étant jurisprudentiel (« judge-made-law »), il existe de plus en plus de « statutes » qui ont pour objet de « codifier », c'est-à-dire de compiler et synthétiser les règles juridiques dans un domaine, devenant ainsi une législation d'application générale; on peut citer dans ce sens, dans le secteur industriel en Ontario, l'exemple de la *Loi de 1995 sur les relations de travail*[73]. Dans ces derniers cas, la formulation employée par les légistes s'apparente à celle de droit civil, c'est-à-dire que le langage législatif est à « texture ouverte ». Nous verrons plus tard un autre exemple de ce genre de législation, avec l'affaire *R. c. Nova Scotia Pharmaceutical Society*[74].

À ce stade-ci de la discussion, le constat d'une pluralité dans la nature des textes législatifs de droit écrit, tant en droit civil qu'en common law au pays, donne tout son sens et sa signification à la proposition ci-haut voulant que l'approche interprétative soit véritablement tributaire du style rédactionnel employé dans la loi (et non directement de la tradition juridique). C'est ainsi qu'on peut mieux comprendre qu'au Québec, en droit civil, il puisse y avoir des interprétations larges et libérales dans les cas (fréquents) où l'on est en présence de lois à « texture ouverte » prévoyant des règles juridiques de droit commun, mais qu'il puisse aussi y avoir des interprétations strictes et restrictives dans les cas (moins fréquents) où la législation est détaillée parce qu'elle énonce de la normativité faisant exception au droit commun. Selon la même logique, dans la tradition de common law, les interprétations pourront avoir un *a priori* strict et restrictif, dans les situations (plutôt usuelles) de règles statutaires couchant par écrit, de façon détaillée et précise, le droit d'application particulière, mais l'approche de l'interprète anglo-saxon pourra être aussi téléologique, évolutive et généreuse, lorsque les situations (moins usitées, mais possibles) mettent en présence un texte législatif libellé en termes vagues et indéterminés, faisant la synthèse du droit d'application générale dans le domaine.

Bref, le droit civil au Québec, avec son droit commun et son droit d'exception, offre des textes de loi à « texture ouverte » et de la législation d'exception, ce qui signifie qu'il existe à la fois des cas d'interprétation généreuse et des cas d'interprétation restrictive. La common law dans les autres provinces, avec son droit d'application particulière (le droit commun étant jurisprudentiel) et son droit d'application générale, propose du droit écrit de façon lourde et détaillée, mais également des textes statutaires à « texture ouverte », qui commanderont soit une interprétation stricte de la lettre de la loi, soit une interprétation large et libérale eu égard à l'objectif poursuivi. Voici comment le juge LeBel, dans un texte coécrit (avec Pierre-Louis Le Saunier) en dehors de ses fonctions judiciaires, explique ce qu'on serait tenté d'appeler la convergence des méthodologies d'interprétation :

> La différence entre les méthodes d'interprétation du Code civil et du droit statutaire en common law s'est toutefois estompée avec l'évolution des méthodes d'interprétation

---

73. *Loi de 1995 sur les relations de travail*, L.O. 1995, c. 1.
74. [1992] 2 R.C.S. 606, [1992] A.C.S. no 67 (C.S.C.).

des lois à un point tel que nous pouvons désormais affirmer que le droit statutaire ne s'interprète plus automatiquement d'une manière restrictive, bien qu'il conserve sa nature d'exception relativement à la common law [« judge-made-law »].[75]

En somme, la question de l'interprétation juridique est en lien direct avec le style de rédaction du droit écrit (qui a lui-même été influencé par la nature de la normativité : droit commun, droit d'exception) : (i) s'il s'agit de langage juridique à texture ouverte, on favorisera une interprétation large et libérale; (ii) s'il s'agit d'un libellé précis et détaillé, on préférera une interprétation stricte et restrictive. Pour revenir à la théorie de Herbert Hart, le premier scénario, relatif à un langage vague et général qui rend la règle juridique applicable à une panoplie de situations dans la zone de pénombre, invitera l'interprète à participer pleinement à la réalisation et à l'actualisation du droit. En revanche, le second scénario, relatif à une formulation à texture non ouverte limitant la norme à son noyau de sens clair, enverra le signal au juge qu'il ou elle devrait se limiter à une simple application de la règle juridique, sans besoin de lui insuffler une portée ou un sens étendu. Ainsi, il serait possible – et souhaitable – de voir, s'agissant de la méthodologie d'interprétation, un genre de raisonnement d'échelle progressive (« sliding scale »), où la participation de l'interprète à la réalisation et l'actualisation du droit écrit sera tributaire, en très grande partie, du type de langage utilisé par le constituant.

---

* * *

Cette problématique, quant au caractère vague et ouvert du langage législatif, s'est présentée à la Cour suprême du Canada dans une cause mettant en jeu la théorie de l'imprécision constitutionnelle[76], qu'il convient maintenant d'examiner.

Extraits tirés de *R. c. Nova Scotia Pharmaceutical Society*, [1992] 2 R.C.S. 606, [1992] A.C.S. n° 67 [numérotation des paragraphes ajoutée].

Version française du jugement de la Cour rendu par

LE JUGE GONTHIER

Les faits et les procédures

1   Les douze appelants ont fait l'objet d'une mise en accusation le 31 mai 1990 portant sur deux chefs de complot pour empêcher ou diminuer, indûment, la concurrence, en contravention de l'al. 32(1)c) de la *Loi relative aux enquêtes sur les coalitions*, S.R.C. 1970, ch. C-23. Les deux chefs se rapportaient à la vente et à la mise en vente de médicaments prescrits ainsi qu'à la fourniture de services de pharmacien, entre le 1er janvier 1974 et le 16 juin 1986 pour ce qui est du premier chef, et entre le 1er juillet 1976 et le 16 juin 1986 pour ce qui est du second. Le procès devait commencer en octobre 1990.

---

75.   Louis LEBEL et Pierre-Louis LE SAUNIER, « L'interaction du droit civil et de la common law à la Cour suprême du Canada », (2006) 47 *C. de D.* 179, p. 230-31.

76.   Au sujet de l'imprécision constitutionnelle, voir S. Beaulac, « Les bases constitutionnelles de la théorie de l'imprécision : partie d'une précaire dynamique globale de la Charte », (1995) 55 *R. du B.* 257.

2   Le 21 août 1990, les appelants ont présenté une requête afin d'obtenir une ordonnance annulant l'acte d'accusation parce que l'al. 32(1)*c*) et le par. 32(1.1) ainsi que le par. 32(1.3) de la Loi violaient l'art. 7 et les al. 11a) et 11d) de la *Charte canadienne des droits et libertés* et étaient donc invalides. Les arguments invoqués portaient essentiellement sur les questions de l'imprécision et de la *mens rea*. Le 5 septembre 1990, le juge Roscoe de la Section de première instance de la Cour suprême de la Nouvelle-Écosse a fait droit à la requête et annulé l'acte d'accusation : (1990), 98 N.S.R. (2d) 296, 263 A.P.R. 296, 73 D.L.R. (4th) 500, 59 C.C.C. (3d) 30, 32 C.P.R. (3d) 259. L'intimée a interjeté appel devant la Section d'appel de la Cour suprême de la Nouvelle-Écosse. Le 24 avril 1991, la cour a fait droit à l'appel, à l'unanimité (le juge en chef Clarke et les juges Jones et Hallett) : (1991), 102 N.S.R. (2d) 222, 279 A.P.R. 222, 80 D.L.R. (4th) 206, 64 C.C.C. (3d) 129, 36 C.P.R. (3d) 173, 7 C.R.R. (2d) 352. Un avis d'appel a été déposé au greffe de notre Cour le 22 mai 1991.

Dispositions législatives pertinentes

3   *Loi relative aux enquêtes sur les coalitions*

> **32.** (1) Est coupable d'un acte criminel et passible d'un emprisonnement de cinq ans ou d'une amende d'un million de dollars, ou de l'une et l'autre peine, toute personne qui complote, se coalise, se concerte ou s'entend avec une autre
>
> ...
>
> *c*) pour empêcher ou diminuer, indûment, la concurrence dans la production, la fabrication, l'achat, le troc, la vente, l'entreposage, la location, le transport ou la fourniture d'un produit, ou dans le prix d'assurances sur les personnes ou les biens;

La Loi a été modifiée en 1976 (S.C. 1974-75-76, ch. 76, également appelé « première phase » de la réforme de la loi sur la concurrence), par l'insertion du par. 32(1.1) :

> (1.1) Pour plus de certitude, il n'est pas nécessaire, pour établir qu'un complot, une association d'intérêts, un accord, ou un arrangement contrevient au paragraphe (1), de prouver que le complot, l'association d'intérêts, l'accord ou l'arrangement, s'ils étaient exécutés, élimineraient ou seraient susceptibles d'éliminer la concurrence, entièrement ou à toutes fins utiles, sur le marché auquel ils se rapportent, ni que les participants ou l'un ou plusieurs d'entre eux, visaient à éliminer la concurrence, entièrement ou à toutes fins utiles, sur ce marché.

En 1986, lors de la deuxième phase de la réforme (S.C. 1986, ch. 26), le par. 32(1.3) a été inséré dans la Loi (qui est devenue la *Loi sur la concurrence*) :

> (1.3) Il est précisé, pour plus de sûreté, qu'il est nécessaire, afin d'établir qu'un complot, une association d'intérêts, un accord ou un arrangement contrevient au paragraphe (1), de prouver que les parties avaient l'intention de participer à ce complot, cette association d'intérêts, cet accord ou à cet arrangement et y ont participé mais qu'il n'est pas nécessaire de prouver que les parties avaient l'intention que le complot, l'association d'intérêts, l'accord ou l'arrangement ait l'un des effets visés au paragraphe (1).

Ces dispositions sont devenues l'al. 45(1)*c*) et les par. 45(2) et (2.2) respectivement de la *Loi sur le concurrence*, L.R.C. (1985), ch. C-34.

Jugements des tribunaux d'instance inférieure

[...]

Les questions en litige

12 Le 11 juillet 1991, le Juge en chef a formulé les questions constitutionnelles suivantes :

1. L'alinéa 32(1)*c*) de la *Loi relative aux enquêtes sur les coalitions*, S.R.C. 1970, ch. C-23 (maintenant l'al. 45(1)*c*) de la *Loi sur la concurrence*, L.R.C. (1985), ch. C-34), est-il, en totalité ou en partie, incompatible avec l'art. 7 de la *Charte canadienne des droits et libertés* ?

2. Le paragraphe 32(1.1) de la *Loi relative aux enquêtes sur les coalitions*, S.R.C. 1970, ch. C-23 (maintenant le par. 45(2) de la *Loi sur la concurrence*, L.R.C. (1985), ch. C-34), est-il incompatible avec l'art. 7 de la *Charte canadienne des droits et libertés* ?

3. Si la réponse à la première ou à la deuxième question est affirmative, l'atteinte est-elle néanmoins justifiée en vertu de l'article premier de la *Charte canadienne des droits et libertés* ?

13 Étant donné la structure de l'argumentation des parties, je me propose d'étudier les diverses questions en litige dans l'ordre suivant :

I. L'imprécision alléguée, sur le plan constitutionnel, de l'al. 32(1)c) et du par. 32(1.1) de la Loi et de l'acte d'accusation;

II. A. La *mens rea* exigée par l'al. 32(1)c) de la Loi;

   B. La constitutionnalité de l'exigence de la mens rea à l'al. 32(1)c) de la Loi.

14 Dans leur avis d'appel, les appelants soulèvent seulement la question de l'imprécision comme moyen d'appel. Par un avis d'intention en date du 20 juin 1991, l'intimée indique qu'elle demandera la modification du jugement rendu en appel quant à la question de la *mens rea*. L'intimée demande à notre Cour de conclure que l'al. 32(1)*c*) n'impose pas au ministère public de prouver l'intention de diminuer la concurrence et que, néanmoins, il ne viole pas la *Charte*. Les appelants soutiennent qu'il était interdit à l'intimée de soulever la question de la *mens rea* sans avoir d'abord obtenu l'autorisation de la Cour conformément à la règle 29(2) des *Règles de la Cour suprême du Canada*, DORS/83-74, puisque l'intimée forme en fait un appel incident contre le jugement rendu en appel.

15 Par son avis d'intention, l'intimée ne forme pas en réalité un appel incident contre la décision de la Section d'appel de la Cour suprême de la Nouvelle-Écosse. Elle ne cherche pas à faire modifier le dispositif. Elle vise seulement à faire modifier les motifs. Cette affaire est régie de toute évidence par la règle 29(1) des Règles de la Cour suprême. La règle 29(2), relative aux appels incidents, n'est pas applicable en l'espèce. En déposant un avis d'intention, l'intimée pouvait demander que le jugement de la Cour d'appel soit modifié quant à la question de la *mens rea*, dans la mesure où le dispositif restait le même. Même si l'intimée n'avait pas déposé un avis d'intention, la Cour aurait eu le pouvoir discrétionnaire, en application de la règle 29(1), de considérer l'ensemble de l'affaire, comme elle l'a fait dans l'arrêt *Perka c. La Reine*, [1984] 2 R.C.S. 232. Comme le dit le juge en chef Dickson (alors juge puîné), à la p. 240, « il est loisible à un intimé de soumettre des arguments à l'appui du jugement d'instance inférieure et il n'est pas limité aux points de droit soulevés par les appelants ».

16   Notre Cour est donc saisie à bon droit de la question de la *mens rea*.

[...]

La portée de la précision

42   Voilà qui m'amène à faire la synthèse de ces observations touchant l'imprécision. Les raisons d'être de l'avertissement quant au fond et de la limitation du pouvoir discrétionnaire dans l'application de la loi tendent à la même conclusion : une disposition inintelligible n'est pas un guide suffisant pour un débat judiciaire et est donc d'une imprécision inconstitutionnelle.

43   En énonçant certaines propositions, les dispositions législatives exposent les grandes lignes de ce qui est acceptable et de ce qui ne l'est pas, et elles donnent aussi certaines indications quant aux limites à respecter à cet égard. Offrant une vue générale de la question dans son article « La teneur indécise du droit » (1991), 107 *Rev. dr. publ.* 1199, P. Amselek met en évidence avec raison le rapport étymologique et métaphorique entre le droit et la géométrie; il écrit, aux pp. 1200 et 1201 :

> Les règles juridiques sont des outils mentaux [...] autoritairement mis en service, en vigueur, par les pouvoirs publics institués à la tête des populations humaines pour les gouverner : il s'agit de contenus de pensée finalisés, instrumentalisés, chargés de servir à diriger les conduites; ces contenus de pensée fixent des marges de possibilité d'action en fonction des circonstances − marges qu'évoquait précisément chez les Romains la notion même de « jus » dans son sens le plus originaire et que traduit aussi d'ailleurs notre notion de « droit » qui dénote l'idée même de possibilité, de latitude. Ces marges servent à encadrer la volonté de ceux auxquels elles sont adressées, à lui servir de support, d'étalon de mesure pour rester à l'intérieur de la droiture, de la rectitude, dans le tracé des lignes de conduite qu'elle arrête et qu'elle fait ensuite exécuter, dont elle déclenche le passage à l'acte.

Comme Amselek le souligne plus loin, ces règles sont caractérisées par leur nature non résolue, en ce sens qu'elles ne sont ni objectives ni complètes.

44   Les règles juridiques ne fournissent qu'un cadre, un guide pour régler sa conduite, mais la certitude n'existe que dans des cas donnés, lorsque la loi est actualisée par une autorité compétente. Entre temps, la conduite est guidée par l'approximation. Le processus d'approximation aboutit parfois à un ensemble assez restreint d'options, parfois à un ensemble plus large. Les dispositions législatives délimitent donc une sphère de risque et ne peuvent pas espérer faire plus, sauf si elles visent des cas individuels.

45   En énonçant les limites de ce qui est acceptable et de ce qui ne l'est pas, ces normes donnent lieu à un débat judiciaire. Elles comportent une substance et permettent la discussion sur leur actualisation. Elles limitent donc le pouvoir discrétionnaire en introduisant des lignes de démarcation et elles délimitent suffisamment une sphère de risque pour que les citoyens soient prévenus quant au fond de la norme à laquelle ils sont assujettis.

46   On ne saurait vraiment pas exiger davantage de certitude de la loi dans notre État moderne. Les arguments sémantiques, fondés sur une conception du langage en tant que moyen d'expression sans équivoque, ne sont pas réalistes. Le langage n'est pas l'instrument exact que d'aucuns pensent qu'il est. On ne peut pas soutenir qu'un texte de loi peut et doit fournir suffisamment d'indications pour qu'il soit possible de prédire les conséquences juridiques d'une conduite donnée. Tout ce qu'il peut faire, c'est énoncer certaines limites,

qui tracent le contour d'une sphère de risque. Mais c'est une caractéristique inhérente de notre système juridique que certains actes seront aux limites de la ligne de démarcation de la sphère de risque; il est alors impossible de prédire avec certitude. Guider, plutôt que diriger, la conduite est un objectif plus réaliste. La CEDH a maintes fois mis en garde contre la recherche de la certitude et adopté cette conception de la « sphère de risque » dans l'affaire *Sunday Times*, précitée, et surtout dans l'affaire *Silver et autres*, arrêt du 25 mars 1983, série A no 61, aux pp. 33 et 34, et dans l'affaire *Malone*, précitée, aux pp. 32 et 33.

47　　　Une disposition imprécise ne constitue pas un fondement adéquat pour un débat judiciaire, c'est-à-dire pour trancher quant à sa signification à la suite d'une analyse raisonnée appliquant des critères juridiques. Elle ne délimite pas suffisamment une sphère de risque et ne peut donc fournir ni d'avertissement raisonnable aux citoyens ni de limitation du pouvoir discrétionnaire dans l'application de la loi. Une telle disposition n'est pas intelligible, pour reprendre la terminologie de la jurisprudence de notre Cour, et ne donne par conséquent pas suffisamment d'indication susceptible d'alimenter un débat judiciaire. Elle ne donne aucune prise au pouvoir judiciaire. C'est là une norme exigeante, qui va au-delà de la sémantique. Le terme « débat judiciaire » n'est pas utilisé ici pour exprimer une nouvelle norme ou pour s'écarter de celle que notre Cour a déjà énoncée. Au contraire, elle traduit et englobe la même norme et le même critère d'avertissement raisonnable et de limitation du pouvoir discrétionnaire dans l'application de la loi considérés dans le contexte plus global d'une analyse de la qualité et des limites de la connaissance et de la compréhension qu'ont les particuliers de l'application de la loi.

L'imprécision et la primauté du droit

48　　　Le critère de l'absence de débat judiciaire se rattache naturellement aux principes de la primauté du droit qui forment le pivot de notre régime. Sous ce rapport, il faut considérer la primauté du droit dans le contexte contemporain. Les études européennes sur l'« État de droit » ou « Rechtsstaat » sont pertinentes (pour une analyse des différences historiques entre les deux notions, voir L. C. Blaau, « The Rechtsstaat Idea Compared with the Rule of Law as a Paradigm for Protecting Rights » (1990), 107 *S. Afr. L.J.* 76, aux pp. 88 à 92).

49　　　J.-P. Henry, « Vers la fin de l'État de droit ? » (1977), 93 *Rev. dr. publ.* 1207, donne la définition suivante de l'« État de droit », à la p. 1208 :

> Dans une formulation théorique, l'état de droit est un système d'organisation dans lequel l'ensemble des rapports sociaux et politiques sont soumis au droit. C'est dire qu'alors, les rapports entre individus mais aussi les rapports entre individus et pouvoirs, s'inscrivent dans un commerce juridique fait de droits et d'obligations.

Voir aussi J. Chevallier, « L'État de droit » (1988), 104 *Rev. dr. publ.* 313, aux pp. 330 et 331, et R. Carré de Malberg, *Contribution à la théorie générale de l'État* (1920), vol. 1, aux pp. 488 à 490. Au cœur de l'« État de droit », comme dans l'application de la primauté du droit, se trouve la proposition que les rapports entre l'État et les individus sont régis par le droit.

50　　　Il faut écarter l'attitude de non-intervention qui a imprégné le développement de la théorie de la primauté du droit et privilégier une conception plus globale de l'État, considéré comme une entité soumise au droit et agissant par l'intermédiaire du droit. L'État moderne intervient dans presque tous les domaines de l'activité humaine et son rôle va bien au-delà de la levée d'impôts et du maintien de l'ordre. L'État s'est engagé dans des domaines où les fonctions ne sont pas aussi nettement définies; dans la sphère de la politique sociale ou économique, les intérêts divergent et l'État ne cherche pas à faire respecter un intérêt bien déterminé et limité de la société dans l'ordre public, par exemple, à l'encontre d'un particulier. Souvent l'État essaie de réaliser une série d'objectifs sociaux, dont certains doivent être soupesés les uns par rapport aux autres et qui parfois s'opposent aux intérêts de particuliers. Tout en agissant encore comme responsable du respect de la loi, l'État moderne assume de plus en plus le rôle d'arbitre.

51   Ce rôle d'arbitre doit être exercé conformément à la loi, mais il atteint souvent un tel degré de complexité que le texte de loi correspondant sera couché dans des termes relativement généraux. À mon avis, la généralité de ces termes peut entraîner un rôle plus grand pour le pouvoir judiciaire, mais contrairement à certains auteurs (voir F. Neumann, *The Rule of Law* (1986), aux pp. 238 et 239), je ne vois pas de différence de nature entre les dispositions générales en vertu desquelles le pouvoir judiciaire exercerait en partie le rôle du pouvoir législatif et les dispositions « mécaniques » à l'égard desquelles le pouvoir judiciaire appliquerait simplement la loi. Le pouvoir judiciaire joue toujours un rôle de médiateur dans l'actualisation du droit, encore que l'étendue de ce rôle puisse varier.

52   En effet, comme la CEDH l'a reconnu dans l'affaire *Sunday Times*, précitée, et en particulier dans l'affaire *Barthold*, arrêt du 25 mars 1985, série A no 90, aux pp. 21 et 22, et dans l'affaire *Müller et autres*, arrêt du 24 mai 1988, série A no 133, à la p. 20, les lois qui sont conçues en termes généraux sont peut-être mieux faites pour la réalisation de leurs objectifs, en ce sens que, dans les domaines où l'intérêt public est en cause, les circonstances peuvent varier considérablement dans le temps et d'une affaire à l'autre. Un texte de loi très détaillé n'aurait pas la souplesse nécessaire et pourrait en outre masquer ses objectifs derrière un voile de dispositions détaillées. L'État moderne intervient de nos jours dans des domaines où une certaine généralité des textes de loi est inévitable. Mais quant au fond, ces textes restent néanmoins intelligibles. Il faut hésiter à recourir à la théorie de l'imprécision pour empêcher ou gêner l'action de l'État qui tend à la réalisation d'objectifs sociaux légitimes, en exigeant que la loi atteigne un degré de précision qui ne convient pas à son objet. Il y a lieu d'assurer un délicat dosage des intérêts de la société et des droits de la personne. Une certaine généralité peut parfois favoriser davantage le respect des droits fondamentaux car un texte précis pourrait ne pas être invalidé dans certaines circonstances, alors qu'un texte plus général pourrait adéquatement régir ces mêmes circonstances.

53   Ce qui fait plus problème, ce ne sont pas tant des termes généraux conférant un large pouvoir discrétionnaire, que des termes qui ne donnent pas, quant au mode d'exercice de ce pouvoir, d'indications permettant de le contrôler. Encore une fois, une loi d'une imprécision inacceptable ne fournit pas un fondement suffisant pour un débat judiciaire; elle ne donne pas suffisamment d'indication quant à la manière dont les décisions doivent être prises, tels les facteurs dont il faut tenir compte ou les éléments déterminants. En donnant un pouvoir discrétionnaire qui laisse toute latitude, elle prive le pouvoir judiciaire de moyens de contrôler l'exercice du pouvoir discrétionnaire. La nécessité d'énoncer des lignes directrices concernant l'exercice du pouvoir discrétionnaire a été au centre des motifs de la CEDH dans l'affaire *Malone*, précitée, aux pp. 32 et 33, et dans l'affaire *Leander*, arrêt du 26 mars 1987, série A no 116, à la p. 23.

54   Pour terminer, je tiens à souligner en outre que la norme que j'ai exposée s'applique à tous les textes de loi, de droit civil, de droit pénal, de droit administratif ou autre. Les citoyens ont droit à ce que l'État se conforme aux normes constitutionnelles régissant la précision chaque fois qu'il établit des textes de loi. En droit pénal, on peut penser que l'État doit énoncer avec un soin particulier les termes du débat judiciaire. À mon avis, cependant, si on a respecté la norme générale minimale, on devrait examiner tous les autres arguments relatifs à la précision des textes de loi à l'étape de l'étude de l'« atteinte minimale » de l'analyse fondée sur l'article premier.

55   La théorie de l'imprécision peut donc se résumer par la proposition suivante : une loi sera jugée d'une imprécision inconstitutionnelle si elle manque de précision au point de ne pas constituer un guide suffisant pour un débat judiciaire. Cet énoncé de la théorie est le plus conforme aux préceptes de la primauté du droit dans l'État moderne et il reflète l'économie actuelle du système de l'administration de la justice, qui réside dans le débat contradictoire.

[...]

Dans cette affaire, le juge Gonthier reconnaît donc que l'interprète du texte législatif, en l'occurrence un membre du pouvoir judiciaire, joue toujours un rôle de création dans l'exercice d'interprétation des lois. Évidemment, cette fonction créatrice de sens sera plus ou moins grande, suivant le libellé de la disposition législative sous étude. Plus le texte est exprimé dans des termes vagues et généraux, plus le juge aura à participer à l'identification du sens de la règle juridique. En revanche, si le texte législatif est précis et détaillé, il y aura peu de place, voire aucune, pour une contribution créatrice du juge. Le problème d'imprécision constitutionnelle se présente dans les rares cas où la disposition législative est tellement vague, générale et imprécise qu'il n'y a tout simplement pas, à proprement parler, d'indication du législateur quant à la teneur de la norme juridique dans la loi.

* * *

Incidemment, l'affaire *Nova Scotia Pharmaceutical Society* nous permet de parler d'une des difficultés d'interprétation que peut rencontrer l'interprète, soit le cas d'imprécision. On peut définir *l'imprécision législative* comme étant le caractère d'une loi dont le libellé vague et général permet de donner une portée variable à la règle juridique, allant d'une application restrictive à une application large. Randal Graham propose l'image suivante : « a vague word or phrase is analogous to an empty basket into which any number of objects – in this case, meanings – can be placed ». Le contenu de la norme sera donc de portée fluctuante : d'un côté, « [t]he basket might be full, containing all of the possible meanings that are attributable to the words being considered », de l'autre, « the basket may be relatively empty, embracing only some small category or subset of the meanings that could be attributed to the vague word or phrase »[77].

On doit distinguer l'imprécision de l'autre principale difficulté d'interprétation, soit *l'ambiguïté législative*, comme Reed Dickerson invitait à le faire dans son article « The Diseases of Legislative Language » :

> It is unfortunate that many lawyers persist in using the word "ambiguity" to include vagueness. To subsume both concepts under the same name tends to imply that there is no difference between them or that their differences are legally unimportant. Ambiguity is a disease of language, whereas vagueness, which is sometimes a disease, if often a positive benefit. With at least this significant difference between the two concepts, it is helpful to refer to them by different names.[78]

---

77. R.N. Graham, *Statutory Interpretation – Theory and Practice*, Toronto, Emond Montgomery, 2001, à la p. 123.
78. R. Dickerson, « The Diseases of Legislative Language » (1964) 1 Harv. J. on Legis. 5, à la p. 10.

L'ambiguïté se définit comme une situation où, en raison de sa formulation équivoque, le texte législatif renvoie à une pluralité de sens, et donc à une pluralité de règles juridiques, qui sont différents l'un de l'autre (sans toutefois devoir être irréconciliables). Le problème d'interprétation soulève alors une opposition dichotomique, une situation de type « soit l'un, soit l'autre »[79].

Il existe deux catégories d'ambiguïté : terminologique et syntaxique. L'ambiguïté terminologique se présente lorsque la loi utilise un mot ou une expression qui veut dire une chose ou une autre, c'est-à-dire l'une de plusieurs choses différentes. Gage de la rigueur avec laquelle les lois sont rédigées de nos jours, les exemples de ce type d'ambiguïté ne se trouvent pratiquement plus. Mais pour illustrer le cas, prenons la courte phrase « Je veux mon avocat », et particulièrement le mot « avocat ». Le sens *a priori* ambigu de ce mot ne deviendra clair que si je vous dis que je suis, soit à la table d'interrogation d'un poste de police, soit à la table d'un restaurant dont le service se fait attendre[80]. L'ambiguïté syntaxique, quant à elle, vient de la façon dont la disposition est construite, grammaticalement, ce qui soulève la question de savoir si le législateur veut ceci ou cela, c'est-à-dire soit l'une de plusieurs choses différentes. Un seul exemple suffira[81], tiré de la *Loi canadienne sur les sociétés par action*[82], qui prévoit ceci à l'article 21, paragraphe 3 :

> Les actionnaires et les créanciers de la société, leurs représentants personnels, le directeur et, lorsqu'il s'agit d'une société ayant fait appel au public, toute autre personne, *sur paiement d'un droit raisonnable et sur envoi à la société ou à son mandataire de l'affidavit visé au paragraphe (7)*, peuvent demander à la société ou à son mandataire, la remise, dans les dix jours suivant la réception de l'affidavit, d'une liste [...] énonçant les nom, nombre d'actions et adresse de chaque actionnaire, tels qu'ils figurent sur les livres. [Nos italiques]

Nous sommes en présence d'une ambiguïté syntaxique puisque la partie de la disposition en italique est équivoque, et ce, en raison de la construction grammaticale du texte. En ce qui concerne le paiement d'un droit raisonnable et de l'envoi de l'affidavit, est-ce que c'est seulement « toute autre personne » qui doit le faire, ou est-ce également « les actionnaires et les créanciers de la société, leurs représentants personnels, le directeur » qui doivent se plier à cette procédure ? Sont donc possibles ici deux sens différents, et le juge devra choisir soit l'un, soit l'autre.

* * *

---

79. R. Dickerson, « The Diseases of Legislative Language » (1964) 1 Harv. J. on Legis. 5, à la p. 7, où, comparant l'ambiguïté à l'imprécision, l'auteur écrit : « Whereas the uncertainty of ambiguity is central, with an "either-or" challenge, the uncertainty of vagueness lies in marginal questions of degree ».

80. Merci à Mathieu Devinat pour avoir inspiré cet exemple.

81. Merci à Randal Graham pour avoir inspiré cet exemple.

82. L.R.C. 1985, c. C-44.

QUESTIONS

1. De quel concept fondamental est issue la théorie de l'imprécision? En quoi consiste-t-elle?

2. Le degré de participation du juge aura-t-il pour effet de varier en fonction de la disposition législative sous étude?

3. Comment distinguer « l'imprécision » de « l'ambiguïté » ?

4. Existe-t-il un lien direct entre l'approche interprétative et la tradition juridique en présence (droit civil – common law)?

5. De manière contemporaine, est-il encore exact de prétendre que le droit statutaire s'interprète automatiquement de façon restrictive? Qu'en est-il de l'interprétation de la législation en droit civil : systématiquement large et libérale?

* * *

C. LE « MODERN PRINCIPLE » DE DRIEDGER[83]

Extrait tiré de Stéphane Beaulac et Pierre-André Côté, « Driedger's "Modern Principle" at the Supreme Court of Canada: Interpretation, Justification, Legitimization » (2006) 40 R.J.T. 131 aux pp. 135-153 [traduction de l'auteur].

S'il y a consensus sur quelque chose à la Cour suprême du Canada, c'est bien sur le recours au « modern principle » (en français, « principe moderne ») d'interprétation législative. Cette célèbre contribution doctrinale découle de l'œuvre de Elmer Driedger, *The Construction of Statutes*[84]. Le principe est tiré de la deuxième édition de l'ouvrage et se lit comme suit :

> Today there is only one principle or approach, namely, the words of an Act are to be read in their entire context in their grammatical and ordinary sense harmoniously with the scheme of the Act, the object of the Act and the intention of Parliament.[85]
>
> [TRADUCTION] Aujourd'hui il n'y a qu'un seul principe ou solution : il faut lire les termes d'une loi dans leur contexte global en suivant le sens ordinaire et grammatical qui s'harmonise avec l'esprit de la loi, l'objet de la loi et l'intention du législateur.

En effectuant une recherche sur le site Internet[86] de la Cour suprême du Canada, on est surpris de la fréquence où l'on retrouve cet extrait dans les jugements, ce qui en fait certainement la référence doctrinale la plus populaire dans l'histoire de ce pays[87]. Depuis la

---

83. Voir aussi, L. LeBel, « La méthode d'interprétation moderne : le juge devant lui-même et en lui-même », dans S. Beaulac et M. Devinat, dir., *Interpretatio non cessat – Mélanges en l'honneur de Pierre-André Côté / Essays in Honour of Pierre-André Côté*, Cowansville, Yvon Blais, 2011, 103.

84. E.A. Driedger, *The Construction of Statutes* (Toronto : Butterworths, 1974), p. 67.

85. E.A. Driedger, *The Construction of Statutes*, 2ième éd. (Toronto : Butterworths, 1983), p. 87.

86. Voir http://www.lexum.umontreal.ca/csc-scc/

87. Depuis les dernières années, surtout, la citation est devenue un genre d'incantation à la Cour suprême du Canada, dont on sent le besoin de réitérer avant de s'embarquer dans tout exercice d'interprétation législative.

toute première fois qu'il a été cité (en 1984) dans *Stubart Investments Ltd. c. La Reine*[88], jusqu'à la plus récente fois dans la période examinée (juillet 2007), la Cour suprême du Canada s'est référée au fameux extrait dans ses décisions[89] à quelque 59 reprises[90] [et 17

---

88. [1984] 1 R.C.S. 417.

89. Le plus souvent, c'est dans une opinion unanime ou dans les motifs pour la majorité qu'on fait référence au passage pertinent, bien qu'il puisse arriver qu'on le retrouve seulement dans les motifs minoritaires ou une opinion dissidente; il y a des causes où l'on trouve Driedger cité dans plusieurs opinions d'un même jugement. Enfin, mentionnons que dans la très grande majorité des cas, c'est l'extrait complet du «principe moderne» qui est reproduit dans les motifs; il arrive peu souvent qu'on fasse référence à l'auteur sans le citer.

90. Outre l'arrêt *Stubart*, les autres 58 sont : *Vachon c. Commission de l'emploi et de l'immigration*, [1985] 2 R.C.S. 417; *CN c. Canada (Commission des droits de la personne)*, [1987] 1 R.C.S. 1114; *Thomson c. Canada (Sous-ministre de l'Agriculture)*, [1992] 1 R.C.S. 385; *Symes c. Canada*, [1993] 4 R.C.S. 695; *Canada c. Antosko*, [1994] 2 R.C.S. 312; *Québec (Communauté urbaine) c. Corp. Notre-Dame de Bon-Secours*, [1994] 3 R.C.S. 3; *R. c. McIntosh*, [1995] 1 R.C.S. 686; *Friesen c. Canada*, [1995] 3 R.C.S. 103; *Schwartz c. Canada*, [1996] 1 R.C.S. 254; *Alberta (Treasury Branches) c. M.R.N.*, [1996] 1 R.C.S. 963; *Verdun c. Banque Toronto-Dominion*, [1996] 3 R.C.S. 550; *2747-3174 Québec Inc. c. Québec (Régie des permis d'alcool)*, [1996] 3 R.C.S. 919; *Banque royale du Canada c. Sparrow Electric Corp.*, [1997] 1 R.C.S. 411; *R. c. Hydro-Québec*, [1997] 3 R.C.S. 213; *Rizzo & Rizzo Shoes Ltd. (Re)*, [1998] 1 R.C.S. 27; *R. c. Gladue*, [1999] 1 R.C.S. 688; *Winko c. Colombie-Britannique (Forensic Psychiatric Institute)*, [1999] 2 R.C.S. 625; *Best c. Best*, [1999] 2 R.C.S. 868; *Winters c. Legal Services Society*, [1999] 3 R.C.S. 160; *Francis c. Baker*, [1999] 3 R.C.S. 250; *R. c. Davis*, [1999] 3 R.C.S. 759; *65302 British Colombia Ltd. c. Canada*, [1999] 3 R.C.S. 804; *Will-Kare Paving & Contracting Ltd. c. Canada*, [2000] 1 R.C.S. 915; *R. c. Araujo*, [2000] 2 R.C.S. 992; *R. c. Sharpe*, [2001] 1 R.C.S. 45; *R. c. Ulybel Enterprises Ltd.*, [2001] 2 R.C.S. 867; *Entreprises Ludco Ltée. c. Canada*, [2001] 2 R.C.S. 1082; *Law Society of British Columbia c. Mangat*, [2001] 3 R.C.S. 113; *Chieu c. Canada (Ministre de la Citoyenneté de l'Immigration)*, [2002] 1 R.C.S. 84; *Sarvanis c. Canada*, [2002] 1 R.C.S. 921; *Bell Express Vu Limited Partnership c. Rex*, [2002] 2 R.C.S. 559; *Lavigne c. Canada (Commissariat aux langues officielles)*, [2002] 2 R.C.S. 773; *Macdonell c. Québec (Commission d'accès à l'information)*, [2002] 3 R.C.S. 661; *R. c. Jarvis*, [2002] 3 R.C.S. 757; *Harvard College c. Canada (Commissaire aux brevets)*, [2002] 4 R.C.S. 45; *Markevich c. Canada*, [2003] 1 R.C.S. 94; *Barrie Public Utilities c. Assoc. canadienne de télévision par câble*, [2003] 1 R.C.S. 476; *S.C.F.P. c. Ontario (Ministre du travail)*, [2003] 1 R.C.S. 539; *Parry Sound (district), Conseil d'administration des services sociaux c. S.E.E.F.P.O., section locale 324*, [2003] 2 R.C.S. 157; *R. c. Blais*, [2003] 2 R.C.S. 236; *R. c. Clay*, [2003] 3 R.C.S. 735; *United Taxi Drivers' Fellowship of Southern Alberta c. Calgary (Ville)*, [2004] 1 R.C.S. 485; *Alberta Union of Provincial Employees c. Lethbridge Community College*, [2004] 1 R.C.S. 727; *Demande fondée sur l'art. 83.28 du Code criminel (Re)*, [2004] 2 R.C.S. 248; *Monsanto Canada Inc. c. Ontario (Surintendant des services financiers)*, [2004] 3 R.C.S. 152; *Épiciers unis Métro-Richelieu Inc., division «Éconogros» c. Collin*, [2004] 3 R.C.S. 257; *R. c. Clark*, [2005] 1 R.C.S. 6; *Marche c. Cie d'Assurance Halifax*, [2005] 1 R.C.S. 47; *Bristol-Myers Squibb Co. c. Canada (P.G.)*, [2005] 1 R.C.S. 533; *H.L. c. Canada (P.G.)*, [2005] 1 R.C.S. 401; *Canada (Chambre des communes) c. Vaid*, [2005] 1 R.C.S. 667; *Medovarski c. Canada (Ministre de la Citoyenneté et de l'Immigration)*, [2005] 2 R.C.S. 539; *Hilewitz c. Canada (Ministre de la Citoyenneté et de l'Immigration)*, [2005] 2 R.C.S. 706; *Montréal (Ville) c. 2952-1366 Québec Inc.*, [2005] 3 R.C.S. 141; *Merk c. Association internationale des travailleurs en ponts, en fer structural, ornemental et d'armature, section locale 771*, [2005] 3 R.C.S. 425; *Charlebois c. Saint John (Ville)*, [2005] 3 R.C.S. 563; *R. c. C.D.*, [2005] 3 R.C.S. 668; *Castillo c. Castillo*, [2005] 3 R.C.S. 870; *ATCO Gas & Pipelines Ltd. c. Alberta (Energy & Utilities Board)*, [2006] 1 R.C.S. 140; *R. c. Lavigne*, [2006] 1 R.C.S. 392; *Cie H.J. Heinz du Canada Ltée c. Canada (P.G.)*, [2006] 1 R.C.S. 441; *Canada 3000 Inc., Re; Inter-Canadian (1991) Inc. (Syndic de)*, [2006] 1 R.C.S. 865; *Cie pétrolière Impériale ltée c. Canada; Inco ltée c. Canada*, [2006] 2 R.C.S. 447; *Canada (P.G.) c. JTI-Macdonald Corp.*, [2007] 2 R.C.S. 610; and *Euro-Excellence Inc. c. Kraft Canada Inc.*, [2007] 3 R.C.S. 20.

autres fois[91], depuis juillet 2007 à janvier 2014]; trois autres décisions[92] ont fait référence à la troisième édition de l'ouvrage, *Driedger on the Construction of Statutes*[93], dont la professeure Ruth Sullivan a pris la relève et qui a par ailleurs reformulé le principe en des termes différents, le « modern principle » devenant le « *modern rule* » d'interprétation législative[94].

Il est important de noter que cette approche a été invoquée dans tous les domaines juridiques et, en outre, eu égard à toutes les facettes de l'interprétation juridique : du droit fiscal[95] aux droits de la personne[96], en passant par le droit pénal[97] et le droit de la famille[98]; pour qualifier

91.   Voir *A.Y.S.A. Amateur Youth Soccer Association c. Canada (Agence du revenu)*, [2007] 3 R.C.S. 217; *Nouveau-Brunswick (Commission des droits de la personne) c. Potash Corporation of Saskatchewan Inc.*, [2008] 2 R.C.S. 604; *R. c. Middleton*, [2009] 1 R.C.S. 674; *R. c. Craig*, [2009] 1 R.C.S. 762; *R. c. Ahmad*, [2011] 1 R.C.S. 110; *Colombie-Britannique (Workers' Compensation Board) c. Figliola*, [2011] 3 R.C.S. 422; *Canada (Commission canadienne des droits de la personne) c. Canada (Procureur général)*, [2011] 3 R.C.S. 471; *R. c. D.A.I.*, [2012] 1 R.C.S. 149; *R. c. Tse*, [2012] 1 R.C.S. 531; *Ré : Sonne c. Fédération des associations de propriétaires de cinémas du Canada*, [2012] 2 R.C.S. 376; *Entertainment Software Association c. Société canadienne des auteurs, compositeurs et éditeurs de musique*, [2012] 2 R.C.S. 231; *Opitz c. Wrzesnewskyj*, 2012 CSC 55, [2012] 3 R.C.S. 76; *Renvoi relatif à la Politique réglementaire de radiodiffusion CRTC 2010-167 et l'ordonnance de radiodiffusion CRTC 2010-168*, [2012] 3 R.C.S. 489p; *Sun Indalex Finance, LLC c. Syndicat des Métallos*, [2013] 1 R.C.S. 271; *R. c. A.D.H.*, 2013 CSC 28; *Agraira c. Canada (Sécurité publique et Protection civile)*, 2013 CSC 36; *Marine Services International Ltd. c. Ryan (Succession)*, 2013 CSC 44.

92.   Voir *Banque Manuvie du Canada c. Colin*, [1996] 3 R.C.S. 415; *Pointe-Claire (Ville) c. Québec (Tribunal du travail)*, [1997] 1 R.C.S. 1015; *Opetchesaht c. Canada*, [1997] 2 R.C.S. 119. La deuxième et la troisième éditions de l'ouvrage ont été utilisées également à d'autres occasions : voir *Verdun c. Banque Toronto-Dominion*, [1996] 3 R.C.S. 550; *2747-3174 Québec Inc. c. Québec (Régie des permis d'alcool)*, [1996] 3 R.C.S. 550; *R. c. Gladue*, [1999] 1 R.C.S. 688; *Winko c. Colombie-Britannique (Forensic Psychiatric Institute)*, [1999] 2 R.C.S. 625; *Best c. Best*, [1999] 2 R.C.S. 868; *65302 British Colombia Ltd. c. Canada*, [1999] 3 R.C.S. 804; *Chieu c. Canada (Ministre de la Citoyenneté et de l'Immigration)*, [2002] 1 R.C.S. 84.

93.   R. Sullivan, *Driedger on the Construction of Statutes*, 3ième éd. (Toronto & Vancouver : Butterworths, 1994), p. 131-132.

94.   La nouvelle version proposée par Sullivan n'a été nullement aussi populaire que celle de la seconde édition de l'ouvrage de Driedger. Pour une défense et une explication de sa reformulation, voir R. Sullivan, « Statutory Interpretation in the Supreme Court of Canada » (1998-1999) 30 *Revue de droit d'Ottawa* 175.

95.   Voir *Stubart Investments Ltd. c. La Reine*, [1984] 1 R.C.S. 417; *Symes c. Canada*, [1993] 4 R.C.S. 695; *Canada c. Antosko*, [1994] 2 R.C.S. 312; *Québec (Communauté urbaine) c. Corp. Notre-Dame de Bon-Secours*, [1994] 3 R.C.S. 3; *Friesen c. Canada*, [1995] 3 R.C.S. 103; *Schwartz c. Canada*, [1996] 1 R.C.S. 254; *Alberta (Treasury Branches) c. M.N.R.*, [1996] 1 R.C.S. 963; *Banque royale du Canada c. Sparrow Electric Corp.*, [1997] 1 R.C.S. 411; *65302 British Colombia Ltd. c. Canada*, [1999] 3 R.C.S. 804; *Will-Kare Paving & Contracting Ltd. c. Canada*, [2000] 1 R.C.S. 915; *Entreprises Ludco Ltée. c. Canada*, [2001] 2 R.C.S. 1082; *R. c. Jarvis*, [2002] 3 R.C.S. 757; *Markevich c. Canada*, [2003] 1 R.C.S. 94.

96.   Voir *CN c. Canada (Commission des droits de la personne)*, [1987] 1 R.C.S. 1114; *Canada (Chambre des communes) c. Vaid*, [2005] 1 R.C.S. 667, para. 80, dans lequel le juge Binnie, au nom de la Cour, écrit ceci : « Ces principes d'interprétation s'appliquent *avec une rigueur particulière* dans le cadre de l'application des lois relatives aux droits de la personne » [nos italiques].

97.   Voir *R. c. McIntosh*, [1995] 1 R.C.S. 686; *R. c. Gladue*, [1999] 1 R.C.S. 688; *R. c. Davis*, [1999] 3 R.C.S. 759; *R. c. Araujo*, [2000] 2 R.C.S. 992; *R. c. Clark*, [2005] 1 R.C.S. 6; *R. c. C.D.*, [2005] 3 R.C.S. 668.

98.   Voir *Best c. Best*, [1999] 2 R.C.S. 868; *Francis c. Baker*, [1999] 3 R.C.S. 250.

la législation dans des contestations constitutionnelles (causes invoquant[99] la *Charte*[100] ou causes[101] en matière de partage des compétences), pour interpréter des textes constitutionnels[102] ou quasi-constitutionnels[103], pour interpréter la législation déléguée comme les règlements de l'administration[104] ou des municipalités[105], ou pour identifier la portée de dispositions transitoires dans les lois[106]; on l'a même considérée utile en droit civil québécois[107] pour interpréter des dispositions du *Code Civil*[108] et même à une occasion pour aider à l'interprétation d'un contrat.[109] Maintes fois à travers les années, la Cour suprême du Canada a effectué des professions de foi à l'égard du « principe moderne », déclarant qu'il s'agissait en interprétation des lois de la méthode « qui prévaut ou à privilégier »[110]

---

99.   Voir *Winko c. Colombie-Britannique (Forensic Psychiatric Institute)*, [1999] 2 R.C.S. 625; *R. c. Sharpe*, [2001] 1 R.C.S. 45; *R. c. Clay*, [2003] 3 R.C.S. 735; *Demande fondée sur l'art. 83.28 du Code criminel (Re)*, [2004] 2 R.C.S. 248.

100.   *Charte canadienne des droits et libertés*, qui constitue la partie I de la *Loi constitutionnelle de 1982*, Annexe B, *Loi de 1982 sur le Canada* (R.-U.) 1982, ch. 11 [ci-après la *Charte*].

101.   Voir *R. c. Hydro-Québec*, [1997] 3 R.C.S. 213; *Law Society of British Columbia c. Mangat*, [2001] 3 R.C.S. 113.

102.   Voir *R. c. Blais*, [2003] 2 R.C.S. 236, où la question était de savoir si la *Convention sur le transfert des ressources naturelles* du Manitoba, qui est mise en œuvre par l'annexe 1 de la *Loi constitutionnelle de 1930*, reproduite dans L.R.C. 1985, app. II., no. 26. Au para. 16, la Cour écrit : « Le point de départ de notre analyse est le principe selon lequel une loi – y compris les lois ayant un caractère constitutionnel – doit être interprétée selon le sens des mots utilisés, considérés dans leur contexte et à la lumière de l'objet qu'ils sont censés réaliser : E.A. Driedger, *Construction of Statutes* (2e éd. 1983), p. 87 ».

103.   Voir *Lavigne c. Canada (Commissariat aux langues officielles)*, [2002] 2 R.C.S. 773, para. 25, où le juge Gonthier écrit : « La *Loi sur les langues officielles* et la *Loi sur la protection des renseignements personnels* sont étroitement liées aux valeurs et aux droit prévus par la Constitution, ce qui explique leur statut quasi-constitutionnel reconnu par cette Cour. Ce statut n'a toutefois pas pour effet de modifier l'approche traditionnelle d'interprétation des lois, définie par E.A. Driedger dans *Construction of Statutes* (2e éd. 1983), p. 87 ». Voir aussi *Charlebois c. Saint John (Ville)*, [2005] 3 R.C.S. 563, concernant la *Loi sur les langues officielles*, L.N.-B. 2002, ch. O-0.5, du Nouveau-Brunswick.

104.   Voir *Bristol-Myers Squibb Co. c. Canada (P.G.)*, [2005] 1 R.C.S. 533, mettant en jeu l'interprétation d'un règlement en matière de brevets.

105.   Voir *Montréal (Ville) c. 2952-1366 Québec Inc.*, [2005] 3 R.C.S. 706, soulevant une question d'interprétation d'un règlement municipal.

106.   Voir *Medovarski c. Canada (Ministre de la Citoyenneté et de l'Immigration)*, [2005] 2 R.C.S. 539; en ce qui concerne l'applicabilité du « principe moderne » à une disposition transitoire, voir les para. 14-15.

107.   Voir *Épiciers Unis Métro-Richelieu Inc., division « Éconogros » c. Collin*, [2004] 3 R.C.S. 257, para. 21, où le juge LeBel écrit ceci au nom de la Cour : « En fait, cette différence est pratiquement disparue aujourd'hui, puisque le droit statutaire ne s'interprète désormais plus automatiquement d'une manière restrictive. En effet, notre Cour a, maintes fois, décrit la méthode qu'elle privilégie en matière d'interprétation des lois ». Il fait ensuite référence au « principe moderne » et à de la jurisprudence citant Driedger.

108.   *Code civil du Québec*, L.Q. 1991, ch. 64.

109.   Voir *Banque Manuvie du Canada c. Conlin*, [1996] 3 R.C.S. 415, para. 41, où le juge L'Heureux-Dubé en dissidence écrit ceci, juste avant de faire référence à la troisième édition de l'ouvrage de Driedger, *Driedger on the Construction of Statutes*, 3ième éd. (Toronto & Vancouver : Butterworths, 1994) : « Par conséquent, la « méthode contextuelle moderne » d'interprétation des lois s'applique également, avec les adaptations nécessaires, à l'interprétation des contrats ».

110.   Voir *Chieu c. Canada (Ministre de la Citoyenneté et de l'Immigration)*, [2002] 1 R.C.S. 84, para. 27; *Sarvanis c. Canada*, [2002] 1 R.C.S. 921, para. 24; *Bell ExpressVu Limited Partnership c. Rex*, [2002] 2 R.C.S. 559, para. 26; *Alberta Union of Provincial Employees c. Lethbridge Community*

et « qui est établie »[111], ou celle qui est « appropriée et adéquate »[112] ou encore l'approche « traditionnelle et juste »[113]. La citation « fait maintenant autorité »[114] et « saisi ou résume le mieux »[115] la méthodologie d'interprétation au Canada; elle a été définie comme « le point de départ » pour l'interprétation législative au Canada[116].

Origine du principe

Elmer Driedger met de l'avant cette expression « principe moderne » dans un chapitre de son *Construction of Statutes*[117] qui s'intitule justement « The Modern Principle of Construction ». Il s'agit du chapitre 4, qui suit les trois premiers, respectivement « The Ordinary Meaning »[118], « Departure from the Ordinary Meaning »[119] et « Construction by Object or Purpose »[120]. Le célèbre extrait apparaît à la fin d'un chapitre relativement court – sept pages – sous la rubrique « Modern Principle », le tout ne comptant pas plus d'une demi-page. En fait, le passage se trouve en conclusion d'une discussion sur les trois règles traditionnelles d'interprétation dans le système de common law, soit le « Mischief Rule »[121], le « Literal Rule »[122] et le « Golden Rule »[123]. L'analyse de Driedger comprend les décisions les plus importantes de la common law anglaise appuyant chacune de ces trois règles, à savoir l'affaire *Heydon's*[124], l'affaire *Sussex Peerage*[125] et *Grey v. Pearson*[126], respectivement.

On voit donc que Driedger parle pour la première fois du « principe moderne » à la suite d'un court résumé des trois moyens, incontestables et incontournables, selon lesquels les tribunaux en common law ont traditionnellement abordé les textes législatifs. On dit essentiellement qu'une interprétation adéquate doit tenir compte de l'objet de la loi (Mischief

---

      College, [2004] 1 R.C.S. 727, para. 25; *Demande fondée sur l'art. 83.28 du Code criminel (Re)*, [2004] 2 R.C.S. 248, para. 34; *Épiciers Unis Métro-Richelieu Inc., division « Éconogros » c. Collin*, [2004] 3 R.C.S. 257, para. 21; *Marche c. Cie d'Assurance Halifax*, [2005] 1 R.C.S. 47, para. 54; *Bristol-Myers Squibb Co. c. Canada (P.G.)*, [2005] 1 R.C.S. 533, para. 96; *H.L. c. Canada (P.G.)*, [2005] 1 R.C.S. 401, para. 186.

111. Voir *Mosanto Canada Inc. c. Ontario (Surintendent des services financiers)*, [2004] 3 R.C.S. 152, para. 19.

112. Voir *S.C.F.P. c. Ontario (Ministre du travail)*, [2003] 1 R.C.S. 539, para. 106; *Parry Sound (District) Conseil d'administration des services sociaux c. S.E.E.F.P.O., section locale 324*, [2003] 2 R.C.S. 157, para. 41.

113. Voir *Lavigne c. Canada (Commissariat aux langues officielles)*, [2002] 2 R.C.S. 773, para. 25; *65302 British Colombia Ltd. c. Canada*, [1999] 3 R.C.S. 804, para. 5.

114. Voir *Bell ExpressVu Limited Partnership c. Rex*, [2002] 2 R.C.S. 559, para. 26.; *Barrie Public Utilities c. Assoc. Canadienne de télévision par câble*, [2003] 1 R.C.S. 476, para. 20 & 86.

115. Voir *Rizzo & Rizzo Shoes Ltd. (Re)*, [1998] 1 R.C.S. 27, para. 21; *R. c. Sharpe*, [2001] 1 R.C.S. 45, para. 33; *Entreprises Ludco Ltée. c. Canada*, [2001] 2 R.C.S. 1082, para. 36.

116. Voir *Barrie Public Utilities c. Assoc. Canadienne de télévision par câble*, [2003] 1 R.C.S. 476, para. 20; *R. c. Clay*, [2003] 3 R.C.S. 735, para. 55; *Montréal (Ville) c. 2952-1366 Québec Inc.*, [2005] 3 R.C.S. 706, para. 114.

117. E.A. Driedger, *The Construction of Statutes*, 2ième éd. (Toronto : Butterworths, 1983), p. 81 *ff.*

118. *Ibid.*, p. 1 *ff.*

119. *Ibid.*, p. 47 *ff.*

120. *Ibid.*, p. 73 *ff.*

121. *Ibid.*, p. 81-82.

122. *Ibid.*, p. 82-84.

123. *Ibid.*, p. 85-86.

124. (1584), 3 Co. Rep. 7*a*, 76 E.R. 637 (C.L.).

125. (1844), 11 Cl. & R. 85, 8 E.R. 1034 (C.L.).

126. (1857), 6 H.L.C. 61, 10 E.R. 1216 (C.L.).

Rule), des mots dans lesquels il est exprimé (Literal Rule) et être en harmonie avec ses autres dispositions et les autres lois (Golden Rule). La nouveauté, qui est loin d'être révolutionnaire, tient à la suggestion que ces trois aspects sont toujours pertinents et, de fait, devraient avoir leur place dans tout exercice d'interprétation. Bref, lorsqu'on met le passage clé dans son contexte d'élaboration original, il ressort clairement que Driedger avait une intention modeste avec son « modern principle », soit de faire un compte rendu des trois règles classiques d'interprétation législative, accompagné de la recommandation implicite voulant qu'elles soient inexorablement pertinentes.

Ceci étant, comment la Cour suprême du Canada a-t-elle réussi à transformer cet apport doctrinal somme toute petit en ce qui est devenu une proclamation sans équivoque de la seule et unique approche en matière d'interprétation des lois. En réalité, la lecture de cette partie de *Construction of Statutes*[127] laisse l'intime impression que le « principe moderne » ne se veut point normatif, mais plutôt descriptif de la pratique interprétative qui prévaut dans les faits depuis un certain temps au Canada. Il faut noter à cet égard les phrases qui suivent immédiatement l'extrait en question : « This principle is expressed repeatedly by modern judges, as, for example [...] »[128] (et plusieurs causes sont citées[129]). Une autre preuve que cette citation ne prétend aucunement être exhaustive ou concluante se trouve à la toute dernière phrase du chapitre 4 : « The remaining chapters [et il y en a neuf] of this work seek to explain how an Act is to be so read and how problems that may be encountered on the way are to be solved »[130]. Afin de rendre justice à l'intention de l'auteur, peut-on vraiment donner tant d'importance à ce qu'il appelle le « principe moderne » ?

Voir le « principe moderne » essentiellement comme rien de plus qu'une simple compilation de règles existantes trouve confirmation lorsqu'on se réfère au contexte élargi de *Construction of Statutes*[131]. Un seul exemple suffira, soit ce que l'auteur écrit au début du chapitre 6, intitulé « The Method of Construction », sous la rubrique « The Steps » :

The decisions examined thus far indicate that the provisions of an enactment relevant to a particular case are to be read in the following way:

1. The Act as a whole is to be read in its entire context so as to ascertain the intention of Parliament (the law as expressly or impliedly enacted by the words), the object of the Act (the ends sought to be achieved), and the scheme of the Act (the relation between the individual provisions of the Act).

2. The words of the individual provisions to be applied to the particular case under consideration are then to be read in their grammatical and ordinary sense in the light of the intention of Parliament embodied in the Act as a whole, the object of the Act and the scheme of the Act, and if they are clear and unambiguous and in harmony with that intention, object and scheme and with the general body of the law, that is the end.

---

127. E.A. Driedger, *The Construction of Statutes*, 2ième éd. (Toronto : Butterworths, 1983).
128. *Ibid.*, p. 87.
129. E.A. Driedger, *The Construction of Statutes*, 2ième éd. (Toronto : Butterworths, 1983), p. 87. Les deux affaires sont : *Westminster Bank Ltd. v. Zang*, [1965] A.C. 182, p. 222; et *R. v. Mojelski* (1968), 95 W.W.R. 565, p. 570. Driedger se réfère ensuite, en fait il tire des extraits d'une autre cause, assez vieille, *City of Victoria v. Bishop of Vancouver Island*, [1921] A.C. 384, p. 387.
130. *Construction of Statutes, ibid.*
131. *Ibid.*

3. If the words are apparently obscure or ambiguous, then a meaning that best accords with the intention of Parliament, the object of the Act and the scheme of the Act, but one that the words are reasonably capable of bearing, is to be given them.

4. If, notwithstanding that the words are clear and unambiguous when read in their grammatical and ordinary sense, there is disharmony within the statute, statutes in pari materia, or the general law, then an unordinary meaning that will produce harmony is to be given the words, if they are reasonably capable of bearing that meaning.

5. If obscurity, ambiguity or disharmony cannot be resolved objectively by reference to the intention of Parliament, the object of the Act or the scheme of the Act, then a meaning that appears to be the most reasonable may be selected.[132]

Ici, Driedger élabore davantage sur les trois règles traditionnelles en interprétation des lois dans le système de common law. On peut ainsi voir dans chacun des cinq points des références à l'objet (Mischief Rule), au texte (Literal Rule) et au contexte (Golden Rule) de la loi, ainsi que la suggestion de l'auteur qu'il est toujours possible d'avoir recours à ces trois facteurs dans un exercice d'interprétation législative.

À part d'attester de la validité des trois règles classiques, le « principe moderne » de Driedger n'apporte rien de bien nouveau quant à la méthodologie d'interprétation des lois. Il serait impossible, par exemple, d'y voir quelque chose indiquant que l'auteur prône une méthode qu'on associerait au « textualisme » (« textualism » ou « litteralism » en anglais)[133] et son interprétation littérale des textes législatifs. De l'autre côté, rien n'indique non plus une volonté de favoriser ce qu'on appelle souvent « l'intentionalisme » (« intentionalism » ou « purposivism » en anglais)[134] et son interprétation centrée sur l'intention du législateur qu'on découvre à l'aide de l'ensemble des moyens interprétatifs. Le caractère relativement vague du « principe moderne », et surtout l'incertitude quant à savoir si l'auteur est favorable à l'une ou l'autre de ces méthodes, explique certainement en bonne partie la popularité de l'extrait en question auprès des tribunaux.

Utilisation judiciaire du principe

Une revue détaillée de la jurisprudence de la Cour suprême du Canada fait ressortir le manque flagrant de cohérence en ce qui concerne la méthode interprétative associée à Driedger. La toute première utilisation judiciaire du « principe moderne » s'est faite dans l'affaire *Stubart*,[135] une affaire fiscale nécessitant l'interprétation de l'article 137 de la *Loi de l'impôt sur le revenu*.[136] Celui-ci permettait une réduction d'impôt sur la base de pertes reportées, ce que la Cour a considéré applicable au profit du contribuable en l'espèce. S'agissant de la façon d'aborder la législation fiscale, le juge Estey a écrit ceci :

Dans l'article précité, le professeur Willis prévoit fort justement l'abandon de la règle d'interprétation stricte des lois fiscales. Comme nous l'avons vu, le rôle des lois fis-

---

132. *Ibid.*, p. 105.
133. Pour un excellent résumé des traits dominants de cette école, voir W.N. Eskridge & P.P. Frickey, « Statutory Interpretation as Practical Reasoning » (1990) 42 *Stanford Law Review* 321, p. 340 *ff.*
134. Pour cette école également, voir le même article, *ibid.*, p. 325 *ff.*
135. *Stubart Investments Ltd. c. La Reine*, [1984] 1 R.C.S. 417.
136. S.R.C. 1952, ch. 148.

cales a changé dans la société et l'application de l'interprétation stricte a diminué. *Aujourd'hui, les tribunaux appliquent à cette loi la règle du sens ordinaire, mais en tenant compte du fond*, de sorte que si l'activité du contribuable relève de l'esprit de la disposition fiscale, il sera assujetti à l'impôt. Voir Whiteman et Wheatcroft, précité, à la p. 37.

Bien que les remarques [de] E.A. Dreidger [sic] dans son ouvrage *Construction of Statutes* (2e éd. 1983), à la p. 87, ne visent pas uniquement les lois fiscales, il y énonce la règle moderne de façon brève :

[TRADUCTION] Aujourd'hui il n'y a qu'un seul principe ou solution : il faut lire les termes d'une loi dans leur contexte global en suivant le sens ordinaire et grammatical qui s'harmonise avec l'esprit de la loi, l'objet de la loi et l'intention du législateur.[137]

Ce que l'auteur entend par « sens ordinaire [...] en tenant compte du fond » (dans la version originale anglaise du jugement, « plain meaning in a substantive sense ») n'est pas clair. Ce qui l'est davantage est le message voulant que l'interprétation stricte doit être abandonnée au profit d'une interprétation contextuelle des lois, y compris celles de nature fiscale. Bien que le juge Estey utilise les mots « plain meaning » (qu'on a traduit par « sens ordinaire », ce qui est une erreur), son approche est nul doute intentionaliste [laquelle se situe aux antipodes d'une approche strictement textuelle].[138] Dans plusieurs jugements subséquents, on retrouve également des références à Driedger pour justifier une lecture non textualiste de la législation : *Vachon c. Commission de l'emploi et de l'immigration*[139], *CN c. Canada (Commission des droits de la personne)*[140], *Thomson c. Canada (Sous-ministre de l'Agriculture)*[141], et *Symes c. Canada*[142].

Quelque dix ans plus tard dans *Canada c. Antosko*[143], une autre affaire d'impôt, la vieille règle restrictive de l'interprétation littérale refait surface. La question qui se posait était de savoir si une certaine transaction pouvait bénéficier de la déduction fiscale prévue à l'article 20(14) de la *Loi de l'impôt sur le revenu*[144]. Concluant qu'elle était applicable en l'espèce, le juge Iacobucci s'est référé au passage clé dans *Construction of Statutes*[145] et à l'opinion du juge Estey dans *Stubart*[146], en ajoutant toutefois la mise en garde suivante :

Ce principe est déterminant dans le présent litige. Même si les tribunaux doivent examiner un article de la *Loi de l'impôt sur le revenu* à la lumière des autres dispositions de

---

137. *Stubart Investments Ltd. c. La Reine*, [1984] 1 R.C.S. 417, p. 578 [nos italiques].
138. Il s'agit également de l'opinion de R. Sullivan, «Statutory Interpretation in the Supreme Court of Canada» (1998-1999) 30 *Revue de droit d'Ottawa* 175, p. 217.
139. [1985] 2 R.C.S. 417, soulevant une question d'interprétation relative à l'article 49 de la *Loi sur la faillite*, S.R.C. 1970, ch. B-3. La réference à Driedger se trouve au para. 48.
140. [1987] 1 R.C.S. 1114, où on avait à interpréter la *Loi canadienne sur les droits de la personne*, S.C. 1976-77, ch. 33. La référence à Driedger se trouve à la p. 1134.
141. [1992] 1 R.C.S. 385, soulevant une question d'interprétation relative à l'article 52(2) de la *Loi sur le service canadien du renseignement de sécurité*, S.C. 1984, ch. 21. La référence à Driedger se trouve à la p. 404, dans l'opinion dissidente du juge L'Heureux-Dubé.
142. [1993] 4 R.C.S. 695, où on avait à interpréter des dispositions de la *Loi de l'impôt sur le revenu*, S.R.C. 1952, ch. 148, permettant des déductions fiscales pour les dépenses relatives aux soins des enfants. La référence à Driedger se trouve à la p. 744.
143. [1994] 2 R.C.S. 312.
144. S.C. 1970-71-72, ch. 63.
145. E.A. Driedger, *The Construction of Statutes*, 2ième éd. (Toronto : Butterworths, 1983).
146. *Stubart Investments Ltd. c. La Reine*, [1984] 1 R.C.S. 417.

la Loi et de son objet, et qu'ils doivent analyser une opération donnée en fonction de la réalité économique et commerciale, ces techniques ne sauraient altérer le résultat lorsque les termes de la Loi sont clairs et nets et que l'effet juridique et pratique de l'opération est incontesté. [Jurisprudence omise].[147]

Est-ce qu'on a ainsi sorti de son cercueil, ressuscité dans un sens, la vieille règle de l'interprétation littérale (en anglais, « plain meaning rule ») et, avec elle, la lecture restrictive de la législation fiscale ? Ça semble plutôt être le cas d'une mauvaise habitude dont on ne peut se débarrasser aisément. En effet, la même année, le discours de la Cour suprême du Canada se distance de nouveau du textualisme interprétatif, dans le jugement *Québec (Communauté urbaine) c. Corp. Notre-Dame de Bon-Secours*.[148] Accompagnant la citation de Driedger, on trouve les commentaires suivants : « Il ne fait plus de doute, à la lumière de ce passage, que l'interprétation des lois fiscales devrait être soumise aux règles ordinaires d'interprétation ». « Primauté devrait donc être accordée à la recherche de la finalité de la loi, que ce soit dans son ensemble ou à l'égard d'une disposition précise de celle-ci ». « L'approche téléologique fait clairement ressortir qu'il n'est plus possible, en matière fiscale, de réduire les principes d'interprétation à des présomptions en faveur ou au détriment du contribuable ou encore à des catégories bien circonscrites dont on saurait si elles requièrent une interprétation libérale, stricte ou littérale »[149].

Tout en citant constamment Driedger, la jurisprudence subséquente de la Cour suprême du Canada continue d'osciller entre ces deux méthodes d'interprétation qui sont diamétralement opposées. Voyez, par exemple, comment le juge Major dans *Friesen c. Canada*[150] en 1995, encore en droit fiscal, a clairement donné une interprétation textuelle, s'exprimant ainsi : « Pour interpréter les dispositions de la *Loi de l'impôt sur le revenu*, il convient, comme l'affirme le juge Estey dans l'arrêt *Stubart Investments Ltd. c. La Reine*, [1984] 1 R.C.S. 536, d'appliquer la règle du sens ordinaire [traduction erronée de "plain meaning rule"]. [...] Le principe voulant que le sens ordinaire [c'est-à-dire le "sens littéral"] des dispositions pertinentes de la *Loi de l'impôt sur le revenu* prévale, à moins d'être en présence d'une opération simulée, a récemment été approuvé par notre Cour [jurisprudence omise] »[151]. L'année suivante, dans *Schwartz c. Canada*[152], toujours en matière d'impôt, une approche de type intentionaliste a clairement été favorisée cette fois, puisqu'on dit abonder dans le même sens que le juge Gonthier dans *Québec (Communauté urbaine) c. Corp. Notre-Dame de Bon-Secours*[153] au sujet de Driedger.

Outre le droit fiscal, plusieurs autres domaines juridiques se voient confrontés à des déclarations contradictoires au sujet de la méthode interprétative applicable, tout en y trouvant toujours le passage magique de *Construction of Statutes*[154]. Il y a par exemple la décision de droit criminel dans *R. c. McIntosh*[155], où le juge en chef Lamer utilise très évidemment la règle de l'interprétation littérale, bien qu'il essaie de formuler le débat selon les termes du « principe moderne », que Driedger a développé davantage avec cette grille d'analyse en

---

147. *Canada c. Antosko*, [1994] 2 R.C.S. 312, p. 326-327.
148. [1994] 3 R.C.S. 3.
149. *Ibid.*, p. 15-17.
150. [1995] 3 R.C.S. 103.
151. *Ibid.*, para. 10-11. Cité dans *Alberta (Treasury Branches) c. M.N.R.*, [1996] 1 R.C.S. 963, p. 14.
152. [1996] 1 R.C.S. 254.
153. [1994] 3 R.C.S. 3.
154. E.A. Driedger, *The Construction of Statutes*, 2ième éd. (Toronto : Butterworths, 1983).
155. [1995] 1 R.C.S. 686, para. 21.

cinq étapes. L'arrêt *Verdun c. Banque Toronto-Dominion*[156] est un autre exemple, dans lequel la majorité parle du sens littéral de la *Loi sur les banques*,[157] mais a recours à Driedger;[158] le juge L'Heureux-Dubé souligne toutefois[159] que la méthode utilisée par tous les intervenants dans la décision comportait des éléments autres que le texte de loi. Durant son mandat à la Cour suprême du Canada, cette dernière fut indubitablement l'un des principaux porte-voix de la méthode intentionaliste, comme elle le démontre de façon magistrale dans *Régie des permis d'alcool*.[160] Dans cette affaire, sans s'attarder au lien erroné qu'elle trace entre Driedger et la règle de l'interprétation littérale, on remarque comment le juge L'Heureux-Dubé décrit l'approche adéquate en matière d'interprétation législative en empruntant les termes du « principe moderne ».

Un second vote de confiance à l'égard de Driedger et sa méthode d'interprétation faisant appel non seulement au texte, mais à tous les éléments pertinents à la découverte de l'intention du législateur, se produit avec la décision unanime de la Cour suprême du Canada dans *Rizzo Shoes*[161]. La discussion du juge Iacobucci sur la façon d'interpréter la loi – il s'agissait en l'espèce de la *Loi sur les normes d'emploi*[162] ontarienne – a fait notamment référence à des auteurs de doctrine dans la discipline[163]. Il ajoute ensuite ceci : « Elmer Driedger dans son ouvrage intitulé *Construction of Statutes* (2ᵉ éd. 1983) résume le mieux la méthode que je privilégie. Il reconnaît que l'interprétation législative ne peut pas être fondée sur le seul libellé du texte de loi »[164]. Suit la référence usuelle à la seconde édition de son ouvrage. Plusieurs décisions subséquentes reprennent cette déclaration du juge Iacobucci au sujet du « principe moderne », qu'on accompagne parfois de la loi d'interprétation applicable[165], le tout à l'appui de l'idée selon laquelle le juge doit aller au-delà du texte législatif et considérer l'objet ainsi que le contexte de la loi. On verra ainsi *R. c. Gladue*[166] (unanime), *Winko c. Colombie-Britannique (Forensic Psychiatric Institute)*[167] (motifs minoritaires), *Best c. Best*[168] (motifs dissidents), *Winters c. Legal Services Society*[169] (motifs dissidents), *Francis c. Baker*[170] (unanime), et *R. c. Davis*[171] (unanime).

---

156.   [1996] 3 R.C.S. 550.
157.   L.C. 1991, ch. 46.
158.   *Verdun c. Banque Toronto-Dominion*, [1996] 3 R.C.S. 550, para. 22.
159.   *Ibid.*, para. 6.
160.   *2747-3174 Québec Inc. c. Québec (Régie des permis d'alcool)*, [1996] 3 R.C.S. 919, para. 152.
161.   *Rizzo & Rizzo Shoes Ltd. (Re)*, [1998] 1 R.C.S. 27.
162.   L.R.O. 1980, ch. 137.
163.   Ces auteurs sont Ruth Sullivan, avec la troisième édition de *Driedger on the Construction of Statutes*, 3ième éd. (Toronto & Vancouver : Butterworths, 1994), et son autre livre, *Statutory Interpretation* (Concord, Ont. : Irwin Law, 1997), ainsi que Pierre-André Côté, *Interprétation des lois*, 2ième éd. (Cowansville : Éditions Yvon Blais, 1990).
164.   *Rizzo & Rizzo Shoes Ltd. (Re)*, [1998] 1 R.C.S. 27, para. 21.
165.   Dans *Rizzo & Rizzo Shoes Ltd. (Re)*, [1998] 1 R.C.S. 27, para. 22, le juge Iacobucci cite l'article 10 de la *Loi d'interprétation*, L.R.O. 1980, ch. 219, de l'Ontario, à l'appui d'une interprétation large et libérale de la législation en question. Au niveau fédéral, il existe une disposition au même effet, soit l'article 12 de la *Loi d'interprétation*, L.R.C., 1985 c. I-21, qui prévoit : « Tout texte est censé apporter une solution de droit et s'interprète de la manière la plus équitable et la plus large qui soit compatible avec la réalisation de son objet ».
166.   [1999] 1 R.C.S. 688, para. 25-26.
167.   [1999] 2 R.C.S. 625, para. 123.
168.   [1999] 2 R.C.S. 868, para. 139.
169.   [1999] 3 R.C.S. 160, para. 47.
170.   [1999] 3 R.C.S. 250, para. 34.
171.   [1999] 3 R.C.S. 759, para. 42.

Moins d'un an après *Rizzo Shoes*[172], la Cour suprême du Canada est revenue à ses divisions internes concernant l'interprétation législative, mais sans affecter le continuel recours au « principe moderne ». Dans *65302 British Columbia Ltd. c. Canada*[173], une affaire fiscale, seule la minorité a associé intentionalisme et Driedger[174]; la majorité, pour sa part, a fait la référence habituelle à *Construction of Statutes*[175] mais pour supporter une stratégie textualiste. Les remarques du juge Iacobucci sont révélatrices : « Toutefois, notre Cour a aussi souvent fait preuve de circonspection dans l'emploi de moyens d'interprétation des lois permettant de s'écarter d'un libellé clair et non ambigu »[176]. *Will-Kare Paving & Contracting Ltd. c. Canada*[177], une décision partagée en fiscalité toujours, constitue une autre illustration. D'un côté, les juges dissidents se sont rapportés à Driedger tel qu'appliqué dans *Rizzo Shoes*[178], insistant sur l'objet et le contexte de la loi[179]; de l'autre côté, les juges de la majorité ont fait écho à la règle de l'interprétation littérale, en se référant à Driedger et à la jurisprudence incohérente en matière d'impôt. Ces derniers ont conclu ainsi : « La première règle dans l'interprétation des lois est qu'il faut déterminer l'intention du législateur. Quand le sens des mots utilisés est clair et que le contexte ne crée pas d'ambiguïté, les mots sont alors les meilleurs indicateurs de l'intention du législateur »[180].

La décision unanime de la Cour suprême du Canada dans *R. c. Araujo*[181], une affaire de droit pénal, a associé de nouveau le « principe moderne » à l'interprétation large et libérale comprenant un examen tant du texte que de l'objet et du contexte de la loi. Même chose dans l'affaire *R. c. Sharpe*[182]. « [Driedger] reconnaît que l'interprétation d'une loi ne peut pas être fondée uniquement sur le libellé de la loi en question »[183]. La version non textualiste du « principe moderne » a également été favorisée dans *R. c. Ulybel Enterprises Ltd.*[184] (pêche), *Entreprises Ludco Ltée c. Canada*[185] (impôt), *Chieu c. Canada (Ministre de la Citoyenneté et de l'Immigration)*[186] (immigration) et *Sarvanis c. Canada*[187] (responsabilité de l'État).

Bell ExpressVu[188] est la prochaine cause d'intérêt, où la Cour suprême du Canada a peut-être été unanime, mais non sans encore mélanger les choses en ce qui concerne la méthode d'interprétation. Tout d'abord, le programme technique, avec le juge Iacobucci qui s'enveloppe dans Driedger et la *Loi d'interprétation*[189] fédérale; il a cru utile, aussi, de citer la jurisprudence de la Cour ayant eu recours au « principe moderne »[190], ce qui dans l'ensemble suggère une méthode intentionaliste. Mais il enchaîne en parlant d'ambiguïté et du fait que certains

---

172. *Rizzo & Rizzo Shoes Ltd. (Re)*, [1998] 1 R.C.S. 27.
173. [1999] 3 R.C.S. 804.
174. *Ibid.*, para. 5, *per* le juge Bastarache.
175. E.A. Driedger, *The Construction of Statutes*, 2ième éd. (Toronto : Butterworths, 1983).
176. *65302 British Colombia Ltd. c. Canada*, [1999] 3 R.C.S. 804, para. 51.
177. [2000] 1 R.C.S. 915.
178. *Rizzo & Rizzo Shoes Ltd. (Re)*, [1998] 1 R.C.S. 27.
179. *Will-Kare Paving & Contracting Ltd. c. Canada*, [2000] 1 R.C.S. 915, para. 32.
180. *Ibid.*, para. 54.
181. [2000] 2 R.C.S. 992, para. 26.
182. [2001] 1 R.C.S. 45.
183. *Ibid.*, para. 33.
184. [2001] 2 R.C.S. 867, para. 28.
185. [2001] 2 R.C.S. 1082, para. 37.
186. [2002] 1 R.C.S. 84, para. 27.
187. [2002] 1 R.C.S. 921, para. 24.
188. [2002] 2 R.C.S. 559.
189. L.R.C., 1985, ch. I-21.
190. *Bell ExpressVu Limited Partnership c. Rex*, [2002] 2 R.C.S. 559, para. 26.

arguments d'interprétation peuvent être employés seulement si un tel problème existe[191], un vocabulaire qui renvoie directement à la règle de l'interprétation littérale et à la méthode textualiste. Au fond, toutefois, cette décision en est certes une d'interprétation allant plus loin que le seul texte législatif. Une autre affaire intéressante est le jugement unanime dans *R. c. Jarvis*[192], où la Cour suprême du Canada cite Driedger mais en le paraphrasant d'une façon qui souhaite, de toute évidence, mettre l'accent sur l'importance égale du texte, de l'objet et du contexte législatif.

L'encre de ce beau prononcé judiciaire était à peine sèche qu'une autre cause difficile à la Cour suprême du Canada, *Harvard College*[193] (l'affaire dite de la « souris »), s'est traduite par une décision partagée au sujet de l'interprétation à donner à l'article 2 de la *Loi sur les brevets*.[194] Cette fois, les juges majoritaires et dissidents s'entendaient sur la méthode interprétative et la signification du passage dans *Construction of Statutes*[195]; les deux opinions se sont tenues loin des arguments liés à la règle de l'interprétation littérale et ont pris en considération une panoplie d'éléments interprétatifs[196]. Bref, tout en utilisant la même approche générale, ils sont arrivés à des conclusions opposées. Pareillement, dans *Barrie Public Utilities c. Assoc. Canadienne de télévision par câble*[197], la majorité et la dissidence n'étaient évidemment pas d'accord, mais elles étaient au diapason eu égard au « principe moderne »[198]. Une association Driedger-intentionalisme se retrouve également dans *Markevich c. Canada*[199], *S.C.F.P. c. Ontario (Ministre du Travail)*[200], *Parry Sound (district), Conseil d'administration des services sociaux c. S.E.E.F.P.O., section locale 324*[201], *United Taxi Drivers' Fellowship of Southern Alberta c. Calgary (Ville)*[202], *Alberta Union of Provincial Employees c. Lethbridge Community College*[203], *Mosanto Canada Inc. c. Ontario (Surintendent des services financiers)*[204], *R. c. Clark*[205] et *Canada (Chambre des communes) c. Vaid*[206].

Plus récemment, le « principe moderne » et, avec lui, une interprétation large et libérale de la législation – comprenant le texte, l'objet et le contexte – ont été invoqués en matière d'interprétation constitutionnelle et dans des contestations constitutionnelles en vertu de la *Charte*. *R. c. Blais*[207]

---

191. *Ibid.*, para. 28-30.
192. [2002] 3 R.C.S. 757, para. 77.
193. *Harvard College c. Canada (Commissaire aux brevets)*, [2002] 4 R.C.S. 45.
194. L.R.C. 1985, ch. P-4.
195. E.A. Driedger, *The Construction of Statutes*, 2ième éd. (Toronto : Butterworths, 1983).
196. La majorité dans *Harvard College c. Canada (Commississaire aux brevets)*, [2002] 4 R.C.S. 45 réfère à Driedger et énonce la méthode d'interprétation législative applicable au para. 154; quant à la dissidence, elle fait la même chose au para. 11.
197. [2003] 1 R.C.S. 476.
198. La majorité reprend la citation de Driedger lorsqu'elle explique son approche pour interpréter l'art. 43(5) de la *Loi sur les télécommunications*, L.C. 1993, ch. 38. (voir *ibid.*, para. 20); le juge Bastarache, en dissidence, a recours au passage clé lorsqu'il discute de la nécessaire retenue à l'égard des décisions des instances administratives, une utilisation inusitée du « principe moderne » (voir *ibid.*, para. 86).
199. [2003] 1 R.C.S. 94, para. 12.
200. [2003] 1 R.C.S. 539, para. 106.
201. [2003] 2 R.C.S. 157, para. 41.
202. [2004] 1 R.C.S. 485, para. 8.
203. [2004] 1 R.C.S. 727, para. 25.
204. [2004] 3 R.C.S. 152, para. 19.
205. [2005] 1 R.C.S. 6, para. 43.
206. [2005] 1 R.C.S. 667, para. 80.
207. [2003] 2 R.C.S. 236, para. 16.

et *Demande fondée sur l'art. 83.28 du Code criminel (Re)*[208] étaient notamment de ces causes. Dans ces domaines comme dans les autres, toutefois, le spectre de la règle de l'interprétation littérale n'est pas complètement exorcisé, pas plus que cette exigence préalable d'ambiguïté qui prévient la pleine utilisation de tous les arguments d'interprétation disponibles. Dans *R. c. Clay*[209], par exemple, la majorité de la Cour a repris l'esprit du textualisme, lorsqu'accompagnant la citation de Driedger, le juge Iacobucci s'est référé à ses déclarations dans *Bell ExpressVu*[210] et a tranché de façon catégorique que : « En l'espèce, il n'existe aucune ambiguïté »[211]. Il a ensuite coupé court à l'exercice d'interprétation du schème législatif de la *Loi sur les stupéfiants*[212] qu'il avait entrepris, se limitant aux termes employés dans les dispositions pertinentes. Encore dans *Charlebois c. Saint John (Ville)*[213], concernant la *Loi sur les langues officielles*[214] du Nouveau-Brunswick, l'absence d'ambiguïté législative a été l'excuse invoquée pour rejeter l'argument d'interprétation lié aux valeurs sous-jacentes à la *Charte*. Driedger est cité[215], mais dans sa version *Bell ExpressVu*[216], comme les commentaires *in fine* de la juge Charron en témoignent : « En l'absence de toute autre ambiguïté, les valeurs de la *Charte* n'ont aucun rôle à jouer »[217].

La décision récente de la Cour suprême du Canada en propriété intellectuelle témoigne des tergiversations au sujet de la règle de l'interprétation littérale et de sa condition préalable d'ambiguïté. Pour la majorité dans *Bristol-Myers Squibb Co. c. Canada (Procureur général)*[218], le juge Binnie a adéquatement considéré la législation en question à la lumière de tous les éléments interprétatifs suggérés par Driedger. Par contre, bien que la dissidence fasse sien le « principe moderne » et parle de contexte et d'objet, elle met en garde : « L'interprétation contextuelle ne permet pas de rompre avec les règles ordinaires d'interprétation législative; en particulier, l'interprétation extensive ne saurait se justifier en l'absence d'une ambiguïté manifeste »[219]. La consolation dans cette affaire est de voir combien le trio interprétatif texte-contexte-objet est maintenant incontournable, chose que Driedger a su capturer et certes mousser avec brio.

Alors, est-ce que cette valse-hésitation entre le textualisme et l'intentionalisme, accompagnée ou non d'ambiguïté, se poursuivra à jamais à la Cour suprême du Canada ? La perspective à court terme de régler ces enjeux fondamentaux en ce qui a trait à la méthodologie d'interprétation n'est guère bonne, surtout lorsque l'on considère que les juges de notre plus haut tribunal, individuellement, ne sont pas même cohérents. Prenez par exemple le juge Binnie, qui a clairement favorisé une approche intentionaliste dans la cause précédente. Or, quelques mois plus tard, il était en dissidence dans *Montréal (Ville) c. 2952-1366 Québec Inc.*[220], et la majorité a eu raison de lui reprocher d'être textualiste : « Bien qu'il affirme appliquer la méthode moderne d'interprétation des dispositions législatives, le juge Binnie

---

208. [2004] 2 R.C.S. 248, para. 34.
209. [2003] 3 R.C.S. 735.
210. *Bell ExpressVu Limited Partnership c. Rex*, [2002] 2 R.C.S. 559.
211. *R. c. Clay*, [2003] 3 R.C.S. 735, para. 56.
212. L.R.C. 1985, ch. N-1.
213. [2005] 3 R.C.S. 563, dans les motifs de la majorité de 5 juges (4 dissidents) *per* le juge Charron.
214. L.N.-B. 2002, ch. O-0.5.
215. *Charlebois c. Saint John (Ville)*, [2005] 3 R.C.S. 563, para. 10.
216. *Bell ExpressVu Limited Partnership c. Rex*, [2002] 2 R.C.S. 559, para. 62.
217. *Charlebois c. Saint John (Ville)*, [2005] 3 R.C.S. 563, para. 24.
218. [2005] 1 R.C.S. 533.
219. *Ibid.*, para. 103.
220. [2005] 3 R.C.S. 706.

s'en remet en fait à l'interprétation littérale »[221]. De fait, il parle simultanément de « principe moderne » et d'ambiguïté législative, disant de façon solennelle et sans broncher que : « le législateur voulait effectivement dire ce qu'il a dit »[222]. Volte-face encore une fois du juge Binnie quelques semaines plus tard lorsqu'il revient à une approche interprétative large et libérale dans *Merk c. Association internationale des travailleurs en ponts, en fer structural, ornemental et d'armature, section locale 771*[223]. Pour la majorité, il adopte la méthode de Driedger, sans mention toutefois d'exigence d'ambiguïté cette fois, et il considère ensuite pleinement le texte, le contexte et l'objet de la législation du travail en question.

Le « principe moderne » est donc un moyen très populaire auprès des juges au Canada (et au Québec) pour énoncer la méthodologie d'interprétation législative. En fait, on a déjà souligné en doctrine que, bien plus important que de savoir si elle favorise une approche textualiste ou une approche intentionaliste, la fonction prédominante de la contribution de Driedger est de nature rhétorique[224]. Elle permet d'expliquer et de justifier de façon objective, détachée de l'interprète, le processus de détermination du sens de la règle juridique contenue dans la loi. Il s'agit ici de la même idée que celle derrière la théorie officielle de l'interprétation, avec sa notion d'intention du législateur, qui procure une trame narrative au pouvoir judiciaire pour rationaliser son rôle et convaincre du bien-fondé de ses décisions. On peut ainsi dépersonnaliser le débat et raccrocher ses choix au pouvoir constituant, dont la légitimité est ancrée plus solidement que celle des magistrats.

Il est donc généralement reconnu et accepté que les principes d'interprétation des lois – synthétisés dans la théorie officielle de l'interprétation ou par le biais du « modern principle » de Driedger – remplissent deux fonctions distinctes, de guide et d'argument. Comme l'écrivait Pierre-André Côté :

> D'une part, ils forment une méthode de découverte (une heuristique) du sens et de la portée « véritables », « corrects » d'un texte législatif. D'autre part, ils se présentent comme une méthode d'argumentation (une rhétorique) des solutions données aux problèmes d'interprétation des lois.[225]

À vrai dire, conceptuellement, il est utile de diviser en deux étapes séparées le processus d'interprétation législative, afin de bien comprendre que les principes que l'on invoque en la matière interviennent de deux façons distinctes[226].

---

221. *Ibid.*, para. 13.
222. *Ibid.*, para. 115.
223. [2005] 3 R.C.S. 425.
224. Voir S. Beaulac et P.-A. Côté, « Driedger's "Modern Principle" at the Supreme Court of Canada: Interpretation, Justification, legitimization » (2006) 40 R.J.T. 131.
225. P.-A. Côté, *Interprétation des lois*, 3e éd., Montréal, Thémis, 1999, à la p. 48. Voir aussi P.-A. Côté, « Les règles d'interprétation des lois : des guides et des arguments » (1978) 13 R.J.T. 275.
226. Voir R.S. Summers, « On Method and Methodology » dans D.N. MacCormick et R.S. Summers, dir., *Interpreting Statutes: A Comparative Study*, Brookfield, Dartmouth Publishing, 1991, 9, aux pp. 16-18.

Dans un premier temps, il s'agit du stade de la *sélection du sens*, le juge devra choisir entre plusieurs sens à donner à la norme juridique dans le texte législatif. On retiendra ce qui est, de l'avis du juge, le meilleur sens, le vrai sens de la loi. Après être arrivé à cette conclusion, qui se fait dans l'intimité de l'esprit du magistrat, une deuxième étape commence alors, elle aussi cognitive au début mais extériorisée éventuellement. Cet autre stade est la *justification du sens*, où le juge devra convaincre de la validité de sa conclusion interprétative, généralement dans des motifs à l'appui de sa décision judiciaire. Le but à cette seconde étape n'est pas de décrire le processus mental qui a mené à choisir le sens de la norme juridique; il s'agit plutôt d'un exercice intellectuel relevant de la rhétorique, dont l'objectif est de démontrer de façon partisane que le sens retenu est le meilleur de tous les autres sens possibles. Le juge n'est ni plus ni moins qu'un ultime plaideur dans l'affaire, qui doit convaincre les parties à la cause que son interprétation, et en bout de ligne sa décision, est la bonne[227].

En résumé, au stade de la sélection du sens, les méthodes d'interprétation servent de guide pour l'interprète, tandis qu'au stade de la justification du sens, ces principes lui sont plutôt utiles à titre d'argument.

* * *

Dans la décision suivante, il sera intéressant de s'interroger sur les fonctions heuristique et rhétorique des méthodes d'interprétation que l'on invoque, tant pour la majorité que pour la dissidence.

Extraits tirés de *R. c. Sommerville*, [1974] R.C.S. 387, [1972] A.C.S. n° 123 [numérotation des paragraphes ajoutée].

Le jugement du Juge en Chef Fauteux et des Juges Abbott, Martland, Ritchie et Spence a été rendu par

LE JUGE MARTLAND

1   Le présent appel est à l'encontre d'un arrêt unanime de la Chambre d'appel de la Cour suprême de l'Alberta rejetant l'appel porté par l'appelante à l'encontre d'un jugement du Juge Yanosik, de la Cour de district, qui avait rejeté l'appel de l'appelante contre l'acquittement de l'intimé par un magistrat sous l'accusation d'avoir :

> [TRADUCTION] Illégalement transporté de la province de la Saskatchewan à la province de l'Alberta 4326 boisseaux de blé, lorsqu'il a transporté le blé en question depuis Mantario, province de la Saskatchewan, jusqu'à Medicine Hat, province de l'Alberta, en contravention des dispositions de la Loi sur la Commission canadienne du blé.

---

227.   Voir D.N. MacCormick, « The Motivation of Judgments in the Common Law » dans C. Perelman et P. Foriers, dir., *La motivation des décisions de justice*, Bruxelles, Bruylant, 1978, 167.

2   L'accusation était fondée sur le par. b) de l'art. 32 de la *Loi sur la Commission canadienne du blé*, ci-après appelée « la Loi », S.R.C. 1952, c. 44 (actuellement l'art. 33 du c. C-12, S.R.C. 1970). Cet article se lit comme suit :

32. Sauf une autorisation prévue par les règlements, nulle personne autre que la Commission ne doit

a) exporter du Canada, ou y importer, du blé ou des produits du blé possédés par une personne autre que la Commission;

b) transporter ou faire transporter d'une province à une autre du blé ou des produits du blé possédés par une personne autre que la Commission;

c) vendre ou consentir à vendre du blé ou des produits du blé situés dans une province pour livraison dans une autre province ou en dehors du Canada; ou

d) acheter ou consentir à acheter du blé ou des produits du blé situés dans une province pour livraison dans une autre province ou en dehors du Canada.

3   On s'est entendu sur l'exposé des faits convenus suivant :

[TRADUCTION] 1. Le prévenu Raymond Silas Boyd Sommerville réside dans le district de Mantario, Saskatchewan, où il exploite une ferme avec son père.

2. Entre le 4 mars 1969 et le 29 avril 1969, le prévenu a transporté de sa ferme située en Saskatchewan jusqu'en Alberta, environ 4,326 boisseaux de blé de provende, cultivé sur ladite ferme et lui appartenant ainsi qu'à son père.

3. Ledit blé de provende a été livré à Coaldale Southern Feed Ltd., à Coaldale, Alberta, et au Canada Packers Feed Mill, à Medicine Hat, Alberta, où il a été moulu et enrichi de concentrés.

4. De ces moulins à provendes, le grain a été transporté, pour être emmagasiné, jusqu'aux entrepôts fournis au prévenu et à son père aux locaux de Valley Feeders Ltd., à Lethbridge, Alberta, et à Coaldale, Alberta.

5. Le prévenu paie ledit moulin à provendes pour transformer le grain et paie les frais de tout additif utilisé; le blé en question n'a jamais été vendu ni échangé.

6. À la suite de la livraison du grain transformé aux entrepôts ci-dessus mentionnés, les employés de Valley Feeders Ltd., ont nourri du bétail appartenant exclusivement au prévenu et à son père avec le grain transformé.

7. Valley Feeders Ltd. demande au prévenu et à son père, pour l'entretien dudit bétail, un montant fixe par jour par tête de bétail, plus le coût de tout supplément fourni par elle pendant que le bétail appartenant au prévenu et à son père se trouve à ses locaux.

8. Jamais au cours de l'époque visée par la présente accusation le prévenu ou son père n'ont détenu une licence de la Commission canadienne du blé autorisant le transport du blé d'une province à une autre sous le régime des règlements établis en vertu de la Loi sur la Commission canadienne du blé.

4   L'avocat de l'appelante a reconnu dans sa plaidoirie devant le juge Yanosik de la cour de district qu'au moment où l'infraction aurait été commise, aucune disposition des règlements établis en vertu de la Loi ne permettait à l'intimé d'obtenir un permis ou une licence de la Commission relativement au transport de son blé de la Saskatchewan en Alberta.

5   Il s'agit de déterminer si, eu égard à ces faits, l'intimé a violé les dispositions de l'art. 32 b). L'article 32 b) interdit-il au producteur de grain de la Saskatchewan d'utiliser son propre grain pour nourrir son propre bétail en Alberta ?

6   L'appelante soutient que les dispositions devraient être interprétées littéralement; elle se fonde sur la proposition énoncée par Lord Reid dans l'affaire *Inland Revenue Commissioners v. Hinchy*[228] :

> [TRADUCTION] Mais nous pouvons déterminer l'intention du Parlement uniquement en nous fondant sur les termes qu'il a employés dans la Loi; par conséquent, il s'agit de savoir si ces termes peuvent avoir un sens plus restreint. Si la réponse est non, nous devons les appliquer tels quels, quelque déraisonnables ou injustes que soient les conséquences, et quelle que soit la force de nos soupçons que ce n'était pas là l'intention réelle du Parlement.

7   La prétention de l'intimé est résumée en Chambre d'appel dans le passage suivant des motifs du Juge Johnson :

> [TRADUCTION] La règle fondamentale d'interprétation des lois dit-on, c'est « que chaque loi doit s'interpréter selon l'intention manifeste ou expresse qui s'y trouve » (*Canadian Sheat Board v. Manitoba Pool Elevators et al*, 6 WWWR (NS), p. 36). Généralement, le libellé d'un article peut faire voir l'intention mais lorsque ce libellé semble entrer en conflit avec le programme et le but de la loi, il faut tenir compte de l'ensemble de la loi pour voir si l'on ne voulait pas plutôt que l'article ait un sens plus restreint que ne le laisserait ressortir l'examen de ce seul article.

8   La loi est elle-même décrite comme étant une « Loi pourvoyant à la constitution et aux attributions de la Commission canadienne du blé ». L'objet de la Commission est exposé à l'art. 4(4) :

> La Commission est constituée en corporation pour l'organisation ordonnée des marchés interprovincial et extérieur du grain cultivé au Canada,...

9   La constitutionalité de la Loi a été contestée dans l'affaire *Murphy c. Canadian Pacific Railway Company*. L'arrêt rendu par la Cour d'appel du Manitoba dans cette affaire-là est publié[229] et la décision de cette Cour est publiée[230]. La loi fut jugée valide pour le motif qu'elle a trait à la réglementation du trafic et du commerce en vertu de l'art. 91(2) de l'*Acte de l'Amérique du Nord Britannique, 1867*.

10   Le Juge Locke, qui a rendu les motifs de la majorité de cette Cour, dit p. 631 :

> [TRADUCTION] Quant à la première question, il me semble que l'on ne saurait nier que la *Loi sur la Commission canadienne du blé*, dans la mesure où ses dispositions ont trait à l'exportation du grain à partir d'une province, aux fins de la vente, constitue une loi ayant trait à la réglementation du trafic et du commerce selon le sens qu'a cette expression à l'art. 91.

---

228.   [1960] A.C. 748 à 767.
229.   (1956), 19 W.W.R. 57, 74 C.R.T.C. 166, 4 D.L.R. (2d) 443.
230.   [1958] R.C.S. 626, 19 W.W.R. 57, 15 D.L.R. (2d) 145.

11 Le juge Rand décrit comme suit le programme de la loi, p. 634 :

[TRADUCTION] D'un point de vue général, le programme de la Loi est principalement que tout le grain qui entre sur le marché interprovincial et extérieur doit être acheté et mis en marché par la Commission; le grain acheté directement des fermiers des Prairies ne peut pas être expédié dans une autre province sans que ne soit produite une licence de la Commission.

12 Le Juge Adamson, Juge en chef du Manitoba, qui avait rendu les motifs de la Cour d'appel, s'était reporté à l'art. 32 b), p. 62 :

[TRADUCTION] Le demandeur soutient que l'ensemble de la Loi est *ultra vires*. Il me semble que dans la présente action seul l'art. 32 b), précité, de la Loi est en cause. L'article 32 b) est rédigé en termes très généraux. Je crois toutefois qu'il devrait être interprété et appliqué en conformité et sous réserve du but et de l'intention du législateur, soit, l'organisation ordonnée des marchés du grain, tel que mentionné à l'art. 4(4), précité, de la Loi. S'il n'y a pas mise en marché ou commerce de grain, la disposition ne doit pas s'appliquer.

13 Dans cette cause-là, lors des plaidoiries devant cette Cour, l'avocat de l'appelant avait fait état de la position dans laquelle se trouve, en vertu de l'art. 32 de la Loi, le producteur de grain qui désire expédier son propre grain dans une autre province pour y utiliser ce grain à ses propres fins. Le Juge Locke signale, p. 633, que cette question n'était pas soulevée dans les procédures, ni par les faits mis en preuve. On n'avait pas soutenu que l'appelant était le producteur du grain qu'il voulait expédier par chemin de fer.

14 Il ajoute, p. 633 :

[TRADUCTION] Si toutefois, contrairement à mes vues, la question de la validité de l'interdiction d'effectuer pareil transport du propre grain du producteur devait être considérée comme ayant été soulevée et si l'on présumait, aux fins des plaidoiries, que pareille interdiction est invalide parce que, pour une raison ou une autre, le Parlement se trouve ainsi à excéder ses pouvoirs, pareille interdiction serait clairement séparable.

15 À mon avis, en décidant si l'art. 32 b) s'applique aux faits de la présente cause, il convient d'examiner l'intention qui se dégage de la Loi, ainsi que les motifs pour lesquels cette Cour a décidé que l'adoption de cet article était *intra vires* des pouvoirs du Parlement du Canada. Il s'agit d'une loi pourvoyant à la constitution et aux attributions de la Commission canadienne du blé. Cette Commission a été créée en vue d'organiser, d'une façon ordonnée, les marchés interprovincial et extérieur du grain au Canada. La Loi ne vise pas à conférer à la Commission un contrôle intégral sur tout le grain cultivé dans les provinces situées dans les régions désignées auxquelles s'applique la Loi. Elle n'empêche pas l'appelant de vendre son grain en Saskatchewan ou d'en nourrir son bétail en Saskatchewan. Elle ne l'empêche pas d'acheter en Alberta, d'une personne autre que la Commission, le grain devant être utilisé pour son bétail en Alberta. La Loi a pour but d'empêcher qu'il mette en marché son grain en dehors de la Saskatchewan, et l'art. 32 b) est destiné à empêcher le transport du grain à cette fin en dehors de la Saskatchewan.

16 Cette Cour a décidé que la Loi est valide pour le motif que le Parlement canadien a exercé en l'adoptant son pouvoir de légiférer sur la réglementation du trafic et du commerce. Elle a conclu que le contrôle, par la Commission, de la vente d'exportation du grain,

relativement au commerce interprovincial ou international, constitue un exercice valide de ce pouvoir.

17   Interpréter l'art. 32 b) comme s'appliquant aux circonstances de l'espèce, c'est appliquer cet article à un objet non visé par la Loi et conclure que la Loi s'applique à des fins autres que la réglementation du trafic et du commerce. Les faits de l'espèce ne comportent aucun commerce de grain par l'intimé ni aucune opération commerciale. L'intimé s'est servi de son propre grain à ses propres fins et n'a pas conclu de marché avec qui que ce soit.

18   Dans l'affaire *McKay c. La Reine*[231], le Juge Cartwright, alors juge puîné, qui a rendu les motifs au nom de la majorité de cette Cour, a dit, p. 803 :

> [TRADUCTION] La deuxième règle d'interprétation qui s'applique est la suivante : si une disposition législative, adoptée par le Parlement, par une législature ou par un organisme subordonné auquel un pouvoir législatif est délégué, peut être interprétée de façon que son application se limite aux questions relevant de l'organisme qui l'a adoptée, il faut interpréter la disposition en conséquence.

19   En ce qui concerne l'interprétation de l'art. 32 b) (maintenant l'art. 33 b)) de la Loi, je partage l'avis exprimé par le Juge Adamson, Juge en chef du Manitoba dans l'affaire *Murphy* :

> [TRADUCTION] s'il n'y a pas mise en marché ou commerce de grain, la disposition ne doit pas s'appliquer.

Je partage également l'avis exprimé en la présente espèce par le Juge d'appel Johnson :

> [TRADUCTION] Cette interprétation ne violente pas le libellé de l'article 32 b) mais limite simplement l'application de celui-ci au transport du grain d'une province à une autre effectué soit en vue de l'achat ou de la vente, soit par suite de l'achat ou de la vente.

20   Pour ces motifs, ainsi que pour ceux qu'a énoncés le Juge d'appel Johnson, auxquels je souscris, je suis d'avis de rejeter l'appel. Conformément aux dispositions de l'ordonnance accordant l'autorisation d'appeler devant cette Cour, l'intimé aura droit aux dépens de l'appel ainsi qu'aux dépens de la requête en vue d'obtenir l'autorisation d'appeler.

Le jugement des Juges Judson et Pigeon a été rendu par

LE JUGE PIGEON (*dissident*)

21   Les faits de la présente cause ne sont pas en litige; ils sont énoncés dans les motifs de mon collègue le Juge Martland, comme l'est aussi la disposition pertinente, l'art. 32 de la *Loi sur la Commission canadienne du blé*. La seule question qui se pose est celle de savoir si cette disposition est assujettie à une exception implicite. Le blé qui était transporté d'une province à une autre était indubitablement possédé par une personne autre que la Commission canadienne du blé. Doit-on tenir compte de ce que c'est celui qui l'a cultivé qui l'a aussi fait transporter pour son propre usage ? En Chambre d'appel de la Cour suprême du l'Alberta, le Juge Johnson a écrit ce qui suit :

> [TRADUCTION] La règle fondamentale d'interprétation des lois dit-on, c'est « que chaque loi doit s'interpréter selon l'intention manifeste ou expresse qui s'y trouve » (*Canadian Sheat Board v. Manitoba Pool Elevators et al*, 6 WWWR (NS), p. 36). Généralement, le

---

231.   [1965] R.C.S. 798, 53 D.L.R. (2d) 532.

libellé d'un article peut faire voir l'intention mais lorsque ce libellé semble entrer en conflit avec le programme et le but de la loi, il faut tenir compte de l'ensemble de la loi pour voir si l'on ne voulait pas plutôt que l'article ait un sens plus restreint que ne le laisserait ressortir l'examen de ce seul article.

22   Soit dit respectueusement, ce raisonnement est contraire à la règle fondamentale d'interprétation selon laquelle il faut rechercher l'intention dans les termes employés. Il appartient au Parlement, et non pas aux cours, de déterminer l'étendue exacte des restrictions nécessaires ou souhaitables pour la réalisation du programme et du but d'une loi. Il appartient au Parlement, non aux cours, de décider si un certain libellé est en accord avec pareil programme ou but. Je n'ai pu trouver aucun précédent à l'appui de la proposition selon laquelle on peut déroger au sens clair d'un texte législatif s'il paraît aller à l'encontre de son programme ou de son but. Bien sûr, il en va autrement si le texte législatif n'est pas clair. Il est alors tout à fait approprié d'étudier le but et l'intention générale afin de choisir parmi les divers sens possibles celui qui paraît le plus conforme à l'intention générale. Mais lorsque, comme en l'espèce, le sens est clair, tous les précédents montrent qu'il faut adhérer au sens littéral. À mon avis, dans l'arrêt *Inland Revenue Commissioners v. Hinchy*[232], Lord Reid a bien énoncé la règle :

> [TRADUCTION] Mais nous pouvons déterminer l'intention du Parlement uniquement en nous fondant sur les termes qu'il a employés dans la Loi; par conséquent, il s'agit de savoir si ces termes peuvent avoir un sens plus restreint. Si la réponse est non, nous devons les appliquer tels quels, quelque déraisonnables ou injustes que soient les conséquences, et quelle que soit la force de nos soupçons que ce n'était pas là l'intention réelle du Parlement.

23   Auparavant, Lord Atkinson avait dit ce qui suit dans l'arrêt *City of Victoria v. Bishop of Vancouver Island*[233] :

> [TRADUCTION] Il faut interpréter les termes d'une loi selon leur sens grammatical ordinaire, à moins que quelque chose dans le contexte, dans l'objet de la loi ou dans les circonstances auxquelles ils se rapportent indique qu'ils sont employés dans un sens spécial différent de leur sens grammatical ordinaire. Dans l'arrêt *Gray v. Pearson*, (1857, 6 H.L.C. 61, 106), Lord Wensleydale dit : « J'ai toujours été profondément impressionné par la sagesse de la règle, qui est, je crois, actuellement adoptée par tout le monde, du moins par les tribunaux judiciaires de Westminster Hall, et selon laquelle, en interprétant les testaments, et de fait les lois et tous les documents, il faut adhérer au sens grammatical et ordinaire des mots, à moins que cela n'entraîne quelque absurdité, contradiction ou incompatibilité eu égard au reste du texte; dans ce dernier cas, on peut modifier le sens grammatical et ordinaire des mots de façon à éviter cette absurdité ou incompatibilité, mais uniquement dans cette mesure ». Lord Balckburn a cité ce passage en l'approuvant dans l'arrêt *Caledonian Ry. Co. v. North British Ry. Co.* (1881, 6 App. Cas. 114, 131), comme l'a également fait le maître des rôles Jessel dans *Ex parte Walton* (1881, 17 Ch.D. 746, 751).
>
> Il existe un autre principe d'interprétation des lois qui s'applique particulièrement à cet article. Lord Esher l'énonce comme suit dans l'arrêt *Reg. v. Judge of the City of London Court* (1892, 1 Q.B. 273, 290) : « Si les termes de la loi sont clairs, vous devez les

---

232.   [1960] A.C. 748 à 767.
233.   [1921] 2 A.C. 384 à 387-388, [1921] 3 W.W.R. 214, (1929), 59 D.L.R. 402.

appliquer même s'ils mènent à une absurdité manifeste. La cour n'a pas à décider si la législature a commis une absurdité. À mon avis, la règle a toujours été la suivante : – si les termes d'une loi admettent deux interprétations, ils ne sont pas clairs; et si l'une des interprétations mène à une absurdité et non pas l'autre, la cour conclura que la législature ne voulait pas créer cette absurdité et adoptera la seconde interprétation ». Dans l'arrêt *Cooke v. Charles A. Vogeler Co.* (1901, A.C. 102, 107), Lord Halsbury dit ce qui suit : « Mais les tribunaux judiciaires n'ont pas à se préoccuper du caractère raisonnable ou déraisonnable d'une disposition, sauf dans la mesure où cela peut les aider à interpréter ce que la législature a dit ». Ce qui veut nécessairement dire qu'à cette dernière fin il est légitime de prendre en considération le caractère raisonnable ou déraisonnable d'une disposition législative.

24   En ce qui concerne la décision que cette Cour a rendue dans l'arrêt *Murphy c. Canadian Pacific Railway*[234], il convient de faire les observations suivantes. Dans le tout premier paragraphe des motifs qu'il a rédigés au nom de la majorité, le Juge Locke dit ce qui suit, pp. 627-628 :

> [TRADUCTION] Il est dit, dans le jugement que le comité judiciaire a rendu dans l'affaire Committee in *Citizens' Insurance Company v. Parsons* (1881, 7 App. Cas. 96 à 109, 51 L.J.P.C. 11), et il a été dit plusieurs fois depuis, qu'en s'acquittant du difficile devoir de trancher des questions relatives à l'interprétation des art. 91 et 92 de l'*Acte de l'Amérique du Nord Britannique*, il est sage de trancher chaque affaire qui se présente sans entrer plus avant dans l'interprétation de la loi qu'il n'est nécessaire pour trancher la question particulière à l'étude.

Dans cette cause-là, comme le mentionne le résumé de l'arrêtiste, « Le grain a été cultivé au Manitoba, mais on n'a pas donné à entendre qu'il avait été cultivé par le demandeur ou par la compagnie dont il était président et actionnaire majoritaire ». Par conséquent, la Cour n'avait pas à considérer la situation qui se présente ici. C'est dans ce contexte qu'il faut lire la phrase suivante des motifs du Juge Locke, p. 631 :

> [TRADUCTION] Quant à la première question, il me semble que l'on ne saurait nier que la *Loi sur la Commission canadienne du blé*, dans la mesure où ses dispositions ont trait à l'exportation du grain à partir d'une province, aux fins de la vente, constitue une loi ayant trait à la réglementation du trafic et du commerce selon le sens qu'a cette expression à l'art. 91.

25   De toute façon, le fait que la constitutionnalité de la Loi a été assise sur un fondement déterminé ne peut pas être considéré comme voulant dire que c'est là le seul fondement possible, surtout lorsqu'on a pris soin de dire dès le début qu'on n'avait pas l'intention de pousser l'examen plus loin qu'il n'était nécessaire pour se prononcer sur l'affaire. Le fait qu'on a décidé que la Loi est valide à titre de loi concernant la réglementation du trafic et du commerce ne signifie pas qu'en ce qui concerne les dispositions relatives aux denrées ne faisant pas réellement l'objet d'un commerce, elle ne peut avoir d'autre fondement, par exemple, la restriction apportée à la compétence provinciale en matière de propriété et de droits civils par l'emploi de l'expression « dans la province », ou, peut-être, la conclusion que l'utilisation par le cultivateur de son propre grain à ses propres fins est visée par le terme « agriculture ».

---

234.   [1958] R.C.S. 626, 19 W.W.R. 57, 15 D.L.R. (2d) 145.

26   En la présente espèce, la constitutionnalité de la Loi n'est pas contestée et je ne peux souscrire à l'argument selon lequel sa portée doit être restreinte au fondement de compétence invoqué en cette Cour lorsqu'a voulu étayer sa validité relativement à une contestation particulière. Il est sans doute vrai que l'intention générale de la Loi est de réglementer le commerce interprovincial ou international du grain, mais cela ne veut pas dire que chaque disposition doit être interprétée comme portant uniquement sur les opérations visées par cette description. Si le Parlement avait voulu qu'il en soit ainsi, il aurait inséré une disposition générale à cet effet. Il ne l'a pas fait et par conséquent, on ne saurait présumer que c'est ce qu'il a voulu.

27   À mon avis, la *Loi sur la Commission canadienne du blé* devrait être interprétée de la même façon qu'a été interprétée, dans l'arrêt *Canadian Warehousing Association c. La Reine*[235], la *Loi relative aux enquêtes sur les coalitions*, une autre loi ayant trait au commerce. Cette Cour y a décidé à l'unanimité que les meubles de maison étaient des articles visés par la définition contenue dans la loi même s'il ne s'agissait pas de « denrées faisant l'objet d'un commerce » parce que, si le Parlement avait voulu que seules ces denrées soient visées, il l'aurait dit.

28   Dans le texte législatif à l'étude dans la présente espèce, il n'existe aucune ambiguïté, aucune exception, aucune restriction et par conséquent, il n'existe aucun motif valable de déroger au sens littéral.

29   Je suis d'avis d'accueillir le pourvoi, d'infirmer les jugements de la Chambre d'appel de la Cour suprême de l'Alberta et de la Cour de district du District de l'Alberta du Sud, district judiciaire de Medicine Hat, et d'infirmer la décision du magistrat E.W.N. Macdonald qui a acquitté l'intimé, de déclarer l'intimé coupable de l'infraction imputée et de renvoyer l'affaire au magistrat aux fins de la sentence.

---

* * *

QUESTIONS

1.   En quoi consiste l'apport du « modern principle » de Driedger en matière d'interprétation ? En quoi celui-ci tend-t-il à contredire la règle de l'interprétation littérale (« plain meaning rule ») ?

2.   Quelles sont les méthodes d'interprétation invoquées par le juge Martland, pour la majorité ? Et par le juge Pigeon, pour la dissidence ?

3.   Ces méthodes sont-elles des guides ? Sont-elles des arguments ? Les deux ?

4.   Au niveau heuristique, quelle était la méthode la plus déterminante pour la majorité ? Et pour la dissidence ?

5.   Au niveau rhétorique, pour la majorité, est-ce que les mêmes éléments méthodologiques avaient cours pour convaincre du bien-fondé de la conclusion interprétative ? Et pour la dissidence ?

* * *

---

235.   [1969] R.C.S. 176, [1969] 3 C.C.C. 1, 1 D.L.R. (3d) 501.

Chapitre 3

LES MÉTHODES FORMELLES
D'INTERPRÉTATION LÉGISLATIVE

A. INTRODUCTION

Les trois piliers de l'interprétation législative correspondent à ce qu'on désignait dans la tradition anglo-saxonne[236], comme le « literal rule »[237] (ou « plain meaning rule »), le « golden rule »[238], et le « mischief rule »[239], cette nomenclature est toutefois obsolète aujourd'hui et, avec elle, l'attitude restrictive associée à ces règles. Cela étant dit, dans le discours contemporain d'interprétation, ces trois idées inéluctables de texte, de contexte et d'objet de la norme juridique demeurent au centre de la méthodologie d'interprétation des lois[240]. Selon les dires même d'Elmer Driedger, il faut se référer au « grammatical and ordinary sense »[241] des mots utilisés, en prenant en considération « their entire context »[242], ce qui doit se faire « harmoniously with the scheme of the Act, the object of the Act »[243]. *Texte, contexte, objet* – les trois pierres angulaires de tout exercice d'interprétation juridique.

---

236. Sur ces différents principes d'interprétation applicables au Canada, voir J.M. Kernochan, « Statutory Interpretation: An Outline of Methods » [1976] Dal. L. J. 333.

237. Voir, à ce sujet, les arrêts de principe suivants : *Vacher and Sons Ltd. v. London Society of Compositors*, [1913] A.C. 107 (C.L.); *Hill v. East and West India Dock Co.* (1884), 9 A.C. 448 (C.L.); et *Sussex Peerage case* (1844), 11 Cl. & R. 85, 8 E.R. 1034 (C.L.).

238. Voir à ce sujet les arrêts de principe suivants : *River Wear Commissioners v. Adamson*, [1877] 2 A.C. 743 (C.L.); et *Grey v. Pearson* (1857), 10 E.R. 1216 (C.L.).

239. Voir à ce sujet la fameuse décision *Heydon's case* (1584), 3 Co. Rep. 7a, 76 E.R. 637 (C.L.).

240. Voir J. Willis, « Statute Interpretation in a Nutshell » (1938) 16 *R. du B. can.* 1, pp. 9-10, qui écrivait : « "Every school boy knows" that our law recognizes three main approaches to all statutes: their usual names are (1) the "literal (plain meaning) rule"; (2) the "golden rule"; (3) the "mischief (Heydon's Case) rule." Any one of these three approaches may legitimately be adopted by your court in the interpretation of any statute: which it does in fact adopt, and the manner of its application, will, if your case is a close one, be decisive of the result ».

241. E.A. Driedger, *Construction of Statutes*, 2ᵉ éd., Toronto, Butterworths, 1983, à la p. 87.

242. E.A. Driedger, *Construction of Statutes*, 2ᵉ éd., Toronto, Butterworths, 1983, à la p. 87.

243. E.A. Driedger, *Construction of Statutes*, 2ᵉ éd., Toronto, Butterworths, 1983, à la p. 87.

B. ARGUMENTS DE TEXTE

1. Général

Il faut débuter par une mise au point afin de distinguer l'argument de texte en interprétation législative, ce qu'on appelle aussi la méthode littérale et grammaticale, d'une part, et la règle de l'interprétation littérale, connue en anglais comme le « plain meaning rule » ou le « literal rule », d'autre part. Ces deux appellations portent évidemment à confusion, puisqu'on parle dans les deux cas de la lettre de la loi, donc des aspects littéraux de la loi. Mais en substance, la méthode littérale et grammaticale et la règle de l'interprétation littérale sont bien différentes.

La règle de l'interprétation littérale, la mauvaise, prétend que, dans certaines situations (plus ou moins nombreuses, selon le juge), l'interprète peut arrêter son exercice d'identification de l'intention du législateur après avoir consulté le libellé de la loi. Dans ces cas, le texte législatif est clair, c'est-à-dire quand il n'y a pas de difficultés d'interprétation, que ce soit une imprécision ou une ambiguïté, et on s'arrête à la lettre de la loi, sans plus. Autrement dit, on n'effectue pas un vrai exercice d'interprétation législative en examinant, outre le texte, le contexte et l'objet de la loi, à tout le moins. Il existe même une locution latine pour rendre l'idée que si la loi est claire, il ne faut pas l'interpréter : « *interpretatio cessat in claris* ». Le juge Pigeon, dissident dans l'affaire *Sommerville*[244], y faisait expressément référence. Une autre façon d'exprimer la même chose est de dire que si le texte de la loi est clair, il suffit de l'appliquer.

Le problème fondamental avec ce raisonnement est que la clarté du texte législatif et la clarté de la règle de droit qui y est prévue ne sont pas du tout la même chose. On peut avoir un support communicationnel sans problème d'imprécision ou d'ambiguïté, mais quand même avoir de la difficulté à identifier la portée et le sens du message. À vrai dire, lorsqu'on dit qu'il faut savoir si le texte est clair avant de pouvoir l'interpréter, on crée une étape préalable artificielle qui rend conditionnel à un constat préliminaire le plein exercice de détermination de l'intention du législateur, notamment à la lumière du contexte, de l'objet et d'autres éléments d'interprétation. Or, ce constat quant à la clarté du texte, qu'on dit préalable à l'interprétation, est en fait un premier stade dans l'exercice d'interprétation. En d'autres termes, quand on affirme que l'on n'a pas besoin d'interpréter le texte parce qu'il est clair, l'argumentation est fallacieuse, parce qu'on a dû l'interpréter, déjà, pour en arriver à la conclusion que le texte était clair.

Le juge L'Heureux-Dubé, minoritaire dans *2747-3174 Québec Inc. c. Québec (Régie des permis d'alcool)*[245], met à jour de la façon suivante cet aspect problématique de la règle de l'interprétation littérale :

> Selon moi, le défaut principal que présente le procédé dit du « sens ordinaire » est le suivant : il obscurcit le fait que le soi-disant « sens ordinaire » est fondé

---

244. *R. c. Sommerville*, [1974] R.C.S. 387, [1972] A.C. S. n° 123.
245. *2747-3174 Québec Inc. c. Québec (Régie des permis d'alcool)*, [1996] 3 R.C.S. 919, [1996] A.C.S. n° 112.

sur un ensemble de prémisses sous-jacentes qui se trouvent dissimulées dans le raisonnement juridique. En réalité, le « sens ordinaire » ne peut être autre chose que le résultat d'un processus implicite d'interprétation juridique.[246]

Ce que le juge L'Heureux-Dubé entend par « sens ordinaire », version française traduite de l'anglais « plain meaning », correspond à la règle de l'interprétation littérale. Ceci étant, il est vrai que l'on doit chercher l'intention du législateur dans le texte de la loi; mais il est mal fondé de dire que c'est seulement du texte législatif que l'on peut tirer le sens de la règle juridique.

La méthode d'interprétation littérale et grammaticale, la bonne façon de considérer la lettre de la loi, veut que l'interprète puisse tenir compte du libellé du texte de loi, c'est-à-dire du support communicationnel de la norme législative, dans la détermination du sens de la loi. Chronologiquement parlant, il est normalement approprié de débuter par une analyse du texte législatif afin de voir comment s'y est pris le législateur pour communiquer avec les justiciables. Il est donc exact de dire que c'est dans le texte que l'on doit débuter la recherche de l'intention du législateur. De fait, la lettre de la loi est l'élément premier de l'interprétation législative, ce qui est fondamentalement différent de dire qu'il puisse s'agir du seul élément d'interprétation. Bref, en interprétation législative, le texte de loi est le « début de l'histoire », et non « toute l'histoire ».

L'argument de texte se résume donc à regarder le médium de communication qu'est la législation. Il s'agit de décoder le message que le législateur a mis dans le texte en utilisant certains mots et expressions linguistiques. La méthode d'interprétation littérale et grammaticale fait appel à plusieurs directives, que nous examinerons un peu plus tard, comme celle voulant que le législateur soit présumé utiliser le sens courant des mots, par opposition au sens technique. Une autre présomption évidente liée à l'argument de texte, veut que le législateur ne fasse pas d'erreurs dans le choix des termes qu'il utilise pour exprimer la norme juridique. Donc, la loi est présumée écrite de façon adéquate et correcte.

* * *

S'agissant de la méthode littérale et grammaticale, le dictionnaire est une des principales ressources pouvant aider l'interprète à identifier le sens ordinaire des termes employés dans le texte de la loi. S'il fut une époque en jurisprudence où l'on a pu discréditer le recours à cet instrument sémantique de base[247], son utilité ne fait plus aucun doute de nos jours. La décision de la Cour suprême du Canada dans l'affaire suivante le démontre bien, en plus de procurer un exemple d'application de l'argument de texte en général.

---

246. *2747-3174 Québec Inc. c. Québec (Régie des permis d'alcool)*, [1996] 3 R.C.S. 919, [1996] A.C.S. n° 112 au para. 154 [soulignements dans l'original].

247. Voir, notamment, *R. c. Dunn*, [1995] 1 R.C.S. 226, 246, [1995] A.C.S. n° 5. Voir aussi A.J. Rynd, « Dictionaries and the Interpretation of Words: A Summary of Difficulties » (1991) 29 Alta. L. Rev. 712.

Extraits tirés de *Bell ExpressVu Limited Partnership c. Rex*, [2002] 2 R.C.S. 559, [2002] A.C.S. n° 43.

Version française du jugement de la Cour rendu par

LE JUGE IACOBUCCI —

Introduction

1   Le présent pourvoi porte sur une question qui divise les tribunaux du pays, en l'occurrence l'interprétation qu'il convient de donner à l'al. 9(1)c) de la *Loi sur la radiocommunication*, L.R.C. 1985, ch. R-2, mod. par L.C. 1991, ch. 11, art. 83. Plus concrètement, il s'agit de décider si l'al. 9(1)c) interdit le décodage de <u>tous</u> les signaux encodés transmis par satellite, sous réserve d'une exception limitée, ou s'il interdit seulement le décodage non autorisé des signaux émanant de distributeurs canadiens titulaires d'une licence.

2   Les intimés facilitent ce que l'on appelle généralement le « marché gris » de la radiodiffusion des signaux étrangers. Quoique cette expression suscite de nombreux débats – de fait une polémique – il n'est pas nécessaire d'y prendre part dans les présents motifs. En effet, la question fondamentale est plus restreinte et touche à l'interprétation de la disposition en cause : Eu égard aux faits de l'espèce, l'al. 9(1)c) a-t-il pour effet d'interdire le décodage des signaux encodés émanant de radiodiffuseurs américains ? Pour les motifs qui suivent, j'arrive à la conclusion que cette disposition produit cet effet. En conséquence, j'accueillerais le pourvoi.

Contexte

3   L'appelante, une société en commandite, est une entreprise de distribution d'émissions de télévision par satellite de radiodiffusion directe (ci-après « entreprise de distribution SRD » ou « radiodiffuseur SRD »). Elle est l'un des deux fournisseurs qui exploitent actuellement la licence d'entreprise de distribution SRD que leur a accordée le Conseil de la radiodiffusion et des télécommunications canadiennes (le « CRTC ») en vertu de la *Loi sur la radiodiffusion*, L.C. 1991, ch. 11. Il existe deux distributeurs dans la même situation aux États-Unis, mais aucun n'est titulaire d'une licence du CRTC. Le marché de la radiodiffusion réglementée au Canada est effectivement fermé aux non-Canadiens depuis avril 1996, par suite de la décision du gouverneur en conseil ordonnant au CRTC de ne pas délivrer de licences de radiodiffusion ni d'accorder de modification ou de renouvellement de telles licences aux demandeurs qui sont des non-Canadiens (DORS 96/192). Cependant, les entreprises américaines sont titulaires de licences délivrées par la Federal Communications Commission des États-Unis qui les autorisent à diffuser leurs signaux dans ce pays. L'intervenante DIRECTV est la plus importante des deux sociétés américaines.

4   Les fournisseurs de services de radiodiffusion directe transmettent leurs signaux aux téléspectateurs au moyen de satellites. Ils possèdent tous un ou plusieurs satellites en orbite géosynchrone, ou ont accès à de tels appareils. Seulement quelques degrés de longitude terrestre séparent habituellement les satellites, qui occupent les créneaux orbitaux attribués par convention internationale à chacun des différents pays signataires. À partir de stations terrestres de transmission sens terre-satellite, les fournisseurs de services de radiodiffusion directe transmettent leurs signaux aux satellites, qui les rediffusent sur une large portion de la surface terrestre, qu'on appelle l'« empreinte » du satellite. Les signaux relayés par satellite ont une portée qui ne respecte pas les frontières internationales et s'étend souvent à de nombreux pays. Toute personne qui se trouve à l'intérieur de l'empreinte et dispose du

matériel requis (en général une petite antenne parabolique de réception, un amplificateur et un récepteur) peut capter les signaux.

5   L'appelante utilise les satellites d'une entreprise canadienne, Telesat Canada. De plus, comme tous les autres radiodiffuseurs SRD au Canada et aux États-Unis, l'appelante encode ses signaux pour en circonscrire la réception. Pour décoder ou débrouiller les signaux de l'appelante et obtenir leur réception en clair, le client doit être muni d'un dispositif supplémentaire propre à l'appelante, les décodeurs des différents distributeurs n'étant pas compatibles entre eux. L'élément fonctionnel du décodeur est constitué d'une carte à puce à code unique que l'appelante active à distance. Grâce à ce dispositif, une fois que le client a choisi un bloc d'émissions et payé les frais d'abonnement, l'appelante peut transmettre au décodeur le message indiquant que le client est autorisé à décoder ses signaux. Le décodeur est ensuite activé et le client a accès à la programmation débrouillée.

6   L'intimé Richard Rex exploite une entreprise connu sous le nom Can-Am Satellites. Les autres intimés sont soit des employés de Can-Am Satellites soit des entrepreneurs indépendants retenus par celle-ci. Les intimés vendent des décodeurs américains de signaux SRD aux clients canadiens qui désirent s'abonner aux services offerts par les radiodiffuseurs SRD américains, lesquels utilisent des satellites qui appartiennent à des sociétés américaines et qui sont exploités par celles-ci et occupent des créneaux orbitaux ayant été attribués aux États-Unis. Les empreintes des radiodiffuseurs SRD américains sont suffisamment larges pour que leurs signaux puissent être captés presque partout au Canada. Mais comme ces radiodiffuseurs n'autorisent pas sciemment le décodage de leurs signaux par des personnes se trouvant à l'extérieur des États-Unis, les intimés fournissent en outre une adresse postale aux États-Unis à ceux de leurs clients qui n'en possèdent pas déjà une. Les intimés communiquent ensuite avec les radiodiffuseurs SRD américains pour le compte de leurs clients, fournissant les noms, adresse postale aux États-Unis et numéro de carte de crédit de chacun de ceux-ci. Il semble que cela soit suffisant pour convaincre les radiodiffuseurs américains que l'abonné est un résidant des États-Unis. La carte à puce du client est ensuite activée.

7   Dans le passé, les intimés offraient des services analogues à des résidants des États-Unis, de façon à pouvoir obtenir l'autorisation de décoder les signaux de l'appelante. Les intimés étaient des vendeurs autorisés de l'appelante à l'époque, mais comme cette pratique constituait un manquement à la convention de mandat, l'appelante a mis fin unilatéralement à leurs relations.

8   Le présent pourvoi fait suite à une action intentée par l'appelante devant la Cour suprême de la Colombie-Britannique. L'appelante, à titre d'entreprise de distribution titulaire d'une licence, a pris action en vertu de l'al. 9(1)c) et du par. 18(1) de la *Loi sur la radiocommunication*. Elle a notamment demandé une injonction interdisant aux intimés d'aider des résidants canadiens à s'abonner aux émissions transmises par des services SRD américains et à décoder les signaux pertinents. Le juge siégeant en chambre qui a été saisi de la demande a refusé l'injonction demandée et a ordonné que l'affaire soit entendue promptement. En appel de cette décision, la Cour d'appel de la Colombie-Britannique a débouté l'appelante, la juge Huddart rédigeant des motifs de dissidence.

9   L'appelante a sollicité l'autorisation de se pourvoir devant notre Cour, qui a fait droit à sa demande le 19 avril 2001, avec dépens en faveur de la demanderesse quelle que soit l'issue de l'appel ([2001] 1 R.C.S. vi). Le 4 septembre 2001, le Juge en chef a accueilli la requête présentée subséquemment par les intimés afin d'obtenir la formulation de questions constitutionnelles.

Dispositions législatives applicables

10   La *Loi sur la radiocommunication* est l'un des piliers législatifs du système canadien de radiodiffusion. Cette loi, ainsi qu'une autre tout aussi importante, la *Loi sur la radiodiffusion*, établissent le contexte crucial pour juger le présent pourvoi. Les dispositions les plus pertinentes sont reproduites ci-après, mais j'en citerai d'autres au besoin dans l'exposé de mes motifs.

11   *Loi sur la radiocommunication*, L.R.C. 1985, ch. R-2

2. Les définitions qui suivent s'appliquent à la présente loi.

...

« distributeur légitime » La personne légitimement autorisée, au Canada, à transmettre un signal d'abonnement ou une alimentation réseau, en situation d'encodage, et à en permettre le décodage.

« encodage » Traitement électronique ou autre visant à empêcher la réception en clair.

...

« radiocommunication » ou « radio » Toute transmission, émission ou réception de signes, de signaux, d'écrits, d'images, de sons ou de renseignements de toute nature, au moyen d'ondes électromagnétiques de fréquences inférieures à 3 000 GHz transmises dans l'espace sans guide artificiel.

« radiodiffusion » Toute radiocommunication dont les émissions sont destinées à être reçues directement par le public en général.

...

« signal d'abonnement » Radiocommunication destinée à être reçue, directement ou non, par le public au Canada ou ailleurs moyennant paiement d'un prix d'abonnement ou de toute autre forme de redevance.

9. (1) Il est interdit :

...

c) de décoder, sans l'autorisation de leur distributeur légitime ou en contravention avec celle-ci, un signal d'abonnement ou une alimentation réseau;

...

10. (1) Commet une infraction et encourt, sur déclaration de culpabilité par procédure sommaire, dans le cas d'une personne physique, une amende maximale de cinq mille dollars et un emprisonnement maximal d'un an, ou l'une de ces peines, ou, dans le cas d'une personne morale, une amende maximale de vingt-cinq mille dollars quiconque, selon le cas :

...

b) sans excuse légitime, fabrique, importe, distribue, loue, met en vente, vend, installe, modifie, exploite ou possède tout matériel ou dispositif, ou composante de celui-ci, dans des circonstances donnant à penser que l'un ou l'autre est utilisé en vue d'enfreindre l'article 9, l'a été ou est destiné à l'être;

...

(2.1) Quiconque contrevient aux alinéas 9(1)c) ou d) commet une infraction et encourt, sur déclaration de culpabilité par procédure sommaire, dans le cas d'une personne physique, une amende maximale de dix mille dollars et un emprisonnement maximal de six mois, ou l'une de ces peines, dans le cas d'une personne morale, une amende maximale de vingt-cinq mille dollars.

...

(2.5) Nul ne peut être déclaré coupable de l'infraction visée aux alinéas 9(1)c) d) ou e) s'il a pris les mesures nécessaires pour l'empêcher.

18. (1) Peut former, devant tout tribunal compétent, un recours civil à l'encontre du contrevenant quiconque a subi une perte ou des dommages par suite d'une contravention aux alinéas 9(1)c), d) ou e) ou 10(1)b) et :

a) soit détient, à titre de titulaire du droit d'auteur ou d'une licence accordée par ce dernier, un droit dans le contenu d'un signal d'abonnement ou d'une alimentation réseau;

...

c) soit est titulaire d'une licence attribuée, au titre de la *Loi sur la radiodiffusion*, par le Conseil de la radiodiffusion et des télécommunications canadiennes et l'autorisant à exploiter une entreprise de radiodiffusion.

...

Cette personne est admise à exercer tous recours, notamment par voie de dommages-intérêts, d'injonction ou de reddition de compte, selon ce que le tribunal estime indiqué.

...

(6) Le présent article ne porte pas atteinte aux droits et aux recours prévus par la *Loi sur le droit d'auteur*.

Loi sur la radiodiffusion, L.C. 1991, ch. 11

2. (1) Les définitions qui suivent s'appliquent à la présente loi.

...

« entreprise de distribution » Entreprise de réception de radiodiffusion pour retransmission, à l'aide d'ondes radioélectriques ou d'un autre moyen de télécommunication, en vue de sa réception dans plusieurs résidences permanentes ou temporaires ou locaux d'habitation, ou en vue de sa réception par une autre entreprise semblable.

...

« entreprise de radiodiffusion » S'entend notamment d'une entreprise de distribution ou de programmation, ou d'un réseau.

...

« radiodiffusion » Transmission, à l'aide d'ondes radioélectriques ou de tout autre moyen de télécommunication, d'émissions encodées ou non et destinées à être reçues par le public à l'aide d'un récepteur, à l'exception de celle qui est destinée à la présentation dans un lieu public seulement.

...

(2) Pour l'application de la présente loi, sont inclus dans les moyens de télécommunications les systèmes électromagnétiques – notamment les fils, les câbles et les systèmes radio ou optiques –, ainsi que les autres procédés techniques semblables.

(3) L'interprétation et l'application de la présente loi doivent se faire de manière compatible avec la liberté d'expression et l'indépendance, en matière de journalisme, de création et de programmation, dont jouissent les entreprises de radiodiffusion.

3. (1) Il est déclaré que, dans le cadre de la politique canadienne de radiodiffusion :

a) le système canadien de radiodiffusion doit être, effectivement, la propriété des Canadiens et sous leur contrôle;

b) le système canadien de radiodiffusion, composé d'éléments publics, privés et communautaires, utilise des fréquences qui sont du domaine public et offre, par sa programmation essentiellement en français et en anglais, un service public essentiel pour le maintien et la valorisation de l'identité nationale et de la souveraineté culturelle;

...

d) le système canadien de radiodiffusion devrait :

(i) servir à sauvegarder, enrichir et renforcer la structure culturelle, politique, sociale et économique du Canada,

(ii) favoriser l'épanouissement de l'expression canadienne en proposant une très large programmation qui traduise des attitudes, des opinions, des idées, des valeurs et une créativité artistique canadiennes, qui mette en valeur des divertissements faisant appel à des artistes canadiens et qui fournisse de l'information et de l'analyse concernant le Canada et l'étranger considérés d'un point de vue canadien,

(iii) par sa programmation et par les chances que son fonctionnement offre en matière d'emploi, répondre aux besoins et aux intérêts, et refléter la condition et les aspirations, des hommes, des femmes et des enfants canadiens, notamment l'égalité sur le plan des droits, la dualité linguistique et le caractère multiculturel et multiracial de la société canadienne ainsi que la place particulière qu'y occupent les peuples autochtones.

(iv) demeurer aisément adaptable aux progrès scientifiques et techniques;

...

t) les entreprises de distribution :

(i) devraient donner priorité à la fourniture des services de programmation canadienne, et ce en particulier par les stations locales canadiennes,

(ii) devraient assurer efficacement, à l'aide des techniques les plus efficientes, la fourniture de la programmation à des tarifs abordables,

(iii) devraient offrir des conditions acceptables relativement à la fourniture, la combinaison et la vente des services de programmation qui leur sont fournis, aux termes d'un contrat, par les entreprises de radiodiffusion,

(iv) peuvent, si le Conseil le juge opportun, créer une programmation – locale ou autre – de nature à favoriser la réalisation des objectifs de la politique canadienne de radiodiffusion, et en particulier à permettre aux minorités linguistiques et culturelles mal desservies d'avoir accès aux services de radiodiffusion.

(2) Il est déclaré en outre que le système canadien de radiodiffusion constitue un système unique et que la meilleure façon d'atteindre les objectifs de la politique

canadienne de radiodiffusion consiste à confier la réglementation et la surveillance du système canadien de radiodiffusion à un seul organisme public autonome.

Loi sur le droit d'auteur, L.R.C. 1985, ch. C-42

21. (1) Sous réserve du paragraphe (2), le radiodiffuseur a un droit d'auteur qui comporte le droit exclusif, à l'égard du signal de communication qu'il émet ou de toute partie importante de celui-ci :

a) de le fixer;

b) d'en reproduire toute fixation faite sans son autorisation;

c) d'autoriser un autre radiodiffuseur à le retransmettre au public simultanément à son émission;

d) d'exécuter en public un signal de communication télévisuel en un lieu accessible au public moyennant droit d'entrée.

Il a aussi le droit d'autoriser les actes visés aux alinéas a), b) et d).

31. ...

(2) Ne constitue pas une violation du droit d'auteur la communication au public, par télécommunication, d'une œuvre, lorsqu'elle consiste en la retransmission d'un signal local ou éloigné, selon le cas, celle-ci étant licite en vertu de la *Loi sur la radiodiffusion*, que le signal est retransmis, sauf obligation ou permission légale ou réglementaire, intégralement et simultanément et que, dans le cas de la retransmission d'un signal éloigné, le retransmetteur a acquitté les redevances et respecté les modalités fixées sous le régime de la présente loi.

Les décisions des juridictions inférieures

[...]

Les questions en litige

21   Le présent pourvoi soulève trois questions :

1   L'alinéa 9(1)c) de la *Loi sur la radiocommunication* interdit-il le décodage de manière absolue, sous réserve d'une exception limitée, ou autorise-t-il le décodage de tous les signaux, sauf ceux pour lesquels il existe un distributeur légitime qui n'a pas donné l'autorisation de le faire ?

2   L'alinéa 9(1)c) de la *Loi sur la radiocommunication* est-il incompatible avec l'al. 2b) de la *Charte canadienne des droits et libertés* ?

3   Dans l'affirmative, la disposition législative peut-elle être justifiée au regard de l'article premier de la *Charte* ?

L'analyse

A.   *Introduction*

22   On peut, sans exagérer, affirmer que l'al. 9(1)c) de la *Loi sur la radiocommunication*, une loi fédérale, n'a pas été appliqué de manière uniforme par les tribunaux du pays. D'une part, dans certaines décisions les tribunaux ont interprété cette disposition (ou suggéré qu'elle pouvait l'être) d'une manière ayant pour effet de créer une interdiction absolue,

assortie d'une exception limitée, savoir les cas où le distributeur canadien légitime accorde l'autorisation prévue : *R. c. Open Sky Inc.*, [1994] J.M. no 734 (QL) (C. prov.), par. 36, conf. (*sub nom. R. c. O'Connor*) par (1995), 106 Man. R. (2d) 37 (B.R.), par. 10, demande d'autorisation d'appel à la Cour d'appel refusée pour d'autres motifs par (1996), 110 Man. R. (2d) 153 (C.A.); *R. c. King*, [1996] J.N.-B. no 449 (QL) (C.B.R.), par. 19-20, inf. pour d'autres motifs par (1997), 187 R.N.-B. (2d) 185 (C.A.); *R. c. Knibb* (1997), 198 A.R. 161 (C. prov.), conf. (*sub nom. R. c. Quality Electronics (Taber) Ltd.*) par [1998] J.A. no 628 (QL) (C.B.R.); *ExpressVu Inc. c. NII Norsat International Inc.*, [1998] 1 C.F. 245 (1re inst. 1997), conf. par [1997] A.C.F. no 1563 (QL) (C.A.F.); *WIC Premium Television Ltd. c. General Instrument Corp.* (2000), 272 A.R. 201, 2000 ABQB 628, par. 72; *Canada (Procureure générale) c. Pearlman*, [2001] R.J.Q. 2026 (C.Q.), par. 81.

23   D'autre part, on relève un certain nombre de décisions à l'effet contraire, où les tribunaux ont adhéré à l'interprétation plus restrictive retenue en l'espèce par les juges majoritaires de la Cour d'appel de la Colombie-Britannique : *R. c. Love* (1997), 117 Man. R. (2d) 123 (B.R.); *R. c. Ereiser* (1997), 156 Sask. R. 71 (C.B.R.); *R. c. LeBlanc*, [1997] J.N.-É. no 476 (QL) (C.S.); *Ryan c. 361779 Alberta Ltd.* (1997), 208 A.R. 396 (C. prov.), au par. 12; *R. c. Thériault*, [2000] R.J.Q. 2736 (C.Q.), conf. (*sub nom. R. c. D'Argy*) par C.S. (Drummondville), no 405-36-000044-003, 13 juin 2001; *R. c. Gregory Électronique Inc.*, [2000] J.Q. no 4923 (QL) (C.Q.), conf. par [2001] J.Q. no 4925 (QL) (C.S.); *R. c. S.D.S. Satellite Inc.*, C.Q. (Laval), no 540-73-000055-980, 31 octobre 2000; *R. c. Scullion*, [2001] R.J.Q. 2018 (C.Q.); *R. c. Branton* (2001), 53 O.R. (3d) 737 (C.A.).

24   Comme on peut le constater, cette divergence d'interprétations ne s'explique pas seulement par le fait que différentes juridictions dans diverses provinces ont adopté des démarches distinctes. Bien que les tribunaux de dernier ressort de la Colombie-Britannique et de l'Ontario se soient prononcés en faveur de l'interprétation restrictive et que ces décisions lient les tribunaux inférieurs de ces provinces, et que la Cour d'appel fédérale ait rendu une décision à l'effet contraire liant la Section de première instance de cette cour, les tribunaux de première instance de l'Alberta, du Manitoba et du Québec ont rendu des décisions inconciliables et il n'y a pas encore, dans ces provinces, d'arrêt contraignant sur la question. Le présent pourvoi offre donc à notre Cour l'occasion d'harmoniser les interprétations discordantes qui existent dans l'ensemble du Canada.

25   En toute déférence, j'estime que la Cour d'appel a mal interprété l'al. 9(1)c) en tentant de trouver son chemin dans ce dédale de décisions contradictoires. À mon avis, cinq aspects de la décision des juges majoritaires requièrent examen. Premièrement, les juges majoritaires ont commencé leur analyse en tenant pour acquis qu'il y avait ambiguïté. Deuxièmement, ils ont accordé une importance excessive au seul fait qu'un grand nombre de juges avaient divergé d'opinions quant à l'interprétation de l'al. 9(1)c). Troisièmement, ils ne se sont pas arrêtés suffisamment à la place de la *Loi sur la radiocommunication* au sein du régime de réglementation de la radiodiffusion au Canada ni pris en considération les objectifs de ce régime, estimant plutôt qu'il était inutile d'examiner ces [TRADUCTION] « questions de principe plus générales ». Quatrièmement, les juges majoritaires n'ont pas interprété le texte anglais de la disposition conformément à sa structure grammaticale, à savoir une interdiction suivie d'une exception limitée. Enfin, ils ont dans les faits inversé les éléments du texte de la disposition, de telle sorte que les signaux dont un distributeur légitime pouvait permettre le décodage (c'est-à-dire l'exception) se trouvaient à définir l'étendue même de l'interdiction.

B. *L'alinéa 9(1)c) de la Loi sur la radiocommunication interdit-il le décodage*
    de manière absolue, sous réserve d'une exception limitée, ou autorise-t-il le
    décodage de tous les signaux, sauf ceux pour lesquels il existe un distributeur
    légitime qui n'a pas donné l'autorisation de le faire ?

(1) *Principes d'interprétation législative*

26   Voici comment, à la p. 87 de son ouvrage *Construction of Statutes* (2e éd. 1983), Elmer
Driedger a énoncé le principe applicable, de la manière qui fait maintenant autorité :

> [TRADUCTION] Aujourd'hui, il n'y a qu'un seul principe ou solution : il faut lire les termes
> d'une loi dans leur contexte global en suivant le sens ordinaire et grammatical qui
> s'harmonise avec l'esprit de la loi, l'objet de la loi et l'intention du législateur.

Notre Cour a à maintes reprises privilégié la méthode moderne d'interprétation législative
proposée par Driedger, et ce dans divers contextes : voir, par exemple, *Stubart Investments
Ltd. c. La Reine*, [1984] 1 R.C.S. 536, p. 578, le juge Estey; *Québec (Communauté urbaine) c.
Corp. Notre-Dame de Bon-Secours*, [1994] 3 R.C.S. 3, p. 17; *Rizzo & Rizzo Shoes Ltd. (Re)*, [1998]
1 R.C.S. 27, par. 21; *R. c. Gladue*, [1999] 1 R.C.S. 688, par. 25; *R. c. Araujo*, [2000] 2 R.C.S. 992,
2000 CSC 65, par. 26; *R. c. Sharpe*, [2001] 1 R.C.S. 45, 2001 CSC 2, par. 33, le juge en chef
McLachlin; *Chieu c. Canada (Ministre de la Citoyenneté et de l'Immigration)*, 2002 CSC 3,
par. 27. Je tiens également à souligner que, pour ce qui est de la législation fédérale, le bien-
fondé de la méthode privilégiée par notre Cour est renforcé par l'art. 12 de la *Loi d'interprétation*, L.R.C. 1985, ch. I-21, qui dispose que tout texte « est censé apporter une solution de
droit et s'interprète de la manière la plus équitable et la plus large qui soit compatible avec
la réalisation de son objet ».

27   Cette méthode reconnaît le rôle important que joue inévitablement le contexte dans
l'interprétation par les tribunaux du texte d'une loi. Comme l'a fait remarquer avec perspi-
cacité le professeur John Willis dans son influent article intitulé « Statute Interpretation in
a Nutshell » (1938), 16 *R. du B. can.* 1, à la p. 6, [TRADUCTION] « [l]es mots, comme les gens,
prennent la couleur de leur environnement ». Cela étant, lorsque la disposition litigieuse fait
partie d'une loi qui est elle-même un élément d'un cadre législatif plus large, l'environnement
qui colore les mots employés dans la loi et le cadre dans lequel celle-ci s'inscrit sont plus
vastes. En pareil cas, l'application du principe énoncé par Driedger fait naître ce que notre
Cour a qualifié, dans *R. c. Ulybel Enterprises Ltd.*, [2001] 2 R.C.S. 867, 2001 CSC 56, au par. 52,
de « principe d'interprétation qui présume l'harmonie, la cohérence et l'uniformité entre
les lois traitant du même sujet ». (Voir également *Stoddard c. Watson*, [1993] 2 R.C.S. 1069,
p. 1079; *Pointe-Claire (Ville) c. Québec (Tribunal du travail)*, [1997] 1 R.C.S. 1018, par. 61, le
juge en chef Lamer.)

28   D'autres principes d'interprétation – telles l'interprétation stricte des lois pénales
et la présomption de respect des « valeurs de la *Charte* » – ne s'appliquent que si le sens
d'une disposition est ambigu. (Voir, relativement à l'interprétation stricte : *Marcotte c. Sous-
procureur général du Canada*, [1976] 1 R.C.S. 108, p. 115, le juge Dickson (plus tard Juge en
chef du Canada); *R. c. Goulis* (1981), 33 O.R. (2d) 55 (C.A.), p. 59-60; *R. c. Hasselwander*, [1993]
2 R.C.S. 398, p. 413, et *R. c. Russell*, [2001] 2 R.C.S. 804, 2001 CSC 53, par. 46. Je vais examiner
plus loin le principe du respect des « valeurs de la *Charte* ».)

29   Qu'est-ce donc qu'une ambiguïté en droit ? Une ambiguïté doit être « réelle »
(*Marcotte*, précité, à p. 115). Le texte de la disposition doit être [TRADUCTION] « raisonnablement susceptible de donner lieu à plus d'une interprétation » (*Westminster Bank Ltd. c.*

Zang, [1966] A.C. 182 (Ch. des lords), p. 222, lord Reid). Il est cependant nécessaire de tenir compte du « contexte global » de la disposition pour pouvoir déterminer si elle est raisonnablement susceptible de multiples interprétations. Sont pertinents à cet égard les propos suivants, prononcés par le juge Major dans l'arrêt *CanadianOxy Chemicals Ltd. c. Canada (Procureur général)*, [1999] 1 R.C.S. 743, au par. 14 : « C'est uniquement lorsque deux ou plusieurs interprétations plausibles, qui s'harmonisent chacune également avec l'intention du législateur, créent une ambiguïté véritable que les tribunaux doivent recourir à des moyens d'interprétation externes » (je souligne), propos auxquels j'ajouterais ce qui suit : « y compris d'autres principes d'interprétation ».

30   Voilà pourquoi on ne saurait conclure à l'existence d'une ambiguïté du seul fait que plusieurs tribunaux – et d'ailleurs plusieurs auteurs – ont interprété différemment une même disposition. Autant il serait inapproprié de faire le décompte des décisions appuyant les diverses interprétations divergentes et d'appliquer celle qui recueille le « plus haut total », autant il est inapproprié de partir du principe que l'existence d'interprétations divergentes révèle la présence d'une ambiguïté. Il est donc nécessaire, dans chaque cas, que le tribunal appelé à interpréter une disposition législative se livre à l'analyse contextuelle et téléologique énoncée par Driedger, <u>puis</u> se demande si [TRADUCTION] « le texte est suffisamment ambigu pour inciter deux personnes à dépenser des sommes considérables pour faire valoir deux interprétations divergentes » (Willis, *loc. cit.*, p. 4-5).

(2)   *Application aux faits de l'espèce*

31   Il n'est pas nécessaire, dans chaque cas, d'analyser séparément les divers facteurs d'interprétation énumérés par Driedger et, quoi qu'il en soit, ils sont étroitement liés et interdépendants (*Chieu*, précité, par. 28). Dans le contexte du présent pourvoi, mon analyse est divisée en deux grandes rubriques. Toutefois, avant de l'amorcer, je tiens à mettre en relief un certain nombre d'éléments propres à la présente affaire. Premièrement, nul ne conteste le fait que les signaux des radiodiffuseurs SRD américains sont « encodés » au sens de la Loi, non plus que le fait que ces radiodiffuseurs ne sont pas des « distributeurs légitimes » au sens de la Loi. Deuxièmement, tous les radiodiffuseurs SRD au Canada et aux États-Unis exigent le paiement « d'un prix d'abonnement ou de toute autre forme de redevance » pour l'accès à leurs signaux débrouillés. Enfin, je précise que les mots « alimentation réseau » figurant à l'al. 9(1)c) ne sont pas pertinents en l'espèce et qu'on peut en faire abstraction dans l'analyse.

A)   *SENS ORDINAIRE ET GRAMMATICAL*

32   Fondamentalement, l'al. 9(1)c) se présente comme une interdiction assortie d'une exception limitée. Je reproduis à nouveau le texte de cette disposition en en soulignant les passages pertinents :

> <u>Il est interdit</u> :
>
> ...
>
> (c) de <u>décoder, sans autorisation</u> de leur distributeur légitime ou en contravention avec celle-ci, un signal d'abonnement ou une alimentation réseau;
>
> <u>No person shall</u>:
>
> ...
>
> (c) <u>decode</u> an encrypted subscription programming signal or encrypted network feed <u>otherwise than</u> under and in accordance with authorization from the lawful distributor of the signal or feed; [Je souligne.]

La disposition énonce une interdiction générale (« Il est interdit »), qu'elle précise en en en indiquant la nature (« décoder ») et l'objet (« un signal d'abonnement ou une alimentation réseau ») et qu'elle assortit d'une exception (« sans autorisation de leur distributeur légitime ») : voir *Pearlman*, précité, p. 2031. La version anglaise énonce elle aussi ces quatre éléments, quoique dans un ordre légèrement différent.

33   L'activité interdite est le décodage. Par conséquent, comme l'a fait remarquer la Cour d'appel, l'interdiction prévue à l'al. 9(1)c) vise l'aspect <u>réception</u> de la radiodiffusion. Indépendamment de la provenance des signaux, lorsque le décodage reproché a lieu au Canada, la question de la possible portée extraterritoriale de la Loi ne se soulève pas. Dans la présente affaire, la réception dont l'appelante demande l'interdiction se produit entièrement au Canada.

34   L'objet de l'interdiction revêt une importance cruciale dans le présent pourvoi. Aux termes de l'al. 9(1)c), il est interdit de décoder « <u>un</u> signal d'abonnement » (en anglais « <u>an</u> encrypted subscription programming signal* ») (je souligne). L'emploi de l'article indéfini est révélateur. Le mot « un » a notamment le sens suivant : « ... 2. (<u>Avec une valeur générale au sens de « tous les</u> »)... » (*Le Grand Robert de la langue française* (2e éd. 2001). La loi interdit donc de décoder <u>tous les</u> signaux d'abonnement, sous réserve de l'exception prévue.

35   La définition de « signal d'abonnement » tend à indiquer que l'interdiction frappe également les signaux émanant d'autres pays. Cette expression est définie ainsi à l'art. 2 de la Loi : « Radiocommunication destinée à être reçue, directement ou non, par le public au Canada <u>ou ailleurs</u> [« *or elsewhere* » dans la version anglaise] moyennant le paiement d'un prix d'abonnement ou de toute autre forme de redevance » (je souligne). En toute déférence, je ne souscris ni à la thèse des intimés ni à l'opinion exprimée par la juge Weiler de la Cour d'appel dans l'affaire *Branton*, précitée, au par. 26, selon laquelle [TRADUCTION] « les termes « *or elsewhere* » ne visent que le genre de situations envisagées au par. 3(3) » de la Loi, dont voici le texte :

3. ...

(3) La présente loi s'applique au Canada et à bord :

a) d'un navire, bâtiment ou aéronef soit immatriculé ou faisant l'objet d'un permis aux termes d'une loi fédérale, soit appartenant à Sa Majesté du chef du Canada ou d'une province, ou placé sous sa responsabilité;

b) d'un véhicule spatial placé sous la responsabilité de Sa Majesté du chef du Canada ou d'une province, ou de celle d'un citoyen canadien, d'un résident du Canada ou d'une personne morale constituée ou résidant au Canada;

c) d'une plate-forme, installation, construction ou formation fixée au plateau continental canadien.

36   Cette disposition vise une situation tout à fait différente de celle visée par la définition de « signal d'abonnement ». Le paragraphe 3(3) précise la portée géographique de la *Loi sur la radiocommunication* et de toutes les dispositions qui la composent, comme le confirme la note marginale « *Application géographique* ». Si l'on reformule cette explication dans le contexte du présent pourvoi, cela signifie que quiconque se trouve au Canada ou à bord de l'une des choses énumérées aux al. 3(3)a) à c) est susceptible de se voir reprocher l'infraction de décodage illégal prévue à l'al. 9(1)c); en ce sens, le par. 3(3) aide à répondre à la question de savoir « où » s'applique la loi. Par ailleurs, la définition de « signal d'abonnement » précise dans quel cas une personne engage sa responsabilité au titre de l'al. 9(1)c) en indiquant

la catégorie de signaux dont le décodage non autorisé déclenche l'application de cette disposition; cela permet de répondre à la question de l'objet de l'interdiction, la question du « quoi ». Il s'agit de deux questions tout à fait distinctes.

37   En outre, le législateur n'aurait pas eu besoin d'inclure les mots « ou ailleurs » en français à la définition de « signal d'abonnement » à l'art. 2 (et « *or elsewhere* » en anglais) s'il avait seulement voulu que cette expression s'entende d'une radiocommunication destinée à être reçue directement ou non par le public à bord des bâtiments, véhicules spatiaux ou installations visés au par. 3(3). À mon avis, l'emploi de ces mots ne se voulait pas tautologique. On affirme parfois, lorsqu'un tribunal se penche sur le sens ordinaire et grammatical d'une disposition, que « [l]e législateur ne parle pas pour ne rien dire » (*Québec (Procureur général) c. Carrières Ste-Thérèse Ltée*, [1985] 1 R.C.S. 831, p. 838.) Le législateur l'a confirmé expressément en édictant l'art. 10 de la *Loi d'interprétation*, qui précise notamment que « [l]a règle de droit a vocation permanente ». Quoi qu'il en soit, l'expression « ou ailleurs » en français (« *or elsewhere* » en anglais) évoque un champ d'application beaucoup plus vaste que celui correspondant aux exemples restreints énumérés au par. 3(3), et je serais réticent à établir une équivalence entre les deux.

38   Par conséquent, je suis d'avis que la définition de « signal d'abonnement » vise les signaux émanant de distributeurs étrangers et destinés à être reçus par un public étranger. Rappelons que, puisque la *Loi sur la radiocommunication* n'interdit pas la radiodiffusion de signaux d'abonnement (exception faite de l'al. 9(1)e) qui interdit la retransmission non autorisée au Canada de tels signaux) et ne s'applique qu'au décodage survenant aux endroits prévus au par. 3(3), la présente affaire ne soulève aucune question touchant à l'exercice extraterritorial de certains pouvoirs. À ce stade-ci de l'analyse, cela signifie, contrairement à la conclusion du juge siégeant en chambre et à celle des juges majoritaires de la Cour d'appel, que le législateur a en fait choisi, à l'al. 9(1)c), un libellé interdisant le décodage de tous les signaux d'abonnement, indépendamment de leur origine, « sans l'autorisation de leur distributeur légitime ou en contravention avec celle-ci ». Je vais maintenant examiner cette exception.

39   La Cour d'appel a invoqué la présence de l'article défini à la fin du texte anglais de l'al. 9(1)c) (« *the signal* ») au soutien de son interprétation restrictive de cette disposition. Devant notre Cour, l'avocat des intimés a également fait valoir que la présence de l'article défini « *the* » qui précède les mots « *lawful distributor* » confirme que la disposition [TRADUCTION] « n'est censée s'appliquer que lorsqu'il existe un distributeur légitime ». Enfin, les intimés ont attiré notre attention sur le texte de la version française de la disposition et, en particulier, sur la présence du déterminant possessif « leur » avant les mots « distributeur légitime » : dans un certain nombre d'affaires où l'on a analysé la version française de l'al. 9(1)c), le tribunal a fondé son interprétation restrictive sur l'emploi de ce mot (voir les décisions suivantes de la Cour du Québec : *Thériault*, précitée, p. 2739; *Gregory Électronique Inc.*, précitée, par. 24-26, et *S.D.S. Satellite*, précitée, p. 7. Voir également l'affaire *Branton*, précitée, par. 25).

40   Je ne partage pas ces opinions. L'adjectif possessif « leur » et l'article défini « *the* » ne font qu'identifier la partie qui peut autoriser le décodage conformément à l'exception prévue (voir *Pearlman*, précité, p. 2032). En conséquence, bien que je souscrive à l'opinion de la majorité de la Cour d'appel selon laquelle, [TRADUCTION] « [s]i un signal d'abonnement n'a pas de distributeur légitime au Canada, personne ne saurait être autorisé à en permettre le décodage » (par. 36), je ne vois pas comment il s'ensuit nécessairement que le décodage de signaux non assujettis à la réglementation « ne peut de ce fait contrevenir à la *Loi sur la*

radiocommunication ». Pareille conclusion exigerait que l'on intègre à l'interdiction certains mots de l'exception, ce qui constituerait une démarche circulaire et erronée. Je vais me référer à nouveau à la décision du juge Provost, de la Cour du Québec, dans l'affaire *Pearlman*, précitée, à la p. 2031 : « [r]echercher d'abord l'exception et définir ensuite le principe par rapport à l'exception risquent de fausser le sens du texte et de trahir l'intention de son rédacteur ».

41   À mon avis, les articles définis employés dans la version anglaise de l'exception prévue à l'al. 9(1)c) servent à identifier, parmi le genre de signaux touchés par l'interdiction (tous les signaux d'abonnement), ceux pour lesquels la règle cède le pas à l'exception. Du point de vue grammatical, donc, le choix d'articles définis et indéfinis donne essentiellement lieu à l'interprétation suivante : [i]l [sic] est interdit à quiconque de décoder quelque (indéfini) signal d'abonnement que ce soit à moins d'avoir obtenu, pour le (défini) signal en cause, l'autorisation du (défini) distributeur légitime. Par conséquent, comme cela peut arriver, s'il n'existe aucun distributeur légitime susceptible d'accorder cette autorisation, l'interdiction générale doit continuer à produire ses effets.

42   Bien que j'aie déjà indiqué que, dans la présente affaire, les distributeurs SRD américains ne sont pas des « distributeurs légitimes » au sens de la Loi, il convient d'analyser cette expression, car elle est importante dans le processus d'interprétation. Aux termes de l'article 2, « distributeur légitime » s'entend de « la personne légitimement autorisée, au Canada, à transmettre un signal d'abonnement [...] et à en permettre le décodage ». À cet égard, le seul fait qu'une personne soit autorisée dans un autre pays à transmettre des signaux n'a pas pour effet de faire de celle-ci le distributeur légitimement autorisé de ces signaux au Canada. En outre l'expression « légitimement autorisée » (« *lawful right* ») suppose le respect d'autres conditions que la seule obtention d'une licence du CRTC. En définissant ce terme, le législateur aurait pu mentionner expressément qu'il s'agit d'une personne titulaire d'une licence délivrée par le CRTC (comme il l'a fait à l'al. 18(1)c)) ou par le ministre (al. 5(1)a)). Il a plutôt opté pour une formulation plus générale. En conséquence, je partage l'opinion suivante, exprimée par le juge Létourneau de la Cour d'appel fédérale dans l'affaire *Norsat*, précitée, au par. 4 :

> La personne « légitimement autorisée » est celle qui possède les droits réglementaires en vertu de la licence qui lui est régulièrement délivrée conformément à la Loi, l'autorisation du Conseil de la radiodiffusion et des télécommunications canadiennes ainsi que les droits contractuels et les droits d'auteur se rapportant nécessairement au contenu qu'implique la transmission d'un signal d'abonnement ou d'une alimentation réseau.

Comme l'a fait remarquer le procureur général du Canada, cette interprétation signifie que, même lorsque la transmission du signal d'abonnement n'est pas visée par la définition de « radiodiffusion » au sens de la *Loi sur la radiodiffusion* (c'est-à-dire lorsque la transmission d'émissions est « destinée à la présentation dans un lieu public seulement ») et qu'aucune licence de radiodiffusion n'est donc requise, d'autres facteurs doivent être pris en considération pour déterminer si le transmetteur du signal est un « distributeur légitime » pour l'application de la *Loi sur la radiocommunication*.

43   En fin de compte, j'arrive à la conclusion que, lorsqu'on interprète les mots utilisés à l'al. 9(1)c) suivant leur sens ordinaire et grammatical et en tenant compte des définitions de l'art. 2, cette disposition a pour effet d'interdire à quiconque de décoder au Canada tout signal d'abonnement brouillé – quelle que soit son origine – à moins d'avoir obtenu la permission

de le faire de la personne légitimement autorisée, suivant le droit canadien, à transmettre le signal concerné et à en permettre le décodage.

b) Contexte élargi

[...]

c) L'alinéa 9(1)c) en tant que disposition « _quasi_ pénale »

[...]

d) Conclusion

55   Après examen du contexte global de l'al. 9(1)c) et interprétation des mots qui le composent suivant leur sens ordinaire et grammatical, en conformité avec le cadre législatif dans lequel s'inscrit cette disposition, j'arrive à la conclusion que celle-ci ne recèle aucune ambiguïté. Je ne peux que conclure que le législateur entendait interdire de manière absolue aux résidants du Canada de décoder des signaux d'abonnement encodés. La seule exception à cette interdiction est le cas où l'intéressé a obtenu l'autorisation de le faire du distributeur détenant au Canada les droits requis pour transmettre le signal concerné et en permettre le décodage. Il n'est pas nécessaire, dans les circonstances, de recourir à l'un ou l'autre des principes subsidiaires d'interprétation législative.

C.   Les questions constitutionnelles

[...]

Dispositif

68   Par conséquent, je suis d'avis d'accueillir le pourvoi avec dépens devant toutes les cours, d'annuler le jugement de la Cour d'appel de la Colombie-Britannique et de déclarer que l'al. 9(1)c) de la _Loi sur la radiocommunication_ a pour effet de créer une interdiction prohibant tout décodage de signaux d'abonnement, sous réserve d'une exception, savoir le cas où l'intéressé a obtenu la permission de le faire de la personne légitimement autorisée au Canada à transmettre le signal concerné et à en permettre le décodage. Aucune réponse n'est donnée à l'égard des questions constitutionnelles formulées sur ordonnance du Juge en chef.

Dans _Bell ExpressVu Limited Partnership c. Rex_, la Cour suprême du Canada débute donc son exercice d'interprétation législative en examinant minutieusement les termes employés par le législateur dans les textes de loi[248]. Le sens ordinaire des mots qui expriment les règles juridiques, dans l'une et l'autre des deux versions linguistiques de la législation fédérale, est identifié à l'aide de dictionnaires. La loi elle-même, on le voit dans cette affaire, peut définir le sens à donner à la terminologie qu'elle emploie. Cette question des définitions législatives est relativement complexe et doit être examinée séparément sous la prochaine rubrique.

-----

248.   [2002] 2 R.C.S. 559 aux para. 32-43, [2002] A.C.S. n° 43.

2. Définitions

Dans une loi, les définitions sont très souvent placées au début du texte législatif, ou au début de ses principales parties, sous une rubrique intitulée « définitions ». Ce n'est toutefois pas toujours le cas, surtout dans les législations de base de type civiliste – par exemple, un code civil, comme le *Code civil du Québec*[249] – où les définitions peuvent se retrouver tout au long de la loi. Pour illustrer ce point, la définition de la « vente » est à l'article 1708 du *Code civil du Québec*.

Certaines questions sur les définitions législatives fédérales trouvent réponses dans la *Loi d'interprétation*[250], plus précisément aux articles 15 et 16 :

15. (1) Les définitions ou les règles d'interprétation d'un texte s'appliquent tant aux dispositions où elles figurent qu'au reste du texte.

(2) Les dispositions définitoires ou interprétatives d'un texte :

a) n'ont d'application qu'à défaut d'indication contraire;

b) s'appliquent, sauf indication contraire, aux autres textes portant sur un domaine identique.

16. Les termes figurant dans les règlements d'application d'un texte ont le même sens que dans celui-ci.

Les définitions s'appliquent donc aux autres lois traitant des mêmes matières (« *in pari materia* »), ainsi qu'à la législation déléguée adoptée en vertu de ladite loi. Ces règles prévues dans la *Loi d'interprétation* fédérale ne font que reprendre des principes généraux en la matière, sans rien inventer de nouveau. En fait, ces règles trouvent application dans toutes les juridictions du pays, qu'il y ait ou non des dispositions équivalentes dans les lois d'interprétation provinciales.

Une question plus problématique en ce qui concerne les définitions législatives a trait à leur caractère exhaustif[251]. Pierre-André Côté écrit ceci : « Est exhaustive la définition qui prétend délimiter complètement l'extension du concept »[252]. On peut également parler dans ces cas de définitions déterminatives, qui donnent aux termes législatifs un contenu précis. La teneur sémantique particulière peut être *réelle*, c'est-à-dire correspondre au sens courant du terme, ou elle peut être *fictive*, parce qu'elle s'éloigne du sens ordinaire en créant un sens artificiel à un mot ou une expression. Un exemple du premier est la définition de « grève » dans le *Code du travail* du Québec[253], à l'article 1g), qui prévoit que ce terme veut dire « la cessation

---

249. L.Q. 1991, c. 64.

250. L.R.C. 1985, c. I-21.

251. Pour une illustration récente, voir la décision de la Cour suprême dans l'affaire *R. c. A.D.H.*, 2013 CSC 28, où l'on s'interrogeait sur le caractère exhaustif de la définition des termes « abandonner », « exposer » et « volontaire », à l'article 214 du *Code criminel*, afin de savoir si la faute associée au crime était objective ou subjective.

252. P.-A. Côté, coll. S. Beaulac et M. Devinat, *Interprétation des lois*, 4e éd., Montréal, Thémis, 2009, à la p. 77.

253. *Code du travail*, RLRQ, c. C-27.

concertée de travail par un groupe de salariés». Elle est réelle parce qu'elle correspond au sens courant de grève; elle est par ailleurs exhaustive puisqu'elle parle de grève dans un contexte de relations de travail, rien de plus, excluant ainsi d'autres types de grève comme la grève de la faim (auto-famine) ou les grèves étudiantes (boycott des cours). Pour donner une illustration d'une définition fictive exhaustive, imaginons que l'article 1 du *Code du travail* du Québec contient ceci: «"grève": tout lock-out d'un employeur»[254]. Cette définition serait fictive car elle assimile artificiellement le concept de lock-out à celui de grève; elle est également exhaustive parce qu'elle ne laisse pas de place à d'autres significations au mot «grève». Une telle définition exhaustive fictive serait hautement problématique puisque, outre l'association artificielle grève-lock-out, elle n'inclut pas ce qu'on entend généralement par grève. Les cours éviteraient, en autant que faire se peut, une telle conclusion interprétative. En fait, l'absence de véritable exemple de ce type de définition témoigne de la qualité de la rédaction législative de nos jours au Canada, ce qui n'a pas toujours été le cas toutefois.

Dans la plupart des situations, les définitions législatives ne prétendent toutefois pas à l'exhaustivité. Plutôt, on décide de définir la terminologie utilisée a) soit pour aider à cerner précisément ce qu'on doit comprendre d'un terme et dissiper les possibles doutes quant à son sens ou sa portée, b) soit pour ajouter au sens ou à la portée de ce qu'on entend généralement par le mot ou l'expression et ainsi lui donner un contenu artificiellement élargi. Dans le premier cas, on parle de définition non-exhaustive de type *illustrative* (et, incidemment, réelle); dans le second, on parle de définition non-exhaustive de type *extensive* (et, incidemment, fictive). Un exemple du premier est la définition du mot «session» à l'article 61, paragraphe 9 de la *Loi d'interprétation* du Québec[255], qui se réfère à une session du Parlement et, ajoute-t-on, «comprend le jour de son ouverture et celui de sa prorogation». Avec cette définition illustrative, il n'y a plus de doute quant au début et à la fin de la session parlementaire. D'autre part, on peut tirer un exemple de définition extensive de l'article 1 de la *Loi sur les assurances* de l'Ontario[256], qui donne la définition suivante de «automobile»:

> S'entend en outre d'un trolleybus et d'un véhicule automoteur, ainsi que des remorques, des accessoires et de l'équipement des automobiles, à l'exclusion, toutefois, du matériel roulant [sur] des chemins de fer, des embarcations ou des aéronefs.

On voit que la définition de «automobile» élargit considérablement le sens courant du terme, et ce, de façon artificielle, pour y inclure des choses qui, normalement, ne seraient pas considérées comme une automobile (et, par ailleurs, y exclure des choses qui, à tout événement, ne seraient pas assimilées à une automobile). Il est néanmoins clair que la définition n'est pas exhaustive, car elle ne limite pas à ce qui est défini explicitement ce qu'on doit comprendre par automobile; on laisse plutôt place

---

254. Il s'agit évidemment d'un exemple hypothétique puisqu'une telle définition n'existe pas dans le *Code du travail* du Québec.
255. *Loi d'interprétation*, RLRQ, c. I-16.
256. *Loi sur les assurances*, L.R.O. 1990, c. I.8.

à d'autre choses pouvant être une automobile, la plus importante étant évidemment le sens ordinaire d'une automobile, soit un véhicule à roues se propulsant lui-même.

La question de savoir si une définition législative est exhaustive ou non est donc pertinente en ce qui concerne le sens ordinaire du mot ou de l'expression. Ce n'est pas la création d'une fiction par le biais d'une définition qui est problématique, puisqu'on peut le faire tout en maintenant le sens courant du terme (voir l'exemple de « automobile »). Le problème provient de la combinaison du caractère fictif et de la nature exhaustive d'une définition qui n'inclut pas le sens ordinaire du mot ou de l'expression (voir l'exemple inventé de « grève » qui veut dire « lock-out »). Ces situations sont évitées, nous l'avons mentionné, par une rédaction législative rigoureuse. À cet égard, il est utile d'identifier les mots clés dans le texte législatif qui indiquent généralement si la définition est exhaustive. Ainsi, les définitions introduites par « signifie », « s'entend », « désigne » (en anglais, « means ») sont considérées exhaustives; en revanche, celles qui sont précédées par « comprend », « s'entend en outre », « s'entend notamment » (en anglais, « includes ») sont considérées ne pas être exhaustives.

Une autre formulation voit la définition commencer avec le verbe « être » ou inclure ce verbe de façon définitoire, comme « est nu quiconque... ». Dans ces cas, nous le verrons, la solution n'est pas toute faite. En réalité, même l'emploi d'un mot clé ne donne pas nécessairement la réponse à la question relative à l'exhaustivité de la définition.

Il peut arriver que le contexte, l'objet de la loi ou même d'autres éléments d'interprétation, comme l'historique législatif, amènent à conclure que la définition est exhaustive même si un mot clé indique *a priori* le contraire (et vice-versa évidemment). L'arrêt suivant de la Cour suprême du Canada l'illustre bien.

Extraits tirés de *R. c. Verrette*, [1978] 2 R.C.S. 838, [1978] A.C.S. n° 40 [numérotation de paragraphes ajoutée].

Le jugement de la Cour a été rendu par

LE JUGE BEETZ —

1   L'intimé a été accusé, avec le consentement du procureur général, d'avoir commis une infraction aux termes de l'al. 170(1)(a) du *Code criminel*, pour avoir, le 31 mai 1975, sans excuse légitime, été trouvé nu dans un endroit public, l'hôtel St-Paul de St-Paul d'Abbotsford, district de St-Hyacinthe.

2   L'intimé a été jugé par un magistrat provincial, le juge Dumaine, qui l'a déclaré coupable et l'a condamné à payer une amende de $150 ou, à défaut de paiement, à un mois de prison. L'intimé a interjeté appel devant la Cour supérieure mais le procès *de novo* était fondé sur la preuve entendue par le magistrat provincial. Le juge Beauregard a rejeté l'appel. L'intimé a fait appel, sur autorisation, à la Cour d'appel du Québec. Le 20 janvier 1977, la Cour d'appel a accueilli l'appel, annulé la déclaration de culpabilité et renvoyé l'affaire en Cour supérieure; le juge Bélanger, dissident, aurait rejeté l'appel : [1977] C.A. 96. Le ministère public, sur autorisation de cette Cour, attaque maintenant l'arrêt de la Cour d'appel.

3   L'article 170 du Code criminel prévoit :

170. (1) Est coupable d'une infraction punissable sur déclaration sommaire de culpabilité, quiconque, sans excuse légitime,

   a) est nu dans un endroit public, ou

   b) est nu et exposé à la vue du public sur une propriété privé, que la propriété privé
   soit la sienne ou non.

(2) Est nu, aux fins du présent article, quiconque est vêtu de façon à offenser la décence
ou l'ordre public.

(3) Aucune procédure ne doit être intentée sous l'autorité du présent article sans le
consentement du procureur général.

4   Les faits ne sont pas contestés. Le juge Kaufman, parlant au nom du juge Turgeon et
au sien, les résume ainsi (à la p. 97) :

[TRADUCTION] La preuve non contredite établit que l'appelant était un « danseur à
gogo », c'est-à-dire qu'il dansait sur une estrade, dans l'hôtel. À un certain moment,
il ne portait qu'un petit slip mais dans la suite du spectacle, il l'enleva et continua à
danser complètement nu. La salle était sombre mais un projecteur éclairait l'estrade.
La musique, décrite comme typiquement « à gogo », était assez rapide et les testi-
cules et le pénis de l'appelant « se balançaient en cadence ». Environ 60 personnes
des deux sexes assistaient au spectacle. Certains le trouvaient amusant, d'autres
semblaient gênés.

5   Devant le juge Dumaine, l'avocat de l'intimé a soutenu principalement que les soixante
hommes et femmes qui avaient vu le numéro de l'intimé n'avaient pas été choqués; ils était
allés à cet hôtel précisément pour voir ce genre de spectacle et savaient pertinemment à
quoi s'attendre. L'intimé prétend donc n'avoir offensé ni la décence ni l'ordre public. Au cours
des débats, le juge Dumaine a déclaré que cet argument ne constituait pas une défense; il a
également exprimé le point de vue que si le numéro de l'intimé ne violait pas l'ordre public,
il offensait sans aucun doute la décence.

6   Le juge Beauregard de la Cour supérieure n'a rien conclu à ce sujet. Le dossier ne fait
pas état des arguments invoqués devant lui, mais il a statué, dans ses brefs motifs de jugement, que l'hôtel St-Paul est un endroit public aux termes de l'art. 138 du *Code criminel*, que
l'art. 163, qui traite de spectacles immoraux, indécents ou obscènes, n'empêche pas l'application de l'art. 170 et qu'être nu, au sens de l'art. 170, signifie ne porter aucun vêtement ou
être vêtu de façon à offenser la décence ou l'ordre public. À mon sens, le juge Beauregard a
conclu que l'intimé avait enfreint l'al. 170(1)a) du seul fait qu'il était complètement nu dans
un endroit public, que sa nudité ait offensé ou non la décence ou l'ordre public.

7   Sur ce dernier point, la conclusion de la majorité de la Cour d'appel est différente :

[TRADUCTION] À supposer que l'art. 170 ne soit pas *censé* s'appliquer aux spectacles
immoraux, indécents ou obscènes, son texte est-il suffisamment large pour viser les
exécutants nus ?

Je suis arrivé à la conclusion – non sans quelque difficulté et hésitation – que les
spectacles y *sont* inclus, sous réserve, cependant, qu'il soit établi qu'ils offensent la
décence ou l'ordre public.

Cette conclusion se fonde sur le texte du par. (2) : « Est nu, aux fins du présent article, quiconque est vêtu de façon à offenser la décence ou l'ordre public ». Il *ne* dit *pas*, par exemple, que nudité « comprend » une tenue choquante; ce qui serait tout à fait différent. Je suis convaincu que le par. (2), ainsi rédigé, est plus qu'une simple définition et que le par. (1) doit être lu, même dans les cas de nudité totale, en gardant cela à l'esprit.

Donc, pour condamner, il faut prouver que l'acte reproché offensait la décence ou l'ordre public. (Le juge Kaufman, à la p. 99).

8   La Cour d'appel est également d'avis que la Cour supérieure aurait dû se demander si la défense de l'intimé constituait une excuse légitime; la nudité peut offenser la décence ou l'ordre public dans un cabaret et non au théâtre et il peut y avoir des cas de chevauchement entre la décence ou l'ordre public d'une part, et l'excuse légitime d'autre part. Cependant, puisqu'en vertu de l'art. 771 du *Code criminel*, les appels à la Cour d'appel relativement aux infractions punissables sur déclaration sommaire de culpabilité sont limités aux questions de droit, la Cour d'appel a jugé qu'elle ne pouvait évaluer la preuve et elle a renvoyé l'affaire en Cour supérieure afin qu'elle tranche la question selon la preuve et le droit.

9   Devant cette Cour, aucune partie n'a contesté la conclusion de la Cour d'appel selon laquelle le texte de l'art. 170 est suffisamment large pour englober le genre de spectacle donné par l'intimé. La question de savoir si l'intimé avait une excuse légitime n'a été débattue ni dans les factums, ni dans les plaidoiries orales. La lecture du dossier soumis au magistrat provincial et à la Cour supérieure indique que l'intimé ne prétend pas qu'il avait une excuse légitime parce que la danse qu'il avait exécutée faisait partie d'une représentation théâtrale mais plutôt que, dans les circonstances de l'espèce, les spectateurs ne pouvaient pas être choqués parce qu'il dansait nu. À mon avis, cette assertion revient à dire que la nudité de l'intimé n'avait offensé ni la décence ni l'ordre public. L'excuse légitime est un moyen de défense qui doit être allégué par l'accusé. Je conclus que l'intimé ne fait plus valoir ce moyen de défense, s'il l'a jamais fait. En conséquence, je ne me prononce pas sur la question de savoir si une représentation théâtrale peut constituer une excuse légitime à la nudité, ni sur d'autres exemples possibles d'excuse légitime qui ont fait l'objet de discussions devant les tribunaux d'instance inférieure, en l'espèce et dans d'autres cas, comme fuir d'une maison en feu, échapper à un viol ou poser dans un atelier pour des étudiants en art (en présumant qu'un atelier est un endroit public).

10   La seule question soulevée devant cette cour et la seule qui doive être tranchée est de savoir si le mot « nu » utilisé à l'al. 170(1)a) du *Code criminel* vise le seul fait d'être complètement nu ou s'il doit être lu en corrélation avec le par. 170(2) de sorte qu'il appartiendrait à la poursuite d'établir que la nudité a offensé la décence ou l'ordre public. En d'autres termes, doit-on interpréter le par. 170(2) comme limitant le sens ordinaire de nudité aux fins de cet article, ou comme élargissant la portée du par. 170(1) de sorte que la nudité puisse comprendre certaines façons de se vêtir ?

11   Cette question a récemment donné lieu à des opinions judiciaires contradictoires, outre celles émises en l'espèce par les tribunaux d'instances inférieure. Ainsi, dans l'affaire *Barbeau c. La Reine*, une décision de la Cour supérieure[257], datée du 24 février 1976 et actuellement inscrite en appel, les faits étaient semblables sauf qu'il s'agissait d'une danseuse; elle a été déclarée coupable et son appel par voie de procès *de novo* a été rejeté par le juge Deslandes qui a interprété le par. 170(2) comme élargissant la portée du par. 170(1); le juge

257.   [1976] C.S. 704.

Deslandes s'est expressément rallié aux motifs prononcés en l'espèce par le juge Beauregard et a refusé d'adopter ceux du juge Phelan dans l'affaire *McCutcheon c. La Reine*, une décision non publiée de la Cour supérieure, datée du 7 mai 1975. Les faits de l'arrêt *McCutcheon* sont un peu différents puisque l'accusée, une strip-teaseuse, avait enlevé tous ses vêtements sauf un voile léger et transparent noué au cou. Le juge Phelan a acquitté l'accusée au motif que son strip-tease n'avait offensé ni le sens de la décence des spectateurs, ni violé l'ordre public. Mais dans un *dictum* assez détaillé, le juge Phelan a exprimé l'opinion que le par. 170(2) limite la portée du par. 170(1). La Cour d'appel du Québec a rejeté l'appel interjeté par le ministère public dans cette affaire-là. Sa décision également daté du 20 janvier 1977, est publiée à (1978), 1 C.R. (3d) 39[258]. Le juge Owen est d'accord avec le juge Phelan sur les questions de droit; le juge Lajoie souligne qu'il ne s'agit pas d'un cas de nudité totale et juge que la conclusion du juge Phelan selon laquelle le spectacle de l'accusée n'avait pas offensé la décence ni l'ordre public est une conclusion de fait que la Cour d'appel ne peut réviser; le juge Bélanger est d'accord avec le juge Lajoie, mais ne partage pas l'avis du juge Owen sur le point de droit, se référant à sa dissidence dans la présente cause.

12   En l'espèce, la Cour d'appel dit que le par. 170(2) est [TRADUCTION] « plus qu'une simple définition » et elle fait observer que la situation serait différente si ce paragraphe prévoyait expressément que les personnes nues « comprennent » les personnes vêtues de façon choquante. Dans les définitions, le mot « comprend » est généralement utilisé par opposition au terme restrictif « désigne ». Souligner l'absence du mot « comprend » revient à suggérer, *a contrario*, que le mot « désigne » est plus près de l'intention véritable du législateur. La Cour d'appel s'est arrêtée là; si l'on accepte cette assertion, le paragraphe devrait s'interpréter comme si son texte était le suivant :

> Aux fins du présent article, « nu » désigne quiconque est vêtu de façon à offenser la décence ou l'ordre public.

Il s'ensuivrait une conséquence curieuse : être vêtu d'une certaine façon constituerait une infraction en vertu de l'art. 170; être complètement nu n'en constituerait pas une.

13   Les mots « comprend » et « désigne » ne sont pas utilisés dans cet article et il n'y a pas grand-chose à gagner à les examiner.

14   Le mot clé du par. 170 (2) est le verbe « est » dans l'expression « <u>est</u> nu quiconque ». À mon avis, « est » signifie ici « est censé être », soit l'expression utilisée à l'art. 205A qui a été ajouté au *Code criminel* par l'art. 2 du c. 28 des Statuts du Canada de 1931 et remplacé depuis par l'art. 170 :

> **205A.** (1) Est coupable d'une infraction et passible, après déclaration sommaire de culpabilité, de trois ans d'emprisonnement, quiconque, dans un état de nudité,
>
> a) est trouvé dans un endroit public seul ou en compagnie d'une ou plusieurs autres personnes qui paradent ou se sont rassemblées avec l'intention de parader, ou ont paradé nues dans cet endroit public, ou
>
> b) est trouvé dans un endroit public seul ou en compagnie d'une ou plusieurs autres personnes, ou
>
> c) est trouvé sans excuse valable d'être nu sur une propriété privée autre que la sienne, de manière à être exposé à la vue publique, seul ou en compagnie d'autres personnes.

---

258.   [1978] C.A. 103, résumé seulement.

Pour les fins du présent paragraphe, est censé être nu quiconque est si peu vêtu qu'il porte atteinte à la décence ou à l'ordre public.

(2) Aucune action ou poursuite pour violation du présent article ne doit être instituée sans l'autorisation du procureur général du Canada de la province où il est allégué que l'infraction a été commise.

15   On a dit que l'art. 205A visait la conduite des membres d'une secte religieuse qui quelquefois paradaient nus en signe de protestation. Le texte de l'al. 205A(1)a) semble confirmer cette assertion bien que la lettre de l'art. 205A, comme celle de l'actuel art. 170, aille plus loin que nécessaire pour ce seul but et que tous les actes et comportements décrits par ces dispositions tombent sous le coup de leur prohibition. L'ancien article ne soulevait pas le problème que nous avons à résoudre : il interdisait la nudité, au sens du dictionnaire de nudité complète, dans un endroit public ou sur une propriété privée mais à la vue du public. Il eut cependant été facile de se soustraire à la loi en portant un vêtement microscopique. La fin du par. 205A(1), une dispositon déterminative, assimile l'insuffisance du vêtement à la nudité complète quand celle-là offense la décence ou l'ordre public. Une disposition déterminative est une fiction légale; elle reconnaît implicitement qu'une chose n'est pas ce qu'elle est censée être, mais décrète qu'à des fins particulières, elle sera considéré comme étant ce qu'elle n'est pas ou ne semble pas être. Par cet artifice, une disposition déterminative donne à un mot ou à une expression un sens autre que celui qu'on leur reconnaît habituellement et qu'il conserve là où on l'utilise; elle étend la portée de ce mot ou de cette expression comme le mot « comprend » dans certaines définitions; cependant, en toute logique, le verbe « comprend » n'est pas adéquat et sonne faux parce que la disposition crée une fiction. Ainsi, une personne peu vêtue n'est pas vraiment nue; mais si une disposition interdisant la nudité prévoit dans certaines conditions que cette personne est censée être nue, le mot « nu » conserve son sens habituel qui s'étend en même temps à quelque chose qui n'est pas la nudité. C'est pourquoi il n'était pas du tout nécessaire en vertu de l'ancien art. 205A que la poursuite prouve, dans les cas de nudité complète, que cette nudité offensait la décence ou l'ordre public; loin de limiter le sens habituel du mot « nu », la disposition déterminative lui conservait ce sens et en même temps l'étendait de façon que l'insuffisance de vêtement tombe sous le coup de cet article.

16   Le *Code criminel* actuel contient des dispositons déterminatives explicites qui ont le même effet. Par exemple, le sous-al. 308b)(ii) étend le sens d'introduction par effraction à l'introduction sans excuse légitime.

17   À la suite de la refonte du Code de 1953-54 (c. 51), l'ancien art. 205A est devenu l'art. 159. La peine maximale fut abrégée; la défense d'excuse légitime fut généralisée; on se rendit compte également que l'expression « si peu vêtu » n'était pas appropriée puisqu'on peut imaginer des façons d'être lourdement vêtu qui offensent la décence ou l'ordre public; l'article fut raffiné en conséquence; finalement, tout l'article fut abrégé et simplifié, mais rien n'indique que l'intention générale en ait été modifiée.

18   À la suite de ce processus de simplification, les mots « est censé être nu quiconque » ont été remplacés par les mots « est nu quiconque ». À mon avis cette modification ne change pas la nature déterminative de la disposition; c'est une façon plus simple et plus imagée de s'exprimer, une question de style, pas de fond. Dire dans une loi qu'une personne est nue lorsqu'elle est vêtue, c'est créer une fiction légale, que l'on utilise le verbe « est » ou l'expression « est censé être » : même le Parlement ne peut changer la fiction en réalité, quels que soient les mots qu'il utilise. À cause de cette fiction, « nu » à l'al. 170(1)a) conserve le sens habituel du dictionnaire de nudité totale qui est artificiellement élargi pour englober, en vertu

du par. 170(2), certaines façons de se vêtir. Conclure autrement impliquerait une déformation injustifiée du sens ordinaire du mot « nu »; « nu » ne signifie pas « trop dévêtu » ou « dévêtu d'une manière choquante »; il signifie simplement « complètement dévêtu », sans référence à la décence ou à l'ordre public. Si la Cour d'appel a raison, l'al. 170(1)a) doit être interprété comme s'il était rédigé en ces termes :

> Est nu dans un endroit public de façon à offenser la décence ou l'ordre public.

Le Parlement aurait pu facilement dire cela si tel avait été son intention, mais il ne l'a pas fait.

19   Le paragraphe 170(2) n'est pas le seul article du *Code criminel* où l'on doive interpréter le verbe comme voulant dire « est censé être ». Le paragraphe 649(5) prévoit :

> Une demande d'autorisation d'appel constitue un appel aux fins du présent article.

Une demande d'autorisation d'appel n'est évidemment pas un appel. Le verbe « constitue » ou « *is* » est ici une façon abrégée de dire « est censé être ».

20   L'avocat de l'intimé a attiré notre attention sur le par. 16(2) du *Code criminel* qui définit l'aliénation en ces termes :

> Aux fins du présent article, une personne est aliénée lorsqu'elle est dans un état d'imbécillité naturelle ou atteinte de maladie mentale à un point qui la rend incapable de juger la nature et la qualité d'un acte ou d'une omission, ou de savoir qu'un acte ou une omission est mauvais.

Selon lui, comme le par. 16(2) donne une définition exhaustive de l'aliénation, le par. 170(2) qui est structuré de la même façon devrait également être interprété comme donnant une définition exhaustive de la nudité. Je ne suis pas d'accord. L'expression « une personne est aliénée », au par. 16(2), n'est pas une disposition déterminative parce que l'imbécillité naturelle et la maladie mentale sont des formes d'aliénation. Cette disposition ne crée aucune fiction légale à la différence de celle qui prévoit qu'est nu quiconque est vêtu d'une certaine manière. Comme je l'ai noté précédemment, pareille définition exhaustive de la nudité aurait un effet absurde car elle exclurait la nudité complète de la portée de l'article.

[...]

24   L'intimé soutient finalement dans son factum que bien que le consentement du procureur général ne soit pas exigé pour déposer des accusations portant sur des infractions plus sérieuses, il faut cependant l'obtenir pour intenter des procédures en vertu de l'art. 170, comme en vertu des art. 124 (témoignages contradictoires), 162 (restriction à la publication des comptes rendus judiciaires), 281.1 (encouragement au génocide), 281.2 (incitation publique à la haine), 281.3 (propagande haineuse), 343 (cacher frauduleusement des titres) et 380 (violation criminelle de contrat). Les dispositions qui créent ces infractions, prétend-on, ont un point commun : elles limitent les libertés publiques fondamentales et doivent être interprétées en conséquence. Je ne vois pas comment l'exigence du consentement préalable du procureur général aux poursuites peut nous aider à interpréter des dispositions aussi diverses. En outre, j'ai eu l'occasion de lire plusieurs déclarations des droits et je n'en ai pas encore rencontré une qui érige la nudité publique en droit fondamental.

25   Certains membres de la magistrature ont critiqué le ministère public pour avoir déposé des accusations en vertu de l'art. 170 plutôt qu'en vertu de l'art. 163, dans des cas de spectacles, pour ne pas avoir à prouver l'immoralité, l'indécence ou l'obscénité. C'est le point de vue qu'a exprimé le juge Owen dans l'arrêt *McCutcheon* (à la p. 50) :

> [TRADUCTION] Si l'on interprète l'art. 170 du *Code criminel* comme signifiant que le ministère public doit établir, dans toutes les poursuites intentées en vertu de cet article, que la nudité a offensé la décence ou l'ordre public, la poursuite ne sera pas aussi tentée d'invoquer l'art. 170 du *Code criminel* dans un autre but que son but initial. Autrement, le procureur général pourrait empêcher cet abus en refusant de donner son consentement à des procédures en vertu de l'art. 170 du *Code criminel* dans le cas des représentations théâtrales qui sont visées par l'art. 163 du *Code criminel*.

26   Avec égards, je ne crois pas que nous devrions chercher à interpréter le *Code criminel* de façon à rendre la tâche de la poursuite plus facile ou plus difficile. Le choix des accusations appartient entièrement au ministère public. Dans un cas comme celui-ci, le consentement du procureur général est également discrétionnaire. Et si une disposition du Code est imparfaite ou désuète, il incombe au Parlement de la modifier.

27   Je suis arrivé à la conclusion que le pourvoi doit être accueilli. Dans son factum, l'intimé demande à ne pas être condamné aux dépens si la Cour maintient le pourvoi. Je suis d'accord. Nous avons parfois accordé au ministère public l'autorisation d'appeler dans des cas d'infractions punissables sur déclaration sommaire de culpabilité à la condition qu'il s'engage à payer les dépens de l'intimé sur une base procureur-client (voir *La Reine c. Moreau*, une affaire entendue le 15 mars 1978 et prise en délibéré[259]; voir également *La Reine c. Chapin*, où l'autorisation d'appeler a été accordée le 24 janvier 1978.) L'intimé a été condamné à payer une amende de $150. Il n'a pas à supporter tous les dépens encourus pour soumettre à cette Cour une cause de ce genre parce que le ministère public souhaitait qu'un point de droit soit clarifié.

28   Je suis d'avis d'accueillir le pourvoi sans dépens en cette Cour, d'annuler la décision de la Cour d'appel et de rétablir le jugement de la Cour supérieure.

---

* * *

QUESTIONS

1.   Quelle est l'importance de déterminer si une définition est exhaustive ou non ? Quelle est l'importance de déterminer si une définition est fictive ou non ?

2.   Quelle est la raison d'être de la présomption à l'encontre des définitions exhaustives fictives ? Y a-t-il un lien avec le principe de la primauté du droit ?

* * *

---

259.   Jugement rendu le 17 octobre 1978.

3. Directives d'interprétation selon le texte

Le juge Felix Frankfurter, longtemps professeur de droit avant de siéger à la Cour suprême des États-Unis dans les années 1950, donnait trois recommandations à ses étudiants en matière d'interprétation législative : « Lisez la loi, LISEZ LA LOI, LISEZ LA LOI ! »[260]. Le texte législatif est par ailleurs présumé être adéquat, c'est-à-dire qu'il est censé rendre avec exactitude la volonté de son auteur, soit le législateur. Les propos de François Gény sont ici pertinents :

> Comme langage humain, le verbe de la loi n'est qu'un instrument, destiné à manifester la pensée de celui qui parle, pour éveiller une pensée adéquate chez ceux à qui il s'adresse. Or, la loi étant le produit de l'activité consciente et réfléchie de son auteur, non seulement celui-ci a dû se représenter exactement la règle qu'il entendait établir, mais il doit être supposé également avoir choisi, avec réflexion et préméditation, les mots qui traduisent fidèlement sa pensée et son vouloir. C'est donc à la formule de la loi qu'on doit s'adresser tout d'abord.[261]

On dégage de la jurisprudence des directives d'interprétation découlant de la méthode littérale et grammaticale, c'est-à-dire de l'argument de texte voulant qu'on examine d'abord le support communicationnel des normes législatives. Ces trois principes sont a) celui du sens ordinaire des termes, b) celui du sens à l'époque de l'adoption de la loi, et c) celui contre l'addition ou la suppression de termes.

(a) Règle du sens ordinaire (et sens technique)

Le principe général veut que le tribunal qui est saisi d'un problème d'interprétation législative doive, suivant la méthode littérale et grammaticale, favoriser le sens courant, le sens ordinaire des mots et expressions utilisés. Formulée par la négative, cette directive prévoit que, aux termes de la loi, on ne doit pas donner un sens à la règle juridique que le sens ordinaire ne supporte pas. Le sens courant est celui répertorié dans les dictionnaires, sous les rubriques des utilisations usuelles et ordinaires.

Dans la cause anglaise *Unwin v. Hanson*[262], Lord Esher distinguait cette règle générale favorisant le sens ordinaires des termes législatifs des situations d'exception, où le législateur aurait favorisé un autre sens, un sens particulier (un sens technique) :

> If the Act is directed to dealing with matters affecting everybody generally, the words used have the meaning attached to them in the common and ordinary use of language. If the Act is one passed with reference to a particular trade, business, or transaction, and words are used as everybody conversant with that trade, business or transaction knows and understands to have a particular meaning in

---

260. Anecdote tirée de H. Friendly, *Benchmarks*, Chicago, University of Chicago Press, 1967 à la p. 202.
261. F. Gény, *Méthode d'interprétation et sources en droit privé positif*, t. 1, 2ᵉ éd., Paris, Librairie générale de droit et de jurisprudence, 1954 à la p. 277.
262. *Unwin v. Hanson*, [1891] 2 Q.B. 115.

it, then the words are to be construed as having that particular meaning, though it may differ from the common or ordinary meaning of the words.[263]

Notre prochaine décision de la Cour suprême du Canada met en évidence qu'à défaut d'indication contraire, l'analyse selon la méthode littérale et grammaticale doit se concentrer sur le sens ordinaire des termes utilisés dans le texte de loi.

Tiré de *Bélanger* c. *La Reine*, [1970] R.C.S. 567, [1970] A.C.S. n° 22 [numérotation de paragraphes ajoutée].

Le jugement du Juge en Chef Cartwright et des Juges Hall et Spence a été rendu par

LE JUGE EN CHEF (*dissident*) –

1   Le présent pourvoi, qui fait suite à l'autorisation d'appeler accordée par cette Cour, est à l'encontre d'un arrêt de la Cour d'appel de l'Ontario, rendu sans motifs écrits le 23 octobre 1969. Cet arrêt a rejeté le pourvoi de l'appelant à l'encontre de la déclaration de culpabilité à son procès par jury devant le Juge Grant, à Sarnia, le 3 avril 1959.

2   L'inculpation contre le prévenu est la suivante :

[TRADUCTION] ALFRED BÉLANGER est accusé d'avoir, dans le canton de Moore, comté de Lambton, le 19 janvier 1969, ou vers cette date, illégalement causé la mort de Viola Momney par négligence criminelle, en se saisissant volontairement du volant d'une voiture de patrouille dans laquelle il était véhiculé et l'arrachant des mains de l'agent de police J.W. Bateman, et d'avoir par insouciance déréglée et téméraire fait dévier la voiture de patrouille vers une automobile venant en sens inverse avec laquelle elle est entrée en collision, le tout en contravention de l'article 192 du *Code criminel* du Canada.

Le chef du jury a annoncé le verdict dans les termes suivants :

[TRADUCTION] Le jury déclare le prévenu non coupable à l'accusation de négligence criminelle, mais coupable à l'accusation moindre de conduite dangereuse.

3   Le savant Juge de première instance a prononcé une sentence de six mois d'emprisonnement dans la maison de correction de l'Ontario et d'une période subséquente indéterminée de deux mois, et il a rendu une ordonnance interdisant à l'appelant de conduire un véhicule à moteur sur une grande route au Canada, pendant une période d'un an à compter de sa sortie de la maison de correction.

4   Les moyens sur lesquels cette Cour a accordé l'autorisation d'appeler sont les suivants :

[TRADUCTION] (1) Qu'il n'y avait pas de preuve qui puisse permettre au jury de conclure que l'appelant conduisait.

(2) Que la Cour d'appel a commis une erreur en ne jugeant pas que le savant Juge de première instance avait lui-même commis une erreur en disant au jury que la « conduite dangereuse » prévue à l'article 221(4) du *Code criminel* du Canada constitue une infraction moindre dans les circonstances de l'affaire.

---

263.   *Unwin v. Hanson*, [1891] 2 Q.B. 115, 119.

5   Bien qu'il y ait eu de nettes contradictions dans les témoignages au procès, il est clair d'après le verdict du jury en regard des directives du savant Juge du procès, que le jury a ajouté foi au témoignage de l'agent Bateman pour la poursuite. L'avocat de l'appelant et celui de l'intimée ont plaidé le pourvoi en prenant pour acquis que les faits essentiels de l'affaire étaient les suivants.

6   Le soir du 19 janvier 1969, vers 8h.30, l'agent Bateman a constaté que l'appelant avait eu avec sa voiture, sur la route n° 40, à 0.6 mille au nord de l'intersection de celle-ci avec le chemin n° 2 du comté de Lambton, un accident n'impliquant pas d'autre véhicule. L'appelant s'est présenté comme le conducteur du véhicule accidenté; il y était accompagné d'un nommé Gary Anderson. Personne n'a été mis en état d'arrestation à ce moment-là. L'automobile n'étant pas en état de rouler par suite des avaries causées par l'accident, l'agent Bateman a appelé une dépanneuse et a offert à l'appelant et à Anderson de les reconduire chez eux, à Corunna (Ont).

7   Ils sont partis vers 9h.15; l'agent Bateman conduisait la voiture de patrouille, l'appelant était immédiatement à droite de Bateman et Anderson à la droite de l'appelant. Presque dès le départ, Bateman a dit à l'appelant qu'on l'accuserait de conduite dangereuse par suite de cet accident. Anderson et l'appelant ont eu une discussion avec Bateman à propos de l'accusation de conduite dangereuse, mais au bout d'un moment la discussion a cessé.

8   Tout en se dirigeant vers le nord, Bateman tenait le volant de la main gauche et le microphone de radiotéléphone de la main droite qu'il appuyait sur le volant en attendant une occasion de terminer une communication au contrôleur à Chatham. À cet instant-là, ni l'appelant, ni Anderson ne disaient quoi que ce soit. Au moment où la voiture de patrouille s'engageait dans un virage en S., au nord de la station hydroélectrique, sur la route n° 40, filant à environ 40 milles à l'heure, l'appelant s'est précipité, a saisi le volant des deux mains et l'a tourné vers la gauche, ce qui a fait virer l'automobile brusquement vers la gauche causant immédiatement une collision frontale avec un véhicule venant en sens inverse. Viola Momney est morte par suite de cette collision.

9   En défense, l'appelant a nié catégoriquement avoir touché au volant. Il est manifeste que le jury ne l'a pas cru.

10   Il est clair que, faute d'excuse ou d'explication, le comportement de l'appelant justifiait un verdict de négligence criminelle. Le point de droit dont nous avons à décider est si l'art. 221(4) du *Code criminel*, qui se lit comme suit, peut s'appliquer à ce comportement :

> (4) Quiconque conduit un véhicule à moteur dans une rue, sur un chemin, une grande route ou dans un autre endroit public, de façon dangereuse pour le public, compte tenu de toutes les circonstances, y compris la nature et l'état de cet endroit, l'utilisation qui en est faite ainsi que l'intensité de la circulation alors constatable ou raisonnablement prévisible à cet endroit, est coupable
>
> a) d'un acte criminel et encourt un emprisonnement de deux ans, ou
>
> b) d'une infraction punissable sur déclaration sommaire de culpabilité.

11   Les deux moyens sur lesquels cette Cour a accordé l'autorisation d'appeler ne soulèvent en fait qu'une seule question. Il est incontestable que ce qu'a fait l'appelant était dangereux; mais, peut-on dire qu'il conduisait la voiture de patrouille ? J'en suis venu à la conclusion que non.

12   Pendant la plaidoirie, on a cité un très grand nombre de décisions publiées, mais aucune d'elles ne se rapportait directement à ce point précis. Le précédent qui se rapproche le plus de la présente affaire quant aux faits est le jugement rendu par mon collègue le Juge Spence, alors qu'il siégeait à la Haute Cour d'Ontario, dans *McKenzie v. The Western Assurance Company*[264], où il a statué que le propriétaire d'une voiture qui la faisait conduire par une personne sobre parce qu'il était ivre et qui avait soudainement saisi le volant et ainsi causé une collision, ne conduisait pas la voiture. Cependant, cette affaire-là se distingue de celle qui nous occupe du fait qu'on y a conclu que le geste du propriétaire du véhicule de se saisir du volant avait été accidentel.

13   La solution de la présente affaire me semble dépendre de l'interprétation correcte des termes de l'art. 221(4), notamment des mots « quiconque conduit un véhicule à moteur ». La règle d'interprétation bien établie vient d'être réaffirmée par Lord Reid dans l'affaire *Pinner v. Everett*[265] :

> [TRADUCTION] Pour établir le sens d'un mot ou d'une phrase dans une loi, la première question à se poser est toujours : quel est le sens normal ou ordinaire du mot et de la phrase dans le contexte où on l'emploie dans la loi ? C'est seulement quand ce sens conduit à un résultat qu'on ne peut raisonnablement croire être le but du législateur qu'il y a lieu de chercher un autre sens possible de ce mot ou de cette phrase. On nous a maintes fois prévenus qu'il est mal à propos et dangereux de faire l'interprétation en substituant d'autres mots à ceux de la Loi.

Lord Reid continue, à la p. 259, à énoncer le rôle de la Cour de la façon suivante :

> [TRADUCTION] Je dois donc examiner dans quelles circonstances on peut dire, à proprement parler, selon le sens courant du langage, qu'une personne conduit une automobile.

14   Supposons qu'après la collision un autre agent de police soit arrivé sur les lieux de l'accident et ait demandé à l'agent Bateman qui conduisait la voiture de patrouille au moment de la collision, peut-on douter qu'il aurait répondu : « Je conduisais, mais c'est lui, Bélanger, qui a causé la collision en saisissant le volant », ou quelque chose d'analogue ? Si l'on veut décrire en langage courant le geste qu'on impute à Bélanger, on ne dira pas qu'il conduisait l'automobile mais qu'il s'est interposé dans la conduite par Bateman.

15   Je ne crois pas possible de dire dans le sens ordinaire du langage courant, en donnant à l'expression « quiconque conduit un véhicule à moteur » le sens qu'elle a dans la bouche de l'homme de la rue, que l'appelant conduisait la voiture de patrouille.

16   Même s'il y avait un doute, ce que je ne crois pas, j'appliquerais la règle suivante tirée des motifs du Juge d'appel McRuer, alors juge puîné, qui rendait une décision unanime de la Cour d'appel dans *Rex v. Wright*[266] :

> [TRADUCTION] Dans la présente affaire, comme dans toute affaire criminelle, il incombe à la poursuite d'établir contre le prévenu une preuve hors de tout doute raisonnable, tant sur les questions de droit que sur les questions de fait.

---

264.   [1954] O.R. 964, [1955] 1 D.L.R. 271.
265.   [1969] 3 All E.R. 257 à 258, 259.
266.   [1946] O.W.N. 77 à 78, 1 C.R. 40, 85 C.C.C. 397, 3 D.L.R. 250.

Le passage de l'ouvrage de Maxwell, Interpretation of Statutes, 7ᵉ éd. 1929, p. 244, sur lequel s'est appuyé le Lord Juge en chef Hewart dans l'affaire *Rex v. Chapman* (1931) 2 K.B. 606, à la page 609, s'applique exactement à la présente affaire :

[TRADUCTION] Lorsqu'un mot équivoque ou une phrase obscure laisse subsister un doute raisonnable que les règles d'interprétation ne permettent pas d'éclaircir, le bénéfice du doute doit profiter au citoyen et contre le législateur qui ne s'est pas exprimé clairement.

* * *

Je crois qu'il est de la plus haute importance, pour interpréter les termes employés dans une loi visant à réglementer la conduite des citoyens et à leur imposer des peines, de donner à ces termes le sens que leur donnent normalement les personnes ordinaires dont on veut régir la conduite.

17   J'accueillerais le pourvoi, j'annulerais la déclaration de culpabilité et j'ordonnerais d'inscrire un verdict d'acquittement.

Le jugement des Juges Fauteux, Abbott, Martland, Judson, Ritchie et Pigeon a été rendu par

LE JUGE RITCHIE –

18   J'ai eu le privilège de lire les motifs de jugement du Juge en chef, où il résume les faits qui ont donné lieu au présent pourvoi. Je vais donc m'efforcer de n'en faire à nouveau l'exposé, qu'en autant que cela me paraît nécessaire à l'intelligence de mes propres motifs.

19   Comme l'a signalé le Juge en chef, l'appelant a été inculpé de négligence criminelle, en vertu de l'art. 192 du *Code criminel*, soit [TRADUCTION] « d'avoir par insouciance déréglée et téméraire fait dévier la voiture de patrouille vers une automobile venant en sens inverse avec laquelle elle est entrée en collision… ».

20   Par son verdict, le jury a déclaré l'appelant [TRADUCTION] « non coupable à l'accusation de négligence criminelle, mais coupable à l'accusation moindre de conduite dangereuse ». Ce verdict signifie que l'appelant a commis l'infraction visée par l'art. 221(4) du *Code criminel*, d'où la question qui est au cœur du présent pourvoi, soit de savoir si l'on peut dire qu'aux temps et lieu de l'accident l'appelant conduisait « un véhicule à moteur dans… une grande route… de façon dangereuse pour le public, compte tenu de toutes les circonstances ».

21   Il me paraît important pour interpréter l'art. 221(4) de tenir compte du contexte où les mots sont employés et de se rappeler qu'on a édicté cet article dans le but de protéger ceux qui font un usage légitime de la route contre ceux qui conduisent de façon dangereuse. Vu sous cet angle, il ne peut y avoir de doute, selon moi, que pendant les quelques instants où la voiture de patrouille a quitté sa voie à la droite pour entrer dans la voie réservée aux véhicules voyageant en sens inverse, quelqu'un conduisait « de façon dangereuse pour le public » et l'on ne peut dire que les agissements ou la façon de conduire de l'agent de police aient présenté quelque danger pour le public.

22   Si une personne conduit sur une grande route un véhicule automobile avec prudence et conformément à la loi, et que quelqu'un d'autre fait brusquement dévier le véhicule d'une façon dangereuse pour le public, celui qui crée la situation en prenant physiquement la direction du véhicule tombe, d'après moi, sous le coup des dispositions de l'art. 221(4), comme étant celui dont les agissements sont la cause de la conduite dangereuse.

23   En réalité, c'est parce que l'appelant s'est délibérément saisi du volant et a enlevé la direction du véhicule des mains de l'agent de police, que la voiture de patrouille est passée de sa voie à la voie réservée aux véhicules venant en sens inverse. Dans ces circonstances, en toute déférence pour ceux qui sont de l'avis contraire, je suis d'avis que pendant les quelques instants où l'appelant a pris la direction il était le seul responsable de la conduite dangereuse de la voiture patrouille, et qu'il était à ce moment quelqu'un qui « conduit un véhicule à moteur dans... une grande route... de façon dangereuse pour le public... » au sens ordinaire et courant que ces mots ont à l'art. 221(4) du *Code criminel*.

24   J'ai étudié avec soin les motifs du jugement du Juge Spence, en première instance, dans *McKenzie v. The Western Assurance Co.*[267]. Tout comme le Juge en chef, je trouve une nette différence entre le geste accidentel de McKenzie de saisir le volant en glissant en bas du siège et le geste délibéré de l'appelant de saisir le volant de la voiture de patrouille et d'en enlever la direction des mains de l'agent de police.

25   Il me semble évident que l'accusation de négligence criminelle en vertu de l'art. 192 « découlait de la conduite d'un véhicule à moteur » et, vu les dispositions de l'art. 569(4) du *Code criminel*, à mon avis le savant Juge de première instance n'a pas commis d'erreur en disant au jury [TRADUCTION] « que la conduite dangereuse prévue à l'art. 221(4) constitue une infraction moindre, dans les circonstances de l'affaire ». Les dispositions pertinentes de l'art. 569(4) sont les suivantes :

> Lorsqu'un chef d'accusation inculpe d'une infraction prévue à l'article 192... découlant de la conduite d'un véhicule à moteur... et que les témoignages ne prouvent pas la perpétration de cette infraction, mais prouvent la perpétration d'une infraction prévue par le paragraphe (4) de l'article 221... l'accusé peut être déclaré coupable d'une infraction visée par le paragraphe (4) de l'article 221...

26   Pour tous ces motifs, je suis d'avis de rejeter ce pourvoi.

Dans *Bélanger c. La Reine*, on voit donc les deux magistrats insister sur le fait que leurs interprétations de la disposition du *Code criminel* ont analysé le sens ordinaire du mot « conduire », bien que leurs conclusions soient diamétralement opposées. En fait, cette affaire illustre également les limites de la directive d'interprétation du sens courant du langage, selon la méthode littérale et grammaticale. Même si on s'attarde uniquement à identifier le sens ordinaire des mots – celui que monsieur ou madame tout le monde comprendrait – on ne peut dissocier les mots de leur contexte. D'aucuns prétendent, en fait, que les mots en eux-même n'ont pas de sens; Elmer Driedger, par exemple écrivait : « Words, when read *by themselves* in the abstract can hardly be said to have meanings »[268].

Ruth Sullivan, dans *The Construction of Statutes*, a aussi invoqué l'idée que le texte doit absolument être lu en contexte : « The meaning of a word depends on the context in which it is used. This basic principle of communication applies to all

------

267.   [1954] O.R. 964, [1955] 1 D.L.R. 271.
268.   E.A. Driedger, *Construction of Statutes*, 2ᵉ éd., Toronto, Butterworths, 1983, à la p. 3 [italiques dans l'original].

texts, including legislation »[269]. Pierre-André Côté, pour sa part, émettait une opinion quelque peu plus nuancée : « Sans aller jusqu'à prétendre que les mots n'ont pas de sens en eux-mêmes, on doit admettre cependant que leur sens véritable dépend partiellement du contexte dans lequel ils sont employés »[270]. À tout événement, une chose est certaine, l'environnement contextuel du texte législatif viendra dans tous les cas colorer le sens ordinaire des mots et expressions employés dans la loi.

Dans l'affaire *Cloutier c. La Reine*[271], le juge Pratte de la Cour suprême du Canada expliquait de la façon suivante la bonne stratégie interprétative lorsqu'on tente d'identifier le sens courant du langage législatif, selon la méthode littérale et grammaticale :

> Une disposition législative ne s'interprète pas isolément; pour en déterminer son véritable sens, il faut nécessairement tenir compte de l'objet même de la loi où elle se trouve et de l'ensemble des dispositions qui s'y rattachent. Autrement, l'on risque d'arriver à un résultat absurde.[272]

Pour revenir à notre décision dans *Bélanger c. La Reine*, c'est dans les motifs du juge Ritchie, pour la majorité, que le libellé de l'article 221(4) du *Code criminel* est considéré dans son contexte global. Nous avons vu en effet que le sens courant de « conduire » a été déterminé à la lumière de l'objectif de la disposition en cause, d'une part, et eu égard aux aspects pragmatiques de son interprétation, d'autre part.

* * *

Parfois, il est ainsi important de distinguer le sens ordinaire des mots de leur sens dit « technique », c'est-à-dire leur utilisation par le législateur dans un sens spécialisé. En fait, le sens technique du langage employé dans un texte législatif fait référence au jargon, à la terminologie spécifique, propre à un champ d'activité particulier quelconque : le domaine médical (e.g. pinces), les relations de travail (e.g. congédiement), ou encore la fiscalité (e.g. résidence). Il arrive fréquemment que le sens technique d'un terme législatif vienne directement d'une disposition définitoire – sujet dont nous avons traité plus tôt – mais il se pourra que ce soit le contexte ou les circonstances d'utilisation qui amènent l'interprète à conclure que le législateur souhaite favoriser un sens particulier, un contenu sémantique plus large, plus restreint ou simplement différent de celui associé au langage courant.

L'affaire suivante, décidée par la Cour suprême du Canada en 2011, illustre bien comment il peut s'avérer important de s'éloigner de la règle du sens courant et, exceptionnellement, de comprendre les mots employés par le législateur suivant, non pas leur sens ordinaire, mais selon leur sens technique.

---

269. R. Sullivan, *Sullivan and Driedger on the Construction of Statutes* 4ᵉ éd., Markham & Vancouver, Butterworths, 2002, à la p. 161.
270. P.-A. Côté, coll. S. Beaulac et M. Devinat, *Interprétation des lois*, 4ᵉ éd., Montréal, Thémis, 2009, à la p. 323 [notes infrapaginales omises].
271. *Cloutier c. La Reine*, [1979] 2 R.C.S. 709, [1979] A.C.S. nᵒ 67.
272. *Cloutier c. La Reine*, [1979] 2 R.C.S. 709, 719, [1979] A.C.S. nᵒ 67.

Extraits tirés de *Canada (Commission canadienne des droits de la personne) c. Canada (Procureur général)*, [2011] 3 R.C.S. 471, [2011] A.C.S. n° 53

Version française du jugement de la Cour rendu par

LES JUGES LEBEL ET CROMWELL —

Vue d'ensemble

1   Le Tribunal canadien des droits de la personne peut ordonner à l'auteur d'un acte discriminatoire contraire à la *Loi canadienne sur les droits de la personne*, L.R.C. 1985, ch. H-6 (« *LCDP* » ou « Loi ») d'indemniser la victime des pertes de salaire et des frais supplémentaires occasionnés par le recours à d'autres biens, services, installations ou moyens d'hébergement, ainsi que « des dépenses entraînées par l'acte » (par. 53(2)). La principale question à trancher en l'espèce est celle de savoir si, en décidant que ce pouvoir d'ordonner l'indemnisation de la victime « des dépenses entraînées par l'acte [discriminatoire] » lui permettait également d'ordonner le paiement total ou partiel des dépens de la victime, le Tribunal a commis une erreur susceptible de contrôle judiciaire.

2   Saisie d'une demande de contrôle judiciaire, la Cour fédérale a appliqué la norme de la décision raisonnable et a confirmé la décision du Tribunal selon laquelle il possédait ce pouvoir (2008 CF 118, 322 F.T.R. 222). La Cour d'appel fédérale a toutefois annulé la décision au motif que la norme de contrôle applicable était celle de la décision correcte et que la décision du Tribunal était incorrecte (2009 CAF 309, [2010] 4 R.C.F. 579). Elle a également estimé que même au regard de la norme de la décision raisonnable, la décision du Tribunal était déraisonnable.

3   Mme Mowat n'a pas pris part à l'instance en Cour d'appel fédérale, mais elle demande aujourd'hui à notre Cour de rétablir la décision du Tribunal. La Commission canadienne des droits de la personne, qui n'a pas été partie aux instances devant le Tribunal et la Cour fédérale, mais qui est intervenue en Cour d'appel fédérale, se constitue aujourd'hui partie appelante aux côtés de Mme Mowat. (Dans les présents motifs, « appelante » s'entend de Mme Mowat, et « Commission », de la Commission canadienne des droits de la personne.)

4   Le pourvoi formé devant notre Cour soulève la question préliminaire de la norme de contrôle judiciaire qu'il convient d'appliquer à la décision du Tribunal, ainsi que la question principale de savoir si le Tribunal a commis une erreur susceptible de contrôle judiciaire lorsqu'il a conclu qu'il avait le pouvoir d'adjuger des dépens. Nous sommes d'avis que la norme applicable est celle de la décision raisonnable et que le Tribunal a interprété de manière déraisonnable cette facette de son pouvoir d'accorder réparation. Nous sommes par conséquent d'avis de rejeter le pourvoi.

Faits à l'origine de l'instance

[...]

Analyse

A.   *Questions en litige*

14   Comme nous le signalons précédemment, le présent pourvoi soulève deux questions :

1. Quelle norme de contrôle judiciaire s'applique à la décision du Tribunal concernant son pouvoir d'adjuger des dépens sur le fondement des al. 53(2)c) et d) de la Loi ?

2. Le Tribunal a-t-il commis une erreur susceptible de contrôle judiciaire lorsqu'il a conclu qu'il pouvait accorder une indemnité pour les dépens ?

B.   *Analyse au regard de l'arrêt Dunsmuir*

[...]

C.   *Caractère raisonnable de la décision*

[...]

D.   *Application — Caractère raisonnable de l'interprétation du Tribunal*

32   Le Tribunal a estimé que tout pouvoir d'adjuger des dépens devait se fonder sur l'al. 53(2)*c*) ou *d*) de la Loi (décision relative aux dépens, par. 11). L'appelante et la Commission n'ont pas invoqué d'autres dispositions susceptibles de justifier le résultat recherché, et elles ont reconnu en plaidoirie se fonder à la fois sur l'une et l'autre dispositions. La question d'interprétation précise dont était saisi le Tribunal était donc celle de savoir si les mots employés aux al. 53(2)*c*) et *d*) pour l'autoriser à « indemniser la victime [...] des dépenses entraînées par l'acte [discriminatoire] » confèrent le pouvoir d'adjuger des dépens. Le Tribunal a décidé que tel était le cas. Or, nous croyons que son interprétation n'est pas raisonnable, ce que révèle l'examen attentif du texte des dispositions, de leur contexte et de leur objet.

33   Il nous faut interpréter le texte législatif et discerner l'intention du législateur à partir des termes employés, compte tenu du contexte global et du sens ordinaire et grammatical qui s'harmonise avec l'esprit de la Loi, son objet et l'intention du législateur (E. A. Driedger, *Construction of Statutes* (2ᵉ éd. 1983), p. 87, cité dans l'arrêt *Rizzo & Rizzo Shoes Ltd. (Re)*, [1998] 1 R.C.S. 27, par. 21). Dans le cas d'une loi relative aux droits de la personne, il faut se rappeler qu'elle exprime des valeurs essentielles et vise la réalisation d'objectifs fondamentaux. Il convient donc de l'interpréter libéralement et téléologiquement de manière à reconnaître sans réserve les droits qui y sont énoncés et à leur donner pleinement effet (voir, p. ex., R. Sullivan, *Sullivan on the Construction of Statutes* (5ᵉ éd. 2008), p. 497-500). On doit tout de même retenir une interprétation de la loi qui respecte le libellé choisi par le législateur.

34   La conclusion du Tribunal selon laquelle il possède le pouvoir d'accorder des dépens s'appuie sur deux éléments. Premièrement, il invoque trois décisions de la Cour fédérale pour conclure que le syntagme « dépenses entraînées » employé aux al. 53(2)*c*) et *d*) est suffisamment large pour englober les dépens : *Canada (Procureur général) c. Thwaites*, [1994] 3 C.F. 38, p. 71; *Canada (Procureur général) c. Stevenson*, 2003 CFPI 341 (CanLII), par. 23-26; *Canada (Procureur général) c. Brooks*, 2006 CF 500 (CanLII), par. 10-16. Deuxièmement, le Tribunal fait fond sur ce qu'il tient pour d'importantes considérations de politique juridique liées à l'accès à la justice en matière de droits de la personne. Pour les motifs exposés ci-après, nous estimons que ces facteurs n'étayent pas raisonnablement la conclusion selon laquelle le Tribunal peut adjuger des dépens. Il appert d'une analyse exhaustive de nature contextuelle et téléologique qu'aucune interprétation raisonnable des dispositions n'appuie cette conclusion.

(1)   *Le texte*

35   En ce qui concerne le texte des dispositions en cause, considérés isolément et indépendamment de leur contexte, les mots « des dépenses entraînées par l'acte » sont suffisamment larges pour englober les dépens. Tel est le point de vue du Tribunal ainsi que celui de la Cour

fédérale dans les décisions qu'il invoque à l'appui. Or, lorsque ces mots sont dûment consi-dérés dans le contexte de la loi, il devient manifeste qu'on ne peut pas raisonnablement les interpréter de manière à créer une catégorie distincte d'indemnité susceptible de viser tout type de débours ayant un lien de causalité avec l'acte discriminatoire. La prétention contraire fait selon nous abstraction de la structure des dispositions dans lesquelles figurent les mots « des dépenses entraînées par l'acte ».

36   Pour en faciliter la consultation, nous reproduisons les par. 53(2) et (3) dans leur ver-sion en vigueur au moment où l'appelante a déposé sa plainte :

53....

(2) À l'issue de son enquête, le tribunal qui juge la plainte fondée peut [. . .] ordonner, selon les circonstances, à la personne trouvée coupable d'un acte discriminatoire :

a) de mettre fin à l'acte et de prendre, en consultation avec la Commission rela-tivement à leurs objectifs généraux, des mesures destinées à prévenir des actes semblables, notamment :

(i) d'adopter un programme, plan ou arrangement visé au paragraphe 16(1),

(ii) de présenter une demande d'approbation et de mettre en œuvre un pro-gramme prévus à l'article 17;

b) d'accorder à la victime, dès que les circonstances le permettent, les droits, chances ou avantages dont, de l'avis du tribunal, l'acte l'a privée;

c) d'indemniser la victime de la totalité, ou de la fraction qu'il juge indiquée, des pertes de salaire et des dépenses entraînées par l'acte;

d) d'indemniser la victime de la totalité, ou de la fraction qu'il juge indiquée, des frais supplémentaires occasionnés par le recours à d'autres biens, services, instal-lations ou moyens d'hébergement, et des dépenses entraînées par l'acte.

(3) Outre les pouvoirs que lui confère le paragraphe (2), le tribunal peut ordonner à l'auteur d'un acte discriminatoire de payer à la victime une indemnité maximale de cinq mille dollars, s'il en vient à la conclusion, selon le cas :

a) que l'acte a été délibéré ou inconsidéré;

b) que la victime en a souffert un préjudice moral.

37   Il nous paraît significatif que l'expression « indemniser la victime [...] des dépenses entraînées par l'acte » figure dans deux alinéas successifs. Le texte est identique, mais chaque fois, le renvoi aux dépenses est précédé d'un libellé particulier et différent. La répétition du mot « dépenses » et le contexte dans lequel celui-ci est employé donnent franchement à penser que la nature des dépenses visées dépend du type d'indemnité prévu par le libellé particulier de chacun de ces alinéas. Ainsi, à l'al. 53(2)*c)*, l'auteur de l'acte discriminatoire est tenu d'indemniser la victime des pertes de salaire et des dépenses entraînées par l'acte. À l'alinéa 53(2)*d)*, l'indemnité vise les frais supplémentaires occasionnés par le recours à d'autres biens, services, installations ou moyens d'hébergement, en plus des dépenses entraî-nées par l'acte discriminatoire. Si l'emploi du mot « dépenses » vise à conférer le pouvoir distinct d'accorder des dépens pour tous les types de plaintes, on conçoit difficilement que ce pouvoir soit attribué non seulement dans le contexte de la perte de salaire, mais aussi dans celui de la fourniture de services et que le pouvoir d'adjuger des dépens ne fasse pas l'objet d'un alinéa distinct au lieu d'être prévu dans le contexte précis de deux alinéas. On peut en conclure que l'intention du législateur était de faire en sorte que le mot « dépenses » ait un sens différent à chacun des al. *c)* et *d)*.

38   L'interprétation retenue par le Tribunal rend superflue la répétition du mot « dépenses » et n'explique pas le rattachement de ce terme à l'indemnité visée par chacun des alinéas. Elle va à l'encontre de la présomption d'absence de tautologie qu'établissent les règles d'interprétation législative. La professeure Sullivan signale d'ailleurs à la p. 210 de son ouvrage que [TRADUCTION] « [l]e législateur est présumé ne pas utiliser de mots superflus ou dénués de sens, ne pas se répéter inutilement ni s'exprimer en vain. Chaque mot d'une loi est présumé avoir un sens et jouer un rôle précis dans la réalisation de l'objectif du législateur. » Comme l'explique l'ancien juge en chef Lamer dans l'arrêt *R. c. Proulx*, 2000 CSC 5, [2000] 1 R.C.S. 61, au par. 28, « [s]uivant un principe d'interprétation législative reconnu, une disposition législative ne devrait jamais être interprétée de façon telle qu'elle devienne superfétatoire. » Voir également l'arrêt *Procureur général du Québec c. Carrières Ste-Thérèse Ltée*, [1985] 1 R.C.S. 831, p. 838.

39   L'appelante a obtenu une indemnité pour préjudice moral en application du par. 53(3) de la *LCDP*. Le Tribunal a par ailleurs refusé expressément le remboursement de ses frais médicaux (décision sur le fond, par. 404-406). À la différence des al. 53(2)*c*) et *d*), le par. (3) ne fait aucune mention du remboursement de dépenses. Là encore, si le législateur a voulu conférer un pouvoir distinct d'adjuger des dépens, on s'explique mal son omission de le faire explicitement dans la mesure où l'indemnisation des dépenses est expressément prévue pour la perte de salaire, à l'al. *c*), puis pour les frais supplémentaires occasionnés par le recours à d'autres biens et services, à l'al. *d*).

40   Qui plus est, dans le vocabulaire juridique, le terme « dépens » possède un sens bien défini qui diffère de celui d'« indemnité » ou de « dépenses ». Il s'agit d'un terme technique propre à la langue du droit en ce qu'il correspond à [TRADUCTION] « un mot ou une expression qui, du fait de son emploi par les professionnels du droit, a acquis un sens juridique distinct » (Sullivan, p. 57). Les « dépens » s'entendent habituellement d'une indemnité accordée pour les frais de justice engagés et les services juridiques retenus dans le cadre d'une instance. Si le législateur a entendu conférer le pouvoir d'adjuger des dépens, on comprend mal pourquoi il n'a pas employé ce terme juridique consacré et largement répandu pour le faire. Nous verrons plus loin que l'historique de la loi donne aussi sérieusement à penser que telle n'était pas l'intention du législateur.

41   Enfin, pour ce qui est du texte de la Loi, il vaut la peine de signaler qu'il plafonne très strictement le dédommagement que le Tribunal peut accorder pour le préjudice moral infligé par l'acte discriminatoire. Rappelons aussi qu'il ne prévoit pas explicitement le remboursement des frais engagés pour l'obtention de ce dédommagement. Au moment d'engager l'instance, la somme maximale susceptible d'être accordée s'élevait à 5 000 $. L'interprétation que retient le Tribunal l'autorise à indemniser le préjudice moral de manière distincte, d'une part, et à adjuger des dépens dont le montant peut être illimité, d'autre part. Il est difficile de concilier cette interprétation avec la limitation de l'indemnité ou le fait que le par. 53(3) ne prévoit pas expressément le pouvoir d'accorder le remboursement des frais.

[...]

64   À notre avis, il appert nettement du texte de la loi, de son contexte et de son objet que le Tribunal ne possède pas le pouvoir d'adjuger des dépens, et les dispositions applicables ne se prêtent à aucune autre interprétation raisonnable. Aux prises avec une question difficile d'interprétation législative et une jurisprudence contradictoire, le Tribunal a retenu la définition de « dépense » figurant au dictionnaire et il a formulé ce qu'il tenait pour une solution bénéfique sur le plan des principes au lieu d'entreprendre une démarche d'interprétation fondée sur le texte, le contexte et l'objet des dispositions en cause. Avec respect

pour l'opinion contraire, cette démarche a amené le Tribunal à opter pour une interprétation déraisonnable des dispositions. La Cour d'appel était justifiée de contrôler puis d'annuler l'ordonnance du Tribunal.

Dispositif

65 Nous sommes d'avis de rejeter le pourvoi sans dépens.

Pourvoi rejeté.

* * *

QUESTIONS

1. Quelles sont les raisons motivant de s'éloigner du sens courant et de favoriser le sens technique d'un terme ou d'une expression employé dans la loi?

2. Lorsqu'il est approprié de retenir le sens technique, n'y a-t-il pas là une certaine abdication par les tribunaux de la responsabilité d'interpréter le langage législatif, au profit des spécialistes du domaine?

* * *

(b) *Sens au moment de l'adoption de la loi*

La seconde directive veut que, aux fins de la méthode littérale et grammaticale d'interprétation, l'on doive se reporter au moment de l'adoption du texte législatif pour identifier le sens ordinaire du langage utilisé. Nous abordons ici une question qui fait l'objet de débat, voire de polémique, au sein de la communauté juridique, y compris dans les cercles judiciaires[273]. Il s'agit essentiellement de savoir si la loi doit être fixée définitivement dans le temps ou si, dans certaines circonstances, elle pourrait évoluer pour répondre aux nouvelles réalités d'application. Selon la théorie officielle de l'interprétation, que nous avons étudié (et critiqué) plus haut, l'approche généralement adoptée par les tribunaux est la première position, soit celle du sens de la loi au moment de son adoption.

On dit de cette approche qu'il s'agit d'une interprétation *statique*, ou *originaliste*, de la loi. Selon Randal Graham : « Originalism is an interpretive theory that holds that a statute should be given the meaning intended by its creators ». « In other words », poursuit-il, « the object of originalist construction is to ferret out the historical intention that existed in the drafter's collective mind at the time of the Act's

---

273. Le débat fait rage avec beaucoup de véhémence aux États-Unis, surtout en matière d'interprétation constitutionnelle, avec le juge Antonin Scalia de la Cour suprême jouant le rôle d'ardent défenseur de la thèse originaliste. Voir, notamment, A. Scalia, « Originalism: The Lesser Evil » (1989) 57 U. Cin. L. Rev. 849. Voir aussi M.W. McConnell, « Originalism and the Desegregation Doctrine » (1995) 81 Va. L. Rev. 947; et R.S. Kay, « Adherence to the Original Intentions in Constitutional Adjudication » (1988) 82 Nw. U. L. Rev. 226.

creation »[274]. On met en opposition cette interprétation à celle dite *dynamique*, ou *progressive*, qui permet à la loi d'évoluer en même temps que les circonstances. Selon Pierre-André Côté :

> Dans l'idéologie dynamique, le sens du texte est construit en fonction des besoins identifiés au moment de l'application de la règle, soit par référence à la volonté du législateur actuel plutôt qu'historique, soit par référence au jugement porté par l'interprète, dans le cas d'espèce, sur ce que réclame la justice, la raison, l'utilité, l'efficacité ou toute autre valeur.[275]

Jerzy Wroblewski disait de cette idéologie dynamique de l'interprétation qu'elle « a pour valeur fondamentale la satisfaction des besoins actuels de la vie »[276]. Francis Bennion a évoqué l'allégorie suivante :

> Viewed like this, the ongoing Act resembles a vessel launched on some one-way voyage from the old world to the new. The vessel is not going to return; nor are its passengers. Having only what they set out with, they cope as best they can. On arrival in the present, they deploy their native endowments under conditions originally unguessed at.[277]

De même, en droit constitutionnel canadien, la « métaphore de l'arbre », tirée de la cause *Edwards v. Attorney General for Canada*[278], renvoie à une idée identique. Les paroles de Lord Sankey sont maintenant célèbres : « The British North America Act planted in Canada a living tree capable of growth and expansion within its natural limits »[279].

Cela dit, malgré un certain dilemme continu entre originalisme et dynamisme, la directive d'interprétation suivant la méthode littérale et grammaticale, ancrée par ailleurs dans la théorie officielle de l'interprétation, veut que le sens du langage employé dans le texte législatif est celui existant au moment de l'adoption de la loi. Il pourra y avoir des exceptions, lorsque les circonstances le justifient, mais le principe de base demeure. La prochaine décision met en œuvre cette deuxième directive de l'argument de texte; elle constitue par ailleurs un exemple où on donne effet au sens technique des mots utilisés (par opposition à leur sens courant).

---

274. R.N. Graham, *Statutory Interpretation – Theory and Practice*, Toronto, Emond Montgomery, 2001, à la p. 3.
275. P.-A. Côté, coll. S. Beaulac et M. Devinat, *Interprétation des lois*, 4ᵉ éd., Montréal, Thémis, 2009, à la p. 12 [notes infrapaginales omises].
276. J. Wroblewski, « Interprétation juridique » dans A.-J. Arnaud, dir., *Dictionnaire encyclopédique de théorie et de sociologie du droit*, 2ᵉ éd., Paris, Librairie générale de droit et de jurisprudence, 1993, 316.
277. F.A.R. Bennion, *Statutory Interpretation: A Code*, 4ᵉ éd., Londres, Butterworths, 2002, à la p. 764.
278. *Edwards v. Attorney General for Canada*, [1930] A.C. 124, [1929] J.C.J. No. 2 (C.P.).
279. *Edwards v. Attorney General for Canada*, [1930] A.C. 124, 136, [1929] J.C.J. No. 2 (C.P.).

Extraits tirés de *Perka c. La Reine*, [1984] 2 R.C.S. 232, [1984] A.C.S. n° 40 [numérotation de paragraphes ajoutée].

Version française du jugement des juges Ritchie, Dickson, Chouinard et Lamer rendu par

LE JUGE DICKSON —

1   Dans la présente affaire, nous devons examiner (1) un problème juridique qui se pose souvent, savoir le moyen de défense fondé sur la « nécessité », (ii) ce qu'on appelle communément le moyen de défense fondé sur la « classification botanique » ou « l'espèce de cannabis ».

I.   *Les faits*

2   Les appelants font la contrebande de la drogue. Au procès, ils ont mis en preuve qu'au début de 1979 trois des appelants ont été embauchés, avec seize membres d'équipage, en vue de livrer par navire (le *Samarkanda*) un chargement de cannabis (marihuana) valant de 6 000 000 $ à 7 000 000 $, à partir d'un endroit situé dans les eaux internationales au large de la côte de la Colombie, en Amérique du Sud, jusqu'à un point de livraison situé dans les eaux internationales à 200 milles au large de la côte de l'Alaska. Le navire est parti vide de Tumaco (Colombie) muni d'une déclaration de douanes indiquant Juneau (Alaska) comme destination. Pendant trois semaines, le navire est demeuré dans les eaux internationales au large de la Colombie. Pendant qu'il y séjournait, un avion de type DC-6 a effectué quatre voyages, larguant à la mer des filets à crevettes chargés, au total, de 634 ballots de marihuana qui ont été récupérés au moyen des chaloupes de sauvetage du navire.

3   Un avion léger a aussi largué un colis de « renseignements » contenant des directives au sujet d'un rendez-vous avec un autre navire, le *Julia « B »*, qui devait prendre livraison de la cargaison de cannabis du *Samarkanda* dans les eaux internationales au large de la côte de l'Alaska. En cours de route, selon les témoignages de la défense, le navire a connu une série d'ennuis, pannes des machines, surchauffe des générateurs et mauvais fonctionnement des instruments de navigation, tout cela aggravé par le mauvais temps. Dans l'intervalle, le quatrième appelant, Nelson, copropriétaire de la cargaison illicite et trois autres personnes sont partis de Seattle dans un petit bateau, le *Whitecap*, dans l'intention de rejoindre le *Samarkanda* au point de livraison en Alaska. Les problèmes du *Samarkanda* se sont aggravés à mesure qu'il consommait son carburant. Le navire est devenu plus léger, les prises d'eau de mer de la coque servant au système de refroidissement se sont mises à aspirer de l'air plutôt que de l'eau ce qui a causé la surchauffe des générateurs. À ce moment-là, le navire était à 180 milles des côtes canadiennes. Le mauvais temps empirait. La hauteur de la houle était de huit à dix pieds et le vent s'élevait. Par mesure de précaution pour le navire et pour l'équipage, on a finalement décidé de chercher refuge sur la côte canadienne afin d'effectuer des réparations temporaires. Le *Whitecap* a trouvé une baie abritée sur la côte ouest de l'île Vancouver, appelée « No Name Bay ». Le *Samarkanda* a suivi le *Whitecap* dans la baie, mais s'est plus tard échoué par le milieu sur les rochers parce que le sondeur de profondeur ne fonctionnait plus. La marée a baissé. Le navire donnait dangereusement de la bande à tribord, à tel point que le capitaine, qui craignait que le navire ne chavire, a ordonné à l'équipage de décharger la cargaison. Il s'agit là d'un bref résumé de la preuve de la défense.

4   Tôt le matin du 22 mai 1979, des policiers sont entrés dans No Name Bay à bord d'un bateau de la police identifié comme tel et dont la sirène était en marche. Ce matin-là, ils ont

arraisonné le *Samarkanda* et le *Whitecap* et procédé à l'arrestation de tous les appelants sauf Perka et Nelson. Les policiers ont saisi les navires et 33,49 tonnes de marihuana.

5   Accusés d'avoir importé du cannabis au Canada et d'en avoir eu la possession en vue d'en faire le trafic, les appelants ont prétendu qu'ils n'avaient pas eu l'intention d'importer ni de laisser leur cargaison de cannabis au Canada. Ils avaient projeté d'effectuer des réparations et de repartir. Des témoins experts des questions marines assignés par la défense ont affirmé que la décision d'accoster était, de l'avis d'un des témoins, bonne et prudente et, de l'avis d'un autre témoin, essentielle. Au procès, le substitut du procureur général a soutenu que la preuve de l'état de détresse du navire était de fabrication récente. Le substitut du procureur général a invoqué les circonstances dans lesquelles les appelants ont été arrêtés pour contredire le moyen de défense fondé sur la « nécessité »; à l'arrivée de la police sur les lieux, presque toute la marihuana était déjà à terre, avec des tapis de sol en plastique, des lampes de poche, de la boisson alcoolisée, de la nourriture, des vêtements, des poêles de camping et des sacs de couchage. Néanmoins le jury a cru les appelants et les a acquittés.

6   L'acquittement a été infirmé en appel.

[...]

III.   *Le moyen de défense fondé sur la classification botanique*

71   À l'article 2 de la *Loi sur les stupéfiants*, le cannabis (marihuana) est défini comme le « *Canabis sativa* L. ». Au procès, les appelants ont soumis des témoignages d'experts selon lesquels il y a trois espèces de cannabis – le *Cannabis sativa* L., le *Cannabis indica* Lam. et le *Cannabis ruderalis* Jan. La poursuite a contredit ces témoignages par d'autres témoignages d'experts portant qu'il n'existe qu'une seule espèce de cannabis – le *Cannabis sativa* L. interdit.

72   Cette divergence d'opinions chez les botanistes est récente. Avant 1970, on mentionnait parfois dans les écrits scientifiques le *Cannabis indica* (Lamarck 1785) et le *Cannabis ruderalis* (Janischevsky 1924), mais l'opinion prédominante des botanistes était qu'il n'y avait qu'une seule espèce de marihuana, savoir le *Cannabis sativa* L.

73   Il a été établi au procès que la cargaison du *Samarkanda* était de la marihuana, mais il n'a pas été prouvé qu'il s'agissait de *Cannabis sativa* L. plutôt que de *Cannabis indica* Lam ou de *Cannabis ruderalis* Jan. Les analyses en laboratoire faites par la poursuite ne visaient pas à faire la distinction entre ces trois prétendues espèces, les experts de la poursuite étant d'avis que toute marihuana est du *Cannabis sativa* L. Les avocats des accusés ont demandé au juge du procès de soumettre au jury la question de savoir s'il existe une seule ou plusieurs espèces de marihuana, et de lui préciser que s'il concluait qu'il y a trois espèces de cannabis et que la poursuite n'a pas établi que le cannabis qui se trouvait en la possession des appelants était de l'espèce interdite, il devait acquitter les appelants.

74   Le juge du procès s'est dit d'accord avec les accusés que la question de taxinomie était une question de fait, mais il a statué qu'il n'était pas nécessaire de la résoudre puisque le Parlement, en utilisant l'expression « *Cannabis sativa* L. » dans la *Loi sur les stupéfiants*, a voulu viser toutes les espèces de marihuana. À son avis, puisque la Loi interdit toute marihuana, il importe peu qu'il y ait une seule ou plusieurs espèces de ces plantes selon la botanique. Il a refusé de soumettre à l'appréciation du jury le moyen de défense des accusés fondé sur la « classification botanique ».

75   Les appelants soutiennent que le juge du procès a commis une erreur en statuant, en tant que question de droit, que l'expression « *Cannabis sativa* L. » dans la *Loi sur les stupé-*

fiants vise toutes les espèces de marihuana. Ils invoquent particulièrement la règle d'interprétation des lois selon laquelle les termes techniques dans les lois doivent s'interpréter selon leur sens technique.

76   Il est manifeste que l'expression latine « *Cannabis sativa* L. » est un terme technique. La nomenclature botanique est régie par un ensemble de règles acceptées internationalement et qui font du latin la langue officielle de la botanique. Selon le *Code of Botanical Nomenclature*, les espèces de plantes sont désignées par un binôme latin auquel s'ajoute le nom de l'auteur (le taxinomiste, qui le premier, identifie et nomme l'espèce) sous forme abrégée. Le premier élément du binôme identifie le genre ou la « famille » à laquelle la plante en cause appartient; le second élément identifie l'espèce. « *Cannabis sativa* L. », selon ce système de désignation, s'entend de l'espèce *sativa* du genre *cannabis*. Le « L. » signifie Liannaeus, savoir le botaniste qui a découvert cette plante en 1753.

77   Il est bien reconnu que les termes techniques et scientifiques qu'on trouve dans les lois doivent s'interpréter selon leur sens technique ou scientifique : voir *Maxwell on the Interpretation of Statutes* (12e éd., 1969), à la p. 28. La question soumise en l'espèce n'est cependant pas de savoir si l'expression « *Cannabis sativa* L. » doit être interprétée selon son sens technique ou scientifique. Les parties s'accordent pour dire qu'elle doit être interprétée ainsi. Le véritable différend, à mon sens, porte sur l'époque à laquelle il faut se situer pour en arrêter le sens. Les appelants préconisent, en effet, le sens que la communauté scientifique donnerait aujourd'hui à l'expression. Ils soutiennent que le jury pourrait raisonnablement conclure, d'après les témoignages d'experts soumis, que la communauté scientifique est maintenant d'avis qu'il y a trois espèces du genre cannabis et que le *Cannabis sativa* L. est l'une de ces espèces. La poursuite, d'autre part, soutient que le sens à donner à l'expression « *Cannabis sativa* L. » est celui que lui donnait la communauté des botanistes lorsque la *Loi sur les stupéfiants* est entrée en vigueur en 1961. En 1961, presque tous les botanistes considéraient que le cannabis (marihuana) ne consistait qu'en une seule espèce et que les plantes que certains botanistes désignaient sous les noms de *Cannabis indica* Lam. et de *Cannabis ruderalis* Jan. n'étaient que des sous-espèces du *Cannabis sativa* L. Les appelants, je l'ai déjà dit, demandent que nous donnions à l'expression en question le sens que, d'après le témoignage de leurs experts, lui donnent actuellement les membres de la communauté des botanistes; Sa Majesté nous demande d'adopter le sens qu'elle avait à l'époque de l'adoption de la Loi.

78   La doctrine de la *contemporanea expositio* est bien établie dans notre droit. [TRADUCTION] « Les termes d'une loi doivent s'interpréter comme ils l'auraient été le lendemain de l'adoption de cette loi... » *Sharpe v. Wakefield* (1888), 22 Q.B.D. 239, à la p. 242 (lord Esher, M.R.). Voir également Driedger, *Construction of Statutes* (2e éd., 1983) à la p. 163 : [TRADUCTION] « Puisqu'une loi doit être examinée en fonction de toutes les circonstances qui existaient au moment de son adoption, il s'ensuit logiquement que les termes de cette loi doivent recevoir le sens qu'ils avaient au moment de son adoption et c'est ce que les tribunaux ont décidé »; *Maxwell on the Interpretation of Statutes*, précité, à la p. 85 : [TRADUCTION] « Les termes d'une loi s'interprètent généralement selon le sens qu'ils avaient au moment de son adoption ».

79   Cela ne signifie pas, bien sûr, que tous les termes de toutes les lois doivent toujours se limiter à leur sens original. On a souvent jugé que des catégories générales contenues dans des lois incluent des choses inconnues au moment de l'adoption de ces lois. Dans l'arrêt *Gambart v. Ball* (1863), 32 L.J.C.P. 166, par exemple, on a statué que l'*Engraving Copyright Act* de 1735, qui interdisait la gravure ou la reproduction [TRADUCTION] « par tout autre moyen »,

sans autorisation, de gravures ou imprimés s'appliquait à la reproduction photographique – un procédé inventé plus de cent ans après l'adoption de la Loi. (voir également *Maxwell*, précité, aux pp. 102, 243 et 244.) Toutefois, ce mode d'interprétation est plus susceptible d'être adopté dans le cas d'une formulation législative générale. Comme le soulignent le vicomte Sankey dans l'arrêt *Edwards v. Attorney-General for Canada*, [1930] A.C. 124, et le vicomte Jowitt dans l'arrêt *Attorney-General for Ontario v. Attorney-General for Canada* (le *Renvoi sur les appels au Conseil privé*), [1947] A.C. 127, il est utile pour interpréter les termes de documents constitutionnels dont le sens doit être susceptible d'évoluer pour répondre aux changements de circonstances. Mais lorsque, comme en l'espèce, le législateur a délibérément choisi un terme scientifique ou technique précis pour désigner une classe tout aussi précise et particulière de choses, ce serait faire violence à l'intention du législateur que de donner un sens nouveau à un tel terme chaque fois qu'il y a un changement de consensus taxinomique chez les membres de la communauté scientifique concernée. Il est manifeste qu'en 1961 le législateur a voulu par l'expression « *Cannabis sativa* L. » interdire tout cannabis. Le fait que certains botanistes, voire même la majorité d'entre eux, donneraient maintenant à l'expression un sens moins large compte tenu d'études qui n'ont été effectuées qu'à partir du début des années 70 ne change rien à cette intention. L'interprétation donnée à la *Loi sur les stupéfiants* par le juge du procès est conforme à l'intention manifeste que le législateur avait en adoptant la Loi et est, à mon avis, correcte.

80   Je ne doute absolument pas que la *Loi sur les stupéfiants* ait fourni aux appelants un « avertissement raisonnable » du caractère illégal de leur conduite. Il est de notoriété publique dans notre société que la marihuana est une drogue illégale. Il n'est cependant pas de notoriété publique que certains botanistes ont conclu récemment, qu'en fonction de considérations morphologiques, la plante mère se divise en trois espèces différentes. Dans ce contexte, il semble très invraisemblable qu'un citoyen qui consulte les lois du pays pour savoir ce qu'il peut faire et ce qui lui est interdit de faire voie dans l'expression « *Cannabis sativa* L. » une justification de l'argument invoqué par les appelants dans la présente affaire, portant qu'il y a trois espèces de cannabis. Il ne serait tout simplement pas raisonnable de supposer qu'en employant l'expression « *Cannabis sativa* L. », le législateur n'ait voulu interdire qu'une espèce de marihuana et soustraire les autres espèces à la Loi. Une telle interprétation serait incompatible avec l'économie générale de la *Loi sur les stupéfiants* et avec la compréhension ordinaire qu'en a la société en général. Dans ces circonstances, il semble clair que le texte de la Loi donne un avertissement suffisant. L'équité n'exige pas qu'il soit interprété de façon plus restrictive.

[...]

82   Le juge du procès a eu raison de ne pas soumettre à l'appréciation du jury le moyen de défense des appelants fondé sur la classification botanique.

[...]

* * *

Liée à la question du sens de la loi au moment de son adoption est celle de savoir si l'interprète peut adapter une loi qui est devenue désuète, c'est-à-dire qui ne répond plus aux besoins de l'époque (qui n'existent plus), mais peut combler de nouveaux besoins (lesquels n'existaient pas au départ). Cette question est différente de celle abordée plus tôt, puisqu'il ne s'agit pas de savoir s'il est possible d'élargir la portée d'un texte législatif si sa formulation est suffisamment large, mais plutôt de savoir s'il est opportun pour le texte de loi de régir des situations qui sont distinctes de celles que l'on souhaitait régir au moment de l'adoption de la loi. Bref, ce pourquoi la loi a été créée à l'origine n'existe plus et il faut savoir si la loi peut être adaptée pour répondre aux nouvelles réalités, qui n'ont que peu ou pas de lien avec le contexte de départ.

La position traditionnelle sur cette question, qui va évidemment dans le sens de la théorie officielle de l'interprétation, veut que les tribunaux ne puissent pas adapter de la sorte les lois désuètes. Il reviendrait plutôt au législateur, organe responsable de la création de la normativité législative, de faire les ajustements nécessaires afin que sa législation réponde aux besoins contemporains. On dit que cet argument est de type institutionnel, puisqu'il renvoie au rôle approprié des branches législative et judiciaire du gouvernement. On l'appelle également l'argument de la « patate chaude », parce que les tribunaux, dans ces cas, lancent la balle dans le camp du législateur en lui disant de faire ses devoirs pour adapter sa législation. Par exemple, voici comment le juge en chef Laskin de la Cour suprême du Canada envoie un message au législateur dans l'affaire *Ontario (P.G.) et Viking Houses c. Peel*[280] :

> Les cours ne peuvent convertir leur rôle d'interprète en un rôle de législateur, peu importe à quel point elles reconnaissent la valeur des solutions avancées pour remédier à une loi incomplète. C'est au législateur qu'il revient de combler les lacunes de la loi.

De même, dans *Harrison c. Carswell*[281], la majorité de la Cour suprême est d'avis que la loi en question[282], qui a trait à la protection du droit de propriété, ne peut pas être adaptée pour répondre aux nouvelles réalités des centres commerciaux (pas à strictement parler privé) et des moyens de pression légitimes en droit du travail. Le juge Dickson justifie sa conclusion de la façon suivante :

> Si cette loi doit être modifiée, si l'on doit permettre à A d'entrer sur le terrain de B et d'y rester contre la volonté de ce dernier, j'estime qu'il revient à l'institution qui l'a édictée, c'est-à-dire à la législature qui représente le peuple et est constituée pour exprimer sa volonté politique, et non au tribunal, d'apporter la modification voulue.[283]

Cela dit, on détecte un nouveau courant, toujours minoritaire toutefois, où les tribunaux s'autorisent à moderniser les textes de loi désuets dans certaines circonstances limitées. Dans *Harrison c. Carswell*, le juge en chef Laskin a exprimé une opinion dissidente – qui contraste avec ce qu'il écrivait dans *Ontario (P.G.) et Viking Houses c. Peel* – voulant que les tribunaux puissent parfois jouer un rôle créateur et adapter des textes de loi pour répondre aux nouvelles réalités contemporaines. Selon lui, « il faut en l'espèce chercher un cadre juridique adapté à des faits sociaux nouveaux qui révèlent la caducité d'une ancienne doctrine qui a évolué à partir d'une

---

280.   *Ontario (P.G.) et Viking Houses c. Peel*, [1979] 2 R.C.S. 1134, 1139, [1979] A.C.S. n° 90.
281.   *Harrison c. Carswell*, [1976] 2 R.C.S. 200, [1975] A.C.S. n° 73.
282.   *Petty Trespasses Act*, R.S.M. 1970, c. P-50 (Manitoba).
283.   *Harrison c. Carswell*, [1976] 2 R.C.S. 200, 219, [1975] A.C.S. n° 73.

base sociale tout à fait différente»[284]. La position moderne permettant donc un certain ajustement des textes législatifs trouve écho dans les lois d'interprétation, qui dans un sens, expriment une volonté de faire appliquer les lois au plus grand nombre de situations possibles, pour le présent, mais aussi pour l'avenir. L'article 49 de la *Loi d'interprétation* du Québec[285], par exemple, énonce ceci :

> **49.** La loi parle toujours; et, quel que soit le temps du verbe employé dans une disposition, cette disposition est tenue pour être en vigueur à toutes les époques et dans toutes les circonstances où elle peut s'appliquer.

Pour sa part, la *Loi d'interprétation* fédérale[286], à l'article 10, parle du fait que la « règle de droit a vocation permanente ». On dit aussi que l'utilisation de la conjugaison au présent n'affecte en rien que la législation « s'applique à la situation du moment ».

Dans le prochain arrêt, la Cour suprême du Canada aborde cette question de savoir si la loi peut être adaptée pour répondre à des besoins nouveaux. La position traditionnelle, ancrée dans la théorie officielle de l'interprétation, demeure le point de départ, bien que l'on voie une ouverture d'esprit, dans certains cas, pour que les tribunaux puissent jouer un rôle créateur limité.

Tiré de *Bishop c. Stevens*, [1990] 2 R.C.S. 467, [1990] A.C.S. n° 78 [numérotation de para-graphes ajoutée].

Version française du jugement de la cour rendu par

LE JUGE MCLACHLIN –

1   La principale question en l'espèce est de savoir si le droit de diffuser une œuvre musicale conformément à la *Loi sur le droit d'auteur*, S.R.C. 1970, ch. C-30 (maintenant L.R.C. (1985), ch. C-42), comporte un droit accessoire d'effectuer un enregistrement « éphé-mère » préalable dans le seul but de faciliter la radiodiffusion.

2   L'appelante Télé-Métropole Inc. exploite une entreprise de télévision. L'intimé Bishop est le musicien qui a composé la musique et les paroles d'une chanson intitulée « Stay ». Il en a fait parvenir une copie, avec les formules appropriées, à la Performing Rights Society (PRS) de Grande-Bretagne, une association pour la protection et le respect des droits d'auteurs appartenant à ses membres. Cette association est affiliée à une association canadienne sem-blable, l'Association des compositeurs, auteurs et éditeurs du Canada (CAPAC) qui administre les droits que détiennent PRS et ses membres au Canada. CAPAC est une « société de droits d'exécution » définie à l'art. 48 (maintenant art. 66) de la *Loi sur le droit d'auteur* et elle est autorisée à percevoir des droits pour le compte de ses membres et de ses affiliés selon un barème publié dans la Gazette du Canada. Ces droits sont par la suite versés au titulaire du droit d'auteur.

3   Stevens, un chanteur, a par la suite entendu une exécution de la chanson et a tenu, avec l'intimé, des pourparlers infructueux au sujet de la possibilité de l'enregistrer. Sans

---

284.   *Harrison c. Carswell*, [1976] 2 R.C.S. 200, 209, [1975] A.C.S. n° 73.
285.   *Loi d'interprétation*, RLRQ, c. I-16.
286.   *Loi d'interprétation*, L.R.C. 1985, c. I-21.

conclure d'entente avec l'intimé, Stevens a enregistré la chanson, en anglais et en français (sous le titre « Ne t'en vas pas » (*sic*)). Pour faire de la publicité à l'enregistrement, Stevens a pris des dispositions avec l'appelante pour paraître à des émissions télévisées de musique populaire. L'appelante a diffusé des exécutions de la chanson à deux occasions en se servant d'un ruban préenregistré. L'appelante, bien que sans savoir que l'auteur de la chanson était l'intimé et non Stevens, a donné l'avis prévu et payé les droits afférents à la CAPAC et les droits pour les exécutions télévisées ont finalement été remis à l'intimé par l'entremise de PRS. Par contre, rien de précis n'avait été prévu pour les préenregistrements utilisés dans l'émission télévisée.

4   Après la diffusion des émissions, l'intimé a conclu une entente avec l'Agence canadienne des droits de reproduction musicale limitée (CMRRA), un organisme dont le rôle est de protéger les droits de reproduction sur la musique dont ses membres sont titulaires. En vertu de cette entente, CMRRA avait le privilège non exclusif d'administrer les droits de reproduction que l'intimé détenait sur son œuvre, notamment celui d'intenter une action (avec le consentement de l'intimé) pour percevoir les montants exigibles et exercer ses droits.

5   L'intimé et CMRRA ont intenté une action contre plusieurs défendeurs, dont Stevens et l'appelante. Au moment du procès, seule l'appelante était encore défenderesse à l'action. Il était reproché à l'appelante d'avoir violé le droit d'auteur de l'intimé en enregistrant sa chanson, sans avoir au préalable obtenu son consentement, bien que l'enregistrement ait été destiné à servir uniquement aux diffusions subséquentes (qui, les parties le reconnaissent, ne faisaient intervenir que des droits d'exécution dûment payés par l'appelante). L'appelante a soutenu que le droit de diffuser les exécutions comportait le droit incident d'effectuer un enregistrement « éphémère » destiné uniquement à faciliter les diffusions.

6   En première instance, le juge Strayer a conclu que l'intimé était titulaire d'un droit d'auteur sur la chanson, que le préenregistrement fait par l'appelante violait ce droit d'auteur, même si cette violation était minime. Il a accordé 150 $ de dommages-intérêts et ordonné la destruction des préenregistrements utilisés pour la diffusion. Il a aussi conclu que CMRRA avait qualité pour agir en ce qu'elle demandait la prévention de violations futures, bien qu'elle ne puisse agir à l'égard d'une violation des droits de l'intimé survenue avant que ce dernier ait conclu une entente avec CMRRA. En appel, la Cour d'appel fédérale a accueilli l'appel en partie, relativement à la qualité pour agir de CMRRA, mais le juge Pratte a conclu, au nom de la cour, que les préenregistrements violaient le droit d'auteur de l'intimé. Notre Cour a accordé l'autorisation de pourvoi sur la question des préenregistrements.

7   CMRRA a voulu contester par pourvoi incident la conclusion qu'elle n'avait pas qualité pour agir. L'appelante a demandé l'annulation du pourvoi incident, pour le motif qu'il n'y avait pas eu de demande d'autorisation, que le délai d'appel était expiré et que la question n'était pas d'importance nationale. Notre Cour a accueilli cette requête. L'intimé a voulu présenter plus tard un pourvoi incident sur la même question, sans avoir non plus demandé d'autorisation. À l'audition, nous avons indiqué que nous ne voulions pas entendre de plaidoiries sur ce point.

Les dispositions législatives

8   *Loi sur le droit d'auteur*

   2. ...

   « représentation » ou « exécution » ou « audition » désigne toute reproduction sonore d'une œuvre, ou toute représentation visuelle de l'action dramatique qui est tracée dans une œuvre, y compris la représentation à l'aide de quelque instrument mécanique ou par transmission radiophonique.

3. (1) Pour les fins de la présente loi, « droit d'auteur » désigne le droit exclusif de produire ou de reproduire une œuvre, ou une partie importante de celle-ci, sous une forme matérielle quelconque, d'exécuter ou de représenter ou, s'il s'agit d'une conférence, de débiter, en public, et si l'œuvre n'est pas publiée, de publier l'œuvre ou une partie importante de celle-ci; ce droit comprend, en outre, le droit exclusif :

[...]

d) s'il s'agit d'une œuvre littéraire, dramatique ou musicale, de confectionner toute empreinte, tout rouleau perforé, film cinématographique ou autres organes quelconques, à l'aide desquels l'œuvre pourra être exécutée ou représentée ou débitée mécaniquement;

[...]

f) s'il s'agit d'une œuvre littéraire, dramatique, musicale ou artistique, de transmettre cette œuvre au moyen de la radiophonie;

le droit d'auteur comprend aussi le droit exclusif d'autoriser les actes mentionnés ci-dessus.

17. (1) Est considéré comme ayant porté atteinte au droit d'auteur sur une œuvre quiconque, sans le consentement du titulaire de ce droit, exécute un acte qu'en vertu de la présente loi seul ledit titulaire a la faculté d'exécuter.

Analyse

9   Le litige en l'espèce tient à ce que l'arrivée d'une nouvelle technologie a donné lieu à une situation que n'avaient pas prévue les rédacteurs de la première *Loi sur le droit d'auteur* au Canada, qui date des années 1920.

10   La Loi a été conçue pour appliquer la Convention de Berne de 1886, modifiée à Berlin en 1908, qui instituait un code international et créait une union d'États « pour la protection des droits des auteurs sur leurs œuvres littéraires et artistiques » : Convention de Berne révisée, Annexe II de la *Loi sur le droit d'auteur*, article premier. Le Canada est partie à cette convention.

[...]

Question I : Le droit de diffuser l'exécution d'une œuvre comporte-t-il celui d'effectuer des enregistrements éphémères ?

18   Pour analyser ces arguments, il faut d'abord rappeler que le droit d'auteur a pour seule source la législation qui « crée simplement des droits et obligations selon certaines conditions et circonstances établies dans le texte législatif » : *Compo Co. Ltd. c. Blue Crest Music Inc.*, [1980] 1 R.C.S. 357, à la p. 373, le juge Estey. Ce pourvoi soulève donc d'abord et avant tout une question d'interprétation des lois. Il ressort nettement de l'examen du par. 3(1) qu'il énumère un certain nombre de droits distincts qui appartiennent au titulaire du droit d'auteur. Comme le dit le lord juge Greene dans l'arrêt *Ash v. Hutchinson & Co. (Publishers), Ltd.*, [1936] 2 All E.R. 1496 (C.A.), à la p. 1507 :

[TRADUCTION] Le paragraphe 1(2) de la Copyright Act, 1911 [sur laquelle la Loi canadienne est modelée] expose les droits du titulaire d'un droit d'auteur. Il énumère certains actes que seul le titulaire d'un droit d'auteur peut accomplir. Le droit d'accomplir chacun de ces actes est, à mon avis, un droit distinct, créé par la loi, et quiconque accomplit l'un de ces actes sans le consentement du titulaire du droit d'auteur commet de ce fait un délit; s'il en accomplit deux, il commet deux délits et ainsi de suite.

Voir également *Compo Co. c. Blue Crest Music Inc.*, précité, à la p. 373.

19   Le droit d'exécuter une œuvre (notamment celui de la radiodiffuser) et le droit de faire un enregistrement sont mentionnés de façon distincte au par. 3(1). Ce sont des droits distincts en théorie et en pratique, comme l'indique clairement la description du système de licences qui permet de rémunérer les musiciens pour l'utilisation de leurs œuvres :

> [TRADUCTION] Il y a deux cessions principales. Les deux constituent une étape impor-tante dans la perception de revenus par le transfert du droit d'auteur. La première est la cession du droit d'exécution à une société de droits d'exécution. Les conditions de la cession sont négociables en principe. Cependant, PROCAN et CAPAC, dont on parle plus loin, ont des formules normalisées de cession des droits d'exécution qui sont rare-ment modifiées. La deuxième est la cession du résidu du droit d'auteur, c'est-à-dire, la totalité du droit d'auteur, moins le droit d'exécution, qui a déjà fait l'objet d'une cession à une société de droits d'exécution, à un éditeur de musique. Par cette ces-sion, l'éditeur acquiert le droit d'auteur et, ordinairement par l'intermédiaire de son propre agent de droits de reproduction qui le représente, cède des droits spécifiques d'utilisation qui engendrent des revenus. Tel est, en bref, le système consensuel de cession en matière de transactions relatives à la musique.

> [...]

> Les agents de droits de reproduction agissent ordinairement pour le compte des édi-teurs de musique à titre de détenteurs du droit d'auteur sur la musique. Ils cèdent les droits de reproduction, qui sont essentiellement la totalité du droit d'auteur sur la musique moins le droit d'exécution.

> (P. Sanderson, *Musicians and the Law in Canada* (1985), aux pp. 22 et 24.)

Donc le droit d'exécuter une œuvre et celui de l'enregistrer sont suffisamment distincts pour être ordinairement cédés séparément et administrés par des organismes différents.

20   La Loi reflète aussi cette distinction, en plus des mentions distinctes des deux droits au par. 3(1). Le droit d'exécuter l'œuvre et celui de l'enregistrer sont assujettis à un régime de licences obligatoires, mais à des conditions très différentes dans les deux cas. En vertu de l'art. 13 (maintenant art. 15) de la Loi, si une œuvre a été exécutée en public du vivant du compositeur, le gouverneur en conseil peut, sur demande après la mort du compositeur, ordonner au titulaire du droit d'auteur d'accorder une licence autorisant l'exécution de l'œuvre en public. Par contre, quand une œuvre a été enregistrée, n'importe qui peut l'enre-gistrer pourvu qu'un tantième de deux cents pour chaque face de chaque reproduction soit payé au titulaire du droit d'auteur (art. 19 (maintenant art. 29)).

21   Cette distinction faite entre le droit d'exécuter une œuvre et celui de l'enregistrer n'est pas étonnante compte tenu de l'objet et des fins de la Loi. Comme le souligne le juge Maugham dans l'arrêt *Performing Right Society, Ltd. v. Hammond's Bradford Brewery Co.*, [1934] 1 Ch. 121, à la p. 127, [TRADUCTION] « la Copyright Act de 1911 a un but unique et a été adoptée au seul profit des auteurs de toutes sortes, que leurs œuvres soient littéraires, dramatiques ou musicales ». Voir également l'article premier de la Convention de Berne révisée déjà citée. Une exécution est par sa nature même fugace, momentanée, passagère.

Lorsqu'elle est terminée, il n'en reste plus que le souvenir. Un compositeur qui autorise l'exécution de son œuvre pour une période définie n'a pas irrévocablement cédé tout contrôle sur la manière dont son œuvre sera présentée au public. Il peut, par la suite, retirer son consentement et être le seul interprète de son œuvre, ou poser des conditions à son consentement. Il peut déterminer la fréquence des exécutions et choisir les auditoires qui entendront son œuvre. D'autres interprètes peuvent imiter son exécution sans son autorisation, mais le caractère public de l'exécution fait en sorte qu'elle viendra probablement à la connaissance du compositeur. De plus, aucune imitation d'une exécution n'en est une reproduction parfaite. En revanche, un enregistrement est permanent. Il est facile d'en faire des reproductions exactes et privées. Dès qu'une œuvre a été enregistrée, son enregistrement acquiert une sorte d'autonomie. C'est la raison pour laquelle, pour un compositeur, le droit de contrôle des circonstances dans lesquelles le premier enregistrement est effectué est essentiel. Après avoir enregistré son œuvre ou en avoir autorisé l'enregistrement, un compositeur a cédé de façon définitive une large part de contrôle sur la présentation de son œuvre au public. C'est pour cela que la Loi établit une distinction entre le droit d'exécuter une œuvre et celui de l'enregistrer et qu'un auteur peut, en pratique, vouloir autoriser l'exécution de son œuvre mais non son enregistrement.

22   Les parties en l'espèce ne contestent pas la distinction fondamentale que fait la Loi entre le droit d'enregistrer une œuvre et celui de l'exécuter. L'appelante soutient cependant que cette distinction n'est pas en cause en l'espèce, parce qu'un enregistrement éphémère n'a rien à voir avec l'al. 3(1)d). Il n'est pas fait avec l'intention de le vendre ou de le reproduire, mais il l'est plutôt pour des motifs techniques. Toutefois, comme l'intimé le souligne, l'al. 3(1)d) ne mentionne pas le but. Il édicte seulement que le droit d'auteur comporte le droit exclusif :

> d) s'il s'agit d'une œuvre littéraire, dramatique ou musicale, de confectionner toute empreinte, tout rouleau perforé, film cinématographique ou autres organes quelconques, à l'aide desquels l'œuvre pourra être exécutée ou représentée ou débitée mécaniquement;

L'interprétation des lois doit toujours commencer par le sens ordinaire des mots employés et rien dans cet alinéa ne limite son application aux enregistrements faits aux fins de reproduction et de vente. Un enregistrement fait dans n'importe quel but, même non préjudiciable au titulaire du droit d'auteur, sans l'autorisation du titulaire du droit d'auteur constitue une violation de ses droits. Ainsi, il me semble qu'un agent qui fait un enregistrement non autorisé de la chanson d'un auteur dans le but de susciter l'intérêt des fabricants de disques n'a pas moins violé la Loi parce que son acte profitera, en fin de compte, à l'auteur de la chanson.

23   L'appelante soutient que l'al. 3(1)d) ne s'applique pas aux enregistrements éphémères parce qu'ils relèvent nécessairement du droit distinct de diffuser l'exécution de l'œuvre. L'appelante soutient que, selon l'usage actuel, 90 p. 100 des émissions télévisées sont préenregistrées et que le préenregistrement est presque indispensable pour assurer la qualité de la diffusion et pour permettre aux stations de diffuser les mêmes émissions, aux heures voulues, dans cinq fuseaux horaires différents.

24   Je ne mets pas en doute l'exactitude des faits sur lesquels cette prétention se fonde et je ne puis dire que je sois indifférente à la situation de l'appelante. Cependant, l'appelante n'a pas prouvé que, à l'époque de l'adoption de la Loi, le droit de diffuser l'exécution d'une œuvre prévu dans ses dispositions incluait nécessairement le droit d'en faire un préenregistrement.

Même aujourd'hui il reste toujours possible de diffuser des œuvres en direct et la chose se fait couramment. De plus, le sens littéral de l'al. 3(1)d) n'interdit nullement la pratique du préenregistrement. Il oblige seulement le radiodiffuseur qui veut faire un préenregistrement à obtenir l'autorisation du titulaire des droits d'enregistrement.

25   De plus, une exception implicite au sens littéral de l'al. 3(1)d) est, à mon avis, d'autant moins plausible que le par. 17(2) (maintenant par. 27(2)) de la Loi prévoit des exceptions expresses et détaillées dans des cas aussi divers que l'étude privée, la recherche, l'étude critique, l'utilisation à des fins d'éducation, la communication de documents en application de diverses lois fédérales et l'exécution, sans but lucratif, d'une œuvre musicale à une foire agricole.

26   L'appelante souligne de plus qu'en vertu d'un règlement promulgué par le Conseil de la radiodiffusion et des télécommunications canadiennes (*Règlement sur la télédiffusion*, C.R.C. 1978, ch. 381, par. 5(5)), elle est tenue de faire des enregistrements d'archives de toutes les émissions et de les conserver pendant au moins quatre semaines après la date de leur radiodiffusion. Elle soutient que cette exigence permet de conclure à l'existence d'une exception au moins à l'al. 3(1)d).

27   Je ne puis voir en quoi cela aide l'appelante. Les enregistrements d'archives exigés par le CRTC ne sont pas strictement en cause en l'espèce et sont invoqués aux fins d'analogie seulement. Il est vrai qu'ils paraissent entrer en conflit avec le droit accordé au titulaire du droit d'auteur en vertu de l'al. 3(1)d). Mais cela signifie simplement que si un titulaire de droit d'auteur devait un jour soutenir que ses droits sont violés par l'enregistrement non autorisé de ses œuvres pour fins d'archives, les tribunaux devraient déterminer alors si les deux dispositions sont conciliables ou si l'une doit prévaloir sur l'autre. En l'espèce, aucune disposition législative n'obligeait l'appelant à faire les préenregistrements.

28   Même si l'objectif visé par les enregistrements n'est pas préjudiciable au titulaire du droit d'auteur, cela ne signifie pas que ce dernier n'a pas d'intérêt à ce qu'il en soit fait ou non. Comme je l'ai déjà souligné, l'existence d'un enregistrement effectué en studio augmente le risque de reproduction non autorisée et d'une certaine perte de contrôle par le titulaire du droit d'auteur sur son œuvre. Bien que ce risque soit faible quand l'enregistrement est le fait d'un radiodiffuseur autorisé comme l'appelante, le titulaire du droit d'auteur voudrait sans doute avoir la certitude que des précautions suffisantes sont prises contre ce risque. Dans d'autres pays, où le droit d'effectuer des enregistrements éphémères est reconnu par la loi comme étant accessoire à la diffusion des exécutions, des conditions sont imposées aux radiodiffuseurs quant à la durée de conservation des enregistrements éphémères et quant à leur utilisation. Le Livre blanc sur le droit d'auteur publié par le gouvernement (*De Gutenberg à Télidon* (1984), à la p. 43) recommandait de modifier la Loi pour y inclure une exception précise à l'égard des enregistrements éphémères, mais soulignait aussi la nécessité de certaines restrictions :

> L'exception ayant pour objet les enregistrements éphémères, il sera nécessaire d'en fixer la durée. Le public est invité à donner son avis sur le temps pendant lequel les entreprises de radiodiffusion auraient le droit de conserver des copies et ces enregistrements. [Suit une citation de la Convention de Bruxelles.] Cette période varie grandement suivant les pays : 15 jours en Italie, 28 au Royaume-Uni et dans les Pays-Bas, 3 mois au Luxembourg, 6 mois au Maroc et aux États-Unis, un an en Suède, en Finlande et en Australie. Certains pays, dont la Suède et la Finlande, limitent le nombre de fois qu'un enregistrement éphémère peut être utilisé; d'autres permettent un nombre

illimité d'utilisations. La nouvelle loi canadienne ne comportera pas de restrictions relatives au nombre d'utilisations de ces enregistrements.

Il convient de souligner que le droit de réaliser un enregistrement éphémère ne confère pas en soi celui de radiodiffuser l'œuvre. Les œuvres protégées comportent le droit de transmission radiophonique. Par conséquent, l'émission contenant l'œuvre protégée ne pourra être radiodiffusée sans l'autorisation du titulaire du droit de transmission radiophonique sur cette œuvre, quelle que soit par ailleurs la durée pendant laquelle l'enregistrement éplinière (*sic*) pourra être légalement conservé. Les organismes de radiodiffusion voient en cela une protection suffisante contre les abus.

Les titulaires de droits d'auteur craignent que si les enregistrements réalisés à des fins de radiodiffusion sont conservés trop longtemps, ils ne fassent l'objet d'autres utilisations en dépit de la loi.

Sans ces restrictions, il est peu probable que le juste équilibre entre les contraintes techniques imposées aux diffuseurs et la protection des titulaires de droits d'auteur puisse être réalisé.

29   L'appelante soutient que l'existence d'exemptions faites dans d'autres pays à l'égard des enregistrements éphémères n'a pas d'incidence sur l'interprétation de la loi canadienne parce que ces pays, à la différence du Canada, ont signé la Convention de Bruxelles et sont donc tenus d'adopter des dispositions législatives explicites pour autoriser cette pratique. Cependant, il ne découle pas du fait que le Canada n'est pas tenu d'adopter de disposition législative spécifique au sujet des enregistrements éphémères que, parce qu'il n'en n'a pas adopté, le droit d'effectuer des enregistrements éphémères est implicite dans les dispositions législatives actuelles. Au contraire, la portée de l'al. 3(1)d) semble rendre une exception explicite tout aussi nécessaire. De plus, qu'on envisage la situation au Canada ou dans les autres pays, une disposition explicite est nécessaire pour des raisons pratiques, pour établir un juste équilibre entre les contraintes techniques imposées aux radiodiffuseurs et la protection des titulaires de droits d'auteurs.

30   On ne peut contester que les enregistrements éphémères sont extrêmement utiles aux radiodiffuseurs et que leur utilisation est généralisée non seulement au Canada mais aussi dans de nombreux autres pays. Mais ils sont aussi un outil qui peut donner lieu à des abus que le titulaire du droit d'auteur, que la loi est censée protéger, n'a pas ou que peu de moyens de détecter et de prévenir. Les groupes de travail et les législateurs qui ont examiné cette question ont conclu qu'il est nécessaire d'imposer des mesures strictes de protection si le droit d'effectuer des enregistrements éphémères est reconnu comme accessoire aux droits de diffusion. Pourtant l'appelante nous demande de voir dans les dispositions législatives actuelles un droit implicite et illimité qui ne laisserait au titulaire du droit d'auteur d'autre protection que celle de la bonne foi des radiodiffuseurs.

31   On peut soutenir que le droit implicite et illimité de faire des enregistrements éphémères n'est pas nécessaire ou encore que les tribunaux pourraient imposer des restrictions à ce droit. Cependant, les questions de nature politique qu'une telle décision mettent en cause ne sont pas du ressort des tribunaux. Sur quel fondement juridique un tribunal pourrait-il fixer la durée de rétention de ces enregistrements éphémères ou encore le nombre d'utilisations ? Ces questions relèvent nettement du pouvoir législatif. Notre Cour a dit dans l'arrêt *Watkins c. Olafson*, [1989] 2 R.C.S. 750, aux pp. 760 et 761 :

Il y a de solides raisons qui justifient [les] réticences du pouvoir judiciaire à modifier radicalement des règles de droit établies. Une cour de justice n'est peut-être pas l'organisme le mieux placé pour déterminer les lacunes du droit actuel et encore moins les problèmes que pourraient susciter les modifications qu'elle pourrait apporter. La cour de justice est saisie d'un cas particulier; les changements importants du droit doivent se fonder sur une perception plus générale de la façon dont la règle s'appliquera à la grande majorité des cas. De plus, une cour de justice peut ne pas être en mesure d'évaluer pleinement les questions économiques et de principe qui sous-tendent le choix qu'on lui demande de faire. Les modifications substantielles du droit comportent souvent la formulation de règles et de procédures subsidiaires nécessaires à leur mise en œuvre, ce qui devrait plutôt se faire par voie de consultation [...] que par décision judiciaire.

32   La question des droits relatifs aux enregistrements éphémères (comme celle des droits relatifs aux enregistrements d'archives) est depuis longtemps au calendrier législatif comme en témoigne l'extrait cité du Livre blanc. Voir également : La Commission royale sur les brevets, le droit d'auteur, les marques de commerce et les dessins industriels, *Rapport sur le droit d'auteur* (Rapport Ilsley) (1957), à la p. 57; A. A. Keyes et C. Brunet, *Le droit d'auteur au Canada : Propositions en vue d'une révision de la Loi* (1977), aux pp. 167 et 168; *Une Charte des droits des créateurs : Rapport du sous-comité sur la révision de la Loi sur le droit d'auteur* (1985), aux pp. 60 à 62; *Réponse du gouvernement au rapport du sous-comité sur la révision de la Loi sur le droit d'auteur* (1986), aux pp. 11 et 12. En raison des questions de principe soulevées et des nombreux examens du sujet par le Parlement et ses organes législatifs, notre Cour, à mon avis, ne devrait pas intervenir.

33   En résumé, je ne suis pas convaincue qu'il existe quelque motif de s'écarter de l'interprétation littérale de l'al. 3(1)d) et de la phrase liminaire du par. 3(1), qui visiblement établissent une distinction entre le droit d'effectuer un enregistrement et celui d'exécuter une œuvre. Ni les termes de la Loi, ni son objet ni ses fins non plus qu'aucun motif de nécessité pratique ne permettent d'interpréter ces dispositions de façon que les enregistrements éphémères relèveraient de la phrase liminaire du par. 3(1) plutôt que de l'al. 3(1)d). Au contraire, des considérations de politique indiquent que s'il faut apporter cette modification à la Loi, il faut que ce soit fait par le législateur et non par le moyen d'une interprétation forcée. Je conclus que le droit de diffuser l'exécution d'une œuvre en vertu du par. 3(1) de la Loi ne comporte pas le droit de faire des enregistrements éphémères afin de faciliter la radiodiffusion.

Question II : L'intimé a-t-il donné son consentement aux enregistrements éphémères ?

[...]

Le pourvoi incident

[...]

Dispositif

40   Je suis d'avis de rejeter le pourvoi avec dépens et de rejeter le pourvoi incident avec dépens.

QUESTIONS

1. Quels sont les critères pour savoir si le langage législatif devrait pouvoir être ajusté, eu égard aux nouvelles circonstances?

2. En quoi la théorie officielle de l'interprétation est-elle pertinente dans ce débat?

3. Qu'entend-on par l'argument de type institutionnel, s'agissant de l'opportunité de permettre l'évolution d'un texte de loi, le cas échéant?

* * *

(c) Suppression ou addition de termes législatifs

Un des postulats de la méthode littérale et grammaticale veut que le législateur s'exprime correctement, c'est-à-dire sans commettre d'erreurs, par le biais du médium de communication qu'est la législation. En fait, selon la théorie officielle de l'interprétation, le rôle du juge se limite à révéler l'intention du législateur déjà présente dans la loi, et non de participer à la création du sens de la règle juridique. Il s'ensuit que l'interprète n'est pas censé enlever des termes au texte législatif, pas plus qu'il n'est censé y en ajouter. Il existe ainsi une présomption en interprétation des lois contre la suppression ou l'addition de mots ou expressions.

Cette présomption est liée à l'argument dit de l'*effet utile* de la législation en interprétation. L'adage juridique, somme toute assez bien connu, prévoit que : « le législateur ne parle pas pour rien dire », c'est-à-dire que l'auteur de la loi pèse chacun de ses mots. Comme Pierre-André Côté l'a déjà expliqué : « En lisant un texte de loi, on doit en outre présumer que chaque terme, chaque phrase, chaque alinéa, chaque paragraphe ont été rédigés délibérément en vue de produire quelque effet »[287]. Ce principe de l'effet utile a été codifié à la *Loi d'interprétation* du Québec[288], à l'article 41.1 : « Les dispositions d'une loi s'interprètent les unes par les autres en donnant à chacune le sens qui résulte de l'ensemble *et qui lui donne effet* »[289]. On peut aussi exprimer la même idée par la négative, en disant qu'il existe une présomption contre la *redondance* législative, c'est-à-dire que le législateur n'est pas censé utiliser des mots ou expressions superflus dans le texte de loi.

Qu'on la formule en termes d'effet utile de la loi ou d'absence de redondance, cette directive d'interprétation n'est évidemment pas absolue. Il peut survenir des situations où le législateur a souhaité utiliser un surplus de langage pour exprimer une même règle juridique. Pierre-André Côté donnait l'exemple suivant : « Il y a parfois de bonnes raisons de désigner la même chose par plusieurs termes différents, par exemple pour écarter des doutes ou éviter des controverses »[290]. Il arrivera

---

287. P.-A. Côté, *Interprétation des lois*, 3ᵉ éd., Montréal, Thémis, 1999, à la p. 350. Ce passage a été cité par le juge LeBel dans *Schreiber c. Canada (P.G.)*, [2002] 3 R.C.S. 269 au para. 73, [2002] A.C.S. nᵒ 63.

288. *Loi d'interprétation*, RLRQ, c. I-16.

289. Nos italiques.

290. P.-A. Côté, coll. S. Beaulac et M. Devinat, *Interprétation des lois*, 4ᵉ éd., Montréal, Thémis, 2009, à la p. 319 [notes infrapaginales omises].

aussi qu'une redondance existe en raison d'une erreur dans la rédaction législative, dans le texte de loi original ou suite à la réforme ou la refonte du texte. Ce dernier scénario était celui de l'affaire *R. c. Chartrand*[291], où le juge L'Heureux-Dubé de la Cour suprême du Canada a refusé de donner un effet utile au terme « *unlawfully* » (« illégalement ») dans la version anglaise de l'article 281 du *Code criminel*[292] (dont l'équivalent français, « illégalement », ne se trouvait pas dans la version française de la disposition). Elle concluait ainsi :

> Compte tenu de l'historique législatif de l'art. 281, de son objectif, du contexte dans lequel il a été adopté et, plus particulièrement, de l'absence du terme « illégalement » dans le texte français, je suis d'avis que le terme « *unlawfully* » du texte anglais de l'art. 281 a été puisé dans la loi de 1892 suivant des « méthodes [moins] modernes de rédaction », qu'il est « redondant, et indique seulement l'existence de moyens de défense généraux à l'égard d'un crime ». Le maintien du terme dans le texte anglais est une simple inadvertance, et c'est le texte français qui exprime la véritable intention du législateur à l'époque où, en 1982, ce dernier a reformulé l'art. 250 (maintenant l'art. 281) pour l'appliquer uniquement à l'enlèvement par un étranger. Le fait que le terme « *unlawfully* » ne figure pas aux art. 250.1 (maintenant l'art. 282) et 250.2 (maintenant l'art. 283) étaye d'autant plus cette conclusion.[293]

Cela dit, cette situation constitue l'exception. En général, la présomption veut que le législateur ne parle pas pour ne rien dire ou, ce qui est la même chose, que le texte de loi ne contienne pas de redondance terminologique. Le prochain arrêt de la Cour suprême est un cas d'application de cette troisième directive d'interprétation de la méthode littérale et grammaticale.

Extraits tirés de *Montréal (Ville) c. 2952-1366 Québec Inc.*, [2005] 3 R.C.S. 141, [2005] A.C.S. n° 63.

Le jugement de la juge en chef McLachlin et des juges Bastarache, LeBel, Deschamps, Abella et Charron a été rendu par

LA JUGE EN CHEF ET LA JUGE DESCHAMPS –

Introduction

1   Le pouvoir de la Ville de Montréal (« Ville ») de prohiber le bruit produit dans la rue par un haut-parleur installé dans l'entrée d'un établissement est mis en cause. Deux arguments sont soulevés. L'un est fondé sur les limites au pouvoir de réglementation, l'autre sur la *Charte canadienne des droits et libertés* (« *Charte canadienne* »). Pour les motifs qui suivent, ces arguments sont rejetés.

2   Compte tenu de sa portée, le par. 9(1) du *Règlement sur le bruit*, R.R.V.M. 1994, ch. B-3 (« Règlement »), a été validement adopté par la Ville en vertu de ses pouvoirs réglemen-

---

291. *R. c. Chartrand*, [1994] 2 R.C.S. 864, [1994] A.C.S. n° 67.
292. *Code criminel*, L.R.C. 1985, c. C-46.
293. *R. c. Chartrand*, [1994] 2 R.C.S. 864, 887, [1994] A.C.S. n° 67.

taires. Bien que cette disposition limite la liberté d'expression garantie à l'al. 2b) de la *Charte canadienne*, cette limite est raisonnable et justifiée au sens de l'article premier de la *Charte canadienne*.

Origines du litige

3 L'intimée exploite un bar avec spectacles de danseuses au centre-ville de Montréal, dans un édifice faisant front sur la rue Ste-Catherine, dans une zone commerciale. Afin d'attirer la clientèle et pour faire concurrence à un établissement semblable situé à proximité, elle a installé dans l'entrée principale de son local un haut-parleur qui amplifie la trame sonore du spectacle présenté à l'intérieur, pour que les passants l'entendent. Le 14 mai 1996, vers minuit, un policier patrouille la rue Ste-Catherine et entend la musique depuis une intersection avoisinante. L'intimée est accusée d'avoir produit du bruit audible de l'extérieur au moyen d'appareils sonores, en violation du par. 9(1) et de l'art. 11 du Règlement. Ces articles se lisent comme suit :

> **9.** Outre le bruit mentionné à l'article 8, est spécifiquement prohibé lorsqu'il s'entend à l'extérieur :
>
> 1° le bruit produit au moyen d'appareils sonores, qu'ils soient situés à l'intérieur d'un bâtiment ou qu'ils soient installés ou utilisés à l'extérieur;
>
> ...
>
> **11.** L'émission, touchant ou non un lieu habité, d'un bruit spécifiquement prohibé aux articles 9 ou 10, est interdite.

4 Assignée devant la Cour municipale, l'intimée conteste l'accusation pour le motif que le par. 9(1) et l'art. 11 du Règlement sont invalides. Selon elle, en les adoptant, la Ville a outrepassé sa compétence déléguée en matière de nuisances parce que ces dispositions définissent comme une nuisance une activité qui n'en est pas une. Elle allègue aussi qu'elles portent atteinte à sa liberté d'expression et que cette atteinte est injustifiable.

5 Le juge Massignani de la Cour municipale conclut que le bruit émis par l'établissement de l'intimée constitue une nuisance, que le conseil municipal détient le pouvoir de définir et de prohiber les nuisances selon le par. 520(72) de la *Charte de la Ville de Montréal, 1960*, S.Q. 1959-60, ch. 102 (« Charte de la Ville »), et que le Règlement n'a ni pour objet ni pour effet de restreindre la liberté d'expression ([1999] J.Q. n° 2890 (QL)). En Cour supérieure, le juge Boilard annule la déclaration de culpabilité au motif que les dispositions contestées briment la liberté d'expression de l'intimée; il estime que le Règlement porte atteinte à la valeur sous-jacente de l'épanouissement personnel, et que cette atteinte ne peut être justifiée ([2000] J.Q. n° 7289 (QL)). La Cour d'appel, à la majorité, confirme l'annulation de la déclaration de culpabilité ([2002] R.J.Q. 2986). Le juge Fish, siégeant alors à la Cour d'appel et exprimant l'opinion majoritaire, conclut que la Ville n'a pas démontré que l'activité prohibée est contraire à la paix et à l'ordre public. Il est aussi d'avis que la Ville ne peut définir comme une nuisance une activité qui n'en est pas une et que la prohibition constitue une violation injustifiée du droit à la liberté d'expression. Le juge Chamberland, dissident, infirmerait le jugement de la Cour supérieure parce que la Ville est autorisée à adopter les dispositions en question en vertu de son pouvoir en matière d'ordre et de paix sur son territoire et en vertu de son pouvoir de réglementer les nuisances. Selon le juge Chamberland, l'atteinte à la liberté d'expression de l'intimée serait justifiable puisqu'il n'existe pas de moyen moins contraignant qui puisse permettre à la Ville de réaliser son objectif d'éliminer les bruits nuisibles à l'environnement sonore urbain.

6   Le débat est repris devant notre Cour. L'argument fondé sur le droit administratif sera étudié d'abord, puis nous traiterons de l'argument constitutionnel.

Analyse

(1)   *La Ville a-t-elle compétence pour adopter le par. 9(1) du Règlement ?*

7   Une analyse en deux étapes s'impose afin d'établir si la Ville a compétence pour adopter le par. 9(1) du Règlement. Premièrement, nous devons définir la portée de ce paragraphe. Deuxièmement, nous devons déterminer si la compétence de la Ville inclut le pouvoir d'adopter une telle disposition.

8   Nous concluons que le par. 9(1) du Règlement est valide. L'interprétation de cette disposition détermine notre analyse. Nos divergences de vue avec le juge Binnie, dissident, expliquent le résultat différent auquel il parvient. Nous délimiterons d'abord la portée de la disposition contestée avant d'examiner les arguments fondés sur l'étendue du pouvoir de réglementation.

(a)   *Portée du par. 9(1) du Règlement*

9   Comme notre Cour l'a maintes fois répété : [TRADUCTION] « Aujourd'hui il n'y a qu'un seul principe ou solution : il faut lire les termes d'une loi dans leur contexte global en suivant le sens ordinaire et grammatical qui s'harmonise avec l'esprit de la loi, l'objet de la loi et l'intention du législateur » (*Rizzo & Rizzo Shoes Ltd. (Re)*, [1998] 1 R.C.S. 27, par. 21, citant E. A. Driedger, *Construction of Statutes* (2ᵉ éd. 1983), p. 87; voir aussi *Bell ExpressVu Limited Partnership c. Rex*, [2002] 2 R.C.S. 559, 2002 CSC 42, par. 26). Cela signifie que, comme on le reconnaît dans *Rizzo & Rizzo Shoes*, « l'interprétation législative ne peut pas être fondée sur le seul libellé du texte de loi » (par. 21).

10   Des mots en apparence clairs et exempts d'ambiguïté peuvent, en fait, se révéler ambigus une fois placés dans leur contexte. La possibilité que le contexte révèle une telle ambiguïté latente découle logiquement de la méthode moderne d'interprétation. Qu'il s'agisse d'un règlement municipal plutôt que d'une loi ne modifie pas l'approche imposée par les règles modernes d'interprétation : P.-A. Côté, *Interprétation des lois* (3ᵉ éd. 1999), p. 31.

11   Le juge Binnie conclut à l'illégalité de la disposition en raison de sa portée trop large. Nous ne partageons pas son opinion sur la question de la portée du Règlement. Malgré son énoncé des principes d'interprétation reconnus, le juge Binnie fonde son analyse sur la prémisse que le par. 9(1) du Règlement est clair et exempt d'ambiguïté.

12   À notre avis, malgré sa clarté apparente, le paragraphe souffre d'ambiguïté. La règle directrice qui guide l'interprétation d'une loi est la recherche de l'intention du législateur. Pour la trouver il ne suffit pas de regarder le texte de la loi. Il faut aussi considérer son contexte.

13   Bien qu'il affirme appliquer la méthode moderne d'interprétation des dispositions législatives, le juge Binnie s'en remet en fait à l'interprétation littérale à laquelle l'avocat de la Ville a adhéré lorsqu'il a été interrogé à l'audience. À notre avis, la Cour ne doit pas se limiter à la plaidoirie de l'avocat de l'appelante. Des règlements de ce type sont en vigueur partout au Canada. Plusieurs ont déjà fait l'objet d'un examen judiciaire par des cours d'appel sous des angles qui rejoignent à plusieurs égards les arguments soulevés en l'espèce : *Cheema c. Ross* (1991), 82 D.L.R. (4th) 213 (C.A.C.-B.); *R. c. Luciano* (1986),

34 M.P.L.R. 233 (C.A. Ont.); *R. c. Hadden*, [1983] 3 W.W.R. 661 (B.R. Sask.), conf. par [1984] 1 W.W.R. 384 (C.A. Sask.).

14   En l'espèce, il s'agit, non de faire une interprétation atténuée, mais plutôt de déter-miner si, selon une interprétation juste du par. 9(1), cette disposition se limite à interdire les bruits qui interfèrent avec la jouissance paisible de l'environnement urbain. À notre avis, la prise en compte du libellé de la disposition ainsi que de son objectif et de son contexte, comme l'exigent les principes établis d'interprétation des lois, résout l'ambiguïté et permet de cerner la portée de la disposition. Les bruits doux et inoffensifs ne sont pas interdits comme le soutient le juge Binnie.

– *LE TEXTE DU PAR. 9(1) DU RÈGLEMENT*

15   Tout acte de communication suppose deux éléments distincts indissociables : le texte et le contexte (Côté, p. 355). Certains domaines de l'activité gouvernementale sont plus pro-pices à des textes précis, d'autres à des textes généraux. L'utilisation d'expressions générales en matière environnementale a été approuvée par la Cour dans *Ontario c. Canadien Pacifique Ltée*, [1995] 2 R.C.S. 1031, et *R. c. Hydro-Québec*, [1997] 3 R.C.S. 213. Le sujet se prête mal à un langage précis. Dans l'exercice d'interprétation, plus le texte choisi par le législateur sera général, plus le contexte sera important. L'exercice d'interprétation contextuelle comporte ses limites. Le tribunal n'endosse son rôle d'interprète que lorsque les deux éléments de la communication convergent vers une même direction : le texte s'y prête et l'intention du législateur se dégage clairement du contexte.

16   Le texte du par. 9(1) révèle des ambiguïtés. Les mots utilisés sont très généraux. Qu'est-ce exactement qu'un « bruit » ? Est-ce un son susceptible de déranger la paix publique ? Ou est-ce tout son qu'on puisse imaginer ? Que veux dire « s'entend à l'exté-rieur » ? Un lien avec un bâtiment est-il nécessaire ? Ou est-ce qu'un téléphone cellulaire constituerait un appareil sonore ? Les termes généraux utilisés par le législateur permettent des interprétations diverses. Cette ambiguïté ne peut être résolue que par une étude contex-tuelle du par. 9(1).

– *LE CONTEXTE DU PAR. 9(1) DU RÈGLEMENT*

17   Ayant identifié les ambiguïtés qui se dégagent du texte du par. 9(1), il nous faut donc considérer son contexte. Le contexte d'une loi comprend plusieurs éléments. L'historique d'une disposition et la recherche de l'objectif de la réglementation permettent de cerner le contexte global dans lequel la disposition est adoptée. L'analyse du Règlement lui-même permet de cerner le contexte immédiat du par. 9(1). Cet examen permet de déterminer si la Ville a le pouvoir d'adopter la disposition contestée. Nous aborderons donc chacun de ces indices contextuels : l'historique, l'objectif, et le Règlement lui-même.

18   Nous commençons notre analyse contextuelle avec l'historique de la réglemen-tation. Le bruit touche les citadins dans leur quotidien et les municipalités s'y sont très tôt intéressées. L'assujettissement du bruit à la compétence sur les nuisances est depuis longtemps reconnu : D. Langlois, « Le bruit et la fureur : les réglementations municipale et provinciale en matière de bruit », dans *Développements récents en droit municipal* (1992), 163. La réglementation du bruit est même qualifiée de champ de prédilection du contrôle municipal des nuisances : L. Giroux, « Retour sur les compétences municipales en matière de nuisance », dans *Développements récents en droit de l'environnement* (1999), 299, p. 303.

19   La Ville a été habilitée à réglementer les nuisances dès l'époque pré-confédérative. Elle pouvait alors adopter des règlements « [p]our le bon ordre, la paix, le bien-être [...] et pour la prévention et la suppression de toutes nuisances » (*Acte pour amender et consolider les dispositions de l'ordonnance pour incorporer la cité et ville de Montréal*, S. Prov. C. 1851, 14 & 15 Vict., ch. 128, art. LVIII). Les bruits ont ainsi été réglementés spécifiquement en référence à la protection de la paix publique et au bon ordre (« Personne [...] de propos délibéré [...] ne se servira lui-même d'aucune cloche, cor ou trompette ou autre instrument résonnant », *Règlement pour pourvoir au maintien de la Paix Publique et du bon ordre* (dans *Charte et Règlements de la Cité de Montréal* (1865), ch. 23), sec. 3). En 1899, en plus de son pouvoir général d'assurer la paix et l'ordre (*Loi révisant et refondant la charte de la cité de Montréal*, S.Q. 1899, ch. 58, art. 299, al. 1, et art. 299, al. 2(7)) et de celui de prohiber les nuisances (art. 299, al. 2(12)), la Ville a été dotée du pouvoir de définir ce qu'est une nuisance (art. 300(50)).

20   Le premier règlement englobant toutes les dispositions sur le bruit est adopté en 1937 : *Règlement concernant le bruit et abrogeant, en tout ou en partie, certains règlements* (Règlement n° 1448, 18 août 1937). L'article 5 du Règlement n° 1448 prohibe les sons produits par un appareil sonore et projetés à l'extérieur d'un édifice, vers les rues ou places publiques. En raison de l'époque à laquelle cette disposition est adoptée et du fait qu'il s'agit de sons projetés d'un édifice vers un espace public, il est permis de conclure que les appareils alors visés sont ceux qui sont rattachés à l'édifice. Le but recherché paraît de toute évidence être de prohiber les sons produits par un appareil situé à l'intérieur d'un édifice, à un volume tel qu'un tribunal puisse conclure que l'exploitant de l'édifice cherchait à les faire entendre par les occupants des espaces publics. La prohibition vise à préserver le caractère paisible des espaces publics.

21   L'article 5 du Règlement n° 1448 est clairement à l'origine de l'art. 15.1.1 du *Règlement sur le bruit* de 1976 (Règlement n° 4996, 21 juin 1976) qui prohibe le bruit provenant d'un appareil sonore qui diffuse à l'extérieur des bâtiments. Rédigée plus sobrement, la disposition cible les appareils qui projettent des sons à l'extérieur des édifices. L'article 15.1.1 du Règlement n° 4996 est à la source de l'art. 9 du Règlement ici contesté.

22   Ce rapide survol de l'historique de la réglementation permet de constater que la Ville réglemente les bruits depuis plus de cent ans. La formulation de la disposition a été modifiée au cours des ans, mais les dispositions adoptées depuis 1937 visent l'élimination des sons qui émanent d'un appareil sonore, qui proviennent d'un édifice ou de l'extérieur d'un édifice, à un volume tel qu'ils puissent être entendus et donc interférer avec la jouissance paisible des espaces communs par les citoyens. Le but qui sous-tend tous ces règlements est de préserver le caractère paisible des espaces publics.

23   Ayant considéré le contexte historique du par. 9(1) du Règlement, nous nous tournons maintenant vers son objectif. L'identification de l'objectif de la réglementation est utile pour circonscrire le sens d'un mot ou d'une expression. La Cour y a eu fréquemment recours pour étendre ou restreindre la portée apparente ou littérale d'une disposition : *McBratney c. McBratney* (1919), 59 R.C.S. 550; *Canadian Fishing Co. c. Smith*, [1962] R.C.S. 294; *Sidmay Ltd. c. Wehttam Investments Ltd.*, [1968] R.C.S. 828; *Berardinelli c. Ontario Housing Corp.*, [1979] 1 R.C.S. 275; *Rizzo & Rizzo Shoes*. C'est d'ailleurs à cet exercice qu'a eu recours la Cour d'appel du Québec dans *Demers c. Saint-Laurent (Ville de)*, [1997] R.J.Q. 1892, lorsqu'elle a déterminé que « la « nuisance » à laquelle réfère l'art. 76 de la [*Loi sur la qualité de l'environnement*, L.R.Q., ch. Q-2] se limite aux nuisances qui sont de nature à porter atteinte à la vie, à la santé, la sécurité ou le bien-être de la communauté » (p. 1895).

24   Cette approche rejoint le raisonnement sous-jacent à l'analyse des mots et expressions comportant une ambiguïté latente. Le mot « bruit » est un de ces mots. Le bruit est défini en français comme un « [e]nsemble des sons produits par des vibrations, perceptibles par l'ouïe » (*Nouveau Larousse Encyclopédique* (2001), vol. 1, p. 233). Ce mot a une portée très vaste. Les dictionnaires anglais attribuent aussi un sens large à son équivalent « *noise* », tout en mentionnant qu'il est souvent, mais pas toujours, utilisé pour désigner un son désagréable. Le bruit en lui-même n'est donc pas nécessairement une nuisance, et pourtant il est incontestable qu'il peut constituer une nuisance.

25   Les termes généraux employés au par. 9(1), soit les termes « bruit » et « qui s'entend de l'extérieur », ont une « texture ouverte » (Côté, p. 353) et sont modulés tant par l'objectif législatif qui les sous-tend que par l'environnement légal dans lequel ils se trouvent. Cet environnement légal comprend « toutes les idées liées au texte que le législateur peut présumer suffisamment connues des justiciables pour se dispenser d'avoir à les exprimer » (Côté, p. 356).

26   Aucune municipalité n'a intérêt à limiter les citoyens dans des activités qui n'interfèrent en rien avec la jouissance paisible de leurs concitoyens. L'objectif de la municipalité ne peut être que la protection contre la pollution sonore. Cet objectif permet de donner un contenu aux termes généraux de la disposition et d'expliciter l'élément implicite de la communication légale. En l'espèce, le recours à l'objectif législatif dicte d'exclure de la portée du par. 9(1) du Règlement les sons qui ne constituent que le résultat de l'activité humaine paisible et respectueuse de la communauté municipale. Cette interprétation est aussi celle dictée par notre analyse historique de la disposition.

27   Ayant à l'esprit l'objectif législatif, il importe maintenant d'examiner le Règlement lui-même. Le contexte immédiat de la disposition contestée, soit les autres dispositions du Règlement, est tout aussi important que le contexte global. À ce sujet, il est pertinent de noter que la *Loi d'interprétation* du Québec, L.R.Q., ch. I-16, consacre la règle de l'interprétation contextuelle et en précise la mécanique :

> **41.1** Les dispositions d'une loi s'interprètent les unes par les autres en donnant à chacune le sens qui résulte de l'ensemble et qui lui donne effet.

Le contexte immédiat permet donc aussi de préciser la portée ou le sens d'un mot, d'une expression ou d'une disposition.

28   Dans l'art. 9 ici contesté, les deux mots ou expressions qui portent à interprétation, « bruit » et « lorsqu'il s'entend à l'extérieur », sont encadrés par leur contexte qui permet d'en cerner le sens.

29   Le bruit visé à l'art. 9 est déjà qualifié comme celui qui (1) provient d'un appareil sonore, (2) situé à l'intérieur d'un bâtiment ou installé ou utilisé à l'extérieur du bâtiment, et qui (3) est audible de l'extérieur. Ces trois caractéristiques sont cumulatives.

30   La disposition contestée couvre-t-elle tous les bruits provenant d'un appareil sonore qui sont entendus à l'extérieur ? Non, évidemment, puisque cela ne couvre pas les trois caractéristiques. L'exemple donné par le juge Binnie du bruit d'un cellulaire est donc exclu de la portée du par. 9(1) puisqu'il fait abstraction du lien essentiel avec un bâtiment, donc du texte même sur lequel il prétend s'appuyer. Une interprétation qui ne tient pas compte de ce lien aurait pour effet de rendre les termes « qu'ils soient situés à l'intérieur d'un bâtiment ou qu'ils soient installés ou utilisés à l'extérieur » inutiles, contrairement au principe interprétatif de l'effet utile (Côté, p. 350; art. 41.1 de la *Loi d'interprétation*). Si le législateur

a pris la peine de spécifier l'emplacement de l'appareil sonore par rapport au bâtiment au par. 9(1) du Règlement, c'est qu'il n'avait pas l'intention de prohiber tous les bruits produits par des appareils sonores sans égard à ce lien.

31   D'autres dispositions du Règlement aident aussi à cerner l'intention du législateur. Le Règlement (reproduit en annexe) comporte plusieurs définitions qui permettent d'identifier différents types de bruits. Ainsi, un « bruit comportant des sons purs audibles » est défini comme « un bruit perturbateur dont l'énergie acoustique est concentrée autour de certaines fréquences ». La notion de « bruit perturbateur » est d'ailleurs présente dans la majorité des définitions des différents bruits. Ce renvoi explicite à la notion de perturbation est cohérent avec l'objectif identifié plus tôt. L'expression « bruit perturbateur » est elle-même définie comme « un bruit repérable distinctement du bruit d'ambiance et considéré comme source aux fins d'analyse, et comprend un bruit défini comme tel au présent article ». Le « bruit d'ambiance » est la norme à laquelle le bruit perturbateur peut être mesuré. Le « bruit d'ambiance » est « un ensemble de bruits habituels de diverses provenances, y compris des bruits d'origine extérieure, à caractère plus ou moins régulier et repérables dans un temps déterminé en dehors de tout bruit perturbateur ». La première caractéristique du bruit per-turbateur est donc de se distinguer du bruit d'ambiance. Le bruit qui perturbe rejoint le bruit qui interfère avec l'utilisation paisible de l'espace urbain et se distingue du bruit pris dans un sens littéral.

32   Cette notion de bruit perturbateur est reprise dans les dispositions particulières au bruit dans les lieux habités, section qui inclut les art. 9 et 11. Bien que l'expression ne soit pas mentionnée de façon expresse à l'art. 9, elle en fait néanmoins partie intégrante. En effet, on remarque que tous les bruits ciblés à l'art. 9 comportent une interférence auditive. Ce sont des bruits perturbateurs au sens du Règlement sans qu'il soit nécessaire d'ajouter cette précision (par. 2, sirène; par. 3, percussion; par. 4, cris; etc.). Il serait contraire aux principes interprétatifs de faire abstraction de cet élément contextuel indéniable en interprétant le par. 9(1) de façon abstraite.

33   Il s'ensuit qu'appliquer le par. 9(1) à tous les bruits provenant d'appareils sonores, même s'ils n'ont pas pour effet de causer une interférence avec l'environnement urbain, est incompatible avec le contexte immédiat de la disposition. Tous les bruits ciblés par l'interdiction de l'art. 9 ont un effet perturbateur sur l'environnement urbain selon la définition qui en est donnée au Règlement. Tous ces bruits sont repérables distinctement du bruit d'ambiance. Si le bruit produit par un appareil sonore situé à l'intérieur ou à l'extérieur d'un bâtiment peut être entendu de l'extérieur, c'est qu'il se distingue du bruit d'ambiance. Seule une interprétation qui tient compte du contexte peut être retenue. Si la notion de perturbation n'est pas expressément mentionnée à l'art. 9, c'est qu'en raison des bruits ciblés, il n'a pas été jugé utile de la reprendre explicitement à chaque paragraphe.

34   L'analyse historique et téléologique a permis de déterminer que le but recherché par le législateur est le contrôle des bruits qui constituent une interférence avec la jouissance paisible de l'environnement urbain. Le contexte immédiat de l'art. 9 permet de faire ressortir que la notion de bruit qui nuit à la jouissance de l'environnement est implicite à l'art. 9 et que les activités qui y sont prohibées sont celles qui produisent un bruit repérable distinc-tement du bruit d'ambiance. Cette détermination de la portée du Règlement ne constitue pas, comme le prétend le juge Binnie, une modification judiciaire contraire au sens littéral de cette disposition, mais résulte plutôt d'une interprétation juste qui permet d'en résoudre l'ambiguïté selon la méthode d'interprétation moderne.

35   Même si l'art. 11 est mentionné aux actes de procédure, les parties n'en traitent pas spécifiquement. Sa portée est essentiellement liée à celle de l'art. 9 et il n'y a pas lieu d'en discuter de façon distincte. Reste à déterminer si la Ville avait le pouvoir d'adopter le Règlement.

[...]

* * *

Comme l'adage le veut, le législateur ne parle pas pour ne rien dire; en revanche, il est également juste de souligner que le législateur ne reste pas silencieux pour rien, non plus. La présomption dont il est question sous la présente rubrique n'est pas seulement à l'encontre de la suppression de termes, la présomption vaut aussi à l'encontre de l'addition de termes. On se souviendra que le juge Pigeon, en dissidence dans *R. c. Sommerville*[294], vu plus haut, a eu recours à cet argument d'interprétation, à cette directive de la méthode littérale et grammaticale, pour interpréter la disposition en litige de façon large, de sorte qu'elle couvre tous les types de transport de blé, de nature commerciale ou non. Il ne faut donc pas ajouter des restrictions à un texte législatif clair, comme c'est le cas en l'espèce, selon l'avis de la dissidence.

L'idée que le législateur n'est pas muet en vain, ne reste pas silencieux pour rien, est reprise par la locution latine «*ubi lex non distinguit, nec nos distinguere debemus*», c'est-à-dire que «là où la loi ne distingue pas, nous non plus ne devons pas distinguer». Presque verbatim, c'est ce que le juge Beetz de la Cour suprême du Canada a écrit dans l'affaire *Banque nationale c. Soucisse*[295], au sujet du cautionnement à l'article 1929 du *Code civil du Bas Canada*[296], qui parle d'obligations, sans plus:

Cet article ne distingue pas entre les obligations présentes et les futures, entre les certaines et les aléatoires. Elles sont toutes susceptibles d'être cautionnées car *on ne doit pas distinguer là où la loi ne distingue pas*.[297]

Bref, le principe de l'effet utile en interprétation législative peut à la fois forcer à prendre en considération tous les mots ou expressions employés dans la loi, sans retirer quoi que ce soit, et obliger à se limiter à ce qui est dit expressément dans le texte, sans ajouter quoi que ce soit. Cela dit, ce raisonnement de type présomption n'est pas absolu, et il arrivera fréquemment que l'interprète doive faire fi de cette directive d'interprétation au profit d'autres méthodes de découverte de l'intention du législateur.

* * *

---

294.   *R. c. Sommerville*, [1974] R.C.S. 387, [1972] A.C.S. n° 123.
295.   *Banque nationale c. Soucisse*, [1981] 2 R.C.S. 339, [1981] A.C.S. n° 87.
296.   *Code civil du Bas Canada*, L.C. 1865, c. 41.
297.   *Banque nationale c. Soucisse*, [1981] 2 R.C.S. 339, 348, [1981] A.C.S. n° 87 [Nos italiques].

QUESTIONS

1. Le principe de l'effet utile, à la base de la présente directive, est-il d'application plus large qu'en matière d'interprétation selon le texte de la loi?

2. Est-ce que la règle à l'encontre de la redondance rejoint la même idée que la directive à l'encontre de la suppression de termes législatifs?

* * *

4. Interprétation des lois bilingues

Au Canada, tant au niveau fédéral que dans certaines provinces, la législation est bilingue, français et anglais. Pour le fédéral et les provinces de Québec, du Manitoba et du Nouveau-Brunswick[298], il s'agit en fait d'une obligation constitutionnelle d'adopter les textes de loi dans les deux langues officielles du pays[299]. Cela veut dire que dans ces juridictions, la règle juridique est exprimée par le biais d'un support communicationnel double, c'est-à-dire par un texte législatif en langue française et par un texte législatif en langue anglaise. Il s'ensuit, nécessairement, que l'interprétation de la normativité législative bilingue doit prendre en considération les deux textes de loi, français et anglais. Roderick MacDonald explique la problématique comme suit:

> Just as drafters of bilingual legislation are engaged in the translation of a single juridical idea into two natural languages, interpreters would come to accept that knowledge of one version alone is an insufficient point of reference for understanding the idea in question. They would understand legislative texts as fully embracing both English and French connotations and context, and as necessarily meaning what both versions say.[300]

Il existe au Canada beaucoup de jurisprudence[301] et de littérature[302] sur ces questions de bilinguisme législatif et juridique en général. Nous nous limiterons aux

---

298. D'autres provinces, par exemple l'Ontario, adoptent leur législation dans les deux langues, et leur octroient la même autorité, sans que ce soit une obligation constitutionnelle.

299. Voir l'article 133 de la *Loi constitutionnelle de 1867* (R.-U.), 30 & 31 Vict., c. 3, l'article 23 de la *Loi du Manitoba, 1870*, (R.-U.), 33 Vict., c. 3, et l'article 18 de la *Charte canadienne des droits et libertés*, partie I de la *Loi constitutionnelle de 1982*, constituant l'annexe B de la *Loi de 1982 sur le Canada*, (R.-U.), 1982, c. 11.

300. R.A. MacDonald, «Legal Bilingualism», (1997) 42 *R.D. McGill* 119, aux pp. 160-161.

301. Voir, notamment, *Doucet-Boudreau c. Nouvelle-Écosse (Ministre de l'Éducation)*, [2003] 3 R.C.S. 3, [2003] A.C.S. n° 63; *Arsenault-Cameron c. Île-du-Prince-Édouard*, [2000] 1 R.C.S. 3, [2000] A.C.S. n° 1; *R. c. Beaulac*, [1999] 1 R.C.S. 768, [1999] A.C.S. n° 25; *R. c. Mercure*, [1988] 1 R.C.S. 234, [1988] A.C.S. n° 11; *Société des Acadiens c. Association of Parents*, [1986] 1 R.C.S. 549, [1986] A.C.S. n° 26; *Renvoi: Droits linguistiques au Manitoba*, [1985] 1 R.C.S. 721, [1985] A.C.S. n° 36; *Québec (P.G.) c. Blaikie et autres*, [1981] 1 R.C.S. 312, [1981] A.C.S. n° 30; *Québec (P.G.) c. Blaikie et autres*, [1979] 2 R.C.S. 1016, [1979] A.C.S. n° 85.

302. Voir, notamment, les contributions dans M. Bastarache (dir.), *Les droits linguistiques au Canada*, 2e éd., Cowansville, Éditions Yvon Blais, 2004; ainsi que D. Réaume, «The Demise of the Political Compromise Doctrine: Have Official Language Use Rights Been Revived?», (2002) 47 *R.D. McGill* 593; A. Tremblay, «Les droits linguistiques (articles 16 à 22)», dans G.-A. Beaudoin et E.P. Mendes (dir.), *La Charte canadienne des droits et libertés*, 3e éd., Montréal, Wilson & Lafleur,

aspects pertinents à la méthodologie d'interprétation législative, en faisant tout au plus un survol puisque le sujet est complexe et, par ailleurs, a déjà fait l'objet d'une étude détaillée par Ruth Sullivan dans les dernières éditions de *Sullivan and Driedger on the Construction of Statutes*[303].

Pierre-André Côté s'est aussi penché spécifiquement sur la question de l'interprétation des textes de loi bilingues[304]. Il propose la synthèse suivante des principes développés en jurisprudence canadienne :

1. Premier principe : Les lois bilingues devraient recevoir une interprétation bilingue.

2. Second principe : En interprétation des lois bilingues, les deux versions devraient se voir attribuer la même importance, le même poids.

3. Troisième principe : Une divergence entre les versions constitue une ambiguïté et, sous réserve du quatrième principe, devrait être résolue en ayant recours aux méthodes usuelles d'interprétation.

4. Quatrième principe : En cas de divergence, le sens commun aux deux versions, s'il peut être identifié, est un facteur devant être tenu en compte pour interpréter la disposition, en plus de tous les autres facteurs pertinents[305].

Le quatrième principe, qui date d'au moins la fin du XIXe siècle au Canada[306], est parfois problématique puisqu'on exagère son importance. De même que pour l'interprétation du sens ordinaire ou courant des mots et expressions dans un texte législatif, le sens commun aux deux versions linguistiques d'une loi n'est qu'une directive d'interprétation; ce n'est pas une règle absolue. Déjà en 1979, c'est ce que le juge Pratte de la Cour suprême du Canada avait expliqué dans l'arrêt *La Reine c. Cie immobilière B.C.N. Ltée*[307]. Encore dans *Doré c. Verdun (Ville)*[308], le juge Gonthier a réitéré le caveat selon lequel le sens commun des versions linguistiques n'est qu'un guide parmi d'autres :

[L]e principe voulant que l'on favorise l'interprétation menant à un sens commun n'est pas absolu. La cour peut ne pas retenir ce sens s'il paraît contraire à l'intention du législateur au regard des autres principes d'interprétation.[309]

1996, p. 934; B. Pelletier, « Bilan des droits linguistiques au Canada », (1995) 55 *R. du B.* 64; et M.B. Beaupré, *Interprétation de la législation bilingue*, 2e éd., Montréal, Wilson & Lafleur, 1986.

303.   Depuis la quatrième édition : R. Sullivan, *Sullivan and Driedger on the Construction of Statutes*, 4e éd., Markham & Vancouver : Butterworths, 2002, aux pp. 73-94.

304.   P.-A. Côté, « Bilingual Interpretation of Enactments in Canada: Principles v. Practice », (2003-2004) 29 *Brook. L. Rev.* 1067. Voir aussi P.-A. Côté, « Le traducteur et l'interprète, ou le double sens de la loi », dans Y. Poullet, P. Wéry et P. Wynants (dir.), *Liber Amicorum Michel Coipel*, Bruxelles, Kluwer, 2004, p. 85.

305.   P.-A. Côté, « Bilingual Interpretation of Enactments in Canada: Principles v. Practice », (2003-2004) 29 *Brook. L. Rev.* 1067, aux pp. 1068-1070 [ma traduction].

306.   *Canadian Pacific Railway Co. c. Robinson*, (1891) 19 R.C.S. 292, 325, [1891] A.C.S. n° 26.

307.   *La Reine c. Cie immobilière B.C.N. Ltée*, [1979] 1 R.C.S. 865, 871-872, [1979] A.C.S. n° 13.

308.   *Doré c. Verdun (Ville)*, [1997] 2 R.C.S. 862, [1997] A.C.S. n° 69.

309.   *Doré c. Verdun (Ville)*, [1997] 2 R.C.S. 862, 879, [1997] A.C.S. n° 69.

Dans le court arrêt de la Cour suprême du Canada ci-dessous, il y a lieu de s'interroger sur l'importance que l'on donne au sens commun des deux versions linguistiques de la législation en cause.

Extrait tiré de *R. c. Mac*, [2002] 1 R.C.S. 856, [2002] A.C.S. n° 26.

Version française du jugement de la Cour rendu oralement par

LE JUGE BASTARACHE –

1   La seule question en litige dans le présent pourvoi touche l'interprétation du terme « *adapted* » figurant dans la version anglaise de l'al. 369b) du *Code criminel*, L.R.C. 1985, ch. C-46. Les faits sont exposés dans l'arrêt de la Cour d'appel de l'Ontario (*R. c. Mac* (2001), 152 C.C.C. (3d) 1).

2   Lors du procès de l'intimé, madame le juge Feldman a statué que le terme « *adapted* » employé à l'al. 369b) signifiait [TRADUCTION] « apte à » plutôt que « modifié » ([1997] O.J. No. 5918 (QL) (Div. gén.)). Par conséquent, elle a indiqué dans ses directives au jury que la preuve que les instruments trouvés en possession de l'intimé avaient été modifiés n'était pas nécessaire pour fonder une déclaration de culpabilité. Le jury a déclaré l'intimé coupable de cinq chefs de possession d'instruments adaptés et destinés à servir pour commettre un faux, infraction prévue à l'al. 369b) du *Code criminel*.

3   Le juge Doherty de la Cour d'appel a conclu que le terme « *adapted* » avait deux sens aussi valables l'un que l'autre et qu'il était impossible de dire avec certitude lequel de ces deux sens le législateur avait voulu lui attribuer. Il a donc statué que l'ambiguïté devait être résolue en faveur de l'accusé et il a accueilli l'appel de l'intimé.

4   Nous sommes d'accord avec le juge Doherty pour dire que les tribunaux peuvent donner une interprétation stricte d'une loi pénale lorsque les principes ordinaires d'interprétation ne permettent pas de résoudre une ambiguïté, mais nous sommes d'avis que l'al. 369b) n'est pas ambigu. Par conséquent, nous estimons inutile d'entreprendre une analyse interprétative semblable à celle à laquelle s'est livrée la Cour d'appel. En effet, il est possible de trancher la question en litige en nous reportant à la version française du *Code*, qui n'a pas été invoquée devant les tribunaux d'instance inférieure. Notre Cour a demandé aux parties de traiter de la version française en présentant de nouvelles observations et a reporté l'audition du pourvoi pour leur faciliter cette tâche.

5   Le *Code criminel* est une loi bilingue dont les versions anglaise et française font pareillement autorité. Dans son ouvrage intitulé *Interprétation des lois* (3e éd. 1999), p. 413-414, Pierre-André Côté rappelle que, pour interpréter une loi bilingue, il faut en premier lieu rechercher le sens qui est commun aux deux versions. Dans les cas où une version peut être ambiguë, les tribunaux doivent d'abord examiner la version rédigée dans l'autre langue officielle pour déterminer si elle est claire, c'est-à-dire non équivoque.

6   En l'espèce, toute ambiguïté décelée dans la version anglaise est résolue par le libellé clair et non équivoque de la version française de l'al. 369b). Il n'est donc pas nécessaire d'appliquer d'autres règles d'interprétation législative, telles celles invoquées par la Cour d'appel.

7   Les alinéas 369b) et 342.01(1)d) sont liés, comme l'a mentionné le juge Doherty. Ils doivent être interprétés ensemble. La version française de l'al. 342.01(1)d) utilise le

terme « modifié » comme équivalent du terme anglais « *adapted* ». Par contre, c'est l'équivalent « adaptés » qui correspond au terme « *adapted* » dans l'al. 369b). Il est donc clair que, dans le premier cas, le terme « *adapted* » signifie modifié et qu'il n'a pas ce sens dans le dernier cas. Le sens commun des termes « *adapted*/adaptés » à l'al. 369b) est donc « apte à ».

8   Par conséquent, nous accueillons le pourvoi, nous annulons l'arrêt de la Cour d'appel de l'Ontario et nous rétablissons la décision du juge de première instance. L'affaire est renvoyée à la Cour d'appel pour qu'elle tranche l'appel de la sentence.

Extrait tiré de Ruth Sullivan, « Côté's Contribution to the Interpretation of Bilingual and Multilingual Legislation », dans Stéphane Beaulac et Mathieu Devinat (dir.), *Interpretatio non cessat – Mélanges en l'honneur de Pierre-André Côté / Essays in honour of Pierre-André Côté*, Cowansville, Éditions Yvon Blais, 2011, p. 173, aux pp. 175-178 [notes infrapaginales omises].

The leading case on the interpretation of bilingual legislation in Canada is *R. v. Daoust*, [2004] 1 S.C.R. 217, decided by the Supreme Court of Canada in 2004. On behalf of an unanimous Court, Bastarache J. wrote:

... in *R. v. Mac*, [2002] 1 S.C.R. 856, 2002 SCC 24, at para. 5, I stated the following:

> The *Criminal Code* is a bilingual statute of which both the English and French versions are equally authoritative. In his *Interpretation of Legislation in Canada* (3rd ed. 2000), at p. 327, Pierre-André Côté reminds us that statutory interpretation of bilingual enactments begins with a search for the shared meaning between the two versions.

I would also draw attention to the two-step analysis proposed by Professor Côté in *The Interpretation of Legislation in Canada* (3rd ed. 2000), at p. 324, for resolving discordances resulting from divergences between the two versions of a statute:

> Unless otherwise provided, differences between two official versions of the same enactment are reconciled by educing the meaning common to both. Should this prove to be impossible, or if the common meaning seems incompatible with the intention of the legislature as indicated by the ordinary rules of interpretation, the meaning arrived at by the ordinary rules should be retained.

... dans *R. c. Mac*, [2002] 1 R.C.S. 856, 2002 CSC 24, j'énonçais, au par. 5, ce qui suit :

> Le *Code criminel* est une loi bilingue dont les versions anglaise et française font pareillement autorité. Dans son ouvrage intitulé *Interprétation des lois* (3ᵉ éd. 1999), p. 413-414, Pierre-André Côté rappelle que, pour interpréter une loi bilingue, il faut en premier lieu rechercher le sens qui est commun aux deux versions.

Je souligne de nouveau la démarche en deux étapes proposée par le professeur Côté dans son ouvrage *Interprétation des lois* (3ᵉ éd. 1999), p. 410, servant à résoudre les antinomies découlant de divergences entre les deux versions d'un texte législatif :

> ... sauf disposition légale contraire, toute divergence entre les deux versions officielles d'un texte législatif est résolue en dégageant, si c'est possible, le sens qui est commun aux deux versions. Si cela n'est pas possible, ou si le sens commun ainsi dégagé paraît contraire à l'intention du législateur révélée par recours aux règles ordinaires d'interprétation, on doit entendre le texte dans le sens qu'indiquent ces règles.

27 There is, therefore, a specific procedure to be followed when interpreting bilingual statutes. The first step is to determine whether there is discordance. If the two versions are irreconcilable, we must rely on other principles: see Côté, *supra*, at p. 327. A purposive and contextual approach is favoured: see, for example, *Bell ExpressVu Limited Partnership v. Rex*, [2002] 2 S.C.R. 559, 2002 SCC 42, at para. 26; *Chieu v. Canada (Minister of Citizenship and Immigration)*, [2002] 1 S.C.R. 84, 2002 SCC 3, at para. 27; *R. v. Sharpe*, [2001] 1 S.C.R. 45, 2001 SCC 2, at para. 33.

28 We must determine whether there is an ambiguity, that is, whether one or both versions of the statute are "reasonably capable of more than one meaning": *Bell ExpressVu, supra*, at para. 29. If there is an ambiguity in one version but not the other, the two versions must be reconciled, that is, we must look for the meaning that is common to both versions: Côté, *supra*, at p. 327. The common meaning is the version that is plain and not ambiguous: Côté, *supra*, at p. 327; see *Goodyear Tire and Rubber Co. of Canada v. T. Eaton Co.*, [1956] S.C.R. 610, at p. 614; *Kwiatkowsky v. Minister of Employment and Immigration*, [1982] 2 S.C.R. 856, at p. 863.

29 If neither version is ambiguous, or if they both are, the common meaning is normally the narrower version: *Gravel v. City of St-Léonard*, [1978] 1 S.C.R. 660, at p. 669; *Pfizer Co. v. Deputy Minister of National Revenue For Customs and Excise*, [1977] 1 S.C.R. 456, at pp. 464-65. Professor Côté illustrates this point as follows, at p. 327:

> There is a third possibility: one version may have a broader meaning than another, in which case the shared meaning is the more narrow of the two.

27 Il y a donc une démarche précise à suivre pour l'interprétation des lois bilingues. La première étape consiste à déterminer s'il y a antinomie. Si les deux versions sont absolument et irréductiblement inconciliables, il faut alors s'en remettre aux autres principes d'interprétation : voir Côté, *op. cit.*, p. 413. Rappelons qu'il faut alors favoriser une interprétation téléologique et contextuelle : voir, par exemple, *Bell ExpressVu Limited Partnership c. Rex*, [2002] 2 R.C.S. 559, 2002 CSC 42, par. 26; *Chieu c. Canada (Ministre de la Citoyenneté et de l'Immigration)*, [2002] 1 R.C.S. 84, 2002 CSC 3, par. 27; *R. c. Sharpe*, [2001] 1 R.C.S. 45, 2001 CSC 2, par. 33.

28 Il faut vérifier s'il y a ambiguïté, c'est-à-dire si une ou les deux versions de la loi sont « raisonnablement susceptible[s] de donner lieu à plus d'une interprétation » : *Bell ExpressVu*, précité, par. 29. S'il y a ambiguïté dans une version de la disposition et pas dans l'autre, il faut tenter de concilier les deux versions, c'est-à-dire chercher le sens qui est commun aux deux versions : Côté, *op. cit.*, p. 413. Le sens commun favorisera la version qui n'est pas ambiguë, la version qui est claire : Côté, *op. cit.*, p. 413-414; voir *Goodyear Tire and Rubber Co. of Canada c. T. Eaton Co.*, [1956] R.C.S. 610, p. 614; *Kwiatkowsky c. Ministre de l'Emploi et de l'Immigration*, [1982] 2 R.C.S. 856, p. 863.

29 Si aucune des deux versions n'est ambiguë, ou si elles le sont toutes deux, le sens commun favorisera normalement la version la plus restrictive : *Gravel c. Cité de St-Léonard*, [1978] 1 R.C.S. 660, p. 669; *Pfizer Co. c. Sous-ministre du Revenu national pour les douanes et l'accise*, [1977] 1 R.C.S. 456, p. 464-465. Le professeur Côté illustre ce point comme suit, à la p. 414 :

> Dans un troisième type de situation, l'une des deux versions a un sens plus large que l'autre, elle renvoie à un concept d'une plus grande extension. Le sens commun aux deux versions est alors celui du texte ayant le sens le plus restreint.

30 The second step is to determine whether the common or dominant meaning is, according to the ordinary rules of statutory interpretation, consistent with Parliament's intent: Côté, *supra*, at pp. 328-329. At this stage, the words of Lamer J. in *Slaight Communications Inc. v. Davidson*, [1989] 1 S.C.R. 1038, at p. 1071, are instructive:

First of all, therefore, these two versions have to be reconciled if possible. To do this, an attempt must be made to get from the two versions of the provision the meaning common to them both and ascertain whether this appears to be consistent with the purpose and general scheme of the Code.

30 La deuxième étape consiste à vérifier si le sens commun ou dominant est conforme à l'intention législative suivant les règles ordinaires d'interprétation : Côté, *op. cit.*, p. 415-416. Sont pertinents à cette étape les propos du juge Lamer dans *Slaight Communications Inc. c. Davidson*, [1989] 1 R.C.S. 1038, p. 1071 :

Il faut donc, dans un premier temps, tenter de concilier ces deux versions. Pour ce faire il faut tenter de dégager des textes le sens qui est commun aux deux versions et vérifier si celui-ci semble conciliable avec l'objet et l'économie générale du Code.

Since *Daoust*, Côté's methodology has been applied (or purportedly applied) in every Supreme Court of Canada case in which the opportunity to interpret bilingual legislation has arisen.

---

5. Interprétation des lois bijuridiques

Comme le soulignait Ruth Sullivan, depuis les débuts du Canda, la législation au niveau fédéral est non seulement bilingue, elle est aussi bijuridique[310]. Ce qui pose un défi supplémentaire est le fait que les aspects linguistique et juridique ne correspondent pas exactement. Autrement dit, dans les juridictions de common law (neuf provinces), il y a des communautés francophones, et dans la juridiction de droit civil (le Québec), il y a une importante communauté anglophone. S'agissant de la législation fédérale, applicable à l'ensemble du pays, la combinaison des aspects linguistique et juridique crée la situation où le législateur doit s'adresser à quatre groupes distincts de justiciables : a) les citoyens anglophones des juridictions de common law; b) les francophones de ces juridictions; c) les citoyens francophones de la juridiction de droit civil; d) et enfin les anglophones de cette juridiction, soit le Québec[311].

Jusqu'à tout récemment, c'est-à-dire la fin des années 1990, la législation fédérale ne tenait pas compte adéquatement de la réalité bijuridique du Canada. Essentiellement, les autorités fédérales rédigeaient la loi en anglais, pour un audi-

---

310.   Voir R. Sullivan, « The Challenges of Interpreting Multilingual, Multijural Legislation » (2003-2004) 20 Brook. J. Int'l. L. 985, à la p. 998.

311.   Voir L.A. Levert, « Harmonisation et dissonance : langues et droit au Canada et en Europe – La cohabitation du bilinguisme et du bijuridisme dans la législation fédérale canadienne : mythe ou réalité ? » dans Ministère de la Justice du Canada, dir., *L'harmonisation de la législation fédérale avec le droit civil de la province de Québec et le bijuridisme canadien. Deuxième publication*, Fascicule 1, Ottawa, Ministère de la Justice du Canada, 2001, 5.

toire de common law, et on traduisait ensuite le texte législatif en français, avec peu ou pas du tout d'ajustement pour l'auditoire de droit civil. La mise en place en 1978 d'une pratique de co-rédaction des lois fédérales, simultanément en anglais et en français, n'a remédié qu'aux problèmes liés à la traduction, trop souvent inadéquate. Les carences relativement à l'application des normes législatives fédérales en contexte civiliste demeuraient entiers. Il faudra attendre en 1995 pour que le gouvernement fédéral se dote d'une politique sur le bijuridisme et que des réformes soient entreprises afin que sa législation réponde aux quatre auditoires canadiens.

Extrait tiré de Aline Grenon, « Le bijuridisme canadien à la croisée des chemins ? Réflexions sur l'incidence de l'article 8.1 de la *Loi d'interprétation* », (2011) 56:4 *R.D. McGill* 775[312].

INTRODUCTION

Malgré l'éloge du bijuridisme canadien et la promesse implicite d'harmonie, voire de complémentarité éventuelle, entre le droit civil québécois et la common law canadienne, il existe toujours entre ces deux systèmes une tension et une certaine discordance. Celles-ci se manifestent dans la jurisprudence et ont fait l'objet de multiples commentaires, notamment de la part des auteurs québécois[313].

Cette tension et cette discordance forment le point de départ de ce texte, qui se veut une réflexion sur le bijuridisme canadien et sur l'impact de l'article 8.1 de la *Loi d'interprétation* du Canada[314]. Cet article, ainsi que l'article 8.2, ont été ajoutés en 2001 à la *Loi d'interprétation*, afin de permettre une meilleure interprétation de la législation fédérale bijuridique[315]. Dans le cadre de cette réflexion, les décisions pertinentes rendues par la Cour suprême du Canada durant la dernière décennie, relatives à l'article 8.1[316], feront l'objet non seulement d'une analyse, mais aussi de commentaires, parfois critiques.

---

312. Reproduit avec la permission de l'auteure.
313. Voir par ex Jean Leclair, « L'interface entre le droit commun privé provincial et les compétences fédérales "attractives" » dans Ysolde Gendreau, dir., *Un cocktail de droit d'auteurs*, Montréal, Thémis, 2007, 25; France Allard, « La Cour suprême du Canada et son impact sur l'articulation du bijuridisme » dans Ministère de la Justice, dir, *Harmonisation de la législation fédérale avec le droit civil de la province de Québec et le bijuridisme canadien*, 2ᵉ publication, fascicule 3, Ottawa, Ministre de la Justice et Procureur général du Canada, 2001, en ligne : Ministère de la Justice <http://www.justice.gc.ca/fra/min-dept/pub/hlf-hfl/table.html> [*Harmonisation de la législation fédérale*]; Guy Lefebvre, « L'uniformisation du droit maritime canadien aux dépens du droit civil québécois : lorsque l'infidélité se propage de la Cour suprême à la Cour d'appel du Québec » (1997) 31 : 2 RJT 577; Rosalie Jukier et Roderick A Macdonald, « The New Quebec Civil Code and Recent Federal Law Reform Proposals: Rehabiliting Commercial Law in Quebec? » (1992) 20 Can Bus LJ 380 aux pp. 398-404; Roderick A. Macdonald, « Provincial Law and Federal Commercial Law: Is *"Atomic Slipper"* a New Beginning? » (1991-1992) 7 BFLR 437; H Patrick Glenn, « Le droit comparé et la Cour suprême du Canada » dans Ernest Caparros et al, dir, *Mélanges Louis-Philippe Pigeon*, Montréal, Wilson & Lafleur, 1989, 197.
314. LRC 1985, c I-21.
315. Ces articles ont été ajoutés à la *Loi d'interprétation* par la *Loi d'harmonisation no 1 du droit fédéral avec le droit civil*, LC 2001, c 4 [*Loi d'harmonisation no 1*].
316. Seul l'article 8.1 de la *Loi d'interprétation* (*supra*), reproduit à la première partie (I) de ce texte, fait l'objet de réflexion détaillée dans ce texte; les références à l'article 8.2 de la *Loi d'interprétation* (*ibid*) sont plutôt de nature ponctuelle.

D'entrée de jeu, il n'y a pas lieu de revoir en détail le concept du bijuridisme canadien, de décrire les raisons qui ont mené à l'adoption des articles 8.1 et 8.2 de la *Loi d'interprétation* ou d'exposer le pourquoi et la méthodologie du processus d'harmonisation de lois fédérales bijuridiques. Ces questions ont fait l'objet de plusieurs écrits[317] et elles seront au besoin brièvement exposées au cours de ce texte. Il suffit de dire en introduction que dans la fédération canadienne, deux systèmes de droit, le droit civil québécois et la common law canadienne, servent d'assise au droit privé des provinces faisant partie de la fédération. En vertu de la Constitution canadienne, ces provinces ont compétence dans le domaine de la propriété et des droits civils[318]. Ainsi, au Québec, les questions juridiques relatives à ce domaine reposent sur le droit civil, alors que dans les autres provinces canadiennes et les trois territoires, ces questions reposent sur la common law. Or, le Parlement canadien, en vertu de ses propres compétences, doit nécessairement légiférer pour l'ensemble de la fédération et il arrive que le Parlement adopte des textes législatifs qui font appel à des concepts issus du domaine de la propriété et des droits civils, des textes dits « bijuridiques » en raison des deux systèmes de droit privé sous-jacents. La seconde partie (II) de ce texte comporte des exemples.

Lorsqu'une disposition législative fédérale semble reposer sur le droit privé provincial, les tribunaux peuvent se trouver aux prises avec un problème de taille : comment interpréter cette disposition si le droit privé sous-jacent est « discordant », c'est-à-dire si le droit civil québécois et la common law canadienne donnent lieu à des résultats divergents ? Puisqu'il est question de législation applicable à l'ensemble du Canada, il est normal que les tribunaux tentent d'en arriver à une interprétation uniforme. Avant l'adoption des articles 8.1 et 8.2 de la *Loi d'interprétation*, cela se produisait systématiquement et les tribunaux recouraient régulièrement aux concepts de common law pour atteindre cet objectif. Or, l'importation au Québec de concepts tirés de la common law posait de très sérieux problèmes d'arrimage et portait atteinte à l'intégrité du droit civil québécois[319]. Les problèmes d'arrimage entre la législation fédérale et le droit civil québécois sont d'ailleurs devenus encore plus aigus à la suite de l'entrée en vigueur du *Code civil du Québec*[320].

C'est dans ce contexte que le Parlement canadien a adopté les articles 8.1 et 8.2 de la *Loi d'interprétation*. En outre, l'article 8.1, reproduit plus loin, confirme l'égale autorité de la common law et du droit civil en matière de propriété et de droits civils et indique que les lois

---

317.   Voir la jurisprudence et les textes pertinents : *Bijurilex*, en ligne : Ministère de la Justice <http://www.justice.gc.ca/fra/bijurilex/index.html>. Parmi les sources primaires, voir *Harmonisation de la législation fédérale, supra*; *L'harmonisation de la législation fédérale avec le droit civil québécois et le bijuridisme canadien : Recueil d'études*, Ottawa, Ministère de la Justice du Canada, 1997, en ligne : Ministère de la Justice <http://www.bijurilex.org/site/export/recueil%281997%29/_f> [*Recueil d'études*]; Jean-Maurice Brisson et André Morel, « Droit fédéral et droit civil : complémentarité, dissociation » (1996) 75 : 2 R du B Can 297; Jean-Maurice Brisson, « L'impact du Code civil du Québec sur le droit fédéral : une problématique » (1992) 52 : 2 R du B 345.

318.   *Loi constitutionnelle de 1867* (R-U), 30 & 31 Vict, c 3, reproduite dans LRC 1985, ann II, no 5, art. 92(13).

319.   *Supra*. Ces auteurs critiques, parfois de façon acerbe, l'importation au Québec de concepts tirés de la common law. Cependant, rien n'indique que la doctrine québécoise s'opposait au principe de l'application uniforme de la législation fédérale : les auteurs se prononçaient plutôt contre l'utilisation systématique de concepts tirés de la common law pour atteindre cet objectif.

320.   Avant l'entrée en vigueur du nouveau code, le Parlement canadien a entrepris un vaste travail d'harmonisation afin de faciliter l'arrimage, le cas échéant, entre la législation fédérale et le droit provincial. Voir *Recueil d'étude, supra*. Voir, parmis les sources primaires, *Harmonisation de la législation fédérale, supra*.

fédérales qui trouvent leur fondement dans les règles et notions appartenant au droit privé doivent être interprétées conformément au droit en vigueur dans une province au moment de l'application des lois en question.

Avant même que ces articles ne soient adoptés, il était clair qu'ils pourraient donner lieu à une application non uniforme des lois fédérales, surtout l'article 8.1. D'ailleurs, dans les travaux préparatoires, André Morel, l'un des principaux acteurs impliqués dans le processus, se prononce ainsi au sujet des ébauches qui ont mené à l'adoption de ces articles :

> [O]n reconnaîtrait le fait que, sauf dérogation expresse ou par implication nécessaire, l'application des lois fédérales n'est pas nécessairement uniforme à tous égards partout à travers le Canada; et que cette diversité est acceptable comme étant une conséquence du fédéralisme lui-même[321].

Or, il est ici nécessaire de faire référence à l'existence d'une divergence de points de vue à l'égard de la prémisse selon laquelle certains textes législatifs fédéraux font appel au droit provincial à titre supplétif. Alors que les articles 8.1 et 8.2 de la *Loi d'interprétation* reposent manifestement sur cette prémisse, que plusieurs auteurs y adhèrent[322], et que la Cour s'est appuyée sur cette prémisse à plus d'une reprise[323], certains auteurs ont soulevé la possibilité que le législateur fédéral puisse avoir sa propre compétence en matière de droit privé[324]. Une telle compétence lui permettrait de faire abstraction du droit privé provincial dans sa législation. Ainsi, un texte législatif fédéral, qui semble à première vue reposer sur le droit privé provincial, reposerait plutôt sur un hypothétique droit commun *fédéral*, dont la nature n'a pas été élucidée.

Qu'elle qu'en soit sa nature, l'existence d'un tel droit permettrait vraisemblablement une application uniforme de la législation fédérale à travers le pays. Or, en raison du poids d'autorité qui pèse en faveur du premier point de vue, il n'y a pas lieu dans cet article de s'attarder au deuxième. Qu'il existe ou non un droit commun fédéral, il y a un élément fondamental sur lequel tous s'entendent : le législateur fédéral peut manifestement, dans sa législation, s'éloigner du droit privé provincial dans les domaines de compétence qui sont les siens. D'ailleurs, l'article 8.1 reconnaît explicitement cette possibilité. Ainsi, si le législateur fédéral veut s'éloigner du droit privé provincial, il n'est pas nécessaire pour lui

---

321. André Morel, « Méthodologie et plan de travail — Rapport final » dans *Recueil d'études, supra.*

322. Voir par ex Peter W Hogg, Joanne E Magee et Jinyan Li, *Principles of Canadian Income Tax Law*, 7ᵉ éd., Toronto, Carswell, 2010 à la p. 10; Philippe Denault, *La recherche d'unité dans l'interprétation du droit privé fédérale : Cadre juridique et fragments du discours judiciaire*, Montréal, Thémis, 2008 aux pp. 1-62; Leclair, *supra* aux pp. 37-38; Jean Leclair, « Réflexions sur les problèmes constitutionnels soulevés par l'abrogation du *Code civil du Bas Canada* » (1997) 99 : 2 R du N 155 aux pp. 185-97; Andrée Lajoie, *Expropriation et fédéralisme au Canada*, Montréal, Presses Universitaires de Montréal, 1972 à la p. 11.

323. Pour une décision rendue avant l'entrée en vigueur de l'art. 8.1, voir *Re Giffen*, [1998] 1 RCS 91 aux para. 64-66, 155 DLR (4e) 332, juge Iacobucci. Pour des décisions rendues après, voir *Magasin à rayons Peoples c Wise*, 2004 CSC 68, [2004] 3 RCS 461, 244 DLR (4e) 564 [*Wise*]; *DIMS construction (Syndic de) c Québec (PG)*, 2005 CSC 52, [2005] 2 RCS 564, 258 DLR (4e) 213 [*DIMS*].

324. Voir par ex Robert Leckey, « Rhapsodie sur la forme et le fond de l'harmonisation juridique » (2010) 51 : 1 C de D 3 aux pp. 28-34. Ruth Sullivan cherche aussi à s'éloigner, du moins en partie, de la prémisse selon laquelle certains textes législatifs fédéraux reposent sur le droit privé provincial à titre supplétif : voir Ruth Sullivan, « The Challenges of Interpreting Multilingual, Multijural Legislation » (2003-2004) 29 : 3 Brook J Int'l L 985 aux pp. 1042-43 [Sullivan, « Challenges »].

de s'appuyer sur un hypothétique droit commun fédéral. Il n'a qu'à exprimer son intention dans sa législation. La question, fondamentale selon nous, est donc la suivante : dans quelles circonstances peut-on conclure que le législateur fédéral, dans un texte de loi, s'est éloigné du droit privé provincial ? Cette question en est une d'interprétation et c'est cela dont il est question dans ce texte.

En raison de sa politique sous-jacente, on aurait pu croire que l'article 8.1 aurait eu comme effet de freiner la tendance des tribunaux à adopter une interprétation donnant lieu à une application uniforme de la législation fédérale à l'aide de concepts tirés de la common law. Or, durant la dernière décennie, la Cour a interprété à plusieurs reprises des lois fédérales qui pouvaient donner ouverture à l'application de l'article 8.1. À la lumière de ces arrêts, est-il possible de conclure que la Cour a freiné cette tendance ?

Afin de mieux comprendre la teneur de ces arrêts, il sera question, dans la première partie (I), de revoir et, le cas échéant, de commenter les méthodes proposées par quatre auteurs relativement à l'application de l'article 8.1, afin de déceler les éléments sur lesquels il y a accord et ceux qui s'avèrent problématiques. Dans la deuxième partie (II), les décisions pertinentes de la Cour feront l'objet d'une analyse : les énoncés de la Cour rejoignent-ils les méthodes proposées par les auteurs ? Est-il possible de déceler certaines tendances en ce qui concerne l'application de cet article ? Enfin, à la lumière de ces arrêts, la troisième et dernière partie (III) présentera une réflexion sur l'état actuel du droit dans ce domaine et proposera certaines suggestions.

L'INTERPRÉTATION DE LA LÉGISLATION FÉDÉRALE BILINGUE ET BIJURIDIQUE

Interpréter la législation fédérale canadienne n'est pas une mince affaire. Avant l'adoption en 2001 des articles 8.1 et 8.2, les interprètes appliquaient, le cas échéant, les règles relatives à l'interprétation d'une législation bilingue[325], tout en tenant compte du grand principe énoncé par Driedger, principe privilégié par la Cour depuis plusieurs années :

> Aujourd'hui, il n'y a qu'un seul principe ou solution : il faut lire les termes d'une loi dans leur contexte global en suivant le sens ordinaire et grammatical qui s'harmonise avec l'esprit de la loi, l'objet de la loi et l'intention du législateur[326].

Dans un tel contexte, l'adoption des articles 8.1 et 8.2 devait nécessairement donner ouverture à des interrogations concernant leur méthode d'application ainsi que l'arrimage entre les divers règles et principes applicables à l'interprétation de la législation fédérale. Or, force est de constater que ce sont plutôt les auteurs qui ont tenté d'élucider ces questions[327], car, à ce jour, la Cour s'est prononcée de façon plutôt sommaire.

---

325. Michel Bastarache et al, *Le droit de l'interprétation bilingue*, Montréal, LexisNexis, 2009.

326. Voir *Rizzo & Rizzo Shoes Ltd (Re)*, [1998] 1 RCS 27 au para. 21, 154 DLR (4e) 193, où il est possible de trouver la traduction de la célèbre formule énoncée dans Elmer A. Driedger, *Construction of Statutes*, 2e éd., Toronto, Butterworths, 1983 à la p. 87. Voir aussi Stéphane Beaulac et Pierre-André Côté, « Driedger's "Modern Principle" at the Supreme Court of Canada: Interpretation, Justification, Legitimization » (2006) 40 : 1 RJT 131.

327. Les arts 8.1 et 8.2 de la *Loi d'interprétation* (*supra*) ont en outre fait l'objet d'analyses dans les textes suivants (en ordre chronologique) : Pierre-André Côté avec la collaboration de Stéphane Beaulac et Mathieu Devinat, *Interprétation des lois*, 4e éd., Montréal, Thémis, 2009 aux pp. 402-404; Ruth Sullivan, *Sullivan on the Construction of Statutes*, 5e éd., Canada, LexisNexis, 2008 [Sullivan, *Statutes*] aux pp. 121-42; Denault, *supra*; Sullivan, « Challenges », *supra* aux pp. 1045-54; Henry L Molot, « Article 8 du projet de loi S-4 : Modification de la *Loi d'interprétation* » dans *Harmonisation de la*

Le point de départ est le texte complet de l'article 8.1 :

8.1 Both the common law and the civil law are equally authoritative and recognized sources of the law of property and civil rights in Canada and, unless otherwise provided by law, if in interpreting an enactment it is necessary to refer to a province's rules, principles or concepts forming part of the law of property and civil rights, reference must be made to the rules, principles and concepts in force in the province at the time the enactment is being applied.

8.1 Le droit civil et la common law font pareillement autorité et sont tous deux sources de droit en matière de propriété et de droits civils au Canada et, s'il est nécessaire de recourir à des règles, principes ou notions appartenant au domaine de la propriété et des droits civils en vue d'assurer l'application d'un texte dans une province, il faut, sauf règle de droit s'y opposant, avoir recours aux règles, principes et notions en vigueur dans cette province au moment de l'application du texte[328].

L'article 8.1 débute avec un énoncé impératif qui confirme l'égale autorité de la common law et du droit civil en matière de propriété et de droits civils : les lois fédérales bijuridiques, soit celles qui reposent sur des règles et notions appartenant au droit privé, doivent être interprétées conformément au droit en vigueur dans la province où sera appliquée la loi en question. L'article 8.1 indique cependant qu'il y aura recours aux règles, principes ou notions appartenant au domaine de la propriété et des droits civils seulement « s'il est nécessaire / *if* [...] *it is necessary* » de le faire et en « l'absence d'une règle de droit s'y opposant / *unless otherwise provided by law* ». Soulignons que dans sa version française, l'article 8.1 fait premièrement référence à la nécessité de recourir aux « règles, principes ou notions appartenant au domaine de la propriété et des droits civils », pour ensuite faire référence à la possibilité qu'une règle de droit puisse s'opposer à cette façon de faire. Dans sa version anglaise, par contre, ces deux phrases sont inversées. Cette inversion pourrait-elle donner lieu à des résultats divergents ? Pour tenter de répondre à cette question, nous nous pencherons dans un premier temps sur la version française, en tenant compte des commentaires des auteurs à ce sujet. Nous reviendrons par la suite sur la version anglaise.

Selon l'ordre de la version française, le tribunal doit premièrement déterminer « s'il est nécessaire » de recourir au droit privé des provinces. C'est-à-dire qu'il doit déterminer si la disposition législative à interpréter repose sur le droit provincial. À ce titre, l'approche de Denault est fort intéressante :

[L]'interprète devrait d'abord examiner la disposition dans son sens grammatical et ordinaire, afin notamment d'identifier l'occurrence éventuelle de notions techniques nécessitant des définitions spécialisées. Dans le cadre de l'approche globale, il s'en remettrait ensuite aux autres dimensions de l'interprétation, par exemple en allant par cercles concentriques de l'interne vers l'externe (la loi – le corpus législatif – les sources externes), et de l'origine vers les finalités (l'historique – les objectifs – les

---

législation fédérale, supra aux pp. 12-19. Ces quatre auteurs ont été choisis en raison soit de leur importance dans le domaine de l'interprétation des lois, soit en raison de la nature de leur analyse. Voir aussi Aline Grenon, « The Interpretation of Bijural or Harmonized Federal Legislation: *Schreiber v Canada (AG)* » (2005) 84 : 1 R du B Can 131 [Grenon, « Interpretation »]. Aux fins de l'analyse de l'art. 8.1 dans la première partie (I) du présent texte, cependant, nous avons préféré nous appuyer sur des textes écrits par d'autres auteurs afin d'accorder à la première partie (I) une plus grande légitimité.

328.   *Loi d'interprétation, supra*, art. 8.1.

effets). C'est lorsqu'il n'est pas en mesure d'établir le sens d'une disposition à sa face même ou dans son contexte spécifique (immédiat ou relatif), en somme lorsqu'il est confronté à un vide législatif, qu'il aura recours à des sources externes *supplétives*, lesquelles sources doivent, aux termes de la Constitution, provenir du droit des provinces lorsqu'il s'agit d'une question de droit privé. Vue de la sorte, bien qu'elle repose sur la compétence de principe des provinces, la complémentarité apparaît comme l'exception plutôt que la règle, si l'on s'en tient au processus interprétatif uniquement et si l'on considère par ailleurs l'autorité législative prépondérante du Parlement. C'est d'ailleurs, à notre avis, ce que sous-entend l'expression « s'il est nécessaire » à l'article 8.1 de la *Loi d'interprétation*[329].

Compte tenu de l'utilisation, dans les deux premières phrases de cet extrait, des termes suivants : « sens grammatical et ordinaire »[330]; « approche globale »[331]; « finalités (l'historique — les objectifs — les effets) »[332], il y a lieu de croire que Denault fait ici implicitement référence au principe de Driedger[333]. Si tel est le cas, sa pensée rejoint celle de Sullivan, qui se prononce ainsi au sujet de la clause « s'il est nécessaire / if [...] it is necessary »[334] :

> [U]nder Driedger's modern principle, federal legislation must be read it its entire context, which includes Canadian law generally, international law, foreign law, and relevant extrinsic aids. Only after the work of interpretation has been fully carried out can interpreters legitimately conclude that they must rely on the private law of the province in which the facts arose to complete the federal text[335].

Ainsi, selon ces deux auteurs, c'est seulement après avoir fait une analyse contextuelle de la disposition législative, en fonction du principe de Driedger, que le tribunal pourra conclure à la nécessité de recourir au droit privé provincial. Côté et Molot ne se prononcent pas sur cette question.

Dans l'extrait cité ci-dessus, Denault soulève aussi l'idée selon laquelle la complémentarité entre la législation fédérale et le droit privé provincial serait « l'exception plutôt que la règle ». Il s'exprime cependant de façon nuancée sur cette question : la complémentarité serait l'exception, mais seulement dans le contexte du processus d'interprétation et seulement en raison de « l'autorité législative prépondérante du Parlement ». Les autres auteurs ne se prononcent pas de façon expresse à cet égard, sauf Sullivan, qui s'exprime ainsi :

> Brisson and Morel conclude:
>
> Whenever a federal statutory provision uses a private law concept without defining it or otherwise assigning some specific meaning to it, and whenever a statute falls short of comprehensively governing a question of private law or lacks a formal incorporating provision, the omission must be remedied by referring to one of the two legal systems in force.
>
> This analysis has become the major article of faith underlying the current harmonization program. [...]

---

329. Denault, *supra* aux pp. 77-78.
330. *Ibid.*
331. *Ibid.*
332. *Ibid.*
333. Driedger, *supra*.
334. *Loi d'interprétation*, *supra*, art. 8.1.
335. Sullivan, *Statutes*, *supra* à la p. 137.

While these analyses are not inaccurate, in my view they are inadequate. First, they leave out of account the ordinary role of judicial interpretation in completing legislation [...]. Second, they imply that derogations from private law are anomalous and exceptional. This verges on essentialism and supports a conservative approach to law[336].

Or, qualifier la complémentarité de règle ou d'exception peut induire en erreur. Dire qu'il s'agit d'une règle accorde à la complémentarité une très grande importance, mais dire qu'il s'agit d'une exception risque d'en réduire la portée. Il faut avant tout retenir que cette complémentarité peut se produire et qu'un tribunal appelé à interpréter une disposition législative fédérale se doit de tenir compte de cette possibilité *au tout début de son analyse*.

D'ailleurs, à deux nuances près, nous partageons l'avis de Sullivan et de Denault selon lequel le tribunal pourra conclure à la nécessité de recourir au droit privé provincial seulement après avoir fait une analyse contextuelle de la disposition législative, en fonction du principe de Driedger. Les deux nuances sont les suivantes. Premièrement, le principe de Driedger semble accorder une grande latitude aux juges. En ce qui concerne ce principe, Côté se prononce ainsi :

Aujourd'hui, on peut affirmer que tout élément pertinent à l'établissement du sens de la loi peut être pris en considération. [...] *La principale question qui subsiste, et qui n'admet pas de réponse générale, c'est celle de savoir quel poids, quelle autorité, quelle valeur l'interprète doit attribuer aux divers facteurs dont il peut et même dont il doit tenir compte* [nos italiques][337].

C'est donc à l'interprète de bien peser, mesurer et évaluer ces « divers facteurs » et, à cette étape, l'interprète, en l'occurrence le juge, jouit manifestement d'une grande latitude. Il est reconnu que les juges doivent éviter tout parti pris lorsqu'ils sont appelés à interpréter une disposition législative. Cependant, lorsqu'une disposition pourrait reposer sur le droit privé provincial, certains juges ne seraient-ils pas enclins à accorder plus d'importance à un facteur qu'à un autre ? En agissant ainsi, il serait possible de conclure que la disposition à interpréter *ne* repose *pas* sur le droit privé.

Deuxièmement, lorsque les juges interprètent une disposition à la lumière du principe moderne de Driedger, ce principe ne doit-il pas aujourd'hui tenir compte de l'importance placée par le Parlement canadien sur le bijuridisme[338] ? Lorsque les tribunaux sont appelés à faire une analyse contextuelle d'une disposition afin de déterminer l'intention du législateur, ne doivent-il pas tenir compte, à cette fin, des diverses initiatives adoptées par le Parlement en vue d'encourager le développement du bijuridisme canadien ? Même si le principe de Driedger accorde une grande latitude aux juges, il semble juste de dire que les articles 8.1 et 8.2 balisent et orientent cette latitude en exigeant des juges qu'ils considèrent la possibilité que le droit provincial soit applicable. Nous reviendrons sur cette question dans la troisième partie de l'article.

---

336.   Sullivan, « Challenges », *supra* aux pp. 1029-30. Voir aussi Sullivan, *Statutes, supra* à la p. 136, où elle poursuit cette pensée : « [T]he *Morel-Brisson analysis* [...] *sees complementarity as the default position, while dissociation has to be clearly and explicitely expressed* ».

337.   Côté, *supra* à la p. 53. Le principe de Driedger fait l'objet d'analyse approfondie et de critique dans Beaulac et Côté, *supra* aux pp. 162-72. En outre, les auteurs sont d'avis que ce principe est réducteur et qu'il ne tient pas compte de tous les éléments nécessaires aux fins d'un processus d'interprétation législative complet.

338.   Je tiens à remercier une amie et ancienne collègue, Me Anne Marie Hébert, qui a soulevé cette idée.

Si, à la suite de l'analyse décrite ci-dessus, le tribunal conclut que le texte ne dépend pas de notions propres au droit privé, les règles d'interprétation des articles 8.1 et 8.2 n'ont aucune application. Le tribunal est alors appelé à interpréter une disposition bilingue autonome ou dissociée du droit privé, tâche souvent tout aussi ardue.

Cependant, si le tribunal conclut que le texte dépend *effectivement* de notions de droit privé, il est dès lors nécessaire d'appliquer le sens qui prévaut en common law dans les provinces régies par la common law et le sens qui prévaut en droit civil au Québec, à moins qu'une règle de droit ne s'y oppose.

Cela mène à la deuxième étape de l'analyse de l'article 8.1. Quelle est la portée de la clause restrictive « sauf règle de droit s'y opposant / *unless otherwise provided by law* » ? Trois des quatre auteurs mentionnés, soit Sullivan, Denault et Molot, se sont penchés sur cette question.

Pour leur part, Molot[339] et Sullivan[340] comparent le libellé des articles 8.1 et 8.2 avec celui du paragraphe 3(1) de la *Loi d'interprétation*. Or, le paragraphe 3(1) utilise les termes « sauf indication contraire / *unless a contrary intention appears* », alors que les articles 8.1 et 8.2 utilisent des termes plus musclés, soit « sauf règle de droit s'y opposant / *unless otherwise provided by law* ». Cette comparaison porte Molot et Sullivan à conclure que la règle s'opposant à l'application du droit provincial pendrait la forme d'une disposition législative expresse[341].

En ce qui concerne la portée de l'expression « sauf règle de droit s'y opposant »[342], Denault est lui aussi d'avis que la barre est très haute et que la règle doit être explicite, mais il arrive à cette conclusion en utilisant un raisonnement différent. Selon lui, cette expression est « syntaxiquement subsumée à la détermination d'une "nécessité" de recourir au droit privé provincial »[343]. Il serait donc question d'une règle de droit qui s'oppose au principe de complémentarité dans les cas où ce principe devrait normalement s'appliquer. Selon Denault, « une telle dérogation devrait logiquement être formulée de façon expresse » et il serait donc peu probable que l'expression puisse faire référence à une règle d'origine judiciaire[344].

---

339. Molot, *supra* aux pp. 18-19. Il y a lieu de lire la version anglaise du texte de Molot, car la version française fait défaut à cet égard.

340. Sullivan, *Statutes*, *supra* à la p. 142.

341. Selon Sullivan (*ibid*): « *Under s. 3(1), the legislature is not obliged to use express language to exclude the rules and definitions set out in the Interpretation Act. A contrary intention can be inferred from reading an enactment in context, even in the absence of words that explicitly state the intention. However, if Parliament did not legislate in vain, the extra words added to ss. 8.1 and 8.2 must mean something different. Presumably, they are meant to set a higher standard for rebuttal: provincial law is to supplement federal law in matters of property and civil rights unless the federal legislation expressly provides otherwise* ».

342. Denault, *supra* à la p. 94.

343. *Ibid.*, à la p. 93.

344. *Ibid.*, aux pp. 93-94 : « Qu'il suffise ici de rappeler qu'à notre avis, cette expression est, dans le texte de l'article, syntaxiquement subsumée à la détermination d'une "nécessité" de recourir au droit privé provincial. L'expression fait donc référence précisément à une règle qui contrecarre l'application du principe de complémentarité dans les cas où il s'appliquerait normalement (s'*y* opposant / *otherwise provided*). Étant donné la condition sur laquelle elle se fonde, soit la "nécessité" prédéterminée de recourir au droit privé provincial, une telle dérogation devrait logiquement être formulée de façon expresse. À la présomption qu'"il faut" appliquer les sources provinciales à titre supplétif en cas d'incomplétude, on ne peut "opposer" en effet qu'une règle dérogatoire explicite. Si l'on donne

Ainsi, les auteurs qui se sont penchés sur cette question estiment que la clause restric-tive « sauf règle de droit s'y opposant / *unless otherwise provided by law* » ferait référence à une disposition législative expresse.

Un élément supplémentaire vient confirmer ces avis, selon nous. Dans le libellé de la version anglaise de l'article 8.1, les deux expressions « s'il est nécessaire / *if* [...] *it is neces-sary* » et « sauf règle de droit s'y opposant / *unless otherwise provided by law* » sont inver-sées : il est premièrement question de la possibilité qu'il puisse exister une règle de droit qui empêche le recours au droit privé des provinces, et ensuite de celle qu'il puisse être nécessaire de recourir au droit provincial. Le législateur n'étant pas censé parler pour rien, il faut conclure que les phrases « s'il est nécessaire » et « sauf règle de droit s'y opposant » ont toutes les deux des sens différents, mais complémentaires. Or, si on donne à la phrase « sauf règle de droit s'y opposant » une interprétation très large, de sorte qu'elle puisse englober une règle issue de la jurisprudence, voire une question d'intérêt public, la phrase « s'il est nécessaire » perd alors une grande partie de son sens. Cette dernière prendra tout son sens seulement si la phrase « sauf règle de droit s'y opposant » se réfère à une disposition législa-tive expresse. Ainsi, l'inversion de ces deux phrases dans la version anglaise ne donnerait pas lieu à des résultats divergents dans l'application des versions française et anglaise de l'article 8.1, mais viendrait plutôt appuyer la thèse selon laquelle la phrase « sauf règle de droit s'y opposant / *unless otherwise provided by law* » fait reference uniquement à une règle législative explicite[345].

La phrase « sauf règle de droit s'y opposant » à l'article 8.1 suscite aussi l'interrogation suivante : pour contrecarrer l'application du droit privé provincial, la phrase « s'il est néces-saire / *if* [...] *it is necessary* » ne serait-elle pas suffisante à elle seule ? Cette dernière englobe manifestement tous les éléments qui pourraient empêcher le recours au droit provincial, dont une disposition législative expresse. Trois des quatre auteurs soulèvent cette question. Sullivan la soulève, mais sans y répondre. Elle se prononce ainsi :

> *While the general thrust of sections 8.1 and 8.2 is clear, a number of questions remain to be answered by the courts. [...] why did Parliament add [...] the words « unless oth-*

---

tout son sens au mot "nécessaire", nous voyons très peu de cas où l'expression "sauf règle de droit s'y opposant" pourrait faire référence à une règle d'origine judiciaire».

345.   Dans Grenon, «Interpretation», *supra* aux pp. 146-47, nous avons écrit qu'un texte de loi fédéral qui exige expressément une application uniforme à l'échelle du Canada satisfait manifestement à la clause restrictive «sauf règle de droit s'y opposant» contenue aux articles 8.1 et 8.2. Par contre, en raison de la référence dans ces articles à une règle de *droit* plutôt qu'à une règle de *loi*, nous avons émis l'hypothèse que cette clause pourrait faire référence à une règle issue de la jurisprudence et nous avons donné des exemples de situations où le tribunal pourrait peut-être conclure qu'une règle de *droit* s'oppose à l'application des articles 8.1 et 8.2 (conflit entre une loi fédérale constitutionnellement valide et le droit privé; question appartenant au droit maritime; question mettant en cause les prérogatives de la Couronne; question d'intérêt public nécessitant une application uniforme de la législation fédérale partout au pays). Nous avons cependant indiqué que le recours à la clause restrictive «sauf règle de droit s'y opposant» devrait être rare, compte tenu du libellé impératif de l'article 8.1. Or, en raison de l'analyse ci-dessus, fondée sur la comparaison entre les versions française et anglaise de l'article 8.1, nous nous sommes ravisées et nous sommes maintenant d'avis que l'expression «sauf règle de droit s'y opposant / *unless otherwise provided by law*» fait référence à une disposition législative expresse. Notons que Sullivan fait aussi référence à l'utilisation dans les art. 8.1 et 8.2, de l'expression «règle de droit» plutôt que «règle de loi». Voir Sullivan, *Statutes, supra* à la p. 142, où elle écrit : «*However, it is odd that the sections call for a provision of law / règle de droit as opposed to a clear and explicit legislative provision*», mais elle ne se prononce pas davantage sur cette question.

erwise provided by law »? Did it intend to impose a higher standard for rebutting sections 8.1 and 8.2 than other provisions of the Act?[346]

Pour sa part, Denault est d'avis que cette phrase fait double emploi et qu'elle aurait été ajoutée « pour plus de certitude et pour marquer la prépondérance fédérale »; il ne faudrait donc pas y « donner trop d'importance »[347]. Enfin, Molot compare cette phrase au libellé de l'article 3(1) de la *Loi d'interprétation* et c'est à la suite de cette comparaison qu'il en arrive à la conclusion que la phrase « sauf règle de droit s'y opposant » fait référence à une disposition législative expresse[348]. La raison d'être de cette phrase fera peut-être l'objet d'un énoncé par la Cour en temps et lieu.

Dans un dernier temps, il y a lieu de s'interroger au sujet du lien entre les règles d'interprétation applicables à la législation bilingue unijuridique et celles applicables à la législation bilingue *et* bijuridique. Côté, après avoir indiqué que ces règles diffèrent, semble être d'avis que l'interprète devrait premièrement recourir aux principes énoncés aux articles 8.1 et 8.2 pour décider s'il s'agit bien d'une disposition bijuridique[349], mais il ne se prononce pas davantage. Sullivan est aussi d'avis que ces règles diffèrent[350], et elle privilégie préalablement une analyse contextuelle de la disposition à être interprétée : c'est seulement à la suite de cette analyse que l'interprète pourrait recourir, le cas échéant, aux règles relatives à l'interprétation de la législation bilingue unijuridique ou aux articles 8.1 et 8.2[351]. Denault, pour sa part, ne fait pas expressément référence aux différentes règles, mais il semble privilégier, tout comme la professeure Sullivan, le recours en premier lieu à une analyse contextuelle[352]. Molot ne se prononce pas sur cette question.

Quelles conclusions peut-on tirer à la lecture de ces quatre auteurs ? Premièrement, il est clair, à la lumière de leurs écrits, que l'article 8.1 a fait l'objet d'études et d'analyses, souvent très poussées. Deuxièmement, ces auteurs en sont arrivés aux constats communs ou majoritaires suivants :

(1) le tribunal appelé à interpréter une disposition législative fédérale doit déterminer *s'il est nécessaire* de recourir au droit privé des provinces;

(2) c'est seulement après avoir procédé à une analyse détaillée de la disposition législative, en fonction notamment du principe de Driedger, que le tribunal pourra conclure à la nécessité de recourir au droit privé provincial;

(3) le cas échéant, le tribunal doit aussi tenir compte de la clause restrictive « sauf règle de droit s'y opposant / *unless otherwise provided by law* »;

(4) cette clause restrictive viserait une disposition législative expresse;

---

346. Ruth Sullivan, *Statutory Interpretation*, 2ᵉ éd., Toronto, Irwin Law, 2007 aux pp. 98-99.
347. Denault, *supra* aux pp. 78, n 209.
348. Molot, *supra* à la p. 19. Il y a lieu de lire la version anglaise du texte de Molot, car la version française fait défaut à cet égard.
349. Côté, *supra* à la p. 404 : « [L]es principes d'interprétation applicables aux lois fédérales bijuridiques diffèrent de ceux qui guident l'interprétation des autres lois bilingues *unijuridiques*. Avant d'envisager le sens commun des versions française et anglaise de la loi, l'interprète devrait appliquer les principes énoncés aux articles 8.1 et 8.2 de la *Loi d'interprétation* fédérale et faire appel, le cas échéant, aux notions, principes ou règles en vigueur en droit privé provincial ».
350. Sullivan, « Challenges », *supra* à la p. 1051.
351. Sullivan, *Statutes*, *supra* à la p. 137.
352. Denault, *supra* aux pp. 77-78.

(5) enfin, il importe de distinguer les règles d'interprétation relatives à la législation fédérale bilingue de celles relatives à la législation bijuridique, mais il n'y a pas à ce jour de constat commun ou majoritaire quant à l'arrimage entre ces règles.

Bien qu'il n'y ait pas encore de constat commun ou majoritaire quant à l'arrimage entre les règles d'intepétation relatives à la législation fédérale bilingue et celles relatives à la législation bijuridique, ces dernières ne devraient-elles pas primer ? Selon nous, les diverses initiatives adoptées par le Parlement canadien en vue d'encourager le développement du bijuridisme (initiatives décrites dans la troisième partie de l'article) appuie une telle préséance.

Enfin, si les tribunaux devaient conclure, comme les auteurs l'ont fait, que la clause restrictive « sauf règle de droit s'y opposant / *unless otherwise provided by law* », doit être expresse, la préséance d'une telle clause aurait comme effet d'occulter l'article 8.1 : il n'y aurait alors aucune nécessité de recourir au droit privé des provinces. Les règles d'interprétation relatives à la législation fédérale bilingue seraient les seules applicables.

La Cour en est-elle arrivée à des conclusions semblables, relativement à l'article 8.1 de la *Loi d'interprétation ?*

LA COUR SUPRÊME DU CANADA ET L'ARTICLE 8.1

A.   *LA COUR SUPRÊME DU CANADA PREND CONNAISSANCE DE L'ARTICLE 8.1 : LES ARRÊTS SCHREIBER, WISE ET DIMS*

À la suite de l'adoption des articles 8.1 et 8.2, l'arrêt *Schreiber*[353], rendu en 2002, est le premier jugement de la Cour à devoir interpréter une disposition bijuridique. En outre, la Cour doit se pencher sur l'exception relative aux dommages corporels prévue à la version harmonisée[354] du paragraphe 6(a) de la *Loi sur l'immunité des États*[355]. Le juge LeBel rend le jugement unanime de la Cour[356] et approuve implicitement le processus d'harmonisation de la législation fédérale bijuridique entrepris par leParlement[357]. Par contre, il ne fait aucune référence à l'article 8.1 et ne fournit donc pas d'indices concernant son utilisation.

Cette décision donne cependant lieu à deux commentaires relatifs au processus d'harmonisation et aux articles 8.1 et 8.2[358]. Dans ces commentaires, on souligne en outre, l'existence d'une confusion dans la décision entre les règles d'interprétation bilingues et bijuridiques, mais sans par ailleurs proposer de lignes directrices relatives à l'arrimage entre ces règles[359].

---

353. *Schreiber c Canada (PG)*, 2002, CSC 62, [2002] 3 RCS 269, 216 DLR (4e) 513 [*Schreiber*].
354. Le para. 6(a) a été harmonisé par le para. 121(1) de la *Loi d'harmonisation no 1, supra*.
355. L.R.C. 1985, c. S-18 [*LIÉ*].
356. *Shreiber, supra*. Le jugement est rendu avec l'accord des juges McLachlin, Gonthier, Iacobucci, Bastarache, Binnie, et Arbour.
357. *Ibid.*, à la p. 301.
358. Voir Sullivan, « Challenges », *supra* aux pp. 1045-54; Grenon, « Interpretation », *supra*.
359. Sullivan, « Challenges », *supra* à la p. 1051 : « *the court confonds the principles governing interpretation of bilingual legislation with the principles governing the interpretation of bijural legislation* »; Grenon, « Interpretation », *supra* aux pp. 141-42 : « *Justice LeBel appeared to assume the principles governing the interpretation of bilingual and bijural provisions are the same. There is, however, an important difference between bilingual and bijural legislation. The English and French versions of the Civil Code of Québec and of the Business Corporations Act of Ontario are examples of bilingual legislation, but not bijural legislation, since each was enacted in the context of a specific legal tradition. They constitute bilingual unijural legislation, that is, legislation that is dependent on only one*

À la suite de l'arrêt *Schreiber,* la Cour applique l'article 8.1, expressément ou implicitement, dans deux autres décisions. La première, l'arrêt *Wise*[360], est d'une très grande importance à plusieurs égards. La Cour n'a pas souvent l'occasion de se pencher sur des questions qui relèvent du droit des sociétés et, dans cet arrêt, elle se prononce sur l'existence et la portée des obligations des administrateurs d'une société envers des parties intéressées[361], soit les créanciers de la société lorsque cette dernière éprouve des difficultés financières. Cette question a suscité l'intérêt des tribunaux, tant au Canada qu'aux États-Unis, au Royaume-Uni, en Australie et en Nouvelle-Zélande[362]. Ne serait-ce que pour cette raison, le jugement de la Cour était attendu avec beaucoup d'impatience. La Cour rend un jugement unanime, sous la plume des juges Major et Deschamps[363].

Pour pouvoir cerner la portée des obligations des administrateurs dans le contexte canadien, la Cour doit se pencher sur les alinéas 122(1)(a) et (b) de la *Loi canadienne sur les sociétés par actions.*[364]. Seule la partie du jugement relative à l'alinéa 122(1)(b) *LCSA* fera l'objet de commentaire, car pour interpréter celui-ci, la Cour a recours à la règle énoncée à l'article 8.1 de la *Loi d'interprétation.* Or, au tout début de son analyse, la Cour se prononce ainsi :

> Il convient tout d'abord de reconnaître que, suivant l'art. 300 C.c.Q. et l'art. 8.1 de la *Loi d'interprétation* [...], le droit civil constitue une source de droit complétant les lois fédérales comme la LCSA. Comme la LCSA n'autorise pas les créanciers à poursuivre directement les administrateurs pour manquement à leurs obligations, il faut se reporter au C.c.Q. pour déterminer la façon de mettre en œuvre au Québec les droits trouvant leur fondement dans une loi fédérale et, plus spécifiquement, la façon d'harmoniser le par. 122(1) de la LCSA et les principes de la responsabilité civile[365].

---

legal tradition. In such circumstances, the shared meaning rule is one of the main tools of interpretation. The shared meaning rule is also one of the main rules used to interpret federal legislation that either does not refer to private law concepts or which overrides them. However, when a court is called upon to interpret federal legislation that is both bilingual and bijural, two rules are now available. Sections 8.1 and 8.2 of the Interpretation Act were added in 2001 by the First Harmonization Act precisely to facilitate the interpretation of bijural and harmonized federal legislation».

360.   *Wise, supra.*

361.   En anglais, le terme « *stakeholders* » est souvent utilisé pour décrire les parties intéressées, c'est-à-dire, les tiers qui risquent d'être touchés par la situation financière de la société ou par les gestes qu'elle pose. Voir *Black's Law Dictionnary,* 9ᵉ éd., *sub verbo* « stakeholder » : « *a person who has an interest or concern in a business or enterprise, though not necessarily as an owner* ».

362.   *Wise, supra* aux para. 27, 64.

363.   *Ibid.* Les juges Iacobucci, Bastarache, Binnie, LeBel et Fish étaient aussi présents lors de l'audience, mais le juge Iacobucci n'a pas pris part au jugement.

364.   LRC 1985, c C-44 :

> 122(1) *Every director and officer of a corporation in exercising their powers and discharging their duties shall*
>
> *(a) act honestly and in good faith with a view to the best interests of the corporation; and*
>
> *(b) exercise the care, diligence and skill that a reasonably prudent person would exercise in comparable circumstances.*

> 122(1) Les administrateurs et les dirigeants doivent, dans l'exercice de leurs fonctions, agir :
>
> *a)* avec intégrité et de bonne foi au mieux des intérêts de la société ;
>
> *b)* avec le soin, la diligence et la compétence dont ferait preuve, en pareilles circonstances, une personne prudente.

365.   *Wise, supra* au para. 29.

Plus loin, lorsque la Cour se penche sur la portée de l'alinéa 122(1)(b) *LCSA*, elle indique :

> En fait, contrairement à l'énoncé de l'obligation fiduciaire prévue par l'al. 122(1)*a*) de la LCSA, qui précise que les administrateurs et les dirigeants doivent agir au mieux des intérêts de la société, l'énoncé de l'obligation de diligence figurant à l'al. 122(1)*b*) de la LCSA ne précise pas une personne identifiable qui serait bénéficiaire de l'obligation[366].

C'est donc, selon la Cour, cette absence de précision dans la *LCSA* quant aux personnes qui seraient bénéficiaires de l'obligation énoncée à l'alinéa 122(1)(b) qui lui permet de conclure, par le truchement de l'article 8.1 de la *Loi d'interprétation*, à la complémentarité entre l'alinéa 122(1)(b) et le droit civil québécois. Ceci donne ouverture à l'application des règles de la responsabilité civile énoncées à l'article 1457 CcQ. Pour en arriver à cette conclusion, l'application de l'article 8.1 de la *Loi d'interprétation* ne fait l'objet d'aucune analyse. La Cour ne s'appuie pas sur le processus d'interprétation présenté dans la première partie de notre texte : la Cour ne s'appuie pas sur le principe de Driedger et ne conclut pas, à la suite d'une analyse contextuelle de l'alinéa 122(1)(b), qu'il est *nécessaire* de recourir au droit provincial. La Cour semble s'appuyer tout simplement sur l'existence d'un vide dans la disposition suivante : « l'énoncé de l'obligation de diligence figurant à l'alinéa 122(1)(b) *LCSA* ne précise pas une personne identifiable qui serait bénéficiaire de l'obligation »[367]. Or, si la Cour s'était prêtée à une analyse approfondie de cette disposition en s'appuyant en outre sur l'intention du législateur fédéral, le résultat aurait peut-être été différent. Par exemple, une lecture plus approfondie du rapport Dickerson[368] ainsi qu'un retour sur l'historique entourant l'adoption de l'obligation de diligence figurant à l'alinéa 122(1)(b) *LCSA* auraient peut-être permis à la Cour de conclure que cette obligation était due uniquement à la société.

Toutefois, la Cour n'agit pas ainsi. Elle s'appuie uniquement sur le libellé de l'alinéa 122(1)(b) *LCSA*, conjugué aux règles de l'article 1457 CcQ, pour conclure que dans certaines circonstances, les administrateurs d'une société par actions constituée en vertu de la loi fédérale peuvent avoir, *au Québec*, des obligations envers les créanciers de cette société. Puisqu'il n'est pas possible de transposer ce résultat ailleurs au Canada, il existe toujours une incertitude dans les provinces et territoires de common law concernant l'existence et la portée, le cas échéant, de la responsabilité des administrateurs d'une société à l'égard des créanciers de cette même société[369].

Ce jugement en entier, et non seulement la partie relative à l'alinéa 122(1)(b) *LCSA*, a eu l'effet d'un coup de tonnerre et a suscité une réaction très vive, notamment dans les provinces de common law[370]. Il serait peut-être même possible d'établir un parallèle entre la réaction,

---

366. *Ibid.*, au para. 57.

367. *Ibid.*

368. Robert WV Dickerson, John L Howard et Leon Getz, *Propositions pour un nouveau droit des corporations commerciales canadiennes*, vol I-II, Ottawa, Information Canada, 1971.

369. Voir par ex Bruce Welling, *Corporate Law in Canada: The Governing Principles*, 3e éd., London (Ont), Scribblers, 2006 à la p. 331 ; Christopher C Nicholls, *Corporate Law*, Toronto, Montgomery, 2005 à la p. 299.

370. Voir par ex « Symposium on the Supreme Court's Judgment in the *Peoples Department Stores Case* » (2005) 41 Can Bus LJ 200. Voir aussi, pour une critique relative à la partie de la décision qui porte sur l'alinéa 122(1)(b) *LCSA*, Paul Martel, « Les devoirs de prudence, de diligence et de compétence des administrateurs de sociétés par actions fédérales — impact du *Code civil du Québec* » (2007-2008) 42 : 1 RJT 235 aux pp. 282-93, 306-309.

dans ces provinces, quant à la possibilité qu'une approche civiliste puisse s'appliquer dans le contexte de cette loi fédérale et la réaction, au Québec, lorsqu'une règle de common law lui est imposée. Malheureusement, il n'est pas possible de se prêter à un tel exercice dans le cadre de ce texte. Même aujourd'hui, l'arrêt *Wise* demeure mal compris dans les provinces de common law, du moins en ce qui concerne le recours à l'article 8.1[371].

En 2005, la Cour se prononce encore une fois, quoique indirectement, sur l'article 8.1 dans l'arrêt *DIMS*[372]. Dans cet arrêt, il est question de l'interprétation du paragraphe 97(3) de la *Loi sur la faillite et l'insolvabilité*, relatif aux règles de compensation[373]. Par souci d'uniformisation, la Cour d'appel du Québec avait adopté, dans une décision antérieure, une jurisprudence issue de la common law selon laquelle le concept de la compensation en equity s'applique au Québec, dans le contexte du paragraphe 97(3) *LFI*[374].

Encore une fois, la Cour rend un jugement unanime, cette fois sous la plume de la juge Deschamps[375]. La juge Deschamps se prononce ainsi :

> La LFI intègre donc, mais sans le définir, un mécanisme de compensation. Pour le circonscrire, il faut faire appel non seulement au texte de la LFI mais aussi au droit provincial. Depuis la *Loi d'harmonisation no 1 du droit fédéral avec le droit civil* […], il est clair que le droit civil québécois agit, dans la province de Québec, comme droit supplétif en matière de faillite. Ceci signifie qu'à l'égard des aspects qui ne sont pas régis par la LFI, les règles de la compensation du droit civil s'appliquent. Quelles sont ces règles[376] ?

C'est parce que la compensation n'est pas définie dans la *LFI* que la Cour peut s'appuyer sur le droit civil québécois, en l'occurrence sur les articles 1457, 1672, 1673 et 1681 CcQ, pour appliquer le paragraphe 97(3) *LFI*. La Cour ne fait pas expressément référence à l'article 8.1; elle ne se réfère qu'à la *Loi d'harmonisation no 1* qui lui a donné naissance. D'ailleurs, comme elle l'a fait dans l'arrêt *Wise*, la Cour ne s'appuie pas sur une interprétation contextuelle

---

371.　Par ex dans les deux articles suivants, les auteurs n'ont manifestement pas compris le rôle qu'a joué l'art. 8.1 de la *Loi d'interprétation* dans l'arrêt *Wise* (*supra*) : Darcy L MacPherson, « The Legislature Strikes Back: The Effect of Ontario's Bill 152 on the Beneficiaries of the Statutory Duty of Care in the *Peoples Decision* » (2009) 47 : 1 Alta L Rev 37 aux para. 25-30; Mohamed F Khimji, « *Peoples v Wise* — Conflating Directors' Duties, Oppression and Stakeholder Protection » (2006) 39 : 1 UBC L Rev 209 aux pp. 217-25.

372.　*DIMS, supra.*

373.　LRC 1985, c B-3 [*LFI*]. Les parties pertinentes de cet article sont les suivantes :

> 97(3) *The law of set-off or compensation applies to all claims made against the estate of the bankrupt and also to all actions instituted by the trustee for the recovery of debts due to the bankrupt in the same manner and to the same extent as if the bankrupt were plaintiff or defendant, as the case may be.*

> 97(3) Les règles de la compensation s'appliquent à toutes les réclamations produites contre l'actif du failli, et aussi à toutes les actions intentées par le syndic pour le recouvrement des créances dues au failli, de la même manière et dans la même mesure que si le failli était demandeur ou défendeur, selon le cas.

374.　*Structal (1982) c Fernand Gilbert ltée*, [1998] RJQ 2686, [1998] JQ no 2781 (CA). Par ailleurs, la Cour d'appel dans l'arrêt *DIMS* a tranché le débat sur d'autres motifs; voir *DIMS construction (Syndic de) (Re)*, [2003] RJQ 1104, 227 DLR (4e) 629.

375.　*DIMS, supra.* Le jugement est rendu avec l'accord des juges Bastarache, Binnie, LeBel, Fish, Abella et Charron.

376.　*Ibid.*, au para. 34.

du paragraphe 97(3) et elle ne donne aucune explication concernant la raison d'être et les objectifs de l'article 8.1. Or, l'arrêt *DIMS* se prêtait très bien à un tel exercice. Contrairement à la décision *Wise*, où une analyse contextuelle aurait peut-être pu donner lieu à un résultat différent, une telle analyse[377] du paragraphe 97(3) *LFI* aurait probablement renforcé la conclusion de la Cour, tout en lui permettant de bien expliquer le pourquoi de l'article 8.1.

Dans l'arrêt *DIMS*, la Cour n'applique donc pas au Québec, dans le contexte du paragraphe 97(3) *LFI*, le concept de la compensation en equity. Elle applique plutôt les règles issues du droit civil québécois. L'arrêt *DIMS* opère donc un revirement de la jurisprudence antérieure au Québec. De plus, l'arrêt donne naissance à une divergence dans l'application du paragraphe 97(3), entre le Québec, d'une part, et les autres provinces, d'autre part, car la compensation en equity a été reconnue ailleurs au Canada dans le contexte de ce paragraphe[378]. Nous aurons l'occasion de revenir sur l'effet possible de cette divergence dans la troisième partie du texte.

Dans les arrêts *Wise* et *DIMS*, la Cour n'a pas hésité à appliquer, expressément ou implicitement, l'article 8.1 lorsqu'elle a été appelée à interpréter la législation fédérale bijuridique. Or, ces arrêts illustrent très bien que ceci peut donner lieu à des divergences dans l'application de la législation fédérale bijuridique d'une province à l'autre.

B.   *LA COUR SUPRÊME DU CANADA S'ÉLOIGNE DE L'ARTICLE 8.1 : LES ARRÊTS CANADA 3000, AYSA, SAULNIER ET DRUMMOND*

La possibilité de divergence dans l'application de l'article 8.1 ainsi que la réaction négative très vive suscitée par l'arrêt *Wise* auraient-elles freiné l'ardeur de la Cour à l'égard de l'application de cette disposition législative ? Pour tenter de répondre à cette question, il est nécessaire d'analyser quatre arrêts dans lesquels la Cour a vraisemblablement conclu que cet article ne s'applique pas.

Dans l'arrêt *Canada 3000*[379], la Cour doit interpréter des lois fédérales en matière d'aéronautique[380]. Il est question de transporteurs aériens qui exploitent des flottes d'avions dont ils ne sont pas les propriétaires. Les transporteurs deviennent insolvables et font défaut quant aux versements de redevances pour les services d'aéroports et de navigation aérienne civile. Ces fournisseurs de services, dans deux procédures séparées, une devant la Cour supé-

---

377.   Une analyse contextuelle du para. 97(3) aurait pu reposer sur les éléments suivants : (1) l'absence d'une définition du terme «compensation» dans la *LFI;* (2) le fait qu'il soit peu probable, compte tenu des origines britanniques de la *LFI,* que le législateur *canadien* ait eu l'intention précise d'imposer le concept de compensation en equity à l'ensemble du Canada; (3) les critiques à l'égard du recours à la compensation en equity dans le cadre de la *LFI* (voir John AM Judge et Margaret E Grottenthaler, «Legal and Equitable Set-Offs» (1991) 70: 1 R du B can 91 à la p. 117); (4) l'harmonisation du parat 97(3) par le biais de l'art. 58 de la *Loi d'harmonisation no 2 du droit fédéral avec le droit civil,* LC 2004, c 25 [*Loi d'harmonisation no 2*].

378.   Voir par ex *Holt* c *Telford,* [1987] 2 RCS 193, 41 DLR (4e) 385; *Husky Oil Operations Ltd c MRN,* [1995] 3 RCS 453, 128 DLR (4e) 1; *Worker's Compensation Board c Mandelbaum, Spergel Inc* (1993), 12 OR (3e) 385, 100 DLR (4e) 742; *Olympia & York Dev Ltd v Royal Trust* (1993), 19 CBR (3e) 1, 14 OR (3e) 1 (Ont CA); *PIA Investments v Deerhurst Ltd Partnership* (2000), 20 CBR (4e) 116, [2000] OJ no 3291 (Ont CA).

379.   *Canada 3000 Inc (Re); Inter-Canadien (1991) Inc (Syndic de),* 2006 CSC 24, [2006] 1 RCS 865, 269 DLR (4e) 79 [*Canada 3000*].

380.   *Loi relative aux cessions d'aéroports,* LC 1992, c 5, art. 9 [*LCA*]; *Loi sur la commercialisation des services de navigation aérienne civile,* LC 1996, c 20, art. 55, 56 [*LCSNAC*]; *Loi sur l'aéronautique,* LRC 1985, c A-2.

rieure de justice de l'Ontario et l'autre devant la Cour supérieure du Québec, demandent l'autorisation de saisir et de retenir les avions. Or, de telles saisies soulèvent de nombreuses questions. En outre, les fournisseurs de services peuvent-ils saisir ces avions, alors que ce sont les transporteurs aériens et non pas les propriétaires en titre de ces avions qui ont fait défaut ? En d'autres mots, les propriétaires en titre peuvent-ils reprendre possession des avions loués sans avoir à verser les redevances dues aux fournisseurs de services ? En appel des jugements rendus par les Cours d'appel de l'Ontario[381] et du Québec[382], la Cour suprême rend un jugement unanime sous la plume du juge Binnie[383] : même si les propriétaires en titre ne sont pas directement tenus au paiement des redevances dues aux fournisseurs de services, ces derniers peuvent saisir et retenir les avions aux termes de l'article 56 *LCSNAC* et de l'article 9 *LCA*.

D'emblée, le juge Binnie indique dans son analyse que le litige « est, de bout en bout, un exercice d'interprétation des lois, et les questions d'interprétation sont, comme toujours, étroitement liées au contexte »[384]. Dans le cadre de ce litige, il est question de la pertinence du *Code civil du Québec* et des articles 8.1 et 8.2 par rapport notamment à l'article 56 *LCSNAC*.[385]. En ce qui concerne l'article 8.1, la Cour se prononce ainsi :

> 78 [...] À mon avis [...], il n'est pas nécessaire de recourir au droit provincial [...] et il est inopportun d'y recourir en l'espèce. L'article 56 de la *LCSNAC* et l'art. 9 de la *LCA* énoncent expressément que ce recours s'exerce « en sus de tout autre recours », ce qui comprend les recours prévus par le droit provincial.

> 79 La *Loi sur l'aéronautique*, la *LCA* et la *LCSNAC* sont des lois fédérales qui établissent un régime unifié en matière d'aéronautique. Le législateur a voulu constituer un code exhaustif qui soit applicable dans tout le pays de façon uniforme d'une province à l'autre. Cette uniformité est d'autant plus essentielle que l'extrême mobilité des aéronefs leur permet de passer facilement d'un territoire à l'autre.

---

381.   *Greater Toronto Airports Authority v International Lease Finance Corporation* (2004), 69 OR (3e) 1, 235 DLR (4e) 618.

382.   *Wilmington trust company c NAV Canada*, [2004] RJQ 2966, 247 DLR (4e) 503.

383.   *Canada 3000, supra*. La juge en chef McLachlin et les juges Bastarache, LeBel, Deschamps, Fish et Charron sont présents.

384.   *Ibid.*, au para. 36.

385.   *Supra*. La partie pertinente de l'art. 56 est la suivante :

> 56(1) *In addition to any other remedy available for the collection of an unpaid and overdue charge imposed by the Corporation for air navigation services, and whether or not a judgment for the collection of the charge has been obtained, the Corporation may apply to the superior court of the province in which any aircraft owned or operated by the person liable to pay the charge is situated for an order, issued on such terms as the court considers appropriate, authorizing the Corporation to seize and detain any such aircraft until the charge is paid or a bond or other security for the unpaid and overdue amount in a form satisfactory to the Corporation is deposited with the Corporation.*

> 56(1) À défaut de paiement ou en cas de retard de paiement des redevances qu'elle impose pour les services de navigation aérienne, la société peut, en sus de tout autre recours visant leur recouvrement et indépendamment d'une décision judiciaire à cet égard, demander à la juridiction supérieure de la province où se trouve l'aéronef dont le défaillant est propriétaire ou usager de rendre, aux conditions que la juridiction estime indiquées, une ordonnance l'autorisant à saisir et à retenir l'aéronef jusqu'au paiement des redevances ou jusqu'au dépôt d'une sûreté — cautionnement ou autre garantie qu'elle juge satisfaisante — équivalente aux sommes dues.

80 NAV Canada a également invoqué les art. 8.1 et 8.2 de la *Loi d'interprétation* [...]. Toutefois, aucun de ces articles ne s'applique en l'espèce. L'article 8.1 prévoit ce qui suit :

... *s'il est nécessaire* de recourir à des règles, principes ou notions appartenant au domaine de la propriété et des droits civils en vue d'assurer l'application d'un texte dans une province, il faut [...] avoir recours aux règles, principes et notions en vigueur dans cette province au moment de l'application du texte.

S'il est *nécessaire* d'avoir recours au droit provincial, c'est le droit de la province où la disposition est appliquée qui doit servir : *Magasins à rayons Peoples inc. (Syndic de) c. Wise*, [2004] 3 R.C.S. 461, 2004 CSC 68. En l'espèce, il n'est pas nécessaire, pour les motifs déjà exposés, de recourir au droit provincial[386].

Dans l'arrêt *Canada 3000*, en ce qui concerne l'article 8.1 et l'interprétation des dispositions pertinentes, la Cour a recours aux deux premiers constats du processus d'interprétation décrits dans la première partie (I) ci-dessus : (1) la Cour se pose la question à savoir *s'il est nécessaire* de recourir au droit privé des provinces; et (2) pour répondre à cette question, elle se livre à une analyse contextuelle des dispositions. La Cour s'appuie aussi implicitement sur le troisième constats décrite dans la première partie (I), concernant la présence d'une règle de droit s'opposant à l'application du droit provincial, car la Cour indique, mais sans référence précise à la partie pertinente de l'article 8.1 : « [L]'article 56 de la *LCSNAC* et l'art. 9 de la *LCA* énoncent expressément que ce recours s'exerce "en sus de tout autre recours" ce qui comprend les recours prévus par le droit provincial »[387].

Compte tenu de ces motifs[388], les conclusions de la Cour à l'égard de l'article 8.1 ne sont pas étonnantes. Ces conclusions ont le mérite d'être motivées et les motifs se tiennent. Par contre, l'arrêt *AYSA*[389], rendu en 2007, soulève de nombreuses interrogations.

Ce litige survient à la suite d'une demande faite par l'*Amateur Youth Soccer Association* (AYSA) à l'Agence du revenu du Canada. L'AYSA veut devenir un « organisme de bienfaisance enregistré » au sens du paragraphe 248(1) de la *Loi de l'impôt sur le revenu*[390]. L'Agence refuse de l'enregistrer comme organisme de bienfaisance parce que « les tribunaux n'ont pas jugé que la promotion du sport constitue une fin de bienfaisance »[391]. La Cour d'appel fédérale rejette l'appel de l'AYSA et cette dernière interjette appel à la Cour suprême du Canada. Pour que l'AYSA puisse avoir gain de cause, la Cour suprême doit se pencher sur la jurisprudence dans ce domaine et, le cas échéant, modifier celle-ci. De plus, l'AYSA est confrontée à un dilemme de taille : le paragraphe 248(1) *LIR* confère aux associations canadiennes enregistrées de sport amateur un traitement analogue à celui des organismes de bienfaisance, *mais seulement si elles exercent leurs activités à l'échelle nationale*. Or, l'AYSA œuvre *exclusivement* en Ontario.

Le juge Rothstein rend le jugement majoritaire[392]. Après avoir conclu que le statut provincial plutôt que national de l'AYSA ne l'empêche pas d'être reconnue comme organisme de

---

386. *Canada 3000*, *supra* aux para. 78-80.
387. *Ibid.*, au para. 78.
388. Exclusion expresse des recours autres que ceux prévus dans les lois en matière d'aéronautique; lois exprimant clairement l'intention du législateur dans les deux langues; extrême mobilité des aéronefs.
389. *AYSA c Canada (Agence du revenu)*, 2007 CSC 42, [2007] 3 RCS 217, 287 DLR (4e) 4 [*AYSA*].
390. LRC 1985, c 1 (5e suppl) [*LIR*].
391. *AYSA*, *supra* au para. 4.
392. *Ibid.* Avec l'accord de la juge en chef McLachlin et des juges Bastarache, Binnie, LeBel, Deschamps, Fish et Charron; la juge Abella rend un jugement concordant, mais elle s'appuie sur des motifs qui ne reposent nullement sur l'article 8.1.

bienfaisance, le juge Rothstein se penche sur la jurisprudence de common law afin d'établir si l'AYSA peut obtenir le statut d'organisme de bienfaisance. À la lumière de la jurisprudence, il conclut que le sport, en soi, n'a pas un caractère de bienfaisance[393]. De plus, il refuse d'étendre le statut d'organisme de bienfaisance aux organisations de sport amateur pour jeunes, car il est d'avis qu'une telle reconnaissance n'équivaudrait pas à un changement progressif de la jurisprudence, mais plutôt à une réforme globale. Or, « il appartient au législateur et non aux tribunaux d'apporter des changements substantiels dans la définition d'organisme de bienfaisance »[394].

C'est dans le contexte de son analyse de la common law que le juge Rothstein se pro-nonce sur la pertinence de l'article 8.1. Pour bien comprendre ses remarques, il faut savoir qu'en Ontario, la définition de fin de bienfaisance à l'alinéa 6a(a) de la *Charities Accounting Act*[395] a fait l'objet d'une interprétation par la Haute Cour de justice de l'Ontario (Cour divi-sionnaire) dans la décision *Re Laidlaw Foundation*[396]. Ce tribunal a conclu que cette défini-tion permettait de reconnaître comme fin de bienfaisance la promotion du sport athlétique amateur à des fins de mise en forme physique[397]. L'AYSA plaide donc que cette décision a modifié la common law en Ontario et que ce droit ontarien modifié s'applique en l'espèce, par le truchement de l'article 8.1 de la *Loi d'interprétation*. Dans un premier temps, le juge Rothstein conclut que la décision *Laidlaw* doit être distinguée de l'ensemble des décisions selon lesquelles le sport en soi n'a pas un caractère de bienfaisance. C'est d'ailleurs peut-être en raison de cette conclusion qu'il indique, en un seul paragraphe et sans analyse, qu'il n'y a pas lieu de recourir à l'article 8.1[398].

Il aurait été possible de conclure que la décision *Laidlaw* n'est pertinente qu'aux fins d'une loi ontarienne précise et qu'elle ne change pas la common law en Ontario, selon laquelle le sport en soi n'a pas un caractère de bienfaisance. Ainsi, lors de l'application de l'article 8.1, l'AYSA n'aurait pas eu gain de cause. Mais le juge Rothstein, tout en évacuant l'article 8.1, va beaucoup plus loin. Il affirme plutôt : « les définitions en matière de bienfaisance énoncées dans des lois provinciales et les décisions s'y rapportant ne sauraient dicter le sens à donner à bienfaisance pour l'application de la *LIR* »[399]. Qu'il nous soit ici permis d'exprimer notre profond désaccord.

L'article 8.1 ne distingue pas la *LIR* des autres lois fédérales. Lors de l'application de l'article 8.1, s'il s'avère nécessaire de recourir au droit privé des provinces pour pouvoir inter-préter la disposition législative, le droit provincial s'applique, à moins qu'il n'existe une règle de droit s'y opposant. Le juge Rothstein n'a pas fait cette analyse. Il a balayé du revers de la main l'application de l'article 8.1 par le biais d'une affirmation que rien ne vient appuyer[400].

---

393.   *Ibid.*, au para. 40.

394.   *Ibid.*, au para. 44.

395.   RSO 1980, c 65. Cette définition se trouve maintenant à l'art. 7 de la *Loi sur la comptabilité des œuvres de bienfaisance*, LRO 1990, c C10.

396.   (1984), 13 DLR (4e) 491, 48 OR (2e) 549 [avec renvois au DLR] [*Laidlaw*].

397.   *Ibid.*, à la p. 523.

398.   *AYSA, supra* au para. 39 : « L'A.Y.S.A. soutient aussi que, aux termes de l'art. 8.1 de la *Loi d'interpré-tation*, L.R.C. 1985, ch. I-21, il faut se reporter au droit provincial pour établir ce qui a un caractère de bienfaisance au sens de la *LIR* et que le droit provincial applicable en l'espèce est énoncé dans la décision *Laidlaw. Toutefois, les définitions en matière de bienfaisance énoncées dans des lois provinciales et les décisions s'y rapportant ne sauraient dicter le sens à donner à bienfaisance pour l'application de la LIR* [nos italiques].

399.   *Ibid.*

400.   *Ibid.*

Ici, il y a lieu de faire référence à un élément supplémentaire, qui n'était pas pertinent aux fins de l'arrêt *AYSA*, mais qui, un jour, sera probablement objet de litige. Le paragraphe 149.1(1) *LIR* prévoit que, pour obtenir le statut d'œuvre de bienfaisance, l'organisme doit consacrer la totalité de ses ressources à des « activités de bienfaisance ». Cette expression n'étant pas définie dans la *LIR*, la jurisprudence a eu recours à la common law pour déterminer son sens. D'ailleurs, le juge Rothstein fait expressément référence à cette situation à plus d'une reprise dans son jugement[401], en s'appuyant sur un arrêt antérieur de la Cour, *Vancouver Society c. MRN*[402]. L'arrêt *Vancouver Society* a été rendu en 1999, avant l'entrée en vigueur de l'article 8.1, et le litige a pris naissance en Colombie-Britannique, dont le droit privé provincial repose sur la common law. Or, dans le *Code civil du Québec*, entré en vigueur le 1er janvier 1994, un titre est consacré à « certains patrimoines d'affectation », dont la fondation et la fiducie d'utilité sociale, lesquelles ont nécessairement des buts d'intérêt général, par exemple de nature culturelle, éducative, philanthropique, religieuse ou scientifique[403]. Le champ d'application de la fondation et de la fiducie d'utilité sociale québécoise semble être plus large que celui réservé en common law aux organismes équivalents. D'où les interrogations suivantes : une fondation ou une fiducie qui répond aux critères énoncés au *Code civil du Québec* et qui fait une demande pour devenir un organisme de bienfaisance enregistré en vertu de l'article 149.1 *LIR* se verra-t-elle imposer des critères issus de la common law, lesquels ont d'ailleurs fait l'objet de nombreuses critiques[404], dont celles que l'on retrouve dans le jugement majoritaire rendu dans l'arrêt *Vancouver Society*[405] ? Si oui, que se produira-t-il si l'Agence du revenu du Canada conclut qu'un tel organisme, qui répond aux critères québécois, ne répond pas aux critères de common law ? Dans un tel scénario, n'y aurait-il pas lieu de recourir à l'article 8.1[406] ?

Bref, nous ne croyons pas que l'affirmation du juge Rothstein, selon laquelle l'article 8.1 ne s'appliquerait pas parce que le droit provincial ne peut « dicter le sens à donner à bienfaisance pour l'application de la *LIR* », vienne clore le débat. Nous sommes d'ailleurs d'avis qu'il n'est pas souhaitable de tenter de minimiser l'importance de l'article 8.1 et nous reviendrons sur cette question dans la troisième et dernière partie de ce texte.

Dans l'arrêt *Saulnier*[407], rendu en 2008, la Cour devait se prononcer sur un jugement rendu par la Cour d'appel de la Nouvelle-Écosse. Un pêcheur qui détenait quatre permis de pêche avait accordé à sa banque une sûreté générale en vertu de la *Personal Property*

---

401.   *Ibid.*, aux para. 8, 24.
402.   [1999] 1 RCS 10, 169 DLR (4e) 34 [*Vancouver Society*].
403.   L'art. 1256 CcQ énonce qu'une « fondation résulte d'un acte par lequel une personne affecte, d'une façon irrévocable, tout ou partie de ses biens à une fin d'utilité sociale ayant un caractère durable »; l'art. 1270 énonce pour sa part que la « fiducie d'utilité sociale est celle qui est constituée dans un but d'intérêt général, notamment à caractère culturel, éducatif, philanthropique, religieux ou scientifique ».
404.   Voir par ex E Blake Bromley, « Contemporary Philanthropy — Is the Legal Concept of "Charity" Any Longer Adequate? » dans Donovan WM Waters avec la collaboration de Maryla A Waters et Marl Bridge, dir, *Equity, Fiduciaries and Trusts: 1993*, Toronto, Carswell, 1993, 59.
405.   *Supra* aux para. 201-203.
406.   Voir à ce sujet les excellentes analyses par Kathryn Chan: Kathryn Chan, « Charitable according to whom? The clash between Quebec's societal values and the law governing the registration of charities » (2008) 49 : 2 C de D 277; Kathryn Chan, « Taxing Charities / Imposer les organismes de bienfaisance : Harmonization and Dissonance in Canadian Charity Law » (2007) 55 : 3 RFC 481 aux pp. 489-98.
407.   *Saulnier c Banque Royale*, 2008 CSC 58, [2008] 3 RCS 166, 298 DLR (4e) 193 [*Saulnier*].

Security Act[408] de cette province, pour financer son entreprise de pêche. Il a par la suite fait une cession de ses biens en vertu de la *LFI*[409], mais il a refusé de signer une entente concernant la vente des quatre permis, en prétendant que ceux-ci ne constituent pas des « biens » au sens de l'article 2 *LFI* et de l'alinéa 2(w) *PPSA*. De tels permis ont une très grande valeur et il n'est donc pas étonnant que le syndic de faillite ainsi que la banque à titre de créancier garanti se tournent vers les tribunaux afin d'obtenir gain de cause.

Dans un jugement unanime rendu par le juge Binnie[410], la Cour se prononce donc sur la portée des définitions relatives aux termes « bien » dans la *LFI* et « bien immatériel » et « bien personnel » dans la *PPSA*. Aux fins du présent article, seuls les commentaires de la Cour relatifs à la *LFI* sont pertinents. La définition du mot « bien » à l'article 2 *LFI* est la suivante :

> *"property" means any type of property, whether situated in Canada or elsewhere, and includes money, goods, things in action, land and every description of property, whether real or personal, legal or equitable, as well as obligations, easements and every description of estate, interest and profit, present or future, vested or contingent, in, arising out of or incident to property;*

> « bien » Bien de toute nature, qu'il soit situé au Canada ou ailleurs. Sont compris parmi les biens les biens personnels et réels, en droit ou en equity, les sommes d'argent, marchandises, choses non possessoires et terres, ainsi que les obligations, servitudes et toute espèce de domaines, d'intérêts ou de profits, présents ou futurs, acquis ou éventuels, sur des biens, ou en provenant ou s'y rattachant.

Le juge Binnie revoit tour à tour les différentes approches proposées par la jurisprudence, pour ensuite se prononcer ainsi au sujet de la définition de « bien » dans la *LFI* :

> Cette définition est très générale. Le législateur a clairement manifesté son intention d'englober un large éventail d'éléments d'actif du failli qui, en common law, ne sont pas habituellement considérés comme des « biens ». Pour assurer la réalisation des objectifs de la *LFI*, il faut respecter la volonté du législateur à cet égard.
>
> [...]
>
> Je préfère examiner l'essence de ce qui a été conféré, à savoir le permis de participer à la pêche auquel se rattache un intérêt propriétal sur les poissons capturés en conformité avec les conditions du permis et sous réserve des règlements pris par le ministre. Comme je l'ai mentionné antérieurement, la *LFI* vise la réalisation de certains objectifs en cas de faillite qui exigent que, règle générale, les créanciers aient accès aux éléments d'actif non exclus. La définition d'un bien énoncée à l'art. 2 doit être interprétée en conséquence de façon à inclure un permis de pêche visé au par. 7(1)[411].

Dans cet arrêt, la Cour semble adopter un cheminement conforme à l'article 8.1 de la *Loi d'interprétation*, sans toutefois faire référence à cet article. Premièrement, la Cour est appelée à interpréter une disposition dans une loi fédérale qui, en l'espèce, trouve application dans une province où le domaine de la propriété et des droits civils repose en grande partie sur la common law. Deuxièmement, la disposition telle que rédigée ne permet pas de

---

408.   SNS 1995-96, c 13 [*PPSA*].

409.   *Supra.*

410.   *Saulnier, supra.* Avec l'accord de la juge en chef McLachlin et des juges LeBel, Deschamps, Fish, Abella, Charron et Rothstein; le juge Bastarache n'a pas participé au jugement.

411.   *Ibid.*, aux para. 44, 46.

trancher le litige et repose manifestement sur certains concepts qui relèvent du domaine de la propriété et des droits civils. Troisièmement, il n'existe aucune règle de droit s'opposant à l'utilisation de tels concepts. Or, la conclusion du juge Binnie repose sur l'intention du législateur d'aller au-delà de la common law[412]. Cela veut-il dire que, si le juge Binnie avait fait référence à l'article 8.1, il aurait conclu qu'il n'était *pas nécessaire* de recourir à la common law provinciale sous-jacente, eu égard à l'intention claire du législateur ? Une deuxième question se pose. Vu le silence de la Cour dans l'arrêt *Saulnier* à l'égard de l'article 8.1, doit-on conclure que celui-ci s'applique seulement au droit civil québécois et qu'il n'y a pas lieu d'y faire référence lorsque le litige pourrait reposer sur la common law ? Or, rien dans le libellé de l'article 8.1 ne l'indique.

Enfin, dans l'arrêt *Drummond*[413], un créancier garanti, la Caisse populaire Desjardins de l'Est de Drummond, ouvre un crédit à un débiteur. Quelques jours plus tard, ce dernier dépose auprès de la Caisse une somme sous forme d'épargne à terme. Les conventions intervenues entre la Caisse et le débiteur stipulent qu'en cas de défaut de remboursement des sommes dues à la Caisse, il y aura compensation à même le dépôt d'épargne à terme du débiteur. Le débiteur fait défaut et fait par la suite une cession de ses biens en vertu de la *LFI*[414]. Survient alors un litige entre la Caisse et Sa Majesté la Reine du chef du Canada, car le débiteur n'a pas versé à Sa Majesté tout l'impôt sur le revenu et les cotisations d'assurance-emploi déduits à même les salaires de ses employés. Or, les paragraphes 227(4.1) *LIR*[415] et 86(2.1) de la *Loi sur l'assurance-emploi*[416] établissent une fiducie réputée en faveur de Sa Majesté à l'égard des biens d'un employeur qui fait de telles déductions. Cette fiducie englobe, jusqu'à concurrence des sommes déduites dues à Sa Majesté, les biens de l'employeur et ceux détenus par un créancier garanti et qui, en l'absence de la garantie, seraient des biens de l'employeur.

Puisque les paragraphes 227(4.1) *LIR* et 86(2.1) de la *Loi sur l'assurance-emploi* sont sensiblement les mêmes, nous ferons seulement référence dans ce texte aux dispositions de la *LIR*. Or, le paragraphe 227(4.1) de cette loi énonce que la fiducie réputée englobe les biens détenus par des créanciers garantis « au sens du paragraphe 224(1.3) » *LIR*, et que la fiducie s'applique « [m]algré les autres dispositions de la présente loi, [...] tout autre texte législatif fédéral ou provincial ou toute règle de droit ». Quant au paragraphe 224(1.3) *LIR*, celui-ci stipule :

> 244(1.3) *"security interest" means any interest in property that secures payment or performance of an obligation and includes an interest created by or arising out of a debenture, mortgage, hypothec, lien, pledge, charge, deemed or actual trust, assignment or encumbrance of any kind whatever, however or whenever arising, created, deemed to arise or otherwise provided for*[417];

> 224(1.3) « garantie » Droit sur un bien qui garantit l'exécution d'une obligation, notamment un paiement. Sont en particulier des garanties les droits nés ou découlant de débentures, hypothèques, privilèges, nantissements, sûretés, fiducies réputées ou

---

412.   *Ibid.*, au para. 44.
413.   *CP Desjardins de l'Est de Drummond c Canada*, 2009 CSC 29, [2009] 2 RCS 94, 309 DLR (4e) 323 [*Drummond*]. Cet arrêt a très rapidement fait l'objet de commentaires, mais dans un contexte tout autre. Voir par ex Roderick J Wood, « Journey to the Outer Limits of Secured Transactions Law: *Caisse populaire Desjardins de l'Est de Drummond* » (2010) 48 : 3 Can Bus LJ 482.
414.   *Supra.*
415.   *Supra.*
416.   LC 1996, c 23.
417.   *LIR, supra.*

réelles, cessions et charges, quelle qu'en soit la nature, de quelque façon ou à quelque date qu'elles soient créées, réputées exister ou prévues par ailleurs.

La question principale dans l'arrêt *Drummond* est la suivante : le droit de compensation conventionnelle créé en faveur de la Caisse est-il une « garantie » au sens de la définition au paragraphe 224(1.3) *LIR* ? S'il l'est, Sa Majesté a alors droit au dépôt à terme jusqu'à concurrence des sommes qui lui sont dues. Cette question donne lieu à deux jugements qui divergent au plus haut point, celui du juge Rothstein, majoritaire[418], et celui de la juge Deschamps, minoritaire[419]. De plus, chacun étale au grand jour son profond désaccord avec l'approche adoptée par l'autre.

Le juge Rothstein est d'avis, aux fins de la définition au paragraphe 224(1.3), que le droit provincial n'est pas pertinent, et ce, pour trois raisons : (1) l'existence d'une règle de droit empêchant l'application du droit provincial, règle incorporée par renvoi à la définition de garantie[420]; (2) le droit du législateur fédéral de recourir à ses propres définitions dans les domaines relevant de sa compétence, sans avoir à tenir compte du droit provincial; et (3) l'intention du législateur, en matière de recouvrement des sommes qui sont dues à sa Majesté, de pouvoir procéder de manière uniforme partout au Canada[421]. À la suite de ces conclusions, le juge Rothstein se penche alors sur la portée de la définition de « garantie / *security interest* » au paragraphe 224(1.3) *LIR*. Il s'appuie sur la première partie de la définition, soit un « [d]roit sur un bien qui garantit l'exécution d'une obligation, notamment un paiement », car il est d'avis que :

> [d]ès lors que le droit du créancier sur le bien du débiteur garantit l'exécution d'une obligation, notamment un paiement, il y a « garantie » au sens de cette disposition. L'énumération d'exemples dans la définition légale n'a pas pour effet de limiter la portée générale de l'expression « [d]roit sur un bien »[422].

Quant à la question de savoir si cette définition englobe le mécanisme de compensation, le juge Rothstein est d'avis qu'un droit conventionnel de compensation peut, dans certaines circonstances, être associé à une garantie; il faut, selon lui, « examiner attentivement les clauses et se demander si l'une des parties a voulu conférer à l'autre un "[d]roit sur un bien [appartenant à la première] qui garantit l'exécution d'une obligation, notamment un paiement" »[423]. À l'examen des clauses pertinentes, il conclut que celles-ci confèrent expressément à la Caisse un droit sur le bien de son débiteur pour garantir le remboursement de la somme due par ce dernier et que ce droit est assorti de restrictions particulières en faveur de la Caisse[424]. L'effet conjugué du droit de compensation et des restrictions fait en sorte que la Caisse bénéficie d'un droit sur un bien du débiteur qui garantit l'exécution des obligations de ce dernier. Il indique aussi que, selon le libellé des conventions, la Caisse considérait que celles-ci créaient une garantie à l'égard des sommes qui lui étaient dues[425]. C'est ainsi que le juge Rothstein conclut à l'existence d'une garantie au sens du paragraphe 224(1.3) *LIR*.

---

418.   *Drummond, supra*. Avec l'accord du juge en chef McLachlin et des juges Binnie, Fish, Charron et Rothstein.
419.   *Ibid.* Avec l'accord du juge LeBel.
420.   *Ibid.*, au para. 10.
421.   *Ibid.*, aux para. 8-17.
422.   *Ibid.*, au para. 15.
423.   *Ibid.*, au para. 23.
424.   *Ibid.*, aux para. 29-30.
425.   *Ibid.*, au para. 31.

Fait étonnant, le juge Rothstein ne mentionne aucunement les articles 8.1 et 8.2, ni la *Loi d'harmonisation n°1* qui a donné naissance à ces articles. Il s'agit de tout un exploit, d'autant plus que la juge Deschamps y fait référence dans son jugement et que l'article 8.1 permettait au juge Rothstein de conclure qu'il existait une règle de droit s'opposant à l'utilisation du droit provincial. L'article 8.1 lui permettait aussi de conclure, à la suite d'une analyse contextuelle, qu'il n'était pas nécessaire de recourir au droit civil québécois. Or, le juge Rothstein est parvenu à ces conclusions, mais en évacuant complètement l'article 8.1.

Pour sa part, la juge Deschamps se prononce ainsi au début de son analyse :

> Il convient de rappeler qu'il n'existe pas de common law fédérale autonome : *Québec North Shore Paper Co. c. Canadien Pacifique Ltée*, [1977] 2 R.C.S. 1054, *McNamara Construction (Western) Ltd. c. La Reine*, [1977] 2 R.C.S. 654, et P. Denault, *La recherche d'unité dans l'interprétation du droit privé fédéral* (2008), p. 38. S'il faut recourir au droit supplétif pour interpréter un concept incorporé dans une règle fédérale, le droit provincial constitue la source applicable : *Loi d'harmonisation no 1 du droit fédéral avec le droit civil*, L.C. 2001, ch. 4, art. 8, amendant la *Loi d'interprétation*, L.R.C. 1985, ch. I-21. Par conséquent, sauf disposition expresse à l'effet contraire, un texte de loi fédérale doit être interprété en respectant les concepts et institutions propres au système juridique de la province dans laquelle il s'applique[426].

Cette référence, quoique indirecte, aux articles 8.1 et 8.2, pourrait porter le lecteur à croire que son jugement repose sur les règles d'interprétation énoncées dans ces deux articles. Or, le rôle que jouent ces articles dans son jugement demeure obscur, car la juge Deschamps poursuit en indiquant que « non seulement doit-on – lorsque cela est nécessaire pour interpréter un texte de loi fédérale – se reporter au droit de la province dans laquelle il doit être appliqué, mais il faut aussi tenir compte des versions anglaise et française »[427]. Elle ajoute qu'une analyse des versions française et anglaise est nécessaire pour déterminer si un sens commun aux termes « garantie » et « *security interest* » peut être trouvé et qu'en l'espèce, une telle analyse permet de dégager une notion commune au droit civil et à la common law, laquelle « permet d'harmoniser l'application de la disposition fiscale dans les deux systèmes de droit »[428]. Plus loin, elle fait encore référence aux articles 8.1 et 8.2, tout en référant à « l'interprétation de lois bilingues »[429].

Enfin, dans la partie de son jugement où elle exprime son désaccord avec l'approche du juge Rothstein, la juge Deschamps écrit :

> Comme son approche [celle du juge Rothstein] ne correspond nullement au sens commun, elle a pour effet de mettre de côté tant les principes d'interprétation des lois bilingues que ceux qui guident l'harmonisation du droit fédéral et des droits provinciaux[430].

Bref, la juge Deschamps n'établit pas une distinction claire entre les règles d'interprétation en matière de législation bilingue et celles relatives à la législation bijuridique. Or, si la juge Deschamps avait fait cette distinction et qu'elle avait utilisé le processus d'interpréta-

---

426. *Ibid.*, au para. 81.
427. *Ibid.*, au para. 82.
428. *Ibid.*
429. *Ibid.*, au para. 86.
430. *Ibid.*, au para. 112.

tion décrit à la première partie (I) ci-dessus, elle aurait eu préalablement à se poser les deux questions suivantes. Est-il *nécessaire* de recourir à l'article 8.1 ? Existe-t-il une règle de droit s'opposant à l'application de l'article 8.1 ? Compte tenu du libellé du paragraphe 227(4.1) *LIR* et du lien entre celui-ci et le paragraphe 224(1.3) *LIR*, il semble exister une règle de droit s'opposant à l'application de l'article 8.1. Puisqu'il est avant tout question d'interpréter le paragraphe 224(1.3) *LIR*, le lien entre les deux paragraphes revêt une importance capitale. L'absence de toute référence à ce lien dans le jugement minoritaire laisse pantois. Ceci est tout aussi étonnant que l'absence dans le jugement majoritaire d'une référence à l'article 8.1, d'autant plus que l'article 8.1 aurait appuyé la décision.

C.   *LA COUR SUPRÊME DU CANADA RENOUE AVEC L'ARTICLE 8.1 : LES ARRÊTS INNOVATION CREDIT UNION ET RADIUS CREDIT UNION*

Dans les deux décisions les plus récentes impliquant l'article 8.1, *Banque de Montréal c. Innovation Crédit Union*[431] et *Banque Royale du Canada c. Radius Crédit Union*[432], il est question de garanties obtenues en vertu de la *Loi sur les banques*[433]. Les débiteurs font défaut et les banques saisissent les biens grevés, pour ensuite découvrir que deux coopératives de crédit ont obtenu, antérieurement à l'obtention de ces garanties bancaires, des sûretés grevant les mêmes biens en vertu de la *Personal Property Security Act, 1993*[434] de la province de la Saskatchewan. Ces sûretés provinciales n'ont cependant pas été enregistrées et ne sont donc pas parfaites. Un conflit s'ensuit entre les banques et les coopératives de crédit, à savoir qui a priorité sur les biens grevés.

Ces décisions très importantes concernant la relation épineuse et controversée entre la garantie bancaire fédérale et les sûretés mobilières provinciales feront sans doute l'objet de commentaires étoffés. Aux fins de ce texte, cependant, il ne sera question que du rôle joué par l'article 8.1 de la *Loi d'interprétation*[435].

---

431.   2010 CSC 47, [2010] 3 RCS 3 [*Innovation Crédit Union*]. Il s'agit d'un jugement unanime rendu par la juge Louise Charron, avec l'accord des juges McLachlin, Binnie, LeBel, Deschamps, Fish, Abella, Rothstein et Cromwell.

432.   2010 CSC 48, [2010] 3 RCS 38 [*Radius Credit Union*]. Encore une fois, il s'agit d'un jugement unanime rendu par la juge Louise Charron, avec l'accord des mêmes juges (voir *Innovation Crédit Union, supra*).

433.   LC 1991, c 46 [*LB*].

434.   SS 1993, c P-6.2 [*PPSA* de la Saskatchewan].

435.   *Supra.* Par contre, nous ne pouvons nous empêcher de faire les commentaires suivants : l'arrimage entre la garantie bancaire fédérale et les sûretés mobilières provinciales a donné lieu à de nombreux conflits (voir *Innovation Crédit Union, supra* au para. 1) et la Commission du droit du Canada a recommandé que les art. 427-29 *LB* (*supra*), soit les art qui créent et régissent la garantie bancaire, soient abrogés (voir Commission du droit du Canada, *La* Loi sur les banques *et la modernisation du droit canadien des sûretés*, Ottawa, Commission du droit du Canada, 2004 à la p. 32). Compte tenu de cette situation, le pire geste que le législateur fédéral pourrait poser serait de se plier aux pressions qui seront sans doute exercées par les banques et de modifier les dispositions pertinentes de la *LB* afin d'accorder une priorité aux banques dans les circonstances décrites dans les arrêts *Innovation Crédit Union* (*supra*) et *Radius Crédit Union* (*supra*). Le législateur devrait plutôt saisir l'occasion pour enfin donner effet aux recommandations faites par la Commission du droit du Canada. Il existe une autre possibilité, soit que le législateur fédéral ne modifie pas les dispositions pertinentes de la *LB* et que les législateurs provinciaux adoptent tous une disposition semblable à l'al 4(k) *PPSA* de la Saskatchewan (*supra*), ce qui aurait comme effet de rendre la garantie bancaire très vulnérable. Les banques seront alors moins portées à y recourir et la garantie bancaire pourrait alors sombrer dans l'oubli.

Dans l'arrêt *Innovation Credit Union*, la Cour constate que la *LB* ne comporte aucune disposition précise réglant le conflit de priorité qui survient lorsqu'un intérêt sur un bien est acquis par un tiers *avant* que la garantie bancaire ne grève le bien. Compte tenu de ce vide juridique, la Cour s'appuie sur le paragraphe 427(2) *LB*, qui énonce qu'une garantie bancaire accorde « les mêmes droits que si la banque avait acquis un récépissé d'entrepôt ou un connaissement visant ces biens ». La Cour s'appuie aussi sur le paragraphe 435(2) *LB*, selon lequel le récépissé ou le connaissement confèrent à la banque qui l'acquiert le titre et droit du propriétaire des biens. La Cour conclut qu'il s'agit d'une question qui relève du droit des biens, un domaine de compétence provinciale, et se prononce ainsi :

> Les législatures provinciales ne peuvent pas écarter les droits de la banque, mais elles peuvent modifier les règles de droit applicables dans leur province respectives en matière de propriété et de droits civils. [...] Ainsi, pour établir la nature d'une sûreté provinciale concurrente, il faut tenir compte de la loi provinciale applicable et interpréter la *LB* en harmonie avec cette loi provinciale. Cette méthode est conforme au préambule de la *Loi d'harmonisation no 1 du droit fédéral avec le droit civil*, L.C. 2001, ch. 4 (« *Loi d'harmonisation* ») :
>
> ATTENDU : [...]
>
> qu'une interaction harmonieuse de la législation fédérale et de la législation provinciale s'impose et passe par une interprétation de la législation fédérale qui soit compatible avec la tradition de droit civil ou de common law, selon le cas;
>
> [...]
>
> que, sauf règle de droit s'y opposant, le droit provincial en matière de propriété et de droits civils est le droit supplétif pour ce qui est de l'application de la législation fédérale dans les provinces; [...][436].

La Cour enchaîne : « L'article 8.1 de la *Loi d'interprétation* [...] prévoit explicitement le recours aux "règles, principes et notions en vigueur dans cette province au moment de l'application du texte" »[437].

C'est donc en fonction de l'article 8.1 que la Cour conclut que l'intérêt imparfait acquis par la coopérative de crédit en application de la *PPSA* correspond néanmoins à un droit propriétal en common law. Or, la banque a elle aussi un droit propriétal en vertu des articles 427(2) et 435(2) *LB*. Puisqu'il est question d'un conflit entre des intérêts propriétaux sur un même bien, la common law de la Saskatchewan entre en jeu. Ainsi, l'intérêt propriétal obtenu en premier, soit celui de la coopérative de crédit, l'emporte sur celui obtenu par la banque.

Dans *Innovation Credit Union*, tous les biens grevés appartenaient au débiteur *avant* qu'il n'ait accordé une sûreté mobilière à la coopérative de crédit. Or, dans *Radius Credit Union*, le débiteur s'est porté acquéreur de certains biens grevés *après* avoir accordé la garantie bancaire. La première décision demeure cependant l'arrêt de principe, car elle sert de fondement à la deuxième, qui ne fera donc pas l'objet de commentaires.

Pour rendre ces décisions, la Cour n'a pas hésité à recourir à l'article 8.1 de la *Loi d'interprétation*. Alors que les quatre décisions précédentes, soit *Canada 3000*, *AYSA*, *Saulnier* et *Drummond* pouvaient porter à croire que la Cour s'éloignait de l'article 8.1, les décisions

---

436. *Innovation Crédit Union, supra* au para. 31.
437. *Ibid.*

Innovation Credit Union et *Radius Credit Union* créent une lueur d'espoir. Il est cependant aisé de recourir à la common law pour compléter la législation fédérale, comme l'a fait la Cour dans les deux plus récentes décisions. Il est beaucoup plus difficile de le faire lorsqu'il est question de recourir au droit civil. C'est là que le bât blesse. Il ne reste donc qu'à attendre une décision de la Cour qui accepte de recourir à nouveau au droit civil québécois, dans des circonstances donnant lieu à une application non uniforme de la législation fédérale en cause. C'est alors qu'il sera possible de véritablement évaluer la position de la Cour à l'égard de l'article 8.1.

QUELQUES RÉFLEXIONS

Les arrêts de la Cour suprême du Canada commentés dans la seconde partie (II) mènent aux constats suivants. Premièrement, à ce jour, l'article 8.1 de la *Loi d'interprétation* n'a pas fait l'objet d'une analyse fouillée par la Cour. Aucun des juges n'a fait l'effort de décortiquer cet article, comme l'ont fait les auteurs, afin de mieux en comprendre ses tenants et aboutissants. Aucun n'a fait l'effort d'expliquer clairement sa raison d'être. Parfois, les juges négligent d'y faire référence de façon expresse : leurs jugements comportent tout simplement une référence à la *Loi d'harmonisation no 1*. Le jugement unanime rendu par le juge LeBel dans l'arrêt *Schreiber* et le jugement unanime rendu par la juge Deschamps dans l'arrêt *DIMS* font partie de cette catégorie. Lorsque les juges font référence à l'article 8.1, que ce soit de façon expresse ou implicite, l'analyse est très sommaire : les jugements unanimes de la Cour dans les arrêts *Wise, Canada 3000* et *Innovation Credit Union*, ainsi que le jugement majoritaire du juge Rothstein dans l'arrêt *AYSA* en témoignent. Or, il serait utile que la Cour explique en détail le pourquoi de l'article 8.1. Une explication claire et complète par la Cour lui permettrait non seulement de mieux se situer par rapport à cet article, mais permettrait également à l'ensemble des juristes canadiens de mieux comprendre cette disposition. Ces juristes seraient alors peut-être mieux disposés à en accepter les résultats, même lorsque ceux-ci donnent lieu à une absence d'uniformité.

Deuxièmement, certains jugements ne font aucunement référence à l'article 8.1, alors que la nature du litige y donne ouverture. C'est le cas du jugement majoritaire du juge Rothstein dans l'arrêt *Drummond* et du jugement unanime du juge Binnie dans l'arrêt *Saulnier*. L'article 8.1 a sans doute été plaidé dans l'arrêt *Drummond*, alors qu'il ne l'a peut-être pas été dans l'arrêt *Saulnier*. Mais le fait que l'article n'ait pas été plaidé ne devrait pas empêcher la Cour d'y faire référence, car il s'agit d'une règle d'interprétation contenue dans une loi fédérale à laquelle la Cour peut se référer d'office[438].

Troisièmement, les décisions rendues dans *Canada 3000, AYSA, Saulnier* et *Drummond* semblent vouloir minimiser l'importance de l'article 8.1. Le désir d'assurer une application uniforme de la législation fédérale à travers le pays, ainsi que l'unijuridisme des juges, explique tout probablement cette tendance. Mais les juges peuvent-ils agir ainsi, compte tenu de l'intention du législateur fédéral, exprimée par le biais du libellé impératif de l'article 8.1 ? De plus, lorsque les juges se prêtent, selon le principe moderne de Driedger, à une analyse contextuelle de la disposition à être interprétée, ce principe ne devrait-il pas aujourd'hui tenir compte de l'importance accordée par le Parlement canadien à l'apport de la common law et du droit civil ? Outre l'adoption des articles 8.1 et 8.2, d'énormes efforts ont été déployés par le gouvernement fédéral pour reconnaître cet apport : la mise sur pied en 1993 de la Section du Code civil du ministère de la Justice pour s'assurer que les lois fédérales

---

438.   *Loi sur la preuve au Canada*, LRC 1985, c C-5, art. 18 [*Loi sur la preuve*].

s'harmonisent avec le droit civil du Québec[439]; la Politique sur le bijuridisme législatif adoptée en 1995[440]; et le Programme d'harmonisation de la législation fédérale avec le droit civil de la province de Québec créé en 1997[441]; la Directive du Cabinet sur l'activité législative[442]; les première[443], deuxième[444] et troisième[445] lois d'harmonisation. L'article 8.1 fait aujourd'hui bel et bien partie du paysage juridique et doit faire partie du contexte permettant de déceler l'intention du législateur.

Il est reconnu que des juges appelés à interpréter une disposition législative ne doivent pas substituer leur volonté à celle du législateur : leur tâche est tout simplement de découvrir son intention[446]. Si, à la suite d'une analyse rigoureuse d'une disposition législative, il est impossible de déceler une volonté selon laquelle la disposition doit être appliquée de façon uniforme, les juges n'ont pas le pouvoir de conclure à une telle application. Mais ils y arrivent néanmoins. Dans son ouvrage, Denault a identifié plusieurs méthodes utilisées par les tribunaux en vue d'assurer une application uniforme de la législation fédérale, méthodes utilisées bien avant l'entrée en vigueur de l'article 8.1. Parmi ces méthodes se trouvent les suivantes :

(1) Conclure que le législateur avait l'intention de couvrir complètement un domaine par le biais d'un « code exhaustif » ou d'un « code complet », ce qui a comme effet d'exclure le recours au droit provincial[447].

(2) Recourir, notamment dans le domaine du droit fiscal, au principe que la législation « doit être appliquée uniformément à travers le Canada afin de traiter équitablement l'ensemble des citoyens »[448].

(3) S'appuyer sur l'objet ou la finalité de la disposition législative[449].

Dans plusieurs des décisions identifiées par Denault, non seulement les tribunaux ont conclu à une application uniforme de la législation fédérale, mais ils l'ont fait en recourant à la common law. Cette tendance, nous l'avons dit dans la première partie du texte, a été fortement critiquée.

Bien que la Cour ait eu recours, dans certaines des décisions analysées dans la seconde partie (II), aux méthodes décrites ci-dessus, ces jugements, à l'exception de l'arrêt *AYSA*, ont au moins le mérite de ne pas conclure à une application uniforme aux dépens du droit civil québécois. C'est-à-dire que la Cour n'a pas eu recours à la common law pour conclure à l'application uniforme de la législation en cause. Peut-on en déduire que la Cour est

---

439. Louise Maguire Wellington, « Bijuridisme canadien : Méthodologie et terminologie de l'harmonisation » dans *Harmonisation de la législation fédérale, supra* 1 à la p. 2, ann II.

440. *Ibid.*, à la p. 3, ann III.

441. *Ibid.*, à la p. 3.

442. Voir Gouvernement du Canada, *Lois et règlements : l'essentiel*, 2e éd., Ottawa, Ministère de la Justice du Canada, 2000 aux pp. 3-16, en ligne : Bureau du Conseil Privé <http://www.pco-bcp.gc.ca>.

443. *Loi d'harmonisation no 1, supra.*

444. *Loi d'harmonisation no 2, supra.*

445. Canada, PL S-12, *Loi no 3 visant à harmoniser le droit fédéral avec le droit civil du Québec et modifiant certaines lois pour que chaque version linguistique tienne compte du droit civil et de la common law*, 3e sess, 40e lég, 2010 (deuxième lecture le 18 novembre 2010).

446. Voir par exemple, Sullivan, *Statutes, supra* aux pp. 37-38; Côté, *supra* aux para. 15, 950; Denault, *supra* aux pp. 89-90.

447. *Ibid.*, aux pp. 117-18.

448. *Ibid.*, à la p. 137.

449. *Ibid.*, aux pp. 144-51.

aujourd'hui davantage consciente de l'article 8.1, même lorsqu'elle n'y fait pas référence dans ses jugements, et qu'elle utilisera tous les moyens disponibles pour éviter d'imposer au Québec des règles issues de la common law ? Il est encore très tôt pour en arriver à cette conclusion, mais si tel est le cas, l'article 8.1 aura au moins eu un effet bénéfique. Par contre, il ne faut pas perdre de vue que l'article 8.1 donne manifestement ouverture à la possibilité que certaines situations produisent des résultats non uniformes et les juges ne doivent pas faire abstraction de cette réalité. À chaque fois qu'une disposition législative pourrait reposer sur le droit provincial, les juges se doivent de faire une analyse rigoureuse de la disposition et d'accorder à l'article 8.1 tout le respect qu'il mérite.

Dernier constat : à la lumière des décisions analysées dans la seconde partie (II) de ce texte, il est clair que dans la majorité d'entre elles, il était légitime de conclure soit qu'il n'était pas nécessaire de recourir à l'article 8.1, soit qu'une règle de droit s'opposait à son utilisation. Mais il importe d'en arriver à cette conclusion à la suite d'une interprétation contextuelle rigoureuse effectuée à la lumière des objectifs de l'article 8.1[450]. Dans les cas où une telle interprétation démontre que la disposition législative repose effectivement sur le droit provincial, il faut le dire, et ne pas chercher à occulter cette réalité.

Ces constats mènent aux réflexions et aux suggestions suivantes. Il est relativement facile, dans le cadre d'une interprétation contextuelle, de conclure à l'application uniforme d'une disposition législative fédérale, car les avantages d'une application uniforme sont évidents. Il est plus difficile de conclure à l'absence d'uniformité. Cependant, des avantages existent. Bien que le manque d'uniformité ait comme effet de rendre le droit plus complexe, il peut à moyen ou long terme donner ouverture à des conséquences positives. En 2008, nous nous sommes prononcées ainsi au sujet de la décision *DIMS*, laquelle donne lieu à des résultats non uniformes :

> L'arrêt *D.I.M.S.* illustre très bien que l'application des articles 8.1 et 8.2 de la *Loi d'interprétation* donnera lieu à des divergences dans l'application de la législation fédérale d'une province à l'autre. [...] Dans de telles circonstances, la comparaison entre le droit civil québécois et la common law canadienne est manifestement de nature pratique plutôt que théorique. Dans les dossiers de portée nationale, par exemple, il devient nécessaire de tenir compte de ces différences dans l'application de la loi fédérale. Or, pour bien analyser et comprendre de telles décisions, une connaissance des deux systèmes de droit est essentielle.

450.　Certaines parties du préambule de la *Loi d'harmonisation no 1* (*supra*) permettent de cerner ces objectifs :

　　　Attendu :

　　　[...] qu'une interaction harmonieuse de la législation fédérale et de la législation provinciale s'impose et passe par une interprétation de la législation fédérale qui soit compatible avec la tradition de droit civil ou de common law, selon le cas;

　　　[...] que, sauf règle de droit s'y opposant, le droit provincial en matière de propriété et de droits civils est le droit supplétif pour ce qui est de l'application de la législation fédérale dans les provinces;

　　　que le gouvernement du Canada a pour objectif de faciliter l'accès à une législation fédérale qui tienne compte, dans ses versions française et anglaise, des traditions de droit civil et de common law;

　　　[...] Sa Majesté, sur l'avis et avec le consentement du Sénat et de la Chambre des communes du Canada, édicte.

Il est évident qu'une décision comme *D.I.M.S.* place le législateur fédéral dans une situation difficile. Compte tenu du libellé impératif des articles 8.1 et 8.2, on peut s'attendre à ce qu'il accepte en règle générale l'absence d'un résultat uniforme, et ce, afin de préserver l'intégrité de chacun des systèmes juridiques. Par contre, s'il juge qu'un résultat uniforme est souhaitable, voire essentiel, la modification des dispositions législatives visées s'impose. [...] [Q]uelle règle adoptera-t-il ? Chose probable, la règle sera choisie à la suite d'une étude comparative approfondie [...]. Encore une fois, le droit comparé aurait une importance pratique incontestable[451].

Ainsi, de telles décisions pourraient concourir au développement du droit comparé au Canada et à l'élaboration d'un droit métissé, du moins au niveau fédéral. Un tel résultat est souhaitable : le droit civil québécois a été renouvelé et son apport pourrait être précieux, car la juxtaposition fréquente, au sein de la législation fédérale, de la common law et du droit civil invite nécessairement à la réflexion et suscite des interrogations. Une telle juxtaposition pourrait donner lieu à un droit non seulement métissé, mais amélioré (*better law*), car l'accès à deux cultures juridiques donne nécessairement accès à deux perspectives juridiques et à une meilleure compréhension des forces et des faiblesses relatives aux différentes solutions disponibles[452].

Le professeur Jean-François Gaudreault-Desbiens, dans un essai remarquable qui mériterait d'être traduit vers l'anglais[453], s'est penché sur le sort qui pourrait être réservé à l'article 8.1 de la *Loi d'interprétation*. Il est d'avis qu'il existe le risque que les avocats et les juges adoptent une interprétation restrictive de l'article 8.1 qui « poursuivrait la politique traditionnelle de confinement du droit civil »[454]. Cette politique traditionnelle résulte, selon lui, de plusieurs facteurs : l'unilinguisme et l'unijuridisme de la majorité des juristes canadiens; l'indifférence à l'égard du droit civil québécois, voire une certaine méfiance à cet égard; enfin, le sentiment que la common law est en quelque sorte supérieure au droit civil et qu'il n'est donc pas nécessaire d'accorder une grande importance à ce dernier.

Afin de contrer un tel résultat, le professeur Gaudreault-Desbiens soulève la possibilité de modifier la *Loi d'interprétation* de la façon suivante :

[D]ès lors qu'une disposition législative fédérale ne peut être interprétée comme se référant à un quelconque *jus commune* provincial et que le sens de cette disposition demeure ambigu après avoir recouru aux règles ordinaires d'interprétation, cette disposition devrait être interprétée de la manière qui soit la plus intersubjectivement légitime tant du point de vue de la common law que du droit civil. [...] [L]e cas échéant, la meilleure interprétation serait celle qui ferait le moins possible injure et au droit

---

451.   Aline Grenon, « Entrée en matière : le droit comparé au Canada à l'aube du XXIe siècle » dans Louise Bélanger-Hardy et Aline Grenon, dir, *Éléments de common law canadienne : comparaison avec le droit civil québécois*, Toronto, Thomson Carswell, 2008, 1 aux pp. 19-20 [Grenon, « Entrée en matière »].

452.   Par exemple, l'arrêt *DIMS* (*supra*) donne ouverture à une analyse du mérite respectif de la compensation en droit civil québécois et de la compensation en common law et en equity, et ce, dans le cadre de la faillite et de l'insolvabilité. Grenon, « Entrée en matière », *supra* aux pp. 17-20.

453.   Voir Jean-François Gaudreault-DesBiens, *Les solitudes du bijuridisme au Canada : Essai sur les rapports de pouvoir entre les traditions juridiques et la résilience des atavismes identitaires*, Montréal, Thémis, 2007.

454.   *Ibid.*, à la p. 122.

civil et à la common law, ce qui mènerait presque inévitablement à l'élaboration d'un droit fédéral dissocié partiellement mixte ou métissé[455].

Il avoue cependant qu'il est « difficile d'anticiper de manière précise comment les tribunaux assureraient l'application de la règle proposée »[456]. Bref, les tribunaux pourraient continuer à recourir aux méthodes décrites ci-dessus, réduisant ainsi le rôle que pourrait jouer le droit civil québécois et le droit comparé dans le cadre de l'interprétation de la législation fédérale.

Or, si les tribunaux, et notamment la Cour suprême du Canada, limitent l'influence du droit civil québécois en matière fédérale en poursuivant « la politique traditionnelle de confinement du droit civil », ils écarteraient des solutions différentes et une approche qui pourraient enrichir le droit canadien dans son ensemble. En favorisant l'uniformité issue d'un seul schème de pensée juridique, ils s'éloigneraient de la diversité. Or, l'interaction des cultures juridiques, voire le choc de ces cultures, notamment par le biais de jugements qui reconnaissent l'apport du droit civil et de la common law, pourrait contribuer puissamment à l'évolution du droit.

Nous croyons qu'il est juste de dire que les auteurs qui s'intéressent à la question d'harmonisation dans le contexte canadien, y compris les auteurs qui se sont montrés les plus critiques à l'égard du processus d'harmonisation entrepris par le législateur fédéral, estiment que l'existence au sein de la fédération canadienne de différentes traditions juridiques est un atout important, qui peut donner ouverture à un dialogue et à des échanges fructueux. Les divergences entre les auteurs se manifestent surtout à l'égard du point de rencontre de ces traditions et de la façon dont le dialogue et les échanges peuvent se produire. Par exemple, la professeure Sullivan, très critique à l'égard du processus d'harmonisation fédéral, prône les avantages d'un « *derivative bijuralism or multijuralism in which federal legislation is routinely interpreted in light of all relevant legal systems (e.g., common law, civil law, Aboriginal law, Islamic law, international law)* »[457]. Le professeur Leckey, qui a lui aussi critiqué le processus d'harmonisation fédéral, qu'il décrit en outre comme étant *top-down*, semble plutôt favoriser le pluralisme juridique, selon lequel :

> sans l'idée d'une hiérarchie permanente ou d'une modalité ordonnée quelconque, un ordre juridique peut bien en complémenter ou en compléter un autre dans des circonstances particulières. Si dans un contexte c'est le droit religieux qui complète le droit civil, il se peut que, dans un autre, ce soit le droit civil qui complète le droit religieux[458].

Il ajoute :

> Il serait toutefois erroné de limiter notre regard aux autorités dûment constituées : il ne faut pas non plus perdre de vue les citoyens qui interprètent, voire contestent, le droit. [...] D'après le pluralisme juridique, les sujets de droit suivent le droit, l'interprètent mais aussi le créent. [...] Si cette réciprocité fait partie de toute opération par le bas, elle est évacuée de toute opération par le haut telle l'harmonisation conçue par le fédéral. Et le pluralisme des citoyens – dont les langues et les identités juridiques

---

455.   *Ibid.*, à la p. 120.
456.   *Ibid.*, aux pp. 122-23.
457.   Sullivan « Challenges », *supra* à la p. 1044.
458.   Leckey, *supra* aux pp. 44-45.

dépassent les deux langues officielles et les deux traditions occidentales – se répercute sur la pratique de l'harmonisation[459].

Or, le professeur Gaudreault-Desbiens a très bien démontré dans son essai qu'il existe, au sein de la fédération canadienne, de puissantes forces qui jouent à l'encontre du dialogue et des échanges. Ces forces tendent plutôt au mutisme et au confinement. Il ne faut donc pas s'en tenir à des vœux pieux ou au laissez-faire, tout en espérant que les tribunaux ou les juristes, voire les sujets de droit, se dirigeront d'eux-mêmes vers une plus grande ouverture. Il s'agit d'une vision irréaliste, compte tenu des résistances systémiques qui existent. Dans l'état actuel des choses, il est plutôt nécessaire de créer un climat favorable au dialogue et aux échanges accrus entre la common law canadienne et le droit civil québécois, et ce, par le biais de divers outils ou de « microstratégies [...] afin de vaincre [...] les obstacles structurels »[460]. D'ailleurs, ne pourrait-on pas dire que l'article 8.1 fait partie de ces outils ? Et que si les juges recourent sans arrière-pensée à cet article lorsque les circonstances s'y prêtent, ils favoriseront nécessairement des liens plus étroits entre ces deux systèmes ?

Une stratégie pourrait s'avérer très utile pour mettre en valeur les articles 8.1 et 8.2. Les règles de procédure de la Cour exigent que tous les mémoires d'appels comportent une reproduction de la législation « dans les deux langues officielles si la loi exige la publication de ces textes dans les deux langues officielles »[461]. Ne serait-il pas possible d'adopter une nouvelle modification à ces règles, selon laquelle les mémoires d'appel auraient à tenir compte de la pertinence, le cas échéant, des articles 8.1 et 8.2, lorsqu'il est question d'interprétation de législation fédérale ? Puisque la Cour, nous l'avons dit[462], peut tenir compte d'office des articles 8.1 et 8.2, ne serait-il pas préférable pour les parties d'être sensibilisées à l'application possible de ces articles au moment même où elles préparent leurs mémoires ? En en tenant compte dans leurs mémoires, il sera alors possible pour elles d'examiner en détail la pertinence de ces articles, à la lumière non seulement de la législation devant être interprétée, mais également à la lumière du droit civil et de la common law.

Parmi les outils qui pourraient favoriser le dialogue et les échanges entre le droit civil québécois et la common law canadienne, la formation juridique est incontournable. Peut-être serait-il possible pour les facultés de droit d'offrir une formation juridique véritablement canadienne, comportant les éléments suivants : (1) un cours obligatoire d'introduction à l'ensemble des systèmes et traditions qui font partie du paysage juridique canadien; (2) un cours obligatoire en matière de législation ou d'interprétation des lois, lequel devrait normalement faire état des articles 8.1 et 8.2 de la *Loi d'interprétation* et du rôle incontournable des langues lorsqu'il est question d'interpréter des lois dont les versions linguistiques ont valeur égale; et (3) la possibilité de faire des échanges d'une ou de deux sessions dans des facultés canadiennes de droit axées sur d'autres systèmes ou traditions juridiques. Pour assurer une telle formation aux étudiants, les facultés de droit n'auraient qu'à faire des remaniements relativement mineurs : rendre obligatoire deux cours et encourager les échanges pancanadiens. Il est vrai que les diplômés ayant une formation double ou transsystémique offrent un potentiel énorme, mais il ne faut pas miser que sur cela. Dans un pays comme le nôtre, les étudiants qui ne cherchent pas à devenir des bijuristes ou des comparatistes ont aussi intérêt à être sensibilisés aux particularités du droit canadien. Une telle formation pourrait donner

---

459.   *Ibid.*, aux pp. 45-46.
460.   Gaudreault-DesBiens, *supra* aux pp. 113-14.
461.   *Règles de la Cour suprême du Canada*, DORS/2002-156, al 42(2)(g).
462.   *Loi sur la preuve, supra.*

lieu, à moyen terme, à une plus grande ouverture de la part des juristes et des tribunaux. Il suffit que deux ou trois membres du Conseil des doyens et des doyennes des facultés de droit du Canada réussissent à sensibiliser leurs collègues à cet égard. Même si seulement quelques facultés adoptaient un tel parcours pour leurs étudiants, elles lanceraient un message important à l'ensemble de la communauté juridique.

Un autre outil pourrait servir à encourager le dialogue et les échanges : la création d'un organisme fédéral indépendant voué au droit comparé. Un tel organisme aurait manifestement le mandat de promouvoir l'étude des systèmes et traditions juridiques canadiens. D'autres mandats pourraient toutefois lui être confiés, dont celui d'analyser l'impact des décisions donnant lieu, par l'application de l'article 8.1, à des résultats non uniformes de la législation fédérale. À la suite d'une telle analyse, si l'organisme estime qu'une application uniforme est nécessaire, il pourrait alors proposer au législateur fédéral une solution qui soit respectueuse du droit civil et de la common law et qui évite de greffer à l'un ou l'autre de ces deux systèmes des concepts qui lui conviennent peu ou pas. Un tel organisme manifesterait clairement la volonté du Parlement canadien de tenir compte de l'apport du droit civil québécois et de la common law canadienne dans la rédaction et l'interprétation de sa législation. En outre, l'existence d'un tel organisme devrait minimiser la tendance des juges de recourir aux méthodes parfois douteuses décrites dans l'ouvrage de Denault pour conclure à l'application uniforme de la législation fédérale. Cette tendance est d'autant plus néfaste que peu de juges sont en mesure d'évaluer l'incidence de leurs conclusions, car ils ont rarement les connaissances en droit comparé requises à cette fin. Seul le législateur fédéral, avec l'aide d'un tel organisme, est en mesure de le faire. Sachant que l'impact de leurs décisions serait ainsi évalué et des mesures correctives adoptées au besoin, les juges seraient alors peut-être plus enclins à conclure à l'absence d'uniformité dans l'application d'une disposition législative fédérale, lorsque la disposition y donne ouverture[463].

CONCLUSION

Dans la seconde partie (II), neuf arrêts de la Cour suprême du Canada ont fait l'objet d'une analyse, en vue de déceler certaines tendances relatives à l'application de l'article 8.1. À la lumière d'un nombre d'arrêts aussi limité, il est encore trop tôt pour en arriver à des conclusions fermes. Alors que la Cour n'a pas hésité à appliquer l'article 8.1 dans les trois premiers arrêts, elle a semblé vouloir s'en éloigner dans les quatre suivants. Dans les deux derniers, elle n'a pas hésité à appliquer l'article 8.1, mais elle l'a fait dans le contexte usuel d'interaction entre la législation fédérale et la common law. Il reste à voir si la Cour cherchera à s'éloigner de l'article 8.1 lorsqu'elle sera appelée à nouveau à se prononcer dans un contexte d'interaction entre la législation fédérale et le droit civil.

Si la Cour devait alors s'éloigner de ces articles, les conséquences suivantes seraient à prévoir : une réduction du rôle du droit civil québécois dans l'interprétation de la législation fédérale et peut-être même un retour à la pratique antérieure, selon laquelle des concepts de common law seraient incorporés au droit civil québécois. De plus, en agissant ainsi, la Cour irait vraisemblablement à l'encontre de la volonté du législateur fédéral, volonté clairement exprimée à l'article 8.1.

---

463. L'existence d'un tel organisme aurait aussi comme effet de sensibiliser l'ensemble des ministères fédéraux concernant l'importance d'une rédaction législative qui tienne compte de ces articles. En outre, les décideurs devraient en tenir compte au moment même de la gestation de la législation.

Si, au contraire, la Cour appliquait au besoin l'article 8.1, cela aurait nécessairement comme effet d'accroître le rôle du droit civil québécois sur le plan national et l'arrêt *DIMS* permet d'entrevoir les retombées positives qui pourraient en découler.

L'article 8.1 de la *Loi d'interprétation* permet de concevoir et d'interpréter la législation fédérale en tenant compte du droit civil et de la common law. Si cet article est appliqué comme il se doit, les deux systèmes seront plus souvent mis en opposition et évalués. Ce processus devrait au minimum favoriser des échanges soutenus au niveau de la législation fédérale, entre le droit civil québécois et la common law des provinces canadiennes. Ce processus contribuerait sans doute à l'épanouissement du droit comparé au Canada. Plusieurs auteurs ont exprimé le souhait que l'existence au Canada d'une diversité juridique hors du commun puisse un jour donner lieu à de tels résultats, voire à un droit partiellement mixte ou métissé. Il est certain que l'article 8.1, s'il n'est pas mis au rancart, peut contribuer à l'évolution du droit en ce sens.

Espérons que ce souhait ne se transforme pas en chimère.

C. ARGUMENTS DE CONTEXTE

1. Général

Le « modern principle » d'interprétation des lois de Driedger que nous avons vu, en français le « principe moderne », est aussi connu sous le nom de « words-in-total-context approach », en français « mots-en-total-contexte ». Selon Driedger : « Words, when read *by themselves* in the abstract can hardly be said to have meanings »[464]. Pour sa part, Ruth Sullivan, dans la dernière édition de *The Construction of Statutes* opine ainsi : « The meaning of a word depends on the context in which it is used. This basic principle of communication applies to all texts, including legislation »[465].

L'idée de contexte s'exprime également en parlant de la méthode systématique et logique d'interprétation législative. L'argument s'appuie à la base sur le postulat de la rationalité du législateur. En fait, la prémisse voulant que le législateur soit cohérent et rationnel est à l'argument de contexte ce qu'est à l'argument de texte la prémisse voulant que le législateur s'exprime correctement. Invoquant la doctrine de François Ost[466], Pierre-André Côté explique le fondement de l'argument contextuel de la façon suivante :

[L]a loi, qui manifeste la pensée du législateur rationnel, est donc réputée refléter une pensée cohérente et logique et l'interprète doit préférer le sens d'une dispo-

---

464. E.A. Driedger, *Construction of Statutes*, 2ᵉ éd., Toronto, Butterworths, 1983, à la p. 3 [italiques dans l'original].

465. R. Sullivan, *Sullivan and Driedger on the Construction of Statutes*, 4ᵉ éd., Markham & Vancouver, Butterworths, 2002, à la p. 161.

466. F. Ost, « L'interprétation logique et systématique et le postulat de la rationalité du législateur » dans M. van de Kervhove (dir.), *L'interprétation en droit – Approche pluridisciplinaire*, Bruxelles, Faculté universitaire St-Louis, 1978, p. 97.

sition qui confirme le postulat de la rationalité du législateur plutôt que celui qui crée des incohérences, des illogismes ou des antinomies dans le droit.[467]

On parle souvent de présomption de cohérence lorsqu'il est question de l'argument de contexte. Par exemple, le juge en chef Lamer écrit ceci dans *Pointe-Claire (Ville) c. Québec (Tribunal du travail)* : « Certes, selon le principe de la présomption de cohérence des lois qui portent sur des sujets analogues, l'interprète doit chercher l'harmonisation entre ces lois plutôt que leur contradiction »[468]. Cette présomption n'est pas absolue, c'est une présomption simple, donc réfragable.

Le contexte d'une loi peut faire référence à la fois à ce qui a entouré l'adoption de la législation, c'est-à-dire le contexte d'adoption, et à ce qui entoure l'application de cette législation dans un cas précis, c'est-à-dire au contexte d'application. Les deux visages du contexte de la loi renvoient à la problématique abordée précédemment, lors de l'étude de la méthode littérale et grammaticale, à savoir si le langage législatif est statique ou s'il peut évoluer dans le temps. Il s'agit ici de décider si le contexte est figé dans le temps, au moment de l'adoption de la loi, ou s'il est dynamique et peut inclure aussi la situation contemporaine dans laquelle sera appliquée la normativité législative. Contrairement à ce qui est toujours le cas pour l'argument de texte, la théorie officielle de l'interprétation ne s'objecte pas par principe à ce que l'argument de contexte se détache du moment de l'adoption de la loi et inclut le contexte au moment de son application[469].

Pour nous aider à comprendre, la notion de contexte interprétatif peut être divisée en catégories, et ce, de différentes façons. Pierre-André Côté parle de contexte horizontal, entre les règles juridiques législatives, et du contexte vertical, au sein d'une hiérarchie normative; il sépare son étude du contexte en examinant la cohérence interne de la loi, la cohérence des lois entre elles et la conformité aux normes supérieures[470]. Ruth Sullivan, pour sa part, invoque une division traditionnelle en catégories de contexte littéral, légal et externe; elle-même examine la matière sous six rubriques, soit 1) le contexte immédiat, 2) la loi dans son ensemble, 3) le corpus législatif pertinent, 4) la common law, 5) le droit international, et 6) le contexte externe[471]. Dans le présent volume, le droit international fait l'objet d'une analyse séparée et autonome en tant qu'argument de contexte particulier; il en est de même

---

467. P.-A. Côté, coll. S. Beaulac et M. Devinat, *Interprétation des lois*, 4ᵉ éd., Montréal, Thémis, 2009, à la p. 351 [notes infrapaginales omises].

468. *Pointe-Claire (Ville) c. Québec (Tribunal du travail)*, [1997] 1 R.C.S. 1015, para. 61, [1997] A.C.S. nº 41.

469. Voir R. Sullivan, *Sullivan and Driedger on the Construction of Statutes* 4ᵉ éd., Markham & Vancouver, Butterworths, 2002, à la p. 458 : « In examining social context, the courts may look both to the context in which the impugned legislation was originally enacted and to the context in which it currently operates ».

470. P.-A. Côté, coll. S. Beaulac et M. Devinat, *Interprétation des lois*, 4ᵉ éd., Montréal, Thémis, 2009, aux pp. 351-352.

471. R. Sullivan, *Sullivan and Driedger on the Construction of Statutes*, 4ᵉ éd., Markham & Vancouver, Butterworths, 2002, aux pp. 261-262.

pour la *Charte canadienne des droits et libertés*[472], qui fait partie de nos jours du contexte incontournable de la loi[473]. Les autres éléments de contexte sont étudiés ci-dessous en passant du plus petit au plus grand cercle, c'est-à-dire du contexte précis du texte de loi sous étude à l'ensemble du corpus normatif applicable dans la juridiction.

2. Contexte interne immédiat

Les termes employés dans une disposition législative prennent la couleur des mots qui les accompagnent. Autrement dit, on ne peut pas interpréter les mots et expressions de la loi isolément, dans l'abstrait, dans un vacuum, sans tenir compte des autres éléments de langage utilisés pour communiquer la règle juridique. Au XVIe siècle déjà, on voit Lord Coke parler de ce contexte interne immédiat dans l'affaire *Lincoln College* :

> [T]he office of a good expositor of an Act of Parliament is to make construction on all the parts together, and not of one part only by itself; *nemo enim aliquam partem recte intelligere potest antequam totum iterum atque iterum perlegerit*[474].

La locution latine en deuxième partie de l'extrait exprime l'idée qu'on ne peut pas penser comprendre correctement une partie avant d'avoir considéré le tout.

L'ancêtre de l'argument de contexte est généralement considéré être la règle dite d'or en interprétation législative, la « golden rule » en anglais. C'est dans l'arrêt *Grey v. Pearson*[475], au milieu du XIXe siècle, que Lord Wensleydale aurait formulé la règle d'or pour la première fois. À cette époque, évidemment, l'approche restrictive de la règle de l'interprétation littérale (en anglais, « plain meaning rule ») régnait en maître, ce qui explique que l'on parle plus de texte que de contexte dans l'extrait qui suit :

> I have been long and deeply impressed with the wisdom of the rule, now, I believe, universally adopted, at least in the Courts of Law in Westminster Hall, that in construing wills and indeed statutes, and all written instruments, the grammatical and ordinary sense of the words is to be adhered to, unless that would lead to some absurdity, or some repugnance or inconsistency with the rest of the instrument, in which case the grammatical and ordinary sense of the words may be modified, so as to avoid that absurdity and inconsistency, but no farther[476].

Lord Wensleydale fait référence aux situations où il y a un problème avec le texte de la loi (absurdité, incompatibilité) lorsqu'on l'examine en regard au reste du

---

472. *Charte canadienne des droits et libertés*, partie I de la *Loi constitutionnelle de 1982*, constituant l'annexe B de la *Loi de 1982 sur le Canada*, (R.-U.), 1982, c. 11.

473. Voir, en général, W.A. Schabas et S. Beaulac, *International Human Rights and Canadian Law – Legal Commitment, Implementation and the Charter*, 3e éd., Toronto, Thomson Carswell, 2007; et L. Arbour et F. Lafontaine, « Beyond Self-Congratulation: The *Charter* at 25 in an International Perspective », (2007) 45 *Osgoode Hall L. J.* 239.

474. *Lincoln College* (1595) 3 Co. Rep. 58b, 59b, 76 E.R. 764, 767(C.L.).

475. *Grey v. Pearson* (1857), 6 H.L.C. 61, 10 E.R. 1216 (C.L.).

476. *Grey v. Pearson* (1857), 6 H.L.C. 61, 10 E.R. 1216, 1234 (C.L.).

corpus législatif (en anglais, « the rest of the instrument »). Cela suggère donc que le texte doit être considéré dans son contexte, ce qui est loin d'être révolutionnaire.

Voici une affaire relativement récente à la Cour suprême du Canada qui, au-delà de la trame factuelle absolument loufoque, illustre bien comment l'argument de contexte interne immédiat peut s'avérer important dans le processus d'interprétation législative.

Extraits tirés de *R. c. Clark*, [2005] 1 R.C.S. 6, [2005] A.C.S. n° 2.

Version française du jugement de la Cour rendu par

LE JUGE FISH —

1   L'appelant a été reconnu coupable de s'être masturbé près de sa fenêtre de salon alors que les rideaux étaient ouverts et que la pièce était éclairée.

2   Mme S. — une voisine qui regardait la télévision avec ses deux fillettes dans leur salle familiale à demi éclairée — a été la première à l'apercevoir. Celle-ci a alerté son mari après s'être rendue dans une autre pièce pour mieux voir. À partir de leur chambre à coucher non éclairée qui était située à une distance de 90 à 150 pieds de l'endroit où se trouvait l'appelant et qui donnait sur leurs arrière-cours contiguës, ils ont tous les deux observé l'appelant, à son insu, pendant 10 à 15 minutes.

3   La police, appelée sur les lieux, a porté contre l'appelant des accusations fondées sur les al. 173(1)*a*) et 173(1)*b*) du *Code criminel*, L.R.C. 1985, ch. C-46.

4   Aux termes de l'al. 173(1)*a*), est coupable d'une infraction quiconque commet volontairement une action indécente « <u>dans un endroit public</u> en présence d'une ou de plusieurs personnes »; par ailleurs, aux termes de l'al. 173(1)*b*), est coupable d'une infraction quiconque commet volontairement une action indécente « <u>dans un endroit quelconque</u> avec l'intention d'ainsi insulter ou offenser quelqu'un ».

5   Selon le juge du procès, l'appelant paraissait ignorer qu'on l'observait. Il n'avait pas non plus l'intention d'« insulter ou offenser quelqu'un ». En fait, le juge du procès a conclu qu'il y avait eu [TRADUCTION] « une intensification de l'activité » de l'appelant lorsque Mme S. a quitté la salle familiale à demi éclairée où l'appelant aurait vraisemblablement pu l'apercevoir. Le juge du procès a ajouté que [TRADUCTION] « rien n'indique [. . .] — et, en fait, c'est plutôt le contraire — que [l'appelant] savait que [Mme S.] l'observait par la fenêtre de sa chambre à coucher non éclairée ».

6   Toutefois, le juge du procès était persuadé que l'appelant avait « converti » son salon en endroit public et qu'il avait, dans cet « endroit public », commis volontairement une action indécente en présence d'une seule ou de plusieurs personnes.

7   Après avoir tiré ces conclusions, le juge du procès a acquitté l'appelant relativement à l'accusation fondée sur l'al. 173(1)*b*), mais l'a déclaré coupable quant à celle fondée sur l'al. 173(1)*a*). Ses appels devant la Cour suprême et la Cour d'appel de la Colombie-Britannique ont été rejetés.

8   En confirmant la déclaration de culpabilité de l'appelant, la Cour d'appel a néanmoins décidé que celui-ci [TRADUCTION] « s'[était] volontairement conduit d'une manière indécente, cherchant à attirer l'attention d'autrui (les membres du public) au cours de la soirée en ques-

tion » ((2003), 185 B.C.A.C. 87, 2003 BCCA 408, par. 10). Selon la Cour d'appel, [TRADUCTION] « on peut seulement inférer des faits de la présente affaire que l'appelant a adopté un comportement exhibitionniste et qu'il cherchait à s'attirer l'attention du voisinage en s'exposant à la vue d'autres résidants » (par. 5).

9   L'appelant soutient qu'à cet égard, notamment, la Cour d'appel s'est écartée à tort de l'appréciation que le juge du procès a faite de la preuve. En toute déférence, je suis d'accord avec lui. Mais puisque, de toute manière, je suis d'avis d'accueillir le pourvoi pour d'autres motifs, j'estime qu'il suffit simplement, en l'espèce, de réaffirmer les principes applicables. Les cours d'appel ne peuvent pas modifier les inférences et conclusions de fait du juge du procès, à moins qu'elles soient manifestement erronées, non étayées par la preuve ou par ailleurs déraisonnables. De plus, l'erreur imputée doit être clairement relevée. Il faut aussi démontrer qu'elle a influé sur le résultat. Les mots « erreur manifeste et dominante » expriment de manière concise et éloquente cette norme bien établie : voir *Stein c. Le navire « Kathy K »*, [1976] 2 R.C.S. 802; *Lensen c. Lensen*, [1987] 2 R.C.S. 672; *Geffen c. Succession Goodman*, [1991] 2 R.C.S. 353; *Hodgkinson c. Simms*, [1994] 3 R.C.S. 377; *Toneguzzo-Norvell (Tutrice à l'instance de) c. Burnaby Hospital*, [1994] 1 R.C.S. 114; *Schwartz c. Canada*, [1996] 1 R.C.S. 254; *Housen c. Nikolaisen*, [2002] 2 R.C.S. 235, 2002 CSC 33.

10   Personne n'a laissé entendre que le juge du procès avait commis, en l'espèce, une erreur manifeste et dominante dans son appréciation de la preuve. Le présent pourvoi doit donc être tranché par l'application des règles de droit énoncées par le législateur aux faits constatés par le juge du procès.

11   L'alinéa 173(1)*a*) du *Code* interdit à quiconque de commettre volontairement une action indécente «<u>dans un endroit public en présence d'une ou de plusieurs personnes</u> ». À l'article 150, l'expression « endroit public » est définie comme étant « [t]out lieu auquel le public a accès de droit ou sur invitation, expresse ou implicite ». Dans le contexte qui nous occupe en l'espèce, à savoir la partie V du *Code criminel*, le législateur établit une distinction entre la conduite prohibée « dans un endroit public » et la conduite prohibée si elle est adoptée « à la vue du public ». Les tribunaux doivent éviter de contrecarrer l'intention manifeste du législateur au moyen d'une interprétation confondant ces deux différents fondements de responsabilité criminelle.

12   Le législateur a également créé deux infractions distinctes aux al. 173(1)*a*) et 173(1)*b*) du *Code criminel*. Le premier alinéa porte sur les actions indécentes commises dans un endroit public en présence d'une seule ou de plusieurs personnes, et le second, sur les actions indécentes commises dans un endroit quelconque, public <u>ou</u> privé, avec l'intention d'insulter ou offenser quelqu'un. Dans le cas qui nous occupe, l'appelant a été acquitté relativement à l'accusation portée en vertu de l'al. 173(1)*b*). Sa déclaration de culpabilité fondée sur l'al. 173(1)*a*) ne saurait donc être justifiée, comme l'a fait dans une certaine mesure la Cour d'appel, par des motifs sur lesquels le juge du procès s'est prononcé de manière définitive et en faveur de l'appelant en examinant l'accusation portée contre lui en vertu de l'al. 173(1)*b*).

13   Je retiens l'argument de l'appelant voulant que son salon ne soit pas un endroit public au sens de l'al. 173(1)*a*). Le salon de sa résidence privée n'était pas un lieu « auquel le public a[vait] accès de droit ou sur invitation, expresse ou implicite ». D'après le texte et le contexte, il me paraît évident que le terme « accès », utilisé dans cette phrase, signifie « [p]ossibilité d'aller, de pénétrer dans (un lieu), d'entrer » : *Le Nouveau Petit Robert* (2003), p. 15. Cette disposition n'envisage pas, selon moi, la capacité d'une personne qui n'a pas accès, de droit

ou sur invitation, à un lieu de voir ou d'entendre de l'extérieur — par une fenêtre dont les rideaux sont ouverts ou par une porte ouverte — ce qui se passe à l'intérieur.

14   J'estime donc, en toute déférence, que le juge du procès a commis une erreur en concluant que l'appelant avait « converti » son salon en endroit public du seul fait qu'on pouvait l'apercevoir par la fenêtre de son salon et que, même s'il ne se doutait de rien, M. et Mme S. l'observaient à partir de leur chambre à coucher située à une distance de 90 à 150 pieds de là.

15   J'expliquerai davantage plus loin les raisons pour lesquelles je suis d'avis d'accueillir le pourvoi pour ce seul motif. Cependant, je vais commencer par examiner de plus près les faits et les décisions des instances inférieures.

II

16   La première à apercevoir l'appelant a été Mme S. qui regardait la télévision avec ses deux fillettes dans leur salle familiale éclairée uniquement par l'écran du téléviseur et la lumière provenant de la cuisine. Mme S. s'est dite d'accord avec l'avocat lorsqu'il a indiqué qu'à partir de cet endroit elle [TRADUCTION] « n'avait vraiment rien remarqué d'anormal, sauf un mouvement ». Mais, pour les motifs que Mme S. a expliqués au procès, tracassée, elle [TRADUCTION] « a couru » jusqu'à sa chambre à coucher pour « mieux voir » et a ensuite demandé à son mari de l'y rejoindre.

17   À partir de cet endroit, M. et Mme S. ont observé l'appelant pendant 10 à 15 minutes. Prenant garde d'être aperçus, ils ont regardé par la fenêtre de leur chambre, en dessous du store partiellement baissé. Pour confirmer ce que l'appelant leur paraissait être en train de faire, M. S. est allé chercher des jumelles et un télescope. Il a également tenté, en vain, de filmer l'appelant à l'aide d'un caméscope.

18   M. et Mme S. étaient, bien entendu, inquiets. Pour reprendre les termes de M. S., ils craignaient que l'appelant se [TRADUCTION] « masturbe en regardant dans la direction de [leurs] enfants ». Ils ont donc appelé la police.

19   Le premier policier est arrivé en moins de cinq minutes. De la chambre à coucher de M. et Mme S., le policier était en mesure d'apercevoir l'appelant [TRADUCTION] « jusqu'en dessous du nombril ». L'appelant avait la main devant lui [TRADUCTION] « et paraissait se masturber ». De l'endroit où il se trouvait dans l'arrière-cour de l'appelant, au niveau de la rue, le policier ne pouvait voir ce dernier qu'[TRADUCTION] « à peu près à partir du cou ou des épaules en montant, vu l'angle de son regard ».

20   Selon le juge du procès, [TRADUCTION] « [l'appelant] paraissait ignorer qu'on l'observait ». Le juge a ajouté que rien ne permettait de croire que [TRADUCTION] « [l'appelant] savait que [Mme S.] l'observait par la fenêtre de sa chambre à coucher non éclairée ». Il a conclu qu'en fait la preuve indiquait le contraire. Mme S. a toutefois observé l'appelant et [TRADUCTION] « les enfants auraient pu aisément le voir, mais il semble que non ».

21   Compte tenu de ces faits, le juge a décidé que l'appelant avait commis volontairement « une action indécente [. . .] dans un endroit public en présence d'une ou de plusieurs personnes », perpétrant ainsi l'infraction créée à l'al. 173(1)*a*) du *Code criminel*.

22   Cependant, il n'était pas convaincu que l'appelant avait commis cette action indécente « avec l'intention d'ainsi insulter ou offenser quelqu'un », comme l'exige l'al. 173(1)*b*) du *Code*. Il a donc acquitté l'appelant relativement à l'accusation portée contre lui en vertu de cette disposition.

23   La Cour d'appel de la Colombie-Britannique a confirmé la déclaration de culpabilité de l'appelant fondée sur l'al. 173(1)*a*). Il se pourvoit maintenant, avec l'autorisation de notre Cour, contre l'arrêt de la Cour d'appel.

III

24   En confirmant la déclaration de culpabilité de l'appelant, la Cour d'appel s'est principalement fondée sur la décision *R. c. Keir* (1919), 34 C.C.C. 164 (C.S.N.-É.), et l'arrêt *R. c. Buhay* (1986), 30 C.C.C. (3d) 30 (C.A. Man.).

25   Dans l'affaire *Keir*, l'accusé s'était exhibé debout dans une allée privée adjacente à la voie publique, où de jeunes passantes l'avaient aperçu. Dans des motifs distincts mais concordants, le juge en chef Harris a statué qu'[TRADUCTION] « [i]l est bien établi en droit qu'une telle infraction est toujours punissable si elle est commise à la vue de tous les passants dans une rue » (p. 166). Ce faisant, le juge en chef Harris s'est entièrement fondé sur la jurisprudence anglaise, plus particulièrement sur l'affaire *R. c. Thallman* (1863), 9 Cox C.C. 388.

26   Toutefois, l'affaire *Thallman* fait simplement ressortir les différences entre la common law anglaise et l'infraction créée à l'al. 173(1)*a*) du *Code criminel*. En examinant la disposition antérieure à l'al. 173(1)*a*), dans la décision *R. c. Clifford* (1916), 26 D.L.R. 754 (C.S. Ont.), p. 755-756, le juge Middleton a bien expliqué cette distinction, en en regrettant quelque peu l'existence :

> [TRADUCTION] Dans de nombreuses affaires survenues en Angleterre, l'infraction a été commise sur une propriété privée, mais dans un endroit bien à la vue des passants ou des occupants des maisons adjacentes : prenons l'exemple de l'affaire *Thallman* (1863), L. & C. 326.
>
> Malheureusement, cet élément d'exposition à la vue du public semble avoir été oublié dans notre loi, et l'action n'est punissable que si elle a été commise dans un lieu auquel le public a accès ou auquel il est autorisé à avoir accès.

27   Dans la décision *Keir*, le juge en chef Harris ne s'est pas rendu compte de cette distinction en appliquant la common law anglaise en matière d'exhibitionnisme.

28   S'exprimant au nom des quatre autres juges, dans la décision *Keir*, le juge Mellish a abordé la question différemment, à la p. 167 :

> [TRADUCTION] J'estime qu'il s'agissait d'une action indécente commise dans la rue, un lieu auquel le public a accès, et que l'accusé a été déclaré coupable à juste titre. [. . .] L'exhibitionnisme est l'élément essentiel de l'infraction et <u>je crois que la personne qui s'exhibe volontairement devant des personnes qui se trouvent alors dans un endroit public se rend coupable d'exhibitionnisme dans un endroit</u> et en présence de personnes, au sens de l'art. 205 du Code. [Je souligne.]

29   Selon le juge Mellish, l'action indécente est donc commise non seulement là où le contrevenant l'accomplit, mais également là où se trouvent les personnes qui en sont témoins. Je ne suis pas du tout convaincu que la décision *Keir* est correcte. Toutefois, même si elle l'était, elle n'étaye aucunement la déclaration de culpabilité en l'espèce, étant donné que l'action indécente de l'appelant n'a pas été commise dans un endroit public, même au sens élargi que lui donne cette décision.

30   Dans l'arrêt *Buhay*, l'accusé a été inculpé en vertu de la disposition antérieure à l'al. 173(1)*a*). Debout dans l'embrasure de la porte d'entrée de sa résidence, il s'était exhibé devant deux garçons dans la rue. Le juge du procès a acquitté M. Buhay parce que l'accusation portée contre lui n'était pas fondée sur la disposition applicable : même si un commentaire

obscène de l'accusé dans cette affaire était une preuve suffisante de son intention d'insulter ou d'offenser, laquelle preuve justifiait une déclaration de culpabilité fondée sur la disposition antérieure à l'al. 173(1)*b*), l'action indécente n'avait pas été commise dans un endroit public et n'était donc pas visée par ce qui est devenu l'al. 173(1)*a*).

31   Se fondant essentiellement sur la décision *Keir*, la Cour d'appel a accueilli l'appel du ministère public. Pour les raisons déjà expliquées, je conclus que la décision *Keir* n'étaye pas une déclaration de culpabilité en l'espèce, pas plus que l'arrêt *Buhay*, étant donné qu'il repose sur les mêmes considérations inapplicables.

32   En toute déférence, la jurisprudence que la Cour d'appel a invoquée en l'espèce pour confirmer la déclaration de culpabilité de l'appelant n'étaye donc aucunement la conclusion à laquelle elle est parvenue.

IV

33   L'appelant ne conteste pas la conclusion du juge du procès voulant qu'il ait commis une « action indécente » au sens de l'al. 173(1)*a*) du *Code criminel*. Il reconnaît, à tout le moins implicitement, qu'il peut être « indécent », au sens de cette disposition, de se masturber dans une pièce éclairée, près d'une fenêtre aux rideaux ouverts et à la vue de ses voisins.

34   L'appelant prétend, toutefois, qu'il n'a pas commis volontairement cette action indécente « dans un endroit public en présence d'une ou de plusieurs personnes », comme l'exige l'al. 173(1)*a*). Il soulève trois moyens : premièrement, son salon n'est pas un « endroit public » au sens de l'al. 173(1)*a*); deuxièmement, les plaignants [TRADUCTION] « l'observaient subrepticement, de loin, par l'ouverture en dessous du store de leur fenêtre de chambre à coucher », et non « en sa présence », comme l'exige également l'al. 173(1)*a*); troisièmement, on ne peut pas lui reprocher d'avoir commis <u>volontairement</u> une action indécente en présence de quelqu'un, vu que le juge du procès a conclu que rien ne prouvait qu'il se savait observé.

35   L'appelant ajoute que la Cour d'appel a commis une erreur en fondant sa conclusion de culpabilité sur sa propre appréciation de la preuve, laquelle diffère à d'importants égards des conclusions du juge du procès. J'estime qu'il n'est pas nécessaire ici d'ajouter quoi que ce soit à ce qui a déjà été dit au sujet de cet aspect de l'affaire.

36   L'appelant prétend qu'il aura gain de cause si l'un ou l'autre des moyens qu'il soulève est retenu. Je suis d'accord avec lui et, comme nous l'avons vu, je suis d'avis d'accueillir le pourvoi pour le premier motif qu'il invoque, à savoir que l'action qui lui est reprochée n'a pas été commise « dans un endroit public », au sens de l'art. 150 et de l'al. 173(1)*a*) du *Code criminel*. Bien qu'il ne soit donc pas nécessaire d'examiner les autres moyens, je ne veux pas que l'on croie que je les ai considérés non fondés.

V

37   Nul ne conteste que le pourvoi doit être accueilli si l'appelant n'a pas commis une action indécente <u>dans un endroit public</u> au sens de l'art. 150 et de l'al. 173(1)*a*) du *Code criminel*.

38   Voici le texte de ces dispositions :

150. Les définitions qui suivent s'appliquent à la présente partie.

« endroit public » Tout lieu auquel le public a accès de droit ou sur invitation, expresse ou implicite.

150. In this Part,

. . .

"public place" includes any place to which the public have access as of right or by invitation, express or implied;

173. (1) Est coupable d'une infraction punissable sur déclaration de culpabilité par procédure sommaire quiconque volontairement commet une action indécente :

a) soit dans un endroit public en présence d'une ou de plusieurs personnes;

b) soit dans un endroit quelconque avec l'intention d'ainsi insulter ou offenser quelqu'un.

173. (1) Every one who wilfully does an indecent act

(*a*) in a public place in the presence of one or more persons, or

(*b*) in any place, with intent thereby to insult or offend any person,

is guilty of an offence punishable on summary conviction.

39   D'emblée, on constate que la version française de l'art. 150 ne comporte aucun terme équivalent au verbe « *includes* » de la version anglaise. L'appelant soutient que la définition française est donc formulée de manière exhaustive, plus restrictive que la définition anglaise et commune aux deux versions. La définition française doit donc, selon lui, avoir préséance : *R. c. Daoust*, [2004] 1 R.C.S. 217, 2004 CSC 6, par. 26-37.

40   L'intimée considère qu'il n'existe [TRADUCTION] « aucune antinomie entre les textes français et anglais quant aux <u>caractéristiques</u> qui rendent un endroit "public" » (souligné dans l'original). Pour reprendre les termes de l'intimée, la question est de savoir si [TRADUCTION] « une propriété privée, exposée à la vue du public, constitue un "lieu" auquel le "public a accès de droit ou sur invitation, expresse ou implicite" ».

41   Dans le cas qui nous occupe, il n'est donc pas nécessaire de choisir entre la version française et la version anglaise de l'art. 150. Les parties s'accordent pour dire que les deux versions exigent l'<u>accès du public</u>, de droit ou sur invitation; leur désaccord est limité au sens du mot « accès » dans ce contexte.

42   Au sujet de cette question déterminante en l'espèce, l'appelant fait valoir que l'art. 150 et l'al. 173(1)*a*) visent l'<u>accès physique</u> au lieu où l'action reprochée a été accomplie; pour l'intimée, l'<u>accès visuel</u> suffit. À mon avis, la thèse de l'appelant est étayée par les règles ordinaires d'interprétation législative. Celle de l'intimée ne l'est pas.

43   Il est maintenant bien établi qu'« il faut lire les termes d'une loi dans leur contexte global en suivant le sens ordinaire et grammatical qui s'harmonise avec l'esprit de la loi, l'objet de la loi et l'intention du législateur » : *Bell ExpressVu Limited Partnership c. Rex*, [2002] 2 R.C.S. 559, 2002 CSC 42, par. 26, où la Cour cite E. A. Driedger, *Construction of Statutes* (2ᵉ éd. 1983), p. 87; *Rizzo & Rizzo Shoes Ltd. (Re)*, [1998] 1 R.C.S. 27, par. 21.

44   Du point de vue sémantique, il va sans dire que le sens « ordinaire » d'un terme litigieux dépend souvent du contexte dans lequel ce terme est utilisé. Par exemple, le mot « accès » a un « sens ordinaire » dans le cas des droits des parents non gardiens, un autre dans le domaine de la téléinformatique et encore un autre lorsqu'il est question d'un lieu.

45   L'article 150 du *Code criminel* emploie le mot « accès » relativement à un « lieu » — en l'espèce, une résidence privée. Et c'est l'accès « de droit ou sur invitation » à ce lieu qui nous intéresse. Dans la langue courante, l'« accès », de droit ou sur invitation, qu'une personne a à un lieu signifie qu'elle peut y pénétrer, le visiter ou l'utiliser — et non, comme je l'ai mentionné précédemment, qu'elle peut, de l'extérieur, voir ou entendre ce qui se passe à l'intérieur de ce lieu. Lorsqu'on nous dit qu'une personne a accès, de droit ou sur invitation,

à un appartement, à un atelier, à un bureau ou à un garage, nous ne comprenons pas qu'elle a simplement la possibilité ou la capacité de voir, par la fenêtre ou par la porte, ce qui se passe à l'intérieur de ces lieux.

46   Il va de soi que ce « sens ordinaire et grammatical » du mot « accès » utilisé relativement à un lieu doit s'harmoniser avec le contexte législatif qui nous intéresse en l'espèce et avec l'intention du législateur qui se dégage du *Code criminel* : *Bell ExpressVu* et *Rizzo & Rizzo Shoes*.

47   Je commence par le contexte législatif immédiat.

48   Premièrement, l'ensemble du par. 173(1) devient plus cohérent si on rattache l'expression « endroit public » à l'accès physique plutôt que visuel. Les infractions créées aux al. 173(1)*a*) et 173(1)*b*) sont définies différemment. L'alinéa 173(1)*a*) interdit les actions indécentes dans un endroit public, alors que l'al. 173(1)*b*) les interdit dans un endroit quelconque — public or privé — lorsqu'elles ont pour but d'insulter ou d'offenser.

49   De plus, comme je l'ai déjà mentionné, le législateur établit dans le *Code* une distinction entre la conduite qui est criminelle parce qu'elle est adoptée dans un endroit public et celle qui est criminelle parce qu'elle est adoptée à la vue du public. Comme nous l'avons vu, c'est le fait de commettre l'action prohibée dans un endroit public qui engage la responsabilité à l'al. 173(1)*a*). L'infraction de nudité est créée par la disposition suivante du *Code* :

> **174.** (1) Est coupable d'une infraction punissable sur déclaration de culpabilité par procédure sommaire quiconque, sans excuse légitime, selon le cas :
>
> *a*) est nu dans un endroit public;
>
> *b*) est nu et exposé à la vue du public sur une propriété privée, que la propriété soit la sienne ou non.

50   Le paragraphe 174(1) montre clairement que l'expression « endroit public » définie à l'art. 150 du *Code criminel* n'est pas censée viser les endroits privés exposés à la vue du public. S'il en était autrement, l'al. 174(1)*b*) serait complètement superflu.

51   L'article 150 s'applique aussi bien au par. 174(1) qu'à l'al. 173(1)*a*). Si, pour les besoins du par. 174(1), l'expression « endroit public » n'englobe pas les endroits privés exposés à la vue du public, il doit sûrement en être de même en ce qui concerne l'al. 173(1)*a*). Je m'empresse de souligner que le par. 173(1) et l'art. 174 du *Code criminel* ont été adoptés en même temps sous leur forme actuelle, en tant qu'art. 158 et 159, lorsque le *Code* a été modifié et adopté comme S.C. 1953-54, ch. 51. Le législateur ne peut pas avoir voulu que des mots identiques aient des sens différents dans deux dispositions consécutives et connexes du même texte législatif.

52   Le paragraphe 213(1) du *Code* renforce — à supposer que ce soit nécessaire — la proposition selon laquelle le sens ordinaire et grammatical que j'ai attribué au mot « accès » s'harmonise avec son contexte législatif et avec l'intention qu'avait le législateur en adoptant l'art. 150. Aux termes du par. 213(1), est coupable d'une infraction quiconque commet, « dans un endroit soit public soit situé à la vue du public », certaines actions précises dans le but de se livrer à la prostitution.

53   L'autre fondement souligné de la responsabilité a été ajouté à l'art. 213 par L.R.C. 1985, ch. 51 (1er suppl.), art. 1. Peu après, le législateur a ajouté le par. (2) à l'art. 173 : voir L.R.C. 1985, ch. 19 (3e suppl.), art. 7. L'intimée fait remarquer, à juste titre, que, contrairement à l'art. 173, l'art. 213 ne figure pas dans la partie V du *Code criminel*, et elle indique qu'il a

été modifié à la suite des observations de notre Cour dans l'arrêt *Hutt c. La Reine*, [1978] 2 R.C.S. 476. Quoiqu'il puisse bien en être ainsi, le législateur est réputé agir de propos délibéré. Il n'est donc pas déraisonnable de supposer que, en élargissant l'art. 213 de manière à inclure les endroits exposés à la vue du public, le législateur n'a pas ajouté des termes semblables à l'al. 173(1)*a*) parce qu'il ne voulait pas que cet alinéa s'applique aux actions commises à ces endroits.

54   J'estime qu'il n'appartient pas à notre Cour de faire ici ce que le législateur, dans sa sagesse, s'est librement abstenu de faire jusqu'à maintenant.

VI

55   Pour tous ces motifs, comme je l'ai indiqué au départ, je suis d'avis d'accueillir le pourvoi, d'annuler la déclaration de culpabilité de l'appelant et d'inscrire un acquittement.

   Pourvoi accueilli.

* * *

QUESTIONS

1.   Est-ce que le fait d'être en présence d'éléments de contexte interne immédiat veut nécessairement dire que l'interprète leur accordera une importante force persuasive ?

2.   En quoi l'affaire *Clark* illustre-t-elle l'exercice de pondération qu'un tribunal doit effectuer, notamment en ce qui a trait à l'argument contextuel ?

* * *

Deux maximes latines sont souvent utilisées par les tribunaux pour appliquer cet argument de contexte interne immédiat. Il s'agit des principes d'interprétation « *noscitur a sociis* » et « *ejusdem generis* », auxquels on a recours afin de limiter la portée d'un mot ou d'une expression législative générale. Voici comment la juge L'Heureux-Dubé parlait de ces arguments de contexte dans *Banque nationale de Grèce (Canada) c. Katsikonouris* :

> On sait que, par application de la règle d'interprétation *noscitur a sociis* et de son application particulière, la règle *ejusdem generis*, la généralité d'un terme peut être restreinte par une suite de termes plus spécifiques qui le précèdent ou le suivent.[477]

> Littéralement, *noscitur a sociis* signifie qu'un mot se comprend par ceux auxquels il s'associe, tandis que *ejusdem generis* signifie qu'un mot se limite aux choses du même genre, de même nature.

> Les deux maximes sont particulièrement utiles dans les cas où la disposition de la loi est générale en raison d'une énumération des situations d'application de la norme juri-

---

477.   *Banque national de Grèce (Canada) c. Katsikonouris*, [1990] 2 R.C.S. 1029, 1078, [1990] A.C.S. n° 95.

dique. Dans l'affaire *Ministre des Affaires municipales (N.-B.) c. Canaport Ltd.*[478], par exemple, la *Loi sur l'évaluation*[479] donnait une définition de « biens réels », à l'article 1g), comprenant notamment l'énumération suivante : « un terrain et les bâtiments, y compris la machinerie, les installations et le matériel assurant le fonctionnement des bâtiments ». À l'aide d'un raisonnement de type « *noscitur a sociis* », la Cour suprême du Canada a jugé que les réservoirs extérieurs de carburant n'étaient pas des « installations », et ce, à la lumière du contexte interne immédiat que fournissent les termes « machinerie » et « matériel », ainsi que « appareils » au second paragraphe du même article.

Dans la récente affaire *Optiz c. Wrzesnewskyj*[480], en 2012, la Cour suprême devait interpréter le libellé de l'article 524 de la *Loi électorale du Canada*[481], plus particulièrement le mot « irrégularité », notamment eu égard au contexte interne immédiat de cette disposition. Au nom des quatre juges majoritaires, les juges Rothstein et Moldaver relevaient ceci :

> 40 En quoi le mot « irrégularité » a-t-il un sens restreint ? La règle d'interprétation bien connue des « mots associés » (« *noscitur a sociis* ») nous éclaire à cet égard. Selon cette règle, il ne faut pas interpréter un terme ou une expression en faisant abstraction des termes voisins. « Le sens d'un terme est révélé par son association à d'autres termes : il est connu par ceux auxquels il est associé » : *2747-3174 Québec Inc. c. Québec (Régie des permis d'alcool)*, [1996] 3 R.C.S. 919, par. 195 (soulignement omis).

> 41 La professeure Sullivan définit ainsi la règle des « mots associés » :

>> [TRADUCTION] La règle des mots associés est invoquée à bon droit lorsqu'au moins deux termes reliés par les conjonctions « et » ou « ou » ont une fonction grammaticale et logique analogue dans une disposition. Ce parallélisme pousse le lecteur à chercher une caractéristique commune entre ces termes. Il s'appuie ensuite sur cette caractéristique pour dissiper l'ambiguïté des termes ou en restreindre le sens. Souvent, le sens des mots est restreint à leur dénominateur commun le plus général.

>> (*Sullivan on the Construction of Statutes* (5e éd. 2008), p. 227)

> 42 Le mot « irrégularité » fait partie du groupe de termes suivant : « irrégularité, fraude, manœuvre frauduleuse ou acte illégal ». Ces termes évoquent une grave inconduite. Considérer que le terme « irrégularité » s'entend de toute erreur administrative reviendrait à l'interpréter en faisant abstraction des mots connexes.

> 43 Les termes « irrégularité, fraude, manœuvre frauduleuse ou acte illégal » ont pour dénominateur commun la gravité de la conduite et ses répercussions sur l'intégrité du processus électoral. Une fraude, une manœuvre frauduleuse ou un acte illégal sont des inconduites graves. Ce sont des inconduites qui ébranlent

---

478. *Ministre des Affaires municipales (N.-B.) c. Canaport Ltd.*, [1976] 2 R.C.S. 599, [1975] A.C.S. nº 91.

479. *Loi sur l'évaluation*, 1965-1966 (N.-B.), c. 110.

480. *Optiz c. Wrzesnewskyj*, [2012] 3 R.C.S. 76, [2012] A.C.S. nº 55.

481. *Loi électorale du Canada*, L.C. 2000, ch. 9.

le processus électoral. Quand il a associé le terme « irrégularité » à ces mots, le législateur avait forcément à l'esprit les erreurs administratives graves qui peuvent miner l'intégrité du processus électoral. (Voir *Cusimano c. Toronto (City)*, 2011 ONSC 7271, 287 O.A.C. 355, par. 62.)

* * *

Le principe *ejusdem generis*, quant à lui, signifie qu'« un terme générique, qui suit des définitions précises dans un document, désigne des personnes ou des choses de même ordre »[482]. Dans l'affaire *Renault c. Bell Asbestos Mines Ltd.*[483], le juge Turgeon de la Cour d'appel du Québec propose de comprendre le principe d'interprétation de la façon suivante :

> La règle *ejusdem generis* signifie que le terme générique ou collectif qui complète une énumération se restreint à des choses de même genre, que celles qui sont énumérées, même si, de sa nature, ce terme générique ou collectif, cette expression générale, est susceptible d'embrasser beaucoup plus.[484]

On voit qu'il y a trois éléments, trois conditions dans un sens, qui doivent être satisfaits pour avoir recours à l'argument de contexte *ejusdem generis* : 1) on doit être en présence d'une énumération, sinon il n'y aura pas de « *genus* », 2) l'énumération doit être suivie (et non précédée) d'un terme générique, et 3) il doit y avoir un dénominateur commun, un élément du même genre, une caractéristique significative, dans l'énumération, de sorte qu'on puisse l'appliquer au terme générique.

Ceci étant, nous allons voir dans l'arrêt qui suit comment ces conditions se trouvent appliquées de façon souple, voire vague, et que *ejusdem generis* s'inscrit en fait dans le cadre d'un argument de contexte plus large.

Extraits tirés de *Nanaimo (Ville) c. Rascal Trucking Ltd.*, [2000] 1 R.C.S. 342, [2000] A.C.S. n° 14.

Version française du jugement de la Cour rendu par

LE JUGE MAJOR –

1   Le présent pourvoi concerne l'interprétation de l'art. 936 de la *Municipal Act*, R.S.B.C. 1979, ch. 290 (maintenant R.S.B.C. 1996, ch. 323, art. 727). Il porte aussi sur la norme de contrôle judiciaire applicable aux municipalités, question que notre Cour a étudiée dans *Produits Shell Canada Ltée c. Vancouver (Ville)*, [1994] 1 R.C.S. 231.

Le contexte factuel

2   L'intimée, Rascal Trucking Ltd. (« Rascal »), a loué une parcelle située dans la ville de Nanaimo (« Nanaimo » ou la « Ville ») qui appartenait à Kismet Enterprises Inc. (« Kismet »). En avril 1996, à la demande de Rascal, l'appelante, Nanaimo, lui a délivré un permis l'auto-

---

482.   A. Mayrand, *Dictionnaire de maximes et locutions latines utilisées en droit*, Cowansville, Éditions Yvon Blais, 1985, à la p. 70.
483.   *Renault c. Bell Asbestos Mines Ltd.*, [1980] C.A. 370.
484.   *Renault c. Bell Asbestos Mines Ltd.*, [1980] C.A. 370, 372.

risant à déposer sur son emplacement environ 15 000 verges cubes de terre en vue d'y effectuer des opérations de traitement des sols en conformité avec le règlement de zonage applicable.

3   Peu de temps après que Rascal eut commencé à transporter de la terre sur les lieux, des voisins ont porté plainte au sujet de la poussière et du bruit qui en émanait. Un inspecteur municipal a recommandé après enquête sur place qu'une ordonnance soit prise, contraignant la propriétaire à enlever le tas de terre.

4   Le 3 juillet 1996, Nanaimo a tenu une séance publique pour entendre les résidents touchés et l'intimée. Elle a reçu un rapport d'un ingénieur analysant l'émission du bruit sur ce terrain ainsi qu'un avis de son conseiller juridique. Après délibération, le conseil de Nanaimo a voté une résolution déclarant que le tas de terre constituait une nuisance visée par l'art. 936 de la *Municipal Act*, et ordonné à Kismet de l'enlever dans un délai de 30 jours. Cette dernière n'a pas obtempéré.

5   Le 19 août 1996, Nanaimo a adopté une seconde résolution ordonnant à l'intimée d'enlever la terre dans un délai de 15 jours, faute de quoi la municipalité allait la faire enlever aux frais de l'intimée ou de la propriétaire. Ni la propriétaire, Kismet, ni l'intimée, Rascal, n'ont obtempéré. Le 6 septembre 1996, Rascal a refusé aux représentants de la Ville l'accès aux fins de l'enlèvement.

6   Ces faits ont donné lieu à deux demandes devant la Cour suprême de la Colombie-Britannique. Nanaimo a d'abord sollicité un jugement déclaratoire lui reconnaissant le droit d'accès au terrain et d'enlèvement du tas de terre. Le juge Maczko a fait droit à la demande pour le motif que Nanaimo avait la compétence tant pour déclarer que le tas de terre était une nuisance que pour ordonner son enlèvement.

7   Kismet et Rascal ont présenté la seconde demande, en annulation des résolutions. Le juge Rowan a rejeté cette demande.

8   La Cour d'appel de la Colombie-Britannique a accueilli l'appel de Rascal et annulé les ordonnances ainsi que les résolutions du 3 juillet et du 19 août : (1998), 49 B.C.L.R. (3d) 164.

Les dispositions législatives pertinentes

9   *Municipal Act*, R.S.B.C. 1979, ch. 290

[TRADUCTION]

Nuisances et troubles de jouissance

932. Le conseil peut, par règlement,

...

b) prévenir, supprimer et interdire les nuisances, et pourvoir au recouvrement du coût de la suppression contre la personne qui a causé une nuisance ou contre toute autre personne visée par le règlement;

...

(i) contraindre les propriétaires ou occupants d'immeubles, ou leurs mandataires, à supprimer ou réduire la pollution atmosphérique résultant de l'émission de fumée, de poussière, de gaz, d'étincelles, de cendre, de suie, d'escarbilles, de vapeurs ou d'autres effluves; prescrire des mesures et précautions à prendre à cette fin, et fixer les limites supérieures de ces émissions;

Enlèvement de constructions dangereuses

936. (1) Le conseil peut déclarer que tout bâtiment ou construction de quelque nature que ce soit, tout égout, fossé, cours d'eau, étang, eaux de surface ou toute autre chose, situé sur un terrain privé ou sur la voie publique, ou dans un bâtiment ou une construction ou à proximité, constitue une nuisance et il peut ordonner, entre autres mesures, l'enlèvement, la démolition ou le remplissage par le propriétaire ou son mandataire, ou par le locataire ou l'occupant, selon les modalités que le conseil estime indiquées et dans le délai, à compter de la signification de l'ordonnance, qui y est indiqué.

...

(3) Le conseil peut en outre ordonner qu'au cas où le propriétaire ou son mandataire, le locataire ou l'occupant n'obtempérerait pas à l'ordonnance dans le délai imparti, la municipalité pourra, par l'entremise de ses employés ou d'autres personnes, avoir accès aux lieux et procéder à l'enlèvement, à la démolition ou au remplissage ou prendre toute autre mesure aux frais de la personne en défaut et il peut en outre ordonner que les frais engagés à cet égard, y compris tous frais accessoires, non acquittés le 31 décembre, soient ajoutés aux impôts perçus sur ce terrain ou immeuble, à titre d'arriéré d'impôts.

...

(5) Le présent article s'applique à tout bâtiment ou construction de quelque nature que ce soit que le conseil juge délabré ou insalubre au point d'offenser la collectivité.

Interpretation Act, R.S.B.C. 1996, ch. 238

[TRADUCTION]

Solution de droit

8. Tout texte est censé apporter une solution de droit et s'interprète de la manière la plus équitable et la plus large qui soit compatible avec la réalisation de son objet.

Statute Revision Act, R.S.B.C. 1996, ch. 440

[TRADUCTION]

Effet de la révision

8. (1) Le nouveau texte n'est pas réputé de droit nouveau, sa teneur étant censée constituer une refonte des règles de droit du texte antérieur.

(2) Si le nouveau texte a le même effet que le texte antérieur, le nouveau texte :

a) a un effet rétroactif et dispose pour l'avenir;

b) est réputé avoir été édicté et être entré en vigueur à l'entrée en vigueur du texte antérieur.

(3) Si le nouveau texte n'a pas le même effet que le texte antérieur,

a) le texte antérieur régit tout ce qui est antérieur à l'entrée en vigueur du nouveau texte;

b) le nouveau texte régit tout ce qui est postérieur à l'entrée en vigueur du nouveau texte.

III.   *Les décisions des juridictions inférieures*

[...]

IV.   *Questions en litige*

13   Le présent pourvoi soulève deux questions :

(1) L'article 936 de la *Municipal Act* conférait-il à l'appelante le pouvoir de voter les résolutions déclarant que le tas de terre était une nuisance et ordonnant son enlèvement ?

(2) Dans l'affirmative, selon quelle norme la décision de l'appelante doit-elle être examinée ?

V.   *Analyse*

(1)   *L'article 936 de la Municipal Act conférait-il à l'appelante le pouvoir de voter les résolutions déclarant que le tas de terre était une nuisance et ordonnant son enlèvement ?*

14   Nanaimo s'est appuyée sur l'art. 936 de la *Municipal Act* pour déclarer que le tas de terre de Rascal était une nuisance et pour ordonner son enlèvement. L'appelante a soutenu qu'il convenait de donner une interprétation [TRADUCTION] « large et bienveillante » à cette disposition attributive de compétence plutôt que de suivre la règle stricte préconisée par la Cour d'appel. Nanaimo a soutenu que le sens de l'expression « ou toute autre chose » qui figure à l'art. 936 ne saurait être limité au genre de choses énumérées précédemment, à savoir les constructions et cours d'eau. Au contraire, elle affirme qu'il faut prendre cette expression isolément et la considérer séparément des autres éléments de l'énumération. Par conséquent, le pouvoir de déclarer que « toute autre chose » constitue une nuisance s'entendait de la compétence de la municipalité pour supprimer les nuisances et les risques pour la santé en général.

15   À l'appui de cette conclusion, Nanaimo a souligné qu'avant la révision de 1979 de la *Municipal Act*, l'expression « ou toute autre chose » employée dans l'article qui a précédé l'art. 936 (*Municipal Act*, R.S.B.C. 1960, ch. 255, art. 873) était précédée d'une virgule, qui aurait été insérée afin de faire ressortir que cette expression constituait une attribution distincte d'un pouvoir général. Quoique cette virgule ait été supprimée dans la version de 1979, Nanaimo affirme que, par l'application de l'art. 8 de la *Statute Revision Act*, l'art. 936 doit être interprété comme si la virgule s'y trouvait toujours, si l'inclusion d'une virgule a pour effet d'attribuer une compétence générale à l'égard des nuisances.

16   L'intimée a soutenu que notre Cour ne doit opter a priori ni pour une méthode d'interprétation bienveillante ni pour une règle stricte, mais chercher plutôt à cerner l'« intention véritable » de l'art. 936. Selon son argument, si l'on analyse la disposition de cette manière et si l'on applique la règle *ejusdem generis* ou règle des choses du même ordre, on est forcé de conclure que l'art. 936 ne conférait une autorité à Nanaimo qu'à l'égard de deux catégories de nuisances possibles : les constructions et tout ce qui concerne la manutention, l'acheminement ou l'emmagasinage de l'eau. Donner un sens plus large à l'expression « ou toute autre chose » irait, selon l'intimée, à l'encontre du but exprimé par l'énumération d'éléments qui la précède et en ferait une expression dénuée de sens. La société intimée ajoute qu'il serait anormal, compte tenu de l'énumération, de conclure que l'emploi de l'expression « ou toute autre chose » autorise une municipalité, en fait, à déclarer que n'importe quoi constitue une nuisance.

17   Il s'agit d'abord d'examiner la démarche que les tribunaux devraient adopter lorsqu'ils interprètent des textes législatifs se rapportant aux municipalités. Comme le fait observer le juge Iacobucci dans *R. c. Sharma*, [1993] 1 R.C.S. 650, à la p. 668 :

> ... en tant qu'organismes créés par la loi, les municipalités [TRADUCTION] « peuvent exercer seulement les pouvoirs qui leur sont conférés expressément par la loi, les pouvoirs qui découlent nécessairement ou vraiment du pouvoir explicite conféré dans la loi, et les pouvoirs indispensables qui sont essentiels et non pas seulement commodes pour réaliser les fins de l'organisme ».

18   Pour statuer sur la question de la compétence des municipalités, les tribunaux recourent aux règles d'interprétation des lois. Une abondante jurisprudence en matière d'interprétation des lois en général et des lois sur les municipalités en particulier favorise une interprétation large, fondée sur l'objet visé.

19   Dans l'arrêt *R. c. Greenbaum*, [1993] 1 R.C.S. 674, notre Cour a opté pour que la compétence des municipalités soit restreinte aux pouvoirs qui leur sont expressément conférés par une loi, mais elle a cependant fait remarquer qu'il fallait interpréter ces pouvoirs en tenant compte de l'objet visé. Voir les propos du juge Iacobucci (aux pp. 687 et 688) :

> Comme l'a affirmé le juge Davies dans *City of Hamilton c. Hamilton Distillery Co.* (1907), 38 R.C.S. 239, à la p. 249, à l'égard de l'interprétation d'une loi provinciale autorisant l'adoption de règlements municipaux :
>
>> [TRADUCTION] En interprétant la présente loi, je ne souhaiterais pas appliquer les principes techniques et stricts d'interprétation parfois appliqués aux mesures législatives qui autorisent la perception d'impôts. À mon avis, compte tenu de l'objet et de l'intention manifestement visés, les articles peuvent être interprétés d'une manière libérale et raisonnable, ou à tout le moins « bienveillante », comme le lord juge en chef Russell l'a écrit dans l'arrêt *Kruse c. Johnson* [[1898] 2 Q.B. 91], à la p. 99. En outre, si le langage utilisé ne conférait pas expressément les pouvoirs revendiqués, mais le faisait par déduction juste et raisonnable, je n'hésiterais pas à adopter l'interprétation ainsi sanctionnée.
>
> En conséquence, lorsqu'il doit déterminer si une municipalité a été habilitée à adopter un certain règlement, le tribunal devrait examiner l'objet et le texte de la mesure législative provinciale habilitante. [...] [I]l convient d'adopter une règle d'interprétation un peu plus stricte que celle proposée ci-dessus par le juge Davies lorsque la municipalité tente d'exercer un pouvoir qui restreint des droits civils ou de common law.

20   Cette conclusion suit des arrêts récents qui commandent que l'interprétation des lois soit fondée sur l'objet en tenant compte de tout le contexte et de l'esprit de la loi dans son ensemble en vue de cerner l'intention véritable du législateur. Voir *Rizzo & Rizzo Shoes Ltd. (Re)*, [1998] 1 R.C.S. 27, aux par. 21 à 23, *M & D Farm Ltd. c. Société du crédit agricole du Manitoba*, [1999] 2 R.C.S. 961, au par. 25, et l'*Interpretation Act* de la Colombie-Britannique, art. 8.

21   Je suis d'avis qu'en insérant l'expression « ou toute autre chose », le législateur n'avait pas l'intention d'élargir le champ d'application de l'art. 936 de manière à autoriser les municipalités à déclarer que quasiment n'importe quoi constitue une nuisance. J'accepte l'argument de l'intimée qu'interpréter ces mots comme créant une troisième catégorie de nuisances possibles irait effectivement à l'encontre de l'objet visé, lequel s'exprime dans l'énumération d'éléments qui précède.

22   L'expression « ou toute autre chose » élargit les deux catégories de nuisances qui la précèdent, soit les constructions et les cours d'eau. Cette interprétation s'accorde tant avec une interprétation fondée sur l'objet qu'avec la règle *ejusdem generis*. Il n'est pas raisonnable de croire que le législateur ait voulu accorder une telle importance à la virgule manquante, c'est-à-dire qu'un signe de ponctuation aussi peu important rende nuls les éléments énumérés précédemment.

23   Il convient de signaler en outre que l'art. 932 de la *Municipal Act* (maintenant l'art. 725) conférait aux municipalités le pouvoir de prendre, par règlement, des mesures à l'égard des nuisances au sens large. Aux termes de la Loi, la procédure établie pour adopter un règlement est plus lourde et demande plus de temps que celle prévue pour adopter une résolution. Si l'utilisation de l'expression « ou toute autre chose » était interprétée comme régissant toutes les nuisances en général, l'art. 936 engleberait nécessairement les nuisances visées à l'art. 932, qui deviendrait alors, en pratique, redondant. Aucune municipalité raisonnable et efficace ne traiterait des questions de nuisance par le biais de l'art. 932 compte tenu de la procédure plus légère prévue à l'art. 936. Le législateur ne peut avoir prévu une telle redondance.

24   Le fait que l'art. 936 habilite les municipalités à déclarer que deux catégories de choses seulement sont des nuisances n'écarte pas la possibilité qu'un tas de terre entre dans l'une de ces catégories. De toute évidence, un tas de terre ne correspond à aucun des éléments ayant un rapport avec l'eau qui forment la seconde catégorie. Toutefois, un tas de terre entre-t-il dans la première catégorie, celle des constructions ? Plus précisément, est-il visé par l'expression « tout bâtiment ou construction de quelque nature que ce soit » ? Je suis d'avis qu'il l'est. Un tas de terre ne se fait pas tout seul. Il représente à tout le moins une construction, dans le sens qu'il a vraisemblablement été empilé ou déversé. De plus, un tas de terre peut clairement être une « construction dangereuse » au sens de l'intertitre qui précède l'art. 936, soit du fait qu'il diminue la qualité de l'air par la poussière en suspension, soit du fait qu'il constitue un grave danger pour les enfants curieux.

25   Dans l'arrêt *Rizzo & Rizzo Shoes*, précité, au par. 27, il est indiqué que « [s]elon un principe bien établi en matière d'interprétation législative, le législateur ne peut avoir voulu des conséquences absurdes ». De ce point de vue, estimer que l'art. 936 ne vise pas un tas de terre conduirait à une absurdité. Cela signifierait qu'il peut être déclaré qu'un bâtiment, une construction ou un étang constitue une nuisance, mais non les déblais de l'excavation de ceux-ci.

26   À mon avis, l'art. 936 habilitait l'appelante à voter des résolutions déclarant que le tas de terre de Rascal était une nuisance et ordonnant son enlèvement. Étant donné cette conclusion, il y a lieu d'examiner la seconde question.

[...]

Lorsque le juge Major reprend l'argument de l'intimé au sujet de *ejusdem generis*, il en traite de façon générale dans un examen des méthodes d'interprétation, y compris la méthode téléologique et la méthode contextuelle. Cela met en évidence qu'au-delà des conditions précises d'application, la maxime *ejusdem generis* s'inscrit dans un cadre plus large où l'interprète examine les éléments de contexte interne immédiat des termes de la disposition législative sous étude. On voit par ailleurs que la Cour suprême du Canada inclut d'autres éléments de contexte législatif dans son analyse, en l'occurrence d'autres articles de la loi en question; il s'agit d'un autre type de contexte interne, qui sera examiné dans la section suivante.

* * *

Notre prochain arrêt met également en jeu ces deux éléments de contexte interne, soit les autres dispositions de la loi et le principe *ejusdem generis*. Il s'agit cette fois d'examiner si ce dernier est nécessairement applicable lorsque ses conditions d'application semblent remplies.

Extraits tirés *de R. c. Nabis*, [1975] 2 R.C.S. 485, [1974] A.C.S. n° 109 [motifs de la majorité seulement; numérotation de paragraphes ajoutée].

Le jugement du juge en chef Laskin et des juges Ritchie, Spence, Dickson, Beetz et de Grandpré a été rendu par

LE JUGE BEETZ –

1   Les faits de cette cause sont rapportés ailleurs : *R. v. Nabis*.[485] Il suffira de les résumer. L'intimé a été trouvé coupable d'avoir proféré, en parlant à un certain Donald Brown, la menace de lui causer des blessures, contrevenant par là à l'art. 331(1)a) du *Code criminel*.

2   La Cour d'appel de la Saskatchewan a rejeté cette déclaration de culpabilité et c'est contre cette décision que l'appelante se pourvoit.

3   Selon le procureur de l'appelante, la Cour d'appel aurait erré en tenant que des menaces verbales faites face à face ne constituent pas une infraction prohibée par l'art. 331 du *Code criminel* et que l'on ne saurait enfreindre cette disposition sans se servir de quelque instrument ou moyen de communication. L'appelante soutient également que la Cour d'appel a suivi à tort le raisonnement de la Cour d'appel de la Colombie Britannique dans l'arrêt *R. v. Wallace*,[486] plutôt que celui de la Haute Cour d'Ontario dans l'arrêt *R. v. DiLorenzo*.[487]

4   L'article 331 du *Code criminel* se lit comme suit :

331. (1) Commet une infraction quiconque sciemment, par lettre, télégramme, téléphone, câble, radio ou autrement, profère, transmet ou fait recevoir par une personne une menace

a) de causer la mort ou des blessures à quelqu'un, ou

b) de brûler, détruire ou endommager des biens meubles ou immeubles, ou

c) de tuer, mutiler, blesser, empoisonner ou estropier un animal ou un oiseau qui est la propriété de quelqu'un.

(2) Est coupable d'un acte criminel et passible d'un emprisonnement de dix ans, quiconque commet une infraction visée par l'alinéa (1)a).

(3) Quiconque commet une infraction prévue pas l'alinéa (1)b) ou c) est coupable

a) d'un acte criminel et passible d'un emprisonnement de deux ans, ou

b) d'une infraction punissable sur déclaration sommaire de culpabilité.

---

485.   [1973] 5 W.W.R. 351, 12 C.C.C. (2d) 268.
486.   (1970), 74 W.W.R. 763, 1 C.C.C. (2d) 42.
487.   [1972] 1 O.R. 876, 6 C.C.C. (2d) 30.

5   Il s'agit de décider si les mots « ou autrement » de l'art. 331(1) visent des menaces purement verbales faites directement ou face à face par celui qui les profère à celui à qui elles s'adressent.

6   Dans l'arrêt *Wallace*, l'accusé avait été inculpé d'avoir, en présence d'un témoin, menacé de causer la mort d'une autre personne ou de la blesser, mais l'acte d'accusation ne mentionnait pas le mode d'extériorisation de cette menace. Dès le début du procès, l'acte d'accusation fut cassé pour des motifs qui ne sont pas rapportés. La Couronne interjeta appel. La seule question que la Cour d'appel de la Colombie Britannique avait à trancher était la suivante : l'acte d'accusation dénonçait-il un acte criminel inconnu des lois ? Monsieur le juge Branca, au nom de la Cour, exprima l'avis que même si, en règle générale, il n'est pas requis qu'un acte d'accusation exprime le moyen particulier par lequel un acte criminel a été commis, il en va autrement lorsqu'une disposition fait de ce moyen un élément de l'infraction; de plus, selon lui, les mots « lettre, télégramme, téléphone, câble, radio » de l'art. 331 réfèrent à une catégorie de moyens de communication qui ne sont pas tous mentionnés par cette disposition et les mots « ou autrement » doivent recevoir l'interprétation restrictive qui les empêche de s'étendre au-delà de cette catégorie. En d'autres termes, Monsieur le juge Branca appliquait la règle d'interprétation *ejusdem generis*. L'appel fut donc rejeté.

7   Dans l'affaire *DiLorenzo*, l'accusé était inculpé d'avoir, par le truchement d'un dénommé Norman Menezes, menacé un certain Richard Zavitz de lui causer des blessures à lui ainsi qu'aux membres de sa famille. S'appuyant sur l'arrêt *Wallace*, l'accusé demanda au juge qui présidait à son procès de donner au jury la directive de l'acquitter au motif qu'il était inculpé d'un acte que la loi ne défend pas. Monsieur le juge Keith, de la Haute Cour d'Ontario considéra l'application de la règle *ejusdem generis* dans l'arrêt *Wallace* comme un *obiter dictum* : il suffisait selon lui, pour annuler l'acte d'accusation, que ce dernier ne mentionnât point le moyen particulier pris par l'accusé pour exprimer ses menaces. Du reste, il différa d'avec la Cour d'appel de la Colombie-Britannique et il exprima l'avis que les mots « ou autrement » de l'art. 331 devraient s'interpréter comme s'ils se lisaient « ou de n'importe quelle autre façon ». Il refusa de donner au jury la directive d'acquitter l'accusé.

8   Dans la présente affaire, en Cour d'appel, Monsieur le juge Hall – Monsieur le juge Woods partage son opinion – après avoir fait l'exégèse et l'historique de l'art. 331, et l'avoir comparé à d'autres dispositions du *Code criminel* qui prohibent les menaces faites dans un but particulier, opte pour l'interprétation de l'arrêt *Wallace* plutôt que pour celle de l'arrêt *DiLorenzo*. Il tient de plus que les actes reprochés à l'accusé dans l'arrêt *DiLorenzo* et dans l'arrêt *Wallace* se distinguent de celui qui nous concerne en ce qu'ils comportaient des menaces destinées à être communiquées à la victime par un tiers plutôt qu'une menace faite face à face. Monsieur le juge Brownridge, lui, ne retient pas cette dernière distinction. Il estime qu'il faut choisir entre les deux interprétations précitées et c'est pour des raisons qui tiennent à l'histoire de la législation qu'il choisit l'interprétation qui avait prévalu dans l'arrêt *Wallace*.

9   Il est certain que, pris littéralement, les mots « ou autrement » de l'art. 331 sont susceptibles d'avoir un sens suffisamment étendu pour embrasser les menaces purement verbales faites face à face. C'est là un des arguments du procureur de l'appelante.

[...]

23   On a noté de plus en Cour d'appel une anomalie résultant d'une interprétation de l'art. 331 qui en étendrait la prohibition aux menaces purement verbales. De telles menaces en effet accompagnent souvent des voies de fait, *C. cr.* Art. 244. Or s'il est exact que de simples paroles ne peuvent constituer des voies de fait et qu'un geste quelconque est néces-

saire à leur commission, il en découlerait que des menaces purement verbales interdites par l'art. 331 mais qui ne seraient assorties d'aucun geste menaçant constitueraient une infraction plus grave que les voies de fait. En certains cas, l'expression d'une menace risquerait donc d'être traitée plus sévèrement que sa mise à exécution.

24   On peut songer à d'autres anomalies. Ainsi celui qui aurait menacé de causer des blessures à quelqu'un dans les circonstances et le dessein mentionnés à l'art. 381 pourrait être inculpé de menaces, ce qui est un acte criminel, ou d'intimidation ce qui n'est qu'une infraction, et poursuivi soit sous le régime de l'art. 331 soit sous celui de l'art. 381, tandis que celui qui aurait effectivement causé des blessures à quelqu'un, dans les circonstances et le dessein mentionnés à l'art. 381, sans avoir préalablement menacé sa victime de ce péril, ne pourrait plus être inculpé que d'intimidation.

25   Sans doute, de tels paradoxes ne constituent-ils pas en eux-mêmes des arguments décisifs contre la thèse de l'appelante : on risque d'en trouver souvent par suite des nombreux recoupements du *Code criminel*. Mais ils valent cependant d'être pris en considération car l'interprète des lois doit tendre à leur intégration en un système cohérent plutôt qu'à leur morcellement et à leur discontinuité.

26   Pour en arriver à la conclusion que l'art. 331 ne vise pas les menaces purement verbales faites face à face, il suffit d'être fidèle à la technique employée par le législateur pour délimiter l'infraction. Il ne paraît pas indispensable cependant d'avoir recours à la règle *ejusdem generis* surtout si, en invoquant cette règle, on devait limiter la prohibition de l'art. 331 à l'usage de moyens ou d'instruments mécaniques, électroniques ou matériels et exclure de sa portée l'emploi de messagers ou d'autres sortes de truchements. Il s'agit là d'une autre question à laquelle nous n'avons pas à répondre dans la présente affaire.

27   Je crois devoir souligner de même que la similitude partielle de terminologie que l'on trouve à l'art. 330 et à l'art. 331 du *Code criminel* ne doit pas nécessairement entraîner une interprétation identique, compte tenu de l'élément intentionnel particulier auquel le législateur a recours pour délimiter l'infraction qu'il définit à l'art. 330.

28   Je rejetterais l'appel

[...]

Dans l'affaire *Nabis*, la majorité de la Cour suprême du Canada relativise donc la pertinence d'utiliser le principe *ejusdem generis* en interprétation des lois. Le juge Beetz souligne que le but de ce type de raisonnement est de nature restrictive, c'est-à-dire qu'on souhaite limiter la portée d'un énoncé général en disant que le terme générique qui suit l'énumération ne doit pas aller au-delà du dénominateur commun des éléments nommés. Or, il arrivera dans plusieurs cas que l'intention du législateur, tel que discernée à l'aide d'autres méthodes interprétatives, ne va pas dans le sens d'une interprétation restrictive de la sorte. C'était le cas dans la présente affaire, où la majorité n'a pas voulu restreindre la portée de l'article du *Code criminel* aux moyens de communication liés aux instruments mécaniques, électroniques ou matériels. On souhaite donc laisser la porte ouverte à son application dans les cas d'emploi de messager ou autres moyens.

* * *

QUESTIONS

1. Puisqu'ils constituent tous les deux des arguments de contexte interne immédiat, pourquoi et comment distinguer *noscitur a sociis* et *ejusdem generis*? L'impact respectif de ceux-ci diverge-t-il quant à l'application, large ou étroite, de la norme législative?

2. Une fois les conditions de la règle *ejusdem generis* remplies, est-il loisible pour l'interprète d'en faire abstraction ou son utilisation devient-elle alors obligatoire?

* * *

3. Contexte interne de la loi (l'économie de la loi)

En agrandissant le cercle, la méthode d'interprétation systématique et logique veut que le contexte interne dans lequel s'interprète la norme juridique d'un texte de loi inclue les autres dispositions législatives. Il s'agit alors d'examiner l'article précis à la lumière de la loi dans son ensemble; on parle souvent alors de l'économie de la loi (en anglais, « the scheme of the act »). Cette idée, logiquement inattaquable, est exprimée de façon éloquente à l'article 41.1 de la *Loi d'interprétation* du Québec[488] : « Les dispositions d'une loi s'interprètent les unes par les autres en donnant à chacune le sens qui résulte de l'ensemble et qui lui donne effet ».

Depuis toujours, semble-t-il, les tribunaux acceptent de considérer la disposition législative précise eu égard au contexte interne de la loi dans son ensemble. Dans *R. c. Assessors of the Town of Sunny Brae* en 1952, par exemple, faisant référence à l'ouvrage de l'auteur britannique Sir Peter Benson Maxwell[489] et citant un extrait des motifs de la décision du Comité judiciaire du Conseil privé dans l'affaire *City of Victoria v. Bishop of Vancouver Island* en 1921[490], le juge Kellock de la Cour suprême du Canada écrit : « A statute is to be construed, if at all possible, "so that there may be no repugnancy or inconsistency between its portions or members" »[491]. Il y a d'innombrables exemples récents dans la jurisprudence où les tribunaux ont eu recours à l'économie de la loi dans l'exercice d'interprétation d'une disposition législative, notamment les décisions suivantes de la Cour suprême du Canada : *Chieu c. Canada (Ministère de la Citoyenneté et de l'Immigration)*[492], *Harvard College c. Canada (Commissaire aux brevets)*[493], *Hypothèques Trustco Canada c. Canada*[494], *R. c. C.D., R. c. C.D.K.*[495], *Castillo c. Castillo*[496], *Placer*

---

488. *Loi d'interprétation*, RLRQ, c. I-16.
489. P.B. Maxwell, *On the Interpretation of Statutes*, 9ᵉ éd. par G.B. Jackson, Londres, Sweet & Maxwell, 1946, à la p. 176.
490. *City of Victoria v. Bishop of Vancouver Island*, [1921] 2 A.C. 384 (C.P.).
491. *The King v. Assessors of the Town of Sunny Brae*, [1952] 2 R.C.S. 76, 97, [1952] A.C.S. nº 14.
492. *Chieu c. Canada (Ministère de la Citoyenneté et de l'Immigration)*, [2002] 1 R.C.S. 84, [2002] A.C.S. nº 1.
493. *Harvard College c. Canada (Commissaire aux brevets)*, [2002] 4 R.C.S. 45, [2002] A.C.S. nº 77.
494. *Hypothèques Trustco Canada c. Canada*, [2005] 2 R.C.S. 601, [2005] A.C.S. nº 56.
495. *R. c. C.D.*, [2005] 3 R.C.S. 668, [2005] A.C.S. nº 79.
496. *Castillo c. Castillo*, [2005] 3 R.C.S. 870, [2005] A.C.S. nº 68.

Dome Canada Ltd. c. Ontario (Ministre des Finances)[497] et *A.Y.S.A. Amateur Youth Soccer Association c. Canada (Agence du revenu)*[498].

Lorsque la méthode systématique et logique dit qu'une disposition législative doit être examinée dans le contexte interne de l'ensemble de la loi, en prenant en considération l'économie générale de la loi, l'on doit comprendre la directive de façon large. Cela signifie que l'instrument législatif dans son ensemble inclut non seulement les autres dispositions normatives qui s'y trouvent, mais également tous les éléments constitutifs d'un texte de loi, y compris les titres, sous-titres ou autres rubriques, de même que les préambules et annexes. S'agissant des rubriques, par exemple, le juge Estey de la Cour suprême du Canada a exprimé l'opinion suivante dans *Law Society of Upper Canada c. Skapinker* :

> Il faut à tout le moins examiner la rubrique et, à partir de son texte, tenter de discerner l'intention des rédacteurs du document. Cela constitue tout au plus une étape dans le processus d'interprétation constitutionnelle [ou simple interprétation législative]. Il est difficile de prévoir une situation où la rubrique aura une importance déterminante. D'autre part, il est presque aussi difficile de concevoir une situation où l'on pourrait écarter rapidement la rubrique [...].[499]

En ce qui concerne les notes marginales, elles ne constituent pas des composantes de la loi, comme le dit expressément l'article 14 de la *Loi d'interprétation* fédérale[500]. À plus forte raison, dans plusieurs autres juridictions dont le Québec, les notes marginales doivent être exclues du contexte législatif interne puisqu'elles ne sont même pas partie du texte lorsque la loi est adoptée au Parlement; elles sont ajoutées au texte *a posteriori* par les fonctionnaires responsables de la publication des lois. Dans cette affaire *Skapinker*, le juge Estey expliquait, en outre :

> La loi fédérale ne mentionne pas les rubriques, mais seulement les notes marginales qui, précise-t-elle, ont été insérées pour la seule commodité de la consultation, et les préambules qui servent « à expliquer la portée et l'objet ».[501]

Le juge Estey compare ainsi le statut des rubriques et des préambules avec celui des notes marginales, eu égard à la *Loi d'interprétation* fédérale, étant entendu que ces dernières ne font pas partie du contexte interne de la loi.

* * *

Le principe de l'uniformité d'expression est également lié au critère de l'examen du contexte interne de la loi dans son ensemble et de la méthode systématique et logique. Il s'agit du pendant interprétatif d'une directive rédactionnelle voulant que

---

497. *Placer Dome Canada Ltd. c. Ontario (Ministre des Finances)*, [2006] 1 R.C.S. 715, [2006] A.C.S. n° 20.

498. *A.Y.S.A. Amateur Youth Soccer Association c. Canada (Agence du revenu)*, [2007] 3 R.C.S. 214, [2007] A.C.S. n° 42.

499. *Law Society of Upper Canada c. Skapinker*, [1984] 1 R.C.S. 357, 377, [1984] A.C.S. n° 18.

500. *Loi d'interprétation*, L.R.C. 1985, c. I-21.

501. *Law Society of Upper Canada c. Skapinker*, [1984] 1 R.C.S. 357, 370, [1984] A.C.S. n° 18.

les rédacteurs législatifs tentent, si possible, d'exprimer la même idée par la même terminologie. Dit simplement, comme le fait Lord Reid en Angleterre dans *Inland Revenue Commissioners v. Hinchy*: «one assumes that, in drafting one clause of a bill, the draftsman had in mind the language and substance of other clauses and attributes to Parliament a comprehension of the whole Act».

Ce que nous enseigne à ce sujet Louis-Philippe Pigeon, juge à la Cour suprême du Canada de 1967 à 1980 et surtout ancien légiste à l'Assemblée nationale du Québec, est fort utile. Il écrit ceci, dans son ouvrage de référence intitulé *Rédaction et interprétation des lois*:

> Dans la rédaction juridique, lorsque l'on n'emploie pas le même mot ou la même expression identiquement, les tribunaux présument, non pas que l'on a voulu varier l'expression, mais que l'on a voulu introduire une distinction ou une nuance. […] De même, il faut éviter d'employer le même mot dans deux sens différents. […] [D]ans une même loi, dans un même document, on ne doit jamais utiliser la même expression dans des sens différents. […] Voici donc deux servitudes qu'impose la rédaction législative: ne jamais employer le même mot dans deux sens différents, ne jamais employer deux mots différents pour exprimer la même idée.[502]

Le principe d'interprétation, sous forme d'une présomption, prévoit donc que le même mot ou la même expression possède le même sens partout dans la loi et, à l'inverse, que des termes différents utilisés dans le texte législatif renvoient à des règles juridiques différentes. Dans l'arrêt *R. c. Thomson*, le juge Cory écrit: « Ce mot [recommandations] est employé dans d'autres dispositions de la Loi et, à moins que le contexte ne s'y oppose clairement [donc, présomption réfragable], un mot doit recevoir la même interprétation et le même sens tout au long d'un texte législatif»[503]. Ceci étant, il est clair que le principe de l'uniformité d'expression n'est pas absolu; il arrivera fréquemment que les tribunaux le mettent de côté, comme le suggère le juge La Forest dans l'affaire *Schwartz c. Canada*:

> Selon un principe d'interprétation bien établi, les termes employés par le législateur sont réputés avoir le même sens dans chacune des dispositions d'une même loi, voir *R. c. Zeolkowski*, [1989] 1 R.C.S. 1378, et *Thomson c. Canada (Sous-ministre de l'Agriculture)*, [1992] 1 R.C.S. 385. Comme pour tout principe d'interprétation, il ne s'agit pas d'une règle, mais d'une présomption qui doit céder le pas lorsqu'il ressort des circonstances que telle n'était pas l'intention du législateur. Or, en l'espèce, je ne vois aucune raison de m'écarter de ce principe, étant donné que, tout au contraire, il confirme le sens ordinaire des mots « emploi» et « allocation de retraite» choisis par le législateur et est compatible avec lui.[504]

* * *

---

502. L.-P. Pigeon, *Rédaction et interprétation des lois*, 3ᵉ éd., Québec, Publications du Québec, 1986, aux pp. 79-80.

503. *Thomson c. Canada (Sous-ministre de l'Agriculture)*, [1992] 1 R.C.S. 385, 400, [1992] A.C.S. nº 13.

504. *Schwartz c. Canada*, [1996] 1 R.C.S. 254, 298, [1996] A.C.S. nº 15.

Le prochain jugement de la Cour suprême illustre l'argument de contexte interne élargi à l'ensemble de la loi, et surtout combien la pondération de cette méthode peut varier dans un exercice d'interprétation législative. C'est une illustration forte démontrant par ailleurs que, jusqu'à un passé relativemen récent, l'approche interprétative au Canada était, pour certains membres de la magistrature, axée principalement sur la lettre de la loi, c'est-à-dire sur ce qui s'apparente à la règle de l'interprétation littérale (en anglais, « plain meaning rule »). À vrai dire, l'opinion de la majorité dans cette affaire *McIntosh* constitue depuis le parfait contre-exemple d'une utilisation adéquate de la méthodologie d'interprétation au pays.

Extrait tiré de *R. c. McIntosh*, [1995] 1 R.C.S. 686, [1995] A.C.S. n° 16.

Version française du jugement du juge en chef Lamer et des juges Sopinka, Cory, Iacobucci et Major rendu par

LE JUGE EN CHEF LAMER –

Le contexte factuel

1   Le 7 février 1991, l'intimé a mortellement poignardé Basile Hudson, dont le gagne-pain était la réparation d'appareils ménagers et d'équipement électronique. Les circonstances entourant le décès de Hudson remontent à l'été 1990; à cette époque, l'intimé, un homme de 26 ans, travaillait comme disc-jockey. Il avait demandé à la victime, qui vivait dans le quartier, de réparer un amplificateur et d'autres pièces d'équipement. Au cours des huit mois qui ont suivi, l'intimé a maintes fois tenté de récupérer son équipement, mais la victime faisait tout pour l'éviter. À une occasion, l'intimé, armé d'un couteau, s'est présenté chez la victime et lui a dit qu'il [TRADUCTION] « l'attraperait au détour » s'il ne lui remettait pas l'équipement. À une autre occasion, la victime s'est sauvée par la porte arrière en voyant l'intimé à l'entrée.

2   Le jour du meurtre, l'amie de l'intimé a vu la victime travailler à l'extérieur et en a informé l'intimé. Celui-ci s'est procuré un couteau de cuisine et s'est rendu chez la victime. Une altercation a suivi. Selon son témoignage, l'intimé aurait dit à la victime : [TRADUCTION] « Va chercher mon « crisse » d'ampli parce que j'en ai besoin. Va téter ta mère et ramène mon « crisse » d'ampli ». Selon l'intimé, la victime l'a alors poussé et ils se sont battus. La victime aurait pris un chariot et l'aurait soulevé à la hauteur de la tête en direction de l'intimé. Ce dernier a réagi en poignardant la victime avec le couteau de cuisine. Il a ensuite lancé le couteau et s'est enfui. Plus tard le même jour, l'intimé s'est livré à la police après avoir consulté un avocat.

3   Le 25 novembre 1991, l'intimé a comparu en Cour de l'Ontario (Division générale), devant le juge Moldaver et un jury, relativement à une accusation de meurtre au deuxième degré. Il a plaidé non coupable et, au procès, a invoqué la légitime défense. Le jury a déclaré l'intimé coupable de l'infraction moindre et incluse d'homicide involontaire coupable. Il a été condamné à deux ans et demi d'emprisonnement.

4   L'intimé a interjeté appel contre la déclaration de culpabilité devant la Cour d'appel de l'Ontario en faisant valoir que le juge du procès aurait commis une erreur lorsqu'il a indiqué au jury que le par. 34(2) du *Code criminel*, L.R.C. (1985), ch. C-46, n'était pas applicable s'il jugeait que l'intimé avait été l'agresseur initial, ayant provoqué la victime. La Cour d'appel a accueilli l'appel de l'intimé, annulé la déclaration de culpabilité et ordonné la tenue d'un nouveau procès : (1993), 15 O.R. (3d) 450, 84 C.C.C. (3d) 473, 24 C.R. (4th) 265, 65 O.A.C. 199.

5   Le ministère public se pourvoit maintenant devant notre Cour en faisant valoir que la Cour d'appel de l'Ontario aurait commis une erreur lorsqu'elle a conclu qu'un accusé, qui est l'agresseur initial peut invoquer la légitime défense, au sens du par. 34(2) du *Code criminel*.

Les dispositions législatives pertinentes

Code criminel, L.R.C. (1985), ch. C-46

Défense de la personne

34.(1) Toute personne illégalement attaquée sans provocation de sa part est fondée à repousser la violence par la violence si, en faisant usage de violence, elle n'a pas l'intention de causer la mort ni des lésions corporelles graves et si la violence n'est pas poussée au-delà de ce qui est nécessaire pour lui permettre de se défendre.

(2) Quiconque est illégalement attaqué et cause la mort ou une lésion corporelle grave en repoussant l'attaque est justifié si :

   a) d'une part, il la cause parce qu'il a des motifs raisonnables pour appréhender que la mort ou quelque lésion corporelle grave ne résulte de la violence avec laquelle l'attaque a en premier lieu été faite, ou avec laquelle l'assaillant poursuit son dessein;

   b) d'autre part, il croit, pour des motifs raisonnables, qu'il ne peut pas autrement se soustraire à la mort ou à des lésions corporelles graves.

35. Quiconque a, sans justification, attaqué un autre, mais n'a pas commencé l'attaque dans l'intention de causer la mort ou des lésions corporelles graves, ou a, sans justification, provoqué sur lui-même une attaque de la part d'un autre, peut justifier l'emploi de la force subséquemment à l'attaque si, à la fois :

   a) il en fait usage :

      (i) d'une part, parce qu'il a des motifs raisonnables d'appréhender que la mort ou des lésions corporelles graves ne résultent de la violence de la personne qu'il a attaquée ou provoquée,

      (ii) d'autre part, parce qu'il croit, pour des motifs raisonnables, que la force est nécessaire en vue de se soustraire lui-même à la mort ou à des lésions corporelles graves;

   b) il n'a, à aucun moment avant qu'ait surgi la nécessité de se soustraire à la mort ou à des lésions corporelles graves, tenté de causer la mort ou des lésions corporelles graves;

   c) il a refusé de continuer le combat, l'a abandonné ou s'en est retiré autant qu'il lui était possible de le faire avant qu'ait surgi la nécessité de se soustraire à la mort ou à des lésions corporelles graves.

36. La provocation comprend, pour l'application des articles 34 et 35, celle faite par des coups, des paroles ou des gestes.

37. (1) Toute personne est fondée à employer la force pour se défendre d'une attaque, ou pour en défendre toute personne placée sous sa protection, si elle n'a recours qu'à la force nécessaire pour prévenir l'attaque ou sa répétition.

(2) Le présent article n'a pas pour effet de justifier le fait d'infliger volontairement un mal ou dommage qui est excessif, eu égard à la nature de l'attaque que la force employée avait pour but de prévenir.

Les décisions des juridictions inférieures

[...]

Analyse

Introduction

14   Le présent pourvoi soulève une question d'interprétation législative pure : La justification de la légitime défense prévue au par. 34(2) du *Code criminel* peut-elle être invoquée si l'accusé est l'agresseur initial, qui a provoqué l'attaque relativement à laquelle il invoque la légitime défense ? Selon l'interprétation du juge du procès, le juge Moldaver, le par. 34(2) ne s'appliquerait pas dans une telle situation. La Cour d'appel de l'Ontario a exprimé un avis contraire.

15   Le conflit entre les art. 34 et 35 est évident à la lecture de ces dispositions. Le paragraphe 34(1) commence en ces termes : « Toute personne illégalement attaquée sans provocation de sa part... », et le par. 34(2), ainsi : « Quiconque est illégalement attaqué... ». La condition « sans provocation de sa part » n'est pas mentionnée au par. 34(2). Le fait que le par. 34(2) n'exige pas qu'il y ait absence de provocation devient important lorsque l'on examine l'art. 35, qui s'applique explicitement dans le cas où un accusé a « sans justification, provoqué [...] une attaque... ». Par conséquent, le par. 34(2) et l'art. 35 paraissent s'appliquer à un agresseur initial. Il faut donc se demander en l'espèce si l'intimé, en tant qu'agresseur initial qui invoque la légitime défense, peut se prévaloir du par. 34(2) ou s'il devrait plutôt satisfaire aux conditions plus exigeantes de l'art. 35.

16   À titre de commentaire préliminaire, je tiens à préciser que les art. 34 et 35 du *Code criminel* sont fort techniques, et sont des dispositions excessivement détaillées qui méritent d'être fortement critiquées. Ces dispositions se chevauchent et sont en soi incompatibles à certains égards. En outre, le lien entre ces dispositions et l'art. 37 (que, j'analyse ci-dessous) n'est pas clair. Il faut s'attendre à ce qu'un juge du procès ait des difficultés à expliquer ces dispositions au jury et à ce que les jurés puissent les trouver déroutantes. Le présent pourvoi le démontre bien. À la suite des objections que les avocats ont formulées relativement aux directives qu'il a données sur les art. 34 et 35, le juge du procès a affirmé : [TRADUCTION] « Bien, il me semble que ces dispositions du Code criminel sont incroyablement déroutantes ». Je suis d'accord avec cette observation.

17   Bien que les avocats se soient, en l'espèce, tout particulièrement efforcés de faire un rapprochement compatible entre les art. 34 et 35, je suis d'avis qu'une interprétation qui tente de donner un sens logique à ces dispositions aboutira à certains résultats peu souhaitables ou illogiques. De toute évidence, le législateur devrait intervenir pour clarifier le régime de la légitime défense prévu dans le *Code criminel*.

Le juge du procès a-t-il commis une erreur en disant au jury, dans ses directives, que le par. 34(2) du Code criminel n'était pas applicable à un agresseur initial ?

(i)   *Le paragraphe 34(2) n'est pas ambigu*

18   Pour résoudre la question d'interprétation soulevée par le ministère public, je pars de la proposition qu'il faut donner plein effet à une disposition législative qui, à sa lecture, ne présente pas d'ambiguïté. C'est une autre façon de faire valoir ce que l'on a parfois appelé la « règle d'or » de l'interprétation littérale; une loi doit être interprétée d'une façon compatible avec le sens ordinaire des termes qui la compose [sic]. Si le libellé de la loi est clair et n'appelle qu'un seul sens, il n'y a pas lieu de procéder à un exercice d'interprétation (*Maxwell on the Interpretation of Statutes* (12e éd. 1969), à la p. 29).

19   Le paragraphe 34(1) inclut l'expression « sans provocation de sa part », mais non le par. 34(2). Celui-ci est clair et je ne vois pas comment on pourrait conclure qu'il est, à première vue, ambigu à quelque point de vue. Par conséquent, si l'on examine séparément le par. 34(2), un agresseur initial peut de toute évidence s'en prévaloir.

20   Le ministère public a demandé à notre Cour de considérer que le par. 34(2) incluait l'expression « sans provocation de sa part ». À son avis, en examinant la légitime défense en common law, l'historique législatif, les dispositions connexes du *Code criminel*, les notes marginales et l'ordre public, on se rend bien compte que le législateur ne peut avoir eu l'intention de permettre à un agresseur initial de se prévaloir du par. 34(2). Le fait que le législateur a omis d'inclure dans le par. 34(2) l'expression « sans provocation de sa part » serait un oubli, et le ministère public demande à notre Cour d'y remédier.

21   Le ministère public qualifie son analyse de « contextuelle ». On peut certainement procéder à une « analyse contextuelle » en matière d'interprétation des lois. Voici comment Driedger, dans son ouvrage intitulé *Construction of Statutes* (2ᵉ éd. 1983), a formulé le principe moderne de l'interprétation contextuelle (à la p. 87) :

> [TRADUCTION] De nos jours, il n'y a qu'un seul principe ou méthode; il faut interpréter les termes d'une loi dans leur contexte global selon le sens grammatical et ordinaire qui s'harmonise avec l'économie et l'objet de la loi et l'intention du législateur. [...] Dans *Victoria (City) v. Bishop of Vancouver Island*, [1921] A.C. 384, à la p. 387, lord Atkinson l'a exposé en ces termes :
>
>> Dans l'interprétation des lois, on doit donner aux termes leur sens grammatical ordinaire, à moins que quelque chose dans le contexte, ou dans l'objet visé par la loi où ils figurent, ou encore dans les circonstances où ils sont employés, n'indique qu'ils ont été employés dans un sens spécial et différent de leur acception grammaticale ordinaire.

Driedger ramène ensuite le principe à cinq étapes d'interprétation (à la p. 105) :

> [TRADUCTION]
>
> 1. Il faut interpréter l'ensemble de la loi en fonction de son contexte global pour déterminer l'intention du législateur (la loi selon sa teneur expresse ou implicite), l'objet de la loi (les fins qu'elle poursuit) et l'économie de la loi (les liens entre ses différentes dispositions).
>
> 2. Il faut ensuite interpréter les termes des dispositions particulières applicables à l'affaire en cause selon leur sens grammatical et ordinaire, en fonction de l'intention du législateur manifestée dans l'ensemble de la loi, de l'objet de la loi et de son économie. S'ils sont clairs et précis, et conformes à l'intention, à l'objet, à l'économie et à l'ensemble de la loi, l'analyse s'arrête là.
>
> 3. Si les termes sont apparemment obscurs ou ambigus, il faut leur donner le sens qui est le plus compatible avec l'intention du législateur, l'objet de la loi et son économie, mais un sens qu'ils peuvent raisonnablement avoir.
>
> 4. Si, malgré que les termes soient clairs et sans ambiguïté lorsqu'ils sont interprétés selon leur sens grammatical et ordinaire, il y a discordance dans la loi, avec les lois qualifiées de *pari materia*, ou avec le droit en général, alors il faut donner aux termes un sens inhabituel pouvant entraîner l'harmonie, <u>s'ils peuvent raisonnablement avoir ce sens</u>.
>
> 5. Si les termes obscurs, ambigus ou discordants ne peuvent être interprétés objectivement en fonction de l'intention du législateur, de l'objet de la loi ou de son économie, alors il faut leur donner l'interprétation qui paraît la plus raisonnable. [Je souligne.]

22   Certes, il est raisonnable d'interpréter les dispositions d'une loi dans leur contexte. Cependant, une « analyse contextuelle » ne renforce pas la position du ministère public. Premièrement, l'analyse contextuelle se fonde au départ sur l'intention du législateur. Toutefois, compte tenu du caractère déroutant des dispositions du *Code criminel* en matière de légitime défense, je ne peux voir comment il serait possible de déterminer quelle était l'intention du législateur lorsqu'il a adopté ces dispositions. Par conséquent, il me semble que, en l'espèce, l'on soit *ab initio* empêché de procéder à une analyse contextuelle.

23   Le ministère public soutient que le législateur voulait empêcher que l'agresseur initial ne se prévale des par. 34(1) et 34(2) et que c'est par simple oubli que les termes employés au par. 34(2) ne concrétisent pas cette intention. À mon avis, on aurait tout aussi bien pu soutenir de façon tout aussi convaincante que le législateur avait l'intention de permettre à un agresseur initial de se prévaloir de ces deux paragraphes, et que l'erreur du législateur est d'avoir <u>inclus</u> l'expression « sans provocation de sa part » au par. 34(1).

24   L'intention du législateur s'obscurcit davantage lorsque l'on examine l'art. 45 du *Code criminel*, S.C. 1892, ch. 29, à l'origine des par. 34(1) et 34(2) :

> **45.** Tout individu illégalement attaqué, sans provocation de sa part, est justifiable de repousser la violence par la violence, si, en en faisant usage, il n'a pas l'intention de causer la mort ni des blessures corporelles graves, et si elle n'est pas poussée au delà de ce qui est nécessaire pour se défendre; <u>et quiconque est ainsi attaqué</u> est justifiable, même s'il cause la mort ou quelque blessure corporelle grave, et s'il la cause dans l'appréhension raisonnable de mort ou de blessures corporelles graves par suite de la violence avec laquelle l'attaque a été d'abord faite contre lui ou avec laquelle son assaillant poursuit son dessein, et s'il croit pour des motifs plausibles qu'il ne peut autrement se soustraire lui-même à la mort ou à des blessures corporelles graves. [Je souligne.]

Cette disposition renferme une ambiguïté évidente. L'expression « quiconque est ainsi attaqué » renvoie-t-elle à l'expression « [t]out individu illégalement attaqué » ou à « [t]out individu illégalement attaqué, sans provocation de sa part » ? Il s'agit d'une question théorique, puisque le législateur paraît avoir résolu cette ambiguïté dans sa révision de 1955 du *Code criminel*, S.C. 1953-54, ch. 51. La première partie de l'ancien art. 45 est devenu le par. 34(1), et la seconde, le par. 34(2). Le nouveau par. 34(2) ne renferme aucun renvoi à l'exigence de non-provocation.

25   S'il faut déduire l'intention du législateur des mesures législatives qu'il a prises, il existe alors un solide argument pour affirmer qu'il avait l'intention de permettre à un agresseur initial de se prévaloir du par. 34(2). Lorsque le législateur a révisé le *Code criminel* en 1955, il aurait pu inclure une exigence de provocation au par. 34(2). La disposition aurait alors été semblable au par. 48(2) de la *Crimes Act 1961*, de la Nouvelle-Zélande, S.N.Z. 1961, No. 43 (abrogée et remplacée en 1980 par No. 63, art. 2), lequel est pratiquement identique au par. 34(2), sauf qu'il prévoyait explicitement une exigence de non-provocation :

> [TRADUCTION]
>
> **48.** ...
>
> (2) Quiconque est illégalement attaqué <u>sans provocation de sa part</u> est fondé à employer la force nécessaire, même s'il cause de ce fait la mort ou des lésions corporelles graves, si... [Je souligne.]

Le fait que le législateur n'a pas choisi cette voie constitue la seule et meilleure preuve que nous ayons de l'intention du législateur, et cette preuve n'appuie certainement pas la position du ministère public.

26   Deuxièmement, l'analyse contextuelle permet aux tribunaux de s'écarter du sens grammatical ordinaire des termes lorsqu'un contexte particulier l'exige, mais elle n'exige généralement pas des tribunaux qu'ils introduisent des termes dans une disposition législative. C'est seulement lorsqu'« ils peuvent raisonnablement avoir » un sens particulier que ces termes peuvent être interprétés d'après leur contexte. Je suis d'accord avec l'observation de Pierre-André Côté dans son livre, *Interprétation des lois* (2e éd. 1990), aux pp. 257 et 258 :

> La fonction du juge étant d'interpréter la loi et non de la faire, le principe général veut que le juge doive écarter une interprétation qui l'amènerait à ajouter des termes à la loi : celle-ci est censée être bien rédigée et exprimer complètement ce que le législateur entendait dire...

Le ministère public demande à notre Cour d'inclure dans le par. 34(2) des termes qui ne s'y trouvent pas. À mon avis, cela équivaudrait à modifier le par. 34(2), ce qui constitue une fonction législative et non judiciaire. L'analyse contextuelle ne justifie aucunement les tribunaux de procéder à des modifications législatives.

27   Troisièmement, on ne peut en l'espèce faire abstraction du principe suprême qui régit l'interprétation des dispositions pénales. Dans l'arrêt *Marcotte c. Sous-procureur général du Canada*, [1976] 1 R.C.S. 108, le juge Dickson (plus tard Juge en chef) a formulé le principe suivant, à la p. 115 :

> Même si je devais conclure que les dispositions pertinentes sont ambiguës et équivoques [...] je devrais conclure en faveur de l'appelant en l'espèce. Il n'est pas nécessaire d'insister sur l'importance de la clarté et de la certitude lorsque la liberté est en jeu. Il n'est pas besoin de précédent pour soutenir la proposition qu'en présence de réelles ambiguïtés ou de doutes sérieux dans l'interprétation et l'application d'une loi visant la liberté d'un individu, l'application de la loi devrait alors être favorable à la personne contre laquelle on veut exécuter ses dispositions.

Le paragraphe 34(2), à titre de moyen de défense, permet de « réduire » l'étendue de la responsabilité qui se rattacherait par ailleurs aux infractions criminelles prévues au *Code criminel*. Tant les dispositions du *Code criminel* relatives aux infractions que celles relatives aux moyens de défense visent à définir la responsabilité criminelle, et elles doivent de ce fait être interprétées de façon similaire.

28   Ce principe a été formulé de façon éloquente par le juge La Forest (maintenant juge de notre Cour) dans *New Brunswick c. Estabrooks Pontiac Buick Ltd.* (1982), 44 N.B.R. (2d) 201, aux pp. 230 et 231 :

> [TRADUCTION] Il ne fait aucun doute que le devoir des tribunaux est de donner effet à l'intention du législateur, telle qu'elle est formulée dans le libellé de la Loi. Tout répréhensible que le résultat puisse apparaître, il est de notre devoir, si les termes sont clairs, de leur donner effet. Cette règle découle de la doctrine constitutionnelle de la suprématie de la Législature lorsqu'elle agit dans le cadre de ses pouvoirs législatifs. Cependant, le fait que les termes, selon l'interprétation qu'on leur donne, conduiraient à un résultat déraisonnable constitue certainement une raison pour motiver les tribunaux à examiner minutieusement une loi pour bien s'assurer que ces termes ne

sont pas susceptibles de recevoir une autre interprétation, car il ne faudrait pas trop facilement prendre pour acquis que le législateur recherche un résultat déraisonnable ou entend créer une injustice ou une absurdité.

Ce qui précède ne signifie pas que les tribunaux devraient tenter de reformuler les lois pour satisfaire leurs notions individuelles de ce qui est juste ou raisonnable.

29   En matière d'interprétation des lois, dans le cas où il est possible de donner deux interprétations à une disposition qui porte atteinte à la liberté d'une personne, dont l'une serait plus favorable à un accusé, il existe un principe voulant que la cour devrait adopter l'interprétation qui favorise l'accusé. Dans la même ligne de pensée, dans le cas où une disposition est, à première vue, favorable à un accusé, je ne crois pas qu'un tribunal devrait appliquer la méthode d'interprétation préconisée par le ministère public à la seule fin de restreindre la portée de la disposition et de la rendre ainsi moins favorable à l'accusé. À première vue, l'intimé peut invoquer l'application du par. 34(2). En toute déférence, je suis d'avis que le juge du procès a commis une erreur lorsqu'il a restreint la portée de la disposition de façon à empêcher l'intimé de s'en prévaloir.

30   En conséquence, je conclus que le par. 34(2) n'est pas une disposition ambiguë et qu'un agresseur initial peut s'en prévaloir. Je suis d'accord avec la Cour d'appel de l'Ontario, qui est arrivée à une conclusion similaire tant dans les arrêts *Stubbs* et *Nelson*, précités, que dans la présente affaire.

(ii)   *Même si le par. 34(2) risque de donner lieu à des résultats absurdes, on ne saurait adopter l'interprétation du ministère public*

31   Il importe de répéter que le par. 34(2) n'est pas à première vue ambigu. Lorsque le ministère public soutient que cette disposition est ambiguë, il se fonde sur l'historique législatif, la common law, l'intérêt public, les notes marginales et la relation entre les art. 34 et 35. À son avis, il serait absurde de permettre à un agresseur initial de se prévaloir du par. 34(2), alors que l'art. 35 est de toute évidence applicable. Selon le ministère public, le législateur ne saurait avoir eu l'intention de créer un résultat aussi absurde et la disposition ne peut donc avoir ce sens. Essentiellement, le ministère public assimile l'absurdité à l'ambiguïté.

32   Le ministère public demande à notre Cour de résoudre cette absurdité ou ambiguïté en donnant une interprétation restrictive au par. 34(2) de façon à le rendre inapplicable à un agresseur initial. Si le ministère public a raison, alors un agresseur initial ne pourrait se prévaloir que de l'art. 35 du *Code criminel*, lequel impose des exigences plus lourdes. Plus particulièrement, l'al. 35c) ne permet à un agresseur initial de soulever la légitime défense qu'à la condition suivante :

c) il a refusé de continuer le combat, l'a abandonné ou s'en est retiré autant qu'il lui était possible de le faire avant qu'ait surgi la nécessité de se soustraire à la mort ou à des lésions corporelles graves.

33   Selon l'intimé, s'il existe une ambiguïté, elle doit être tranchée de la façon qui favorise le plus l'accusé. En conséquence, un agresseur initial devrait être en mesure de se prévaloir du par. 34(2).

34   À mon avis, on ne saurait accepter l'argument du ministère public qui assimile l'absurdité à l'ambiguïté. Voici la proposition que j'adopterais : lorsqu'une législature adopte un texte législatif qui emploie des termes clairs, non équivoques et susceptibles d'avoir un seul sens, ce texte doit être appliqué même s'il donne lieu à des résultats rigides ou absurdes ou

même contraires à la logique (*Maxwell on the Interpretation of Statutes, op. cit.*, à la p. 29). Le fait qu'une disposition aboutit à des résultats absurdes n'est pas, à mon avis, suffisant pour affirmer qu'elle est ambiguë et procéder ensuite à une analyse d'interprétation globale.

35   Dans l'arrêt *Altrincham Electric Supply Ltd. c. Sale Urban District Council* (1936), 154 L.T. 379 (H.L.), lord Macmillan a critiqué l'idée que l'absurdité justifierait à elle seule le rejet de l'interprétation littérale d'une disposition législative. Il a fait ressortir qu'une « analyse fondée sur l'absurdité » n'est généralement pas applicable parce qu'il est difficile de formuler des critères qui serviront à [TRADUCTION] « déterminer si un texte législatif particulier, interprété dans son sens littéral, est si absurde que le législateur ne peut avoir voulu qu'il soit ainsi interprété... » (p. 388). Il a ensuite formulé, à la p. 388, l'analyse qu'il estimait correcte en matière d'interprétation des lois dans le cas où l'on soulève l'absurdité :

> [TRADUCTION]... si le libellé d'un texte législatif est ambigu et susceptible de donner lieu à deux interprétations, dont l'une est compatible avec la justice et la logique, et l'autre donnerait lieu à des résultats extravagants, une cour de justice aura tendance à adopter la première et à rejeter la seconde, bien que cette dernière puisse correspondre davantage au sens littéral des termes employés.

36   En conséquence, ce n'est que lorsqu'un texte législatif est ambigu, et peut donc raisonnablement donner lieu à deux interprétations, que les résultats absurdes susceptibles de découler de l'une de ces interprétations justifieront de la rejeter et de préférer l'autre. L'absurdité est un facteur dont il faut tenir compte dans l'interprétation de dispositions législatives ambiguës; cependant, il n'existe pas de méthode distincte d'« analyse fondée sur l'absurdité ».

37   Toutefois, même en supposant pour l'instant que l'absurdité en soi suffit à créer l'ambiguïté, nous justifiant ainsi d'appliquer l'analyse contextuelle proposée par le ministère public, je préférerais quand même une interprétation littérale du par. 34(2).

38   Comme je l'ai mentionné, le principe suprême qui régit l'interprétation des dispositions pénales est que l'ambiguïté devrait être tranchée de la façon qui favorise le plus l'accusé. En outre, lorsqu'il faut choisir entre deux interprétations possibles, il est important de donner effet à l'interprétation la plus compatible avec le libellé de la disposition. Comme le juge Dickson l'a fait remarquer dans l'arrêt *Marcotte*, précité, lorsque la liberté est en jeu, la clarté et la certitude ont une importance fondamentale. Il a poursuivi, à la p. 115 :

> Si quelqu'un doit être incarcéré, il devrait au moins savoir qu'une loi du Parlement le requiert en des termes explicites, et non pas, tout au plus, par voie de conséquence.

En vertu de l'art. 19 du *Code criminel*, l'ignorance de la loi n'est pas une excuse en matière de responsabilité criminelle. Notre système de justice criminelle repose sur le principe que nul n'est censé ignorer la loi. Cependant, nous ne pouvons guère faire valoir cette présomption si les tribunaux, dans leur interprétation des dispositions pénales, décident qu'elles incluent des termes qui, à leur lecture, ne s'y trouvent pas. Comment un citoyen est-il censé connaître la loi dans un tel cas ?

39   Le *Code criminel* n'est pas un contrat ni une convention collective. Il est même qualitativement différent de la plupart des autres textes législatifs en ce qu'il peut entraîner des répercussions directes et vraisemblablement profondes sur la liberté personnelle des citoyens. Compte tenu de son caractère spécial, le *Code criminel* doit être interprété de

façon à tenir compte des intérêts en matière de liberté. Par conséquent, il faut interpréter une disposition pénale ambiguë de la façon qui favorisera le plus l'accusé et de la façon qui est le plus susceptible de jeter de la clarté et de la certitude sur le droit criminel.

40   Je reconnais que l'application du par. 34(2) donne lieu à une certaine absurdité. Par exemple, on est frappé par le fait que, si un agresseur initial qui a causé la mort ou des lésions corporelles graves peut se prévaloir du par. 34(2), alors cette personne une fois accusée pourrait être en meilleure position pour soulever la légitime défense qu'un agresseur initial qui a commis une attaque moins grave, ceci précisément parce que l'agresseur qui a causé une lésion moins grave ne pourrait se prévaloir du moyen de défense général visé au par. 34(2), dont seul l'accusé qui « cause la mort ou une lésion corporelle grave » peut se prévaloir. Le paragraphe 34(1) ne s'appliquerait pas puisqu'il prévoit expressément qu'une personne ne pourra s'en prévaloir que si elle n'a pas provoqué une attaque. Par conséquent, l'agresseur qui a commis une attaque moins grave ne pourrait se prévaloir que de l'art. 35, qui lui impose de se retirer du combat. À mon avis, il n'est pas normal qu'un accusé qui a commis l'infraction la plus grave puisse invoquer le moyen de défense le plus large.

41   Même si, à l'instar du ministère public, je suis d'avis qu'il est quelque peu illogique, compte tenu de l'art. 35, de considérer qu'un agresseur initial puisse se prévaloir de l'application du par. 34(2) et que cela donne lieu à une certaine absurdité, je ne crois pas que notre Cour devrait limiter l'étendue d'un moyen de défense prévu dans la loi. Après tout, le législateur a le droit de légiférer de façon illogique (pourvu qu'il ne soulève pas de préoccupations d'ordre constitutionnel). Si le législateur n'est pas satisfait de l'application que les tribunaux accordent aux textes législatifs illogiques, il peut les modifier en conséquence.

42   Le plus important en l'espèce est que le par. 34(2) s'applique à première vue aux agresseurs initiaux et peut donc donner lieu à une telle interprétation. Cette interprétation favorise davantage les accusés que celle préconisée par le ministère public. En outre, elle est compatible avec le libellé clair du par. 34(2) et offre une certitude aux citoyens. Bien que je reconnaisse que le ministère public se soit efforcé de faire ressortir les problèmes du régime de la légitime défense contenu dans le *Code criminel*, à partir d'une analyse approfondie fondée sur l'histoire, la doctrine et les principes, je crains que très peu de citoyens ne soient en mesure de procéder à un tel exercice d'interprétation. Rares seront les citoyens qui, en lisant les art. 34 et 35, se rendront compte des incompatibilités logiques entre eux. Il sera encore plus rare qu'un citoyen conclura que ces dispositions sont incompatibles avec la common law, avec l'intention du législateur en 1892, ou encore avec les notes marginales. Puisque les citoyens sont régis par le *Code criminel* et par l'interprétation que les tribunaux donnent à ses dispositions, je suis d'avis que le par. 34(2) doit être interprété selon le sens ordinaire de ses termes. Un accusé peut donc invoquer l'application de cette disposition s'il est l'agresseur initial qui a provoqué l'attaque contre laquelle il dit s'être défendu.

L'article 37 du Code criminel

[...]

Conclusion

47   En toute déférence, le juge Moldaver a commis une erreur lorsqu'il a, dans ses directives, indiqué au jury que le par. 34(2) ne s'appliquait pas à un agresseur initial. En conséquence, je suis d'accord avec la Cour d'appel de l'Ontario. Le pourvoi est rejeté, la déclaration de culpabilité de l'intimé est annulée et tenue d'un nouveau procès est ordonnée.

Version française des motifs des juges La Forest, L'Heureux-Dubé, Gonthier et McLachlin rendus par

LE JUGE MCLACHLIN (*dissidente*) –

Introduction

48   Le présent pourvoi soulève la question de savoir si une personne qui en provoque une autre peut invoquer la légitime défense, même si elle ne s'est pas retirée de l'attaque qu'elle a provoquée. Le Juge en chef répond par l'affirmative à cette question. En toute déférence, je suis d'avis différent.

49   L'accusé McIntosh était un disc-jockey. Il avait apporté à la victime de l'équipement audio pour qu'il le répare. Au cours des huit mois qui ont suivi, l'intimé a vainement tenté de récupérer son équipement. À une occasion, l'intimé a dit à la victime qu'il [TRADUCTION] « l'attraperait au détour » s'il ne lui remettait pas l'équipement. À une autre occasion, la victime s'est sauvée par la porte arrière en voyant McIntosh à l'entrée. Le jour du meurtre, McIntosh, armé d'un couteau de cuisine, a ordonné à la victime de lui rendre l'équipement. Selon McIntosh, la victime l'aurait alors poussé. Ils se sont battus. La victime aurait pris un chariot et l'aurait soulevé à la hauteur de la tête en direction de l'intimé. McIntosh a alors poignardé la victime, a lancé le couteau et s'est enfui.

50   Il était loisible au jury de conclure, à partir de ce scénario, que McIntosh avait provoqué l'attaque en menaçant la victime au moyen d'un couteau. La question était ensuite de déterminer laquelle des dispositions en matière de légitime défense du *Code criminel* s'applique à une personne qui provoque l'attaque qui cause la mort. La réponse à cette question dépend de l'interprétation donnée aux art. 34 et 35 du *Code criminel*, L.R.C. (1985), ch. C-46, qui codifient la légitime défense au Canada. De toute évidence, c'est l'art. 35 qui s'applique si l'accusé est l'auteur de l'agression; cependant, il exige aussi que l'accusé tente de se retirer du combat, et il pourrait ne pas avoir été utile à McIntosh. Par contre, les par. 34(1) et 34(2) ne renferment pas cette obligation. Le paragraphe 34(1) ne s'applique manifestement pas à l'agresseur initial. Dans ces circonstances, le débat a porté essentiellement sur le par. 34(2). Si McIntosh pouvait se prévaloir de l'application du par. 34(2), il aurait le droit d'invoquer la légitime défense, même si l'on arrive à la conclusion qu'il a provoqué l'attaque et ne s'en est pas retiré.

51   Dans ses directives, le juge du procès a dit au jury que le par. 34(2) ne s'appliquait pas s'il arrivait à la conclusion que McIntosh avait provoqué l'attaque au cours de laquelle il a causé la mort de la victime. À son avis, seul l'art. 35 pouvait être invoqué par un agresseur initial. Le jury a rendu un verdict de culpabilité d'homicide involontaire coupable. McIntosh a interjeté appel pour le motif que le juge du procès aurait commis une erreur lorsqu'il a indiqué au jury que le par. 34(2) du *Code criminel* ne s'appliquait pas à un agresseur initial. La Cour d'appel était d'accord et elle a ordonné la tenue d'un nouveau procès : (1993), 15 O.R. (3d) 450, 84 C.C.C. (3d) 473, 24 C.R. (4th) 265, 65 O.A.C. 199. Le ministère public se pourvoit maintenant devant notre Cour et soutient que le juge du procès a eu raison d'indiquer au jury que le par. 34(2) ne s'appliquait pas à une personne qui provoque une attaque qui cause la mort d'une personne.

52   Une seconde question a été soulevée relativement à l'art. 37 du *Code criminel*. Le juge du procès a refusé de la soumettre au jury parce que l'avocat n'avait pas indiqué comment cette disposition pouvait s'appliquer à la preuve en l'espèce. La Cour d'appel était aussi de cet avis.

Analyse

Le paragraphe 34(2) du Code criminel s'applique-t-il à une personne qui provoque une attaque ?

53   McIntosh soulève l'argument principal suivant : Le paragraphe 34(1) prévoit explicitement qu'il ne s'applique pas à une personne qui a provoqué l'attaque contre laquelle elle se défend. Par contre, le par. 34(2) n'exclut pas explicitement l'auteur d'une attaque. Par conséquent, le par. 34(2) s'appliquerait à la personne qui a provoqué l'attaque contre laquelle elle se défend. Pour que le par. 34(2) ne s'applique pas à un agresseur initial, il faudrait le considérer comme « incluant » l'expression « sans provocation de sa part » qui figure au par. 34(1). C'est pourquoi on soutient que ces dispositions ne renferment aucune ambiguïté, mais que, même si elles en renfermaient une, elle devrait être résolue en faveur de l'accusé, conformément au principe selon lequel il faut résoudre toute ambiguïté dans une disposition pénale de la façon la plus favorable à la personne accusée.

54   Comme je l'ai mentionné, le par. 34(1) renferme l'expression « sans provocation de sa part » :

Légitime défense contre une attaque sans provocation

34.(1) Toute personne illégalement attaquée sans provocation de sa part est fondée à repousser la violence par la violence si, en faisant usage de violence, elle n'a pas l'intention de causer la mort ni des lésions corporelles graves et si la violence n'est pas poussée au-delà de ce qui est nécessaire pour lui permettre de se défendre.

55   Le paragraphe 34(2), par contre, ne contient pas cette expression :

Mesure de la justification

(2) Quiconque est illégalement attaqué et cause la mort ou une lésion corporelle grave en repoussant l'attaque est justifié si :

a) d'une part, il la cause parce qu'il a des motifs raisonnables pour appréhender que la mort ou quelque lésion corporelle grave ne résulte de la violence avec laquelle l'attaque a en premier lieu été faite, ou avec laquelle l'assaillant poursuit son dessein;

b) d'autre part, il croit, pour des motifs raisonnables, qu'il ne peut pas autrement se soustraire à la mort ou à des lésions corporelles graves.

56   L'article 35 fait un renvoi explicite aux agresseurs initiaux ou provocateurs :

Légitime défense en cas d'agression

35. Quiconque a, sans justification, attaqué un autre, mais n'a pas commencé l'attaque dans l'intention de causer la mort ou des lésions corporelles graves, ou a, sans justification, provoqué sur lui-même une attaque de la part d'un autre, peut justifier l'emploi de la force subséquemment à l'attaque si, à la fois :

a) il en fait usage :

(i) d'une part, parce qu'il a des motifs raisonnables d'appréhender que la mort ou des lésions corporelles graves ne résultent de la violence de la personne qu'il a attaquée ou provoquée,

(ii) d'autre part, parce qu'il croit, pour des motifs raisonnables, que la force est nécessaire en vue de se soustraire lui-même à la mort ou à des lésions corporelles graves;

b) il n'a, à aucun moment avant qu'ait surgi la nécessité de se soustraire à la mort ou à des lésions corporelles graves, tenté de causer la mort ou des lésions corporelles graves;

c) il a refusé de continuer le combat, l'a abandonné ou s'en est retiré autant qu'il lui était possible de le faire avant qu'ait surgi la nécessité de se soustraire à la mort ou à des lésions corporelles graves.

57   À première vue, l'argument qui veut que l'absence de l'expression « sans provocation de sa part » au par. 34(2) le rende applicable à tous les cas de légitime défense, même ceux où l'accusé a provoqué l'attaque, semble intéressant. Cependant, si l'on examine de plus près le libellé et l'historique des art. 34 et 35 du *Code criminel* ainsi que les principes qui les sous-tendent, cet argument ne devrait pas être accueilli.

58   Le Juge en chef part de la prémisse que « le libellé de la loi est clair et n'appelle qu'un seul sens » (p. 697) et il conclut qu'« il n'y a pas lieu de procéder à un exercice d'interprétation » (p. 697). Je ne saurais être d'accord. Premièrement, le libellé n'est pas, en toute déférence, clair. L'ambiguïté apparente du par. 34(2) est amplement démontrée par les différentes interprétations que les tribunaux lui ont données. Cependant, même si les termes étaient clairs, l'exercice d'interprétation ne peut être évité. Comme on l'affirme dans *Driedger on the Construction of Statutes* (3ᵉ éd. 1994) à la p. 4, [TRADUCTION] « aucun tribunal moderne ne considérerait comme approprié d'adopter ce sens, aussi "clair" soit-il, sans tout d'abord faire un exercice d'interprétation ».

59   Le point de départ de l'exercice d'interprétation n'est pas le « sens ordinaire » des mots, mais l'intention du législateur. La formulation classique de la règle du « sens ordinaire », dans l'affaire *Sussex Peerage Case* (1844), 11 C. & F. 85, 8 E.R. 1034 (H.L.), à la p. 1057, établit clairement ce fait : [TRADUCTION] « la seule règle d'interprétation des lois est qu'elles doivent être interprétées en fonction de l'intention du législateur qui les a adoptées ». Comme on le dit dans *Driedger, op. cit.*, à la p. 3 : [TRADUCTION] « Il faut tenir compte, de l'objet de la loi, même dans le cas où son sens paraît clair, ainsi que de ses conséquences ». Comme le juge en chef Lamer l'indique dans l'arrêt *R. c. Z. (D.A.)*, [1992] 2 R.C.S. 1025, à la p. 1042, « [l]es termes exprès utilisés par le législateur dans les dispositions pertinentes d'une loi, doivent être interprétés non seulement selon leur sens ordinaire mais également dans le contexte de l'esprit et de l'objet de la loi ». La détermination du sens ordinaire des termes, en admettant qu'on puisse le dégager, est un principe secondaire d'interprétation qui vise à déterminer quelle était l'intention du législateur. Si les termes n'ont qu'un seul sens, ils peuvent en fait [TRADUCTION] « constituer la meilleure indication de l'intention du législateur », comme on le dit dans l'arrêt *Sussex Peerage*, à la p. 1057; toutefois, même dans ce cas, c'est l'intention du législateur et non le « sens ordinaire » des termes qui est concluante. Par contre, si, comme dans le cas du par. 34(2), les termes utilisés laissent planer le doute quant à l'intention du législateur, il faut examiner d'autres questions pour dégager cette intention.

60   Je m'écarte également de la façon dont le Juge en chef applique la proposition selon laquelle « dans le cas où il est possible de donner deux interprétations à une disposition qui porte atteinte à la liberté d'une personne, dont l'une serait plus favorable à un accusé, [...] la cour devrait adopter l'interprétation qui favorise l'accusé » (p. 702). Dans l'arrêt *Marcotte c. Sous-procureur général du Canada*, [1976] 1 R.C.S. 108, à la p. 115, notre Cour a clairement établi que cette règle d'interprétation ne s'applique « qu'en présence de réelles ambiguïtés ou de doutes sérieux » (le juge Dickson (plus tard Juge en chef)). Si l'on peut déterminer de

façon suffisamment précise l'intention du législateur, cette règle n'est pas applicable. Comme le juge La Forest l'affirme dans l'arrêt *R. c. Deruelle*, [1992] 2 R.C.S. 663, aux pp. 676 et 677 :

> Suivant la Cour d'appel à la majorité, toute ambiguïté dans une disposition pénale doit profiter à l'accusé. [...] Le paragraphe 254(3) n'est peut-être pas un modèle de clarté, mais dans le cas qui nous occupe l'intention du législateur est suffisamment claire pour qu'il ne soit pas nécessaire de recourir à ce précepte de l'interprétation législative.

61   En résumé, alors, je suis d'avis que notre Cour ne peut se dérober à la tâche d'interpréter le par. 34(2). Notre Cour doit déterminer quelle était l'intention du législateur. Le libellé de la disposition, en soi, n'en donne pas une indication claire et concluante. Il est en conséquence nécessaire, pour déterminer cette intention, d'examiner l'historique de cette disposition ainsi que les problèmes pratiques et les absurdités qui peuvent résulter d'une interprétation ou d'une autre. À mon humble avis, ces considérations aboutissent à l'inévitable conclusion que le législateur visait à ce que le par. 34(2) ne s'applique qu'aux attaques sans provocation. Ce qui m'amène à conclure que le juge du procès a eu raison de ne pas permettre au jury de se prononcer sur le par. 34(2).

L'historique du par. 34(2)

[...]

La jurisprudence

[...]

Les considérations de principe

79   Des considérations de principe appuient l'interprétation que je donne aux art. 34 et 35. Le ministère public soutient qu'il serait absurde de permettre l'application du par. 34(2) à un agresseur dans les cas où l'art. 35 s'applique manifestement. Il soutient que le législateur ne saurait avoir voulu un tel résultat. D'un côté plus pratique, comme le fait remarquer le Juge en chef, les dispositions interprétées de la façon que préconise McIntosh, peuvent aboutir à des résultats absurdes. Si le par. 34(2) peut s'appliquer à un agresseur initial qui a causé la mort ou des lésions corporelles graves, l'accusé pourrait être en meilleure position pour invoquer la légitime défense qu'un agresseur initial dont l'attaque a été moins grave; puisque le par. 34(2) ne s'applique qu'à un agresseur qui « cause la mort ou une lésion corporelle grave », l'agresseur qui a commis une attaque moins sérieuse ne serait pas visé par ce paragraphe. Ce dernier, forcé de faire valoir l'art. 35, n'aurait aucun moyen de défense s'il ne s'est pas retiré du combat. Il n'est pas normal, pour employer une expression du Juge en chef, qu'une personne accusée, dont la conduite a été plus grave, puisse invoquer le moyen de défense plus large.

80   Logiquement, les art. 34 et 35 établissent deux situations, chacune assortie d'un moyen de défense correspondant. Le moyen de défense plus large prévu à l'art. 34, ne comportant pas l'obligation de se retirer, va naturellement de pair avec une conduite moins grave, soit le cas où l'accusé est illégalement attaqué, sans provocation de sa part. De la même façon, le moyen de défense plus restreint offert par l'art. 35 est naturellement offert à une personne accusée dont la conduite a été plus grave, c'est-à-dire, le cas où l'accusé, en tant qu'agresseur, a provoqué l'attaque.

81   Bien que je reconnaisse, à l'instar du Juge en chef, que le législateur peut légiférer de façon illogique s'il le désire, je suis d'avis que les tribunaux ne devraient pas s'empresser

de supposer qu'il a eu cette intention. En l'absence d'une indication claire du contraire, les tribunaux doivent imputer une intention rationnelle au législateur. Comme lord Scarman l'affirme dans l'arrêt *Stock c. Frank Jones (Tipton) Ltd.*, [1978] 1 W.L.R. 231 (H.L.), à la p. 239 : [TRADUCTION] « Si les termes utilisés par le législateur sont clairs, il n'y a pas lieu d'appliquer le critère des "anomalies", sauf si les conséquences sont si absurdes que l'on peut se rendre compte, sans s'écarter de la loi, que le législateur doit avoir commis une erreur de rédaction ». Cela décrit, à mon avis, la situation en l'espèce. En fait, comme je l'ai déjà mentionné, le droit va jusqu'à permettre d'introduire par interprétation un élément manquant dans une disposition dans les cas où il existe une absurdité, une erreur dont on peut retracer l'origine et une correction évidente.

82   La solution préconisée par McIntosh n'est pas seulement irrégulière, mais elle est aussi, à mon avis, peu sage et injuste. En effet, on a, pendant des siècles, insisté en common law pour que la personne qui provoque une attaque et qui, au cours du combat qui s'ensuit, cause ensuite la mort de la personne qu'il a attaquée, se retire du combat si elle désire faire valoir la légitime défense. Sinon, une personne qui désire causer la mort d'une autre, sans être punie, pourrait délibérément provoquer une attaque qui lui permettrait de réagir en frappant un coup mortel. Une personne qui provoque une attaque doit savoir qu'une réplique, même dans le cas de risque pour sa vie, ne lui permettra pas de faire front et de causer la mort. Cette personne a plutôt l'obligation de se retirer. Cette obligation de se retirer en cas de provocation a résisté au temps. Elle ne devrait pas être écartée à la légère. La vie est précieuse; la justification pour causer la mort doit être définie avec soin et circonspection.

Conclusion relative au par. 34(2)

83   En résumé, l'historique et le libellé du par. 34(2) ainsi que les principes qui le sous-tendent pointent tous vers une conclusion : le législateur n'avait pas l'intention de rendre cette disposition applicable à une attaque avec provocation. Il s'ensuit que le juge du procès n'a pas commis d'erreur en restreignant ainsi le par. 34(2) lorsqu'il a donné ses directives au jury.

Des directives sur l'art. 37 du Code criminel auraient-elles dû être données au jury ?

[...]

Conclusion

85   Je suis d'avis d'accueillir le pourvoi et de rétablir la déclaration de culpabilité.

Dans la présente affaire, il est clair que le désaccord entre les juges majoritaires de la Cour suprême du Canada et les juges dissidents va au-delà de la place de l'argument de contexte dans la méthodologie d'interprétation législative appropriée en l'espèce. Il s'agit en fait d'une confrontation entre les approches interprétatives d'autrefois et d'aujourd'hui, c'est-à-dire entre une interprétation strictement de texte et une interprétation ouverte à la panoplie d'éléments de découverte de l'intention du législateur. Les motifs de la majorité, sous la plume du juge en chef Lamer, semblent nier l'évidence que les dispositions pertinentes du *Code criminel*, interprétées les unes par les autres, laissent peu de doute sur la portée de la légitime défense dans les cas de provocation de la part du défendeur. La dissidence de la juge McLachlin le démontre avec brio en référant notamment à l'économie de la loi concernant la légitime défense, comme il en ressort des dispositions pertinentes et plus particulièrement des articles 34 et 35 du *Code criminel*. Quelques autres arguments d'interprétation (historique, logique) sont utilisés afin d'aider à identifier, dans un exercice complet d'interprétation législative (allant au-delà de la lettre de la loi), le sens de l'article 34(2) du *Code criminel* qui apparaît le plus conforme à l'intention du législateur.

* * *

QUESTIONS

1. Comment distinguer le contexte interne immédiat et le simple contexte interne de la loi (l'économie de la loi)? Est-ce que les tribunaux le font toujours clairement?

2. Dans les opinions majoritaire et dissidente de l'arrêt *McIntosh*, en quoi peut-on voir une différence majeure entre la pondération de l'argument de contexte interne?

* * *

4. Lois *in pari materia*

Se fondant sur le postulat de rationalité, la présomption veut que le législateur soit cohérent à la fois à l'intérieur de la disposition en cause et à l'intérieur de la loi dans son ensemble, comme nous venons de le voir. Mais la cohérence du législateur va au-delà de ces deux éléments de contexte interne, selon un raisonnement empruntant l'image d'un cercle qui continue de s'agrandir. En effet, le contexte élargi de la loi sous étude devrait comprendre des éléments de contexte externe, les lois connexes étant clairement en tête de liste. Autrement dit, la cohérence du législateur s'étend aux lois entre elles, aux lois de même nature, que l'on appelle souvent les lois *in pari materia*. Pour paraphraser ce qu'on voyait plus tôt au sujet des autres dispositions de la même loi, on peut suggérer ceci: les lois (de même nature) s'interprètent en lien les unes avec les autres, en tentant de leur trouver un sens commun.

La cohérence des lois entre elles, comme argument d'interprétation contextuelle, peut agir à deux niveaux. D'une part, les lois connexes peuvent agir comme une source d'interprétation d'une disposition législative particulière, pour identifier l'intention du législateur à l'aide de cette présomption de cohérence des lois entre elles. C'est ce dont il sera question ici. D'autre part, l'idée d'interpréter des lois les unes avec les autres, en dégageant un sens qui leur est commun, constitue également une façon de concilier des lois qui peuvent entrer en conflit. Ce sujet important fera l'objet d'une étude séparée à la prochaine section.

Au fédéral, l'article 15(2)b) de la *Loi d'interprétation* codifie, au moins en partie, le principe d'interprétation systématique des lois connexes, lorsqu'il prévoit que: «Les dispositions définitoires ou interprétatives d'un texte [...] s'appliquent, sauf indication contraire, aux textes portant sur un domaine identique»[505]. Concrètement, cela

---

505. *Loi d'interprétation*, L.R.C. 1985, c. I-21.

signifie que le mot ou l'expression dans notre loi, s'il fait l'objet d'une définition dans une autre loi fédérale, devrait avoir le même sens ainsi défini, étant entendu évidemment que ces lois portent sur les mêmes matières. Deux précisions s'imposent. Tout d'abord, l'absence d'une telle codification dans les autres juridictions canadiennes – dont le Québec, qui n'a pas d'équivalent dans sa *Loi d'interprétation*[506] – n'affecte en rien la possibilité d'avoir recours aux définitions de lois connexes. Ensuite, tant au fédéral qu'ailleurs, la présomption de cohérence des lois entre elles vaut autant pour les aspects formels que pour les aspects substantiels. Autrement dit, cet argument de contexte élargi externe, s'applique non seulement aux définitions qui précisent formellement le sens d'un mot ou d'une expression, mais également aux autres dispositions législatives, les articles de fond, qui contiennent des normes juridiques.

Le principe de l'interprétation contextuelle systématique des lois connexes, des lois *in pari materia*, se justifie comme suit : on suppose qu'à l'adoption d'une loi, le législateur connait les autres lois traitant du même sujet. En conséquence, par cette nouvelle loi, il a voulu légiférer en harmonie avec les autres normes dans le même domaine. On présume que le législateur n'a pas voulu adopter un texte de loi qui va à contre sens des lois existantes en la matière. Cette idée n'est pas nouvelle, comme les propos de Lord Mansfield en 1785, dans *R. v. Loxdale*, en témoignent :

> Where there are different statutes in pari materia though made at different times, or even expired, and not referring to each other, they shall be taken and construed together, as one system, and as explanatory of each other.[507]

Par ailleurs, le même raisonnement s'appliquerait pour les lois connexes adoptées postérieurement à la loi considérée. Pierre-André Côté explique ainsi :

> Les lois étant toutes l'œuvre d'un même auteur, on supposera qu'il y a une certaine uniformité dans l'expression et une certaine constance dans les politiques, abstraction faite du moment de l'adoption, si bien qu'on pourra s'autoriser d'une loi postérieure pour inférer soit le sens des mots dans une loi antérieure, soit la politique qu'une telle loi poursuit.[508]

Il y aurait d'autres raisons justifiant le recours aux lois *in pari materia* postérieures, dont le souci des tribunaux d'avoir une interprétation uniforme dans un domaine, peu importe la chronologie des instruments législatifs.

La décision ci-dessous contient plusieurs arguments de contexte, dont un portant justement sur le contexte élargi externe des lois connexes, une législation qui est par ailleurs postérieure.

---

506.   *Loi d'interprétation*, RLRQ, c. I-16.
507.   *R. v. Loxdale* (1758), 97 E.R. 394, 395.
508.   P.-A. Côté, coll. S. Beaulac et M. Devinat, *Interprétation des lois*, 4ᵉ éd., Montréal, Thémis, 2009, à la p. 396.

Extraits tirés de *Harvard College c. Canada (Commissaire aux brevets)*, [2002] 4 R.C.S. 45, [2002] A.C.S. n° 77 [motifs de la majorité].

Version française du jugement des juges L'Heureux-Dubé, Gonthier, Iacobucci, Bastarache, et LeBel rendu par

LE JUGE BASTARACHE –

Introduction

118   Le présent pourvoi soulève la question de la brevetabilité des formes de vie supérieures dans le contexte de la *Loi sur les brevets*, L.R.C. 1985, ch. P-4. L'intimé, President and Fellows of Harvard College, cherche à faire breveter une souris génétiquement modifiée afin d'accroître sa prédisposition au cancer, d'où son utilité pour la recherche sur le cancer. Les revendications du brevet visent aussi tous les mammifères non humains qui ont été modifiés de la même façon.

119   Le commissaire aux brevets a confirmé le refus de l'examinateur des brevets d'accorder le brevet. Cette décision a ensuite été confirmée par la Section de première instance de la Cour fédérale, puis infirmée dans un arrêt majoritaire de la Cour d'appel fédérale. Se pose la question préliminaire de la norme de contrôle applicable à la décision du commissaire de refuser d'accorder le brevet. À l'instar des juges majoritaires de la Cour d'appel fédérale, je reconnais que la norme applicable à la décision du commissaire en l'espèce est celle de la décision correcte. Bien que le refus d'accorder un brevet puisse parfois faire l'objet de retenue judiciaire, la nature de la question soulevée est déterminante dans la présente affaire. À mon avis, les tribunaux sont aussi en mesure que le commissaire de décider si la définition du terme « invention », à l'art. 2 de la *Loi sur les brevets*, vise les formes de vie supérieures, étant donné que cette question requiert une simple décision sur un point de droit qui aura une grande valeur comme précédent. Je ne partage pas non plus l'avis du juge dissident en Cour d'appel fédérale, selon lequel il faut faire preuve de retenue à l'égard de la décision du commissaire parce que celui-ci a le pouvoir discrétionnaire de refuser d'accorder un brevet pour des motifs d'intérêt public. Pour refuser un brevet, le commissaire doit s'être assuré que le demandeur n'est pas fondé « en droit » à obtenir le brevet – libellé qui indique que le commissaire n'a aucun pouvoir discrétionnaire indépendant de la *Loi sur les brevets* qui l'habiliterait à prendre en considération l'intérêt public pour accorder ou refuser un brevet.

120   Puisque le commissaire n'a pas le pouvoir discrétionnaire de refuser de breveter une invention, la seule question qui se pose est de savoir si le législateur a voulu que la définition du terme « invention » et, plus particulièrement, les mots « fabrication » ou « composition de matières », dans le contexte de la *Loi sur les brevets*, englobent des formes de vie supérieures comme l'oncosouris. À mon avis, le législateur n'a pas voulu que les formes de vie supérieures soient brevetables. S'il avait voulu que tout objet imaginable soit brevetable, il n'aurait pas adopté une définition exhaustive qui limite l'invention à « [t]oute réalisation, tout procédé, toute machine, fabrication ou composition de matières ». De plus, les mots « fabrication » et « composition de matières » ne correspondent pas à l'idée que l'on se fait habituellement de la vie animale et végétale. Même si on accepte qu'ils peuvent recevoir une interprétation large, les mots de la définition doivent être interprétés en fonction de l'économie de la Loi et du contexte pertinent. La Loi sous sa forme actuelle n'aborde pas maintes questions exceptionnelles que soulève la délivrance de brevets pour des formes de vie supérieures, ce qui indique que le législateur n'a jamais voulu que la définition du mot « invention » s'applique à ce type d'objet. Étant donné les questions exceptionnelles que pose l'attribution d'un monopole sur des formes de vie supérieures, j'estime que le législateur ne

voudrait probablement pas que la *Loi sur les brevets*, dans son état actuel, soit le vecteur approprié pour assurer la protection des droits des inventeurs de ce type d'objet.

Les faits

121   Le 21 juin 1985, l'intimé, President and Fellows of Harvard College (« Harvard »), présente une demande de brevet d'invention intitulée [TRADUCTION] « animaux transgéniques ». L'invention consiste à produire des animaux prédisposés au cancer en vue de les utiliser dans des études de cancérogénicité chez les animaux. Ces animaux peuvent alors servir à tester une substance soupçonnée d'être cancérigène; pour ce faire, on expose les animaux à cette substance et on vérifie s'ils développent des tumeurs cancéreuses. En raison de la prédisposition de ces animaux à la formation de tumeurs, les concentrations de substances utilisées pour les tests peuvent être moindres et, par conséquent, plus proches de celles auxquelles sont effectivement exposés les êtres humains. On prévoit, en outre, que ces animaux développeront plus rapidement des tumeurs. Ceux-ci peuvent également servir à tester des substances que l'on croit être anticancéreuses.

122   La technique de production d'une souris prédisposée au cancer (« oncosouris ») est divulguée dans la demande de brevet. L'oncogène (le gène qui prédispose au cancer) est tiré du code génétique d'une source non mammifère tel un virus. Un vecteur pour le transport de l'oncogène dans les chromosomes de la souris est construit à l'aide d'un petit fragment d'ADN d'une bactérie appelée plasmide. Le plasmide, dans lequel l'oncogène a été « introduit », est injecté des œufs de souris fécondés, de préférence au stade unicellulaire. Les œufs sont ensuite implantés dans une souris femelle hôte, ou « mère porteuse », où ils peuvent se développer jusqu'à terme. Après la mise bas de la souris porteuse, on vérifie si l'oncogène est présent chez les souriceaux; ceux qui sont porteurs de l'oncogène sont désignés comme étant des souris « fondatrices ». Les souris fondatrices sont accouplées avec des souris qui n'ont pas été génétiquement modifiées. Conformément aux lois mendéliennes de l'hérédité, chez la moitié des souriceaux, toutes les cellules seront affectées par l'oncogène, ce qui les rendra utiles aux fins décrites précédemment.

123   Dans sa demande de brevet, l'intimé cherche à faire protéger à la fois le procédé qui permet de produire l'oncosouris et le produit final de ce procédé, à savoir la souris fondatrice et ses souriceaux dont les cellules sont affectées par l'oncogène. Les revendications relatives au procédé et au produit visent aussi tous les mammifères non humains. En mars 1993, dans une décision définitive, l'examinateur des brevets rejette les revendications relatives au produit (les revendications 1 à 12) pour le motif qu'elles ne sont pas visées par la définition du terme « invention » donnée à l'art. 2 de la *Loi sur les brevets*, mais il accueille les revendications relatives au procédé (les revendications 13 à 26). En août 1995, après avoir examiné la question et à la suite d'une audience devant la Commission d'appel des brevets, le commissaire aux brevets confirme le refus d'accorder un brevet pour les revendications 1 à 12. La Section de première instance de la Cour fédérale rejette l'appel de l'intimé contre la décision du commissaire. La Cour d'appel fédérale, à la majorité, le juge Isaac étant dissident, accueille l'appel interjeté par l'intimé. Le commissaire aux brevets se pourvoit contre cette décision.

Dispositions législatives pertinentes

124   *Loi sur les brevets*, L.R.C. 1985, ch. P-4

    2. Sauf disposition contraire, les définitions qui suivent s'appliquent à la présente loi.

    ...

« invention » Toute réalisation, tout procédé, toute machine, fabrication ou composition de matières, ainsi que tout perfectionnement de l'un d'eux, présentant le caractère de la nouveauté et de l'utilité.

In this Act, except as otherwise provided,

...

"invention" means any new and useful art, process, machine, manufacture or composition of matter, or any new and useful improvement in any art, process, machine, manufacture or composition of matter;

27. (1) Le commissaire accorde un brevet d'invention à l'inventeur ou à son représentant légal si la demande de brevet est déposée conformément à la présente loi et si les autres conditions de celle-ci sont remplies.

40. Chaque fois que le commissaire s'est assuré que le demandeur n'est pas fondé en droit à obtenir la concession d'un brevet, il rejette la demande et, par courrier recommandé adressé au demandeur ou à son agent enregistré, notifie à ce demandeur le rejet de la demande, ainsi que les motifs ou raisons du rejet.

Historique des procédures judiciaires

[...]

Analyse

A.   *Le pouvoir du commissaire de refuser d'accorder un brevet en vertu de l'art. 40*

[...]

B.   *La définition du mot « invention » : Une forme de vie supérieure est-elle une « fabrication » ou une « composition de matières » ?*

153   La seule question en litige dans le présent pourvoi est de savoir si, dans le contexte de la *Loi sur les brevets*, les mots « fabrication » et « composition de matières » ont une portée assez large pour viser des formes de vie supérieures. Dans la négative, il n'importe pas de savoir si notre Cour estime qu'une forme de vie supérieure comme l'oncosouris devrait être brevetable. La délivrance d'un brevet traduit l'intérêt du législateur à promouvoir certaines manifestations de l'ingéniosité humaine. Comme le juge Binnie l'indique dans ses motifs de jugement, il y a un certain nombre de raisons qui pourraient inciter le législateur à encourager le type de recherche biomédicale ayant abouti à l'oncosouris. Cependant, il existe aussi un certain nombre de raisons qui pourraient inciter le législateur à réfléchir longuement avant d'encourager la délivrance de brevets pour des formes de vie supérieures. Selon moi, il appartient au législateur de décider si des formes de vie supérieures comme l'oncosouris devraient être brevetables. Le point de vue de notre Cour quant à l'utilité ou à l'opportunité de breveter des formes de vie supérieures comme l'oncosouris n'a absolument aucune importance.

154   Notre Cour a, à maintes reprises, exprimé l'avis que l'interprétation législative ne peut être fondée sur le seul libellé du texte de loi en cause (*Rizzo & Rizzo Shoes Ltd. (Re)*, [1998] 1 R.C.S. 27). Notre Cour a préféré adopter l'énoncé de E. A. Driedger dans son ouvrage intitulé *Construction of Statutes* (2e éd. 1983), p. 87 : [TRADUCTION] « [I]l faut lire les termes d'une loi dans leur contexte global en suivant le sens ordinaire et grammatical qui s'harmonise avec l'[économie] de la loi, l'objet de la loi et l'intention du législateur » (*Rizzo*, précité, par. 21).

155 Après avoir examiné les facteurs pertinents, je conclus que le législateur n'a pas voulu que la définition du terme « invention », dans la *Loi sur les brevets*, vise des formes de vie supérieures. Au sens ordinaire et grammatical seulement, les mots « fabrication » et « composition de matières » sont quelque peu imprécis et ambigus. Toutefois, j'estime que l'interprétation la plus juste des mots de la Loi étaye la conclusion que les formes de vie supérieures ne sont pas brevetables. Comme nous le verrons plus loin, je ne crois pas qu'une forme de vie supérieure comme l'oncosouris puisse être aisément considérée comme une « fabrication » ou une « composition de matières ». Voilà pourquoi je ne suis pas convaincu que la définition du mot « invention » dans la *Loi sur les brevets* soit assez générale pour viser les formes de vie supérieures. Cette conclusion est étayée par le fait que la délivrance de brevets pour des formes de vie supérieures soulève des questions exceptionnelles qui ne se posent pas à l'égard d'inventions non vivantes et qui ne sont pas visées par l'économie de la Loi. Même s'il était possible, d'un point de vue scientifique, de considérer qu'une forme de vie supérieure est une « composition de matières », il ressort de l'économie de la Loi que le législateur n'a pas prévu la brevetabilité des formes de vie supérieures. Étant donné que la délivrance de brevets pour des formes de vie supérieures est une question très controversée et complexe qui suscite de graves préoccupations d'ordre pratique, éthique ou environnemental non prévues par la Loi, je conclus que le commissaire a eu raison de rejeter la demande de brevet. Il s'agit là d'une question de politique générale qui soulève des points très importants et très lourds de conséquences et qui semblerait exiger un élargissement spectaculaire du régime traditionnel de brevets. En l'absence de directive législative explicite, la Cour ne doit pas ordonner au commissaire de délivrer un brevet pour une forme de vie supérieure.

(1) *Les mots utilisés dans la Loi*

156 La définition du terme « invention », à l'art. 2 de la *Loi sur les brevets*, énumère cinq catégories d'inventions : réalisation (*art*), procédé (*process*), machine (*machine*), fabrication (*manufacture*) ou composition de matières (*composition of matter*). Les trois premières, « réalisation », « procédé » et « machine » sont clairement inapplicables lorsqu'il s'agit d'examiner des revendications visant des mammifères non humains génétiquement modifiés. Pour être visée par la définition du mot « invention », une forme de vie supérieure doit être considérée comme une « fabrication » ou une « composition de matières ».

157 Le juge Rothstein a conclu que l'oncosouris était une « composition de matières » et il n'a donc pas jugé nécessaire de se demander si elle était aussi une « fabrication ». Pour tirer cette conclusion, il s'est fondé, au par. 115, sur la définition suivante de l'expression « *composition of matter* » (« composition de matières ») adoptée par les juges majoritaires de la Cour suprême des États-Unis dans l'arrêt *Chakrabarty*, précité, p. 308 :

> [TRADUCTION]... toute composition de deux ou de plusieurs substances et [...] tout objet composite, qu'ils résultent d'une combinaison chimique ou d'un mélange obtenu de façon mécanique ou qu'il s'agisse de gaz, de fluides, de poudres ou de solides.

Dans l'arrêt *Chakrabarty*, les juges majoritaires ont donné le sens le plus large possible aux mots « *composition of matter* » (« composition de matières ») et « *manufacture* » (« fabrication ») pour le motif que les inventions sont nécessairement imprévues et imprévisibles. Le juge en chef Burger a aussi mentionné, à la p. 308, le fait que les catégories d'inventions sont précédées du mot « *any* » (« _any_ new and useful process, machine, manufacture, or composition of matter ») ([TRADUCTION] « _tout_ procédé et _toute_ machine, fabrication ou composition de matières présentant le caractère de la nouveauté et de l'utilité »). La Cour a enfin renvoyé à une preuve extrinsèque de l'intention du Congrès d'adopter une notion large de brevetabilité, notant, à la p. 309, que [TRADUCTION] « [l]es rapports du comité qui accompagnent la Loi de 1952 nous montrent que le Congrès voulait que la Loi "vise tout ce qui est fabriqué par l'être humain" ».

158   Je reconnais que la définition que la *Loi sur les brevets* donne du mot « invention » est générale. Comme cette loi a été conçue pour promouvoir l'innovation notamment, il est tout à fait raisonnable de s'attendre à ce que la définition du terme « invention » soit suffisamment large pour englober les techniques imprévues et imprévisibles. Je ne puis toutefois souscrire à l'affirmation que la définition est illimitée au sens de viser « tout ce qui est fabriqué par l'être humain ». En rédigeant la *Loi sur les brevets*, le législateur a choisi d'adopter une définition exhaustive qui limite l'invention à « [t]oute réalisation, tout procédé, toute machine, fabrication ou composition de matières ». Le législateur n'a pas défini le terme « invention » comme « tout ce qui est fabriqué par l'être humain et qui présente le caractère de la nouveauté et de l'utilité ». En choisissant de définir ainsi le mot « invention », le législateur a indiqué qu'il avait clairement l'intention d'inclure certains objets comme étant brevetables et d'exclure d'autres objets pour le motif qu'ils ne relèvent pas de la Loi. Il y a lieu de garder cela à l'esprit au moment de décider si les mots « fabrication » et « composition de matières » visent des formes de vie supérieures.

159   Quant au sens du mot « fabrication » (« *manufacture* »), j'estime que, même s'il est possible de lui donner un sens très large, l'on considérerait généralement qu'il désigne un produit ou un procédé mécanique non vivant. Par exemple, le *Oxford English Dictionary* (2ᵉ éd. 1989), vol. IX, p. 341, donne la définition suivante du mot « *manufacture* » (« fabrication ») :

> [TRADUCTION] Art ou action de fabriquer à la main. [...] Art ou action de fabriquer manuellement ou mécaniquement (en grande quantité, selon l'usage contemporain) des objets (« *articles* ») ou une matière (« *material* »).

Le Grand Robert de la langue française (2ᵉ éd. 2001), vol. 3, p. 517, définit ainsi le mot « fabrication » :

> Art ou action de fabriquer [...] *La fabrication d'un objet technique (par qqn). Fabrication artisanale, à la main, à la machine, industrielle, en grande série...*

Dans l'arrêt *Chakrabarty*, précité, p. 308, le mot « *manufacture* » (« fabrication ») a été défini ainsi :

> [TRADUCTION]... la production manuelle ou mécanique d'objets à partir de matières premières ou préparées auxquelles on donne de nouvelles formes, qualités ou propriétés ou de nouveaux agencements.

Ces définitions utilisent les mots « *article* » (« objet »), « *material* » (« matière ») et « objet technique ». Une souris est-elle un « objet », une « matière » ou un « objet technique » ? À mon avis, bien qu'il soit possible d'assimiler à une « fabrication » une souris produite dans un environnement industriel, le mot « fabrication », pris dans son sens technique, ne vise pas les formes de vie supérieures. La définition donnée dans la décision *Hornblower c. Boulton* (1799), 8 T.R. 95, 101 E.R. 1285 (B.R.), citée par l'intimé, est également problématique lorsqu'elle est appliquée à des formes de vie supérieures. Dans cette affaire, les tribunaux anglais ont défini le terme « *manufacture* » (« produit manufacturé ») comme [TRADUCTION] « quelque chose de fabriqué à la main » (p. 1288). Selon moi, une forme de vie complexe comme une souris ou un chimpanzé ne peut être aisément qualifiée de « quelque chose de fabriqué à la main ».

160   Quant au sens de l'expression « composition de matières », je crois qu'il faut donner à cette expression une définition plus stricte que celle donnée dans l'arrêt *Chakrabarty*, précité, p. 308, à savoir [TRADUCTION] « toute composition de deux ou de plusieurs substances et [...] tout objet composite ». Si on donne une interprétation aussi large de l'expression « composition de matières », les autres catégories d'inventions énumérées, y compris « machine » et « fabrication » deviennent alors redondantes. Cela signifie que l'expression « composition de matières » doit être limitée de quelque façon. Bien que je n'exprime aucune opinion quant à savoir où il y a lieu de tracer la ligne de démarcation, je conclus que l'expression « composition de matières » ne vise pas une forme de vie supérieure comme l'oncosouris.

161   L'expression « composition de matières » (« *composition of matter* ») est un peu plus générale que le mot « fabrication » (« *manufacture* »). Un principe d'interprétation législative bien connu veut qu'il soit possible d'établir le sens des termes ou des expressions équivoques dans une loi en se reportant au sens des termes ou des expressions auxquels ils sont associés (P.-A. Côté, *Interprétation des lois* (3e éd. 1999), p. 395-396). De même, le terme collectif qui complète une énumération se restreint à des choses de même genre que celles qui sont énumérées, même si, de par sa nature, ce terme collectif est susceptible d'embrasser beaucoup plus (p. 397). Les mots « machine » et « fabrication » ne désignent pas une créature vivante consciente et douée de sensation. Cela étaye, à première vue, la conclusion qu'il vaut mieux considérer que l'expression « composition de matières » ne vise pas de telles formes de vie. Cet argument est étayé par le fait qu'un certain nombre d'éléments font en sorte qu'il est difficile de considérer que des formes de vie supérieures sont des « composition[s] de matières ».

162   Premièrement, le *Oxford English Dictionary*, *op. cit.*, vol. III, p. 625, définit le mot « *composition* » (« composition ») comme étant [TRADUCTION] « [u]ne substance ou préparation obtenue par combinaison ou mélange de divers ingrédients ». De son côté, *Le Grand Robert de la langue française*, *op. cit.*, vol. 2, p. 367, définit ainsi le mot « composition » : « Action ou manière de former un tout, un ensemble en assemblant plusieurs parties, plusieurs éléments ». Dans le contexte de la définition du mot « invention », il ne semble pas déraisonnable de présumer que ce doit être l'inventeur qui a combiné ou mélangé les divers ingrédients. Du fait que la technique qui permet de produire une souris prédisposée au cancer consiste notamment à injecter l'oncogène dans un œuf fécondé, il semblerait possible de percevoir l'œuf génétiquement modifié comme étant [TRADUCTION] « [u]ne substance ou préparation obtenue par combinaison ou mélange de divers ingrédients » ou comme résultant d'une « [a]ction ou manière de former un tout [...] en assemblant plusieurs parties ». Cependant, il ne s'ensuit pas que l'oncosouris elle-même peut être perçue de la même façon. La souris devient prédisposée au cancer grâce à l'injection de l'oncogène dans un œuf fécondé, mais le processus par lequel l'œuf fécondé devient une souris adulte est un processus complexe qui ne requiert, à aucun moment, une intervention humaine. Le corps d'une souris est formé de divers ingrédients ou substances, mais il ne comporte pas des ingrédients ou des substances qui ont été combinés ou mélangés ensemble par une personne. Je ne suis donc pas convaincu que l'expression « composition de matières » désigne une forme de vie supérieure ayant subi une telle modification de son code génétique.

163   Il est également significatif que le mot « matière » n'englobe qu'un seul aspect d'une forme de vie supérieure. Selon la définition qu'en donne le *Oxford English Dictionary*, *op. cit.*, vol. IX, p. 480, le terme « *matter* » (« matière ») désigne une [TRADUCTION] « [s]ubstance matérielle ou corporelle en général [...], par opposition à une substance immatérielle ou incorporelle (conscience, âme, esprit), et aux attributs, actions ou conditions. » *Le Grand Robert de la langue française*, *op. cit.*, vol. 4, p. 1260, donne la définition suivante du terme « matière » : « Substance qui constitue les corps et "qui est objet d'intuition dans l'espace

et possède une masse mécanique" ». Même si, dans la société, d'aucuns peuvent prétendre que les formes de vie supérieures ne sont que des « composition[s] de matières », cette expression ne cadre pas bien avec l'idée que l'on se fait habituellement de la vie humaine et de la vie animale. On considère généralement que les formes de vie supérieures possèdent des attributs et des caractéristiques qui transcendent le matériel génétique qui les compose. Une personne dont le patrimoine génétique est modifié par radiation ne cesse pas d'être elle-même. On peut dire aussi que la même souris existerait sans l'injection de l'oncogène dans la cellule de l'œuf fécondé; elle ne serait tout simplement pas prédisposée au cancer. Le fait que la valeur de la souris pour l'être humain découle de sa prédisposition au cancer ne signifie pas pour autant qu'il est possible de définir cette souris et d'autres formes de vie animale uniquement en fonction du matériel génétique qui les compose. Étant donné que les formes de vie animale possèdent de nombreux attributs exceptionnels qui transcendent la matière qui les compose, il est difficile de percevoir les formes de vie supérieures comme étant de simples « composition[s] de matières ». Cette expression ne semble pas convenir pour décrire une forme de vie supérieure.

164   Enfin, je tiens également à examiner l'affirmation du juge Rothstein, selon laquelle « [l]es lois sur les brevets sont libellées en des termes larges et généraux et on doit leur reconnaître une large portée parce que les inventions sont nécessairement imprévues et imprévisibles » (par. 116). À mon avis, il ne s'ensuit pas que toutes les inventions proposées sont brevetables. D'une part, on pourrait faire valoir qu'en l'espèce le législateur était en mesure de prévoir que des brevets pourraient être demandés pour des formes de vie supérieures. Même s'il n'avait prévu ni la création d'une souris génétiquement modifiée et ni le procédé de manipulation génétique qui permettrait de la produire, le législateur était bien au fait de l'élevage ou de la reproduction des animaux. Même si la technique de production d'un animal hybride diffère considérablement de la technique de production d'un animal génétiquement modifié, le résultat, un animal doté d'une seule ou de plusieurs nouvelles caractéristiques, est le même. Pourtant, le législateur a choisi de définir les catégories d'inventions en des termes qui, généralement, ne désignent pas des formes de vie supérieures. On pourrait donc en déduire que le législateur n'a pas voulu que la définition du mot « invention » vise les formes de vie supérieures. Même s'il parlait expressément de plantes hybrides et non de formes de vie supérieures en général, le juge Marceau a fait une remarque semblable dans l'arrêt *Pioneer Hi-Bred* (C.A.F.), précité, p. 14 :

> Il est allégué que la nature même du système de brevets et ses avantages escomptés devraient nous faire conclure que le législateur entend que sa Loi reçoive l'interprétation la plus large et la plus favorable. C'est peut-être le cas, mais je ne crois pas qu'une telle approche permettrait de dispenser celui qui interprète la Loi de l'obligation de respecter les conclusions que laisse supposer une analyse minutieuse des termes utilisés dans la Loi. De plus, en ce qui concerne l'intention du législateur, étant donné que le croisement des plantes était déjà bien connu à l'époque de l'adoption de la Loi, il me semble que, si on avait voulu étendre aux plantes l'application du texte législatif, on aurait premièrement prévu une définition du mot « invention » dans laquelle auraient figuré des mots comme « lignée », « variété » ou « hybride »...

165   D'autre part, il importe de rappeler qu'il existe une différence d'ordre qualitatif entre le croisement et la modification génétique. Dans l'arrêt *Pioneer Hi-Bred* (C.S.C.), le juge Lamer (plus tard Juge en chef) expose cette différence en ces termes (à la p. 1633) :

> Alors que le premier moyen implique une évolution strictement fondée sur l'hérédité et les principes mendéliens, le second repose en outre sur une modification brusque

et permanente de caractères héréditaires par un changement dans la qualité des gènes.

Il est donc possible que le législateur ait jugé que les plantes et les animaux hybrides n'étaient pas brevetables, non pas parce que ce sont des formes de vie supérieures, mais plutôt parce qu'il vaut mieux les considérer comme des « découvertes ». Du fait qu'il n'était pas en mesure de prévoir l'arrivée des modifications génétiques, le législateur ne pouvait pas deviner qu'il serait possible de créer des formes de vie supérieures d'une manière qui serait raisonnable-ment considérée comme une invention. Dans ce cas, nous devrions hésiter énormément à interpréter de façon trop libérale ou trop littérale l'expression « composition de matières ». Même s'il était plus facile de percevoir les formes de vie supérieures comme étant des « composition[s] de matières », j'aurais tout de même de la difficulté à conclure que l'on a voulu que la définition du mot « invention » soit assez générale pour viser ces formes de vie.

166   La délivrance de brevets pour des formes de vie supérieures exigerait une dérogation radicale au régime traditionnel des brevets. De plus, la brevetabilité de ces formes de vie est une question fort controversée qui soulève un certain nombre de points extrêmement complexes. Si les formes de vie supérieures sont brevetables, elles doivent l'être en vertu d'une directive claire et nette du législateur. Pour les raisons susmentionnées, je conclus que la loi actuelle n'indique pas clairement que les formes de vie supérieures sont brevetables. De surcroît, je crois d'ailleurs que l'interprétation la plus juste des mots de la Loi étaye la conclusion contraire – celle que les formes de vie supérieures comme l'oncosouris ne sont pas brevetables actuellement au Canada.

(2)   *L'économie de la loi*

[...]

(3)   *L'objet de la Loi*

[...]

(4)   *Loi connexe : la Loi sur la protection des obtentions végétales*

188   Un principe d'interprétation législative bien établi veut que, en cas d'ambiguïté dans une loi, on puisse invoquer le contenu ou la forme de lois connexes subséquentes (voir Côté, *op. cit.*, p. 434-435). La *Loi sur la protection des obtentions végétales*, adoptée en 1990, revêt une certaine importance pour ce qui est d'interpréter la *Loi sur les brevets* et de décider si elle s'applique aux formes de vie supérieures. Cette loi a été adoptée à la suite de l'arrêt *Pioneer Hi-Bred*, précité, dans lequel notre Cour a statué qu'une variété de soya obtenue par croisement ne satisfaisait pas aux exigences de divulgation de la *Loi sur les brevets*. Comme l'a fait remarquer une commentatrice, cette loi [TRADUCTION] « est beaucoup mieux adap-tée aux caractéristiques particulières des plantes que la *Loi sur les brevets* » (N. M. Derzko, « Plant Breeders' Rights in Canada and Abroad: What are These Rights and How Much Must Society Pay for Them? » (1994), 39 *R.D. McGill* 144, p. 159). En contrepartie d'exigences mieux adaptées et moins lourdes, cette loi confère un monopole moins étendu que celui offert en vertu de la *Loi sur les brevets*.

189   Pour plusieurs raisons, il est possible d'invoquer l'existence de la *Loi sur la protection des obtentions végétales* pour décider si le législateur a voulu que les formes de vie supé-rieures soient brevetables en vertu de la *Loi sur les brevets*. Premièrement on fait valoir que si les plantes avaient été brevetables en vertu de la *Loi sur les brevets*, le Canada n'aurait pas eu, au départ, à adopter une *Loi sur la protection des obtentions végétales*. L'appelant a

avancé l'argument connexe selon lequel, même si le législateur a adopté une [TRADUCTION] « loi particulière » pour protéger les obtenteurs de variétés végétales, il n'a pas tenté de modifier la *Loi sur les brevets* ou d'adopter une autre loi particulière pour protéger les formes de vie animales. De plus, après que, dans l'arrêt *Pioneer Hi-Bred* de la Cour d'appel fédérale, le juge Marceau eut exprimé, au nom des juge majoritaires, l'avis qu'on n'a jamais voulu que la *Loi sur les brevets* inclue les plantes hybrides – une forme de vie supérieure – parmi les objets brevetables, ni qu'elle soit perçue comme telle, le législateur n'a rien fait pour modifier cette intention ou cette perception. En adoptant la *Loi sur la protection des obtentions végétales*, on reconnaissait que la *Loi sur les brevets* n'était pas adaptée aux plantes en raison de leurs caractéristiques exceptionnelles. Étant donné que d'autres formes de vie supérieures possèdent un grand nombre de ces caractéristiques, il est raisonnable de présumer que le législateur choisirait de protéger ces formes de vie au moyen d'une loi autre que la *Loi sur les brevets* ou d'une modification de cette loi, qui serait mieux adaptée à l'objet en cause.

190   Dans l'arrêt *Chakrabarty*, précité, les quatre juges dissidents de la Cour suprême des États-Unis ont conclu que l'adoption de la *Plant Patent Act* de 1930 et de la *Plant Variety Protection Act* de 1970 a démontré que le Congrès considérait que la *Patent Act* ne visait pas les organismes vivants. Ils ont fait observer ceci, à la p. 320 :

> [TRADUCTION] Si des organismes vivants nouvellement développés et d'origine non naturelle avaient été brevetables en vertu [de l'art.] 101 [l'équivalent de la définition du mot « invention » à l'art. 2 de la *Loi sur les brevets* canadienne], les plantes relevant des lois de 1930 et de 1970 auraient pu être brevetées sans qu'il soit nécessaire d'adopter une nouvelle loi. Ces plantes, à l'instar des bactéries dont il est question en l'espèce, étaient de nouvelles variétés d'origine non naturelle.

Les juges dissidents ont ajouté, aux p. 321-322 :

> [TRADUCTION]... la décision de notre Cour ne s'accorde pas avec les conséquences inévitables de la loi. Elle élargit plutôt la portée du régime de brevets de manière à le rendre applicable à des matières vivantes, même, si au moment où il a légiféré, le Congrès estimait que [l'art.] 101 ne s'appliquait pas aux organismes vivants. Il appartient au Congrès, et non à la Cour suprême, d'élargir ou de restreindre la portée des lois en matière de brevets. Cela est d'autant plus vrai dans les cas où, comme en l'espèce, la composition visée par la demande de brevet soulève exceptionnellement des questions d'intérêt public.

191   Dans l'arrêt *Chakrabarty*, les juges majoritaires ont rejeté l'argument précité en affirmant que des facteurs autres que l'intention du Congrès d'exclure les formes de vie supérieures de la définition du mot « invention » étaient à l'origine de l'adoption de ces lois. Ils ont souligné notamment qu'avant 1930 on croyait que les plantes, même celles qui étaient cultivées artificiellement, étaient des produits de la nature aux fins d'application de la loi sur les brevets. Le deuxième obstacle à la protection des plantes au moyen d'un brevet était le fait qu'on considérait que les plantes ne se prêtaient pas à la [TRADUCTION] « description écrite » requise par la loi sur les brevets. En adoptant la *Plant Patent Act*, le Congrès a répondu à ces deux préoccupations. Les juges majoritaires ont également abordé la question de l'adoption de la *Plant Variety Protection Act* de 1970, qui, à leur avis, visait à assurer la protection des plantes à reproduction sexuée non visées par la loi de 1930.

192   Comme la *Loi sur la protection des obtentions végétales* a été adoptée à la suite de l'arrêt *Pioneer Hi-Bred* dans lequel notre Cour a statué que la variété de soya en cause ne

se prêtait pas à la description requise par la *Loi sur les brevets*, il se peut que le point de vue majoritaire dans l'arrêt *Chakrabarty* présente un certain intérêt dans le contexte canadien. En d'autres termes, il se peut bien que la *Loi sur la protection des obtentions végétales* ait été adoptée non pas en reconnaissance du fait que les formes de vie supérieures ne constituent pas un objet brevetable au sens de la *Loi sur les brevets*, mais plutôt en reconnaissance du fait que les variétés végétales méritent une certaine forme de protection en matière de propriété intellectuelle même si, souvent, elles ne satisfont pas aux critères techniques de la *Loi sur les brevets*.

193   Cela ne réduit toutefois pas le poids de l'argument de l'appelant selon lequel, même si le législateur a réagi à l'arrêt *Pioneer Hi-Bred* par l'adoption d'une loi particulière destinée à protéger les obtenteurs de variétés végétales, il ne s'est pas intéressé aux autres formes de vie supérieures. Cela est particulièrement important compte tenu du fait que, dans cette affaire, les juges majoritaires de la Cour d'appel fédérale avaient conclu que les plantes hybrides n'étaient pas visées par la définition du mot « invention » dans la *Loi sur les brevets*, et du fait que notre Cour n'a pas abordé cette question, laissant ainsi en suspens la question de savoir si de telles plantes et d'autres formes de vie supérieures sont des objets brevetables. Étant donné que le commissaire aux brevets maintient le statu quo en considérant que les formes de vie supérieures ne sont pas brevetables, si le législateur avait voulu étendre la brevetabilité aux formes de vie supérieures autres que les plantes hybrides, il l'aurait probablement fait à ce moment-là.

194   Bien qu'ils n'indiquent absolument pas quelle était l'intention du législateur, les arguments précités revêtent une certaine importance. Ce qui est encore plus significatif, selon moi, l'adoption de la *Loi sur la protection des obtentions végétales* démontre que d'autres mécanismes que la *Loi sur les brevets* peuvent servir à encourager des inventeurs à se livrer à des activités novatrices dans le domaine de la biotechnologie. Comme nous l'avons vu, la *Loi sur la protection des obtentions végétales* est mieux adaptée que la *Loi sur les brevets* aux caractéristiques particulières des plantes, ce qui facilite l'obtention d'une protection. En contrepartie, cette loi accorde un monopole moins étendu. Par exemple, ce monopole ne vise que le matériel de multiplication (graines et boutures) et non la plante elle-même. Comme l'explique Derzko, *loc. cit.*, p. 161, [TRADUCTION] « [i]l en est ainsi parce que, contrairement aux objets inanimés qui sont brevetables, et contrairement aux organismes unicellulaires qui reproduisent des copies exactes d'eux-mêmes, les organismes supérieurs comme les plantes commencent par une cellule, puis se développent pour atteindre le stade de plante complète distincte. » La déclaration suivante de l'honorable Donald Mazankowski (alors ministre de l'Agriculture) démontre que la *Loi sur la protection des obtentions végétales* a été adoptée afin de répondre aux caractéristiques particulières des plantes hybrides en tant que formes de vie supérieures autoreproductrices, tout en établissant un équilibre approprié entre le titulaire du monopole et les autres personnes :

> ... le projet de loi C-15 est conçu de manière à rendre accessibles aux producteurs canadiens les meilleures variétés végétales de toute provenance. Il prévoit certains droits pour les obtenteurs et en définit les modalités d'application; de plus, il définit certaines restrictions qui s'appliqueront à ces droits pour mieux protéger l'intérêt public. La mesure est conçue en fonction de la complexité de toute cette question, et c'est ce qui explique pourquoi nous avons préféré cette solution plutôt que de modifier la *Loi sur les brevets*.
>
> (Voir Chambre des communes, *Procès-verbaux et témoignages du Comité législatif sur le projet de loi C-15 : Loi concernant la protection des obtentions végétales*, fascicule n° 1, 11 octobre 1989, p. 1:15.)

195   Bien qu'une mesure législative visant les droits des obtenteurs de variétés végétales ait été déposée à la Chambre des communes dès le mois de mai 1980, la *Loi sur la protection des obtentions végétales* n'a été adoptée et n'est entrée en vigueur qu'en août 1990, soit une dizaine d'années plus tard (voir Agence canadienne d'inspection des aliments, *Révision décennale de la Loi sur la protection des obtentions végétales du Canada* (2002)). Ce n'est que récemment que le CCCB a remis au gouvernement du Canada son rapport final sur la brevetabilité des formes de vie supérieures. Compte tenu de la possibilité d'examiner les recommandations qui y figurent et d'autres sources de renseignements sur le sujet, il n'est pas certain que le législateur choisirait d'établir, à la façon de la *Loi sur les brevets*, un équilibre entre l'inventeur d'une forme de vie supérieure et le public.

196   Bon nombre des questions qui ont été soulevées au sujet de la protection en matière de propriété intellectuelle dont bénéficient les obtentions végétales se posent également lorsqu'il s'agit d'examiner la brevetabilité d'autres formes de vie supérieures (par exemple, l'incidence sur les agriculteurs et sur la recherche et le développement). Si un régime législatif particulier était nécessaire pour assurer la protection des variétés végétales, lesquelles constituent un sous-ensemble des formes de vie supérieures, il se peut qu'un régime semblable soit aussi nécessaire pour régir la délivrance de brevets pour les formes de vie supérieures en général. Je le répète, seul le législateur est en mesure de répondre aux préoccupations liées à la brevetabilité de toutes les formes de vie supérieures, s'il souhaite le faire, en créant un régime législatif complexe tel celui applicable aux plantes hybrides, ou en modifiant la *Loi sur les brevets*. À l'inverse, notre Cour n'est pas compétente pour procéder à un examen exhaustif des questions liées à la brevetabilité des formes de vie supérieures.

Où tracer la ligne de démarcation ? Peut-on permettre la délivrance de brevets pour des formes de vie inférieures tout en refusant de le faire pour des formes de vie supérieures ?

[...]

Conclusion

207   Pour les motifs qui précèdent, le pourvoi est accueilli. Aucune ordonnance n'est rendue en matière de dépens, compte tenu des observations faites de vive voix par le commissaire.

* * *

Maintenant, qu'en est-il de la situation où les lois sur la même matière proviennent de deux autorités législatives différentes ? Dans le contexte canadien, par exemple, peut-on recourir à des lois connexes fédérales comme élément de contexte externe, qui serait élargi davantage, afin d'aider à interpréter un texte de loi provincial ? Il semble que la réponse soit affirmative, bien que le poids de cet argument d'interprétation de type systématique soit moindre que si l'on demeure dans le même ordre législatif.

Certes, l'idée de cohérence des lois entre elles ne se justifie pas de la même façon lorsque les lois ne sont pas l'œuvre du même législateur; n'étant pas d'origine commune, il est plus difficile de présumer la parfaite harmonie au sein d'un corpus législatif. Il ne s'agit pas d'un obstacle de raisonnement infranchissable toutefois, puisqu'on peut arguer que le législateur connaît, lorsqu'il adopte une nouvelle loi, non seulement sa législation existante, mais aussi l'ensemble des autres normes législatives, voire l'ensemble de la normativité applicable, peu importe l'ordre de l'autorité législative. Pierre-André Côté abonde dans ce sens : « on peut également supposer que le législateur connaissait le droit existant au moment où il a édicté une loi. Ce droit est constitué de la législation aussi bien provinciale que fédérale »[509]. En somme, la présomption de cohérence s'applique même si la loi *in pari materia* n'émane pas du même législateur; elle aura toutefois moins de force persuasive, moins de poids, dans l'exercice d'interprétation législative.

Mentionnons enfin qu'il ne faut pas confondre l'argument de contexte élargi des lois connexes d'un autre ordre législatif national, dont on vient de discuter, avec les textes législatifs provenant du législateur d'un autre État, c'est-à-dire de la législation étrangère. Dans ce second cas, bien qu'on puisse à la limite parler de contexte – un contexte externe et « très » élargi – il serait plus adéquat d'y voir un argument de droit comparé. Le rôle et la force persuasive de ce dernier en interprétation législative sont toutefois très différents; le droit comparé agit à titre subsidiaire, à titre complémentaire, et possède somme toute assez peu de poids quand on le compare avec les autres éléments d'interprétation pertinents pour identifier l'intention du législateur.

D'aucuns contesteront cette position sur la base qu'elle est dépassée, compte tenu des soi-disant nouvelles réalités de la mondialisation (globalisation) et de l'intégration à la fois politique, économique et juridique[510]. Ceci étant, la distinction entre, d'une part, le droit interne d'un État et, d'autre part, le droit national étranger et le droit international – qu'on appelle, ensemble, le droit transnational – demeure pertinente en interprétation législative. En effet, l'importante nuance continue de s'imposer, si ce n'est que par souci de pondération de la force persuasive des arguments fondés sur une idée de cohérence présumée de la normativé, et ce, dans sa totalité[511].

* * *

Qu'en est-il maintenant des textes réglementaires, par rapport à la loi habilitante ? Autrement dit, peut-on utiliser ce raisonnement *in pari materia* afin de tenir compte de la législation primaire, qui autorise l'adoption d'un règlement par l'administration publique, à titre d'élément de contexte pour interpréter ce dernier ? La réponse courte est oui, absolument. Non seulement s'agit-il, logiquement, d'un élément contextuel directement lié à la même matière, mais les règles de droit administratif exigent[512],

---

509. P.-A. Côté, coll. S. Beaulac et M. Devinat, *Interprétation des lois*, 4e éd., Montréal, Thémis, 2009, à la p. 397.

510. Au sujet de la prétendue intégration juridique, voir notamment : A.-M. Slaughter, « A Global Community of Courts », (2003) 44 *Harvard Int'l L. J.* 191; J. Martinez, « Towards an International Judicial System », (2003) 56 *Stan. L. Rev.* 429; C. McCrudden, « A Common Law of Human Rights? Transnational Judicial Conversations on Constitutional Rights », (2000) 20 *Oxford J. Legal Stud.* 499; et A.-M. Slaughter, « A Typology of Transjudicial Communication », (1994) 29 *U. Rich. L. Rev.* 99.

511. Voir, à ce titre, les différentes catégories de contexte suggérées au sujet de l'argument de droit international, dans S. Beaulac, « National Application of International Law: The Statutory Interpretation Perspective », (2003) 41 *A.C.D.J.* 225.

512. Voir, en général, S. Lussier et J. Morissette, « Législation déléguée », dans M. Valois (dir.), *Droit administratif – JurisClasseur Québec, coll. « Droit public »*, feuilles mobiles, Montréal, LexisNexis Canada, 2013, fasc. 4.

pour la légalité des règlements, qu'on les interprète eu égard à la loi habilitante. Une illustration nous vient de l'affaire *Glykis c. Hydro-Québec*[513] où un règlement relatif à la fourniture de service d'électricité fut interprété en contexte, ce qui signifiait au premier chef de se référer à la *Loi sur Hydro-Québec*[514].

Une question plus difficile est de savoir si le contraire est aussi vrai. En somme, peut-on prendre en considération le texte législatif secondaire, c'est-à-dire le règlement adopté en vertu d'un texte législatif primaire, afin d'interpréter une disposition de celui-ci? Au niveau des paramètres de droit public, notamment la séparation des pouvoirs et le principe de la primauté du droit, il peut sembler *a priori* difficile d'accepter l'idée qu'une norme législative déléguée, produit de la branche exécutive, soit un élément de contexte pertinent pour identifier l'intention du Parlement. De nos jour, toutefois, certainement par pragmatisme et par souci de cohérence législative – souvenons-nous du postulat de la rationalité – les tribunaux s'autorisent, avec prudence, à avoir recours à une norme réglementaire, à titre d'élément contextuel, dans l'interprétation d'une disposition de la loi habilitante.

Extraits tirés de *Mines Alerte Canada c. Canada (Pêches et Océans)*, [2010] 4 R.C.S. 45, [2019] A.C.S. n° 2.

Version française du jugement de la Cour rendu par

LE JUGE ROTHSTEIN —

Introduction

1   La *Loi canadienne sur l'évaluation environnementale*, L.C. 1992, ch. 37 (« LCEE » ou « Loi »), constitue un ensemble détaillé de procédures auxquelles les autorités fédérales doivent se conformer avant que des projets susceptibles d'entraîner des effets environnementaux négatifs puissent être mis en œuvre. La Loi et ses règlements d'application prévoient différents niveaux d'évaluation environnementale, selon la nature du projet visé. En pratique, le niveau d'évaluation environnementale requis détermine la voie à suivre : examen préalable, étude approfondie, médiation ou examen par une commission.

2   Il s'agit de décider en l'espèce si la voie à suivre en matière d'évaluation environnementale est déterminée en fonction du projet tel qu'il est proposé par le promoteur ou en fonction de la décision que prend une autorité fédérale en vertu de son pouvoir discrétionnaire de définir la portée du projet. À mon avis, la Loi et ses règlements exigent que la voie à suivre soit déterminée selon le projet tel qu'il est proposé; en général, il n'appartient pas à une autorité fédérale de modifier ce niveau d'évaluation.

Les faits

3   Red Chris Development Company Ltd. et BCMetals Corporation (« Red Chris ») souhaitent établir une exploitation d'extraction minière à ciel ouvert et une usine de concentration en vue de la production de cuivre et d'or dans le nord-ouest de la Colombie-Britannique. L'appelante (Mines Alerte) est une société à but non lucratif qui s'intéresse aux effets de

---

513. *Glykis c. Hydro-Québec*, [2004] 3 R.C.S. 6., [2004] A.C.S. n° 60.
514. *Loi sur Hydro-Québec*, RLRQ, c. H-5 (mod. L.Q. 1983, c. 15, art. 15).

l'exploitation minière sur les plans environnemental, social, économique, sanitaire et culturel, en particulier à ses effets sur les peuples autochtones.

A.   *Processus provincial d'évaluation*

4   Le 27 octobre 2003, Red Chris a soumis une description de projet au British Columbia Environmental Assessment Office (« BCEAO »). Le BCEAO a ensuite délivré une ordonnance déclarant qu'il faudrait obtenir un certificat d'évaluation environnementale avant la mise en œuvre du projet. L'évaluation environnementale effectuée en Colombie-Britannique s'est bien déroulée. Red Chris a établi un cadre de référence couvrant tous les aspects du projet et l'a mis à la disposition d'un groupe de travail pour que ses membres (notamment des organismes provinciaux et fédéraux ainsi que des groupes des Premières nations) puissent présenter leurs observations. Red Chris a également tenu des consultations publiques sous forme de séances portes ouvertes au sujet du projet. Après que Red Chris a présenté sa demande, le BCEAO l'a mise en ligne pour obtenir des commentaires du public. Des membres du public ont fait plusieurs observations en réponse à la demande du promoteur. Le 22 juillet 2005, le BCEAO a rendu public son rapport d'évaluation environnementale, concluant que le projet [TRADUCTION] « n'était pas susceptible d'avoir des effets négatifs importants sur le plan environnemental, patrimonial, social, économique ou sanitaire ». Le 24 août 2005, la province a délivré le certificat d'évaluation environnementale.

B.   *Processus fédéral d'évaluation*

5   Le 3 mai 2004, ou vers cette date, Red Chris a déclenché le processus fédéral d'éva-luation environnementale dans le cadre de l'al. 5(1)*d*) et du par. 5(2) de la LCEE lorsqu'elle a présenté au ministère des Pêches et des Océans (« MPO ») des demandes concernant la construction de bassins servant au dépôt de résidus miniers (un espace dans une petite vallée destiné au stockage permanent des effluents des mines). Le MPO a conclu qu'une évaluation environnementale fédérale devait être menée. Le 21 mai 2004, ou vers cette date, un « Avis de lancement d'une évaluation environnementale » a été affiché sur le site Web du Registre canadien d'évaluation environnementale, annonçant que le MPO, à titre d'« autorité respon-sable » (« AR »), procéderait à une étude approfondie et décrivant ainsi le projet :

> MINE À CIEL OUVERT ET INSTALLATIONS CONNEXES, DONT UNE ZONE DE DÉPÔTS DE RÉSIDUS MINIERS, DES ROUTES D'ACCÈS, UNE PRISE D'EAU, DES LIGNES DE TRANSMISSION ET DES BÂTIMENTS SECONDAIRES (NOTAMMENT POUR L'ENTRETIEN ET LES CAMPS) La portée du projet sera ajoutée lors de sa disponibilité.

Dans une lettre destinée à d'autres ministères fédéraux, le MPO a indiqué que le projet devait faire l'objet d'une étude approfondie, car la capacité de production de minerai proposée était suffisamment élevée pour être visée par le *Règlement sur la liste d'étude approfondie*, DORS/94-638 (la « LEA »), pris sous le régime de la LCEE.

6   Le 2 juin 2004, Ressources naturelles Canada (« RNC ») a répondu à la lettre du MPO pour l'informer qu'il était également une AR parce que Red Chris devait obtenir une auto-risation conformément à la *Loi sur les explosifs*, L.R.C. 1985, ch. E-17. Le MPO et RNC se préparaient à effectuer une étude approfondie jusqu'au 9 décembre 2004, date à laquelle le MPO a écrit à l'Agence canadienne d'évaluation environnementale pour l'aviser que, selon son évaluation, la portée du projet n'englobait ni la mine ni l'usine de concentration. Le MPO a ensuite finalisé la portée du projet en incluant uniquement le dépôt de résidus miniers, le système de dérivation d'eau et ses installations auxiliaires ainsi que l'installation de fabrication ou de stockage d'explosifs. Il a donc conclu que, comme la mine et l'usine de

concentration ne faisaient plus partie du projet dont la portée a été définie pour l'évaluation environnementale, une étude approfondie n'était plus nécessaire et l'évaluation se ferait plutôt par un examen préalable. Le 14 décembre 2004, l'avis de lancement mis en ligne a été rétroactivement modifié de manière à indiquer que le projet ferait l'objet d'un examen préalable plutôt que d'une étude approfondie.

7   Le 19 avril 2006, ou vers cette date, le rapport d'examen préalable fédéral a été publié. Il indiquait qu'il était [TRADUCTION] « fondé sur des renseignements recueillis dans le cadre du processus fédéral-provincial d'EE [évaluation environnementale] coopérative ». Les AR n'ont pas sollicité d'autres observations du public, s'appuyant plutôt sur l'évaluation environnementale du BCEAO ainsi que sur l'avis public et les réponses s'y rapportant. Le rapport a conclu que le projet n'est pas susceptible d'entraîner des effets environnementaux négatifs importants. Le 2 mai 2006, les AR ont décidé d'autoriser la mise en œuvre du projet. Quelques jours après cette décision, le rapport d'examen préalable a été affiché sur le site Web du Registre canadien d'évaluation environnementale.

C.   *Demande de contrôle judiciaire*

8   Le 9 juin 2006, Mines Alerte Canada a déposé devant la Cour fédérale une demande de contrôle judiciaire de la décision d'effectuer un examen préalable au lieu d'une étude approfondie. Elle invoquait un manquement à l'obligation imposée par la LCEE d'effectuer une étude approfondie et de consulter le public au sujet de la portée de l'évaluation.

Historique judiciaire

[...]

Question en litige

12   Il s'agit en l'espèce de décider si le MPO et RNC, à titre d'AR prévues par la LCEE, ont le pouvoir discrétionnaire en vertu de la LCEE de déterminer si l'évaluation environnementale doit s'effectuer sous forme d'examen préalable ou d'étude approfondie.

Analyse

[...]

A.   *Procédures prévues par la LCEE*

[...]

B.   *Interprétation de l'art. 21*

19   La disposition litigieuse en l'espèce est l'art. 21 de la LCEE. Cette disposition établit l'ensemble des procédures que les AR doivent respecter lorsque le projet visé figure dans la LEA. Voici le texte de la partie pertinente de l'article :

> **21.** (1) Dans le cas où le projet est visé dans la liste d'étude approfondie, l'autorité responsable veille à la tenue d'une consultation publique sur les propositions relatives à la portée du projet en matière d'évaluation environnementale, aux éléments à prendre en compte dans le cadre de l'évaluation et à la portée de ces éléments ainsi que sur la question de savoir si l'étude approfondie permet l'examen des questions soulevées par le projet.

20   La décision de la Cour d'appel fédérale et les positions du gouvernement et de Red Chris quant à l'interprétation qu'il convient de donner à l'art. 21 sont largement fondées sur leur interprétation de l'application du par. 15(1) de la LCEE. Ils soutiennent que le par. 15(1), qui accorde le pouvoir discrétionnaire de « détermine[r] la portée » du projet (c.-à-d. de définir les aspects du projet à inclure dans l'évaluation environnementale fédérale), comprend celui de décider de la voie à suivre pour le projet (c.-à-d. de déterminer le niveau d'évaluation). Autrement dit, selon eux, décider de la voie à suivre pour l'évaluation et déterminer la portée du projet constituent la même étape dans le processus d'évaluation. La disposition concernant la définition de la portée du projet, soit le par. 15(1), prévoit :

> **15.** (1) L'autorité responsable ou, dans le cas où le projet est renvoyé à la médiation ou à l'examen par une commission, le ministre, après consultation de l'autorité responsable, détermine la portée du projet à l'égard duquel l'évaluation environnementale doit être effectuée.

21   Selon Red Chris et le gouvernement, le par. 15(1) est une disposition « d'application générale » et il confère à l'AR le pouvoir discrétionnaire de déterminer la portée du projet à l'égard duquel l'évaluation environnementale doit être effectuée. Par conséquent, même si le projet tel qu'il est proposé par le promoteur (une mine et une usine en l'espèce) figure dans la LEA, il est loisible à l'AR d'en restreindre la portée pour l'évaluation environnementale fédérale. De ce fait, le projet dont la portée a été ainsi définie par l'AR n'est pas visé dans la LEA et, par conséquent, doit faire l'objet non pas d'une étude approfondie mais seulement d'un examen préalable. Cette thèse appuie donc l'approche adoptée en l'espèce par le MPO et RNC, qui ont déterminé que la portée du projet englobait le dépôt de résidus miniers, le système de dérivation d'eau et l'installation de fabrication ou de stockage d'explosifs, dont aucun ne figure dans la LEA.

22   De plus, ils soulignent que les art. 18 à 20 (examen préalable) et les art. 21 à 24 (étude approfondie) suivent l'art. 15. Le paragraphe 18(1) commence par « [d]ans le cas où le projet n'est pas visé dans la liste d'étude approfondie ». Le paragraphe 21(1) commence par « [d]ans le cas où le projet est visé dans la liste d'étude approfondie ». Selon Red Chris et le gouvernement, ces dispositions sur « l'examen préalable » et « l'étude approfondie » viennent directement après les dispositions « d'application générale » dont fait partie le par. 15(1). Par conséquent, le « projet » dont il est question aux art. 18 et 21 est assujetti au pouvoir discrétionnaire de déterminer la portée qui est prévu au par. 15(1). En d'autres termes, le par. 15(1) confère aux AR le pouvoir discrétionnaire de déterminer la portée d'un projet *et* de déterminer la voie à suivre pour l'évaluation. (Voir mémoire de Red Chris, par. 71-73.)

23   Red Chris et le gouvernement soutiennent également que leur interprétation fournit aux AR la flexibilité nécessaire pour étudier les circonstances particulières de chaque projet. Cette flexibilité permet d'examiner le lien entre l'évaluation et l'autorité fédérale, le domaine d'expertise de l'AR, le processus provincial d'évaluation et la coordination entre la province et les autorités fédérales, ainsi que d'éliminer le double emploi (mémoire de Red Chris, par. 97, et mémoire du gouvernement, par. 77). Ils affirment que l'interprétation de l'appelante, selon laquelle « projet » s'entend du « projet tel qu'il est proposé par le promoteur », conduit à un processus d'évaluation environnementale rigide, inflexible et arbitraire (mémoire de Red Chris, par. 85).

24   Il existe peut-être une raison justifiant l'interprétation proposée par Red Chris et le gouvernement. Il n'est pas déraisonnable de penser que les projets soumis à une évaluation

environnementale tant par les autorités fédérales que provinciales ne devraient pas faire l'objet de deux évaluations environnementales, qui feraient double emploi. On pourrait minimiser celui-ci en restreignant la portée du projet pour l'évaluation environnementale fédérale par rapport au projet tel qu'il est proposé par le promoteur et en se concentrant sur les questions relevant de la compétence fédérale et sur les autorisations demandées par les promoteurs du projet au gouvernement fédéral.

25   Toutefois, le par. 12(4) de la LCEE prévoit que, dans de tels cas, une AR fédérale peut coopérer avec la province pour l'évaluation environnementale. Des dispositions détaillées relatives à la coordination sont prévues dans le *Règlement sur la coordination par les autorités fédérales des procédures et des exigences en matière d'évaluation environnementale*, DORS/97-181, l'*Entente de collaboration entre le Canada et la Colombie-Britannique en matière d'évaluation environnementale* (2004), ainsi que dans les ententes d'harmonisation similaires entre le gouvernement fédéral et les provinces dans tout le pays. Ainsi, les arguments de principe de Red Chris et du gouvernement au sujet du double emploi et de la coordination ont été reconnus dans la LCEE et dans ses règlements.

26   Red Chris et le gouvernement se fondent en grande partie sur deux arrêts antérieurs de la Cour d'appel fédérale, soit *TrueNorth* et *Sunpine*. En rendant sa décision dans la présente affaire, la Cour d'appel fédérale s'est également appuyée sur ces arrêts. Toutefois, j'estime que l'approche adoptée par la Cour d'appel fédérale et celle préconisée par Red Chris et le gouvernement ne peuvent être retenues. En cas d'incompatibilité entre les arrêts invoqués et l'analyse qui suit, les présents motifs font autorité.

27   La Cour doit interpréter la Loi d'après son texte et son contexte. Une lecture attentive des dispositions pertinentes de la LCEE nous amène à conclure qu'il ne relève pas du pouvoir discrétionnaire de l'AR d'effectuer seulement un examen préalable lorsque le projet proposé figure dans la LEA.

28   L'interprétation législative doit commencer par l'examen de l'art. 2 de la LCEE, qui est l'article définitoire. Dans la version anglaise de la Loi, « *project* » s'entend, relativement à un ouvrage, de « *any proposed construction, operation, modification, decommissioning, abandonment or other undertaking in relation to that physical work* ». Dans la version française de la Loi, « projet » est ainsi défini : « Réalisation – y compris l'exploitation, la modification, la désaffectation ou la fermeture – d'un ouvrage ou proposition d'exercice d'une activité concrète, non liée à un ouvrage, désignée par règlement ou faisant partie d'une catégorie d'activités concrètes désignée par règlement aux termes de l'alinéa 59*b*) ». La définition anglaise de « *project* » emploie expressément le mot « *proposed* » et signifie donc « projet tel qu'il est proposé par le promoteur". Bien que « *proposed* » ne soit pas explicitement rendu en français, cette notion est implicite dans le mot « projet » : « Idée d'une chose que l'on se propose d'exécuter. [. . .] Le projet se définit par un caractère d'antériorité à la réalisation, contrairement au terme anglais qui recouvre les deux acceptions » (*Multidictionnaire de la langue française* (5ᵉ éd. 2009), p. 1313). Quoi qu'il en soit, même si le mot « projet » de la version française avait un champ sémantique plus large que son équivalent anglais, le sens commun aux deux versions favorise le sens le plus restreint (voir *Schreiber c. Canada (Procureur général)*, 2002 CSC 62, [2002] 3 R.C.S. 269, par. 56, le juge LeBel). Par conséquent, le point de départ de cette analyse est que, selon la définition législative de « projet », il s'agit du « projet tel qu'il est proposé ».

29   Il est fort possible que cette définition ne s'applique pas à tous les emplois du mot « projet » dans la Loi, surtout que dans la LCEE le mot « projet » est employé plus de 300 fois. Toutefois, pour déroger à cette définition, le législateur doit avoir expressément

indiqué son intention d'employer ce terme dans un sens différent ou cette intention doit ressortir implicitement du contexte (*Loi d'interprétation*, L.R.C. 1985, ch. I-21, par. 15(2); *Thomson c. Canada (Sous-ministre de l'Agriculture)*, [1992] 1 R.C.S. 385, p. 400; R. Sullivan, *Sullivan on the Construction of Statutes* (5e éd. 2008), p. 215). Rien aux art. 18 ou 21 ne permet de penser que le « projet », tel qu'il est défini, n'est pas applicable ou qu'il est remplacé par le projet dont la portée a été définie ou déterminée par l'AR conformément à l'art. 15.

30   La LEA elle-même appuie la thèse que « projet » à l'art. 21 n'a pas le sens de « projet dont la portée a été définie » par l'AR. La version anglaise de la LEA décrit les projets comme étant des propositions. Par exemple, l'art. 16 de l'annexe :

> **16.** Projet de construction, de désaffectation ou de fermeture :
>
> *a*) d'une mine métallifère, autre qu'une mine d'or, d'une capacité de production de minerai de 3 000 t/d ou plus;

Version anglaise :

> **16.** *The* <u>*proposed*</u> *construction, decommissioning or abandonment of*
>
> *(a) a metal mine, other than a gold mine, with an ore production capacity of 3 000 t/d or more;*

L'emploi de « *proposed* » dans la version anglaise de la LEA permet de penser qu'il faut inter-préter les premiers mots du texte de l'art. 21 comme signifiant « [d]ans le cas où le projet [tel qu'il est proposé] est visé dans la liste d'étude approfondie » et non « [d]ans le cas où le projet [dont la portée a été définie par l'AR] est visé dans la liste d'étude approfondie ». Encore une fois, même si la version française du règlement ne mentionne pas expressément « proposé », comme nous l'avons déjà indiqué, la notion de proposition est implicite dans la définition de « projet ». Quoi qu'il en soit, il est certain que rien dans le mot « projet » ne permet de penser qu'il signifie « projet dont la portée a été <u>définie</u> ».

31   Il serait déplacé de s'appuyer uniquement sur les règlements pour interpréter une disposition de la loi habilitante, mais le texte du règlement en l'espèce est conforme à l'interprétation dégagée de la Loi elle-même. De plus, la LEA est étroitement liée à la LCEE. La LEA est l'un des [TRADUCTION] « [q]uatre règlements [. . .] nécessaires à l'application de la Loi » (B. Hobby et autres, *Canadian Environmental Assessment Act: An Annotated Guide* (feuilles mobiles), p. III-1), et la proclamation des art. 1 à 60, 71, 72, 74, 76 et 77 de la LCEE a été reportée à l'entrée en vigueur de la LEA et d'autres règlements clés (*Décret fixant au 19 janvier 1995 la date d'entrée en vigueur de certains articles de la Loi*, TR/95-11; date d'enregistrement de la LEA : 7 octobre 1994). Dans ces circonstances, il convient d'examiner les règlements lors de l'interprétation de la loi habilitante, car, [TRADUCTION] « [l]orsqu'un règlement sert à compléter le régime législatif, il est clair que l'intention du législateur est que la loi et le règlement soient appliqués ensemble et forment un tout » (Sullivan, p. 370). Voir également les motifs du juge Binnie dans *R. c. Campbell*, [1999] 1 R.C.S. 565, par. 26, et ceux de la juge Deschamps dans *Monsanto Canada Inc. c. Ontario (Surintendant des services financiers)*, 2004 CSC 54, [2004] 3 R.C.S. 152, par. 35.

32   Une autre indication que cette interprétation est conforme à l'intention du législateur réside dans les fonctions respectives de l'AR et du ministre lors des évaluations environne-mentales effectuées en application de la LCEE. La LCEE accorde au ministre le pouvoir de

désigner, par règlement, des projets ou des catégories de projets devant faire l'objet d'une étude approfondie. Voici le texte de l'al. 58(1)*i*) :

58. (1) Pour l'application de la présente loi, le ministre peut :

. . .

i) prendre des règlements désignant des projets ou des catégories de projets pour lesquels une étude approfondie est obligatoire, s'il est convaincu que ceux-ci sont susceptibles d'entraîner des effets environnementaux négatifs importants.

L'interprétation de l'art. 21 par Red Chris et le gouvernement aurait pour effet d'assujettir au pouvoir prépondérant de l'AR, probablement selon le par. 15(1), le pouvoir du ministre de déterminer au cas par cas si un projet devrait faire l'objet d'une étude approfondie. En d'autres termes, les décisions du ministre seraient subordonnées à celles de l'AR. Au Canada, compte tenu du principe du gouvernement responsable démocratiquement élu, la présomption doit opérer en sens inverse.

33   Je ne puis souscrire à la conclusion de la Cour d'appel fédérale qu'il n'y a « rien dans le contexte de la LCEE qui permette de penser qu'il faille s'inspirer d'une interprétation différente de celle [du projet dont la portée a été définie par l'AR] » (par. 49). La LEA comprend des catégories de projets qui, selon le ministre, sont susceptibles d'entraîner des effets environnementaux négatifs importants (LCEE, al. 58(1)*i*); préambule de la LEA). Ainsi, en autorisant le ministre à prendre de tels règlements et donc à déterminer si les projets doivent faire l'objet d'une étude approfondie, le législateur entendait confier au ministre, et non à l'AR, le pouvoir de décider des projets nécessitant une étude approfondie. Le *Résumé de l'étude d'impact de la réglementation*, DORS/94-636, étaye ce point de vue :

La Liste d'étude approfondie [. . .] donne plus de certitude et d'efficience en précisant quels types de grands projets nécessiteront <u>automatiquement</u> une étude plus poussée. [Je souligne.]

34   En résumé, sous réserve de mes observations ci-dessous concernant les par. 15(2) et (3), l'interprétation qu'il convient de donner à « projet » aux art. 18 et 21 est « projet tel qu'il est proposé » et non « projet dont la portée a été définie ». Par conséquent, il ne relève pas du pouvoir discrétionnaire de l'AR de déterminer si un projet doit faire l'objet d'une étude approfondie. Si le projet tel qu'il est proposé est visé dans la LEA, l'étude approfondie est obligatoire.

[...]

Réparation

[...]

Dispositif

53   Je suis d'avis d'accueillir le pourvoi avec dépens devant toutes les cours sur la base partie-partie, d'accueillir la demande de contrôle judiciaire et de rendre un jugement déclarant que les AR ont fait erreur en ne considérant pas le projet tel que proposé par Red Chris pour déterminer si l'application de la LCEE était déclenchée en vertu de l'art. 5, si le *Règlement de 2007 sur la liste d'exclusion* s'appliquait et s'il y avait lieu d'effectuer une évaluation environnementale fédérale, par une étude approfondie si le projet était visé dans la LEA, sinon

par un examen préalable. Je n'accorderais pas d'autre réparation. Bien que Mines Alerte en ait fait la demande, il n'y a pas lieu en l'espèce d'attribuer des dépens avocat-client. Aucune faute n'a été commise et rien ne justifie l'adjudication de dépens autres que les habituels dépens entre parties qui suivent normalement le sort de l'affaire.

---

* * *

QUESTIONS

1. Lors de l'analyse de lois *in pari materia*, la chronologie quant à l'adoption desdites lois revêt-elle une quelconque importance?

2. Qu'en est-il du niveau de pondération de la force persuasive de l'argument contextuel, considérant le fait que la loi connexe relèverait de l'autre ordre législatif?

* * *

5. Conflits entre normes législatives

Nous venons de voir que, fondé sur le postulat de la rationalité du législateur, l'argument contextuel de la cohérence des lois entre elles peut agir comme une source d'interprétation d'une disposition législative particulière. Il sera maintenant question de cet élément d'interprétation contextuelle externe élargi comme source de conciliation des lois connexes pouvant entrer en conflit. En effet, compte tenu de l'inflation du corpus législatif dans nos juridictions, il est de plus en plus fréquent que des lois connexes, qui traitent donc de la même matière, puissent entrer en conflit. Dans une fédération comme le Canada, des conflits de lois peuvent survenir de deux façons : a) les lois connexes d'une même juridiction peuvent entrer en conflit (une loi fédérale avec une autre loi fédérale; une loi provinciale avec une autre loi provinciale); ou b) les lois connexes de deux ordres législatifs différents peuvent entrer en conflit (une loi provinciale avec une loi fédérale, par exemple). Ce second cas de figure intéresse davantage le droit constitutionnel, plus précisément la division et l'exercice des pouvoirs législatifs, et ne sera pas examiné dans ce qui suit.

S'agissant ainsi des conflits de lois connexes relevant d'une même juridiction, une autre précision s'impose. Ces conflits concernent les incompatibilités entre règles juridiques, entre normes législatives, et non entre les textes de lois eux-mêmes. Encore ici, il est utile, voire nécessaire, de distinguer entre le texte et la règle, ce qui a été discuté au début du Chapitre 2. Voici comment Pierre-André Côté l'explique :

> Un conflit de textes n'implique pas nécessairement un conflit de règles. La rédaction bilingue conduit parfois, à un manque de concordance entre les deux versions linguistiques, mais ces deux versions, par hypothèse, ne peuvent fonder qu'une seule règle et ne peuvent donc entraîner une antinomie. Le fait de souligner que le conflit se situe au plan des règles et non au plan des textes, permet de mieux

réaliser que l'identification du conflit suppose, comme démarche préalable, que les deux textes soient interprétés en vue de construire les règles.[515]

Même s'il est plus juste de parler de conflits de normes, au lieu de conflits de textes, il est néanmoins assez fréquent de voir cette dernière formulation employée, tant dans les écrits d'auteurs que dans les décisions de juges. Au même titre que l'on doit être indulgent avec l'expression « interpréter un texte » lorsque l'on veut dire interpréter une norme législative, on ne devrait pas s'offusquer de l'appellation « conflits de texte » qui réfère en fait à des situations de conflits entre les normes législatives.

Le principe de base en la matière veut que, en autant que faire se peut, on doit favoriser une interprétation qui évite les conflits de lois. Pour le formuler en termes positifs, le législateur est censé être rationnel et, partant, souhaite que son corpus législatif soit en harmonie, qu'il y ait cohérence au sein de sa législation. L'enjeu au cœur de la problématique des conflits de lois renvoie à la possible inopération d'une règle législative incompatible. En effet, s'il y a véritable conflit normatif, on devra procéder à une hiérarchisation dont le but sera de donner priorité à une règle sur l'autre. Par l'effet de cette opération, la dernière norme législative sera réputée inopérante, ce qu'on appelle parfois « l'abrogation tacite » d'une loi par une autre.

Cette interprétation est à éviter car l'intention du législateur n'est certainement pas d'abroger ainsi implicitement une partie de sa législation en raison d'une incompatibilité normative. À cet égard, les commentaires du juge Barclay de la Cour du Banc du Roi du Québec, dans *Duval c. The King*, sont fort utiles :

Repeal by implication is not favoured. It is a reasonable presumption that the Legislature did not intend to keep really contradictory enactments on the statute book or, on the other hand, to effect so important a measure as the repeal of a law without expressing an intention to do so. Such an interpretation, therefore, is not to be adopted unless it be inevitable. Any reasonable construction which offers an escape from it, is more likely to be inconsonance with the real intention.[516]

On considère donc, généralement, qu'il y a une présomption à l'encontre des conflits de lois et à l'encontre d'un constat d'incompatibilité normative.

Autrement dit, les tribunaux favorisent une conception étroite des conflits de lois. Ainsi, il est clair que le fait d'avoir deux lois régissant la même question, en soi, ne les rend pas incompatibles. En fait, on tendrait plutôt à penser que les deux normes législatives sont entièrement conciliables, vu la cohérence du législateur. Un conflit normatif n'existe pas simplement en raison de l'existence d'une pluralité normative en une matière; il faut plus. Déjà en 1909, dans l'arrêt *Toronto Railway*

---

515. P.-A. Côté, coll. S. Beaulac et M. Devinat, *Interprétation des lois*, 4e éd., Montréal, Thémis, 2009, à la p. 405.
516. *Duval c. The King* (1938), 64 B.R. 270, 273.

Co. c. Paget, le juge Anglin de la Cour suprême du Canada exprimait l'opinion suivante :

> It is not enough to exclude the application of the general Act that it deals somewhat differently with the same subject-matter. It is not « inconsistent » unless the two provisions cannot stand together.[517]

Il y aurait un réel conflit de normes législatives si l'application de l'une excluait l'application de l'autre. Selon le *Halsbury's Laws of England*, une loi serait en conflit, « if, but only if, it is so inconsistent with or repugnant to the other than the two are incapable of standing together »[518]. Ce passage a été repris à la Cour suprême du Canada, par le juge Judson, dans l'affaire *Daniels c. White*[519]. Seulement dans ces cas, somme toute relativement rares, pourrait-on parler de vraie incompatibilité normative, qui justifierait la hiérarchisation des règles afin de donner priorité à l'une par rapport à l'autre. Bref, selon la présomption, ces réels conflits de normes, dont la conséquence est d'avoir une abrogation tacite de l'une d'elles, doivent vraiment être des situations d'exception.

Il y aurait incompabilité nécessitant priorisation lorsque l'application d'une règle exclut manifestement l'application de l'autre, par exemple si une loi prévoit une prescription de 10 ans pour un type de cause d'action tandis qu'une autre loi applicable prévoit un délai de 2 ans dans les mêmes cas. Ici, explicitement, il y a incompatibilité entre les deux normes législatives. Dans l'hypothèse que nous sommes entre 2 et 10 ans de la naissance de la cause d'action, il n'y a absolument aucune façon de concilier les deux délais de prescription. L'action est possible (selon le délai de 10 ans) ou elle n'est pas possible (selon le délai de 2 ans); il n'y a pas de différents tons de gris, c'est soit l'un, soit l'autre. Un autre exemple où l'on peut voir la complète inconciliation de règles législatives est la situation, en droit pénal, où l'on aurait une peine maximale de 1 an de prison pour punir un comportement et une autre loi qui prévoit une peine minimale de 5 ans d'emprisonnement pour exactement la même infraction. Ici aussi, il y aurait conflit normatif réel qui nécessiterait de savoir comment les hiérarchiser, pour donner priorité à l'une d'elles et, en conséquence, abroger implicitement l'autre.

Extraits tirés de l'opinion majoritaire dans le *Renvoi relatif à la Politique réglementaire de radiodiffusion CRTC 2010-167 et l'ordonnance de radiodiffusion CRTC 2010-168*, [2012] 3 R.C.S. 489, [2012] A.C.S. n° 68.

Version française du jugement de la juge en chef McLachlin et des juges LeBel, Fish, Rothstein et Moldaver rendu par

LE JUGE ROTHSTEIN —

---

517. *Toronto Railway Co. c. Paget* (1909), 42 R.C.S. 488, 499, [1909] A.C.S. n° 60.
518. Earl H.S.G. Halsbury, *Halsbury's Laws of England*, 3ᵉ éd., vol. 36, Londres, Butterworths, 1955, à la p. 466.
519. *Daniels c. White*, [1968] R.C.S. 517, 526, [1968] A.C.S. n° 33.

Introduction

1   Le Conseil de la radiodiffusion et des télécommunications canadiennes (« CRTC ») possède, en vertu de la *Loi sur la radiodiffusion*, L.C. 1991, ch. 11, le pouvoir de réglementer et de surveiller le système canadien de radiodiffusion. En 2010, le CRTC a proposé d'établir un régime réglementaire de compensation pour la valeur des signaux basé sur les forces du marché. Suivant ce régime, les stations privées de télévision locale (également appelées « radiodiffuseurs » dans les présents motifs) auraient la faculté de négocier une compensation directe pour la retransmission de leurs signaux par des entreprises de distribution de radiodiffusion (« EDR ») telles les entreprises de câblodistribution et les sociétés de communications par satellite. En vertu de ce nouveau régime, les radiodiffuseurs auraient la possibilité de permettre ou d'interdire aux EDR de retransmettre leurs services de programmation. La question soumise par renvoi dans le présent pourvoi est celle de savoir si le CRTC a compétence pour mettre en œuvre le régime proposé.

2   *Loi sur la radiodiffusion* confère au CRTC de vastes pouvoirs discrétionnaires l'autorisant à prendre des règlements et à attribuer des licences en vue de mettre en œuvre la politique canadienne de radiodiffusion énoncée dans la *Loi sur la radiodiffusion*. Lorsqu'il exerce ces pouvoirs, le CRTC doit toutefois respecter le cadre législatif établi par la *Loi sur la radiodiffusion*, ainsi qu'un cadre plus vaste comprenant diverses lois interreliées. La *Loi sur le droit d'auteur*, L.R.C. 1985, ch. C-42, est un élément de ce régime : *Bell ExpressVu Limited Partnership c. Rex*, 2002 CSC 42, [2002] 2 R.C.S. 559, par. 44-52. En tant qu'organisme de réglementation subalterne, le CRTC ne peut prendre de règlements ou assortir de conditions les licences qu'il délivre en vertu de la *Loi sur la radiodiffusion*, si ces règlements ou conditions entrent en conflit avec les dispositions d'une autre loi connexe.

3   À mon avis, c'est exactement ce que fait le régime de compensation pour la valeur des signaux et, par conséquent, il est *ultra vires*.

Faits et historique procédural

4   Les radiodiffuseurs acquièrent, créent et produisent des émissions de télévision. Le CRTC leur délivre des licences les autorisant à desservir une région donnée à l'intérieur de la portée de leur émetteur respectif. Des EDR, par exemple des entreprises de câblodistribution et des sociétés de communications par satellite, captent les signaux diffusés en direct par les radiodiffuseurs et les retransmettent à leurs abonnés moyennant certains frais. Même si les signaux des radiodiffuseurs peuvent être captés gratuitement par toute personne disposant d'un téléviseur et d'une antenne, plus de 90 p. 100 des Canadiens et des Canadiennes reçoivent ces signaux dans le cadre de leurs services de câblodistribution (transcription, p. 2).

5   Les EDR doivent obtenir du CRTC une licence délivrée conformément à l'art. 9 de la *Loi sur la radiodiffusion*. Suivant le modèle de réglementation actuel, le CRTC oblige les EDR à offrir aux radiodiffuseurs certains avantages, notamment la distribution obligatoire de certains signaux et une contribution à un fonds pour l'amélioration de la programmation locale auquel ont accès certaines stations de télévision locale. Toutefois, les radiodiffuseurs ne reçoivent pas directement des EDR des droits pour la distribution de leurs signaux.

6   Comme l'a souligné la Cour d'appel fédérale (« CAF »), 2011 CAF 64 (CanLII), par. 6, le CRTC a estimé que le modèle de réglementation existant ne permet pas de répondre adéquatement aux récents changements survenus dans l'industrie de la radiodiffusion, changements par suite desquels les revenus publicitaires des radiodiffuseurs ont baissé, alors que les revenus des EDR augmentaient. Ainsi que l'a fait observer la CAF, le CRTC a conclu que cette

situation s'est traduite par un changement important de la position respective des parties sur le marché et par une crise financière pour les radiodiffuseurs.

7   À titre de solution, le CRTC a proposé l'adoption de ce qu'il appelle un « régime de compensation pour la valeur des signaux ». Ce régime permettrait aux radiodiffuseurs de négocier avec les EDR les conditions auxquelles ces dernières peuvent redistribuer leurs signaux. Voici les principales caractéristiques du régime proposé :

— Les radiodiffuseurs auraient le droit, tous les trois ans, de choisir soit de négocier avec les EDR une entente fixant la contrepartie payable par celles-ci pour le droit de retransmettre les services de programmation des radiodiffuseurs, soit de continuer à appliquer le régime de réglementation existant.

— Le radiodiffuseur qui adhérerait au régime de compensation pour la valeur des signaux renoncerait à toutes les protections réglementaires existantes, par exemple la distribution obligatoire de ses signaux dans le cadre du service télévisuel de base offert par les EDR, ainsi que le droit d'obliger les EDR à retirer une émission non canadienne et à la remplacer par une émission canadienne comparable du radiodiffuseur lorsque les deux émissions sont diffusées simultanément et retransmises par l'EDR.

— Le CRTC n'interviendrait dans la négociation des ententes fondées sur le régime de compensation pour la valeur des signaux que dans les cas où les parties ne négocieraient pas de bonne foi ou lui demanderaient d'agir comme arbitre.

— Si aucune entente n'intervenait entre le radiodiffuseur et l'EDR au sujet de la valeur de la distribution des services de programmation de télévision locale, le radiodiffuseur pourrait obliger l'EDR à retirer de tous les signaux distribués par celle-ci dans le marché du radiodiffuseur toute émission appartenant au radiodiffuseur ou pour laquelle ce dernier a acquis les droits contractuels exclusifs de diffusion.

Le régime proposé est décrit en détail dans la *Politique réglementaire de radiodiffusion CRTC 2010-167* (2010) (« Politique de 2010 ») (d.a., vol. II, p. 1).

8   Les EDR ont contesté la compétence du CRTC pour mettre en œuvre un tel régime, au motif qu'il entre en conflit avec certaines dispositions de la *Loi sur le droit d'auteur*. En conséquence, le CRTC a renvoyé la question suivante devant la CAF :

Le Conseil a-t-il la compétence, en vertu du mandat que lui confère la *Loi sur la radiodiffusion*, pour établir un régime permettant aux stations privées de télévision locale de choisir de négocier avec les entreprises de distribution de radiodiffusion une juste valeur en échange de la distribution des services de programmation diffusée par ces stations de télévision locales ?

[...]

Analyse

11   La portée de la compétence conférée au CRTC par la *Loi sur la radiodiffusion* doit être analysée suivant la méthode moderne d'interprétation législative qu'a formulée le professeur Elmer A. Driedger et que notre Cour a adoptée à maintes reprises :

[TRADUCTION] . . . il faut lire les termes d'une loi dans leur contexte global en suivant le sens ordinaire et grammatical qui s'harmonise avec l'esprit de la loi, l'objet de la loi et l'intention du législateur.

(Voir, p. ex., *Bell ExpressVu*, par. 26, le juge Iacobucci, citant l'ouvrage d'E. A. Driedger, *Construction of Statutes* (2ᵉ éd. 1983), p. 87.)

12   De plus :

> . . . lorsque la disposition litigieuse fait partie d'une loi qui est elle-même un élément d'un cadre législatif plus large, l'environnement qui colore les mots employés dans la loi et le cadre dans lequel celle-ci s'inscrit sont plus vastes.
>
> (*Bell ExpressVu*, par. 27)

Le contexte global d'une disposition s'entend donc non seulement de son contexte immédiat, mais aussi de tout autre texte législatif susceptible d'en éclairer le sens (R. Sullivan, *Sullivan on the Construction of Statutes* (5ᵉ éd. 2008), p. 411).

13   À mon humble avis, lorsqu'on les interprète à la lumière de leur contexte global, on ne peut, et ce pour deux raisons, considérer que les dispositions de la *Loi sur la radiodiffusion* ont pour effet d'autoriser le CRTC à mettre en œuvre le régime proposé de compensation pour la valeur des signaux. Premièrement, l'interprétation contextuelle des dispositions de la *Loi sur la radiodiffusion* révèle qu'elles ne visent pas à autoriser le CRTC à créer, en faveur des radiodiffuseurs, des droits exclusifs habilitant ces derniers à contrôler l'exploitation de leurs signaux ou de leurs œuvres par retransmission. Deuxièmement, le régime proposé entrerait en conflit avec certaines dispositions précises édictées par le Parlement dans la *Loi sur le droit d'auteur*.

A.   *Compétence conférée au CRTC par la Loi sur la radiodiffusion*

14   Dans la question faisant l'objet du renvoi, on demande si le CRTC a compétence pour mettre en œuvre le régime de compensation pour la valeur des signaux proposé. Pour répondre à cette question, il faut interpréter les pouvoirs qui sont conférés au CRTC par la *Loi sur la radiodiffusion* et décider si la *Loi sur le droit d'auteur* limite la discrétion dont jouit le CRTC lorsqu'il exerce ses pouvoirs de réglementation et d'attribution de licences. Les articles applicables de la *Loi sur la radiodiffusion* et de la *Loi sur le droit d'auteur* sont reproduits à l'annexe jointe aux présents motifs.

[...]

33   En somme, il n'est fait mention nulle part dans la Loi de la création de droits de contrôle exclusifs sur les signaux ou les émissions. Il ressort d'une interprétation de la *Loi sur la radiodiffusion* qui tient compte du contexte global de celle-ci que la création de tels droits constitue une mesure beaucoup trop éloignée des objectifs fondamentaux visés par le législateur et des pouvoirs conférés au CRTC par la *Loi sur la radiodiffusion*.

B.   *Cadre législatif plus large — Conflit avec la Loi sur le droit d'auteur*

(1)   *Liens entre la Loi sur la radiodiffusion et la Loi sur le droit d'auteur*

34   Même si l'on pouvait trouver dans le texte de la *Loi sur la radiodiffusion* la compétence nécessaire pour mettre en œuvre le régime proposé de compensation pour la valeur des signaux, cela ne réglerait pas la question posée dans le présent renvoi, car la *Loi sur la radio-diffusion* s'inscrit dans un cadre législatif plus large qui englobe la *Loi sur le droit d'auteur* et la *Loi sur les télécommunications*. Comme l'expliquent Sunny Handa et autres, la *Loi sur les télécommunications* et la *Loi sur la radiocommunication*, L.R.C. 1985, ch. R-2, sont les princi-pales lois en matière de distribution de signaux, et la *Loi sur la radiodiffusion* porte pour sa part sur le contenu des signaux, lequel constitue [TRADUCTION] « l'objet de la "distribution" » (S. Handa et autres, *Communications Law in Canada* (éd. feuilles mobiles), §3.21). Dans l'arrêt *Bell ExpressVu*, par. 52, alors qu'il interprétait une disposition de la *Loi sur les radiocommu-*

nications, le juge Iacobucci a également examiné la *Loi sur le droit d'auteur*, soulignant qu'il existait « un lien entre cette loi et celle sur le droit d'auteur ». Étant donné que la *Loi sur la radiodiffusion* et la *Loi sur la radiocommunication* font clairement partie du même régime législatif, il s'ensuit selon moi qu'il existe aussi un lien entre la *Loi sur la radiodiffusion* et la *Loi sur le droit d'auteur*. Ces trois lois (ainsi que la *Loi sur les télécommunications*) sont des éléments d'un régime de mesures interreliées.

35   D'ailleurs, la *Loi sur la radiodiffusion* régit les « émissions » qui sont « diffusées » et destinées à être reçues par le public canadien (voir, au par. 2(1), la définition des termes « radiodiffusion » et « émission »), en vue de mettre en œuvre la politique canadienne de radiodiffusion énoncée au par. 3(1) de la Loi. De façon générale, [TRADUCTION] « [l]a *Loi sur la radiodiffusion* s'intéresse principalement au contenu de la programmation diffusée au public au moyen d'ondes radio ou d'autres moyens de télécommunication » (Handa et autres, §5.5).

36   La *Loi sur le droit d'auteur* vise à la fois à encourager la créativité et à permettre aux créateurs de jouir raisonnablement du fruit de leur travail de création. La concrétisation de ces objectifs est favorisée par l'existence d'un régime soigneusement équilibré qui confère des droits économiques exclusifs à différentes catégories de titulaires du droit d'auteur sur leurs œuvres ou sur un autre objet protégé, généralement au moyen d'un monopole légal qui interdit à quiconque d'exploiter l'œuvre de certaines façons précises sans le consentement du titulaire du droit d'auteur. Ce régime établit également des droits d'utilisation telles l'utilisation équitable et certaines exemptions précises autorisant le public en général ou des catégories particulières d'utilisateurs à accéder au contenu protégé moyennant le respect de certaines conditions. (Voir, p. ex., *Théberge c. Galerie d'Art du Petit Champlain inc.*, 2002 CSC 34, [2002] 2 R.C.S. 336, par. 11-12 et 30; *Mattel, Inc. c. 3894207 Canada Inc.*, 2006 CSC 22, [2006] 1 R.C.S. 772, par. 21; D. Vaver, *Intellectual Property Law: Copyright, Patents, Trade-marks* (2ᵉ éd. 2011), p. 34 et 56.) Parmi les catégories d'objets protégés par le droit d'auteur, mentionnons les droits des radiodiffuseurs sur les signaux de communication (voir la définition de « droit d'auteur » à l'art. 2, ainsi que l'art. 21 de la *Loi sur le droit d'auteur*). Qui plus est, les « émission[s] » au sens de la *Loi sur la radiodiffusion* se présentent souvent sous forme de contenu original préenregistré susceptible de constituer une œuvre protégée, à savoir des « œuvre[s] dramatique[s] » ou des « compilation[s] » de telles œuvres au sens de la *Loi sur le droit d'auteur* : voir, p. ex., l'analyse dans J. S. McKeown, *Fox on Canadian Law of Copyright and Industrial Designs* (4ᵉ éd. (feuilles mobiles)), par. 15:3(a).

37   Bien que les deux lois visent des objectifs différents, les sujets dont elles traitent se recoupent inévitablement. Comme le législateur est présumé avoir voulu « l'harmonie, la cohérence et l'uniformité entre les lois traitant du même sujet » (*R. c. Ulybel Enterprises Ltd.*, 2001 CSC 56, [2001] 2 R.C.S. 867, par. 52; Sullivan, p. 325-326), on donnera effet suivant leur libellé à deux dispositions s'appliquant aux mêmes faits, dès lors qu'elles n'entrent pas en conflit l'une avec l'autre.

38   Par conséquent, lorsqu'une disposition se prête à plusieurs interprétations, la présomption de cohérence exige que, afin d'*éviter* les conflits, les lois en cause soient interprétées ensemble. Dans l'arrêt *Pointe-Claire (Ville) c. Québec (Tribunal du travail)*, [1997] 1 R.C.S. 1015, par. 61, le juge en chef Lamer a écrit ce qui suit :

> Certes, selon le principe de la présomption de cohérence des lois qui portent sur des sujets analogues, l'interprète doit chercher l'harmonisation entre ces lois plutôt que leur contradiction . . .

39   De plus, « [n]ormalement, la loi fédérale doit l'emporter sur le texte réglementaire incompatible » (*Friends of the Oldman River Society c. Canada (Ministre des Transports)*, [1992] 1 R.C.S. 3, p. 38). En conséquence, comme il ne serait pas permis au CRTC, en tant qu'organisme de réglementation subalterne, de mettre en œuvre un texte réglementaire qui entre en conflit avec une autre loi fédérale, les dispositions attributives de compétence de nature générale de la *Loi sur la radiodiffusion* ne peuvent être interprétées de manière à permettre au CRTC de créer des conflits avec la *Loi sur le droit d'auteur*.

40   Il est donc nécessaire de décider tout d'abord s'il y a conflit.

(2) Types de conflits

41   En matière d'interprétation des lois, la notion de conflit est définie étroitement. Il a été jugé que des dispositions qui se chevauchent seront appliquées suivant leur libellé, à moins qu'elles [TRADUCTION] « ne puissent coexister » (*Toronto Railway Co. c. Paget* (1909), 42 R.C.S. 488, p. 499, le juge Anglin).

42   Dans l'affaire *Lévis (Ville) c. Fraternité des policiers de Lévis Inc.*, 2007 CSC 14, [2007] 1 R.C.S. 591, la Cour s'est penchée sur l'incompatibilité de dispositions de deux lois émanant du même législateur. S'exprimant au nom de la majorité, le juge Bastarache a défini comme suit la notion de « conflit », au par. 47 :

> Le critère à appliquer pour déterminer si un conflit est inévitable est clairement énoncé par le professeur Côté dans son traité d'interprétation des lois :
>
> > Selon la jurisprudence, <u>deux lois ne sont pas en conflit du simple fait qu'elles s'appliquent à la même matière : il faut que l'application de l'une exclue, explicitement ou implicitement, celle de l'autre.</u>
>
> (P.-A. Côté, *Interprétation des lois* (3ᵉ éd. 1999), p. 443)
>
> Ainsi, une loi prévoyant que le passager d'un train qui ne paye pas son passage doit être expulsé n'est pas en conflit avec une autre loi prévoyant uniquement l'imposition d'une amende, parce que l'application d'une loi n'exclut pas l'application de l'autre loi (*Toronto Railway Co. c. Paget* (1909), 42 R.C.S. 488). <u>Par contre, il y a conflit inévitable lorsque deux lois sont directement contradictoires ou que leur application concurrente donnerait lieu à un résultat déraisonnable ou absurde.</u> Par exemple, la loi qui autorise la prorogation du délai de dépôt d'un appel uniquement avant l'expiration du délai est en conflit direct avec une autre loi qui autorise l'acceptation d'une demande de prorogation après l'expiration du délai (*Massicotte c. Boutin*, [1969] R.C.S. 818). [Je souligne.]

43   On entend également par résultat absurde les situations où une loi aurait concrètement pour effet d'aller à l'encontre de *l'objet* de l'autre loi (*Lévis*, par. 54; Sullivan, p. 330).

44   Cette conception n'est pas incompatible avec la notion de conflit retenue par la jurisprudence sur le fédéralisme. Pour l'application de la doctrine de la prépondérance des lois fédérales, notre Cour a reconnu l'existence de deux types de conflits. Il y a conflit d'application lorsqu'il est *impossible de se conformer* aux deux dispositions en même temps. L'autre type de conflits concerne les cas d'incompatibilité d'objets. Dans les conflits de ce deuxième type, il n'y a pas impossibilité de se conformer à la lettre des deux lois; le conflit découle plutôt du fait que l'application d'une disposition s'opposerait à l'*objet* qu'entend réaliser le Parlement dans une autre. Voir, p. ex., *Colombie-Britannique (Procureur général) c. Lafarge Canada Inc.*, 2007 CSC 23, [2007] 2 R.C.S. 86, par. 77 et 84).

45   Les décisions dans lesquelles les tribunaux ont appliqué la doctrine de la prépondérance fédérale présentent certaines similitudes dans la mesure où l'on y définit les conflits
comme des conflits d'application ou d'objets (*Friends of the Oldman River Society*, p. 38).
Ces définitions de la notion de conflits de lois sont donc utiles pour interpréter deux lois
émanant du même législateur. Le pouvoir du CRTC de prendre des règlements et d'assortir
de certaines conditions les licences qu'il délivre doit être considéré comme assujetti aux
limites découlant de chaque type de conflits. Autrement dit, en vue de réaliser sa mission, le
CRTC ne peut choisir des moyens qui entraînent un conflit d'application avec des dispositions
précises de la *Loi sur la radiodiffusion*, de la *Loi sur la radiocommunication*, de la *Loi sur les
télécommunications* ou de la *Loi sur le droit d'auteur*, ou encore qui seraient incompatibles
avec l'objet de ces diverses lois.

(3)   Droits attribués par la Loi sur le droit d'auteur

a)   *Article 21*

46   Les EDR affirment que le régime de compensation pour la valeur des signaux proposé
par le CRTC entre en conflit avec les régimes de retransmission expressément établis à
l'al. 21(1)*c*) et au par. 31(2) de la *Loi sur le droit d'auteur*.

47   Il est nécessaire de décrire de manière assez détaillée les régimes prévus par la *Loi sur le
droit d'auteur*. À mon humble avis, cette description fera ressortir le caractère problématique
de l'analyse de la *Loi sur le droit d'auteur* effectuée par les juges majoritaires de la CAF.

48   Les EDR soutiennent tout d'abord que le par. 21(1) de la *Loi sur le droit d'auteur* entre en
conflit avec le régime de compensation pour la valeur des signaux. Cette disposition accorde
aux radiodiffuseurs un droit d'auteur limité sur les signaux qu'ils diffusent en direct. Ce droit
d'auteur confère au radiodiffuseur le droit exclusif, à l'égard du signal de communication qu'il
émet ou de toute partie importante de celui-ci, d'accomplir ou d'autoriser l'un des quatre
actes suivants :

> *a*) de le fixer;
>
> *b*) d'en reproduire toute fixation faite sans son autorisation;
>
> *c*) <u>d'autoriser un autre radiodiffuseur à le retransmettre au public simultanément à
> son émission</u>;
>
> *d*) d'exécuter en public un signal de communication télévisuel en un lieu accessible au
> public moyennant droit d'entrée.
>
> Il a aussi le droit d'autoriser les actes visés aux alinéas *a*), *b*) et *d*).

49   L'aspect pertinent pour les besoins du présent pourvoi est celui prévu à l'al. *c*). Aux
termes de cet alinéa, le radiodiffuseur a le droit exclusif d'autoriser un autre *radiodiffuseur*
à retransmettre simultanément un signal de communication. Le mot « radiodiffuseur » est
défini comme suit à l'art. 2 de la *Loi sur le droit d'auteur* :

> Organisme qui, dans le cadre de l'exploitation d'une entreprise de radiodiffusion, émet
> un signal de communication en conformité avec les lois du pays où il exploite cette
> entreprise; <u>est exclu de la présente définition l'organisme dont l'activité principale,
> liée au signal de communication, est la retransmission de celui-ci</u>.

50   Le passage souligné de la définition réfère aux EDR. Ces dernières ne sont pas des
« radiodiffuseurs » au sens de la *Loi sur le droit d'auteur*, parce que leur principale activité

en ce qui concerne les signaux de communication consiste à les retransmettre. Par conséquent, le droit conféré aux radiodiffuseurs par l'al. 21(1)c) — à savoir autoriser, ou refuser d'autoriser, un autre radiodiffuseur à retransmettre simultanément ses signaux — ne peut être opposé aux EDR. En d'autres termes, suivant l'art. 21 de la *Loi sur le droit d'auteur*, le droit exclusif des radiodiffuseurs n'emporte pas celui de permettre ou d'interdire à une EDR de retransmettre leurs signaux de communication.

b)   *Article 31*

51   Outre les droits que leur reconnaît l'art. 21 en matière de signaux de communication, les radiodiffuseurs peuvent détenir d'autres droits de retransmission en vertu de la *Loi sur le droit d'auteur*. Comme il a été expliqué précédemment, une *émission* de télévision préenregistrée fait souvent l'objet d'un droit d'auteur qui peut être protégé en tant qu'« œuvre dramatique » originale ou « compilation » de telles œuvres (art. 2 de la *Loi sur le droit d'auteur*). À titre de personne morale, le radiodiffuseur peut être titulaire du droit d'auteur sur l'émission préenregistrée ou la compilation d'émissions qu'il diffuse en qualité d'employeur de l'auteur de l'œuvre en question ou de cessionnaire du droit d'auteur de l'auteur original.

52   La *Loi sur le droit d'auteur* vise à régir les droits économiques sur les signaux de communication, ainsi que la retransmission des œuvres par les EDR. Celles-ci affirment que le régime de compensation pour la valeur des signaux entrerait en conflit avec le régime de retransmission des œuvres prévu à l'art. 31 de la *Loi sur le droit d'auteur*. Le régime proposé permettrait aux radiodiffuseurs de contrôler la retransmission simultanée d'*émissions* en leur reconnaissant le droit d'exiger le retrait de toute *émission* à l'égard de laquelle ils détiennent ou contrôlent le droit d'auteur de tous les signaux distribués par l'EDR, si aucune entente n'est conclue sur la compensation à verser pour la retransmission simultanée des services de programmation du radiodiffuseur.

53   L'alinéa 3(1)f) de la *Loi sur le droit d'auteur* accorde au titulaire du droit d'auteur sur une œuvre le droit exclusif de communiquer celle-ci au public par télécommunication. Cet alinéa est rédigé ainsi :

> **3.** (1) Le droit d'auteur sur l'œuvre comporte le droit exclusif . . .
>
> . . .
>
> f) de communiquer au public, par télécommunication, une œuvre littéraire, dramatique, musicale ou artistique;
>
> . . .

Le mot « télécommunication » est défini largement à l'art. 2 de la Loi et il s'entend notamment de

> toute transmission de [. . .] renseignements de toute nature par fil, radio, procédé visuel ou optique, ou autre système électromagnétique.

54   Ces termes généraux semblent à première vue conférer au titulaire du droit d'auteur, y compris à un radiodiffuseur agissant en cette qualité, le droit de contrôler la retransmission des œuvres sur lesquelles il détient un droit d'auteur. Toutefois, le par. 31(2) de la *Loi sur le droit d'auteur* circonscrit de façon détaillée le droit des titulaires du droit d'auteur de contrôler la *retransmission* des œuvres littéraires, dramatiques, musicales ou artistiques portées par les signaux. Pour l'application du par. 31(2), le mot « signal » s'entend de : « [t]out signal porteur d'une œuvre transmis à titre gratuit au public par une station terrestre de radio ou

de télévision » (voir le par. 31(1)). Au paragraphe 31(1), le terme « retransmetteur » est défini comme suit : « [p]ersonne, autre qu'un retransmetteur de nouveaux médias, dont l'activité est comparable à celle d'un système de retransmission par fil ».

55   Voici le texte du par. 31(2) :

31. . . .

(2) Ne constitue pas une violation du droit d'auteur le fait, pour le retransmetteur, de communiquer une œuvre au public par télécommunication si, à la fois :

a) la communication consiste en la retransmission d'un signal local ou éloigné, selon le cas;

b) la retransmission est licite en vertu de la *Loi sur la radiodiffusion*;

c) le signal est retransmis, sauf obligation ou permission légale ou réglementaire, simultanément et sans modification;

d) dans le cas de la retransmission d'un signal éloigné, le retransmetteur a acquitté les redevances et respecté les modalités fixées sous le régime de la présente loi;

e) le retransmetteur respecte les conditions applicables, le cas échéant, visées à l'alinéa (3)b).

56   Considérés ensemble, les par. 31(1) et 31(2) créent une *exception* au droit exclusif des titulaires du droit d'auteur sur des œuvres littéraires, dramatiques, musicales ou artistiques de contrôler la communication de leurs œuvres au public par télécommunication. L'exception, ou droit de l'utilisateur, permet en fait aux EDR de retransmettre les œuvres en question sans le consentement du titulaire du droit d'auteur, lorsque les conditions énumérées aux al. a) à e) sont réunies. L'alinéa b) précise que la retransmission doit être licite en vertu de la *Loi sur la radiodiffusion*. Je reviendrai plus loin sur le sens de cette condition particulière.

57   Dans le cas des œuvres portées uniquement par des signaux éloignés, la disposition en question confère aux titulaires du droit d'auteur le droit de percevoir des redevances pour la retransmission simultanée de ces œuvres par une EDR. Ces redevances sont fixées par la Commission du droit d'auteur, en fonction des tarifs proposés par des sociétés de gestion, conformément au régime décrit en détail aux art. 71 à 74 de la *Loi sur le droit d'auteur*. Suivant le par. 31(2), les œuvres portées par des signaux locaux ne donnent droit à aucune redevance lorsqu'elles sont retransmises conformément à toutes les conditions énumérées à cette disposition. Le gouverneur en conseil a défini le terme « signal local » comme étant le signal d'une station terrestre de radio ou de télévision rejoignant tout ou une partie de la zone de desserte d'un retransmetteur. Constitue un « signal éloigné » tout signal qui n'est pas un signal local. Voir les art. 1 et 2 du *Règlement sur la définition de signal local et de signal éloigné*, DORS/89-254.

58   Il convient de souligner que, dans le cas des œuvres portées à la fois par des signaux locaux et par des signaux éloignés, le titulaire du droit d'auteur *n'a pas le droit d'interdire* la retransmission simultanée de ces œuvres; son recours se limite à recevoir, par l'intermédiaire d'une société de gestion, la redevance prescrite, mais uniquement pour la retransmission simultanée des œuvres portées par des signaux éloignés (par. 76(1) et 76(3) de la *Loi sur le droit d'auteur*). D'une part, le titulaire du droit d'auteur se voit reconnaître un droit général de retransmettre l'œuvre. Ce droit de retransmission fait partie du droit que lui reconnaît l'al. (3)(1)f) de communiquer l'œuvre au public par télécommunication. D'autre part, le droit général de retransmission du titulaire du droit d'auteur est limité par l'exception prévue au par. 31(2) de la *Loi sur le droit d'auteur*, qui confère effectivement deux droits de retransmission à une catégorie particulière de retransmetteurs. Le premier de ces droits autorise ces

utilisateurs à retransmettre simultanément, sans avoir à verser de redevances, des œuvres portées par des signaux locaux. Le second droit permet aux utilisateurs de retransmettre simultanément des œuvres portées par des signaux éloignés, sous réserve uniquement du paiement de redevances en vertu d'une sorte de régime de licences obligatoires (*Loi sur le droit d'auteur*, al. 31(2)*a*) et *d*)). Sous réserve du par. 31(2), ces deux droits reconnus aux utilisateurs échappent au contrôle du titulaire du droit d'auteur.

59   En résumé, suivant les régimes de retransmission prévus par la *Loi sur le droit d'auteur* à l'égard des signaux de communication et des œuvres :

   –   les radiodiffuseurs possèdent un droit exclusif limité sur leurs *signaux* (art. 21);

   –   les radiodiffuseurs ne possèdent pas, à l'égard des *signaux*, un droit exclusif opposable aux EDR;

   –   les EDR ont le droit de retransmettre simultanément des *œuvres* portées par des signaux locaux sans avoir été autorisées à le faire par le titulaire du droit d'auteur et sans verser à celui-ci de contrepartie à cet égard;

   –   les titulaires du droit d'auteur sur les œuvres en question, y compris les radiodiffuseurs agissant en cette qualité, n'ont pas le droit de bloquer la retransmission de signaux locaux ou éloignés portant leurs œuvres;

   –   la Commission du droit d'auteur a compétence pour évaluer les redevances relatives aux licences obligatoires pour la retransmission simultanée d'œuvres portées par des signaux éloignés.

(4)   Constatation d'un conflit

60   Le régime de compensation pour la valeur des signaux proposé par le CRTC permettrait aux radiodiffuseurs de négocier la compensation qui leur serait payée pour la retransmission par les EDR de leurs signaux et de leurs services de programmation, et ce, peu importe que ces signaux ou services portent des « œuvres » protégées par le droit d'auteur et indépendamment du fait que les œuvres en question soient portées par des signaux locaux, signaux à l'égard desquels la *Loi sur le droit d'auteur* ne prévoit aucune compensation. Fait important à signaler, contrairement aux régimes de retransmission établis par la *Loi sur le droit d'auteur*, le régime de compensation pour la valeur de signaux que propose le CRTC conférerait à certains radiodiffuseurs, advenant qu'ils choisissent d'être régis par ce régime, le *droit d'interdire* la retransmission simultanée de leurs émissions.

61   Comme il a été mentionné précédemment, la présomption de cohérence des lois fédérales connexes exige d'éviter d'interpréter une disposition d'une manière qui créerait un conflit à l'intérieur du régime établi par ces lois. En l'espèce, si le régime de réglementation proposé par le CRTC a pour effet d'entrer en conflit avec les manifestations expresses de la volonté du législateur dans la *Loi sur le droit d'auteur*, la présomption de cohérence commande que ce régime soit déclaré *ultra vires*. L'article 21 et le par. 31(2) de la *Loi sur le droit d'auteur* sont pertinents.

62   Premièrement, le régime de compensation pour la valeur des signaux entre en conflit avec le par. 21(1) de la *Loi sur le droit d'auteur*, en ce qu'il *accorderait* aux radiodiffuseurs le droit d'autoriser ou non la retransmission de signaux par les EDR, droit qui a été *refusé* aux radiodiffuseurs par le régime établi par la *Loi sur le droit d'auteur*.

63   Si l'on s'en tient à la lettre de cette disposition, l'art. 21 ne traite de manière expresse que des rapports entre radiodiffuseurs et non des rapports entre radiodiffuseurs et retrans-

metteurs. Par conséquent, il est possible de soutenir que rien dans cette disposition n'empêche un autre organe de réglementation de définir les modalités de la distribution, par une EDR, des signaux de télévision d'un radiodiffuseur, situation qui permettrait au CRTC — à condition qu'il y soit autorisé par la *Loi sur la radiodiffusion* — d'établir un régime de compensation pour la valeur des signaux sans créer de conflit avec l'art. 21.

64   Toutefois, l'art. 21 ne peut être analysé sans tenir compte de son objet. Notre Cour a qualifié l'objet de la *Loi sur le droit d'auteur* en disant que celle-ci visait à établir un équilibre entre les droits des créateurs et ceux des utilisateurs. Le même équilibre s'applique dans le cas des radiodiffuseurs et des utilisateurs. Dans l'arrêt *Théberge*, le juge Binnie a reconnu que la *Loi sur le droit d'auteur*

> est généralement présentée comme établissant un équilibre entre, d'une part, la promotion, dans l'intérêt du public, de la création et de la diffusion des œuvres artistiques et intellectuelles et, d'autre part, l'obtention d'une juste récompense pour le créateur (ou, plus précisément, l'assurance que personne d'autre que le créateur ne pourra s'approprier les bénéfices qui pourraient être générés). [par. 30]
>
> (Voir également *CCH Canadienne Ltée c. Barreau du Haut-Canada*, 2004 CSC 13, [2004] 1 R.C.S. 339, par. 10 et 23.)

65   Ce point a été réitéré dans l'arrêt *Société canadienne des auteurs, compositeurs et éditeurs de musique c. Assoc. canadienne des fournisseurs Internet*, 2004 CSC 45, [2004] 2 R.C.S. 427. Dans cette affaire, la Cour s'est demandé si, pour l'application de la *Loi sur le droit d'auteur*, les fournisseurs Internet « communiquent [des œuvres] au public » lorsque leurs abonnés leur demandent les œuvres en question — et, de ce fait, violent le droit d'auteur sur ces œuvres. La Cour était appelée à interpréter l'al. 2.4(1)*b*) de la *Loi sur le droit d'auteur*, qui est rédigé ainsi :

> ... n'effectue pas une communication au public la personne qui ne fait que fournir à un tiers les moyens de télécommunication nécessaires pour que celui-ci l'effectue.

66   Rejetant l'argument suivant lequel, du fait que l'al. 2.4(1)*b*) constitue une exception, il devrait être interprété restrictivement, les juges majoritaires ont tiré la conclusion suivante, sous la plume du juge Binnie :

> Dans la *Loi sur le droit d'auteur*, les droits du titulaire du droit d'auteur et les restrictions y afférentes doivent être considérés de pair et recevoir « l'interprétation juste et équilibrée que commande une mesure législative visant à remédier à un état de fait ». [par. 88]

La Cour a reconnu que « [l]'alinéa 2.4(1)*b*) n'est pas une échappatoire, mais un élément important de l'équilibre établi par le régime législatif en cause » (par. 89). Elle a par conséquent confirmé le principe qu'elle avait formulé précédemment dans *Théberge*, à savoir que l'équilibre établi par la *Loi sur le droit d'auteur* est *également* assuré « en accordant l'importance qu'il convient à la nature limitée » des droits des créateurs (*Théberge*, par. 31).

67   À mon avis, le par. 21(1) représente le juste équilibre qui, de l'avis du législateur, doit exister entre les droits des radiodiffuseurs sur leurs signaux de communication et le droit des utilisateurs, y compris les EDR, sur ces mêmes signaux. Il ne serait pas logique de la part du législateur fédéral d'instaurer dans la *Loi sur le droit d'auteur* un droit de retransmission soigneusement élaboré, qui soustrait explicitement les EDR du champ d'application du droit

exclusif des radiodiffuseurs sur la retransmission simultanée de leurs signaux, mais d'habiliter par ailleurs un organisme de réglementation subalterne à créer un droit fonctionnellement équivalent par l'entremise d'un régime connexe. Le régime de compensation pour la valeur des signaux nuirait à la réalisation de l'objectif de la *Loi sur le droit d'auteur* qui consiste à établir « un équilibre entre, d'une part, la promotion, dans l'intérêt du public, de la création et de la diffusion des œuvres artistiques et intellectuelles et, d'autre part, l'obtention d'une juste récompense pour le créateur » (*Théberge*, par. 30).

68   Deuxièmement, bien que le conflit entre le régime de compensation pour la valeur des signaux proposé et l'art. 21 soit suffisant pour rendre ce régime *ultra vires*, je suis d'avis que celui-ci entre également en conflit avec le droit de retransmission des *œuvres* énoncé à l'art. 31 de la *Loi sur le droit d'auteur*.

69   Comme il a été expliqué plus tôt, l'art. 31 crée une exception écartant la violation du droit d'auteur dans le cas de la retransmission simultanée par une EDR d'une *œuvre* portée par des signaux locaux. Toutefois, suivant le régime de compensation pour la valeur des signaux, les radiodiffuseurs jouiraient du droit d'exiger le retrait de certaines émissions. Ainsi, un radiodiffuseur qui n'arriverait pas à s'entendre avec une EDR sur la compensation payable pour la distribution de ses services de programmation aurait le droit d'exiger de cette EDR qu'elle retire de tous les signaux qu'elle distribue toute émission à l'égard de laquelle le radiodiffuseur aurait acquis les droits exclusifs de diffusion. Comme il a été signalé précédemment, les « émission[s] » sont souvent des « œuvre[s] » au sens de la *Loi sur le droit d'auteur*. Le régime de compensation pour la valeur des signaux aurait pour effet d'accorder aux radiodiffuseurs le droit de contrôler la retransmission simultanée des œuvres, alors que la *Loi sur le droit d'auteur* exclut expressément ce droit de contrôle dans le cas des titulaires du droit d'auteur, y compris les radiodiffuseurs.

70   Je le répète, bien que l'exception écartant la violation du droit d'auteur prévue à l'art. 31 ne soit pas, à première vue, censée interdire à un autre organisme de réglementation d'imposer, directement ou indirectement, des conditions applicables à la retransmission d'œuvres, il est nécessaire d'aller au-delà de la lettre de cette disposition et de tenir compte de son objet, lequel consiste à établir un équilibre entre les droits des titulaires du droit d'auteur et l'intérêt du public à la diffusion des œuvres. Le régime de compensation pour la valeur des signaux aurait concrètement pour effet de réduire à néant l'exception prévue par l'art. 31 à l'égard du droit de communication reconnu aux titulaires du droit d'auteur par l'al. 3(1)*f*) et de rompre ainsi l'équilibre créé par le législateur.

71   L'historique législatif récent de la *Loi sur le droit d'auteur* permet d'affirmer que le législateur a fait des choix délibérés en ce qui concerne le droit d'auteur et la politique de radiodiffusion. Cet historique témoigne en effet de la volonté du législateur de faciliter la retransmission simultanée des émissions de télévision par câble et de limiter les obstacles que les retransmetteurs doivent surmonter.

72   Au cours de la période qui a précédé la modification, en 1997, de la *Loi sur le droit d'auteur* (projet de loi C-32), par l'insertion notamment de l'art. 21, des radiodiffuseurs ont présenté au Comité permanent sur le patrimoine canadien des mémoires dans lesquels ils réclamaient des droits sur les *signaux*. Les radiodiffuseurs soutenaient qu'on devait leur reconnaître le droit d'autoriser ou de refuser d'autoriser la retransmission de leurs signaux par d'autres personnes, y compris les EDR. En fait, les radiodiffuseurs s'opposaient expressément au droit limité que le législateur a finalement reconnu à l'al. 21(1)*c*). Voir, p. ex., mémoire de CTV au Comité permanent du patrimoine canadien, « Re : Bill C-32 » (30 août 1996) (d.a., vol. VII, p. 68); mémoire du WIC Western International Communications Ltd. (1996) (d.a., vol. VII, p. 15); mémoire de la

British Columbia Association of Broadcasters, « Bill C-32, the Copyright Reform Legislation » (28 août 1996) (d.a., vol. VII, p. 20); mémoire de l'Association canadienne des radiodiffuseurs, « Clause by Clause Recommendations for Amendments to Bill C-32 » (27 novembre 1996) (d.a., vol. VII, p. 77). De plus, bien que cet article n'ait pas été modifié depuis 1997, il ressort des consultations en cours entre le Parlement et les radiodiffuseurs que ces derniers continuent de réclamer que la loi leur reconnaisse le droit d'autoriser les retransmissions par les EDR. Voir, p. ex., mémoire de CTVglobemedia, « Re: Government's 2009 Copyright Consultations » (11 septembre 2009) (d.a., vol. IX, p. 35-37); Association canadienne des radiodiffuseurs, « A Submission to the House of Commons Standing Committee on Canadian Heritage With Respect to A Statutory Review of the *Copyright Act* » (15 septembre 2003) (d.a., vol. IX, p. 28).

73   Malgré les modifications successives apportées à la *Loi sur le droit d'auteur*, le Parlement n'a pas modifié l'art. 21 de la manière réclamée par les radiodiffuseurs. Le silence du législateur n'est pas nécessairement déterminant quant à son intention. Toutefois, compte tenu des demandes pressantes et répétées des radiodiffuseurs, ce silence tend fortement à indiquer qu'il voulait préserver l'équilibre établi par l'art. 21 (voir *Société Télé-Mobile c. Ontario*, 2008 CSC 12, [2008] 1 R.C.S. 305, par. 42, la juge Abella).

74   Cette volonté de mise en équilibre ressort également de l'historique législatif du régime prévu à l'art. 31 en matière de retransmission des *œuvres*. La disposition qu'a remplacée l'actuel al. 3(1)*f*) garantissait aux titulaires du droit d'auteur le droit exclusif de transmettre leurs œuvres au moyen de la *radiophonie*. La jurisprudence a considéré que ce droit à la transmission par la radiophonie excluait les transmissions par *câble* : *Canadian Admiral Corp. c. Rediffusion, Inc.*, [1954] R.C. de l'É. 382. L'alinéa 3(1)*f*) a été modifié en 1988 afin de conférer le droit exclusif de « communiquer au public, par télécommunication, une œuvre », et ce, pour tenir compte des obligations contractées par le Canada aux termes de l'*Accord de libre-échange entre le gouvernement du Canada et le gouvernement des États-Unis d'Amérique*, R.T. Can. 1989 n° 3 (voir *Loi de mise en œuvre de l'Accord de libre-échange Canada — États-Unis*, L.C. 1988, ch. 65, art. 61-62; voir également *Rogers Communications Inc. c. Société canadienne des auteurs, compositeurs et éditeurs de musique*, 2012 CSC 35, [2012] 2 R.C.S. 283, par. 36-37 et McKeown, par. 3:2(b)). Par suite du remplacement du terme « radiophonie » par « télécommunication », les entreprises canadiennes de câblodistribution devaient désormais répondre de toute violation du droit d'auteur lorsqu'elles communiquaient au public des œuvres protégées par le droit d'auteur.

75   Toutefois, à la même époque, le législateur s'est expressément penché sur la question de savoir si la retransmission simultanée d'œuvres portées par des signaux de télévision locaux ou éloignés devait être subordonnée à l'obtention du consentement du titulaire du droit d'auteur : il a adopté le régime de licences obligatoires et d'exception prévu à l'art. 31 et aux art. 71-76 de la *Loi sur le droit d'auteur* (*Loi de mise en œuvre de l'Accord de libre-échange Canada — États-Unis*, art. 62). Des études sur la même question avaient été publiées avant l'adoption de ce texte de loi; dans ces études aussi, on considérait qu'il s'agissait d'un enjeu important et on soulignait que les titulaires du droit d'auteur « ne doivent pas avoir le droit d'interdire la retransmission [d'œuvres], parce que cette activité revêt une trop grande importance dans le réseau de communications du Canada » (Comité permanent des communications et de la culture. *Une charte des droits des créateurs et créatrices : Rapport du Sous-comité sur la révision du droit d'auteur* (1985), p. 89 (d.a., vol. III, p. 118); Réponse du gouvernement au Rapport du Sous-comité sur la révision du droit d'auteur (février 1986) (d.a., vol. III, p. 127)).

76   Le régime de compensation pour la valeur des signaux proposé par le CRTC aurait pour effet de redéfinir l'équilibre qu'a établi le législateur, dans la *Loi sur le droit d'auteur*, entre

les intérêts respectifs des titulaires du droit d'auteur et des utilisateurs. Comme ce régime est incompatible avec l'objet visé par la *Loi sur le droit d'auteur*, il échappe à la compétence conférée au CRTC par la *Loi sur la radiodiffusion* en matière de délivrance de licences et de réglementation.

77   J'ai dit plus haut que je reviendrais sur l'al. 31(2)*b*) de la *Loi sur le droit d'auteur*. La CAF a conclu à la majorité que, en raison de l'al. 31(2)*b*) de la *Loi sur le droit d'auteur*, il n'y avait pas d'incohérence entre cette loi et le régime de compensation pour la valeur des signaux. Aux termes de l'alinéa en question, pour que s'applique l'exception écartant la violation du droit d'auteur, la retransmission doit être « licite en vertu de la *Loi sur la radiodiffusion* ». Les juges majoritaires semblent avoir pensé que cela suffisait afin de donner au CRTC compétence pour mettre en œuvre le régime réglementaire de compensation pour la valeur des signaux.

78   À mon humble avis, la disposition en question ne permet pas au CRTC, lorsqu'il agit en vertu de la *Loi sur la radiodiffusion*, de modifier dans les faits le fondement même de l'équilibre établi par le régime de retransmission prévu au par. 31(2). L'alinéa 31(2)*b*) n'est pas ce qu'on appelle une « clause Henry VIII », qui conférerait au CRTC le pouvoir de promulguer — par voie de règlements ou de conditions assortissant des licences — des dispositions réglementaires qui auraient préséance sur des dispositions législatives (voir Sullivan, p. 342-343). À défaut d'indication précise, on ne peut présumer que le législateur entendait, par l'al. 31(2)*b*), habiliter un organisme de réglementation subalterne à perturber l'équilibre atteint après bien des années et bien des études. L'historique législatif n'appuie pas cet argument; il confirme plutôt la décision de principe délibérée qu'a prise le législateur lorsqu'il a édicté, au par. 31(2), le régime de licences obligatoires et d'exception écartant la violation du droit d'auteur, ou régime relatif aux droits d'utilisation. L'expression générale « licite en vertu de la *Loi sur la radiodiffusion* » ne saurait autoriser le CRTC, lorsqu'il agit en vertu de dispositions attributives de compétence générales, à écarter une prescription précise du législateur dans la *Loi sur le droit d'auteur*.

79   En tout état de cause, le conflit constaté entre le régime de compensation pour la valeur des signaux et l'art. 21 est suffisant. Ce conflit ne pourrait être surmonté, même si l'al. 31(2)*b*) de la *Loi sur le droit d'auteur* était interprété différemment.

80   Il reste une dernière observation à formuler. Cette observation repose sur l'art. 89 de la *Loi sur le droit d'auteur*, qui est rédigé ainsi :

> **89.** Nul ne peut revendiquer un droit d'auteur autrement qu'en application de la présente loi ou de toute autre loi fédérale; le présent article n'a toutefois pas pour effet d'empêcher, en cas d'abus de confiance, un individu de faire valoir son droit ou un tribunal de réprimer l'abus.

L'emploi délibéré des mots « la présente loi ou de toute autre loi fédérale » au lieu de « la présente loi ou de tout autre texte » indique que le droit d'auteur revendiqué doit figurer dans une loi fédérale et non dans un règlement émanant d'un organisme de réglementation. Les mots « loi » et « texte » sont définis ainsi à l'art. 2 de la *Loi d'interprétation*, L.R.C. 1985, ch. I-21 :

> « loi » Loi fédérale.

et

> « texte » Tout ou partie d'une loi ou d'un règlement.

Ces définitions confirment que le législateur ne voulait pas qu'un organisme de réglementation subalterne puisse créer un droit d'auteur au moyen de règlements ou de conditions d'attribution de licences

81   Le régime de compensation pour la valeur des signaux aurait pour effet de créer, en contravention de l'art. 89, un nouveau type de droit d'auteur par voie de règlement ou de conditions d'attribution de licences. Les articles 2 et 21 de la *Loi sur le droit d'auteur* précisent que le droit d'auteur comporte le droit exclusif, à l'égard du signal de communication émis par le radiodiffuseur, d'autoriser un autre radiodiffuseur à retransmettre simultanément ce signal au public. Le fait d'autoriser la retransmission simultanée constitue donc un aspect du droit d'auteur, mais la *Loi sur le droit d'auteur* limite cette autorisation à des entités expressément définies, en l'occurrence d'autres radiodiffuseurs. Compte tenu de l'historique législatif examiné précédemment, cette restriction du droit d'auteur semble découler du choix précis du législateur de ne pas modifier l'équilibre établi dans la *Loi sur le droit d'auteur* entre les radiodiffuseurs et les EDR. Le régime de compensation pour la valeur des signaux créerait un nouveau droit permettant à son titulaire d'autoriser la retransmission de signaux (et, corollairement, d'interdire une telle retransmission si aucune entente n'est conclue au sujet de la compensation à verser), modifiant ainsi concrètement le droit d'auteur conféré par l'art. 21. Ce régime créerait donc un nouveau type de droit d'auteur, sans la loi fédérale requise par l'art. 89.

82   Mes collègues affirment qu'il existe des différences fonctionnelles entre le droit d'auteur et le régime réglementaire proposé. Avec égards, les différences qu'ils relèvent ne modifient pas l'équivalence fonctionnelle fondamentale entre le régime proposé et un droit d'auteur. L'article 21 de la *Loi sur le droit d'auteur* habilite les radiodiffuseurs à interdire la retransmission de leurs signaux lorsque certaines conditions sont réunies; le régime de compensation pour la valeur des signaux fait exactement la même chose. Mes collègues ont raison de dire que le CRTC ne peut pas, par l'entremise du régime de compensation pour la valeur des signaux, modifier l'art. 21 de la *Loi sur le droit d'auteur*. Toutefois, c'est précisément ce que fait le régime proposé. Le législateur aurait pu, à l'art. 21, imposer des conditions identiques ou analogues à celles prévues par le régime de compensation pour la valeur des signaux, de la même façon qu'il a, à l'art. 31, imposé des limites au droit d'auteur qu'il a accordé relativement à la retransmission des œuvres, s'il avait voulu que les radiodiffuseurs disposent d'un tel droit. Le fait de qualifier le nouveau droit conféré aux radiodiffuseurs en vertu du régime de compensation pour la valeur des signaux d'ensemble de modifications d'ordre réglementaire n'a pas pour effet de changer le caractère véritable de ce droit. Le fait de ne pas l'appeler « droit d'auteur » ne le soustrait pas au champ d'application de l'art. 89. Si un simple changement d'appellation suffisait, l'art. 89 n'atteindrait pas son objectif, qui consiste à restreindre les droits d'auteur susceptibles d'être revendiqués à ceux accordés en application d'une loi fédérale.

Dispositif

83   Il convient de répondre par la négative à la question faisant l'objet du renvoi. Je suis d'avis d'accueillir le pourvoi avec dépens devant toutes les cours.

Cette dernière affaire démontre bien qu'un conflit normatif peut survenir non seulement entre deux textes de lois (du même législateur), mais également entre la norme émanant d'une loi et la norme provenant d'un règlement. Selon les règles de droit administratif, ce dernier type de conflit est relativement simple à résoudre puisque, suivant la pyramide «kelsenienne», la législation primaire aura toujours préséance sur la législation secondaire, par exemple le règlement.

Ceci étant, pour nos fins, la constatation de l'existence d'un conflit réel entre deux normes législatives suit exactement la même démarche, comme le démontre les motifs juge Rothstein pour la majorité de la Cour suprême du Canada. Essentiellement, il faudra conclure que l'application d'une norme législative exclut, explicitement ou implicitement, l'application de l'autre norme – si elles sont contradictoires, par exemple, ou si leur application respective mène à des résultats déraisonnables ou absurdes.

Pour être complet, puisque le Canada est une fédération, ajoutons brièvement qu'un conflit normatif peut survenir entre une loi fédérale et une loi provinciale, lorsqu'on est dans un domaine où les deux ordres législatifs peuvent légiférer (e.g. environnement). Dans ce scénario, à la suite d'une qualification du conflit normatif qui répond à des critères relevant du droit constitutionnel canadien, la règle veut qu'on donne préséance à la norme législative fédérale, par rapport à la norme provinciale.

* * *

Avant de parler de hiérarchisation pour résoudre un conflit normatif, en se rappelant le postulat de la rationalité et la présomption corolaire de cohérence et d'harmonie des lois, le mot d'ordre auprès des tribunaux est de continuer d'essayer de concilier les normes législatives en présence. C'est la médecine douce… avant, le cas échéant, le traitement choc! Bref, une fois la qualification effectuée, un conflit réel n'enclenche pas immédiatement la hiérarchisation des normes.

L'arrêt ci-dessous illustre bien l'attitude qui devrait être favorisée lorsqu'un tribunal fait face à une situation qui, à première vue, semble mettre en jeu un conflit normatif. Comme nous verrons, des normes législatives *a priori* incompatibles peuvent néanmoins s'avérer être conciliables l'une avec l'autre. Autrement dit, qui dit incompatibilité ne dit pas nécessairement hiérarchisation puisque, dans un second effort, on pourra voir un conflit normatif être résolu par une interprétation conciliatrice.

Extraits tirés de *Insurance Corporation of British Columbia c. Heerspink*, [1982] 2 R.C.S. 145, [1982] A.C.S. n° 65 [numérotation de paragraphes ajoutée].

Version française du jugement du juge en chef Laskin et des juges Ritchie et Dickson rendu par

LE JUGE RITCHIE –

1   Il s'agit d'un pourvoi sur autorisation de cette Cour contre un arrêt de la Cour d'appel de la Colombie-Britannique qui a infirmé un jugement rendu par le juge Munroe, en référé, sur un exposé de cause que lui avait présenté le président du bureau d'enquête établi en application de l'art. 16 du *Human Rights Code of British Columbia*, 1973 (B.C.), deuxième session, chap. 119, (ci-après appelé le *Human Rights Code*); cet exposé de cause vise à contester la conclusion du bureau selon laquelle l'Insurance Corporation of British Columbia (ci-après appelée l'assureur) a commis une infraction à l'art. 3 du *Human Rights Code* en refusant d'assurer l'intimé sans cause raisonnable.

2   Le premier alinéa de l'exposé de cause révèle la source de la situation soumise aux tribunaux. Cet alinéa se lit comme suit :

[TRADUCTION] Le 11 août 1976, Robert C. Heerspink a déposé une plainte, en vertu de l'art. 3 du *Human Rights Code of British Columbia*, S.B.C. 1973, deuxième session, chap. 119, alléguant que l'Insurance Corporation of British Columbia a refusé de l'assurer sans cause raisonnable en contravention de l'art. 3 du *Human Rights Code.*

3   L'assureur a soutenu qu'il avait droit, en vertu de l'Insurance *Act*, R.S.B.C. 1960, chap. 197, d'annuler sa police sans fournir de motif de l'annulation et, à cet égard, il a invoqué la clause légale 5(1) que l'on trouve à l'art. 208 de l'*Insurance Act* et qui figure dans tous les contrats d'assurance-incendie en vigueur en Colombie-Britannique. Elle se lit ainsi :

[TRADUCTION]

5. (1) Le présent contrat peut être résilié

a) par l'assureur sur préavis de quinze jours donné à l'assuré par courrier recommandé, ou sur préavis écrit de cinq jours transmis à l'assuré personnellement; ou

b) n'importe quand sur demande de l'assuré.

En elles-mêmes, les dispositions de cet article permettent à l'assureur et à l'assuré de résilier la police d'assurance-incendie unilatéralement en donnant le préavis requis sans fournir le motif de la résiliation et il n'y a pas de doute qu'à l'époque de son adoption, la compagnie d'assurances aurait été pleinement autorisée à résilier la police en cause en vertu de cet article. La difficulté qui surgit en l'espèce tient à ce que quelque treize ans après la promulgation de la clause légale, la province a adopté le *Human Rights Code* dont le par. 3(1) dispose :

[TRADUCTION]

3. (1) Nul ne doit

a) priver une personne ou une classe de personnes d'un logement, de services ou d'installations habituellement offerts au public; ou

b) agir de façon discriminatoire envers une personne ou une classe de personnes à l'égard d'un logement, de services ou d'installations habituellement offerts au public,

si ce n'est pour une cause raisonnable.

L'assureur soutient que le *Human Rights Code* n'a aucun effet sur les dispositions de la clause légale 5 qui doit être insérée dans tous les contrats d'assurance en vigueur en Colombie-Britannique en vertu des dispositions du par. 208(1) dont voici le texte :

[TRADUCTION]

208.   (1) Les conditions énoncées au présent article sont réputées faire partie de tout contrat en vigueur dans la province et doivent être imprimées sur toute police et précédées de la rubrique « clauses statutaires ». Aucune modification, omission ou addition à l'une quelconque des clauses statutaires ne lie l'assuré.

4   Cette affaire avait d'abord fait l'objet d'un exposé de cause soumis au juge Meredith le 29 avril 1977; la compétence du bureau d'enquête y était contestée et la conclusion du juge Meredith selon laquelle le bureau était compétent fut portée devant la Cour d'appel de la Colombie-Britannique. Le juge Robertson a rendu le jugement par lequel la Cour rejette

l'appel et confirme la compétence du bureau d'enquête. Cet arrêt n'a pas été porté en appel et il faut considérer la compétence du bureau comme acquise.

5   La compétence du bureau ayant ainsi été confirmée, celui-ci a repris ses audiences le 16 janvier 1979 pour entendre la preuve et se prononcer sur le fond de l'affaire. Par suite de cette audience, le bureau a conclu, dans des motifs écrits rendus le 8 mars 1979, que l'assureur avait contrevenu au par. 3(1) du *Human Rights Code*.

6   Pour en arriver à cette conclusion, le bureau d'enquête a constaté les faits suivants :

[TRADUCTION]

a) M. Robert C. Heerspink est le propriétaire enregistré de deux édifices, l'un de quatre logements et l'autre de trois logements à Sydney (Colombie-Britannique), pour lesquels l'Insurance Corporation of British Columbia avait émis une police d'assurance combinée commerciale.

b) Le 24 avril 1976, le journal *Victoria Columnist a* rapporté que M. Heerspink a été renvoyé à son procès « après une enquête préliminaire sur une accusation de trafic de marijuana à Sydney, le 11 décembre 1972 ».

c) L'existence de l'accusation est venue à l'attention du service de souscription de l'Insurance Corporation of British Columbia.

d) Après avoir entrepris une étude d'« analyse de risque » conformément aux usages internes ordinaires, l'Insurance Corporation of British Columbia a décidé d'annuler la police d'assurance.

e) Le 16 juin 1976, l'Insurance Corporation of British Columbia a fait parvenir à M. Heerspink une lettre recommandée l'avisant qu'elle résiliait la police d'assurance à l'expiration du préavis de quinze jours. Ce préavis a été donné en application de la clause légale 5 de la police.

f) Aucun motif de la résiliation de la police n'a été fourni.

g) Le motif de la résiliation de la police d'assurance de M. Heerspink a été son accusation de trafic de marijuana.

h) Les dirigeants de l'Insurance Corporation of British Columbia ont cru que l'allégation selon laquelle l'accusé a fait le trafic en vue d'un profit est de l'essence de l'accusation de trafic de marijuana.

i) La décision de résilier la police d'assurance a été prise en raison du « risque moral ». Le bureau d'enquête a cru la déposition du témoin expert R.J. McCormick selon lequel : « Le risque moral est l'élément intangible de risque qui a un effet négatif sur l'acceptabilité d'une opération. Il ne se rattache pas aux biens assurés mais à la personne de l'assuré. C'est-à-dire sa moralité, sa réputation et les circonstances. Le risque moral crée dans l'esprit de l'assureur un doute grave à propos de ses opérations financières. Il a des motifs de croire que le risque n'est plus celui qu'il avait évalué, que le risque comporte une plus grande probabilité de perte que ce qu'il veut accepter. Puisque il n'est pas possible de remédier à cette aggravation du risque par surprime ou par mesure de génie parce qu'elle porte sur l'aspect intangible plutôt que sur l'aspect matériel, l'assureur ne veut plus être partie à l'opération et résilie le contrat. C'est une décision commerciale et non une décision juridique. L'assureur ne veut plus exposer les biens de sa société à ce risque ».

j) Les seuls renseignements dont disposaient les dirigeants de l'Insurance Corporation of British Columbia au moment de prendre la décision de résilier la police sont ceux publiés dans le journal selon lesquels M. Heerspink avait été « renvoyé à la cour supérieure pour subir son procès sur une accusation de trafic de marijuana », ainsi que des renseignements fournis par le courtier d'assurances de M. Heerspink, qui s'était montré surpris de la nouvelle de l'accusation. Le courtier a en outre indiqué qu'il avait une impression favorable de l'assuré qui lui paraissait travailleur et financièrement à l'aise, mais il a apparemment souscrit à la décision de la société de résilier la police.

k) Dans l'esprit des dirigeants concernés de l'Insurance Corporation of British Columbia, les personnes mêlées au trafic de drogue sont anormalement exposées au vandalisme et constituent un risque plus élevé pour l'assureur de leurs biens.

l) Aucun élément de preuve ne traite de l'historique des pertes subies par les personnes accusées de trafic de drogue.

m) Les dirigeants de l'Insurance Corporation of British Columbia ont agi de bonne foi en procédant à l'évaluation du risque.

n) La décision de l'Insurance Corporation of British Columbia n'a pas été prise en fonction de particularités propres à M. Heerspink qui auraient été pertinentes relativement au risque assuré, mais en fonction de particularités qui lui ont été attribuées en tant que membre d'un groupe de personnes, les accusés de trafic de marijuana.

7   L'appel par voie d'exposé de cause et, bien sûr, le pourvoi en cette Cour se fondent sur ces faits et posent essentiellement la question de savoir si l'assureur était justifié de résilier la police d'assurance de M. Heerspink, vu la clause légale 5(1) imposée par le par. 208(1) de l'*Insurance Act*, ou si l'art. 3 du *Human Rights Code* s'applique aux circonstances de l'espèce. Nous n'avons pas eu l'avantage d'avoir une version complète des faits constatés par le bureau, mais le juge Hinkson, qui a rédigé les motifs majoritaires de la Cour d'appel de la Colombie-Britannique, par lesquels elle accueille l'appel du jugement du juge Munroe et rétablit la décision du bureau qui avait conclu que la société d'assurances a agi sans juste cause en résiliant la police d'assurance de M. Heerspink, énonce le point suivant d'une importance fondamentale :

> [TRADUCTION] Dans une décision écrite rendue le 8 mars 1979, le bureau d'enquête a conclu que l'Insurance Corporation of British Columbia a violé le par. 3(1) du *Human Rights Code*. Il a conclu qu'il y avait eu discrimination à l'encontre du plaignant à l'égard d'un service que l'Insurance Corporation of British Columbia offre au public. Par suite de cette constatation, il a conclu que les dispositions de l'art. 3 du *Human Rights Code* s'appliquent. Le bureau d'enquête s'est ensuite demandé si l'Insurance Corporation of British Columbia avait un motif raisonnable de le faire. Le bureau d'enquête a conclu qu'en réalité on n'en avait prouvé aucun. Ce qui est « une cause raisonnable » n'est pas une pure question de droit. En conséquence, l'affaire n'est pas susceptible d'appel par voie d'exposé de cause.

8   À mon avis personnel, la simple allégation d'une conduite criminelle et la constatation à une enquête préliminaire qu'il existe une preuve *prima facie* contre un accusé ne suffisent pas à justifier la conclusion que l'accusé appartient à la catégorie des criminels ou, comme en l'espèce, [que] c'est quelqu'un mêlé au trafic de la marijuana. Quant à moi, j'aurais conclu qu'aucun « motif raisonnable » ne justifiait la résiliation de la police de M. Heerspink.

9   Je partage toutefois la conclusion du juge Hinkson selon laquelle, lorsque la question de la « cause raisonnable », constitue un élément essentiel qui détermine si l'art. 3 du *Human*

Rights Code s'applique, c'est une question de fait qui n'est pas susceptible d'appel par voie d'exposé de cause. À cet égard, je citerai l'art. 18 du *Human Rights Code* :

[TRADUCTION]

18. Il peut être interjeté appel à la Cour suprême de toute décision d'un bureau d'enquête

a) sur un point ou question de droit ou de compétence; ou

b) sur toute conclusion manifestement erronée quant à un fait nécessaire pour fonder sa compétence,

les règles de la *Summary Convictions Act* qui régissent les appels interjetés par voie d'exposé de cause à ladite cour s'appliquent aux appels interjetés en vertu du présent article et toute mention du mot « juge » s'interprète comme une mention du bureau d'enquête.

10   Dans ces circonstances, la Cour suprême de la Colombie-Britannique n'avait pas compétence pour se prononcer sur la validité de la plainte de M. Heerspink et en conséquence la décision du bureau d'enquête demeure valide.

11   Les avocats de l'assureur ont soutenu, suivant en cela l'opinion exprimée par le juge Munroe, que la clause légale 5 de l'*Insurance Act* l'emporte sur l'art. 3 du *Human Rights Code* parce que la première est une disposition particulière et précise tandis que le second, qui a été adopté plus tard, est d'une nature plus générale mais n'est censé modifier aucune disposition d'une partie de l'Insurance *Act.*

12   Ces conclusions découleraient apparemment de la maxime juridique qu'on a sacralisée, au cours des années, par une formulation latine : *generalia specialibus non derogant.* Cette maxime a reçu une certaine confirmation dans l'arrêt souvent cité de la Chambre des lords *Seward v. « Vera Cruz »* (1884), 10 App. Cas. 59, mais il ne faut pas oublier que dans cet arrêt, les lois en cause ont été jugées « en complète opposition ». À mon avis, les motifs du juge Duff (alors juge puîné) dans l'arrêt *Toronto Railway Company c. Paget* (1909), 42 R.C.S. 488, expriment la véritable interprétation canadienne de cette question. Voici ce qu'on y dit des deux lois en cause [à la p. 491] :

[TRADUCTION] D'une part, on peut soutenir que, dans de tels cas, il ne faut absolument pas tenir compte de la loi générale; d'autre part, on peut aussi soutenir que les deux dispositions doivent être considérées comme applicables à l'objet de la loi particulière pour autant qu'elles peuvent coexister, et ce n'est que s'il y a incompatibilité entre les deux dispositions que la Loi générale est inopérante, et ce dans la seule mesure de cette incompatibilité.

13   Je suis d'accord avec le juge Hinkson que, dans la présente affaire, les deux dispositions législatives en cause peuvent coexister puisqu'il n'y a pas d'incompatibilité directe entre elles. En réalité, les dispositions de l'art. 3 du *Human Rights Code* ne portent pas atteinte aux droits de l'assureur de mettre fin à son contrat chaque fois qu'une « cause raisonnable » justifie cette résiliation. On peut dire qu'il s'agit d'une modification apportée à la clause légale, mais il ne s'agit certainement pas, à mon avis, d'une incompatibilité de nature à modifier le fait que la « cause raisonnable » est le critère absolu d'interprétation des deux dispositions visées en l'espèce.

14   On a cependant aussi soutenu que l'arrêt *Gay Alliance Toward Equality c. Vancouver Sun,* [1979] 2 R.C.S. 435, s'applique aux faits en l'espèce; toutefois, c'est une affaire totalement

différente où on alléguait qu'un journal aurait violé les droits de The Gay Alliance Toward Equality de publier une annonce qui visait à promouvoir ses vues favorables à l'homosexualité que le journal réprouvait. Il n'est pas fait état dans cette affaire-là que le journal agissait conformément à une disposition législative semblable à la clause légale 5 de l'Insurance *Act* et il n'est pas question de conflit entre deux dispositions législatives.

15   Les questions centrales que ce pourvoi soulevait étaient celle de la portée à donner à l'art. 3 du *Human Rights Code* à l'égard de la liberté de la presse reconnue depuis longtemps par notre droit, et celle de savoir si un journal fournit au public le moyen d'exprimer librement ses opinions. Ces questions portent manifestement sur la coexistence du droit à la liberté de parole et du droit à la liberté de la presse, mais elles ne se posent pas dans le présent pourvoi, sauf dans la mesure mentionnée par le juge Martland dans l'arrêt *Gay Alliance à* l'avant-dernier alinéa de ses motifs à la p. 456, où il dit :

> L'article 3 de la Loi n'a pas pour objet de prescrire la nature et l'étendue d'un service qui doit être offert au public. Dans le cas d'un journal, celui-ci détermine lui-même la nature et la portée des services qu'il offre, y compris le service de publicité. L'effet de l'art. 3 est d'assurer qu'un service offert au public l'est à tous ceux qui veulent y avoir recours et le journal ne peut en refuser l'accès à un membre particulier du public à moins d'une *cause raisonnable* de refus. [Les italiques sont du juge].

16   Cela me paraît renforcer l'importance qu'il faut attacher à l'existence d'une cause raisonnable toutes les fois que l'on a recours à l'art. 3 du Code.

17   Comme je l'ai déjà indiqué, je partage l'avis de la Cour d'appel que la « cause raisonnable » n'est pas une pure question de droit et, vu les dispositions de l'art. 18 du *Human Rights Code*, son existence ne peut faire l'objet d'un appel par voie d'exposé de cause comme en l'espèce.

18   Il s'ensuit donc que la conclusion du bureau d'enquête est rétablie et que le pourvoi est rejeté avec dépens.

Version française des motifs des juges Martland, Beetz et Chouinard rendus par

LE JUGE MARTLAND *(dissident)* –

[...]

Version française des motifs des juges Estey, McIntyre et Lamer rendus par

LE JUGE LAMER –

32   J'ai eu l'avantage de lire les motifs de jugement de mes collègues les juges Martland et Ritchie. Tout en étant d'accord avec les motifs de mon collègue le juge Ritchie, je désire ajouter quelques observations. Il n'est pas nécessaire que je répète ici les faits qui ont donné lieu au présent pourvoi, que je cite les textes de loi pertinents, ni que je résume les conclusions des cours d'instance inférieure. Mes collègues l'ont déjà très bien fait.

Le *Human Rights Code of British Columbia*

33   Lorsque l'objet d'une loi est décrit comme l'énoncé complet des « droits » des gens qui vivent sur un territoire donné, il n'y a pas de doute, selon moi, que ces gens ont, par l'entremise de leur législateur, clairement indiqué qu'ils considèrent que cette loi et les valeurs qu'elle tend à promouvoir et à protéger, sont, hormis les dispositions constitutionnelles, plus importantes que toutes les autres. En conséquence à moins que le législateur ne se soit

exprimé autrement en termes clairs et exprès dans le Code ou dans toute autre loi, il a voulu que le Code ait préséance sur toutes les autres lois lorsqu'il y a conflit.

34   En conséquence, la maxime juridique *generalia specialibus non derogant* ne peut s'appliquer à un tel code. En réalité, si le *Human Rights Code* entre en conflit avec « des lois particulières et spécifiques », il ne faut pas le considérer comme n'importe quelle autre loi d'application générale, il faut le reconnaître pour ce qu'il est, c'est-à-dire une loi fondamentale.

35   De plus, puisqu'il s'agit de droit public et de droit fondamental, personne ne peut, par contrat, à moins que la loi ne l'y autorise expressément, convenir d'en écarter l'application et se soustraire ainsi à son champ de protection.

36   Donc, tout en étant d'accord avec mon collègue le juge Ritchie que « les deux dispositions législatives en cause peuvent coexister puisqu'il n'y a pas d'incompatibilité directe entre elles », j'ajouterai que, eût-il eu incompatibilité, le Code eût dû prévaloir. Je ne vois nulle part dans les lois de la Colombie-Britannique que l'art. 5 des clauses légales énoncées dans l'art. 208 de l'*Insurance Act*, R.S.B.C. 1960, chap. 197, et modifications, doit recevoir une application spéciale en vertu du *Human Rights Code.*

L'article 208 de l'Insurance Act

37   On a prétendu qu'à cause de l'obligation d'insérer la clause de résiliation n° 5 dans toutes les polices d'assurance en application de l'art. 208 de *l'Insurance Act*, c'est la Loi qui définit la nature du service rendu par les assureurs aux assurés, que la possibilité de résiliation unilatérale de la police par l'assureur fait partie des services « habituellement offerts au public » et que, ainsi, les motifs de cette résiliation ne sont pas susceptibles de révision en application de l'art. 3 du Code.

38   À mon avis, le fait que la clause de résiliation soit incluse au contrat en vertu d'une loi n'est pas très utile à l'appelante. En réalité, la Loi a pour seule conséquence d'imposer aux parties à tout contrat d'assurance l'inclusion d'une clause de résiliation particulière. Ceci accompli, le fait que la clause soit imposée par la loi ne la place pas, pour ce qui est du Code, dans une situation plus favorable que celle où elle se trouverait si son inclusion dans le contrat résultait de la volonté des parties. Que la clause soit incluse dans tous les contrats d'assurance ne la range pas parmi « les services habituellement offerts au public ». Bien que la proposition soit à première vue attrayante et non sans une certaine logique, elle est, avec égards, non fondée.

39   Une telle proposition détruirait l'objet de la Loi en soustrayant indirectement toutes les polices d'assurance à l'application de l'art. 3 du Code. Comme je l'ai déjà mentionné, il n'est écrit nulle part dans les lois de la Colombie-Britannique que les polices d'assurance doivent jouir d'un statut spécial en vertu du Code et je ne puis voir de motif pour lequel le législateur aurait voulu que l'assurance ne fût pas un « service » selon le sens que prend ce terme à l'art. 3 du Code.

40   L'interprétation proposée de l'expression « ordinairement offerts au public » permettrait à un assureur de faire par la résiliation d'une police ce qui lui est nettement défendu à l'occasion d'une proposition d'assurance tout en soustrayant ses motifs à une enquête. Pis encore, il pourrait même faire impunément, parce qu'il le ferait hors de la portée de l'article, ce qui en vertu de l'article ne peut jamais, en droit, être une cause raisonnable.

41   Selon cette interprétation du droit, la résiliation par une société d'assurances d'une police d'assurance-incendie après avoir appris que le propriétaire assuré a loué les lieux

assurés à des personnes de couleur ne donnerait même pas lieu à l'application de l'art. 3. Si la société refusait d'assurer pour exactement le même motif lorsqu'on lui présente une proposition d'assurance, non seulement l'article s'appliquerait, mais on donnerait raison au plaignant. Le législateur ne peut avoir voulu un tel résultat.

Les clauses de résiliation

42   La clause de résiliation est un moyen de refuser de continuer la prestation de services qu'on s'était engagé à fournir au départ. Une fois exercé, le droit de résilier un contrat emporte un refus de rendre des services qui ne diffère pas d'un refus qui aurait pu se produire au moment de la demande de services. En conséquence, les raisons du refus des services par l'application d'une clause de résiliation devraient être assujetties à l'art. 3 du Code au même degré que si les services sont refusés dès le début.

43   Les raisons du refus au moment de la demande de services, qu'elles soient exprimées ou non, sont susceptibles de faire l'objet d'une enquête s'il y a plainte, et le caractère raisonnable de ces raisons peut faire l'objet d'une décision de la Commission par le mécanisme des bureaux d'enquête. Les mêmes mesures s'appliquent aux motifs de refus d'un service en vertu d'une clause de résiliation même si aucun motif de résiliation n'est fourni.

44   Par l'art. 3 du Code, le législateur a choisi de soumettre au Code l'exercice de plusieurs droits contractuels qui jusque-là étaient laissés à la liberté contractuelle des parties et, à cette fin, a donné à la Commission des pouvoirs très étendus. Quoi qu'il en soit, je suis d'accord avec le Juge en chef qui disait dans *Gay Alliance Toward Equality c. Vancouver Sun*, [1979] 2 R.C.S. 435, à la p. 447 :

> Le principe qui s'en dégage est clair et net. Toute personne ou classe de personnes a le droit de se prévaloir de ces services ou de ces installations, à moins qu'il soit possible d'établir que des motifs raisonnables justifient le refus ou l'acte discriminatoire. Cette Cour est obligée d'appliquer ce principe même s'il lui semble peu judicieux.

45   Pour ces motifs et les motifs exprimés par mon collègue le juge Ritchie, je suis d'avis de rejeter le pourvoi avec dépens.

La question dans l'affaire *Heerspink* est donc de savoir si un assureur peut annuler une police d'assurance habitation par simple avis, sans fournir de motifs quant à la cause de la résiliation. La législation en matière d'assurance énonce des clauses contractuelles de nature statutaire pour tout contrat d'assurance, qui sont non seulement obligatoires, mais également exhaustives. L'une de ces clauses prévoit la possibilité pour un assureur de résilier le contrat à condition qu'il donne un préavis de 15 jours si envoyé par courrier recommandé ou de 5 jours si l'avis écrit est transmis personnellement. D'autre part, la législation en matière de droits de la personne interdit de priver une personne des services liées à l'utilisation de logement, « si ce n'est pour une cause raisonnable ».

* * *

On a ainsi fait référence à deux choses en discutant de la question de conflit de lois, soit a) le caractère particulier de l'une des normes législatives par rapport à l'autre qui serait d'application générale, et b) le fait qu'une des dispositions législatives est postérieure à l'autre, c'est-à-dire adoptée plus récemment. Les arguments de résolution de conflits fondés sur ces aspects ont été rejetés parce que la majorité de la Cour était d'avis qu'il n'y avait tout simplement pas d'incompatibilité normative définitive, c'est-à-dire que l'incompatibilité entre les deux normes était réconciliable, et ce, dans un second effort d'interprétation.

Autrement dit, ce n'est pas parce que deux normes sont incompatibles au départ qu'elles sont nécessairement en conflit au final, parce qu'une interprétation conciliatrice peut permettre de leur trouver une « niche », de telle sorte que le besoin de hiérarchisation disparaît. Un exemple récent de ce genre de raisonnement, dans le contexte constitutionnel – conflit apparent entre une loi fédérale et une loi provinciale – nous vient de la décision de la Cour suprême du Canada, en 2013, dans l'affaire *Marine Services International c. Ryan*[520].

* * *

À défaut d'une possible interprétation conciliatrice, on s'entend généralement pour dire que la question de la *hiérarchisation* doit se résoudre à l'aide de l'idée de l'intention du législateur, concept au centre de la théorie officielle de l'interprétation, dont on a déjà beaucoup parlé. Autrement dit, il s'agit de savoir quelle est la volonté de l'autorité constituante en ce qui concerne l'ordre prioritaire des normes législatives en conflit. Essentiellement, deux situations se présentent : a) celle où le législateur donne la solution de façon explicite, en indiquant que l'une des règles est supérieure ou inférieure aux autres; b) celle où, vu le silence sur la question de hiérarchie, il faudra identifier la volonté présumée du législateur à l'aide de maximes d'interprétation.

En cas d'incompabilité normative définitive, la première chose à faire est donc de voir si le texte de l'une des lois est parlant. Habituellement, des phrases clés peuvent être utilisées dans le libellé de la loi pour énoncer de façon expresse soit la *suprématie* ou l'*infériorité* de l'une des normes législatives conflictuelles. Il existe deux formulations indiquant la volonté du législateur de donner préséance à une règle par rapport aux autres règles, à savoir l'expression « *malgré* toute loi contraire / toute disposition inconciliable » et l'expression « *nonobstant* toute loi contraire / toute disposition inconciliable ». De plus, les phrases clés indiquant la volonté du législateur de mettre de côté la norme législative si elle entre en conflit avec une autre sont les suivantes : « *sous réserve* d'une autre disposition / d'une autre loi » et « *sauf indication contraire* dans une autre loi / d'une autre disposition ».

Dans les cas où le législateur n'a pas énoncé de façon expresse son intention de donner priorité à une norme en cas de conflit, l'interprète devra se rabattre sur les principes généraux d'interprétation pour déterminer laquelle devrait primer sur l'autre. Deux maximes ont été développées en jurisprudence depuis un bon nombre d'années pour aider à attribuer une intention au législateur, une volonté présumée, dans ces situations. Selon la première, il faut donner préséance à la législation la plus récente, à la norme législative qui est postérieure à l'autre norme en conflit. On justifie

---

520. *Marine Services International Ltd. c. Ryan (Succession)*, [2013] 3 R.C.S. 53, para. 76, [2013] A.C.S. nº 44.

ce principe en disant qu'au moment d'adopter une nouvelle loi, le législateur est réputé connaître celles qui existent déjà, de telle sorte qu'il y aura lieu de présumer qu'il a souhaité abroger de façon tacite les normes législatives qui sont incompatibles avec les nouvelles. Déjà en 1916, le juge Brodeur de la Cour suprême du Canada dans l'affaire *Pouliot c. Town of Fraserville* invoquait cette règle de résolution de conflits de lois :

> Ces deux dispositions sont donc contradictoires et quoique l'article 4561, tel qu'adopté en 1903, n'ait pas été formellement rappelé en 1906 il devient incompatible avec la loi de 1906 et alors la dernière doit prévaloir, vu qu'elle contient la volonté du législateur telle qu'exprimée en dernier lieu.[521]

Le principe de la préséance de la loi postérieure est souvent exprimé par la maxime latine « *leges posteriores priores contrarias abrogant* », qui se traduit en français de la façon suivante : la loi nouvelle en conflit avec une loi existente l'abroge implicitement.

Le second principe d'interprétation pour effectuer une hiérarchisation des normes en conflit, à défaut d'indication expresse dans la loi, veut qu'il faille donner préséance à la loi spéciale par rapport à la loi générale. En fait, la norme législative qui se trouve dans la loi particulière devrait l'emporter sur la norme qui se trouve dans la loi d'application générale. On aime expliquer le raisonnement à la base de cette règle de résolution de conflits de lois à l'aide des propos de Lord Hobhouse du Comité judiciaire du Conseil privé dans *Baker v. Edger* :

> When the Legislature has given its attention to a separate subject, and made provision for it, the presumption is that a subsequent general enactment is not intended to interfere with the special provision unless it manifests that intention very clearly. Each enactment must be construed in that respect according to its own subject-matter and its own terms.[522]

Le principe de la préséance de la loi particulière est souvent exprimé par la maxime latine « *generalia specialibus non derogant* », qui se traduirait en français de la façon suivante : la loi générale n'est pas censée déroger à une loi spéciale. Pour être plus précis, il faudrait dire qu'une norme législative qui se trouve dans une loi générale n'aura pas priorité sur une norme qui se trouve dans une loi spéciale. À cela, il faudrait également ajouter l'aspect temporel, à savoir que la législation particulière devra l'emporter sur la législation générale, et ce, même si cette dernière est plus récente, c'est-à-dire même si la loi d'application générale est postérieure à la loi spéciale.

Dans la décision suivante de la Cour suprême du Canada, il sera question tant de la façon expresse que de la façon implicite de déterminer l'intention du législateur quant à la hiérarchisation des normes législatives incompatibles.

---

521. *Pouliot c. Town of Fraserville* (1906), 54 R.C.S. 310, [1916] A.C.S. nº 65.
522. *Baker v. Edger*, [1898] A.C. 748 (C.P.).

Extraits tirés de *Doré c. Verdun (Ville)*, [1997] 2 R.C.S. 862, [1997] A.C.S. n° 69.

Le jugement de la Cour a été rendu par

LE JUGE GONTHIER –

1   Le présent pourvoi vise l'application aux municipalités de l'art. 2930 du *Code civil du Québec*, L.Q. 1991, ch. 64 (« *C.c.Q.* »), qui édicte que, malgré toute disposition contraire, il ne peut être fait échec à la prescription de trois ans prévue au *Code civil* en matière de préjudice corporel, et sa préséance sur l'art. 585 de la *Loi sur les cités et villes*, L.R.Q., ch. C-19 (« *L.c.v.* »), qui impose l'obligation de donner, dans les 15 jours de la date d'un accident, un avis préalable à l'exercice d'une action en réparation du préjudice corporel contre une municipalité, faute de quoi la municipalité ne pourra être trouvée responsable.

Les faits

2   Le vendredi, 28 janvier 1994, l'intimé fait une chute sur l'un des trottoirs de la ville appelante et se fracture la jambe droite. Le lundi, 14 février 1994, il fait parvenir à l'appelante une mise en demeure par courrier recommandé, laquelle reçoit cette mise en demeure le mercredi, 16 février. Au mois d'avril 1994, l'appelante envoie à l'intimé une lettre dans laquelle elle nie toute responsabilité. Le 2 juin 1994, l'intimé intente contre l'appelante un recours en dommages-intérêts pour préjudice corporel. L'appelante dépose une requête en irrecevabilité à l'encontre de la poursuite de l'intimé, au motif que ce dernier ne lui a pas envoyé un avis écrit dans les 15 jours suivant la date de l'accident, tel que le requiert l'art. 585 *L.c.v.* La Cour supérieure rejette la requête de l'appelante. Cette décision est confirmée par la Cour d'appel.

Les jugements dont appel

Cour supérieure, [1994] R.J.Q. 2984

3   Le juge Deslongchamps décide qu'en vertu de l'art. 2930 *C.c.Q.*, le défaut ou l'irrégularité de l'avis prévu à l'art. 585 *L.c.v.* est inopposable à la victime d'un préjudice corporel qui demande réparation. Il fonde sa conclusion sur le libellé même de l'art. 2930 *C.c.Q.* (aux pp. 2986 et 2987) :

> La lecture même de l'article 2930, qui est une disposition impérative d'ordre public, démontre clairement l'intention du législateur d'uniformiser la prescription en matière de réparation du préjudice corporel quel que soit le débiteur de l'obligation ou la source du recours.
>
> ...
>
> Limiter l'application de l'article 2930 à une disposition contractuelle ou encore aux seules dispositions du *Code civil du Québec* serait aller à l'encontre des termes clairs dudit article et aurait pour effet d'annuler la portée très large et impérative de l'application de l'article 2930 C.C.Q.

Il ajoute que l'art. 300 *C.c.Q.* édicte que le *Code civil* en tant que droit commun régit les personnes morales de droit public à titre supplétif, faisant ainsi en sorte que l'art. 2930 *C.c.Q.*, disposition impérative et d'ordre public, s'applique aux municipalités.

Cour d'appel, [1995] R.J.Q. 1321

Le juge Baudouin (avec le concours du juge Rousseau-Houle)

4   Le juge Baudouin partage l'opinion de la Cour supérieure selon laquelle l'art. 2930 *C.c.Q.* a préséance sur les dispositions de l'art. 585 *L.c.v.* qui font échec à la prescription de trois ans

prévue au *Code civil* en matière de dommages corporels. Il souligne qu'il s'agit là de l'interprétation donnée par le ministre de la Justice dans ses commentaires (*Commentaires du ministre de la Justice : Le Code civil du Québec – Un mouvement de Société* (1993), t. II, à la p. 1838 (« *Commentaires du ministre* »)). Le juge Baudouin reconnaît qu'en matière d'interprétation, il faut d'abord et avant tout se fonder sur le texte lui-même et que ces commentaires n'ont pas une valeur absolue, mais il ajoute que rien ne permet de les écarter de façon systématique (à la p. 1327) :

Ils peuvent, au contraire, être utiles en cas de conflit d'interprétation, comme c'est le cas ici, pour aider les tribunaux à mieux évaluer l'intention et à mieux comprendre la perspective du législateur.

5   Le juge Baudouin rejette l'argument de l'appelante selon lequel l'utilisation du mot « *stipulation* » dans la version anglaise de l'art. 2930 *C.c.Q.* démontre que le législateur voulait limiter la portée du texte aux seules exclusions conventionnelles. Il fonde sa conclusion, d'une part, sur l'art. 2884 *C.c.Q.* qui édicte déjà explicitement cette règle et, d'autre part, sur le fait que la version anglaise « n'est [...] qu'une simple traduction de la version originale française. Or, comme le dit si bien le proverbe italien « traduttore, traditore » (le traducteur est un traître) » (p. 1327).

6   Selon le juge Baudouin, en vertu de la disposition préliminaire du *Code civil du Québec* et des art. 1376 et 300 *C.c.Q.*, l'art. 2930 *C.c.Q.* s'applique aux personnes morales de droit public et son caractère impératif et d'ordre public lui donne préséance sur l'art. 585 *L.c.v.* (à la p. 1328) :

Le *Code civil du Québec* est donc, avec la *Charte des droits et libertés de la personne*, une loi fondamentale. Il constitue le droit commun applicable à tous, même aux personnes morales de droit public. Dans le cas qui nous occupe, même une interprétation étroite et littérale de l'article 2930 C.C.Q. lui donne une portée générale. D'autre part, ce texte est postérieur à l'article 585 de la *Loi sur les cités et villes*. Il m'apparaît donc difficile de conclure, devant la généralité des termes utilisés par le législateur, qu'une disposition spécifique et antérieure au *Code civil du Québec* continuerait à s'appliquer.

7   Enfin, le juge Baudouin conclut que l'intention du législateur dans le *Code civil du Québec* était de favoriser une juste indemnisation des dommages corporels; l'art. 2930 *C.c.Q.* n'est qu'une manifestation de cette intention.

8   Dans ses motifs, le juge Baudouin fait également quelques commentaires concernant une question soulevée de manière subsidiaire par l'intimé et dont je ne traiterai pas en raison de ma conclusion quant à la question principale.

Le juge Vallerand

9   Le juge Vallerand souscrit à l'opinion du juge Baudouin sauf qu'il s'abstient quant aux commentaires de celui-ci sur la question subsidiaire, puisqu'elle est devenue théorique.

Analyse

10   L'article 585 *L.c.v.* édicte :

585. 1. Si une personne prétend s'être infligée, par suite d'un accident, des blessures corporelles, pour lesquelles elle se propose de réclamer de la municipalité des dommages-intérêts, elle doit, <u>dans les quinze jours de la date de tel accident, donner</u>

ou faire donner un avis écrit au greffier de la municipalité de son intention d'intenter une poursuite, en indiquant en même temps les détails de sa réclamation et l'endroit où elle demeure, faute de quoi la municipalité n'est pas tenue à des dommages-intérêts à raison de tel accident, nonobstant toute disposition de la loi à ce contraire.

2. Dans le cas de réclamation pour dommages à la propriété mobilière ou immobilière, un avis semblable doit aussi être donné au greffier de la municipalité dans les quinze jours, faute de quoi la municipalité n'est pas tenue de payer des dommages-intérêts, nonobstant toute disposition de la loi.

3. Aucune telle action ne peut être intentée avant l'expiration de quinze jours de la date de la signification de cet avis.

4. Le défaut de donner l'avis ci-dessus ne prive pas cependant la personne victime d'un accident de son droit d'action, si elle prouve qu'elle a été empêchée de donner cet avis pour des raisons jugées suffisantes par le juge ou par le tribunal.

C'est par un moyen de non-recevabilité ou dilatoire, selon le cas, et non par un plaidoyer au mérite, que doit être plaidée l'absence d'avis ou son irrégularité, parce que tardif, insuffisant ou autrement défectueux. Le défaut d'invoquer ce moyen dans les délais et suivant les règles établies par le Code de procédure civile, couvre cette irrégularité.

Nulle contestation en fait ne peut être inscrite avant que jugement ne soit rendu sur ledit moyen de non-recevabilité ou dilatoire et ce jugement doit en disposer sans le réserver au mérite.

5. Aucune action en réclamation de dommages n'est recevable à moins qu'elle ne soit intentée dans les six mois qui suivent le jour où l'accident est arrivé, ou le jour où le droit d'action a pris naissance. [Je souligne.]

...

Le 18 décembre 1991, le législateur québécois adoptait le *Code civil du Québec*, dont l'entrée en vigueur eut lieu le 1er janvier 1994. Ce Code prévoit à son art. 2930 :

2930. Malgré toute disposition contraire, lorsque l'action est fondée sur l'obligation de réparer le préjudice corporel causé à autrui, l'exigence de donner un avis préalablement à l'exercice d'une action, ou d'intenter celle-ci dans un délai inférieur à trois ans, ne peut faire échec au délai de prescription prévu par le présent livre.

Le « délai de prescription prévu par le présent livre » est énoncé à l'art. 2925 *C.c.Q.* :

2925. L'action qui tend à faire valoir un droit personnel ou un droit réel mobilier et dont le délai de prescription n'est pas autrement fixé se prescrit par trois ans.

11   L'article 2930 *C.c.Q.* a suscité une importante controverse doctrinale, notamment entre les tenants du droit municipal et ceux du droit civil. Les premiers soutiennent que l'art. 2930 *C.c.Q.* ne peut avoir pour effet d'abolir l'exigence d'un avis préalable prévue à l'art. 585 *L.c.v.* en matière de préjudice corporel, tandis que les seconds étayent la position contraire (voir : Y. Duplessis et J. Hétu, « Le nouveau Code civil et la responsabilité municipale : préavis d'action et courtes prescriptions », (1993) *B.D.M.* 1, aux pp. 1 à 3; J. L'Heureux, « L'effet du *Code civil du Québec* sur les municipalités : les règles générales et leur application » (1995), 36 *C. de D.* 843, aux pp. 876 à 880; J.-L. Baudouin, *Les obligations* (4e éd. 1993), à la p. 584; C. Masse, « La responsabilité civile », dans *La réforme du Code civil* (1993), t. II, 235, à la p. 250; M. Tancelin, *Des obligations — Les techniques d'exécution et d'extinction* (1994),

aux pp. 156 et 157; D. Dumais, « La prescription », dans Collection de droit, vol. 5, *Obligations, contrats et prescription* (1996), 413, aux pp. 427 et 428). Il revient maintenant à notre Cour de trancher ce débat.

A. *Les Commentaires du ministre de la Justice*

12 Avant de traiter de l'interprétation du *Code civil*, il est utile de s'interroger sur le poids à accorder aux *Commentaires du ministre*. L'appelant, en se fondant principalement sur des autorités de common law, a soutenu devant notre Cour que ces commentaires ne devaient pas être pris en considération lors de l'interprétation du *Code civil* (*Hilder c. Dexter*, [1902] A.C. 474, à la p. 477; *Maxwell on the Interpretation of Statutes* (12e éd. 1969), à la p. 28).

13 Les *Commentaires du ministre* ont été publiés après l'adoption du *Code civil du Québec*. Ils ne sont donc pas, à strictement parler, des travaux préparatoires à l'adoption du *Code civil*, contrairement au *Rapport des Commissaires pour la Codification des lois du Bas Canada qui se rapportent aux matières civiles* (1865), qui a été utilisé par le passé afin d'appuyer l'interprétation donnée par notre Cour à certaines dispositions du *Code civil du Bas Canada* (voir : *Laurentide Motels Ltd. c. Beauport (Ville)*, [1989] 1 R.C.S. 705, à la p. 719; *Canadian Indemnity Co. c. Canadian Johns-Manville Co.*, [1990] 2 R.C.S. 549). Néanmoins, l'origine des *Commentaires du ministre* leur accorde un statut particulier. Ces derniers émanent du ministère de la Justice et ont généralement été inspirés des travaux préparatoires. Le professeur Masse, dans un article intitulé « Le recours aux travaux préparatoires dans l'interprétation du nouveau Code civil du Québec », dans *Le nouveau Code civil : interprétation et application — Les journées Maximilien-Caron 1992* (1993), 149, affirmait à ce sujet, à la p. 159 :

> Le ministère de la Justice se propose en effet de publier dans quelques mois des commentaires officiels détaillés, article par article, sur le sens des nouvelles dispositions et leurs liens avec l'ancien droit. Ces commentaires resteront généraux mais seront fondés, notamment, sur les travaux de l'O.R.C.C., les débats en commission parlementaire et aux comités des légistes, les textes utilisés par les députés et légistes lors de ces travaux et les recherches conduites depuis. <u>La richesse des travaux préparatoires ne sera donc pas perdue et ces commentaires pourront valoir à titre de doctrine.</u> [Je souligne.]

14 Dans l'introduction des *Commentaires du ministre*, t. I, le ministre de la Justice Gil Rémillard exprimait en ces termes l'objectif visé par les commentaires, aux pp. VIII et IX :

> Les commentaires du Code civil du Québec visent à fournir certaines indications sur les motifs du législateur, sur le contexte des dispositions législatives nouvelles et sur les sources qui ont été directement considérées.
>
> ...
>
> Le législateur a voulu que le Code civil du Québec reflète le contrat social de notre société de liberté et de démocratie. Ces commentaires en témoignent et seront ainsi une référence précieuse pour son interprétation dans le contexte de l'évolution qui s'impose à l'une des lois les plus fondamentales de notre régime de droit.

Évidemment, l'interprétation du *Code civil* doit avant tout se fonder sur le texte même des dispositions. Cela dit et comme le soulignait le juge Baudouin dans le jugement dont appel, il n'y a cependant aucune raison d'écarter systématiquement les *Commentaires du ministre*, puisqu'ils peuvent parfois constituer un élément utile pour cerner l'intention du législateur, particulièrement lorsque le texte de l'article prête à différentes interprétations (à la p. 1327). Toutefois, ces commentaires ne constituent pas une autorité absolue. Ils ne lient pas les tribunaux et leur poids pourra varier, notamment, au regard des autres éléments pouvant aider l'interprétation des dispositions du *Code civil*.

B.   *L'interprétation du Code civil du Québec*

(1)   *L'application du Code civil aux personnes morales de droit public*

15   La disposition préliminaire du *Code civil du Québec* se lit comme suit :

> Le Code civil du Québec régit, en harmonie avec la Charte des droits et libertés de la personne et les principes généraux du droit, les personnes, les rapports entre les personnes, ainsi que les biens.
>
> Le code est constitué d'un ensemble de règles qui, en toutes matières auxquelles se rapportent la lettre, l'esprit ou l'objet de ses dispositions, établit, en termes exprès ou de façon implicite, le droit commun. En ces matières, il constitue le fondement des autres lois qui peuvent elles-mêmes ajouter au code ou y déroger.

Cette disposition édicte en termes explicites que le *Code civil* constitue le droit commun du Québec. Ainsi, contrairement au droit d'origine législative des ressorts de common law, le *Code civil* n'est pas un droit d'exception et son interprétation doit refléter cette réalité. Il doit recevoir une interprétation large qui favorise l'esprit sur la lettre et qui permette aux dispositions d'atteindre leur objet. (À ce sujet, voir : J.-L. Bergel, « Spécificité des codes et autonomie de leur interprétation », dans *Le nouveau Code civil : interprétation et application – Les journées Maximilien-Caron 1992, op. cit.,* 3.)

16   Le *Code civil du Québec* énonce plusieurs principes directeurs du droit. Sa disposition préliminaire souligne d'ailleurs qu'il constitue le fondement des autres lois portant sur les matières auxquelles il se rapporte, bien que ces lois puissent ajouter ou déroger au Code. Il constitue donc le fondement des lois qui font appel, principalement ou accessoirement, à des notions de droit civil. Il trouve également application aux personnes morales de droit public dans leurs aspects relevant du *Code civil.* (À ce sujet, voir : J.-M. Brisson, « Le Code civil, droit commun ? », dans *Le nouveau Code civil : interprétation et application — Les journées Maximilien-Caron 1992, op. cit.,* 293, aux pp. 312 à 314.)

17   L'article 300 *C.c.Q.* dresse le cadre général du droit applicable aux personnes morales de droit public :

> **300.** Les personnes morales de droit public sont d'abord régies par les lois particulières qui les constituent et par celles qui leur sont applicables; les personnes morales de droit privé sont d'abord régies par les lois applicables à leur espèce.
>
> Les unes et les autres sont aussi régies par le présent code lorsqu'il y a lieu de compléter les dispositions de ces lois, notamment quant à leur statut de personne morale, leurs biens ou leurs rapports avec les autres personnes.

Cet article énonce clairement deux principes : d'une part, les personnes morales de droit public, qui comprennent les municipalités, sont avant tout régies par « les lois particulières qui les constituent et par celles qui leur sont applicables »; d'autre part, le *Code civil du Québec* s'applique également aux municipalités « lorsqu'il y a lieu de compléter » ces lois sur des matières relevant du droit privé. Sur ce dernier aspect, le notaire J. Hardy, dans un article intitulé « Nouveau Code civil, discrétion administrative et responsabilité extracontractuelle de l'État et des personnes morales de droit public : concepts et pratique », dans *Actes de la XIe Conférence des juristes de l'État* (1992), 267, mentionne, aux pp. 298 et 299 :

> [L]e deuxième alinéa de l'article 300 soumet explicitement les personnes morales de droit public au nouveau Code civil, notamment quant à leur « rapport avec les autres personnes », ce qui, de toute évidence, a pour but de constituer l'équivalent approximatif de la partie de l'article 356 [*C.c.B.C.*] qui les soumet au « droit civil », « dans leurs rapports, à certains égards, avec les autres membres de la société individuellement ».

18   Bien qu'il conserve le même principe de base, l'art. 300 *C.c.Q.* diffère sensiblement de l'art. 356 *C.c.B.C.* Cette dernière disposition, qui a fait l'objet d'une étude détaillée par notre Cour dans l'arrêt *Laurentide Motels Ltd. c. Beauport (Ville)*, précité, énonçait :

> **356.** Les corporations séculières se subdivisent encore en politiques et en civiles. Les politiques sont régies par le droit public, et ne tombent sous le contrôle du droit civil que dans leurs rapports, à certains égards, avec les autres membres de la société individuellement.
>
> ...

On remarque que le libellé de l'art. 300 *C.c.Q.* est plus généreux que celui de son prédécesseur. Alors que l'art. 356 *C.c.B.C.* énonçait que les municipalités <u>pouvaient tomber, à certains égards,</u> sous le contrôle du *Code civil du Bas Canada* dans un domaine précis, soit leurs rapports avec les autres membres de la société, le nouveau Code édicte plutôt que les municipalités sont <u>aussi régies par le *Code civil du Québec*</u> lorsqu'il y a lieu de <u>compléter</u> les lois particulières qui les constituent, <u>notamment</u> quant à leur statut, leurs biens et leurs rapports avec les autres personnes. Ce rôle complémentaire accordé au *Code civil du Québec* reconnaît explicitement son statut de droit commun dans les matières relevant du droit privé. L'emploi du terme « notamment » permet de conclure que la liste des matières dans lesquelles le *Code civil* peut compléter les lois particulières est non limitative. La vocation complémentaire du Code ne ferme pas la porte à la possibilité qu'une disposition de ce Code restreigne l'application de certaines dispositions de lois particulières s'appliquant aux municipalités si le législateur démontre une intention suffisamment claire et précise à ce sujet.

19   Ainsi, l'art. 300 *C.c.Q.* ouvre la porte à une plus grande intégration des règles de droit privé en ce qui concerne le droit applicable aux municipalités. Cette interprétation est appuyée par les *Commentaires du ministre*, t. I, dans lesquels il est mentionné au sujet de l'art. 300 *C.c.Q.*, aux pp. 204 et 205 :

> De même, en prévoyant que les lois particulières applicables à ces personnes sont complétées par le code quant aux biens et aux rapports qu'ont les personnes morales avec les autres personnes, l'article énonce que le droit commun applicable à ces personnes est le droit civil, qu'il s'agisse du droit des biens, des obligations, des sûretés réelles, de la preuve, de la prescription, etc.
>
> Cet article permet d'appliquer les règles du droit privé général aux personnes morales de droit public et, lorsqu'il s'est avéré opportun d'énoncer des règles particulières, notamment en matière de biens et de responsabilité, elles l'ont été aux livres pertinents.

20   L'article 300 *C.c.Q.* doit être lu en conjonction avec l'art. 1376 *C.c.Q.*, qui vise de manière spécifique le livre cinquième du Code « Des obligations » :

> **1376.** Les règles du présent livre s'appliquent à l'État, ainsi qu'à ses organismes et à toute autre personne morale de droit public, sous réserve des autres règles de droit qui leur sont applicables.

Cette disposition complète l'art. 300 *C.c.Q.*; elle spécifie que dans le domaine des obligations, le *Code civil* constitue le droit commun applicable aux personnes morales. (Voir à ce sujet : P.-A. Côté, « La détermination du domaine du droit civil en matière de responsabilité civile de l'Administration québécoise – Commentaire de l'arrêt Laurentide Motels » (1994), 28 *R.J.T.* 411, à la p. 423.) D'ailleurs, les *Commentaires du ministre*, t. I, concernant cette disposition soulignent, à la p. 833 :

> L'article est le complément, quant aux personnes morales de droit public, des dispositions d'ordre général énoncées à l'article 300 du livre *Des personnes*, concernant l'assujettissement de ces personnes morales aux règles du code.

21   On retrouve à l'intérieur du *Code civil du Québec* d'autres manifestations explicites de son application à l'État dans les matières relevant de droit privé (voir les art. 916, 1464, 1672, 2877 et 2964 *C.c.Q.*). Ainsi, dans le domaine de la prescription visé par la présente affaire, l'art. 2877 *C.c.Q.* édicte :

> **2877.** La prescription s'accomplit en faveur ou à l'encontre de tous, même de l'État, sous réserve des dispositions expresses de la loi.

Cette dernière disposition est un autre élément démontrant que les principes généraux en matière de prescription sont applicables aux personnes morales de droit public, « sous réserve des dispositions expresses de la loi ». Toutefois, comme je l'ai déjà souligné dans le cadre de l'analyse de l'art. 300 *C.c.Q.*, le fait que le droit commun ait un caractère subsidiaire ne nie pas au législateur la possibilité de donner préséance à une disposition spécifique du *Code civil* sur les lois particulières s'appliquant aux municipalités s'il démontre une intention suffisamment claire et précise à ce sujet (par. 18).

(2)   *L'article 2930 C.c.Q.*

22   Il est utile, à cette étape de l'analyse, de rappeler le libellé de l'art. 2930 *C.c.Q.* dans les deux versions officielles :

> **2930.** Malgré toute disposition contraire, lorsque l'action est fondée sur l'obligation de réparer le préjudice corporel causé à autrui, l'exigence de donner un avis préalablement à l'exercice d'une action, ou d'intenter celle-ci dans un délai inférieur à trois ans, ne peut faire échec au délai de prescription prévu par le présent livre.
>
> **2930.** *Notwithstanding any stipulation to the contrary, where an action is founded on the obligation to make reparation for bodily injury caused to another, the requirement that notice be given prior to the bringing of the action or that proceedings be instituted within a period not exceeding three years does not hinder a prescriptive period provided for by this Book.*

Le législateur a clairement exprimé son intention dans le texte même de l'article. L'article 2930 *C.c.Q.* doit avoir préséance sur « toute <u>disposition</u> [dans la version anglaise : '*stipulation*'] contraire ».

23   L'appelante a longuement plaidé devant notre Cour qu'en employant dans la version anglaise le terme « *stipulation* », qui a une connotation exclusivement contractuelle, plutôt que le terme « *provision* », qui a généralement une connotation législative, l'intention du législateur était de limiter la portée du texte aux exclusions conventionnelles. En effet, le terme « disposition » utilisé dans la version française de l'art. 2930 *C.c.Q.* pouvant avoir aussi bien une connotation législative que contractuelle, l'appelante se fonde sur le principe d'interprétation des textes bilingues voulant qu'on favorise l'interprétation qui retient un sens commun, soit « celui du texte ayant le sens le plus restreint » (P.-A. Côté, *Interprétation des lois* (2ᵉ éd. 1990), à la p. 309).

24   Dans le jugement dont appel, le juge Baudouin a rejeté cet argument en se fondant, en partie, sur le fait que la version anglaise du *Code civil* n'est « qu'une simple traduction de la version originale française » (p. 1327). Avec égards, malgré la véracité de ce fait regrettable, celui-ci ne peut servir à écarter l'argument avancé par l'appelante. L'article 7 de la *Charte de la langue française*, L.R.Q., ch. C-11, édicte que les versions française et anglaise des lois québécoises « ont la même valeur juridique », ceci en conformité avec l'art. 133 de la *Loi constitutionnelle de 1867*, qui exige que les lois de la législature du Québec soient adoptées dans les deux langues officielles, qu'elles fassent pareillement autorité et qu'elles aient le même statut (voir : *Procureur général du Québec c. Blaikie*, [1979] 2 R.C.S. 1016; *Renvoi relatif aux droits linguistiques au Manitoba*, [1985] 1 R.C.S. 721).

25   Cela dit, il n'empêche que le principe voulant que l'on favorise l'interprétation menant à un sens commun n'est pas absolu. La Cour peut ne pas retenir ce sens s'il paraît contraire à l'intention du législateur au regard des autres principes d'interprétation. L'arrêt *R. c. Compagnie Immobilière BCN Ltée*, [1979] 1 R.C.S. 865, est un bon exemple où notre Cour a préféré la version ayant la portée la plus large parce qu'elle était conforme à l'intention du législateur. À l'époque où la décision a été rendue, l'art. 8 de la *Loi sur les langues officielles*, S.R.C. 1970, ch. O-2, était en vigueur et son al. (2)b) édictait que le sens commun des versions anglaise et française devait être favorisé. Le juge Pratte, au nom de la Cour, a écrit, aux pp. 871 et 872, et 874 et 875 :

> La règle prescrite par [l'al. 8(2)b)] n'est qu'un guide parmi plusieurs autres, dont il faut se servir pour rechercher le sens d'une loi qui, « selon l'esprit, l'intention et le sens véritables du texte, assure le mieux la réalisation de ses objets » (al. 8(2)d)). La règles de l'al. 8(2)*b*) n'est pas absolue au point d'automatiquement l'emporter sur tous les autres principes d'interprétation. <u>J'estime donc qu'il ne faut pas retenir la version la plus restrictive si elle va clairement à l'encontre du but de la loi et compromet la réalisation de ses objets au lieu de l'assurer.</u>
>
> ...
>
> Un examen approfondi des textes me convainc [...] qu'il ne faut pas s'arrêter aux quelques cas où le texte français, considéré isolément, justifierait une signification plus restrictive. Le sens étroit du texte français ne peut ici restreindre le sens beaucoup plus large des expressions anglaises particulièrement lorsqu'il est évident que tel n'est pas le but visé, bien au contraire. [Je souligne.]
>
> (Voir également : Côté, *Interprétation des lois, op. cit.*, aux pp. 310 à 312.)

26   Il est vrai que de tenter de donner une connotation législative au terme « *stipulation* » constitue un emploi impropre de ce terme. Règle générale, lorsque le législateur emploie le terme « disposition(s) » dans la version française du *Code civil*, il emploie le terme « *provision(s)* » dans la version anglaise, lequel a une connotation législative. Toutefois, il

est intéressant de remarquer qu'il n'y a qu'une autre disposition, soit l'art. 1345 *C.c.Q.*, où le législateur a utilisé le terme « *stipulation* » dans la version anglaise lorsqu'il a employé le terme « disposition » dans la version française. Dans cet article, le contexte permet aisément de conclure que le législateur voulait donner une connotation contractuelle à ces termes. Ailleurs au Code, de façon constante et à maintes reprises, le législateur a employé le terme « stipulation » dans la version française lorsque la version anglaise emploie le terme « *stipulation* ». Il devient alors légitime de se demander pourquoi, à l'art. 2930 *C.c.Q.*, le législateur n'a pas utilisé le terme « stipulation » dans la version française s'il ne voulait donner qu'une connotation contractuelle à cet article, comme il l'a fait dans le reste du *Code civil* (exception faite de l'art. 1345 *C.c.Q.*). Pour les motifs qui suivent, il faut conclure que l'intention du législateur était bien de viser toute disposition, aussi bien législative que contractuelle, et qu'un malencontreux choix de mot s'est glissé dans la version anglaise.

27   Comme l'a souligné le juge Baudouin dans la décision dont appel, la raison péremptoire de cette conclusion est l'art. 2884 *C.c.Q.* :

> **2884.** On ne peut pas convenir d'un délai de prescription autre que celui prévu par la loi.

Cet article prévoit déjà que les délais de prescription sont d'ordre public et ne peuvent être modifiés par convention. Si on concluait que le terme « disposition » à l'art. 2930 *C.c.Q.* n'a qu'une connotation contractuelle, cet article serait en grande partie redondant. En effet, il est douteux que, s'il entendait viser uniquement les dispositions contractuelles à l'art. 2930 *C.c.Q.*, le législateur aurait pris la peine de répéter inutilement qu'il n'est pas possible à l'aide d'une convention de réduire le délai de prescription de trois ans prévu au *Code civil*, alors qu'il avait déjà clairement établi ce principe à l'art. 2884 *C.c.Q.* Le terme « disposition » ne peut donc pas être restreint au domaine contractuel; il doit également viser le domaine législatif. Cette interprétation est par ailleurs conforme aux *Commentaires du ministre*, t. II, concernant l'art. 2930 *C.c.Q.*, à la p. 1838 :

> L'article [2930 *C.c.Q.*] vient modifier la portée de certaines règles, notamment en droit municipal, où le défaut de donner un avis à l'intérieur d'un délai très court emporte déchéance du droit d'action. [Je souligne.]

28   Doit-on cependant conclure que, comme l'affirment les *Commentaires du ministre*, l'art. 2930 *C.c.Q.* s'applique aux municipalités et cela, malgré une disposition explicite de la *Loi sur les cités et villes* portant sur ce sujet ? Une réponse affirmative s'impose car, à mon avis, l'art. 2930 *C.c.Q.* écarte le premier principe édicté à l'art. 300 *C.c.Q.* qui veut que l'on applique les dispositions des lois particulières avant d'avoir recours aux dispositions du *Code civil* (par. 17).

29   Le domaine de la prescription est fondamentalement de droit privé. En adoptant l'art. 585 *L.c.v.*, le législateur avait fait une exception dans une loi particulière aux règles de droit privé qui auraient été autrement applicables. Avec l'adoption du nouveau *Code civil*, le législateur a édicté une disposition spécifique visant la prescription en matière de dommages corporels, l'art. 2930 *C.c.Q.*, et lui a donné explicitement préséance sur « toute disposition contraire ». Cette disposition est impérative et d'ordre public. Elle déroge au premier principe édicté à l'art. 300 *C.c.Q.* et a donc préséance sur l'art. 585 *L.c.v.* Je souscris donc à la conclusion du juge Baudouin sur ce point, à la p. 1328 :

> En troisième lieu, l'article 300 C.C.Q., qui continue de soumettre généralement les personnes morales de droit public à leurs lois particulières, prévoit aussi, dans son second

alinéa, qu'elles sont régies par les dispositions du *Code civil du Québec*. Je remarquerai également en retournant l'argument qu'il serait étonnant, à l'inverse, que l'expression « nonobstant toute disposition contraire » puisse être interprétée comme ne faisant pas exception à l'article 300 C.C.Q., premier alinéa. [Je souligne.]

30   Cette interprétation de l'art. 2930 *C.c.Q.* est conforme à l'intention du législateur dans le nouveau Code, soit d'assurer une juste indemnisation du préjudice corporel, lequel constitue une atteinte à l'intégrité physique de la personne. Cette intention transparaît à travers l'ensemble des dispositions du *Code civil du Québec*, notamment : l'art. 454 *C.c.Q.* qui prévoit que le droit de réclamer des dommages en réparation d'un préjudice corporel reste propre à chacun des époux; l'art. 1474 *C.c.Q.* qui interdit de limiter ou d'exclure sa responsabilité pour préjudice corporel; l'art. 1609 *C.c.Q.* qui rend sans effet les quittances, transactions ou déclarations obtenues de la victime d'un préjudice corporel dans les 30 jours du fait dommageable; l'art. 1615 *C.c.Q.* qui permet exceptionnellement aux tribunaux de réviser l'indemnité accordée pour préjudice corporel et l'art. 1616 *C.c.Q.* qui permet l'indemnisation du préjudice corporel d'un mineur sous forme de rente. La protection de l'intégrité physique de la personne est l'une des valeurs fondamentales du *Code civil du Québec* qui énonce à son art. 10 que « [t]oute personne est inviolable et a droit à son intégrité » (voir également l'art. 3 *C.c.Q.*). Cette interprétation est aussi conforme aux valeurs de la *Charte des droits et libertés de la personne*, L.R.Q., ch. C-12, qui protège à son article premier le droit de tout être humain à l'intégrité de sa personne. L'article 2930 *C.c.Q.* n'est qu'une expression de la faveur que lui accorde le législateur.

31   L'appelante a invoqué une version antérieure des *Commentaires du ministre* datée de mai 1992. Dans celle-ci, le commentaire de l'art. 2930 *C.c.Q.* ne contient pas la phrase suivante visant les municipalités :

> L'article vient modifier la portée de certaines règles, notamment en droit municipal, où le défaut de donner un avis à l'intérieur d'un délai très court emporte déchéance du droit d'action.

Cette phrase a été ajoutée par la suite puisqu'elle apparaît dans la version finale des *Commentaires du ministre* qui seule a été publiée pour le bénéfice du public par les Publications du Québec en 1993. En se fondant sur cette version antérieure, l'appelante prétend que l'art. 2930 *C.c.Q.* ne visait pas les municipalités lorsqu'il a été édicté et que le ministre a tenté de changer sa portée en modifiant ses commentaires.

32   Le ministre explique la situation en ces termes dans l'introduction aux *Commentaires du ministre*, t. I, à la p. VIII :

> Après l'adoption du Code civil du Québec, le 18 décembre 1991, les commentaires ont été entièrement revus pour assurer la cohérence de l'ensemble et pour rendre compte, principalement, des amendements apportés au projet de loi initial et des observations formulées dans le cadre des travaux de la Commission des institutions.

La version invoquée par l'appelante n'était qu'un document préliminaire.

33   Je ne peux retenir l'argument de l'appelante. À mon avis, en complétant ses commentaires, le ministre n'a fait que préciser l'intention du législateur qui était présente dès la rédaction de l'art. 2930 *C.c.Q.* Cette conclusion se fonde sur l'interprétation que j'ai déjà donnée à l'art. 2930 *C.c.Q.* et trouve confirmation dans les travaux préparatoires de cet article. Ces derniers sont constitués de « l'ensemble des textes pertinents à l'élaboration de

la loi » (Côté, *Interprétation des lois, op. cit.*, à la p. 402). (Sur les sources des travaux préparatoires du *Code civil du Québec*, voir : Masse, « Le recours aux travaux préparatoires dans l'interprétation du nouveau Code civil du Québec », *op. cit.*, à la p. 151.)

34   L'article 2930 *C.c.Q.* est de droit nouveau; il n'a pas d'équivalent dans le *Code civil du Bas Canada*. Il est apparu pour la première fois dans l'avant-projet de loi, *Loi portant réforme au Code civil du Québec du droit de la preuve et de la prescription et du droit international privé*, 2ᵉ sess., 33ᵉ lég., présenté le 16 juin 1988, sous l'art. 3111. Le 15 octobre 1990, le ministre de la Justice a déposé un mémoire en vue de la présentation du projet de *Code civil du Québec* qui a par la suite été reproduit dans une revue juridique avec l'accord des Publications du Québec : « Présentation du Projet de Code civil du Québec » (1991), 22 *R.G.D.* 5. Dans ce mémoire, le ministre affirme au sujet de l'art. 3111, à la p. 67 :

> Ainsi, il convient de rappeler que l'article 3111 proposé prévoyait que, « malgré toute disposition contraire », l'action en réparation d'un préjudice corporel ne se prescrit que par 3 ans et n'est pas soumise à un préavis. <u>Ceci aura pour effet de modifier les délais de prescription eu égard à la responsabilité des municipalités et de ne pas soumettre le citoyen aux délais de déchéance prévus par ces législations.</u> [Je souligne.]

35   Après la présentation du projet de loi 125 portant sur le *Code civil du Québec* le 18 décembre 1990, le ministre de la Justice a déposé en mai 1991 un texte général qui expliquait « d'une façon simple et concise, le contenu des dix livres [composant] le *Code civil du Québec* » : *La réforme du Code civil : Quelques éléments du projet de loi 125 présenté à l'Assemblée nationale le 18 décembre 1990*, préface. Dans le projet de loi 125, l'art. 3111 avait été renuméroté 2914. Dans la section portant sur le livre de la prescription, le ministre fait le commentaire suivant, à la p. 35 :

> L'action en réparation d'un préjudice corporel, moral ou matériel, se prescrira par trois ans depuis sa manifestation. L'action en réparation d'un préjudice corporel, dirigée contre une municipalité, ne pourra plus être rejetée en raison du défaut de donner un avis préalable.

36   Il a également été question de la disposition présentement sous étude lors des débats parlementaires portant sur l'étude détaillée des dispositions du projet de loi 125 devant la Sous-commission des institutions (*Journal des débats*, n° 29, le 4 décembre 1991). Le professeur Claude Masse, conseiller auprès de l'Opposition officielle et Mᵐᵉ Louise Harel, députée d'Hochelaga-Maisonneuve et porte-parole de l'Opposition officielle, ont eu l'échange suivant à SCI-1193 :

> M. Masse :... Deuxième chose, je pense qu'on doit signaler de façon extrêmement importante <u>l'article 2914, qui permet, en matière de poursuite pour préjudice corporel, de mettre fin à certaines stratégies de corps municipaux ou publics qui, à toutes fins pratiques, faisaient en sorte que les droits d'action des citoyens tombaient si certains avis n'étaient pas donnés</u>. Ça ne rend pas pour autant la preuve de ces droits-là ou de ces réclamations-là plus facile, mais à tout le moins, le Code civil reprend le pas sur certaines dispositions qui étaient littéralement de véritables cimetières pour les poursuites, <u>notamment en matière de responsabilités municipales</u> [sic].
>
> ...
>
> Mᵐᵉ Harel : Peut-être juste renchérir, M. le Président, pour dire à quel point <u>ces dispositions que l'on retrouve parfois dans le droit municipal viennent priver des personnes</u>

de leur droit d'obtenir réparation, suite à un préjudice corporel qui peut leur avoir été causé. Alors, là, la prescription sera de trois ans. Ce sera connu. Elle sera de trois ans et elle pourra même se compter à partir du jour où le préjudice se manifeste. Donc, ça aussi, ce sera important que ce soit connu. [Je souligne.]

37   Les travaux préparatoires « sont à lire avec réserve puisqu'ils ne constituent pas toujours une source fidèle de l'intention du législateur » (*Construction Gilles Paquette ltée c. Entreprises Végo ltée*, [1997] 2 R.C.S. 299, au par. 20). En l'espèce, les travaux préparatoires mentionnent à plusieurs reprises la portée de l'art. 2930 *C.c.Q.* et expriment même une unanimité d'intention chez les législateurs. Ils font état de la genèse de la version finale des *Commentaires du ministre* concernant l'art. 2930 *C.c.Q.* et confirment la justesse de l'interprétation donnée.

38   Les professeurs Duplessis et Hétu, dans un article intitulé « Le nouveau Code civil et la responsabilité municipale : préavis d'action et courtes prescriptions », *loc. cit.*, émettent l'opinion suivante, à la p. 2 :

> [L]'article 2930 dit, dans le cas d'une poursuite pour dommages corporels, que l'exigence d'un avis « ne peut faire échec au délai de prescription prévu par le présent livre ». Selon nous, l'exigence d'un avis n'a jamais eu pour objet de faire échec à une prescription, c'est plutôt une condition préliminaire à l'exercice de certains recours en dommages-intérêts...

Selon cet argument, l'art. 2930 *C.c.Q.* ne s'appliquerait pas au préavis prévu à l'art. 585 *L.c.v.* puisque celui-ci ne fait pas échec à la prescription.

39   Avec respect, je ne partage pas ce point de vue. Les termes mêmes de l'art. 2930 *C.c.Q.* visent clairement le préavis requis à l'art. 585 *L.c.v.* En effet, l'art. 585 *L.c.v.* édicte qu'une personne qui subit un préjudice corporel suite à un accident doit, dans les 15 jours de cet accident, « donner ou faire donner un avis écrit au greffier de la municipalité de son intention d'intenter une poursuite [...] faute de quoi la municipalité n'est pas tenue à des dommages-intérêts à raison de tel accident », alors que l'art. 2930 *C.c.Q.* prévoit que « l'exigence de donner un avis préalablement à l'exercice d'une action [en réparation de préjudice corporel] [...] ne peut faire échec au délai de prescription prévu par le présent livre ». L'effet réel de l'art. 585 *L.c.v.* est donc de nier la possibilité pour la victime de poursuivre la municipalité si celle-ci omet d'envoyer l'avis requis. Ainsi, dans les faits, le défaut ou l'irrégularité d'avis fait « échec au délai de prescription » du *Code civil*. L'article 2930 *C.c.Q.* doit recevoir une interprétation large qui lui permette d'atteindre son objet; l'intention du législateur lorsqu'il a édicté cet article était manifestement de mettre un terme aux abus qu'entraînait l'exigence d'un avis à l'art. 585 *L.c.v.*

40   Comme je l'ai déjà souligné, le délai de prescription auquel il ne peut être fait échec en vertu de l'art. 2930 *C.c.Q.* est prévu à l'art. 2925 *C.c.Q.* qui énonce :

> **2925.** L'action qui tend à faire valoir un droit personnel ou un droit réel mobilier et dont le délai de prescription n'est pas autrement fixé se prescrit par trois ans.

L'appelante a soutenu que l'art. 585 *L.c.v.* ne contrevient pas à l'art. 2930 *C.c.Q.* puisqu'il fixe autrement le délai conformément au libellé de l'art. 2925 *C.c.Q.* Avec égards, cet argument me paraît clairement sans fondement. L'article 2930 *C.c.Q.* est non équivoque sur ce point : en matière de dommages corporels, il ne peut être fait échec « au délai de prescription prévu par le présent livre ». Il n'y a qu'un délai de prescription fixé dans le *Code civil* en matière de préjudice corporel et il s'agit de celui de trois ans édicté à l'art. 2925 *C.c.Q.* Le libellé de l'art. 2930 *C.c.Q.* empêche donc que le délai de prescription en matière de préjudice corporel ne soit autrement fixé, à moins que le législateur ne décide dans le futur de déroger de manière expresse à l'art. 2930 *C.c.Q.*

41 L'appelante a plaidé devant cette Cour que l'art. 585 *L.c.v.*, qui édicte que l'exigence quant à l'avis préalable s'applique « nonobstant toute disposition de la loi à ce contraire », devait primer sur l'art. 2930 *C.c.Q.* qui est une disposition générale du *Code civil*. Elle appuie sa prétention sur le principe d'interprétation voulant que la loi générale postérieure est réputée ne pas déroger à la loi spéciale antérieure (« *generalia specialibus non derogant* »). Cet argument ne peut être retenu. Le législateur a donné préséance à l'art. 2930 *C.c.Q.* en termes exprès : « Malgré toute disposition contraire ». Il a ainsi spécifié que la loi générale postérieure dérogerait à la loi spéciale antérieure. Il n'est donc pas nécessaire d'avoir recours au principe d'interprétation « *generalia specialibus non derogant* » en l'espèce. Dans son ouvrage intitulé *Interprétation des lois, op. cit.*, le professeur Côté a fait les remarques suivantes à ce sujet, aux pp. 336 et 337 :

> Les formules employées pour hiérarchiser diverses lois entre elles sont familières et variées. On écrira que telle disposition s'applique « nonobstant » ou « malgré » toute disposition contraire si on veut établir sa primauté.
>
> ...
>
> Les lois générales étant, en vertu des règles ordinaires, écartées par les lois postérieures, il faut interpréter la formule « nonobstant toute disposition inconciliable » comme s'appliquant aux dispositions d'une loi spéciale antérieure qui, à défaut de clause expresse, risqueraient d'avoir priorité. Le principe de l'effet utile commande d'interpréter cette clause comme visant les lois spéciales antérieures. [Citation omise.]

Ainsi, bien que les deux dispositions en cause en l'espèce édictent qu'elles ont la préséance, la plus récente, soit l'art. 2930 *C.c.Q.*, doit l'emporter.

42 L'appelante a également soutenu devant notre Cour que si le législateur avait voulu que l'art. 2930 *C.c.Q.* ait préséance sur l'art. 585 *L.c.v.*, il aurait modifié cet article en conséquence puisqu'il a abrogé ou modifié plusieurs dispositions de la *Loi sur les cités et villes* en adoptant la *Loi sur l'application de la réforme du Code civil*, L.Q. 1992, ch. 57, art. 467 et suiv. Je pense que cet argument doit être rejeté. Les modifications apportées à la *Loi sur les cités et villes* par la *Loi sur l'application de la réforme du Code civil* sont principalement des modifications de concordance avec les termes du nouveau Code. Par conséquent, l'absence de modification de l'art. 585 *L.c.v.* ne mène pas nécessairement à la conclusion que le législateur n'a pas voulu que l'art. 2930 *C.c.Q.* ait préséance sur celui-ci. À mon avis, le législateur a employé les mots « [m]algré toute disposition contraire » à l'art. 2930 *C.c.Q.*, justement pour donner préséance à cet article sur toute autre disposition particulière et ainsi, éviter de devoir passer en revue toutes les autres lois afin de vérifier si elles ne font pas échec à la prescription de trois ans en matière de préjudice corporel. Il est donc logique que le législateur n'ait pas pris la peine de modifier l'art. 585 *L.c.v.*; il l'avait déjà fait implicitement en adoptant l'art. 2930 *C.c.Q.* De plus, l'art. 585 *L.c.v.* est encore utile en partie, notamment, en matière de dommages matériels.

43 Enfin, l'appelante a prétendu que l'interprétation donnée à l'art. 2930 *C.c.Q.* était contraire à l'intention du législateur d'uniformiser les délais de prescription, puisqu'elle avait pour effet de différencier le traitement des dommages matériels ou moraux – qui sont toujours soumis à l'exigence d'un préavis et d'un recours dans les six mois sous l'art. 585 *L.c.v.* –,

de celui des dommages corporels. Sur ce point, je souscris entièrement à la conclusion du juge Baudouin, à la p. 1329 :

> [J]e ne puis partager [l'opinion de l'appelante] pour une raison majeure. L'article 2930 C.C.Q. n'est qu'une manifestation, parmi bien d'autres dans le nouveau *Code civil du Québec*, de l'intention du législateur de favoriser une juste indemnisation du préjudice corporel...
>
> L'interprétation avancée [...] me paraît donc, bien au contraire, parfaitement compatible avec la volonté du législateur d'encourager une indemnisation adéquate du préjudice corporel et de privilégier ainsi le respect de l'intégrité de la personne humaine, qui est une des bases fondamentales du nouveau *Code civil du Québec* (art. 10 *et seq.* C.C.Q.).

Dispositif

44   Pour ces motifs, je conclus que l'art. 2930 *C.c.Q.* a préséance sur les dispositions de l'art. 585 *L.c.v.* faisant échec à la prescription de trois ans du *Code civil* en matière de dommages corporels. Je suis donc d'avis de rejeter le pourvoi, de maintenir le jugement de la Cour d'appel et de rejeter la requête en irrecevabilité de l'appelante, le tout avec dépens dans toutes les cours.

La présente affaire *Doré c. Verdun* contient une mine d'informations concernant plusieurs arguments d'interprétation législative que nous avons examinés jusqu'à maintenant dans ce livre, dont les principes de résolutions implicites des réels conflits normatifs. L'une des choses importantes à noter est le prononcé confirmant le caractère de droit commun du *Code civil du Québec*, comme en fait état sa disposition préliminaire. Il est par ailleurs rassurant de voir le juge Gonthier rabrouer l'attitude cavalière de la Cour d'appel du Québec, suggérant que la version linguistique anglaise du *Code civil du Québec* n'avait pas la même autorité que la version française. Dans le cadre de l'interprétation littérale et grammaticale de l'article 2930 du *Code civil du Québec*, on a souligné, entre autres, que le principe du sens commun des versions linguistiques n'était évidemment pas absolu; en l'espèce, le problème d'interprétation a été réglé à l'aide d'une étude contextuelle, à la lumière des autres dispositions de la loi.

* * *

Outre ces aspects pertinents pour notre examen de la méthode d'interprétation systématique et logique et des autres arguments de texte et de contexte relevés, la décision *Doré c. Verdun* parle du rôle des travaux préparatoires, dont l'usage d'un document hybride en droit civil québécois qu'on appelle les *Commentaires du ministre*. Ces remarques bien à propos du juge Gonthier seront reprises plus loin, dans la partie traitant de l'argument d'interprétation historique.

* * *

QUESTIONS

1. Dans notre grille d'analyse, doit-on distinguer entre la première étape de la qualification d'un conflit normatif réel, d'une part, et l'étape d'interprétation conciliatrice, d'autre part? Les tribunaux le font-ils toujours clairement?

2. La hiérarchisation des normes législatives en conflit à l'aide des indicateurs explicites ou implicites de l'intention du législateur doit-il s'effectuer dans un ordre quelconque?

3. Qu'arrive-t-il à notre grille d'analyse des conflits normatifs si l'une des lois est de nature quasi-constitutionnelle? L'effort de conciliation des lois est-il tout de même requis?

* * *

6. Arguments logiques

Rappelons tout d'abord le postulat à la base de la méthode d'interprétation systématique et logique, soit que le législateur est censé être rationnel. De ce postulat découle la présomption de cohérence à la fois à l'intérieur et à l'extérieur de la loi en cause, de même que l'approche conciliatrice qu'on vient de voir pour les conflits de normes législatives. L'idéal de rationalité soutient aussi plusieurs arguments d'interprétation développés en jurisprudence depuis plusieurs années, relevant essentiellement du raisonnement logique. Certains auteurs parlent de ces arguments en termes de maximes d'interprétation[523], ce qui n'est pas problématique en soi, ni en fait réellement utile. Il faut comprendre, toutefois, que ces maximes, toujours formulées en latin, regroupent davantage que les arguments de logique; on y inclut aussi plusieurs arguments de simple contexte, comme *noscitur a sociis* et *ejusdem generis*, dont nous avons déjà parlé. Aux fins d'analyse, il y a lieu de distinguer ces derniers, qui font appel à la cohérence, des arguments ici examinés, qui font appel à la logique.

Il existe trois principaux arguments logiques en interprétation législative, à savoir l'argument « *a pari*», l'argument « *a fortiori*» et l'argument « *a contrario*». Pour faciliter la compréhension de cette matière, prenons l'exemple, fort adéquat, du règlement municipal sur les chiens tenus en laisse proposé par Pierre-André Côté. À la question de savoir si cette norme législative s'applique au propriétaire d'un animal sauvage comme un guépard, il suggère ceci:

> Trois raisonnements peuvent être tenus. 1) Le guépard doit aussi être tenu en laisse puisque les raisons qui justifient l'application de la règle aux chiens (protection des personnes et des biens) justifient également son application au guépard. C'est le raisonnement par analogie, ou, si l'on préfère, l'argument *a pari*. 2) Le guépard doit être tenu en laisse car, présentant plus de risque pour la sécurité des personnes ou des biens, il y a dans son cas plus de raison d'imposer l'usage d'une laisse que dans les cas des chiens. C'est le raisonnement ou l'argument *a*

---

523. Voir, notamment, R.N. Graham, *Statutory Interpretation – Theory and Practice*, Toronto, Emond Montgomery, 2001 au chapitre 3.

fortiori. 3) Le guépard n'a pas à être tenu en laisse puisque seuls les chiens sont visés par la règle : un guépard n'est pas un chien, et donc il peut gambader en toute liberté. C'est le raisonnement ou l'argument *a contrario*.[524]

Notons aussi à l'aide de cet exemple que les deux premiers arguments, *a pari* et *a fortiori*, tendent à élargir la portée de la règle législative. En revanche, l'argument *a contrario* a pour conséquence de restreindre l'application de la norme contenue dans le texte de loi.

L'argument logique *a pari* fait donc appel à un raisonnement par analogie, voulant que les situations similaires à celles explicitement prévues par la loi devraient être incluses dans le champ d'application de la norme législative. La maxime latine « *a similibus ad similia* » exprime la même idée, c'est-à-dire qu'on doit traiter similairement les choses similaires. La maxime va au-delà de la méthodologie d'interprétation législative et, en fait, renvoie à tout raisonnement juridique par analogie[525]. Toutefois, étendre de la sorte l'application d'une règle législative en invoquant la logique, ce qui permet d'imputer une intention au législateur, ne pourra se faire que si l'objectif de la loi est ainsi poursuivi. Cet aspect est illustré par une troisième maxime latine, qui exprime le même argument par analogie, à savoir « *ubi eadem ratio, ibi idem jus* », ce qui veut dire littéralement « là où la même raison existe, là s'applique le même droit ». Bref, une norme législative peut être appliquée par analogie lorsqu'on y trouve la même raison d'être[526].

En ce qui concerne *a fortiori*, cet argument logique suggère qu'à la lumière de ce qui est prévu explicitement, la norme législative devrait s'appliquer à plus forte raison à la situation analogue. Il s'agit essentiellement d'une variante de l'argument par analogie, y compris l'élément de poursuite de l'objectif législatif en élargissant la portée de la loi. Ici, on ajoute que la justification pour appliquer la règle à la situation similaire est encore plus contraignante et plus convaincante que la justification pour appliquer la règle aux situations qu'on trouve nommément dans la loi.

Un bon exemple provient de l'arrêt de la Cour suprême du Canada, *Bergstrom c. La Reine*[527], où la question était de savoir si, en droit pénal, une des exceptions à la défense de contrainte prévue à l'article 17 du *Code criminel*[528], soit les cas d'« aide à l'accomplissement d'un viol », devait s'étendre aux cas de commission d'un viol. En d'autres termes, celui qui aide à commettre un viol ne peut pas plaider la contrainte, la disposition le prévoit expressément; mais celui qui a lui-même violé, peut-il le plaider ou est-il visé par l'exception à l'article 17 ? Le juge McIntyre fut d'avis que

---

524. P.-A. Côté, coll. S. Beaulac et M. Devinat, *Interprétation des lois*, 4ᵉ éd., Montréal, Thémis, 2009, à la p. 395.

525. Voir, à ce sujet, G.J. Postema, « A Similibus Ad Similia: Analogical Thinking in Law » dans D.E. Edlin (dir.), *Common Law Theory*, New York, Cambridge University Press, 2007, p. 102.

526. Voir A. Mayrand, *Dictionnaire de maximes et locutions latines utilisées en droit*, Cowansville, Éditions Yvon Blais, 1985, à la p. 282.

527. *Bergstrom c. La Reine*, [1981] 1 R.C.S. 539, [1981] A.C.S. nº 45.

528. *Code criminel*, L.R.C. 1985, c. C-46.

le Parlement, en toute logique, avait l'intention que l'exception s'applique à la commission d'un viol :

> Il serait illogique au plus haut point d'attribuer aux rédacteurs du *Draft Code* et du *Code criminel* canadien l'intention de nier, aux personnes qui aident et qui encouragent un viol, la défense de contrainte tout en l'accordant aux personnes qui commettent effectivement un viol, en particulier lorsque la loi reconnaît dans les deux cas la même culpabilité et le même châtiment.[529]

En conséquence, l'expression « aide à l'accomplissement d'un viol » a été étendue, par analogie, à l'aide d'un raisonnement de type *a fortiori*, pour que l'exception s'applique au viol. Bref, la justification derrière l'exception à la défense de contrainte en cas d'aide au viol est encore plus contraignante, est encore plus convaincante dans les cas de viol comme tel.

Le troisième argument logique d'interprétation législative se distingue des deux premiers en ce qu'il est utilisé non pas pour élargir, mais plutôt pour restreindre la portée d'une norme législative. Il s'agit de l'interprétation *a contrario*, invoqué parfois à l'aide de la locution latine « *expressio unius est exclusio alterius* », qui veut dire que la mention expresse d'un élément signifie l'exclusion des autres éléments. Donc, si la loi énonce un cas d'application particulier de la norme législative, cela devrait être interprété comme une volonté d'exclure les autres cas non mentionnés[530]. Comme tout aspect de la méthode d'interprétation contextuelle, l'application de cet argument logique va du plus petit au plus grand cercle normatif. En premier lieu, un raisonnement *a contrario* peut être invoqué à l'intérieur de la disposition législative sous étude. Comme dans l'affaire *Lecavalier c. Brunelle et Brunelle*[531], est-ce que la disposition qui exempte de saisie le cheval du cultivateur et le cheval du cocher s'applique à l'égard du cheval du boucher ? Suivant un raisonnement de type *a contrario*, et après avoir fait référence par ailleurs à l'objectif de la norme (exempter un bien dont la personne se sert pour gagner sa vie), le juge Pagnuelo écrit ceci : « Ces deux cas spécifiques nous empêchent d'accorder l'exemption du cheval dans d'autres cas »[532].

A contrario ou *expressio unius* est souvent invoqué dans le cadre d'un exercice de comparaison entre la disposition législative en cause et d'autres dispositions de la loi dans son ensemble. C'était la situation, par exemple, dans l'affaire ontarienne *Crease v. Board of Commissioners of Police of the Municipality of Metropolitan Toronto*[533], où la Cour devait décider si des policiers suspendus parce qu'accusés d'actes criminels devaient l'être avec ou sans salaire; la disposition concernant la suspension en cas d'accusation ne disait rien au sujet du salaire, tandis qu'une autre disposition de la même réglementation, concernant la suspension en cas de déclara-

---

529.   *Bergstrom c. La Reine*, [1981] 1 R.C.S. 539, 550, [1981] A.C.S. n° 45.
530.   Voir A. Mayrand, *Dictionnaire de maximes et locutions latines utilisées en droit*, Cowansville, Éditions Yvon Blais, 1985, à la p. 85.
531.   *Lecavalier c. Brunelle et Brunelle* (1908), 33 C.S. 145.
532.   *Lecavalier c. Brunelle et Brunelle* (1908), 33 C.S. 145, 146.
533.   *Crease c. Board of Commissioners of Police of the Municipality of Metropolitan Toronto* (1976), 66 D.L.R. (3d) 403, [1976] O.J. No. 2070 (Ont Co. Ct.).

tion de culpabilité, prévoyait explicitement que la suspension se faisait sans salaire. Le juge Scortini écrit :

> When a statute is not precise and requires interpretation by a Judge he may avail himself of several aids in addition to common sense and his ability to read the plain words of the enactment. These aids include the rules of statutory interpretation, especially the rule *expressio unius est exclusio alterius*, *i.e.*, expression of one thing is the exclusion of another. Stated another way: Mention of one thing implies exclusion of another. When certain persons or things are specified in a law, contract or will, an intention to exclude all others from its operation may be inferred.

Ainsi, l'absence des mots « *without pay* » dans la disposition concernant la suspension en cas d'accusation, alors que cette expression se trouve dans une autre disposition de la même législation relativement à la suspension, constituait un argument majeur en faveur de la conclusion selon laquelle, en l'espèce, les policiers devaient recevoir leur salaire.

L'interprétation *a contrario*, et encore davantage sa formulation *expressio unius est exclusio alterius*, n'est aucunement d'application automatique. Au contraire, il ressort de la jurisprudence que cet argument logique semble être le plus controversé en interprétation législative. Il s'agirait d'un argument peu fiable, aux dires de la Cour suprême du Canada[534], qui devrait être plus souvent écarté qu'utilisé si l'on en croit l'opinion de Pierre-André Côté[535]. La mise au point effectuée à ce sujet par le juge Newcombe de la Cour suprême du Canada dans l'affaire *Turgeon c. Dominion Bank* continue d'être d'actualité :

> The maxim, *expressio unius est exclusio alterius*, enunciates a principle which has its application in the construction of statutes and written instruments, and no doubt it has its uses when it aids to discover the intention; but, as has been said, while it is often a valuable servant, it is a dangerous master to follow. Much depends upon the context. One has to realize that a general rule of interpretation is not always in the mind of a draughtsman; that accidents occur; that there may be inadvertence; that sometimes unnecessary expressions are introduced, *ex abundanti cautela*, by way of least resistance, to satisfy an insistent interest, without any thought of limiting the general provision; and so the axiom is held not to be of universal application.[536]

---

534. Voir, notamment, ce qu'en dit le juge Rinfret dans l'affaire *Alliance des professeurs catholiques de Montréal c. Labour Relations Board of Quebec*, [1953] 2 R.C.S. 140, 154, [1953] A.C.S. n° 39; ainsi que l'assaut en règle des juges Pigeon et Laskin contre l'argument dans les années 1970 : *Murray Bay Motor Co. Ltd. c. Compagnie d'assurance Bélair*, [1975] 1 R.C.S. 68, 74-75, [1973] A.C.S. n° 137; *Jones c. Procureur général du Nouveau-Brunswick*, [1975] 2 R.C.S. 182, 195-196, [1974] A.C.S. n° 91; *Congrégation des Frères de l'Instruction chrétienne c. Commissaires (Grand'Pré)*, [1977] 1 R.C.S. 429, 435, [1975] A.C.S. n° 124; et *Alimport c. Victoria Transport Ltd.*, [1977] 2 R.C.S. 858, 862, [1976] A.C.S. n° 97.

535. P.-A. Côté, coll. S. Beaulac et M. Devinat, *Interprétation des lois*, 4ᵉ éd., Montréal, Thémis, 2009, à la p. 388.

536. *Turgeon c. Dominion Bank*, [1930] R.C.S. 67 aux pp. 70-71, [1929] A.C.S. n° 56.

Pour sa part, Ruth Sullivan croit qu'il ne faut pas repousser trop rapidement l'interprétation *a contrario* puisqu'elle s'appuie, elle aussi, sur le postulat de la rationalité du législateur. Elle écrit: «Like all arguments based on these presumptions, its weight depends on a range of contextual factors and the weight of competing considerations»[537].

D. ARGUMENTS TÉLÉOLOGIQUES

Le développement le plus important en interprétation des lois depuis les dernières décennies au Canada, et dans plusieurs autres pays de common law semble-t-il, concerne certainement la méthode dite téléologique (du grec «*teleos*»), c'est-à-dire l'identification du sens de la norme législative selon la finalité poursuivie. La grande popularité du «*modern principle*» est clairement la manifestation d'un enthousiasme accru à donner effet au but que le législateur souhaite atteindre avec son texte de loi. De fait, comme cela a été abordé au Chapitre 2, le principal enseignement de Driedger est que, dans tous les cas, les tribunaux devraient pouvoir prendre en considération la lettre de la loi, l'ensemble de son contexte, ainsi que les objectifs législatifs; non pas l'un au profit de l'autre, l'un occultant l'autre, l'un refoulant l'autre, mais plutôt comme les trois pierres angulaires de la méthodologie d'interprétation législative, toujours disponibles et devant être pondérées dans le cadre de l'exercice d'identification de l'intention du législateur. Comme le Saint-Esprit, le but serait l'élément troisième d'une trilogie indissociable, celle de l'interprétation législative: texte-contexte-objet.

1. Finalité législative: les bases et les formes de la méthode

L'idée que l'objectif de la loi devrait guider son interprétation n'est pas nouvelle. Dans les pays anglo-saxons, y compris ici, on aime invoquer les paroles d'Edward Coke dans la fameuse affaire *Heydon's* (en anglais, *Heydon's case*), datant de la fin du XVIe siècle, qui aurait formulé pour la première fois le «*mischief rule*» (en français, la règle de la situation à réformer[538]), et qui constitue ni plus ni moins l'ancêtre de l'argument téléologique:

> For the sure and true interpretation of all statutes in general (be they penal or beneficial, restrictive or enlarging of the common law) four things are to be discerned and considered:
>
> 1st. What was the common law before the making of the Act.
>
> 2nd. What was the mischief and defect for which the common law did not provide.
>
> 3rd. What remedy the Parliament hath resolved and appointed to cure the disease of the commonwealth.
>
> And 4th. The true reason of the remedy;

---

537.   R. Sullivan, *Sullivan and Driedger on the Construction of Statutes*, 4e éd., Markham, Cutterworths, 2002, à la p. 193.

538.   P.-A. Côté, coll. S. Beaulac et M. Devinat, *Interprétation des lois*, 4e éd., Montréal, Thémis, 2009, à la p. 443.

and then the office of all the Judges is always to make such construction as shall suppress the mischief, and advance the remedy, and to suppress subtle inventions and evasions for continuance of the mischief, and *pro private commodo*, and to add force and life to the cure and remedy, according to the true intent of the makers of the Act, *pro bono publico*.[539]

Bien que cette citation, dans son intégralité, et même le *Heydon's case* ne se retrouvent plus nommément dans la jurisprudence, la notion de *mischief* (de situation à réformer), elle, est fréquemment utilisée encore de nos jours. On y a recours pour exprimer l'idée à la base de la méthode d'interprétation téléologique : la finalité d'une loi devrait aider à identifier son sens.

(a) Bases jurisprudentielles et législatives de l'argument téléologique

Bien que l'association entre l'argument téléologique et l'interprétation large et libérale n'est pas automatique ou nécessaire, comme nous allons le voir, les tribunaux y réfèrent souvent en tandem, encore aujourd'hui, et l'oppose à l'approche interprétative stricte axée sur le texte de la loi. En suggérant une perspective évolutive, on présente la méthodologie d'interprétation des lois comme étant passée de l'ère glaciale de la règle de l'interprétation littérale (en anglais, le *plain meaning rule*), donnant une portée restrictive, à l'ère contemporaine de l'examen de la législation en fonction de ses objectifs, qui favoriserait une portée étendue à ce type de normativité. Plus qu'au Canada, la Grande-Bretagne a fait état à quelques reprises dans sa jurisprudence de ce supposé changement catégorique, comme dans *Carter v. Bradbeer*, où Lord Diplock écrit ceci :

If one looks back to the actual decisions of [la Chambre des lords] on questions of statutory construction over the past thirty years one cannot fail to be struck by the evidence of a trend away from the purely literal towards the purposive construction of statutory interpretation.[540]

Cette décision datant de 1975, l'évolution en faveur de la méthode téléologique aurait débuté dès 1945, selon Lord Diplock. L'affaire *Pepper v. Hart*, au début des années 1990, constitue un autre prononcé judiciaire clair du plus haut tribunal britannique suggérant un changement de paradigme en interprétation législative qui s'est effectué depuis un certain temps. Lord Griffiths l'exprime en ces termes :

The days have long passed when the courts adopted a strict constructionist view of interpretation which required them to adopt the literal meaning of the language. The courts now adopt a purposive approach which seeks to give effect to the true purpose of legislation and are prepared to look at much extraneous material that bears upon the background against which the legislation was enacted.[541]

---

539. *Heydon's case* (1584), 3 Co. Rep. 7a, 76 E.R. 637, 638.
540. *Carter v. Bradbeer*, [1975] 3 All E.R. 158, 161 (C.L.).
541. *Pepper v. Hart*, [1993] A.C. 593, 617 (C.L.).

Au Canada, bien que de telles références à l'évolution des approches interprétatives ne se trouvent pas en jurisprudence, la Cour suprême a néanmoins prêché les vertus de la méthode d'interprétation téléologique à plusieurs reprises depuis plus de vingt-cinq ans. Notamment, dans *Covert et autres c. Ministre des Finances (N.-É.)*[542], le juge Dickson; *R. c. Z. (D.A.)*[543], le juge en chef Lamer; *R. c. Greenbaum*[544], le juge Iacobucci; *R. c. Adams*[545], le juge Sopinka; *Québec (Commission des droits de la personne et des droits de la jeunesse) c. Montréal (Ville)*[546], le juge L'Heureux-Dubé; et *R. c. Shoker*[547], le juge LeBel.

Outre ces bases jurisprudentielles, la méthode d'interprétation téléologique s'assoit sur les lois d'interprétation applicables dans toutes les juridictions au Canada. Entre autres, la *Loi d'interprétation* fédérale[548] consacre l'argument de finalité en ces termes :

> **12.** Tout texte est censé apporter une solution de droit et s'interprète de la manière la plus équitable et la plus large qui soit compatible avec la réalisation de son objet.

Dans la province de Québec, la *Loi d'interprétation*[549] énonce la directive d'interprétation selon l'objet législatif de la façon suivante :

> **41.** Toute disposition d'une loi est réputée avoir pour objet de reconnaître des droits, d'imposer des obligations ou de favoriser l'exercice des droits, ou encore de remédier à quelque abus ou de procurer quelque avantage.
>
> Une telle loi reçoit une interprétation large, libérale, qui assure l'accomplissement de son objet et l'exécution de ses prescriptions suivant leurs véritables sens, esprit et fin.

Il est intéressant de souligner combien ces dispositions d'interprétation – l'exemple québécois étant le plus évident à cet égard – font de deux choses l'une : dans un premier temps, clairement, elles reprennent législativement l'argument téléologique; mais aussi, elles encouragent une interprétation large et libérale, en mettant l'accent sur l'objet de la loi. Autrement dit, il y a une association entre la méthode d'interprétation selon la finalité, d'une part, et l'interprétation généreuse de la portée d'application de la loi, d'autre part. L'explication de Pierre-André Côté est fort adéquate :

> En édictant les articles 41 et 12, les législateurs québécois et canadien paraissent donc avoir voulu faire échec aux divers principes d'interprétation restrictive des

---

542. *Covert et autres c. Ministre des Finances de la Nouvelle-Écosse*, [1980] 2 R.C.S. 774, 807, [1980] A.C.S. n° 101.
543. *R. c. Z. (D.A.)*, [1992] 2 R.C.S. 1025, 1042, [1992] A.C.S. n° 80.
544. *R. c. Greenbaum*, [1993] 1 R.C.S. 674, 687-688, [1993] A.C.S. n° 24.
545. *R. c. Adams*, [1995] 4 R.C.S. 707, 719, [1995] A.C.S. n° 105.
546. *Québec (Commission des droits de la personne et des droits de la jeunesse) c. Montréal (Ville); Québec (Commission des droits de la personne et des droits de la jeunesse) c. Boisbriand (Ville)*, [2000] 1 R.C.S. 665, aux para. 29-32, [2000] A.C.S. n° 24.
547. *R. c. Shoker*, [2006] 2 R.C.S. 399, au para. 29, [2006] A.C.S. n° 44.
548. *Loi d'interprétation*, L.R.C. 1985, c. I-21.
549. *Loi d'interprétation*, RLRQ, c. I-16.

lois en édictant qu'on doit toutes les considérer comme favorables (*remedial*) et que, à ce titre, elles doivent toutes être interprétées de manière « large et libérale ».

Mais le législateur visait, me semble-t-il, un autre objet, voulait réformer un autre abus : celui d'une interprétation trop attachée à la lettre de la loi et pas suffisamment soucieuse de son esprit, d'où l'insistance des articles sur la préférence à donner à l'interprétation la plus propre à assurer la réalisation ou l'accomplissement du ou des objets de la loi.[550]

En effet, il est juste de souligner que, traditionnellement, l'attitude des tribunaux dans la tradition juridique de common law (y compris au Québec) était, à la fois, de donner une grande importance au texte et de favoriser une portée restrictive des lois.

Toutefois, il y a un problème à nécessairement associer interprétation téléologique et généreuse puisqu'il arrivera – peut-être moins fréquemment, mais quand même – que la considération de l'objectif législatif conduise à limiter la portée d'une disposition législative qui, à sa lecture, aurait eu une application plus large. En d'autres termes, la finalité de la loi poursuivie peut amener le juge à donner à la règle normative un sens plus restreint que ce que suggérait le libellé du texte législatif. C'est le cas, par exemple, dans l'affaire *Sommerville*[551], que nous avons vue au Chapitre 2, et à laquelle nous reviendrons dans la prochaine section.

(b) Formes que prend l'argument téléologique

Afin de bien comprendre les formes que peut prendre la méthode d'interprétation selon l'objectif législatif, il convient tout d'abord de revenir sur la notion d'intention du législateur, déjà examinée lors de l'étude de la théorie officielle de l'interprétation. Nous avons vu que cette idée structurale, dans le discours de la méthodologie d'interprétation législative dans les juridictions anglo-saxonnes de tradition de common law, est associée au sens de la norme juridique en support législatif, c'est-à-dire au contenu de la pensée du législateur exprimé dans la loi. Il a été souligné, lorsqu'il était question de la théorie officielle de l'interprétation, que l'expression « intention du législateur » était ambiguë parce qu'elle est également employée pour référer à l'objectif recherché par le législateur, donc essentiellement à l'argument d'interprétation téléologique. Voici comment Pierre-André Côté explique le problème :

> Pour désigner l'objectif, la finalité d'une disposition législative, les tribunaux ont souvent recours à l'expression « intention du législateur » : on dira qu'il faut interpréter tel texte de manière à « réaliser l'intention du législateur ». L'usage de cette terminologie est source de confusion car l'expression « intention du législateur » est très ambiguë : en particulier, elle désigne à la fois ce que le

---

550. P.-A. Côté, coll. S. Beaulac et M. Devinat, *Interprétation des lois*, 4e éd., Montréal, Thémis, 2009, p. 447 [notes omises].
551. *R. c. Sommerville*, [1974] R.C.S. 387, [1972] A.C.S. n° 123.

législateur a voulu signifier par le texte édicté et ce qu'il a voulu accomplir en l'édictant.[552]

Il faut donc garder à l'esprit que les tribunaux peuvent utiliser ladite expression de deux façons :

a) « intention du législateur = sens de la règle législative », l'aboutissement à vrai dire de l'exercice d'interprétation législative;

b) « intention du législateur = objectif de la législation », c'est-à-dire l'une des méthodes d'interprétation des lois, soit celle ayant trait au but poursuivi.

Voyons maintenant quelle sont les formes que peut prendre l'argument téléologique. Ils sont de deux ordres (c'est-à-dire que l'objectif législatif peut être invoqué en relation avec deux choses). Tout d'abord, il peut s'agir du but poursuivi par la disposition législative particulière sous étude qui nous intéresse. C'était le cas dans l'affaire *R. c. Nabis*[553], que nous avons vue lors de l'étude de la méthode systématique et logique (le principe *ejusdem generis*). Le juge Beetz de la Cour suprême du Canada a identifié l'intention du législateur, c'est-à-dire le sens de la règle législative à l'article 331 du *Code criminel*[554], à l'aide notamment d'une étude de l'objectif visé par cette disposition. Il s'est dit d'avis que le but poursuivi n'était pas de prohiber la menace (de mort, ou autres) comme telle, exprimée par quelque moyen que ce soit, mais plutôt d'interdire de telles menaces faites par le biais d'instruments de communication précis, soit ceux de type mécanique, électronique ou matériel, ce qui exclut les menaces verbales faites face à face.

Par ailleurs, la deuxième forme que peut prendre l'argument téléologique est l'analyse de l'objectif de la loi dans son ensemble, c'est-à-dire l'objectif général poursuivi par la législation dans laquelle se trouve la disposition pertinente au litige. Le but de la disposition législative particulière et le but de la loi dans son ensemble sont souvent les mêmes, ou ils seront à la limite complémentaires. Il est néanmoins utile, dans le cadre d'une analyse de la méthode d'interprétation téléologique, de distinguer les deux afin de bien cerner et de donner plein effet à ce que le législateur souhaite accomplir par le biais de la norme juridique dans la disposition législative précise, d'une part, et à ce que le législateur avait comme objectif lorsqu'il a créé un régime juridique législatif dans le domaine, d'autre part. Un exemple de cette seconde forme de l'argument téléologique se trouve dans la décision de la Cour suprême du Canada dans *R. c. Sommerville*[555], dans laquelle le juge Martland, pour la majorité, fait référence entre autres à l'objectif général de la *Loi sur la Commission canadienne du blé* où se trouvait une disposition législative pertinente au litige, c'est-à-dire la réglementation des aspects commerciaux du marché interprovincial et international du grain au Canada.

---

552. P.-A. Côté, coll. S. Beaulac et M. Devinat, *Interprétation des lois*, 4ᵉ éd., Montréal, Thémis, 2009 aux pp. 441-442 [notes omises].
553. *R. c. Nabis*, [1975] 2 R.C.S. 485, [1974] A.C.S. nᵒ 109.
554. *Code criminel*, L.R.C. 1985, c. C-46.
555. *R. c. Sommerville*, [1974] R.C.S. 387, [1972] A.C.S. nᵒ 123.

Dans la décision qui suit, nous verrons comment la Cour suprême du Canada utilisera à la fois l'objectif de la disposition législative particulière et l'objectif de la loi dans son ensemble dans le cadre de son exercice d'interprétation législative. Autrement dit, les deux formes de la méthode d'interprétation d'après la finalité de la loi y seront utilisées, de façon distincte, afin d'aider à identifier l'intention du législateur.

Tiré de *Abrahams c. Procureur général du Canada*, [1983] 1 R.C.S. 2, [1983] A.C.S. n° 2 [numérotation de paragraphes ajoutée].

Version française du jugement de la Cour rendu par

LE JUGE WILSON –

1   L'appelant qui était employé comme foreur chez International Nickel Company of Canada Limited (Inco) depuis huit ans, a perdu son emploi le 15 septembre 1978 à cause d'un arrêt de travail attribuable à un conflit collectif. Le conflit a dégénéré en une grève très longue et très âpre qui ne s'est terminée que le 3 juin 1979.

2   Le 9 octobre 1978, l'appelant a trouvé de l'emploi à l'Hôpital général de Sudbury comme aide-infirmier. Il a travaillé trois jours par semaine, à raison de sept heures et demie par jour jusqu'au 2 avril 1979 et a alors abandonné son emploi pour subir une intervention chirurgicale. Pendant la durée de son emploi à l'hôpital, des montants au titre de l'assurance-chômage ont été déduits de son salaire. La preuve révèle que l'appelant avait l'intention de reprendre son emploi à l'Inco quand la grève serait terminée.

3   Le 23 avril 1979, l'appelant a fait une demande de prestations d'assurance-chômage en vertu de la *Loi de 1971 sur l'assurance-chômage*, 1970-71-72 (Can.), chap. 48, et a reçu comme réponse de la Commission d'assurance-chômage qu'il n'avait pas droit aux prestations à cause du par. 44(1) de la Loi. Voici le texte de l'art. 44 :

44.(1) Un prestataire qui a perdu son emploi du fait d'un arrêt de travail dû à un conflit collectif à l'usine, à l'atelier ou en tout autre local où il exerçait un emploi n'est pas admissible au bénéfice des prestations tant que ne s'est pas réalisée l'une des éventualités suivantes, à savoir :

a) la fin de l'arrêt du travail,

b) son engagement de bonne foi à un emploi exercé ailleurs dans le cadre de l'occupation qui est habituellement la sienne,

c) le fait qu'il s'est mis à exercer quelque autre occupation d'une façon régulière.

(2) Le paragraphe (1) n'est pas applicable si le prestataire prouve

a) qu'il ne participe pas au conflit collectif qui a causé l'arrêt du travail, qu'il ne le finance pas et qu'il n'y est pas directement intéressé; et

b) qu'il n'appartient pas au groupe de travailleurs de même classe ou de même rang dont certains membres exerçaient, immédiatement avant le début de l'arrêt du travail, un emploi à l'endroit où s'est produit l'arrêt du travail et participent au conflit collectif, le financent ou y sont directement intéressés.

(3) Lorsque des branches d'activités distinctes qui sont ordinairement exercées en tant qu'entreprises distinctes dans des locaux distincts, sont exercées dans des services

différents situés dans les mêmes locaux, chaque service est censé, aux fins du présent article, être une usine ou un atelier distincts.

(4) Dans la présente loi, « conflit collectif » désigne tout conflit, entre employeurs et employés ou entre employés, qui se rattache à l'emploi ou aux modalités d'emploi de certaines personnes ou au fait qu'elles ne sont pas employées.

[...]

10   Par conséquent, l'appelant a clairement délimité l'objet du pourvoi devant cette Cour. La question précise à résoudre est la bonne interprétation de l'al. c).

11   Il me semble que l'expression « exercer quelque autre occupation d'une façon régulière », dans le contexte où elle se trouve, peut avoir plusieurs significations. Je ne crois pas particulièrement utile de m'arrêter au sens possible du mot « régulière » en lui-même. La question à laquelle nous devons répondre est la suivante : quand une personne s'est-elle mise à « exercer quelque autre occupation de façon régulière » ? Il n'est pas difficile de dire quand une personne s'est mise à « exercer » une autre occupation. Cela se produit proba-blement dès qu'elle est embauchée. Mais quelle caractéristique ce nouvel emploi doit-il avoir pour qu'on puisse dire que la personne l'occupe de façon régulière ? L'examen attentif de l'al. c) m'amène à croire que chaque mot a son importance. Par exemple, l'alinéa ne dit pas que le prestataire est inadmissible jusqu'à ce qu'il « occupe » un autre emploi de façon régulière. L'alinéa dit jusqu'à ce qu'il se soit « mis » à exercer quelque autre occupation de façon régulière. Cela m'amène à croire qu'il ne suffit pas d'être embauché. Il faut avoir tra-vaillé au nouvel emploi et y avoir travaillé de « façon régulière ». Qu'est-ce que cela signifie ? Cela signifie-t-il qu'il faut que le nouvel emploi ait quelque perspective de continuité; par exemple, que la personne ait été appelée à l'« exercer » pour une période de temps donnée ou, encore qu'elle ait exercé l'emploi pendant quelque temps avant de faire sa demande de prestations ? Sous ce rapport, j'observe que l'art. 49 du règlement d'application décrète que « engagement de bonne foi » de l'al. b) s'entend de « l'exercice réel d'un emploi pen-dant au moins deux semaines ». Le règlement ne donne pas de définition correspondante de l'expression « exercer d'une façon régulière ». On peut se demander ceci : s'il faut un minimum de deux semaines pour un emploi de « bonne foi », quelle doit être la durée d'un emploi « régulier » si « d'une façon régulière » a trait à la durée ? L'absence de toute dispo-sition comparable dans des circonstances qui révèlent que le législateur avait cette question à l'esprit dans l'al. b) donne à penser que l'expression « exercer d'une façon régulière » vise un objet différent dans l'al. c).

12   Le juge-arbitre a conclu que « d'une façon régulière » ne vise pas la durée de l'emploi, mais plutôt sa « continuité ». Il faut opposer l'expression à « occasionnel » ou « intermittent ». Par exemple une personne n'exerce pas un emploi « d'une façon régulière » si elle ne doit se présenter au travail que sur appel. « D'une façon régulière », selon lui, exige un cadre fixe plutôt qu'une période fixe d'emploi. Deux jours par semaine peuvent constituer un emploi « régulier ». Faire un quart précis de travail chaque jour peut constituer un emploi « régu-lier ». La caractéristique essentielle n'a pas trait à la durée de l'emploi mais à la régularité de l'horaire de travail. Il ressort implicitement de cette interprétation que l'emploi n'a pas besoin d'être de longue durée. Il peut durer le temps d'une grève seulement, pour autant qu'il est régulier pendant qu'il dure.

13   À mon avis, il faut préférer cette interprétation pour de multiples raisons. La première est celle que j'ai déjà mentionnée, savoir que le législateur a visé expressément la durée du travail à l'al. b) au point de prescrire une période minimale de deux semaines. Si la durée

avait été un aspect essentiel de l'al. c), il semble raisonnable de conclure que le législateur aurait créé une disposition semblable à l'égard de cet alinéa. Son omission de le faire me porte à chercher une autre interprétation.

14   Il est légitime, je crois, de se demander ce que visait le législateur en adoptant l'art. 44. De toute évidence, il a voulu que la participation d'un prestataire à un conflit de travail mette fin à son admissibilité aux prestations. Toutefois son admissibilité est rétablie si les conditions de l'al. b) ou de l'al. c) sont remplies. L'alinéa b) porte sur le caractère de « bonne foi » de son emploi dans son occupation antérieure et l'al. c) vise la « régularité » de son emploi dans une occupation différente. Il peut être utile de s'arrêter au sens de l'expression « bonne foi » à l'al. b). Elle semble poser la question : le prestataire a-t-il un emploi réel ? Ou s'agit-il seulement d'une façade ? Le prestataire essaie-t-il de frauder la Commission en se prétendant visé par l'alinéa alors qu'il a simplement pris des dispositions pour travailler de temps à autre chez un autre employeur pour rétablir son admissibilité aux prestations ? Au pire, y a-t-il quelque collusion entre lui et son nouvel employeur dans le seul but de contourner l'inadmissibilité décrétée par la Loi ? Est-ce là le méfait que le législateur a cherché à écarter par l'al. b) ?

15   On peut se demander quel méfait comparable le législateur a cherché à écarter par l'al. c). La Cour d'appel fédérale affirme que le législateur a voulu empêcher les prestataires d'accepter d'autres emplois pendant une grève, tout en ayant l'intention de retourner à leur emploi antérieur après la fin de la grève. Mais, quel mal y a-t-il à cela ? Pourquoi le législateur voudrait-il empêcher cela ? Il y aurait probablement lieu de louer ces personnes de leur initiative plutôt que de les pénaliser. Je suis venue à la conclusion que ce que le législateur a encore voulu éviter, c'est une forme de fraude envers la Commission. Un emploi fictif dans une autre occupation ne devrait pas avoir l'effet de rétablir l'admissibilité aux prestations. Il faut que ce soit un emploi « régulier » et non un emploi d'un jour ou deux, ici et là, sans engagement ferme de la part du prestataire ou de son nouvel employeur. Le but du législateur, en insérant des réserves par l'adverbe dans un alinéa et par la locution adverbiale dans l'autre, a été, à mon avis, d'empêcher que l'article ne donne lieu à des abus. Je crois que le législateur a voulu le rétablissement de l'admissibilité aux prestations si le prestataire a obtenu un emploi de bonne foi ailleurs dans son occupation habituelle ou s'il a obtenu un emploi régulier dans une autre occupation; il n'a pas voulu de demandes « bidon » de prestations.

16   La jurisprudence qui va à l'encontre de l'interprétation des al. b) et c) que je propose affirme que le but des exigences des deux alinéas est de prouver la dissociation complète du prestataire du conflit collectif. Si, par la suite, le prestataire redevient admissible aux prestations après avoir perdu son nouvel emploi, ce ne sera pas à cause de l'arrêt de travail dans son emploi antérieur. Le lien entre l'arrêt de travail et lui aura cessé lorsqu'il aura obtenu un « engagement de bonne foi » en application de l'al. b) ou se sera « mis à exercer quelque autre occupation de façon régulière » en application de l'al. c). Le nœud gordien aura été tranché pour de bon et de façon définitive. Si c'est ce que le législateur a visé en édictant les al. b) et c), son but est, de toute évidence, contourné si le prestataire peut accepter un emploi ailleurs en attendant la fin de l'arrêt de travail. Il ne s'est pas dégagé du conflit collectif; en réalité, il y reste très intéressé. Toutefois, il me semble que si c'était là l'intention du législateur, il lui aurait été très facile de décréter que le prestataire est inadmissible aux prestations aussi longtemps que son chômage découle d'un arrêt de travail. Il ne l'a pas fait. Il a plutôt choisi la voie difficile de déterminer quelle sorte de nouvel emploi le prestataire doit avoir obtenu pour mettre fin à son inadmissibilité. Puisque le but général de la Loi est de procurer des prestations aux chômeurs, je préfère opter pour une interprétation libérale des dispositions relatives à la réadmissibilité aux prestations. Je crois que tout doute décou-

lant de l'ambiguïté des textes doit se résoudre en faveur du prestataire. Je partage l'avis de l'appelant que l'emploi ne peut pas ne pas être de « bonne foi » au sens de l'al. b) ou « régulier » au sens de l'al. c) simplement parce que le prestataire a l'intention de reprendre son emploi antérieur après la fin de l'arrêt de travail.

17   L'intimé a cependant soutenu que le par. (2) de l'art. 44 éclaire l'intention qu'a eue le législateur en édictant le par. (1). Le paragraphe (2) permet à un prestataire de ne pas perdre son admissibilité aux prestations en application du par. (1) s'il peut démontrer que ni lui, ni aucun membre de son groupe ou de sa classe de travailleurs ne participe à un conflit ouvrier, ne le finance ou n'y est directement intéressé. Si c'est là le critère utilisé pour éviter l'inadmissibilité, un prestataire qui cherche à rétablir son admissibilité aux prestations après l'avoir perdue ne devrait-il pas y satisfaire lui aussi ? Ne devrait-il pas lui aussi avoir à démontrer qu'il ne participe plus à un conflit ouvrier, ni ne le finance ou n'y est directement intéressé ? Pourquoi les conditions nécessaires pour obtenir la réadmissibilité aux prestations devraient-elles être différentes ou moins sévères que celles qui permettent d'éviter l'inadmissibilité ? Je crois que ce sont là des questions très pertinentes qu'il faudrait poser au législateur. Il reste cependant que le législateur a énoncé en détail les exigences de la réadmissibilité en fonction de la nature du nouvel emploi et non en fonction des exigences exprimées au par. (2). Vu l'objet général de la Loi dont j'ai déjà fait état, je ne crois pas qu'il est loisible à cette Cour d'appliquer aux al. b) et c) les exigences du par. (2).

18   Pour tous ces motifs, je suis d'avis d'accueillir le pourvoi, d'infirmer l'ordonnance de la Cour d'appel fédérale et de rétablir la décision du juge-arbitre. Je suis d'avis d'adjuger à l'appelant ses dépens du pourvoi.

* * *

QUESTIONS

1. Pourquoi distinguer les formes que peut prendre l'argument téléologique si, d'ordinaire, les deux types d'objectif militeront dans le même sens ?

2. Comment fait-on pour identifier l'objectif d'une disposition législative particulière et/ou celui de la loi dans son ensemble ?

3. Est-il utile de considérer les arguments téléologiques comme des éléments de contexte ? Pourquoi les tribunaux le font-il parfois ?

4. Qu'entend-on par « l'objectif de l'objectif » ?

* * *

2.   Finalité législative : les catégories d'application

Afin de mieux comprendre les différents cas d'application de la méthode d'interprétation téléologique, il est utile de les classer dans des catégories qui, sans être mutuellement exclusives, mettent en évidence la motivation première du recours à la finalité législative. On pourrait parler de *l'objectif de l'objectif*, c'est-à-dire de la raison derrière le recours au but de la disposition législative particulière ou le but général de la loi dans son ensemble. La classification suggérée par Pierre-André Côté est adéquate, la finalité pouvant ainsi être utile a) pour rectifier des erreurs matérielles dans un texte de loi; b) pour dissiper des incertitudes relativement au sens de la loi; c) pour limiter le sens d'une norme législative; d) pour élargir le sens d'une norme législative.

(a) Corriger une erreur matérielle

Comme disait La Palice : « personne n'est parfait, et encore moins au gouvernement ». Au moment de la rédaction d'une loi, il est possible que des erreurs matérielles se glissent dans le texte législatif. Nous avons vu, dans le cadre de l'étude de la méthode littérale et grammaticale, qu'il existe un postulat en interprétation des lois voulant que le législateur s'exprime correctement, c'est-à-dire sans commettre d'erreurs. On peut même parler de présomption à cet effet, mais de présomption simple toutefois, donc réfragable, qui peut être mise de côté à la lumière d'informations démontrant que le texte de loi exprime inadéquatement la volonté du législateur quant à la norme juridique. Bref, si la formulation de la loi est manifestement déficiente, il est permis de diminuer, voire de marginaliser, l'importance de l'argument textuel au profit des autres moyens pour interpréter la loi.

Selon la méthodologie d'interprétation législative, l'argument le plus indiqué dans ces situations d'erreurs matérielles dans le support législatif des normes juridiques semble être celui lié à la finalité de la loi. Par exemple, dans l'affaire *R. c. McIntosh*, que nous avons vu plus tôt, la Cour suprême du Canada s'est divisée sur l'axe lettre-objet de la loi – en l'occurrence le *Code criminel*[556] – avec la dissidence de la juge McLachlin mettant l'accent sur la finalité des dispositions en matière de légitime défense pour corriger ce qui est identifié comme étant une erreur matérielle dans la rédaction de l'article 34 du *Code criminel*. C'est l'examen de l'historique législatif de la disposition qui a permis de repérer l'erreur dans la formulation de la norme juridique, plus particulièrement lorsqu'il y a eu des modifications au moment de révisions et de refontes de la législation pénale au Canada, en 1906 et en 1955. Invoquant la doctrine de Driedger, la juge McLachlin a opiné qu'on pouvait rectifier l'erreur à l'article 34, puisque « les trois facteurs suivants sont réunis : (1) une absurdité manifeste, (2) une erreur dont on peut retracer l'origine et (3) une correction évidente ».

Dans notre prochaine décision, c'est à l'unanimité que la Cour suprême du Canada a non seulement décidé d'aborder le problème en termes d'erreur matérielle, mais surtout a considéré qu'il était approprié de corriger la formulation du texte législatif. Le domaine particulier, ou la nature de la législation, ne justifiait pas un traitement différent que dans l'arrêt *McIntosh*, puisqu'il est également question du *Code criminel*. Lors de la lecture, il y a lieu de s'interroger à savoir pourquoi, le cas échéant, il est moins problématique en l'espèce, que dans d'autres circonstances, de mettre de côté la lettre de la loi au profit de la finalité législative et de corriger l'erreur matérielle dans la disposition législative.

---

556.   *Code criminel*, L.R.C. 1985, c. C-46.

Extraits tirés de *R. c. Egger*, [1993] 2 R.C.S. 451, [1993] A.C.S. n° 66 [numérotation de paragraphes ajoutée].

Version française du jugement de la Cour rendu par

LE JUGE SOPINKA –

1   La présente affaire d'alcool au volant porte sur la possibilité d'invoquer la présomption prévue à l'al. 258(1)d) du *Code criminel*, L.R.C. (1985), ch. C-46, selon laquelle l'alcoolémie de l'accusé au moment de l'analyse d'un échantillon de son sang fait foi de son alcoolémie au moment où l'infraction de conduite avec une alcoolémie de « plus de 80 mg » aurait été commise. L'alinéa 258(1)d) pose plusieurs conditions en ce qui concerne la possibilité d'invoquer la présomption. Le présent pourvoi ne vise que certaines de ces conditions, savoir ce qui, le cas échéant, doit être communiqué à l'accusé, ainsi que le moment de la communication, avant que le ministère public puisse faire valoir la présomption, et s'il faut, comme conditions préalables à l'application de la présomption, que l'accusé ait demandé le second échantillon de sang (prélevé en même temps que l'échantillon analysé par le ministère public) et que celui-ci lui ait été remis.

Les faits

2   Le 24 mars 1990, l'appelant, au volant de sa voiture, a été impliqué dans un accident de la circulation. Sur les lieux de l'accident, les policiers étaient d'avis que les facultés de l'appelant étaient affaiblies et ont demandé que des échantillons de sang soient prélevés à des fins d'analyse. Ils n'ont pas demandé d'échantillon d'haleine parce que l'appelant avait des coupures au visage et ils ont pensé que la présence de sang dans sa bouche pourrait nuire à la précision d'une analyse d'échantillon d'haleine. L'appelant a acquiescé à la demande d'échantillon de sang et il a été conduit à un hôpital où une infirmière a effectué les prélèvements. À l'hôpital, l'appelant a demandé pour quelle raison on prélevait des échantillons de sang; l'agent enquêteur lui a répondu que deux échantillons seraient prélevés et que l'un d'eux serait utilisé par la police et l'autre serait conservé pour lui au cas où il voudrait le faire analyser plus tard. L'appelant n'a été accusé d'aucune infraction à ce moment-là, bien que l'agent enquêteur lui eût dit qu'il serait accusé en temps opportun de conduite avec facultés affaiblies. Toutefois, le juge du procès a conclu que, dans les circonstances, l'appelant n'avait pas été avisé que le second échantillon de sang était gardé, un point dont nous traiterons plus loin.

3   Le 22 mai 1990, environ deux mois après l'accident, l'appelant a été accusé sous deux chefs de conduite avec facultés affaiblies causant des lésions corporelles (*Code criminel*, par. 255(2)) et un chef d'alcoolémie de « plus de 80 mg » (conduite avec une alcoolémie qui dépasse 80 mg d'alcool par 100 ml de sang – *Code criminel*, al. 253b)). En même temps, le certificat d'un analyste (CA) lui a été signifié, lequel indiquait que le taux d'alcool dans le sang de l'appelant au moment où les échantillons ont été prélevés était quatre fois supérieur à la limite prévue par la loi. Le certificat de l'analyste ne mentionnait pas l'existence d'un second échantillon de sang.

4   L'appelant a subi son procès le 21 septembre 1990. Dans les six mois entre le moment où il a donné des échantillons de sang et son procès, il n'a pas demandé l'échantillon de sang supplémentaire et il n'a pas demandé à un tribunal que l'échantillon lui soit remis. Le certificat d'un technicien qualifié (CTQ) a été signifié à l'appelant la veille de son procès. Le CTQ indiquait, notamment, que le prélèvement des deux échantillons était conforme au *Code criminel*, et que le second échantillon avait été prélevé afin de permettre qu'une analyse soit effectuée par l'accusé ou pour son compte. Le retard dans la signification du CTQ résultait

apparemment d'une inadvertance et le ministère public a cité le technicien (l'infirmière qui a effectué les prélèvements) à titre de témoin au procès. L'appelant a été acquitté à l'égard de tous les chefs lorsque le juge du procès a refusé d'admettre le CTQ et le CA à titre de preuve. Ainsi, l'accusation de conduite avec une alcoolémie de « plus de 80 mg » n'a pas été retenue. Le juge du procès a également rejeté les deux autres accusations pour d'autres motifs. L'appel de l'intimée a été accueilli par la Cour d'appel, qui a ordonné la tenue d'un nouveau procès à l'égard de tous les chefs d'accusation.

Les dispositions législatives pertinentes

5   La présomption que l'alcoolémie au moment de l'analyse des échantillons de sang est la même qu'au moment de la conduite se trouve à l'al. 258(1)d) du *Code criminel*. Les dispositions de la Partie VIII du *Code* qui traitent de l'utilisation comme preuve des échantillons d'haleine et de sang sont, comme l'a décrit le juge McClung de la Cour d'appel, [TRADUCTION] « longues, compliquées et dans certains cas, obscures » (*R. c. Egger* (1991), 120 A.R. 360 (C.A.) à la p. 362). Voici le texte de l'al. 258(1)d) :

258.   (1) Dans des poursuites engagées en vertu du paragraphe 255(1) à l'égard d'une infraction prévue à l'article 253 ou dans des poursuites engagées en vertu des paragraphes 255(2) ou (3) :

...

d) lorsqu'un échantillon de sang de l'accusé a été prélevé conformément à un ordre donné en vertu du paragraphe 254(3), conformément à un mandat décerné en vertu de l'article 256 ou autrement avec le consentement de l'accusé, la preuve du résultat des analyses ainsi faites fait foi, en l'absence de toute preuve contraire, de l'alcoolémie de l'accusé au moment où l'infraction aurait été commise, ce taux correspondant aux résultats de ces analyses, lorsqu'ils sont identiques ou au plus faible d'entre eux s'ils sont différents, si les conditions suivantes sont réunies :

(i) au moment où l'échantillon a été prélevé, la personne qui le prélevait a pris un échantillon supplémentaire du sang et un échantillon a été gardé pour en permettre l'analyse à la demande de l'accusé et, sur demande de celui-ci faite dans les trois mois du prélèvement, une ordonnance de remise de l'échantillon a été rendue en conformité avec le paragraphe (4),

(ii) les échantillons mentionnés au sous-alinéa (i) ont été prélevés le plus tôt possible après le moment de la commission de l'infraction alléguée et dans tous les cas au plus tard deux heures après,

(iii) les échantillons mentionnés au sous-alinéa (i) ont été prélevés par un médecin qualifié ou un technicien qualifié sous la direction d'un médecin qualifié,

(iv) les échantillons mentionnés au sous-alinéa (i) ont été reçus de l'accusé directement, ou ont été placés directement, dans des contenants approuvés et scellés,

(v) l'analyse d'un échantillon placé dans un contenant approuvé a été faite;

Le sous-alinéa (i) mentionne la demande de l'accusé, dans les trois mois du prélèvement, en vue d'obtenir la remise du second échantillon. L'accusé peut demander de plein droit la remise de l'échantillon dans le délai de trois mois. Voici le texte du paragraphe (4) :

(4) Un juge d'une cour supérieure de juridiction criminelle ou d'une cour de juridiction criminelle peut, à la suite d'une demande sommaire de l'accusé présentée dans les trois mois du jour du prélèvement, ordonner qu'un spécimen de son sang lui soit

remis pour examen ou analyse de celui-ci sous réserve des conditions qui semblent nécessaires ou souhaitables pour assurer la sécurité du spécimen et sa conservation pour son utilisation lors des procédures en vue desquelles il a été prélevé.

6   La recevabilité en preuve du CA et du CTQ n'est pas reliée à la possibilité d'invoquer la présomption et est régie par d'autres dispositions du par. 258(1). D'abord en ce qui a trait au CTQ, l'al. h) prévoit :

> h) lorsque les échantillons du sang de l'accusé ont été prélevés conformément à un ordre donné en vertu du paragraphe 254(3), conformément à un mandat décerné en vertu de l'article 256 ou autrement avec le consentement de l'accusé, un certificat d'un médecin qualifié ou d'un technicien qualifié fait preuve des faits allégués dans le certificat sans qu'il soit nécessaire de prouver l'authenticité de la signature ou la qualité officielle du signataire dans l'un ou l'autre des cas suivants :
>
> ...
>
> > (iii) le certificat du technicien qualifié énonce les faits mentionnés aux divisions (i)(B) à (D) et qu'il a prélevé les échantillons;

Voici ensuite le texte des divisions (i)(B) à (D) :

> (B) la mention qu'au moment du prélèvement de l'échantillon, un autre échantillon du sang de l'accusé a été prélevé pour en permettre une analyse à la demande de celui-ci,
>
> (C) la mention du temps et du lieu où les échantillons mentionnés à la division (B) ont été prélevés,
>
> (D) la mention que les échantillons mentionnés à la division (B) ont été reçus directement de l'accusé ou ont été placés directement dans des contenants approuvés, scellés et identifiés dans le certificat...

La recevabilité du CA est régie par l'al. 258(1)i) :

> i) le certificat de l'analyste déclarant qu'il a effectué une analyse d'un échantillon du sang de l'accusé présent dans un contenant approuvé, scellé et identifié dans le certificat, indiquant le moment, le lieu de l'analyse et le résultat de celle-ci fait foi des faits énoncés dans le certificat sans qu'il soit nécessaire de prouver l'authenticité de la signature ou la qualité officielle du signataire.

Enfin, la recevabilité du CA et du CTQ est assujettie à l'exigence en matière d'avis au par. 258(7) :

> (7) Aucun certificat ne peut être reçu en preuve en conformité avec l'alinéa (1) [...] h) ou i), à moins que la partie qui a l'intention de le produire n'ait, avant le procès, donné à l'autre partie un avis raisonnable de son intention et une copie du certificat.

Les juridictions inférieures

[...]

La question en litige

11   La question soulevée en l'espèce porte sur la bonne interprétation du sous-al. (i) de l'al. 258(1)*d*). Comme je l'ai indiqué au début, il faut trancher deux questions. Premièrement, qu'est-ce que la poursuite doit révéler à l'accusé, et à quel moment doit-elle le faire, pour

pouvoir jouir de l'avantage de la présomption ? Deuxièmement, le cas échéant, quelle mesure l'accusé doit-il prendre pour obtenir le second échantillon avant que la présomption ne s'applique ?

Analyse

[...]

La seconde question : la demande de l'accusé

35   Subsidiairement, l'appelant soutient que le juge Lambert dans l'arrêt *Aujla*, précité (le seul à adopter cette position) était fondé à conclure que la présomption ne peut être invoquée à moins qu'un tribunal n'ait ordonné la remise du second échantillon par suite de la demande de l'accusé présentée dans le délai de trois mois : *Aujla*, précité, le juge Lambert, à la p. 490. À mon avis, cet argument ne peut réussir. Le texte du sous-al. 258(1)*d*)(i) pose un problème à cet égard. Par souci de commodité, il convient de répéter ce texte :

> **258.** (1)...
>
> > d)...
> >
> > > (i) au moment où l'échantillon a été prélevé, la personne qui le prélevait a pris un échantillon supplémentaire du sang et un échantillon a été gardé pour en permettre l'analyse à la demande de l'accusé et, sur demande de celui-ci faite dans les trois mois du prélèvement, une ordonnance de remise de l'échantillon a été rendue en conformité avec le paragraphe (4)...

On a dit qu'il s'agit d'une disposition qui [TRADUCTION] « au mieux, est mal rédigée et, au pire, pourrait ne pas s'inscrire dans le cadre législatif dont elle est tirée » : Renee M. Pomerance, « "Over 80" and under Scrutiny: Selected *Charter* Issues in Drinking and Driving Cases » (1992) 4 *J.M.V.L.* 121, à la p. 167. En fait, il s'agit d'un cas où le sens ordinaire d'une partie du texte législatif serait contraire à l'esprit de la loi et, par conséquent, il y a lieu d'adopter une interprétation conforme à l'intention du législateur qui est contraire au sens littéral de la loi.

36   Selon la structure du sous-al. 258(1)d)(i), il y aurait trois exigences pour que la présomption puisse être invoquée (si l'on ne tient pas compte pour le moment des exigences des autres sous-alinéas) :

> 1. au moment où l'échantillon a été prélevé, la personne qui le prélevait a pris un échantillon supplémentaire du sang, ET
>
> 2. un échantillon a été gardé pour en permettre l'analyse par l'accusé ou en son nom, ET
>
> 3. sur demande de celui-ci faite dans les trois mois du prélèvement, une ordonnance de remise de l'échantillon a été rendue en conformité avec le paragraphe (4).

37   Il ne s'agit pas d'un cas d'ambiguïté comme le soutient subsidiairement l'appelant. Le sens est clair et il est tout aussi clair qu'il contrevient à l'esprit de la *Loi de 1985 modifiant le droit pénal*, S.C. 1985, ch. 19. Je fais mienne la conclusion du juge McClung du tribunal d'instance inférieure que les dispositions législatives relatives à la cueillette et à la présentation d'éléments de preuve en matière de prélèvement d'échantillon de sang et d'haleine a principalement pour but de faciliter, avec les garanties qui conviennent, l'admission des éléments de preuve et non leur exclusion. Plus fondamentalement, la réforme législative de 1985, dont provient la disposition examinée en l'espèce, avait pour but de permettre une

poursuite plus efficace des infractions de conduite en état d'ébriété. Il convient de donner à la mesure législative une interprétation raisonnable qui soit conforme à l'intention du législateur. Si l'on devait donner son sens ordinaire au texte du sous-al. (i), l'accusé serait toujours en position de priver le ministère public de l'avantage en matière de preuve que la loi avait l'intention de lui conférer, et tout accusé bien conseillé agirait ainsi en choisissant de ne pas demander d'échantillon. En fait, l'accusé obtiendrait un « veto silencieux » à l'égard de l'utilisation par le ministère public de la présomption prévue par la loi.

38   À mon avis, la disposition législative s'inscrit dans le cadre du principe d'interprétation formulé par le professeur Elmer A. Driedger, dans *Construction of Statutes* (2ᵉ éd. 1983), à la p. 105 :

> [TRADUCTION]... Si, malgré que les termes soient clairs et sans ambiguïté lorsqu'ils sont interprétés selon leur sens grammatical et ordinaire, il y a discordance dans la loi, [...] alors, il convient d'interpréter les termes selon leur sens inhabituel qui entraînera l'harmonie, si on peut raisonnablement leur donner ce sens.

L'alinéa 258(1)d) vise à donner au ministère public l'avantage d'une présomption en matière de preuve dans certaines conditions, pour faciliter la poursuite d'infractions relatives à la conduite en état d'ébriété. Un tel objet ne correspond pas à l'assujettissement de la présomption au bon vouloir de l'accusé. Même le juge Lambert, la seule source sur laquelle l'appelant s'est appuyé à cet égard, a reconnu que le législateur n'avait peut-être pas cette interprétation en vue (*Aujla*, précité, à la p. 490). Je suis d'avis de faire miennes les remarques d'un commentateur au sujet de l'arrêt *Aujla*, précité, selon lesquelles

> [TRADUCTION] il est évident qu'une telle interprétation neutraliserait l'objet de la loi. Bref, si le respect du sous-al. 258(1)d)(i) dépend de la demande par l'accusé de la remise de son échantillon de sang, on peut se demander ce qui inciterait un accusé à le faire. [Rick Libman, Annotation – *R. v. Aujla* (1989), 13 M.V.R. (2d) 276, à la p. 279.]

39   L'interprétation qui est la plus conforme au but de la loi et aux obligations du ministère public en matière de divulgation est celle à laquelle j'arrive dans la section précédente, c.-à-d. que l'accusé doit être avisé de l'existence et de la disponibilité du second échantillon, afin qu'il dispose d'un délai raisonnable pour faire un choix éclairé quant à l'exercice du droit de demander la remise de l'échantillon. Exiger que l'accusé accomplisse un acte positif pour exercer ce droit avant que la présomption que prévoit la loi puisse être invoquée ne servirait ni l'intention du législateur, ni le droit de l'accusé à une défense pleine et entière. Cela n'aiderait pas non plus à assurer le respect par le ministère public de son obligation de divulgation puisqu'elle est réalisée par l'avis donné à l'accusé de l'existence et de la disponibilité de l'échantillon. Selon l'interprétation que je propose, la possibilité d'invoquer la présomption serait liée (comme la mention du droit dans l'alinéa paraît l'indiquer) au fait que l'accusé ait l'occasion d'exercer son droit sans préjudice.

40   On pourrait opposer que cette situation permettrait l'application de la présomption dès que l'avis serait donné, sans tenir compte d'autres circonstances enlevant tout sens au droit de l'accusé. Ce n'est pas nécessairement le cas. Par exemple, dans l'arrêt *R. c. Redmond* (1990), 37 O.A.C. 133 (C.A.), les échantillons de sang avaient été accidentellement détruits avant que l'accusé demande qu'on lui en remette un. La Cour d'appel a, tout à fait à bon droit, refusé au ministère public le bénéfice de la présomption. Il s'agissait d'une situation où l'accusé ne pouvait exercer son droit en raison de facteurs hors de son contrôle, et le tribunal peut toujours intervenir pour refuser l'application de la présomption dans de telles

circonstances. Il en est résulté dans l'arrêt *Redmond*, précité, que le ministère public a été tenu de faire témoigner des experts qui ont extrapolé quant à l'alcoolémie et au niveau d'ébriété de l'accusé au moment où il était au volant. De toute évidence, le refus d'appliquer la présomption n'empêche pas d'intenter des poursuites pour alcoolémie de « plus de 80 mg ». Le ministère public doit simplement en faire la preuve au moyen des outils dont il disposerait en l'absence de la présomption. Comme la Cour d'appel de l'Ontario l'a conclu dans l'arrêt *Montgomery*, précité, aux pp. 238 et 239 :

> [TRADUCTION] Bien qu'il puisse perdre l'avantage en matière de preuve que lui confère la présomption prévue à l'al. 258(1)d) et être empêché d'utiliser le certificat du résultat de l'analyse <u>à titre de preuve</u> de l'alcoolémie de l'accusé au moment de la présumée perpétration, le ministère public demeure libre de démontrer la culpabilité de l'accusé au moyen d'un témoignage de vive voix. [Je souligne.]

Conséquences pour l'espèce

41   Il ressort de cette analyse que le ministère public n'avait pas le droit de faire valoir la présomption prévue à l'al. 258(1)d) parce qu'il n'avait pas été démontré d'après les faits, selon la norme de preuve en matière criminelle, que l'appelant avait été avisé, dans le délai qui est raisonnablement nécessaire pour prendre une décision éclairée quant à l'exercice de son droit de demander le second échantillon de sang, des accusations qui pesaient contre lui, des résultats de l'analyse de l'échantillon de sang par le ministère public ainsi que de l'existence du second échantillon et de la possibilité pour lui de s'en servir pour une analyse. Sur ce fondement, il convient d'accueillir le pourvoi. Le ministère public intimé n'a pas demandé la tenue d'un nouveau procès si notre Cour concluait qu'il n'a pas le droit d'invoquer la présomption de l'al. 258(1)d). Sans la présomption, aucun élément de preuve n'appuyait le chef d'accusation de conduite avec une alcoolémie de « plus de 80 mg ». Le juge du procès a conclu que la preuve relative aux autres chefs d'accusation n'était pas suffisante pour démontrer hors de tout doute raisonnable que les facultés de l'accusé étaient affaiblies. Ma conclusion selon laquelle le juge du procès a incorrectement exclu le CA n'a pas d'effet quant au résultat. En l'absence de la présomption ou d'un témoignage d'expert relativement au taux de métabolisation, et d'extrapolation quant au taux au moment de l'accident, le CA indique simplement quelle était l'alcoolémie deux heures après l'accident.

42   Dans les circonstances, le ministère public intimé était bien fondé de ne pas demander la tenue d'un nouveau procès. À cet égard, notre Cour est guidée par les dispositions de l'art. 45 de la *Loi sur la Cour suprême*, L.R.C. (1985), ch. S-26, qui prévoit que lorsqu'un pourvoi n'est pas rejeté, la Cour peut rendre l'ordonnance que le tribunal d'instance inférieure aurait dû rendre. En l'espèce, la Cour d'appel aurait dû conclure que la présomption ne s'appliquait pas. Elle a, à bon droit, conclu que l'exclusion du CA constituait une erreur. Dans l'état du dossier, la Cour d'appel pouvait-elle annuler l'acquittement et ordonner la tenue d'un nouveau procès ? À cet égard, elle était tenue d'appliquer le principe exprimé dans l'arrêt *R. c. Morin*, [1988] 2 R.C.S. 345. La Cour, à la majorité, a dit, à la p. 374 :

> L'étendue de la charge qui incombe à la poursuite quand elle en appelle d'un acquittement a été établie dans l'arrêt *Vézeau c. La Reine*, [1977] 2 R.C.S. 277. La poursuite a l'obligation de convaincre la Cour que le verdict n'aurait pas nécessairement été le même si le jury avait reçu des directives appropriées.
>
> Je reconnais volontiers que cette charge est lourde et que la poursuite doit convaincre la cour avec un degré raisonnable de certitude. Un accusé qui a déjà été acquitté une

fois ne devrait pas être renvoyé à un nouveau procès s'il n'est pas évident que l'erreur qui entache le premier procès était telle qu'il y a un degré raisonnable de certitude qu'elle a bien pu influer sur le résultat. Tout critère plus strict exigerait qu'une cour d'appel prédise avec certitude ce qui s'est passé dans la salle de délibérations, ce qu'elle ne peut faire.

43   Comme je l'ai expliqué précédemment, sans l'aide de la présomption, les arguments du ministère public ne sont plus fondés et, par conséquent, l'accusé serait nécessairement acquitté. Comme il s'est appuyé sur la présomption qu'il savait contestée, le ministère public ne pouvait demander l'annulation de l'acquittement et la tenue d'un nouveau procès pour lui permettre de procéder sur un autre fondement avec de nouveaux éléments de preuve. Voir *Savard c. The King*, [1946] R.C.S. 20, à la p. 49, et *Wexler c. The King*, [1939] R.C.S. 350, à la p. 353.

Dispositif

44   Par conséquent, le pourvoi est accueilli, l'arrêt de la Cour d'appel est annulé et les verdicts d'acquittement rendus par le juge du procès à l'égard de tous les chefs d'accusation sont rétablis.

Dans cet arrêt, la Cour suprême du Canada a mis l'accent sur la finalité de la disposition législative en s'interrogeant sur la raison d'être de l'article 258(1)d) du *Code criminel*[557], pour faire fi d'un problème réel dans la formulation de la norme législative. En comparant les décisions, la chronologie des arrêts n'explique pas une évolution dans le traitement des erreurs matérielles, puisque *McIntosh* est subséquent à *Egger*; il s'agit plutôt d'une question de méthodologie d'interprétation qui doit être abordée au cas par cas, eu égard aux différentes circonstances et intérêts en jeu. Dans l'affaire *Egger*, la Cour a estimé que la carence rédactionnelle était manifeste et que l'on devait passer outre cet aspect textuel problématique puisque, à défaut, la raison d'être de la procédure prévue à l'article 258(1) serait complètement inutile.

(b) Dissiper un problème d'interprétation

Ici, la norme législative n'est pas exprimée de façon claire ou erronée, mais elle est plutôt énoncée dans des termes imprécis ou ambigus. Dans ces cas, il conviendra d'avoir recours à la méthode téléologique, en prenant en considération l'objectif de la disposition législative ou l'objectif de la loi dans son ensemble, afin de lever l'incertitude quant au sens de la norme législative du texte de loi. Il s'agit de l'usage le plus usité et le moins controversé de l'argument de finalité en interprétation législative. En effet, contrairement aux situations d'erreurs matérielles, les cas d'imprécision ou d'ambiguïté ne soulèvent pas d'aspects institutionnels liés au rôle du pouvoir judiciaire. Il est clair que les juges ont pour mandat d'interpréter et d'appliquer la loi, y compris de pouvoir régler des problèmes d'imprécision ou d'ambiguïté affectant le sens d'une règle juridique dans un texte de loi. L'argument téléologique constitue un des moyens privilégiés pour ce faire.

---

557.   *Code criminel*, L.R.C. 1985, c. C-46.

La décision de la Cour suprême du Canada dans l'affaire *Abrahams c. Procureur général du Canada*[558], que nous avons vu précédemment, fournit un bon exemple de cette application de la méthode d'interprétation selon la finalité législative. L'article 44(1)(c) de la *Loi de 1971 sur l'assurance-chômage* était ambigu : il était incertain que pour avoir droit à l'exception d'inadmissibilité aux prestations, a) il fallait occuper un nouvel emploi et avoir renoncé à son ancienne occupation (là où il y avait conflit de travail), b) ou il fallait tout simplement avoir un nouvel emploi régulier (par opposition à occasionnel ou bidon). Sous la plume de la juge Wilson, la Cour est d'avis que l'objectif de la disposition législative pertinente, ainsi que l'objectif général de la loi dans son ensemble, permet de dissiper le doute quant au sens à donner à cette norme juridique. En conclusion, c'est la seconde interprétation qui a été retenue.

Une autre illustration de cette application de l'argument téléologique nous vient de l'arrêt *Robichaud c. Canada (Conseil du Trésor)*[559], qui suit, où la Cour suprême du Canada doit encore résoudre un problème d'interprétation lié au sens de la norme législative. Il s'agit de savoir si le droit d'obtenir compensation pour des actes discriminatoires, en l'occurrence des gestes de harcèlement sexuel, posés par un employé dans le cadre de ses fonctions, peut être exercé à l'encontre de l'employeur. L'incertitude porte sur les éléments constitutifs pour être tenu responsable en vertu de la loi et, plus particulièrement, il faut déterminer si l'intention ou la faute de la personne poursuivie, c'est-à-dire l'employeur, est un facteur pertinent dans l'analyse.

Tiré de *Robichaud c. Canada (Conseil du Trésor)*, [1987] 2 R.C.S. 84, [1987] A.C.S. n° 47.

Version française du jugement du juge en chef Dickson et des juges McIntyre, Lamer, Wilson, La Forest et L'Heureux-Dubé rendu par

LE JUGE LA FOREST –

1   La question en litige dans la présente affaire est de savoir si un employeur est responsable des actes discriminatoires accomplis sans autorisation par ses employés dans le cadre de leurs emplois, en vertu de la *Loi canadienne sur les droits de la personne*, S.C. 1976-77, chap. 33 et ses modifications, avant l'adoption en 1983 des par. 48(5) et (6) de la Loi, qui traitent maintenant spécifiquement de cette question : voir S.C. 1980-81-82-83, chap. 143, art. 23.

Historique

2   Voici un bref exposé des faits dans la mesure où ils sont nécessaires pour statuer sur le présent pourvoi. Madame Bonnie Robichaud a déposé auprès de la Commission canadienne des droits de la personne une plainte en date du 26 janvier 1980, dans laquelle elle alléguait avoir été victime de harcèlement sexuel, de discrimination et d'intimidation de la part de son employeur le ministère de la Défense nationale, et que Dennis Brennan, son surveillant, était la personne qui l'avait harcelée sexuellement.

---

558.   *Abrahams c. Procureur général du Canada*, [1983] 1 R.C.S. 2, [1983] A.C.S. n° 2.
559.   *Robichaud c. Canada (Conseil du Trésor)*, [1987] 2 R.C.S. 84, [1987] A.C.S. n° 47.

3   En 1977, Mme Robichaud a commencé à travailler comme nettoyeuse pour le ministère de la Défense nationale sur la base du Commandement de la défense aérienne à North Bay (Ontario). Plus tard, elle a été promue au poste de chef d'équipe qu'elle devait occuper à compter du 20 novembre 1978, sous réserve d'une période d'essai de six mois qui prendrait fin le 20 mai 1979. Au cours de cette période, M. Brennan était contremaître du service de nettoyage de la base et était pleinement responsable des travaux de nettoyage. Il avait sous sa surveillance deux contremaîtres de secteur qui, pour leur part, dirigeaient les chefs d'équipe dont Mme Robichaud. Le contremaître de secteur de Mme Robichaud déterminait à quel endroit elle devait travailler, fixait sa charge de travail et désignait le personnel dont elle aurait la surveillance. Monsieur Brennan avait voix prépondérante dans la décision de l'employeur de garder ou non Mme Robichaud après sa période d'essai. Quant à M. Brennan, il relevait du chef des services administratifs et, en dernière analyse, du commandant de la base.

4   Un tribunal des droits de la personne a été constitué, en vertu de l'art. 39 de la *Loi canadienne sur les droits de la personne*, pour examiner la plainte de Mme Robichaud. Ce tribunal a conclu qu'il y avait eu plusieurs rencontres de caractère sexuel entre Mme Robichaud et M. Brennan, mais il a rejeté la plainte portée contre ce dernier et contre l'employeur. L'appel interjeté devant un tribunal d'appel a été accueilli. Le tribunal d'appel a jugé que M. Brennan avait harcelé sexuellement Mme Robichaud et que le ministère de la Défense nationale était strictement responsable des actes de son personnel de surveillance. Il a toutefois reporté sa décision sur la question des dommages-intérêts jusqu'à ce que d'autres arguments aient été présentés.

5   Monsieur Brennan et la Reine, représentée par le Conseil du Trésor (pour le compte du ministère de la Défense nationale), ont tous les deux demandé à la Cour d'appel fédérale d'examiner et d'annuler la décision du tribunal d'appel, conformément à l'art. 28 de la *Loi sur la Cour fédérale*, S.R.C. 1970 (2e Supp.), chap. 10. Les deux demandes ont été entendues simultanément. On a rejeté celle de M. Brennan, mais celle de La Reine a été accueillie, le juge MacGuigan étant dissident. La cour a annulé la décision du tribunal d'appel et a renvoyé l'affaire devant lui pour le motif que la plainte de Mme Robichaud contre Sa Majesté était sans fondement. Ce dernier arrêt a été porté en appel devant cette Cour.

Observations préliminaires

6   Il est bien connu que la *Loi canadienne sur les droits de la personne* interdit dans certains domaines, dont celui de l'emploi, les actes discriminatoires fondés notamment sur le sexe (art. 3). Plus précisément, on allègue que la présente affaire relève de l'art. 7 de la Loi, dont voici le texte :

7. Constitue un acte discriminatoire le fait

a) de refuser d'employer ou de continuer d'employer un individu, ou

b) de <u>défavoriser un employé,</u>

directement ou indirectement, pour un motif de distinction illicite. [Je souligne.]

En cette Cour, on n'a pas contesté que le harcèlement sexuel commis dans le cadre d'un emploi constitue de la discrimination fondée sur le sexe ni que les actes de M. Brennan constituaient du harcèlement sexuel. La seule question qui se pose à cette Cour est donc de savoir si ces actes peuvent être imputés à l'employeur, en l'occurrence Sa Majesté à qui la Loi s'applique en vertu du par. 63(1).

Analyse

7   En Cour d'appel et dans les plaidoiries devant cette Cour, on s'est beaucoup attardé sur les différentes théories, telles la responsabilité du fait d'autrui en matière délictuelle et la responsabilité stricte en matière quasi criminelle, selon lesquelles l'employeur est responsable des actes de ses employés. Cependant, comme le fait remarquer le juge en chef Thurlow, il faut nécessairement prendre comme point de départ la Loi elle-même dont le texte, à l'instar de celui des autres lois, doit être interprété en fonction de sa nature et de son objet.

8   Suivant son art. 2, la Loi a pour objet de compléter la législation canadienne en donnant effet au principe selon lequel tous ont droit à l'égalité des chances d'épanouissement, indépendamment de motifs de distinction illicites dont ceux fondés sur le sexe. Comme le juge McIntyre l'a expliqué récemment, au nom de la Cour, dans l'arrêt *Commission ontarienne des droits de la personne et O'Malley c. Simpsons-Sears Ltd.*, [1985] 2 R.C.S. 536, on doit interpréter la Loi de manière à promouvoir les considérations de politique générale qui la sous-tendent. Il s'agit là d'une tâche qui devrait être abordée non pas parcimonieusement mais d'une manière qui tienne compte de la nature spéciale d'une telle loi dont le juge McIntyre a dit qu'elle « n'est pas vraiment de nature constitutionnelle »; voir également *Insurance Corporation of British Columbia c. Heerspink*, [1982] 2 R.C.S. 145, le juge Lamer, aux pp. 157 et 158. Bien sûr, ce que laisse entendre cette expression n'est pas que la loi en cause est en quelque sorte enchâssée dans la Constitution, mais plutôt qu'elle exprime certains objectifs fondamentaux de notre société. Plus récemment encore, dans l'arrêt *Compagnie des chemins de fer nationaux du Canada c. Canada (Commission canadienne des droits de la personne)* (l'arrêt *Action Travail des Femmes*), [1987] 1 R.C.S. 1114, le juge en chef Dickson a souligné la nécessité de reconnaître et de donner effet pleinement aux droits énoncés dans ladite loi, conformément à la *Loi d'interprétation* qui exige que les lois soient interprétées de la façon juste, large et libérale la plus propre à assurer la réalisation de leurs objets.

9   Il vaut la peine de répéter que, de par son texte même, la Loi (à l'art. 2) vise à « donner effet » au principe de l'égalité des chances pour tous en supprimant les distinctions injustes. Son but premier n'est pas de punir ceux qui pratiquent la discrimination. À la page 547 de l'arrêt *O'Malley*, le juge McIntyre exprime la même idée en ces termes :

> Le Code vise la suppression de la discrimination. C'est là l'évidence. Toutefois, sa façon principale de procéder consiste non pas à punir l'auteur de la discrimination, mais plutôt à offrir une voie de recours aux victimes de la discrimination. C'est le résultat ou l'effet de la mesure dont on se plaint qui importe.

10   Puisque la Loi s'attache essentiellement à l'élimination de toute discrimination plutôt qu'à la punition d'une conduite antisociale, il s'ensuit que les motifs ou les intentions des auteurs d'actes discriminatoires ne constituent pas une des préoccupations majeures du législateur. Au contraire, la Loi vise à remédier à des conditions socialement peu souhaitables, et ce, sans égard aux raisons de leur existence. Il se dégage nettement de l'arrêt *O'Malley* que « l'intention d'établir une distinction n'est pas un élément essentiel de la discrimination qui est généralement interdite dans les lois canadiennes sur les droits de la personne » (à la p. 547). Ces lois créent « essentiellement de[s] voies de recours civiles » (à la p. 549). Comme l'explique le juge McIntyre, exiger qu'il y ait intention aurait pour effet de rendre la Loi inapplicable. Voici ce qu'il affirme, à la p. 549 :

> Adopter un point de vue plus étroit pour conclure que l'intention constitue un élément nécessaire de la discrimination en vertu du Code serait, me semble-t-il, élever une barrière pratiquement insurmontable pour le plaignant qui demande réparation. Il serait

extrêmement difficile dans la plupart des cas de prouver le mobile et il serait facile de camoufler ce mobile en formulant des règles qui, tout en imposant des normes d'égalité, créeraient, comme dans l'affaire *Griggs v. Duke Power Co.*, 401 U.S. 424 (1971), des injustices et de la discrimination en traitant également ceux qui sont inégaux (*Dennis v. United States*, 339 U.S. 162 (1950), à la p. 184).

Les observations qui précèdent ont été faites relativement à un code provincial des droits de la personne, mais elles s'appliquent tout aussi bien à la loi fédérale : voir *Bhinder c. Compagnie des chemins de fer nationaux du Canada*, [1985] 2 R.C.S. 561, à la p. 586, le juge McIntyre. Dans ce dernier arrêt, un point de vue semblable à celui du juge McIntyre dans l'arrêt *O'Malley* est exprimé, quoique dans des motifs de dissidence, par le juge en chef Dickson, aux pp. 569 et 571. Le même point de vue est également inhérent aux motifs rédigés par le Juge en chef dans l'arrêt *Compagnie des chemins de fer nationaux du Canada (Action Travail des Femmes)*, précité.

11   Les principes d'interprétation que j'ai énoncés me semblent largement décisifs en l'espèce. Pour commencer, ils réfutent l'argument voulant qu'on doive se reporter à des théories de la responsabilité de l'employeur qui ont été établies à l'égard d'une conduite criminelle ou quasi criminelle. Ces théories, étant axées sur la faute, n'ont absolument aucune pertinence en l'espèce, car, comme nous l'avons vu, une loi relative aux droits de la personne a un but essentiellement réparateur qui consiste à éliminer des conditions antisociales sans égards aux motifs ou intentions de ceux qui en sont à l'origine.

12   Cette dernière observation contribue également en quelque sorte à écarter la thèse selon laquelle la responsabilité d'un employeur devrait reposer sur la notion de la responsabilité du fait d'autrui en matière délictuelle. À ce sujet, l'avocat de Sa Majesté a beaucoup insisté sur l'exigence de l'al. 7b), selon laquelle l'acte reproché doit avoir été accompli dans le cadre de l'emploi. Toutefois, il est clair que cette limite, fixée en vertu du principe de la responsabilité du fait d'autrui en matière délictuelle, ne peut pas être appliquée d'une manière significative au présent régime législatif. Car en matière délictuelle, ce qui est visé ce sont les actes qu'une personne accomplit de quelque manière dans l'exercice des fonctions pour lesquelles elle a été engagée et non pas quelque chose, comme le harcèlement sexuel, qui n'a vraiment rien à voir avec le travail pour lequel la personne a été embauchée. La Loi a pour objet de supprimer certaines conditions peu souhaitables qui, en l'espèce, ont cours dans le milieu de travail, et il semblerait étrange qu'en vertu de l'al. 7a) un employeur soit responsable du harcèlement sexuel auquel se livre un employé lors de l'embauchage d'une personne, sans que sa responsabilité ne soit engagée lorsque cet employé agit ainsi dans le cadre de la surveillance d'un autre employé, en particulier un employé stagiaire. Il semblerait plus raisonnable et plus conforme à l'objet de la Loi d'interpréter l'expression « *in the course of employment* » que l'on trouve dans le texte anglais de l'article, comme signifiant « relié aux fonctions ou à l'emploi », surtout quand cette expression est précédée par les mots « *directly or indirectly* » (« directement ou indirectement »). Fait intéressant, en interdisant en milieu de travail la discrimination fondée sur « un handicap physique » (art. 3), le législateur a utilisé l'expression « en matière d'emploi ».

13   Tout doute qui pourrait subsister à cet égard est complètement dissipé par la nature des redressements prévus pour donner effet aux principes et aux politiques énoncés dans la Loi. Cela est d'autant plus révélateur que la Loi, nous l'avons vu, ne vise pas à déterminer la faute ni à punir une conduite. Elle est de nature réparatrice. Elle vise à déceler les actes discriminatoires et à les supprimer. Pour ce faire, il faut que les redressements soient efficaces et compatibles avec la nature « quasi constitutionnelle » des droits protégés.

14   Quels sont donc les redressements prévus par la Loi ? L'article 4 dispose qu'un acte discriminatoire peut faire l'objet d'une plainte en vertu de la Loi, puis ajoute que toute personne reconnue coupable d'un tel acte peut faire l'objet des ordonnances prévues aux art. 41 et 42. Les paragraphes 41(2) et (3) sont particulièrement pertinents; ils sont ainsi conçus :

41. …

(2) À l'issue de son enquête, le tribunal qui juge la plainte fondée peut, sous réserve du paragraphe (4) et de l'article 42, ordonner, selon les circonstances, à la personne trouvée coupable d'un acte discriminatoire

a) <u>de mettre fin à l'acte et de prendre des mesures</u> destinées à prévenir les actes semblables, <u>et ce, en consultation avec la Commission relativement à l'objet général de ces mesures; celles-ci peuvent comprendre l'adoption d'une proposition relative à des programmes, des plans ou des arrangements spéciaux</u> visés au paragraphe 15(1);

b) <u>d'accorder à la victime, à la première occasion raisonnable, les droits,</u> chances ou avantages dont, de l'avis du tribunal, l'acte l'a privée;

c) d'indemniser la victime <u>de la totalité, ou de la fraction</u> qu'il juge indiquée, <u>des pertes de salaire et des dépenses</u> entraînées par l'acte; et

d) d'indemniser la victime de la totalité, ou de la fraction qu'il fixe, des frais supplémentaires causés, pour recourir à d'autres biens, services, installations ou moyens d'hébergement, et des dépenses entraînées par l'acte.

(3) <u>Outre</u> les pouvoirs que lui confère le paragraphe (2), le tribunal, ayant conclu

a) que la personne a commis l'acte discriminatoire <u>de propos délibéré ou avec négligence,</u> ou

b) que la victime a souffert un préjudice moral par suite de l'acte discriminatoire,

peut ordonner à la personne de payer à la victime une indemnité maximale de cinq mille dollars. [Je souligne.]

15   Il me paraît évident que les objectifs réparateurs de la Loi perdraient toute leur valeur si les redressements énumérés ci-dessus ne pouvaient pas être obtenus contre l'employeur. Comme l'a fait remarquer le juge MacGuigan en Cour d'appel, [1984] 2 C.F. 799, à la p. 845 :

Les mesures de redressement étendues que prévoit l'article 41 et, de façon générale, la nécessité d'assurer un suivi et de mettre fin aux actes discriminatoires, supposent une responsabilité semblable de la part de l'employeur. Cela ressort nettement de l'alinéa 41(2)a) qui exige de la personne trouvée coupable de l'acte discriminatoire « de prendre des mesures destinées à prévenir les actes semblables… celles-ci peuvent comprendre l'adoption d'une proposition relative à des programmes, des plans ou des arrangements spéciaux ». Seul un employeur peut remplir un tel mandat.

La remarque du juge MacGuigan s'applique également à une ordonnance, rendue en vertu de l'al. b), enjoignant d'accorder à la victime les droits dont elle a été privée. Qui d'autre que l'employeur pouvait ordonner la réintégration ? Il en va de même de l'al. c) qui prescrit l'indemnisation pour les pertes de salaire et les dépenses. En fait, si la Loi s'intéresse aux <u>effets</u> de la discrimination plutôt qu'à ses <u>causes</u> (ou motifs qui la sous-tendent), force est de reconnaître que seul l'employeur peut remédier à des effets peu souhaitables; seul l'employeur est en mesure de fournir le redressement le plus important, celui d'un milieu de travail sain. La Loi met l'accent sur la prévention et l'élimination de conditions peu souhaitables plutôt que sur la faute, la responsabilité morale et la punition, c'est pourquoi il convient d'assurer l'efficacité des redressements soigneusement conçus par le législateur. Cela indique que l'intention de l'employeur n'est pas pertinente, du moins aux fins du par. 41(2). Il importe d'ailleurs de souligner que le par. 41(3) prévoit des redressements <u>supplémentaires</u> pour le cas où l'acte discriminatoire a été commis avec négligence ou de propos délibéré (c.-à-d. intentionnellement). Bref, je suis convaincu que l'objet de la Loi ne peut être atteint que si la Commission est investie du pouvoir de s'attaquer au cœur du problème, d'empêcher qu'il ne se pose de nouveau et d'exiger que des mesures soient prises pour améliorer le milieu de travail.

16   La conception d'un régime de responsabilité plus restreint aurait pour effet non seulement de faire perdre toute valeur aux objectifs réparateurs de la Loi, mais en même temps d'annuler les objets éducatifs qu'elle comporte. Si, comme l'a laissé entendre la Cour d'appel, la société doit attendre qu'un ministre (qui est déjà soumis à un contrôle public) commette un acte discriminatoire pour que la Loi s'applique, alors jusqu'à quel point sa fonction éducative peut-elle être efficace ? Qui plus est, selon l'interprétation que je viens de proposer, l'éducation des gens doit commencer à se faire sur les lieux de travail, dans cette micro démocratie que constitue le milieu de travail, plutôt que dans la société en général.

17   En conséquence, je suis d'avis de conclure que la Loi envisage de rendre les employeurs responsables de tous les actes accomplis par leurs employés « dans le cadre de leurs emplois » (« *in the course of employment* »), en interprétant cette dernière expression en fonction de l'objet de la Loi, c'est-à-dire comme signifiant « reliés de quelque manière à l'emploi ». Il s'agit là d'un type de responsabilité qui se passe de tout qualificatif et qui découle purement et simplement de la loi. Toutefois, cette responsabilité répond à un objectif quelque peu semblable à celui de la responsabilité du fait d'autrui en matière délictuelle, du fait qu'elle impose la responsabilité d'un organisme à ceux qui en ont le contrôle et qui peuvent prendre des mesures réparatrices efficaces en vue d'éliminer les conditions peu souhaitables qui peuvent exister. Je souscris aux observations suivantes concernant la discrimination fondée sur le sexe pratiquée par le personnel de surveillance, qu'a faites le juge Marshall de la Cour suprême des États-Unis, en son propre nom et en celui des juges Brennan, Blackmun et Stevens, dans les motifs concordants qu'il a rédigés dans l'affaire *Meritor Savings Bank, FSB v. Vinson*, 106 S. Ct. 2399 (1986), aux pp. 2410 et 2411 :

> [TRADUCTION] Un employeur ne peut agir que par l'intermédiaire de chaque surveillant et employé et il est rare que la discrimination se fasse en application d'une politique dûment votée par le conseil d'administration d'une compagnie. Bien qu'un employeur puisse parfois adopter des politiques discriminatoires, applicables à l'ensemble de l'entreprise, qui vont à l'encontre du titre VII, les actes qui peuvent constituer des violations de ce titre sont généralement accomplis par des individus et il arrive souvent qu'un individu prenne une telle mesure même au mépris de la politique établie par la compagnie. Néanmoins, les redressements prévus par le titre VII, tels que la réintégration et le paiement d'un rappel de salaire, jouent en règle générale contre l'employeur en tant qu'entité.
>
> ...
>
> Les responsabilités d'un surveillant ne se limitent pas au pouvoir d'embaucher et de renvoyer des employés et de leur imposer des mesures disciplinaires ni au pouvoir de recommander de tels [sic] mesures. Sa tâche consiste plutôt à s'occuper de la surveillance quotidienne du milieu de travail afin d'en assurer la sécurité et la productivité. Il n'y a aucune raison pour laquelle l'abus de ce dernier pouvoir devrait avoir des conséquences différentes de celles qu'entraîne l'abus du premier. Dans les deux cas,

> c'est le pouvoir conféré au surveillant par l'employeur qui lui permet de commettre l'acte répréhensible : c'est précisément parce que le surveillant est considéré comme investi de l'autorité de l'employeur qu'il est en mesure d'imposer à ses subordonnés une conduite sexuelle à laquelle ces derniers ne souhaitent pas se prêter.

[...]

Dispositif

> 22   Pour ces motifs, je suis d'avis d'accueillir le pourvoi, d'infirmer l'arrêt de la Cour d'appel fédérale et de rétablir la décision du tribunal d'appel.

Le juge La Forest renvoie tout d'abord à l'objectif de la *Loi canadienne sur les droits de la personne* dans son ensemble, tel qu'énoncé à son article 2, soit le droit à l'égalité sans discrimination, notamment celle fondée sur le sexe. Il est important de donner effet à ce but législatif général compte tenu de la nature réparatrice de cette législation et, en outre, du caractère quasi constitutionnel de ces instruments législatifs relatifs à la protection des droits et libertés de la personne. La loi dans son ensemble ne vise donc pas la punition, selon les dires du juge La Forest, mais plutôt la réalisation du principe de l'égalité des chances pour tous, en supprimant entre autres les situations discriminatoires fondées sur le sexe.

Qui plus est, le but poursuivi par les dispositions particulières de la loi pertinentes au litige – les articles 41 et 42 de la *Loi canadienne sur les droits de la personne*, concernant les redressements – va dans le même sens. Il s'agit d'un objectif de réparation (et non de punition) qui, conclut le juge La Forest, justifie de donner une application large et libérale aux règles législatives de redressement judiciaire. Par conséquent, l'employeur peut être tenu responsable et, conséquemment, peut devoir verser des dommages-intérêts en raison du comportement discriminatoire d'un employé dans le cadre de ses fonctions, en l'occurrence le harcèlement sexuel d'un employé à l'égard d'un autre employé. Bref, les deux formes de l'argument téléologique ont grandement contribué à dissiper le problème d'interprétation et, ultimement, a permis d'identifier l'intention du législateur fédéral.

(c) Limiter la portée d'application

La méthode d'interprétation téléologique peut servir à limiter le sens d'une loi, c'est-à-dire à donner une portée moins grande à la norme législative. Il s'agit d'une utilisation moins fréquente de l'argument de finalité, surtout si on la compare avec son recours pour dissiper une incertitude quant au sens de la loi, que nous venons de voir, ou avec son application en vue d'étendre la portée d'une règle contenue dans la loi, que nous verrons dans un moment. L'étude de cette troisième catégorie donne l'occasion de réitérer la distinction entre, d'une part, l'interprétation téléologique et, d'autre part, l'interprétation généreuse (par opposition à restrictive) d'une loi. En fait, nous élaborerons ici brièvement sur le fait que l'argument selon l'objet législatif peut être utilisé pour restreindre la portée d'une norme législative. Ces cas sont plus rares, mais néanmoins réels et importants.

Cette application de l'argument téléogique permet aux tribunaux, lorsque le texte de loi s'exprime en termes généraux, de recourir à l'objectif général de la législation dans son ensemble ou du but visé par la disposition législative pertinente afin de donner une moins grande portée à la règle que le libellé de la loi le suggère. Autrement dit, la finalité législative agit afin d'aller « au deçà » de ce que le support communicationnel de la normativité suggère ou permet. Par exemple, le libellé du texte semble permettre l'application d'une règle aux situations « x, y, z », mais lorsque la lettre de la loi est considérée à la lumière des objectifs poursuivis, il devient alors clair que la portée de la règle devrait se limiter aux situations « y et z » seulement. Il existe une maxime latine qui exprime de façon magnifique cette application de l'argument d'interprétation téléologique : « *cessante ratione legis, cessat ipsa lex* », c'est-à-dire que là où cesse la raison de la loi, la loi devrait aussi cesser.

Nous avons déjà analysé une décision qui est fort utile pour illustrer cette troisième catégorie d'application de l'objectif législatif, à savoir *R. c. Sommerville*[560]. Le litige concernait la portée de l'article 32b) de la *Loi sur la Commission de canadienne de blé*, qui interdisait le transport de blé d'une province à une autre. La façon dont la disposition législative est libellée pouvait laisser croire que, généralement parlant, l'on ne pouvait pas faire de transport interprovincial de blé. Cette portée *a priori* large de la règle fut restreinte – sous la plume du juge Martland, pour la majorité de la Cour suprême du Canada – à l'aide principalement de la méthode téléologique d'interprétation législative. Plus particulièrement, l'examen de l'objectif général de la *Loi sur la Commission canadienne de blé* (eu égard en outre à la compétence législative du fédéral en matière de trafic et de commerce), en ce qui a trait à la réglementation des aspects commerciaux du marché interprovincial et international du grain au Canada, permettait de conclure que la portée de l'interdiction à l'article 32b) devait se limiter au transport d'une province à l'autre dans le cadre d'une activité commerciale et non aux situations où un agriculteur transportait outre-frontière son propre grain pour son propre usage.

La décision suivante, rendue plus récemment par la Cour suprême du Canada, procure une autre belle illustration de cette application de la méthode téléologique d'interprétation législative.

Extraits tirés de *R. c. Lavigne*, [2006] 1 R.C.S. 392, [2006] A.C.S. n° 10.

Le jugement de la Cour a été rendu par

LA JUGE DESCHAMPS —

1   La question soulevée par le pourvoi peut être formulée ainsi : la capacité de payer d'un contrevenant est-elle un facteur dont le tribunal peut tenir compte dans sa décision d'infliger une amende en remplacement d'une ordonnance de confiscation de biens qui constituent des produits de la criminalité (par. 462.37(3) du *Code criminel*, L.R.C. 1985, ch. C-46 (« *C. cr.* »)) ? Pour les motifs qui suivent, je suis d'avis que le pouvoir discrétionnaire conféré par cette

---

560.   *R. c. Sommerville*, [1974] R.C.S. 387, [1972] A.C.S. n° 123.

disposition est limité et que la capacité de payer ne peut être prise en considération ni dans la décision d'infliger l'amende, ni dans l'établissement du montant de celle-ci.

Faits, arguments et jugements de la Cour du Québec et de la Cour d'appel

2 Dans le cadre d'une enquête amorcée en 2001 et menée en collaboration avec plusieurs corps policiers municipaux, la Sûreté du Québec, des agents de douane canadiens et américains et la Drug Enforcement Administration des États-Unis, la Gendarmerie royale du Canada met à jour un réseau de trafic de cannabis. Vingt-six individus, dont l'intimé, sont mis en accusation le 3 juillet 2002. Ce dernier plaide coupable devant un juge de la Cour du Québec à un chef de complot pour production de cannabis, trafic de cannabis, possession de cannabis en vue d'en faire le trafic et possession de biens provenant du trafic de cannabis (art. 465 *C. cr.*) et à un autre chef de commission d'actes criminels au profit d'une organisation criminelle (art. 467.12 *C. cr.*).

3 La poursuite suggère une peine d'emprisonnement de six ans, réduite du temps passé en détention préventive, ainsi qu'une amende en remplacement d'une ordonnance de confiscation (par. 462.37(3) *C. cr.*). À ce sujet, la poursuite prétend que l'argent n'a pu être retrouvé parce que l'intimé en aurait disposé par des dons et achats divers. L'avocat de l'intimé recommande une peine de 40 mois qui, une fois réduite de la période de détention préventive, s'établirait à huit mois et demi d'emprisonnement, lesquels pourraient être purgés dans la communauté. Concernant l'amende, l'avocat soutient que l'intimé n'a pas bénéficié personnellement de l'argent, mais en aurait fait profiter ses proches.

4 À la suite des plaidoiries présentencielles, le juge conclut que l'intimé a lui-même participé au transport du cannabis et qu'il n'est pas un simple exécutant. Il a intégré un autre individu dans le réseau, l'a formé et a reçu une part des revenus que ce dernier tirait lui aussi des activités illégales. L'intimé a tiré au moins 150 000 $ des crimes reprochés. Le juge évalue la peine appropriée à 50 mois d'emprisonnement, qu'il réduit à 19 mois après avoir tenu compte de la période de détention préventive. En raison de la nature des accusations, il refuse la demande de l'intimé de purger la peine dans la collectivité. Pour ce qui est de la demande d'infliction d'une amende en remplacement de l'ordonnance de confiscation, le juge se dit incapable de conclure que l'intimé est encore en possession de la somme de 150 000 $ qu'il a tirée des activités illégales. Invoquant son pouvoir discrétionnaire et s'appuyant sur ce qu'il estimait être la jurisprudence majoritaire lui dictant de prendre en considération la capacité de payer de l'intimé, le juge conclut qu'une amende de 20 000 $ était « justifiée » ([2003] J.Q. n° 14742 (QL), par. 56).

5 La poursuite se pourvoit devant la Cour d'appel mais uniquement contre le montant de l'amende infligée en remplacement de l'ordonnance de confiscation. Elle affirme que le juge ne pouvait réduire le montant de l'amende. La Cour d'appel rejette l'appel ([2004] R.J.Q. 1796). Elle souligne d'abord que, aux termes du par. 462.37(1), l'ordonnance de confiscation est obligatoire. Elle considère cependant comme facultative l'infliction de l'amende en remplacement de l'ordonnance de confiscation prévue par le par. 462.37(3). La Cour d'appel estime que le par. 734(2) n'a pas pour effet d'écarter la règle générale voulant que la capacité de payer d'un contrevenant soit prise en considération, mais que cette règle n'est simplement pas obligatoire dans le cas de l'amende en remplacement de la confiscation. Elle conclut qu'il serait injuste de ne pas tenir compte de la capacité de payer.

6 La poursuite a obtenu la permission de se pourvoir devant notre Cour. L'intimé n'est pas représenté et la Cour a nommé un avocat pour agir comme *amicus curiae*.

Analyse

7   L'interprétation du par. 462.37(3) *C. cr.* est en litige. Je me propose de suivre ce qui est maintenant qualifié de méthode moderne d'interprétation : [TRADUCTION] « il faut lire les termes d'une loi dans leur contexte global en suivant le sens ordinaire et grammatical qui s'harmonise avec l'esprit de la loi, l'objet de la loi et l'intention du législateur » (E. A. Driedger, *Construction of Statutes* (2ᵉ éd. 1983), p. 87). J'examinerai donc brièvement le contexte de l'adoption des dispositions concernant les produits de la criminalité et ferai un survol de ces dispositions dans leur ensemble pour déterminer leur esprit, leur objet, ainsi que l'intention du législateur. J'étudierai ensuite la disposition litigieuse en la replaçant dans le contexte de la partie XII.2 (Produits de la criminalité) et, enfin, l'impact des dispositions générales régissant la détermination de la peine.

Contexte d'adoption et survol des dispositions concernant les produits de la criminalité

8   En 1989, donnant suite à l'engagement qu'il a pris en signant la *Convention contre le trafic illicite de stupéfiants et de substances psychotropes*, R.T. Can. 1990 nº 42, le Canada modifie le *Code criminel* en y ajoutant la partie XII.2 (Produits de la criminalité) : L.R.C. 1985, ch. 42 (4ᵉ suppl.) (anciennement L.C. 1988, ch. 51), art. 2. Les nouvelles dispositions permettent à la poursuite d'avoir recours à des outils d'enquête nouveaux (art. 462.32), créent de nouvelles infractions (par. 462.31(1)) et prévoient des règles particulières en matière de détermination de la peine (par. 462.31(2) et art. 462.37). Comme le dit avec raison l'auteur P. M. German, au-delà du contrevenant lui-même, le législateur vise les produits de la criminalité (*Proceeds of Crime: The Criminal Law, Related Statutes, Regulations and Agreements* (éd. feuilles mobiles), p. 3-4) :

> [TRADUCTION] La partie XII.2 va beaucoup plus loin que les autres initiatives de lutte contre la criminalité. Elle représente un changement paradigmatique, où l'on délaisse la structure traditionnelle du droit criminel familière aux Canadiens – à savoir celle axée sur l'individu et une opération unique – au profit d'une structure basée à la fois sur les biens concernés et les multiples opérations effectuées par les organisations criminelles. Cette structure s'attache aux produits de la criminalité plutôt qu'au contrevenant, que celui-ci soit une personne physique ou morale, l'objectif déclaré étant de neutraliser les organisations criminelles plutôt que de punir les contrevenants eux-mêmes. L'efficacité avec laquelle cette structure permet de réaliser cet objectif est inexorablement liée à la rapidité avec laquelle les produits de la criminalité sont saisis ou bloqués et, en conséquence, elle agit pour l'avenir, en vue d'une déclaration de culpabilité dans une instance ultérieure. [Renvois omis.]

9   Une grande importance est donc accordée aux produits de la criminalité et un des buts avoués est de neutraliser les organisations criminelles en les privant du fruit de leurs activités. Selon l'honorable Ray Hnatyshyn, ministre de la Justice lors de la présentation du projet de loi, les trafiquants n'étaient pas suffisamment dissuadés par les méthodes traditionnelles de détermination de la peine. Le Canada devait se doter des moyens de priver les contrevenants des fruits de leurs crimes et de leur retirer toute motivation de poursuivre leurs activités criminelles. Parmi tous les moyens choisis, le principal est la confiscation (Chambre des communes, *Procès-verbaux et témoignages du Comité législatif sur le projet de loi C-61*, fascicule nº 1, 5 novembre 1987, p. 1:8). L'efficacité des moyens mis en œuvre dépend largement de la rigueur des nouvelles dispositions et de leur effet dissuasif (*Québec (Procureur général) c. Laroche*, [2002] 3 R.C.S. 708, 2002 CSC 72, par. 25).

Disposition en litige dans le contexte de la partie XII.2 (Produits de la criminalité)

10   La peine infligée pour une infraction visée par la partie XII.2 concernant les produits de la criminalité comporte deux volets : la sanction liée à la commission de l'infraction désignée (par. 462.3(1)) et la confiscation des produits de la criminalité (par. 462.37(1)). Les nouvelles dispositions s'ajoutent aux outils existants. L'intention du législateur est claire. Non seulement l'acte doit-il être puni, mais il ne doit pas bénéficier au contrevenant. Le législateur veut ainsi s'assurer que le crime ne paie pas. Bien que le pourvoi porte sur le pouvoir discrétionnaire dont dispose le tribunal qui inflige une amende en remplacement de la confiscation, il importe de bien cerner l'objectif de la disposition principale afin de pouvoir dégager celui de la disposition autorisant la peine substitutive.

11   La disposition principale sur la confiscation est susceptible d'avoir une portée très large. Elle est ainsi rédigée :

> **462.37** (1) Sur demande du procureur général, le tribunal qui détermine la peine à infliger à un accusé coupable d'une infraction désignée — ou absous en vertu de l'article 730 à l'égard de cette infraction — est tenu, sous réserve des autres dispositions du présent article et des articles 462.39 à 462.41, d'ordonner la confiscation au profit de Sa Majesté des biens dont il est convaincu, selon la prépondérance des probabilités, qu'ils constituent des produits de la criminalité obtenus en rapport avec cette infraction désignée; l'ordonnance prévoit qu'il est disposé de ces biens selon les instructions du procureur général ou autrement en conformité avec la loi.

12   Les biens sujets à confiscation sont ceux qui constituent des « produits de la criminalité », expression qui est définie ainsi au par. 462.3(1) :

> **462.3** (1) ...
>
> « produits de la criminalité » Bien, bénéfice ou avantage qui est obtenu ou qui provient, au Canada ou à l'extérieur du Canada, directement ou indirectement :
>
> *a*) soit de la perpétration d'une infraction désignée;
>
> *b*) soit d'un acte ou d'une omission qui, au Canada, aurait constitué une infraction désignée.

Le mot « biens » est lui-même défini à l'art. 2 :

> **2.** ...
>
> « biens » ou « propriété »
>
> *a*) Les biens meubles et immeubles de tous genres, ainsi que les actes et instruments concernant ou constatant le titre ou droit à des biens, ou conférant le droit de recouvrer ou de recevoir de l'argent ou des marchandises;
>
> *b*) des biens originairement en la possession ou sous le contrôle d'une personne, et tous biens en lesquels ou contre lesquels ils ont été convertis ou échangés et tout ce qui a été acquis au moyen de cette conversion ou de cet échange;
>
> . . .

13   Les biens susceptibles de constituer des produits de la criminalité sont donc très variés. Il peut s'agir de droits réels ou personnels, de biens corporels ou incorporels. La confiscation peut porter sur le bien original ou sur un bien acquis en échange ou par conversion du premier. Il peut s'agir aussi d'un droit visant une partie d'un bien. Le lien du bien ou droit

en question avec l'infraction désignée n'a pas besoin d'être direct. Il suffit que ce bien ou ce droit ait été obtenu « en rapport avec » l'infraction.

14   De plus, en vertu de cette disposition, tel que le dit clairement le texte du par. 462.37(1), le tribunal qui détermine la peine à infliger à un accusé coupable d'une infraction concernant les produits de la criminalité « est tenu », sur demande du procureur général, d'ordonner la confiscation des biens obtenus en rapport avec cette infraction.

15   La large portée des expressions « produits de la criminalité » et « en rapport avec », conjuguée à l'absence de tout pouvoir discrétionnaire dans le texte de la disposition, est significative. Le législateur donne un caractère contraignant à cette disposition en imposant la confiscation et en assujettissant à son application la plus vaste gamme possible de biens.

16   Par les dispositions sur la confiscation, le législateur a voulu ajouter du mordant aux dispositions générales sur la peine. Alors que ces dernières visent à punir le contrevenant pour la perpétration d'une infraction donnée, la confiscation a plutôt comme objectif de priver le contrevenant et l'organisation criminelle des produits de leur crime et de les dissuader de perpétrer d'autres infractions. La sévérité des dispositions et leur large portée indiquent que le législateur cherche à prévenir la criminalité en montrant que le produit du crime lui-même ou l'équivalent peut être confisqué.

17   La sévérité montrée par le législateur est d'ailleurs illustrée par le par. 462.37(2), lequel prévoit que les biens pour lesquels un lien avec l'infraction dont un contrevenant est déclaré coupable n'est pas prouvé peuvent tout de même être confisqués s'il est démontré qu'il s'agit de produits de la criminalité.

18   La confiscation des produits de la criminalité n'est cependant pas toujours praticable. Le produit du crime peut avoir été utilisé, transféré, transformé ou tout simplement être introuvable. Pour éviter que le produit d'un crime profite indirectement à ses auteurs, le législateur prévoit que le tribunal peut infliger une amende en remplacement des produits de la criminalité. C'est donc dans le cadre de l'objectif visé par les dispositions sur la confiscation qu'il faut replacer l'amende en remplacement de la confiscation.

19   Alors que le législateur emploie des termes qui ne laissent aucune flexibilité au tribunal dans les cas où le bien peut être retracé, il utilise un langage plus permissif pour ce qui est de l'infliction de l'amende en remplacement de la confiscation. Le paragraphe 462.37(3) énonce que, lorsque la confiscation n'est pas praticable, le tribunal « peut » substituer une amende à l'ordonnance de confiscation. Ce paragraphe est ainsi rédigé :

462.37 …

(3) Le tribunal qui est convaincu qu'une ordonnance de confiscation devrait être rendue à l'égard d'un bien — d'une partie d'un bien ou d'un droit sur celui-ci — d'un contrevenant <u>peut</u>, en remplacement de l'ordonnance, infliger au contrevenant une amende égale à la valeur du bien s'il est convaincu que le bien ne peut pas faire l'objet d'une telle ordonnance et notamment dans les cas suivants :

a) impossibilité, malgré des efforts en ce sens, de retrouver le bien;

b) remise à un tiers;

c) situation du bien à l'extérieur du Canada;

d) diminution importante de valeur;

e) fusion avec un autre bien qu'il est par ailleurs difficile de diviser.

20   Il peut paraître étrange que le législateur ait imposé l'ordonnance de confiscation lorsque la poursuite peut établir un rapport avec un bien donné et l'infraction pour laquelle le contrevenant reçoit sa peine, mais qu'il ait utilisé une expression qui reflète généralement un pouvoir discrétionnaire pour décrire l'exercice auquel le tribunal doit se plier pour décider s'il infligera ou non une amende en remplacement de la confiscation.

21   Selon une première interprétation, le mot « peut » indique que le tribunal dispose d'un large pouvoir discrétionnaire lui permettant de moduler l'amende selon les principes généraux applicables à la détermination de la peine, sous réserve des règles spécifiques explicitement prévues. C'est l'interprétation qu'a retenue la Cour d'appel du Québec dans *R. c. Savard*, [1998] A.Q. n° 1565 (QL), et dans la présente affaire. La Cour d'appel du Manitoba à la majorité, dans *R. c. Neves* (2005), 202 C.C.C. (3d) 375, 2005 MBCA 112, a elle aussi été d'avis que le tribunal qui inflige une amende de remplacement peut prendre en considération la capacité de payer pour décider d'appliquer ou non cette sanction. Dans *Neves*, les juges majoritaires ne reconnaissent toutefois pas que le pouvoir discrétionnaire dont dispose le tribunal lui permet de réduire le montant de l'amende pour tenir compte de la capacité de payer du contrevenant comme facteur d'individualisation. Suivant une deuxième interprétation, le mot « peut » se traduit par une obligation et correspond à « doit » à compter du moment où le tribunal constate que le bien ne peut être confisqué. Il s'agit de l'interprétation qui a été adoptée par les juges minoritaires dans *Neves*, par la Cour d'appel du Manitoba dans *R. c. Garoufalis* (1998), 131 C.C.C. (3d) 242, et par la Cour d'appel de Saskatchewan dans *R. c. Geschwandtner* (2004), 241 Sask. R. 248, 2004 SKCA 15. Enfin, conformément à une troisième interprétation, le tribunal dispose d'un pouvoir discrétionnaire limité lorsqu'il inflige l'amende, mais la capacité de payer du contrevenant n'est pas un critère qui peut être pris en considération. C'est ce que la poursuite suggère dans le présent dossier, avec raison selon moi.

Première interprétation : large pouvoir discrétionnaire

22   Le mot « peut » est souvent indicatif de l'existence d'un large pouvoir discrétionnaire. Le piège de l'interprétation littérale doit cependant être évité. Les tribunaux ont d'ailleurs élaboré les règles modernes d'interprétation après avoir pris conscience de la fragilité de la méthode d'interprétation littérale.

23   Le pouvoir discrétionnaire du tribunal est nécessairement limité par la raison d'être de l'ordonnance de remplacement. En effet, il ne peut être exercé que pour remplacer la confiscation. Il ne s'agit pas d'une solution ouverte dans tous les cas. Le pouvoir ne peut être exercé que lorsque le tribunal ne peut ordonner la confiscation ou lorsque celle-ci n'est pas praticable. Comme la confiscation a pour but de priver les contrevenants des produits du crime et ainsi de dissuader tant les organisations criminelles que les contrevenants eux-mêmes de commettre les infractions désignées, l'exercice du pouvoir discrétionnaire doit aussi tenir compte du fait que le législateur cherche à dissuader non seulement les contrevenants, mais aussi les organisations criminelles.

24   L'énumération des circonstances dans lesquelles le tribunal peut, notamment, infliger une amende en remplacement de la confiscation illustre elle aussi les limites du pouvoir discrétionnaire. Par exemple, ce pouvoir peut être exercé *a)* lorsqu'il y a impossibilité, malgré des efforts en ce sens, de retrouver le bien ou *b)* lorsque le bien a été remis à un tiers. Cette énumération ne paraît toutefois pas limitative, vu la présence du mot « notamment », lequel suggère que d'autres circonstances ne sont pas énumérées. Ces circonstances doivent cependant être de même nature que celles qui sont explicitement mentionnées. Le juge ne pourrait donc pas refuser d'infliger une amende du seul fait que le contrevenant n'est plus

en possession du bien ou *c*) que le bien est à l'extérieur du Canada. Le juge ne peut donc transformer des circonstances donnant ouverture à l'ordonnance de remplacement en circonstances justifiant de ne pas infliger l'amende.

25   *L'amicus curiae* plaide que l'infliction d'une amende sans tenir compte des principes généraux de détermination de la peine a pour effet d'infliger au contrevenant une double punition. Un tel argument omet de prendre en considération que ces principes ne sont pas tous écartés et que l'amende en remplacement de la confiscation est vue comme un volet autonome de la peine. Si cette ordonnance fait techniquement partie de la peine, elle s'en démarque toutefois en ce qu'elle vise à remplacer le produit du crime. Elle n'est pas considérée comme la punition prévue spécifiquement pour l'infraction désignée.

26   L'objectif même de la partie XII.2 est de réserver un traitement spécial aux produits de la criminalité, en sus de la punition prévue pour la commission du crime. L'amende qui est alors infligée comporte d'ailleurs certaines particularités : l'emprisonnement pour défaut de paiement fait l'objet de règles spécifiques (par. 462.37(4) et (5)). L'amende ou l'emprisonnement infligé comme peine principale sanctionne la commission de l'infraction désignée. La confiscation ou l'amende infligée en remplacement de la confiscation prive le contrevenant des produits de son crime et dissuade les contrevenants et complices potentiels.

27   Le mot « peut » ne saurait donc avoir pour effet de conférer un large pouvoir discrétionnaire. L'exercice de ce pouvoir est nécessairement limité par l'objectif de la disposition, par la nature de l'ordonnance et par les circonstances dans lesquelles celle-ci doit être rendue.

Deuxième interprétation : le mot « peut » est assimilable à « doit »

28   La deuxième interprétation n'est pas non plus satisfaisante, parce qu'elle n'est pas conciliable avec l'ensemble des dispositions de la partie XII.2. Il est important de rappeler que les objectifs visés sont de priver le contrevenant du produit de son crime et de dissuader les contrevenants potentiels et les organisations criminelles. D'une part, le mot « peut » ne doit être assimilé à « doit » que lorsque le contexte l'exige. Tel n'est pas le cas ici. Le sens littéral du mot « peut » ressort de la lecture de l'ensemble des dispositions de la partie XII.2. D'autre part, le tribunal pourrait être en présence de circonstances où la poursuite des objectifs de ces dispositions ne requiert pas l'infliction d'une amende. Ce serait le cas, par exemple, si le contrevenant n'a pas bénéficié du crime et s'il s'agit d'un crime isolé commis par un contrevenant agissant seul. Dans ce cas, aucun des objectifs ne serait servi ou contrecarré par le refus d'infliger une amende de remplacement. Le mot « peut » laisse place à l'exercice d'un pouvoir discrétionnaire qui est conforme à l'esprit de l'ensemble des dispositions concernées.

Troisième interprétation : le juge dispose d'un pouvoir discrétionnaire limité ne l'autorisant pas à prendre en considération la capacité de payer

29   J'ai dit précédemment être d'avis que le juge dispose d'un pouvoir discrétionnaire limité lorsqu'il inflige une amende en remplacement de la confiscation. J'ai également donné des exemples de limites à ce pouvoir et mentionné un cas d'exercice de celui-ci. Les circonstances factuelles pouvant donner lieu à l'exercice du pouvoir discrétionnaire peuvent varier et il serait illusoire de prétendre les prévoir toutes. Je ne traiterai donc que du seul facteur qui a occupé les débats, à savoir la capacité de payer.

30   Le contexte de la disposition a permis de faire ressortir la volonté du législateur de mettre l'accent sur la privation du gain et sur l'aspect dissuasif de la mesure. Il semble à première vue peu compatible avec la réalisation de ces objectifs de prendre en considération la capacité de payer. En effet, particulièrement en matière de trafic de drogue, comme c'est le

cas en l'espèce, le produit du crime est souvent de l'argent liquide. Si le contrevenant n'a plus l'argent, ce sera souvent parce qu'il l'a dépensé. Si le fait de dépenser l'argent constitue un motif pour être exempté de l'ordonnance, n'est-ce pas là encourager la dilapidation rapide des produits de la criminalité ? Un tel résultat va sans doute à l'encontre du but poursuivi, à savoir priver les contrevenants et les organisations criminelles du produit de leurs crimes. De plus, si l'incapacité de payer constituait un motif justifiant de réduire l'amende, cela signifierait que les organisations criminelles pourraient avoir recours à des personnes démunies, sachant que les tribunaux se montreront cléments lorsqu'ils infligeront une amende. La prise en considération de l'incapacité de payer peut donc avoir des effets pervers allant directement à l'encontre de l'objectif de dissuasion poursuivi par le législateur.

31   Il est évident que, dans le cas d'une somme d'argent, la diminution de la valeur d'un tel bien est le plus souvent liée à son utilisation, elle-même souvent liée à l'absence d'autres revenus. Si l'un des objectifs est de faire en sorte que le crime ne paie pas, l'utilisation des produits de la criminalité est nécessairement un motif pour ordonner l'amende en remplacement des biens et ne saurait constituer un motif pour atténuer l'impact de la mesure.

32   Le simple fait que le bien ait été utilisé ne peut donc justifier l'exercice du pouvoir discrétionnaire pour diminuer le montant de l'amende, particulièrement lorsque ce bien est de l'argent liquide. Le fait que le contrevenant ne dispose plus d'une somme suffisante ne doit donc pas servir de moyen d'échapper à l'amende. L'ordonnance n'a de pertinence que lorsque le bien ne peut être confisqué ou que sa confiscation est impraticable. L'alinéa 462.37(3)*d*) est d'ailleurs significatif : l'amende peut être infligée lorsque le bien a perdu une partie importante de sa valeur. Le but de l'ordonnance, qui est de remplacer le bien, serait contrecarré si le contrevenant pouvait éviter l'amende simplement en dépensant le produit du crime.

33   Réduire l'amende pour tenir compte de la capacité de payer peut d'ailleurs miner le but de l'ordonnance. En effet, l'ordonnance de confiscation s'ajoute à la peine infligée pour l'infraction désignée. Comme il est possible que cette peine comporte déjà une amende pour laquelle le tribunal doit, en vertu des règles générales, tenir compte de la capacité de payer, ce facteur serait en conséquence pris en considération deux fois s'il était admis pour l'application du par. 462.37(3) et pourrait ainsi réduire à néant le montant qu'un tribunal pourrait fixer.

34   Les limites du pouvoir discrétionnaire du tribunal peuvent être dégagées de l'objectif et du contexte du par. 462.37(3) *C. cr.* Elles sont aussi inscrites dans le texte même de la disposition. Non seulement le pouvoir discrétionnaire du tribunal est-il limité par les circonstances susceptibles de donner lieu à la substitution, notamment celles énumérées aux al. *a*) à *e*), mais, facteur plus important encore, il l'est aussi par le texte clair de la disposition elle-même. Le montant de l'amende est établi par le *Code criminel* : le tribunal « peut, en remplacement de l'ordonnance [de confiscation], infliger au contrevenant une amende <u>égale à la valeur du bien</u> . . . ». Le texte est limpide. Le législateur a lui-même déterminé le montant de l'amende.

35   L'amende, comme le texte le dit, est égale à la valeur du bien. L'équivalence entre la valeur du bien et le montant de l'amende est d'ailleurs inhérente à la notion de « remplacement ». L'amende tient en effet lieu de confiscation. Pour qu'il s'agisse d'un véritable remplacement, la valeur doit être équivalente. Le pouvoir discrétionnaire du tribunal s'applique et à la décision d'infliger ou non une amende et à la détermination de la valeur du bien. Ce processus doit s'appuyer sur la preuve et, lorsqu'il est complété, le tribunal ne peut pas prendre en considération la capacité de payer du contrevenant pour ne pas infliger l'amende ou pour en diminuer le montant.

36   Dans les cas où, comme en l'espèce, un emprisonnement prolongé est ordonné, l'impé-cuniosité d'un contrevenant peut rendre le paiement de l'amende plus difficile. L'objectif de dissuasion visé par les dispositions de la partie XII.2 commande cependant de regarder au-delà du contrevenant lui-même. La réduction de l'amende pour cause d'incapacité de payer est difficilement conciliable avec l'objectif de dissuasion générale. D'autres dispositions du *Code criminel* ne sont pas écartées par la partie XII.2 et peuvent au besoin être appliquées. Je traiterai de ces dispositions plus loin.

37   En présence d'un objectif clair, d'un texte tout aussi clair et des effets contre-productifs de la prise en considération de la capacité de payer, je conclus que le tribunal ne peut tenir compte de ce facteur dans l'établissement de l'amende qui sera infligée en remplacement de la confiscation.

38   L'analyse du contexte plus global des règles régissant la détermination de la peine mène à la même conclusion.

Contexte global des règles régissant la détermination de la peine

[...]

Application aux faits

49   En l'espèce, le juge de première instance a clairement estimé qu'il s'agissait d'un cas où la dissuasion prenait une importance particulière :

> À la lueur des causes précédemment mentionnées et en s'appuyant sur l'orientation de la jurisprudence contemporaine en pareille matière, impliquant une organisation très bien structurée, il appert que les critères de dissuasion et de dénonciation prennent une importance particulière. [par. 33]

50   Il a aussi conclu que l'intimé a bénéficié des produits de son crime et qu'il en aurait dilapidé une partie :

> L'accusé a bénéficié de sommes d'argents substantielles, mais la preuve ne démontre pas qu'il possède encore toutes ces sommes d'argent. Il en a certainement dilapidé une bonne partie en dons, cadeaux et achats divers. [par. 53]

51   Ces circonstances ne permettent pas de conclure que le juge pouvait refuser d'infli-ger l'amende de remplacement. Comme il a évalué la valeur des produits de la criminalité à 150 000 $, il aurait dû fixer l'amende à ce montant.

Conclusion

52   Les dispositions sur les produits de la criminalité constituent des règles particulières qui écartent partiellement les règles générales concernant la détermination de la peine. La prise en considération de la capacité de payer n'est pas compatible avec les objectifs visés par ces dispositions, ni à l'étape de la décision d'infliger l'amende de remplacement ni à celle de la détermination du montant de l'amende. Le tribunal doit cependant tenir compte de ce facteur lorsqu'il fixe le délai de paiement de celle-ci.

53   En l'espèce, le juge de première instance a accordé un délai de 12 mois pour payer une amende qu'il avait établie à 20 000 $. La fixation du délai est fonction des circonstances particulières du contrevenant. Aucune observation n'a été présentée à la Cour relativement au délai de paiement et à la période d'emprisonnement applicable en cas de défaut de paie-

ment de l'amende. Le dossier doit donc être renvoyé au tribunal de première instance pour détermination de ces délais.

54   Pour ces motifs, j'accueillerais l'appel, j'infirmerais l'ordonnance de la Cour d'appel et celle de la Cour du Québec concernant l'amende, je condamnerais l'intimé à une amende de 150 000 $ en remplacement de la confiscation et je renverrais le dossier à la Cour du Québec pour détermination du délai de paiement et de la période d'emprisonnement applicable en cas de défaut de paiement de l'amende.

> *Pourvoi accueilli.*

(d) *Étendre la portée d'application*

Enfin, la quatrième et dernière principale application de l'argument téléologique permet d'augmenter la portée de la norme législative en arguant le but de la loi. Diamétralement opposé à celui de la catégorie précédente, cet argument met en jeu une formulation dans le texte législatif qui, à première vue, semble énoncer une règle d'application limitée; toutefois, en considérant l'objet général de la loi ou le but particulier des dispositions en cause, il est possible (et, présumément, approprié) de donner une plus large portée à la normativité législative. Une maxime latine, « *ubi eadem ratio, ibi idem jus* » – en français, là où il y a la même raison, on devrait y appliquer le même droit – exprime bien ce qui se passe dans ces situations. En interprétation des lois, cela signifie qu'« une règle de droit peut être appliquée par analogie, lorsque se retrouve la même raison d'être de cette règle »[561].

On avait l'habitude de dire, dans les juridictions anglo-saxonnes (dont le Canada), que cette application de la méthode d'interprétation téléologique demeurait somme toute controversée[562], et ce, principalement en raison de la place de la législation (« *statutes* ») comme source de normativité dans la tradition juridique de common law, dont on a déjà parlé au Chapitre 1. En bonne partie grâce à l'influence marquée du « *modern principle* » de l'auteur Elmer Driedger[563], mais également en raison d'autres facteurs[564], l'argument téléologique a pris sa place, surtout dans son application menant à une interprétation généreuse de la loi, dans la méthodologie d'interprétation législative. En fait, on associe tellement l'objectif législatif à la portée large et libérale de la loi que l'on confond souvent – à tort, comme il a déjà été souligné – ces deux aspects, en pensant que la finalité ne peut être utile à d'autres fins.

Une excellente illustration de l'approche contemporaine relativement à la méthode téléologique, appliquée pour donner une interprétation large et libérale, est l'arrêt *Rizzo & Rizzo Shoes Ltd. (Re)*. À vrai dire, il s'agit d'un jugement de la Cour

---

561.   A. Mayrand, *Dictionnaire de maximes et locutions latines utilisées en droit*, Cowansville, Éditions Yvon Blais, 1985, à la p. 282.
562.   Voir, par exemple, J. Willis, « Statute Interpretation in a Nutshell », (1938) 16 *R. du B. can.* 497; et J.A. Corry, « Administrative Law and the Interpretation of Statutes », (1935-1936) 1 *U.T.L.J.* 286.
563.   E.A. Driedger, *The Construction of Statutes*, 2ᵉ éd., Toronto, Butterworths, 1983, à la p. 87.
564.   Voir, par exemple, les raisons données dans P.-A. Côté, coll. S. Beaulac et M. Devinat, *Interprétation des lois*, 4ᵉ éd., Montréal, Thémis, 2009, aux pp. 456-460.

suprême du Canada extrêmement riche en arguments d'interprétation, et outre son utilisation sous la présente rubrique, il y aura plusieurs autres références à cette opinion du juge Iacobucci plus loin dans l'ouvrage. Autant de raisons pour considérer de façon méticuleuse le contexte de l'affaire, la question d'interprétation législative ainsi que le cadre d'analyse des motifs de la décision.

Tiré de *Rizzo & Rizzo Shoes Ltd. (Re)*, [1998] 1 R.C.S. 27, [1998] A.C.S. n° 2.

Version française du jugement de la Cour rendu par

LE JUGE IACOBUCCI –

1   Il s'agit d'un pourvoi interjeté par les anciens employés d'un employeur maintenant en faillite contre une ordonnance qui a rejeté les réclamations qu'ils ont présentées en vue d'obtenir une indemnité de licenciement (y compris la paie de vacances) et une indemnité de cessation d'emploi. Le litige porte sur une question d'interprétation législative. Tout particulièrement, le pourvoi tranche la question de savoir si, en vertu des dispositions législatives pertinentes en vigueur à l'époque de la faillite, les employés ont le droit de réclamer une indemnité de licenciement et une indemnité de cessation d'emploi lorsque la cessation d'emploi résulte de la faillite de leur employeur.

Les faits

2   Avant sa faillite, la société Rizzo & Rizzo Shoes Limited (« Rizzo ») possédait et exploitait au Canada une chaîne de magasins de vente au détail de chaussures. Environ 65 pour 100 de ces magasins étaient situés en Ontario. Le 13 avril 1989, une pétition en faillite a été présentée contre la chaîne de magasins. Le lendemain, une ordonnance de séquestre a été rendue sur consentement à l'égard des biens de Rizzo. Au prononcé de l'ordonnance, les employés de Rizzo ont perdu leur emploi.

3   Conformément à l'ordonnance de séquestre, l'intimée, Zittrer, Siblin & Associates, Inc. (le « syndic ») a été nommée syndic de faillite de l'actif de Rizzo. La Banque de Nouvelle-Écosse a nommé Peat Marwick Limitée (« PML ») comme administrateur séquestre. Dès la fin de juillet 1989, PML avait liquidé les biens de Rizzo et fermé les magasins. PML a versé tous les salaires, les traitements, toutes les commissions et les paies de vacances qui avaient été gagnés par les employés de Rizzo jusqu'à la date à laquelle l'ordonnance de séquestre a été rendue.

4   En novembre 1989, le ministère du Travail de la province d'Ontario, Direction des normes d'emploi (le « ministère ») a vérifié les dossiers de Rizzo afin de déterminer si des indemnités de licenciement ou de cessation d'emploi devaient encore être versées aux anciens employés en application de la *Loi sur les normes d'emploi*, L.R.O. 1980, ch. 137 et ses modifications (la « *LNE* »). Le 23 août 1990, au nom des anciens employés de Rizzo, le ministère a remis au syndic intimé une preuve de réclamation pour des indemnités de licenciement et des paies de vacances (environ 2,6 millions de dollars) et pour des indemnités de cessation d'emploi (14 215 $). Le syndic a rejeté les réclamations et a donné avis du rejet le 28 janvier 1991. Aux fins du présent pourvoi, les réclamations ont été rejetées parce que le syndic était d'avis que la faillite d'un employeur ne constituant pas un congédiement, aucun droit à une indemnité de cessation d'emploi, à une indemnité de licenciement ni à une paie de vacances ne prenait naissance sous le régime de la *LNE*.

5   Le ministère a interjeté appel de la décision du syndic devant la Cour de l'Ontario (Division générale) laquelle a infirmé la décision du syndic et a admis les réclamations en tant que réclamations non garanties prouvables en matière de faillite. En appel, la Cour d'appel de l'Ontario a cassé le jugement de la cour de première instance et rétabli la décision du syndic. Le ministère a demandé l'autorisation d'en appeler de l'arrêt de la Cour d'appel, mais il s'est désisté le 30 août 1993. Après l'abandon de l'appel, le syndic a versé un dividende aux créanciers de Rizzo, réduisant de façon considérable l'actif. Par la suite, les appelants, cinq anciens employés de Rizzo, ont demandé l'annulation du désistement, l'obtention de la qualité de parties à l'instance et une ordonnance leur accordant l'autorisation d'interjeter appel. L'ordonnance de notre Cour faisant droit à ces demandes a été rendue le 5 décembre 1996.

Les dispositions législatives pertinentes

6   Aux fins du présent pourvoi, les versions pertinentes de la *Loi sur la faillite* (maintenant la *Loi sur la faillite et l'insolvabilité*) et de la *Loi sur les normes d'emploi* sont respectivement les suivantes : L.R.C. (1985), ch. B-3 (la « *LF* ») et L.R.O. 1980, ch. 137 et ses modifications au 14 avril 1989 (la « *LNE* »).

Loi sur les normes d'emploi, L.R.O. 1980, ch. 137 et ses modifications :

> **7** ...
>
> (5) Tout contrat de travail est réputé comprendre la disposition suivante :
>
> L'indemnité de cessation d'emploi et l'indemnité de licenciement deviennent exigibles et sont payées par l'employeur à l'employé en deux versements hebdomadaires à compter de la première semaine complète suivant la cessation d'emploi, et sont réparties sur ces semaines en conséquence. La présente disposition ne s'applique pas à l'indemnité de cessation d'emploi si l'employé a choisi de maintenir son droit d'être rappelé, comme le prévoit le paragraphe 40a (7) de la *Loi sur les normes d'emploi*.
>
> **40** (1) Aucun employeur ne doit licencier un employé qui travaille pour lui depuis trois mois ou plus à moins de lui donner :
>
> > a) un préavis écrit d'une semaine si sa période d'emploi est inférieure à un an;
> >
> > b) un préavis écrit de deux semaines si sa période d'emploi est d'un an ou plus mais de moins de trois ans;
> >
> > c) un préavis écrit de trois semaines si sa période d'emploi est de trois ans ou plus mais de moins de quatre ans;
> >
> > d) un préavis écrit de quatre semaines si sa période d'emploi est de quatre ans ou plus mais de moins de cinq ans;
> >
> > e) un préavis écrit de cinq semaines si sa période d'emploi est de cinq ans ou plus mais de moins de six ans;
> >
> > f) un préavis écrit de six semaines si sa période d'emploi est de six ans ou plus mais de moins de sept ans;
> >
> > g) un préavis écrit de sept semaines si sa période d'emploi est de sept ans ou plus mais de moins de huit ans;
> >
> > h) un préavis écrit de huit semaines si sa période d'emploi est de huit ans ou plus,
>
> et avant le terme de la période de ce préavis.
>
> ...

(7) Si un employé est licencié contrairement au présent article :

a) l'employeur lui verse une indemnité de licenciement égale au salaire que l'employé aurait eu le droit de recevoir à son taux normal pour une semaine normale de travail sans heures supplémentaires pendant la période de préavis fixée par le paragraphe (1) ou (2), de même que tout salaire auquel il a droit;

...

40a. ...

[TRADUCTION] (1a) L'employeur verse une indemnité de cessation d'emploi à chaque employé licencié qui a travaillé pour lui pendant cinq ans ou plus si, selon le cas :

a) l'employeur licencie cinquante employés ou plus au cours d'une période de six mois ou moins et que les licenciements résultent de l'interruption permanente de l'ensemble ou d'une partie des activités de l'employeur à un établissement;

b) l'employeur dont la masse salariale est de 2,5 millions de dollars ou plus licencie un ou plusieurs employés.

Employment Standards Amendment Act, 1981, L.O. 1981, ch. 22

[TRADUCTION]

2. (1) La partie XII de la loi est modifiée par adjonction de l'article suivant :

...

(3) L'article 40a de la loi ne s'applique pas à l'employeur qui a fait faillite ou est devenu insolvable au sens de la *Loi sur la faillite* (Canada) et dont les biens ont été distribués à ses créanciers ou à l'employeur dont la proposition au sens de la *Loi sur la faillite* (Canada) a été acceptée par ses créanciers pendant la période qui commence le 1er janvier 1981 et se termine le jour précédant immédiatement celui où la présente loi a reçu la sanction royale inclusivement.

Loi sur la faillite, L.R.C. (1985), ch. B-3

121. (1) Toutes créances et tous engagements, présents ou futurs, auxquels le failli est assujetti à la date de la faillite, ou auxquels il peut devenir assujetti avant sa libération, en raison d'une obligation contractée antérieurement à la date de la faillite, sont réputés des réclamations prouvables dans des procédures entamées en vertu de la présente loi.

Loi d'interprétation, L.R.O. 1990, ch. I.11

10 Les lois sont réputées apporter une solution de droit, qu'elles aient pour objet immédiat d'ordonner l'accomplissement d'un acte que la Législature estime être dans l'intérêt public ou d'empêcher ou de punir l'accomplissement d'un acte qui lui paraît contraire à l'intérêt public. Elles doivent par conséquent s'interpréter de la manière la plus équitable et la plus large qui soit pour garantir la réalisation de leur objet selon leurs sens, intention et esprit véritables.

...

17 L'abrogation ou la modification d'une loi n'est pas réputée constituer ou impliquer une déclaration portant sur l'état antérieur du droit.

3. *L'historique judiciaire*

[...]

4. *Les questions en litige*

17   Le présent pourvoi soulève une question : la cessation d'emploi résultant de la faillite de l'employeur donne-t-elle naissance à une réclamation prouvable en matière de faillite en vue d'obtenir une indemnité de licenciement et une indemnité de cessation d'emploi conformément aux dispositions de la *LNE* ?

5. *Analyse*

18   L'obligation légale faite aux employeurs de verser une indemnité de licenciement ainsi qu'une indemnité de cessation d'emploi est régie respectivement par les art. 40 et 40a de la *LNE*. La Cour d'appel a fait observer que le libellé clair de ces dispositions donne à penser que les indemnités de licenciement et de cessation d'emploi doivent être versées seulement lorsque l'employeur licencie l'employé. Par exemple, le par. 40(1) commence par les mots suivants : « Aucun employeur ne doit licencier un employé... » Le paragraphe 40a(1a) contient également les mots : « si [...] l'employeur licencie cinquante employés ou plus... » Par conséquent, la question dans le présent pourvoi est de savoir si l'on peut dire que l'employeur qui fait faillite a licencié ses employés.

19   La Cour d'appel a répondu à cette question par la négative, statuant que, lorsqu'un créancier présente une pétition en faillite contre un employeur, les employés ne sont pas licenciés par l'employeur mais par l'effet de la loi. La Cour d'appel a donc estimé que, dans les circonstances de l'espèce, les dispositions relatives aux indemnités de licenciement et de cessation d'emploi de la *LNE* n'étaient pas applicables et qu'aucune obligation n'avait pris naissance. Les appelants répliquent que les mots « l'employeur licencie » doivent être interprétés comme établissant une distinction entre la cessation d'emploi volontaire et la cessation d'emploi forcée. Ils soutiennent que ce libellé visait à dégager l'employeur de son obligation de verser des indemnités de licenciement et de cessation d'emploi lorsque l'employé quittait son emploi volontairement. Cependant, les appelants prétendent que la cessation d'emploi forcée résultant de la faillite de l'employeur est assimilable au licenciement effectué par l'employeur pour l'exercice du droit à une indemnité de licenciement et à une indemnité de cessation d'emploi prévu par la *LNE*.

20   Une question d'interprétation législative est au centre du présent litige. Selon les conclusions de la Cour d'appel, le sens ordinaire des mots utilisés dans les dispositions en cause paraît limiter l'obligation de verser une indemnité de licenciement et une indemnité de cessation d'emploi aux employeurs qui ont effectivement licencié leurs employés. À première vue, la faillite ne semble pas cadrer très bien avec cette interprétation. Toutefois, en toute déférence, je crois que cette analyse est incomplète.

21   Bien que l'interprétation législative ait fait couler beaucoup d'encre (voir par ex. Ruth Sullivan, *Statutory Interpretation* (1997); Ruth Sullivan, *Driedger on the Construction of Statutes* (3ᵉ éd. 1994) (ci-après « *Construction of Statutes* »); Pierre-André Côté, *Interprétation des lois* (2ᵉ éd. 1990)), Elmer Driedger dans son ouvrage intitulé *Construction of Statutes* (2ᵉ éd. 1983) résume le mieux la méthode que je privilégie. Il reconnaît que l'interprétation législative ne peut pas être fondée sur le seul libellé du texte de loi. À la p. 87, il dit :

> [TRADUCTION] Aujourd'hui il n'y a qu'un seul principe ou solution : il faut lire les termes d'une loi dans leur contexte global en suivant le sens ordinaire et grammatical qui s'harmonise avec l'esprit de la loi, l'objet de la loi et l'intention du législateur.

Parmi les arrêts récents qui ont cité le passage ci-dessus en l'approuvant, mentionnons : *R. c. Hydro-Québec*, [1997] 3 R.C.S. 213; *Banque Royale du Canada c. Sparrow Electric Corp.*, [1997] 1 R.C.S. 411; *Verdun c. Banque Toronto-Dominion*, [1996] 3 R.C.S. 550; *Friesen c. Canada*, [1995] 3 R.C.S. 103.

22 Je m'appuie également sur l'art. 10 de la *Loi d'interprétation*, L.R.O. 1980, ch. 219, qui prévoit que les lois « sont réputées apporter une solution de droit » et doivent « s'interpréter de la manière la plus équitable et la plus large qui soit pour garantir la réalisation de leur objet selon leurs sens, intention et esprit véritables ».

23 Bien que la Cour d'appel ait examiné le sens ordinaire des dispositions en question dans le présent pourvoi, en toute déférence, je crois que la cour n'a pas accordé suffisamment d'attention à l'économie de la *LNE*, à son objet ni à l'intention du législateur; le contexte des mots en cause n'a pas non plus été pris en compte adéquatement. Je passe maintenant à l'analyse de ces questions.

24 Dans l'arrêt *Machtinger c. HOJ Industries Ltd.*, [1992] 1 R.C.S. 986, à la p. 1002, notre Cour, à la majorité, a reconnu l'importance que notre société accorde à l'emploi et le rôle fondamental qu'il joue dans la vie de chaque individu. La manière de mettre fin à un emploi a été considérée comme étant tout aussi importante (voir également *Wallace c. United Grain Growers Ltd.*, [1997] 3 R.C.S. 701). C'est dans ce contexte que les juges majoritaires dans l'arrêt *Machtinger* ont défini, à la p. 1003, l'objet de la *LNE* comme étant la protection « ... [d]es intérêts des employés en exigeant que les employeurs respectent certaines normes minimales, notamment en ce qui concerne les périodes minimales de préavis de licenciement ». Par conséquent, les juges majoritaires ont conclu, à la p. 1003, qu'« ... une interprétation de la Loi qui encouragerait les employeurs à se conformer aux exigences minimales de celle-ci et qui ferait ainsi bénéficier de sa protection le plus grand nombre d'employés possible est à préférer à une interprétation qui n'a pas un tel effet ».

25 L'objet des dispositions relatives à l'indemnité de licenciement et à l'indemnité de cessation d'emploi elles-mêmes repose de manière générale sur la nécessité de protéger les employés. L'article 40 de la *LNE* oblige les employeurs à donner à leurs employés un préavis de licenciement raisonnable en fonction des années de service. L'une des fins principales de ce préavis est de donner aux employés la possibilité de se préparer en cherchant un autre emploi. Il s'ensuit que l'al. 40(7)a), qui prévoit une indemnité de licenciement tenant lieu de préavis lorsqu'un employeur n'a pas donné le préavis requis par la loi, vise à protéger les employés des effets néfastes du bouleversement économique que l'absence d'une possibilité de chercher un autre emploi peut entraîner. (Innis Christie, Geoffrey England et Brent Cotter, *Employment Law in Canada* (2ᵉ éd. 1993), aux pp. 572 à 581.)

26 De même, l'art. 40a, qui prévoit l'indemnité de cessation d'emploi, vient indemniser les employés ayant beaucoup d'années de service pour ces années investies dans l'entreprise de l'employeur et pour les pertes spéciales qu'ils subissent lorsqu'ils sont licenciés. Dans l'arrêt *R. c. TNT Canada Inc.* (1996), 27 O.R. (3d) 546, le juge Robins a cité en les approuvant, aux pp. 556 et 557, les propos tenus par D. D. Carter dans le cadre d'une décision rendue en matière de normes d'emploi dans *Re Telegram Publishing Co. c. Zwelling* (1972), 1 L.A.C. (2d) 1 (Ont.), à la p. 19, où il a décrit ainsi le rôle de l'indemnité de cessation d'emploi :

> [TRADUCTION] L'indemnité de cessation d'emploi reconnaît qu'un employé fait un investissement dans l'entreprise de son employeur – l'importance de cet investissement étant liée directement à la durée du service de l'employé. Cet investissement est l'ancienneté que l'employé acquiert durant ses années de service [...] À la fin de

la relation entre l'employeur et l'employé, cet investissement est perdu et l'employé doit recommencer à acquérir de l'ancienneté dans un autre lieu de travail. L'indemnité de cessation d'emploi, fondée sur les années de service, compense en quelque sorte cet investissement perdu.

27   À mon avis, les conséquences ou effets qui résultent de l'interprétation que la Cour d'appel a donnée des art. 40 et 40a de la *LNE* ne sont compatibles ni avec l'objet de la Loi ni avec l'objet des dispositions relatives à l'indemnité de licenciement et à l'indemnité de cessation d'emploi elles-mêmes. Selon un principe bien établi en matière d'interprétation législative, le législateur ne peut avoir voulu des conséquences absurdes. D'après Côté, *op. cit.*, on qualifiera d'absurde une interprétation qui mène à des conséquences ridicules ou futiles, si elle est extrêmement déraisonnable ou inéquitable, si elle est illogique ou incohérente, ou si elle est incompatible avec d'autres dispositions ou avec l'objet du texte législatif (aux pp. 430 à 432). Sullivan partage cet avis en faisant remarquer qu'on peut qualifier d'absurdes les interprétations qui vont à l'encontre de la fin d'une loi ou en rendent un aspect inutile ou futile (Sullivan, *Construction of Statutes, op. cit.*, à la p. 88).

28   Le juge de première instance a noté à juste titre que, si les dispositions relatives à l'indemnité de licenciement et à l'indemnité de cessation d'emploi de la *LNE* ne s'appliquent pas en cas de faillite, les employés qui auraient eu la « chance » d'être congédiés la veille de la faillite auraient droit à ces indemnités, alors que ceux qui perdraient leur emploi le jour où la faillite devient définitive n'y auraient pas droit. À mon avis, l'absurdité de cette consé-quence est particulièrement évidente dans les milieux syndiqués où les mises à pied se font selon l'ancienneté. Plus un employé a de l'ancienneté, plus il a investi dans l'entreprise de l'employeur et plus son droit à une indemnité de licenciement et à une indemnité de cessa-tion d'emploi est fondé. Pourtant, c'est le personnel ayant le plus d'ancienneté qui risque de travailler jusqu'au moment de la faillite et de perdre ainsi le droit d'obtenir ces indemnités.

29   Si l'interprétation que la Cour d'appel a donnée des dispositions relatives à l'indemnité de licenciement et de l'indemnité de cessation d'emploi est correcte, il serait acceptable d'établir une distinction entre les employés en se fondant simplement sur la date de leur congédiement. Il me semble qu'un tel résultat priverait arbitrairement certains employés d'un moyen de faire face au bouleversement économique causé par le chômage. De cette façon, les protections de la *LNE* seraient limitées plutôt que d'être étendues, ce qui irait à l'encontre de l'objectif que voulait atteindre le législateur. À mon avis, c'est un résultat déraisonnable.

30   En plus des dispositions relatives à l'indemnité de licenciement et de l'indemnité de cessation d'emploi, tant les appelants que l'intimée ont invoqué divers autres articles de la *LNE* pour appuyer les arguments avancés au sujet de l'intention du législateur. Selon moi, bien que la plupart de ces dispositions ne soient d'aucune utilité en ce qui concerne l'inter-prétation, il est une disposition transitoire particulièrement révélatrice. En 1981, le par. 2(1) de l'*ESAA* a introduit l'art. 40a, la disposition relative à l'indemnité de cessation d'emploi. En application du par. 2(2), cette disposition entrait en vigueur le 1er janvier 1981. Le para-graphe 2(3), la disposition transitoire en question, était ainsi conçue :

[TRADUCTION]

2. ...

(3) L'article 40a de la loi ne s'applique pas à l'employeur qui a fait faillite ou est devenu insolvable au sens de la *Loi sur la faillite* (Canada) et dont les biens ont été distribués à ses créanciers ou à l'employeur dont la proposition au sens de la *Loi sur la faillite* (Canada) a été acceptée par ses créanciers pendant la période qui commence le 1er jan-

vier 1981 et se termine le jour précédant immédiatement celui où la présente loi a reçu la sanction royale inclusivement.

31   La Cour d'appel a conclu qu'il n'était ni nécessaire ni approprié de déterminer l'intention qu'avait le législateur en adoptant ce paragraphe provisoire. Néanmoins, la cour a estimé que l'intention du législateur, telle qu'elle ressort des premiers mots des art. 40 et 40a, était claire, à savoir que la cessation d'emploi résultant de la faillite ne fera pas naître l'obligation de verser l'indemnité de cessation d'emploi et l'indemnité de licenciement qui est prévue par la *LNE*. La cour a jugé que cette intention restait inchangée à la suite de l'adoption de la disposition transitoire. Je ne puis souscrire ni à l'une ni à l'autre de ces conclusions. En premier lieu, à mon avis, l'examen de l'historique législatif pour déterminer l'intention du législateur est tout à fait approprié et notre Cour y a eu souvent recours (voir, par ex., *R. c. Vasil*, [1981] 1 R.C.S. 469, à la p. 487; *Paul c. La Reine*, [1982] 1 R.C.S. 621, aux pp. 635, 653 et 660). En second lieu, je crois que la disposition transitoire indique que le législateur voulait que l'obligation de verser une indemnité de licenciement et une indemnité de cessation d'emploi prenne naissance lorsque l'employeur fait faillite.

32   À mon avis, en raison de l'exemption accordée au par. 2(3) aux employeurs qui ont fait faillite et ont perdu la maîtrise de leurs biens entre le moment où les modifications sont entrées en vigueur et celui où elles ont reçu la sanction royale, il faut nécessairement que les employeurs faisant faillite soient de fait assujettis à l'obligation de verser une indemnité de cessation d'emploi. Selon moi, si tel n'était pas le cas, cette disposition transitoire semblerait ne poursuivre aucune fin.

33   Je m'appuie sur la décision rendue par le juge Saunders dans l'affaire *Royal Dressed Meats Inc.*, précitée. Après avoir examiné le par. 2(3) de l'*ESAA*, il fait l'observation suivante (à la p. 89) :

[TRADUCTION]... tout doute au sujet de l'intention du législateur ontarien est dissipé, à mon avis, par la disposition transitoire qui introduit les indemnités de cessation d'emploi dans la L.N.E. [...] Il me semble qu'il faut conclure que le législateur voulait que l'obligation de verser des indemnités de cessation d'emploi prenne naissance au moment de la faillite. Selon moi, cette intention s'étend aux indemnités de licenciement qui sont de nature analogue.

34   Cette interprétation est également compatible avec les déclarations faites par le ministre du Travail au moment de l'introduction des modifications apportées à la *LNE* en 1981. Au sujet de la nouvelle disposition relative à l'indemnité de cessation d'emploi, il a dit ce qui suit :

[TRADUCTION] Les circonstances entourant une fermeture régissent l'applicabilité de la législation en matière d'indemnité de cessation d'emploi dans certains cas précis. Par exemple, une société insolvable ou en faillite sera encore tenue de verser l'indemnité de cessation d'emploi aux employés dans la mesure où il y a des biens pour acquitter leurs réclamations.

...

... les mesures proposées en matière d'indemnité de cessation d'emploi seront, comme je l'ai mentionné précédemment, rétroactives au 1er janvier de cette année. Cette disposition rétroactive, toutefois, ne s'appliquera pas en matière de faillite et d'insolvabilité dans les cas où les biens ont déjà été distribués ou lorsqu'une entente est déjà intervenue au sujet de la proposition des créanciers.

(*Legislature of Ontario Debates*, 1re sess., 32e Lég., 4 juin 1981, aux pp. 1236 et 1237.)

De plus, au cours des débats parlementaires sur les modifications proposées, le ministre a déclaré :

> [TRADUCTION] En ce qui a trait à la rétroactivité, l'indemnité de cessation d'emploi ne s'appliquera pas aux faillites régies par la Loi sur la faillite lorsque les biens ont été distribués. Cependant, lorsque la présente loi aura reçu la sanction royale, les employés visés par des fermetures entraînées par des faillites seront visés par les dispositions relatives à l'indemnité de cessation d'emploi.
>
> (*Legislature of Ontario Debates*, 1re sess., 32e Lég., 16 juin 1981, à la p. 1699.)

35   Malgré les nombreuses lacunes de la preuve des débats parlementaires, notre Cour a reconnu qu'elle peut jouer un rôle limité en matière d'interprétation législative. S'exprimant au nom de la Cour dans l'arrêt *R. c. Morgentaler*, [1993] 3 R.C.S. 463, à la p. 484, le juge Sopinka a dit :

> ... jusqu'à récemment, les tribunaux ont hésité à admettre la preuve des débats et des discours devant le corps législatif. [...] La principale critique dont a été l'objet ce type de preuve a été qu'elle ne saurait représenter « l'intention » de la législature, personne morale, mais c'est aussi vrai pour d'autres formes de contexte d'adoption d'une loi. À la condition que le tribunal n'oublie pas que la fiabilité et le poids des débats parlementaires sont limités, il devrait les admettre comme étant pertinents quant au contexte et quant à l'objet du texte législatif.

36   Enfin, en ce qui concerne l'économie de la loi, puisque la *LNE* constitue un mécanisme prévoyant des normes et des avantages minimaux pour protéger les intérêts des employés, on peut la qualifier de loi conférant des avantages. À ce titre, conformément à plusieurs arrêts de notre Cour, elle doit être interprétée de façon libérale et généreuse. Tout doute découlant de l'ambiguïté des textes doit se résoudre en faveur du demandeur (voir, par ex., *Abrahams c. Procureur général du Canada*, [1983] 1 R.C.S. 2, à la p. 10; *Hills c. Canada (Procureur général)*, [1988] 1 R.C.S. 513, à la p. 537). Il me semble que, en limitant cette analyse au sens ordinaire des art. 40 et 40a de la *LNE*, la Cour d'appel a adopté une méthode trop restrictive qui n'est pas compatible avec l'économie de la Loi.

37   La Cour d'appel s'est fortement appuyée sur la décision rendue dans *Malone Lynch*, précité. Dans cette affaire, le juge Houlden a conclu que l'art. 13, la disposition relative aux mesures de licenciement collectif de l'ancienne *ESA*, R.S.O. 1970, ch. 147, qui a été remplacée par l'art. 40 en cause dans le présent pourvoi, n'était pas applicable lorsque la cessation d'emploi résultait de la faillite de l'employeur. Le paragraphe 13(2) de l'*ESA* alors en vigueur prévoyait que, si un employeur voulait licencier 50 employés ou plus, il devait donner un préavis de licenciement dont la durée était prévue par règlement [TRADUCTION] « et les licenciements ne prenaient effet qu'à l'expiration de ce délai ». Le juge Houlden a conclu que la cessation d'emploi résultant de la faillite ne pouvait entraîner l'application de la disposition relative à l'indemnité de licenciement car les employés placés dans cette situation n'avaient pas reçu le préavis écrit requis par la loi et ne pouvaient donc pas être considérés comme ayant été licenciés conformément à la Loi.

38   Deux ans après que la décision *Malone Lynch* eut été prononcée, les dispositions relatives à l'indemnité de licenciement de l'*ESA* de 1970 ont été modifiées par *The Employment Standards Act, 1974*, S.O. 1974, ch. 112. Dans la version modifiée du par. 40(7) de l'*ESA* de 1974, il n'était plus nécessaire qu'un préavis soit donné avant que le licenciement puisse produire ses effets. Cette disposition vient préciser que l'indemnité de licenciement doit être

versée lorsqu'un employeur omet de donner un préavis de licenciement et qu'il y a cessation d'emploi, indépendamment du fait qu'un préavis régulier ait été donné ou non. Il ne fait aucun doute selon moi que la décision *Malone Lynch* portait sur des dispositions législatives très différentes de celles qui sont applicables en l'espèce. Il me semble que la décision du juge Houlden a une portée limitée, soit que les dispositions de l'*ESA* de 1970 ne s'appliquent pas à un employeur en faillite. Pour cette raison, je ne reconnais à la décision *Malone Lynch* aucune valeur persuasive qui puisse étayer les conclusions de la Cour d'appel. Je souligne que les tribunaux dans *Royal Dressed Meats*, précité, et *British Columbia (Director of Employment Standards) c. Eland Distributors Ltd. (Trustee of)* (1996), 40 C.B.R. (3d) 25 (C.S.C.-B.), ont refusé de se fonder sur *Malone Lynch* en invoquant des raisons similaires.

39   La Cour d'appel a également invoqué *Re Kemp Products Ltd.*, précité, à l'appui de la proposition selon laquelle, bien que la relation entre l'employeur et l'employé se termine à la faillite de l'employeur, cela ne constitue pas un « congédiement ». Je note que ce litige n'est pas fondé sur les dispositions de la *LNE*. Il portait plutôt sur l'interprétation du terme « congédiement » dans le cadre de ce que le plaignant alléguait être un contrat de travail. J'estime donc que cette décision ne fait pas autorité dans les circonstances de l'espèce. Pour les raisons exposées ci-dessus, je ne puis accepter non plus que la Cour d'appel se fonde sur l'arrêt *Mills-Hughes c. Raynor* (1988), 63 O.R. (2d) 343 (C.A.), qui citait la décision *Malone Lynch*, précitée, et l'approuvait.

40   Selon moi, l'examen des termes exprès des art. 40 et 40a de la *LNE*, replacés dans leur contexte global, permet largement de conclure que les mots « l'employeur licencie » doivent être interprétés de manière à inclure la cessation d'emploi résultant de la faillite de l'employeur. Adoptant l'interprétation libérale et généreuse qui convient aux lois conférant des avantages, j'estime que ces mots peuvent raisonnablement recevoir cette interprétation (voir *R. c. Z. (D.A.)*, [1992] 2 R.C.S. 1025). Je note également que l'intention du législateur, qui ressort du par. 2(3) de l'*ESAA*, favorise clairement cette interprétation. Au surplus, à mon avis, priver des employés du droit de réclamer une indemnité de licenciement et une indemnité de cessation d'emploi en application de la *LNE* lorsque la cessation d'emploi résulte de la faillite de leur employeur serait aller à l'encontre des fins visées par les dispositions relatives à l'indemnité de licenciement et à l'indemnité de cessation d'emploi et minerait l'objet de la *LNE*, à savoir protéger les intérêts du plus grand nombre d'employés possible.

41   À mon avis, les raisons qui motivent la cessation d'emploi n'ont aucun rapport avec la capacité de l'employé congédié de faire face au bouleversement économique soudain causé par le chômage. Comme tous les employés congédiés ont également besoin des protections prévues par la *LNE*, toute distinction établie entre les employés qui perdent leur emploi en raison de la faillite de leur employeur et ceux qui ont été licenciés pour quelque autre raison serait arbitraire et inéquitable. De plus, je pense qu'une telle interprétation irait à l'encontre des sens, intention et esprit véritables de la *LNE*. Je conclus donc que la cessation d'emploi résultant de la faillite de l'employeur donne effectivement naissance à une réclamation non garantie prouvable en matière de faillite au sens de l'art. 121 de la *LF* en vue d'obtenir une indemnité de licenciement et une indemnité de cessation d'emploi en conformité avec les art. 40 et 40a de la *LNE*. En raison de cette conclusion, j'estime inutile d'examiner l'autre conclusion tirée par le juge de première instance quant à l'applicabilité du par. 7(5) de la *LNE*.

42   Je fais remarquer qu'après la faillite de Rizzo, les dispositions relatives à l'indemnité de licenciement et à l'indemnité de cessation d'emploi de la *LNE* ont été modifiées à nouveau. Les paragraphes 74(1) et 75(1) de la *Loi de 1995 modifiant des lois en ce qui concerne les relations de travail et l'emploi*, L.O. 1995, ch. 1, ont apporté des modifications à ces disposi-

tions qui prévoient maintenant expressément que, lorsque la cessation d'emploi résulte de l'effet de la loi à la suite de la faillite de l'employeur, ce dernier est réputé avoir licencié ses employés. Cependant, comme l'art. 17 de la *Loi d'interprétation* dispose que « [l]'abrogation ou la modification d'une loi n'est pas réputée constituer ou impliquer une déclaration portant sur l'état antérieur du droit », je précise que la modification apportée subséquemment à la loi n'a eu aucune incidence sur la solution apportée au présent pourvoi.

6.   *Dispositif et dépens*

43   Je suis d'avis d'accueillir le pourvoi et d'annuler le premier paragraphe de l'ordonnance de la Cour d'appel. Je suis d'avis d'y substituer une ordonnance déclarant que les anciens employés de Rizzo ont le droit de présenter des demandes d'indemnité de licenciement (y compris la paie de vacances due) et d'indemnité de cessation d'emploi en tant que créanciers ordinaires. Quant aux dépens, le ministère du Travail n'ayant produit aucun élément de preuve concernant les efforts qu'il a faits pour informer les employés de Rizzo ou obtenir leur consentement avant de se désister de sa demande d'autorisation de pourvoi auprès de notre Cour en leur nom, je suis d'avis d'ordonner que les dépens devant notre Cour soient payés aux appelants par le ministère sur la base des frais entre parties. Je suis d'avis de ne pas modifier les ordonnances des juridictions inférieures à l'égard des dépens.

Dans *Rizzo Shoes*, la Cour suprême du Canada donne une application généreuse aux indemnités de licenciement et aux indemnités de cessation d'emploi, une portée plus large que ce que laisse entendre le libellé de la loi. Ainsi, comme le juge Iacobucci l'écrit au paragraphe 40, « les mots "l'employeur licencie" doivent être interprétés de manière à inclure la cessation d'emploi résultant de la faillite de l'employeur ». Plusieurs méthodes d'interprétation justifient une telle conclusion, dont l'argument historique des travaux préparatoires et l'argument pragmatique voulant éviter des conséquences absurdes, des méthodes qui seront examinées plus tard. Ici, il faut souligner le rôle important de l'objectif législatif pour étendre la portée des articles 40 et 40a de la *Loi sur les normes d'emploi*, en incluant la faillite dans les cas de perte d'emploi qui donnent ouverture à une indemnisation.

Chapitre 4

LES MÉTHODES COMPLÉMENTAIRES D'INTERPRÉTATION LÉGISLATIVE

Nous arrivons maintenant aux méthodes d'interprétation des lois autres que celles dites formelles. Ces arguments sont complémentaires parce que, contrairement au trio texte-contexte-objet, il n'est absolument pas nécessaire de les considérer dans tous les cas où se présentent un problème d'interprétation législative; ils ne sont donc pas incontournables. Autrement dit, dans la boîte à outils du parfait petit interprète, les méthodes littérale et grammaticale, systématique et logique, ainsi que téléologique doivent être examinées dans toute analyse adéquate d'une loi afin d'identifier l'intention du législateur. C'est l'héritage légué par Elmer Driedger[565] et son « modern principle » en interprétation législative[566]. Les autres méthodes – historique, pragmatique, les autorités – peuvent s'avérer fort utiles, et se voir, par ailleurs, reconnaître une importante force persuasive, mais elles ne sont pas pertinentes dans tous les cas.

A. ARGUMENTS HISTORIQUES

À titre préliminaire, regardons quelles sont les justifications du recours à des éléments d'histoire en interprétation législative. En se rappelant la théorie officielle de l'interprétation, on dit généralement que l'identification de l'intention du législateur à un moment précis dans le temps, c'est-à-dire lors de l'adoption de la loi, requiert logiquement de savoir quel était le contexte historique de l'époque. Le sens de la règle législative est celui compris par l'autorité constituante, le parlement, à un moment dans l'histoire d'une juridiction. On peut ajouter que l'histoire est pertinente en ce qui concerne l'argument téléologique d'interprétation législative. En effet, nous venons de voir que, surtout dans l'ancienne formulation du « mischief rule »[567], l'interprète doit s'interroger sur la situation à remédier pour identifier l'objectif visé par le législateur, que ce soit de la disposition en particulier ou de la loi dans son ensemble. Or, pour ainsi évaluer l'état du droit avant l'intervention du législateur, il faut également se replacer à une époque donnée, celle de l'adoption de la loi. La méthode d'interprétation en fonction du but ouvre la porte à un examen des aspects historiques de la législation.

---

565. E.A. Driedger, *Construction of Statutes*, 2ᵉ éd., Toronto, Butterworths, 1983, à la p. 87.
566. Voir : Chapitre 2, Section C.
567. Voir : Chapitre 3, Section D.

Afin de comprendre la matière relative au présent argument, il y a lieu de distinguer entre l'historique juridique, d'une part, et l'historique factuel, d'autre part. Le premier renvoie à l'*état du droit* au moment de l'adoption de la loi, c'est-à-dire à la situation juridique lorsque le parlement a adopté le texte législatif. Ces éléments historiques peuvent être pertinents puisque, comme nous l'avons vu lorsqu'il était question de la méthode systématique et logique[568], le législateur est présumé connaître l'état du droit lorsqu'il crée des normes législatives. Précisons que l'historique juridique comprend le droit écrit d'une juridiction, soit la législation existante – celle du même ordre législatif et, bien que d'importance moindre, celle d'un autre ordre législatif, le cas échéant – ainsi que le droit non écrit, exprimé en jurisprudence et, dans une moindre mesure, par la coutume.

Les éléments historiques d'une loi devant être interprétée peuvent aussi renvoyer à la *situation factuelle* à l'époque de son adoption. Il y a deux catégories de faits pertinents à cet égard. Tout d'abord, ce qu'on appelle les données sociales, politiques et économiques propres à la juridiction d'application. Ces faits historiques peuvent concerner les aspects démographiques de la société, les tendances politiques du gouvernement en poste lors de l'adoption de la législation, ou encore la conjoncture économique qui prévalait à l'époque. La seconde catégorie d'éléments factuels comprend tout ce qui a été fait et tout ce qui a été dit en relation avec le projet de loi, qui deviendra le support communicationnel de la norme législative. Les faits entourant l'adoption d'un texte de loi peuvent constituer de l'information hautement utile pour en interpréter la teneur. Il s'agit ici d'événements ayant précédé le processus législatif ou ayant pu motiver son enclenchement, d'une part, et d'éléments exprimés dans le cadre de la création des normes législatives, par exemple en assemblée législative ou devant un comité parlementaire, d'autre part. Il sera question de cette dernière catégorie d'historique factuel dans une partie distincte qui portera sur les travaux préparatoires.

1. Versions antérieures de la loi

Dans les situations où un texte législatif a été modifié au cours de son existence, le principal élément d'historique juridique, c'est-à-dire de l'état du droit lors de la création de la norme législative en cause, est sans contredit la ou les versions antérieures du texte législatif. En français, l'expression correcte pour faire référence aux versions antérieures d'une loi est l'« historique législatif». On voit aussi parfois l'expression « historique antérieur» du texte législatif, ce qui semble être redondant, voire incongru, puisque par définition l'histoire n'est-elle pas nécessairement antérieure. On oppose l'« historique antérieur» à l'« historique subséquent» d'une loi, appellation encore plus saugrenue, il faut l'avouer. Ces expressions sont utilisées en interprétation législative pour distinguer deux périodes où l'intervention du législateur, par rapport à la forme actuelle du texte de loi (celle qui est applicable dans un litige) peut avoir une incidence sur son interprétation, soit la période avant l'adoption et la période après l'adoption du texte législatif.

---

568.   Voir: Chapitre 3, Section C.

Par l'historique antérieur, on examine les versions antérieures de la loi, c'est-à-dire la façon dont le législateur exprimait la norme législative avant qu'il ne vienne la modifier avec la nouvelle loi. Sur une ligne de temps, ce sont des éléments historiques antérieurs à l'adoption du texte de loi contenant la règle applicable. Dans le cas de l'historique subséquent, l'intervention a lieu *a posteriori* par rapport au texte de loi en cause, c'est-à-dire de l'expression de l'opinion du législateur quant au sens de la norme législative qui intervient après sa création et qui est effectuée dans un autre instrument législatif. Il s'agit alors d'une interprétation par le législateur de sa loi, et ce, dans une autre loi. En interprétation législative, on parle alors d'un *argument d'autorité*, comme nous le verrons dans la dernière section du présent chapitre.

Ce dont il est question ici est donc d'« historique antérieur » ou, expression que nous favorisons, l'« historique législatif », soit les versions antérieures du texte de loi. Pour terminer sur ces aspects terminologiques, ajoutons que la traduction anglaise de l'expression « historique législatif », à savoir « *legislative history* », est problématique puisqu'il y a un manque d'uniformité dans son utilisation. En anglais, l'emploi rigoureux des expressions *legislative history* ou *previous versions of a statute* fait référence à ces éléments d'historique juridique que constituent les versions antérieures d'une loi. Or, on voit parfois *legislative history* utilisé – erronément, pourrait-on ajouter – comme synonyme de l'expression *parliamentary history*, ce qui n'a pas la même signification. En français, *Parliamentary history* se traduit par « travaux préparatoires », soit ce qui entoure le processus d'adoption d'une loi, dont les débats parlementaires. En anglais, *legislative history* peut vouloir dire, outre les versions antérieures d'une loi (son utilisation correcte), les travaux préparatoires d'un texte législatif (utilisation douteuse). Nous reviendrons aux travaux préparatoires ci-dessous.

S'agissant de l'historique législatif, ou d'historique antérieur d'une loi, le principe jurisprudentiel veut qu'un changement dans le texte législatif signifie un changement sur le fond, c'est-à-dire une modification de la norme législative, de la règle de droit. Ainsi, un examen de l'ancienne version de la loi et des différences dans la nouvelle version permet de formuler un argument d'interprétation pour déterminer le sens de la règle législative. Le principe développé par les tribunaux est une présomption selon laquelle une intervention du législateur dans le texte de loi devrait être perçue comme exprimant l'intention de changer la norme législative[569]. Comme toutes les présomptions en interprétation législative, il s'agit d'une présomption simple, une présomption réfragable, c'est-à-dire qu'elle peut être repoussée ou mise de côté dans le cadre d'un exercice complet d'interprétation.

Ce principe traditionnel, qu'un changement de forme emporte changement sur le fond, se base sur la pratique législative de nos instances parlementaires, en ce qui a trait à la rédaction des textes de loi. Comme le dit si bien l'expression anglo-saxonne populaire « If it's not broken, don't fix it », le législateur ne réparera pas quelque chose qui n'est pas défectueux, notamment parce que les ressources sont limitées. Donc, le législateur qui décide de modifier un texte de loi le fait car il croit nécessaire d'ajuster la norme exprimée. D'aucuns soulignent ces aspects en invoquant la règle de l'effet

---

569.   Voir *D.R. Fraser and Co. v. Minister of National Revenue*, [1952] A.C. 24 (C.L.).

utile[570], une directive de la méthode d'interprétation littérale et grammaticale[571]. Puisque le législateur ne parle pas pour ne rien dire, dans le présent contexte, cela signifie qu'il n'intervient pas pour modifier une loi s'il n'a pas des raisons de le faire. Cela justifierait donc le recours aux versions antérieures d'une loi, pour mettre en évidence les changements dans le texte et permettre de présumer de la volonté de modifier la loi en substance.

Cette présomption ne s'applique pas aux lois refondues. La refonte des textes législatifs est une opération par laquelle le gouvernement reprend les lois adoptées et les compile dans des recueils. Il arrivera que les fonctionnaires responsables profitent de l'occasion pour corriger ou bonifier la forme du texte, en enlevant des coquilles ou en améliorant la qualité de la langue. Est-ce que, ce faisant, on enclenche la présomption forme-fond? Non, puisque « les lois révisées ne sont pas censées être de droit nouveau », selon l'article 4 de la *Loi sur les Lois révisées du Canada (1985)*.[572]

Notons par ailleurs que, dans l'ordre juridique fédéral, le législateur est intervenu avec sa loi d'interprétation pour réduire l'importance de cet argument historique d'origine jurisprudentielle. L'article 45(2) de la *Loi d'interprétation*[573] fédérale se lit ainsi :

45. (2) **Absence de présomption de droit nouveau.** La modification d'un texte ne constitue pas ni n'implique une déclaration portant que les règles de droit du texte étaient différentes de celles de sa version modifiée ou que le Parlement, ou toute autre autorité qui l'a édicté, les considérait comme telles.

On s'entend généralement pour dire que l'effet de cette disposition est de mettre de côté la présomption selon laquelle un changement dans le texte emporte modification de la règle législative[574]. Il ne faut pas se tromper, toutefois, en exagérant l'impact de l'intervention du législateur fédéral sur cet argument historique. L'article 45(2) écarte la présomption forme-fond – chose confirmée à la note marginale, qui parle d'« absence de présomption de droit nouveau » – mais on n'indique pas dans cette disposition d'interprétation qu'il est dorénavant impossible d'avoir recours à un raisonnement lié aux versions antérieures d'une loi. Autrement dit, cet article met de côté la présomption, mais on ne peut pas dire qu'il élimine l'argument d'historique législatif.

Concrètement, cela signifie que, dans l'ordre juridique fédéral, le principe voulant qu'une modification du texte de loi a pour effet de changer la norme législative demeure applicable, mais sa force persuasive (son poids) a été de beaucoup réduite par l'article 45(2) de la *Loi d'interprétation*[575]. L'interprète peut regarder les versions

---

570. Voir P.-A. Côté, coll. S. Beaulac et M. Devinat, *Interprétation des lois*, 4ᵉ éd., Montréal, Thémis, 2009, aux pp. 498-499.

571. Voir : Chapitre 3, Section B.

572. L.R.C. 1985 (3ᵉ supp.), c. 40.

573. L.R.C. 1985, c. I-21.

574. Voir P.-A. Côté, coll. S. Beaulac et M. Devinat, *Interprétation des lois*, 4ᵉ éd., Montréal, Thémis, 2009, aux pp. 500-501.

575. L.R.C. 1985, c. I-21.

antérieures d'une loi fédérale pour formuler un argument de type historique, mais ne peut rien présumer de l'intervention du législateur sur le texte; tout au plus, peut-il en prendre acte et accorder à cet élément d'interprétation une force persuasive jugée adéquate dans les circonstances. Qu'en est-il dans l'ordre juridique provincial du Québec ? Le principe jurisprudentiel est intact puisque le législateur québécois n'en a pas diminué l'importance, comme son vis-à-vis fédéral l'a fait dans sa loi d'interprétation. Il semblerait donc, qu'au Québec, l'argument d'interprétation fondé sur l'historique législatif jouit d'une plus grande force persuasive parce que la présomption forme-fond développée par les tribunaux s'applique toujours.

2. Travaux préparatoires (débats parlementaires)

Extraits tirés de Stéphane Beaulac, « Parliamentary Debates in Statutory Interpretation: A Question of Admissibility or of Weight? », (1998) 43 *R.D. McGill* 287 [traduction par l'auteur].

Les débats parlementaires – ce qu'on appelle « Hansard »[576] en anglais – font partie de l'historique de la législation ou, selon l'expression consacrée en français, des travaux préparatoires. Ils constituent des *éléments extrinsèques* à l'interprétation législative, c'est-à-dire "materials that are considered to be external to the words of the legislative enactment"[577]. Ces éléments extrinsèques comprennent les dictionnaires, les lois *in pari materia*, les lois d'interprétation, l'état antérieur du droit, ainsi que les autres éléments de l'historique législatif. En revanche, les sources d'interprétation couchées par écrit, que l'on trouve noir sur blanc dans la législation (« written in ink discernible to the critical eye »[578]), sont des *éléments intrinsèques* à l'interprétation. Ceux-ci comprennent les préambules, les rubriques, la ponctuation, les définitions et les notes marginales, tous pouvant aider à interpréter le language utilisé dans les dispositions.

La doctrine n'assigne pas un sens précis à l'expression « travaux préparatoires ».[579] En l'espèce, elle fera référence aux documents qui relatent les événements entourant la conception, la préparation et l'adoption des lois. Peter Hogg inclut les éléments suivants :[580]

1. the report of a royal commission or law reform commission or parliamentary committee recommending that a statute be enacted [c.-à-d. les rapports de commission];

---

576. En 1812, T.C. Hansard a pris sur lui de rapporter les débats de la Chambre des Communes en Angleterre, travail commencé par W. Cobbett en 1803. Son nom est maintenant l'éponyme pour ce qui, en 1908, est devenu les recueils parlementaires officiels, appellation qui a été adoptée dans tout le Commonwealth.

577. W.H. Charles, «Extrinsic Evidence and Statutory Interpretation: Judicial Discretion in Context» (1983) 7:3 *Dalhousie Law Journal* 7, p. 8. Voir aussi R. Sullivan, *Driedger on the Construction of Statutes*, 3ᵉ éd., Scarborough, Butterworths, 1994, p. 427.

578. F. Frankfurter, «Some Reflections on the Reading of Statutes» (1947) 47 *Columbia Law Review* 527, p. 529.

579. Voir J. Bell & Sir G. Engle (dir.), *Cross on Statutory Interpretation*, 3ième éd. (Londres : Butterworths, 1995), p. 152; F.A.R. Bennion, *Statutory Interpretation: A Code*, 2ième éd. (Londres : Butterworths, 1992), p. 445; R. Dickerson, *The Interpretation and Application of Statutes* (Boston : Little, Brown, 1975), p. 137; et R. Sullivan, *Driedger on the Construction of Statutes*, 3ième éd. (Scarborough : Butterworths, 1994), p. 431.

580. P.W. Hogg, *Constitutional Law of Canada*, 3ième éd. (Toronto : Carswell, 1992), p. 1283-1284.

2. a government policy paper (whether called a white paper, green paper, budget paper or whatever) recommending that a statute be enacted [c.-à-d. les rapports de politique gouvernementale];

3. a report or study produced outside government which existed at the time of the enactment of the statute and was relied upon by the government that introduced the legislation [c.-à-d. les rapports de recherche externe];

4. earlier versions of the statute, either before or after its introduction into Parliament or the Legislature [c.-à-d. les versions antérieures de la loi];

5. statements by ministers or members of Parliament and testimony of expert witnesses before a parliamentary committee charged with studying the bill [c.-à-d. les déclarations du ministre, autres parlementaires et experts]; and

6. speeches in the Parliament or Legislature when the bill is being debated [c.-à-d. les discours en chambre lors du débat].

On devrait également voir sur cette liste les mémoires explicatifs (« explanatory memoranda ») – fréquemment utilisés dans certains pays de common law, dont l'Australie[581] – qui consistent en des documents résumant pour les parlementaires les objectifs et le contenu du projet de lois.[582] Ces éléments sont aussi considérés faire partie de l'historique parlementaire, des travaux préparatoires.

Nous nous limitons ici à l'étude des débats parlementaires, c'est-à-dire les discours faits durant l'adoption d'un texte législatif. La question au centre de la discussion est de savoir s'il devrait être permis d'y avoir recours en interprétation législative. Les mémoires explicatifs, également des documents publics concernant l'adoption des lois, seront assimilés aux débats parlementaires. En ce qui concerne les rapports de commission, leur situation ne sera pas examinée comme telle,[583] bien que ces derniers sont souvent, avec les débats parlementaires, traités ensemble comme formant l'historique parlementaire, les travaux préparatoires.[584]

---

581. Voir D.C. Pearce & R.S. Geddes, *Statutory Interpretation in Australia*, 3ième éd. (Sydney : Butterworths, 1988), p. 41.

582. Pour plus d'information concernant les mémoires explicatifs, voir F.A.R. Bennion, *Statutory Interpretation: A Code*, 2ième éd. (Londres : Butterworths, 1992) p. 454.

583. En Angleterre, la règle voulait que ces éléments pouvaient être examinés seulement pour établir la situation à réformer (le « mischief »), que la loi était censée remédier, non pas pour interpréter le texte législatif donnant effet à cette solution (le « remedy ») : voir *Herron v. Rathmines Improvement Commissioners*, [1892] A.C. 498 (C.L.) [ci-après *Herron*]; *Eastman Photographic Materials Co. v. Comptroller-General of Patents, Designs and Trademarks*, [1898] A.C. 571 (C.L.) [ci-après *Eastman Photographic Materials*]; et *Assam Railways and Trading Co. v. Commissioners of Inland Revenue* (1934), [1935] A.C. 445 (C.L.) [ci-après *Assam Railways*]. Cette distinction ne tient plus et les rapports de commission peuvent maintenant être utilisés afin d'interpréter la loi : voir *R. v. Secretary of State for Transport, Ex parte Factortame Ltd.* (1990), [1991] 1 A.C. 603 (C.L.) [ci-après *Factortame*]; et, sans équivoque, *Pepper v. Hart* (1992), [1993] A.C. 593 (C.L.), p. 635 [ci-après *Pepper*]. De même, initialement au Canada, la règle limitait le recours aux rapports de commission à l'identification de la situation à réformer – voir *Laidlaw c. Toronto (Ville)*, [1978] 2 R.C.S. 736 1. Mais on peut maintenant les consulter pour déterminer la solution proposée par la loi : voir *Hills c. Canada (P.G.)*, [1988] 1 R.C.S. 513; et *R. c. Mailloux*, [1988] 2 R.C.S. 1029. En Australie, voir *Bitumen and Oil Refineries (Aust.) Ltd. v. Commissioner for Government Transport* (1955), 92 C.L.R. 200; et *Dilingham Constructions Pty. Ltd. v. Steel Mains Pty. Ltd.* (1975), 6 A.L.R. 171, 132 C.L.R. 323. En Nouvelle-Zélande, voir *N.Z.E.I. v. Director-General of Education*, [1982] 1 H.Z.L.R. 397.

584. Pour les fins de la discussion, l'expression favorisée sera « débats parlementaires », ce qui inclut les mémoires explicatifs. « Historique parlementaire » sera parfois utilisé afin de faire référence égale-

La procédure parlementaire se ressemble d'un pays de common law à l'autre,[585] sauf aux États-Unis.[586] Après que l'ébauche de la loi ait été acceptée par le gouvernement, elle est introduite au Parlement. Le projet de loi passe ensuite les étapes usuelles de la première et de la seconde lecture, étude en comité, rapport en chambre et lecture finale. Les commentaires des parlementaires sur le projet de loi durant les trois lectures sont répertoriés dans le *Hansard*, recueil officiel des débats parlementaires. Dans la grande majorité des cas, il s'agit de projets de lois publics présentés par le gouvernement; il existe aussi des projets de lois privés et des projets de lois individuels (de parlementaires). Nous nous limiterons toutefois aux débats parlementaires sur les projets de lois publics.

Il faut noter que les discours en chambre au sujet d'une loi faits subséquemment à son adoption – comme une déclaration durant le débat sur une modification de la loi qui n'a pas eu lieu – ne sont pas considérés comme faisant partie de son historique parlementaire.[587] Ces discours n'ont pas eu lieu lors de l'adoption, et ne précèdent donc pas la cristallisation des mots dans le texte de loi. Par conséquent, bien qu'ils soient répertoriés dans le *Hansard*, ils ne peuvent pas être inclus dans les débats parlementaires propres à cette législation.

Une dernière remarque préliminaire relativement aux débats parlementaires – ou, plus largement, l'historique parlementaire – c'est qu'il faut les distinguer de ce qu'on appelle les données de sciences sociales (« social science data »), ou autres éléments factuels, qui sont étrangers au processus législatif. Ces données de sciences sociales peuvent être présentées en preuve devant certaines cours, en particulier aux États-Unis, par le biais d'un mémoire « Brandeis » (en anglais, « Brandeis brief »)[588]. Elles doivent être distinguées de l'historique parlementaire d'une loi, puisqu'elles n'en font pas partie.[589] Bien qu'elles puissent influencer l'interprétation de la législation, les données de sciences sociales constituent, à vrai dire, des faits soumis aux règles générales de preuve. En revanche, l'historique parlementaire ne représente pas des faits – ni adjudicatifs, ni législatifs – mais plutôt des éléments d'interprétation.

---

ment aux rapports de commission. On retrouvera rarement l'expression « éléments extrinsèques », qui comprend tous les éléments extérieurs au texte législatif.

585.   Voir, en general, J. Redlich, *The Procedure of the House of Commons* (Londres : Archibald Constable, 1908); et Sir D. Limon & W.R. McKay (dir.), *Erskine May's Treatise on the Law, Privileges, Proceedings and Usage of Parliament*, 22ième éd. (Londres : Butterworths, 1997). Au sujet des documents répertoriés lors de la préparation et de l'adoption d'un projet de loi au Canada, voir E.A. Driedger, « The Preparation of Legislation » (1953) 31 *Revue du Barreau canadien* 33.

586.   Voir J.A. Corry, « The Use of Legislative History in the Interpretation of Statutes » (1954) 32 *Revue du Barreau canadien* 624, p. 633. Pour plus d'information sur la procédure américaine de création des lois au Congrès et dans les législatures des États, voir S. Breyer, « On the Uses of Legislative History in Interpreting Statutes » (1992) 65 *South California Law Review* 845, p. 858-859.

587.   Voir la cause australienne *Hunter Resources v. Melville* (1988), 62 A.L.J.R. 88, p. 90, 164 C.L.R. 234, juge en chef Mason et juge Gaudron. Voir aussi P. Brazil, « Reform of Statutory Interpretation – The Australian Experience of Use of Extrinsic Material: With a Postscript on Simpler Drafting » (1988) 32 *Australian Law Journal* 503, p. 509-510. Aux États-Unis, malgré la position officielle contre le recours à l'historique législatif subséquent, les tribunaux les utilisent quand même parfois : voir W.N. Eskridge, « The New Textualism » (1990) 37 *University College of Los Angeles Law Review* 621, p. 635-636.

588.   Cette appellation provient de la cause *Muller v. Oregon*, 208 U.S. 412 (1908), dans laquelle L.D. Brandeis, alors procureur, a présenté un mémoire à la Cour suprême des États-Unis qui faisait référence à des données de sciences sociales tirées de livres, d'articles et de rapports. La cause célèbre ayant eu recours à un mémoire Brandeis était cette affaire de déségrégation scolaire, *Brown v. Board of Education*, 347 U.S. 483 (1954).

589.   Voir P.W. Hogg, *Constitutional Law of Canada*, 3ième éd. (Toronto : Carswell, 1992), p. 1284.

La problématique étant définie, un mot sur la structure du présent article. La section 1 examine les origines de la règle d'exclusion des débats parlementaires et son application en Angleterre. Ensuite, la section 2 fait brièvement état de la situation dans les pays de common law suivants : Australie, Nouvelle-Zélande, États-Unis et Canada. Pour donner un peu de perspective, la section 3 suivra avec un rappel de la méthodologie générale d'interprétation législative et un regard sur comment s'y insèrent les débats parlementaires. À la section 4, sera vérifiée l'hypothèse selon laquelle le recours aux débats parlementaires en interprétation des lois est une question non pas d'admissibilité, mais une question de poids. À cette fin, les justifications de la règle d'exclusion seront examinées une à une. En conclusion, nous proposerons des directives afin d'aider à déterminer le poids approprié à donner aux débats parlementaires dans des cas précis d'interprétation législative.

La règle d'exclusion en Angleterre

En Angleterre, la règle d'exclusion traditionnelle interdisait la référence aux débats parlementaires comme élément d'interprétation législative. Il s'agissait d'un principe d'origine jurisprudentielle,[590] qui n'était pas toujours appliqué. Il y a en effet des causes du dix-septième et du dix-neuvième siècle où les tribunaux anglais ont eu recours à l'historique législatif pour interpréter la loi.[591]

Ce qui constituerait la première déclaration explicite de la règle d'exclusion vient de l'affaire *Millar v. Taylor*[592] de 1769, concernant l'interprétation du *Act for the Encouragement of Learning, by vesting the Copies of printed Books in the Authors of Purchasers of such Copies, during the Times therein mentioned*[593] de 1709. Le juge Willes s'est dit d'avis, en *obiter dictum* :

> The sense and meaning of an Act of Parliament must be collected from what it says when passed into a law; and not from the history of changes it underwent in the house where it took its rise. That history is not known to the other house, or to the Sovereign.[594]

Cette position, toutefois, n'a pas été suivie par le juge Willes lui-même, puisqu'il a fait référence par la suite à l'historique du projet de loi, déclarant que le préambule original était infiniment plus fort (« infinitely stronger »[595]). Partant, la décision à la base de la règle d'exclusion semble d'autorité douteuse.[596]

---

590. Voir *Pepper*, [1993] A.C. 593, p. 617, *per* Lord Griffiths, et p. 630, *per* Lord Browne-Wilkinson. Voir aussi D. Oliver, « Comment – *Pepper v. Hart*: A Suitable Case for Reference to Hansard? » (1993) *Public Law* 5, p. 7.

591. Voir *Ash v. Abdy* (1678), 3 Swans. 663, 36 E.R. 1914; et *In Re Mew and Thorne* (1862), 31 L.J. Bank. 87.

592. (1769), 4 Burr. 2303, 98 E.R. 201 [cité dans E.R.].

593. (U.K.) 8 Anne, c. 19 [connu comme étant le *Copyright Act of 1709*].

594. *Millar v. Taylor* (1769), 98 E.R. 201, p. 217.

595. *Ibid.*, p. 217-218. Voir aussi le discours du juge Aston, qui fait référence aussi aux débats parlementaires. Les juges Mansfield et Yates, dissidents, ont fait de même.

596. Voir P. Brazil, « Legislative History and the Sure and True Interpretation of Statutes in General and the Constitution in Parlicular » (1964) 4 *University Queensland Law Journal* 1, p. 6; G. Bale, « Parliamentary Debates and Statutory Interpretation: Switching on the Light or Rummaging in the Ashcans of the Legislative Process » (1995) 75 *Revue du Barreau canadien* 1, p. 4; et W.H. Charles, « Extrinsic Evidence and Statutory Interpretation: Judicial Discretion in Context » (1983) 7:3 *Dalhousie Law Journal* 7, p. 34.

Bien que cette prohibition ait été tempérée subséquemment en ce qui concerne le recours aux rapports de commission[597] (quoique l'utilisation était limitée à identifier la situation à réformer visée par la législation, et non l'intention législative), elle fut confirmée en ce qui a trait aux débats parlementaires dans les affaires *Viscountess Rhondda's Claim*[598] et *Assam Railways.*[599] Au cours de la seconde moitié du vingtième siècle, la règle d'exclusion fut attaquée, mais la Chambre des Lords la réitéra en 1968 dans *Beswick v. Beswick*[600] *per* Lord Reid.

Cette même année, toutefois, Lord Reid lui-même opina qu'il y avait « room for exception where examining the proceedings in Parliament would almost certainly settle the matter immediately one way or another ».[601] Comme on l'a dit, cette tentative d'exception était hautement insatisfaisante, puisqu'elle exigeait une consultation des débats parlementaires dans chacun de ces cas, afin de savoir si ceux-ci disposaient immédiatement de l'affaire dans un sens ou dans l'autre.[602] Après cette consultation initiale, il n'y a pas de raison de les utiliser seulement s'ils sont déterminants et non pas s'ils ne sont que persuasifs.

En 1969, les Law Commissions d'Angleterre et d'Écosse ont considéré le bien-fondé de la règle d'exclusion.[603] Surtout pour des raisons d'ordre pratique, ils ont recommandé le maintien de la règle : "In considering the admissibility of Parliamentary proceedings, it is necessary to consider how far the material admitted might be relevant to the interpretive task of the courts, how far it would afford them reliable guidance, and how far it would be sufficiently available to those to whom the statute is addressed."[604] Le comité Renton, en 1975, a également recommandé que la prohibition d'utilisation des débats parlementaires ne soit pas modifiée.[605] En 1980 et en 1981, deux projets de lois d'interprétation ont été présentés à la Chambre des Lords pour changer la règle, mais ni l'un ni l'autre n'ont abouti. Le premier a été retiré lors de la deuxième lecture, tandis que le second a franchi toutes les étapes chez les Lords mais a été rejeté aux Communes.[606]

Pendant ce temps, le comité d'appel de la Chambre des Lords a réaffirmé explicitement la prohibition du recours aux débats parlementaires comme élément d'interprétation législative dans deux causes : *Davis v. Johnson*[607] et *Hadmor-Production Ltd. v. Hamilton.*[608] Dans cette

---

597.   Voir *Herron*, [1892] A.C. 498; et *Eastman Photographic Materials*, [1898] A.C. 571.

598.   [1922] 2 A.C. 339 (C.L.).

599.   [1935] A.C. 445.

600.   [1968] A.C. 58, p. 74.

601.   *Warner v. Metropolitan Police Commissioner*, [1969] 2 A.C. 256, p. 279 (C.L.) [ci-après *Warner*].

602.   P.W. Hogg, « Legislative History in Constitutional Cases », dans R.J. Sharpe (dir.), *Charter Litigation* (Toronto : Butterworths, 1987), 131, p. 136.

603.   Voir Grande-Bretagne, Law Commission, *The Interpretation of Statutes* (Law Commission No. 21) (Londres : H.M.S.O., 1969); Écosse, Law Commission, *The Interpretation of Statutes* (Scottish Law Commission No. 11) (Londres : H.M.S.O., 1968).

604.   Grande Bretagne, Law Commission, *ibid.*, au para. 53.

605.   Voir Grande-Bretagne, Chambre des Communes, « The Preparation of Legislation: Report of a Committee Appointed by the Lord President of the Council », Cmnd 6053 dans *Sessional Papers*, vol. 12 (1974-75) 545 (Président : D. Renton).

606.   Voir, pour le premier projet de loi, Grande-Bretagne, Chambre des Lords, *Parliamentary Debates*, 5ième série, vol. 405, col. 151, à la col. 306 (13 février 1980) et, pour le second projet de loi, Grande-Bretagne, Chambre des Communes, *Parliamentary Debates*, 6ième série, vol. 6, col. 643, à la col. 704 (12 juin 1981). Voir aussi F.A.R. Bennion, « Another Reverse for the Law Commission's Interpretation Bill » (1981) 131 *New Law Journal* 840.

607.   (1978), [1979] A.C. 264 (C.L.).

608.   (1982), [1983] 1 A.C. 191 (C.L.).

dernière affaire, Lord Diplock aurait difficilement pu être davantage explicite en confirmant la règle d'exclusion :

> There are a series of rulings by this House, unbroken for a hundred years, and most recently affirmed emphatically and unanimously in *Davis v. Johnson*, that recourse to reports of proceedings in either House of Parliament during the passing of a Bill which upon the signification of the Royal Assent become the Act of Parliament which falls to be construed is not permissible as an aid to its construction.[609]

En 1989, la Chambre des Lords a encore une fois considéré la question du recours aux débats parlementaires,[610] mais la règle d'exclusion demeura inchangée.

Ainsi, malgré les attaques répétées à l'égard de cette prohibition dans sa forme absolue, les perspectives de modification de la règle – que ce soit de façon législative ou judiciaire – semblaient minces.[611] En effet, la règle était décrite comme l'une des plus fermement établie en interprétation des lois (« one of the best established of our rules of statutory interpretation »[612]). Il s'ensuit que la communauté juridique anglaise fut sidérée, rien de moins, par le changement de cap opéré par la Chambre des Lords dans *Pepper v. Hart*.

L'affaire *Pepper* a pour origine un régime d'avantages pour les enseignants travaillant au Collège Malvern College, en vertu duquel les employés avaient droit d'y envoyer leurs enfants à un coût réduit de vingt pour cent. La question avait trait à deux possibles interprétations rivales des dispositions législatives de l'impôt sur le revenu contenues dans le *Finance Act 1976*,[613] qui soumettaient ces avantages à imposition. La question d'interprétation concernant le sens du mot « coût » (en anglais, « cost ») à l'article 63 et, en particulier, de savoir si l'avantage devait être imposé sur la base du coût marginal relatif à l'éducation des enfants – qui représente une petite somme – ou sur la base du coût moyen pour chaque pupille. Le comité spécial a conclu en faveur du contribuable, étant d'opinion que la base d'imposition applicable était le coût marginal, décision qui fut toutefois renversée par le juge Vinelott[614] dans un jugement qui a été, lui, confirmé plus tard par la Cour d'appel.[615]

Pepper a été plaidé, tout d'abord, devant le Comité d'appel de la Chambre des Lords en novembre 1991. En février 1992, avant jugement, il fut décidé qu'une autre audience était nécessaire, cette fois devant un Comité d'appel de sept Lords juridiques, spécifiquement pour considérer s'il y avait lieu de mettre de côté la règle interdisant le recours aux débats parlementaires comme élément d'interprétation législative. En l'espèce, le passage pertinent du Hansard relatait les déclarations du secrétaire aux Finances faites lors du retrait d'une clause dans le projet de loi.[616] En réplique à une question precise, il disait que le retrait en question "will affect the position of a child of one of the teachers at the child's school, because now

---

609.   *Ibib*, p. 232 [notes infrapaginales omises].

610.   Voir Grande-Bretagne, Chambre des Lords, *Parliamentary Debates*, [10ième série], vol. 503, col. 278 (18 janvier 1989).

611.   Voir A. Lester, « English Judges as Law Makers » [1993] *Public Law* 269, p. 274; et S.A. Girvin, « Hansard and the Interpretation of Statutes » (1993) 22 *Anglo-American Law Review* 475, p. 481.

612.   S.C. Styles, « The Rule of Parliament: Statutory Interpretation after *Pepper v. Hart* » (1993) 14 *Oxford Journal of Legal Studies* 151, p. 151.

613.   (G.-B.), 1976, c. 40.

614.   Voir *Pepper v. Hart*, [1990] 1 W.L.R. 204 (Ch.).

615.   Voir *Pepper v. Hart*, [1991] Ch. 203, [1991] 2 All E.R. 824 (C.A.).

616.   Lesdits passages sont reproduits dans les motifs de Lord Browne-Wilkinson dans *Pepper*, [1993] A.C. 593, p. 626-629.

the benefit will be assessed on the cost to the employer, which would be very small indeed in this case."[617] En novembre 1992, la Chambre des Lords a renversé la décision dont appel et, à l'unanimité, a conclu en faveur du contribuable, étant d'avis que l'avantage en litige devrait être imposé sur la base du coût marginal. Cependant, Lord Mackay et Lord Griffiths sont arrivés à cette interprétation du *Finance Act 1976* sans avoir recours aux débats parlementaires.

À part Lord Mackay, qui était dissident pour des raisons d'ordre pratique et non pour des raisons de principe, les Lords juridiques ont décidé que la règle interdisant l'utilisation des débats parlementaires devrait être assouplie et qu'il devrait être permis d'avoir recours au Hansard dans certaines circonstances limitées. Lord Browne-Wilkinson, livrant le discours principal, a formulé le test applicable comme suit :

> I therefore reach the conclusion, subject to any question of Parliamentary privilege, that the exclusionary rule should be relaxed so as to permit reference to Parliamentary materials where (a) legislation is ambiguous or obscure, or leads to an absurdity; (b) the material relied upon consists of one or more statements by a Minister or other promoter of the Bill together if necessary with such other Parliamentary material as is necessary to understand such statements and their effect; (c) the statement relied upon are clear.[618]

En l'espèce, les déclarations faites par le secrétaire aux Finances résolvait l'ambiguïté dans le *Finance Act 1976* et, en conséquence, il était approprié d'y avoir recours comme élément d'interprétation.

Les justifications qui sous-tendent la règle d'exclusion, les raisons de la répudier, et le discours de Lord Borwne-Wilkonson seront examinés plus en détail à la section 4. Soit dit en passant, les nombreux commentaires et notes[619] au sujet de *Pepper* témoignent sans l'ombre d'un doute de l'importance de cette décision, qu'il s'agit d'un point tournant, d'une volte-face, en droit anglais.[620]

La section suivante fait brièvement état de la situation dans certains autres pays de common law au sujet du recours aux débats parlementaires en interprétation des lois.

[...]

Canada

Au Canada, le recours judiciaire aux débats parlementaires se distingue par son évolution en matière de contestation constitutionnelle des lois. À première vue, le sort réservé aux débats parlementaires semble tributaire du contexte d'utilisation, soit a) pour interpréter la loi;

---

617.   *Ibid.*
618.   *Pepper*, [1993] A.C. 593, p. 640.
619.   Voir T.S.J.N. Bates, « Parliamentary Material and Statutory Construction: Aspects of the Practical Application of *Pepper v. Hart* » (1993) 14 *Statute Law Review* 46; D. Miers, « Taxing Perks and Interpreting Statutes: *Pepper v. Hart* » (1993) 56 *Modern Law Review* 695; F.A.R. Bennion, « Hansard – Help or Hindrance? A Draftsman's View of *Pepper v. Hart* » (1993) 14 *Statute Law Review* 149; J.H. Baker, « Case and Comment – Statutory Interpretation and Parliamentary Intention » (1993) 52 *Cambridge Law Journal* 353; D. Oliver, « Comment – *Pepper v. Hart*: A Suitable Case for Reference to Hansard? » [1993] *Public Law* 5; et S.C. Styles, « The Rule of Parliament: Statutory Interpretation after *Pepper v. Hart* » (1993) 14 *Oxford Journal of Legal Studies* 151.
620.   S.A. Girvin, « Hansard and the Interpretation of Statutes » (1993) 22 *Anglo-American Law Review* 475, p. 494.

b) pour caractériser une loi à des fins constitutionnelles; c) ou pour interpréter la Constitution canadienne. Chacune de ces situations sera examinée tour à tour.

Pour l'interprétation législative, la règle d'exclusion anglaise des débats parlementaires serait toujours officiellement applicable au Canada.[621] La Cour suprême du Canada a énoncé pour la première fois cette prohibition de recours dans *R. c. Gosselin*,[622] de façon quelque peu équivoque toutefois. Le juge en chef Tachereau écrivait alors : « I did not feel justified in departing from the rule so laid down, though, personally, I would not be unwilling, in cases of ambiguity in statutes, to concede that such a reference might sometimes be useful ».[623] Dans *Canadian Wheat Board c. Nolan*,[624] tant la Cour suprême que le Comité judiciaire du Conseil privé ont refusé de prendre en compte le discours du ministre de l'Agriculture dans l'interprétation d'un décret adopté en vertu d'une loi.[625]

La règle d'exclusion a ensuite été progressivement assouplie au Canada, tout d'abord par les cours inférieures,[626] et éventuellement par la Cour suprême dans *R. c. Vasil*.[627] Dans cette affaire, le juge Lamer (plus tard juge en chef) a eu recours aux débats parlementaires pour interpréter la phrase « fin illégale » à l'article 212(c) du *Code criminel* du Canada.[628] Au nom de la majorité, il écrivait :

> *Il n'est ordinairement pas souhaitable de se reporter au Journal des débats.* Cependant, comme le Canada a adopté, à l'époque de la codification, le *Projet de code* anglais de 1878, avec quelques modifications, il est pertinent de trouver s'il l'a fait, quant aux différents articles, pour les motifs proposés par les commissaires anglais ou pour des motifs qui lui sont propres.
>
> En effet, la lecture des commentaires de sir John Thompson dans le Journal des débats du 12 avril 1892 (Débats de la Chambre des Communes, Dominion du Canada, Session 1892, vol. I, aux pp. 1347 à 1354) confirme très clairement que tout ce qui a trait au meurtre a été pris directement du *Projet de code* anglais de 1878. Sir John Thompson a expliqué les articles proposés quant au meurtre en citant souvent au texte les motifs donnés par les membres de la Commission royale de Grande-Bretagne et il est mani-

---

621.   Voir P.-A. Côté, *Interprétation des lois*, 2ième éd. (Cowansville : Éditions Yvon Blais, 1991), p. 414; et R. Sullivan, *Driedger on the Construction of Statutes*, 3ième éd. (Scarborough : Butterworths, 1994), p. 435.
622.   (1903), 33 R.C.S. 255.
623.   *Ibid.*, p. 264.
624.   [1951] R.C.S. 81, rev'd (*sub nom. Canada (A.G.) c. Hallet & Carey Ltd.*) [1952] A.C. 427 (C.P.).
625.   Voir K.C. Davis, « Legislative History and the Wheat Board Case » (1953) 31 *Revue du Barreau canadien* 1. Davis insiste toutefois que si le Comité judiciaire avait tenu compte de l'historique législatif en question, il ne serait pas arrivé à la même conclusion. Pour un avis contraire sur la décision, voir D.G. Kilgour, « The Rule Against the Use of Legislative History: "Canon of Construction or Counsel of Caution"? » (1952) 30 *Revue du Barreau canadien* 769, p. 779; et aussi J.T. MacQuarrie, « The Use of Legislative History » (1952) 30 *Revue du Barreau canadien* 958.
626.   Voir, par exemple, *R. c. Stevenson and McLean* (1980), 57 C.C.C. (2d) 526, 19 C.R. (3d) 74 (C.A. Ont.), où la Cour d'appel de l'Ontario a cité avec approbation la position de Lord Reid dans *Warner v. Metropolitan Police Commissioner*, [1969] 2 A.C. 256, p. 279, selon laquelle les débats parlementaires peuvent être utilisés lorsque leur utilisation peut « settle the matter immediately one way or the other. » Voir aussi *R. c. Board of Broadcast Governors, Ex parte Swift Current Telecasting Co.* (1961), [1962] O.R. 657, 31 D.L.R. (2d) 385 (H.C. Ont.).
627.   [1981] 1 R.C.S. 469 [ci-après *Vasil*]. Pour un commentaire d'arrêt de cette décision, voir G. Parker, « Case Comment » (1982) 60 *Revue du Barreau canadien* 502.
628.   L.R.C. 1985, c. C-46.

feste que le Canada a adopté non seulement les articles proposés par les commissaires britanniques mais aussi leurs motifs.[629]

Bien que le recours aux débats parlementaires « n'est généralement pas souhaitable », les cours inférieures ont suivi généreusement cette nouvelle tendance jurisprudentielle.[630]

Il semble que la volonté de prendre en considération les débats parlementaires en interprétation législative ait été grandement influencée par le développement et la caractérisation des lois à des fins constitutionnelles. Il y a deux situations où les débats parlementaires peuvent s'avérer utiles pour la caractérisation constitutionnelle d'une loi : premièrement, dans les affaires de division des compétences législatives, pour aider à l'identification de l'essence et de la substance (« pith and substance ») de la législation contestée et ainsi voir si elle tombe sous les pouvoirs de l'autorité constitutive; et, deuxièmement, dans les affaires de *Charte canadienne des droits et libertés*, pour décider si l'objet de la loi contestée porte atteinte à un droit garanti et, le cas échéant, si cette restriction est justifiable en vertu de l'article 1 de la *Charte*.[631]

Pendant longtemps, la prohibition d'utilisation s'appliquait *mutatis mutandis* en contexte constitutionnel.[632] En 1961, la Cour suprême du Canada établissait clairement la règle dans *Canada (P.G.) c. Sélection du Reader's Digest (Canada) Ltée.*, *per* le juge Cartwright :

> While I have reached the conclusion that the evidence in question [parliamentary debates] in this appeal is inadmissible as a matter of law under the authorities and on principle and not from a consideration of inconvenience that would result from a contrary view, it may be pointed out that if it were held that the Minister's statement should be admitted there would appear to be no ground on which anything said in either house between the introduction of the Bill and its final passing into a law could be excluded.[633]

Dans une série de causes en matière de division des compétences législatives sous la *Loi constitutionnelle de 1867*,[634] la Cour suprême du Canada s'est dit d'avis que les éléments extrinsèques d'interprétation, y compris les débats parlementaires, ne devaient pas être exclus automatiquement. Cette tendance a débuté en 1975 avec le *Renvoi sur la Loi anti-*

---

629.   *Vasil*, [1981] 1 R.C.S. 469, p. 487 [nos italiques]. Voir aussi *R. c. Paul*, [1982] 1 R.C.S. 621.

630.   Voir, par exemple, *Babineau c. Babineau* (1981), 32 O.R. (2d) 545, 122 D.L.R. (3d) 508 (H.C. Ont.), aff'. (1982), 37 O.R. (2d) 527, 133 D.L.R. (3d) 767 (C.A. Ont.); *New Brunswick Broadcasting Co. c. Conseil de la radiodiffusion et des télécommunications canadiennes*, [1984] 2 C.F. 410, 13 D.L.R. (4th) 77 (C.A.F.); *Canada (P.G.) c. Young*, [1989] 3 C.F. 647, 100 N.R. 333 (C.A.F.); *Swan c. Canada (Ministre des Transports)*, [1990] 2 C.F. 409, 61 D.L.R. (4th) 390 (C.F.); et *Vaillancourt c. M.R.N.*, [1991] 3 C.F. 663, 132 N.R. 133 (C.A.F.).

631.   La *Charte canadienne des droits et libertés*, Partie 1 de la *Loi constitutionnelle de 1982*, constituant l'annexe B de la *Loi de 1982 sur le Canada* (R.-U.), 1982, c. 11 [ci-après *Charte*], article 1, prévoit que « La *Charte canadienne des droits et libertés* garantit les droits et libertés qui y sont énoncés. Ils ne peuvent être restreints que par une règle de droit, dans des limites qui soient raisonnables et dont la justification puisse se démontrer dans le cadre d'une société libre et démocratique ». Voir P.W. Hogg, *Constitutional Law of Canada*, 3ième éd. (Toronto : Carswell, 1992), p. 1384-1385.

632.   Voir *Texada Mines c. Colombie Britannique (P.G.)*, [1960] R.C.S. 713, p. 720.

633.   [1961] R.C.S. 775, p. 793 [ci-après *Reader's Digest*]. Pour un commentaire d'arrêt de cette décision, voir M. Rosenstein, « The Attorney-General of Canada v. The Reader's Digest Association (Canada) Ltd., Sélection du Reader's Digest (Canada) Ltée. » (1961-1962) 8 *Revue de droit de McGill* 62.

634.   (R.-U.), 30 & 31 Vict., c. 3.

inflation (Canada),[635] lorsque le juge Laskin (plus tard juge en chef) adopta une approche plus flexible à l'égard des éléments extrinsèques. Dans le *Renvoi sur la Loi de 1979 sur la location résidentielle (Ontario)*,[636] le juge Dickson (plus tard juge en chef) réitéra comment il est nécessaire occasionnellement de référer aux éléments extrinsèques en interprétation législative. Cela dit, il ajouta que « les discours prononcés devant le corps législatif au moment de son adoption sont irrecevables vu leur faible valeur probante ».[637] Cette conclusion semble confondre la question de savoir s'il est permis aux tribunaux de recourir aux débats parlementaires, et celle de savoir quel devrait être le poids à attribuer à ceux-ci. En 1982, la Cour suprême a rendu deux décisions où le *Renvoi sur la location résidentielle* a été cité comme autorisant le recours à l'historique législatif pour la caractérisation de lois dans le but de déterminer leur constitutionalité eu égard à la division des compétences législatives.[638]

Dans le *Renvoi sur le Upper Churchill Water Rights Reversion Act (Terre-Neuve)*,[639] le juge McIntyre a déclaré que les éléments extrinsèques, y compris les débats parlementaires, pouvaient être utilisés pour connaître le contexte historique dans lequel s'inscrit la législation, mais pas toutefois comme argument d'interprétation.[640] Cette distinction entre le contexte d'adoption et le sens de la loi – similaire à celle entre la situation à réformer (« mischief ») et la solution législative (« remedy »), en ce qui concerne les rapports de commission – constituait le dernier vestige de la règle stricte d'exclusion. La Cour suprême du Canada l'a finalement éliminée dans *R. c. Morgentaler, per* le juge Sopinka :

> L'ancienne règle d'exclusion touchant la preuve de l'historique d'un texte législatif a été graduellement assouplie... mais jusqu'à récemment, les tribunaux ont hésité à admettre la preuve des débats et des discours devant le corps législatif... La principale critique dont a été l'objet ce type de preuve a été qu'elle ne saurait représenter l'« intention » de la législature, personne morale, mais c'est aussi vrai pour d'autres formes de contexte d'adoption d'une loi. À la condition que le tribunal n'oublie pas que la fiabilité et le poids des débats parlementaires sont limités, *il devrait les admettre comme étant pertinents quant au contexte et quant à l'objet du texte législatif.* En effet, il semble désormais bien établi qu'ils sont admissibles dans les affaires constitutionnelles car ils aident le tribunal à déterminer le contexte et l'objet du texte.[641]

La portée générale de ces remarques au sujet des débats parlementaires porte à croire qu'on peut les utiliser, non seulement pour caractériser la loi à des fins constitutionnelles, mais également pour l'interpréter afin d'y donner un sens.[642]

---

635. [1976] 2 R.C.S. 373. Pour un commentaire d'arrêt de cette décision, voir E.G. Hudon, « Case Comment [*Renvoi sur la Loi anti-inflation*] » (1977) 55 *Revue du Barreau canadien* 370; et R.B. Buglass, « The Use of Extrinsic Evidence and the *Anti-Inflation Act Reference* » (1977) 9 *Revue de droit d'Ottawa* 182.

636. [1981] 1 R.C.S. 714 [ci-après *Renvoi sur la location résidentielle*].

637. *Ibid.*, p. 721.

638. Voir *Renvoi relatif à la taxe sur le gaz naturel exporté*, [1982] 1 R.C.S. 1004, p. 1048; et *Schneider c. Colombie Britannique (P.G.)*, [1982] 2 R.C.S. 112, p. 130-131.

639. [1984] 1 R.C.S. 297.

640. Voir *ibid.*, p. 318.

641. [1993] 3 R.C.S. 463, p. 484 [nos italiques].

642. Récemment, toutefois, dans *RJR-MacDonald Inc. c. Canada (P.G.)*, [1995] 3 R.C.S. 199, p. 242, le juge La Forest, dissident quant au résultat, semblait retourner à une règle plus restrictive lorsqu'il a écrit : « En passant, je tiens à mentionner le principe bien établi selon lequel un tribunal a le droit, dans le cadre d'une analyse du caractère véritable, de se reporter à une preuve extrinsèque, comme

Dans les affaires de *Charte canadienne des droits et libertés*, la Cour suprême a rapidement conclu qu'il était possible d'avoir recours aux débats parlementaires pour déterminer si l'objectif de la loi contestée porte atteinte à un droit garanti et, le cas échéant, pour savoir si les limites à ce droit pouvaient être justifiées en vertu de l'article 1 de la *Charte*.[643] Cela n'est pas surprenant puisque le processus d'évaluation pour les fins de révision constitutionnelle eu égard à la *Charte* est très semblable au processus d'évaluation pour les fins de révision constitutionelle eu égard à la division des compétences législatives[644] et aux développements jurisprudentiels en cette dernière matière.

La décision de la Cour dans *R. c. Heywood*[645] est vraiment instructive au sujet de la position canadienne. La question était de savoir si certains droits protégés par la *Charte* étaient violés par l'article 179(1)(b) du *Code criminel*, qui interdit aux individus condamnés pour des crimes sexuels de flâner dans les cours d'école, terrains de jeu et parcs publics. Bien qu'il s'agissait d'une affaire de *Charte*, la Cour fut appelée à recourir à des débats parlementaires, non pas pour déterminer si l'objectif de la disposition portait atteinte ou si la restriction était justifiable en vertu de l'article 1, mais plutôt pour décider selon la méthodologie d'interprétation du sens à donner au terme « flâner » à l'article 179(1)(b) du *Code criminel*. Autrement dit, au centre du litige se trouvait une question purement d'interprétation législative.

Écrivant au nom de la majorité, le juge Cory a effectué une étude élaborée de la jurisprudence sur le recours aux débats parlementaires dans le contexte de caractérisation de la loi pour les fins de révision constitutionnelle eu égard à la division des compétences législative et pour les fins de révision constitutionnelle eu égard à la *Charte*.[646] La Cour a conclu qu'il n'était pas nécessaire de décider si les débats parlementaires pouvaient être des éléments d'interprétation de la disposition puisque, en l'espèce, ils n'étaient pas concluants. L'ironie est que le juge Cory s'est ensuite empressé d'examiner lesdits débats afin d'appuyer sa conclusion.[647] Cette décision indique clairement que la Cour suprême du Canada est sur le point de faire le saut et statuer que, comme pour la caractérisation constitutionnelle, on peut avoir recours aux débats parlementaires comme élément d'interprétation législative.[648]

Enfin, un mot s'impose au sujet du recours aux débats parlementaires pour l'interprétation de la Constitution canadienne. En ce qui a trait à la *Loi constitutionnelle de 1867*,[649] la question ne s'est pas souvent posée, probablement en raison du peu de documents relatifs à son historique.[650] Compte tenu de la règle générale d'exclusion des débats parlementaires comme élément d'interprétation des lois, il n'est pas surprenant que, pour interpréter la

---

les textes législatifs connexes, les débats parlementaires et la preuve du «mal» [«mischief»] que le texte vise à corriger».

643.   Voir *R. c. Edwards Books & Art Ltd.*, [1986] 2 R.C.S. 713, p. 749; *R. c. Whyte*, [1988] 2 R.C.S. 3, p. 24-25; *Irwin Toy Ltd. c. Québec (P.G.)*, [1989] 1 R.C.S. 927, p. 983-984; et *Edmonton Journal c. Alberta (P.G.)*, [1989] 2 R.C.S. 1326, p. 1371-1372.

644.   Voir P.W. Hogg, «Legislative History in Constitutional Cases», dans R.J. Sharpe (dir.), *Charter Litigation* (Toronto: Butterworths, 1987), 131, p. 143-144.

645.   [1994] 3 R.C.S. 761.

646.   Voir *ibid.*, p. 788-789.

647.   Voir *ibid.*, p. 789.

648.   Voir aussi, dans des circonstances et selon un raisonnement semblable, *R. c. Mailloux*, [1988] 2 R.C.S. 1029, p. 1042; et *R. c. Sullivan*, [1991] 1 R.C.S. 489, p. 502-503.

649.   (R.-U.), 30 & 31 Vict., c. 3.

650.   Il y a eu trois conférences constitutionnelles qui ont mené à la Confédération: Charlottetown (1864), Québec (1864), et Londres, Angleterre (1866). Les comptes-rendus de celles-ci sont très peu élaborés. Les débats au Parlement britannique sont disponibles dans le Hansard de 1867 du Royaume-Uni.

Loi constitutionnelle de 1867, on n'ait pas eu recours initialement à son historique.[651] Mais dans une série de décisions dès 1975, la Cour suprême du Canada a commencé à utiliser les travaux préparatoires.[652] Par exemple, dans le *Renvoi sur le Sénat*, la Cour suprême écrivait :

> Il convient, croyons-nous, d'examiner la situation historique qui a suscité les disposi-tions de l'Acte pour l'institution du Sénat comme partie du système législatif fédéral. Pendant les débats de la Conférence de Québec en 1864, beaucoup de temps a été consacré à la discussion des dispositions relatives au Sénat.[653] En ce qui concerne la *Loi constitutionnelle de 1982*,[654] il existe amplement de comptes-rendus de l'historique ayant mené à l'adoption de cet instrument.[655] À la lumière des décisions concernant la *Loi constitutionnelle de 1867*, il y a peu de doute que ces éléments pourront être utilisés afin d'interpréter la *Loi constitutionnelle de 1982*.

Cette prétention s'appuie par ailleurs sur les nombreuses causes en matière de *Charte* qui ont permis les références aux travaux préparatoires afin d'interpréter les termes de la *Charte* elle-même.[656] Dans le *Renvoi sur le Motor Vehicle Act (C.-B.)*,[657] la Cour a conclu que les pro-cédures et la preuve du Comité conjoint spécial du Sénat et de la Chambre des Communes sur la Constitution pouvaient être utilisées afin d'aider les tribunaux à interpréter la *Charte*. Il a été clair cependant que la Cour n'y attacherait pas beaucoup de poids, comme l'expliquait le juge Lamer (plus tard juge en chef) :

> Si cette cour devait accorder un poids quelconque à ce témoignage, elle tiendrait alors pour acquis un fait dont la preuve est presque impossible à faire, c.-à-d. l'intention du corps législatif qui a adopté la Charte. À cause de la nature indéterminée de ces données, ce serait une erreur, à mon avis, de leur accorder une grande importance.[658]

651.   Voir *Bank of Toronto v. Lambe*, [1887] 12 A.C. 575 (C.P.); et *Ontario (A.G.) v. Canada (A.G.)*, [1912] A.C. 571 (C.P.). Au sujet des premières utilisations de l'historique législatif pour interpréter la *Loi constitutionnelle de 1867*, (R.-U.), 30 & 31 Vict., c. 3, voir V.C. MacDonald, « Constitutional Interpretation and Extrinsic Evidence » (1939) 17 *Revue du Barreau canadien* 77; et B. Laskin, *Canadian Constitutional Law*, 4ième éd. (Toronto : Carswell, 1975), p. 59-65.

652.   Voir *Jones c. Nouveau-Brunswick (P.G.)*, [1975] 2 R.C.S. 182, p. 194; *Di Iorio c. Gardien de la prison commune de Montréal*, [1978] 1 R.C.S. 152, p. 200; *Québec (P.G.) c. Blaikie (no. 1)*, [1979] 2 R.C.S. 1016, p. 1017; *Renvoi sur la compétence du Parlement relativement à la Chambre Haute* (1979), [1980] 1 R.C.S. 54, p. 66-67 [ci-après *Renvoi sur le Sénat*]; *Canada (P.G.) c. Transports nationaux du Canada Ltée*, [1983] 2 R.C.S. 206, p. 226; *MacDonald c. Montréal (Ville)*, [1986] 1 R.C.S. 460, p. 494; et *Renvoi : An Act to Amend the Education Act (Ontario)*, [1987] 1 R.C.S. 1148, p. 1173-1174. Voir aussi F. Vaughan, « The Use of History in Canadian Constitutional Adjudication » (1989) 12 *Dalhousie Law Journal* 59.

653.   *Renvoi sur le Sénat*, [1980] 1 R.C.S. 54, p. 66.

654.   Constituant l'annexe B de la *Loi de 1982 sur le Canada* (R.-U.), 1982, c. 11.

655.   En fait, il existe rien de moins que sept textes de versions antérieures à la *Loi constitutionnelle de 1982*. Ceux-ci sont reproduits dans R. Elliot, « Interpreting the Charter – Use of the Earlier Versions as an Aid » (1982) *University of British Columbia Law Review (Édition Charte)* 11. Il y a aussi de nombreux débats parlementaires provenant à la fois du Parlement fédéral canadien et de celui du Royaume-Uni : voir P.W. Hogg, « Legislative History in Constitutional Cases » in R.J. Sharpe (dir.), *Charter Litigation* (Toronto : Butterworths, 1987), 131, p. 147-148.

656.   Voir *R. c. Dubois*, [1985] 2 R.C.S. 350, p. 360; *Renvoi sur le Motor Vehicle Act (C.-B.)*, [1985] 2 R.C.S. 486, p. 504-507; *États-Unis c. Cotroni*, [1989] 1 R.C.S. 1469, p. 1479-1480; *Mahé c. Alberta*, [1990] 1 R.C.S. 342.

657.   *Ibid.*

658.   *Ibid.*, p. 508-509.

Cette question du poids nécessite une brève discussion des principes généraux d'interprétation constitutionnelle au Canada. Essentiellement, l'historique législatif de la Constitution peut être soit concluant ou persuasif. Le premier cas suggère que les tribunaux sont liés à la conception originale du texte constitutionnel; ceci s'apparente à ce qu'on appelle « l'originalisme » (en anglais, « originalism ») aux États-Unis.[659] Le deuxième cas suggère que les travaux préparatoires constituent seulement un des nombreux éléments d'interprétation des dispositions constitutionnelles.

Puisque l'historique, traditionnellement, ne pouvait pas être utilisé pour interpréter la Constitution, l'idée d'originalisme n'a jamais été retenue au Canada.[660] À la place, les tribunaux au Canada se sont montrés favorables à une interprétation progressive, c'est-à-dire une interprétation qui ne cristallise pas dans le temps le langage constitutionnel mais lui permet plutôt de s'adapter aux nouvelles réalités et aux nouvelles idées. Cette approche a été exprimée de façon éloquente par Lord Sankey dans *Edwards c. Canada (P.G.)* :[661] « The British North America Act planted in Canada a living tree capable of growth and expansion within its natural limits ».[662] Comme Peter Hogg l'expliquait : « The principle of progressive interpretation is flatly inconsistent with originalism, the whole point of which is to deny that the courts have the power to adapt the Constitution to new conditions and new ideas ».[663] Ainsi, comme l'illustraient les motifs du juge Lamer dans le *Renvoi sur le Motor Vehicle Act*,[664] les travaux préparatoires de la Constitution canadienne jouent un rôle minimal pour son interprétation.

En résumé, la pratique au Canada concernant le recours aux débats parlementaires en interprétation législative a été influencée grandement par leur utilisation pour les fins de caractérisation des lois en contexte de contestation constitutionnelle. Peut-être est-il temps que la Cour suprême règle la question de savoir s'il est permis de faire référence aux débats parlementaires afin de déterminer le sens des dispositions législatives. Bien que cette étape semble imminente – à la lumière des motifs du juge Cory dans *R. c. Heywood*[665] – laisser le

---

659. Voir R. Berger, *Government by Judiciary, The Transformation of the Fourteenth Amendment* (Cambridge : Harvard University Press, 1977) chapitre 20; R.H. Bork, « Neutral Principles of Some First Amendment Problems » (1971) 47 *Indiana Law Journal* 1; A. Scalia, « Originalism: The Lesser Evil » (1989) 57 *University of Cincinnati Law Review* 869; R.S. Kay, « Adherence to the Original Intentions in Constitutional Adjudication » (1988) 82 *New York University Law Review* 226; et M.W. McConnell, « Originalism and the Desegregation Doctrine » (1995) 81 *Virginia Law Review* 947.

660. Voir P.W. Hogg, *Constitutional Law of Canada*, 3ième éd. (Toronto : Carswell, 1992) p. 1288; et B. Laskin, *Canadian Constitutional Law*, 4ième éd. (Toronto : Carswell, 1975), p. 59-65. En fait, même au États-Unis, l'originalisme est rejeté par une majorité d'auteurs : voir P. Brest, « The Misconceived Quest for the Original Understanding » (1980) 60 *Boston University Law Review* 204; R. Dworkin, « The Forum of Principle » (1981) 56 *New York University Law Review* 469; H.J. Powell, « The Original Understanding of Original Intent » (1985) 98 *Harvard Law Review* 885; R.A. Posner, « Bork and Beethoven » (1990) 42 *Stanford Law Review* 1365; et Symposium, "Originalism, Democracy and the Constitution" (1996) 19 *Harvard Journal of Law and Public Policy* 237 *ff.*, surtout C.R. Sunstein, « Five Theses on Originalism » (1996) 19 *Harvard Journal of Law and Public Policy* 311.

661. [1930] A.C. 121, p. 136 (C.P.).

662. Cette métaphore a été récemment réutilisée par le juge McLachlin dans le *Renvoi sur les circonscriptions électorales provinciales (Saskatchewan)*, [1991] 2 R.C.S. 158, p. 180.

663. P.W. Hogg, *Constitutional Law of Canada*, 3ième éd. (Toronto : Carswell, 1992), p. 1290.

664. [1985] 2 R.C.S. 486, p. 508-509.

665. [1994] 3 R.C.S. 761.

débat en suspens nuit certainement à la sécurité juridique, surtout parce qu'on parle de méthodologie d'interprétation législative, et non pas d'un simple principe de droit.[666]

L'analyse de l'approche canadienne ne serait complète sans parler de la situation différente au Québec, la province dont le droit privé se fonde sur le système de droit civil de type français. À la base, la tradition de droit civil permet l'utilisation de l'historique parlementaire sans restriction – ce qu'on appelle les « travaux préparatoires » – dans l'interprétation de la législation et accorde à ces éléments extrinsèques beaucoup de force persuasive.[667] Bien que cette position est généralement acceptée au Québec, pour l'interprétaton de son droit privé,[668] la Cour suprême du Canada a récemment émis une mise en garde à ce sujet dans *Construction Gilles Paquette Ltée c. Entreprises Végo Ltée* : « [l]es débats parlementaires entourant l'adoption d'une loi sont à lire avec réserve puisqu'ils ne constituent pas toujours une source fidèle de l'intention du législateur ».[669] Dans une autre cause récente, *Doré c. Verdun (Ville)*,[670] la Cour suprême a parlé du poids à donner aux *Commentaires du ministre* sur le *Code civil du Québec*, dont le statut diffère quelque peu des autres *travaux préparatoires* puisqu'ils ont été publiés après l'adoption du C.C.Q.[671] Partant du constat qu'on devrait pouvoir les utiliser, le juge Gonthier a quand même émis la mise en garde suivante :

> Évidemment, l'interprétation du *Code civil* doit avant tout se fonder sur le texte même des dispositions. Cela dit et comme le soulignait le juge Baudouin dans le jugement dont

---

666. Le juge L'Heureux-Dubé, en dissidence dans *2747-3174 Québec Inc. c. Québec (Régie des permis d'alcool)*, [1996] 3 R.C.S. 919, p. 995 [ci-après *Régie des permis*], a souligné l'importance de mettre au clair les règles d'interprétation législative afin d'éviter un exercise d'interprétation de type « Humpty-Dumpty » (p. 1008-1009).

667. Voir F. Gény, *Méthode d'interprétation et sources en droit privé positif*, t. 1, 2ième éd. (Paris : Librairie générale de droit et de jurisprudence, 1919), p. 293 ff; et M. Couderc, « Les travaux préparatoires de la loi ou la remontée des enfers » *D.1975Chron.*249. Il est à noter toutefois que, en 1935, l'auteur de doctrine de renom, Henri Capitant, déplorait cette situation et favorisait la règle d'exclusion anglaise : voir H. Capitant, « L'interprétation des lois d'après les travaux préparatoires » *D.H.1935Chron.*77. Au sujet de la situation dans les autres pays de droit civil sur le continent européen, voir S. Strömholm, « Legislative Material and Construction of Statutes – Notes on the Continental Approach » (1966) 10 *Scandinavian Studies in Law* 173.

668. Voir F.P. Walton, *The Scope and Interpretation of the Civil Code of Lower Canada* (Montréal : Wilson & Lafleur, 1907), p. 80 *ff*.; P.B. Mignault, « Le Code civil de la province de Québec et son interprétation » (1935-1936) 1 *University of Toronto Law Journal* 104, p. 114 *ff*.; S. Normand, « Les travaux préparatoires et l'interprétation du Code civil du Québec » (1986) 27 *Cahiers de droit* 347; P.-A. Côté, *Interprétation des lois*, 2ième éd. (Cowansville : Éditions Yvon Blais, 1991), p. 395. Voir aussi A.-F. Bisson, « Préambules et déclarations de motifs ou objets » (1980) 40 *Revue du Barreau* 58, p. 65.

669. [1997] 2 R.C.S. 299, p. 311, *per* le juge Gonthier, concernant l'interprétation de l'article 503.1 du *Code de procédure civile* du Québec.

670. [1997] 2 R.C.S. 862 [ci-après *Doré*], mettant en jeu l'interprétation de l'article 2930 du *Code civil du Québec*, prévoyant une prescription extinctive de trois ans pour les actions en préjudice corporel.

671. Québec, Ministère de la Justice, *Commentaires du ministre de la Justice*, vol. 1 (Québec : Publications du Québec, 1993). Gil Rémillard, le ministre de la Justice à l'époque de l'adoption du *Code civil*, décrivait les objectifs de ces documents de la façon suivante :

> Les commentaires du Code civil du Québec visent à fournir certaines indications sur les motifs du législateur, sur le contexte des dispositions législatives nouvelles et sur les sources qui ont été directement considérées (*ibid.*, p. vii).

Voir C. Masse, « Le recours aux travaux préparatoires dans l'interprétation du nouveau Code civil du Québec », dans *Le nouveau Code civil : interprétation et application : les journées Maximilien-Caron 1992* (Montréal : Thémis, 1993) 149, qui les assimile à la doctrine : « La

appel, il n'y a cependant aucune raison d'écarter systématiquement les *Commentaires du ministre*, puisqu'ils peuvent parfois constituer un élément utile pour cerner l'intention du législateur, particulièrement lorsque le texte de l'article prête à différentes interprétations (à la p. 1327). Toutefois, ces commentaires ne constituent pas une autorité absolue. Ils ne lient pas les tribunaux et leur poids pourra varier, notamment, au regard des autres éléments pouvant aider l'interprétation des dispositions du *Code civil*.[672]

Ces deux récentes affaires montrent que la position de la Cour suprême du Canada au sujet des travaux préparatoires pour l'interprétation du droit privé au Québec n'est pas vraiment différente de l'approche adoptée pour la législation en common law : ayez-y recours, mais avec parcimonie.

L'examen de l'utilisation des débats parlementaires étant complété, nous allons maintenant explorer la question de savoir si le recours à ces éléments en interprétation législative devrait faire l'objet d'une prohibition de principe, ou s'il ne s'agit pas plutôt d'une question de pondération, c'est-à-dire de savoir quel poids leur attribuer.

[...]

Débats parlementaires : une question d'admissibilité ou de poids ?

L'argument mis de l'avant ici est que la question des débats parlementaires en interprétation législative en est une de poids et non une d'admissibilité.[673] Autrement dit, dans un cas d'interprétation, les attributs des débats parlementaires, ainsi que les circonstances entourant leur utilisation, ne justifient pas une interdiction complète. Plutôt, il devrait être permis aux tribunaux d'y avoir recours comme éléments d'interprétation, et l'analyse devrait porter sur le poids à leur accorder. Pour en faire la démonstration, les raisons d'être qui sous-tendent la règle traditionnelle d'exclusion seront examinées.

Il y a une question préalable dont il faut parler ici, soit la distinction archaïque et nul doute artificielle entre le recours à l'historique législatif afin d'identifier la situation à réformer (« mischief ») dans l'état du droit antérieur et y avoir recours pour identifier l'intention du législateur en adoptant la législation. Cette dichotomie a été développée dans le contexte des rapports de commission, et signifiait que ces documents ne pouvaient être utilisés que pour identifier la situation à réformer, pas l'intention.[674] Cette position restrictive a été répudiée, quoique seulement en ce qui concerne les rapports de commission en premier.[675] Dans *Pepper*, toutefois, Lord Browne-Wilkinson a été clair que la distinction entre situation à réformer et intention – tant pour les rapports de commission que pour les débats parlementaires – ne devrait plus être considérée applicable :

> Given the purposive approach to construction now adopted by the courts in order to give effect to the true intentions of the legislature, the fine distinctions between

---

richesse des travaux préparatoires ne sera donc pas perdue et ces commentaires pourront valoir à titre de doctrine» (*ibid.*, p. 159).

672.   *Doré*, [1997] 2 R.C.S. 862, p. 873.

673.   Plusieurs auteurs de doctrine au Canada partagent cet avis : voir J.A. Corry, « The Use of Legislative History in the Interpretation of Statutes » (1954) 32 *Revue du Barreau canadien* 624, p. 635; D.G. Kilgour, « The Rule Against the Use of Legislative History: "Canon of Construction or Counsel of Caution"?» (1952) 30 *Revue du Barreau canadien* 769, p. 776; et P.-A. Côté, *Interprétation des lois*, 2ième éd. (Cowansville : Éditions Yvon Blais, 1991), p. 417.

674.   Voir *Eastman Photographic Materials*, [1898] A.C. 571; et *Assam Railways*, 1935] A.C. 445.

675.   Voir *Factortame*, [1991] 1 A.C. 603.

looking for the mischief and looking for the intention in using words to provide the remedy are technical and inappropriate.[676]

Les justifications pour la prohibition d'utilisation des débats parlementaires peuvent être regroupées sous les rubriques suivantes : historique, théorique, et pratique.[677] Chacune de ces catégories sera examinée tour à tour.

Raisons historiques

La première justification historique derrière la règle d'exclusion est liée au fait, qu'entre 1628 et 1908, il était interdit de rapporter les débats parlementaires en Angleterre.[678] Ce régime avait été adopté par la Chambre des Communes afin de protéger la liberté de parole de ses membres. Ce qui est moins compréhensible est que cette position soit demeurée inchangée après la révolution de 1688, avec la protection accordée à la liberté de débat par l'article 9 du *Bill of Rights* (1689).[679] L'ironie est que la prohibition de publier les débats, qui avait été instaurée pour protéger la Couronne, était maintenant utilisée comme arme contre la publication des débats au Parlement.[680] La Chambre était d'avis que rapporter les débats et, incidemment, les utiliser en cour pour interpréter les lois constituait des violations de privilèges parlementaires.

En Angleterre, les privilèges parlementaires sont presque tous codifiés à l'article 9 du *Bill of Rights*.[681] Cette disposition prévoit ceci : « freedom of speech, and debates or proceedings in Parliament ought not to be impeached or questioned in any court or place out of Parliament ». Aujourd'hui, l'article 9 signifie que rien de ce qui est dit dans l'une des deux chambres du Parlement par un de ses membres ne pourra être retenu contre lui.[682] Ce privilège a pour conséquence qu'une permission doit être obtenue afin de consulter un document relatif à une procédure à la Chambre des Communes.[683] Dans *Davis v. Johnson*,[684] Lord Scarman remarquait qu'aussi longtemps que cette pratique demeure en vigueur, les tribunaux seraient mal venus d'avoir recours aux débats parlementaires pour interpréter une loi.

---

676.   *Pepper*, [1993] A.C. 593, p. 635, Lord Browne-Wilkinson.

677.   Voir *Pepper, ibid.*, p. 633. Voir aussi P.-A. Côté, *Interprétation des lois*, 2ième éd. (Cowansville : Éditions Yvon Blais, 1991), p. 407-411; S.A. Girvin, « Hansard and the Interpretation of Statutes » (1993) 22 *Anglo-American Law Review* 475, p. 494-495; et D. Oliver, « Comment – *Pepper v. Hart*: A Suitable Case for Reference to Hansard? » [1993] *Public Law* 5, p. 7.

678.   Voir D.G. Kilgour, « The Rule Against the Use of Legislative History: "Canon of Construction or Counsel of Caution"? » (1952) 30 *Revue du Barreau canadien* 769, p. 784-786; K.C. Davis, « Legislative History and the Wheat Board Case » (1953) 31 *Revue du Barreau canadien* 1, p. 8; et L.-P. Pigeon, « L'élaboration des lois » (1945) 5 *Revue du Barreau* 365, p. 368.

679.   1 Will. & Mary 2, c. 2.

680.   Il a fallut attendre jusqu'en 1908 pour que la Chambre des Communes britannique commence à rapporter officiellement ses débats au Parlement; la règle d'exclusion demeura inchangée toutefois.

681.   Dans *Pepper*, [1993] A.C. 593, p. 646, Lord Browne-Wilkinson s'est dit d'avis qu'aucune des autorités citées en l'espèce "identified or specified the nature of any privilege extending beyond that protected by [article 9] of the Bill of Rights."

682.   Voir P.M. Leopold, « Freedom of Speech in Parliament – Its Misuse and Proposals for Reform » [1981] *Public Law* 30; et D. Miers, « Citing Hansard as an Aid to Interpretation » [1982] *Statute Law Review* 98, p. 99.

683.   Voir *Stockdale v. Hansard* (1839), 9 Ad. & E. 1, p. 114, 112 E.R. 1112 R.-U.; *Bradlaugh v. Gosset* (1884), 12 Q.B.D. 271, p. 275, 53 L.J.Q.B. 209 (R.-U.); *In re Parliamentary Privilege Act 1770*, [1958] A.C. 331, p. 350 (C.P.).

684.   [1979] A.C. 264 (C.L.), p. 350.

En 1980, l'exigence d'obtenir une telle permission a été levée par voie de résolution de la Chambre des Communes.[685] Ce changement de pratique n'a cependant eu aucune incidence sur l'interdiction d'utilisation des débats parlementaires,[686] démontrant ainsi que la règle n'aurait rien à voir avec l'existence de contraintes parlementaires.[687] Dans *Pepper*, l'argument voulant que le recours aux débats parlementaires en interprétation mettrait en doute (« constitute questioning ») la procédure parlementaire, à l'encontre de l'article 9 du *Bill of Rights*, a été rejeté de la façon suivante par Lord Browne-Wilkinson :

> In my judgment, the plain meaning of article 9, viewed against the historical background in which it was enacted, was to ensure that Members of Parliament were not subjected to any penalty, civil, or criminal for what they said and were able, contrary to the previous assertions of the Stuart monarchy, to discuss what they, as opposed to the monarch, chose to have discussed. Relaxation of the rule will not involve the courts in criticising what is said in Parliament. *The purpose of looking at Hansard will not be to construe the words, used by the Minister but to give effect to the words used so long as they are clear.* Far from questioning the independence of Parliament and its debates, the courts would be giving effect to what is said and done there.[688]

Dans d'autres pays de common law, où il n'y a pas de privilège équivalent à celui de l'article 9 du *Bill of Rights*, cette justification de la règle d'exclusion prend la forme d'un argument de courtoisie, selon lequel il doit exister une relation de respect entre les pouvoirs législatif et judiciaire.[689] À la lumière des commentaires formulés dans *Pepper*, ce facteur à l'appui de la règle d'exclusion devrait être mis de côté.

Raisons théoriques

La principale explication théorique invoquée pour l'interdiction a trait au principe constitutionnel de la primauté du droit (« rule of law »), ou, plus spécifiquement, le besoin pour le citoyen de pouvoir savoir quel est le texte de loi auquel il est soumis. Lord Diplock a fait appel à ce raisonnement en refusant le recours aux rapports de commission dans l'affaire *Papierwerke* :

> The acceptance of the rule of law as a constitutional principle requires that a citizen, before committing himself to any course of action, should be able to know in advance what are the legal consequences that will flow from it. Where those consequences are regulated by a statute the source of that knowledge is what the statute says. *In*

---

685. Voir Royaume-Uni, Chambre des Communes, *Parliamentary Debates*, 5ième série, vol. 991, col. 879, col. 916 (31 octobre 1980). Voir aussi P.M. Leopold, « Reference in Court to Hansard » [1981] *Public Law* 316.

686. Dans *Hadmor Production Ltd. v. Hamilton*, [1983] 1 A.C. 191, décision de 1983, la Chambre des Lords a réitéré la règle d'exclusion, mais sans mentionner la résolution de 1980 de la Chambre des Communes.

687. Voir D. Miers, « Citing Hansard as an Aid to Interpretation » [1982] *Statute Law Review* 98, p. 104.

688. *Pepper*, [1993] A.C. 593, p. 638 [nos italiques]. Pour une critique de cette conclusion, voir F.A.R. Bennion, « Hansard – Help or Hindrance? A Draftsman's View of *Pepper v. Hart* » (1993) 14 *Statute Law Review* 149, p. 152-153. Voir aussi D. Oliver, « Comment – *Pepper v. Hart*: A Suitable Case for Reference to Hansard? » [1993] *Public Law* 5, p. 10, qui prétend que cette décision aura des implications importantes sur les pratiques parlementaires.

689. Voir F.A.R. Bennion, *Statutory Interpretation: A Code*, 2ième éd. (Londres : Butterworths, 1992), p. 455.

*construing it the court must give effect to what the words of the statute would be rea-
sonably understood to mean by those whose conduct it regulates.*[690]

En d'autres termes, utiliser les débats parlementaires serait contraire au principe de la sécurité juridique.[691] Selon cette justification, donc, il ne devrait pas être nécessaire de consulter
d'autres textes moins accessibles que les textes de lois.[692]

Le maintien de la sécurité juridique est sans doute la raison d'être la plus convaincante qui sous-
tend la règle d'exclusion, et ce, parce qu'elle s'appuie sur une des pierres angulaires de notre système juridique, le principe de la légalité. Il ne faudrait toutefois pas exagérer ce droit des citoyens
de pouvoir se fier au texte de loi sans avoir à regarder ce qu'il y a autour, comme les débats
parlementaires.[693] En comparant, on peut difficilement dire que la jurisprudence interprétant la
loi, moyen souvent nécessaire pour comprendre le texte législatif, soit plus accessible pour les
citoyens ordinaires que les débats parlementaires. Avoir accès aux lois elles-mêmes devient de
plus en plus difficile en raison de la prolifération des textes législatifs, qui ont pour ambition de
régir tous les volets de l'activité sociale et économique; donc, même la prétention voulant que
les citoyens peuvent aisément avoir accès à la loi est quelque peu illusoire. En réalité, les citoyens
font valoir leurs droits et connaissent leurs obligations par le biais de consultations juridiques,
avec des conseillers qui examinent les différentes sources du droit – ce qui peut inclure les débats
parlementaires. Le problème devient alors de type pratique, concernant le temps et les coûts
associés à la consultation des débats parlementaires, question que nous aborderons plus bas.

Une deuxième justification théorique pour la prohibition d'utilisation veut que le Parlement
soit une entité distincte des éléments et des membres qui le composent;[694] partant, l'intention du législateur ne pourrait ressortir en regardant simplement un segment de celui-ci,
comme la Chambre des Communes. Dans *Millar v. Taylor*,[695] le juge Willes invoquait ce facteur
lorsqu'il a parlé du fait que l'historique parlementaire « is not known to the other house, or
to the Sovereign ». L'interprète de la loi devrait se concentrer sur l'intention du Parlement,
non pas celle du gouvernement; même l'intention du ministre responsable ne devrait pas

---

690.   *Black-Clawson International Ltd. v. Papierwerke Waldhof-Aschaffenburg (A.G.)*, [1975] A.C. 591,
      p. 638 (C.L.) [nos soulignements]. Voir aussi, au même effet, le discours de Lord Wilberforce dans
      cette affaire, *ibid.*, p. 629.

691.   Voir *Fothergill v. Monarch Airlines Ltd*, [1981] A.C. 251 (C.L.), p. 279-280; et *Pepper*, [1993]
      A.C. 593, p. 619-620. Voir aussi J. Bell & Sir G. Engle (dir.), *Cross on Statutory Interpretation*,
      3ième éd. (Londres : Butterworths, 1995), p. 152-153; R. Dickerson, *The Interpretation and Appli-*
      cation of Statutes (Boston : Little, Brown, 1975), p. 144; R. Sullivan, *Driedger on the Construction*
      of Statutes, 3ième éd. (Scarborough : Butterworths, 1994), p. 438-439; F.A.R. Bennion, « Han-
      sard – Help or Hindrance? A Draftsman's View of *Pepper v. Hart*» (1993) 14 *Statute Law Review*
      149, p. 155; W.H. Charles, « Extrinsic Evidence and Statutory Interpretation: Judicial Discretion
      in Context» (1983) 7:3 *Dalhousie Law Journal* 7, p. 20; et L.-P. Pigeon, « L'élaboration des lois »
      (1945) 5 *Revue du Barreau* 365, p. 369-370.

692.   Voir J. Evans, *Statutory Interpretation: Problems of Communication* (Auckland : Oxford University
      Press, 1988), p. 281.

693.   Voir R. Sullivan, *Driedger on the Construction of Statutes*, 3ième éd. (Scarborough : Butterworths,
      1994), p. 439, où l'auteure suggère qu'il ne faut pas mettre trop l'accent sur le fait que les citoyens
      doivent pouvoir «to rely on the text of legislation without having to resort to Hansard».

694.   Voir *Alberta (A.G.) v. Canada (A.G.)*, [1939] A.C. 117, p. 131 (C.P.); et *Reader's Digest*, [1961]
      R.C.S. 775, p. 793, où le juge Cartwright compare le Parlement à une entité corporative. Voir aussi
      R. Sullivan, *Driedger on the Construction of Statutes*, 3ième éd. (Scarborough : Butterworths, 1994),
      p. 437.

695.   (1769), 98 E.R. 201, p. 217.

être nécessairement associée à l'intention du Parlement, c'est-à-dire qu'on ne devrait pas y voir un lien corrélatif.[696] Par conséquent, on ne devrait pas avoir recours aux débats parlementaires pour identifier l'intention du législateur.

À première vue, cette justification de la règle d'exclusion semble convaincante mais, en y regardant de plus près, elle ne tient pas la route. Refuser que l'intention du Parlement puisse être identifiée à l'aide des déclarations des membres qui le forment serait comme nier l'existence de l'Université de Cambridge parce qu'on y trouve seulement des collèges ! En tant qu'entité collective, bien qu'il soit vrai qu'une législature ne peut s'exprimer que par législation, elle peut néanmoins entendre, lire et répondre aux nombreux documents et déclarations qui y sont soumis. Au même titre que les opinions des autres interprètes – comme les commissions ou des auteurs de doctrine – celles des parlementaires, bien que non contraignantes, peuvent néanmoins avoir une force persuasive considérable et devraient donc pouvoir être considérées lorsque cela s'y prête.[697]

Raisons pratiques

Dans *Beswick v. Beswick*, les considérations d'ordre pratique ont été vues comme l'objection principale à l'utilisation des débats parlementaires en interprétation des lois :

> For purely practical reasons we do not permit debates in either House to be cited: it would add greatly to the time and expense involved in preparing cases involving the construction of a statute if counsel were expected to read all the debates in Hansard, and it would often be impracticable for counsel to get access to at least the older reports of debates in Select Committees of the House of Commons; moreover, in a very large proportion of cases such a search, even if practicable, would throw no light on the question before the court.[698]

En tête de liste, la raison pratique à l'appui de la règle d'exclusion concerne les coûts additionnels en recherche qu'un justiciable devrait assumer si son conseiller juridique est obligé de consulter le Hansard avant de lui donner son opinion sur le sens d'une norme législative.[699] Remarquons de façon préliminaire qu'il est curieux que les tribunaux mettent l'accent sur ce type de recherche comme étant particulièrement onéreuse en temps et coûteuse en frais puisque les mêmes critiques peuvent être formulées à l'égard de la jurisprudence, dont les coûts excèdent souvent les avantages.[700]

---

696.   Voir J.H. Baker, « Case and Comment – Statutory Interpretation and Parliamentary Intention » (1993) 52 *Cambridge Law Journal* 353, p. 356.

697.   Voir R. Sullivan, *Driedger on the Construction of Statutes*, 3ième éd. (Scarborough : Butterworths, 1994), p. 439-440; et D.G. Kilgour, « The Rule Against the Use of Legislative History: "Canon of Construction or Counsel of Caution"? » (1952) 30 *Revue du Barreau canadien* 769, p. 774.

698.   *Beswick v. Beswick*, [1968] A.C. 58 (C.L.), p. 74.

699.   F.A.R. Bennion, *Statutory Interpretation: A Code*, 2ième éd. (Londres : Butterworths, 1992), p. 451; P.-A. Côté, *Interprétation des lois*, 2ième éd. (Cowansville : Éditions Yvon Blais, 1991), p. 411; R. Dickerson, *The Interpretation and Application of Statutes* (Boston : Little, Brown, 1975), p. 175; J. Evans, *Statutory Interpretation: Problems of Communication* (Auckland : Oxford University Press, 1988), p. 288-289; D. Gifford, *Statutory Interpretation* (Sidney : Law Book, 1990), p. 126; T.S.J.N. Bates, « Parliamentary Material and Statutory Construction: Aspects of the Practical Application of *Pepper v. Hart* » (1993) 14 *Statute Law Review* 46, p. 54; K.W. Starr, « Observations About the Use of Legislative History » [1987] *Duke Law Journal* 371, p. 377.

700.   R. Sullivan, *Driedger on the Construction of Statutes*, 3ième éd. (Scarborough : Butterworths, 1994), p. 439.

Dans *Pepper*, on a beaucoup discuté de l'augmentation des frais qui résulterait de l'utilisation des débats parlementaires en interprétation législative. Il s'agissait en fait de la principale raison pour laquelle Lord Mackay était dissident :

> You Lordships are well aware that the costs of litigation are a subject of general public concern and I personally would not wish to be a party to changing a well established rule which could have a substantial effect in increasing these costs against the advice of the Law Commissions and the Renton Committee unless and until a new inquiry demonstrated that that advice was no longer valid.[701]

En revanche, Lord Browne-Wilkinson faisait remarquer à la majorité que : « it is easy to over-estimate the costs of such research: if a reading of Hansard shows that there is nothing of significance said by the Minister in relation to the clause in question, further research will become pointless ».[702] Il soulignait que l'assouplissement de la règle d'exclusion en Australie et en Nouvelle-Zélande ne s'est pas traduit par une augmentation marquée des coûts des litiges.[703] Au contraire, comme Lord Griffiths disait dans ses motifs, si ce qu'on trouve dans les débats parlementaires « resolves the ambiguity it will in future save all the expense that would otherwise be incurred in fighting the rival interpretations through the courts ».[704] Enfin, Lord Browne-Wilkinson a mis en garde qu'un recours excessif et inutile aux débats parlemen-taires dans le but de prolonger le litige pourrait être sanctionné dans l'octroi des dépens.[705]

Il serait surprenant que les avocats soient tentés de se plonger dans une recherche des débats parlementaires lorsqu'il n'y a pas d'indice pour penser qu'ils y trouveraient quelque chose de pertinent pour la question d'interprétation. Ces indices pourraient provenir d'annotations à la loi, de livres ou d'articles de doctrine au sujet de cette législation.[706] On a même suggéré que de nouveaux livres de référence pourraient être publiés, avec des titres comme « Déclarations du Parlement au sujet des lois » – un genre d'ouvrage de législation citée donnant l'historique législative y afférant.[707] Par ailleurs, avec les développements de la technologie de l'information, on peut maintenant faire de la recherche de Hansard sous forme électronique[708] dans plusieurs pays de common law. Des compagnies de services pro-fessionnels en recherche de débats parlementaires pourraient aussi voir le jour, semblables à celles qui existent pour les recherches de titres dans l'immobilier. Comme on dit en anglais : « necessity is the mother of invention ».

---

701. *Pepper*, [1993] A.C. 593, p. 615.
702. *Ibid.*, p. 637.
703. *Ibid.* Sur la situation en Australie, voir D.C. Pearce & R.S. Geddes, *Statutory Interpretation in Australia*, 3ième éd. (Sydney : Butterworths, 1988), p. 49. Voir *contra*, Lord Mackay a rejeté de façon peu convaincante la comparaison avec l'Australie et la Nouvelle-Zélande en invoquant le fait que leur procédure parlementaire est considérablement différente de celle au Royaume-Uni : voir *Pepper, ibid.*, p. 615.
704. *Ibid.*, p. 618. Aucune preuve empirique n'a toutefois été présentée pour démontrer que ce résultat s'ensuivrait nécessairement si on permettait l'utilisation des débats parlementaires en interpretation des lois.
705. Voir *ibid.*, p. 637.
706. Voir J. Bell & Sir G. Engle (dir.), *Cross on Statutory Interpretation*, 3ième éd. (Londres : Butte-rworths, 1995), p. 158.
707. Voir G. Cain, « Interpretation of Statutes: Reference to Parliamentary Debates » [1962] *New Zealand Law Journal* 207, p. 209-210.
708. Voir J.H. Baker, « Case and Comment – Statutory Interpretation and Parliamentary Intention » (1993) 52 *Cambridge Law Journal* 353, p. 354.

Une autre raison pratique à l'appui de l'interdiction d'utilisation est le problème qui existerait au niveau de l'accessibilité aux débats parlementaires. L'argument veut que ces documents ne soient pas facilement disponibles pour les praticiens et que les index sont inadéquats.[709] En admettant sa véracité, cette situation ne serait-elle pas le résultat (et non la cause) de l'existence de la règle d'exclusion ? En d'autres termes, si les débats parlementaires ne peuvent pas être utilisés en interprétation législative, il y aurait peu d'incitatifs pour développer un système de classification efficace et, de cette façon, améliorer leur accessibilité.[710] On peut difficilement justifier la prohibition par une telle logique puisque c'est la règle qui est en bonne partie responsable du problème. En assouplissant la règle d'exclusion, cette prétendue difficulté se résoudra d'elle-même dans le futur,[711] et ce, à mesure que la pratique juridique incorporera les nouveaux outils de recherche et les technologies de l'information relatifs aux débats parlementaires.

Même si les débats parlementaires étaient accessibles à coûts raisonnables, une autre raison pratique pour les exclure veut qu'à tout événement, ils ne constituent pas une source fiable pour identifier l'intention du législateur.[712] Dans *Papierwerke*, Vicomte Dilhorne, qui était bien familier avec la procédure législative,[713] avait ceci à dire :

> In the course of the passage of a Bill through both Houses there may be many statements by Ministers, and what is said by a Minister in introducing a Bill in one House is no sure guide as to the intention of the enactment, for changes of intention may occur during its passage.[714]

À cet égard, il a déjà été suggéré que toute la procédure d'adoption d'une loi n'est pas tant « an intellectual exercise in pursuit of truth; it is an essay in persuasion, or perhaps almost seduction! ».[715]

C'est pour ce manque de fiabilité que les débats parlementaires ont été considérés inadmissibles initialement, et ce, sur la base de la règle de la preuve orale (« parole evidence rule »).

---

709. Voir F.A.R. Bennion, *Statutory Interpretation: A Code*, 2ième éd. (Londres : Butterworths, 1992), p. 452.

710. Pour ce qui est de l'accès aux débats parlementaires aux États-Unis, où l'on permet sans réserve leur utilisation, voir S. Breyer, « On the Uses of Legislative History in Interpreting Statutes » (1992) 65 *South California Law Review* 845, p. 868-869.

711. J. Evans, *Statutory Interpretation: Problems of Communication* (Auckland : Oxford University Press, 1988), p. 289.

712. Voir R. Dickerson, *The Interpretation and Application of Statutes* (Boston : Little, Brown, 1975), p. 154-162; F.A.R. Bennion, « Hansard – Help or Hindrance? A Draftsman's View of *Pepper v. Hart* » (1993) 14 *Statute Law Review* 149, p. 154-155; et J.A. Corry, « The Use of Legislative History in the Interpretation of Statutes » (1954) 32 *Revue du Barreau canadien* 624, p. 629-631.

713. Viscount Dilhone a été parlementaire à la Chambre des Communes britannique pendant vingt ans.

714. *Black-Calwson International Ltd. v. Papierwerke Waldhof-Aschaffenburg (A.G.)*, [1975] A.C. 591, p. 623. Voir aussi *Davis v. Johnson*, [1979] A.C. 264, p. 349-350; et, au Canada, *Residential Tenancies*, [1981] 1 R.C.S. 714, p. 721.

715. J.A. Corry, « The Use of Legislative History in the Interpretation of Statutes » (1954) 32 *Revue du Barreau canadien* 624, p. 631; voir aussi G. Cain, « Interpretation of Statutes: Reference to Parliamentary Debates » [1962] *New Zealand Law Journal* 207, p. 209. Même en France, où il n'y a aucune restriction quant à l'utilisation des travaux préparatoires en interprétation des lois, Henri Capitant, un des auteurs de doctrine les plus renommés, écrivait : « il est étonnant que, malgré les leçons de l'expérience, les auteurs et les tribunaux continuent à chercher des éclaircissements là où règle la confusion ». Voir H. Capitant, « L'interprétation des lois d'après les travaux préparatoires » *D.H.1935Chron.*77, p. 79.

Cette règle interdit la preuve de ce que les parties à un contrat écrit ont pu dire ou faire avant sa conclusion afin d'expliquer ce sur quoi on s'est entendu par écrit.[716] L'application de la règle de la preuve orale a été étendue aux textes législatifs, puisque les lois sont des instruments écrits.[717] Il y a peu de doute que la règle de la preuve orale a eu une influence directe sur le développement de la règle d'exclusion des débats parlementaires.[718] Un tel raisonnement, associant la législation à un simple contrat, va de pair avec la méthode d'interprétation littérale (« plain meaning interpretive method »), qui est maintenant rejetée par la majorité des tribunaux toutefois. Remarquant que les contrats étaient soumis à un régime strict de preuve, C.K. Allen déclarait : « it may well be questioned whether instruments of government are not of too wide import to be bound with the same trammels as private transactions ».[719] On comprend alors que les décisions récentes appliquant la règle d'exclusion n'ont pas invoqué ce facteur.[720]

Cela dit, il semble que le problème de fiabilité en lui-même ne peut justifier une prohibition totale de l'utilisation des débats parlementaires en interprétation législative. L'argument devrait plutôt être une raison pour être prudent dans le poids qu'on assigne à ces éléments d'interprétation.[721] Après tout, il relève de la fonction régulière des cours d'interpréter la législation à l'aide de règles d'interprétation des lois et d'assigner une valeur probante à différents éléments d'interprétation selon leur fiabilité et leur force persuasive.[722] Exclure complètement le recours aux débats parlementaires relatifs à une disposition législative limite les tribunaux dans leurs efforts de découverte de l'intention du législateur, premier mandat constitutionnel du judiciaire.[723] Cela semble constituer l'une des motivations dans *Pepper* pour assouplir la règle d'exclusion, comme on le voit dans l'extrait suivant du discours de Lord Browne-Wilkinson :

> In sum, I do not think that the practical difficulties arising from a limited relaxation of the rule are sufficient to outweigh the basic need for the courts to give effect to the words enacted by Parliament in the sense that they were intended by Parliament to bear. Courts are frequently criticised for their failure to do that. This failure is due not

---

716. Voir *Inglis v. Buttery*, [1878] 3 A.C. 552, p. 577 (C.L.); *Prenn v. Simmonds*, [1971] 1 W.L.R. 1381, p. 1384 (R.-U.); et *Schuler v. Wickman Machine Tool Sales*, [1974] A.C. 235, p. 261 (C.L.).

717. Voir *Earl of Shrewbury v. Scott* (1859), 6 C.B. N.S. 1, p. 213, 141 E.R. 350 (R.-U.); *A.G. v. Sillem* (1863), 2 H. & C. 431, p. 537, 159 E.R. 178; et *River Wear Commissioners v. Adamson* (1877), 2 A.C. 743, p. 763 (C.L.).

718. Voir D.G. Kilgour, « The Rule Against the Use of Legislative History: "Canon of Construction or Counsel of Caution"? » (1952) 30 *Revue du Barreau canadien* 769, p. 787; et J.H. Baker, « Case and Comment – Statutory Interpretation and Parliamentary Intention » (1993) 52 *Cambridge Law Journal* 353, p. 355-356.

719. C.K. Allen, *Law in the Making*, 7ième éd. (Oxford: Clarendon Press, 1964), p. 512. Voir aussi D.G. Kilgour, « The Rule Against the Use of Legislative History: "Canon of Construction or Counsel of Caution"? » (1952) 30 *Revue du Barreau canadien* 769, p. 789.

720. Voir, par exemple, *Davis v. Johnson*, [1979] A.C. 264; et *Hadmor Productions Ltd. v. Hamilton*, [1983] 1 A.C. 191.

721. Voir D.G. Kilgour, « The Rule Against the Use of Legislative History: "Canon of Construction or Counsel of Caution"? » (1952) 30 *Revue du Barreau canadien* 769, surtout à la p. 776.

722. Voir G.L. Gall, *The Canadian Legal System*, 3ième éd. (Toronto: Carswell, 1990), p. 385; et J.M. Kernochan, « Statutory Interpretation: An Outline of Methods » [1976] *Dalhousie Law Journal* 333, p. 345-346.

723. Voir J. Evans, *Statutory Interpretation: Problems of Communication* (Auckland: Oxford University Press, 1988), p. 287; J.M. Kernochan, « Statutory Interpretation: An Outline of Methods » [1976] *Dalhousie Law Journal* 333, p. 352; et O. Hatch, « Legislative History: Tool of Construction or Destruction? » (1988) 11 *Harvard Journal of Law and Public Policy* 43, p. 47.

to cussedness but to ignorance of what Parliament intended by the obscure words of the legislation. *The courts should not deny themselves the light which Parliamentary materials may shed on the meaning of the words Parliament has used and thereby risk subjecting the individual to a law which Parliament never intended to enact.*[724]

Lié à l'idée de fiabilité et à la lumière de l'expérience américaine, certains suggèrent que le recours aux débats parlementaires en interprétation des lois aurait pour effet de les rendre encore moins dignes de foi, puisque les parlementaires essaieraient d'y insérer de l'information destinée à influencer l'interprétation judiciaire. Une telle pratique constituerait rien de moins qu'une manipulation et une distortion, non seulement d'un moyen d'interprétation, mais également de la procédure législative elle-même.[725] En réalité, toutefois, il serait surprenant que les parlementaires veulent sciemment fabriquer ou falsifier les débats parlementaires – "to cook the books" comme le disent certains en anglais – dans le but d'influencer l'interprétation à donner à une loi.[726] Même si c'était le cas, il faut parier qu'un tel stratagème serait certainement démasqué, soit par les membres de l'opposition lors de l'adoption de la loi, soit par le tribunal à l'étape de l'interprétation. Bref, en admettant que ce facteur ait du mérite, il serait pertinent pour décider du poids à donner aux débats parlementaires et non à la question de savoir si on peu ou non y avoir recours en interprétation législative.

Une dernière considération d'ordre pragmatique a trait au facteur humain qui, au lieu d'appuyer la règle d'exclusion, suggère plutôt une vision réaliste des débats parlementaires. Comme n'importe quelle autre personne, les juges sont curieux et, malgré une prohibition absolue de consulter les débats parlementaires, on peut comprendre que plusieurs d'entre eux y jettent un coup d'œil afin d'aider à élucider une difficulté d'interprétation.[727] Dans *Davis v. Johnson*, à la Cour d'appel, Lord Denning M.R. s'est confessé publiquement, et sans remords, d'avoir fait cela, exactement :

Some may say – and indeed have said – that judges should not pay any attention to what is said in Parliament. They should grope about in the dark for the meaning of an Act without switching on the light. I do not accede to this view. In some cases Parliament is assured in the most explicit terms what the effect of a statute will be.

---

724. *Pepper*, [1993] A.C. 593, p. 637-638 [nos italiques].

725. Voir J. Bell & Sir G. Engle (dir.), *Cross on Statutory Interpretation*, 3ième éd. (Londres : Butterworths, 1995), p. 158-159; F.A.R. Bennion, *Statutory Interpretation: A Code*, 2ième éd. (Londres : Butterworths, 1992), p. 452; R. Dickerson, *The Interpretation and Application of Statutes* (Boston : Little, Brown, 1975), p. 82; K.W. Starr, « Observations About the Use of Legislative History » [1987] *Duke Law Journal* 371, p. 376-377; C.P. Curtis, « A Better Theory of Legal Interpretation » (1949-1950) 3 *Vanderbilt Law Review* 407, p. 411; G.B. Folsom, *Legislative History: Research for the Interpretation of Law* (Charlottesville : University Press of Virginia, 1972), p. 6; S.L. Wasby, « Legislative Materials as an Aid to Statutory Construction: A Caveat » (1963) 12 *Journal of Public Law* 262, p. 264. Au sujet de l'opinion voulant que l'ambiguïté soit parfois créée volontairement, voir D. Payne, « The Intention of the Legislature in the Interpretation of Statutes » (1956) 9 *Current Legal Broblems* 96, p. 106.

726. D.G. Kilgour, « The Rule Against the Use of Legislative History: "Canon of Construction or Counsel of Caution"? » (1952) 30 *Revue du Barreau canadien* 769, surtout aux p. 788-789.

727. Voir New Zeland Law Commission, *A New Interpretation Act* (Report No. 17) (Wellington : The Commission, 1990), p. 48; G. Parker, « Case Comment [affaire *Vasil*] » (1982) 60 *Revue du Barreau canadien* 502, p. 504; et A. Samuels, « The Interpretation of Statutes » [1980] *Statute Law Review* 86, p. 97. Voir aussi M. Krauss, « Interprétation des lois – histoire législative – "La queue qui remue le chien" » (1980) 58 *Revue du Barreau canadien* 756, où l'auteur discute des effets des lois en secret (« secret law ») dans l'affaire *R. c. Drybones*, [1970] R.C.S. 282.

It is on that footing that members assent to the clause being agreed to. It is on that understanding that an amendment is not pressed. In such cases I think the court should be able to look at the proceedings... And it is obvious that there is nothing to prevent a judge looking at these debates himself privately and getting some guidance from them. Although it may shock the purists, I may as well confess that I have sometimes done it. I have done it in this very case. It has thrown a flood of light on the position. The statements made in committee disposed completely of Mr Jackson's argument before us.[728]

Au Comité d'appel, bien que les Lords aient confirmé la décision de la Cour d'appel, Lord Denning M.R. a reçu une ferme réprimande pour ses façons de faire peu orthodoxes.[729] Ne s'en laissant pas imposer, il a trouvé une manière indirecte d'avoir recours aux débats parlementaires, soit en utilisant ceux qui sont reproduits dans des documents publics ou dans des textes de doctrine.[730] Il a même eu l'audace de formuler le conseil suivant dans son livre, *The Discipline of Law* :

Hansard is for the Judges a closed book. But not for you. You can read what was said in the House and adopt it as part of your argument – so long as you do not acknowledge the source. The writers of law books can go further. They can give the very words from Hansard with chapter and verse. You can then read the whole to the Judges.[731]

Il va sans dire qu'une telle pratique est inacceptable, puisque cela permettrait aux juges de consulter les débats parlementaires de façon détournée.[732]

Il est approprié d'ainsi clore cette section sur les apparentes raisons d'être qui sous-tendent la règle d'exclusion des débats parlementaires : lorsqu'une règle de droit n'est plus acceptée, non pas par les justiciables qu'elle régit, mais par les juges eux-mêmes, il est sans doute temps de la réformer. Une telle modification a finalement été opérée en Angleterre par la Chambre des Lords dans *Pepper*.[733] Dans d'autres pays de common law, l'initiative a déjà été prise ou est sur le point de l'être, et ce soit par voie législative ou judiciaire.

Conclusion

[...]

À part les rares situations où il y aurait un conflit direct entre le texte législatif et les débats parlementaires, ces derniers devraient être pris en considération – avec plus ou moins de

---

728.   [1978] 2 W.L.R. 182, p. 192-193 (C.A.). Voir également l'admission, au même effet, de Lord Griffiths dans *Pepper*, [1993] A.C. 593, p. 618 : "[I referred to the Parliamentary materials] of course only to check if my interpretation had conflicted with an express Parliamentary intention." Le juge en chef Breitel, de la Cour d'appel de New York, a aussi admis s'être référé aux débats parlementaires, dans une lettre à l'auteur R. Dickerson (21 août 1978), reproduite dans R. Dickerson, *The Interpretation and Application of Statutes* (Boston : Little, Brown, 1975), p. 1134-1135.

729.   Voir *Davis v. Johnson*, [1979] A.C. 264, p. 377, *per* Viscount Dilhorne. Cette opinion fut confirmée par la Chambre des Lords dans *Hadmor Productions v. Hamilton*, [1983] 1 A.C. 191, p. 201.

730.   Voir *R. v. Local Commissioner for Administration of the North and East Area of England; Ex parte Bradford Metropolitan City Council*, [1979] 2 W.L.R. 1, p. 20. Voir également P.-A. Côté, *Interprétation des lois*, 2ième éd. (Cowansville : Éditions Yvon Blais, 1991), p. 411-412; et D. Gifford, *Statutory Interpretation* (Sidney : Law Book, 1990), p. 132-134.

731.   Lord A.T. Denning, *The Discipline of Law* (Londres : Butterworths, 1979), p. 10.

732.   Voir F.A.R. Bennion, *Statutory Interpretation: A Code*, 2ième éd. (Londres : Butterworths, 1992), p. 452.

733.   *Pepper*, [1993] A.C. 593.

force persuasive – comme élément pour identifier l'intention du législateur en adoptant la disposition législative. On doit toutefois insister que le fait de permettre aux tribunaux d'avoir recours aux débats parlementaires ne veut pas dire qu'ils doivent se sentir liés par eux.[734] Par conséquent, quels devraient être les facteurs pour déterminer le poids à attribuer aux déclarations faites durant le processus législatif ?

De façon générale, il est proposé que le poids accordé aux débats parlementaires devrait être évalué selon : a) la fiabilité de la source d'information; b) la contemporanéité avec la procédure législative en soi; c) la proximité avec la fin du processus législatif; et d) le contexte dans lequel se trouve l'information.[735] Une situation particulière se présenterait lorsque la loi réfère explicitement à l'historique parlementaire, normalement dans son préambule. Dans ces cas, il est certain que l'information qu'on y trouve devrait jouir de beaucoup d'autorité, puisqu'il y va de la volonté du Parlement de voir ces éléments extrinsèques pris en considération pour interpréter la loi.[736]

Il s'ensuit que les discours du ministre responsable d'un projet de loi à la Chambre des Communes se verront donner plus de poids que la déclaration d'un parlementaire d'arrière-banc durant la période de questions.[737] De même, le discours du trône, les mémoires explicatifs détaillés, ainsi que les déclarations et réponses du ministre responsable durant les débats devraient jouir de force probante.[738] De l'autre côté, dans un ordre décroissant d'importance, les déclarations d'autres ministres, celles des autres membres du gouvernement durant les débats, et celles des membres de l'opposition durant les débats, se verraient reconnaître beaucoup moins de crédibilité pour identifier le sens d'une disposition législative. Cela dit, il est toujours crucial que des directives demeurent flexibles afin de tenir compte des circonstances particulières de chaque loi,[739] et c'est pourquoi la hiérarchie proposée n'est aucunement absolue.

Après avoir évalué à quel point les débats parlementaires invoqués possèdent ces qualités (fiabilité, contemporanéité, proximité et valeur contextuelle) afin d'évaluer leur poids inter-

---

734. Voir F.A.R. Bennion, *Statutory Interpretation: A Code*, 2ième éd. (Londres : Butterworths, 1992), p. 467; D.C. Pearce & R.S. Geddes, *Statutory Interpretation in Australia*, 3ième éd. (Sydney : Butterworths, 1988), p. 47; et S.C. Styles, « The Rule of Parliament: Statutory Interpretation after *Pepper v. Hart* » (1993) 14 *Oxford Journal of Legal Studies* 151, p. 158.

735. Voir W.K. Hurst, « The Use of Extrinsic Aids in Determining Legislative Intent in California: The Need for Standardized Criteria » (1980) 12 *Pacific Law Journal* 189; et R.M. Rhodes, J.W. White & R.S. Goldman, « The Search for Intent: Aids to Statutory Construction in Florida » (1978) 6 *Florida State University Law Review* 383.

736. F.A.R. Bennion, *Statutory Interpretation: A Code*, 2ième éd. (Londres : Butterworths, 1992), p. 448-449; et A.-F. Bisson, « Préambules et déclarations de motifs ou objets » (1980) 40 *Revue du Barreau* 58, p. 64.

737. Voir P.-A. Côté, *Interprétation des lois*, 2ième éd. (Cowansville : Éditions Yvon Blais, 1991), p. 417-418.

738. Dans *Pepper*, [1993] A.C. 593, Lord Browne-Wilkinson a dit que ce serait sans doute les déclarations du ministre responsable qui passeraient le test permettant l'utilisation limitée des débats parlementaires : « In the case of statements made in Parliament, as at present advised I cannot foresee that any statement other than the statement of the Minister or other promoter of the Bill is likely to meet these criteria » (*ibid.*, p. 634). Voir aussi T.S.J.N. Bates, « The Contemporary Use of Legislative History in the United Kingdom » (1995) 54 *Cambridge Law Journal* 127, p. 145-148.

739. Voir F.A.R. Bennion, *Statutory Interpretation: A Code*, 2ième éd. (Londres : Butterworths, 1992), p. 473; et R. Dickerson, *The Interpretation and Application of Statutes* (Boston : Little, Brown, 1975), p. 155.

prétatif, le restant de la décision relève de la discrétion judiciaire, pour ainsi décider du sens à conférer à la disposition législative sous étude, et ce, selon les méthodes interprétatives et autres éléments d'interprétation. Il est vrai que les chances sont assez minces de trouver une mine d'or (« a crock of gold[740] ») dans les travaux préparatoires, comme dans *Pepper*; cela dit, dans la balance de justice à la main de *Thémis*, le poids de quelques carats suffiront souvent pour la faire pencher d'un côté.

* * *

QUESTIONS

1. En quoi la présomption de droit nouveau fait-elle appel au principe de l'effet utile ? Est-elle d'application identique au fédéral et au provincial ?

2. Quels sont les facteurs afin d'aider à déterminer, dans un cas précis, la force persuasive des éléments tirés des travaux préparatoires ?

* * *

B. ARGUMENTS PRAGMATIQUES

1. Général

Suivant la classification suggérée par Pierre-André Côté[741], les arguments de type pragmatique concernent les éléments d'interprétation législative relatifs aux effets de la normativité de droit écrit dans le résultat concret d'une cause[742]. Comment l'interprétation d'une loi affectera-t-elle les intérêts en présence dans une affaire réelle ? En anglais, on parle d'argument en fonction des conséquences d'une interprétation (« consequentialist interpretation »)[743].

Nous avons vu[744] que selon la théorie officielle de l'interprétation, l'interprétation des lois est un processus linéaire. Il débute par la considération d'un texte de loi afin de déterminer l'intention du législateur, suivi par l'application de la norme législative identifiée à une situation factuelle, pour enfin obtenir un résultat qui règlera le litige et produira des conséquences juridiques pour les parties impliquées. Or, ce volet de la théorie officielle a été critiqué parce qu'on masque ainsi l'influence du résultat sur

---

740. Cette expression a été utilisée dans *Pepper*, [1993] A.C. 593, p. 637, où Lord Browne Wilkinson disait : « If the rule is relaxed legal advisers faced with an ambiguous statutory provision may feel that they have to research the materials to see whether they yield the *crock of gold, i.e.*, a clear indication of Parliament's intentions » [nos italiques].

741. P.-A. Côté, coll. S. Beaulac et M. Devinat, *Interprétation des lois*, 4ᵉ éd., Montréal, Thémis, 2009, aux pp. 509 et s.

742. La terminologie de « pragmatique » est empruntée de C. Perelman et L. Olbrechs-Tyteca, *Traité de l'argumentation : la nouvelle rhétorique*, 3ᵉ éd., Bruxelles, Éditions de l'Université de Bruxelles, 1976, aux pp. 357 et s.

743. Voir D.N. MacCormick, *Legal Reasoning and Legal Theory*, Oxford, Clarendon Press, 1987, aux pp. 129 et s.

744. Voir : Chapitre 2, Section B.

le processus d'interprétation des lois. Comme si l'interprète est une machine pro-grammée qui suit une formule mathématique afin d'identifier le sens d'une disposi-tion législative. La réalité est tout autre puisque les conséquences auxquelles mène l'interprétation d'une loi sont toujours pertinentes, à des degrés variables, pour tenter de déterminer l'intention du législateur.

D'un point de vue théorique, les arguments pragmatiques se justifient en se rap-pelant que les membres du pouvoir judiciaire ont un double mandat. Non seulement les juges sont responsables de l'application du droit, dont celui créé par le législa-teur[745], mais ils ont également la responsabilité de rendre justice dans les litiges qui leur sont soumis. L'image de la déesse Thémis, et sa balance de justice, nous vient ici en tête. En fait, on peut parler de la double allégeance de l'interprète, qui doit à la fois appliquer le droit et rendre justice. Voici comment le juge La Forest, alors qu'il était à la Cour d'appel du Nouveau-Brunswick, évoquait la double responsabilité des cours, dans *Re Estabrooks Pontiac Buick Ltd.*[746], une affaire d'interprétation de dispositions législatives en matière de sûretés légales :

> Il ne fait aucun doute que le devoir des tribunaux est de donner effet à l'intention du législateur, telle qu'elle est formulée dans le libellé de la Loi. Tout répréhen-sible que le résultat puisse apparaître, il est de notre devoir, si les termes sont clairs, de leur donner effet. Cette règle découle de la doctrine constitutionnelle de la suprématie de la Législature lorsqu'elle agit dans le cadre de ses pouvoirs législatifs. Cependant, le fait que les termes, selon l'interprétation qu'on leur donne, conduiraient à un résultat déraisonnable constitue certainement une raison pour motiver les tribunaux à examiner minutieusement une loi pour bien s'assurer que ces termes ne sont pas susceptibles de recevoir une autre interprétation, car il ne faudrait pas trop facilement prendre pour acquis que le législateur recherche un résultat déraisonnable ou entend créer une injustice ou une absurdité.

> Ce qui précède ne signifie pas que les tribunaux devraient tenter de reformuler les lois pour satisfaire leurs notions individuelles de ce qui est juste ou raisonnable. Cependant, le concept de la suprématie de la Législature n'est pas tout ce que contient la Constitution. Lorsqu'ils déterminent si une loi est juste ou raisonnable, les tribunaux peuvent trouver une assistance considérable dans la nature et les origines de notre système politique en tant que démocratie parlementaire. [...][747]

Bref, l'interprète se voit confier le mandat de mettre en œuvre l'intention du législateur, mais aussi la mission de rendre justice. Cela signifie que les consé-

---

745.   Selon le principe constitutionnel de la séparation des pouvoirs, associé à Montesquieu – voir C.-L. de S. Montesquieu, *De l'esprit des lois*, Londres, a.m.e., 1757 – le législateur édicte la loi et le judiciaire l'interprète. Il faut ajouter que l'idéal de séparer les branches du gouvernement rejoint d'autres valeurs, notamment celles de sécurité juridique, de prévisilité du droit et d'équité. Voir, en général, J. Goldsworthy, *The Sovereignty of Parliament – History and Philosophy*, Oxford, Clarendon Press, 1999.

746.   *Re Estabrooks Pontiac Buick Ltd.*, 44 N.B.R. (2d) 201, [1982] N.B.J. No. 397.

747.   *Re Estabrooks Pontiac Buick Ltd.*, 44 N.B.R. (2d) 201, [1982] N.B.J. No. 397, aux para. 21-22.

quences pragmatiques d'une interprétation, lorsque la loi est appliquée dans un cas concret, pourront entrer en jeu dans la méthodologie servant à découvrir l'intention du législateur.

Dans l'extrait des motifs de *Re Estrabrooks Pontiac Buick Ltd.* que nous venons de voir, le juge La Forest souligne que le législateur est toujours libre de vouloir obtenir, par sa mesure législative, des résultats qui sont contraires à la justice. Toutefois, nous dit-il, le législateur devra exprimer une telle intention de façon claire et non équivoque, parce qu'on présume que de telles conséquences déraisonnables ne sont généralement pas souhaitées dans les systèmes juridiques des démocraties libérales comme le nôtre. À vrai dire, les tribunaux aiment se fonder sur ces arguments de type pragmatique en interprétation législative à l'aide de *présomptions d'intention*; on présume que l'auteur de la loi souhaite telle ou telle chose, ou ne souhaite pas telle ou telle chose, à moins évidemment qu'il ne dise clairement le contraire.

Cette section aborde les trois principales présomptions d'intention selon la méthode pragmatique d'interprétation des lois, soit celle liée à l'argument *ab absurdo*, celle relative aux lois favorables, et celle concernant les lois affectant les intérêts individuels. Cette division correspond aux trois sous-sections ci-dessous. Certes, il existe d'autres présomptions d'intention reconnues en jurisprudence, dont celle à l'encontre de la rétroactivité[748] ou celle concernant l'uniformité (interprétation large des principes; interprétation stricte des exceptions)[749] et la stabilité du droit (continuité avec le droit existant)[750]. Voici toutefois les trois plus importantes.

2. Argument *ab absurdo*

Diamétralement opposé à l'adage *dura lex, sed lex* – la loi est dure, mais c'est la loi[751] – selon cette première présomption d'intention, le législateur n'est pas censé vouloir obtenir des conséquences contraires à la raison ou à la justice. Peter Benson Maxwell expliquait ainsi l'argument:

> Before adopting any proposed construction of a passage susceptible of more than one meaning, it is important to consider the effects or consequences which result from it, for they often point out the real meaning of the words. There are certain objects which the legislature is presumed not to intend, and a construction which would lead to any of them is therefore to be avoided.[752]

---

748. Voir R. Sullivan, *Sullivan and Driedger on the Construction of Statutes*, 4ᵉ éd., Markham & Vancouver, Butterworths, 2002, aux pp. 553 et s.

749. Voir P.-A. Côté, coll. S. Beaulac et M. Devinat, *Interprétation des lois*, 4ᵉ éd., Montréal, Thémis, 2009, aux pp. 580 et s.

750. Voir P.-A. Côté, coll. S. Beaulac et M. Devinat, *Interprétation des lois*, 4ᵉ éd., Montréal, Thémis, 2009, aux pp. 583 et s.

751. Voir A. Mayrand, *Dictionnaire de maximes et locutions latines utilisées en droit*, Cowansville, Éditions Yvon Blais, 1985, à la p. 67.

752. P.B. Maxwell, *On the Interpretation of Statutes*, 12ᵉ éd. par P.St.J. Langan, Londres, Sweet & Maxwell, 1969, à la p. 105.

On fait souvent référence à cet argument pragmatique à l'aide de la maxime latine *ab absurdo*, traduite en français par l'idée que l'on doit éviter une interprétation qui mène à un résultat absurde[753].

On peut associer cet argument pragmatique à la « règle d'or » (« golden rule » en anglais) d'interprétation législative, qui évoque le fait qu'un texte de loi peut mener à des conséquences absurdes. Dans l'affaire *Grey v. Pearson*, Lord Wensleydale disait en effet qu'il fallait interpréter les mots employés dans la législation, le cas échéant, « to avoid that absurdity and inconsistency »[754]. Se référant à la règle d'or, l'auteur John Williams Salmond élabore sur les fondements théoriques de l'argument *ab absurdo* dans son œuvre *Jurisprudence*, de la façon suivante : « The justification for this method of interpretation is twofold: that it is likely to effectuate the intention of the legislature, and that it avoids absurd, unjust or immoral results and preserves the broad principles of the law »[755]. On peut déceler ici une référence aux deux chapeaux, à la double allégeance des membres du pouvoir judiciaire, mentionnée plus haut.

En jurisprudence, la présomption d'intention d'éviter des résultats absurdes est fermement établie. Voici comment le juge Cartwright de la Cour suprême du Canada l'énonçait dans *Vandekerckhove c. Township of Middleton* :

> There is ample authority for the proposition that when the language used by the legislature admits of two constructions one of which would lead to obvious injustice or absurdity the courts act on the view that such a result could not have been intended.[756]

De même, le juge Dickson dans *Morgentaler c. La Reine*[757] exprime l'argument en termes de présomption d'intention : « Nous devons avoir envers le Parlement la courtoisie de ne pas présumer aisément qu'il a édicté des incohérences ou des absurdités »[758].

Comme le juge La Forest le soulignait dans *Re Estabrooks Pontiac Buick Ltd.*[759], le principe constitutionnel de la suprématie du Parlement peut être retenu pour affirmer que le législateur a le pouvoir d'adopter une loi qui amène des conséquences déraisonnables. L'argument *ab absurdo*, toutefois, vient exiger de l'autorité constituante d'être claire et sans équivoque si telle est son intention; les termes choisis dans le texte de loi ne devront donc laisser aucun autre choix à l'interprète. C'est ce que

---

753. Voir A. Mayrand, *Dictionnaire de maximes et locutions latines utilisées en droit*, Cowansville, Éditions Yvon Blais, 1985, à la p. 1.

754. *Grey v. Pearson* (1857), 6 H.L.C. 61, 10 E.R. 1216, 1216 (C.L.).

755. J.W. Salmond, *Jurisprudence*, 11ᵉ éd. par G. Williams, Londres, Sweet & Maxwell, 1957, à la p. 158.

756. *Vandekerckhove et al. c. Middleton (Township)*, [1962] R.C.S. 75, 78-79, [1961] A.C.S. nᵒ 64.

757. *Morgentaler c. La Reine*, [1976] 1 R.C.S. 616, [1975] A.C.S. nᵒ 48.

758. *Morgentaler c. La Reine*, [1976] 1 R.C.S. 616, 676, [1975] A.C.S. nᵒ 48.

759. *Re Estabrooks Pontiac Buick Ltd*, 44 N.B.R. (2d) 201, [1982] N.B.J. No. 397.

le juge en chef Strong, déjà en 1897, expliquait dans *Bradshaw c. Foreign Mission Board of the Baptist Convention of the Maritime Provinces* :

> An intention to enact a law leading to such a failure of justice ought not to be attributed to the legislature except on the strongest expression and only in the absence of a possibility of giving any other meaning to the language used.[760]

Dans l'affaire *R. c. McIntosh*[761], examinée lors de l'étude de la méthode d'interprétation contextuelle[762], la juge McLachlin émettait la même précision dans son opinion dissidente. Au paragraphe 81, elle écrivait que « le législateur peut légiférer de façon illogique s'il le désire, [toutefois] les tribunaux ne devraient pas s'empresser de supposer qu'il a eu cette intention ». Suivant un raisonnement de type présomption, elle ajoute ce qui suit : « En l'absence d'une indication claire du contraire, les tribunaux doivent imputer une intention rationnelle au législateur »[763].

La jurisprudence nous enseigne aussi que la terminologie utilisée pour faire référence à la méthode pragmatique voulant éviter un résultat problématique souffre d'un grand manque d'uniformité. Pierre-André Côté a répertorié les différentes façons dont les tribunaux en ont traité :

> Comme il s'agit ici de l'interprétation d'un texte en fonction des effets que le législateur juste et rationnel ne peut pas avoir recherchés, le vocabulaire employé par la jurisprudence pour qualifier ces effets présente une variété extrême.
>
> Bien sûr, les termes de « justice » et de « raison » y figurent en bonne place : des résultats seront qualifiés de « déraisonnables », d'« injustes », d'« inéquitables », une interprétation sera présentée comme menant à des « injustices », qualifiées de « graves » ou de « manifestes ». Parfois, on soulignera que telle interprétation mène à des résultats « injustes et déraisonnables », « manifestement injustes ou déraisonnables », « absurdes et impensables », ou « contraires à l'équité et au bon sens », ou encore qu'elle est de nature à entraîner des « difficultés considérables ». Sera en principe écartée une interprétation qui « conduit à des distinctions qui sont à la fois arbitraires et irrationnelles », produisant un « résultat étrange » qui « choque le bon sens ».
>
> D'autres qualificatifs sont également utilisés pour décrire ces conséquences que ne peut avoir voulues le législateur. On rencontre les épithètes « absurde », « anormal », « intolérable », « inconcevable », « étrange », « bizarre » ou « renversant ». Est présentée comme préférable l'interprétation susceptible d'éviter « l'incertitude, les frictions ou la confusion » ou celle qui paraît « la plus pratique et la plus efficace ».[764]

---

760. *Bradshaw c. Foreign Mission Board of the Baptist Convention of the Maritime Provinces* (1895), 24 R.C.S. 351, [1895] A.C.S. n° 22.

761. [1995] 1 R.C.S. 686, [1995] A.C.S. n° 16.

762. Chapitre 3, Section C.

763. *R. c. McIntosh*, [1995] 1 R.C.S. 686, 722, [1995] A.C.S. n° 16.

764. P.-A. Côté, coll. S. Beaulac et M. Devinat, *Interprétation des lois*, 4ᵉ éd., Montréal, Thémis, 2009, aux pp. 405 et 518-519 [notes infrapaginales omises].

Maintenant, peu importe l'appellation retenue pour qualifier ces conséquences de l'interprétation que l'on souhaite éviter, en substance, que signifie un résultat *absurdo*? Les motifs du juge Iacobucci dans la décision unanime de la Cour suprême du Canada *Rizzo & Rizzo Shoes Ltd. (Re)*[765], une affaire vue lors de l'étude de la méthode d'interprétation téléologique[766], peuvent nous éclairer à cet égard. On se rappellera qu'il s'agissait de savoir s'il était possible d'octroyer aux employés les indemnités de licenciement et les indemnités de cessation d'emploi en vertu de la législation ontarienne sur les normes du travail en cas de faillite de l'employeur. Mentionnant la deuxième édition de l'ouvrage de Pierre-André Côté[767] ainsi que la troisième édition de *Construction of Statutes* (par Ruth Sullivan)[768], la Cour résume ainsi l'argument pragmatique par l'absurde :

> Selon un principe bien établi en matière d'interprétation législative, le législa-teur ne peut avoir voulu des conséquences absurdes. D'après Côté, *op. cit.*, on qualifiera d'absurde une interprétation qui mène à des conséquences ridicules ou futiles, si elle est extrêmement déraisonnable ou inéquitable, si elle est illogique ou incohérente, ou si elle est incompatible avec d'autres dispositions ou avec l'objet du texte législatif (aux pp. 430 à 432). Sullivan partage cet avis en faisant remarquer qu'on peut qualifier d'absurdes les interprétations qui vont à l'encontre de la fin d'une loi ou en rendent un aspect inutile ou futile (Sullivan, *Construction of Statutes*, *op. cit.*, à la p. 88).[769]

Selon le juge de première instance, si les dispositions de la loi relatives aux indemnités de licenciement et de cessation d'emploi ne s'appliquaient pas en cas de faillite de l'employeur, cela aurait des effets incongrus sur les intérêts des employés régis par cette législation en matière de travail. En effet, des employés ayant perdu leur emploi avant la faillite – qui auraient eu cette « chance » – auraient droit aux indemnités, tandis que les employés toujours au service de l'employeur au moment de la faillite (et, vraisemblablement, avec plus d'ancienneté) n'y auraient pas droit. Voici comment le juge Iacobucci traite de cet aspect :

> À mon avis, l'absurdité de cette conséquence est particulièrement évidente dans les milieux syndiqués où les mises à pied se font selon l'ancienneté. Plus un employé a de l'ancienneté, plus il a investi dans l'entreprise de l'employeur et plus son droit à l'indemnité de licenciement et à une indemnité de cessation d'emploi est fondé. Pourtant, c'est le personnel ayant le plus d'ancienneté qui risque de travailler jusqu'au moment de la faillite et de perdre ainsi le droit d'obtenir ces indemnités.
>
> Si l'interprétation que la Cour d'appel a donnée des dispositions relatives à l'indemnité de licenciement et de l'indemnité de cessation d'emploi est correcte,

---

765.   [1998] 1 R.C.S. 27, [1998] A.C.S. n° 2.

766.   Voir : Chapitre 3, Section D.

767.   P.-A. Côté, *Interprétation des lois*, 2e éd., Cowansville, Yvon Blais, 1990.

768.   R. Sullivan, *Driedger on the Construction of Statutes*, 3e éd., Toronto & Vancouver, Butterworths, 1994.

769.   *Rizzo & Rizzo Shoes Ltd. (Re)*, [1998] 1 R.C.S. 27, [1998] A.C.S. n° 2 au para. 27.

il serait acceptable d'établir une distinction entre les employés en se fondant simplement sur la date de leur congédiement. Il me semble qu'un tel résultat priverait arbitrairement certains employés d'un moyen de faire face au bouleversement économique causé par le chômage. De cette façon, les protections de la [Loi sur les normes du travail] seraient limitées plutôt que d'être étendues, ce qui irait à l'encontre de l'objectif que voulait atteindre le législateur. À mon avis, c'est un résultat déraisonnable.[770]

Comme les autres méthodes d'interprétation des lois, l'argument pragmatique *ab absurdo* n'est pas absolu et la difficulté sera de déterminer sa force persuasive. Selon Ruth Sullivan, le principal facteur à considérer pour déterminer le poids de cet argument serait l'importance de l'absurdité : « The more compelling the absurdity, the greater the departure from ordinary meaning that is tolerated »[771]. Le juge doit donc se demander quel est le degré d'absurdité (un peu, beaucoup, énormément) du résultat auquel mène une interprétation quelconque de la loi. On comprendra qu'un tel constat requiert une évaluation individuelle, propre à chaque juge, qui pourra varier d'une affaire à l'autre.

En doctrine, on s'est demandé si l'absurdité en interprétation législative devrait être limitée à l'absurdité dite « objective », celle liée à la normativité uniquement[772], ou si elle pouvait s'étendre à l'objectivité « subjective », celle qui renvoie au jugement de valeur du tribunal[773]. Ce débat demeure toutefois théorique, voire artificiel, puisque la pratique judiciaire démontre que c'est en fait un mélange de considérations objectives et subjectives qui entreront dans l'évaluation de l'importance de l'absurdité. Comme Ruth Sullivan l'expliquait, trois catégories d'éléments sont utiles pour guider le juge : a) des critères de rationnalité, telles la cohérence logique et l'uniformité du droit; b) des critères liés aux principes généraux de droit, tel le principe de la primauté du droit (*rule of law*); enfin, c) des critères de normes sociales et communautaires, exprimés par des notions telles la raisonnabilité et l'équité[774].

L'autre facteur principal pour déterminer la force de l'argument *ab absurdo* est lié à la façon dont la présomption d'intention peut être repoussée, c'est-à-dire par un

---

770.   *Rizzo & Rizzo Shoes Ltd. (Re)*, [1998] 1 R.C.S. 27, [1998] A.C.S. n° 2 aux para. 28-29.

771.   R. Sullivan, *Sullivan and Driedger on the Construction of Statutes* 4ᵉ éd., Markham & Vancouver, Butterworths, 2002, à la p. 236.

772.   Voici comment Ruth Sullivan définit l'absurdité objective, R. Sullivan, *Sullivan and Driedger on the Construction of Statutes*, 4ᵉ éd., Markham & Vancouver, Butterworths, 2002, à la p. 239 : « This absurdity is considered "objective" because what the legislature has said in one place conflict with other sources of legislative meaning. On this analysis, the essence of absurdity is disharmony or internal contradiction; one part of the law is in conflict with another ».

773.   Voici comment Ruth Sullivan définit l'absurdité subjective, R. Sullivan, *Sullivan and Driedger on the Construction of Statutes* 4ᵉ éd., Markham & Vancouver, Butterworths, 2002, à la p. 239 : « The test of absurdity laid down [...] in this case allows a judge to assess the consequences of adopting a given interpretaiton against current standards of justice, reasonableness or convenience. Because these are personally held standards, the resulting judgment is considered "subjective" ».

774.   R. Sullivan, *Sullivan and Driedger on the Construction of Statutes*, 4ᵉ éd., Markham & Vancouver, Butterworths, 2002, à la p. 240.

texte de loi explicite quant à l'intention du législateur d'obtenir le résultat problématique. En d'autres termes, le recours à cette méthode d'interprétation pragmatique, ainsi que le poids qu'on y donnera, sera tributaire des termes législatifs choisis. En s'inspirant de l'œuvre de Herbert Hart[775], on peut suggérer ceci : plus le langage normatif est à « texture ouverte » (en anglais, « *open texture* »), c'est-à-dire en termes vagues et généraux, plus improbable sera la détermination d'une indication contraignante du législateur que lesdites conséquences sont souhaitées; en revanche, plus le texte législatif s'exprime en termes précis et spécifiques, c'est-à-dire par du langage à « texture fermée », plus le juge se sentira obligé d'y voir, le cas échéant, la volonté d'obtenir le résultat en question.

Bien qu'il paraisse difficile de repousser la présomption d'intention *ab absurdo*, en réalité, la jurisprudence abonde d'exemples où cet argument a été mis de côté, et où sa force persuasive a été considérablement diminuée, parce que l'on a conclu que la loi était claire et sans équivoque[776]. Il faut toutefois souligner que l'on semble souvent assimiler erronément la clarté ou la non-ambiguïté du texte législatif en général, d'un côté, avec la clarté et la non-ambiguïté de la norme législative, de l'autre, s'agissant de la clarté des conséquences incongrues. Datant de 1892, les propos de Lord Escher dans *R. v. Judge of the City of London Court* illustrent bien ce point :

> If the words of an Act are clear, you must follow them, even though they lead to a manifest absurdity. The Court has nothing to do with the question whether the legislature has committed an absurdity.[777]

Cette façon de rejeter l'argument fait aussi allusion aux aspects institutionnels de la problématique – concernant par ailleurs la suprématie du Parlement dont on parlait plus tôt – c'est-à-dire qu'il ne reviendrait pas aux juges de décider si le législateur a été déraisonnable.

Une bonne illustration de la possible confusion entre la clarté du texte de loi en général et la clarté de l'intention du législateur nécessaire pour repousser la présomption d'intention *ab absurdo* provient des motifs du juge en chef Lamer pour la majorité de la Cour suprême du Canada dans *R. c. McIntosh*[778], dont il convient de parler de nouveau. Cinq des neuf juges étaient d'avis que la disposition d'application générale relative à la légitime défense à l'article 34 du *Code criminel*[779] devait s'appliquer à l'accusé en l'espèce, un agresseur initial, et ce, même si l'article 35 du Code prévoyait spécifiquement les situations d'agression initiale, pour lesquelles la légitime défense se voyait appliquer des conditions plus exigeantes. À la prétention

---

775. Voir H.L.A. Hart, « Positivism and the Separation of Law and Morals », (1957-1958) 71 *Harv. L. Rev.* 593; et H.L.A. Hart, *The Concept of Law*, Oxford, Clarendon Press, 1961. Voir aussi L. Williams, « Language and the Law », (1945) 61 *Law Q. Rev.* 71.

776. Pour plus de détails, voir R. Sullivan, « Statutory Interpretation in the Supreme Court of Canada », (1998-1999) 30 *R.D. Ottawa* 175.

777. *R. v. Judge of the City of London Court*, [1892] Q.B. 273, 290 (R.-U.).

778. [1995] 1 R.C.S. 686, [1995] A.C.S. n° 16.

779. L.R.C. (1985), c. C-46.

de la Couronne selon laquelle cette interprétation menait à un résultat absurde, le juge en chef Lamer a répondu ceci :

> À mon avis, on ne saurait accepter l'argument du ministère public qui assimile l'absurdité à l'ambiguïté. Voici la proposition que j'adopterais : lorsqu'une législature adopte un texte législatif qui emploie des termes clairs, non équivoques et susceptibles d'avoir un seul sens, ce texte doit être appliqué même s'il donne lieu à des résultats rigides ou absurdes ou même contraires à la logique (*Maxwell on the Interpretation of Statutes, op. cit.*, à la p. 29). Le fait qu'une disposition aboutit à des résultats absurdes n'est pas, à mon avis, suffisant pour affirmer qu'elle est ambiguë et procéder ensuite à une analyse d'interprétation globale.[780]

Ces propos ont été vertement critiqués en doctrine parce qu'ils ressuscitent la rhétorique de la règle de l'interprétation littérale (en anglais, *plain meaning rule*)[781]. Une « analyse d'interprétation globale », c'est-à-dire un exercice d'interprétation législative complet, ne serait possible que s'il y a ambiguïté, suggère le juge en chef. Il n'est pas nécessaire de revenir ici sur tous les problèmes que soulève ce raisonnement, qui est généralement considéré comme dépassé[782].

Un peu plus loin, la majorité de la Cour précise qu'en ce qui concerne l'argument *ab absurdo*, il ne serait disponible pour le tribunal que si le texte de loi n'est pas clair, c'est-à-dire s'il souffre d'un problème interprétatif d'ambiguïté :

> En conséquence, ce n'est que lorsqu'un texte législatif est ambigu, et peut donc raisonnablement donner lieu à deux interprétations, que les résultats absurdes susceptibles de découler de l'une de ces interprétations justifieront de la rejeter et de préférer l'autre. L'absurdité est un facteur dont il faut tenir compte dans l'interprétation de dispositions législative ambiguës; cependant, il n'existe pas de méthode distincte d'« analyse fondée sur l'absurdité ».[783]

Outre le retour de la condition préliminaire d'ambiguïté précédant le recours à l'argument d'interprétation, qui est hautement problématique en soi, il est surprenant de voir le juge en chef Lamer suggérer que l'analyse par l'absurde ne constitue pas un réel argument d'interprétation législative. Mais ce qui saute moins aux yeux dans ce passage, bien que tout autant erroné, c'est la confusion entre la clarté du texte sur le sens de la norme législative et la clarté de l'intention du législateur de vouloir obtenir un résultat quelconque. Or, il est crucial de séparer les deux situations : dans le premier cas, ce type de raisonnement est obsolète, faut-il le répéter, tandis que dans le second cas, il est légitime de parler d'une intention claire et sans équivoque du législateur qui agit pour repousser la présomption d'intention dans les situations de

---

780. *R. c. McIntosh*, [1995] 1 R.C.S. 686, 704, [1995] A.C.S. n° 16.
781. Voir, notamment, P.-A. Côté, coll. S. Beaulac et M. Devinat, *Interprétation des lois*, 4ᵉ éd., Montréal, Thémis, 2009, à la p. 527.
782. Voir : Chapitre 3, Section B.
783. *R. c. McIntosh*, [1995] 1 R.C.S. 686, 704-705, [1996] A.C.S. n° 16.

résultat absurde. Il faut être vigilant parce que les fantômes de la règle de l'interprétation littérale ne sont jamais bien loin !

3. Lois favorables

Comme l'expliquait Pierre-André Côté, « [e]n common law, la tradition consacre une distinction entre les lois pénales (*penal*) et lois rémédiatrices (*remedial*) »[784]. C'est de ces dernières, qu'on appelle également les *lois favorables*, dont il est question ici. Les lois pénales ou, selon l'expression générique, les lois affectant les intérêts individuels, seront examinées ci-dessous. Selon la présomption d'intention développée en jurisprudence, les lois favorables doivent s'interpréter de façon large et libérale, afin de donner plein effet aux avantages ou à la protection qu'elles offrent.

Comme il a été vu lors de l'étude de la méthode téléologique[785], rappelons que, selon les lois d'interprétation, toute législation doit être considérée comme rémédiatrice. En plus d'encourager une interprétation en fonction de l'objectif visé, elles invitent à une interprétation large et libérale de la loi. L'article 12 de la *Loi d'interprétation* fédérale[786] se lit ainsi :

12. Tout texte est censé apporter une solution de droit et s'interprète de la manière la plus équitable et la plus large qui soit compatible avec la réalisation de son objet.

De son côté, l'article 41 de la *Loi d'interprétation* de la province de Québec[787] énonce ses directives comme suit :

41. Toute disposition d'une loi est réputée avoir pour objet de reconnaître des droits, d'imposer des obligations ou de favoriser l'exercice des droits, ou encore de remédier à quelque abus ou de procurer quelque avantage.

Une telle loi reçoit une interprétation large, libérale, qui assure l'accomplissement de son objet et l'exécution de ses prescriptions suivant leurs véritables sens, esprit et fin.

On a déjà souligné qu'il est erroné de nécessairement associer la méthode téléologique et la portée extensive d'une loi, puisqu'un argument selon l'objectif législatif peut servir à limiter le champ d'application du texte législatif[788]. Il n'en demeure pas moins que ces articles peuvent être invoqués pour justifier une interprétation large et libérale, peut-être pas de tous, mais de certains types de législation.

---

784. P.-A. Côté, coll. S. Beaulac et M. Devinat, *Interprétation des lois*, 4ᵉ éd., Montréal, Thémis, 2009, à la p. 576 [notes infrapaginales omises].
785. Voir : Chapitre 3, Section D.
786. L.R.C. 1985, c. I-21.
787. RLRQ, c. I-16.
788. Voir, par exemple, *R. c. Sommerville*, [1974] R.C.S. 387, [1972] A.C.S. nᵒ 123, où la majorité de la Cour suprême du Canada a fait référence à l'objectif de la loi dans son ensemble afin de restreindre la portée que le texte de loi semblait avoir.

Depuis le développement des instruments de protection des droits de la personne, et surtout depuis l'avènement de la *Charte canadienne des droits et libertés*[789], les tribunaux ont appliqué plus intensément l'argument pragmatique d'interprétation large et libérale. Essentiellement, l'influence de la Charte canadienne sur la méthodologie d'interprétation des lois, en général, se traduit par un renforcement de l'argument pragmatique en matière de droits individuels. Bref, si un tribunal est appelé à considérer une disposition législative visant à reconnaître, valider ou promouvoir un droit humain ou une liberté fondamentale, cet argument pragmatique l'invitera à lui donner une grande portée d'application. L'interprète présumera que le législateur avait l'intention d'y aller, non pas à demi-mesure, mais en octroyant la pleine mesure de protection juridique.

S'agissant de la Charte canadienne, elle constitue le summum de la loi favorable aux droits individuels et commande évidemment une interprétation large et libérale. Cette directive d'interprétation pragmatique s'applique, outre à cet instrument formellement constitutionnel, à toute législation visant à garantir les droits humains et les libertés fondamentales. Par exemple, au fédéral, la *Loi canadienne sur les droits de la personne*[790], et au provincial, la *Charte des droits et libertés de la personne*[791] (au Québec), et le *Code des droits de la personne*[792] (en Ontario). En jurisprudence[793], on dit que ces textes législatifs ont un statut spécial, qu'ils sont *quasi constitutionnels*, en raison de leur objet, à savoir la protection des libertés fondamentales. Pour la majorité de la Cour suprême du Canada dans *Robichaud c. Canada (Conseil du Trésor)*, le juge La Forest a résumé ainsi la situation :

> Suivant son art. 2, la Loi a pour objet de compléter la législation canadienne en donnant effet au principe selon lequel tous ont droit à l'égalité des chances d'épanouissement, indépendamment de motifs de distinction illicites dont ceux fondés sur le sexe. Comme le juge McIntyre l'a expliqué récemment, au nom de la Cour, dans l'arrêt *Commission ontarienne des droits de la personne et O'Malley c. Simpsons-Sears Ltd.*, [1985] 2 R.C.S. 536, on doit interpréter la Loi [*Loi canadienne sur les droits et libertés*] de manière à promouvoir les considérations de politique générale qui la sous-tendent. Il s'agit là d'une tâche qui devrait être abordée non pas parcimonieusement mais d'une manière qui tienne compte de la nature spéciale d'une telle loi dont le juge McIntyre a dit qu'elle « n'est pas

---

789. Partie I de la *Loi constitutionnelle de 1982*, constituant l'annexe B de la *Loi de 1982 sur le Canada* (R.-U.), 1982, c. 11.

790. L.R.C., 1985 c. H-6.

791. RLRQ, c. C-12.

792. L.R.O. (1990), c. H-19.

793. Les premiers arrêts de la Cour suprême du Canada ayant suggéré une telle chose sont : *Insurance Corporation of British Columbia c. Heerspink*, [1982] 2 R.C.S. 145, [1982] A.C.S. n° 65; et *Commission ontarienne des droits de la personne c. Simpsons-Sears*, [1985] 2 R.C.S. 536, [1985] A.C.S. n° 74. Voir aussi les décisions plus récentes dans *Gould c. Yukon Order of Pioneers*, [1996] 1 R.C.S. 571, [1996] A.C.S. n° 29; *Colombie-Britannique (Public Service Employee Relations Commission) c. BCGSEU*, [1999] 3 R.C.S. 3, [1999] A.C.S. n° 46; et *Canada (Commission des droits de la personne) c. Lignes aériennes Canadien International Ltée*, [2006] 1 R.C.S. 3, [2006] A.C.S. n° 1.

vraiment de nature constitutionnelle »; voir également *Insurance Corporation of British Columbia c. Heerspink*, [1982] 2 R.C.S. 145, le juge Lamer, aux pp. 157 et 158. Bien sûr, ce que laisse entendre cette expression n'est pas que la loi en cause est en quelque sorte enchâssée dans la Constitution, mais plutôt qu'elle exprime certains objectifs fondamentaux de notre société. Plus récemment encore, dans l'arrêt *Compagnie des chemins de fer nationaux du Canada c. Canada (Commission canadienne des droits de la personne)* (*l'arrêt Action Travail des Femmes*), [1987] 1 R.C.S. 1114, le juge en chef Dickson a souligné la nécessité de reconnaître et de donner effet pleinement aux droits énoncés dans ladite loi, conformément à la *Loi d'interprétation* qui exige que les lois soient interprétées de la façon juste, large et libérale la plus propre à assurer la réalisation de leurs objets.[794]

La *Déclaration canadienne des droits*[795], un instrument législatif adopté par le Parlement en 1960[796] et applicable à l'ordre juridique fédéral, est également considérée de nos jours comme de nature quasi constitutionnelle et, partant, commande une interprétation large et libérale[797].

En ce qui concerne le Québec et la *Charte des droits et libertés de la personne*[798], son statut quasi constitutionnel – à l'égard des droits autres qu'économiques et sociaux – lui est conféré explicitement à l'article 52[799]. Le juge LeBel de la Cour suprême du Canada le rappelait dans l'affaire *Québec (Commission des droits de la personne et des droits de la jeunesse) c. Communauté urbaine de Montréal*: « L'article 52 confère indéniablement un statut prééminent, voire quasi constitutionnel, à la *Charte québécoise* »[800].

* * *

Ceci étant, l'argument pragmatique mettant en présence une présomption d'intention justifiant une interprétation généreuse ne se limite pas aux lois en matière de protection des droits et libertés de la personne. En effet, comme Pierre-André Côté l'explique :

> On voit enfin se développer, de nos jours, des directives d'interprétation généreuse des textes visant à attribuer ou à reconnaître des droits ou des avantages à des

---

794. *Robichaud c. Canada (Conseil du Trésor)*, [1987] 2 R.C.S. 84, [1987] A.C.S. n° 47 au para. 8.

795. L.R.C. 1985, app. III.

796. S.C. 1960, c. 44.

797. *Bell Canada c. Association canadienne des employés de téléphone*, [2003] 1 R.C.S. 884, [2003] A.C.S. n° 36 au para. 28.

798. RLRQ, c. C-12.

799. L'article 52 se lit comme suit : « Aucune disposition d'une loi, même postérieure à la Charte, ne peut déroger aux articles 1 à 38, sauf dans la mesure prévue par ces articles, à moins que cette loi n'énonce expressément que cette disposition s'applique malgré la Charte ».

800. *Québec (Commission des droits de la personne et des droits de la jeunesse) c. Communauté urbaine de Montréal*, [2004] 1 R.C.S. 789, para. 15, [2004] A.C.S. n° 25. Voir également *Québec (Commission des droits de la personne et des droits de la jeunesse) c. Masksteel Québec inc.*, [2003] 3 R.C.S. 228, [2003] A.C.S. n° 68.

personnes qui appartiennent à des groupes défavorisés. Ces directives sont plus ou moins à l'État Providence ce que sont les directives de protection des droits individuels à l'État libéral.[801]

Par exemple, la législation en matière de normes d'emploi dans *Rizzo & Rizzo Shoes Ltd. (Re)* a été considérée comme visant un groupe défavorisé, comme en font foi les motifs suivants du juge Iacobucci, pour une Cour unanime :

> Enfin, en ce qui concerne l'économie de la loi, puisque la *LNE* [*Loi sur les normes d'emploi*, L.R.O. 1980, c. 137] constitue un mécanisme prévoyant des normes et des avantages minimaux pour protéger les intérêts des employés, on peut la qualifier de loi conférant des avantages. À ce titre, conformément à plusieurs arrêts de notre Cour, elle doit être interprétée de façon libérale et généreuse. Tout doute découlant de l'ambiguïté des textes doit se résoudre en faveur du demandeur (voir, par ex., *Abrahams c. Procureur général du Canada*, [1983] 1 R.C.S. 2, à la p. 10; *Hills c. Canada (Procureur général)*, [1988] 1 R.C.S. 513, à la p. 537).[802]

En tant que groupe défavorisé, les salariés ayant perdu leur emploi ainsi que les chômeurs bénéficient donc d'une présomption d'intention qui agit pour étendre la portée des lois qui les concernent[803]. Il en serait de même pour les régimes de compensation aux victimes – au Québec, pensons à la *Loi sur l'assurance automobile*[804] ou à la *Loi sur l'indemnisation des victimes d'actes criminels*[805] – ceux-ci formant évidemment des groupes défavorisés dont la législation commanderait une interprétation extensive[806]. Notre exemple, ci-après, provient justement d'une décision récente de la Cour suprême du Canada dans le domaine des accidents automobiles au Québec.

Extraits tirés de *Westmount (Ville) c. Rossy*, [2012] 2 R.C.S. 136, [2012] A.C.S. n° 30.

Version française du jugement de la Cour rendu par

LE JUGE LEBEL –

Introduction

1   Le pourvoi résulte d'un tragique accident. En août 2006, un arbre situé dans la ville de Westmount (« Ville » ou « appelante ») est tombé sur le véhicule dans lequel se trouvait Gabriel Anthony Rossy et l'a tué. Les parents et les trois frères de ce dernier (les « intimés ») ont intenté un recours en dommages-intérêts contre l'appelante en se fondant sur la responsabilité civile qui lui incomberait, selon eux, aux termes du *Code civil du Québec*, L.Q. 1991, ch. 64. Notre Cour doit se prononcer sur la recevabilité de cette action. Si la situation relève

---

801.   P.-A. Côté, coll. S. Beaulac et M. Devinat, *Interprétation des lois*, 4ᵉ éd., Montréal, Thémis, 2009, à la p. 579.

802.   *Rizzo & Rizzo Shoes Ltd. (Re)*, [1998] 1 R.C.S. 27, para. 36, [1998] A.C.S. n° 2.

803.   Voir également *Abrahams c. Procureur général du Canada*, [1983] 1 R.C.S. 2, [1983] A.C.S. n° 2.

804.   RLRQ, c. A-25.

805.   RLRQ, c. I-6.

806.   Voir D. Gardner, « La *Loi sur l'assurance automobile* : loi d'interprétation libérale ? », (1992) 33 *C. de D.* 485.

du régime d'assurance automobile du Québec, toute indemnisation découlant de l'incident est régie par ce régime, ce qui ferait obstacle à un recours civil. Pour que l'action relève du régime en question et empêche donc les intimés de poursuivre la Ville, le décès de M. Rossy doit avoir découlé d'un « accident » au sens de la *Loi sur l'assurance automobile*, L.R.Q., ch. A-25 (« Loi »), c'est-à-dire un événement au cours duquel des blessures ou un préjudice ont été « causé[s] par une automobile, par son usage ou par son chargement » (art. 1 « préjudice causé par une automobile »). Tel est le cœur du présent pourvoi.

2   Pour les motifs qui suivent, je conclus que le recours intenté par les intimés est irrecevable. L'incident a été un « accident » au sens de la Loi. Je suis d'avis d'accueillir le pourvoi et de rejeter le recours intenté contre la Ville.

Les faits

3   Les faits de l'espèce sont simples. Selon la preuve dont nous disposons, un soir de l'été 2006, M. Rossy a été tué lorsqu'un arbre est tombé sur le véhicule qu'il conduisait. Les intimés se sont adressés à la Cour supérieure du Québec et ont intenté un recours contre la Ville, en sa qualité de propriétaire de l'arbre. Ils alléguaient que cette dernière n'avait pas bien entretenu l'arbre en question. Les intimés ont explicitement soutenu que [TRADUCTION] « [l]a cause de l'incident n'a absolument rien à voir avec l'usage de l'automobile [et que] la responsabilité n'est pas exclue par le régime québécois d'assurance automobile sans égard à la responsabilité » (d.a., p. 30).

4   La Ville a demandé le rejet de l'action en application du par. 165(4) et de l'art. 75.1 du *Code de procédure civile*, L.R.Q., ch. C-25. Elle a soutenu que le préjudice résultait d'un accident causé par une automobile et que toute indemnisation pour le préjudice à la personne était donc régie par la Loi. Puisque, selon elle, le régime d'assurance automobile s'applique, elle soutient que les intimés ne pouvaient pas la poursuivre en vertu du droit général de la responsabilité civile.

Historique judiciaire

[...]

Analyse

A.   *La question en litige*

14   La principale question en litige dans le présent pourvoi porte sur la portée de la Loi et sur celle de savoir si la demande des intimés doit échouer du fait que la Loi s'applique bel et bien en l'espèce. Pour y répondre, il faudra déterminer si le « préjudice [a été] causé par une automobile, par son usage ou par son chargement » au sens de l'article premier de la Loi.

15   Le présent dossier a été porté devant les tribunaux pour que ces derniers tranchent une requête en rejet d'une action en dommages-intérêts, requête présentée en application de l'art. 75.1 et du par. 165(4) du *Code de procédure civile*. Puisqu'il s'agit d'une question procédurale préliminaire, la Cour d'appel a eu raison de souligner que pour déterminer si l'affaire est visée par le régime législatif, la cour doit tenir pour avérés les faits allégués par les intimés dans la procédure introductive d'instance compte tenu du libellé du par. 165(4) du *Code de procédure civile*. En application de l'art. 75.1, la Cour peut prendre connaissance de la transcription des interrogatoires au préalable des parties pour l'aider à déceler quels sont les faits allégués. Même si l'art. 75.1 a été abrogé en 2009 (L.Q. 2009, ch. 12, art. 3), il était encore en vigueur au moment où la requête a été entendue par la Cour supérieure.

16   En l'espèce, la transcription des interrogatoires au préalable indique que selon le témoignage d'un des intimés, M. Rossy était [TRADUCTION] « sur la route, en train de conduire » lorsque l'accident s'est produit (d.a., p. 113). La preuve ne permet pas de déterminer clairement si le véhicule était stationnaire ou en train de traverser un carrefour au moment de l'impact. Cependant, il ne semble pas contesté que M. Rossy se déplaçait du point A vers le point B lorsque l'accident s'est produit. La Cour est appelée à déterminer si l'application du régime législatif fait échec à la poursuite civile intentée par les intimés sur la base de ces faits.

B.   *Le régime législatif*

(1)   Les faits

17   La Loi est entrée en vigueur en 1978. Elle répondait à l'insatisfaction grandissante à l'égard du système de responsabilité civile en place à l'époque pour régler les litiges découlant d'accidents de la route. En 1971, le gouvernement du Québec avait mis sur pied un comité chargé de lui faire rapport après avoir étudié la réelle indemnisation des victimes d'accidents d'automobile, que ce soit au terme de recours civils ou en vertu du régime d'assurance en place. Selon le rapport du comité, un grand nombre de ces victimes n'étaient pas indemnisées; il pouvait s'écouler des années avant qu'elles n'obtiennent réparation et le coût des procédures de recouvrement pouvait atteindre des dizaines de milliers de dollars (voir, p. ex., D. Gardner, « L'interprétation de la portée de la *Loi sur l'assurance automobile* : un éternel recommencement » (2011), 52 *C. de D.* 167; T. Rousseau-Houle, « Le régime québécois d'assurance automobile, vingt ans après » (1998), 39 *C. de D.* 213; *Québec (Procureur général) c. Villeneuve*, [1996] R.J.Q. 2199 (C.A.), p. 2205, le juge Brossard).

18   Le gouvernement québécois a donc mis sur pied un régime public d'assurance automobile sans égard à la responsabilité géré par la Société de l'assurance automobile du Québec (« SAAQ »). Ce nouveau régime vise avant tout à indemniser les victimes des accidents de la route en cas de décès ou de préjudice corporel, et ce, sans égard à la responsabilité. Les dispositions de la Loi qui figurent sous le Titre II éliminent les dépenses et l'incertitude relatives aux recours civils et privés en dommages-intérêts. Cependant, l'autre portion du régime, soit celle décrite au Titre III, concerne le préjudice matériel causé par les automobiles. Ce régime est toujours fondé sur la responsabilité en plus d'exiger la souscription de contrats d'assurance responsabilité privés pour couvrir ces dommages (*Bédard c. Royer*, [2003] R.J.Q. 2455, par. 24, le juge Gendreau; J.-L. Baudouin et P. Deslauriers, *La responsabilité civile* (7e éd. 2007), vol. I, *Principes généraux*, p. 929-935).

19   L'objet de la Loi a été décrit comme suit par le juge Baudouin dans *Pram* :

> [La Loi] a essentiellement pour but de veiller à ce que les victimes d'accidents d'auto-mobile soient indemnisées sans égard à la responsabilité pour leurs dommages cor-porels. Elle retire aussi l'arbitrage des dommages aux tribunaux judiciaires et le confie à la Société de l'assurance automobile du Québec. [p. 1740]

En interprétant les dispositions en cause, la Cour doit garder à l'esprit les objectifs que vise la Loi, l'intention du législateur qu'elle ait une portée large, ainsi que le contexte dans lequel elle a vu le jour.

20   Aux termes des dispositions de la Loi reproduites en annexe, les intimés auraient droit à une indemnité par suite du décès de M. Rossy, si ce décès a résulté d'un « accident » au sens de la Loi, soit de « tout événement au cours duquel un préjudice [a été] causé par une

automobile » (art. 1). Aux fins du présent appel, la seule portion pertinente de la définition de « préjudice causé par une automobile » est la suivante : « tout préjudice causé par une automobile, par son usage ou par son chargement . . . ». Si la demande des intimés tombait sous le coup de ce régime, l'art. 83.57 ferait obstacle au recours civil qu'ils ont intenté contre la Ville puisque cette disposition retire à toute personne indemnisée en vertu de la Loi le droit d'intenter des recours civils en responsabilité.

21   Comme je l'ai déjà mentionné, la Loi est considérée comme une loi remédiatrice. Il faut donc l'interpréter conformément à l'art. 41 de la *Loi d'interprétation*, L.R.Q., ch. I-16. Elle doit recevoir une interprétation « large [et] libérale » afin de garantir l'accomplissement de son objet.

22   Le présent appel porte donc sur la question suivante : le préjudice subi par M. Rossy a-t-il été « causé par une automobile, par son usage ou par son chargement » ? Comme nous le verrons, la difficulté à interpréter cette phrase tient surtout aux notions de causalité qu'évoque la locution « causé par ».

(2)   La jurisprudence

23   Même si elle est parfois contradictoire ou divergente, il existe une jurisprudence abondante sur cette question. Plusieurs jugements de la Cour d'appel du Québec nous offrent toutefois des pistes d'analyse quant au sens qu'il faut donner à la notion de causalité dans le contexte de la Loi. [...]

[...]

28   Ainsi, la décision *Pram* confirme qu'il faut donner une interprétation large et libérale à la Loi. Elle a été appliquée, peu après qu'elle a été rendue par la Cour d'appel, dans une cause dont les faits (un lampadaire qui est tombé sur une voiture, possiblement sur une autoroute) présentent une ressemblance frappante avec ceux du présent appel (*Succession André Dubois c. Ministère des Transports du Québec*, C.A. Qué., n° 500-09-001027-937, 25 mars 1997, conf. C.S. (Montréal), n° 500-05-000204-907, 30 avril 1993, le juge Deslongchamps). L'arrêt *Pram* nous enseigne que, pour décider si la Loi s'applique, les tribunaux n'ont pas à chercher un lien causal traditionnel entre la faute et le dommage, comme cela se fait couramment dans les causes civiles délictuelles ou quasi délictuelles. Les principes qui émanent de *Pram* guident utilement les tribunaux lorsqu'il s'agit d'interpréter ces dispositions et ils doivent être réaffirmés.

(3)   La doctrine

29   Les commentateurs se sont aussi penchés sur la définition de « préjudice causé par une automobile » au sens où il faut l'entendre dans le contexte du régime d'assurance automobile du Québec. Le professeur Gardner, par exemple, a attiré l'attention sur les différences conceptuelles entre l'exigence d'un lien de causalité en droit civil de la responsabilité, d'une part, et la causalité dans la Loi, d'autre part. Il a souligné qu'importer le concept de causalité du droit de la responsabilité civile dans la Loi reviendrait à faire porter à la victime le fardeau de prouver que l'automobile a été la cause véritable du préjudice, ce qui contrecarrerait l'objet principal de la Loi :

> Poser le problème de l'application de la loi en se référant aux critères de la causalité du droit commun est, selon nous, inacceptable. Imposer à la victime la preuve que l'automobile a été la cause efficiente de son préjudice constitue un fardeau beaucoup trop lourd, qui nie l'objectif réparateur de la loi. Le système de droit commun, basé sur

la faute, recherche avant tout un responsable à l'accident. Ce n'est qu'une fois cette étape franchie que l'on s'attardera à indemniser la victime. Un système objectif de responsabilité part du postulat contraire : la victime avant toute chose. À partir de là, nous ne voyons pas pourquoi le sens donné en droit commun au mot « causé » devrait être automatiquement appliqué à la *Loi sur l'assurance automobile*. Un exemple simple permettra de visualiser cette incompatibilité des systèmes. Roulant sur une route de campagne, un Québécois est blessé lorsque la branche d'un arbre se casse et tombe sur son automobile. À la lumière de la jurisprudence interprétant la *Loi sur l'assurance automobile*, on peut affirmer que ce Québécois sera indemnisé par la SAAQ. Pourtant, si l'on applique la théorie de la causalité adéquate utilisée en droit commun, il semble évident que l'action de l'automobile n'a pas été la cause déterminante du dommage. On songerait plutôt à poursuivre le propriétaire de l'arbre, en vertu de l'article 1054, alinéa 1, du *Code civil du Bas-Canada* pour obtenir une indemnisation. Dans un cas touchant l'application de la *Loi sur l'assurance automobile*, il faut rechercher la présence d'un rapport suffisamment étroit entre la présence de l'automobile et le préjudice subi.

(D. Gardner, « La *Loi sur l'assurance automobile :* loi d'interprétation libérale ? » (1992), 33 *C. de D.* 485, p. 495)

30   Dans *La responsabilité civile* (vol. I, *Principes généraux*), les auteurs Baudouin et Deslauriers insistent sur la nature remédiatrice du régime législatif. Ils affirment que, compte tenu de cette nature, ce qui est considéré comme un « accident » au sens de la Loi doit recevoir une interprétation large. Ils expliquent que les types d'accidents qu'elle vise ne sont pas limités aux accidents habituels de la route, mais que la notion d'accident comprend plutôt « tout événement dommageable dans lequel une automobile est impliquée » (p. 942). Par conséquent, il suffit « qu'une automobile ait été impliquée, d'une façon ou d'une autre, dans la survenance du dommage pour satisfaire aux exigences des tribunaux » (p. 947).

(4)   Éléments de droit comparatif : décisions d'autres juridictions canadiennes

31   Pour interpréter le libellé de la Loi, il peut être utile d'examiner l'interprétation que d'autres juridictions ont faite de dispositions similaires. La loi manitobaine est un élément de comparaison utile puisqu'elle crée, à l'image du régime québécois, un régime d'assurance automobile « sans égard à la responsabilité ». La loi de la Saskatchewan contient, pour sa part, des définitions dont le libellé est similaire à celui des définitions de la loi québécoise. Par contre, elle permet à un assuré, aux termes du par. 40.2(1) de la *Automobile Accident Insurance Act*, R.S.S. 1978, ch. A-35, de choisir entre la couverture sans égard à la responsabilité ou celle fondée sur la faute délictuelle. Cette autorisation suggère que l'intention du législateur était différente de celle qui sous-tend le régime québécois en cause en l'espèce. Il ne sera donc pas aussi utile que nous nous penchions sur l'interprétation judiciaire qui a été donnée des dispositions de la loi de la Saskatchewan.

32   Au Manitoba, la loi qui crée le régime d'assurance automobile s'intitule *Loi sur la Société d'assurance publique du Manitoba*, C.P.L.M. ch. P215 (« *Loi du Manitoba* »). Au paragraphe 70(1), elle définit le terme « accident » comme étant un « [é]vénement au cours duquel un dommage corporel est causé par une automobile ». L'expression « dommage corporel causé par une automobile » y est définie pour sa part comme suit :

« dommage corporel causé par une automobile » Dommage corporel causé par une automobile, par son usage ou par son chargement, y compris le dommage causé par une remorque utilisée avec une automobile. Sont toutefois exclus de la présente définition les dommages corporels causés :

> (a) par l'acte autonome d'un animal faisant partie du chargement;

> (b) en raison de travaux d'entretien, de réparation ou d'amélioration que la victime faits à l'automobile.

Aux termes de l'art. 72, l'indemnisation en vertu du régime écarte toute possibilité de recours civil :

> **72.** Par dérogation aux dispositions de toute autre loi, l'indemnisation prévue à la présente partie tient lieu de tous les droits et recours pouvant être exercés en raison d'un dommage corporel auquel s'applique la présente partie, et aucune action à ce sujet ne peut être reçue devant un tribunal.

33   Comme nous pouvons le voir, la *Loi du Manitoba* utilise aussi la locution « causé par ». Elle définit aussi ce qu'est un « dommage corporel causé par une automobile » et ce, en faisant référence, non pas uniquement aux dommages causés par le véhicule, mais aussi aux dommages causés par l'usage ou par le chargement du véhicule.

[...]

C.   *Test applicable et issue de l'affaire*

52   Chaque cas doit être examiné en fonction de ses faits propres. Cependant, à tout le moins, un accident qui découle de l'utilisation d'un véhicule comme moyen de transport répondra à la définition du terme « accident » utilisé dans la Loi et aura donc été « causé par une automobile » au sens où il faut l'entendre pour l'application de la Loi. Tout recours civil relatif au dommage causé par l'accident en question sera irrecevable et les victimes devront formuler une réclamation auprès de la SAAQ. Il n'est pas nécessaire que le véhicule ait été une cause *active* de l'accident. La simple utilisation ou conduite du véhicule *en tant que véhicule* suffiront pour que la Loi s'applique. Cette interprétation découle d'une simple application des principes élaborés dans *Pram*. Elle est, en outre, compatible avec la jurisprudence et la doctrine, et elle donne effet à l'objectif que vise le régime législatif.

53   Lorsqu'on applique ce test aux faits de la présente affaire, on doit conclure que la Loi s'applique à l'accident dont M. Rossy a été victime. S'il est vrai que l'automobile était possiblement stationnaire ou en train de traverser un carrefour, selon la preuve au dossier, M. Rossy l'utilisait comme moyen de transport lorsque l'accident est survenu. Cela suffit pour conclure que le préjudice est le résultat d'un « accident » au sens de la Loi et que, dès lors, le droit à une indemnité sans égard à la responsabilité prévue par le régime s'applique. Ainsi, la demande civile des intimés est irrecevable et ils doivent s'adresser à la SAAQ pour être indemnisés.

54   La Cour d'appel a commis une erreur en interprétant la Loi trop étroitement. Une telle interprétation risque de restreindre indûment l'application souhaitée du régime québécois sans égard à la responsabilité et doit donc être rejetée.

Dispositif

55   Par conséquent, le pourvoi est accueilli avec dépens, le jugement de la Cour supérieure est rétabli et l'action des intimés est rejetée.

ANNEXE

Loi sur l'assurance automobile, L.R.Q., ch. A-25

1. Dans la présente loi, à moins que le contexte n'indique un sens différent, on entend par :

« accident » : tout événement au cours duquel un préjudice est causé par une automobile;

« automobile » : tout véhicule mû par un autre pouvoir que la force musculaire et adapté au transport sur les chemins publics mais non sur les rails;

. . .

« préjudice causé par une automobile » : tout préjudice causé par une automobile, par son usage ou par son chargement, y compris le préjudice causé par une remorque utilisée avec une automobile, mais à l'exception du préjudice causé par l'acte autonome d'un animal faisant partie du chargement et du préjudice causé à une personne ou à un bien en raison d'une action de cette personne reliée à l'entretien, la réparation, la modification ou l'amélioration d'une automobile;

. . .

5. Les indemnités accordées par la Société de l'assurance automobile du Québec en vertu du présent titre le sont sans égard à la responsabilité de quiconque.

6. Est une victime, la personne qui subit un préjudice corporel dans un accident.

7. La victime qui réside au Québec et les personnes à sa charge ont droit d'être indemnisées en vertu du présent titre, que l'accident ait lieu au Québec ou hors du Québec.

69. Si, à la date de son décès, la victime est mineure et n'a pas de personne à charge, son père et sa mère ont droit, à parts égales, à une indemnité forfaitaire . . .

Si, à la date de son décès, la victime est majeure et n'a pas de personne à charge, l'indemnité est versée à sa succession sauf si c'est l'État qui en recueille les biens.

83.57. Les indemnités prévues au présent titre tiennent lieu de tous les droits et recours en raison d'un préjudice corporel et nulle action à ce sujet n'est reçue devant un tribunal.

Sous réserve des articles 83.63 et 83.64, lorsqu'un préjudice corporel a été causé par une automobile, les prestations ou avantages prévus pour l'indemnisation de ce préjudice par la Loi sur les accidents du travail et les maladies professionnelles (chapitre A-3.001), la Loi visant à favoriser le civisme (chapitre C-20) ou la Loi sur l'indemnisation des victimes d'actes criminels (chapitre I-6) tiennent lieu de tous les droits et recours en raison de ce préjudice et nulle action à ce sujet n'est reçue devant un tribunal.

Pourvoi accueilli avec dépens.

* * *

Mentionnons finalement que la présomption d'intention justifiant une portée normative étendue s'appliquerait également aux lois canadiennes en matière autochtone, les premières nations du pays étant depuis trop longtemps des groupes désavantagés. Dans l'arrêt *Mitchell c. Bande indienne Peguis*[807], le juge La Forest de la Cour suprême du Canada a été on ne peut plus explicite à cet égard :

> Comme je l'ai déjà dit, il est clair que dans l'interprétation d'une loi relative aux Indiens, et particulièrement la *Loi sur les Indiens* [L.R.C. 1985, c. I-5], il convient d'interpréter de façon large les dispositions qui visent à maintenir les droits des Indiens et d'interpréter de façon restrictive les dispositions visant à les restreindre ou à les abroger.[808]

La Cour suprême du Canada a réitéré à plusieurs reprises que cet argument de la méthode pragmatique peut s'appliquer lorsqu'on interprète une loi relative aux autochtones[809].

4.   Lois affectant les intérêts individuels

Extrait tiré de Stéphane Beaulac, « Les dommages collatéraux de la Charte canadienne en interprétation législative », (2007) 48 *C. de D.* 751.

[...]

Dans un sens, je souhaite « attraper la balle au bond », celle qui a été lancée par le juge Bastarache en conclusion de ses remarques. Il nous invitait à se poser la question de savoir si les libertés fondamentales, les droits individuels, sont mieux protégés depuis 1982, soit depuis l'avènement de la *Charte canadienne des droits et libertés*.[810] Ce que je souhaite suggérer, non sans vouloir mettre un peu de piquant (je dois l'avouer) est que, à certains égards, c'est-à-dire en interprétation législative, la réponse est « non », les droits individuels ne sont pas mieux protégés depuis la *Charte*. Plus précisément, ce que je désire souligner est que la méthodologie d'interprétation des lois a été modifiée par un raisonnement développé depuis 1982 en matière de libertés fondamentales qui, par la bande, a pour effet de diminuer la protection aux droits individuels.

Il s'agirait, à vrai dire, de « dommages collatéraux » de la *Charte*. Cette expression, tirée du lexique militaire (en anglais, « *collateral damages* »), fait référence à des conséquences incidentes et accidentelles causées par un acte ou un événement principal prémédité. Dans le contexte militaire, les dommages collatéraux renvoient aux blessés et aux morts dans la population civile à la suite d'une opération. Dans le présent contexte, j'emprunte l'expression pour évoquer une image des effets négatifs, sans aucun doute incidents et accidentels, de l'influence de la *Charte* sur le raisonnement juridique, en l'occurrence sur l'interprétation des lois.

---

807.   [1990] 2 R.C.S. 85, [1990] A.C.S. n° 63.
808.   [1990] 2 R.C.S. 85, 143, [1990] A.C.S. n° 63. Voir aussi *Nowegijick c. La Reine*, [1983] 1 R.C.S. 29, [1983] A.C.S. n° 5.
809.   Voir *Bande indienne des Opetchesaht c. Canada*, [1997] 2 R.C.S. 119, [1997] A.C.S. n° 50 au para. 76; et *Bande indienne d'Osoyoos c. Oliver (Ville)*, [2001] 3 R.C.S. 746, [2001] A.C.S. n° 82 au para. 49.
810.   *Charte canadienne des droits et libertés*, partie I de la *Loi constitutionnelle de 1982*, constituant l'annexe B de la *Loi de 1982 sur le Canada*, R.-U., 1982, c. 11.

Essentiellement, l'hypothèse que je pose veut que les méthodes d'interprétation législative, élaborées dans la jurisprudence depuis plus d'un siècle en common law,[811] ont perdu de la vigueur, ont perdu de leur mordant, à l'égard de l'impact répressif que certaines normes législatives peuvent avoir sur les individus. Autrement dit, plusieurs des façons que les tribunaux avaient trouvées afin que l'application de la loi n'influe pas outre mesure sur les intérêts individuels, le cas échéant, ont été révisées à la baisse depuis 1982.

Faute de temps, je vais me restreindre à un seul exemple, le plus évident il va de soi, qui fait appel aux présomptions d'intention.[812] Selon la classification de mon collègue et collaborateur Pierre-André Côté,[813] ces présomptions font partie de la catégorie des arguments dits « pragmatiques » en interprétation des lois. Depuis très longtemps en jurisprudence, il est dit que l'interprète peut présumer des choses du législateur lorsqu'il lui faut déterminer l'intention de ce dernier dans un exercice d'interprétation.[814] Donc, on présume telle ou telle chose du législateur, à moins évidemment que ce dernier n'exprime le contraire, et ce, de façon claire et non ambiguë. L'interprète présume, par exemple, que la loi ne porte pas atteinte au droit à la propriété privée, sauf si l'intention contraire est claire.[815] Il présume également, interprétation large et libérale à l'appui, que la législation fait la promotion des libertés fondamentales,[816] et

---

811. L'interprétation législative au Canada, en général, est considérée relever de la tradition de common law, bien que évidemment le droit civil du Québec possède ses principes d'interprétation. Quoi qu'il arrive, l'auteur du présent texte est de ceux qui croient que, à la base, la méthode d'interprétation des lois en common law et en droit civil ne diffère pas de façon fondamentale. Voir S. Beaulac, « L'interprétation de la Charte : reconsidération de l'approche téléologique et réévaluation du rôle du droit international », dans G.-A. Beaudoin & E. Mendes (dir.), *Charte canadienne des droits et libertés*, 4ième éd. (Markham : LexisNexis Butterworths, 2005), 25; réimprimé dans (2005) 27 *Supreme Court Law Review (2d)* 1; P.-A. Côté, « L'interprétation en droit civil et en droit statutaire : communauté de langue et différences d'accents » (1997) 31 *Revue juridique Thémis* 45.

812. Sur ces présomptions, voir S. Beaulac, « Le droit international et l'interprétation législative : oui au contexte, non à la présomption », dans O.E. Fitzgerald *et al.* (dir.), *Règle de droit et mondialisation : rapports entre le droit international et le droit interne* (Cowansville : Éditions Yvon Blais, 2006), 413.

813. Voir P.-A. Côté, *Interprétation des lois*, 3ième éd. (Montréal : Thémis, 1999), p. 562 *ff.*

814. Voir J. Willis, « Statute Interpretation in a Nutshell » (1938) 16 *Revue du Barreau canadien* 1, p. 17-27.

815. Voir *Attorney-General v. De Keyser's Royal Hotel Ltd.* [1920] A.C. 508 (C.L.); *Abell c. County of York* (1921), 61 R.C.S. 345; *British Columbia Electric Railway Co. c. Public Utilities Commission of British Columbia*, [1960] R.C.S. 464; *Bayshore Shopping Centre c. Nepean (Ville)*, [1972] R.C.S. 755; *Imperial Oil Ltd. c. La Reine*, [1974] R.C.S. 623; *Colombie-Britannique (P.G.) c. Parklane Private Hospital Ltd.*, [1975] 2 R.C.S. 47; *Manitoba Fisheries Ltd. c. La Reine*, [1979] 1 R.C.S. 101; *Leiriao c. Val-Bélair (Ville)*, [1991] 3 R.C.S. 349; *Banque Hong Kong du Canada c. Wheeler Holdings Ltd.*, [1993] 1 R.C.S. 167; *Husky Oil Operations Ltd. c. Ministre du Revenu national*, [1995] 3 R.C.S. 453; *Régie des transports en commun de la région de Toronto c. Dell Holdings Ltd.*, [1997] 1 R.C.S. 32; *Pacific National Investments Ltd. c. Victoria (Ville)*, [2000] 2 R.C.S. 919; *Re Estabrooks Pontiac Buick Ltd.* (1982), 44 N.B.R. (2d) 201 (C.A.N.B.).

816. Voir notamment : *Shin Shim c. The King*, [1938] R.C.S. 378; *Beatty and Mackie c. Kozak*, [1958] R.C.S. 177; *Eccles c. Bourque*, [1975] 2 R.C.S. 739; *Marcotte c. Le sous-procureur général du Canada*, [1976] 1 R.C.S. 108; *R. c. Biron*, [1976] 2 R.C.S. 56; *City of Prince George c. Payne*, [1978] 1 R.C.S. 458; *R. c. Noble*, [1978] 1 R.C.S. 632; *Laidlaw c. Toronto (Ville)*, [1978] 2 R.C.S. 736; *Insurance Corporation of British Columbia c. Heerspink*, [1982] 2 R.C.S. 145; *Basarabas c. La Reine*, [1982] 2 R.C.S. 730; *Costello c. Ville de Calgary*, [1983] 1 R.C.S. 14; *Ogg-Moss c. La Reine*, [1984] 2 R.C.S. 173; *Zurich Insurance Co. c. Ontario (Commission des droits de la personne)*, [1992] 2 R.C.S. 321; *Colombie-Britannique (Public Service Employee Relations Committee) c. BCGSEU.* [1999] 3 R.C.S. 3.

encore plus depuis l'adoption de la *Charte* et l'élargissement de la portée de la présomption de conformité avec la constitution.[817]

Le fait de s'arrêter ici laisserait croire que la méthodologie d'interprétation législative s'est ajustée à la hausse depuis 1982, s'agissant de la protection des droits et libertés de la personne. Et c'est certainement le point de vue majoritaire en doctrine qui, en n'allant pas au-delà de surface, récite comme une incantation tous les bienfaits de la *Charte*, y compris en ce qui concerne l'interprétation des lois.[818] Ce serait toutefois oublier l'impact qu'a eu cette dernière sur une autre présomption d'intention, soit celle principalement applicable en droit pénal (ou quasi-pénal), voulant qu'il faille présumer que le législateur n'a pas l'intention de limiter les droits individuels, sauf s'il l'indique clairement.[819] Une autre façon d'exprimer la même idée est que l'on doit donner une interprétation stricte, une interprétation restrictive, à un texte de loi de nature pénale.[820]

Depuis un certain temps, on observe que cet argument pragmatique en droit pénal, qui, dans les faits, procure une protection aux droits individuels des accusés, est utilisé de façon moins importante en interprétation législative. En fait, il appert que le rôle de cette présomption a diminué considérablement depuis environ une vingtaine d'années, soit depuis l'avènement de la *Charte*. L'interprétation stricte en droit pénal a été reléguée au second plan, a été diluée dans un sens, en faisant entrer en jeu un raisonnement de type « pondération » des intérêts des individus et de ceux de la société en général. Ce genre d'exercice est propre à l'analyse en deux étapes sous la *Charte*, où, après avoir interprété et appliqué le droit garanti, le tribunal

---

817.   La présomption de conformité avec la constitution a d'abord été utilisée dans des affaires ayant trait à la division des compétences législatives, sous les articles 91 et 92 de la *Loi constitutionnelle de 1867*, R.-U., 30 & 31 Vict., c. 3, reproduite dans L.R.C. 1985, app. II, n0 5; ainsi renommée par la *Loi constitutionnelle de 1982*, annexe B de la *Loi de 1982 sur le Canada*, 1982, R.-U., c. 11. Les arrêts importants à ce sujet sont : *Re The Farm Products Marketing Act*, [1957] R.C.S. 198; *McKay c. La Reine*, [1965] R.C.S. 798; *R. c. Sommerville*, [1974] R.C.S. 387; *Nova Scotia Board of Censors c. McNeil*, [1978] 2 R.C.S. 662; *Sous-ministre du Revenu c. Rainville*, [1980] 1 R.C.S. 35; *Deloitte Haskins & Sells c. Workers'Compensation Board*, [1985] 1 R.C.S. 785; *Husky Oil Operations Ltd. c. Ministre du Revenu national*, [1995] 3 R.C.S. 453; *Renvoi relatif à la Loi sur les armes à feu (Canada)*, [2000] 1 R.C.S. 783; *Siemens c. Manitoba (P.G.)*, [2003] 1 R.C.S. 6. Voir aussi, en général, J.E. Magnet, « The Presumption of Constitutionality » (1980) 18 *Osgoode Hall Law Journal* 87. Après 1982, il n'était pas clair si la présomption de conformité avec la constitution s'étendait aux affaires en vertu de la *Charte* : voir *Manitoba (P.G.) c. Metropolitan Stores Ltd.*, [1987] 1 R.C.S. 110, 125 (j. Beetz). Il est maintenant établi que, oui, elle s'applique : voir *Slaight Communications Inc. c. Davidson*, [1989] 1 R.C.S. 1038; *Schachter c. Canada*, [1992] 2 R.C.S. 679; *Canada (P.G.) c. Mossop*, [1993] 1 R.C.S. 554; *Ontario c. Canadian Pacifique Ltée.*, [1995] 2 R.C.S. 1031; *R. c. Lucas*, [1998] 1 R.C.S. 439; *Delisle c. Canada (Sous-P.G.)*, [1999] 2 R.C.S. 989; *R. c. Mills*, [1999] 3 R.C.S. 668; *Dunmore c. Ontario (P.G.)*, [2001] 3 R.C.S. 1016.

818.   Un exemple récent est ce texte du célèbre optimiste, G.-A. Beaudoin, « Dynamic Interpretation of the Charter » (2003) 19 *Supreme Court Law Review (2d)* 175. Pour une appréciation plus critique, voire cynique, provenant des sciences sociales, voir les textes réunis dans P. James, D.E. Abelson & M. Jusztig (dir.), *The Myth of the Sacred – The Charter, the Courts, and the Politics of the Constitution in Canada* (Montréal : McGill-Queen's University Press, 2002).

819.   Voir notamment *Cité de Montréal c. Bélec*, [1927] R.C.S. 535; *Winnipeg Film Society c. Webster*, [1964] R.C.S. 280; *Bélanger c. La Reine*, [1970] R.C.S. 567; *Turcotte c. La Reine*, [1970] R.C.S. 843; *R. c. Mansour*, [1979] 2 R.C.S. 916; *R. c. McLaughlin*, [1980] 2 R.C.S. 331; *R. c. Dunn*, [1995] 1 R.C.S. 226; *Bell ExpressVu Limited Partnership c. Rex*, [2002] 2 R.C.S. 559. Voir aussi A. Jodouin, « L'interprétation par le juge des lois pénales » (1978) 13 *Revue juridique Thémis* 49; P.B. Maxwell, *On the Interpretation of Statutes*, 12ième éd. par P.St.J. Langan (Londres : Sweet & Maxwell, 1969), notamment à la page 246.

820.   Voir P.-A. Côté, *Interprétation des lois*, 3ième éd. (Montréal : Thémis, 1999), p. 598 *ff.*

doit pondérer les intérêts individuels et ceux de la société conformément à l'article premier pour décider si la restriction au droit, le cas échéant, est raisonnable et justifiable « dans une société libre et démocratique ».[821]

Comment l'argument d'interprétation restrictive en matière pénale a-t-il été adapté de la sorte ? On l'a transformé en argument secondaire d'interprétation des lois, en méthode auxiliaire de détermination de l'intention du législateur. Le raisonnement de type « pondération » – du genre de l'article premier de la *Charte* – intervient dans l'argument d'interprétation pour dire que, en raison des intérêts de la société protégés en droit pénal, la présomption d'intention protégeant les intérêts de l'accusé en droit pénal ne pourra être utilisée que dans un deuxième effort d'interprétation. De fait, la nouvelle version diluée de l'interprétation stricte en droit pénal veut que, dans un premier temps, il faille voir si les méthodes d'interprétation législative usuelles – texte, contexte, objet – ne procurent pas une solution au problème d'interprétation. C'est seulement si la difficulté d'interprétation persiste que le tribunal sera justifié de recourir à l'argument de nature présomptive voulant que le législateur ne soit pas censé influer sur les intérêts des individus par sa législation pénale et qu'elle devrait donc être interprétée restrictivement.

Dans l'affaire *R. c. Hasselwander*,[822] par exemple, le juge Cory de la Cour suprême du Canada écrivait ceci : « La règle de l'interprétation restrictive devient donc applicable seulement lorsque les tentatives d'interprétation neutre proposées à l'article 12 de la *Loi d'interprétation* [fédérale[823]] laissent subsister un doute raisonnable quant au sens ou à la portée du texte de la loi[824] ». En temps normal, dit-il, « même dans le cas des lois pénales, il faut rechercher la véritable intention du législateur et appliquer le sens qui correspond à ses objets[825] ». Plus récemment, l'affaire *R. c. Monney*[826] a donné une autre illustration où la législation pénale – en l'occurrence la disposition sur les fouilles de la *Loi sur les douanes*[827] – a été interprétée de façon large et libérale, sans avoir recours à la présomption d'intention prônant une interprétation stricte pour ce type de loi.

Cela étant, ne me comprenez pas mal : je ne suggère pas que ce genre de considération des intérêts de la société est complètement nouvelle, qu'elle n'existait pas avant l'adoption de la *Charte* en 1982. Évidemment, la pondération des différents intérêts en présence (individus, société) se fait depuis toujours en jurisprudence; c'est ce qui est en toile de fond, d'aucuns diraient, de presque tous les litiges soulevant des questions de droit public.[828] L'argument

---

821. Voir les arrêts de principes suivants : *R. c. Big M Drug Mart Ltd.*, [1985] 1 R.C.S. 295; *R. c. Oakes*, [1986] 2 R.C.S. 103. Voir aussi H. Cyr, « L'interprétation constitutionnelle, un exemple de postpluralisme » (1998) 43 *Revue de droit de McGill* 565; P.W. Hogg, « Interpreting the Charter of Rights: Generosity and Justification » (1990) 28 *Osgoode Hall Law Journal* 817; S.R. Peck, « An Analytical Framework for the Application of the Canadian Charter of Rights and Freedoms » (1987) 25 *Osgoode Hall Law Journal* 1.

822. *R. c. Hasselwander*, [1993] 2 R.C.S. 398.

823. *Loi d'interprétation*, L.R.C., (1985), c. I-16, art. 12, prévoit ceci : « Tout texte est censé apporter une solution de droit et s'interprète de la manière la plus équitable et la plus large qui soit compatible avec la réalisation de son objet ».

824. *R. c. Hasselwander*, [1993] 2 R.C.S. 398, p. 413.

825. *Ibid.*

826. *R. c. Monney*, [1999] 1 R.C.S. 686.

827. *Loi sur les douanes*, L.R.C. 1985, c. 1 (2ᵉ suppl.), art. 98.

828. Voir notamment J.-F. Gaudreault-DesBiens, « Memories » (2003) 19 *Supreme Court Law Review (2d)* 219; L.E. Weinrib, « The Supreme Court of Canada in the Age of Rights: Constitutional Democracy, the Rule of Law and Fundamental Rights under Canada's Constitution » (2001) 80 *Revue du Barreau canadien* 699.

que je propose est que, sans être nouveau, ce raisonnement prend beaucoup plus de place depuis 1982, c'est-à-dire depuis qu'on a pris l'habitude de procéder à la seconde étape, selon une analyse en vertu de la *Charte*, qui consiste à savoir si la législation qui touche les droits et libertés des individus ne peut pas être considérée comme raisonnable et justifiable eu égard aux intérêts de la société en général. Bref, depuis 25 ans, l'exercice de pondération individus-société a pris de l'essor, est là presque systématiquement, en interprétation législative au Canada.

Est-ce si mal que ça ? Non, absolument pas. C'est ce que j'ai dit notamment à Mme le juge L'Heureux-Dubé, à qui j'ai évidemment dû m'expliquer davantage à la suite de mes propos. En vérité, j'aurais tendance à penser qu'être plus franc et ouvert, dans le cadre d'un exercice d'interprétation des lois, et voir les tribunaux avouer qu'il est nécessaire d'équilibrer systématiquement les intérêts des individus et de la société, se révèle plutôt une bonne chose.[829] Pour revenir à la question posée par le juge Bastarache en conclusion de son exposé, le présent constat signifie toutefois que la situation des droits et libertés des individus ne s'est pas améliorée à tous égards depuis l'entrée en vigueur de la *Charte*. En effet, avoir une pondération des intérêts individuels et sociétaux, ce qui dilue ainsi l'interprétation stricte des lois pénales, enlève d'une main ce qu'on a donné de l'autre (avec la *Charte*), pourrais-je dire. C'est dommage... un dommage collatéral.

Avant de poursuivre avec une étude détaillée des trois catégories de lois affectant les intérêts individuels, il convient de mentionner immédiatement que l'ajustement à la baisse de l'argument pragmatique, mentionné dans les extraits de doctrine précédents, s'observe non seulement dans le domaine pénal, mais également quant aux lois d'expropriation et aux lois fiscales. Dans ces deux derniers cas, toutefois, des raisons qui ne découlent pas (directement, à tout le moins) de la Charte canadienne expliqueraient ce rééquilibrage des intérêts individuels et des intérêts sociétaux en présence. Nous aborderons ces aspects sous les rubriques pertinentes.

(a) Lois affectant les libertés fondamentales (droit pénal)

Selon la méthode pragmatique, si la législation favorable aux droits des individus invite l'interprète à donner une portée extensive aux normes, en revanche, la législation qui porte atteinte aux libertés fondamentales, quant à elle, commande une interprétation stricte et restrictive. Peter Benson Maxwell écrivait ceci sur la présomption d'intention en matière de lois répressives :

> Statutes which encroach on the rights of the subject, whether as regards his person or property, are subject to a strict construction in the same way as penal Acts. It is a recognized rule that they should be interpreted, if possible, so as to respect such rights, and if there is any ambiguity the construction which is in favour of the freedom of the individual should be adopted.[830]

---

829.   Sur l'importance d'être transparent, voire candide, en interprétation législative, consulter S. Beaulac & P.-A. Côté, « Driedger's "Modern Principle" at the Supreme Court of Canada: Interpretation, Justification, Legitimization » (2006) 40 *Revue juridique Thémis* 131.

830.   P.B. Maxwell, *On the Interpretation of Statutes*, 12e éd. par P.St.J. Langan, Londres, Sweet & Maxwell, 1969, à la p. 251.

John Willis a déjà noté que cet argument d'interprétation pragmatique, qui reflétait certes les valeurs de libéralisme et d'individualisme du XVIIᵉ siècle, agissait en quelque sorte comme un « bill of rights » (une « charte des droits ») parce qu'il permettait de limiter les effets négatifs des lois touchant les intérêts fondamentaux des individus[831].

La principale situation d'application de cette présomption d'intention en faveur d'une interprétation limitative concerne les lois, généralement de nature pénale ou quasi pénale, qui peuvent engendrer des sanctions pour les individus, de la simple amende à la peine d'emprisonnement. Plus la sanction est sévère, plus ce raisonnement pragmatique s'appliquera avec force[832]. Dans la très grande majorité des cas, ce sera une législation pouvant mener à l'incarcération, c'est-à-dire à la restriction de la liberté de mouvement – un des droits fondamentaux, avec ceux à la vie et la sécurité de sa personne, selon l'article 7 de la *Charte canadienne des droits et libertés*[833] – qui fera l'objet d'une interprétation stricte et restrictive en vertu de la méthode pragmatique. Voici comment le juge Dickson expliquait l'argument dans *Marcotte c. Sous-procureur général du Canada* :

> Il n'est pas nécessaire d'insister sur l'importance de la clarté et de la certitude lorsque la liberté est en jeu. Il n'est pas besoin de précédent pour soutenir qu'en présence de réelles ambiguïtés ou de doutes sérieux dans l'interprétation et l'application d'une loi visant la liberté d'un individu, l'application de la loi devrait alors être favorable à la personne contre laquelle on veut exécuter ses dispositions. Si quelqu'un doit être incarcéré, il devrait au moins savoir qu'une loi du Parlement le requiert en des termes explicites, et non pas, tout au plus, par voie de conséquence.[834]

On voit bien évidemment, dans la dernière partie de cet extrait, une allusion aux valeurs chères à la primauté du droit (en anglais, « rule of law »), qu'on appelle la prévisibilité du droit, voulant que les justiciables puissent savoir quelle est la normativité à laquelle ils sont soumis et en vertu de laquelle ils peuvent subir des sanctions[835].

L'argument pragmatique selon lequel le juge favorisera une portée limitée de la législation qui porte atteinte aux droits et libertés des individus comporte deux volets. Pierre-André Côté les a résumés ainsi :

> [I]l commande, premièrement, l'interprétation stricte des lois, en ce sens que les tribunaux exigeront, pour reconnaître l'atteinte aux droits et libertés individuels,

---

831. Voir J. Willis, « Statute Interpretation in a Nutshell », (1938) 16 *R. du B. can.* 1, à la p. 17. Voir aussi B. Laskin, « Interpretation of Statutes – Industrial Standards Act », (1937) 15 *R. du B. can.* 660.
832. Voir *R. c. Russell*, [2001] 2 R.C.S. 804, au para. 46, [2001] A.C.S. nº 53.
833. L'article 7 de la Charte canadienne se lit comme suit : « Chacun a droit à la vie, à la liberté et à la sécurité de sa personne; il ne peut être porté atteinte à ce droit qu'en conformité avec les principes de justice fondamentale ».
834. *Marcotte c. Deputy Attorney General (Canada)*, [1976] 1 R.C.S. 108, 115, [1974] A.C.S. nº 142.
835. Voir, sur la primauté du droit en général, S. Beaulac, « The Rule of Law in International Law Today », dans G. Palombella et N. Walker (dir.), *Relocating the Rule of Law*, Oxford, Hart Publishing, 2009, 197.

un respect rigoureux des conditions prescrites par la loi. Deuxièmement, le principe donne une directive applicable lorsqu'une loi présente un doute véritable quant à son sens ou à sa portée : ce doute devrait être tranché en faveur des droits et libertés individuels.[836]

En ce qui concerne la législation pénale ou quasi pénale, cela veut donc dire que le juge donnera une interprétation stricte des conditions d'application de la sanction, d'une part, et qu'une difficulté d'interprétation devra être résolue en faveur de l'individu qui fait face à ces possibles sanctions, d'autre part.

Les valeurs de libéralisme et d'individualisme qui étaient à l'origine de la présomption d'intention quant aux lois affectant les libertés fondamentales ne sont pas statiques. À vrai dire, une évolution et un repositionnement des valeurs dominantes expliqueraient le changement d'attitude des tribunaux par rapport à l'argument relatif à l'interprétation stricte et restrictive de ces lois. Ce sont les intérêts de la société, les besoins collectifs, qui se sont vus reconnaître de l'importance à travers un argument pragmatique ajusté à la baisse. Autrement dit, la mesure législative qui, le cas échéant, poursuit des objectifs liés aux intérêts de la société ne se verra pas nécessairement opposer la méthode pragmatique prônant une interprétation limitative au nom des intérêts individuels. Ces objectifs collectifs visés par la législation, même s'ils portent atteinte aux libertés fondamentales des individus, devront être pleinement pris en considération dans l'exercice d'identification de l'intention du législateur. Évidemment, l'article 12 de la *Loi d'interprétation* fédérale[837] et l'article 41 de la *Loi d'interprétation* du Québec[838], qui parlent d'une interprétation visant la réalisation de l'objet de la loi, ne sont pas étrangers à ces développements.

L'arrêt suivant constitue une excellente illustration contemporaine de la situation de l'argument prônant l'interprétation stricte et restrictive en matière pénale. La Cour suprême du Canada y fait le point sur le rôle diminué de cet élément de la méthode pragmatique et explique en quoi elle le voit maintenant comme un argument de second plan en interprétation législative.

Extraits tirés de *R. c. Hasselwander*, [1993] 2 R.C.S. 398, [1993] A.C.S. n° 57 [motifs de la majorité seulement; numérotation de paragraphes ajoutée].

[...]

Version française du jugement des juges La Forest, Gonthier et Cory rendu par

LE JUGE CORY –

17   J'ai pris connaissance avec beaucoup d'intérêt des excellents motifs du juge Major, avec lesquels je ne puis malheureusement être d'accord.

---

836.   P.-A. Côté, coll. S. Beaulac et M. Devinat, *Interprétation des lois*, 4ᵉ éd., Montréal, Thémis, 2009, à la p. 540 [notes infrapaginales omises].
837.   L.R.C. 1985, c. I-21.
838.   RLRQ, c. I-16.

18   Dans le présent pourvoi, il s'agit de déterminer si la mitraillette Mini-Uzi dont il est question en l'espèce doit être classée comme une arme prohibée. Pour ce faire, il faut tenir compte de l'équilibre à établir entre la protection du public contre l'avalanche possible de meurtres pouvant découler de l'utilisation d'armes automatiques et les droits des individus qui, en raison de la possession d'une arme prohibée, peuvent être reconnus coupables d'un acte criminel qui, à l'époque, pouvait entraîner une peine d'emprisonnement de cinq ans ou d'une infraction punissable sur déclaration de culpabilité par procédure sommaire.

Les faits

19   À la fin d'août 1989, Bernhard Hasselwander, l'intimé, s'est adressé au registraire local d'armes à feu à Guelph (Ontario) pour faire enregistrer sa mitraillette Mini-Uzi comme arme à autorisation restreinte. Après avoir examiné l'arme, le registraire a jugé qu'il s'agissait d'une arme prohibée selon la définition du *Code criminel*, L.R.C. (1985), ch. C-46, et l'a saisie.

20   Le 26 septembre 1989, le registraire s'est adressé à la Cour provinciale de l'Ontario en vertu du par. 102(3) du *Code criminel* afin que la Mini-Uzi soit déclarée confisquée et qu'il en soit disposé ainsi que l'ordonnerait le procureur général.

Les juridictions inférieures

La Cour provinciale (le juge Payne)

21   Le juge de la Cour provinciale a entendu les témoignages d'un expert en armes à feu, d'un collectionneur d'armes et de l'intimé. Compte tenu de cette preuve, il a tiré les importantes conclusions de fait suivantes :

> [TRADUCTION] Il ressort clairement de la preuve que, grâce à quelques petits travaux effectués sur la plaque, on pourrait faire disparaître l'obstruction; toutefois, je suis davantage influencé par le fait que tout le mécanisme de la détente peut être enlevé et remplacé très facilement par un mécanisme de détente entièrement automatique, et je suis également influencé par le témoignage selon lequel on pourrait équiper l'arme du mécanisme de la détente d'une réplique de l'arme et qu'elle pourrait tirer des balles de manière entièrement automatique. Cet aspect de la question rend le contrôle presque impossible en soi, car aucun contrôle n'est exercé sur la vente des répliques d'armes. Il appert également du témoignage de l'agent Soley qu'il est facile d'obtenir des pièces de rechange de diverses sources et que, malgré un approvisionnement restreint en pièces produites par certains manufacturiers, il semble effectivement que l'adaptation de pièces entièrement automatiques à cette arme reste un exercice facile.

En se fondant sur ces conclusions, le juge Payne a décidé :

> [TRADUCTION] Par conséquent, compte tenu de la preuve, bien que l'arme produite par le fabricant originaire était bien semi-automatique et que, en fait, une arme semi-automatique ait été présentée aux autorités en vue de son enregistrement comme arme à autorisation restreinte, je suis convaincu que cette arme tirera des balles de manière entièrement automatique après :
>
> a) le réglage de la plaque de retenue,
>
> b) le remplacement du mécanisme de la détente par des pièces distinctes entièrement automatiques ou
>
> c) le remplacement du mécanisme de la détente par celui d'une réplique de l'arme.

À cause de cette possibilité, il s'agit, de fait, d'une arme prohibée. En conséquence, sa destruction est ordonnée.

La Cour de district (le juge Higgins)

22   Le juge de la Cour de district a statué que les conclusions du juge de la Cour provinciale étaient justifiées et étayées par la preuve. Il n'a décelé aucune erreur dans les conclusions du juge du procès et a rejeté l'appel de l'intimé.

La Cour d'appel

La majorité

23   La Cour d'appel a, à la majorité, comparé la définition d'une arme à feu avec celle d'une arme prohibée. On a remarqué que, dans la définition de « arme à feu », le législateur a utilisé l'expression « toute chose pouvant être adaptée pour être utilisée comme [arme à feu] » tandis que, dans la définition de « arme prohibée », il a utilisé les mots « pouvant tirer rapidement plusieurs balles ». Il a été décidé que l'on pouvait déduire du libellé de ces définitions l'existence d'une différence établie volontairement. La cour a donc conclu à la majorité que le mot « pouvant » signifie « pouvant dans son état actuel » plutôt que de renvoyer à une possibilité qui peut se réaliser par adaptation. Les ordonnances des juridictions inférieures ont alors été annulées : (1991), 5 O.R. (3d) 225, 50 O.A.C. 186, 67 C.C.C. (3d) 426, 9 C.R. (4th) 281.

L'opinion minoritaire

24   Le juge Tarnopolsky a exprimé l'opinion que l'arme à feu qui peut être transformée facilement en une arme entièrement automatique est une arme prohibée au sens de l'al. c) de la définition qui en est donnée au par. 84(1) du *Code criminel*. Il a cité et adopté la solution retenue par la Cour d'appel de l'Alberta dans *R. v. Global Armaments Ltd.* (1990), 105 A.R. 260. Il était d'avis de rejeter l'appel.

Analyse

25   En 1989, le par. 84(1) du *Code criminel* comprenait notamment la définition suivante de « arme prohibée » :

> c) toute arme à feu, autre qu'une arme à autorisation restreinte décrite à l'alinéa c) de la définition de cette expression au présent paragraphe, pouvant tirer rapidement plusieurs balles pendant la durée d'une pression sur la détente;

Le même paragraphe définissait ainsi une « arme à feu » :

> Toute arme, y compris une carcasse ou chambre d'une telle arme ainsi que toute chose pouvant être adaptée pour être utilisée comme telle, susceptible, grâce à un canon qui permet de tirer du plomb, des balles ou tout autre projectile, d'infliger des lésions corporelles graves ou la mort à une personne.

Le paragraphe 102(3) du *Code criminel* prévoit le pouvoir de saisir les armes prohibées. Il est libellé ainsi :

> (3) L'agent de la paix apporte immédiatement les armes à autorisation restreinte, armes à feu ou armes prohibées, saisies conformément au paragraphe (1) mais non remises

conformément au paragraphe (2), à un magistrat qui peut, après avoir donné à la personne qui les détenait lorsqu'elles ont été saisies, ou à leur propriétaire, s'il est connu, l'occasion d'établir qu'ils ont le droit de les posséder, les déclarer confisquées au profit de Sa Majesté et, sur ce, il en est disposé ainsi que l'ordonne le procureur général.

26   Les alinéas 90(1)a) et b) érigeaient en infraction le fait de posséder une arme prohibée. À l'époque, l'article prévoyait :

> **90.** (1) Est coupable :
>
>   a) soit d'un acte criminel et passible d'un emprisonnement maximal de cinq ans;
>
>   b) soit d'une infraction punissable sur déclaration de culpabilité par procédure sommaire,
>
> quiconque a en sa possession une arme prohibée.
>
> (2) Est coupable :
>
>   a) soit d'un acte criminel et passible d'un emprisonnement maximal de cinq ans;
>
>   b) soit d'une infraction punissable sur déclaration de culpabilité par procédure sommaire,
>
> quiconque occupe un véhicule automobile qu'il sait renfermer une arme prohibée.
>
> (3) Le paragraphe (1) ne s'applique pas à une personne qui vient à posséder de par la loi une arme prohibée et qui s'en défait légalement avec diligence raisonnable.
>
> (4) Le paragraphe (2) ne s'applique pas à l'occupant d'un véhicule automobile où se trouve une arme prohibée, lorsque, en vertu du paragraphe (3) ou de l'article 92, le paragraphe (1) ne s'applique pas au possesseur de l'arme.

1.   *La solution qui devrait être retenue en ce qui concerne l'interprétation de la définition de « arme prohibée »*

27   Nous traitons ici du *Code criminel*. Dans le passé, il existait un principe fondamental d'interprétation des lois selon lequel les lois pénales devaient recevoir une interprétation restrictive de façon que tout doute sur la signification ou la portée de la loi profite à l'accusé. Voir, par exemple, *Cité de Montréal c. Bélec*, [1927] R.C.S. 535, et *Winnipeg Film Society c. Webster*, [1964] R.C.S. 280. Cette règle a été changée et même transformée au cours des cinquante dernières années. Dans son ouvrage intitulé *Interprétation des lois* (2e éd. 1990), Pierre-André Côté fournit une analyse historique utile de cette règle. On peut lire à la p. 453 :

> Historiquement, la règle de l'interprétation restrictive des lois pénales a pu paraître justifiée par la nécessité dans laquelle se sont trouvés les juges de faire contrepoids à une législation pénale extrêmement sévère. Maxwell signale qu'une personne qui coupait un cerisier dans un verger ou que l'on avait vue, pendant un mois, en compagnie des gitans pouvait, pour ces raisons, encourir la peine de mort (*Maxwell on the Interpretation of Statutes*, 12e éd., Londres, Sweet & Maxwell, 1969, p. 238). L'interprétation restrictive des lois pénales s'avérait donc souvent synonyme d'interprétation *in favorem vitae*. Le XIXe siècle vit la législation pénale s'adoucir, la peine de mort cesser d'être la principale sanction pénale pour les crimes graves. Cela eut pour effet d'affaiblir l'intensité de la présomption, la faisant passer du rang de présomption renforcée à celui de présomption simple (Livingston HALL, « Strict or Liberal Construction of Penal Statutes », (1935) 48 *Harv. L. Rev.* 748, 749, 752. Sur l'interprétation des lois pénales, on verra aussi : André JODOUIN, « L'interprétation par le

juge des lois pénales », (1978) 13 *R.J.T.* 49; Stephen KLOEPFER, « The Status of Strict Construction in Canadian Criminal Law », (1983), 15 *Ott. L. Rev.* 553.

Déjà, au début de ce siècle-ci, le juge Lyman Duff, alors membre de la Cour suprême de la Colombie-Britannique, notait que « la règle d'interprétation stricte dans son application aux lois pénales a été beaucoup assouplie [...] » (*McGregor c. Canadian Consolidated Mines Ltd.*, (1906) 12 B.C.R. 116 (B.C. S.C.) 117 (traduction)).

28   La règle de l'interprétation restrictive des lois pénales semble entrer en conflit avec l'art. 12 de la *Loi d'interprétation*, L.R.C. (1985), ch. I-21, qui prévoit :

> Tout texte est censé apporter une solution de droit et s'interprète de la manière la plus équitable et la plus large qui soit compatible avec la réalisation de son objet.

29   C'est en accordant un rôle subsidiaire à la règle de l'interprétation restrictive des lois pénales qu'on a réglé le conflit apparent qui existait entre l'interprétation restrictive d'une loi pénale et l'interprétation fondée sur l'apport d'une solution de droit qu'exige l'art. 12 de la *Loi d'interprétation*. Dans l'arrêt *Bélanger c. La Reine*, [1970] R.C.S. 567, le juge en chef Cartwright a harmonisé ces principes opposés. En ce faisant, il a cité et approuvé, à la p. 573, le passage suivant de Maxwell (*The Interpretation of Statutes* (7ᵉ éd. 1929), à la p. 244) :

> [TRADUCTION] Lorsqu'un mot équivoque ou une phrase obscure laisse subsister un doute raisonnable que les règles d'interprétation ne permettent pas d'éclaircir, le bénéfice du doute doit profiter au citoyen et contre le législateur qui ne s'est pas exprimé clairement.

30   Plus récemment, le juge Martin, s'exprimant au nom de la Cour d'appel de l'Ontario, dans l'arrêt *R. c. Goulis* (1981), 125 D.L.R. (3d) 137, a utilisé cette méthode pour interpréter le sens d'un mot dans le *Code criminel*. Il a dit, aux pp. 141 et 142 :

> [TRADUCTION] Notre cour a appliqué à maintes reprises la règle bien connue d'inter-prétation des lois selon laquelle, si deux interprétations différentes peuvent raison-nablement être données à une disposition pénale, il faut retenir celle qui est la plus favorable à l'accusé : voir, par exemple, *R. c. Cheetham* (1980), 53 C.C.C. (2d) 109, 17 C.R. (3d) 1; *R. c. Negridge* (1980), 54 C.C.C. (2d) 304, 17 C.R. (3d) 14, 6 M.V.R. 255. Toutefois, je ne crois pas que, d'après cette règle, il faille toujours donner à un mot qui a deux sens reconnus, le sens le plus restrictif. Lorsqu'un mot utilisé dans une loi a deux sens reconnus, alors l'un ou l'autre ou les deux peuvent s'appliquer. La cour doit d'abord tenter de déterminer, à partir du contexte, le sens dans lequel le législateur l'a utilisé. Ce n'est que lorsqu'une ambiguïté persiste, après l'étude du contexte, quant au sens dans lequel le législateur a utilisé le mot que, selon la règle d'interprétation mentionnée ci-dessus, il y a lieu d'adopter l'interprétation la plus favorable au défen-deur. [Soulignements du juge.]

La règle de l'interprétation restrictive devient donc applicable seulement lorsque les tenta-tives d'interprétation neutre proposées à l'art. 12 de la *Loi d'interprétation* laissent subsister un doute raisonnable quant au sens ou à la portée du texte de la loi. Comme l'a signalé le professeur Côté, cela signifie que, même dans le cas des lois pénales, il faut rechercher la véritable intention du législateur et appliquer le sens qui correspond à ses objets. (Voir, par exemple, *R. c. Johnston* (1977), 37 C.R.N.S. 234 (C.A.T.N.-O.), conf. par [1978] 2 R.C.S. 391; *R. c. Philips Electronics Ltd.* (1980), 116 D.L.R. (3d) 298 (C.A. Ont.), conf. par [1981] 2 R.C.S. 264; *R. c. Leroux*, [1974] C.A. 151, et *R. c. Nittolo*, [1978] C.A. 146.)

31   À mon avis, tout doute quant à savoir si le verbe « pouvoir » signifie « pouvant immédiatement » ou « pouvant facilement » disparaît dès que l'on interprète ce mot en tenant
compte de l'objet visé par les dispositions du *Code* relatives aux armes prohibées. Par conséquent, il n'est nullement nécessaire de recourir en l'espèce à la règle de l'interprétation
restrictive.

2.   L'objet visé par les dispositions relatives aux armes prohibées

32   Arrêtons-nous un instant à la nature des armes automatiques, c'est-à-dire aux armes
pouvant tirer rapidement des salves de coups pendant la durée d'une pression sur la détente.
Ces armes sont conçues dans le but de tuer et de mutiler un grand nombre de personnes de
façon rapide et efficace. Elles ne servent à rien d'autre. Elles ne sont pas conçues pour chasser
des animaux mais des hommes. Elles ne sont pas conçues pour vérifier l'habileté et la précision
d'un tireur d'élite. Leur seule fonction est de tuer des gens. Ces armes ne sont d'aucune valeur
pour le chasseur ou le tireur d'élite. Elles ne devraient donc être utilisées que par les forces
armées et, dans certains cas, par les forces policières. Il ne fait aucun doute qu'elles présentent
une menace telle qu'elles constituent un danger réel et actuel pour tous les Canadiens. Il y a
une bonne raison d'interdire leur usage compte tenu de la menace qu'elles présentent et de
l'usage restreint auquel elles peuvent servir. Leur interdiction assure une plus grande sécurité
à la société.

33   La doctrine et la jurisprudence américaines ne devraient pas être prises en considération en l'espèce. Contrairement à la Constitution américaine, la Constitution canadienne
ne garantit pas le droit de porter des armes. En effet, la plupart des Canadiens préfèrent la
tranquillité d'esprit et le sens de la sécurité qui découlent du fait de savoir que la possession
d'une arme automatique est interdite.

34   Dans l'arrêt *R. c. Covin*, [1983] 1 R.C.S. 725, notre Cour a jugé qu'il fallait adopter une
méthode fondée sur l'objet pour interpréter la définition de « arme à feu ». Dans cet arrêt, il
s'agissait de savoir si un fusil à air comprimé auquel il manquait plusieurs pièces essentielles
pouvait être considéré comme une arme à feu au sens de l'art. 83 (maintenant l'art. 85) et
de l'art. 82 (maintenant l'art. 84) du *Code criminel*. La définition de « arme à feu » prévue au
par. 84(1) comprend « toute chose pouvant être adaptée pour être utilisée comme [arme
à feu] ». Pour déterminer si l'instrument en question était visé par la définition de « arme à
feu », le juge Lamer, maintenant juge en chef, a utilisé la méthode fondée sur l'objet pour
établir le degré acceptable d'adaptation qui est requis pour que quelque chose soit considéré
comme une arme à feu. Il a dit, à la p. 729 :

> À mon avis, pour que quelque chose demeure dans les limites de la définition, le degré
> acceptable d'adaptation et le temps requis pour la réaliser dépendent de la nature de
> l'infraction à laquelle la définition s'applique. Il faudra identifier le but de chaque article
> et déterminer la quantité, la nature de l'adaptation et le temps nécessaire à la réaliser
> de façon à donner effet à l'intention qu'avait le Parlement lorsqu'il a adopté cet article.

35   Il convient également d'utiliser la méthode fondée sur l'objet pour déterminer le sens
de l'expression « pouvant tirer rapidement plusieurs balles pendant la durée d'une pression
sur la détente ».

3. L'interprétation appropriée de la définition de « arme prohibée »

36   Que devrait donc signifier le verbe « pouvoir » employé dans la définition de « arme
prohibée » au par. 84(1) ? Il ne devrait pas être limité au sens strict de pouvoir immédia-

tement. Une telle définition signifierait que le simple fait d'enlever une pièce qui pourrait être remplacée en quelques secondes soustrairait l'arme à la définition. Cela n'était certainement pas l'intention du législateur. Si tel avait été le cas, le danger que représentent les armes automatiques continuerait d'exister tout autant qu'avant l'adoption de l'interdiction.

37   Dans le texte anglais, le mot « *capable* » à l'al. c) de la définition de *"prohibited weapon"* comprend, selon l'*Oxford English Dictionary* (2ᵉ éd. 1989), un aspect de la possibilité de subir éventuellement des transformations. Il est défini ainsi :

> **3.** Able or fit to receive and be affected by; open to, susceptible…
>
> …
>
> **5.** Having the needful capacity, power, or fitness for (some specified purpose or activity).

Il ressort clairement que le mot « *capable* » comprend de fait une possibilité de transformation. Il est alors juste et raisonnable d'interpréter la définition de « arme prohibée » comme comprenant une arme qui peut être facilement transformée en une arme entièrement automatique.

38   En français, comme nous l'avons vu, la définition de « arme prohibée » comprend :

> c) toute arme à feu, autre qu'une arme à autorisation restreinte décrite à l'alinéa c) de la définition de cette expression au présent paragraphe, <u>pouvant</u> tirer rapidement plusieurs balles pendant la durée d'une pression sur la détente; [Je souligne.]

Le Grand Robert de la langue française (2ᵉ éd. 1986) définit ainsi le verbe « pouvoir » :

> **1.** Avoir la possibilité de, être capable, en mesure de […] (en raison des qualités de la personne ou de la chose, ou en raison des moyens offerts par les circonstances). V. **Capable, état** (en état de), **même** (à même de), **mesure** (en mesure de), **situation** (en situation de), **susceptible**.

et

> **3.** (En parlant de ce qui est hypothétique, incertain […]).

Il semble donc que la définition française aussi véhicule clairement l'idée que le mot « pouvant » comme le mot « *capable* » comprend une possibilité qui doit encore se réaliser, une possibilité à venir par opposition à seulement une capacité immédiate.

39   Toutefois, il faut apporter une restriction raisonnable à cet aspect de possibilité. C'est le véritable rôle du tribunal de définir le sens du mot « pouvant » utilisé dans la définition de « arme prohibée » au par. 84(1). À mon avis, il devrait signifier pouvant être transformée en une arme automatique dans un laps de temps assez court avec assez de facilité. Il ne fait pas de doute que, selon les conclusions du juge de la Cour provinciale, qui sont bien étayées par la preuve, l'arme en cause en l'espèce est visée par la définition.

40   Ne peut pas non plus constituer un moyen de défense valable l'allégation selon laquelle un collectionneur tel que M. Hasselwander ne transformerait jamais l'arme. Les collectionneurs sont des cibles attrayantes pour les voleurs qui recherchent ces armes dans le but même de les utiliser ou de les vendre à d'autres personnes qui désirent en faire usage. Les

citoyens ont le droit d'être protégés contre l'usage des armes à feu. On peut y arriver en donnant au mot « pouvant » la définition susmentionnée.

[...]

46   Il semble donc que, dans la majorité des affaires jugées, les tribunaux ont examiné adéquatement l'objet de la loi. Celui-ci est de protéger le public contre les armes dangereuses qui sont conçues spécialement pour tuer ou mutiler des gens. Lorsqu'une arme peut être transformée rapidement et facilement en une arme automatique, elle doit être visée par la définition de « arme prohibée ». En arriver à une autre conclusion ne ferait que miner l'objet même de la loi.

Dispositif

47   Je suis donc d'avis d'accueillir le pourvoi, d'annuler l'ordonnance de la Cour d'appel et de rétablir celle de la Cour provinciale.

Nul doute, l'argument pragmatique qui fait appel à une présomption d'intention invitant à une interprétation stricte et restrictive des lois pénales, ou toute loi affectant les libertés fondamentales, a connu un recul assez important en jurisprudence au Canada. C'est seulement dans un second effort, après avoir tenté de résoudre la difficulté d'interprétation (imprécision, ambiguïté) à l'aide des autres méthodes d'interprétation (i.e. texte, contexte, objet), que le juge sera justifié d'avoir recours au raisonnement de type présomption en faveur des droits des justiciables. Autrement dit, on ne peut plus utiliser cet élément de la méthode d'interprétation pragmatique *a priori*, en même temps et au même titre que les arguments réguliers d'interprétation législative. Ce n'est que dans les situations où le premier effort d'interprétation échoue et que la difficulté d'interprétation persiste qu'il sera possible d'invoquer l'argument pragmatique donnant une portée limitée aux lois pénales. Cet élément d'interprétation est devenu secondaire, subsidiaire, c'est-à-dire à défaut de trouver la solution avec les autres méthodes disponibles.

Cet ajustement de l'argument pragmatique, il faut le répéter, découle d'une sorte de reconsidération des valeurs en présence, qui ne relèveraient plus exclusivement des intérêts individuels. À l'instar du raisonnement en vertu de la clause limitative de l'article premier de la *Charte canadienne des droits et libertés*[839], les tribunaux font entrer en jeu des facteurs liés aux intérêts de la société en général dans leur analyse pragmatique de la législation pertinente. Cela se traduit par une présomption d'intention en matière pénale qui est diluée, dont la force persuasive est diminuée, parce qu'on tentera dans un premier temps de donner effet à la volonté du législateur dans ses lois pénales qui, par définition, visent à promouvoir la sécurité du public et la lutte au crime, c'est-à-dire les intérêts de la société. Si l'impasse demeure après avoir tenté d'identifier l'intention du législateur avec les principales méthodes d'interprétation,

---

839.   Partie I de la *Loi constitutionnelle de 1982*, constituant l'annexe B de la *Loi de 1982 sur le Canada* (R.-U.), 1982, c. 11.

alors il sera possible de recourir à l'argument pragmatique d'interprétation stricte et restrictive de la législation pénale, et ainsi donner le bénéfice du doute aux individus.

En somme, la tendance contemporaine est de reconnaître moins d'importance à la protection des intérêts individuels par le biais de la méthode d'interprétation pragmatique en droit pénal. Le raisonnement s'intéressant aux conséquences d'une interprétation de la loi fait entrer dans la balance, non seulement la perspective des individus, mais également les besoins collectifs de sécurité, c'est-à-dire des considérations « du droit et de l'ordre » (en anglais, *law and order*). Ce rééquilibrage des intérêts en présence, individuels et collectifs, à travers la méthode d'interprétation pragmatique s'est remarqué surtout en ce qui a trait à la législation pénale, lorsqu'il faut interpréter le *Code criminel*[840] par exemple. Cela dit, la nouvelle version diluée et affaiblie de la présomption d'intention justifiant une interprétation stricte et restrictive s'applique à toutes les lois qui peuvent avoir pour effet de porter atteinte aux libertés individuelles.

C'était le cas dans l'affaire *Monney*[841], où la Cour suprême du Canada a donné une interprétation généreuse à une disposition de la *Loi sur les douanes*[842] afin d'autoriser des fouilles assez envahissante de l'intégrité et de la dignité de la personne humaine, et ce, au nom des intérêts de la société. En effet, l'expression « dissimuler sur elle et près d'elle » a été interprétée, non seulement sans avoir recours à la méthode pragmatique favorisant une portée limitée de la loi, mais tout au contraire avec des arguments qui prônent une lecture extensive de cette norme (texte, contexte, objet). Au final, on a validé la procédure consistant à détenir un voyageur soupçonné d'avoir avalé des stupéfiants, dans une « salle d'évacuation des drogues » (bravo l'euphémisme !), jusqu'à ce que la nature suive son cours...

(b) Lois d'expropriation

La seconde catégorie de lois affectant les intérêts individuels qui appellent à une interprétation stricte et restrictive, selon la méthode pragmatique concerne la propriété privée. D'abord développée en matière d'expropriation, l'idée veut que le législateur soit présumé ne pas souhaiter porter atteinte à la libre jouissance des biens de l'individu[843]. Dans *Harrison c. Carswell*, le juge Dickson de la Cour suprême du Canada résumait ainsi cette application de l'argument pragmatique :

> La jurisprudence anglo-canadienne reconnaît traditionnellement comme une liberté fondamentale le droit de l'individu à la jouissance de ses biens, et le droit de ne s'en voir privé, même partiellement, si ce n'est par l'application régulière de la loi.[844]

---

840. L.R.C. 1985, c. C-46.
841. *R. c. Monney*, [1999] 1 R.C.S. 652, [1999] A.C.S. n° 18.
842. L.R.C. 1985 (2ᵉ supp.), c. 1, art. 98.
843. P.-A. Côté, coll. S. Beaulac et M. Devinat, *Interprétation des lois*, 4ᵉ éd., Montréal, Thémis, 2009, aux pp. 554 et s.
844. *Harrison c. Carswell*, [1976] 2 R.C.S. 200, 219, [1975] A.C.S. n° 73.

La protection de la propriété privée n'est pas le propre de la tradition anglo-saxonne ou du système juridique de common law. En droit civil au Québec, par exemple, le *Code civil* en traite, et ce, dans la forme la plus sévère d'atteinte, soit l'expropriation. En effet, l'article 952 prévoit :

> Le propriétaire ne peut être contraint de céder sa propriété, si ce n'est par voie d'expropriation faite suivant la loi pour une cause d'utilité publique et moyennant une juste et préalable indemnité.[845]

En la matière, l'argument de type pragmatique veut donc qu'une loi ne doive pas s'interpréter de telle sorte qu'elle permette l'expropriation ou la confiscation d'un bien sans qu'il y ait compensation ou indemnité adéquate. La Chambre des Lords en Grande-Bretagne, *per* Lord Atherson, disait de cet élément d'interprétation déjà en 1920 :

> The recognized rule for the construction of statutes is that, unless the words of the statute clearly so demand, a statute is not to be construed so as to take away the property of a subject without compensation.[846]

Au Canada, les tribunaux ont repris exactement le même raisonnement pour ce type de législation[847]. Récemment, pour la majorité de la Cour suprême du Canada dans *Pacific National Investments Ltd. c. Victoria (Ville)*, le juge LeBel opinait ainsi à propos de cet argument pragmatique :

> Lorsqu'ils interprètent des lois, les juges de notre Cour doivent être guidés par des principes d'interprétation législative traditionnels reconnus. L'un de ces principes veut que l'on interprète avec prudence une mesure législative potentiellement spoliatrice afin d'éviter que des individus ne soient dépouillés de leurs droits en l'absence d'une intention claire en ce sens dans la mesure législative en cause. Comme l'explique P.-A. Côté, dans *Interprétation des lois* (3e éd. 1999), à la p. 607, il existe un principe d'interprétation « qui veut que les restrictions au droit de jouir librement des biens soient interprétées d'une manière rigoureuse et restrictive. [...] [L]es tribunaux exigent du législateur qui veut opérer une expropriation sans indemnité ou une confiscation qu'il s'exprime très clairement à cet effet ». (Voir également *Leiriao c. Val-Bélair (Ville)*, [1991] 3 R.C.S. 349, à la p. 357; *Banque Hongkong du Canada c. Wheeler Holdings Ltd.*, [1993] 1 R.C.S. 167, à la p. 197.)[848]

On doit comprendre l'expression « propriété privée » dans son sens large, de sorte que la présomption d'intention s'applique à toute législation qui a pour effet,

---

845. *Code civil du Québec*, L.Q. 1991, c. 64, art. 952.
846. *Attorney-General v. De Keyser's Royal Hotel*, [1920] A.C. 508, 542.
847. Voir *Association des propriétaires des Jardins Taché Inc. c. Entreprises Dasken Inc.*, [1974] R.C.S. 2, [1971] A.C.S. n° 140; *Église luthérienne évangélique St. Peter c. Ottawa*, [1982] 2 R.C.S. 616, [1982] A.C.S. n° 90; et *Régie des transports en commun de la région de Toronto c. Dell Holdings Ltd.*, [1997] 1 R.C.S. 32, [1997] A.C.S. n° 6.
848. *Pacific National Investments Ltd. c. Victoria (Ville)*, [2000] 2 R.C.S. 919, para. 26, [2000] A.C.S. n° 64.

directement ou indirectement, immédiatement ou potentiellement, d'exproprier ou de confisquer un bien, que celui-ci soit un meuble ou un immeuble selon la classification de droit civil, ou qu'il soit un bien personnel ou réel selon la classification de common law. Pensons, par exemple, à une loi qui permet de grever les biens d'un commerçant d'une sûreté ou d'un privilège qui, en cas de défaut de paiement, autorise la saisie et la vente de ceux-ci par le ministère public, comme dans l'affaire *Re Estabrooks Pontiac Buick Ltd.*[849], mentionnée plus haut. On devrait même être plus englobant et parler de façon générique de toute législation qui limite la pleine jouissance de ses biens. Ce serait le cas, notamment, de la législation municipale en matière de zonage et d'urbanisme, ainsi que des lois dans le domaine de la protection de l'environnement[850].

Depuis un certain temps, il y a eu des développements importants concernant l'argument pragmatique d'interprétation limitative des lois affectant la libre jouissance de ses biens, justement dans des contextes de planification urbaine et de protection de l'environnement. Essentiellement, une évolution dans les valeurs en présence s'est produite et, à l'instar des lois pénales, et il y a eu un repositionnement des intérêts sur l'axe individus-société, en faveur de cette dernière. Ainsi, en plus du droit individuel à la propriété privée, on fait entrer en scène les besoins collectifs relativement au zonage des espaces et à un environnement propre et sain, ce qui a pour effet de diluer la présomption d'intention justifiant une interprétation stricte des lois dans ces domaines. En matière d'urbanisme, la Cour suprême du Canada exprimait l'opinion suivante dans *Bayshore Shopping Centre Ltd. c. Township of Nepean* :

> [I]l faut interpréter strictement les règlements qui limitent ce droit [propriété privée]. Néanmoins, il a été dit que les dispositions modernes en matière de zonage ont été adoptées pour protéger toute la collectivité et qu'il fallait les interpréter libéralement en tenant compte de l'intérêt public : [références omises].[851]

Sur les questions environnementales, le jugement de 1993 de la Cour d'appel du Québec dans *Municipalité régionale de Comté d'Abitibi c. Ibitiba Ltée* demeure un des prononcés judiciaires les plus utiles pour illustrer que la méthode pragmatique n'est plus ce qu'elle a déjà été :

> La protection de l'environnement et l'adhésion à des politiques nationales est, à la fin de ce siècle, plus qu'une simple question d'initiative privée, aussi louables soient-elles. C'est désormais une question d'ordre public. Par voie de conséquence, il est normal qu'en la matière, le législateur, protecteur de l'ensemble de la collectivité présente et future limite, parfois, même sévèrement, l'absolutisme de la propriété individuelle. Le droit de propriété est désormais de plus en plus soumis aux impératifs collectifs. C'est là une tendance inéluctable puisque, au Québec

---

849.   *Re Estabrooks Pontiac Buick Ltd.*, 44 N.B.R. (2d) 201, [1982] N.B.J. No. 397 (C.A.N.B.).

850.   Voir les propos du juge Anglin de la Cour suprême du Canada dans *City of Montreal c. Morgan* (1920), 60 R.C.S. 393, 404, [1920] A.C.S. n° 19 : « by-laws in restraint of rights of property as well as penal by-laws should be strictly construed ».

851.   *Bayshore Shopping Centre Ltd. c. Nepean (Ville)*, [1972] R.C.S. 755, 764, [1972] A.C.S. n° 59.

comme dans bien d'autres pays, la protection de l'environnement et la préservation de la nature ont trop longtemps été abandonnées à l'égoïsme individuel.[852]

La décision qui suit, de la Cour suprême du Canada, est particulièrement intéressante parce qu'on y voit à la fois la position traditionnelle et la tendance contemporaine pour ce qui est de l'interprétation des lois portant atteinte à la propriété privée. En effet, dans un contexte d'expropriation et d'urbanisme, la dissidence de la juge L'Heureux-Dubé interprète restrictivement la législation en cause, tandis que la majorité exprimée par le juge Gonthier favorise une lecture du texte de loi qui donne un « plein sens » (para. 59) à l'intention du législateur.

Extraits tirés de *Leiriao c. Val Bélair (Ville)*, [1991] 3 R.C.S. 349, [1991] A.C.S. n° 84 [numérotation de paragraphes ajoutée].

Les motifs du juge en chef Lamer et des juges La Forest et L'Heureux-Dubé ont été rendus par

LE JUGE L'HEUREUX-DUBÉ (*dissidente*) –

1   J'ai pris connaissance des motifs du juge Gonthier et, en toute déférence, je ne saurais être d'accord. Je partage plutôt l'opinion dissidente du juge Chouinard de la Cour d'appel du Québec que la *Loi sur les cités et villes*, L.R.Q., ch. C-19 (ci-après « *L.C.V.* ») n'accorde pas à toutes les municipalités de la province de Québec un pouvoir inconditionnel d'expropriation pour fins de réserve foncière. En conséquence, j'accueillerais le pourvoi et je rétablirais le jugement de la Cour supérieure.

2   Les faits de la présente affaire sont relativement simples. L'appelant est propriétaire d'un terrain situé à l'intérieur du territoire de l'intimée, la municipalité de Val-Bélair, où il exploite un commerce qui constitue sa seule source de revenu, celui de la vente de pièces d'automobile et de la réparation de radiateurs et de réservoirs d'essence. Avant de tenter d'exproprier ce terrain, l'intimée, par l'intermédiaire d'une société de gestion indépendante, la Société Immoco, a vainement tenté de persuader l'appelant de le lui vendre. À la suite de ces tentatives infructueuses, la municipalité a adopté une série de règlements visant à restreindre ou à éliminer le genre de commerce exploité par l'appelant dans les limites de la ville de Val-Bélair. En réalité, ces règlements créaient une nouvelle zone à l'intérieur de laquelle serait confinée l'exploitation du commerce de l'appelant. Cette zone comportait trois lots mesurant au total 200 pieds sur 700 pieds et était située en banlieue de Val-Bélair. Après publication des avis relatifs à ces règlements, l'intimée a signifié à l'appelant un avis d'expropriation. Le seul motif mentionné à l'appui de cette expropriation est qu'elle avait pour objet de créer une « réserve foncière ».

3   L'appelant a contesté l'expropriation par voie de requête devant la Cour supérieure du Québec. Le juge Larue, à [1988] R.J.Q. 757, a accueilli la requête et statué que le fondement de l'expropriation, l'art. 29.4 *L.C.V.*, ne conférait pas aux municipalités le droit d'exproprier pour fins de réserve foncière sans préciser davantage l'utilisation projetée du terrain. La Cour d'appel, à la majorité, a infirmé ce jugement pour les motifs exprimés par le juge Mailhot, à [1989] R.J.Q. 2668. À son avis, l'art. 29.4 crée une nouvelle fin municipale, conformément

---

852.   *Abitibi (Municipalité régionale de Comté) c. Ibitiba Ltée*, [1993] R.J.Q. 1061, 1066-1067, [1993] J.Q. n° 603 [notes infrapaginales omises].

à l'art. 570 *L.C.V.* Dissident, le juge Chouinard estime que les lois autorisant l'expropriation doivent s'interpréter restrictivement. Puisque l'expropriation constitue un pouvoir exorbitant et que l'art. 40 de la *Loi sur l'expropriation*, L.R.Q., ch. E-24 (ci-après « *L.E.* »), exige un énoncé précis des motifs d'y procéder, il conclut que le pouvoir de posséder des immeubles pour fins de réserve foncière ne peut être qu'un motif d'expropriation accessoire qui doit être lié à une autre fin municipale reconnue ou à l'intérêt public général.

4   Je suis d'accord avec le juge Gonthier et avec les tribunaux d'instance inférieure que la seule question ici en litige porte sur l'interprétation de l'art. 29.4 *L.C.V.* Plus particulièrement, la validité de la tentative d'expropriation du terrain de l'appelant par l'intimée dépend de la question de savoir si une réserve foncière peut être considérée, en soi, comme une fin municipale légitime et, donc, comme répondant à l'intérêt public. Cependant, avant d'examiner cette question, il y a lieu d'analyser brièvement la nature des droits de propriété et de l'expropriation au Québec ainsi que les conséquences d'un pouvoir illimité d'expropriation pour fins de réserve foncière.

Les droits de propriété au Québec

5   Au Québec, une personne ne peut être privée de sa propriété, si ce n'est pour cause d'utilité publique et moyennant une juste indemnité, conformément aux art. 406 et 407 du *Code civil du Bas-Canada* :

> **406.** La propriété est le droit de jouir et de disposer des choses de la manière la plus absolue, pourvu qu'on n'en fasse pas un usage prohibé par les lois ou les règlements.
>
> **407.** Nul ne peut être contraint de céder sa propriété, si ce n'est pour cause d'utilité publique et moyennant une juste et préalable indemnité.

6   Ces dispositions sont renforcées par l'art. 6 de la *Charte des droits et libertés de la personne* du Québec, L.R.Q., ch. C-12 :

> **6.** Toute personne a droit à la jouissance paisible et à la libre disposition de ses biens, sauf dans la mesure prévue par la loi.

7   Il est significatif que le droit à la jouissance paisible de sa propriété soit déclaré non seulement dans le *Code civil*, mais aussi dans la *Charte* québécoise. Tant le législateur que l'ensemble de la société reconnaissent la véracité de l'adage d'Edward Coke que : [TRADUCTION] « La maison d'une personne est pour elle son château, *et domus sua cuique tutissimum refugium* [et constitue son refuge le plus sûr] » (3 Inst., à la p. 161).

L'expropriation

8   Puisque le droit de propriété est considéré comme un droit fondamental dans notre société démocratique, toute mesure législative qui vise à porter atteinte à ce droit doit être formulée en termes clairs et précis. En outre, conformément à l'art. 407 *C.c.B.-C.*, on ne saurait y porter atteinte que pour cause d'utilité publique.

9   L'expropriation constitue une atteinte draconienne au droit de propriété du particulier. Elle permet à un gouvernement de priver une personne de sa propriété. Dans certains cas, cela peut signifier que la personne perdra sa maison, son « refuge le plus sûr ». Dans d'autres, comme en l'espèce, l'expropriation peut entraîner la perte du gagne-pain.

10   Parce que la propriété constitue une garantie juridique fondamentale et que l'expropriation constitue un pouvoir tellement exorbitant, le droit canadien a constamment

favorisé une interprétation restrictive des lois autorisant l'expropriation. Dans son ouvrage *Interprétation des lois* (2ᵉ éd. 1990), P.-A. Côté écrit, aux pp. 457 et 458 :

> LES LOIS QUI LIMITENT LA LIBRE JOUISSANCE DES BIENS
>
> « La jurisprudence anglo-canadienne reconnaît traditionnellement comme une liberté fondamentale le droit de l'individu à la jouissance de ses biens, et le droit de ne s'en voir privé, même partiellement, si ce n'est par l'application régulière de la loi ». À ce droit correspond un principe d'interprétation des lois qui veut que les restrictions au droit de jouir librement des biens soient interprétées d'une manière rigoureuse et restrictive.
>
> Interprétation rigoureuse : les conditions posées par la loi pour que la jouissance des biens puisse être restreinte doivent être respectées strictement. Interprétation restrictive : si, dans l'interprétation d'une loi qui porte atteinte au droit de jouir librement de ses biens, il surgit une réelle difficulté, un juge peut être justifié de préférer le sens qui limite les effets de la loi et permet donc la libre jouissance des biens.
>
> Ce principe trouve application en particulier à l'égard de lois qui ont l'effet d'exproprier ou de confisquer des biens...

11   Dans le même sens, le passage suivant tiré des pp. 251 et 252 de *Maxwell on the Interpretation of Statutes* (12ᵉ éd. 1969) :

> [TRADUCTION] <u>Les lois qui empiètent sur les droits du citoyen, que ce soit en ce qui concerne sa personne ou ses biens, doivent également faire l'objet d'une interprétation stricte à l'instar des lois pénales.</u> Il est reconnu qu'elles doivent être interprétées, si possible, de manière à respecter de tels droits et qu'en cas d'ambiguïté, on devrait adopter l'interprétation qui favorise la liberté individuelle. [Soulignements du juge.]

12   Et enfin, selon G. S. Challies, dans *The Law of Expropriation* (2ᵉ éd. 1963), à la p. 12 :

> [TRADUCTION] [L]e droit d'exproprier, qui est un droit inhabituel et exorbitant, doit être prévu expressément dans un texte législatif, car il n'est jamais implicite.

13   Voir aussi E. C. E. Todd, *The Law of Expropriation and Compensation in Canada* (1976), aux pp. 26 à 29, et *Harrison c. Carswell*, [1976] 2 R.C.S. 200, à la p. 219.

Les réserves foncières

14   L'article 29.4 *L.C.V.* se lit ainsi :

> **29.4.** Une corporation peut <u>posséder</u> des immeubles à des fins de réserve foncière. [Soulignements du juge.]

15   Se fondant sur cette disposition, la Cour d'appel à la majorité et mon collègue le juge Gonthier estiment qu'une réserve foncière constitue une fin municipale et peut, à ce titre, constituer le seul motif d'expropriation pouvant être invoqué par une corporation municipale. Je ne puis accepter cette proposition pour deux raisons. Premièrement, elle mène à une conclusion qui contredit d'autres dispositions de la *L.C.V.* et de la *L.E.* et qui ne tient aucun compte de la nécessité de justifier l'expropriation par un motif d'utilité publique. Ce faisant, elle contrevient aux art. 406 et 407 *C.c.B.-C.*, à l'art. 6 de la *Charte des droits et libertés de la personne* du Québec et au principe général de l'inviolabilité du droit de propriété d'un individu au Québec. Deuxièmement, on confère ainsi à l'art. 29.4 une interprétation libérale, alors que les lois en matière d'expropriation doivent être interprétées restrictivement.

16   L'expression « réserve foncière » n'est définie ni dans la *L.C.V.* ni dans la *L.E.* Selon la Cour d'appel à la majorité, une réserve foncière est une banque de terrains dont l'objet est indéterminé au moment où ils sont acquis. Quoique cette définition puisse être généralement exacte, en matière d'expropriation municipale, toutefois, elle ne présuppose pas en soi l'existence d'une fin municipale, car pareille présomption fait abstraction de l'exigence, prévue à l'art. 407 *C.c.B.-C.*, qu'il ne peut y avoir expropriation que dans l'intérêt public. Si une réserve foncière est définie par l'inexistence de son objet, il est présumément impossible de conclure que sa création est dans l'intérêt de la collectivité. Il n'est pas évident en soi que l'expropriation à la seule fin de créer une réserve foncière exprime de façon manifeste qu'elle est dans l'intérêt public, ce qu'exige notre droit. À cet égard, j'adopte sans réserve les remarques du juge Chouinard, qui écrit, aux pp. 2670 et 2671 :

> L'article 570, qui traite du droit d'expropriation pour les corporations municipales, le limite à « toutes fins municipales ». Même s'il n'existe pas de définition spécifique de ce terme, il ne peut s'agir que de sphères d'activités précisément attribuées aux corporations municipales dans l'intérêt d'une collectivité; les articles 428 et 429 de la *Loi sur les cités et villes* les énumèrent. Il va de soi que le nombre et la nature de ces fins ont évolué avec le temps : d'utilité primaire, tels les services de police, et de protection contre l'incendie, les services d'aqueduc et d'égout, on est passé aux loisirs : bibliothèques, terrains de jeux, piscines, aménagements paysagers, parcs, berges, zonage et même à l'habitation quant aux logements à prix modique ou destinés à éviter la spéculation, à titre d'exemples. Toujours, cependant, ces fins étaient reliées aux intérêts de la collectivité. Dans cette optique, le droit de posséder des immeubles pour des fins de réserve foncière ne peut être qu'une fin accessoire, qui doit être reliée à une autre fin vraiment municipale ou d'intérêt public.

> Le législateur provincial aurait-il voulu donner aux corporations municipales le pouvoir exorbitant de posséder des immeubles à des fins de commerce ou de revente et ajouter à ce pouvoir, déjà exorbitant, celui d'exproprier ceux qui les possèdent sans motif d'intérêt public ?

17   Il n'y a pas de doute que l'art. 29.4 *L.C.V.* peut être invoqué de façon accessoire par les municipalités désireuses d'exproprier des terrains à d'autres fins légitimes dans l'intérêt public. Par exemple, une ville peut vouloir exproprier dans le but de créer un parc, de rezoner à des fins industrielles ou d'empêcher la spéculation. Dans ce dernier cas, en particulier, la ville pourrait bien être incapable de préciser exactement l'utilisation ultime du terrain. Toutefois, l'expropriation elle-même répondrait à une fin municipale légitime, soit la création d'une zone récréative ou industrielle ou la prévention d'un mal socio-économique. L'objet principal de l'expropriation serait l'intérêt collectif; l'objet accessoire serait la création d'une réserve foncière, ce qui est tout ce que vise explicitement le texte de l'art. 29.4 *L.C.V.*

18   Interpréter l'art. 29.4 d'une façon qui permette l'expropriation à la seule fin de créer une réserve foncière autoriserait les municipalités à contourner l'exigence que l'expropriation soit faite dans l'intérêt public et faciliterait l'abus du pouvoir d'expropriation. La présente affaire en est un exemple frappant, comme le souligne le juge Chouinard, aux pp. 2671 et 2672 :

> Au surplus, tout à fait abusive m'apparaît l'utilisation du pouvoir d'expropriation par la corporation municipale appelante, sans plus de précision, quand on sait (la preuve l'a révélé) que la même corporation avait tenté sans succès d'acquérir l'immeuble de l'intimé, utilisant même une société de gestion immobilière indépendante à cette fin
> ...

19   Bref, l'assimilation des réserves foncières à une fin municipale pourrait conduire à de graves abus. Dans la mesure où les corporations municipales doivent démontrer pourquoi il est dans l'intérêt public que des particuliers vendent leur propriété, les particuliers touchés et les membres du public qui pourraient être en désaccord avec les intentions de ces corporations peuvent contester ces décisions. Toutefois, en l'absence de cette exigence, il n'existe aucun moyen de limiter le pouvoir d'expropriation d'une municipalité et aucun motif de contester ses décisions.

20   Dans cette optique, il n'est pas étonnant que le pouvoir inconditionnel d'expropriation pour fins de réserve foncière contredise implicitement certaines dispositions de la *L.E.* L'article 35 *L.E.* établit la primauté de ses dispositions sur toute autre loi en matière d'expropriation :

> **35.** Le présent titre régit toutes les expropriations permises par les lois du Québec et prévaut sur les dispositions inconciliables de toute loi générale ou spéciale.

21   Le paragraphe 2° de l'art. 40 énonce la procédure d'expropriation :

> **40.** L'instance d'expropriation commence par la signification au propriétaire de l'immeuble ou titulaire du droit réel immobilier à exproprier d'un avis d'expropriation contenant notamment :
>
> ...
>
> 2° un énoncé précis des fins de l'expropriation;

22   Si une réserve foncière est une fin municipale, alors une municipalité n'a qu'à informer le propriétaire foncier qu'elle a besoin de son terrain à cette fin (comme l'intimée en a avisé l'appelant en l'espèce). Cela ne constitue guère une déclaration d'intention précise. Comme le juge Larue l'a fait observer au procès, à la p. 759 :

> Le paragraphe 2 de l'article 40 de la *Loi sur l'expropriation* exige que la ville dénonce avec précision l'usage qu'elle entend faire du terrain dont elle veut se porter propriétaire. Le simple avis que la ville désire s'approprier le terrain pour fins de réserve foncière ne rencontre pas cette exigence. En effet, <u>une semblable référence à la création ou à l'augmentation d'une réserve foncière autoriserait la ville à cacher ses véritables intentions, puisqu'elle pourrait ainsi retarder indéfiniment ou modifier ultérieurement l'utilisation du terrain exproprié. Ainsi, le propriétaire ne serait pas mis au courant des véritables intentions de la ville.</u> [Soulignements du juge.]

23   Dans la même veine, le juge Chouinard mentionne le par. 2° de l'art. 40 et l'art. 35 *L.E.* et, dans sa dissidence, précise ce qui suit, à la p. 2671 :

> Ainsi, la nécessité d'un énoncé précis des fins d'expropriation me semble incompatible avec la possibilité pour une corporation municipale d'exproprier sans donner d'autre raison qu'une réserve foncière, qui est pour le moins un motif imprécis, sinon une absence de motif.

24   Je suis d'accord avec cette logique et, en conséquence, je ne puis accepter le raisonnement de la Cour d'appel à la majorité, selon lequel le propriétaire d'un terrain pourrait toujours contester une expropriation qui viserait apparemment à créer une réserve foncière, mais qui dissimulerait, en réalité, des motifs irréguliers. Le propriétaire foncier qui reçoit un

avis d'expropriation l'informant qu'il est forcé de vendre son terrain à la municipalité, sans aucune indication du motif pour lequel c'est son terrain qui a été choisi au profit de la collectivité, ne possède aucun moyen véritable de contester cette décision. Dans un tel cas, on impose au particulier la charge de découvrir les motifs de la municipalité, alors que la *L.E.* prévoit clairement qu'il appartient à la municipalité de préciser ses intentions relativement au terrain qu'elle veut exproprier.

25   Le juge Gonthier rejette ce moyen en qualifiant de règle de procédure le par. 2° de l'art. 40 *L.E.* En toute déférence, l'exigence qu'une municipalité expose les raisons précises de l'expropriation constitue plus qu'une exigence procédurale. Le paragraphe 2° de l'art. 40 est le fondement de tout moyen de défense qu'un propriétaire foncier peut opposer à un projet d'expropriation. Par ailleurs, l'idée qu'une municipalité doive démontrer pourquoi elle a besoin d'un immeuble particulier sous-tend l'art. 407 *C.c.B.-C.* Le juge Monet de la Cour d'appel du Québec a écrit dans l'arrêt *Société Inter-Port de Québec c. Société immobilière Irving Ltée*, [1987] R.D.J. 1, aux pp. 5 et 6 :

> La loi exige non seulement un énoncé, mais un énoncé précis.
>
> ...
>
> Le fondement de cette exigence est le principe enraciné dans notre droit positif et reflété par l'article 407 C.C.B.-C.
>
> > **407.** Nul ne peut être contraint de céder sa propriété, si ce n'est pas pour cause d'utilité publique et moyennant une juste et préalable indemnité.
>
> En d'autres termes, non seulement le propriétaire a-t-il le droit de s'assurer de l'existence du droit à l'expropriation, mais encore du fait que l'expropriation envisagée est pour cause d'utilité publique. Aussi, lorsque le législateur exige que l'énoncé soit précis, il impose que des faits y soient articulés de nature à permettre au propriétaire de contrôler si l'exercice du droit à l'expropriation entre dans le cadre de l'utilité publique.

26   Comme le juge Chouinard le souligne, l'arrêt *Société Inter-Port de Québec* s'applique directement à l'espèce puisque, dans les deux cas, les dispositions générales de la *L.E.* l'emportent. L'expropriation porte gravement atteinte aux droits privés et l'avis exigé au par. 2° de l'art. 40 *L.E.* est la seule façon dont le particulier peut connaître les motifs de cette atteinte. Ainsi, la contradiction entre le droit général d'exproprier, à l'art. 29.4, que revendique l'intimée et l'exigence d'un énoncé précis dans l'avis d'expropriation milite fortement en faveur d'une interprétation restrictive du pouvoir de créer des réserves foncières, qui le limiterait à un rôle accessoire dans les expropriations municipales.

27   Le deuxième motif pour lequel je rejette la définition d'une réserve foncière comme fin municipale distincte est la règle d'interprétation suivant laquelle les lois en matière d'expropriation doivent être interprétées restrictivement. Il est frappant que l'art. 29.4 ne parle pas d'expropriation. La disposition ne confère qu'un pouvoir de posséder des immeubles à des fins de réserve foncière. En vertu de l'art. 28, par. 1, sous-par. 2° *L.C.V.*, une municipalité peut acquérir des immeubles "par achat, donation, legs ou autrement". Même si le pouvoir d'expropriation pouvait être élargi d'une façon implicite (ce qui contredit des auteurs comme Challies, *op. cit.*), le pouvoir d'expropriation pour fins de réserve foncière n'est même pas implicitement prévu à l'art. 29.4. Tout ce que mentionne clairement l'art. 29.4 *L.C.V.* est qu'une corporation peut <u>posséder</u> des immeubles. Puisque l'expropriation n'est pas le seul moyen d'acquérir des immeubles, le droit de les posséder ne confère pas nécessairement un

droit d'expropriation. Je partage en conséquence l'opinion du juge Chouinard qui conclut, à la p. 2670 :

> ... le seul pouvoir donné aux corporations municipales par l'article 29.4 ne confère pas pour autant le droit d'expropriation régi par l'article 570.

Et ensuite, à la p. 2671 :

> Faut-il rappeler qu'une corporation municipale ne peut posséder plus de pouvoirs ou de « fins municipales » que celles expressément données par l'autorité provinciale ?

Voir aussi à ce sujet l'arrêt *Air Canada c. Cité de Dorval*, [1985] 1 R.C.S. 861, et *City of Verdun v. Sun Oil Co.*, [1952] 1 R.C.S. 222.

28   De même, la présomption que l'art. 29.4 a conféré un pouvoir d'expropriation élargi à toutes les cités et villes du Québec contredit le principe qu'il ne peut y avoir présomption de changement important de l'état du droit en l'absence de dispositions législatives claires en ce sens. Le juge Gonthier souligne que l'art. 29.4 a été précédé par l'adoption, entre 1973 et 1984, d'une trentaine de lois privées qui ont explicitement accordé à diverses municipalités le droit d'expropriation pour fins de réserve foncière. Il mentionne l'al. 964*b*. de la *Charte de la Ville de Montréal, 1960*, adopté en 1973, comme une disposition habilitante typique :

> **964*b*.** Nonobstant toute loi à ce contraire, la ville est autorisée à acquérir, de gré à gré ou par expropriation, tout immeuble dont l'acquisition est jugée appropriée pour fins de réserve foncière...

29   En raison de la kyrielle de lois privées adoptées avant 1984 et de l'adoption de l'art. 29.4 en 1985, mon collègue le juge Gonthier conclut qu'il ne fait « aucun doute que le législateur a voulu que toutes les cités et villes puissent détenir des réserves foncières ». Bien que ce soit certainement exact, cela ne confère pas automatiquement aux municipalités un pouvoir d'exproprier en l'absence de fins municipales.

30   On ne doit pas présumer que l'existence de textes législatifs antérieurs implique un changement de l'état du droit, en l'absence d'une mention expresse en ce sens. Selon *Maxwell on the Interpretation of Statutes, op. cit.*, à la p. 116 :

> [TRADUCTION] On suppose que le législateur n'a pas l'intention de modifier l'état actuel du droit au-delà de ce qui est prévu expressément ou de ce qui découle, par déduction nécessaire, du texte même de la loi en question. On estime qu'il est fort peu probable que le Parlement déroge au régime juridique général sans exprimer son intention avec une clarté irrésistible; donner pareil effet à des termes généraux simplement parce que ce serait là leur sens le plus large, habituel, naturel ou littéral reviendrait à donner à ces termes une interprétation autre que celle qu'il faut supposer que le Parlement a voulu leur donner. Si les arguments relatifs à une question d'interprétation sont « assez également partagés, l'interprétation à retenir devrait être celle qui modifie le moins le droit existant ».

31   Au-delà de ce principe d'interprétation, la comparaison entre les lois privées et l'art. 29.4 *L.C.V.* n'est tout simplement pas si utile. Même si l'on peut soutenir que des modifications apportées par voie de lois privées ont conféré à certaines cités le droit illimité d'expropriation pour fins de réserve foncière, une simple comparaison entre les textes fait ressortir d'importantes différences entre les dispositions contenues dans les chartes muni-

cipales et l'art. 29.4. Si l'article 29.4 représente une modification comme celles adoptées antérieurement au moyen de lois privées, pourquoi alors n'est-il pas formulé avec le même soin ? Par exemple, la modification de la *Charte de la Ville de Montréal, 1960* débute ainsi : « Nonobstant toute loi à ce contraire… », ce qui, pourrait-on soutenir, soustrait la ville à l'obligation de divulguer une fin municipale prévue au *Code civil*, à la *L.C.V.* et à la *L.E.* Comme nous n'avons pas à trancher cette question, je m'abstiendrai de l'examiner en profondeur. Toutefois, il est difficile de croire que ces modifications apportées par voie de lois privées, bien qu'elles soient formulées d'une façon plus précise, permettent de contourner l'exigence d'un but d'intérêt public plus que ne le fait l'art. 29.4 *L.C.V.*, puisque l'art. 35 *L.E.* proclame que ses dispositions prévalent sur les dispositions inconciliables de toute autre loi. L'attribution, à toutes les cités et villes du Québec, du pouvoir inconditionnel d'exproprier afin de créer une réserve foncière irait, comme nous l'avons vu, à l'encontre de la notion que l'expropriation doit se faire pour cause d'utilité publique.

Conclusion

32   Pour ces motifs, je conclus que l'art. 29.4 *L.C.V.* ne confère pas à toutes les municipalités du Québec le droit inconditionnel d'expropriation pour fins de réserve foncière. L'intimée, la municipalité de Val-Bélair, ne pouvait donc exproprier le terrain de l'appelant pour ce motif. Les motifs de l'expropriation mentionnés dans l'avis signifié à l'appelant ne satisfont pas aux exigences de la *L.E.* et cet avis est donc entaché de nullité. J'accueillerais le pourvoi avec dépens et je rétablirais le jugement de première instance ordonnant que toutes les procédures d'expropriation entreprises jusqu'ici par l'intimée prennent fin immédiatement.

Le jugement des juges Sopinka, Gonthier, Cory et McLachlin a été rendu par

LE JUGE GONTHIER –

33   Le présent litige porte sur l'existence d'un pouvoir d'expropriation pour fins de réserve foncière selon la *Loi sur les cités et villes*, L.R.Q., ch. C-19 (ci-après « *L.C.V.* ») et, le cas échéant, sur ses modes d'exercice.

Les faits

34   L'appelant, Alexandre Leiriao, est propriétaire d'un terrain à l'intérieur du territoire de l'intimée, la ville de Val-Bélair, où il exploite un commerce de vente au détail de pièces d'automobile ainsi qu'un commerce de réparation de radiateurs et de réservoirs d'essence. Ce genre de commerce est plus communément connu sous le nom de « cour à scrap ».

35   En 1983, il fut décidé de prolonger le boulevard Henri IV jusqu'à Val-Bélair. Le commerce de l'appelant, qui jusqu'alors se trouvait en périphérie, allait désormais être situé à l'entrée de Val-Bélair par le boulevard Henri IV.

36   À la suite de ces changements, l'intimée a tenté d'acquérir de gré à gré l'immeuble de l'appelant, ainsi que d'autres immeubles voisins. Au début de l'année 1987, elle a pour ce faire donné mandat d'acquérir à une société immobilière. Celle-ci a réussi à acquérir le terrain voisin de celui de l'appelant, qui servait à un commerce similaire. L'appelant a refusé une offre d'achat de son immeuble le 25 février 1987.

37   Le 23 juillet 1987, l'intimée adoptait une résolution autorisant l'expropriation de l'immeuble de l'appelant, résolution qui se lit ainsi :

Résolution No. 87-7166 : Mandat firme légale Flynn, Rivard & <u>Associés – expropriation de terrains – avenue Industrielle.</u>

Attendu que le conseil municipal doit s'approprier les immeubles nécessaires pour fins de réserve foncière;

Il est proposé par M. le conseiller Claude Beaupré, appuyé par M. le conseiller Roger Naud,

QUE le préambule ci-dessus fasse partie intégrante de la présente.

QUE le conseil municipal autorise l'expropriation de l'immeuble appartenant à monsieur J. Alexandre Leiriao, situé au 2020, avenue Industrielle, Val-Bélair, connu et désigné comme étant le lot numéro 442-1 du cadastre officiel de la paroisse de Saint-Ambroise-de-la-Jeune-Lorette, le tout conformément aux prescriptions prévues à la Loi sur les Cités et Villes et à la Loi sur l'expropriation, L.R.Q., c. E-24.

QUE le conseil municipal donne mandat à l'étude légale Flynn, Rivard & Associés de prendre les procédures nécessaires afin d'exproprier cet immeuble.

38   Le 7 août 1987, un avis d'expropriation était signifié à l'appelant :

À L'EXPROPRIÉ :

1. PRENEZ AVIS que la Ville de Val-Bélair, conformément à la résolution numéro 87-7166 adoptée le 23 juillet 1987, exproprie le lot suivant du cadastre officiel de la paroisse de St-Ambroise de la Jeune Lorette, division d'enregistrement de Québec, ci-après décrit et dont vous êtes propriétaire :

[suit la désignation de l'immeuble]

2. La Ville de Val-Bélair exproprie l'immeuble ci-haut décrit pour des fins de réserve foncière;

[suivent des paragraphes énonçant les droits et obligations de l'exproprié, ainsi qu'une annexe au sujet des locataires de l'immeuble].

39   L'appelant a contesté le droit à l'expropriation de l'intimée devant la Cour supérieure, conformément à la procédure prévue à l'art. 44 de la *Loi sur l'expropriation*, L.R.Q., ch. E-24 (ci-après « *L.E.* »). La Cour supérieure a accueilli sa requête et annulé la résolution et l'avis d'expropriation. L'intimée a interjeté appel auprès de la Cour d'appel, qui a accueilli l'appel, rejetant la contestation de l'appelant. L'appelant se pourvoit devant cette Cour.

Les dispositions législatives pertinentes

40   Il convient de reproduire certains textes législatifs qui sont au cœur du litige.

Loi sur les cités et villes

29.4. Une corporation peut posséder des immeubles à des fins de réserve foncière.

570. Le conseil peut, en se conformant aux dispositions des articles 571 et 572 et aux procédures d'expropriation prévues par la loi,

...

c) s'approprier tout immeuble ou partie d'immeuble ou servitude dont il a besoin pour toutes fins municipales, y compris le stationnement des voitures automobiles.

Les dispositions ci-dessus du présent article ne doivent pas être interprétées comme restreignant le droit que le conseil peut posséder par ailleurs d'acquérir de gré à gré des immeubles pour les mêmes fins.

Loi sur l'expropriation

40. L'instance d'expropriation commence par la signification au propriétaire de l'immeuble ou au titulaire du droit réel immobilier à exproprier d'un avis d'expropriation contenant notamment :

...

2° un énoncé précis des fins de l'expropriation;

Les décisions des tribunaux d'instance inférieure

[...]

Les questions en litige

52   Le présent pourvoi soulève trois questions :

1.   La *L.C.V.* donne-t-elle aux municipalités un pouvoir d'expropriation pour fins de réserve foncière ?

2.   La mention « pour fins de réserve foncière » contenue à l'avis d'expropriation satisfait-elle aux exigences de l'art. 40, par. 2° *L.E.* ?

3.   La résolution 87-7166 était-elle suffisante pour autoriser l'expropriation ?

Le pouvoir d'expropriation pour fins de réserve foncière

53   La réserve foncière est un ajout relativement récent au droit québécois. Elle n'a pas été définie par le législateur, mais la jurisprudence s'entend pour reconnaître que la réserve foncière est « une banque de terrains dont l'objet est, par définition, indéterminé au moment où elle est créée », pour reprendre les termes du juge Gendreau à la p. 2673 du jugement entrepris. J'adopte cette définition.

A.   *L'introduction des réserves foncières en droit québécois*

54   Une kyrielle de lois privées ont été adoptées par l'Assemblée nationale entre 1973 et 1984 pour permettre à une trentaine de cités et villes québécoises de constituer des réserves foncières. Leurs textes se ressemblent grandement. Il suffira ici de reprendre le début de l'art. 964*b.* de la *Charte de la Ville de Montréal, 1960*, S.Q. 1959-60, ch. 102, le premier du genre, qui y fut inséré par la *Loi modifiant la Charte de la Ville de Montréal et la Loi de la Communauté urbaine de Montréal*, L.Q. 1973, ch. 77 :

> **964*b.*** Nonobstant toute loi à ce contraire, la ville est autorisée à acquérir, de gré à gré ou par expropriation, tout immeuble dont l'acquisition est jugée appropriée pour fins de réserve foncière ou d'habitation et pour les travaux connexes à ces fins, ainsi que tout immeuble dont l'occupation est jugée désuète ou nocive.

Par la suite, la plupart des lois privées ont suivi un même modèle, qui correspond en gros à celui de la *Charte de la Ville de Montréal, 1960*. À titre d'exemple, la *Loi modifiant la Charte de la ville de Granby*, L.Q. 1984, ch. 59, contenait cet article :

> **10.** La ville est autorisée à acquérir, de gré à gré ou par expropriation, tout immeuble dont l'acquisition est jugée appropriée pour fins de réserve foncière ou d'habitation et pour les travaux connexes à ces fins ainsi que tout immeuble désuet ou dont l'occupation est nocive.

55   La loi-cadre elle-même fut modifiée par la *Loi modifiant diverses dispositions législatives concernant les municipalités*, L.Q. 1985, ch. 27 (ci-après « *Loi de 1985* »), qui ajoutait l'art. 29.4 à la *L.C.V.*, entre autres modifications. Il ne fait donc aucun doute que le législateur a voulu que toutes les cités et villes puissent détenir des réserves foncières, constatation qu'il faudra garder à l'esprit lors de la résolution de ce litige.

56   Par rapport aux articles types des lois privées, l'art. 29.4 *L.C.V.* présente certaines différences. La plus importante, sans contredit, réside dans la mention à l'art. 29.4 *L.C.V.* de la possession seulement, alors que les lois privées permettent l'acquisition pour fins de réserve foncière, et spécifient qu'elle peut avoir lieu de gré à gré ou par expropriation. Il faut donc chercher ailleurs dans la *L.C.V.* les modes d'acquisition des immeubles destinés à former une réserve foncière.

B.   Les modes d'acquisition d'immeubles pour fins de réserve foncière

57   Les cités et villes détiennent un pouvoir général d'acquisition de gré à gré, qui se trouve à l'art. 28, par. 1, sous-par. 2° *L.C.V.* :

> **28.** 1. Cette corporation a, sous son nom corporatif, succession perpétuelle et peut :
>
> ...
>
> 2° Acquérir pour des fins de sa compétence des biens meubles et immeubles, par achat, donation, legs ou autrement;

Ce pouvoir est un des pouvoirs principaux des cités et villes, qui leur a été accordé de tous temps. Le libellé de ce sous-paragraphe n'a pas changé depuis l'adoption en 1922 de la *Loi des cités et villes 1922*, S.Q. 1922, 13 Geo. 5, ch. 65. Ni la jurisprudence ni les parties ne contestent qu'une ville puisse acquérir des immeubles de gré à gré pour fins de réserve foncière.

58   Quant à l'acquisition par expropriation, les pouvoirs généraux des cités et villes se trouvent à l'art. 570 *L.C.V.* Il s'agit encore ici d'un pouvoir qui a toujours été reconnu, même si ses limites ont changé avec le temps. Dans sa formulation actuelle, l'art. 570 *L.C.V.* date de la *Loi modifiant la Loi des cités et villes*, S.Q. 1959-60, ch. 76, et n'a pas été modifié depuis.

59   Je suis d'avis que l'art. 570 *L.C.V.* permet aux municipalités d'exproprier pour des fins de réserve foncière, car cette interprétation est la plus conforme au cadre législatif et à l'intention du législateur, et elle donne plein sens à l'art. 29.4 *L.C.V.* Ma conclusion concorde d'ailleurs avec les tendances de la jurisprudence québécoise (voir les décisions *Belcourt Inc. c. Saint-Laurent (Ville)*, [1990] R.J.Q. 1122 (C.S.); *Belcourt Inc. c. Kirkland (Ville)*, C.S. Montréal, n° 500-05-010994-885, 3 novembre 1989, J.E. 90-91; *Collins c. Laval (Ville)*, C.S. Montréal, n° 500-05-001920-881, 3 mai 1989, J.E. 89-899; et *117080 Canada Ltée c. Longueuil (Ville)*, [1988] R.J.Q. 538 (C.S.)).

60   Le bref historique de la législation québécoise en matière de réserves foncières donné plus haut permet de voir que le législateur a toujours spécifié dans les lois privées les modes d'acquisition d'immeubles pour fins de réserve foncière, dont l'expropriation.

61   L'article 14 de la *Loi de 1985* semble avoir été destiné à élargir à l'ensemble des cités et villes les pouvoirs que certaines d'entre elles détenaient relativement aux réserves foncières. D'ailleurs, dans les trois années ayant précédé l'adoption de cette loi, pas moins de 16 lois privées avaient été adoptées à ce sujet. De toute évidence, l'Assemblée nationale a cru préférable de modifier la *L.C.V.* une fois pour toutes plutôt que de continuer à adopter des lois privées à la pièce.

62   Le mode de rédaction de la *Loi de 1985* diffère toutefois de celui des lois privées. Alors que ces dernières conféraient un pouvoir d'acquérir des immeubles, la *Loi de 1985* donne un pouvoir de possession. Le législateur s'en est ainsi remis aux pouvoirs généraux d'acquisition contenus ailleurs dans la *L.C.V.* au lieu de spécifier les modes d'acquisition quant aux réserves foncières. L'article 28, par. 1, sous-par. 2°, et l'art. 570 *L.C.V.* constituent un cadre suffisant pour l'acquisition d'immeubles à des fins de réserve foncière et point n'était besoin d'y ajouter. Ainsi toutes les cités et villes détiennent les mêmes pouvoirs relativement aux réserves foncières, même si les modes de rédaction varient d'un type de loi à l'autre.

63   Je ne puis conclure dans ce contexte que le législateur ait voulu créer deux classes de cités et villes par la *Loi de 1985* : celles qui détiendraient leur pouvoir de constituer des réserves foncières d'une loi privée et qui pourraient alors exproprier pour ce faire, et de l'autre côté celles qui le tiendraient de la *L.C.V.*, et qui ne pourraient acquérir les immeubles formant leur réserve que de gré à gré.

64   La constitution de réserves foncières doit d'ailleurs être distinguée de l'acquisition d'immeubles en vertu d'un programme particulier d'urbanisme, qui fait l'objet des art. 28.1 à 28.4 *L.C.V.* Seuls les art. 28.1 et 28.2 sont pertinents en l'espèce :

> **28.1.** Lorsque sont en vigueur un programme particulier d'urbanisme pour la partie du territoire d'une municipalité désignée comme son « centre-ville » ainsi que les règlements d'urbanisme conformes à ce programme, la municipalité peut réaliser tout programme d'acquisition d'immeubles prévu dans ce programme particulier d'urbanisme, en vue d'aliéner ou de louer les immeubles à des fins prévues dans ce programme.
>
> La municipalité peut également acquérir tout immeuble situé dans la partie de son territoire désignée comme son « centre-ville », même si son acquisition n'est pas prévue par un programme d'acquisition d'immeubles, en vue de l'aliéner ou de le louer à une personne qui en a besoin pour réaliser un projet conforme au programme particulier d'urbanisme...
>
> **28.2.** Aux fins de l'article 28.1, la municipalité peut notamment :
>
> 1° acquérir un immeuble de gré à gré ou par expropriation;

Ces deux articles ont été cités, devant la Cour d'appel et devant nous, en guise d'exemple de pouvoir d'expropriation expressément conféré. Par opposition, l'appelant prétend qu'en l'absence d'une telle mention à l'art. 29.4 *L.C.V.*, la constitution de réserves foncières ne peut se faire par expropriation.

65   Les articles 28.1 *L.C.V.* et suiv. doivent être lus conjointement avec l'art. 85 de la *Loi sur l'aménagement et l'urbanisme*, L.R.Q., ch. A-19.1, qui a été modifié lors de la même réforme législative, soit la *Loi modifiant des dispositions législatives concernant les municipalités*, L.Q. 1983, ch. 57. Cette loi avait ajouté à la fin de l'art. 85, qui traite des programmes particuliers d'urbanisme, l'alinéa suivant :

> Un programme particulier d'urbanisme applicable à la partie du territoire de la municipalité désignée comme son « centre-ville » ou son « secteur central » peut aussi comprendre un programme d'acquisition d'immeubles en vue de leur aliénation ou de leur location à des fins prévues dans le programme particulier d'urbanisme.

Le jeu de ces articles crée un nouveau rôle pour les cités et villes, celui d'un lotisseur, d'un promoteur; il le fait cependant dans un cadre restreint et pour des fins particulières. Alors que traditionnellement celles-ci s'abstiennent du marché immobilier, le législateur leur permet d'y intervenir lorsqu'il s'agit de mettre en application un programme particulier d'urbanisme visant le centre-ville. Ce pouvoir exorbitant nécessite la mention expresse d'un pouvoir d'acquisition et de ses modalités, que ce soit de gré à gré ou par expropriation, car il se situe hors des fins municipales générales : l'acquisition est faite en vue de la revente ou de la location, et qui plus est, ces opérations peuvent être menées au bénéfice de tiers, comme le prévoit le second alinéa de l'art. 28.1 *L.C.V.* Les articles 28.1 à 28.4 *L.C.V.* établissent véritablement un régime législatif spécial, qui devait faire l'objet de précisions.

66   La création de réserves foncières, par contre, ne transforme pas la municipalité en entrepreneur. Il s'agit d'une fin municipale qui n'a rien de différent des autres outre sa généralité et son indétermination.

67   L'appelant soutient cependant que l'art. 29.4 *L.C.V.* traite de possession d'immeubles « à des fins de réserve foncière », alors que le par. *c*) de l'art. 570 *L.C.V.* rend l'expropriation applicable « pour toutes fins municipales », et qu'il y aurait ainsi lieu de distinguer entre ces deux expressions, les premières n'étant pas comprises dans les deuxièmes.

68   En Cour d'appel, le juge Chouinard retient cette distinction lorsqu'il écrit, à la p. 2670 :

> L'article 570, qui traite du droit d'expropriation pour les corporations municipales, le limite à « toutes fins municipales ». Même s'il n'existe pas de définition spécifique de ce terme, il ne peut s'agir que de sphères d'activités précisément attribuées aux corporations municipales dans l'intérêt d'une collectivité [suit une énumération de ces fins]. Toujours, cependant, ces fins étaient reliées aux intérêts de la collectivité. Dans cette optique, le droit de posséder des immeubles pour des fins de réserve foncière ne peut être qu'une fin accessoire, qui doit être reliée à une autre fin vraiment municipale ou d'intérêt public.

Avec respect pour l'opinion du juge Chouinard, la distinction qu'il trace entre les « fins accessoires » et les « fins vraiment municipales » ajoute à la *L.C.V.* des nuances qui ne s'y trouvent pas, et elle enlève pratiquement toute utilité aux réserves foncières.

69   La hiérarchie téléologique proposée par le juge Chouinard existe en droit français, mais la *L.C.V.* ne la fait pas. En effet, le *Code de l'urbanisme* français limite la portée des réserves foncières aux art. L. 222-1 et L. 300-1 :

> **L. 222-1** L'État, les collectivités locales ou leurs groupements y ayant vocation, les syndicats mixtes et les établissements publics d'aménagement visés à l'article L. 321-1 sont habilités à acquérir des immeubles, au besoin par voie d'expropriation, pour constituer des réserves foncières en vue de permettre la réalisation d'une opération d'aménagement répondant aux objets définis à l'article L. 300-1.
>
> ...
>
> **L. 300-1** Les actions ou opérations d'aménagement ont pour objets de mettre en œuvre une politique locale de l'habitat, d'organiser le maintien, l'extension ou l'accueil des activités économiques, de favoriser le développement des loisirs et du tourisme, de réaliser des équipements collectifs, de lutter contre l'insalubrité, de sauvegarder ou de mettre en valeur le patrimoine bâti ou non bâti et les espaces naturels.

La création de réserves foncières en France doit donc viser certains objectifs spécifiques, sinon elle sera annulée, au motif d'absence d'utilité publique (Cons. d'État, 8 mai 1981,

Ministre de l'Intérieur c. Parvau, Rec. Cons. d'Ét., p. 770). La *L.C.V.* ne contient aucune disposition comparable à ces articles, qui permettrait de fonder la hiérarchie proposée.

70   Le caractère particulier de la réserve foncière n'est pas respecté par cette distinction. Si, pour pouvoir les constituer par expropriation, les réserves foncières doivent se rattacher à une autre fin municipale, alors il est inutile de prévoir une "expropriation afin de constituer une réserve foncière", puisque l'expropriation pourrait tout aussi bien être fondée sur la fin ultime que vise la réserve foncière. Ce qui distingue les réserves foncières, c'est justement l'indétermination de la finalité ultime au moment de leur création. Non seulement la distinction entre "fins accessoires" et "fins vraiment municipales" limite-t-elle le recours à l'expropriation pour la constitution de réserves foncières, mais elle le vide de toute pertinence.

71   Cette distinction me paraît également inconciliable avec les dispositions régissant le droit d'une cité ou ville d'acquérir des immeubles de gré à gré, droit qui n'est pas contesté. Or celui-ci repose sur l'art. 28, par. 1, sous-par. 2° *L.C.V.*, qui limite ce pouvoir aux « fins de sa compétence ». La création de réserves foncières serait ainsi une « fin de la compétence de la cité ou de la ville » au sens de l'art. 28 *L.C.V.*, mais non une « fin municipale » au sens de l'art. 570 de la même loi. Il est difficilement soutenable que « fins de la compétence d'une cité ou d'une ville » n'est pas synonyme de « fin municipale » dans la *L.C.V.*

72   Il faut éviter de créer des distinctions qui compliquent indûment l'application d'un texte législatif. Les réserves foncières sont une fin municipale, comme l'indique l'art. 29.4 *L.C.V.* Cela suffit pour que l'acquisition des immeubles afin de constituer une réserve foncière puisse se faire par l'entremise des pouvoirs généraux d'acquisition, de gré à gré ou par expropriation, contenus dans la *L.C.V.*

La mention « pour des fins de réserve foncière » et la Loi sur l'expropriation

A.   *La Loi sur l'expropriation et la Loi sur les cités et villes*

73   L'article 40 *L.E.* requiert, au par. 2°, que l'avis d'expropriation contienne un « énoncé précis des fins de l'expropriation ». L'appelant soutient que la simple mention « pour des fins de réserve foncière » contenue à l'avis d'expropriation mentionné plus haut ne satisfait pas aux exigences de la *L.E.* Il invoque au soutien de son argument le jugement de la Cour supérieure et la dissidence du juge Chouinard en l'espèce, ainsi que la décision *Hamelin c. Laval (Ville)*, C.S. Montréal, n° 500-34-000988-871, 25 mai 1988, J.E. 88-923.

74   La *L.E.* est une loi de procédure, essentiellement. Elle établit les compétences respectives de la Cour supérieure et de la Chambre d'expropriation de la Cour du Québec, elle régit la procédure lors d'une expropriation et elle fait de même pour les réserves pour fins publiques. Seuls quelques articles du titre III, sur les réserves, concernent des droits substantifs. L'article 40 qui est invoqué ici se trouve, fait non dénué d'importance, au chapitre I du titre II de la *L.E.*, dont l'intitulé se lit « Procédure d'expropriation ». L'article 35 *L.E.* permet d'ailleurs de saisir la portée des dispositions du titre II de la *L.E.* :

> **35.** Le présent titre régit toutes les expropriations permises par les lois du Québec et prévaut sur les dispositions inconciliables de toute loi générale ou spéciale.

Même si les derniers mots de cet article attribuent une certaine primauté à la *L.E.*, il faut aussi tenir compte du début du texte, qui renvoie aux autres lois du Québec pour déterminer si le droit à l'expropriation existe ou non. La *L.E.* ne s'applique qu'une fois que le droit à l'expropriation a été établi. Elle en régit alors les modalités d'exercice. Comme le mentionnent G. Dorion et R. Savard, dans leur ouvrage *Loi commentée de l'expropriation du Québec* (1979), aux pp. 112 et suiv., la *L.E.* visait à unifier les procédures d'expropriation disparates qui étaient alors en vigueur au Québec. Il ne s'agit donc pas d'une loi qui traite du droit à l'expropriation, lequel provient d'autres lois.

75   Comme la *L.E.* demeure une loi de procédure, elle ne doit pas être interprétée de manière à restreindre la portée de lois affectant la substance des droits. Cette proposition est succinctement exprimée dans *Maxwell on the Interpretation of Statutes* (12ᵉ éd. 1969), à la p. 118 :

> [TRADUCTION]... l'interprétation des lois relatives à la procédure devrait, dans la mesure du possible, ne pas s'étendre au-delà des questions de procédure.

Il ne s'agit que d'un cas particulier du principe général touchant la relation entre la procédure et le droit substantif, principe directeur qui se retrouve à l'art. 2 du *Code de procédure civile*, L.R.Q., ch. C-25 :

> **2.** Les règles de procédure édictées par ce code sont destinées à faire apparaître le droit et en assurer la sanction...

L'argument de l'appelant revient à utiliser les dispositions d'une loi relative à la procédure, la *L.E.*, pour limiter un droit conféré en termes larges par la loi qui en régit la substance, soit la *L.C.V.* La procédure devient la maîtresse du droit, au lieu d'être sa servante.

76   Je me range à l'avis du juge Mailhot en Cour d'appel, selon qui, dès lors que la constitution d'une réserve foncière est une fin municipale, il s'ensuit que la mention "pour des fins de réserve foncière" est suffisamment précise. Dans *Bédard c. Québec (Ville)* (1988), 21 Q.A.C. 189, la Cour d'appel en était d'ailleurs venue à la même conclusion, relativement aux dispositions de la *Charte de la Ville de Québec* équivalentes à l'art. 29.4 *L.C.V.* Par définition, la réserve foncière est créée sans que l'usage ultime des immeubles qui la composent soit connu. L'énoncé des fins de l'expropriation ne peut pas être plus précis qu'il ne l'était en l'espèce, sous peine de priver les réserves foncières de cet élément d'indétermination qui fait leur spécificité.

77   Il faut distinguer à cet égard le cas des réserves foncières de celui des autres motifs d'expropriation. L'arrêt de la Cour d'appel dans *Société Inter-Port de Québec c. Société immobilière Irving Ltée*, précité, qui soutiendrait une interprétation large de l'art. 40 *L.E.*, mettait en jeu l'art. 4 de la *Loi sur la Société Inter-Port de Québec*, L.R.Q., ch. S-18 :

> **4.** La Société a pour fonctions :
>
> a) d'élaborer des plans et programmes en vue de l'établissement dans la zone décrite à l'annexe d'un complexe industriel susceptible de bénéficier des avantages de l'infrastructure portuaire de Québec et de contribuer au développement de celle-ci;
>
> b) d'exécuter les travaux requis pour la mise en œuvre des plans et des programmes qui auront ainsi été élaborés et d'exercer les industries, les commerces et les autres activités de nature à contribuer au développement du complexe industriel.

L'article 5 donnait à la Société des pouvoirs d'expropriation. La Cour d'appel a jugé que la mention « dans le but d'établir un complexe industriel » à l'avis d'expropriation ne satisfaisait pas à l'art. 40 *L.E.* Dans cette affaire, les pouvoirs de la Société n'étaient nullement affectés lorsque la cour exigeait qu'elle fournisse de plus amples précisions quant aux fins de l'expropriation. La Cour d'appel ne manque pas de souligner cet aspect à la p. 7 de son jugement. Par contre, lorsqu'il s'agit d'exproprier pour fins de réserve foncière, toute précision supplémentaire à l'avis d'expropriation rendrait illusoire l'exercice par la cité ou la ville du pouvoir qui lui revient de par l'art. 29.4 *L.C.V.*

78   La mention « pour des fins de réserve foncière » remplit donc les exigences de l'art. 40, par. 2° *L.E.* Il n'y a pas lieu d'utiliser une loi de procédure pour limiter un droit substantif donné par une autre loi.

B.   Le contrôle des expropriations pour fins de réserve foncière

[...]

Conclusion

86   Pour ces motifs, je rejetterais ce pourvoi avec dépens.

(c) Lois fiscales

Le troisième et dernier domaine dans lequel s'applique le raisonnement de type pragmatique, voulant qu'on doive donner une interprétation stricte et restrictive à la loi, est celui de la fiscalité. Mais ici aussi, il faut distinguer la position traditionnelle avec la tendance dominante contemporaine, qui est d'aborder ces lois comme n'importe quelle autre législation et, essentiellement, de limiter la présomption d'intention en faveur du contribuable à un rôle subsidiaire.

L'arrêt de principe ayant fait le point, à l'époque, sur l'approche appropriée en la matière nous vient d'Angleterre, dans l'affaire *Inland Revenue Commissioners v. Duke of Westminster*[853]. Il s'agissait de déterminer si certains paiements pouvaient faire l'objet de déductions sur le revenu d'un aristocrate britannique; le ministère public plaidait que les mesures fiscales en cause devaient être interprétées eu égard aux objectifs poursuivis et à la substance des transactions. Rejetant ces arguments, la Chambre des Lords a plutôt vu l'occasion d'expliciter la position traditionnelle, voulant que les lois fiscales constituent une catégorie à part de législation[854]. Lord Russell écrivait:

> The subject is not taxable by interference or by analogy, but only the plain words of a statute applicable to the facts and circumstances of his case. As Lord Cairns said many years ago in *Partington v. Attorney General* [(1869) L.R. 4 H.L. 100, 122]: "As I understand the principle of all fiscal legislation it is this: If the person sought to be taxed comes within the letter of the law he must be taxed, however great the hardship may appear to the judicial mind to be. On the other hand, if the Crown, seeking to recover the tax, cannot bring the subject within the letter

---

853.   [1936] A.C. 1 (C.L.).

854.   Sur les différentes opinions exprimées dans cette affaire, voir R.N. Graham, *Statutory Interpretation – Theory and Practice*, Toronto, Emond Montgomery, 2001 aux pp. 190-195.

of the law, the subject is free, however apparently within the spirit of the law the case might otherwise appear to be."[855]

Au Canada, une décision qui représente bien l'approche traditionnelle est celle de la Cour suprême du Canada dans *Shaw c. Minister of National Revenue*, en 1939, où le juge Duff s'exprimait ainsi:

> It is no part of our duty in construing and applying a taxing statute to ask ourselves what might have been in the draughtsman's mind or to accept the impression received from a casual inspection of the enactment to be applied. It is our duty to analyse such enactments with strictness and, in the case of a definition such as this, to apply it only to those cases which plainly and indubitably fall within it when strictly read.[856]

Comment justifie-t-on de considérer les lois fiscales de façon différente en leur donnant une interprétation limitative de portée? La raison première rejoint ce qu'on voyait plus tôt, en ce qui concerne les lois portant atteinte à la libre jouissance de ses biens. Comme le juge Brodeur l'expliquait, en 1922, dans *Canadian Northern Railway Co. c. The King*: « A law imposing taxation should always be construed strictly against the taxing authorities since it restricts the public in the enjoyment of its property »[857]. Ainsi, semblable aux lois qui autorisent l'expropriation ou la confiscation des biens d'un justiciable, les tribunaux considèrent la législation fiscale comme affectant (directement ou indirectement) le droit à la propriété privée. En effet, l'impôt sur le revenu, les taxes sur les produits et services, ainsi que les taxes municipales et scolaires, toutes ces mesures fiscales viennent chercher dans les poches du contribuable de l'argent qu'il a gagné, le fruit de son labeur, qui est de fait une forme de propriété privée. En termes de présomption d'intention, le législateur n'est pas censé avoir souhaité obtenir un tel résultat, à moins évidemment de l'avoir indiqué clairement et sans ambiguïté[858].

Les conséquences de cette approche stricte dans l'interprétation des lois fiscales sont doubles. Premièrement, elle oblige le rédacteur législatif de ces textes à trouver les termes exacts qui couvriront les transactions visées. Si le langage n'est pas assez large (et donc trop précis), les tribunaux n'étendront pas la portée du texte pour englober les cas non prévus explicitement, en favorisant donc une lecture stricte. En revanche, si le langage utilisé n'est pas assez précis (et donc trop large), on verra là une difficulté d'interprétation (imprécision, ambiguïté) justifiant de donner une portée restreinte à la norme législative. Incidemment, cela explique en grande partie la prolixité de ce type de législation, c'est-à-dire que les textes de lois fiscales sont rédigés de façon lourde et beaucoup trop détaillée. La seconde conséquence de la présomption d'intention relative à l'interprétation limitative de la législation fiscale a trait à

---

855. *Inland Revenue Commissioners v. Duke of Westminster*, [1936] A.C. 1, 24 (C.L.).

856. *Shaw c. Minister of National Revenue*, [1939] R.C.S. 338, 342, [1939] A.C.S. nᵒ 21.

857. *Canadian Northern Railway Co. c. The King* (1922), 64 R.C.S. 264, 275, [1922] A.C.S. nᵒ 38.

858. Voir, en général, P.W. Hogg, J.E. Magee et J. Li, *Principles of Canadian Income Tax Law*, 6ᵉ éd., Toronto, Thomson Carswell, 2007, à la p. 575 et s.

la dynamique, au rapport de force relative, entre le fisc et les contribuables. On comprendra que cette approche ajoute un fardeau sur les épaules des autorités publiques, qui doivent démontrer une intention claire du législateur eu égard à la charge fiscale. D'un autre côté, elle aide les pratiques d'élusion, voire d'évasion fiscale, en donnant, dans la très grande majorité des cas, le bénéfice du doute aux contribuables.

Aujourd'hui, toutefois, cette position traditionnelle ne représente plus la pratique des tribunaux; en ce qui concerne leur interprétation : « Les lois fiscales ne constituent pas une catégorie à part »[859]. Voici l'évaluation que fait Pierre-André Côté de la situation :

> Il est généralement admis dans la jurisprudence moderne que les lois fiscales doivent s'interpréter, non pas de manière strictement littérale, mais selon les règles ordinaires, comme toutes les autres lois : l'objectif doit être la découverte de l'intention du législateur par l'étude de la formule dans son contexte d'énonciation. Cela suppose, en particulier, que l'objet de la disposition en cause doit être pris en considération.[860]

Ce courant jurisprudentiel ininterrompu débute clairement avec la décision de la Cour suprême du Canada dans *Stubart Investments Ltd. c. The Queen*[861], en 1984, et se poursuit jusqu'à nos jours, comme on le voit dans les récentes affaires *Entreprises Ludco Ltée c. Canada*[862], en 2001, et *Cie pétrolière Impériale ltée c. Canada; Inco ltée c. Canada*[863], en 2006.

Dans l'arrêt suivant, la Cour suprême du Canada, sous la plume du juge Gonthier, effectue un excellent récapitulatif des principes d'interprétation en matière de législation fiscale au Canada.

Extraits tirés de *Québec (Communauté urbaine) c. Corp. Notre-Dame de Bon-Secours*, [1994] 3 R.C.S. 3, [1994] A.C.S. n° 78 [numérotation de paragraphes ajoutée].

Le jugement de la Cour a été rendu par

LE JUGE GONTHIER –

1   Il s'agit en l'espèce de savoir si l'appelante, une institution vouée au bien-être des personnes âgées vivant sous le seuil de la pauvreté, peut bénéficier de l'exemption fiscale prévue au par. 204(14) de la *Loi sur la fiscalité municipale*, L.R.Q., ch. F-2.1 (« *L.F.M.* »), pour l'ensemble de ses installations. Deux questions principales se posent : (1) Quels sont les principes qui doivent guider les tribunaux dans l'interprétation des lois fiscales ? (2) À la lumière

---

859.   *Covert et autres c. Ministre des Finances de la Nouvelle-Écosse*, [1980] 2 R.C.S. 774, 807, [1980] A.C.S. n° 101; bien que le juge Dickson ait été dissident dans cette affaire, son opinion sur la question est sans nul doute majoritaire maintenant.

860.   P.-A. Côté, coll. S. Beaulac et M. Devinat, *Interprétation des lois*, 4ᵉ éd., Montréal, Thémis, 2009, à la p. 567 [notes infrapaginales omises].

861.   [1984] 1 R.C.S. 417, [1984] A.C.S. n° 25.

862.   [2001] 2 R.C.S. 1982, para. 36-37, [2001] A.C.S. n° 58.

863.   [2006] 2 R.C.S. 447, para. 25, [2006] A.C.S. n° 46

de ces principes, l'appelante peut-elle se qualifier comme centre d'accueil, au sens de l'art. 12 de la *Loi sur les services de santé et les services sociaux*, L.R.Q., ch. S-5 (« *L.S.S.S.S.* »), auquel le par. 204(14) *L.F.M.* renvoie ?

Les faits

2   L'appelante, Corporation Notre-Dame de Bon-Secours, est une corporation sans but lucratif établie en 1964 et dont l'objectif est de fournir des logements à loyer modique aux personnes âgées peu fortunées. Le 16 juin 1967, les Sœurs de la Congrégation de Notre-Dame cèdent à l'appelante pour la somme de 1 $ le terrain sur lequel seront érigées les installations qui lui permettront d'accomplir sa mission et seront connues sous le nom de « La Champenoise » (que nous employons pour désigner l'appelante). Sa construction débute en 1968 et son ouverture officielle a lieu en novembre 1969.

3   La Champenoise abrite 456 personnes dont l'âge moyen est de 83 ans. Le revenu annuel des résidents oscille entre 6 000 $ et 9 000 $ et la population de l'établissement est féminine à 80 pour 100. Du nombre total des résidents, 20 personnes sont physiquement regroupées dans un même secteur de l'établissement appelé la section hébergement, pour laquelle La Champenoise détient un permis délivré en vertu de la *L.S.S.S.S.*, qui l'autorise à exploiter un centre d'accueil privé pouvant accueillir 20 bénéficiaires. Les appartements de la section hébergement sont semblables à ceux des autres résidents, à la différence qu'on n'y retrouve pas de cuisinette. Les bénéficiaires de cette section voient une partie de leur pension assumée par l'État qui verse un *per diem*. L'État exerce également un certain contrôle pour s'assurer que les 20 places sont occupées. Le reste des installations ne fait l'objet d'aucune subvention gouvernementale et est entièrement géré par La Champenoise. Ses administrateurs et dirigeants y travaillent d'ailleurs bénévolement.

4   Outre les services d'un prêtre résident, la chapelle, l'infirmerie accessible 24 heures sur 24, la cafétéria et les activités sociales, que La Champenoise met à la disposition de tous les résidents, on note que les lieux sont physiquement aménagés, dans leur ensemble, pour répondre aux besoins particuliers des personnes âgées. C'est ainsi, notamment, qu'on y retrouve des rampes d'accès, que les seuils de porte sont absents, que les prises de courant se situent à 24 pouces du sol et que les salles de bain sont pourvues de barres d'appui.

5   Les critères d'admission à La Champenoise sont l'âge minimum de 60 ans, la modicité des revenus ainsi que l'autonomie physique et psychologique. Ce dernier élément n'est toutefois pas un critère de maintien dans l'établissement, puisqu'il appert que les personnes âgées peuvent demeurer dans les lieux en dépit d'une détérioration subséquente de leur état de santé. Lors de son témoignage, rendu en 1984, le directeur général de La Champenoise souligne que les places qui se libèrent sont offertes à des postulants qui avaient fait leur demande d'admission en 1976; il y avait, en effet, une imposante liste d'attente de 1 800 personnes.

6   En 1982, un évaluateur de la Communauté urbaine de Québec visite La Champenoise en vue d'établir la proportion des lieux servant d'immeuble à appartements et de centre d'accueil. Il constate que 89 pour 100 de la superficie totale de l'immeuble est réservée à des logements et que la section hébergement et les services communautaires en occupent 11 pour 100; il accorde à La Champenoise une exemption de taxes foncières dans cette seule proportion de 11 pour 100 pour les années 1980 à 1984. La Champenoise porte plainte devant le Bureau de révision de l'évaluation foncière du Québec (« BREF ») où elle prétend bénéficier de l'exemption pour l'ensemble de ses installations, étant donné la nature de sa vocation.

7   À ce jour, la dette en taxes foncières s'établit à plus de 4,5 millions de dollars et il va sans dire que l'importance des montants en jeu est déterminante pour la viabilité de La Champenoise et la sécurité de ses 456 pensionnaires âgés.

Les décisions des instances dont appel

[...]

Les questions en litige

14   Pour déterminer si La Champenoise peut, pour l'ensemble de ses installations, bénéficier de l'exemption fiscale prévue au par. 204(14) *L.F.M.*, la Cour doit répondre aux deux questions suivantes :

  1. Quels sont les principes qui doivent guider les tribunaux dans l'interprétation des lois fiscales ?

  2. À la lumière de ces principes, la Champenoise peut-elle se qualifier comme centre d'accueil au sens de l'art. 12 *L.S.S.S.S.* auquel le par. 204(14) *L.F.M.* renvoie ?

Les dispositions législatives pertinentes

[...]

Analyse

A.   *Les règles d'interprétation des lois fiscales*

17   Devant notre Cour, l'appelante soutient qu'une disposition portant exemption de taxe devrait s'interpréter en recherchant l'esprit et la finalité du texte. Il y a lieu d'examiner brièvement à ce sujet l'évolution des règles d'interprétation des lois fiscales au Canada et de cristalliser certains principes. On se doit d'abord de souligner la règle traditionnelle selon laquelle les lois fiscales devaient recevoir une interprétation stricte; à cet égard, tant les dispositions qui imposaient une charge fiscale que celles qui portaient exemption de taxe étaient visées. Cette règle prenait son fondement dans le fait que les lois fiscales, comme les lois pénales, imposent un fardeau aux citoyens et qu'à ce titre, nul ne devait être soumis à leur application à moins que le texte de la loi ne le prévoie de façon claire et précise. Une telle interprétation avait pour effet de favoriser le contribuable dans les cas de dispositions imposant une charge fiscale, les tribunaux faisant porter au fisc le fardeau d'établir que le contribuable tombait nettement sous le coup de la lettre de la loi. À l'inverse, le contribuable qui prétendait bénéficier d'une exemption se devait « d'établir que, par un texte clair et non équivoque, l'autorité législative compétente lui [avait] indubitablement accordé l'exemption réclamée » (le juge en chef Fauteux dans *Ville de Montréal c. ILGWU Center Inc.*, [1974] R.C.S. 59, à la p. 65). Tout doute se résolvait donc en faveur du fisc. À la lumière de cet état de choses, on a dégagé de la règle d'interprétation stricte qu'en cas de doute, une présomption existait en faveur du contribuable dans les cas d'imposition mais au détriment de ce dernier en matière d'exemption.

18   Il y a tout de suite lieu de souligner la confusion qui risque de s'opérer entre la règle d'interprétation stricte d'une disposition de nature fiscale et le fardeau de preuve qui incombe aux parties dans une demande opposant l'État et un contribuable. En effet, selon la règle générale qui prévoit que le fardeau de preuve repose sur le demandeur, en toute matière il appartient à celui qui invoque le bénéfice de l'application d'une disposition législative de démontrer qu'il peut s'en prévaloir. Le fardeau de preuve repose donc sur

le fisc lorsqu'on est en présence d'une disposition qui impose une charge fiscale et sur le contribuable dans le cas d'une disposition qui porte exemption de taxe. On notera que les présomptions mentionnées plus haut vont sensiblement dans le même sens. Ceci explique qu'on ait pu superposer ces notions jusqu'à les confondre. Avec égards, il s'agit là néanmoins de deux concepts fort différents. En tout état de cause, la règle de l'interprétation stricte s'attache uniquement à la <u>clarté</u> de la formulation de la loi fiscale : peu importe à qui incombe le fardeau de preuve, celui-là aura à convaincre le tribunal que le contribuable est <u>clairement</u> visé par le libellé de la disposition législative dont l'application est réclamée.

19   Au Canada, c'est l'arrêt *Stubart Investments Ltd. c. La Reine*, [1984] 1 R.C.S. 536, qui a ouvert la première brèche significative dans la règle de l'interprétation stricte des lois fiscales. Notre Cour y a établi, sous la plume du juge Estey, à la p. 578, que l'on devait s'écarter de la règle de l'interprétation stricte au profit d'une interprétation selon les règles ordinaires, de manière à donner effet à l'esprit de la loi et au but du législateur :

> ... le rôle des lois fiscales a changé dans la société et l'application de l'interprétation stricte a diminué. Aujourd'hui, les tribunaux appliquent à cette loi la règle du sens ordinaire, mais en tenant compte du fond, de sorte que si l'activité du contribuable relève de l'esprit de la disposition fiscale, il sera assujetti à l'impôt.

20   Ce point tournant dans l'évolution des principes d'interprétation des lois fiscales au Canada a été motivé par le constat selon lequel le but des lois fiscales n'est plus confiné à la seule levée de fonds pour faire face aux dépenses gouvernementales. Il est reconnu que ces lois servent aussi à des fins d'intervention sociale et économique. Dans *La Reine c. Golden*, [1986] 1 R.C.S. 209, aux pp. 214 et 215, le juge Estey pour la majorité explique l'arrêt *Stubart* en ces termes :

> Dans l'arrêt *Stubart* [...] la Cour a reconnu que, dans l'interprétation des lois fiscales, la règle applicable ne se limite pas à une interprétation de la loi littérale et presque dépourvue de sens lorsque, selon une interprétation plus large, les mots permettent d'arriver à une conclusion réalisable et compatible avec les objectifs évidents de la loi en cause. L'interprétation stricte, au sens historique du terme, n'a plus sa place dans les règles d'interprétation applicables aux lois fiscales à une époque comme la nôtre où la fiscalité sert beaucoup d'autres objectifs que l'objectif ancien et traditionnel qui était de prélever des fonds pour les dépenses du gouvernement chez un public quelque peu réticent.

21   L'élaboration d'un tel principe a également permis à la Cour de s'attacher à la réalité des opérations du contribuable et, en ce sens, de privilégier le fond sur la forme, lorsqu'en des cas appropriés agir de la sorte permettrait d'atteindre les buts de la disposition législative en cause. (Voir les arrêts *Johns-Manville Canada Inc. c. La Reine*, [1985] 2 R.C.S. 46, et *La Reine c. Imperial General Properties Ltd.*, [1985] 2 R.C.S. 288.) L'on doit néanmoins se garder de conclure trop hâtivement à l'application mécanique de cette dernière règle (primauté du fond sur la forme), celle-ci ne prenant son véritable sens que si elle s'inscrit dans la recherche de l'intention du législateur. Comme le souligne le juge en chef Dickson dans l'arrêt *Bronfman Trust c. La Reine*, [1987] 1 R.C.S. 32, aux pp. 52 et 53 :

> Je reconnais toutefois que, tout comme il y a eu tendance dernièrement à s'éloigner d'une interprétation stricte des lois fiscales [...], de même la jurisprudence récente en matière fiscale a tendance à essayer de déterminer la véritable nature commerciale et pratique des opérations du contribuable. En effet, au Canada et ailleurs, les critères fondés sur la forme des opérations sont laissés de côté en faveur de critères fondés

sur ce que lord Pearce a appelé une [TRADUCTION] « appréciation saine de toutes les caractéristiques directrices » des événements en question »

...

Il s'agit là, je crois, d'une tendance louable, pourvu qu'elle soit compatible avec le texte et l'objet de la loi fiscale. Si, en appréciant les opérations des contribuables, on a présent à l'esprit les réalités commerciales et économiques plutôt que quelque critère juridique formel, cela aidera peut-être à éviter que l'assujettissement à l'impôt dépende, ce qui serait injuste, de l'habileté avec laquelle le contribuable peut se servir d'une série d'événements pour créer une illusion de conformité avec les conditions apparentes d'admissibilité à une déduction d'impôt.

Cela ne signifie toutefois pas qu'une déduction telle que la déduction au titre d'intérêts prévue par le sous-al. 20(1)c)(i), laquelle, de par le texte même de cette disposition, ne peut être réclamée par un contribuable que dans des circonstances bien précises, ne doive tout à coup plus faire l'objet d'aucune restriction. [Soulignements de la Cour.]

22   Il ne fait plus de doute, à la lumière de ce passage, que l'interprétation des lois fiscales devrait être soumise aux règles ordinaires d'interprétation. Driedger, à la p. 87 de son volume *Construction of Statutes* (2ᵉ éd. 1983), en résume adéquatement les principes fondamentaux : [TRADUCTION] « ... il faut interpréter les termes d'une loi dans leur contexte global en suivant le sens ordinaire et grammatical qui s'harmonise avec l'esprit de la loi, l'objet de la loi et l'intention du législateur ». Primauté devrait donc être accordée à la recherche de la finalité de la loi, que ce soit dans son ensemble ou à l'égard d'une disposition précise de celle-ci. Ce passage de Mᵐᵉ Vivien Morgan, dans son article intitulé « Stubart: What the Courts Did Next » (1987), 35 *Can. Tax J.* 155, aux pp. 169 et 170, résume adéquatement mon propos :

[TRADUCTION] Toutefois, il y a eu un net changement [après *Stubart*] dans la résolution d'ambiguïtés. Dans le passé, on recourait souvent aux maximes selon lesquelles toute ambiguïté dans une disposition fiscale doit être résolue en faveur du contribuable et toute ambiguïté dans une disposition prévoyant une exemption doit être résolue en faveur de Sa Majesté. De nos jours, une ambiguïté est habituellement résolue ouvertement en tenant compte de l'intention du législateur. [Soulignements de la Cour.]

L'approche téléologique fait clairement ressortir qu'il n'est plus possible, en matière fiscale, de réduire les principes d'interprétation à des présomptions en faveur ou au détriment du contribuable ou encore à des catégories bien circonscrites dont on saurait si elles requièrent une interprétation libérale, stricte ou littérale. Je renvoie au passage du juge en chef Dickson, précité, lorsqu'il souligne que la recherche de la finalité de la loi ne signifie pas pour autant qu'une disposition précise ne doive plus faire l'objet de restrictions. En somme, c'est l'interprétation téléologique qui permettra d'identifier l'objectif qui sous-tend une disposition législative spécifique et le texte de loi dans son ensemble. Et c'est l'objectif en question qui dictera, dans chaque cas, si une interprétation stricte ou libérale est appropriée ou encore si c'est le fisc ou le contribuable qui sera favorisé.

23   À la lumière de ce qui précède, je me permets de souligner qu'on ne peut plus conclure à l'application automatique de la règle selon laquelle toute exemption de taxe devrait recevoir une interprétation stricte. Il n'est pas inexact de dire que lorsque le législateur prévoit une règle générale et énumère certaines exceptions, ces dernières doivent être considérées comme exhaustives et dès lors interprétées de façon stricte. Cela ne nous autorise pas pour autant à transposer ce principe en matière fiscale de manière à établir un parallèle indéfectible entre les notions d'exemption et d'exception. Avec égards, adhérer à l'acception vou-

lant que la taxe soit indubitablement la règle et l'exemption, l'exception, ne répond plus aux réalités du droit fiscal actuel. Une telle façon d'envisager les choses était certes soutenable à une époque où l'objectif de la loi fiscale était limité à la levée de fonds pour faire face aux dépenses du gouvernement. Or il a été reconnu que, de nos jours, la loi sert d'autres objectifs et se présente comme instrument d'intervention économique et sociale. En soumettant la loi fiscale à une interprétation téléologique, on constate que rien n'empêche qu'une politique générale de levée de fonds soit assujettie à une politique secondaire d'exemption des œuvres sociales. Il s'agit là de deux buts légitimes qui expriment également l'intention du législateur et, à ce titre, on voit difficilement pourquoi l'un devrait primer l'autre.

24   Il me reste à traiter d'un dernier aspect. Notre Cour a elle-même fait référence à une présomption résiduelle en faveur du contribuable dans l'affaire *Johns-Manville Canada*, précitée; et si ce n'était de certaines précisions à apporter, le maintien de cette présomption pourrait difficilement se justifier dans le cadre de la discussion tenue plus haut. Le juge Estey s'exprime ainsi à la p. 72 :

> ... si la loi fiscale n'est pas explicite, l'incertitude raisonnable ou l'ambiguïté des faits découlant du manque de clarté de la loi doit jouer en faveur du contribuable. Ce principe <u>résiduel</u> doit d'autant s'appliquer au présent pourvoi qu'autrement une dépense annuelle entièrement liée à l'exploitation quotidienne de l'entreprise de la contribuable ne lui procurerait aucun dégrèvement d'impôt sous forme de déduction pour amortissement ou pour épuisement s'il s'agit d'une dépense de capital, ou de déduction applicable au revenu s'il s'agit d'une dépense d'exploitation. [Je souligne.]

25   Auparavant, à la p. 67, il tenait les propos suivants :

> D'autre part, si l'interprétation d'une loi fiscale n'est pas claire et qu'une interprétation raisonnable entraîne une déduction au profit du contribuable alors qu'une autre interprétation laisse le contribuable sans allégement pour les dépenses réelles faites dans le cours de ses opérations commerciales, selon les règles d'interprétation des lois fiscales, le tribunal devrait choisir la première interprétation.

Deux observations doivent être faites pour donner tout leur sens aux propos du juge Estey : d'une part, le recours à la présomption en faveur du contribuable est indiqué lorsqu'un tribunal est contraint de choisir entre deux interprétations valables et, d'autre part, cette présomption est clairement <u>résiduelle</u> et devrait jouer un rôle exceptionnel dans l'interprétation des lois fiscales. Dans son ouvrage *Interprétation des lois* (2ᵉ éd. 1990), à la p. 470, le professeur Pierre-André Côté résume la question d'une manière fort juste :

> Le doute dont le contribuable peut bénéficier doit être « raisonnable » : la loi fiscale doit être « raisonnablement claire ». Ne serait pas raisonnable un doute que l'interprète n'a pas essayé de dissiper grâce aux règles ordinaires d'interprétation : le premier devoir de l'interprète est de rechercher le sens et ce n'est qu'à défaut de pouvoir arriver à un résultat raisonnablement certain que l'on peut choisir de retenir celui, de plusieurs sens possibles, qui favorise le contribuable.

Les principes dégagés dans les pages précédentes, dont certains, d'ailleurs, ont été récemment invoqués dans l'affaire *Symes c. Canada*, [1993] 4 R.C.S. 695, peuvent se résumer ainsi :

- L'interprétation des lois fiscales devrait obéir aux règles ordinaires d'interprétation;

- Qu'une disposition législative reçoive une interprétation stricte ou libérale sera déterminé par le but qui la sous-tend, qu'on aura identifié à la lumière du contexte de la loi, de l'objet de celle-ci et de l'intention du législateur; c'est l'approche téléologique;

– Que l'approche téléologique favorise le contribuable ou le fisc dépendra uniquement de la disposition législative en cause et non de l'existence de présomptions préétablies;

– Primauté devrait être accordée au fond sur la forme dans la mesure où cela est compatible avec le texte et l'objet de la loi;

– Seul un doute raisonnable et non dissipé par les règles ordinaires d'interprétation sera résolu par le recours à la présomption résiduelle en faveur du contribuable.

B.   *La qualification de La Champenoise comme centre d'accueil servant aux fins prévues par la loi*

[...]

VI-   *Conclusion*

38   À la lumière des principes d'interprétation établis dans la première partie de notre analyse, il appert que la totalité des installations de La Champenoise, selon les faits constatés par le BREF, peut être qualifiée de centre d'accueil au sens des al. 1k) et 12b) *L.S.S.S.S.* Il appert de même que l'ensemble de son immeuble sert aux fins prévues par cette loi, comme le prescrit le par. 204(14) *L.F.M.* La décision du BREF, tribunal spécialisé, ne fait pas voir d'erreur susceptible de fonder réformation en appel. En conséquence, je rétablirais la décision du BREF afin que l'immeuble de La Champenoise soit entièrement déclaré exempt de taxes foncières pour les exercices financiers des années 1980 à 1984 inclusivement.

Dispositif

39   Le pourvoi est accueilli. Le jugement de la Cour d'appel du Québec est infirmé et la décision du BREF est confirmée, le tout avec dépens devant le BREF et toutes les cours.

Il est important de revenir sur le dernier point du résumé du juge Gonthier concernant la présomption d'intention. À l'instar de son application aux lois pénales et aux lois d'expropriation, ce raisonnement pragmatique par présomption demeure valide eu égard aux lois fiscales, mais son rôle a été diminué considérablement. La présomption d'intention entrera en jeu dans le processus d'interprétation de ces textes de lois fiscales que si, dans un premier temps, on n'a pas réussi à identifier l'intention du législateur à l'aide des méthodes ordinaires d'interprétation, soit les arguments de texte, de contexte et d'objet, principalement. Autrement dit, la présomption d'interprétation stricte et restrictive de la législation fiscale est reléguée à un argument subsidiaire qu'on peut utiliser seulement dans un second effort d'interprétation, à défaut d'avoir pu déterminer le sens de la norme législative à l'aide des principales méthodes interprétatives.

Dans *Corporation Notre-Dame de Bon-Secours*, comme le suggère Pierre-André Côté dans le traité[864], le juge Gonthier parle de l'interprétation limitative des lois

---

864.   P.-A. Côté, coll. S. Beaulac et M. Devinat, *Interprétation des lois*, 4ᵉ éd., Montréal, Thémis, 2009, à la p. 574.

fiscales, ou de l'interprétation en faveur du contribuable, comme une présomption « résiduelle » (para. 25). En d'autres termes, cet argument pragmatique est vraiment rendu secondaire, et joue réellement un rôle subsidiaire en interprétation législative. Concrètement, cela signifie que le contribuable aura le bénéfice du doute seulement dans les cas où, effectivement, il y en a un « doute » quant à l'intention du législateur, et ce, après avoir tenté de l'identifier autrement.

* * *

QUESTIONS

1. S'agissant de la méthodologie d'interprétation, comment l'influence de la Charte canadienne s'est-elle fait sentir quant aux lois favorables? Qu'est-ce que cela révèle par rapport aux valeurs en présence?

2. Quel est l'impact, le cas échéant, de la Charte canadienne sur l'argument pragmatique relatif aux lois affectant les intérêts individuels? Y a-t-il d'autres raisons expliquant le rééquilibrage des intérêts en jeux?

* * *

C. LES AUTORITÉS

Nous arrivons finalement à la troisième méthode complémentaire d'interprétation législative, à savoir ce qu'on appelle génériquement les *autorités*. L'idée derrière ces arguments d'interprétation est relativement simple : lorsque l'on doit identifier l'intention du législateur, suivant la logique de la théorie officielle de l'interprétation, il est approprié de considérer ce que d'autres acteurs juridiques ont dit et fait. Les questions sont donc de savoir, au niveau relationnel, qui se voit reconnaître l'autorité, d'une part, et surtout par qui, d'autre part. À vrai dire, ceux qui obéissent déterminent qui, parmi les acteurs juridiques, commandent autorité. Comme Maurice Marsal l'écrivait dans son ouvrage *L'autorité* : « C'est dans l'âme de ceux qui obéissent que réside la condition nécessaire et le foyer central de l'autorité, que ce soit celle du chef, ou d'un objet ou d'une idée »[865].

Qui, dans nos démocraties libérales et selon le principe de la primauté du droit (en anglais, « rule of law »)[866], sont ceux qui obéissent? Réponse courte : les justiciables. Ceci étant, eu égard au cadre constitutionnel fondé notamment sur la séparation des pouvoirs[867], à qui les justiciables s'en remettent-ils pour donner effet au droit auquel ils sont soumis? Réponse longue : la branche judiciaire du gouvernement, c'est-à-dire les juges de nos cours de justice, qui a le mandat constitutionnel d'interpréter et d'appliquer le droit, y compris de déterminer la méthodologie pour y parvenir. C'est ce

---

865. M. Marsal, *L'autorité*, 4e éd., Paris, Presses universitaires de France, 1971, à la p. 13. Merci à Mathieu Devinat pour cette référence.

866. Voir S. Beaulac, « The Rule of Law in International Law Today », dans G. Palombella et N. Walker (dir.), *Relocating the Rule of Law*, Oxford, Hart Publishing, 2009, p. 197.

867. Évidemment, cette idée est associée au célèbre Montesquieu – voir C.-L. de S. Montesquieu, *De l'esprit des lois*, Londres, a.m.e., 1757.

dont nous traitions au tout début de notre étude, lorsqu'il était question de la théorie officielle de l'interprétation et de son idée structurelle de l'intention du législateur[868]. Au nom des justiciables, pour qui la législation est interprétée et appliquée afin de rendre justice dans ces cas particuliers, les tribunaux ont développé une méthodologie générale, qui comprend ce qui peut agir comme argument d'autorité. Autrement dit, les juges ont identifié à qui, au sein de la communauté juridique, parmi les acteurs en droit, on peut reconnaître une autorité dans l'exercice d'interprétation des textes législatifs.

Quelles sont les autorités en interprétation législative? La première catégorisation que l'on observe est entre les sources d'autorités internes (ou nationales), donc qui relèvent de la même juridiction, d'une part, et les sources d'autorités externes (étrangères ou internationales), donc qui relèvent d'un autre système juridique, d'autre part. S'agissant de ce second groupe, l'argument de droit international en interprétation des lois sera considéré en détail dans un chapitre distinct[869]. Quant au droit étranger, comme argument de droit comparé, il faut préciser tout de suite que, dans un État fédéral comme le Canada, les juridictions qui sont externes à la normativité régissant une situation factuelle peuvent comprendre non seulement les pays étrangers, mais aussi les autres juridictions provinciales, lorsqu'on est dans ces matières. Cela dit, le droit comparé ne fera pas l'objet d'une analyse détaillée ici, étant entendu que ce domaine soulève énormément de questions qui dépassent le cadre de notre étude de la méthodologie d'interprétation des lois[870]. Sachons néanmoins que le droit comparé est un argument complémentaire, dont la force persuasive est généralement peu élevée, qui pourra être invoqué et utilisé en fin d'analyse pour aider à identifier l'intention du législateur. La récente décision de la Cour suprême du Canada dans l'affaire *Westmount c. Rossy*[871], discutée au chapitre précédent, l'illustre bien.

Seulement les autorités internes, c'est-à-dire les interprétations données par les acteurs juridiques d'une même juridiction, seront donc examinées. Plus particulièrement encore, nous nous intéresserons à la principale source d'autorité interne, celle qui soulève des problèmes d'application réels, soit l'interprétation que le législateur donne à sa propre législation. Les autres sources d'autorité de droit interne – l'interprétation

---

868.   Voir: Chapitre 2, Section B.
869.   Voir: Chapitre 6.
870.   En général, voir K. Zweigert et H. Kötz, *An Introduction to Comparative Law*, 3ᵉ éd., Oxford, Oxford University Press, 1998. Plus particulièrement, sur les aspects épistomologiques du droit, et spécifiquement du droit comparé, voir S. Samuel, *Epistemology and Method in Law*, Londres, Ashgate, 2003. Voir aussi F.F. Stone, «The End to Be Served by Comparative Law», (1952) 25 *Tul. L. Rev* 325; O. Kahn-Freund, «Comparative Law as an Academic Subject», (1966) 82 *Law Q. Rev* 40; W.J. Kamba, «Comparative Law: A Theoretical Framework», (1974) 23 *I.C.L.Q.* 485; G. Frankenberg, «Critical Comparisons: Re-thinking Comparative Law», (1985) 26 *Harv. Int'l LJ* 411; B. Markesinis, «Comparative Law – A Subject in Search of an Audience», (1990) 53 *Modern Law Journal* 1; R. Schlesinger, «The Past and Future of Comparative Law», (1995) 43 *Am. J. Comp. L.* 477; P.G. Monateri, «Everybody's Talking: The Future of Comparative Law», (1998) 21 *Hastings Int'l & Comp. L.* 825; H.P. Glenn, «Legal Traditions and Legal Traditions», (2007) 2 *Journal of Comparative Law* 69.
871.   *Westmount (Ville) c. Rossy*, [2012] 2 R.C.S. 136, [2012], A.C.S. nᵒ 30.

doctrinale, l'interprétation par l'administration, l'interprétation jurisprudentielle[872] – ne nécessitent pas d'élaboration. Ces arguments d'autorité sont généralement considérés complémentaires, c'est-à-dire qu'ils jouissent de peu de poids et sont surtout utilisés pour confirmer une conclusion interprétative à laquelle le tribunal est arrivé à l'aide des autres méthodes d'interprétation législative[873]. Par ordre décroissant de force persuasive, le cas échéant, l'interprète pourra donc utiliser a) la jurisprudence, b) l'interprétation de l'administration, et c) la doctrine. L'arrêt *Westmount c. Rossy*[874] a vu la Cour suprême du Canada avoir recours aussi à ces autorités internes (jurisprudence, doctrine) afin de réaliser un exercice complet d'interprétation législative.

* * *

Les arguments d'autorité en interprétation des lois qui proviennent du législateur soulèvent évidemment des aspects, selon la logique montesquienne, de séparation des pouvoirs. Une interrogation semblable a été posée eu égard à la méthode d'interprétation pragmatique, puisqu'on se demandait à quel point le juge, chargé de l'interprétation de la loi, pouvait prendre en considération les conséquences d'une interprétation afin d'ajuster le sens de la norme législative. Ici, c'est le contraire : il s'agit de savoir si le législateur, qui a créé la loi, peut par la suite affecter l'interprétation qu'on en fera. Deux visions s'opposent lorsqu'il s'agit de déterminer si l'auteur d'un texte législatif est apte à influencer son interprétation. La première est magnifiquement illustrée par les propos de Lord Halsbury dans l'affaire *Hilder v. Dexter*, exprimés au début du XXe siècle :

> My Lords, I have more than once had occasion to say that in construing a statute I believe the worst person to construe it is the person who is responsible for its drafting. He is very much disposed to confuse what he intended to do with the effect of the language which in fact has been employed.[875]

De l'autre côté, selon la maxime latine « *ejus est interpretari est condere* », l'auteur d'un texte de loi est dans une meilleure position que tout autre personne pour l'interpréter[876].

Qui croire ? Peu importe, une chose demeure incontestable toutefois : ce qu'a fait le législateur *a posteriori*, c'est-à-dire subséquemment à l'adoption de la loi en cause, peut constituer des arguments d'interprétation. Leur force persuasive variera selon les circonstances et ne sera jamais déterminante dans l'identification de l'intention du législateur. Mais qu'à cela ne tienne, les arguments d'autorité sont disponibles,

---

872. Concernant l'interprétation jurisprudentielle, voir M. Devinat, *La règle prétorienne en droit civil français et dans la common law canadienne – Étude de méthodologie juridique comparée*, Aix-en-Provence, Presses Universitaires d'Aix-Marseille, 2005.

873. Voir P.-A. Côté, coll. S. Beaulac et M. Devinat, *Interprétation des lois*, 4e éd., Montréal, Thémis, 2009 aux pp. 627-640; R. Sullivan, *Sullivan and Driedger on the Construction of Statutes*, 4e éd., Markham & Vancouver, Butterworths, 2002 aux pp. 500-517.

874. *Westmount (Ville) c. Rossy*, [2012] 2 R.C.S. 136, [2012], A.C.S. nº 30.

875. *Hilder v. Dexter*, [1902] A.C. 474, 477 (C.L.).

876. Voir A. Mayrand, *Dictionnaire de maximes et locutions latines utilisées en droit*, Cowansville, Éditions Yvon Blais, 1985, à la p. 71.

dans le petit coffre à outils du parfait interprète. On peut les regrouper dans trois catégories, qui correspondent aux rubriques qui suivent : 1. les lois déclaratoires, 2. l'historique législatif subséquent, et 3. la réadoption de la loi interprétée.

1. Lois déclaratoires

Après l'adoption d'un texte de loi, dans la grande majorité des cas, le législateur n'interviendra plus quant aux normes législatives alors créées. Toutefois, il arrivera, sur une base exceptionnelle, que l'auteur revienne à la charge, expressément, pour dissiper un doute ou préciser la portée de la loi, et ce, par le biais d'une autre loi. Si cette loi n'a pas pour objet de créer ou de modifier une norme législative, mais plutôt de l'expliciter davantage, on parlera de *loi déclaratoire* (ou, dans la tradition civiliste, de loi interprétative). Selon William Craies :

> For modern purposes a declaratory Act may be defined as an Act to remove doubts existing as to the common law, or the meaning or effect of any statute. Such Acts are usually held to be retrospective.[877]

On le souligne, la principale conséquence d'une loi déclaratoire est de produire des effets juridiques rétroactifs, ce sur quoi il est important d'élaborer.

Essentiellement, une loi déclaratoire ou interprétative produit des effets rétroactifs parce qu'elle agit sur un texte de loi antérieur. En 2000, par exemple, une loi « déclare » que la norme législative en cause, adoptée en 1990 par exemple, veut dire « X », et en fait a toujours voulu dire « X », et ce, depuis 1990. Ainsi, la loi explicite en 2000 une norme législative née en 1990 ; on dit que, depuis sa création, elle a toujours signifié « X ». La précision de la loi interprétative de 2000 produit ses effets juridiques, remédiant le doute dans la norme, non seulement pour l'avenir, mais aussi dans le passé, depuis l'adoption de la loi originale en 1990. Bref, ce que fait la loi déclaratoire, en clarifiant la situation, c'est de la rétroactivité.

Nous avons déjà mentionné qu'il existe une présomption d'intention selon laquelle le législateur n'est pas censé souhaiter donner une portée rétroactive à sa législation[878]. Il s'agit de ce qu'il est convenu d'appeler la présomption à l'encontre de l'effet rétroactif des lois[879]. Or, comme le notait William Craies : « Where an Act is in its nature declaratory, the presumption against construing it retrospectively is inapplicable »[880]. Est-ce que cela signifie que les tribunaux devraient voir des lois déclaratoires partout, pour contrer ladite présomption ? Absolument pas ; tout au contraire, en fait. Dans la province de Québec, la *Loi d'interprétation*[881] mentionne ce type de législation en l'associant à la rétroactivité ; il n'y a pas d'équivalent, à notre connaissance, dans le texte des lois d'inteprétation des autres juridictions du pays,

877.   S.G.G. Edgar, *Craies on Statute Law*, 7ᵉ éd., Londres, Sweet & Maxwell, 1971, à la p. 58.

878.   Voir : Chapitre 4, Section C.

879.   Voir R. Sullivan, *Sullivan and Driedger on the Construction of Statutes*, 4ᵉ éd., Markham & Vancouver, Butterworths, 2002, aux pp. 553 et s.

880.   S.G.G. Edgar, *Craie on Statute Law*, 7ᵉ éd., Londres, Sweet & Maxwell, 1971, à la p. 395.

881.   RLRQ, c. I-16.

ce qui ne veut évidemment pas dire que la même idée ne s'y trouve pas. C'est donc à l'article 50 de la *Loi d'interprétation* du Québec où, au-delà de ce qui est dit relativement au temps présent du verbe, on peut voir l'invitation générale de préférer une interprétation stricte et restrictive du caractère déclaratoire des lois :

> **50. Temps présent.** Nulle disposition légale n'est déclaratoire ou n'a d'effet rétroactif pour la raison seule qu'elle est énoncée au présent du verbe.

Il ne devrait donc pas être aisé, au Québec comme ailleurs au Canada, de conclure qu'une loi est de nature déclaratoire ou interprétative. Pourquoi ? Parce que, à la base, les effets rétroactifs qu'elle engendre choque notre sens général de justice.

Contrairement à Pierre-André Côté[882] – qui s'inspire du Français Paul Roubier[883] – nous croyons qu'il n'est pas possible d'avoir des lois dont la nature déclaratoire ou interprétative existe implicitement. Premièrement, au Canada, il semble que la présomption à l'encontre de la rétroactivité est plus forte qu'ailleurs, comme en France par exemple[884], parce qu'il s'agit d'une matière qui relève des principes de la tradition juridique de common law, qui voit ce type de législation d'un très mauvais œil[885]. Autrement dit, l'approche anglo-saxonne traditionnelle en ce qui concerne la rétroactivité milite en faveur de l'exigence d'indices formels du caractère déclaratoire d'une loi dans tous les cas et, partant, s'opposerait à la possibilité de lois interprétatives qui le sont de façon implicite.

En droit canadien, le deuxième fondement est d'ordre jurisprudentiel et vient des motifs du juge Pigeon dans *Gravel c. Cité de St-Léonard*[886]. La Cour suprême du Canada devait décider dans cette affaire si une disposition d'une loi adoptée en 1965 pouvait être interprétée non pas comme ayant modifié une loi antérieure, mais comme ayant apporté une précision quant au sens de cette loi, applicable à des transactions précises datant de 1953 et 1957. La question était donc de savoir si la loi de 1965 était déclaratoire, si elle produisait des effets juridiques en 1953 et en 1957, ou est-ce qu'il s'agissait d'une loi ordinaire d'application prospective, c'est-à-dire ayant des effets dans l'avenir, pour la période suivant sa mise en vigueur seulement. Bref, s'agissait-il d'une loi déclaratoire ou d'une simple loi de modification ? La majorité a conclu en faveur de la seconde thèse. Voici comment le juge Pigeon a abordé l'argument de loi déclaratoire :

> Que faut-il dire maintenant de la Loi de 1965 (13-14 Eliz. II, c. 55) dont l'art. 6 a inséré au second alinéa de l'art. 25 : « sauf s'il s'agit d'une convention qui l'oblige au paiement d'honoraires pour services professionnels... » ? À mon

---

882. P.-A. Côté, coll. S. Beaulac et M. Devinat, *Interprétation des lois*, 4e éd., Montréal, Thémis, 2009, aux pp. 599-608.

883. P. Roubier, *Le droit transitoire (conflit des lois dans le temps)*, 2e éd., Paris, Dalloz & Sirey, 1960.

884. Voir, notamment, T. Bonneau, *La Cour de cassation et l'application de la loi dans le temps*, Paris, Presses universitaires de France, 1990; et F. Dekeuver-Défossez, *Les dispositions transitoires dans la législation civile contemporaine*, Paris, Librairie générale de droit et de jurisprudence, 1977.

885. Voir E.A. Driedger, « Statutes : Retroactive Retrospective Reflexions », (1978) 56 *R. du B. can.* 264.

886. [1978] 1 R.C.S. 660, [1977] A.C.S. n° 71.

avis, il n'y a lieu d'en tenir compte d'aucune manière et cela suivant le principe de non-rétroactivité. La Législature a le pouvoir de décréter des lois ayant un effet rétroactif, y compris des lois déclaratoires (Voir *Cusson c. Robidoux* [1977] 1 R.C.S. 650). Cependant, cela ne se présume pas. [...]

[Références à l'article 50 de la *Loi d'interprétation* du Québec et à des arrêts de jurisprudence]

[...] En s'abstenant de donner au texte nouveau l'effet rétroactif ou déclaratoire, le législateur évite de se prononcer sur l'état antérieur du droit et laisse aux tribunaux le soin de le faire.[887]

Ce prononcé judiciaire laisse peu de doute quant à la possibilité de conclure qu'une loi est implicitement déclaratoire. On ne devrait pas pouvoir le faire. Une loi est formellement déclaratoire ou elle n'est pas déclaratoire, point.

À l'instar de la présomption forte en common law à l'encontre des effets juridiques rétroactifs, le législateur est censé vouloir modifier le droit en adoptant une nouvelle loi, par opposition à une intervention qui n'a pour but que de dissiper un doute ou préciser la portée d'une norme législative. À défaut d'indices formels, une loi ne devrait pas être vue comme déclaratoire ou interprétative; une loi ne pourrait pas être implicitement déclaratoire. La jurisprudence à laquelle Pierre-André Côté[888] fait référence pour justifier la proposition contraire provient de cours inférieures dans des décisions qui datent; depuis l'arrêt *Gravel* en 1978, aucun jugement de la Cour suprême du Canada, à notre connaissance, ne signale un retour à la possibilité d'avoir des lois implicitement déclaratoires[889].

Quels sont ces indices formels, mis dans le texte de loi par le législateur, pouvant justifier de conclure en la présence d'une loi déclaratoire ou interprétative ? La première chose à dire est qu'il n'y a pas de formule magique, d'expression sacramentelle, dans la pratique de rédaction législative. On se souviendra, par ailleurs, que l'article 50 de la *Loi d'interprétation* du Québec[890] énonce que l'usage du temps présent du verbe dans le texte de loi ne doit pas être vu comme une indication de la volonté du législateur relativement au caractère rétroactif ou déclaratoire d'une loi. La même directive serait acceptée dans les autres juridictions au Canada. En revanche, l'usage

---

887. [1978] 1 R.C.S. 660, 667, [1977] A.C.S. n° 71.
888. P.-A. Côté, coll. S. Beaulac et M. Devinat, *Interprétation des lois*, 4e éd., Montréal, Thémis, 2009, à la p. 599.
889. D'aucuns pensent que l'arrêt de la Cour suprême du Canada dans *Québec (P.G.) c. Healey*, [1987] 1 R.C.S. 158, [1987] A.C.S. n° 4, est un cas de loi implicitement déclaratoire. Il n'en est rien parce que la loi qui semble être implicitement déclaratoire, vu qu'elle n'a pas d'indices formels à cet égard, est en fait une loi de modification d'une loi qui, elle, est formellement déclaratoire. Il ne s'agit pas d'une loi implicitement déclaratoire, donc, parce que ses effets rétroactifs sont dus au fait qu'elle se rapporte à une loi formellement déclaratoire et non dus vraiment à une intention implicite du législateur quant au caractère déclaratoire de la loi. À vrai dire, il ne s'agit même pas d'une loi déclaratoire (implicitement ou non), parce qu'elle est essentiellement une loi de modification (donc qui apporte une modification à une norme législative en place) et non une loi qui dissipe le doute ou précise la portée de la normativité existant déjà.
890. RLRQ, c. I-16.

du temps présent du verbe avec le temps passé du verbe, de façon cumulative, est considéré comme un indice formel du caractère déclaratoire de la loi. Par exemple, la loi sous étude[891] dans l'arrêt de la Cour suprême du Canada, *Stackhouse c. The King*[892], se lisait comme suit : « Le juge doyen [...] désigne et a toujours désigné [...] ». Elle a été interprétée comme étant déclaratoire.

Dans la juridiction du Québec, la façon privilégiée d'exprimer l'intention explicite du législateur à cet égard est de prévoir, tout simplement, que telle ou telle norme « est déclaratoire », et ce, dans une disposition transitoire à la fin d'une nouvelle loi. En outre, à l'intérieur du dispositif comme tel, au Québec ou ailleurs, l'auteur du texte de loi pourra recourir à l'expression « [la loi en question] doit s'interpréter » ou, en anglais « [the said act] shall be construed »; ici, c'est clair, le législateur veut préciser la norme législative, et non la modifier en substance. Enfin, l'effet déclaratoire de l'intervention du législateur peut aussi se déduire d'indices formels dans le préambule de la loi. On y mentionnera, par exemple, que la loi est nécessaire pour dissiper une incertitude, pour jeter une lumière supplémentaire, quant au sens ou à la portée d'une législation existante, parfois à la suite d'un jugement qui sème un doute à cet égard[893].

Notre illustration jurisprudentielle vient d'une décision récente de la Cour suprême du Canada dans une affaire provenant du Québec.

Extraits tirés de l'opinion majoritaire dans *Régie des rentes du Québec c. Canada Bread Company Ltd.*, [2013] 3 R.C.S. 125, [2013] A.C.S. n° 46.

Version française du jugement de la Cour rendu par

LE JUGE WAGNER —

Aperçu

1   Les lois rétroactives attirent souvent la critique selon laquelle elles frustrent des attentes légitimes. Le présent dossier traite des attentes liées à l'interprétation de certaines dispositions de la *Loi sur les régimes complémentaires de retraite* du Québec, L.R.Q., ch. R-15.1 (« *LRCR* »). Il confirme que le législateur peut contrecarrer ces attentes en adoptant des dispositions déclaratoires, et que ces dispositions s'appliquent à toute instance non encore tranchée au fond par un jugement définitif.

2   Lorsque le législateur adopte une disposition déclaratoire à effet rétroactif, il est présumé avoir mesuré la nécessité de clarifier ainsi l'interprétation par rapport au bouleversement et à l'iniquité pouvant résulter de sa rétroactivité. Les tribunaux doivent donc faire preuve de déférence à l'endroit de cette décision du législateur.

3   En l'espèce, aucun jugement n'avait encore établi définitivement l'étendue des droits et obligations des parties. En conséquence, les dispositions déclaratoires adoptées par la législature du Québec pour faciliter l'interprétation de la *LRCR* étaient applicables.

---

891.   *Loi modifiant l'article 92 de la Loi des tribunaux judiciaires*, S.Q. 1938, c. 72, art. 1.

892.   (1941), 3 D.L.R. 284, [1941] A.C.S. n° 50.

893.   Voir, au sujet de ces exemples, P.-A. Côté, coll. S. Beaulac et M. Devinat, *Interprétation des lois*, 4ᵉ éd., Montréal, Thémis, 2009, aux pp. 597-598.

Faits

4   Le litige entre les parties au présent pourvoi a franchi les différents niveaux de juridiction non pas une, mais deux fois.

5   L'appelante, la Régie des rentes du Québec (« Régie »), est l'organisme gouvernemental chargé de l'application de la *LRCR*. Les intimées, Multi-Marques Inc. et Multi-Marques Distribution Inc. (collectivement « Multi-Marques ») et Canada Bread Company Ltd., sont des employeurs participants de la Bakery and Confectionery Union and Industry Canadian Pension Fund (« Régime »). Sean Kelly représente les fiduciaires du Régime.

6   En 1992 et 1994, les employés des divisions Gailuron et Durivage de Multi-Marques ont adhéré au Régime. Les fiduciaires ont octroyé aux employés de ces deux divisions des crédits de rente afférents aux années de service qu'ils avaient accumulées avant l'adhésion de Multi-Marques au Régime. Cet octroi a engendré un déficit que Multi-Marques devait combler au moyen de versements échelonnés sur une période de 15 ans. Avant l'expiration de cette période, Multi-Marques a décidé de fermer les divisions Gailuron et Durivage, respectivement en 1996 et 1997.

7   Par suite de ces fermetures, la Régie a rendu, le 16 mai 2002, deux décisions virtuellement identiques qui terminaient partiellement le Régime à l'égard des employés des divisions Gailuron et Durivage de Multi-Marques. Les fermetures ont également entraîné un déficit de solvabilité d'environ 5 millions de dollars, soit la somme nécessaire pour couvrir les crédits de rente pour services passés octroyés aux employés des deux divisions. Les deux décisions de la Régie exigeaient que les rapports actuariels déposés à la terminaison du Régime indiquent les sommes que l'employeur devait acquitter pour combler le déficit de solvabilité afin que les participants touchés par la terminaison reçoivent tout ce à quoi ils avaient droit.

8   La terminaison partielle du Régime n'a suscité aucune contestation, mais l'employeur a contesté la façon dont elle avait été exécutée. Multi-Marques a fait valoir que les art. 9.12 et 9.13 des *Rules and Regulations* (les « Règles ») du Régime prévoient que des facteurs extrinsèques pouvaient entraîner la réduction des droits des employés et qu'il y avait lieu, en conséquence, de réduire ces droits si les cotisations de l'employeur étaient insuffisantes pour éponger le déficit du Régime. Ainsi, selon les Règles, les obligations de l'employeur en matière de financement se limitaient aux paiements déjà effectués. En réponse à cette contestation, la Régie a soumis à un comité de révision la question de la compatibilité des art. 9.12 et 9.13 des Règles avec la *LRCR*.

9   Les articles 9.12 et 9.13 des Règles prévoient ce qui suit :

[TRADUCTION]

Article 9.12 — Limitation de responsabilité

Le régime est fondé sur des calculs actuariels ayant établi, autant que faire se peut, que les cotisations, si elles continuent d'être versées, seront suffisantes pour assurer la permanence du régime et satisfaire aux exigences de capitalisation énoncées à la Loi. Exception faite des obligations pouvant résulter de dispositions de la Loi, le régime n'a pas pour effet d'obliger l'employeur participant à verser des cotisations excédant celles qui sont prévues à la convention collective conclue avec le syndicat ou la section locale.

Ni les fiduciaires, individuellement ou collectivement, ni le syndicat ou la section locale ne sont tenus de verser les prestations prévues au régime si la caisse ne dispose pas de l'actif suffisant pour ces paiements.

Article 9.13 — Limitation de responsabilité relativement aux prestations

(a) Nonobstant toute disposition contraire du régime, lorsqu'un employeur participant met fin à sa participation (ci-après appelé l'employeur sortant) pour quelque raison que ce soit, l'actif correspondant à cet employeur, soit les cotisations totales que celui-ci a versées et l'intérêt y afférant en sus des prestations déjà versées, est affecté, dans la mesure où les fonds le permettent, au versement des prestations afférentes aux années de service auprès de cet employeur, sous réserve des modalités suivantes :

(i) Pour l'application du présent article uniquement, les prestations acquises par chaque participant sont établies en tenant pour acquis que le participant satisfait aux conditions d'admissibilité.

(ii) Si le régime est entièrement capitalisé selon l'approche de la continuité à la date où l'employeur sortant met fin à sa participation, les prestations sont réduites dans la seule mesure où l'actif de l'employeur sortant ne couvre pas le passif actuariel établi à l'égard des prestations afférentes aux crédits pour services passés.

(iii) Si le régime n'est pas entièrement capitalisé selon l'approche de la continuité à la date où l'employeur sortant met fin à sa participation, les prestations sont réduites dans la mesure du déficit et, en tout état de cause, les prestations afférentes aux crédits pour services passés sont réduites dans la mesure où elles ne sont pas entièrement couvertes par l'actif de l'employeur sortant.

(iv) Nonobstant toute disposition contraire du présent article, l'actif de l'employeur sortant est affecté conformément à la loi applicable.

(b) Si un groupe d'employeurs participants liés par convention collective à une section locale met fin à sa participation pour ce qui concerne les membres de cette section locale à la même date approximativement, les fiduciaires peuvent appliquer l'alinéa (a) ci-dessus comme si ces employeurs constituaient un employeur participant unique. Dans un tel cas, les calculs viseront tous les employeurs participants du groupe qui ont été liés par convention collective avec cette section locale. [d.a., vol. I, p. 160-162]

10   Dans sa décision du 14 avril 2003, le comité de révision a conclu que les art. 9.12 et 9.13 des Règles étaient incompatibles avec l'art. 211 de la *LRCR* — en vertu duquel les participants au régime ont droit à la pleine valeur de leur rente — et avec l'art. 228 de la même loi — aux termes duquel le manque d'actifs d'un régime de pension nécessaires à l'acquittement des droits des participants et des bénéficiaires constitue une dette de l'employeur. Parce que les art. 9.12 et 9.13 des Règles étaient incompatibles avec la *LRCR*, aux termes de l'art. 5 de cette dernière, ils n'avaient pas d'effet. Ils ne pouvaient donc être appliqués dans les rapports actuariels exigés pour la terminaison partielle du Régime. Le 15 juin 2004, cette décision a été confirmée par le Tribunal administratif du Québec (« TAQ ») et, à l'issue d'une révision judiciaire, par la Cour supérieure du Québec le 20 juillet 2006. Multi-Marques, Sean Kelly et Canada Bread Company Ltd. ont porté la décision de la Cour supérieure en appel devant la Cour d'appel du Québec.

11   Le 2 avril 2008, la Cour d'appel a accueilli les appels : 2008 QCCA 597, [2008] R.J.Q. 853. Elle a conclu que les art. 9.12 et 9.13 n'étaient pas incompatibles avec la *LRCR* et qu'il fallait donc leur donner plein effet dans les rapports actuariels préparés dans le cadre de la terminaison partielle du Régime. Elle a donc infirmé les décisions de la Cour supérieure, du TAQ et du comité de révision de la Régie, et elle a renvoyé l'affaire à la Régie en lui enjoignant de réviser ses décisions initiales en tenant compte des principes se dégageant

de son jugement. Pour plus de commodité, je reproduis ci-après l'ordonnance de la Cour d'appel :

> Accueille les appels, avec dépens tant en Cour supérieure qu'en Cour d'appel;
>
> Infirme la décision de la Cour supérieure du 20 juillet 2006;
>
> Infirme la décision du Tribunal administratif du Québec du 15 juin 2004;
>
> Infirme la décision du comité de révision de la Régie des rentes du Québec datée du 14 avril 2003;
>
> Retourne le dossier à la Régie des rentes du Québec pour qu'elle révise ses décisions D-41130-001 et D-41130-02 du 16 mai 2002 en se conformant au présent arrêt;
>
> Autorise Kelly à déposer des rapports actuariels de terminaison qui appliquent les clauses 9.12 et 9.13 du régime de retraite, eu égard aux terminaisons partielles résultant du retrait du régime de retraite des employés des divisions Gailuron et Durivage de Multi-Marques. [Je souligne; par. 104-109.]

12   Le 29 mai 2008, la Régie a demandé l'autorisation de se pourvoir devant notre Cour.

13   Le jour même où la Cour d'appel rendait son arrêt, le projet de loi n° 68 — *Loi modifiant la Loi sur les régimes complémentaires de retraite, la Loi sur le régime de rentes du Québec et d'autres dispositions législatives* (*Journal des débats*, vol. 40, n° 65, 1re sess., 38e lég., 2 avril 2008) — était présenté à l'Assemblée nationale du Québec. Lors des débats en commission parlementaire, le ministre de l'Emploi et de la Solidarité sociale, M. Sam Hamad, a clairement indiqué que les modifications législatives étaient proposées par suite de l'arrêt de la Cour d'appel et visaient à protéger les retraités de Multi-Marques :

> Alors, cet amendement vise à contrer les effets du jugement que la Cour d'appel du Québec a rendu le 2 avril 2008 dans l'affaire *Multi-marques Distribution inc. c. Régie des rentes du Québec*. [. . .] Avec respect pour la cour, ce jugement repose sur une interprétation de la *Loi sur les régimes complémentaires de retraite* qui va à l'encontre des objectifs qu'elle vise. [Je souligne.]
>
> (Assemblée nationale, *Journal des débats de la Commission des affaires sociales*, vol. 40, n° 52, 1re sess., 38e lég., 3 juin 2008)

14   Ce projet de loi ajoutait à la *LRCR* les art. 14.1 et 228.1, qui consacraient essentiellement le point de vue de la Régie relativement à l'application des art. 9.12 et 9.13 des Règles et rejetaient l'interprétation de la Cour d'appel. Ces modifications ont fait en sorte qu'aucune disposition d'un régime de retraite ne peut faire dépendre la valeur de droits accumulés d'un facteur extrinsèque de façon à limiter ou réduire les obligations d'un employeur envers le régime. En outre, le législateur énonce expressément, à l'art. 319.1, que ces nouveaux articles de la *LRCR* sont de nature déclaratoire.

15   L'Assemblée nationale a adopté le projet de loi n° 68 le 18 juin 2008 (L.Q. 2008, ch. 21), et notre Cour a rejeté la demande d'autorisation d'appel de la Régie le 16 octobre 2008 : [2008] 3 R.C.S. ix.

16   Par suite de cette décision de notre Cour, la Régie a entrepris la mise en œuvre de l'arrêt de la Cour d'appel du 2 avril 2008 afin de mener à terme la terminaison partielle du Régime. Au mois de novembre 2008, elle a informé les avocats des parties qu'un comité de révision avait été chargé de cette mise en œuvre et les a invités à présenter des observations. Le 14 août 2009, le comité de révision de la Régie a rendu la décision qui fait l'objet du présent pourvoi.

17   Au lieu de suivre l'interprétation de la Cour d'appel, selon laquelle il fallait prendre en compte les art. 9.12 et 9.13 des Règles pour établir les obligations de Multi-Marques résultant de la terminaison partielle, la Régie a appliqué les nouvelles dispositions de la *LRCR*. Elle a donc refusé de donner effet aux articles des Règles qui permettaient de réduire les droits payables aux participants et aux bénéficiaires du Régime, et elle a confirmé ses décisions initiales du 16 mai 2002. Sean Kelly, Canada Bread Company Ltd. et Multi-Marques ont contesté la décision de la Régie devant le TAQ.

Historique judiciaire

A.   *Tribunal administratif du Québec, 2010 QCTAQ 04423, [2010] R.J.D.T. 796 (les juges Cormier et Lévesque)*

18   Dans sa décision, le TAQ a examiné trois questions : (1) La Régie a-t-elle commis une erreur de droit en constituant un comité chargé de revoir ses décisions initiales ? (2) Le comité de révision a-t-il contrevenu aux règles de justice naturelle en ne donnant pas de préavis de sa décision et en n'informant pas les parties qu'il envisageait d'appliquer les modifications apportées à la *LRCR* postérieurement à l'arrêt de la Cour d'appel ? (3) En l'espèce, le comité de révision a-t-il appliqué à tort les dispositions déclaratoires de la *LRCR* ? Seule la troisième question demeure pertinente pour le présent pourvoi.

19   À l'issue de l'examen de cette question, le TAQ a confirmé la position de la Régie. Il lui a donné raison d'avoir appliqué les dispositions déclaratoires, puisque l'affaire était encore pendante lors de l'entrée en vigueur de ces dispositions le 20 juin 2008.

B.   *Cour supérieure du Québec, 2010 QCCS 6104, [2011] R.J.Q. 122 (la juge Grenier)*

20   Les employeurs et le représentant des fiduciaires ont demandé à la Cour supérieure du Québec la révision judiciaire de la décision du TAQ. La Cour supérieure a accueilli leur requête.

21   Après avoir décidé que la norme de contrôle applicable était celle de la décision correcte, la juge a indiqué qu'il fallait déterminer si la Régie avait le pouvoir de rendre la décision qu'elle avait rendue compte tenu de l'arrêt de la Cour d'appel. Elle a jugé que, dans le contexte particulier de l'affaire, le TAQ avait conclu à tort que la Régie pouvait appliquer les dispositions déclaratoires. Elle a expliqué que l'affaire ne pouvait avoir été « pendante » au mois de juin 2008 et que, lorsque la Régie a rendu sa nouvelle décision en 2009, l'arrêt de la Cour d'appel avait acquis l'autorité de la chose jugée, de sorte que les dispositions déclaratoires de la *LRCR* ne pouvaient s'appliquer au litige opposant les parties. Les ordonnances de la Régie relatives aux calculs actuariels à effectuer par suite de la terminaison devaient donc prendre en compte les art. 9.12 et 9.13 des Règles.

C.   *Cour d'appel du Québec, 2011 QCCA 1518, [2011] R.J.Q. 1540 (les juges Thibault, Rochette et Kasirer)*

22   La Cour d'appel a elle aussi jugé que la Régie avait appliqué à tort les dispositions déclaratoires. S'exprimant au nom de la cour, la juge Thibault a souligné qu'au moment où la demande d'autorisation d'appel était pendante devant notre Cour, l'arrêt de la Cour d'appel n'avait pas encore l'autorité de la chose jugée. Toutefois, seule notre Cour aurait pu appliquer les dispositions déclaratoires si elle avait décidé d'entendre le pourvoi. L'arrêt de la Cour d'appel est passé en force de chose jugée lorsque notre Cour a rejeté la demande d'autorisation d'appel, et la Régie aurait dû s'y conformer. La Cour d'appel a jugé que, bien que la Régie dispose du pouvoir de réviser ses décisions, en vertu de l'art. 26 de la *Loi sur*

le régime de rentes du Québec, L.R.Q., ch. R-9, elle n'est pas habilitée pour autant à passer outre à un jugement définitif de la Cour d'appel.

Questions en litige

23   Le pourvoi soulève les questions suivantes :

1. Quel est l'effet d'une loi déclaratoire ?

2. La Régie a-t-elle commis une erreur en appliquant la loi déclaratoire pour statuer sur les droits et obligations des parties ?

Analyse

24   Le principe de la chose jugée empêche les parties de soumettre à nouveau aux tribunaux une question qui a fait l'objet d'un jugement définitif à leur égard : *Danyluk c. Ainsworth Technologies Inc.*, 2001 CSC 44, [2001] 2 R.C.S. 460, par. 18. Cela ne signifie pas pour autant que le législateur ne peut pas intervenir pour annuler les effets d'un tel jugement. En l'espèce, il est évident que le législateur entendait non seulement priver le jugement de la Cour d'appel de sa valeur de précédent, mais il voulait également annuler son autorité de chose jugée entre les parties. J'estime qu'il a atteint ces deux objectifs.

25   J'ai lu les motifs de dissidence de ma collègue. Avec respect et malgré l'accent qu'elle fait porter sur la juridiction de la Régie, je crois fermement que la nature et l'effet de la disposition législative déclaratoire demeurent, en l'espèce, la principale question en litige.

A.   *Quel est l'effet d'une loi déclaratoire ?*

26   Le droit canadien reconnaît qu'il entre dans la prérogative du législateur de jouer un rôle judiciaire et de déterminer par une loi déclaratoire l'interprétation que doivent recevoir ses lois : L.-P. Pigeon, *Rédaction et interprétation des lois* (3ᵉ éd. 1986), p. 132-133. Comme notre Cour l'a indiqué dans *Western Minerals Ltd. c. Gaumont*, [1953] 1 R.C.S. 345, le législateur intervient habituellement ainsi lorsqu'il veut corriger une interprétation judiciaire qu'il estime erronée.

27   Lorsqu'il adopte une loi déclaratoire, le législateur joue le rôle d'un juge et dicte l'interprétation à donner à ses propres lois : P.-A. Côté, en collaboration avec S. Beaulac et M. Devinat, *Interprétation des lois* (4ᵉ éd. 2009), p. 609-610. Pour cette raison, les dispositions déclaratoires relèvent davantage de la jurisprudence que de la législation. Elles s'apparentent à des précédents ayant force obligatoire, telles les décisions judiciaires : P. Roubier, *Le droit transitoire : conflits des lois dans le temps* (2ᵉ éd. 1993), p. 248. Elles peuvent infirmer une décision judiciaire de la même façon qu'un arrêt de notre Cour prévaut sur la jurisprudence de juridictions inférieures sur un point de droit donné.

28   Il est tout aussi reconnu en droit que les dispositions déclaratoires ont un effet immédiat sur les affaires pendantes et qu'elles font donc exception à la règle générale du caractère prospectif de la loi. L'interprétation imposée par une disposition déclaratoire remonte dans le temps jusqu'à la date d'entrée en vigueur du texte de loi qu'elle interprète, faisant en sorte que ce texte de loi est réputé avoir toujours inclus cette disposition. Cette interprétation est donc considérée comme ayant toujours été la loi : R. Sullivan, *Sullivan on the Construction of Statutes* (5ᵉ éd. 2008), p. 682-683.

29   Toutefois, des limites s'appliquent à l'effet immédiat d'une loi déclaratoire. En 1953, notre Cour a fait sien, dans *Western Minerals*, l'énoncé de W. F. Craies, *A Treatise on Statute*

Law (4e éd. 1936), selon lequel les lois déclaratoires [TRADUCTION] « statuent sur les affaires semblables qui sont pendantes à la date du jugement, mais elles n'opèrent pas la réouverture d'affaires déjà jugées » : p. 370, citant Craies, p. 341-342. Tout comme un précédent ayant force de loi, l'interprétation adoptée par le législateur au moyen d'une disposition déclaratoire s'applique à toutes les causes futures et à celles pendantes au moment de l'entrée en vigueur de la disposition, même si les faits générateurs du litige sont antérieurs à l'adoption de cette dernière. Toutefois, les dispositions déclaratoires n'ont pas pour effet de rouvrir des causes tranchées par un jugement définitif.

30   Avant de poursuivre mon analyse, je dois faire ressortir une distinction entre deux notions dont l'importance est cruciale pour l'issue du présent pourvoi : la notion de « jugement définitif » et celle de « jugement définitif qui statue ultimement sur les droits et obligations des parties ». Un jugement n'a pas à statuer sur le litige en entier pour être définitif. S'il statue sur toute *question* de fond interlocutoire, il acquerra l'autorité de la chose jugée. Par contre, un jugement définitif qui statue ultimement sur les droits et obligations des parties acquiert aussi l'autorité de la chose jugée, mais il tranche le *litige* en entier et rend inutile la prise de toute autre mesure dans l'instance.

31   Cette distinction est importante parce que, dans l'arrêt *Western Minerals*, la Cour a fait sienne la thèse selon laquelle les lois déclaratoires n'opèrent pas la réouverture des *causes* déjà jugées, mais elle ne mentionne pas l'effet de telles lois sur les *questions* tranchées. Au Canada, il n'existe aucune jurisprudence définitive quant à l'effet des lois déclaratoires sur les questions tranchées. En conséquence, je ne peux supposer que les lois déclaratoires qui visent manifestement à annuler des jugements définitifs qui ne statuent pas ultimement sur les droits et obligations des parties ne s'appliquent pas à de tels jugements. Cette conclusion est la seule que je peux tirer à la lumière de la jurisprudence et des principes de droit pertinents.

32   Le concept de jugement définitif qui ne statue pas ultimement sur les droits et obligations des parties est celui qui permet de distinguer les affaires pendantes des affaires non pendantes. Les affaires pendantes sont celles dont sont présentement saisis des tribunaux compétents et qui sont en attente d'un jugement définitif et irrévocable sur le fond. Comme le juge Cartwright l'a expliqué dans *Western Minerals*, elles englobent [TRADUCTION] « les affaires jugées, mais dont le jugement a fait l'objet d'un appel qui est pendant au moment de l'entrée en vigueur de la loi déclaratoire » : p. 370. En conséquence, seules les affaires ayant abouti à un jugement statuant définitivement sur les droits et obligations des parties ne sont plus pendantes.

33   En l'espèce, la loi déclaratoire s'appliquera, à moins qu'une *cause*, et non une simple *question*, n'ait été tranchée.

34   Contrairement à moi, la Juge en chef est d'avis que lorsque le législateur entend supprimer les effets d'un jugement définitif qui tranche une question, il doit l'exprimer clairement (par. 62, 64 et 71). Avec égards, aucune décision de la Cour ne permet d'étayer une telle affirmation. La Juge en chef se fonde uniquement sur la décision *Zadvorny c. Saskatchewan Government Insurance* (1985), 38 Sask. R. 59, de la Cour d'appel de la Saskatchewan pour appuyer le principe qu'elle énonce. Or, pour les motifs que j'exprime dans la présente décision, je ne suis ni lié ni convaincu par cet arrêt. Selon moi, la jurisprudence canadienne et les principes juridiques pertinents empruntent plutôt la direction contraire.

35   En outre, j'estime qu'il est inutile d'insister sur la clarté du libellé de la loi dans une affaire comme celle-ci alors que personne ne conteste que le législateur avait l'intention de supprimer les effets du jugement entre les parties. Non seulement cette proposition en faveur

du langage clair n'est-elle pas soutenue par la jurisprudence de la Cour, mais elle contredit en fait l'objectif de la loi. Grâce à la transcription des débats législatifs, il n'a jamais fait de doute que, lorsqu'il a adopté les dispositions déclaratoires, le législateur visait à contrer les effets du jugement de la Cour d'appel du 2 avril 2008 de manière à protéger les retraités. En tout respect pour l'opinion contraire, une approche qui ignorerait cette intention manifeste et ne chercherait qu'un libellé clair constituerait une approche, selon moi, trop formaliste, et limiterait d'une manière injustifiée la preuve qui peut être examinée pour apprécier les effets d'une loi déclaratoire.

B.   *La Régie a-t-elle commis une erreur en appliquant la loi déclaratoire ?*

(1)   Application de la loi déclaratoire au litige

36   En l'espèce, nul ne conteste la nature déclaratoire des dispositions introduites dans la *LRCR* par le projet de loi 68. L'article 319.1 de la *LRCR*, adopté en même temps que les art. 14.1 et 228.1, énonce expressément que ces dispositions sont déclaratoires. Au libellé sans équivoque de cette disposition s'ajoutent les circonstances de leur adoption, qui témoignent de l'intention du législateur qu'elles soient déclaratoires. Il ressort des délibérations ayant mené à leur adoption que le législateur voulait infirmer l'arrêt de la Cour d'appel afin de protéger les participants et bénéficiaires du Régime et d'empêcher que la décision n'acquière valeur de précédent et ne lie les tribunaux dans les affaires pendantes ou futures.

37   Puisque ni le caractère déclaratoire des dispositions en cause ni les effets de ce caractère déclaratoire ne sont contestés, l'enjeu de l'applicabilité de ces dispositions en l'espèce dépend de la question de savoir si le différend était pendant lorsqu'elles ont été adoptées. Plus simplement, il nous faut déterminer si l'appel concerne en l'espèce une affaire jugée ou simplement une question tranchée.

38   La Régie et le procureur général du Québec fondent leur argumentation sur le fait que l'affaire était pendante, puisque la Régie avait présenté en 2008 une demande d'autorisation d'appel à notre Cour. Je tiens donc à préciser que ma conclusion selon laquelle l'affaire était pendante à l'époque pertinente ne dépend pas de l'existence de cette demande d'autorisation d'appel. Bien que l'arrêt *Western Minerals* de notre Cour pose clairement que, pour l'application d'une loi déclaratoire, est pendante une affaire tranchée par un jugement définitif dont l'appel est pendant, il ne s'agit pas là du seul facteur qui détermine si une affaire peut être considérée comme pendante. Ainsi que je l'ai expliqué, le facteur déterminant à cet égard est plutôt l'absence d'un jugement définitif statuant sur les droits et obligations des parties. Tout comme les causes qui font l'objet d'un appel, les affaires renvoyées devant un tribunal d'instance inférieure sont aussi pendantes.

39   Le 20 juin 2008, à l'entrée en vigueur des dispositions déclaratoires, le litige entre les parties était pendant. Bien que l'arrêt du 2 avril 2008 de la Cour d'appel eût acquis « [l]'autorité de la chose jugée » au sens de l'art. 2848 du *Code civil du Québec*, L.Q. 1991, ch. 64, il ne statuait pas entièrement et définitivement sur les droits et obligations des parties découlant des deux terminaisons partielles. Je le répète, est pendante une affaire qui n'a pas été tranchée par un jugement définitif et irrévocable statuant sur les droits et obligations des parties. Un jugement définitif qui tranche une question sans résoudre le litige au fond n'empêche pas le décideur de qui relève la décision définitive sur les droits et obligations des parties d'appliquer une loi déclaratoire adoptée postérieurement à ce jugement.

40   En concluant de la sorte, je ne souhaite pas remettre en question l'importance capitale, pour l'administration de la justice, de la doctrine de l'autorité de la chose jugée. Cette

doctrine vise à éviter la réouverture des affaires déjà jugées par un tribunal compétent. Toutefois, j'estime qu'étendre la portée de cette doctrine et l'appliquer aux circonstances particulières de l'espèce empiéterait indûment sur la prérogative du législateur d'écarter les effets d'un jugement définitif qui lierait par ailleurs les parties. En termes plus simples, alors que l'autorité de la chose jugée peut empêcher une partie de demander à un tribunal d'annuler les effets d'une décision qui tranche une question, elle empêche seulement le *législateur* d'annuler l'effet d'une décision qui tranche une affaire.

41   Selon la jurisprudence de la Cour, seul un jugement définitif rendu sur le fond de l'affaire ferait obstacle à l'application d'une interprétation formulée dans une loi déclaratoire.

42   L'arrêt de la Cour d'appel n'a statué définitivement que sur une question de droit relative à l'interprétation de certaines dispositions des Règles et à leur compatibilité avec la *LRCR*. La cour a renvoyé à la Régie la question des droits substantiels des parties pour qu'elle en décide en tenant compte de cette interprétation. Le 20 juin 2008, le litige entre les parties n'avait donc pas connu de résolution définitive. Les modalités des terminaisons partielles du Régime n'avaient pas encore été établies. Le litige entre les parties était donc toujours pendant lorsque les dispositions déclaratoires sont entrées en vigueur, et l'autorité compétente à qui il appartenait de résoudre le litige entre les parties pouvait alors donner effet aux dispositions déclaratoires.

43   La Cour d'appel lui ayant renvoyé la cause, la Régie était une autorité compétente à qui il appartenait de trancher une affaire qui était pendante à l'entrée en vigueur des dispositions déclaratoires. Elle pouvait donc tenir compte de ces dispositions pour statuer sur l'affaire.

(2)   Portée d'une décision portant renvoi d'une affaire et assortie de directives

44   Dans sa décision du 2 avril 2008, la Cour d'appel a renvoyé l'affaire à la Régie en lui ordonnant de réviser ses décisions conformément aux motifs de l'arrêt. Ayant statué sur la question de l'autorité de la chose jugée qui a découlé de la décision de la Cour d'appel, je vais maintenant traiter de la question du *stare decisis*.

45   Multi-Marques et Sean Kelly soutiennent que, parce que la Cour d'appel avait ordonné le renvoi en donnant des directives, la Régie n'exerçait qu'une compétence limitée et devait appliquer la loi telle que la Cour d'appel l'avait interprétée, sans tenir compte des changements postérieurs à l'arrêt.

46   Ce raisonnement est erroné parce qu'il se méprend sur la raison d'être du principe du *stare decisis*. Lorsqu'il revient à un décideur administratif de suivre les directives d'une cour de révision, c'est en application du principe du *stare decisis* : *Canada (Commissaire de la concurrence) c. Supérieur Propane Inc.*, 2003 CAF 53, [2003] 3 C.F. 529, par. 54. Le décideur est donc tenu de suivre ces directives dans la seule mesure où elles demeurent juridiquement valables.

47   En l'espèce, la compétence de la Régie, une fois que l'affaire lui a été renvoyée, n'était limitée que par le principe du *stare decisis*. C'est ce principe qui obligeait la Régie à appliquer à l'affaire dont elle était saisie l'interprétation établie par la Cour d'appel. Toutefois, lorsqu'elle est entrée en vigueur, la loi déclaratoire a pris valeur jurisprudentielle et a infirmé l'interprétation de la Cour d'appel. Cette loi est alors devenue le nouveau précédent obligatoire relativement à l'interprétation de certaines dispositions de la *LRCR*. Ainsi, suivant le principe du *stare decisis*, les modifications juridiques opérées par une loi déclaratoire avant le règlement définitif d'un litige annulent la valeur de précédent des directives d'une cour de révision qui sont contraires. Si un nouveau précédent de notre Cour avait modifié entre-temps

le droit relatif à la question litigieuse, la Régie aurait été liée par l'arrêt de notre Cour tout comme elle est liée par la loi en question. En l'espèce, la loi déclaratoire n'est pas ambiguë et l'Assemblée nationale a décidé unanimement de contrer l'effet de la décision de la Cour d'appel en permettant à la Régie d'interpréter la *LRCR* conformément à ce que le législateur considérait être les véritables objectifs de cette loi. L'intervention du législateur a donc privé les directives de la Cour d'appel de leur validité juridique. En conséquence, la Régie n'était pas seulement habilitée à interpréter la *LRCR* en fonction des dispositions déclaratoires, elle en avait l'obligation.

48   Enfin, il faut signaler qu'il incombait à la Régie, aux termes de la *LRCR*, de donner effet au droit applicable, et elle devait donc attribuer à la *LRCR* le sens que celle-ci avait toujours eu, selon la loi déclaratoire. Les lois déclaratoires ayant une portée rétroactive, la *LRCR* est réputée avoir inclus les dispositions en cause depuis son adoption. Selon l'art. 202 de la *LRCR*, lorsqu'un employeur se retire d'un régime de retraite interentreprises, le comité de retraite doit transmettre à la Régie « un rapport établissant les droits de chacun des participants et bénéficiaires visés ainsi que leur valeur ». Selon l'art. 203 de la même loi, la Régie ne peut autoriser le retrait si le rapport n'est pas conforme à la *LRCR*. Bien que l'obligation légale de la Régie de délivrer un certificat conformément à la loi ne soit pas ce qui l'habilite principalement à passer outre à la décision de la Cour d'appel, cette obligation permet certainement d'affirmer que la Régie ne peut appliquer une règle de droit invalide.

Conclusion

49   Pour ces motifs, je suis d'avis d'accueillir le pourvoi avec dépens dans toutes les cours.

---

2. Historique législatif subséquent

On se souviendra d'avoir déjà parlé d'historique législatif subséquent, lorsqu'on a examiné les arguments historiques en interprétation des lois[894]. Il était nécessaire alors de distinguer « historique antérieur » et « historique subséquent », le premier se rapportant aux versions antérieures d'un texte législatif (constituant donc des choses qui précèdent l'adoption de la loi en cause). Bref, l'historique tel qu'on l'entend généralement est une histoire passée. En revanche, le second type d'historique, sur ce même axe temporel, est postérieur à l'adoption de la législation applicable. Il s'agit néanmoins d'éléments historiques dans une compréhension élargie de l'histoire pertinente à la normativité de droit écrit. En effet, le point dans le temps à partir duquel on se place est celui du moment où l'interprète, c'est-à-dire un juge dans une cause, doit cristalliser le sens de la loi dans sa décision. Tout ce qui est arrivé ou existe avant la finalisation du processus d'interprétation législative peut, en principe, être pris en considération. Ce qui survient, par rapport au texte de loi pertinent, entre le moment de la naissance de la cause d'action et la décision judiciaire fait partie de l'historique législatif subséquent.

Concrètement, le problème se présente lorsque le législateur a modifié le texte de la loi pertinente – il n'est pas question de loi déclaratoire ici; il est clair qu'il s'agit d'une loi de modification – entre la naissance de la cause d'action et le procès dans la

---

894.   Voir : Chapitre 4, Section A.

cause. Il ne fait aucun doute que la loi telle que modifiée n'est pas applicable, parce qu'il n'y a pas de rétroactivité et donc ses effets juridiques se limitent à l'avenir. Une loi en 2001 par exemple, qui prévoit la norme « X », va régir les causes d'action nées en 2002, et même si cette loi est modifiée en 2003, en changeant la norme par « Y », cela n'aura aucune incidence sur le droit applicable aux causes d'action de 2002, lors du procès en 2004 par exemple, étant entendu que la loi de 2003 n'est pas déclaratoire et qu'il n'y a donc pas lieu de parler de rétroactivité des effets juridiques. La question quant à l'historique législatif est de savoir si une telle modification de la loi, qui n'aurait ainsi aucun impact direct sur la norme applicable au procès en 2004, peut néanmoins avoir une certaine influence sur son interprétation, ne serait-ce qu'à titre d'élément complémentaire[895].

Spécifiquement, deux scénarios se présentent dans l'hypothèse d'une modification de la loi applicable entre le moment de la naissance de la cause d'action et le moment de l'interprétation au procès. Dans le premier, la loi de 2001 prévoyait la norme « X » par exemple, qui semble signifier et s'appliquer au moins aux situations « a, b, c »; la cause d'action naît en 2002. Or, en 2003, la loi est modifiée pour dire explicitement que « X » signifie et s'applique aux situations « a, b, c, d »; donc on ajoute expressément un élément à la norme juridique, soit la situation d'application « d ». Soyons clair qu'il n'y a aucun indice formel que la loi de 2003 est déclaratoire; donc il y a bel et bien modification de la loi, non pas seulement une précision de la norme législative (i.e. pas d'effet rétroactif). S'agissant de l'information de l'historique législatif subséquent lors du procès en 2004, la question est de savoir si le fait que le législateur soit intervenu pour ajouter expressément la situation « d » devrait signifier qu'il n'était pas de son intention que « d » soit un cas d'application de la version originale de « X ». En somme, est-ce qu'on peut utiliser cet élément d'historique législatif subséquent, avec la modification de 2003, afin d'aider à interpréter la version 2001 de la norme « X », applicable à notre cause d'action de 2002, et ce, lors du procès de 2004 ?

Pour ce qui est du second scénario, c'est le contraire qui se produit. La loi de 2001 prévoyant la norme « X », qui appert signifier et s'appliquer aux situations « a, b, c », est modifiée en 2003, après la cause d'action en 2002, mais avant le procès en 2004. Cette fois-ci, la modification apportée vient dire explicitement que la norme « X » signifie et s'applique aux situations « a, b » seulement; donc on enlève expressément un élément à la norme juridique, soit la situation d'application « c ». Il n'y a pas lieu, ici non plus, de parler de loi déclaratoire ou d'effet rétroactif. Concernant l'historique législatif subséquent, la question est de savoir si le fait que le législateur soit intervenu pour retirer expressément « c » devrait être considéré comme une indication de son intention que la situation « c » constituait, de fait, un des cas d'application de la version originale de « X ». Autrement dit, est-ce que l'interprète peut se servir de cette information, tirée de la modification de 2003, comme argument d'interprétation eu égard à la norme « X » de 2001, qui régit la cause d'action de 2002 au moment du procès en 2004. La réponse est affirmative en jurisprudence

---

895.　Voir, notamment, J.M. Kernochan, « Statutory Interpretation: An Outline of Method » (1976) *Dal. L. J.* 333, aux pp. 360 et s.

au Canada, depuis au moins la fin du XIXe siècle[896]. En fait, on aurait développé une présomption d'intention – dont le poids est assez faible toutefois – selon laquelle le législateur est censé ne pas souhaiter avoir un élément originalement s'il l'a ajouté subséquemment par une loi de modification et, vice-versa, le législateur est censé souhaiter avoir un élément dans l'ancienne version s'il l'a enlevé expressément par la suite dans une nouvelle version de la loi[897].

Ces arguments faisant appel à un raisonnement par présomption s'expliquent en bonne partie par le principe de l'effet utile[898], qui renvoie à une idée générale et puissante en interprétation législative, qui veut que le législateur n'intervienne pas dans le corpus législatif sans raison (il ne parle pas pour rien dire, comme le dit l'adage). S'il s'est donné la peine d'ajouter un élément normatif dans sa loi, cela doit être parce qu'il ne s'y trouvait pas déjà; en revanche, s'il s'est donné la peine d'enlever un élément, cela signifierait qu'il était là dans la version originale. Comme tenu des ressources limitées des organismes publics, dont la branche législative du gouvernement, cet argumentaire est logique et convaincant. Cela dit, ces arguments d'autorité par présomption d'intention n'ont jamais eu la cote devant les tribunaux, et ce, pour plusieurs raisons.

Une des principales objections pour limiter la force persuasive de l'information tirée de l'historique législatif subséquent, même si l'argument est formulé en termes de présomption, a trait au principe constitutionnel de la séparation des pouvoirs. Si la loi est déclaratoire, les tribunaux devront donner effet à sa volonté, expressément applicable rétroactivement, en raison du principe constitutionnel fondamental que le Parlement est suprême. Cependant, s'il s'agit d'une législation de modification, non rétroactive, dont la nouvelle norme s'applique pour l'avenir seulement, ce sont les juges qui prendront soin d'interpréter le texte législatif pertinent à la cause d'action. Ils n'accorderont pas une importance déterminante aux indications implicites du législateur, *a posteriori*, relativement au sens de la norme législative originale. Au XIXe siècle déjà, on émettait cette mise en garde :

> But the province of the Legislature is not to construe, but to enact; and their opinion, not expressed in the form of law as declaratory provision would be, is not binding on courts, whose duty is to expound the statutes they have enacted.[899]

---

896.   Voir *Grinnell c. The Queen* (1888), 15 R.C.S. 116, [1888] A.C.S. n° 36. Voir aussi *City of Montreal c. Cantin* (1904), 35 R.C.S. 223, [1904] A.C.S. n° 52.

897.   Voir la décision dans *Thomson c. Minister of National Revenue*, [1946] R.C.S. 209, [1946] A.C.S. n° 5; de même que les arguments des parties, rejetés toutefois, dans *Bathurst Paper Ltd. c. Ministre des Affaires Municipales de la province du Nouveau-Brunswick*, [1972] R.C.S. 471, [1971] A.C.S. n° 124; *Homex Realty c. Wyoming*, [1980] 2 R.C.S. 1011, [1980] A.C.S. n° 109; et *Schreiber c. Canada (P.G.)*, [2002] 3 R.C.S. 269, [2002] A.C.S. n° 63.

898.   On se souviendra que le principe de l'effet utile a été examiné en détail lorsqu'il était question de la méthode d'interprétation littérale et grammaticale; voir Chapitre 3, Section B. Précisément, il s'agit d'une directive d'interprétation fondée sur le texte, bien qu'on utilise l'idée générale que représente l'effet utile à d'autres fins interprétatives, comme ici.

899.   *Russel v. Ledsam* (1845) 153 E.R. 604, 610 (R.-U.). Voir aussi *Cape Brandy Syndicate v. Inland Revenue Commissioners*, [1921] 2 K.B. 403 (R.-U.).

Le législateur devrait généralement se limiter à énoncer le droit. Les cours de justice, elles, s'occuperont d'interpréter et d'appliquer la loi, sans qu'il y ait besoin de voir trop facilement des indices implicites supplémentaires, de la part de son créateur, après coup, quant au sens qu'il convient de lui donner.

Une deuxième raison pour être restrictif dans l'utilisation de l'historique législatif subséquent renvoie à la théorie officielle de l'interprétation, qui a été vue (et critiquée) au début de notre étude[900]. Évidemment, la principale notion théorique de la méthodologie interprétative est l'idée structurale de l'intention du législateur, qui est le phare guidant le juge dans l'exercice d'interprétation. Afin d'identifier la volonté du législateur, comme nous l'avons vu[901], le contexte d'adoption d'un texte législatif est utile, y compris l'historique législatif antérieur; par ailleurs, cela se justifie aisément, au niveau théorique, puisque cette information est connue des parlementaires. Il en est autrement de l'information tirée *a posteriori*, comme le souligne Pierre-André Côté :

> L'historique législatif subséquent, lui n'est pas connu de ceux qui ont voté la loi interprétée : il peut donc difficilement donner quelque information directe sur leur intention.[902]

Cela dit, en plus du contexte d'adoption, le contexte d'application d'une loi a été reconnu comme pouvant jouer un rôle en interprétation législative[903]. Il s'agit d'informations qui, sans avoir été connues du législateur lors de la création de la norme législative – ce qui la rend plus difficile à justifier théoriquement – sont néanmoins considérées pertinentes afin de donner un sens à la loi suivant une méthodologie moderne, globale et complète. Mais la fragilité théorique de ce type d'informations constitue une bonne raison pour ne pas attribuer beaucoup de poids à l'historique législatif subséquent.

Il y aurait d'autres objections au recours à cet argument d'autorité par le législateur en interprétation des lois, qui sont moins convaincantes toutefois[904]. Par exemple, on agite de nouveau le spectre de la rétroactivité, en suggérant qu'une loi de modification, même si elle est non déclaratoire, produit des effets rétroactifs permettant d'influencer le sens de la norme législative originale. Ce fut l'opinion exprimée par le juge Pigeon de la Cour suprême du Canada à quelques reprises[905]. Cependant, la

---

900. Voir : Chapitre 2, Section B.
901. Voir : Chapitre 3, Section C.
902. P.-A. Côté, coll. S. Beaulac et M. Devinat, *Interprétation des lois*, 4ᵉ éd., Montréal, Thémis, 2009, à la p. 611.
903. Voir R. Sullivan, *Sullivan and Driedger on the Construction of Statutes*, 4ᵉ éd., Markham & Vancouver, Butterworths, 2002, à la p. 458.
904. Nous n'élaborerons pas sur la suggestion que l'information qui se trouve dans l'historique législatif subséquent est trop peu fiable pour permettre son utilisation en interprétation législative. S'il s'agit d'une inquiétude valable, les tribunaux sont certainement capables de faire la part des choses en leur attribuant le poids approprié dans les circonstances – comme on le fait à l'égard de bien d'autres éléments interprétatifs, dont les débats parlementaires – et, partant, une interdiction générale de principe ne se justifierait pas sur cette base.
905. Voir *M.F.F. Equities Limited c. The Queen*, [1969] R.C.S. 595 à la p. 599, [1969] A.C.S. nᵒ 28; et *Gravel c. Cité de St-Léonard*, [1978] 1 R.C.S. 660, 667, [1977] A.C.S. nᵒ 71.

tendance depuis les années 1980 est de voir l'historique législatif subséquent comme un argument d'interprétation qui est complémentaire et dont la force persuasive demeure généralement peu élevée[906]. De fait, on utilisera cette information en fin d'analyse judiciaire afin de confirmer une conclusion interprétative déjà obtenue, et ce, à l'aide des autres méthodes[907].

Ceci est d'autant plus vrai dans les juridictions au Canada, dont le fédéral[908], où l'on prévoit dans la loi d'interprétation une disposition expresse interdisant ou limitant un réel usage de l'historique législatif subséquent. Cela n'est pas le cas au Québec, où la *Loi d'interprétation*[909] ne contient pas une telle disposition. Au fédéral, il s'agit de l'article 45, paragraphe 3, de la *Loi d'interprétation*[910], qui se lit comme suit :

45. (3) L'abrogation ou la modification, en tout ou en partie, d'un texte ne constitue pas ni n'implique une déclaration sur l'état antérieur du droit.

Donc, si le législateur intervient *a posteriori* dans le texte législatif en cause, avec une loi de modification enlevant ou ajoutant des éléments normatifs, cela ne devrait pas être considéré nécessairement comme l'expression de l'opinion du législateur relativement à la version originale. Cela peut être vu comme tel, à la discrétion du juge, mais il n'est absolument pas tenu à le voir ainsi (bref, moins de force persuasive que le suggérait la présomption d'intention, développée en jurisprudence).

Autrement dit, l'effet de l'article 45 de la *Loi d'interprétation* fédérale – la même chose semble être le cas pour ces dispositions au provincial[911] – est relativement limité. Il met de côté la présomption jurisprudentielle selon laquelle une modification de la loi qui soit ajoute, soit retire un élément normatif doit signifier, respectivement, que celui-ci soit n'y était pas, soit y était déjà dans la version originale. Le législateur fédéral écarte ce raisonnement par présomption, ce qui n'a pas pour conséquence toutefois d'interdir complètement l'argument. Cela voudrait dire, tout simplement, que l'historique législatif subséquent a moins de poids qu'il n'en avait selon la jurisprudence, que l'argument a perdu de sa force persuasive. En somme, cet élément de la méthode relative aux autorités n'est vraiment que complémentaire, encore davantage au fédéral (et dans les provinces qui ont une telle disposition), c'est-à-dire assez faible, voire nulle, et à tout événement utili-

---

906.   Voir *Ville de Montréal c. Civic Parking Center Ltd. et autres*, [1981] 2 R.C.S. 541, [1981] A.C.S. n° 96; et *Morguard Properties Ltd. c. Ville de Winnipeg*, [1983] 2 R.C.S. 493, [1983] A.C.S. n° 84.

907.   Voir P.-A. Côté, coll. S. Beaulac et M. Devinat, *Interprétation des lois*, 4ᵉ éd., Montréal, Thémis, 2009, à la p. 621.

908.   Plusieurs provinces, dont l'Ontario et le Nouveau-Brunswick, ont des dispositions à ce sujet dans leur loi d'interprétation.

909.   RLRQ, c. I-16.

910.   L.R.C. 1985, c. I-21.

911.   Voir, pour le Nouveau-Brunswick, *Bathurst Paper Ltd. c. Ministre des Affaires municipales de la province du Nouveau-Brunswick*, [1972] R.C.S. 471, [1971] A.C.S. n° 124; et, pour l'Ontario, *Homex Realty c. Wyoming*, [1980] 2 R.C.S. 1011, [1980] A.C.S. n° 109.

sable seulement à la fin d'un jugement pour confirmer la conclusion interprétative retenue[912].

* * *

QUESTIONS

1. S'agissant des lois déclaratoires, peut-on dire que le principe de la suprématie du parlement l'emporte sur le principe montesquien de la séparation des pouvoirs ?

2. Quelles sont les distinctions applicables, le cas échéant, entre l'historique législatif antérieur et l'historique législatif subséquent ?

* * *

3. Réadoption de la loi interprétée

Nous arrivons à la troisième et dernière catégorie d'arguments d'autorité, soit les situations de réadoption de la loi interprétée. Il s'agit, en quelque sorte, de l'opposé des arguments précédents, où l'on tentait de tirer un élément d'interprétation du fait que le législateur ait effectué *a posteriori* une modification du texte de loi. Ici, ce qu'on dit être un argument d'autorité vient du fait qu'après avoir fait l'objet d'une interprétation en jurisprudence, la norme législative ait été reprise *sans modification* dans une loi subséquente. Ce raisonnement en common law ne date pas d'hier, comme en font foi les commentaires suivants dans *Ex parte Campbell; in re Cathcart*, datant de 1870 :

> Where once certain words in an Act of Parliament have received a judicial construction in one of the Superior Courts, and the Legislature has repeated them without any alteration in a subsequent statute, I conceive that the Legislature must be taken to have used them according to the meaning which a Court of competent jurisdiction has given to them.[913]

Lorsqu'il réadopte un texte de loi sans le changer en substance, le législateur est considéré avoir formulé, par là, son opinion (son interprétation implicite) quant au bien-fondé de la décision judiciaire qui a donné un sens et une portée à ladite loi.

---

912. Un exemple récent est l'affaire *Rizzo & Rizzo Shoes Ltd. (Re)*, [1998] 1 R.C.S. 27, [1998] A.C.S. n° 2, et l'article 17 de la *Loi d'interprétation* de l'Ontario, L.R.O. 1990, c. I.11, qui prévoit : « L'abrogation ou la modification d'une loi n'est pas réputée constituer ou impliquer une déclaration portant sur l'état antérieur du droit ». Le juge Iacobucci, au nom de la Cour suprême du Canada, a invoqué cette disposition (équivalente à l'article 45(3) de la *Loi d'interprétation* fédérale) pour conclure (para. 42) : « je précise que la modification apportée subséquemment à la loi n'a eu aucune incidence sur la solution apportée au présent pourvoi ». Voir aussi *Association des employés de Radio et de Télévision du Canada c. Société Radio-Canada*, [1975] 1 R.C.S. 118, [1973] A.C.S. n° 139.

913. *Ex parte Campbell; in re Cathcart* (1870), 5 Ch. App. 703, 706.

Louis-Philippe Pigeon, qui fut longtemps rédacteur législatif à Québec avant d'être juge à la Cour suprême du Canada, expliquait le principe de la façon suivante, dans son livre *Rédaction et interprétation des lois* :

> Quand la Législature ou le Parlement réédicte une disposition qui a fait l'objet d'une interprétation judiciaire, fût-ce un seul jugement de première instance, elle est censée accepter cette interprétation. Cela indique pourquoi il faut apporter une si grande attention aux révisions législatives. Elles nécessitent l'examen de tous les jugements qui ont été rendus sur l'interprétation du texte existant. Les rédacteurs des lois sont censés connaître la jurisprudence et, s'ils ne changent pas le texte et le réédictent après que les tribunaux l'ont interprété d'une certaine façon, ils sont censés reconnaître que cette interprétation est exacte et vouloir qu'elle soit suivie à l'avenir.[914]

Concrètement, cette situation se présente lorsqu'il y a adoption d'une loi de modification, mais qui reprend le texte de dispositions législatives sans le changer, en plus évidemment de procéder à des modifications de certaines autres dispositions de la loi originale.

Une loi en 2001 par exemple, prévoit notamment les normes « X » et « Y »; dans la jurisprudence en 2003, la première a été interprétée comme signifiant « a, b, c » et la seconde « d, e, f ». Or, en 2005, le législateur intervient avec une loi de modification qui change la première norme, devenant « X* » (ce qui pourrait affecter l'interprétation « a, b, c »), mais qui reprend sans modification le texte de la seconde norme, qui demeure ainsi « Y ». S'agissant de l'argument d'autorité, la question est de savoir comment le fait que le législateur ait réadopté le « Y », sans modification, peut influencer son interprétation par la suite, dans une autre instance judiciaire, en 2007 par exemple. La réponse serait qu'on y voit donc une confirmation, par le législateur lui-même, du sens « d, e, f » donné par la jurisprudence en 2003.

À vrai dire, l'argument d'autorité relatif à la réadoption d'une loi interprétée est lui aussi formulé en termes de présomption, selon la jurisprudence qui l'a développé[915]. Si le texte de loi est réadopté sans modification, le législateur est censé entériner, ce faisant, le sens et la portée accordés en jurisprudence. Il s'agit d'une présomption simple, évidemment, dont le poids est faible, et qui pourra donc être repoussée assez facilement. En outre, dans l'ordre juridique fédéral, il y a une disposition de la *Loi d'interprétation*[916] qui, à l'instar de celle concernant l'historique législatif subséquent, a mis au rencart la présomption d'intention relativement à ces situations de réadoption de la loi interprétée. Il s'agit de l'article 45, paragraphe 4, qui se lit comme suit :

45. (4) La nouvelle édiction d'un texte, ou sa révision, refonte, codification ou modification, n'a pas valeur de confirmation de l'interprétation donnée, par décision judiciaire ou autrement, des termes du texte ou de termes analogues.

---

914.   L.-P. Pigeon, *Rédaction et interprétation des lois*, 3ᵉ éd., Québec, Publications du Québec, 1986, à la p. 102 [notes infrapaginales omises].

915.   Voir *Street c. Ottawa Valley Power Co.*, [1940] R.C.S. 40, 47, [1939] A.C.S. nᵒ 35; et *Fagnan c. Ure et al.*, [1958] R.C.S. 377, 382, [1958] A.C.S. nᵒ 26.

916.   L.R.C. 1985, c. I-21.

La plupart des autres juridictions au pays ont une disposition équivalente; ce n'est pas le cas toutefois pour la province de Québec, dont la *Loi d'interprétation*[917] est silencieuse à cet égard.

Soulignons que l'article 45(4) est plus large que le seul scénario de la réadoption, sans changement, du texte de loi interprétée, c'est-à-dire sa « nouvelle édiction ». Il parle également des situations où la loi est révisée, refondue, codifiée ou même modifiée. Or, dans tous ces cas – le principal étant la réadoption – l'effet de cette disposition de la *Loi d'interprétation* fédérale est de diminuer la force persuasive de ce type d'argument d'autorité, en disant qu'on ne devrait pas y voir nécessairement une confirmation de l'interprétation judiciaire. En fait, comme l'explique Pierre-André Côté, l'article 45(4) et ses clones provinciaux n'ont « pour seul effet que de faire disparaître la présomption de common law »; autrement dit, ils n'interdisent pas « de voir dans la réadoption d'une loi un assentiment à l'interprétation jurisprudentielle lorsque les circonstances le justifient »[918]. Il s'agit d'un argument d'interprétation complémentaire, dont la force persuasive est très faible (même au Québec) et qui sera généralement utilisé seulement pour confirmer, ou motiver davantage, une conclusion interprétative obtenue à l'aide des autres méthodes.

---

917. RLRQ, c. I-16.
918. P.-A. Côté, coll. S. Beaulac et M. Devinat, *Interprétation des lois*, 4ᵉ éd., Montréal, Thémis, 2009, à la p. 625 [notes infrapaginales omises].

Chapitre 5

QUESTION PARTICULIÈRE : LE DROIT INTERNATIONAL

Tiré de Stéphane Beaulac, « Interlégalité et réception du droit international en droit interne canadien et québécois », dans S. Beaulac & J.F. Gaudreault-DesBiens (dir.), *JurisClasseur – Droit constitutionnel*, Montréal, LexisNexis, 2011, fasc. 23 (mise à jour, Novembre 2013).

I. NOTIONS DE DROIT INTERNATIONAL

1. Définition – Dans sa forme traditionnelle, le droit international public peut se définir comme l'ensemble des normes qui régissent les rapports juridiques des sujets de droit sur la scène internationale, soit les États principalement. Récemment, on soulignait encore en doctrine que le droit international n'est pas un champ ou un domaine juridique, mais plutôt un système normatif à part entière qui, conceptuellement, est vu comme étant séparé et distinct des systèmes de droit interne des États.[1] Malgré toutes les nuances nécessaires à apporter dans le contexte contemporain de la mondialisation et des nouveaux acteurs à l'international, le droit international public doit se comprendre, à la base, en termes de relations entre États et de régime de normativité autonome. Bref, le droit interne réglemente les personnes et autres sujets de droit qui y sont soumis, tandis que le droit international réglemente les États et autres sujets de droit reconnus.

> 1. John H. CURRIE, *Public International Law*, 2e éd., Toronto, Irwin Law, 2008, p. 1.

2. Paradigme « westphalien » en droit international – À l'instar du champ d'études des relations internationales, le droit international public en tant qu'objet épistémologique repose sur le modèle dit « westphalien », un paradigme qui semble continuer de faire consensus malgré les objections révisionnistes de certains intervenants. Fondé sur l'idée-structure de la souveraineté des États, ce modèle explique la réalité internationale en termes de communauté de membres, souverainement égaux, qui sont indépendants les uns par rapport aux autres et qui possèdent leur propre volonté et finalité, et ce, à titre de représentants des peuples qui habitent leur territoire.[1]

Au 18e siècle, l'auteur classique de droit international Emer de Vattel[2] mit de l'avant un cadre juridique international pour aider à articuler les rapports entre les États souverains de la communauté internationale. Sa contribution majeure concerne la structuration d'un régime à l'intérieur duquel les États souverains sont les uniques acteurs à l'international et, partant, les seuls sujets de droit international. Cette contribution doctrinale, qui encore de nos jours fait œuvre d'orthodoxie, postule également le principe de l'égalité formelle des

États et la notion d'indépendance nationale, qui suppose par ailleurs la non-ingérence dans les affaires internes des autres États.[3]

Il s'ensuit que le modèle « westphalien » de relations internationales, compris suivant la structure juridique « vattelienne », opère une représentation de la réalité normative globale du monde en supposant l'existence d'une sphère internationale qui est séparée et distincte des domaines internes réservés des États.[4] S'agissant de cette problématique, que nous appellerons l'*interlégalité*, une auteure exprimait l'idée de base : « domestic law is "here" and international law is "there" ».[5] Une autre façon de visualiser la réalité séparée et distincte du droit international et du droit interne des États, en empruntant du langage mathématique, est de parler d'ensembles non intersectant (en anglais, « non-intersecting sets »), c'est-à-dire des ensembles ou des cercles qui ne se chevauchent pas ni ne se croisent. Des auteurs en droit ont récemment employé l'expression « the divide », qu'on rendrait en français par « la démarcation », voire « l'opposition » entre le droit international et le droit interne.[6]

Ces réalités séparées et distinctes du droit international et du droit interne relève indubitablement de la construction sociale.[7] Au plan ontologique, cette dichotomie est à la base du regroupement deux champs d'études autonomes que sont le droit international et le droit constitutionnel,[8] des genres de produits dérivés du paradigme westphalien.[9]

1. Voir Stéphane BEAULAC, « The Westphalian Model in Defining International Law: Challenging the Myth » (2004) 8 *Australian Journal of Legal History* 181.

2. Emer de VATTEL, *Le Droit des gens; ou Principes de la loi naturelle appliqués à la conduite et aux affaires des nations et des souverains*, vol. 1 & 2, Londres, n.b., 1758.

3. Voir Stéphane BEAULAC, « Emer de Vattel and the Externalization of Sovereignty » (2003) 5 *Journal of the History of International Law* 237.

4. Voir, en générale, Stéphane BEAULAC, *The Power of Language in the Making of International Law – The Word Sovereignty in Bodin and Vattel and the Myth of Westphalia*, Leiden & Boston, Martinus Nijhoff, 2004.

5. Karen KNOP, « Here and There: International Law in Domestic Courts » (2000) 32 *New York University Journal of International Law and Policy* 501, p. 504.

6. Janne NIJMAN & André NOLLKAEMPER, dir., *New Perspective on the Divide between National and International Law*, Oxford & New York, Oxford University Press, 2007.

7. Voir, à ce sujet, Thomas J. BIERSTEKER & Cynthia WEBER, dir., *State Sovereignty as Social Construct*, Cambridge, Cambridge University Press, 1996.

8. Voir Neil WALKER, dir., *Sovereignty in Transition*, Londres, Hart Publishing, 2003.

9. Voir Stéphane BEAULAC, « Thinking Outside the "Westphalian Box": Dualism, Legal Interpretation and the Contextual Argument », dans Christoffer C. ERIKSEN & Marius EMBERLAND, *The New International Law – An Anthology*, Leiden & Boston : Martinus Nijhoff, 2010, 17.

3. Conséquences de la division international / interne – Pour aider à appréhender la problématique d'interlégalité, examinons maintenant les deux principales conséquences de cette division, soit l'irrecevabilité du droit interne comme justification à l'international et le besoin d'arrimage des ordres juridiques.

Dans la sphère juridique internationale, un État ne peut pas invoquer son droit interne pour justifier un manquement à ses obligations internationales. Ce principe fondamental a longtemps été reconnu en droit international public général;[1] l'irrecevabilité du droit interne dans ces situations a été codifiée à l'article 27 de la *Convention de Vienne sur le droit des traités*, qui prévoit : « Une partie ne peut invoquer les dispositions de son droit interne comme justifiant la non-exécution d'un traité ».

La Cour suprême du Canada a entériné cette idée en droit interne lorsqu'elle a souscrit à la déclaration suivante du ministère des affaires extérieures du Canada : « C'est un principe reconnu de droit coutumier international qu'un État ne peut pas invoquer les dispositions de ses lois pour justifier l'inexécution de ses obligations internationales ».[2] À la base, au niveau de la raison d'être du principe, un État ne peut pas plaider son droit interne en droit international dans ces cas parce que, suivant le paradigme westphalien, les normes nationales font partie d'une réalité juridique séparée et distincte.

Par ailleurs, la dichotomie droit international / droit national explique pourquoi il est nécessaire de régir le lien relationnel entre ces systèmes juridiques. D'aucuns parlent « d'arrimage » des ordres juridiques, d'autres invoquent « l'interlégalité » ou la « perméabilité » normative pour faire référence à la problématique entourant la question de savoir comment le droit d'un système juridique peut avoir des effets sur les normes d'un autre système. Selon la tradition juridique anglo-saxonne de common law, la terminologie renvoie aux « règles de réception » du droit international en droit interne.[3]

Les règles de réception d'un État souverain permettent de savoir, en tant que question de droit, comment l'ordre juridique interne a choisi d'interagir avec un autre ordre juridique, en l'occurrence le droit international. Plus précisément, ces règles s'intéressent à la façon dont le droit interne accepte, le cas échéant, d'avoir recours à la norme internationale dans le cadre de l'activité judiciaire.

1. La première autorité à cet effet est la décision arbitrale dans l'affaire *Alabama* (États-Unis/Royaume-Uni), R.A.I., vol. 2, 780, rendue en 1872.
2. *Zingre c. R.*, [1981] 2 R.C.S. 392, p. 410.
3. Voir Ignaz SEIDL-HOHENVELDERN, « Transformation or Adoption of International Law into Municipal Law » (1963) 12 *International and Comparative Law Quarterly* 88.

4. Droit international non contraignant en droit interne – En ce qui a trait à l'activité judiciaire, la conséquence du modèle westphalien de relations internationales, et de cette opposition entre droit international et droit interne, est de clairement démarquer les juridictions des différents intervenants. Ainsi, les tribunaux nationaux des États sont compétents pour interpréter et appliquer le droit de leur juridiction nationale, tandis que la Cour internationale de Justice et les autres instances adjudicatives internationales se voient reconnaître la compétence eu égard au droit international. En somme, s'agissant du pouvoir judiciaire national d'un pays, le mandat constitutionnel est d'interpréter et d'appliquer le droit national, pas le droit international.

Cette distinction institutionnelle ne veut pas dire, toutefois, qu'il soit interdit aux organes judiciaires internationaux de se référer au droit national des pays, qui est à vrai dire une source formelle de droit international en vertu de l'article 38(1)*c*) du *Statut de la Cour internationale de Justice*, concernant les principes généraux de droit. En tant que source auxiliaire selon l'article 38(1)*d*), la jurisprudence des tribunaux nationaux peut en outre être utilisée à l'international. À l'inverse, bien évidemment, la branche judiciaire d'un État est généralement autorisée, suivant le droit constitutionnel, à prendre en considération la norme internationale, ce que la Cour suprême du Canada a rappelé dans le *Renvoi sur la sécession du Québec*.[1]

Ceci étant, il ne faut pas se tromper : cette influence mutuelle entre le droit international et le droit interne des États n'affecte aucunement le constat que ces ordres juridiques sont séparés et distincts, sans aucun lien inhérent ou nécessaire. Au niveau de l'activité judiciaire nationale, il s'ensuit que le droit international ne peut être contraignant pour les tribunaux de droit interne, pas plus qu'il peut les « lier » dans leur prise de décision.

La réalité normative internationale étant séparée et distincte de la réalité juridique en droit interne, l'actualisation du droit international par les tribunaux internationaux doit aussi être vue comme étant séparée et distincte de l'actualisation du droit interne par les tribunaux nationaux. Autrement dit, le mandat constitutionnel des cours de justice au pays est d'interpréter et d'appliquer le droit canadien et le droit québécois, pas le droit international qui est du ressort des instances adjudicatives internationales.

À l'instar de la grande majorité des juridictions de tradition juridique anglo-saxonne de common law, au Canada, ce n'est que dans la mesure où les règles de réception ouvrent la porte au droit international en droit interne que, le cas échéant, les tribunaux du pays peuvent avoir recours à la norme internationale dans leur activité judiciaire. Bref, c'est si et seulement si le droit international peut produire des effets en droit interne en vertu des règles de réception et que, de fait, il a été adopté ou transformé en droit interne au Canada (voir *infra*, para. 30-34), que les juges pourront y recourir afin d'interpréter et d'appliquer le droit canadien et québécois. Pour être rigoureux dans l'analyse, le droit international *qua* droit international n'est pas, et en fait ne peut pas être, considéré comme contraignant en droit interne au Canada.[2] En d'autres termes, la norme internationale comme telle ne peut pas lier le pouvoir judiciaire d'un État souverain comme le Canada.[3]

1. *Renvoi sur la sécession du Québec*, [1998] 2 R.C.S. 217, p. 235.
2. Voir Louis LeBEL & Gloria CHAO, « The Rise of International Law in Canadian Constitutional Litigation: Fugue or Fusion? Recent Developments and Challenges in Internalizing International Law » (2002) 16 *Supreme Court Law Review (2nd)* 23.
3. Voir Stéphane BEAULAC, « Arrêtons de dire que les tribunaux au Canada sont "liés" par le droit international » (2004) 38 *Revue juridique Thémis* 359.

5. Utilité du droit international en droit interne – Ce que la normativité de l'ordre juridique peut faire et, à vrai dire, devrait faire dans toutes les circonstances appropriées, c'est influencer l'interprétation et l'application du droit interne par les tribunaux nationaux.[1] Le critère de référence à la norme internationale est donc celui « d'autorité persuasive ». C'est d'ailleurs ce que le juge en chef Dickson avait souligné dans le *Renvoi relatif à la Public Service Employee Relations Act (Alta.)*,[2] où il écrivait que les normes internationales « constituent une source pertinente et persuasive d'interprétation ». On a déjà souligné que cette idée du droit international comme élément « pertinent et persuasif » en interprétation juridique, bien qu'elle ait été exprimée en dissidence par le juge en chef Dickson la première fois, a été reprise par la suite en jurisprudence – notamment dans l'affaire *Burns*[3] – et, de fait, représente l'état du droit actuel en la matière.[4] Dans un texte de doctrine publié alors qu'il était à la Cour suprême du Canada, le juge La Forest écrivait ceci : « Though speaking in dissent, his comments [ceux du juge en chef Dickson] on the use of international law generally reflect what we all do ».[5]

C'est ainsi que, sans être contraignant, le droit international peut s'avérer fort utile, en tant qu'élément « pertinent et persuasif », dans le cadre d'un exercice d'interprétation et d'application du droit canadien et québécois. D'aucuns souhaitaient que la jurisprudence canadienne donne un rôle accru à la norme internationale, pour qu'elle soit considérée comme obligatoire dans beaucoup de cas.[6] En plus de dénaturer le lien relationnel entre les ordres juridiques international et interne, la suggestion que les tribunaux nationaux sont liés par la normativité internationale est incompatible avec le mandat constitutionnel et la fonction du pouvoir judiciaire, qui est d'exercer un pouvoir décisionnel eu égard au droit canadien et québécois applicable. Voir le droit international comme jouissant d'une autorité persuasive s'avère être une approche plus adéquate, conforme et efficace.[7]

1. Voir Gérald L. NEUMAN, « International Law as a Resource in Constitutional Interpretation » (2006) 30 *Harvard Journal of Law and Public Policy* 177.

2. *Renvoi relatif à la Public Service Employee Relations Act (Alta.)* [1987] 1 R.C.S. 313, p. 350.

3. *États-Unis c. Burns*, [2001] 1 R.C.S. 283, para. 80.

4. Voir Michel BASTARACHE, « The Honourable G.V. La Forest's Use of Foreign Materials in the Supreme Court of Canada and His Influence on Foreign Courts » dans Rebecca JOHNSON & John P. McEVOY, dir., *Gérard V. La Forest at the Supreme Court of Canada, 1985-1997*, Winnipeg, Canadian Legal History Project, 2000, p. 433, à la p. 434 : « While Chief Justice Dickson rejected the implicit incorporation of international law doctrine in a dissenting judgment, his opinion reflects the present state of the law ».

5. Gérard V. La FOREST, « The Use of International and Foreign Materials in the Supreme Court of Canada » (1988) 17 *Conseil canadien de droit international* 230, p. 232.

6. Voir Jutta BRUNNÉE & Stephen J. TOOPE, « A Hesitant Embrace: The Application of International Law by Canadian Courts » (2002) 40 *Annuaire canadien de droit international* 3.

7. Voir William A. SCHABAS & Stéphane BEAULAC, *International Human Rights and Canadian Law – Legal Commitment, Implementation and the Charter*, 3ᵉ éd., Toronto, Thomson Carswell, 2007, p. 90.

6. **Sources de droit international** – Pour comprendre ces questions d'interlégalité et de réception du droit international en droit interne canadien et québécois, il y a lieu de faire quelques rappels au sujet des sources. Le droit international public, que l'on a défini comme régissant, principalement, les rapports entre États dans une réalité juridique séparée et distincte des systèmes nationaux, doit s'appréhender suivant des repères différents de la pyramide dite « kelsenienne » des sources normatives. En effet, l'ordre juridique international n'ayant ni d'organe créateur de droit comme un Parlement, ni de tribunal de droit commun pour en développer, le caractère obligatoire de la normativité se fonde sur la pratique des États.

Sans aller dans le détail, mentionnons qu'il s'agit de la thèse « volontariste » en droit international, bien ancrée dans l'idée-structure de la souveraineté des États, selon laquelle les États doivent consentir aux normes auxquelles ils sont soumis. En d'autres termes, étant souverains – à l'interne comme à l'externe – les sujets de droit international, en théorie, sont libres de toute normativité dans leurs rapports avec les autres membres de la communauté internationale. Ce ne sera que dans la mesure où les États auront accepté de limiter leur souveraineté et, ainsi, de se soumettre volontairement à des règles juridiques obligatoires, qu'on sera en présence de droit international. Bien qu'on ait avancé d'autres fondements théoriques,[1] la thèse volontariste reste la façon dont la très grande majorité des intervenants internationaux appréhendent la question des sources.[2]

La formulation classique des sources de droit international public est tirée de l'article 38(1) du *Statut de la Cour internationale de Justice*, bien que la liste proposée ne soit pas exhaustive. Les trois sources formelles sont (i) le droit international conventionnel, c.-à-d. les traités, (ii) le droit international coutumier, ou simplement la coutume, et (iii) les principes généraux de droit reconnus par les nations civilisées, ou principes généraux tout court. On parle également des sources auxiliaires que sont les décisions judiciaires et la doctrine internationale, qui sont de peu d'intérêt pour nos fins toutefois. À vrai dire, s'agissant du domaine de l'interlégalité, ce retour sur les sources peut se limiter aux deux principales, à savoir les traités et la coutume.

1. Voir Hersch LAUTERPACHT, *The Function of Law in the International Community*, Hamden, Archon Books, 1966, p. 3-4. Voir aussi, Martti KOSKENNIEMI, *From Apology to Utopia: The Structure of International Legal Argument*, Helsinki, Finish Lawyers Publishing, 1989; Anne-Marie SLAUGHTER, « International Law and International Relations Theory: A Dual Agenda » (1993) 87 *American Journal of International Law* 205.

2. Voir Patrick DAILLIER, Mathias FORTEAU & Alain PELLET, *Nguyen Quoc Dinh – Droit international Public*, Paris, L.G.D.J., 2009, p. 119 : « les volontaristes ont certainement raison de considérer que l'expression de leur volonté par les États les engage et, ce faisant, le caractère obligatoire de la grande majorité de normes existantes du droit des gens contemporain se trouve établi ».

7. **Traités** – Cette première source de normativité internationale énoncée au *Statut de la Cour internationale de Justice*, malgré l'absence de hiérarchie, est devenue sans l'ombre d'un doute la plus importante dans le contexte contemporain des relations internationales, et ce, tant au niveau quantitatif que qualitatif. Le droit international conventionnel peut découler d'instruments internationaux portant différents noms – outre traité ou convention, par exemple, charte, statut, protocole, pacte – la caractéristique principale étant sa nature obligatoire dans l'ordre juridique international.[1] La *Convention de Vienne sur le droit des traités* définit « traité » comme « un accord international conclu par écrit entre États et régi par le droit international, qu'il soit consigné dans un instrument unique ou dans deux ou plusieurs instruments connexes, et quelle que soit sa dénomination particulière ».

Selon l'idée volontariste, le consentement étatique aux normes conventionnelles est primordial. L'intention des États parties à un instrument de créer des règles juridiques obligatoires est donc déterminante, comme le fait d'avoir effectivement donné son accord de façon expresse. Sans son consentement, un État ne peut pas être soumis à un traité international, point. Selon la pratique établie, il y a trois façons pour un État d'exprimer son consentement à être lié par une convention : (i) la signature, (ii) la ratification, ou (iii) l'adhésion. Dans le contexte contemporain, le moyen le plus fréquent est le second, où l'étape du consentement est subséquente à la conclusion. En doctrine et en jurisprudence, « ratification » est le terme généralement employé pour parler de la création consensuelle de la norme conventionnelle.

1. Voir Anthony AUST, *Modern Treaty Law and Practice*, Cambridge, Cambridge University Press, 2000.

8. **Coutume** – Bien que moins dominante de nos jours en raison de l'omniprésence des traités, la coutume fut longtemps considérée comme la source principale, voire originale, de la normativité internationale.[1] À l'instar du droit international conventionnel, le droit international coutumier tire sa force obligatoire, au sein de l'ordre juridique international, de son acceptation par les États, et ce, selon l'idée volontariste. Contrairement à la première, cette source de droit ne fait pas appel à un consentement exprès des États, mais plutôt à l'accord implicite ou tacite de ceux-ci. Partant, pour conclure à l'existence du droit coutumier, on doit démontrer que les membres de la communauté internationale

acceptent que leur pratique, que leur façon de faire devienne normative et obligatoire dans l'ordre juridique international. D'où les deux éléments constitutifs de la coutume internationale, à savoir (i) la pratique des États et (ii) le sentiment d'être lié en droit (*opinion juris*).

La première étape pour établir la présence d'une coutume est de savoir comment les États agissent, comment ils se comportent. Dans l'affaire *Finta*, le juge La Forest écrivait ce qui suit : « Pour déterminer la coutume, il faut étudier de façon approfondie les pratiques des nations ».[2] Cette pratique des États, nous enseigne la jurisprudence internationale, doit être générale, uniforme et prolongée.[3] Elle doit donc mettre en présence un nombre élevé de membres de la communauté internationale, elle doit être suivie dans la très grande majorité des cas et elle doit habituellement s'échelonner sur une certaine période temps.[4] Toutefois, ces trois caractéristiques de la pratique ne sont pas évaluées en vase clos. L'intensité et l'unanimité de la pratique étatique peut, par exemple pallier le caractère peu prolongé; ceci est à la base de la distinction proposée en doctrine entre 'coutume sage' et 'coutume sauvage'.[5]

L'*opinio juris*, ou la conviction d'être obligé en droit, est ce qui distingue une simple façon de faire – qui peut relever de la courtoisie, de l'habitude, de la facilité ou même de la sphère politique ou diplomatique – d'une pratique qui a une portée normative. Dans les *Affaires du plateau continental de la mer du Nord*, la Cour internationale de Justice a souligné que, outre la pratique : « Les États intéressés doivent donc avoir le sentiment de se conformer à ce qui équivaut à une obligation juridique ».[6] Le juge LeBel à la Cour suprême faisait écho aux prononcés internationaux en la matière dans l'affaire *Hape* : « l'assimilation de ces principes à la coutume internationale est étayée tant par la pratique des États que par l'*opinio juris*, soit les deux éléments essentiels du droit international coutumier ».[7]

La preuve de ces deux éléments constitutifs de la coutume peut se faire de diverses façons, notamment à l'aide de la documentation diplomatique, sur la base des positions prises par les États dans les forums internationaux (ex. Assemblée générale de l'ONU; Commission du droit international), et en référence à une convention internationale en la matière emportant un grand appui de la communauté internationale. On remarquera donc l'existence d'une relation réflexive entre la coutume et les traités, puisque ces derniers peuvent contribuer à la démonstration de la première. Enfin, mentionnons l'existence de la notion « d'objecteur persistant » qui permet aux États, s'ils se manifestent au moment de sa formation, de se dissocier d'une norme coutumière et de pouvoir ainsi se soustraire de son application éventuelle. Ce scénario est fort exceptionnel.

1. Voir Robert JENNINGS & Arthur WATTS, dir., *Oppenheim's International Law*, 9ᵉ éd., vol. 1, Harlow, Longman, 1992, p. 25.
2. *R. c. Finta*, [1994] 1 R.C.S. 701, p. 773.
3. *Affaires du plateau continental de la mer du Nord* (Allemagne c. Danemark; Allemagne c. Pays-Bas), [1969] C.I.J. Rec. 3; *Affaire des activités militaires et paramilitaires au Nicaragua et contre celui-ci* (Nicaragua c. États-Unis), fond, [1986] C.I.J. Rec. 14.
4. Voir Maurice H. MENDELSON, « The Formation of Customary International Law » (1998) 272 *Recueil des cours de l'Academie de droit international* 155.
5. Voir René-Jean DUPUY, « Coutume sage et coutume sauvage », dans *Mélanges offerts à Charles Rousseau*, Paris, Pedone, 1974, p. 75.
6. *Affaires du plateau continental de la mer du Nord*, *supra* note 3, para. 77.
7. *R. c. Hape*, [2007] 2 R.C.S. 292, para. 46.

II.   INTERFACE DROIT INTERNATIONAL / DROIT INTERNE

9. **Introduction** – Nous avons vu qu'une des conséquences de la dichotomie droit international / droit interne, suivant le paradigme dit « westphalien », est la nécessité d'arrimer ces deux ordres juridiques. On peut alors parler de « l'interface » du droit international et du droit interne qui, dans l'hypothèse d'une interperméabilité normative, verra les règles de réception du droit interne gérer et articuler l'utilisation de la normativité internationale par les cours de justice nationales.

10. **Domaine réservé et réception** – Les règles de réception concernent les conditions et les modalités suivant lesquelles le droit interne d'un État permet et gère le recours par les tribunaux au droit international. Ces questions relèvent du droit national de chaque État souverain et non pas du droit international.[1] Elles font partie de leur domaine réservé.[2] Suivant la tradition constitutionnelle dont se revendiquent nos juridictions canadienne et québécoise, les règles de réception sont si importantes et structurantes qu'elles sont associées au droit constitutionnel, entendu dans son sens large.[3] Nous verrons ces règles constitutionnelles dans la prochaine section.

> 1. Voir Francis G. JACOBS & Shelley ROBERTS, dir., *The Effect of Treaties in Domestic Law*, Londres, Sweet & Maxwell, 1987, p. xxiv.
> 2. Voir Charles-Emmanuel CÔTÉ, « La réception du droit international en droit canadien » (2010) 52 *Supreme Court Law Review (2d)* 483, p. 485.
> 3. Voir Christopher GREENWOOD, « International Law in National Courts: Discussion », dans James CRAWFORD & Marguaret YOUNG, dir., *The Function of Law in the International Community: An Anniversary Symposium – Proceedings of the 25th Anniversary Conference of the Lauterpacht Centre for International Law*, Cambridge, 2008, disponible sur le Web.

11. **Outils heuristiques** – Depuis longtemps, on a développé des modèles théoriques afin d'aider à articuler et à comprendre les règles de réception du droit international en droit interne. Il s'agit des thèses dites 'dualiste' et 'moniste' en la matière,[1] dont nous verrons les détails dans un instant. Soulignons immédiatement que le dualisme et le monisme ne sont pas – et, il semble, n'ont jamais prétendu être – des modèles théoriques omniscients qui rationaliseraient de façon exhaustive la problématique de l'interlégalité.[2] Ainsi, la récente critique dénonçant ces thèses est somme toute assez peu convaincante car elle suggère de les mettre de côté, mais seulement pour les remplacer par d'autres concepts qui auront la même vocation.[3] Bref, il faut donner aux modèles théoriques le rôle qui leur revient, rien de plus et rien de moins, c'est-à-dire celui d'outils heuristiques pour guider celui ou celle qui choisit d'avoir recours à la norme internationale en droit interne.

> 1. Voir Joseph G. STARKE, « Monism and Dualism in the Theory of International Law » (1936) 17 *British Yearbook of International Law* 66.
> 2. Voir Rosalyn HIGGINS, *Problems and Process: International Law and How We Use It*, Oxford, Clarendon Press, 1994, p. 206.
> 3. Voir, par exemple, Gibran van ERT, *Using international law in Canadian Courts*, 2e éd., Toronto, Irwin Law, 2008, p. 3-9.

12. **Dualisme** – La théorie dualiste concernant la relation entre le droit international et le droit interne se fonde sur l'appréhension de ces ordres juridiques comme étant séparés et distincts, en fait valide cette dichotomie. Ceci étant, rien n'empêche que la normativité du premier puisse avoir des effets juridiques dans le second, en autant toutefois qu'il y ait intervention d'une autorité relevant du droit interne. En d'autres termes, selon la thèse dualiste, la réception des normes internationales est tributaire de leur « transformation » dans l'ordre

juridique national.[1] Le droit international ne produit pas d'effet juridique automatiquement, il faut impérativement une mesure positive d'un intervenant étatique, généralement le législateur qui passera une loi de mise-en-œuvre, comme nous le verrons plus tard (*infra*, para. 30).

Ce processus de transformation du droit international en droit interne transformera, comme son nom l'indique, la norme internationale en norme nationale, dont les juges canadiens et québécois pourront se servir, en tant que source de droit, dans le cadre de leurs fonctions judiciaires. Ainsi, dans une affaire, le tribunal aura à sa disposition les normes de droit interne, y compris le droit international mis en œuvre, qu'il pourra utiliser dans l'exercice d'interprétation et d'application du droit nécessaire à la résolution du litige. En somme, le droit international devient du droit interne, disponible pour la branche judiciaire de l'État, grâce à l'intervention explicite d'un autre organe étatique, le législateur, qui est par ailleurs doté de la légitimité démocratique nationale (*infra*, para. 21).

Au niveau terminologique, la doctrine et la jurisprudence ne sont pas uniformes dans les expressions employées pour exprimer la réception du droit international au moyen d'une mesure étatique active. Outre de la théorie ou la thèse 'dualiste' et du processus de 'transformation' ou de 'mise-en-œuvre', on parle parfois aussi de 'l'incorporation', voire même 'd'implantation' du droit international en droit interne, ces deux derniers termes étant toutefois des calques de l'anglais ('*incorporation*' et '*implementation*').

1.   David SLOSS, « Treaty Enforcement in Domestic Courts: A Comparative Analysis », dans David SLOSS, dir., *The Role of Domestic Courts in Treaty Enforcement – A Comparative Study*, Cambridge, Cambridge University Press, 2009, 1, p. 6-7.

13. Monisme – La théorie moniste (du grecque *monos*) conteste l'épistémologie de la division des ordres juridiques et va même jusqu'à suggérer que le droit international et le droit interne feraient partie d'une réalité juridique holistique et globale régissant tous les sujets de droit et toutes les matières. Il s'agit là d'une méta-version de la thèse moniste, qui est associée surtout au théoricien Hans Kelsen[1]. S'agissant de la problématique en l'espèce, le monisme renvoie plus particulièrement à une relation à la fois permanente et automatique du droit international et du droit interne.

Concrètement, cela signifie qu'il ne faut aucune mesure étatique active ou expresse pour que la normativité internationale produise ses effets juridiques à l'intérieur de l'ordre juridique national; elle le fait *ipso facto* et un tribunal de droit interne peut y avoir recours sans plus de formalités. Bref, suivant la logique moniste, le droit international fait partie du droit interne qui peut s'avérer applicable dans un cas donné, et ce, automatiquement, c'est-à-dire même en cas d'inaction du pouvoir législatif ou exécutif de l'État.

Pour ce qui est de la terminologie, en plus de 'monisme', l'expression théorie de 'l'adoption' est parfois utilisée en doctrine et en jurisprudence pour rendre la même idée d'application automatique du droit international en droit interne. Ce fut le cas du juge LeBel dans l'affaire *Hape*, en 2007, où il a fait allusion à la doctrine de l'adoption.[2] En empruntant à la terminologie du droit de l'Union européenne, on pourrait aussi parler 'd'effet direct' de la normativité internationale à l'intérieur des systèmes juridiques des membres de la communauté internationale.

Mentionnons enfin, pour être complet, que la théorie moniste prétend généralement, outre l'effet juridique automatique, que le droit international est supérieur au droit national, en ce que le premier devrait avoir préséance sur le second en cas de conflit normatif.[3]

1.   Hans KELSEN, *Das Problem der Souveränität und die Theorie des Völkerrechts*, Tübigen, Mohr, 1920.

2.   *R. c. Hape*, [2007] 2 R.C.S. 292, para. 39.
3.   Voir Gerald FITZMAURICE, « The General Principles of International Law Considered from the Standpoint of the Rule of Law » (1957) 92 *Recueil des cours de l'Académie de La Haye* 1, p. 85; André NOLLKAEMPER, « Rethinking the Supremacy of International Law » (2010) 65 *Zeitschrift für öffentliches Recht / Journal of Public Law* 65.

III.   DROIT INTERNATIONAL ET CONSTITUTION CANADIENNE

14. Introduction – Comme il a déjà été expliqué dans d'autres fascicules du présent ouvrage, la Constitution du Canada comporte à la fois des éléments « écrits » et des éléments « non écrits ». Nous constaterons tout d'abord que la Constitution écrite est, à toute fins utiles, muette quant à ces questions de droit international et d'interlégalité, pour ensuite voir que les principes constitutionnels non écrits pertinents nous viennent du droit britannique.

A.   Constitution écrite

15. Textes constitutionnels – Sans l'être de façon exhaustive, la Constitution du Canada est écrite, ce qui la distinguait autrefois de celle de la Grande-Bretagne. Sans aller dans le détail, rappelons que les sources écrites du droit constitutionnel au Canada se trouvent principalement dans la législation du Parlement impérial britannique. Les deux plus importantes sont la *Loi constitutionnelle de 1867* et la *Loi constitutionnelle de 1982*, mais il y a également le *Statut de Westminster*, de 1931. À ceci il faut ajouter d'autres documents, comme les proclamations royales, les lettres patentes et de nombreuses mesures adoptées par le Parlement fédéral canadien et les législatures provinciales.[1]

La Constitution écrite du Canada ne dit pratiquement rien au sujet du droit international et de la problématique de l'interlégalité. S'agissant des relations internationales du pays – un aspect connexe au droit international – nul n'est surpris que la *Loi constitutionnelle de 1867* ne prévoie rien à cet égard puisque la mère patrie, la Grande Bretagne, s'occupait des affaires étrangères de ses colonies, dont le Canada. Ce sera le *Statut de Westminster* qui viendra habiliter explicitement le Parlement fédéral en ce qui concerne les questions de relations internationales;[2] l'article 3 décrète que : « le Parlement d'un Dominion a le plein pouvoir d'adopter des lois d'une portée extraterritoriale ». La jurisprudence subséquente a fait référence au *Statut de Westminster* pour valider le pouvoir général exclusif du fédéral en matière d'affaires étrangères.[3]

Hormis la position minoritaire défendue récemment (depuis le milieu des années 1960) par la province de Québec relativement au *jus tractatus* – dont nous discuterons plus loin (*infra*, para. 26) – on s'entend généralement pour dire que c'est le fédéral qui possède les pleins pouvoirs en matière de relations internationales.[4] Mais bon, s'agissant des textes constitutionnels, ils ne nous sont d'aucune utilité pour y voir clair. Rien n'est prévu au sujet de l'international, sauf quelques exceptions sans grande importance contemporaine, qu'il convient néanmoins ici d'examiner brièvement.

1.   Voir la liste non exhaustive de documents dans la *Loi de 1982 sur le Canada* (R.-U.), 1982, c. 11, à l'article 52(2) et à son annexe. Voir aussi les éléments identifié par Peter W. HOGG, *Constitutional Law of Canada*, 5ᵉ éd. (feuilles mobiles), Scarborough, Thomson Carswell, 2007, § 1.5-1.6.
2.   Voir *Croft c. Dunphy*, [1933] A.C. 156 (C.P.); *Interprovincial Co-operatives Ltd. & Dryden Chemicals Ltd. c. La Reine*, [1976] 1 R.C.S. 477, p. 512.

3. Voir *Reference : Offshore Mineral Rights of British Columbia*, [1967] R.C.S. 792, p. 816; *Renvoi : Résolution pour modifier la Constitution*, [1981] 1 R.C.S. 753, p. 802-806.

4. Il s'agit même de l'opinion déjà exprimée par le professeur Henri BRUN (*Le territoire du Québec*, Québec, Presses de l'Université Laval, 1974, p. 263) et par le professeur Jacques BRASSARD (*Les pouvoirs extérieurs du Québec*, Montréal, Presses de l'Université de Montréal, 1967, p. 437-438).

16. **Article 132 et *Charte canadienne* –** À l'époque de la formation du Canada, le fait que la Grande Bretagne s'occupait des relations internationales de ses colonies se révèle clairement à l'article 132 de la *Loi constitutionnelle de 1867*. Il prévoit ceci :

> Le parlement et le gouvernement du Canada auront tous les pouvoirs nécessaires pour remplir envers les pays étrangers, comme portion de l'empire Britannique, les obligations du Canada ou d'aucune de ses provinces, naissant de traités conclus entre l'empire et ces pays étrangers.

Avant l'accession du Canada à la souveraineté et son indépendance de la mère patrie, il était donc dit expressément que c'était l'autorité fédérale qui était compétente en matière de traité international, « pour remplir [...] les obligations du Canada ou d'aucune de ses provinces ».

On nous enseigne que la *Déclaration de Balfour* en 1926, qui a affirmé la capacité du Canada de conclure des traités de façon autonome, tel que confirmé par le *Statut de Westminster* de 1931, fait en sorte que l'article 132 est devenu désuet.[1] Ainsi, l'exercice de la pleine souveraineté externe du pays, hors contexte colonial, aurait rendu caduque cette disposition constitutionnelle explicite. Ce fut l'avis du Comité judiciaire du Conseil privé dans l'*Affaire des Conventions du travail*,[2] dont nous discuterons en détail dans un moment. Bien que cet aspect de la décision ait été fortement critiqué, surtout au Canada-anglais,[3] il n'est plus contesté de nos jours que l'article 132 est lettre morte.[4]

L'autre exception où un élément de la Constitution écrite mentionne le droit international de façon explicite, est l'article 11*g*) de la *Charte canadienne des droits et libertés*. Il se lit ainsi :

> Tout inculpé a le droit : [...] de ne pas être déclaré coupable en raison d'une action ou d'une omission qui, au moment où elle est survenue, ne constituait pas une infraction d'après le droit interne du Canada ou le <u>droit international</u> et n'avait pas de caractère criminel d'après les <u>principes généraux de droit reconnus par l'ensemble des nations</u>.

Ces références au droit international – traités et coutume – et aux principes généraux de droit sont en quelque sorte des mentions indirectes, dans la perspective constitutionnelle canadienne. En fait, l'article 11*g*) concerne le principe *nullem crimen sine lege*, qui est d'autant plus fondamental en droit pénal. Cette maxime latine, qui signifie « nulle peine sans loi », interdit la rétroactivité des infractions criminelles. Afin de pourvoir à toutes les situations de possibles mesures pénales qui existent au moment de la commission des faits, y compris les crimes internationaux (génocide, crimes de guerre, crimes contre l'humanité), on renvoie aux sources normatives formelles du droit international.[5] Notons, surtout, que cette disposition de la *Charte canadienne* n'a aucune incidence sur la problématique de l'interlégalité et de la réception du droit international en droit interne au Canada.

1. Voir Gérald-A. BEAUDOIN, avec la collaboration de Pierre THIBAULT, *La Constitution du Canada – Institutions, Partage des pouvoirs*, Charte canadienne des droits

et libertés, Montréal, Wilson & Lafleur, 204, p. 757 & 764; Ivan C. RAND, « Some Aspects of Canadian Constitutionalism » (1960) 38 *Revue du Barreau canadien* 135.

2. *A.G. Canada c. A.G. Ontario (Conventions du travail)*, [1937] A.C. 326 (C.P.).

3. Voir Norman A.M. MacKENZIE, « Canada: The Treaty-Making Power » (1937) 18 *British Yearbook of International Law* 172; Frank R. SCOTT, « The Consequence of the Privy Council Decisions (1937) 15 *Revue du Barreau canadien* 485; George J. SZABLOWSKI, « Creation and Implementation of Treaties in Canada » (1956) 34 *Revue du Barreau canadien* 28; Edward McWHINNEY, « Federal Constitutional Law and the Treaty-Making Power » (1957) 35 *Revue du Barreau canadien* 842; Gerald L. MORRIS, « The Treaty Making Power: A Canadian Dilemma » (1967) 45 *Revue du Barreau canadien* 478.

4. Voir Stéphane BEAULAC & John H. CURRIE, « Canada », dans Dinah SHELTON, dir., *International Law and Domestic Legal Systems – Incorporation, Transformation, and Persuasion*, Oxford & New York, Oxford University Press, 2011 (forthcoming).

5. Voir, à ce sujet, l'opinion du juge La Forest, dissident sur le pourvoi principal mais reflétant l'avis de la Cour sur ce point, dans l'affaire *R. c. Finta*, [1994] 1 R.C.S. 701, p. 784.

B. Principes de droit constitutionnel britannique

17. Éléments non écrits – Dans le *Renvoi relatif à la rémunération des juges de la Cour provinciale (Î.-P.-É.)*, le juge en chef Lamer nous rappelait combien les règles de droit constitutionnel au Canada sont tant écrites que non écrites, ce qui veut dire qu'elles « ne sont pas fixées dans un seul document ou dans un ensemble de documents faisant autorité ».[1] Les éléments non écrits de droit constitutionnel ont été développés par la jurisprudence, non seulement eu égard aux instruments constitutionnels écrits, mais également en référence aux prérogatives royales issues de la common law, hautement pertinentes pour nos fins. Mentionnons aussi, évidemment, l'existence de principes non justiciables qui relèvent des conventions constitutionnelles ou encore des usages.

Il a été vu, dans d'autres fascicules du présent ouvrage, qu'un bon nombre de principes fondamentaux de droit constitutionnel non écrits nous viennent directement de la Grande Bretagne, et ce, par l'entremise du préambule de la *Loi constitutionnelle de 1867*. Celui-ci prévoit, *inter alia*, que la Constitution du Canada repose « sur les mêmes principes que celle du Royaume-Uni ». En plus de cette autorisation expresse d'avoir recours au droit britannique, les règles impériales de réception du droit anglais par les colonies de Sa Majesté ont créé un lien originel et continu entre le droit public de la Grande Bretagne et celui du Canada. Bref, la common law de droit public britannique est devenue applicable sur tout le territoire canadien au moment de la colonisation – y compris incidemment au Québec,[2] avec la Conquête de 1760 et le *Traité de Paris* de 1763 – ce que le préambule vient confirmer en 1867.

S'agissant de l'interaction entre le droit international et le droit interne canadien, c'est ce qui explique non seulement l'origine de nos règles, mais également leur lien continu et intime avec celles de la Grande Bretagne. Plus particulièrement, nous allons voir deux principes de droit constitutionnel britannique dont le Canada a hérité en ce qui concerne l'interlégalité, à savoir (i) le *jus tractatus* qui se fonde sur les prérogatives royales et (ii) l'étape distincte de la mise en œuvre des traités par voie législative.

1. *Renvoi relatif à la rémunération des juges de la Cour provinciale (Î.-P.-É.)*, [1997] 3 R.C.S. 3, para. 92.

2.	*Chaput c. Romain*, [1955] R.C.S. 834, p. 854.

18. *Jus tractatus* et prérogative royale – S'agissant de la source conventionnelle de droit international, on distingue plusieurs opérations dans le processus de création d'un traité : la négociation, la signature, la ratification (ou autres moyens de consentir à être lié, comme l'adhésion), l'enregistrement, la publication, l'entrée en vigueur. Tous ces éléments se rapportent à la sphère juridique internationale et, le cas échéant, doivent être distingués de l'étape de la mise en œuvre d'un traité, qui donne un effet juridique en droit interne aux normes juridiques conventionnelles, comme nous le verrons. Chacune de ces opérations en droit international – de même que la mise en œuvre en droit interne – soulève la question de savoir quel est l'organe des États participant au processus conventionnel qui est habile pour les effectuer.

Rappelons que, selon la *Convention de Vienne sur le droit des traités*, ce sont les États qui ont la capacité de conclure des traités. On associe généralement la « conclusion » d'une convention internationale au moment où un État exprime son consentement à être lié, ce qui se fait habituellement par voie de « ratification »; ces deux termes sont souvent vus comme synonymes. Ainsi, suite à la ratification d'un traité, on parle de conclusion du traité en droit international et, par le fait même, d'obligations qui produisent des effets normatifs en vertu du principe *pacta sunt servanda* et dont la violation entrainera la responsabilité internationale de l'État concerné.

L'expression latine « *jus tractatus* » est fréquemment employée pour référer à ce processus de conclusion des conventions internationales. En fait, on l'utilise surtout en relation avec le pouvoir pour un État de conclure une entente contraignante en droit international. On parle de « treaty-making power » en anglais et de pouvoir de conclure un traité en français; ou tout simplement le « *jus tractatus* ». En vertu du droit public britannique, le pouvoir de conclure un traité n'est pas du ressort du Parlement; il s'agit plutôt d'une compétence qui est exercée par la Couronne, c'est-à-dire par la branche exécutive de l'État. À vrai dire, on ne se tromperait pas à dire que, suivant la tradition britannique, c'était l'ensemble des relations internationales qui relevait exclusivement de la Couronne.

La source de ce pouvoir relatif aux relations internationales, et plus particulièrement au *jus tractatus*, est la <u>prérogative royale</u>, dont il a déjà été question plus en détail ailleurs dans cet ouvrage. « La prérogative de la Couronne est ce [...] pouvoir dont est revêtu le souverain et qui fait partie de cet ensemble de pouvoirs discrétionnaires dérivant du droit coutumier dont le monarque en personne avait l'exercice »,[1] expliquait-on au Parlement canadien. Les pouvoirs qui se fondent sur la prérogative royale ont ceci de particulier qu'ils n'ont pas à être autorisés par une mesure habilitante du Parlement, c.-à-d. de la branche législative de l'État. En vertu de la primauté du droit (« rule of law »), les actes d'une autorité publique de l'État doivent se fonder sur un texte de loi, principe de base en droit public britannique auquel les prérogatives royales font exception.

C'est ainsi que, sur la base de ses prérogatives, la Couronne britannique était, et est toujours en très grande partie, seule responsable de la conduite des relations internationales, y compris la déclaration de guerre ou la position de neutralité, l'établissement ou la rupture de relations diplomatiques, la négociation et la conclusion de conventions internationales, l'exercice de la protection diplomatique et la présentation de réclamations internationales. Évidemment, comme tout pouvoir relevant des prérogatives royales, celui relatif aux affaires étrangères demeure au profit de la Couronne dans la mesure que le Parlement ne dispose pas autrement. Rappelons que les prérogatives royales sont le fruit des tribunaux, et tirent donc leur source de la common law; ils sont ainsi des « résidus de pouvoir »,[2] pour paraphraser Albert V. Dicey, dont dispose la branche exécutive de l'État, en autant que le pouvoir législatif ne les a pas limités, modifiés ou abolis au moyen d'une loi. Comme le veut le vieil adage : « [T]he King hath no prerogative, but that which the law of the land allows him ».[3]

En matière de relations internationales, et s'agissant plus particulièrement de la capacité de consentir à être lié par un traité en droit international par voie de ratification, il n'y a jamais eu d'interférence législative au pouvoir de la Couronne en vertu des prérogatives royales. En conséquence, la branche exécutive de l'État jouit d'une pleine autorité pour la conclusion des traités internationaux. Il n'a pas à obtenir la permission du Parlement *ex ante*, pas plus qu'il n'a à le déposer devant lui *a posteriori*; en fait, en vertu de ses prérogative royales, la Couronne aurait carte blanche pour exercer le *jus tractatus*.

Évidemment, suivant le principe du gouvernement responsable – dont il a été question ailleurs – c'est sur l'avis du chef de l'exécutif que la Couronne exercera, de nos jours, ses pouvoirs dans le domaine.[4] La pleine discrétion à cet égard n'équivaut donc pas à un pouvoir arbitraire puisque le Gouvernement sera responsable – et devra donc rendre des comptes – devant le Parlement en ce qui concerne son *jus tractatus*, ce qui peut se faire au moyen d'un vote de confiance. En pratique, les relations internationales sont de la responsabilité d'un membre du Cabinet et de son ministère spécialisé en la matière.

Lorsque le Canada a été fondé, en 1867, c'était la Couronne britannique qui menait les affaires étrangères de ses colonies, suivant l'avis du ministère responsable au sein du Gouvernement à Westminster. Suite à l'acquisition progressive de sa souveraineté, le Canada est venu à assumer ces pouvoirs de façon autonome. La Couronne du chef du Canada veille, *de facto*, à la conduite des relations internationales du Canada depuis au moins la signature du *Traité sur le Flétan*, en 1923, voire du *Traité de Versailles*, en 1919. Formellement, c'est par les *Lettres patentes* de 1947 que le Gouverneur général du Canada a été habilité, *de jure*, à exercer tous les pouvoirs relatifs aux affaires étrangères du pays, y compris le *jus tractatus*.

Il fut déjà suggéré que la compétence exécutive à cet égard se fonde sur la clause introductive de l'article 91 de la *Loi constitutionnelle de 1867* et le pouvoir dit 'résiduel' du fédéral, étant entendu que le principe veut que les pouvoirs exécutifs suivent le partage des compétences législatives. D'autres auteurs s'évertuent à essayer de prouver le contraire,[5] c'est-à-dire que l'article 91 ne peut asseoir la compétence sur les affaires étrangères, et ce, dans le but avoué de discréditer la position reçue en droit constitutionnel canadien reconnaissant le pouvoir plénier du Gouvernement fédéral relativement au *jus tractatus*, ce qui sera examinée plus bas (*infra*, para. 25).

Pour notre part, nous sommes d'avis qu'il s'agit là d'un faux débat puisque ce sont les prérogatives royales de common law britannique, des éléments de droit non écrits de la Constitution du Canada, et non pas les dispositions constitutionnelles écrites de la *Loi constitutionnelle de 1867*, qui constituent la réelle assise de la compétence de la branche exécutive de l'État canadien en ce qui concerne les relations internationales. Autrement dit, ce n'est pas un pouvoir de l'exécutif découlant de la compétence législative prévue explicitement (à 91 ou à 92 de la *Loi constitutionnelle de 1867*), mais plutôt un pouvoir qui a pour source originelle les prérogatives royales de la Couronne britannique et qui, depuis 1947, ont été formellement transférées à la Couronne du chef du Canada. La compétence en la matière était entièrement celle de la Couronne britannique, sans intervention de la part du Parlement, au moment où elle a commencé à être assumée *de facto* par le Canada et lors de son transfert *de jure* au Gouverneur général par *Lettres patentes*, un point sur lequel nous reviendrons plus loin (*infra*, para. 26).

Cette réalité de l'époque, qui est encore celle d'aujourd'hui, signifie que l'exécutif agit sur la base d'une source habilitante de common law, en vertu de ses prérogatives royales, et qu'il est superflu et théorique de savoir quelle est la base de la compétence 'législative' en matière d'affaires étrangères. Si la branche législative de l'État, comme elle a la capacité de le faire, décide d'intervenir pour limiter, modifier ou abolir les prérogatives royales relativement au *jus tractatus*, alors il y aura lieu de se demander si le pouvoir résiduel du fédéral (article 91 de la *Loi constitutionnelle de 1867*) est la source habilitante de cette compétence législative. Pour l'instant, le *status quo* de la capacité exclusive de l'exécutif en matière de *jus tractatus*, sur la base de ses prérogatives royales, va de pair et, de fait, valide la position selon laquelle les *Lettres patentes* de 1947 ont transféré le *jus tractatus* au Gouvernement fédéral canadien.

1. William F. O'CONNOR, *Rapport du président du Sénat du Canada sur l'A.A.N.B. de 1867*, Ottawa, Imprimeur du Roi, 1939, p. 145-146.

2. Albert V. DICEY, *Introduction to the Study of the Law of the Cosntitution*, 10ᵉ éd., Londres, Macmillan, 1959, p. 424, qui écrit que les prérogatives royales sont : « nothing else than the residue of discretionary or arbitrary authority which at any given time is legally left in the hands of the Crown ». Voir, aussi, *Reference as to the Effect of the Exercise of the Royal Prerogative of Mercy Upon Deportation Proceedings*, [1933] R.C.S. 269.

3. *Case of Proclamation*, (1611) 12 Co. Rep. 74, 77 E.R. 1352 (B.R.).

4. Voir Alan E. GOTLIEB, *Canadian Treaty-Making*, Toronto, Butterworths, 1968, p. 4-5.

5. Voir, récemment, Hugo CYR, *Canadian Federalism and Treaty Powers – Organic Constitutionalism at Work*, Bruxelles, P.I.E. Peter Lang (Diversitas), 2009.

19. Contrôle judiciaire – S'il est clair que, en vertu du principe de la primauté du droit (« rule of law ») – dont il a été question ailleurs dans cet ouvrage[1] – les tribunaux sont habiles pour statuer sur l'existence de prérogatives royales en droit constitutionnel, il est moins certain qu'ils peuvent en contrôler l'exercice.[2] Cette problématique s'appréhende eu égard, notamment, au principe fondamental de la séparation des branches législative, exécutive et judiciaire, d'autant plus délicate qu'on est dans le domaine des relations internationales. Traditionnellement, les cours de justice britanniques se sont toujours montrées assez réfractaires à l'idée de contrôler l'exercice par la Couronne des pouvoirs fondés sur les prérogatives royales, en particulier ceux relatifs aux d'affaires étrangères.[3]

Au Canada, en revanche, la situation semble différente, au moins en ce qui concerne la conformité avec la *Charte canadienne des droits et libertés*.[4] Dans la célèbre affaire *Operation Dismantle*, en effet, la Cour suprême du Canada a affirmé, unanimement, que les décisions de l'exécutif prises en vertu des prérogatives royales, dont celles relatives aux affaires étrangères, sont : « assujetties au contrôle judiciaire et à l'examen des tribunaux aux fins de vérifier leur compatibilité avec la Constitution ».[5] Il en été question, plus récemment, dans l'affaire *Khadr*, où l'on contestait l'inaction des autorités fédérales pour demander le rapatriement du ressortissant canadien détenu illégalement dans une zone de non droit à Guantanamo, Cuba. S'agissant du contrôle judiciaire, la Cour suprême écrit :

> Lorsqu'il exerce les pouvoir que lui confère la common law en vertu de la prérogative royale, l'exécutif n'est toutefois pas à l'abri du contrôle constitutionnel [...] Certes, il revient à l'exécutif, et non aux tribunaux, de décider si et comment il exercera ses pouvoirs; mais les tribunaux ont indéniablement compétence pour déterminer si la prérogative invoquée par la Couronne existe véritablement et, dans l'affirmative, pour décider si son exercice contrevient à la *Charte* [...] ou à d'autres normes constitutionnelles [...].[6]

Ceci étant, la Cour a refusé d'ordonner une demande de rapatriement; elle a plutôt laissé au gouvernement fédéral une marge de manœuvre quant aux mesures appropriées pour prêter assistance à M. Khadr.[7] Eu égard aux valeurs sous-jacentes à la primauté du droit (« rule of law »), il est somme toute décevant de constater qu'il y a dissonance entre les grandes déclarations judiciaires et les mesures concrètes pour contrôler l'exercice des prérogatives royales en matière de relations internationales. Certes, on écrit dans *Khadr* : « dans une démocratie constitutionnelle, tout pouvoir gouvernemental doit être exercé en conformité avec la Constitution ».[8] Mais l'on sait que, en bout de ligne, c'est une attitude de déférence – voire un manque de courage, peut-être – qui a marqué la conclusion de la Cour suprême.[9]

Quid de la conclusion d'un traité international ? L'exercice des prérogatives royales par la Couronne du chef du Canada peut-il faire l'objet d'un contrôle judiciaire ? La Cour d'appel de l'Ontario a évoqué ce scénario dans *Black c. Canada (Prime Minister)*, où il fut décidé que l'intervention du gouvernement du Canada auprès de la Reine au sujet du possible octroi de la pairie à un citoyen canadien, Conrad Black, n'était pas révisable en justice. S'agissant du contrôle de l'exercice des prérogatives royales, on écrit :

> To put this question in context, I will briefly discuss prerogative powers that lie at the opposite ends of the spectrum of judicial reviewability. At one end of the spectrum lie <u>executive decisions to sign a treaty</u> or to declare war. <u>These are matters of "high policy"</u>. [...] Where matters of high policy are concerned, public policy and public interest considerations far outweigh the rights of individuals or their legitimate expectations. In my view, apart from *Charter* claims, these decisions are not judicially reviewable.
>
> At the other end of the spectrum lie decisions like the refusal of a passport or the exercise of mercy. The power to grant or withhold a passport continues to be a prerogative power. A passport is the property of the Government of Canada, and no person, strictly speaking, has a legal right to one. However, common sense dictates that a refusal to issue a passport for improper reasons or without affording the applicant procedural fairness should be judicially reviewable. [...][10]

Bien que la conclusion d'un traité soit donnée en exemple comme le cas le plus fort où le caractère politique des décisions veut dire que le contrôle judiciaire serait inapproprié, on fait néanmoins allusion aux situations de *Charte canadienne*. Peut-on comprendre de ça que, à titre exceptionnel, même l'exercice des prérogatives royales quant au *jus tractatus* pourrait être révisé par les tribunaux, s'il y a atteinte à la *Charte* ? Nous en doutons. La déférence judiciaire demeurerait certainement de mise ici, compte tenu de la nature très politique de ces décisions; l'arrêt *Khadr* nous enseigne par ailleurs qu'on est disposé à laisser une marge d'appréciation à l'exécutif relativement aux affaires étrangères même s'il y a violation de la *Charte*, un raisonnement qui s'appliquerait *a fortiori* eu égard au *jus tractatus*.

À l'autre extrémité du spectre, donne-t-on en exemple à la Cour d'appel dans *Black*, les décisions relatives aux passeports. Ces prérogatives royales, en plus de celles concernant les relations internationales, étaient au cœur d'un jugement de la Cour fédérale du Canada de juin 2009, dans l'affaire *Abdelrazik c. Canada (Ministre des Affaires étrangères)*.[11] Il fut ordonné que les autorités fédérales canadiennes aideraient le ressortissant canadien pris à l'étranger sans passeport, et ce, eu égard au droit d'entrer au pays garanti à l'article 6 de la *Charte canadienne*. Le dernier exemple donné dans *Black*, où les intérêts individuels justifient un possible contrôle judiciaire des prérogatives royales, concerne la clémence. Une affaire assez récente, *Smith c. Canada (Procureur général)*,[12] met en jeu ce scénario exactement, auquel s'ajoute la dimension affaires étrangères et les prérogatives royales y afférents. La

Cour fédérale a ordonné aux autorités exécutives du pays, sur la base des directives toujours en place (non formellement modifiées), d'aider le ressortissant à faire commuer sa peine de mort en intercédant auprès de Gouverneur de l'État américain aux États-Unis parce que, notamment, il y avait une expectative légitime en ce sens.

Ceci étant, il faut noter que ces situations sont diamétralement opposées aux décisions à caractère politique, de portée générale (non pas individuelle) – comme la conclusion d'un traité international – pour lesquelles un contrôle judiciaire est pratiquement impensable.[13]

1. Voir aussi, en général, Stéphane BEAULAC, « The Rule of Law in International Law Today », dans Gianluigi PALOMBELLA & Neil WALKER, dir., *Relocating the Rule of Law*, Oxford, Hart Publishing, 2009, 197.

2. Voir Stanley A. De SMITH, Harry WOOLF & Jeffrey L. JOWELL, *Principles of Judicial Review*, Londres, Sweet & Maxwell, p. 175. Voir aussi Herbert V. EVATT, *The Royal Prerogative*, Sydney, Law Book, 1987.

3. Voir Malcolm N. SHAW, *International Law*, 5e éd., Cambridge, Cambridge University Press, 2003, p. 136. Pour un exemple assez récent au Royaume-Uni, où l'on a refusé de contrôler les prérogatives royales en matière d'affaires étrangères, voir la décision de la Chambre des Lords, divisée 3-2, dans *Secretary of State for Foreign and Commonwealth Affairs*, [2008] UKHL 61, (2008) 4 All E.R. 1055.

4. Voir Peter W. HOGG, *Constitutional Law of Canada*, 5e éd. (feuilles mobiles), Scarborough, Thomson Carswell, 2007, § 1.9.

5. *Operation Dismantle c. La Reine*, [1985] 1 R.C.S. 441, para. 28. Voir aussi *Air Canada c. Colombie-Britannique (Procureur général)*, [1986] 2 R.C.S. 539.

6. *Canada (Premier Ministre) c. Khadr*, [2010] 1 R.C.S. 44, para. 36 [nos soulignements].

7. *Ibid.*, para. 37. Voir aussi, en général, *États-Unis c. Burns*, [2001] 1 R.C.S. 283.

8. *Khadr, ibid.*

9. La suite de cette tragique histoire illustre combien le 'soft power' en contrôle judiciaire est futile face à un gouvernement fédéral idéologique et intransigeant comme celui des conservateurs de M. Harper. Ultimement, le citoyen canadien Khadr fut abandonné par sa patrie, à toutes fins utiles, et condamné par un tribunal militaire d'exception, et ce, en flagrante violation de ses droits procéduraux et de ses libertés fondamentales.

10. *Black c. Canada (Prime Minister)* (2001), 54 O.R. (3d) 215, 199 D.L.R. (4th) 228, para. 52-53 [nos soulignements].

11. *Abdelrazik c. Canada (Ministre des Affaires étrangères)*, [2010] 1 R.C.F. 267.

12. *Smith c. Canada (Procureur général)*, [2010] 1 R.C.F. 3.

13. On pourrait aussi faire un parallèle avec le contrôle judiciaire des résolutions du Conseil de sécurité de l'ONU en matière de lutte contre le terrorisme qui – à l'instar des travaux du Comité 1267 dans *Abdelrazik, supra*, note 11 – visent des individus et portent atteinte à leurs intérêts. Dans le contexte de l'Union européenne, voir par exemple les décisions *Kadi c. Conseil & Commission* (T-315/01), [2005] E.C.R. II-3649, (2006) 45 I.L.M. 81 (1ère instance); *Kadi c. Conseil & Commission* (C-402/05P & C-415/05P), [2008] E.C.R. I-6351, (2008) 47 I.L.M. 923 (Cour de Justice européenne). Encore plus largement, sur le contrôle judiciaire à saveur internationale, voir August REINISCH, dir., *Challenging Acts of International Organizations Before National Courts*, Oxford, Oxford University Press, 2010.

20. Traités et législation de mise en œuvre – Si le Monarque britannique a déjà exercé une souveraineté absolue à l'interne et à l'externe,[1] y compris le pouvoir de légiférer à sa guise, ce n'est évidemment plus la structure constitutionnelle de gouvernance applicable en Grande Bretagne depuis belle lurette. Durant le 17e siècle et surtout avec le *Bill of Rights* de 1689, le système est progressivement devenu une monarchie constitutionnelle, en partie parce que : « the pretended Power of suspending of Laws, or the Execution of Laws, by regal authority, without Consent of Parliament, is illegal ».[2] Évidemment, dans le contexte contemporain, la règle non écrite selon laquelle la Couronne chef de l'exécutif ne peut légiférer s'étend à l'ensemble du Cabinet et du conseil des ministres. Rappelons de nouveau, à cet égard, que l'exécutif est responsable devant la chambre des élus au Parlement.

L'idée de base que, dans le système constitutionnel britannique, la Couronne ne peut pas altérer ou modifier ses lois par l'effet d'une convention internationale doit se comprendre dans ce contexte de démocratisation des institutions publiques en Grande Bretagne. La conclusion des traités, qui relève toujours de la Couronne en vertu de ses prérogatives royales (comme nous venons de le voir) est distinguée de la mise en œuvre des obligations internationales découlant des traités lorsque celles-ci affectent le droit applicable dans la juridiction. La branche exécutive de l'État de peut pas faire indirectement, c.-à-d. au moyen d'une convention internationale, ce qu'elle ne peut plus faire directement depuis des siècles, c.-à-d. prendre des mesures qui affecteront les lois en place. On invoque souvent cet aspect pour expliquer que, dans la famille juridique anglo-saxonne de common law, on favorise généralement la thèse 'dualiste' de réception du droit international en droit interne, dont nous avons parlé plus haut (*supra*, para. 12).

Trop souvent on oublie ici de noter que la grande majorité des traités internationaux conclus par un pays, comme le Canada, n'ont pas pour but ni comme effet de modifier de quelconque façon le droit interne.[3] En effet, qu'elles soient bilatérales ou multilatérales, beaucoup d'ententes entre États remplissant la définition de « traités », selon la *Convention de Vienne sur le droit des traités*, se limitent à des questions ou des matières qui relèvent de l'exécutif et, partant, ne requièrent aucunement la participation de la branche législative de l'État. Ainsi, la théorie dualiste et son exigence de mise en œuvre ne signifie pas que, dans absolument tous les cas, la transformation des obligations conventionnelles par voie de législation soit nécessaire.[4] Comme exemples, mentionnons les traités portant sur la défense nationale et les activités militaires, ceux relatifs à la coopération économique et le développement international, ou encore les conventions sur les frontières territoriales ou maritimes.

Ceci étant, pour toutes les conventions internationales qui visent à produire des effets juridiques à l'intérieur des juridictions concernées, le principe fermement enchâssé en droit public britannique veut que ce soit la branche législative de l'État, le Parlement, qui soit compétent pour mettre en œuvre une convention internationale, suivant la logique dualiste. On fait référence aux propos de Sir Robert Phillimore, de la Haute Cour de Justice (Division amirauté) dans *The Parlement Belge* comme faisant autorité en la matière. Dans cette affaire, on devait décider si un traité entre le Royaume-Uni et la Belgique pouvait mettre de côté une cause d'action en droit privé contre le propriétaire d'un navire. Renversée en appel sur un autre point de droit, le jugement énonce le principe suivant :

> If the Crown had power without the authority of Parliament by this treaty to order that the *Parlement Belge* should be entitled to all the privileges of a ship of war, then the warrant, which is prayed for against the wrong-doer on account of the collision, cannot issue, and the right of the subject, but for this order unquestionable, to recover damages for the injuries done to him by her is extinguished. This is a use of the treaty-making authority prerogative of the Crown which I believe to be without precedent, and in principle contrary to the laws of the constitution.[5]

Autrement dit, si la Couronne peut conclure seule un traité en vertu de ses prérogatives royales, le Parlement doit participer à sa mise en œuvre dans tous les cas où le contenu normatif de celle-ci vise à produire des effets juridique en droit interne. Il revient à la branche législative de l'État de transformer les normes issues de traités lorsque celles-ci affectent les droits et les obligations applicables dans la juridiction.[6]

Le Comité judiciaire du Conseil privé a entériné ce principe, en lui conférant même un statut de règle bien ancrée en droit public britannique, dans l'*Affaire des Conventions du travail* qui traitait justement de la situation au Canada. Dans son opinion, Lord Atkin s'exprime ainsi :

> Within the British Empire there is a well-established rule that the making of a treaty is an executive act, while the performance of its obligations, if they entail alteration of the existing domestic law, requires legislative action. Unlike some other countries, the stipulations of a treaty duly ratified do not within the Empire, by virtue of the treaty alone, have the force of law. If the national executive, the government of the day, decide to incur the obligations of a treaty which involve alteration of law they have to run the risk of obtaining the assent of Parliament to the necessary statute or statutes.[7]

Plus récemment, cette position a été confirmée à la Chambre des Lords dans l'affaire *Maclaine Watson c. Department of Trade and Industry*, où Lord Oliver opine : « Quite simply, a treaty is not part of English law unless and until it has been incorporated into the law by legislation ».[8]

Au Canada et au Québec, nous trouvons nombreuses références à cette exigence de mise en œuvre en droit interne des traités internationaux.[9] Dans l'affaire *Francis c. La Reine*, le juge en chef Kerwin explique, au sujet d'un traité, qu'il est « enforceable by the Courts only where the treaty has been implemented or sanctioned by legislation ».[10] Dans l'arrêt *Baker*, en 1999, le juge L'Heureux-Dubé pour la majorité de la Cour suprême du Canada réitérait on ne peut plus clairement que : « Les conventions et les traités internationaux ne font pas partie du droit canadien à moins d'être rendus applicables par la loi ».[11] On trouve plusieurs confirmations de ce principes par les tribunaux des différentes provinces anglo-canadiennes,[12] comme au Québec d'ailleurs, notamment dans *Les Entreprises de rebuts Sanipan*,[13] en Cour supérieure, et dans l'affaire *Unilever*,[14] à la Cour d'appel du Québec en 2003.

Le fait que la simple ratification d'un traité ne soit pas suffisante et, suivant la théorie dualiste, qu'il faille une mesure législative expresse pour donner effet aux obligations internationales conventionnelles, risque de causer des problèmes en ce qui concerne la responsabilité internationale des États. En effet, si la branche exécutive crée des normes juridiques en vertu du droit international au moyen d'un traité, si celles-ci visent à avoir des effets dans le droit interne de la juridiction, mais que la branche législative ne les a pas encore mises en œuvre (voire refuse de le faire), un problème potentiellement grave se présente. L'État devant respecter ses engagements selon le principe *pacta sunt servanda*, la non transformation du traité le rend en violation de ses obligations et, du coup, peut engager sa responsabilité internationale en vertu des règles applicables.

Il s'ensuit que le manque de coordination entre l'exécutif et le législatif peut mener à de lourdes conséquences, non seulement au niveau de la réputation internationale d'un État, mais concrètement aussi en ce qui concerne le non respect de ses engagements découlant de traités. Ajoutons que ces préoccupations ne sont pas uniquement théoriques, puisque, malgré l'idée de gouvernement responsable, il n'est pas toujours acquis que la branche législative (le Parlement) contrôle entièrement la branche exécutive (le gouvernement). Ceci est d'autant plus vrai, il va sans dire, dans un contexte de gouvernement minoritaire, comme nous l'avons connu à maintes reprises ces dernières années au niveau fédéral. Il est évident que cette nécessaire coordination devient plus difficile lorsque les deux ordres juridiques du système constitutionnel fédéral au Canada sont interpellés, comme nous le verrons dans la section suivante (*infra*, para. 27-28).

1. Sur les aspects historiques de la souveraineté, tant dans ses manifestations internes qu'externes, voir Stéphane BEAULAC, *The Power of Language in the Making of International Law — The Word Sovereignty in Bodin and Vattel and the Myth of Westphalia*, Leiden & Boston, Martinus Nijhoff, 2004.

2. *The English Bill of Rights*, para. 20. Son titre officiel est : *An Act Declaring the Rights and Liberties of the Subject and Settling the Succession of the Crown*, 1 William & Mary, sess. 2, c. 2 (1689).

3. *Operation Dismantle Inc. c. La Reine*, [1985] 1 R.C.S. 441, para. 90. Voir, en général, Ronald St.J. MacDONALD, « The Relationship between International Law and Domestic Law in Canada », dans Ronald St.J. MacDONALD, Gerald L. MORRIS & Douglas M. JOHNSTON, dir., *Canadian Perspectives on International Law and Organization*, Toronto, University of Toronto Press, 1974, 88.

4. Voir Hugh M. KINDRED, « L'usage et le mésusage des sources juridiques internationales par les tribunaux canadien : à la recherche d'une perspective raisonnée », dans Oonagh E. FITZGERALD *et al.*, dir., *Règle de droit et mondialisation : Rapport entre le droit international et le droit interne*, Cowansville, Yvon Blais, 2006, 11, p. 17-18.

5. *The Parlement Belge*, [1878-1879] 4 P.D. 129, p. 154. Voir aussi, au même effet, *Walker c. Baird*, [1892] A.C. 491 (C.P.).

6. Hersch LAUTERPACHT, « Is International Law a Part of the Law of England » (1939) 25 *Transactions of the Grotius Society* 51, p. 73-74.

7. *A.G. Canada c. A.G. Ontario (Conventions du travail)*, [1937] A.C. 326, p. 346.

8. *Maclaine Watson c. Department of Trade and Industry*, [1990] 2 A.C. 418, p. 500. Voir aussi, en général, Murray HUNT, *Using Human Rights Law in English Courts*, Oxford, Hart Publishing, 1997.

9. À la Cour suprême du Canada, voir aussi : *Arrow River & Tributaries Slide & Boom Co. Ltd. c. Pigeon Timber Co. Ltd.*, [1932] R.C.S. 459, p. 510; *Capital Cities Communications Inc. c. C.R.T.C.*, [1978] 2 R.C.S. 141, p. 173.

10. *Francis c. La Reine*, [1956] R.C.S. 618, p. 621.

11. *Baker c. Canada (Ministre de la Citoyenneté et de l'Immigration)*, [1999] 2 R.C.S. 817, para. 69.

12. *R. c. Canada Labour Relations Board ex p. Federal Electric Corporation*, (1964) 44 D.L.R. (2d) 440, p. 454 (B.R. Man.); *Re Regina and Palacio* (1984), 45 O.R. (2d) 269, p. 276 (C.A. Ont.); *R. c. Vincent* (1993), 12 O.R. (3d) 427, p. 437-438 (C.A. Ont.); *R. c. Rebmann* (1995), 122 Nfld. & P.E.I.R. 111, p. 121-126 (C.S. T.-N.&L.).

13. *Les Entreprises de rebuts Sanipan c. Québec (Procureur général)*, [1995] R.J.Q. 821, p. 844.

14. *UL Canada Inc. c. Québec (Procureur général)*, [2003] R.J.Q. 2729, 234 D.L.R. (4th) 398, para. 76, conf. [2005] 1 R.C.S. 10.

21. **Dimension démocratique** – L'institution démocratique par excellence du système constitutionnel de type britannique est évidemment le Parlement, qui procure par ailleurs la légitimité à la branche exécutive de l'État grâce au principe du gouvernement responsable, comme il a été vu dans d'autres fascicules du présent ouvrage. Cette idée fut invoquée plus haut (*supra*, para. 18), relativement à l'exercice du *jus tractatus* par la Couronne du chef du Canada, suivant l'avis du ministre responsable, qui peut être sommé de rendre des comptes

devant la Chambre des communes. Qui plus est, s'agissant des traités internationaux et de leur logique dualiste de réception en droit interne au Canada, c'est vraiment la transformation des obligations conventionnelles par voie législative qui appose le sceau démocratique à cette normativité. En effet, l'adoption d'une loi de mise en œuvre pour permettre aux normes issues de traités de produire des effets juridiques en droit interne canadien et québécois est effectuée par les parlementaires élus (en plus du Sénat, au fédéral); il s'agit indubitablement d'un processus fort légitimant.

Qu'en est-il du soi-disant déficit démocratique que d'aucuns invoquent (à outrance) en ce qui concerne les traités au Canada ?[1] Est-il bien fondé de prétendre que les élus au pays ne participent pas adéquatement à la procédure de création des traités internationaux et de leur utilisation au pays ?[2]

Il est vrai que, surtout depuis l'affaire *Baker* – que nous verrons en détail (*infra*, para. 39 & 43) – une norme conventionnelle non transformée peut influencer l'interprétation du droit interne. Il s'agit d'un aspect qui a été condamné, en dissidence dans cet arrêt, comme permettant de faire indirectement ce qu'il n'est pas permis de faire directement, puisqu'on court-circuiterait l'aval parlementaire.[3] Avec égard, ceci est toutefois une exagération puisque, comme on verra, l'argument d'interprétation contextuel permet de pondérer l'élément international. En conséquence, ce n'est pas du tout la même mesure d'influence que pourra avoir une norme d'un traité non mis en œuvre en droit interne. On ne fait donc pas la même chose indirectement; c'est plutôt une toute autre chose, une influence considérablement réduite, que l'on permet de tirer d'un traité non transformé. Et même, en tout état de cause, ces normes conventionnelles ne souffrent pas réellement de déficit démocratique puisqu'elles découlent d'un instrument international à l'égard duquel la Couronne du chef du Canada a donné son consentement à être liée en droit international. La branche exécutive de l'État étant responsable devant la chambre élue au Parlement, il est faux de dire que la conclusion d'un traité international ne jouit d'aucune légitimité démocratique.

Serait-il possible de bonifier la participation des parlementaires élus dans l'exercice du *jus tractatus* par l'autorité fédéral ? Certes, et nous le verrons dans un instant, il y a des développements en ce sens. Est-il nécessaire de le faire, afin d'augmenter la légitimité démocratique en matière de traité au Canada ? Absolument pas, et ce, en raison de cette thèse dualiste toujours applicable en droit constitutionnel canadien et québécois. La logique de transformation nécessaire du droit international conventionnel, pour qu'il ait effet en droit interne, combinée au fait que cette mise en œuvre doit être faite par mesure législative, comme nous le verrons en détail (*infra*, para. 30), a pour conséquence que le Parlement (fédéral ou provincial) est de fait sollicité. Le résultat est de conférer la pleine légitimité démocratique aux normes issues de traités lorsqu'on y a recours dans le processus d'interprétation et d'application du droit interne.

Alors qu'il était en politique à Ottawa, un auteur séparatiste québécois a fait beaucoup de bruit en suggérant que le Parlement fédéral a déjà été plus interpellé en ce qui concerne les traités conclus par le Canada.[4] Mais, soyons clair, l'autorisation *ex ante* du Parlement pour la conclusion d'une convention internationale n'a jamais été la pratique au pays. Tout au plus avons-nous déjà eu le dépôt en chambre, pour fins d'information, des traités déjà ratifiés et, partant, liant le Canada en droit international. Cette pratique systématique, qui relevait de la courtoisie sans plus, aurait été abandonnée à la fin des années 1960, bien qu'il soit arrivé de demander à l'occasion, de façon *ad hoc*, l'avis du Parlement avant de ratifier un traité (ce fut le cas, par exemple, au début des années 2000 avec le *Protocole de Kyoto*).[5]

Certes, il est possible d'augmenter le rôle des parlementaires élus en ce qui a trait au droit international conventionnel. La législature de la province de Québec aurait donné le ton à cet égard au début des années 2000, initiative qui demeure toutefois symbolique puisque le *jus tractatus* relève d'Ottawa.[6] Au début janvier 2008, le ministère fédéral des Affaires étrangères et du Commerce international s'est doté d'une nouvelle *Politique sur le dépôt des traités devant le Parlement*, dont voici l'objectif :

> La présente politique vise à garantir le dépôt devant la Chambre des communes de tous les instrument considérés comme régis par le droit international public et signés entre le Canada et d'autres États ou organisations internationales, après leur signature ou leur adoption au moyen d'une autre procédure, mais avant que le Canada n'ait notifié officiellement qu'il est lié par l'instrument en question.[7]

Les conventions internationales ainsi déposées seront par ailleurs accompagnées d'un bref mémoire explicatif. Une période d'attente de 21 jours de séance sera accordée suite au dépôt pour permettre aux parlementaires de débattre de la convention, sans que cela ne soit obligatoire toutefois; on pourra également présenter une motion à son sujet. Cela dit, pour être certain d'éviter les malentendus, on réitère ceci : « l'Exécutif, dans le cadre du pouvoir constitutionnel de conclure des traités exercé par la couronne fédérale en vertu de la prérogative royale est toujours investi de la responsabilité de contracter les obligations internationales du Canada ».[8] Bref, la Couronne garde jalousement ses pleins pouvoirs en matière de *jus tractatus*.

En définitive, s'agissant de la conclusion de traités internationaux par le Canada, il est erroné de soutenir que la procédure actuelle – surtout depuis 2008 – souffre d'un déficit démocratique réel. En plus de ces développements récents, une telle prétention ignorerait des règles de base en droit constitutionnel canadien. En effet, l'idée du gouvernement responsable, lors de la conclusion de la convention, en plus de l'exigence de sa mise en œuvre par voie législative, suivant la thèse dualiste, signifient que les normes issues de traités jouissent de la pleine légitimé démocratique lorsque la ou le juge canadien ou québécois les utilise dans le processus d'interprétation et d'application du droit interne.

1. Voir Joanna HARRINGTON, « Le rôle du Parlement dans la conclusion des traités », dans Oonagh E. FITZGERALD *et al.*, dir., *Règle de droit et mondialisation : Rapport entre le droit international et le droit interne*, Cowansville, Yvon Blais, 2006, 201; Joanna HARRINGTON, « Redressing the Democratic Deficit in Treaty Law Making: (Re)Establishing a Role for Parliament » (2005) 50 *Revue de droit de McGill* 645.

2. Voir Armand de MESTRAL & Evan FOX-DECENT, « Rethinking the Relationship Between Internatinoal and Domestic Law » (2008) 53 *Revue de droit de Mcgill* 573; Gibran van ERT, *Using international law in Canadian Courts*, 2e éd., Toronto, Irwin Law, 2008, p. 94-98.

3. *Baker c. Canada (Ministre de la Citoyenneté et de l'Immigration)*, [1999] 2 R.C.S. 817, para. 79-80.

4. Daniel TURP, « Un nouveau défi démocratique : l'accentuation du rôle du parlement dans la conclusion et la mise en œuvre des traités internationaux », dans C.C.D.I., dir., *L'influence du droit international sur la pratique du droit au Canada – Travaux du 27e Congrès annuel*, La Haye, Kluwer Law International, 1999, 115.

5. Voir Maurice COPITHORNE, « National Treaty Law and Practice: Canada », dans Monroe LEIGH *et al.*, dir., *National Treaty Law and Practice*, vol. 3, Washington D.C., American Society of International Law, 2003, 1, p. 5.

6.   Voir *Loi sur le ministère des Relations internationales*, L.R.Q., c. M-25.1.1, art. 22.1-22.7.
7.   Gouvernement du Canada, *Politique sur le dépôt des traités devant le Parlement*, 25 janvier 2008, § 2; voir : http://www.treaty-accord.gc.ca/procedure.asp?lang=fra
8.   *Ibid.*, § 6.6(b).

IV.   PARAMÈTRES FÉDÉRATIFS CANADIENS ET QUÉBÉCOIS

22. Introduction – S'agissant toujours de ces questions de *jus tractatus* et de mise en œuvre des conventions internationales, il y a lieu de poursuivre notre étude du schème analytique applicable en y ajoutant les paramètres propres à la structure fédérale de la Constitution du Canada.

A.   Aspects fédératifs du *jus tractatus*

23. Exercice du *jus tractatus* – Depuis possiblement le *Traité de Versailles* de 1919 et, clairement, avec le *Traité sur le Flétan* de 1923, le Canada s'est émancipé de la Grande Bretagne pour assumer sa compétence en matière de *jus tractus*, et ce, par l'entremise de la Couronne du chef du Canada. Cette situation *de facto* s'est vue confirmer, *de jure*, avec les *Lettres patentes* de 1947.[1] Or, depuis un certain nombre d'années, des arguments en faveur de la reconnaissance d'un *jus tractatus* provincial ont été formulés, surtout en provenance du Québec suite à l'énoncé politique « Gérin-Lajoie », ce que nous verrons plus loin (*supra*, para. 26). Ces prétentions doivent être immédiatement relativisées car, dans la réalité de la pratique en matière de traités, autant à l'international qu'à l'interne au pays, cela fait environ 90 ans que le Gouvernement fédéral exerce une compétence plénière en ce qui concerne la conclusion des traités au nom du Canada. De l'autre côté, les revendications du Québec datent du milieu des années 1960 et n'ont, de fait, jamais été matérialisées de façon concrète, par les gouvernements de la belle province, avant les années 1990.

1.   *Lettres patentes constituant la charge du Gouverneur général du Canada* (1947), L.R.C. 1985, appendice II, no. 31.

24. *Jus tractatus*, fédérations et droit international – Avant de voir sur quoi repose la compétence plénière du fédéral relativement au *jus tractatus*, un point préliminaire doit être examiné. La source d'information pertinente relative à cette problématique n'est pas le droit international, mais plutôt le droit interne de l'État concerné, en l'occurrence le Canada. En effet, le droit des traités, codifié à la *Convention de Vienne sur le droit des traités*, serait agnostique quant à la compétence des états fédérés, comme les provinces canadiennes, de conclure des traités internationaux. L'article 6 de ladite *Convention* veut que ce soient les États qui possèdent la capacité internationale pour conclure les traités; si elles furent sérieusement considérées par certains, des précisions quant à la situation des fédérations ne s'y trouvent point. Il semblerait donc fondé de dire, avec Jacques-Yvan Morin, que : « Le droit international renvoie au droit public interne de chaque fédération lorsqu'il s'agit de déterminer [le cas échéant] le degré de capacité internationale dont peuvent se réclamer les collectivités composantes en matière de conclusion des traités ».[1]

Ceci étant, il faut néanmoins comprendre que selon le droit international, la « souveraineté externe »[2] d'un État – y compris en matière de traités et, surtout, quant à sa responsabilité en cas de violation – est exercée de façon unique par l'entremise d'une seule autorité. Il est révélateur, à cet égard, de mentionner l'article 27 de la *Convention de Vienne sur le droit des traités*, qui prévoit que : « Une partie ne peut invoquer les dispositions de son droit interne comme justifiant la non-exécution d'un traité ». On a déjà précisé que cette non pertinence du droit interne en cas de violation d'une obligation conventionnelle inclut la structure constitutionnelle d'un État.[3] La Cour permanente de Justice, dans l'*Affaire du traitement des nationaux polonais à Danzig*, un avis consultatif rendu en 1931, énonçait le principe comme suit : « un État ne saurait invoquer vis-à-vis d'un autre État sa propre Constitution pour se soustraire aux obligations que lui imposent le droit international ou les traités en vigueur ».[4]

L'absence d'indication expresse du droit international relativement au *jus tractatus* en contexte fédéral ne doit pas occulter le fait que, indirectement, on prend une position claire quant au droit des traités et à la responsabilité des États en cas de violation.[5] Le *Projet d'articles sur la responsabilité de l'État*, préparé par la Commission de droit international et adopté par résolution à l'Assemblé générale des Nations Unies en 2001, le confirme puisque, à l'article 4(1), on parle d'attribution de responsabilité et d'organe de l'État, « quelle que soit sa nature en tant qu'organe du gouvernement central ou d'une collectivité territoriale de l'État ».[6] Bref, au sein de la communauté internationale, ce sont les États qui agissent et qui sont responsables de leurs actions, et ce, de façon unique et indivisible en vertu du droit international. Il s'agit certes là d'une indication implicite de la préférence du droit international de voir l'autorité centrale d'une fédération exercer le *jus tractatus*. Par ailleurs, cette pratique est nettement dominante au sein des fédérations dans le monde,[7] y compris chez les voisins aux États-Unis.[8]

1. Jacques-Yvan MORIN, « La personnalité internationale du Québec » (1984) 1 *Revue québécoise de droit international* 163, p. 187.
2. Sur la dimension externe de la souveraineté d'un État, en droit international, voir Stéphane BEAULAC, « Emer de Vattel and the Externalization of Sovereignty » (2003) 5 *Journal of the History of International Law* 237.
3. Voir Robert JENNINGS & Arthur WATTS, *Oppenheim's International Law*, vol. 1 – Peace, 9e éd., Longman, London, 1992, p. 254.
4. *Affaire du traitement des nationaux polonais à Danzig (Pologne c. Danzig)* (Avis consultatif) [1931] C.P.J.I., série A/B, no. 44, p. 23.
5. *Contra*, voir Hugo CYR, « Les souverainistes canadiens et québécois et la conclusion des traités : ce qu'en dit le droit international public » (2010) 3 *R.Q.D.C.* 33, 46-49, qui, toutefois, associe erronément la personnalité internationale en général – dont jouissent des entités non-étatiques – et la personnalité juridique des 'États' en droit international; cette dernière est, de fait, unique et inhérente à l'autorité centrale des États souverains en vertu du droit international public.
6. *Projet d'articles sur la responsabilité de l'État pour fait internationalement illicite*, A.G.N.U., Résolution 56/83, 12 décembre 2001, Annexe.
7. Voir Alan E. GOTLIEB, *Canadian Treaty-Making*, Toronto, Butterworths, 1968, p. 25-27; Gerald L. MORRIS, « The Treaty Making Power: A Canadian Dilemma » (1967) 45 *Revue du Barreau canadien* 478, p. 492-497.
8. Voir, notamment, la décision dans l'affaire *United States c. Curtiss-Wright Export Corp.* (1936) 299 U.S. 304, p. 318.

25. Compétence plénière du fédéral – À en croire le discours de certains intervenants au Québec, on serait tenté de croire que les provinces possèdent le *jus tractatus* sur les matières relevant de l'article 92 de la *Loi constitutionnelle de 1867*.[1] Or, il n'en est rien puisque, en droit, nous allons voir que les arguments sont inexorablement en faveur de la compétence plénière du fédéral en matière de conclusion de traités internationaux, peu importe les matières sur lesquelles ils portent.[2]

Le premier élément à relever est que, depuis les décisions dans l'*Affaire des Conventions du travail*, la jurisprudence au Canada et au Québec est unanime à reconnaitre que le *jus tractatus* est entièrement de compétence fédérale.[3] Mettons quelque chose au clair, tout de suite, s'agissant de cette cause célèbre, que nous verrons par ailleurs, et surtout, à la section suivante concernant les aspects fédératifs de la mise en œuvre des conventions internationales (*infra*, para. 27). Parfois, on entend que la question du *jus tractatus* n'est pas réglée ou serait en suspend, au pays parce que le Comité judiciaire du Conseil privé, dans sa décision de 1937, a choisi de ne pas se prononcer à ce sujet. Cette prétention est inexacte.

Voici l'extrait pertinent du discours de Lord Atkin, où il explique choisir de ne pas trancher explicitement – ou, en fait, nommément – la question du *jus tractatus* puisqu'il décide l'affaire sur la base de la compétence relative à la mise en œuvre :

> Reverting again to the original analysis of the contentions of the parties, it will be seen that the Provincial contention I.(*b*) relates only to the formation of the treaty obligation, while I.(*c*) has reference to the alleged limitation of both executive and legislative action by the express terms of the treaty. If, however, the Dominion Parliament was never vested with legislative authority to perform the obligation, these questions do not arise. And, as their Lordships have come to the conclusion that the reference can be decided upon the question of legislative competence alone, in accordance with their usual practice in constitutional matters they refrain from expressing any opinion upon the question raised by the contentions I.(*b*) and (*c*), which in that even become immaterial.[4]

Toutefois, cette volonté de ne pas se prononcer comme tel sur la compétence en matière de *jus tractatus* ne signifie pas que le Comité judiciaire du Conseil privé est muet sur la question. En effet, on trouve plusieurs passages dans l'opinion de Lord Atkin révélant sa position sur la question. D'une part, lorsqu'il aborde le besoin de collaboration entre les branches exécutive et législative de l'État (cf. thèse dualiste), qui est par ailleurs plus complexe compte tenu de la nature fédérale du pays, Lord Atkin prend pour acquis que la Couronne du chef du Canada, c.-à-d. le fédéral, possède les pleins pouvoirs en matière de conclusion des traités. Il s'exprime ainsi :

> The obligations imposed by treaty may have to be performed, if at all, by several Legislatures; and <u>the [federal] executive have the task of obtaining the legislative assent not of the one Parliament to whom they may be responsible</u>, but possibly of several Parliaments to whom they stand in no direct relation.[5]

D'aucuns qualifient ce passage d'*obiter dictum*, soit. Pour notre part, il nous semblerait plus approprié de parler d'un passage, non pas explicite, mais assez clairement implicite, somme toute, démontant que Lord Atkin prend pour acquis que c'est le fédéral qui a la compétence plénière relativement au *jus tractatus* au Canada. L'autre passage à voir est encore davantage probant, puisqu'en plus d'entériner la conclusion allant dans ce sens à la Cour suprême du Canada – que nous verrons dans un moment – Lord Atkin, de façon évidente, fonde ses propos sur le constat que le fédéral est pleinement compétent en la matière. Ce passage est hautement pertinent puisqu'il constitue un autre élément implicite fort de la position du Comité judiciaire du Conseil privé sur la question du *jus tractatus* :

> It is true, as pointed out in the judgment of the Chief Justice, that <u>as the [federal] executive is now clothed with the powers of making treaties</u> so the Parliament of Canada, to which the executive is responsible, has imposed upon it responsibilities in connection

> with such treaties, for if it were to disapprove of them they would either not be made or the Ministers would meet their constitutional fate. But this is true of all executive functions in their relation to Parliament. There is no existing constitutional ground for stretching the competence of the Dominion Parliament so that it becomes enlarged <u>to keep pace with enlarged functions of the Dominion executive</u>.[6]

Clairement, lorsque Lord Atkin dit qu'il ne peut pas étendre les compétences du législatif fédéral, pour la mise en œuvre, afin qu'elles correspondent aux fonctions de l'exécutif fédéral, pour la conclusion des traités, la prémisse de son affirmation se fonde sur la véracité du *jus tractatus* plénier du fédéral. En d'autres termes, plus qu'un *obiter*, cet élément est au cœur de ses motifs portant sur la question de la compétence relative à la mise en œuvre des conventions. Surtout, elle confirme la position exprimée à la Cour suprême du Canada.

En effet, si le Comité judiciaire du Conseil privé s'est formellement abstenu – l'opinion à cet égard étant implicite – notre plus haute instance judiciaire nationale, la Cour suprême du Canada, s'est exprimée explicitement en faveur de la compétence plénière du fédéral en ce qui concerne le *jus tractatus*. Même si on acceptait que Lord Atkin ne s'est pas du tout prononcé sur la question (ce qui n'est pas le cas, comme nous venons de le voir), les principes de base en jurisprudence de common law nous amèneraient à conclure que c'est la décision de la Cour suprême dans l'*Affaire des Convention du travail* qui fait autorité au Canada, justifiant la position traditionnelle reconnaissant tous les pouvoirs au fédéral en ce qui a trait à la conclusion des traités internationaux. Pour mémoire, notons que le droit non écrit de common law, selon le système des précédents et du principe de la *stare decisis*, va se rabattre sur le prononcé judiciaire de la plus haute instance dans la hiérarchie des tribunaux d'une juridiction afin de savoir quel est l'état du droit applicable.

Dans la mesure où le Conseil privé s'est abstenu (subsidiairement et sans préjudice par rapport à ce qui a été écrit plus haut), c'est la décision de la Cour suprême du Canada qui fait donc autorité en la matière. Dans un jugement partagé, trois des six juges, sous la plume du juge en chef Duff (avec les juges Davis et Kerwin), ont conclu que le fédéral avait compétence pour conclure et pour mettre en œuvre les traités en matière de travail. Évidemment, le dernier point a été renversé au Conseil privé; nous verrons plus loin quel est l'impact de cet aspect de la décision (*supra*, para. 27). Ceci étant, le premier point voulant que le fédéral possède un *jus tractatus* plénier demeure intact et, à vrai dire, constitue l'opinion de la pluralité des juges. Le juge Crocket, dissident quant au résultat, est en désaccord avec le juge en chef Duff et les deux autres collègues concernant la question de la mise en œuvre mais, de fait, il est d'accord avec eux sur celle de la conclusion des traités. « While I agree with the learned Chief Justice that the Government of Canada must now be held to be the proper medium for the formal conclusion of international conventions, whether they affect the Dominion as a whole or any of the provinces separately [...] »[7]; il ajoute ensuite que la mise en œuvre, elle, n'est pas toujours de la compétence du fédéral.

Bref, en vertu de la jurisprudence applicable au Canada, le droit constitutionnel au pays est fixé depuis les années 1930 et les décisions dans l'*Affaire des conventions du travail* : le fédéral possède une compétence plénière en matière de conclusion des traités internationaux.[8] Peu importe les matières sur lesquelles ils portent – un sujet de l'article 91 ou de l'article 92 de la *Loi constitutionnelle de 1867* – la Couronne du chef du Canada pourra consentir à lier le Canada en droit international en ratifiant des conventions. C'est la position que le Gouvernement fédéral a toujours retenue;[9] il a senti le besoin de la coucher par écrit dans les années 1960, face aux suggestions à l'effet contraire de certains.[10] Mentionnons enfin que la Cour suprême du Canada, de même que les cours d'appel des provinces (y compris la Cour d'appel du Québec) et les autres tribunaux du pays, prennent pour acquis et n'ont jamais mis en doute le *jus tractatus* plénier fédéral,[11] confirmant parfois au passage le bien fondé de cet élément de notre droit constitutionnel.[12]

1. On remarquera, toutefois, que cette opinion tendancieuse semble être exprimée par des universitaires clairement engagés dans des causes politiques, tel Jacques-Yvan MORIN, Daniel TURP et, plus récemment, Hugo CYR dans sa thèse de doctorat publiée sous le titre : *Canadian Federalism and Treaty Powers – Organic Constitutionalism at Work*, Bruxelles, P.I.E. Peter Lang (Diversitas), 2009.

2. Voir Jean-Yves GRENON, « De la conclusion des traités et de leur mise en œuvre au Canada » (1962) 40 *Revue du Barreau canadien* 151, p. 152-153 : « En vertu de notre droit constitutionnel coutumier, l'autorité nécessaire à la conclusion des traités relève de la prérogative royale laquelle, d'ordinaire, est exercée au nom du Canada par le gouverneur général en conseil agissant habituellement, dans ce domaine, sur la recommandation du secrétaire d'Etat aux Affaires extérieures. En d'autres termes, c'est l'organe exécutif central qui, chez-nous, est habilité à autoriser la conclusion d'accords valides selon le droit international public ».

3. Voir Bora LASKIN, *The British Tradition in Canadian Law*, Londres, Stevens & Sons, 1969, p. 120-124. Nous en avons relevé aucune depuis 1969 non plus.

4. *A.G. Canada c. A.G. Ontario (Conventions du travail)*, [1937] A.C. 326, p. 348-349.

5. *Ibid.*, p. 348 [nos soulignements].

6. *Ibid.*, p. 352 [nos soulignements].

7. *Reference re The Weekly Rest in Industrial Undertaking Act, The Minimum Wages Act and The Limitation of Hours of Work Act*, [1936] R.C.S. 461, p. 535.

8. John H. CURRIE, *Public International Law*, 2ᵉ éd., Toronto, Irwin Law, 2008, p. 240.

9. Gouvernement du Canada, *Fédéralisme et relations internationales*, Ottawa, Imprimeur de la Reine et Contrôleur de la Papeterie, 1968, p. 11-14.

10. Voir Charles-Emmanuel CÔTÉ, « La réception du droit international en droit canadien » (2010) 52 *Supreme Court Law Review (2d)* 483, p. 506.

11. Voir *Reference : Offshore Mineral Rights of British Columbia*, [1967] R.C.S. 792, p. 816.

12. Voir, par exemple, l'opinion du juge L'Heureux-Dubé (avec j. McLachlin) dans *Thomson c. Thomson* [1994] 3 R.C.S. 551, para. 112-113, qui parle de la compétence exclusive du fédéral pour la conclusion des traités (bien qu'elle fait erreur quant à l'article 132 de la *Loi constitutionnelle de 1867*), en s'appuyant sur la doctrine de Peter W. HOGG, *Constitutional Law of Canada*, 5ᵉ éd. (feuilles mobiles), Scarborough, Thomson Carswell, 2007, (dans la 3ᵉ édition de 1992, à la p. 283).

26. Énoncé politique « Gérin-Lajoie » – En opposition avec ces éléments non écrits de notre droit constitutionnel canadien, certains intervenants affirment depuis les années 1960 que le *jus tractatus* était une compétence à la fois de l'exécutif fédéral et de celui des provinces, selon que la matière du traité relève de l'article 91 ou de l'article 92 de la *Loi constitutionnelle de 1867*. Bien qu'elle ait déjà été soutenue par quelques provinces, de nos jours seul Québec défend l'idée que les états fédérés canadiens peuvent conclure des traités à l'international. Il est vrai que le droit international ne l'interdit pas, mais nous avons vu qu'il n'est pas complètement neutre non plus, favorisant l'unicité des États participant aux régimes conventionnels (*supra*, para. 24). La position québécoise est souvent associée à l'ancien ministre Paul Gérin-Lajoie qui, en 1965, a fait un discours célèbre à ce sujet.[1] L'opinion exprimée est devenu un énoncé politique – un énoncé politique unilatéral – qui a été repris par la suite, non sans interruption, par les différents gouvernements à Québec.[2]

C'est dans les années 1990 qu'on a tenté d'ériger en quasi-orthodoxie l'énoncé politique Gérin-Lajoie, à la suite d'initiatives du Parti québécois et, dans une moindre mesure, du Parti libéral du Québec. Alors que Lucien Bouchard est premier ministre, en 2000, ces efforts politiques se matérialisent avec l'adoption d'un texte législatif par l'Assemblée nationale, la *Loi sur l'exercice des droits fondamentaux et des prérogatives du peuple québécois et de l'État du Québec*.[3] À l'article 7(1), on peut lire : « L'État du Québec est libre de consentir à être lié par tout traité, convention ou entente internationale qui touche à sa compétence constitutionnelle ». Le Gouvernement Libéral a gardé en place ce texte législatif et, de fait, a continué de porter le flambeau politique de l'affirmation du Québec relativement au *jus tractatus*. Ce court extrait d'une déclaration de politique faite en 2004 par le premier ministre Jean Charest en témoignera : « Ce qui est de compétence québécoise chez nous est de compétence québécoise partout ».[4]

Ceci étant, qu'en est-il du droit constitutionnel ? En effet, soyons clair : avec égard, un énoncé politique unilatéral, pas plus qu'une loi québécoise sur le *jus tractatus*, ne peut pas être associé d'aucune manière à une source de droit constitutionnel. Outre la référence à l'esprit fédératif qu'on infère de la *Loi constitutionnelle de 1867*, l'argument juridique à l'appui de la thèse québécoise se limite, pour l'essentiel, à une lecture tendancieuse de la jurisprudence faisant autorité en matière de pouvoir de l'exécutif et de prérogatives royales.

En tête de liste se trouvent deux décisions du Comité judiciaire du Conseil privé : *Banque maritime* et *Bonanza Creek*. Ces arrêts ont affirmé la théorie des deux Couronnes (en anglais, « two-Crowns approach ») – Sa Majesté du chef du Canada et Sa Majesté du chef d'une province – en droit constitutionnel canadien, un sujet qui fut abordé ailleurs dans le présent ouvrage. Brièvement, en ce qui concerne l'affaire *Banque maritime*, on plaidait que le Gouverneur général était le seul représentant de la Couronne au pays, ce à quoi on a répondu que : « a Lieutenant-Governor, when appointed, is as much the representative of Her Majesty for all purposes of provincial government as the Governor-General himself is for all purposes of Dominion government ».[5] Dans *Bonanza Creek*, Vicomte Haldane ajoutait que :« the distribution under the new grant of executive authority in substance follows the distribution under the new grant of legislative powers ».[6] C'est donc dire que l'exécutif est revêtu de la même autorité fondée sur la Couronne britannique, et ce, autant au fédéral qu'au provincial; en outre, ces pouvoirs exécutifs seront calqués sur les compétences législatives des articles 91 et 92 de la *Loi constitutionnelle de 1867*. À la divisibilité de la Couronne, en général, ajoutons pour être complet que, sont divisibles de la même façon les prérogatives royales dont jouit l'exécutif des deux ordres constitutionnels au Canada.[7]

Selon la thèse québécoise, ces prononcés judiciaires appuieraient l'argument selon lequel les provinces possèdent un *jus tractatus*. On soutient qu'il en découle de la logique des jugements : puisque la conclusion des traités internationaux relève de la Couronne et que les prérogatives royales sont divisibles selon les compétences législatives des articles 91 et 92 de la *Loi constitutionnelle de 1867*, il s'ensuivrait que l'exécutif des provinces dans ses matières, autant que l'exécutif fédéral dans les siennes, devrait jouir du *jus tractatus*. Toutefois, cet argument semble tronqué puisqu'il donne la fausse impression qu'il existe un pouvoir en matière de traités internationaux quelque part dans le droit constitutionnel écrit de la *Loi constitutionnelle de 1867*. Or, comme l'a souligné le Comité judiciaire du Conseil privé dans l'*Affaire des conventions du travail*, rien ne peut nous aider dans la *Loi constitutionnelle de 1867*, s'agissant de la compétence relative aux traités internationaux.[8]

Nous l'avons déjà souligné (*supra*, para. 18), la capacité de la Couronne de lier le pays à un régime conventionnel en droit international tire sa source uniquement des prérogatives royales en common law, c.-à-d. du droit constitutionnel non écrit. Contrairement à d'autres pouvoirs de l'exécutif, aucun lien n'a besoin d'être fait avec les articles 91 et 92 de la *Loi constitutionnelle de 1867* pour asseoir la validité constitutionnelle des mesures exécutives en matière de relations internationales – par ex. déclaration de guerre, rupture de rapports diplomatiques, conclusion de traités – parce qu'il s'agit d'un sujet sur lequel la Couronne agit seule, sans participation de la branche législative de l'État, suivant la tradition de droit public britannique. Tel était le cas, et l'est toujours aujourd'hui à vrai dire, au Parlement de Westminster; de même, il s'agissait de la situation au Canada alors que les pouvoirs en matière d'affaires étrangères ont commencé à être exercés *de facto* au pays, par la Couronne du chef du Canada, vers les années 1920, ainsi qu'au moment où les prérogatives royales de Sa Majesté de Grande Bretagne (dont le *jus tractatus*) ont été formellement transférées *de jure*, en vertu des *Lettres patentes* de 1947, au Gouverneur général du Canada.

Notons que cela ne revient pas à dire que la compétence en matière de traités ne pouvait pas être contrôlée eu égard au principe du gouvernement responsable ou que le Parlement ne pouvait pas intervenir pour limiter, modifier ou même abroger les prérogatives royales s'y rapportant. Toutefois, ce constat rappelle avec force qu'on doit comprendre le droit constitutionnel canadien dans son contexte historique (la métaphore de l'arbre vivant n'étant clairement pas opportune ici). Au moment où le *jus tractatus* s'est cristallisé au Canada – années 1920 *de facto*; 1947 *de jure* – seules la branche exécutive et ses prérogatives royales étaient pertinentes concernant la question de la validité constitutionnelle du pouvoir de conclure des traités internationaux. Il n'y a aucune référence à faire aux articles 91 et 92 de la *Loi constitutionnelle de 1867* car la branche législative n'est pas interpelée et, de fait, n'agit aucunement lors de la création d'obligations internationales conventionnelles. La question est hypothétique et théorique de savoir si, à l'époque des *Lettres patentes* de 1947 par exemple, le Parlement fédéral aurait pu seul, en vertu de l'article 91 de la *Loi constitutionnelle de 1867*, intervenir en ce qui à trait au *jus tractatus*, ou si les provinces par la voie de leur législature auraient dû participer également compte tenu des compétences législatives à l'article 92. Le fait demeure : en 1947 (comme dans les années 1920 d'ailleurs) ni le Parlement fédéral, ni aucune législature provinciale ne s'est manifesté relativement au *jus tractatus*, laissant ainsi intacte la compétence de l'exécutif – de l'exécutif fédéral – à cet égard.

Dans une large mesure, c'est vouloir refaire l'histoire constitutionnelle du pays que de ne pas voir, comme l'implique l'énoncé politique Gérin-Lajoie, que les *Lettres patentes* de 1947 ont transféré tous les pouvoirs en matière de relations internationales – y compris la conclusion des traités – au Gouverneur général du Canada. À cette époque, Sa Majesté de Grande Bretagne avait, *de jure*, les pleins pouvoirs relativement au *jus tractatus* pour le Canada (sans participation aucune du Parlement britannique), en vertu des prérogatives royales; ces pouvoirs ont été transférés au Gouverneur général (c.-à-d. à la Couronne du chef du Canada), sans participation d'aucune assemblée parlementaire au pays. Ce fut un acte relevant exclusivement des autorités exécutives, de Couronne à Couronne. Peter W. Hogg a donc clairement raison de dire que les *Lettres patentes* de 1947 ont scellé la question de savoir quel est le *situs* de la compétence de conclure des traités au Canada; il se trouve exclusivement au sein de l'ordre constitutionnel fédéral à Ottawa.[9]

Qu'en est-il de la théorie des deux Couronnes et de la thèse provinciale qui s'appuie sur *Banque maritime* et *Bonanza Creek* ? La vraie logique de ces jugements est la suivante : les pouvoirs de l'exécutif calquent les pouvoirs législatifs (suivant les articles 91 et 92 de la *Loi constitutionnelle de 1867*), étant donné ladite pluralité des Couronnes, mais encore faut-il que la matière soit assumée par la branche législative de l'État. Autrement dit, si la matière – ici le *jus tractatus* – relève uniquement des prérogatives royales, sans assise dans le droit constitutionnel écrit, et qu'elle n'est exercée dans les faits que par l'exécutif, sans la participation du législatif, il ne serait pas opportun d'appliquer le raisonnement du Conseil privé dans *Banque maritime* et *Bonanza Creek*. Ces prononcés judiciaires ont pour prémisse que la matière possède un fondement constitutionnel législatif, en vertu de la *Loi constitutionnelle de 1867*. Or, il n'en est rien pour le *jus tractatus*, comme nous l'avons démontré (*supra*, para. 18); ni au moment où *de facto* (années 1920) ou *de jure* (1947) le Canada a commencé à exercer cette compétence, ni encore de nos jours puisque c'est la Couronne seule qui continue d'exercer la compétence à l'international.

Cette lecture non tendancieuse des affaires *Banque maritime* et *Bonanza Creek* est conforme au droit constitutionnel canadien et québécois applicable; elle se fonde, en effet, sur l'état du droit à l'époque pertinente. Contrairement à la thèse québécoise,[10] elle ne souffre ni d'anachronisme ni de dénaturation.

Reste à discuter, brièvement, de la réalité des affaires étrangères au pays puisque, comme l'a noté un auteur : « le Québec a conclu plus de 550 ententes portant sur les domaines relevant de sa compétence (sécurité sociale, éducation, agriculture, etc.) avec une variété d'États, sans que le gouvernement fédéral puisse s'y opposer ».[11] Soit, il ne fait aucun doute que les provinces canadiennes, le Québec surtout, sont assez actives pour ce qui est des relations avec leurs voisins territoriaux, voire aussi avec des partenaires économiques et culturels étrangers. Premier point fort important, souligne-t-on, il faudrait absolument « faire une distinction entre les nombreuses relations *transnationales* ou officieuses des provinces canadiennes, en majorité orientées vers les États américains, et les relations *internationales*, ou officielles, avec les gouvernements étrangers ou leurs subdivisions politiques ».[12] Seul le second scénario peut donner lieu à des accords, des ententes, ou des arrangements avec des autorités étrangères, la question devenant celle de savoir si on peut les assimiler à des traités internationaux.[13] En définitive, avec tout ce qui vient d'être vu ci-dessus, la réponse est négative. À moins que la Couronne du chef du Canada ait donné son accord, via un accord-cadre par exemple – comme nous verrons plus loin (*infra*, para. 28) – ces initiatives provinciales demeurent de simples ententes administratives. En vertu du droit applicable, il ne pourrait s'agir de traités internationaux, point.

1. Voir, aussi, Paul GÉRIN-LAJOIE, « Le Québec est vraiment un État même s'il n'a pas la souveraineté entière », *Le Devoir*, 14 avril 1965, p. 5; Paul GÉRIN-LAJOIE, « Il nous faut une plus large autonomie et le droit de négocier avec l'étranger », *Le Devoir*, 15 avril 1965, p. 5.

2. Anne-Marie JACOMY-MILLETTE, *L'introduction et l'application des traités internationaux au Canada*, Paris, L.G.D.J., 1971, p. 75-80.

3. *Loi sur l'exercice des droits fondamentaux et des prérogatives du peuple québécois et de l'État du Québec*, L.Q. 2000, c. 46, devenue L.R.Q., c. E-20.2.

4. Gouvernement du Québec, *La politique internationale du Québec : La force de l'action concertée*, Québec, 2006, p. 5.

5. *Liquidators of Maritime Bank c. Receiver General of New Brunswick*, [1892] A.C. 437, p. 443 (C.P.).

6. *Bonanza Creek Gold Mining Company Ltd. c. Rex*, [1916] 1 A.C. 566, p. 580 (C.P.).

7. Voir *British Columbia Power Corp. c. British Columbia Electric Co.*, [1962] R.C.S. 642, p. 644-645; *Air Canada c. Colombie-Britannique (Procureur général)*, [1986] 2 R.C.S. 539, para. 9.

8. *A.G. Canada c. A.G. Ontario (Conventions du travail)*, [1937] A.C. 326, p. 351.

9. Peter W. HOGG, *Constitutional Law of Canada*, 5e éd. (feuilles mobiles), Scarborough, Thomson Carswell, 2007, § 11.2.

10. Voir, par exemple, Hugo CYR, *Canadian Federalism and Treaty Powers – Organic Constitutionalism at Work*, Bruxelles, P.I.E. Peter Lang (Diversitas), 2009, p. 108-115.

11. Claude EMANUELLI, *Droit international public – Contribution à l'étude du droit international selon une perspective canadienne*, 3ᵉ éd., Montréal, Wilson & Lafleur, 2010, p. 92.

12. Anne-Marie JACOMY-MILLETTE, Françoise COULOMBE & James LEE, *Les provinces canadiennes et les relations avec l'étranger*, Ottawa, Bibliothèque du Parlement, 1990, p. 15 [italiques dans l'original].

13. Voir, aussi, Gibran van ERT, « The Legal Character of Provincial Agreements with Foreign Governments » (2001) 42 *Cahiers de droit* 1093, p. 1122-1123.

B.   Aspects fédératifs de la mise en œuvre

27. Mise en œuvre selon le partage des compétences – Contrairement à la précédente, la question de la mise en œuvre des traités internationaux en contexte fédéral au Canada n'est pas chargée politiquement, au moins auprès des intervenants de chez nous. En effet, si l'*Affaire des conventions du travail* est mal aimée au Québec en ce qui concerne le *jus tractatus*, elle est encore davantage conspuée dans le reste du Canada, cette fois en raison de sa *ratio decidendi*, au sens strict, qui porte sur l'exigence de respecter le partage des compétences législatives lors de la mise en œuvre des traités internationaux. Il s'agit là, sans l'ombre d'un doute, du plus important paramètre fédératif canadien et québécois en matière d'interlégalité et de réception du droit international en droit interne.

Nous avons déjà vu que, dans bien des cas, il est nécessaire d'adopter une législation de mise en œuvre afin que, suivant la théorie dualiste, les obligations internationales créées par voie de conventions internationales puissent produire leurs effets juridiques en droit interne canadien (*supra*, para. 20). La question qu'on aborde maintenant est de savoir si et, le cas échéant, comment on peut aménager ce besoin de transformation législative dans le contexte de la structure constitutionnelle du pays. Le second volet sera vu plus bas (*infra*, para. 28), en examinant les clauses fédérales et autres moyens de pallier les possibles difficultés liées au fédéralisme canadien en matière de traités.

Le premier volet de la question, c'est bien connu, a été tranché par la célèbre décision du Comité judiciaire du Conseil privé dans l'*Affaire des conventions du travail*, dont il faut ici reparler plus en détail. Il s'agissait de savoir si le Parlement fédéral pouvait conclure et, surtout, mettre en œuvre trois conventions internationales,[1] conclues sous l'égide de l'Organisation internationale du travail et portant sur des matières relevant clairement de la compétence des provinces (cf. propriété et droits civils). La décision fut rendue sur la base du pouvoir de mise en œuvre, comme il a été vu (*supra*, para. 25), le Conseil privé choisissant de ne pas se prononcer expressément sur le *jus tractatus*. Suivant la théorie dualiste, le Parlement fédéral avait adopté trois textes législatifs de mise en œuvre de ces traités, qui ont ainsi été déclaré *ultra vires* sur la base de la *Loi constitutionnelle de 1867*. Le passage crucial de la décision du Conseil privé se lit comme suit :

> For the purposes of ss. 91 and 92, i.e., the distribution of legislative powers between the Dominion and the Provinces, there is no such thing as treaty legislation as such. The distribution is based on classes of subjects; and as a treaty deals with a particular class of subjects so will the legislative power of performing it be ascertained. No one can doubt that this distribution is one of the most essential conditions, probably the most essential condition, in the inter-provincial compact to which the British North America Act gives effect.[2]

L'argument principal du Procureur général du Canada était que le fédéral était habilité en vertu de son pouvoir résiduel, prévu au paragraphe introductif de l'article 91 de la *Loi constitutionnelle de 1867*. Lord Atkin le rejeta, sans ménage :

> It would be remarkable that while the Dominion could not initiate legislation, however desirable, which affect civil rights in the Provinces, yet its Government not responsible to the Provinces nor controlled by Provincial Parliaments need only agree with a foreign country to enact such legislation, and its Parliament would be forthwith clothed with authority to affect Provincial rights to the full extent of such agreement. Such a result would appear to undermine the constitutional safeguards of Provincial constitutional autonomy.[3]

En définitive, le fédéral n'a pas de compétence plénière relativement à la mise en œuvre des traités :

> It follows from what has been said that no further legislative competence is obtained by the Dominion from its accession to international status, and the consequent increase in the scope of its executive functions.[4]

C'est ainsi qu'a été tranchée la question de savoir si, à l'instar du *jus tractatus*, le pouvoir de mettre en œuvre les traités internationaux était de la compétence exclusive de l'ordre constitutionnel fédéral. La réponse fut un retentissant 'non'. Afin de respecter l'esprit du fédéralisme au Canada,[5] tant le Parlement fédéral que les législatures provinciales ont, *ipso jure*, la compétence législative pour transformer en droit interne les obligations qui découlent d'un régime conventionnel créé en droit international.

Dépendamment de la ou des matières de ces traités, suivant le partage des compétences aux articles 91 et 92 de la *Loi constitutionnelle de 1867*, ce sera l'un et/ou l'autre des deux ordres constitutionnels (fédéral, provincial) qui pourra leur donner effet par voie de législation de mise en œuvre. Lord Atkin explique ainsi :

> If the new functions [cf. conclusion de traités] affect the classes of subjects enumerated in s. 92 legislation to support the new functions is in the competence of the Provincial Legislatures only. If they do not, the competence of the Dominion Legislature is declared by s. 91 and existed ab origine. In other words, the Dominion cannot, merely by making promises to foreign countries, clothe itself with legislative authority inconsistent with the constitution which gave it birth.[6]

Devant le Comité judiciaire du Conseil privé, notons que le procureur général du Canada avait exprimé la crainte qu'un tel partage des compétences de mise en œuvre aurait pour conséquence de limiter de façon significative la marge de manœuvre et l'efficacité de la Couronne fédérale en ce qui concerne la conduite de la politique étrangère et des relations internationales en général. Cet argument n'a aucunement affecté Lord Atkin dans sa position :

> It must not be thought that the result of this decision is that Canada is incompetent to legislate in performance of treaty obligations. In totality of legislative powers, Dominion and Provincial together, she is fully equipped. But the legislative powers remain distributed, and if in the exercise of her new functions derived from her new international status Canada incurs obligations they must, so far as legislation be concerned, when they deal with Provincial classes of subjects, be dealt with by the totality of powers, in other words by co-operation between the Dominion and the Provinces.[7]

Il est intéressant de remarquer que le Conseil privé est pleinement conscient de l'impact que la *radio decidendi* aura, et a de fait eu, en ce qui concerne la dynamique fédérale en matière de conventions internationales. Cela explique que, surtout dans les années ayant suivi cette décision,[8] mais encore dans une certaine mesure aujourd'hui,[9] il se trouve un grand nombre d'intervenants – du Québec, mais davantage dans le reste du Canada – qui croient que la décision de 1937 dans l'*Affaire des conventions du travail* est hautement problématique, voire aberrante. Il y a même déjà eu, à la Cour suprême du Canada, des commentaires voulant qu'il soit opportun de reconsidérer la question de la compétence plénière du fédéral pour mettre en œuvre les traités.[10]

Le cas le plus flagrant fut l'affaire *MacDonald c. Vapor Canada Ltd.*, où le juge en chef Laskin suggérait, dans ce qui est clairement un *obiter dictum*,[11] qu'on peut « justifier un nouvel examen de l'affaire des *Conventions du travail* », pour ainsi venir à reconnaître au fédéral le pouvoir de « légiférer pour exécuter une obligation internationale contractée par le Canada en vertu d'un accord ou d'un traité (dans un domaine qui autrement ne relèverait pas de sa compétence) ».[12] Plus loin, il va même jusqu'à spéculer sur la façon qu'on pourrait évaluer une telle compétence plénière fédérale quant à la transformation de traités portant sur des matières provinciales :

> À mon avis, en supposant que le Parlement a le pouvoir de légiférer pour mettre en vigueur [c.-à-d. mettre en œuvre] un traité ou une convention à l'égard de matières qui en font l'objet mais qui autrement relèveraient de la compétence législative provinciale seulement, il faut que cela ressorte clairement du texte de la loi visant la mise en vigueur [c.-à-d. mise en œuvre] et ne soit pas l'objet de déduction. Les tribunaux doivent être capables de décider, d'après le texte, qu'il s'agit d'une loi de mise en vigueur [c.-à-d. mise en œuvre]. Évidemment, même dans ce cas, on pourra toujours soulever la question de savoir si la loi dépasse ou ne dépasse pas les obligations naissant du traité ou de la convention.[13]

Mais ces propos sont demeurés de la nature d'une hypothèse puisque, depuis presque 35 ans, la Cour suprême n'a donné aucun autre signe sérieux de vouloir reconsidérer la *ratio decidendi* de la décision de 1937 dans l'*Affaire des conventions du travail*.[14] Au Québec, encore récemment, la Cour d'appel rappelait que la mise en œuvre des traités, suivant la logique dualiste, doit se faire en respectant le partage des compétences :

> [A]n international treaty does not have force or effect in internal or "municipal" law, unless it has been incorporated into the internal law by the legislative body having jurisdiction, in accordance with the Division of Powers set out in the *Constitution Act, 1867*.[15]

Il s'ensuit que, s'agissant de la problématique de la réception des traités internationaux en droit interne, le droit constitutionnel canadien et québécois requiert d'avoir des moyens pour gérer les rapports entre l'exécutif et le législatif (*supra*, para. 20), et ce, eu égard à la complexité découlant de la nature fédérale du pays. C'est ce qu'il convient d'examiner maintenant.

1. Les trois traités adoptés à l'OIT étaient : *Convention tendant à limiter à huit heures par jour et à quarante-huit heures par semaine le nombre des heures de travail dans les établissements industriels*, adoptée le 28 novembre 1919; *Convention concernant l'application du repos hebdomadaire dans les établissements industriels*, adoptée le 17 novembre 1921; et *Convention concernant l'institution de méthodes de fixation des salaires minima*, adoptée le 17 novembre 1921.

2. *A.G. Canada c. A.G. Ontario (Conventions du travail)*, [1937] A.C. 326, p. 351.

3.   *Ibid.*, p. 352.

4.   *Ibid.*

5.   Voir Charles-Emmanuel CÔTÉ, « La réception du droit international en droit cana-dien » (2010) 52 *Supreme Court Law Review (2d)* 483, p. 512-513 : « Sans men-tionner explicitement le principe du fédéralisme, tout l'avis rendu par Lord Atkin s'appuie implicitement sur la nécessité de préserver celui-ci dans la réponse à la question de la compétence législative d'exécution des traités ».

6.   *A.G. Canada c. A.G. Ontario (Conventions du travail), supra* note 2, p. 352.

7.   *Ibid.*, p. 353-354.

8.   Voir Norman A.M. MacKENZIE, « Canada and the Treaty-Making Power » (1937) 15 *Revue du Barreau canadien* 436; Norman A.M. MacKENZIE, « Canada: The Treaty-Making Power » (1937) 18 *British Yearbook of International Law* 172; Vincent C. MacDONALD, « The Canadian Constitution Seventy Years After » (1937) 15 *Revue du Barreau canadien* 419; Frank R. SCOTT, « The Consequence of the Privy Council Decisions (1937) 15 *Revue du Barreau canadien* 485; Alexander B. ELKIN, « De la compétence du Canada pour conclure les traités internationaux – Étude sur le statut juridique des Dominions britanniques (1938) 45 *Revue générale de droit international public* 658; George J. SZABLOWSKI, « Creation and Implementation of Treaties in Canada » (1956) 34 *Revue du Barreau canadien* 28; Frank R. SCOTT, « Labour Conventions Case: Lord Wright's Undisclosed Dissent » (1956) 34 *Revue du Barreau canadien* 114; Edward McWHINNEY, « Federal Constitutional Law and the Treaty-Making Power » (1957) 35 *Revue du Barreau canadien* 842; Edward McWHINNEY, « The Constitutional Competence within Federal Systems as to International Agreements (1964) 1 *Études juridiques au Canada* 145; Gérard V. La FOREST, « The Labour Conventions Case Revisited » (1974) 12 *Annuaire canadien de droit international* 137.

9.   Voir, notamment, Stéphane BEAULAC, « The Canadian Federal Constitutional Framework and the Implementation of the Kyoto Protocol » (2005) 5 *Revue juri-dique polynésienne (hors série)* 125.

10. Les premiers, en 1956, furent ceux du juge Kerwin dans *Francis c. La Reine*, [1956] R.C.S. 618, p. 621 : « it may be necessary in connection with other matters to consider in the future the judgement of the Judicial Committee in The Labour Conventions Case ».

11. Voir Armand L.C. DE MESTRAL, « Treaty-Power, and More on Rules and *Obiter Dicta* » (1983) 61 *Revue du Barreau canadien* 856.

12. *MacDonald c. Vapor Canada Ltd.*, [1977] 2 R.C.S. 134, p. 169.

13. *Ibid.*, p. 171.

14. Voir *Schneider c. La Reine*, [1982] 2 R.C.S. 112, p. 135; *R. c. Crown Zellerbach Canada Ltd.*, [1988] 1 R.C.S. 401, para. 18 & 57. Au Québec, voir aussi *Renvoi relatif au projet de loi C-7 sur le système de justice pénale pour les adolescents*, [2003] R.J.Q. 1118, para. 90 (C.A.Q.).

15. *UL Canada Inc. c. Québec (Procureur général)*, [2003] R.J.Q. 2729, 234 D.L.R. (4th) 398, para. 76, conf. [2005] 1 R.C.S. 10.

28. Clauses fédérales et mécanismes de coordination – La question est donc de savoir comment gérer la dynamique nécessaire entre l'exécutif fédéral, qui possède et exerce le *jus tractatus* au pays, et les législatures provinciales, compétentes pour mettre en œuvre les traités portant sur des matières relevant de l'article 92 de la *Loi constitutionnelle de 1867*. La coordination des branches législatives et exécutives est nécessaire, par ailleurs, pour les régimes conventionnels portant sur des sujets de l'article 91, même si tout se passe au sein du même ordre constitutionnel. Mais, ici, c'est vraiment la complexité accrue dans le contexte fédéral-provincial qui nous intéresse. Cette problématique doit se comprendre, comme il a été mentionné ci-dessus (*supra*, para. 20), eu égard au principe *pacta sunt servanda* et à la possible responsabilité internationale du Canada s'il y a non respect des obligations conventionnelles.

Outre l'article 27, selon lequel le droit interne d'un État ne peut justifier la violation d'un traité, une autre disposition de la *Convention de Vienne sur le droit des traités* doit être invoquée. L'article 29 prévoit ceci :

> À moins qu'un intention différente ne ressorte du traité ou ne soit par ailleurs établie, un traité lie chacune des parties à l'égard de l'ensemble de son territoire.

Le droit international ouvre ainsi la porte à des moyens permettant une asymétrie dans l'application d'un traité sur le territoire d'un État. Insistons, suivant le libellé de l'article 29, sur le fait qu'il faut une indication expresse ou implicite pour ce faire dans le traité; sinon, la position par défaut veut que les obligations internationales s'appliquent de la même façon sur tout le territoire de l'État. En conséquence, les clauses fédérales sont permises en vertu du droit international des traités; d'autres mécanismes de coordination existent également, comme nous le verrons brièvement.

Une 'clause fédérale' insérée dans un traité international permet à l'autorité détenant le *jus tractatus* – au Canada, le gouvernement fédéral – d'exprimer son consentement à être lié par des obligations conventionnelles, et ce, même si elle ne peut en garantir l'exécution sur l'ensemble de son territoire. L'effet de ces clauses, comme le soulignaient des auteurs, « est d'amputer des obligations internationales de l'État fédératif toutes les dispositions du traité qui tombent dans le champ des prérogatives provinciales ».[1] Ainsi, malgré l'article 27 de la *Convention de Vienne*, la structure constitutionnelle de droit interne d'un État peut dans ces cas justifier le non respect des engagements conventionnels. Au Canada, la présence d'une clause fédérale signifiera que si le traité conclu porte, en tout ou en partie, sur des matières relevant de l'article 92 de la *Loi constitutionnelle de 1867*, *pacta sunt servanda* ne pourra pas mener à la responsabilité internationale du pays si ces obligations n'ont pas été exécutées par une ou plusieurs provinces. Évidemment, le fédéral demeure forcé de respecter les normes conventionnelles tombant sous le coup de l'article 91 de la *Loi constitutionnelle de 1867*.

Ce mécanisme sera populaire auprès des fédérations selon le partage des compétences qui leur est propre. Au Canada, évidemment, ce sont les conventions portant sur des matières de droit privé qui s'y prêtent le plus, comme par exemple celles conclues à la Conférence de La Haye de droit international privé.[2] Ceci étant, même les questions qui ne relèvent que partiellement des provinces, notamment en raison de compétences concurrentes (par ex. protection de l'environnement) peuvent commander l'inclusion de clauses fédérales dans un traité.

Plusieurs types de formulation existent. En voici une tirée de la *Convention relative au statut des réfugiés*, à l'article 41, intitulé « clause d'application territoriale » :

> Dans le cas d'un Etat fédératif ou non unitaire, les dispositions ci-après s'appliqueront :
>
> [...]
>
> b) En ce qui concerne les articles de cette Convention dont l'application relève de l'action législative de chacun des Etats, provinces ou cantons constituants, qui ne sont pas, en vertu du système constitutionnel de la fédération, tenus de prendre des mesures législatives, le gouvernement fédéral portera le plus tôt possible et avec son

avis favorable, lesdits articles à la connaissance des autorité compétentes des Etats, provinces ou cantons;

[...]

En revanche, on prévoit expressément que l'autorité fédérale doit mettre en œuvre toutes les obligations relevant de ses compétences constitutionnelles, sans exception.

Pour nos fins, mentionnons sans plus que la tendance contemporaine du droit des traités est de voir d'un mauvais œil les clauses fédérales. La raison est fort simple : les régimes conventionnels étant fondés sur une logique de réciprocité, les autres États parties à un traité (surtout les États unitaires) condamnent, en plus de l'asymétrie, l'incertitude qui découle des clauses fédérales, relativement aux obligations conventionnelles souscrites par un État fédératif.[3]

En contexte fédéral, un autre moyen pour pallier les possibles incohérences entre l'ordre constitutionnel central détenant le *jus tractatus* et les entités compétentes pour la mise en œuvre des traités est une variante du premier. Il s'agit de la 'réserve fédérale', qui suit les règles applicables en la matière selon les articles 19 à 23 de la *Convention de Vienne sur le droit des traités*. Une réserve fédérale, formulée lors de la signature ou de la ratification d'une convention internationale, aura pour effet de limiter l'application du principe *pacta sunt servanda* et, par conséquent, de la responsabilité internationale d'un État, aux matières qui relèvent de la compétence constitutionnelle de l'autorité centrale l'ayant conclu. À titre l'exemple, en 1957, le Canada a formulé la réserve suivante au moment d'adhérer à la *Convention sur les droits politiques de la femme* :

> Étant donné que, selon le régime constitutionnel en vigueur au Canada, la compétence législative en matière de droits politiques est répartie entre les provinces et le gouvernement fédéral, le gouvernement canadien se trouve dans l'obligation, en adhérant à cette convention, de formuler une réserve au sujet des droits qui relèvent de la compétence législative des provinces.

Ajoutons qu'en vertu des règles générales applicables, les réserves (dont celles fédérales) ne sont pas toujours possibles. En plus des cas où la réserve est incompatible avec l'objet ou le but du traité, le texte conventionnel peut prévoir expressément (ou *a contrario*) que les réserves sont interdites. C'est le cas, par exemple, dans le *Protocole de Kyoto* sur les changements climatiques, à l'article 26 : « Aucune réserve ne peut être faite au présent Protocole ». L'eut-il souhaité, le Canada n'aurait pas pu y insérer une réserve fédérale au moment de la (tardive) ratification de ce traité[4]; cet aspect est somme toute fort théorique sachant que c'est le fédéral (c.-à-d. le gouvernement conservateur de M. Harper) qui est largement responsable de la violation des obligations conventionnelles du pays.

Enfin, la troisième principale façon d'assurer une coordination entre l'exécutif fédéral et les législatures provinciales est par voie d'un traité international de type 'accord-cadre'. Il s'agit essentiellement de la situation où l'autorité centrale, exerçant le *jus tractatus* en droit international, conclut une convention avec un ou plusieurs autres États par laquelle les états fédérés (les provinces) pourront avoir des ententes administratives avec cet ou ces États étrangers, et ce, selon les termes prévus par ladite convention. Le plus célèbre de ces accords-cadres au Canada est, nul doute, l'*Accord culturel entre le Canada et la France*, conclu en 1965, autorisant les provinces canadiennes – dans les faits, le Québec – à développer des liens et avoir des ententes administratives directement avec la France dans les domaines académique, artistique, scientifique et culturel. L'expérience a été répétée, notamment avec l'Italie, relativement à des matières de droit privé relevant des provinces, dont la sécurité sociale.[5]

Outre ces trois mécanismes de coordination, c'est par le truchement de pourparlers et de négociations de nature politique qu'on tente, au Canada, de minimiser la complexité qui découle de la dualité fédérale-provinciale des compétences en matière de traités. Ce fut le cas, notamment, lorsque le Canada a ratifié, en 1976, le *Pacte international relatif aux droits civils et politiques* et le *Pacte international relatif aux droits économiques, sociaux et culturels*.[6] Depuis un temps, la province de Québec a institutionnalisé sa participation – en fait, ses prétentions – en ce qui concerne les processus de collaboration nécessaire relativement aux traités internationaux portant sur des matières de l'article 92 de la *Loi constitutionnelle de 1867*. Quoiqu'il s'agisse d'un cadre législatif,[7] son assise constitutionnelle n'est que partielle, toutefois.[8]

1. Jean-Maurice ARBOUR & Geneviève PARENT, *Droit international public*, 5e éd., Cowansville, Yvon Blais, 2006, 184.
2. Voir H. Allan LEAL, « Federal State Clauses and the Conventions of the Hague Conference on Private International Law » (1984) 8 *Dalhousie Law Journal* 257.
3. Voir Hugh A. KINDRED & Phillip M. SAUNDERS, dir., *International Law Chiefly as Interpreted and Applied in Canada*, 7e éd., Toronto : Emond Montgomery, 2006, p. 210; John TRONE, *Federal Constitution and International Relations*, Brisbane, University of Queensland Press, 2001, p. 13-14.
4. Voir Hélène TRUDEAU & Suzanne LALONDE, « La mise en œuvre du *Protocole de Kyoto* au Canada : concertation ou coercition ? » (2004) 34 *Revue générale de droit* 141, p. 153.
5. Voir André SAMSON, « La pratique et les revendications québécoises en matière de conclusion d'ententes internationales » (1984) 1 *Revue québécoise de droit international* 69.
6. Voir William A. SCHABAS, « Le Canada et l'adoption de la *Déclaration universelle des droits de l'homme* » (1998) 11 *Revue québécoise de droit international* 67, p. 101.
7. Voir *Loi sur le ministère des Relations internationales*, L.R.Q., c. M-25.1.1.
8. Notamment, les prétentions en matière de *jus tractatus* – lorsqu'on parle de conclusion d'ententes internationales et de ratification de conventions signées par le fédéral, aux articles 19 à 22.7 de la *Loi sur le ministère des Relations internationales* – sont sans fondement constitutionnel, comme il a été vu plus haut (*supra*, para. 26).

V.   RÉCEPTION DU DROIT INTERNATIONAL EN DROIT INTERNE

29. Introduction – Selon la source de normativité en droit international, les conventions et la coutume étant les deux principales (*supra*, para. 6-8), la réception en droit interne s'effectuera suivant la logique dualiste ou moniste (*supra*, para. 11-13). Il convient maintenant de voir plus en détail comment, concrètement, la mise en œuvre d'un traité international peut et, en fait, doit se faire en droit canadien et québécois. S'agissant du droit international coutumier, en outre, la théorie dite de 'l'adoption', telle que confirmée récemment au Canada, sera examinée.

A.   Le droit international conventionnel

30. Traités et mise en œuvre législative – Nous avons vu que ce ne sont pas toutes les obligations conventionnelles qui doivent, en vertu de la thèse dualiste, être transformées en droit interne (*supra*, para. 20). En effet, ce sont celles qui visent à produire des effets juridiques à l'intérieur de la juridiction nationale qui nécessitent la mise en œuvre, et ce, au moyen d'une loi. Un auteur le rappelait récemment : « Le critère incontournable est que le législateur doit avoir exprimé son intention claire de donner force de loi au texte du traité lui-même en droit canadien ».[1] À vrai dire, il en va de l'intégrité du droit interne au pays, eu égard à la séparation des pouvoirs et au principe démocratique notamment,[2] puisque la législation de mise en œuvre, fédérale ou provinciale, permettra d'avaliser les normes issues de traités créés à l'international.

La transformation du droit international conventionnel signifie que la branche législative devra adopter une mesure explicite de mise en œuvre, c'est-à-dire un texte de loi de mise en œuvre. Ruth Sullivan, experte en matière de rédaction législative, identifie deux (2) techniques utilisées par le législateur pour ainsi donner effet à un traité en droit interne, à savoir (a) l'incorporation par référence, et (b) l'harmonisation.[3]

La première technique transforme directement les normes conventionnelles de l'une de deux façons : soit en reproduisant les dispositions du traité international dans le corps de la loi – un 'copié-collé' du traité dans la législation – soit subsidiairement en mettant le texte du traité comme tel en annexe à la loi et en y indiquant qu'il fait ainsi partie de la législation interne. Un exemple où la loi canadienne reprend le libellé d'un traité est la *Loi de mise en œuvre de la Convention sur les armes chimiques*.[4] Voici un autre exemple tiré de la *Loi sur la marine marchande*[5] :

> **142.** (1) Sauf réserve faite par le Canada et dont le texte figure à la partie 2 de l'annexe 3, la Convention internationale de 1989 sur l'assistance, signée à Londres le 28 avril 1989, et dont le texte figure en annexe 3, est approuvée et a force de loi au Canada.

Dans un article récent, écrit avec un co-auteur, Ruth Sullivan explique la pratique, avec ou sans annexe, dans les termes suivants :

> La loi portant mise en œuvre directe comprend généralement un préambule ou une disposition précisant son objet, et parfois les deux. Ces dispositions fournissent des détails qui peuvent avoir d'importantes répercussions sur l'interprétation de la loi. De plus, le texte de l'accord peut être annexé à celle-ci.[6]

Dans ce second scenario, toutefois, il faut souligner que le seul fait de mettre le texte du traité en annexe d'une loi n'est pas considéré suffisant, en soi, pour donner effet en droit interne aux normes internationales. Dans le *Renvoi : Acte concernant le chemin de fer de l'Île de Vancouver*,[7] le juge Iacobucci de la Cour suprême s'est appuyé sur deux opinions exprimées en 1945, dans l'arrêt *Ottawa Electric Railway Co. c. Corporation of the City of Ottawa*,[8] pour conclure ainsi :

> Bien que le juge en chef Rinfret et le juge Kerwin ne se soient pas entendus sur le résultat, je déclèle un point commun dans leurs jugements respectifs, savoir que les seules ratification et confirmation d'un traité en annexe ne suffiront pas généralement pour conclure que ce traité fait partie de la loi même.[9]

En ce qui a trait à l'autre technique, soit la transformation par voie d'harmonisation de la législation, l'auteure Sullivan écrit ceci : « When a legislature implements an international convention through harmonization, it redrafts the law to be implemented in its own terms so as to adapt it to domestic law ».[10] Il s'agit de la façon habituelle de mettre en œuvre des conventions internationales dans plusieurs domaines juridiques, comme en droit pénal. Pensons, par exemple, à la *Loi sur les crimes contre l'humanité et les crimes de guerre*[11] qui transforme par voie d'harmonisation le *Statut de Rome de la Cour pénale internationale*. Autre exemple, la *Loi sur les conventions de Genève*[12] :

> **3.** (1) Quiconque Commet, au Canada ou ailleurs, une infraction grave au sens des articles 50 de l'annexe I, 51 de l'annexe II, 130 de l'annexe III, 147 de l'annexe IV ou 11 ou 85 de l'annexe V est coupable d'un acte criminel et passible :
>
> *a*) dans le cas où il y a eu mort d'une personne, de l'emprisonnement à perpétuité;
>
> *b*) dans les autres cas, de l'emprisonnement maximal de quatorze ans.

S'agissant de la technique d'harmonisation, voici les explications de Ruth Sullivan (et son co-auteur) :

> Cette méthode consiste à reprendre les dispositions d'un accord ou à adopter des dispositions qui satisferont aux exigences de l'accord, soit en adoptant une nouvelle loi, soit en modifiant des lois déjà en vigueur. [...] Les raisons pour lesquelles un accord international est mis en œuvre ont une grande incidence sur le sens de la législation interne. Elles sont parfois exposées dans une disposition interprétative [...].[13]

Ceci étant, il faut ajouter que ces deux techniques ne sont pas mutuellement exclusives; non seulement des normes issues de traités peuvent être mises en œuvre par incorporation directe ou par voie d'harmonisation, mais une même convention peut être transformée en partie par la première technique et en partie par la seconde. La *Loi sur l'immigration et la protection des réfugiés*[14] en est un exemple : la *Convention relative au statut des réfugiés* a été mise en œuvre à la fois par incorporation directe et par harmonisation du droit fédéral en la matière.

Mentionnons, enfin, qu'au niveau de la chronologie, une législation de mise en œuvre peut être adoptée par l'autorité compétente avant que le Canada – l'exécutif fédéral – ne finalise la conclusion d'un traité, c'est-à-dire en anticipation de la ratification de celui-ci. Autrement dit, quand même assez fréquemment, il arrivera que le traité international soit transformé en droit interne canadien et québécois avant même que le Canada soit partie à l'instrument international. Un exemple fut la *Loi sur les crimes contre l'humanité et les crimes de guerre*,[15] adoptée en juin 2000, qui a anticipé la ratification par le Canada du *Statut de Rome de la Cour pénale internationale* en juillet 2000 et, en fait, a précédé de deux ans le moment où ce dernier est devenu obligatoire en droit international, avec son entrée en vigueur en juillet 2002. Soyons clair, toutefois : il ne faut pas confondre ces situations de mise en œuvre sur la base d'une convention déjà conclue et l'argument selon lequel une législation existante peut être vue comme transformant de nouvelles normes issues de traités; ce second scénario est hautement problématique, comme nous le verrons (*infra*, para. 32).

1. Charles-Emmanuel CÔTÉ, « La réception du droit international en droit canadien » (2010) 52 *Supreme Court Law Review (2d)* 483, p. 524.
2. Voir Stéphane BEAULAC, « Arrêtons de dire que les tribunaux au Canada sont "liés" par le droit international » (2004) 38 *Revue juridique Thémis* 359, p. 378-383.
3. Ruth SULLIVAN, *Sullivan and Driedger on the Construction of Statutes*, 4ᵉ éd., Markham & Vancouver, Butterworths, 2002, 430.
4. *Loi de mise en œuvre de la Convention sur les armes chimiques*, L.C. 1995, c. 25.
5. *Loi de 2001 sur la marine marchande du Canada*, L.C. 2001, c. 26, art. 142.
6. John Mark KEYES & Ruth SULLIVAN, « L'interaction du droit international et du droit national dans une perspective législative », dans Oonagh E. FITZGERALD *et*

al., dir., *Règle de droit et mondialisation : Rapport entre le droit international et le droit interne*, Cowansville, Yvon Blais, 2006, 351, p. 393-394.

7.   *Colombie-Britannique (P.G.) c. Canada (P.G.); Acte concernant le chemin de fer de l'Île de Vancouver (Re)*, [1994] 2 R.C.S. 41.

8.   *Ottawa Electric Raiway Co. c. Corporation of the City of Ottawa*, [1945] R.C.S. 105.

9.   *Renvoi : Acte concernant le chemin de fer de l'Île de Vancouver, supra* note 7 p. 109.

10.   Ruth SULLIVAN, *supra* note 3, p. 434.

11.   *Loi sur les crimes contre l'humanité et les crimes de guerre*, L.C. 2000, c. 24.

12.   *Loi sur les conventions de Genève*, L.R.C. 1985, c. G-3, art. 3.

13.   John Mark KEYES & Ruth SULLIVAN, *supra* note 6, p. 396-397.

14.   *Loi sur l'immigration et la protection des réfugiés*, L.C. 2001, c. 27.

15.   *Loi sur les crimes contre l'humanité et les crimes de guerre, supra* note 11.

31. Mise en œuvre et intention législative – Suivant l'une et/ou l'autre des deux façons de transformer les obligations conventionnelles en droit interne canadien ou québécois, il est donc absolument nécessaire que le Parlement compétent adopte un texte législatif. Il s'ensuit que le facteur déterminant pour savoir si, effectivement, une loi vise à mettre en œuvre un traité est lié au concept fondamental de « l'intention du législateur ».[1] C'est ce que le juge Iacobucci avait clarifié dans le *Renvoi : Acte concernant le chemin de fer de l'Île de Vancouver*,[2] repris par le juge Lemieux de la Cour fédérale dans *Pfizer Inc. c. Canada :* « pour déterminer si une convention a été incorporée dans une loi déterminée de manière à se voir conférer force de loi, il faut découvrir l'intention du législateur ».[3] En ce sens, « on peut utiliser tous les outils d'interprétation législative pour déterminer si l'on a voulu incorporer une entente donnée dans une loi ».[4] Plus récemment, dans la célèbre affaire de la margarine colorée au Québec, *Unilever,* notre Cour d'appel a opiné de même : « One must, using all the rules of statury interpretation, determine the intention of the legislature. Did it intend to incorporate the agreement into internal law? ».[5]

Une telle détermination sur la base du concept de l'intention du législateur fut au cœur du jugement de la Cour fédérale dans l'affaire *Pfizer*, où l'on devait décider si l'*Accord de Marrakech instituant l'Organisation mondiale du commerce* (« Accord sur l'OMC ») était transformé en droit interne canadien au moyen de la *Loi de mise en œuvre de l'Accord sur l'Organisation mondiale du commerce*.[6] Même si l'Accord sur l'OMC se trouvait en annexe de la loi de mise en œuvre, le juge Lemieux fut d'avis que l'ensemble du traité ne se trouvait pas ainsi transformé, *ipso facto*, en droit interne :

> Lorsqu'il a déclaré, à l'article 3 de la Loi de mise en œuvre de l'Accord sur l'OMC, que l'objet de la Loi était de mettre en œuvre l'Accord, le législateur fédéral disait simplement quelque chose d'évident : il prévoyait la mise en œuvre de l'Accord sur l'OMC selon les modalités d'application de l'ensemble de la Loi, et notamment de celles qui se trouvent à la partie II, qui porte sur des modifications législatives précises. Lorsqu'il déclare à l'article 8 de la Loi de mise en œuvre de l'Accord sur l'OMC qu'il approuve l'Accord sur l'OMC, le législateur fédéral n'incorpore pas l'Accord sur l'OMC en droit fédéral. D'ailleurs, il ne pouvait pas le faire, parce que certains aspects de l'Accord sur l'OMC ne pouvaient être mis en œuvre que par les provinces en vertu des pouvoirs législatifs constitutionnels qui leur sont conférés par l'article 92 de la *Loi constitutionnelle de 1867* [...]. En approuvant l'Accord, le législateur fédéral a réaffirmé l'importance de l'Accord comme base de sa participation à l'Organisation mondiale du commerce et a affirmé l'adhésion du Canada aux mécanismes de l'OMC tels que le règlement des différends et les modalités de mise en œuvre dans les cas où il est nécessaire de les adapter par voie réglementaire ou juridictionnelle.[7]

En somme, à l'instar de n'importe quel exercice d'interprétation législative, la question de savoir si un traité international est mis en œuvre, de telle sorte que les normes qui en sont issues produisent leurs effets juridiques en droit interne canadien et québécois, sera tributaire de l'intention du législateur. Celle-ci sera déterminée eu égard au libellé de la loi, considéré en contexte (immédiat et élargi) et à la lumière de l'objectif poursuivi. Il s'agit, on l'a reconnue, de l'application à la problématique de l'interlégalité de l'approche interprétative connue sous le nom de « principe moderne »[8] (en anglais, « modern principle »), de l'auteur Elmer Driedger.[9]

1. Sur le concept en général, voir Stéphane BEAULAC et Frédéric BÉRARD, *Précis d'interprétation législative*, 2e éd., Montréal, LexisNexis Canada, 2014.

2. *Colombie-Britannique (P.G.) c. Canada (P.G.); Acte concernant le chemin de fer de l'Île de Vancouver (Re)*, [1994] 2 R.C.S. 41, p. 110.

3. *Pfizer Inc. c. Canada*, [1999] 4 F.C. 441 (C.F. P.I.), para. 43.

4   *Ibid.*

5. *UL Canada Inc. c. Québec (P.G.)*, [2003] R.J.Q. 2729, 234 D.L.R. (4th) 398, para. 78 (C.A.Q.), décision confirmée par [2005] 1 R.C.S. 10.

6. *Loi de mise en œuvre de l'Accord sur l'Organisation mondiale du commerce*, L.C. 1994, c. 47.

7. *Pfizer Inc. c. Canada, supra* note 3, para. 48.

8. Voir, à ce sujet, Stéphane BEAULAC & Pierre-André CÔTÉ, « Driedger's "Modern Principle" at the Supreme Court of Canada: Interpretation, Justification, Legitimization » (2006) 40 *Revue juridique Thémis* 131.

9. Le « modern principle » de Elmer A. DRIEDGER, *The Construction of Statutes*, 2e éd., Toronto, Butterworths, 1983, p. 87, prévoit ceci : « Today there is only one principle or approach, namely, the words of an Act are to be read in their entire context in their grammatical and ordinary sense harmoniously with the scheme of the Act, the object of the Act and the intention of Parliament ».

32. Pas de mise en œuvre 'passive' – S'il est une controverse qui perdure depuis fort longtemps, en matière d'interlégalité et de réception du droit international au pays, c'est bien la question de savoir si, suivant la logique dualiste et les valeurs qu'elle véhicule – séparation des pouvoirs, principe démocratique – un traité peut être considéré comme mis en œuvre sur la base d'une législation existante. Cette école, qui devient progressivement moins minoritaire qu'avant auprès des intervenants dans le domaine,[1] demeure hautement problématique néanmoins et, de fait, est sans fondement juridique puisqu'elle n'a jamais été entérinée explicitement par les tribunaux au Canada. On parle généralement, dans ces cas, de mise en œuvre ou d'incorporation 'passive' des normes internationales issues de traités.

À vrai dire, si cette école est devenue populaire auprès des internationalistes,[2] elle ne l'est pas du tout auprès des publicistes canadiens, c'est-à-dire des spécialistes de droit public de tradition anglo-saxonne de common law.[3] Il semble s'agir d'une autre instance où la perspective de droit international se heurte à un point de vue sensiblement différent eu égard aux enjeux de droit interne.[4] Il existe en effet un enthousiasme dans les cercles des internationalistes canadiens et québécois en faveur de l'augmentation du recours au droit international en droit interne, et ce, même si le prix à payer est de battre en brèche des principes centenaires en droit public, comme la séparation des pouvoirs et la légitimité démocratique.

Ce zèle internationaliste se manifeste notamment en coupant les coins ronds de la théorie dualiste en matière de droit international conventionnel pour ainsi voir une panoplie de moyens de mettre en œuvre les traités en droit interne, y compris sur la base de législation existante.[5] Un exemple nous vient d'auteurs de McGill, qui suggèrent une liste de 13 façons – rien de moins ! – de mettre en œuvre une convention internationale en droit interne, y compris : « *Reliance upon pre-existing federal and provincial legislation* ».[6] Ils opinent ainsi : « Existing law often provides a sufficient basis to allow the legal advisers of the federal gouvernement to proceed with ratification of a treaty without the necessity of any new enactment ».[7]

Le problème premier avec cet énoncé, et non le moindre, c'est qu'il ne s'appuie sur aucune cause de jurisprudence, pas plus que sur une source officielle de l'exécutif (fédéral ou provincial).[8] En fait, les précédents judiciaires au pays, que nous venons de voir (*supra*, para. 31), appuient sans exception la position traditionnelle, inchangée, selon laquelle il faut un nouveau texte législatif de mise œuvre pour que soit avalisées en droit interne les obligations conventionnelles contractées par le Canada. Une décision relativement récente de la Cour d'appel de l'Ontario, dans *Ahani c. Canada*,[9] vient réitérer la position bien ancrée en droit public canadien d'exiger une loi de mise en œuvre expressément adoptée pour transformer un traité.

Dans cette affaire, il s'agissait de savoir si le *Protocole facultatif se rapportant au Pacte international relatif aux droits civils et politiques*, que le Canada a ratifié en mai 1976, faisait partie du droit interne, afin que les normes prévues puissent être à la base d'une injonction à l'encontre d'une ordonnance de déportation. Il y a consensus au pays, parmi les intervenants sérieux dans le domaine, que ces obligations internationales en matière de droits humains n'ont jamais fait l'objet d'une transformation expresse en droit interne. Hugh Kindred, par exemple, résume la situation ainsi :

> Yet nowhere to date is there legislation explicitly implementing within Canada such fundamental international human rights conventions as the *International Covenant on Civil and Political Rights*, the *International Covenant on Economic, Social and Cultural Rights* and the *Convention on the Rights of the Child*.[10]

Dans ce contexte, la Cour d'appel de l'Ontario – tant la majorité que la dissidence – n'a eu d'autre choix que de conclure que le *Protocole facultatif* ne faisait pas partie du droit interne canadien et, partant, n'avait aucun effet juridique relativement à la question dans cette affaire. Pour la majorité, le juge Laskin écrit : « Canada has never incorporated either the Covenant or the Protocol into Canadian law by implementing legislation. Absent implementing legislation, neither has any legal effect in Canada ».[11] Il ajoute que le contraire mènerait à un résultat indéfendable (« untenable result ») car : « [it] would convert a non-binding request, in a Protocol which has never been part of Canadian law, into a binding obligation enforceable in Canada by a Canadian court ».[12] On pourrait difficilement être plus clair, n'est-ce pas; en fait, on ne pourrait pas être plus en parfait accord avec l'état du droit canadien et québécois sur la question. En dissidence sur un autre point, le juge Rosenberg abonde dans le même sens sur cette question :

> On the legal side, they [le gouvernement fédéral] invoke the established principle that international conventions are not binding in Canada unless they have been specifically incorporated into Canadian law. The Covenant, while ratified, has never been incorporated into Canadian domestic law and therefore does not create legal obligations enforceable in Canada.[13]

Ce précédent judiciaire, d'une cour d'appel jouissant d'une grande autorité, devrait sans doute mettre de côté les prétentions doctrinales tendancieuses concernant l'incorporation dite 'passive' du droit international coutumier en droit interne canadien et québécois. À cet égard, les commentaires suivants d'un publiciste australien bien établi, Brian Opeskin, s'appliquent *mutatis mutandis* à la problématique de l'interlégalité chez nous :

> A concern that judges should not be seen to be implementing treaties by the « back door » has been expressed in other cases as well. It demonstrates a judicial sensitivity to the primacy of parliament and the corresponding need for caution in superintending the relationship between the external and internal legal order.[14]

L'image des traités internationaux qui entrent par la porte d'en arrière, en produisant des effets juridiques en droit interne sans l'aval du Parlement – en violation des valeurs liées à la séparation des pouvoirs et au principe démocratique – est très puissante. Clairement, c'est ce dont il s'agit avec l'école de mise en œuvre 'passive'. À l'instar de la Cour d'appel de l'Ontario, nos tribunaux d'appel – dont celui de la province de Québec – et surtout la Cour suprême du Canada devront veiller au grain.

1. Voir, notamment, Elisabeth EID & Hoori HAMBOYAN, « La mise en œuvre par le Canada des obligations découlant de traités internationaux de droits de la personne : créer du sens au-delà de l'absurde », dans Oonagh E. FITZGERALD *et al.*, dir., *Règle de droit et mondialisation : Rapport entre le droit international et le droit interne*, Cowansville, Yvon Blais, 2006, 555; Irit WEISER, « Undressing the Window: Treating International Human Rights Law Meaningfully in the Canadian Commonwealth System » (2004) 37 *Unibersity of British Columbia Law Review* 113.

2. Voir, par exemple, Elizabeth BRANDON, « Does International Law Mean Anything in Canadian Courts? » (2001) 11 *Journal of Environmental Law & Practice* 399.

3. Voir, par exemple, Peter W. HOGG, *Constitutional Law of Canada*, 5ᵉ éd. (feuilles mobiles), Scarborough, Thomson Carswell, 2007, § 11.4(a).

4. À titre d'exemple de cette dichotomie des perspectives internationaliste et publiciste, voir Stéphane BEAULAC, « National Application of International Law: The Statutory Interpretation Perspective » (2003) 41 *Annuaire canadien de droit international* 225.

5. Voir, par exemple, la déclaration à l'emporte-pièce suivante, dans Gibran van ERT, *Using international law in Canadian Courts*, 2ᵉ éd., Toronto, Irwin Law, 2008, p. 248 : « To conclude, therefore, that Canadian law does not implement a treaty just because the treaty is not explicitly implemented in any statute is an error ».

6. Armand de MESTRAL & Evan FOX-DECENT, « Rethinking the Relationship Between International and Domestic Law » (2008) 53 *Revue de droit de McGill* 573, p. 621.

7. *Ibid.* Aussi de l'école de pensée McGill, voir Gibran van ERT, « Canada », dans David SLOSS, dir., *The Role of Domestic Courts in Treaty Enforcement – A Comparative Study*, Cambridge, Cambridge University Press, 2009, 166; Jutta BRUNNÉE & Stephen J. TOOPE, « A Hesitant Embrace: The Application of International Law by Canadian Courts » (2002) 40 *Annuaire canadien de droit international* 3.

8. Ce qui se rapproche le plus, en étirant, d'un énoncé gouvernemental est un rapport d'une bureaucrate fédérale : Irit Weiser, « Effect in Domestic Law of Internatoinal Human Rights Treaties Ratified Without Implementing Legislation », dans C.C.D.I., dir., *L'influence du droit international sur la pratique du droit au Canada – Travaux du 27ᵉ Congrès annuel*, La Haye, Kluwer Law International, 1999, 132.

9. *Ahani c. Canada (Attorney General)* (2002), 58 O.R. (3d) 107, 208 D.L.R. (4th) 66.

10. Hugh M. KINDRED, « Canadians as Citizens of the International Community: Asserting Unimplemented Treaty Rights in the Courts », dans Stephen G. COUGHLAN & Dawn RUSSELL, dir., *Citoyenneté et participation à l'administration de la justice*, Montréal, Thémis, 2002, 263, p. 265.

11. *Ahani c. Canada, supra* note 9, para. 31.

12. *Ibid.*, para. 33.

13. *Ibid.*, para. 73, le juge Rosenberg.

14. Brian R. OPESKIN, « Constitutional Modelling: The Domestic Effect of International Law in Commonwealth Countries – Part II » (2002) *Public Law* 97, p. 109.

B. Le droit international coutumier

33. Coutume et théorie de l'adoption – Dans la tradition anglo-saxonne de common law en droit public, il serait bien établi que la réception du droit international coutumier répond à la logique dite 'moniste' (*supra*, para. 13). On parle aussi, fréquemment, de la théorie de l'adoption afin d'articuler l'idée selon laquelle aucune mesure étatique active ou expresse n'est nécessaire pour que la normativité découlant de la coutume internationale puisse produire ses effets juridiques en droit interne. En somme, le droit international de nature coutumière fait partie du droit interne auquel le juge canadien ou québécois peut avoir recours dans une affaire, et ce, automatiquement, c'est-à-dire sans avoir besoin d'une quelconque mesure de mise en œuvre (comme c'est le cas pour les traités).

On a déjà souligné qu'en droit public britannique, la théorie de l'adoption de la coutume internationale existe depuis au moins le 18e siècle,[1] comme en témoigne cet extrait de l'œuvre de William Blackstone :

> In arbitrary states this law, wherever it contradicts or is not provided for by the municipal law of the country, is enforced by the royal power: but since in England no royal power can introduce a new law, or suspend the execution of the old, therefore, the law of nations [...] is here adopted in its full extent by the common law, and is held to be a part of the law of the land. And those acts parliament, which have from time to time been made to enforce this universal law, or to facilitate the execution of its decisions, are not to be considered as introductive of any new rule, but merely as declaratory of the old fundamental constitutions of the kingdom; without which it must cease to be a part of the civilized world.[2]

Depuis très longtemps, suivant le modèle anglais, il était également enseigné au Canada et au Québec que la coutume était reçue automatiquement en droit interne.[3] Toutefois, comme certains auteurs avaient pris un malin plaisir à le souligner, la jurisprudence au pays était loin d'être aussi claire.[4] Par exemple, Stephen Toope, longtemps à McGill, se disait obligé d'enseigner les précédents britanniques en ce qui concerne la réception de la coutume – précisément le jugement de Lord Denning dans *Trendtex*[5] – en raison de l'état bordélique du droit applicable chez nous.[6] Toope a même déjà écrit, à cet égard, que : « We know for certain that we *do not* know whether customary international law forms part of the law of Canada ».[7] Cette déclaration, qui se voulait sans doute provocante, était toutefois grandement exagérée.

Qu'à cela ne tienne, il est maintenant assez limpide – bien que[8] – depuis la décision de la Cour suprême du Canada dans l'affaire *R. c. Hape*,[9] qu'il y a réception de la coutume sur la base de la théorie de l'adoption.[10] En effet, dans l'opinion majoritaire, le juge LeBel met fin à la pseudo-controverse (créée en bonne partie en doctrine), et ce, on ne peut plus clairement :

> Malgré ce silence de notre Cour dans certaines affaires récentes, la doctrine [sic – la théorie] de l'adoption n'a jamais été rejetée au Canada. En fait, un fort courant jurisprudentiel la reconnaît formellement ou, du moins, l'applique. À mon avis, conformément à la tradition de la common law, il appert que la [théorie] de l'adoption s'applique au Canada [...].[11]

Cette conclusion s'appuyait notamment sur la décision britannique dans *Trendtex* et sur le fait que la Cour suprême « a appliqué implicitement ou explicitement cette [théorie] dans plusieurs arrêts ».[12] On fait un même un certain *mea culpa*, au passage, en mentionnant que : « [d]ans d'autres affaires qui s'y prêtaient, notre Cour n'a cependant ni appliqué ni examiné la [théorie] de l'adoption du droit international coutumier ».[13]

1. Voir Charles-Emmanuel CÔTÉ, « La réception du droit international en droit canadien » (2010) 52 *Supreme Court Law Review (2d)* 483, p. 489.
2. William BLACKSTONE, *Commentaries on the Laws of England*, vol. 4, Oxford, Clarendon Press, 1769, p. 67.
3. Voir, notamment, Armand de MESTRAL & Sharon A. WILLIAMS, *Introduction au droit international public, tel qu'il est interprété et appliqué au Canada*, Toronto, Butterworths, 1982, p. 33.
4. Cette incertitude découlait d'une série d'arrêts à la Cour suprême : *Reference re Powers to Levy Rates on Foreign Legations and High Commissioners' Residence*, [1943] R.C.S. 208; *Municipality of Saint John c. Fraser-Brace Overseas Corp.*, [1958] R.C.S. 263; *Gouvernement de la République Democratique du Congo c. Venne*, [1971] R.C.S. 997; *Renvoi relatif au plateau continental de Terre-Neuve*, [1984] 1 R.C.S. 86; *Renvoi relatif à la sécession du Québec*, [1998] 2 R.C.S. 217; *114957 Canada Ltée (Spraytech, Société d'arrosage) c. Hudson (Ville)*, [2001] 2 R.C.S. 241; *Mugesera c. Canada (Ministre de la Citoyenneté et de l'Immigration)*, [2005] 2 R.C.S. 100.
5. *Trendtex Trading Corp. Ltd. c. The Central Bank of Nigeria*, [1977] 1 Q.B. 529 (C.A.).
6. Stephen J. TOOPE, « Canada and International Law », dans C.C.D.I., dir., *L'influence du droit international sur la pratique du droit au Canada – Travaux du 27ᵉ Congrès annuel*, La Haye, Kluwer Law International, 1999, 33, p. 36.
7. Voir Stephen J. TOOPE, « The Uses of Metaphor: International Law and the Supreme Court of Canada » (2001) 80 *Revue du Barreau canadien* 534, p. 536 [italiques dans l'original]; voir aussi Stephen J. TOOPE, « Inside and Out: The Stories of International Law and Domestic Law » (2001) 50 *Revue de droit de l'Université du Nouveau-Brunswick* 11, p. 16-17.
8. En effet, il s'en trouve encore pour en douter, comme John H. CURRIE, « Weaving a Tangled Web: *Hape* and the Obfuscation of Canadian Reception Law » (2007) 45 *Annuaire canadien de droit international* 55, p. 70, qui fait une lecture très littérale de la décision et suggère que : « the majority in *Hape* has not clarified the correct approach to the reception of customary international law in Canadian law at all ».
9. *R. c. Hape*, [2007] 2 R.C.S. 292.
10. Voir, notamment, H. Scott FAIRLEY, « International Law Comes of Age: *Hape v. The Queen* » (2008) *Revue du Barreau canadien* 229.
11. *R. c. Hape*, supra, note 9, para. 39.

12. *Ibid.*, para. 37.

13. *Ibid.*, para. 38.

34. Le recours à la coutume – S'agissant de la dimension heuristique de l'interlégalité, mentionnons que, contrairement à ce que la théorie moniste suggère généralement (*supra*, para. 13), la théorie de l'adoption de la coutume internationale en droit public ne donne pas préséance à la norme internationale en cas de conflit avec le droit interne du pays. En d'autre termes, le droit international coutumier sera d'application automatique dans une affaire, sauf s'il y a incompatibilité avec des normes juridiques nationales.[1] Bref, le droit interne a préséance sur la coutume internationale. En ce qui a trait au droit écrit, il n'est pas compliqué de comprendre que le principe de la suprématie du Parlement, si important en droit public de common law, exige de donner priorité à la volonté (démocratique) de la branche législative de l'État, exprimée au moyen d'un texte de loi, dans l'hypothèse d'un conflit normatif avec le droit international coutumier.

Bien que la justification semble moins évidente, la même règle donnant priorité au droit interne s'applique dans les cas où il y a conflit entre une coutume et une norme juridique interne de droit non-écrit, c'est-à-dire une norme de common law (i.e. de « judge-made-law ») de source jurisprudentielle.[2] En effet, comme l'auteur britannique Ian Brownlie le résumait :

> The dominant principle, normally characterized as the doctrine of incorporation [aussi appelée théorie de l'adoption], is that customary rules are to be considered part of the law of the land and enforced as such, with the qualification that they are incorporated only so far as is not inconsistent with Acts of Parliament or <u>prior judicial decisions</u> of final authority.[3]

Par conséquent, il faut faire attention lorsqu'on entend, de certains auteurs, que la théorie de l'adoption signifie que le droit international coutumier fait 'automatiquement' partie de la common law ou, plus être plus précis, du droit non-écrit de la juridiction interne.[4] Cela est inexact si l'on suggère ainsi que, par la force des choses, les normes coutumières vont nécessairement venir, *ipso facto*, s'imposer sur la normativité « judge-made-law » de droit interne.[5] Tout d'abord, nous venons de voir que s'il y a conflit, le membre de la branche judiciaire de l'État – i.e. le ou la juge de droit interne – ne se considérera pas contraint de donner effet à la coutume. Mais, de façon plus générale, compte tenu des réalités séparée et distincte des sphères juridiques internationale et nationale (*supra*, para. 4), suivant le modèle westphalien (*supra*, para. 2), la coutume internationale n'est pas, et en fait ne peut pas être contraignante en droit interne; une ou un magistrat au pays ne sera jamais obligé, en vertu de la théorie de l'adoption, de donner effet à une norme coutumière.[6] Lorsqu'on dit que la norme coutumière est d'application « automatique » en droit interne, il s'agirait d'un raccourci langagier. Ce qu'on veut dire, en réalité, est ceci : la normativité de droit international coutumier est disponible – 'automatiquement disponible' – pour les juges nationaux, qui pourra choisir d'y avoir recours en droit interne.[7]

Bref, le pouvoir judiciaire national demeure maître – d'aucuns diraient le gardien, en fait – de la normativité de droit interne (y compris le droit de source jurisprudentielle) qu'il a le mandat constitutionnel d'interpréter et d'appliquer.[8] Dans la tradition anglo-saxonne de common law, le monisme ne signifie pas la fin de la dichotomie droit international / droit interne; plutôt, la théorie de l'adoption permet, automatiquement, d'avoir recours à la coutume, c'est-à-dire sans qu'il y ait besoin de mesure de mise en œuvre législative, par exemple. Le ou la juge n'est pas « lié », et encore moins nécessairement « contraint » par la coutume.[9] Il ou elle pourra y avoir recours, s'il n'y a pas de conflit normatif avec une loi ou une règle de common law. Surtout, cette utilisation de la norme internationale sera faite à sa discrétion, au même titre que toute autre source normative dans un exercice judiciaire d'interprétation et d'application du droit (i.e. du droit interne).

Par ailleurs, il existe un obstacle de taille à l'utilisation du droit international coutumier en droit interne, soit d'en faire la démonstration.[10] Nous avons déjà vu (supra, para. 8) que la preuve des éléments constitutifs de la coutume (pratique étatique, opinio juris) peut être complexe, ce qui est d'autant plus vrai si on invoque l'existence devant un tribunal de droit interne. Comme le juge LeBel de la Cour suprême l'a déjà souligné, dans un texte non judiciaire co-écrit avec sa clerc juridique :

> A party relying on customary law must meet the two criteria of consistent international practice and opinion juris and must prove that this custom is established in such a manner that it has become binding on the other party. These criteria require that the party provide wide-sweeping objective and subjective evidence of the establishment of a custom; this distinction is problematic as it is often difficult to determine what states believe as opposed to what they say.[11]

Ces difficultés ressortent clairement de la décision de la Cour d'appel de l'Ontario dans l'affaire Mack c. Canada,[12] où la question était de savoir si une norme coutumière en matière de non-discrimination raciale existait au moment de l'application d'une législation imposant une charge (« head tax ») aux personnes d'origine chinoise au moment d'entrer au pays. Après avoir référé aux deux composantes d'une coutume internationale et, surtout, après avoir considéré tous les éléments de preuve à l'appui de l'argument, qui n'avaient rien de cartésien dans sa présentation, la Cour conclut de façon unanime à ceci :

> In sum, based on the evidence presented, it is plain and obvious that the appellants cannot succeed in establishing the existence of a pre-1947 customary international law prohibiting racial discrimination that would render the impugned legislation invalid.[13]

La démonstration de l'existence de droit international coutumier peut donc s'avérer assez ardue. En amont, cela requerra des ressources professionnelles et financières qui risqueront de mettre le recours à cet élément d'interprétation et d'application du droit interne hors de portée pour plusieurs justiciables.

1. Voir la célèbre décision du Comité judiciaire du Conseil privé dans Chung Chi Cheung c. R., [1939] A.C. 160, p. 168.
2. Ronald St.J. MacDONALD, « The Relationship between International Law and Domestic Law in Canada », dans Ronald St.J. MacDONALD, Gerald L. MORRIS & Douglas M. JOHNSTON, dir., Canadian Perspectives on International Law and Organization, Toronto, University of Toronto Press, 1974, 88, p. 98.
3. Ian BROWNLIE, Principles of Public International Law, 4ᵉ éd., Oxford, Clarendon Press, 1990, p. 43 [nos soulignements].
4. Voir, par exemple, Armand de MESTRAL & Evan FOX-DECENT, « Rethinking the Relationship Between Internatinoal and Domestic Law » (2008) 53 Revue de droit de McGill 573, p. 584; Gibran van ERT, Using international law in Canadian Courts, 2ᵉ éd., Toronto, Irwin Law, 2008, p. 182.
5. Pour un exemple patent de ce type d'erreur de raisonnement, voir François LAROCQUE & Martin KREUSER, « L'incorporation de la coutume internationale en common law canadienne » (2007) 45 Annuaire canadien de droit international 173.
6. Voir, à cet égard, Stéphane BEAULAC, « Customary International Law in Domestic Courts: Imbroglio, Lord Denning, Stare Decisis », dans Christopher P.M. WATERS,

dir., *British and Canadian Perspectives on International Law*, Leiden & Boston, Martinus Nijhof, 2006, 379, p. 392.

7. Ce point a déjà été souligné par Francis RIGALDIES & José WOEHRLING, « Le juge interne canadien et le droit international » (1980) 21 *Cahiers de droit* 293, p. 305-306.

8. Voir aussi, René PROVOST, « Judging in Splendid Isolation » (2009) 56 *American Journal of Comparative Law* 125, p. 167 : « The paradigm of the judicial function as projected by such an approach still erects impenetrable walls around Canadian law ».

9. Sur l'argument mal fondé du caractère contraignant du droit international, en général, voir Stéphane BEAULAC, « Arrêtons de dire que les tribunaux au Canada sont "liés" par le droit international » (2004) 38 *Revue juridique Thémis* 359.

10. Voir Anne W. La FOREST, « Domestic Application of International in *Charter* Cases: Are We There Yet? » (2004) 37 *University of British Columbia Law Review* 157, p. 193-194; Treasa DUNWORTH, « The Rising Tide of Customary International Law: Will New Zealand Sink or Swim? » (2004) 15 *Public Law Review* 36, p. 38-39.

11. Louis LeBEL & Gloria CHAO, « The Rise of International Law in Canadian Constitutional Litigation: Fugue or Fusion? – Recent Developments and Challenges in Internalizing International Law » (2002) 16 *Supreme Court Law Review (2d)* 23, p. 30 [notes infrapaginales omises].

12. *Mack c. Canada (Attorney General)* (2002), 60 O.R. (3d) 737, 217 D.L.R. (4th) 583 (C.A. Ont.).

13. *Ibid.*, para. 31.

VI.   OPÉRATIONNALISATION DU DROIT INTERNATIONAL

35. Introduction – Plusieurs volets de la problématique de l'interlégalité et bon nombre de principes propres à la réception du droit international en droit interne ont été examinés, notamment dans le but de préparer ce qui suit. En effet, puisque le présent fascicule – en fait l'ouvrage dans son ensemble – se veut éminemment pratique, il convient maintenant d'étudier comment, concrètement parlant, on peut avoir recours à la norme internationale dans le cadre d'une instance judiciaire en droit canadien et québécois. Il s'agit de 'l'opérationnalisation', dans un sens, du droit international en droit interne.

A.   Le droit international comme élément « pertinent et persuasif » d'interprétation

36. Droit international et interprétation juridique – Comme il a été expliqué (*supra*, para. 5), même si elle n'est aucunement contraignante en droit interne, ce que la normativité internationale peut faire et, à vrai dire, devrait faire lorsque les circonstances s'y prêtent, est d'influencer l'interprétation et l'application du droit national par nos tribunaux. Sauf pour quelques fervents zélés de la cause internationaliste,[1] on s'entend généralement que, à ce titre, le critère de référence au droit international en droit interne est celui « d'autorité persuasive ».[2] Le juge en chef Dickson, dissident dans le *Renvoi relatif à la Public Service Employee Relations Act (Alta.,)*, un affaire de *Charte canadienne*, a été le premier à souligner que les normes internationales, sans être contraignantes, peuvent constituer des éléments « pertinents et persuasifs » d'interprétation :

> En somme, bien que je ne croie pas que les juges soient liés par les normes de droit international quand ils interprètent la Charte, il reste que ces normes constituent une

source pertinente et persuasive d'interprétation des dispositions de cette dernière, plus particulièrement lorsqu'elles découlent des obligations internationales contrac- tées par le Canada sous le régime des conventions sur les droits de la personne.[3]

On a vu (*supra*, para. 5) que le critère d'éléments « pertinents et persuasifs » d'interprétation a été repris en jurisprudence par la suite et, de fait, fut appliqué de façon générale au rôle du droit international en droit interne.[4]

1. Voir, par exemple, Jutta BRUNNÉE & Stephen J. TOOPE, « A Hesitant Embrace: The Application of International Law by Canadian Courts » (2002) 40 *Annuaire cana- dien de droit international* 3; Gibran van ERT, *Using international law in Canadian Courts*, 2e éd., Toronto, Irwin Law, 2008.

2. Voir, notamment, Karen KNOP, « Here and There: International Law in Domestic Courts » (2000) 32 *New York University Journal of International Law & Policy* 501.

3. *Renvoi relatif à la Public Service Employee Relations Act (Alta.)*, [1987] 1 R.C.S. 313, p. 350.

4. Voir Stéphane BEAULAC, « L'interprétation de la Charte : reconsidération de l'approche téléologique et réévaluation du rôle du droit international », dans Gérald-A. BEAUDOIN & Errol P. MENDES, dir., *Charte canadienne des droits et libertés*, 4e éd., Markham, LexisNexis Butterworths, 2005, 27; republié dans (2005) 27 *Supreme Court Law Review (2d)* 1.

37. Méthodologie d'interprétation juridique – À vrai dire, peu importe la source de droit international, conventionnelle ou coutumière, et peu importe le type de normativité interne à être interprété – un instrument constitutionnel comme la *Charte canadienne*, un instrument quasi-constitutionnel comme la *Charte québécoise*, un simple texte législatif (fédéral ou pro- vincial) ordinaire, une norme jurisprudentielle de droit non-écrit (« judge-made-law ») – le cadre d'analyse relève de la méthodologie d'interprétation juridique. Il s'agit indubitable- ment de la meilleure façon d'appréhender la problématique de l'interlégalité et la réception du droit international, surtout quant à l'opérationnalisation de ces normes en droit interne. Une épistémologie centrée sur l'interprétation juridique est préférable à la perspective internationaliste qui est obsédée, voire obnubilée, par le débat sur le caractère obligatoire de la norme internationale pour les tribunaux du pays. Comme le remarquait René Provost : « [Le] débat sur l'application du droit international en droit canadien [est] stérilement fixé sur la question de la force obligatoire »,[1] et ce, à tort, ajouterons-nous.

Il y a lieu, ici, de réitérer l'idée fondamentale suivante : selon le paradigme westphalien, la réalité de droit interne est séparée et distincte de la réalité juridique internationale et, en conséquence, il revient aux cours de justice nationales d'interpréter et d'appliquer le droit canadien et québécois, pas le droit international, ce dernier étant du ressort des instances adjudicatives internationales.[2] Dans la tradition juridique anglo-saxonne de common law, il est bien ancré que, s'agissant du droit écrit, le Parlement délibère et adopte, tandis que les tribunaux judiciaires interprètent et appliquent les normes législatives.[3] Dans le cadre de cet exercice d'interprétation, au centre duquel se trouve la notion structurante d'intention du législateur,[4] les juges ont à leur disposition un nombre de méthodes d'interprétation.[5]

Celles-ci incluent l'interprétation textuelle, l'interprétation téléologique, l'interprétation historique, ainsi que les maximes d'interprétation fondées sur la logique (par ex. *a fortiori, a contrario*) et plusieurs catégories d'argument contextuels, tant internes qu'externes au texte législatif (y compris les débats parlementaires et les normes internationales). Il ne faut pas oublier, par ailleurs, les arguments de type pragmatique, somme toute plus obscurs, connus aussi sous le nom d'arguments de conséquences, comme *ab absurdo* et, de fait, différentes présomptions d'intention législative (avec, toutefois, leur condition préalable d'ambiguïté), notamment la présomption de conformité au droit international.[6] Ceci étant, l'idée ici n'est pas de dresser une liste exhaustive des méthodes interprétatives; il s'agit plutôt de faire ressortir que ces argument, dans la « p'tite boîte à outil » du juge,[7] sont tous disponibles pour aider à identifier l'intention du législateur. Ils sont tous disponibles, soit, mais aucun d'eux n'est obligatoire ou contraignant. Par définition, à vrai dire, les arguments d'interprétation législative ne sont que ça, des 'arguments', qui peuvent ou non être utilisés pas une cour de justice, dont le mandat constitutionnel est d'interpréter et d'appliquer le droit, dont les normes législatives.[8]

1. René PROVOST, « Le juge mondialisé : légitimité judiciaire et droit international au Canada », dans Marie-Claude BELLEAU & François LACASSE, dir., *Claire L'Heureux-Dubé à la Cour suprême du Canada, 1987-2002*, Montréal, Wilson & Lafleur, 2004, 569, p. 584 [notes infrapaginales omises].

2. Voir Stéphane BEAULAC, « Thinking Outside the "Westphalian Box": Dualism, Legal Interpretation and the Contextual Argument », dans Christoffer C. ERIKSEN & Marius EMBERLAND, dir., *The New International Law – An Anthology*, Leiden, Brill Publishers, 2010, 17.

3. Voir Pierre-André CÔTÉ, avec la collaboration de Stéphane BEAULAC & Mathieu DEVINAT, *Interprétation des lois*, 4e éd., Montréal, Thémis, 2009, p. 295.

4. Il y a une vaste littérature sur cette notion, y compris plusieurs critiques; voir notamment Randal N.M. GRAHAM, « Good Intention » (2000) 12 *Supreme Court Law Review (2d)* 147.

5. Voir les classiques suivants : John M. KERNOCHAN, « Statutory Interpretation: An Outline of Methods », [1976] *Dalhousie Law Journal* 333; John WILLIS, « Statutory Interpretaton in a Nutshell » (1938) 16 *Revue du Barreau canadien* 1.

6. Sur ces méthodes interprétatives, en général, voir Stéphane BEAULAC et Frédéric BÉRARD, *Précis d'interprétation législative*, 2e éd., Montréal, LexisNexis Canada, 2014.

7. Voir Stéphane BEAULAC, « Le droit international et l'interprétation législative : oui au contexte, non à la présomption », dans Oonagh E. FITZGERALD *et al.*, dir., *Règle de droit et mondialisation : Rapport entre le droit international et le droit interne*, Cowansville, Yvon Blais, 2006, 413, p. 452-453.

8. Voir Jerzy WRÓBLEWSKI, « L'interprétation en droit : théorie et idéologie » (1972) 17 *Archives de philosophie du droit* 51.

38. Droit international et « principe moderne » – Ces conventions interprétatives, en réalité, visent à donner des guides aux tribunaux dans l'exercice d'interprétation et à leur permettre, par ailleurs, de justifier le résultat normatif.[1] Le fameux « principe moderne » (« modern principle ») d'interprétation des lois, de l'auteur Elmer Driedger, s'inscrit dans cette méthodologie visant à articuler les méthodes pouvant être utilisées pour découvrir l'intention du législateur.[2] Reproduisons ce court extrait, tiré de l'ouvrage *Construction of Statutes*, qui fait clairement consensus devant les tribunaux canadiens et québécois[3] :

> Today there is only one principle or approach, namely, the words of an Act are to be read in their entire context and in their grammatical and ordinary sense harmoniously with the scheme of the Act, the object of the Act and the intention of Parliament.[4]

Le « principe moderne » n'est absolument pas révolutionnaire, puisqu'il reprend les trois pierres angulaires de l'interprétation législative, à savoir TEXTE, CONTEXTE, OBJET. Ce qui est nouveau, si l'on peut dire, c'est de suggérer que toutes ces conventions interprétatives sont au même niveau d'importance et peuvent être utilisées dans toute situation où il faut identifier l'intention du législateur.[5]

C'est dans cette perspective qu'on doit comprendre la problématique de l'interlégalité et de l'opérationnalisation du droit international en droit interne canadien et québécois. En effet, dans un cas donné, le ou la juge va considérer les différents arguments présentés à l'appui d'une interprétation et leur attribuera une force persuasive, le cas échéant, selon les circonstances; ce processus se fera sur la base d'une série de facteurs, notamment des considérations liées au texte de loi ou au précédent judiciaire, mais également eu égard à des facteur d'équité et de politique judiciaire.[6] Cet exercice est foncièrement discrétionnaire et relève, en fait, des fonctions mêmes de la branche judiciaire de l'État, suivant les préceptes de base en théorie constitutionnelle.[7]

En tout état de cause, il faut résister aux prétentions d'auteurs internationalistes,[8] voulant que la normativité de droit international puisse s'imposer aux juges de droit interne, et ce, parce que ce raisonnement est inconciliable avec la nature même de la fonction judiciaire et de l'exercice d'interprétation juridique. Il nous a déjà été donné d'exprimer notre pensée à ce sujet, comme suit :

> Il est illusoire de croire qu'une règle d'interprétation sera vue comme « obligatoire » par le tribunal et qu'un poids déterminant lui sera ainsi donné. En d'autres termes, il serait incongru d'entendre une partie à un litige soutenir devant un juge qu'il ou qu'elle « doit » adopter l'argument textuel ou l'argument téléologique ou l'argument historique dans son interprétation, ou qu'il ou qu'elle « doit » attribuer un poids particulier à l'une ou plusieurs des méthodes d'interprétation pertinentes.[9]

Ces remarques sont bien évidemment applicables en ce qui concerne les arguments liées au droit international.[10] S'agissant de l'opérationnalisation de la norme internationale dans une situation juridique de droit interne, comme dans l'hypothèse d'un texte législatif qui doit être interprété, les tribunaux pourront choisir d'y avoir recours ou refuser de le faire, pourront y donner un bonne force persuasive ou attribuer aucun poids, et ce, suivant leur pouvoir discrétionnaire, bref selon les circonstances de l'espèce.[11] Voilà la vraie nature de l'interprétation juridique et qui, impérativement, doit informer notre appréhension de la problématique de l'interlégalité.

1. Voir Pierre-André CÔTÉ, « Les règles d'interprétation des lois : des guides et des arguments » (1978) 13 *Revue juridique Thémis* 275, p. 299.

2. Voir Louis LeBEL, « La méthode d'interprétation moderne : le juge devant lui-même et en lui-même », dans Stéphane BEAULAC & Mathieu DEVINAT, dir., *Interpretatio non cessat – Mélanges en l'honneur de Pierre-André Côté / Essays in Honour of Pierre-André Côté*, Cowansville, Yvon Blais, 2011, 103.

3. Sur le succès inédit du « modern principle » en jurisprudence au pays, voir Stéphane BEAULAC & Pierre-André CÔTÉ, « Driedger's "Modern Principle" at the Supreme Court of Canada: Interpretation, Justification, Legitimization » (2006) 40 *Revue juridique Thémis* 131.

4. Elmer A. DRIEDGER, *Construction of Statutes*, 2e éd., Toronto, Butterworths, 1983, p. 87.

5. Voir Ruth SULLIVAN, *Sullivan and Driedger on the Construction of Statutes*, 4e éd., Markham & Vancouver, Butterworths, 2002, p. 1.

6. Voir, à cet égard, Félix FRANKFURTER, « Some Relexions on the Reading of Statutes » (1947) 47 *Columbia Law Review* 527.

7. Voir, en général, Oliver W. HOLMES, « The Theory of Legal Interpretation » (1898-1899) 12 *Harvard Law Review* 417.
8. Voir, notamment, Jutta BRUNNÉE & Stephen J. TOOPE, « A Hesitant Embrace: The Application of International Law by Canadian Courts » (2002) 40 *Annuaire canadien de droit international* 3; Gibran van ERT, *Using international law in Canadian Courts*, 2ᵉ éd., Toronto, Irwin Law, 2008.
9. Stéphane BEAULAC, « Le droit international et l'interprétation législative : oui au contexte, non à la présomption », dans Oonagh E. FITZGERALD *et al.*, dir., *Règle de droit et mondialisation : Rapport entre le droit international et le droit interne*, Cowansville, Yvon Blais, 2006, 413, p. 453.
10. Voir Mattias KUMM, « Democratic Constitutionalism Encounters International Law: Terms of Engagement », dans Sujit CHOUDHRY, dir., *The Migration of Constitutional Ideas*, Cambridge, Cambridge University Press, 2007, 256, p. 278.
11. Voir, pour des exemples de différentes circonstances, qui commandent d'octroyer plus ou moins de poids à l'argument international, Stéphane BEAULAC, « National Application of International Law: The Statutory Interpretation Perspective » (2003) 41 *Annuaire canadien de droit international* 225, p. 260-267.

39. Affaire *Baker* – Dans l'histoire récente concernant la présente problématique, il ne fait aucun doute que la décision de la Cour suprême du Canada dans l'affaire *Baker* est, de loin, le développement le plus significatif.[1] Le litige tournait autour d'une ordonnance d'expulsion contre une dame ayant des enfants à charge, nés au pays, dont on demandait la révision judiciaire. Le principal motif d'exemption, en vertu de l'article 114(2) de la *Loi sur l'immigration*,[2] concernait les raisons d'ordre humanitaire, car on prétendait que l'expulsion de Mme Baker affecterait ses enfants à charge. La notion du meilleur intérêt de l'enfant est devenue le point central de l'analyse de la Cour suprême, en particulier de savoir si la *Convention relative aux droits de l'enfant*[3] – ratifiée; non mise en œuvre – qui prévoit cette norme à son article 3, peut être utilisée pour interpréter la loi fédérale.

Suivant la thèse dualiste, cette norme internationale conventionnelle ne peut pas produire d'effet juridique en droit interne canadien puisqu'elle n'a pas été transformée au moyen d'une loi de mise en œuvre. Le juge L'Heureux-Dubé ne s'en est pas tenue, toutefois, à l'orthodoxie en la matière, mais a plutôt fait montre d'audace et de leadership en raffinant l'approche applicable quant à la réception des normes issues de traités. Elle écrit ceci :

> Je suis d'accord avec l'intimé et la Cour d'appel que la Convention n'a pas été mise en vigueur [c.-à-d. mise en œuvre] par le Parlement. Ses dispositions n'ont donc aucune application directe au Canada.
>
> Les valeurs exprimées dans le droit international des droits de la personne peuvent, toutefois, être prises en compte dans l'approche contextuelle de l'interprétation des lois et en matière de contrôle judiciaire.[4]

On enchaîne ensuite avec des références à la doctrine en interprétation des lois,[5] voulant que le droit international (traités, coutume) fasse partie du contexte juridique aidant à la détermination de l'intention du législateur.

En conséquence, la majorité de la Cour suprême, sous la plume du juge L'Heureux-Dubé, a tenu compte des valeurs et des principes sous-jacents à la norme de droit international du meilleur intérêt de l'enfant, prévue à la *Convention relative aux droits de l'enfant*, et ce, même si celle-ci n'a pas été mise en œuvre en droit canadien. Cette norme de traité non-transformé, de concert avec d'autres instruments de « soft law » (par ex. *Déclaration universelle des droits de l'homme* (1948), *Déclaration des droits de l'enfant* (1959)) ont amené la Cour, à la majorité, à donner une portée large aux raisons d'ordre humanitaire dans la *Loi sur l'immigration*.

Pourquoi la décision dans l'affaire *Baker* est-elle considérée si importante en ce qui a trait à la problématique de l'interlégalité ? En termes de méthodologie d'interprétation, parce qu'on a ainsi ouvert la porte aux normes conventionnelles non transformées, en plus de celles évidemment qui ont été mises en œuvre par voie législative en droit canadien et québécois. Le résultat net, très clairement, est d'encourager davantage l'utilisation du droit international dans le processus d'interprétation et d'application du droit interne au pays.[6] Nous verrons également comment les propos du juge L'Heureux-Dubé dans cette affaire encouragent le recours à la norme internationale par l'entremise d'un argument de contexte (*infra*, para. 43).

Est-il vrai, comme le souligne l'opinion des juges minoritaires dans l'arrêt *Baker*, que le raisonnement de la majorité permet de « parvenir indirectement à ce qu'elle ne peut faire directement, c'est-à-dire donner effet dans le système juridique interne à des obligations internationales assumées par le pouvoir exécutif seul et qui n'ont pas encore été soumises à la volonté démocratique du Parlement » ? Non aucunement. En effet, cette critique est grandement exagérée, voire inexacte, parce que le juge L'Heureux-Dubé s'assure, de façon explicite, de maintenir la logique dualiste propre au droit international conventionnel. Ce qu'il est possible de faire, depuis *Baker*, n'est absolument pas la même chose que pour les normes issues de traités mis en œuvre. On permet plutôt de ne plus s'empêcher de considérer les normes non-transformées, étant entendu toutefois que leur poids interprétatif, leur force persuasive sera considérablement diminuée du fait qu'elles n'ont pas été avalisées par le Parlement. Il s'agit, en fait, d'un raffinement de la thèse dualiste relative aux traités, qui autrefois obligeait un raisonnement de 'tout-ou-rien' quant à l'influence de la norme de droit international. Or, avec *Baker*, on nuance, par l'entremise de l'argument contextuel : traité mis en œuvre, plus de poids; traité non transformé, moins de force persuasive.[7]

1. Voir, à cet égard, Stéphane BEAULAC, « Recent Developments on the Role of International Law in Canadian Statutory Interpretation » (2004) 25 *Statute Law Review* 19; Karen KNOP, « Here and There: International Law in Domestic Courts » (2000) 32 *New York University Journal of International Law & Policy* 501.

2. *Loi sur l'immigration*, L.R.C. 1985, c. I-2; maintenant la *Loi sur l'immigration et la protection des réfugiés*, L.C. 2001, c. 27.

3. *Convention relative aux droits de l'enfant*, adoptée le 20 novembre 1989, entrée en vigueur le 2 septembre 1990, 1577 R.T.N.U. 3, article 3.

4. *Baker c. Canada (Ministre de la Citoyenneté et de l'Immigration)*, [1999] 2 R.C.S. 817, para. 69-70.

5. Les références figurent à l'ouvrage de Ruth SULLIVAN, *Driedger on the Construction of Statutes*, 3ᵉ éd., Toronto, Butterworths, 1994, p. 330.

6. Voir Stéphane BEAULAC, « Legal Interpretation in Canada: Opening Up Legislative Language as a Means to Internationalisation » (2010) *University of Edinburgh School of Law Working Paper Series* 2010/05, 1, p. 21.

7. Voir Stéphane BEAULAC, « Le droit international comme élément contextuel en interprétation des lois » (2004) 6 *Revue canadienne de droit international* 1.

40. Méthodologie internationale d'interprétation inapplicable – Un mot, brièvement, sur la pertinence de la méthodologie d'interprétation juridique de droit international eu égard à l'interlégalité. Spécifiquement, est-il utile de se référer aux règles et principes d'interprétation des traités – codifiés aux articles 31 et 32 de la *Convention de Vienne sur le droit des traités* – dans le cadre d'un exercice d'interprétation du droit interne à la lumière de la norme

internationale conventionnelle (mise en œuvre ou non) ? La réponse a longtemps été négative, bien que nuancée : sauf exception, disait-on, la méthodologie d'interprétation juridique
était sensiblement la même, qu'on soit en droit international ou en droit interne. Comme
l'écrivait le juge La Forest dans l'affaire *Thomson c. Thomson* : « Généralement parlant, les
traités internationaux sont interprétés d'une manière semblable aux lois ».[1] Il sera question
du bémol dans un moment.

Il faut noter tout d'abord que, à l'instar de la normativité de droit international et de droit
interne, suivant le paradigme westphalien des sphères juridiques séparées et distinctes, les
méthodologies d'interprétation relèvent également de réalités qui leur sont propres. Voici
ce que nous avons déjà écrit à ce sujet :

> Likewise, the international approach to written law, that is, the interpretative meth-
> odology regarding treaties, is a concern for international adjudications, through their
> courts and tribunals. Therefore, without any kind of connection to domestic legal
> orders, the international methodology is not relevant to Canada's domestic courts for
> their decision-making process. However, in a scenario where national implementing
> legislation is at issue and to be interpreted by a domestic court, the methods of statu-
> tory interpretation may be influenced by the methods applicable on the international
> plane, the latter acting as *methodological persuasive authority.*[2]

Ainsi, même dans l'hypothèse d'une mise en œuvre législative qui reprend intégralement le
texte d'un traité – dans le corps de la loi ou dans une annexe – il serait erroné d'y voir une
carte d'invitation pour invoquer les règles d'interprétation des traités internationaux.[3] En
imaginant qu'ils se distinguent réellement (ce qui n'est plus le cas), les règles et principes de
méthodologie internationale, comme aux articles 31 et 32 de la *Convention de Vienne sur le
droit des traités*, devraient être considérés comme rien de plus que des éléments d'autorité
méthodologique persuasive.

Ceci étant, la raison pour laquelle on ne pouvait dire, avant, que la méthodologie d'interprétation juridique était parfaitement identique en droit international conventionnel et en interprétation législative relevait d'une règle propre à cette dernière, soit la règle d'exclusion des
débats parlementaires en interprétation des lois.[4] Il faut dire qu'il est permis d'avoir recours
aux travaux préparatoires à l'international, comme élément complémentaire d'interprétation
d'un traité.[5] Or, dans les années 1980s et 1990s, un certain nombre d'affaires ont vu la Cour
suprême contourner la règle d'exclusion et avoir recours aux travaux préparatoires d'un texte
législatif national sur la base de la méthodologie internationale d'interprétation.[6] Ceci étant,
depuis maintenant un certain temps, la règle restrictive d'exclusion a été mise de côté au
Canada et au Québec, ce qui signifie que les débats parlementaires et autres travaux préparatoires sont utilisés fréquemment en jurisprudence au pays.[7]

Cela expliquerait, en bonne partie, qu'aucune référence aux dispositions interprétatives de
la *Convention de Vienne sur le droit des traités* n'ait été faite à la Cour suprême depuis plus
de 12 ans. Nous avons suggéré l'image suivante : « Metaphorically, they key that the *Vienna
Convention* used to provide to Canadian judges is now useless because the door to prepara-
tory work is wide open in this country ».[8] Ainsi, le bémol à l'affirmation du juge La Forest,
reproduite ci-haut,[9] n'est plus nécessaire, ce qui signifie que la méthodologie d'interprétation
juridique aurait, à toutes fins utiles, une parfaite concordance en droit international et en
droit canadien et québécois.[10]

1.   *Thomson c. Thomson*, [1994] 3 R.C.S. 551, p. 577.

2. Stéphane BEAULAC, « No More International Treaty Interpretation in Canada's Statutory Interpretation: A Question of Access to Domestic *Travaux Prépara-toires* », dans Stéphane BEAULAC & Mathieu DEVINAT, dir., *Interpretatio non cessat – Mélanges en l'honneur de Pierre-André Côté / Essays in Honour of Pierre-André Côté*, Cowansville, Yvon Blais, 2011, 303, p. 311-312 [italiques dans l'original].

3. À cet égard, nous ne partageons pas l'avis de William A. SCHABAS, « Twenty-Five Years of Public International Law at the Supreme Court of Canada » (2000) 79 *Revue du Barreau canadien* 174, p. 178.

4. Voir, à ce sujet, Stéphane BEAULAC, « Recent Developments at the Supreme Court of Canada on the Use of Parliamentary Debates » (2000) 63 *Saskatchewan Law Review* 581; Stéphane BEAULAC, « Parliamentary Debates in Statutory Interpretation: A Question of Admissibility or of Weight? » (1998) 43 *Revue de droit de McGill* 287.

5. Voir l'article 32 de la *Convention de Vienne sur le droit des traités*.

6. Outre *Thomson c. Thomson*, *supra* note 1, voir *R. c. Parisien*, [1988] 1 R.C.S. 955; *Canada (Procureur général) c. Ward*, [1993] 2 R.C.S. 689; *Crown Forest Industries Ltd. c. Canada*, [1995] 2 R.C.S. 802; *Pushpanathan c. Canada (Ministre de la Citoyenneté et de l'Immigration)*, [1998] 1 R.C.S. 982. La toute première référence au pays à la méthodologie internationale d'interprétation fut dans une affaire ontarienne, *R. c. Palacios* (1984), 7 D.L.R. (4th) 112, p. 120-121 (C.A. Ont.).

7. Voir Pierre-André CÔTÉ, avec la collaboration de Stéphane BEAULAC & Mathieu DEVINAT, *Interprétation des lois*, 4ᵉ éd., Montréal, Thémis, 2009, p. 504-505.

8. Stéphane BEAULAC, *supra* note 2, p. 323.

9. *Supra* note 1.

10. Sur la méthodologie internationale d'interprétation des traités, en général, voir Richard K. GARDINER, *Treaty Interpretation*, Oxford & New York, Oxford University Press, 2008; Ulf LINDERFALK, *On the Interpretation of Treaty – The Modern International Law as Expressed in the 1969 Vienna Convention on the Law of Treaties*, Dordrecht, Springer, 2007.

* * *

41. **Opérationnalisation** – Il convient maintenant d'examiner en détail les deux (2) techniques d'opérationnalisation du droit international en droit interne, par l'entreprise de la méthodologie d'interprétation juridique. Il s'agit de (i) l'argument d'interprétation contextuelle et (ii) de la présomption de conformité au droit international. Nous les analyserons tour à tour, autant pour ce qui est du droit international coutumier que du droit international conventionnel, bien que ce dernier est d'utilisation plus courante en droit interne canadien et québécois.

B. Technique d'opérationnalisation no. 1 : argument de contexte

42. **Argument d'interprétation contextuelle** – S'agissant de l'interprétation des lois, il a été vu combien le « principe moderne »[1] de Driedger fait consensus en droit canadien et québécois (*supra*, para. 38).[2] À la base de cette approche se trouve l'idée de « world-in-total context », c'est-à-dire les « mots en contexte global ». Comme le faisait remarquer Driedger lui-même : « Words, when read *by themselves* in the abstract can hardly be said to have meaning ».[3] Les éléments contextuels de la méthodologie d'interprétation législative selon l'approche du contexte global devraient comprendre la normativité internationale[4] :

> Under Driedger's modern principle, the words to be interpreted must be looked at in their total context. This includes not only the Act as a whole and the statute book

as a whole but also the legal context consisting of case law, common law and <u>international law.</u>[5]

Hugh Kindred, un internationaliste canadien modéré, abonde dans le même sens : « where the context of the legislation includes a treaty or other international obligation, the statute should be interpreted in light of it ».[6]

1. En anglais « modern principle », tiré de l'ouvrage Elmer A. DRIEDGER, *Construction of Statutes*, 2e éd., Toronto : Butterworths, 1983, p. 87.

2. Voir aussi Stéphane BEAULAC & Pierre-André CÔTÉ, « Driedger's "Modern Principle" at the Supreme Court of Canada: Interpretation, Justification, Legitimization » (2006) 40 *Revue juridique Thémis* 131.

3. Elmer A. DRIEDGER, *supra* note 1, p. 3 [italiques dans l'original].

4. Voir Stéphane BEAULAC, « International Treaty Norms and Driedger's "Modern Principle" of Statutory Interpretation », dans C.C.D.I., dir., *La légitimité et la responsabilité en droit international : Travaux du 33e congrès annuel du Conseil canadien de droit international*, Ottawa, Conseil canadien de droit international, 2005, 141.

5. Ruth SULLIVAN, *Sullivan and Driedger on the Construction of Statutes*, 4e éd., Markham & Vancouver, Butterworths, 2002, p. 161 [nos soulignements].

6. Hugh M. KINDRED, « Canadians as Citizens of the International Community: Asserting Unimplemented Treaty Rights in the Courts », dans Stephen G. COUGHLAN & Dawn RUSSELL, dir., *Citoyenneté et participation à l'administration de la justice*, Montréal, Thémis, 2002, 263, at 271.

43. L'affaire *Baker* et l'argument contextuel – L'opinion de la majorité de la Cour suprême dans l'arrêt *Baker* a eu recours à la normativité de droit international dans le cadre d'un exercice d'interprétation et d'application d'un texte législatif canadien, et ce, par l'entremise de l'argument contextuel. Après avoir déclaré que, malgré son statut de traité non mis en œuvre, la *Convention relative aux droits de l'enfant* peut s'avérer utile quant aux valeurs sous-jacentes à ses normes internationales, le juge L'Heureux-Dubé cite des extraits des écrits de Ruth Sullivan, plus particulièrement sa doctrine en ce qui concerne le droit international comme élément de contexte :

> Les valeurs exprimées dans le droit international des droits de la personne peuvent, toutefois, être prises en compte dans l'approche contextuelle de l'interprétation des lois et en matière de contrôle judiciaire. Comme le dit R. Sullivan, *Driedger on the Construction of Statutes* (3e éd. 1994), à la p. 330 :
>
> > [TRADUCTION] [L]a législature est présumée respecter les valeurs et les principes contenus dans le droit international, coutumier et conventionnel. Ces principes font partie du cadre juridique au sein duquel une loi est adoptée et interprétée. Par conséquent, dans la mesure du possible, il est préférable d'adopter des interprétations qui correspondent à ces valeurs et à ces principes. [soulignements ajoutés par le juge L'Heureux-Dubé]
>
> D'autres pays de common law ont aussi mis en relief le rôle important du droit international des droits de la personne dans l'interprétation du droit interne.[1]

Ainsi, il est clair que le juge L'Heureux-Dubé, au nom de la majorité de la Cour suprême dans l'arrêt *Baker*, entérine et avalise les propos de l'auteure Ruth Sullivan, quant au rôle du droit international en tant qu'élément du contexte d'adoption et d'application d'une loi en droit interne. Le cas échéant, ces normes devraient être considérées par les tribunaux nationaux comme des éléments « pertinents et persuasifs » d'interprétation, pour reprendre la terminologie introduite par le juge en chef Dickson dans le *Renvoi relatif à la Public Service Employee Relations Act (Alta.).*[2] Voilà certes la meilleure façon d'avoir recours au droit international – conventionnel ou coutumier, pour interpréter la législation ou le « judge-made-law » – en droit interne canadien et québécois.[3]

1. *Baker c. Canada (Ministre de la Citoyenneté et de l'Immigration),* [1999] 2 R.C.S. 817, para. 70.

2. *Renvoi relatif à la Public Service Employee Relations Act (Alta.),* [1987] 1 R.C.S. 313, p. 350.

3. Voir Stéphane BEAULAC, « Le droit international et l'interprétation législative : oui au contexte, non à la présomption », dans Oonagh E. FITZGERALD *et al.,* dir., *Règle de droit et mondialisation : Rapport entre le droit international et le droit interne,* Cowansville, Yvon Blais, 2006, 413. Voir aussi Karen KNOP, « Here and There: International Law in Domestic Courts » (2000) 32 *New York University Journal of International Law & Policy* 501.

44. La jurisprudence récente et l'argument contextuel – Suite à l'arrêt *Baker* en 1999, la Cour suprême a eu plusieurs occasions de réitérer son approche privilégiée quant à l'utilisation du droit international en droit interne en tant qu'élément de contexte. Ces affaires portaient parfois sur l'interprétation de simple texte législatif, comme la décision dans *Spraytech c. Hudson,*[1] parfois sur l'interprétation de la *Charte canadienne,* comme dans l'arrêt *États-Unis c. Burns.*[2]

Un excellent exemple où la Cour suprême a eu recours au droit international au moyen de l'argument contextuel est l'affaire *Suresh c. Canada,*[3] en 2002.[4] Il s'agissait de savoir si une décision ministérielle, ordonnant l'expulsion d'un demandeur d'asile, violait l'article 7 de la *Charte canadienne.* La disposition habilitante – l'article 53(1)(b) de la *Loi sur l'immigration*[5] – permettait, dans des circonstances exceptionnelles, le refoulement d'un individu dans un pays malgré l'existence de risques sérieux qu'il y soit torturé. La question d'interprétation, toutefois, tournait autour de l'interprétation du libellé de l'article 7 de la *Charte,* plus particulièrement la portée des « principes de justice fondamentale », afin de savoir si une expulsion dans de telles circonstances y contrevenait.

Pour évaluer l'étendue de la protection en matière de torture, la Cour suprême a considéré l'article 12 de la *Charte canadienne* et sa jurisprudence relative aux traitements et peines cruels et inusités,[6] y compris la décision dans *Burns.*[7] Par la suite, l'analyse de la Cour se concentre sur ce qu'elle identifie, sous une rubrique distincte, sous le nom de « contexte international ». Voici l'extrait pertinent :

> Nous avons examiné l'argument voulant que, selon le droit canadien, l'expulsion d'un réfugié au sens de la Convention vers un pays où il risque la torture viole les principes de justice fondamentale. Toutefois, l'analyse ne s'arrête pas là. Les dispositions de la *Loi sur l'immigration* portant sur l'expulsion doivent être considérées au regard du <u>contexte international</u> : *Pushpanathan* [*Pushpanathan c. Canada (Ministre de la Citoyenneté et de l'Immigration),* [1998] 1 R.C.S. 982]. De même, les principes de justice fondamentale visés à l'art. 7 de la *Charte* ainsi que les limites à ces droits qui peuvent être justifiées au regard de l'article premier de la *Charte* ne sauraient être examinés indépendamment des normes internationales qu'ils reflètent. Pour bien comprendre la Loi et la *Charte,* il faut examiner le <u>contexte international</u>.[8]

Ce « contexte international » comprenait la prétention (non tranchée par la Cour) voulant que l'interdiction internationale de la torture constitue une norme de *jus cogens*, ainsi que la considération de trois traités internationaux : (i) le *Pacte international relatif aux droits civils et politiques*, (ii) la *Convention contre la torture et autres peines ou traitements cruels, inhumains ou dégradants*, et (iii) la *Convention relative aux droits des réfugiés*.

La Cour suprême a conclu cette partie du jugement en statuant que le droit international interdisait, de façon absolue, toute expulsion lorsqu'il y a un risque de torture, même s'il y a menace à la sécurité nationale. Dans le cadre de l'interprétation de l'article 7 de la *Charte canadienne* dans son contexte global, il s'agissait de la norme internationale qui, souligne-t-on, « éclaire le plus [la Cour suprême] sur le contenu des principes de justice fondamentale ».[9] D'autres passages de la décision illustrent que le droit international a été, de fait, utilisé comme argument d'interprétation contextuelle :

- « Le fait que le Canada rejette le recours à la torture ressort des conventions internationales auxquelles il est partie. Les contextes canadien et international inspirent chacun nos normes constitutionnelles ».[10]

- « De fait, l'examen de la jurisprudence, tant nationale qu'internationale, tend à indiquer que la torture est une pratique si répugnante qu'elle supplantera dans pratiquement tous les cas les autres considérations qui sont mises en balance, même les considérations de sécurité ».[11]

Un dernier aspect de l'arrêt *Suresh* met en évidence que le droit international a été vu comme un élément d'interprétation contextuelle : la conclusion interprétative même à laquelle la Cour suprême arrive. Selon elle, il est possible que, « dans des circonstances exceptionnelles, une expulsion impliquant un risque de torture puisse être justifiée, soit au terme du processus de pondération requis à l'art. 7 de la *Charte* soit au regard de l'article premier de celle-ci ».[12] La Cour fut donc d'avis que la norme juridique contre la torture au Canada était différente de celle qui existe dans la réalité juridique internationale, moins généreuse en fait. Cette conclusion illustre combien l'argument de droit international n'a pas du tout été considéré comme déterminant; il a plutôt agit à titre d'élément « pertinent et persuasif » dans l'exercice d'interprétation juridique d'un article de la *Charte canadienne*.

Cette opérationnalisation, au moyen de l'argument contextuel, de la norme internationale en droit interne canadien et québécois fut également favorisée dans l'arrêt *Mugesera*,[13] en 2005, qui portait sur l'interprétation d'un simple texte législatif, soit le *Code criminel*.[14] Plus spécifiquement, il s'agissait des dispositions sur l'incitation au meurtre, au génocide et à la haine, ainsi que les crimes contre l'humanité. S'inscrivant dans la tendance à voir le droit international comme un élément de contexte, la Cour suprême opine ainsi :

> Dans l'arrêt *Baker c. Canada (Ministre de la Citoyenneté et de l'Immigration*, [1999] 2 R.C.S. 817, par. 69-71, notre Cour a souligné l'importance d'interpréter le droit interne conformément aux principes du droit coutumier international et aux obligations conventionnelles du Canada. Dans ce contexte, les sources internationales comme la jurisprudence récente des tribunaux pénaux internationaux revêtent une grande importance pour les besoins de l'analyse.[15]

Ainsi, non seulement les sources formelles de droit international, nous informe la Cour, peuvent être utilisées, mais également les sources complémentaires comme les décisions jurisprudentielles d'instances adjudicatives internationales. Tous ces éléments font partie du contexte dans lequel doit s'interpréter le droit interne canadien. Cela est d'autant plus important que les dispositions du *Code criminel* font partie de la législation de mise en œuvre des obligations conventionnelles du pays en matière de droit pénal international. La Cour suprême le souligne d'ailleurs : « Le droit international se trouve à l'origine du crime de génocide. Il est donc appelé à jouer un rôle décisif dans l'interprétation du droit interne, plus particulièrement dans la détermination des éléments constitutifs du crime d'incitation au génocide ».[16]

1. *114957 Canada Ltée (Spraytech, Société d'arrosage) c. Hudson (Ville)*, [2001] 2 R.C.S. 241.

2. *États-Unis c. Burns*, [2001] 1 R.C.S. 283.

3. *Suresh c. Canada (Ministre de la Citoyenneté et de l'Immigration)*, [2002] 1 R.C.S. 3.

4. Sur cet arrêt, voir Stéphane BEAULAC, « The *Suresh* Case and Unimplemented Treaty Norms » (2002) 15 *Revue québécoise de droit international* 221.

5. *Loi sur l'immigration*, L.R.C. 1985, c. I-2; maintenant la *Loi sur l'immigration et la protection des réfugiés*, L.C. 2001, c. 27.

6. Les arrêts : *Kindler c. Canada (Ministre de la Justice)*, [1991] 2 R.C.S. 799; *R. c. Smith*, [1987] 1 R.C.S. 1045; *Canada c. Schmidt*, [1987] 1 R.C.S. 500.

7. *Burns, supra* note 2.

8. *Suresh, supra* note 3, para. 59 [nos soulignements].

9. *Ibid.*, para. 75.

10. *Ibid.*, para. 76.

11. *Ibid.*

12. *Ibid.*, para. 78.

13. *Mugesera c. Canada (Ministère de la Citoyenneté et de l'Immigration)*, [2005] 2 R.C.S. 100.

14. *Code criminel*, L.R.C. 1985, c. C-45, art. 27 (1)(a.1)(ii), (a.3(ii) (incitation au meurtre, au génocide et à la haine) et art. 7 (3.76), (3.77) (crimes contre l'humanité).

15. *Mugesera, supra* note 13, para. 82.

16. *Ibid.*

C.   Technique d'opérationnalisation no. 2 : présomption de conformité

45. **Les présomptions d'intention législative** – La présomption de conformité au droit international fait partie des arguments d'interprétation de type pragmatique. Il s'agit de l'une parmi plusieurs présomptions d'intention du législateur, développées en jurisprudence par les tribunaux de tradition juridique anglo-saxonne de common law, dans l'arsenal méthodologique d'interprétation juridique. La fonction d'une présomption d'intention est d'attribuer une volonté implicite au législateur dans certaines circonstances données, qui peut toutefois être mise de côté par une intention explicite contraire.[1] Dans l'affaire *Re Estabrooks Pontiac Buick*, le juge La Forest de la Cour d'appel du Nouveau-Brunswick (plus tard à la Cour suprême du Canada) a fait remarquer que ces présomptions d'intention avaient été développées, à l'origine, pour protéger les intérêts individuels et le droit à la propriété privée :

> Évidemment, si la législation est claire, l'intention du législateur doit être respectée. Mais ce que ces présomptions garantissent, c'est qu'une loi qui semble transgresser nos conventions politiques fondamentales devrait être formulée clairement de manière à susciter les débats qui constituent l'âme de la démocratie parlementaire.[2]

Dans un écrit non judiciaire, le juge La Forest a exprimé la même opinion, associant les présomptions d'intention législative aux protections constitutionnelles : « [They] help to promote second thought and public debate, a debate that all recognize as an essential safeguard in a parliamentary democracy ».[3]

Ceci étant, on doit comprendre que ces présomptions d'intention ont pour effet d'imposer un fardeau supplémentaire à la branche législative de l'État dans ces circonstances que l'on dit mériter une attention particulière.[4] La société considère la propriété privée comme méritoire; par conséquent, il existe une présomption d'intention voulant que le législateur ne soit pas censé affecter ces droits de propriété (compris dans un sens large, dont le droit aux fruits de son labeur, menant à une interprétation restrictive des charges fiscales), ce qui force l'autorité législative à être claire et sans ambiguïté si elle veut aller dans ce sens, afin de pouvoir renverser la présomption dans un exercice d'interprétation judiciaire. Le même raisonnement s'applique en matière de protection des droits fondamentaux, où la présomption d'intention signifie que, pour réaliser une intention législative allant à contre sens, le texte de loi doit être on ne peut plus explicite, imposant ainsi un fardeau de plus aux parlementaires démocratiquement élus. Dans ce groupe d'éléments interprétatifs, nous sommes dans le domaine des valeurs, de la politique judiciaire, qui fragilise d'une certaine façon la légitimité de ces arguments. Comme Ruth Sullivan l'a déjà noté : « If the values espoused by the courts are not shared by the community, the legitimacy of the judicial vision is lost ».[5]

1. Voir, à cet effet, Elmer A. DRIEDGER, *Construction of Statutes*, Toronto, Butterworths, 1974, p. 137.
2. *Re Estabrooks Pontiac Buick Ltd.* (1982) 44 N.B.R. (2d) 201, p. 231.
3. Gérard V. La FOREST, « The Canadian Charter of Rights and Freedoms: An Overview » (1983) 61 *Revue du Barreau canadien* 19, p. 20.
4. Voir Stéphane BEAULAC, « Le droit international et l'interprétation législative : oui au contexte, non à la présomption », dans Oonagh E. FITZGERALD *et al.*, dir., *Règle de droit et mondialisation : Rapport entre le droit international et le droit interne*, Cowansville, Yvon Blais, 2006, 413, p. 430.
5. Ruth SULLIVAN, *Sullivan and Driedger on the Construction of Statutes*, 4e éd., Markham & Vancouver, Butterworths, 2002, p. 363.

46. La présomption de conformité au droit international – Existant depuis longtemps en droit public britannique, cette présomption d'intention invite les tribunaux à interpréter le droit interne, en particulier le droit écrit législatif, dans le même sens que les normes de droit international liant le pays. Pour référence, aux États-Unis, on appelle cet argument d'interprétation le « Charming Betsy Rule »,[1] qui permet au juge de présumer que le droit interne est conforme aux obligations internationales.[2] Le Canada a hérité de cet argument pragmatique de la Grande-Bretagne, où l'auteur Peter Maxwell écrivait ceci à son sujet : « [E]very statute is to be so interpreted and applied, as far as its language admits, as not to be inconsistent with the comity of nations, or with the established rules of international law ».[3] Dans l'affaire *Salomon c. Commissioners of Customs and Excise*, Lord Diplock s'exprime comme suit :

> I wish to add that, in my view, this is a case for the application of the rule of construction that Parliament is not presumed to legislate in breach of a treaty or in any manner inconsistent with the comity of nations and the established rules of international law. It is a rule that is not often applied, because if a statute is unambiguous, its provisions must be followed even if they are contrary to international law.[4]

Dans une autre affaire britannique, *Corocraft c. Pan American Airways*, Lord Denning est même allé plus loin, en parlant d'un 'devoir' d'interpréter le droit interne de façon conforme au droit international : « duty of these courts to construe out legislation so as to be in conformity with international law and not in conflict with it ».[5]

Quant aux valeurs de légitimation de la présomption de conformité au droit international, si importante pour justifier d'imposer un fardeau supplémentaire à la branche législative dument élue, on n'y a porté que très peu d'attention.[6] Le principe *pacta sunt servanda*, tel que codifié à l'article 26 de la *Convention de Vienne sur le droit des traités*, est parfois invoqué,[7] puisqu'il renvoie à l'idée générale de la bonne foi des États dans l'exécution de leurs obligations internationales et au devoir de respecter leurs engagements au niveau international.[8] En droit interne, on pourrait également invoquer des valeurs, celles liées par exemple aux objectifs de stabilité et d'uniformité dans le droit, chers au principe de la primauté du droit (« rule of law »),[9] qui bénéficient de voir les réalités internationales et nationales coordonner davantage leur régime normatif.[10] On pourrait ajouter, en droit commercial international, les valeurs d'efficacité et de libéralisme économique du droit qui doit être l'apanage de systèmes nationaux conformes aux régimes transnationaux.[11] Enfin, en droit international des droits de la personne, on dit généralement que les valeurs liées à la protection des droits humains sont poursuivies, de façon optimale, lorsqu'il y a coordination de la normativité en présence, en fait, lorsqu'on donne priorité à la norme internationale en interprétant le droit interne dans le même sens.[12]

1. Qui tire son nom de la cause *Murray c. The Charming Betsy* (1804), 6 U.S. 64.
2. Voir, en général, Gerald L. NEUMAN, "International Law as a Resource in Constitutional Interpretation" (2006) 30 *Harvard Journal of Law and Public Policy* 177; Curtis A. BRADLEY, "The *Charming Betsy* Canon and Separation of Powers: Rethinking the Interpretative Role of International Law" (1998) 86 *Georgetown Law Journal* 479.
3. Peter B. MAXWELL, *On the Interpretation of Statutes*, Londres, Sweet & Maxwell, 1896, p. 173. Voir aussi Hersch LAUTERPACHT, « Is International Law a Part of the Law of England? » (1930) *Transactions Grotius Society* 51.
4. *Salomon c. Commissioners of Customs and Excise*, [1967] 2 Q.B. 116 (C.A.).
5. *Corocraft c. Pan American Airways*, [1968] 3 W.L.R. 1273 (C.A.).
6. Voir Stéphane BEAULAC, « Le droit international et l'interprétation législative : oui au contexte, non à la présomption », dans Oonagh E. FITZGERALD *et al.*, dir., *Règle de droit et mondialisation : Rapport entre le droit international et le droit interne*, Cowansville, Yvon Blais, 2006, 413, p. 431-432.
7. Voir Charles-Emmanuel CÔTÉ, *La participation des personnes privées au règlement des différends internationaux économique – L'élargissement du droit de porter plainte à l'OMC*, Bruxelles, Bruylant, 2007, p. 478-479.
8. Au sujet de la bonne foi dans l'exécution des obligations internationales, voir la décision de la CIJ dans l'affaire des *Essais nucléaires* (Australie c. France), R.C.I.J., 1986, 253.
9. Voir, à ce sujet, Stéphane BEAULAC, « The Rule of Law in International Law Today », dans Gianluigi PALOMBELLA & Neil WALKER, dir., *Relocating the Rule of Law*, Oxford, Hart Publishing, 2009, 197.
10. Voir Frédéric BACHAND, *L'intervention du juge canadien avant et durant un arbitrage commercial international*, Paris, L.G.D.J. / Cowansville, Yvon Blais, 2005, p. 26.
11. Voir Robert WAI, « International Trade Agreements, Internationalist Policy Consciousness, and the Reform of Canadian Private International Law », dans C.C.D.I., dir., *Prendre la mesure du droit international : efficacité, équité et vali-*

dité – *Travaux du 31ᵉ congrès annuel du Conseil canadien de droit international*, La Haye, Londres & New York, Kluwer Law Internatinoal, 2004, 123. Voir aussi, en général, David KENNEDY, « The International Style in Postwar Law and Policy », [1994] *Utah Law Review* 7.

12. Voir Anne W. La FOREST, « Domestic Application of International in *Charter* Cases: Are We There Yet? » (2004) 37 *University of British Columbia Law Review* 157, p. 208, qui souligne ceci : « In Canadian academic writing, there is often an unacknowledged preconception that international human rights law is usually more progressive than domestic human rights law ».

47. Jurisprudence de la Cour suprême et présomption de conformité – Un auteur nous rappelait récemment que le principe interprétatif faisant appel à la présomption d'intention relative au droit international est, depuis longtemps, « solidement ancré en droit anglais et c'est tout naturellement qu'il a pu être appliqué aussi par les tribunaux canadiens ».[1] La décision dans *Inland Revenue*[2] est l'arrêt britannique de principe; au Canada, la Cour suprême a fait le point pour la première fois sur le principe en 1932, dans *Arrow River*.[3] Plus récemment, en 1998 dans l'arrêt *Succession Ordon c. Grail*, les juges Iacubucci et Major en ont traité; après avoir souligné, à juste titre, que le droit international ne peut pas être considéré comme contraignant en droit interne (*supra*, para. 4), ils ont résumé ainsi la situation :

> Bien que le droit international ne lie pas le Parlement ni les législatures provinciales, le tribunal doit présumer que la législation est conçue de manière qu'elle respecte les obligations qui incombent au Canada en vertu des instruments internationaux et en sa qualité de membre de la communauté internationale. En choisissant parmi les interprétations possibles celle qu'il doit donner à une loi, le tribunal doit éviter les interprétations qui entraîneraient la violation par le Canada de telles obligations.[4]

En 2004, dans la célèbre affaire de 'la fessée', soit *Canadian Foundation for Children*,[5] la Cour suprême a fait appel aux normes de droit international au moyen de la présomption de conformité. Dans cette cause, il fallait déterminer si l'article 43 du *Code criminel*, qui justifie l'utilisation d'une force raisonnable par les parents ou les enseignements aux fins de discipline des enfants ou des élèves, étaient en violation de la *Charte canadienne*, soit parce qu'il souffrait d'imprécision constitutionnelle en vertu de l'article 7, soit parce qu'il constitue un traitement cruel et inusité selon l'article 12, soit parce qu'il porte atteinte au droit à l'égalité sans discrimination fondé sur l'âge aux termes de l'article 15. S'agissant du premier argument, les motifs majoritaires de la juge en chef McLachlin considèrent le problème d'interprétation eu égard à la présomption d'intention : « Les lois doivent être interprétées d'une manière conforme aux obligations internationales du Canada ».[6]

En plus de clarifier l'application de la théorie de l'adoption en ce qui a trait à la réception du droit international coutumier (*supra*, para. 33), la décision de la Cour suprême dans *R. c. Hape*[7] est fort significative pour ce qui est des aspects d'opérationnalisation, à savoir la présomption de conformité. Au centre de cette affaire, la question de l'interprétation de l'article 32 de la *Charte canadienne* pour savoir si celle-ci pouvait avoir une portée extra-territoriale, en relation avec une enquête conduite à l'étranger avec la participation de la GRC pour laquelle on invoquait l'article 8 (fouilles, perquisition, saisies abusives). Pour ce faire, la majorité de la Cour a recours au droit international relatif à la juridiction des États, de nature coutumier, afin d'identifier l'intention du constituant à l'article 32 *Charte canadienne*.

Après avoir fait référence à l'ouvrage de Ruth Sullivan,[8] le juge LeBel exprime l'opinion suivante, pour la majorité :

> D'une part, l'organe législatif est présumé agir conformément aux obligations du Canada en tant que signataire de traités internationaux et membre de la communauté internationale. Appelé à choisir entre diverses interprétations possibles, le tribunal doit éviter celles qui emporteraient la violation de ces obligations. D'autre part, l'organe législatif est présumé respecter les valeurs et les principes du droit international coutumier et conventionnel. Le tribunal privilégie donc l'interprétation qui reflète ces valeurs et ces principes, lesquels font partie du contexte d'adoption des lois. La présomption est toutefois réfutable. La souveraineté du Parlement exige que le tribunal donne effet à une loi qui exprime l'intention non équivoque du législateur de manquer à une obligation internationale.[9]

La « présomption à deux volet » (comme l'appelle le juge LeBel) fait référence aux deux techniques d'opérationnalisation du droit international en droit interne au pays. À vrai dire, cette déclaration – mi-figue, mi-raisin, serait-on tenté de dire – embrasse non seulement un raisonnement de type présomptif, favorisant la conformité aux obligations internationales (y compris le caractère réfragable de la présomption), mais également un aspect contextuel qui renvoie en outre aux valeurs et aux principes de droit international, ce qui n'est pas sans rappeler la terminologie de l'opinion majoritaire du juge L'Heureux-Dubé dans l'affaire *Baker*[10] (*supra*, 39 & 43). Ceci étant, il ressort clairement des motifs du juge LeBel que son interprétation favorise une opérationnalisation de la norme internationale au moyen de la présomption de conformité, comme en témoignent les extraits suivants :

- « Dans tous les cas possibles, elle a tenté d'assurer la cohérence entre son interprétation de la *Charte*, d'une part, et les obligations internationales du Canada et les principes applicables du droit international, d'autre part ».[11]
- « Lorsque le libellé exprès de la *Charte* le permet, la détermination de la portée de celle-ci doit tendre à assurer le respect des obligations du Canada en droit international ».[12]

Enfin, notons que la majorité de la Cour suprême dans l'arrêt *Hape* confirme donc que la présomption de conformité s'applique tant pour le droit international coutumier (comme en l'espèce) que pour le droit international conventionnel. Qui plus est, pour les fins du recours à la norme internationale, le juge LeBel assimile la méthodologie d'interprétation législative et celle en matière de *Charte canadienne*, à juste titre d'ailleurs.[13] On voit là validée l'approche générale relative à l'interlégalité au Canada et au Québec, considérant les normes internationales comme une source « pertinente et persuasive » d'interprétation (dixit le juge en chef Dickson[14]).

Dans une décision rendue dans la même semaine, *Health Services and Support*,[15] la Cour suprême devait interpréter une autre disposition de la *Charte canadienne*, l'article 2d) en matière de liberté d'association, exercice pour lequel elle a eu recours encore une fois au droit international, soit les deux *Pactes internationaux* et la *Convention no. 87* de l'OIT. Ici aussi, un certain flou artistique a été créé quant à la technique d'opérationnalisation de la normativité internationale en droit interne puisque la juge en chef McLachlin et le juge LeBel, pour la majorité, font référence au vocabulaire et à la jurisprudence qui renvoie à la fois à l'argument contextuel[16] et à la présomption de conformité.[17] Au final, une chose est certaine : le droit international est vu comme une source « pertinente et persuasive » dans l'exercice d'interprétation juridique :

> Ainsi, les engagements actuels du Canada en vertu du droit international et l'opinion internationale qui prévaut actuellement en matière de droits de la personne constituent une source persuasive pour l'interprétation de la portée de la Charte.[18]

Une des raisons qui militent contre cette seconde technique d'opérationnalisation du droit international – en fait, qui vraisemblablement amène la Cour suprême à avoir recours à un mélange des deux techniques – est certes la condition préalable d'ambiguïté relative à la présomption de conformité.

1. Charles-Emmanuel CÔTÉ, « La réception du droit international en droit canadien » (2010) 52 *Supreme Court Law Review (2d)* 483, p. 533 [notes infrapaginales omises].
2. *Inland Revenue Comrs c. Collco Dealings Ltd.*, [1962] A.C. 1 (C.L.).
3. *Arrow River & Tributaries Slide & Boom Co. c. Pigeon Timber Co.*, [1932] R.C.S. 495, p. 509.
4. *Succession Ordon c. Grail*, [1998] 3 R.C.S. 437, para. 137.
5. *Canadian Foundation for Children, Youth and the Law c. Canada (Procureur général)*, [2004] 1 R.C.S. 76.
6. *Ibid.*, para. 31.
7. *R. c. Hape*, [2007] 2 R.C.S. 292.
8. Ruth SULLIVAN, *Sullivan and Driedger on the Construction of Statutes*, 4ᵉ éd., Markham & Vancouver, Butterworths, 2002, p. 422.
9. *Supra* note 7, para. 53.
10. *Baker c. Canada (Ministre de la Citoyenneté et de l'Immigration)*, [1999] 2 R.C.S. 817, para. 69-70.
11. *Supra* note 7, para. 55.
12. *Ibid.*, para. 56.
13. Stéphane BEAULAC, « L'interprétation de la Charte : reconsidération de l'approche téléologique et réévaluation du rôle du droit international », dans Gérald-A. BEAUDOIN & Errol P. MENDES, dir., *Charte canadienne des droits et libertés*, 4ᵉ éd., Markham, LexisNexis Butterworths, 2005, 27; republié dans (2005) 27 *Supreme Court Law Review (2d)* 1.
14. *Renvoi relatif à la Public Service Employee Relations Act (Alta.)*, [1987] 1 R.C.S. 313, p. 350.
15. *Health Services and Support – Facilities Subsector Bargainning Assn. c. Colombie-Britannique*, [2007] 2 R.C.S. 391.
16. *Ibid.*, para. 69.
17. *Ibid.*, para. 70.
18. *Ibid.*, para. 78.

48. Condition préalable d'ambiguïté – Nous avons déjà suggéré, avec un brin d'ironie, que la meilleure façon de tuer dans l'œuf le recours au droit international en droit interne était de l'invoquer à l'aide de la présomption de conformité, et ce, puisqu'il sera toujours loisible pour le ou la juge de le mettre de côté en concluant que la législation sous étude n'est pas ambiguë.[1] En effet, il existe encore, en droit canadien et québécois, une sorte de condition préalable d'ambiguïté à l'utilisation de la norme internationale au moyen de la présomption de conformité. On doit conclure, avant d'y recourir, que la disposition législative ou la règle juridique est ambiguë ou souffre d'une autre difficulté d'interprétation, telle que l'imprécision ou la redondance.[2] À défaut de remplir cette condition préalable, le tribunal n'est pas censé être en mesure d'invoquer la présomption de conformité au droit international, ce qui fait perdre aux parties l'opportunité de plaider l'influence de la norme internationale sur l'interprétation du droit interne. Notons tout de suite que cette condition préalable n'existe pas pour la technique d'opérationnalisation mettant en jeu l'argument contextuel.

Dans des motifs minoritaires (il était d'accord avec la majorité sur la conclusion), dans l'arrêt *Daniels c. White*,[3] le juge Pigeon a exprimé une opinion qui a fait jurisprudence au pays, s'agissant de la présomption de conformité au droit international.[4] Il est intéressant de noter, surtout, qu'il met en évidence la condition préalable d'ambiguïté, lorsqu'il écrit ceci :

> I wish to add that, in my view, this is a case for the application of the rule of construction that Parliament is not presumed to legislate in breach of a treaty or in any manner inconsistent with the comity of nations and the established rules of international law. It is a rule that is not often applied, because <u>if a statute is unambiguous, its provisions must be followed even if they are contrary to international law</u>.[5]

Exprimé positivement, le juge Pigeon opine qu'une loi devra être ambiguë pour que le tribunal puisse utiliser le droit international au moyen de la présomption de conformité, dans un exercice d'interprétation et d'application du droit interne. Comme Pierre-André Côté le souligne, cet extrait suggère que le recours légitime à la norme internationale est possible si, et seulement si, il existe une réelle difficulté d'interprétation de la disposition législative.[6] Ce raisonnement n'est pas sans rappeler la « règle de l'interprétation littérale » (en anglais, « plain meaning rule ») dans le domaine de la méthodologie d'interprétation législative, une approche qui est généralement considérée comme obsolète.[7]

Malgré l'arrêt *National Corn Growers*,[8] où le juge Gonthier avait tenté d'écarter (avec un succès mitigé) la condition préalable d'ambiguïté, la décision de la Cour suprême dans *Schreiber c. Canada* est venue, en 2002, valider l'opinion minoritaire du juge Pigeon en 1968; cette affaire était en matière d'immunité de l'État. Dans un jugement unanime, le juge LeBel écrit que le fameux extrait tiré de *Daniels c. White*, en réalité, « précise quand il convient d'utiliser le droit international pour interpréter la législation nationale ».[9] On ajoute même des soulignements – comme nous l'avons fait ci-haut – à la dernière phrase dudit passage, voulant que la présomption de conformité (selon la traduction), « n'est pas souvent appliquée car si une loi est dénuée d'ambiguïté, ses dispositions doivent être observées même si elles s'opposent au droit international ».[10] En 2004, dans une autre affaire d'immunité, *Bouzari c. Iran*, le raisonnement du juge LeBel validant la condition d'ambiguïté préalable au recours à la présomption de conformité au droit international a été invoqué et entériné par la Cour d'appel de l'Ontario.[11]

Dans deux affaires plus récentes à la Cour suprême du Canada, soit *GreCon*[12] en 2005 et *Hape*[13] en 2007, le juge LeBel ne fait pas référence à la condition préalable d'ambiguïté, nommément, lorsqu'il aborde la présomption de conformité comme moyen de recourir au droit international. Il serait toutefois erroné d'y inférer une volonté dans la jurisprudence de mettre de côté ou de diminuer l'impact de ce raisonnement préliminaire. En effet, encore très récemment à la Cour suprême, en 2010, dans l'arrêt *Németh c. Canada (Justice)*[14], une affaire soulevant le principe de non-refoulement en contexte d'extradition, on invoquait la présomption de conformité au droit international en matière de réfugiés. Dans un jugement unanime, le juge Cromwell relativise l'impact de cette technique d'opérationnalisation de l'interlégalité en soulignant ceci : « La présomption que la loi met en œuvre les obligations internationales du Canada est réfutable »[15]. Avant d'invoquer à titre d'autorité l'opinion du juge LeBel dans *Schreiber* (elle-même fondée sur celle du juge Pigeon dans *Daniels c. White*), le juge Cromwell insiste sur le point suivant : « Lorsque les dispositions législatives ne sont pas ambiguës, il faut leur donner effet »[16]. En ce qui concerne la norme internationale conventionnelle en l'espèce, au final : « l'art. 115 [*Loi sur l'immigration et la protection des réfugiés*[17]] ne vise pas le renvoi par extradition; il faut donc donner effet au sens clair de cette disposition »[18].

À vrai dire, nous avons vu (voir *supra* n° 64) que la tendance contemporaine, en regard de la jurisprudence à la Cour suprême, est clairement de favoriser l'opérationnalisation de la norme internationale en droit interne au moyen de l'argument contextuel. Au demeurant, puisque cette méthode d'interprétation ne fait appel à aucune condition préalable – c'est-à-dire à une nécessaire ambiguïté de la loi – l'association du droit international au contexte législatif constitue indubitablement la meilleure façon pour optimiser le recours au droit international comme élément « pertinent et persuasif » d'interprétation du droit canadien et québécois[19].

1. Stéphane BEAULAC, « Le droit international et l'interprétation législative : oui au contexte, non à la présomption », dans Oonagh E. FITZGERALD *et al.*, dir., *Règle de droit et mondialisation : Rapport entre le droit international et le droit interne*, Cowansville, Yvon Blais, 2006, 413, p. 434-436.

2. Sur les différentes difficultés d'interprétation dont peut souffrir la législation, voir Reed DICKERSON, « The Diseases of Legislative Language » (1964) 12 *Harvard Journal of Legislation* 5; Randal N.M. GRAHAM, *Statutory Interpretation – Theory and Practice*, Toronto, Emond Montgomery, 2001, p. 199 *ff.*

3. *Daniels c. White*, [1968] R.C.S. 517.

4. Voir, notamment, Charles-Emmanuel CÔTÉ, « La réception du droit international en droit canadien » (2010) 52 *Supreme Court Law Review (2d)* 483, p. 535-536.

5. *Daniels c. White, supra* note 3, p. 541 [nos soulignements].

6. Pierre-André CÔTÉ, avec la collaboration de Stéphane BEAULAC & Mathieu DEVINAT, *Interprétation des lois*, 4e éd., Montréal, Thémis, 2009, p. 429.

7. Voir *Capital Cities Communications Inc. c. Conseil de la Radio-Télévision canadienne*, [1978] 2 R.C.S. 141, p. 173; *Schavernoch c. Commission des réclamations étrangères*, [1982] 1 R.C.S. 1092, p. 1098.

8. *National Corn Growers Assn. c. Canada (Tribunal des importations)*, [1990] 2 R.C.S. 1324, p. 1371.

9. *Schreiber c. Canada (Procureur général)*, [2002] 3 R.C.S. 269, para. 50.

10. *Daniels c. White, supra* note 3, p. 541 (phrase soulignée par le juge LeBel dans *Schreiber, ibid.*).

11. *Bouzari c. Islamic Republic of Iran* (2004), 71 O.R. (3d) 675, 243 D.L.R. (4th) 406, para. 64.

12. *GreCon Dimter inc. c. J.R. Normand inc.*, [2005] 2 R.C.S. 401, 422-423 & 425-426.

13. *R. c. Hape*, [2007] 2 R.C.S. 292, 323-325.

14. *Németh c. Canada (Justice)*, [2010] 3 R.C.S. 281.

15. *Németh c. Canada (Justice)*, [2010] 3 R.C.S. 281, 304.

16. *Németh c. Canada (Justice)*, [2010] 3 R.C.S. 281, 304 [nos soulignements].

17. *Loi sur l'immigration et la protection des réfugiés*, L.C. 2001, c. 27.

18. *Németh c. Canada (Justice)*, [2010] 3 R.C.S. 281, 304 [nos soulignements].

19. Voir : Stéphane BEAULAC, « Thinking Outside the "Westphalian Box" »: Dualism, Legal Interpretation and the Contextual Argument », dans Schristoffer C. ERIKSEN et Marius EMBERLAND (dir.), *The New International Law – An Anthology*, Leiden, Brill Publishers, 2010, p. 17. Voir également, *contra* : John H. CURRIE, « Interna-

tional Human Rights Law in the Supreme Court's Charter Jurisprudence: Commitment, Retrenchment *and* Retreat – In No Particular Order » (2010) 50 *Supreme Court Law Review (2d)* 423.

Extrait tiré de l'opinion de la Cour suprême du Canada dans l'arrêt *Németh c. Canada (Justice)*, [2010] 3 R.C.S. 281, [2010] A.C.S. n° 56.

Version française du jugement de la Cour rendu par

LE JUGE CROMWELL —

Introduction

1   La Cour doit en l'espèce concilier les obligations concurrentes dont le Canada doit s'acquitter en matière de protection des réfugiés et d'extradition. En application de traités internationaux et de son droit interne, le Canada s'est engagé à ne pas renvoyer les réfugiés vers la persécution qu'ils ont fuie. Ce principe, dit du non-refoulement, est une pièce maîtresse de la protection des réfugiés. Le Canada est également tenu, par traité et par son droit interne, d'extrader à la demande d'autres États des personnes qui doivent y être jugées ou y purger une peine. Il s'agit là d'obligations importantes mettant en jeu non seulement les engagements du Canada envers d'autres États mais également l'efficacité de l'application de la loi. Les obligations en matière d'extradition et de non-refoulement peuvent toutefois entrer en conflit lorsque le Canada est saisi de demandes d'extradition qui aboutiraient au renvoi de réfugiés vers un État qu'ils ont fui pour éviter la persécution, comme en témoigne la présente affaire.

2   Les appelants sont arrivés au Canada, où ils ont obtenu asile en tant que réfugiés après avoir convaincu les autorités qu'ils craignaient avec raison d'être persécutés dans leur pays d'origine, la Hongrie, du fait de leur origine ethnique rome. Des années plus tard, la Hongrie a demandé leur extradition, et le ministre de la Justice a fait droit à la demande et ordonné leur remise. Sa décision, portée devant la Cour d'appel du Québec pour révision judiciaire, a été maintenue : 2009 QCCA 99, [2009] R.J.Q. 253. Les appelants soutiennent devant notre Cour qu'en raison des obligations de non-refoulement du Canada, ils ne peuvent être renvoyés en Hongrie tant qu'ils conservent leur qualité de réfugié ici. L'intimé affirme, quant à lui, que la qualité de réfugié des appelants n'empêche pas leur extradition, parce que ceux-ci sont accusés en Hongrie de crimes graves de droit commun et qu'ils n'ont pas fait la preuve qu'ils courent toujours le risque d'y être persécutés à leur retour.

3   Le présent pourvoi exige l'interprétation de la *Loi sur l'extradition*, L.C. 1999, ch. 18 (« *LE* »), et de la *Loi sur l'immigration et la protection des réfugiés*, L.C. 2001, ch. 27 (« *LIPR* »), d'une façon qui concilie les obligations concurrentes relevant de l'extradition et du non-refoulement. Je conviens avec l'intimé que, sous réserve de certaines conditions, les appelants peuvent être extradés vers leur pays d'origine même si leur qualité de réfugié en application du droit canadien n'a pas été officiellement perdue ou révoquée. J'estime cependant que le ministre de la Justice (« ministre ») n'a pas appliqué les principes juridiques appropriés pour prendre son arrêté d'extradition. En imposant aux appelants le fardeau de démontrer qu'ils seraient persécutés en cas d'extradition, il n'a accordé de poids suffisant ni à la qualité de réfugié des appelants ni aux obligations de non-refoulement du Canada. Je suis donc d'avis d'accueillir le pourvoi et de renvoyer l'affaire au ministre de la Justice pour qu'il la réexamine conformément au droit.

Les faits et la procédure

4   Arrivés au Canada en 2001, les appelants, qui forment un couple, ont demandé le statut de réfugié, pour eux et leurs enfants, à la suite d'actes de violence commis à leur endroit dans leur pays d'origine, la Hongrie. Ils invoquent alors trois événements survenus entre 1997 et 2001 au cours desquels l'appelant, accompagné à une occasion de l'appelante, ont été attaqués à cause de leur origine rome par des citoyens hongrois. Les appelants et leurs enfants obtiennent le statut de réfugié et deviennent résidents permanents.

5   Environ deux ans plus tard, la Hongrie lance un mandat d'arrestation international portant sur une accusation de fraude que les appelants auraient commise. Les autorités hongroises allèguent qu'au début du mois de novembre 2000, le couple a vendu le droit de location d'un appartement à Budapest pour environ 2 700 $ CAN, alors qu'il ne possédait pas ce droit.

6   Le ministre a demandé à la Cour supérieure du Québec de rendre une ordonnance d'incarcération fondée sur l'infraction de fraude prévue au par. 380(1) du *Code criminel*, L.R.C. 1985, ch. C-46, laquelle correspond à la conduite qui leur est reprochée en Hongrie. L'ordonnance a été accordée et n'a pas été portée en appel.

7   Le Ministre a alors ordonné leur remise. Il a tenu compte de l'obligation de non-refoulement pour rendre sa décision, mais a conclu que cette obligation ne faisait pas obstacle à la remise des appelants. Signalant d'abord que ce principe souffre une exception dans le cas des personnes accusées de crimes graves de droit commun, lesquels sont définis, dans le contexte de l'immigration, comme des infractions punissables d'une peine d'emprisonnement de 10 ans ou plus, il a indiqué que la fraude entre dans cette catégorie, sans répondre toutefois à l'objection des appelants que, compte tenu du montant en jeu, les infractions qui leur étaient reprochées ne leur vaudraient pas une peine de 10 ans d'emprisonnement au Canada. Passant ensuite à la question du risque de persécution, le ministre a exprimé l'avis que ceux qui contestent leur extradition en invoquant la persécution dans l'État requérant doivent établir deux éléments suivant la prépondérance des probabilités : que la persécution choquerait suffisamment la conscience de la société canadienne ou serait fondamentalement inacceptable pour elle *et* qu'ils seront effectivement persécutés. Il a précisé que l'appréciation de cette preuve devait se faire en fonction de la date à laquelle elle était examinée et non de la date d'octroi de l'asile, six ans plus tôt en l'occurrence. Dans son évaluation du risque de persécution que courraient les appelants s'ils retournaient en Hongrie, le ministre a obtenu l'opinion du ministre de la Citoyenneté et de l'Immigration. Selon ce ministère, depuis l'accession de la Hongrie à l'Union européenne en 2004 il n'existait pas de possibilité sérieuse que les appelants soient persécutés en raison de leur origine rome.

8   Les appelants ont présenté à la Cour d'appel du Québec une demande de révision judiciaire de cette décision. Le juge Doyon, au nom de la Cour d'appel, a rejeté la demande conjointe de révision judiciaire. Il a estimé que l'intimé avait compétence pour ordonner l'extradition des appelants après avoir consulté le ministre de la Citoyenneté et de l'Immigration (« MCI ») à ce sujet. Le juge Doyon a conclu de plus que la décision de l'intimé était raisonnable :

> Il pouvait raisonnablement conclure que la situation en Hongrie est telle que l'extradition des demandeurs n'est pas tyrannique ou injuste, ne heurte pas la conscience des Canadiens et n'est pas davantage inacceptable. L'avis du ministre de la Citoyenneté et de l'Immigration l'autorisait à conclure que la situation a changé en Hongrie depuis le

départ des demandeurs. Ainsi, l'accession de ce pays à l'Union européenne en mai 2004 démontre que la Hongrie a satisfait certains critères dans le domaine de la stabilité des institutions démocratiques, de la primauté du droit, des droits de la personne de même que du respect et de la protection des minorités; elle a également dû harmoniser ses lois et ses institutions à celles de l'Union européenne. L'analyse détaillée du risque transmise par le ministre de la Citoyenneté et de l'Immigration permet d'affirmer que l'intimé pouvait raisonnablement conclure qu'il y a maintenant absence de risque sérieux de persécution pour cause d'origine raciale et que de tels changements permettent d'y voir une situation fort différente de celle qui régnait en Hongrie il y a une dizaine d'années. [par. 38]

Les questions en litige et la norme de contrôle

9   L'affaire soulève principalement deux questions :

   1. Le ministre est-il légalement habilité à prendre un arrêté d'extradition contre une personne dont la qualité de réfugié n'a pas été perdue ou révoquée ?

   2. Le cas échéant, a-t-il exercé ce pouvoir de façon raisonnable en l'espèce ?

10   La norme de contrôle applicable n'est pas contestée. La décision ministérielle d'extradition commande la déférence, et elle est généralement examinée suivant la norme de la raisonnabilité. Pour être raisonnable, toutefois, une décision doit se rapporter à un objet relevant du pouvoir conféré par la loi au ministre et elle doit procéder de l'application des critères juridiques appropriés aux questions qui lui sont soumises. Comme l'a indiqué le juge LeBel au nom de la Cour dans *Lake c. Canada (Ministre de la Justice)*, 2008 CSC 23, [2008] 1 R.C.S. 761, au par. 41 :

   [L]e ministre doit se prononcer en appliquant la norme juridique appropriée. Sans l'analyse voulue, la conclusion ministérielle n'est ni rationnelle ni justifiable. Or, lorsque le ministre a choisi le bon critère, sa conclusion devrait être confirmée par la cour à moins qu'elle ne soit déraisonnable. [. . .] L'expertise du ministre en la matière et son obligation de veiller au respect des obligations internationales du Canada le rendent plus apte à déterminer si les facteurs pertinents militent ou non en faveur de l'extradition. [Je souligne.]

Analyse

A. *Introduction*

11   Les parties défendent des conceptions opposées concernant la conciliation des obligations du Canada en matière de non-refoulement et d'extradition. Selon celle des appelants (pour en résumer les grandes lignes), le pouvoir d'extradition prévu par la *LE* doit être considéré comme subordonné au régime précis établi par la *LIPR* pour le traitement des réfugiés. En bref, un réfugié ne peut être extradé que si sa qualité de réfugié a été perdue ou révoquée en application de la *LIPR*. L'intimé soutient quant à lui que c'est principalement la *LE* qui fournit les réponses aux difficultés posées par l'interaction de l'extradition et du non-refoulement et, plus particulièrement, les motifs obligatoires ou discrétionnaires pouvant fonder la décision du ministre de refuser une demande d'extradition.

12   Mon analyse s'articulera autour de ces deux positions opposées. Dans la section qui suit, j'expliquerai d'abord pourquoi l'argument principal des appelants — à savoir que le pou-

voir d'extradition est subordonné au régime de protection des réfugiés établi par la *LIPR* — ne saurait à mon avis être retenu. Dans la section suivante, j'examinerai ensuite la position des intimés, à laquelle j'adhère en grande partie, selon laquelle le principe protecteur du non-refoulement s'analyse, dans le contexte de l'extradition, en fonction des motifs obligatoires ou discrétionnaires de refus d'extradition énoncés dans la *LE*. J'expliquerai également pourquoi, à mon avis, le ministre n'a pas appliqué les critères juridiques appropriés en exerçant ses pouvoirs en l'espèce.

B. *Les pouvoirs du ministre en matière d'extradition de réfugiés*

13   Les appelants, et les intervenants qui les appuient, soutiennent principalement que, suivant les principes d'interprétation des lois, la qualité de réfugié reconnue en application de la *LIPR* lie le ministre de la Justice et que celui-ci ne peut extrader un réfugié à moins que cette qualité ait été perdue ou annulée conformément aux dispositions de la *LIPR*. Selon eux, trois raisons principales fondent l'inclusion par interprétation de cette restriction dans la *LE*. Les deux premières, que je qualifierai d'argument du « conflit » et d'argument du « silence », seront examinées dans la présente section de mes motifs, et la troisième, celle de l'« équité procédurale » sera traitée dans la section suivante.

(1) L'argument du conflit

14   Selon le premier argument, il faut, pour éviter qu'il y ait conflit entre les dispositions de la *LE* et de la *LIPR*, que les pouvoirs conférés au ministre par la *LE* soient tenus pour inapplicables aux réfugiés. Cet argument est fondé sur le principe d'interprétation présumant l'harmonie, la cohérence et l'uniformité entre les lois traitant d'une même matière : *R. c. Ulybel Enterprises Ltd.*, 2001 CSC 56, [2001] 2 R.C.S. 867, par. 30 et 52; Ruth Sullivan, *Sullivan on the Construction of Statutes* (5e éd. 2008), p. 223-225.

15   Le présumé conflit intervient entre la disposition de la *LIPR* relative au non-refoulement (art. 115) et le pouvoir d'extradition conféré au ministre par la *LE*. Suivant l'article 115 de la *LIPR*, la « personne protégée », qui comprend le réfugié, « [n]e peut être renvoyée dans un pays où elle risque la persécution ». Le pouvoir général d'extradition que la *LE* confère au ministre ne contient aucune restriction ou exception visant les réfugiés. On prétend qu'il y a conflit de lois du fait que la *LIPR* interdit le renvoi d'un réfugié dans un pays où il risque la persécution tandis que la *LE* permet au ministre de procéder à un tel renvoi par l'extradition. Selon eux, il faut éviter ce conflit en subordonnant par interprétation l'exercice du pouvoir d'extradition conféré par la *LE* à l'exigence que la remise d'un réfugié à l'État qu'il a fui ne puisse s'opérer que si la qualité de réfugié a été perdue ou révoquée en application de la *LIPR*.

16   La *LIPR* et la *LE* ne sont pas en conflit à mon avis, car l'interdiction de renvoi formulée à l'art. 115 de la *LIPR* ne s'applique pas à l'extradition. Avant d'exposer les raisons fondant cette conclusion, j'estime utile de placer la question dans le contexte plus large de la protection des réfugiés au Canada.

17   Le Canada a ratifié la *Convention relative au Statut des Réfugiés*, R.T. Can. 1969 n° 6, de 1951 (« Convention relative aux réfugiés ») ainsi que le *Protocole relatif au Statut des Réfugiés*, R.T. Can. 1969 n° 29, de 1967. La Convention relative aux réfugiés définit « réfugié », et elle énonce une série d'obligations des États contractants envers les réfugiés. L'application de cette Convention est limitée à des événements survenus avant le 1er janvier 1951 (par. A(2) de l'article premier) et, au gré de chaque État contractant, à des événements survenus en Europe. Toutefois, les États parties au Protocole de 1967 ont accepté de lever, à quelques

exceptions près non pertinentes en l'espèce, cette restriction temporelle et géographique à l'application de la Convention relative aux réfugiés (article premier). Ainsi, aux termes de cette Convention et du Protocole, la définition de réfugié englobe « toute personne [. . .] [q]ui [. . .] craignant avec raison d'être persécutée du fait de sa race, de sa religion, de sa nationalité, de son appartenance à un certain groupe social ou de ses opinions politiques, se trouve hors du pays dont elle a la nationalité et qui ne peut ou, du fait de cette crainte, ne veut se réclamer de la protection de ce pays » (Convention relative aux réfugiés, par. A(2) de l'article premier).

18   Les dispositions de la Convention relative aux réfugiés traitant de l'expulsion et du refoulement forment le noyau de la protection accordée aux réfugiés. La disposition la plus pertinente en l'occurrence est l'art. 33 portant sur le refoulement des réfugiés vers des endroits où ils risquent la persécution. Cet article donne corps, en droit des réfugiés, au principe du non-refoulement, considéré comme la pierre angulaire du régime international de protection des réfugiés : Haut Commissariat des Nations Unies pour les réfugiés, *Note d'orientation sur l'extradition et la protection internationale des réfugiés* (avril 2008). L'article 42 de la Convention relative aux réfugiés souligne le caractère essentiel de cette disposition, en énonçant que les États ayant ratifié la Convention ne peuvent formuler de réserves au sujet de la protection contre le refoulement prévue à l'art. 33.

19   Formulé en termes larges et généraux, le principe de non-refoulement interdit le renvoi direct ou indirect de réfugiés dans des territoires où ils risquent d'être victimes de violations de droits de la personne. Ce principe vise à prévenir de telles violations et il a une portée prospective : Kees Wouters, *International Legal Standards for the Protection from Refoulement: A Legal Analysis of the Prohibitions on Refoulement Contained in the Refugee Convention, the European Convention on Human Rights, the International Covenant on Civil and Political Rights and the Convention Against Torture* (2009), p. 25. En droit international moderne des droits de la personne, l'application de ce principe s'est élargie au-delà de la catégorie des réfugiés mais, pour les besoins du présent pourvoi, c'est sa portée au sens de la Convention relative aux réfugiés qui est pertinente : William A. Schabas, « Non-Refoulement », Expert Workshop on Human Rights and International Co-operation in Counter-Terrorism: Final Report (2007), 20, p. 23.

20   Voici le texte de l'art. 33 de la Convention relative aux réfugiés :

ARTICLE 33
Défense d'Expulsion et de Refoulement

1. Aucun des États Contractants n'expulsera ou ne refoulera, de quelque manière que ce soit, un réfugié sur les frontières des territoires où sa vie ou sa liberté seraient menacées en raison de sa race, de sa religion, de sa nationalité, de son appartenance à un certain groupe social ou de ses opinions politiques.

2. Le bénéfice de la présente disposition ne pourra toutefois être invoqué par un réfugié qu'il y aura des raisons sérieuses de considérer comme un danger pour la sécurité du pays où il se trouve ou qui, ayant été l'objet d'une condamnation définitive pour un crime ou délit particulièrement grave, constitue une menace pour la communauté dudit pays.

21   Le principal instrument de mise en œuvre des obligations internationales du Canada à l'endroit des réfugiés est la *LIPR*. C'est d'ailleurs l'un des objets déclarés de cette loi : al. 3(2)*b*). La *LIPR* prévoit que son interprétation et sa mise en œuvre doivent avoir pour effet d'assurer

que les décisions prises sous son régime sont conformes à la *Charte canadienne des droits et libertés* et aux instruments internationaux portant sur les droits de l'homme dont le Canada est signataire : al. 3(3)*d*) et *f*). La *LIPR* incorpore expressément certaines dispositions de la Convention relative aux réfugiés. Sous réserve de quelques exceptions, le MCI est chargé de l'application de la Loi : par. 4(1).

22   Cela m'amène à la disposition de la *LIPR* qui tient une grande place dans l'argumentation des appelants, l'art. 115. Cet article est la reformulation légale du principe de non-refoulement, et il porte qu'une personne protégée (qui, suivant le par. 95(2) comprend une personne à qui l'asile est conféré) « [n]e peut être renvoyée dans un pays où elle risque la persécution du fait de sa race, de sa religion, de sa nationalité, de son appartenance à un groupe social ou de ses opinions politiques ». Voici le texte complet de cette disposition :

Principe du non-refoulement

115. (1) Ne peut être renvoyée dans un pays où elle risque la persécution du fait de sa race, de sa religion, de sa nationalité, de son appartenance à un groupe social ou de ses opinions politiques, la torture ou des traitements ou peines cruels et inusités, la personne protégée ou la personne dont il est statué que la qualité de réfugié lui a été reconnue par un autre pays vers lequel elle peut être renvoyée.

(2) Le paragraphe (1) ne s'applique pas à l'interdit de territoire :

a) pour grande criminalité qui, selon le ministre, constitue un danger pour le public au Canada;

b) pour raison de sécurité ou pour atteinte aux droits humains ou internationaux ou criminalité organisée si, selon le ministre, il ne devrait pas être présent au Canada en raison soit de la nature et de la gravité de ses actes passés, soit du danger qu'il constitue pour la sécurité du Canada.

23   L'article 115 ayant pour objet de remplir les obligations que la Convention relative aux réfugiés impose au Canada en matière de non-refoulement, il existe une correspondance étroite entre ses dispositions et celles de la Convention en cette matière. Les motifs interdisant le renvoi au par. 115(1) (c.-à-d. le risque de persécution du fait de la race, de la religion, de la nationalité, de l'appartenance à un groupe social ou des opinions politiques ou le risque de torture ou de traitements ou peines cruels et inusités) s'apparentent beaucoup à ceux qu'énumère l'art. 33 de la Convention (menace à la vie ou à la liberté en raison de la race, de la religion, de la nationalité, de l'appartenance à un certain groupe social ou des opinions politiques). Les exceptions à l'application du par. 115(1) énoncées au par. 115(2) (grande criminalité, danger pour le public, atteinte aux droits humains ou danger pour la sécurité du Canada) suivent de près les exclusions du statut de réfugié énoncées à la section F de l'article premier de la Convention relative aux réfugiés (crime de guerre, crime contre l'humanité, crime grave de droit commun) et les motifs d'expulsion des réfugiés prévus à l'art. 32 (sécurité nationale ou ordre public).

24   Je reviens donc à l'argument voulant que l'art. 115 et, plus particulièrement, les mots « [n]e peut être renvoyée » interdisent l'extradition de réfugiés. On affirme que le sens ordinaire de ces mots inclue l'extradition, que cette interprétation est nécessaire à la mise en œuvre des obligations du Canada sous le régime de la Convention relative aux réfugiés et que l'arrêt *Suresh c. Canada (Ministre de la Citoyenneté et de l'Immigration)*, 2002 CSC 1, [2002] 1 R.C.S. 3, de notre Cour étaye cette opinion. L'intimé soutient pour sa part que, dans

la *LIPR*, la notion de « renvoi » est d'ordre technique, et qu'elle ne vise que les mesures de renvoi prises en application de cette loi.

25   Pour les motifs exposés ci-dessous, je donne raison à l'intimé.

A) *SENS ORDINAIRE*

26   Les appelants mettent l'accent sur le sens ordinaire du mot « renvoyée » au par. 115(1) et soutiennent que l'extradition est une forme de « renvoi ». Il est certain que le sens ordinaire de ces mots est assez large pour englober tout type de renvoi, y compris l'extradition. Toutefois, suivant le « principe moderne » d'interprétation des lois maintes fois répété, les termes de la *LIPR* doivent s'interpréter dans leur contexte global en suivant le sens ordinaire et grammatical qui s'harmonise avec l'esprit de la loi, l'objet de la loi et l'intention du législateur : *Rizzo & Rizzo Shoes Ltd. (Re)*, [1998] 1 R.C.S. 27, par. 21; *Bell ExpressVu Limited Partnership c. Rex*, 2002 CSC 42, [2002] 2 R.C.S. 559, par. 26. Lorsque l'on procède ainsi, il devient clair, à mon avis, que le mot « renvoyée », dans la *LIPR*, revêt un sens spécialisé et qu'il n'englobe pas le renvoi par extradition.

27   Il faut examiner l'art. 115 dans le contexte des autres dispositions de la Loi qui traitent aussi du renvoi. La section 5 de la partie I de la *LIPR* porte sur la « Perte de statut et [le] renvoi ». Le mot « renvoi » y est employé en rapport avec la « mesure de renvoi », une mesure particulière autorisée par la *LIPR* dans des circonstances déterminées qui sont définies de façon détaillée : voir, p. ex., le par. 44(2), l'al. 45*d*) et l'art. 48. Les termes « renvoyée » et « renvoi » sont donc employés en relation avec des procédures particulières établies par la *LIPR*, ce que confirme le *Règlement sur l'immigration et la protection des réfugiés*, DORS/2002-227. L'article 53 de la *LIPR* énonce que les règlements d'application de la Loi peuvent notamment régir « les cas de prise ou de maintien des mesures de renvoi » : al. 53*b*). La partie 13 du Règlement traite du renvoi. L'article 223 du Règlement précise que les mesures de renvoi sont de trois types : l'interdiction de séjour, l'exclusion et l'expulsion. L'arrêté d'extradition pris en vertu de la *LE* n'y est pas mentionné. Le lien établi entre le renvoi et ces trois types de mesure renforce l'opinion que les mots « renvoyée » et « renvoi » concernent des procédures particulières prévues par la *LIPR*.

28   L'article 115 lui-même renforce cette conclusion. Le paragraphe 115(1) énonce que la personne protégée ne peut être « renvoyée » dans un pays où elle risque la persécution, la torture ou des traitements ou peines cruels et inusités. Le paragraphe 115(2) crée cependant des exceptions à cette interdiction à l'égard de personnes interdites de territoire pour certains motifs. Aux termes de l'al. 115(2)*a*), la protection contre le renvoi visée au par. 115(1) ne s'applique pas à l'interdit de territoire pour grande criminalité qui, selon le MCI, constitue un danger pour le public. L'interdiction de territoire pour grande criminalité est traitée à l'art. 36 de la *LIPR*. L'alinéa 115(2)*b*) prévoit que l'interdit de territoire pour raison de sécurité, pour atteinte aux droits humains ou internationaux ou pour criminalité organisée, ne peut se prévaloir de la protection contre le renvoi si, de l'opinion du MCI, il ne devrait pas être présent au Canada en raison de la nature et de la gravité de ses actes passés ou du danger qu'il constitue pour la sécurité du Canada. Les articles 34, 35 et 37 régissent l'interdiction de territoire pour ces motifs. L'article 115 traite donc de l'interdiction de territoire telle qu'elle est définie par la *LIPR* et nécessite l'exercice d'un pouvoir discrétionnaire ministériel relativement à l'appréciation du danger posé par le maintien de l'intéressé au Canada. Cette disposition est de ce fait ancrée dans le processus d'appréciation applicable en matière d'interdiction de territoire et de renvoi sous le régime de la *LIPR*. Elle ne concerne pas l'extradition.

29   Il faut signaler aussi que l'extradition, si elle n'est pas mentionnée à l'art. 115 de la *LIPR*, l'est ailleurs dans la Loi. Ainsi, comme nous le verrons sous peu, l'art. 105 de la *LIPR* porte explicitement sur certains aspects de l'interaction entre la procédure d'extradition et les demandes d'asile, et l'al. 112(2)*a*) de la *LIPR* interdit aux personnes visées par une mesure de renvoi de demander la protection prévue au par. 112(1) si elles font l'objet d'une procédure d'extradition. On voit donc que, dans certains cas, il y a dans la *LIPR* une interaction explicite entre l'extradition et le processus de protection des réfugiés ou de renvoi, ce qui permet d'inférer que, lorsqu'il a voulu traiter de cette interaction, le législateur l'a fait expressément. Comme on l'a vu, la *LIPR* ne renferme aucune disposition traitant expressément de l'extradition de réfugiés.

30   Dernier point sur cette question, il est improbable, compte tenu des délais applicables aux décisions du ministre en matière d'extradition, que le législateur ait voulu que ces décisions soient subordonnées à des demandes du MCI visant la perte ou la révocation du statut de réfugié en application de la *LIPR*. Suivant le par. 40(1) et l'al. 40(5)*b*) de la *LE*, l'arrêté d'extradition est pris dans les 90 jours suivant l'ordonnance d'incarcération, délai qui peut être prorogé de 60 jours sur présentation d'observations par l'intéressé. Il n'est pas réaliste de penser que, dans des délais aussi courts, le ministre pourrait, préalablement à l'exercice de son pouvoir d'extradition, requérir du MCI qu'il demande à la Section de la protection des réfugiés de révoquer le statut de réfugié ou d'en constater la perte et attendre l'issue du processus.

31   En conclusion sur cette question, j'estime qu'il ressort indubitablement de l'interprétation contextuelle de l'art. 115 que le mot « renvoyée », au par. 115(1) vise le processus de renvoi sous le régime de la *LIPR* et non le renvoi pour extradition sous le régime de la *LE*. Il n'y a donc pas conflit entre les deux lois.

B)   *LES OBLIGATIONS INTERNATIONALES DU CANADA*

32   Les appelants soutiennent que, puisque l'art. 115 porte sur le principe de non-refoulement, il faut lui donner une interprétation compatible avec l'obligation que la Convention relative aux réfugiés impose au Canada. Selon cette obligation énoncée à l'art. 33, aucun des États contractants « n'expulsera ou ne refoulera [...] un réfugié », et l'on considère généralement, à présent, qu'elle s'applique au renvoi par extradition. Il s'ensuit, selon les appelants, que les dispositions de la *LIPR* en matière de « renvoi » doivent être pareillement interprétées de façon large. Seule cette interprétation serait compatible avec l'obligation de non-refoulement que la Convention relative aux réfugiés impose au Canada. Bien que je souscrive au principe fondant cet argument, je ne crois pas qu'il soit applicable en l'espèce.

33   Je conviens que la protection contre le refoulement aux termes de la Convention relative aux réfugiés s'applique à l'expulsion par extradition. Certes, cela n'est pas expressément prévu dans cette Convention et, en 1951, un certain nombre d'États ont considéré que la protection ne s'appliquait pas en cas d'extradition. Cette vision restrictive n'est cependant pas compatible avec le texte de cette Convention ni avec la protection des droits humains qui en constitue l'objet évident, et ce n'est plus la vision qui prévaut actuellement. Le libellé de la protection — « [a]ucun des États Contractants n'expulsera ou ne refoulera, <u>de quelque manière que ce soit</u>, un réfugié » — est si large qu'il ne peut qu'inclure le refoulement par extradition, et les auteurs s'accordent tous pour dire qu'il est inclus : Guy S. Goodwin-Gill et Jane McAdam, *The Refugee in International Law* (3e éd. 2007), p. 257-262; Wouters, p. 136; Sibylle Kapferer, Haut Commissariat des Nations Unies pour les réfugiés, *The Interface between Extradition and Asylum*, novembre 2003; Elihu Lauterpacht et Daniel Bethlehem,

« Avis sur la portée et le contenu du principe du non-refoulement », dans Erika Feller, Volker Türk et Frances Nicholson, dir., *La protection des réfugiés en droit international* (2008), 119, p. 144-145; Haut Commissariat des Nations Unies pour les réfugiés, *Problèmes d'extradition concernant les réfugiés*, 16 octobre 1980, n° 17 (XXXI) — 1980; Cordula Droege, « Transfers of detainees: legal framework, *non-refoulement* and contemporary challenges » (2008), 90 *R.I.C.R.* 669, p. 677.

34   Je reconnais aussi, bien sûr, que les lois doivent, autant que possible, recevoir une interprétation compatible avec les obligations du Canada issues de traités internationaux et avec les principes du droit international. Comme le juge LeBel l'a indiqué dans l'arrêt *R. c. Hape*, 2007 CSC 26, [2007] 2 R.C.S. 292, au par. 53, le législateur est présumé agir conformément aux obligations du Canada en tant que signataire de traités internationaux et membre de la communauté internationale et respecter les valeurs et les principes du droit international coutumier et conventionnel : voir aussi, p. ex., *Zingre c. La Reine*, [1981] 2 R.C.S. 392, p. 409-410; *Succession Ordon c. Grail*, [1998] 3 R.C.S. 437, par. 137; *Baker c. Canada (Ministre de la Citoyenneté et de l'Immigration)*, [1999] 2 R.C.S. 817, par. 70, et *Schreiber c. Canada (Procureur général)*, 2002 CSC 62, [2002] 3 R.C.S. 269, par. 50.

35   La présomption que la loi met en œuvre les obligations internationales du Canada est réfutable. Lorsque les dispositions législatives ne sont pas ambiguës, il faut leur donner effet : voir notamment *Schreiber*, par. 50. Comme je l'ai expliqué précédemment, l'art. 115 ne vise pas le renvoi par extradition; il faut donc donner effet au sens clair de cette disposition. De plus, je ne saurais considérer que cette interprétation de l'art. 115 fait en sorte que notre droit interne ne respecte pas les obligations du Canada en matière de non-refoulement découlant de la Convention relative aux réfugiés. Selon moi, si l'on interprète et applique correctement l'art. 44 de la *LE*, ces obligations dans le contexte de l'extradition seront pleinement respectées, comme je l'expliquerai dans la prochaine section de mes motifs.

36   En résumé, il n'est ni possible ni nécessaire de considérer que l'art. 115 s'applique par interprétation au renvoi par extradition.

c)   *SURESH*

37   On invoque l'arrêt *Suresh*, au par. 7, à l'appui de l'argument selon lequel l'art. 115 interdit l'extradition d'un réfugié. J'estime toutefois que l'arrêt *Suresh* ne saurait étayer leur position.

38   Cet arrêt concerne l'expulsion d'un réfugié pour des motifs tenant à la sécurité; il n'a rien à voir avec l'extradition. Contrairement à l'extradition, l'expulsion est une forme de renvoi prévue au RIPR. Au paragraphe 7 de *Suresh*, qui ouvre la section intitulée « Les faits et les procédures judiciaires », il est brièvement question du par. 53(1) de la *Loi sur l'immigration*, L.R.C. 1985, ch. I-2, la disposition qui correspondait à notre art. 115 de la *LIPR*. La Cour a déclaré : « Cette reconnaissance [du statut de réfugié] a un certain nombre de conséquences juridiques, la plus directement pertinente en l'espèce étant que, suivant le par. 53(1) de la *Loi sur l'immigration*, l'État ne peut généralement pas renvoyer un réfugié au sens de la Convention "dans un pays où sa vie ou sa liberté seraient menacées" » (par. 7). Bien que, dans la version anglaise de ses motifs, la Cour ait employé le mot « *return* » plutôt que le mot « *remove* » utilisé dans la Loi, je ne considère pas que cette brève description du non-refoulement qui, je le signale, débute par le mot « généralement », constitue un énoncé jurisprudentiel utile pour ce qui est du rapport entre la disposition applicable de la *LIPR* et l'extradition.

39   Je conclus donc que l'art. 115 de la *LIPR* ne vise pas le renvoi par extradition. Cette disposition n'est donc pas en conflit avec les dispositions de la *LE* habilitant le ministre à remettre un réfugié pour extradition. L'argument relatif au conflit est rejeté.

(2)   *L'argument du « silence »*

[...]

(3)   L'argument de « l'équité procédurale »

[...]

(4)   Résumé des conclusions

55   La *LIPR* ne restreint pas, selon moi, le pouvoir du ministre d'extrader une personne qui a obtenu la qualité de réfugié. J'estime que la *LE* confère ce pouvoir au ministre. Il s'agit donc de se demander si l'exercice de ce pouvoir par le ministre était raisonnable dans les circonstances.

C.   *L'exercice du pouvoir d'extrader était-il raisonnable ?*

(1)   Introduction

56   Les alinéas 44(1)*a*) et *b*) de la *LE* énoncent des motifs qui *obligent* le ministre à refuser l'extradition. En résumé, le premier intervient lorsque le ministre est convaincu que l'extradition serait injuste ou tyrannique compte tenu de toutes les circonstances, le deuxième, lorsque le ministre est convaincu que la demande d'extradition est présentée dans le but de poursuivre ou de punir l'intéressé pour des motifs fondés sur la race, la religion, la nationalité, l'origine ethnique, etc., et le troisième, lorsque le ministre est convaincu qu'il pourrait être porté atteinte à la situation de l'intéressé pour l'un de ces motifs.

57   En l'espèce, le ministre n'a pris en compte que le premier motif. Il a exigé des appelants qu'ils établissent, selon la prépondérance des probabilités, qu'ils seraient exposés à la persécution à leur retour en Hongrie, et que cette persécution choquerait la conscience de la société canadienne ou serait fondamentalement inacceptable pour elle.

58   À mon avis, le ministre s'est fondé sur des principes juridiques erronés et a agi de façon déraisonnable en arrivant à ses conclusions. Dans un contexte où il devait se prononcer sur l'extradition de réfugiés vers le pays qu'ils avaient fui, il n'a pas accordé selon moi suffisamment de poids ou de portée aux obligations de non-refoulement du Canada, lesquelles devaient entrer en ligne de compte dans l'interprétation et l'application des pouvoirs qu'il exerçait. Bien que les motifs obligatoires de refus énoncés à l'art. 44 doivent être examinés dans leur ensemble, la disposition la plus pertinente en l'espèce est le deuxième élément de l'al. 44(1)*b*), qui clôt cet alinéa. Cette disposition a été incluse dans la *LE* dans le but, notamment, de donner effet, dans le contexte de l'extradition, à l'obligation de non-refoulement du Canada découlant de la Convention relative aux réfugiés. Le Ministre a pris acte de la qualité de réfugié des appelants et a examiné les conditions existant alors en Hongrie mais, concrètement, il n'a accordé aucun poids à cette qualité et il a interprété trop étroitement les obligations de non-refoulement du Canada. J'estime qu'il a appliqué des principes juridiques erronés en examinant la question du risque de persécution suivant un critère trop exigeant et en faisant reposer sur les appelants le fardeau de preuve à cet égard, en dépit de la reconnaissance antérieure de leur qualité de réfugié. Voici pourquoi je tire ces conclusions.

(2) Les motifs de refus d'extradition

[...]

(3) Résumé des conclusions

114 Voici un résumé de mes conclusions sur l'application de l'al. 44(1)*b*) lorsque l'intéressé a qualité de réfugié au Canada et que l'État requérant est le pays à l'égard duquel cette protection lui a été accordée.

> 1. Il y a lieu de procéder à l'examen requis par l'al. 44(1)*b*) lorsque la décision du ministre en matière d'extradition vise une personne ayant qualité de réfugié au Canada et que l'État requérant est le pays à l'égard duquel cette protection a été accordée au réfugié.
>
> 2. Le refus d'extradition est obligatoire si le ministre est convaincu que les conditions ayant donné lieu à la reconnaissance de la qualité de réfugié existent toujours et s'il n'est pas démontré que l'intéressé était ou est devenu inadmissible à revendiquer cette qualité. Bref, l'extradition en contravention des obligations de non-refoulement imposées au Canada par la Convention relative aux réfugiés peut porter atteinte à la situation de l'intéressé au sens de l'al. 44(1)*b*).
>
> 3. La date pertinente pour l'examen de la question de savoir si l'intéressé continue de pouvoir se réclamer du régime de protection des réfugiés et, conséquemment, de la protection contre le refoulement, et de la question de savoir si les conditions existant dans l'État requérant ont changé, pour l'application de l'al. 44(1)*b*), est la date de la demande d'extradition.
>
> 4. En l'absence de preuve contraire établie suivant la prépondérance des probabilités, la qualité de réfugié de l'intéressé établit qu'il pourrait être porté atteinte à sa situation pour un motif interdit au sens de l'al. 44(1)*b*) si celui-ci était extradé. Le réfugié n'a pas à démontrer que les circonstances ayant donné lieu à l'octroi de l'asile existent toujours dans l'État requérant ou qu'il continue de quelque autre manière d'avoir droit à l'asile.
>
> 5. Pour déterminer si l'intéressé a cessé d'avoir droit à l'asile par suite de changement de circonstances, le ministre doit consulter le MCI au sujet des conditions existant dans l'État requérant.
>
> 6. Dans l'examen requis par l'al. 44(1)*b*), le ministre est soumis à une obligation d'équité exigeant notamment qu'il communique à l'intéressé la preuve existant contre lui, qu'il lui fournisse une possibilité raisonnable de la contester ainsi que de présenter sa propre preuve.

(4) La décision du ministre

115 Je reviens à la décision du ministre concernant les appelants. Il appert de l'analyse qui précède que la décision du ministre visant les appelants procède, à mon avis, d'un examen fondamentalement vicié. Le ministre n'a pas examiné l'al. 44(1)*b*), la disposition la plus importante de la *LE* en rapport avec l'extradition des appelants, il a imposé à ceux-ci le fardeau de prouver que le risque de persécution existait toujours et il a appliqué un critère erroné et plus exigeant que celui que prévoit l'al. 44(1)*b*). Bref, sa décision reposait sur des principes juridiques erronés, et elle était déraisonnable. Il faut cependant indiquer que les appelants n'ont pas fait valoir devant le ministre d'argument relatif au rôle que devait jouer l'al. 44(1)*b*) dans sa décision, et que cette disposition n'a été que brièvement évoquée devant notre Cour.

116	L'intimé a fait valoir succinctement que l'exception de la grande criminalité prive les appelants du droit à la protection contre le refoulement. J'estime toutefois que ce facteur a toujours été périphérique et qu'il ne constituait pas le fondement de la décision du ministre.

117	Posons d'abord les paramètres juridiques de l'exclusion de la protection contre le refoulement pour cause de grande criminalité. Les sections E et F de l'article premier de la Convention relative aux réfugiés décrivent les exclusions de la protection des réfugiés selon que les intéressés n'en ont pas besoin ou sont réputés ne pas la mériter : Martin Jones et Sasha Baglay, *Refugee Law* (2007), p. 146. Ces exclusions sont simplement incorporées par renvoi à l'art. 98 de la *LIPR*. La section E de l'article premier exclut les personnes considérées dans le pays où elles ont établi leur résidence comme ayant les droits et obligations attachés à la possession de la nationalité de ce pays. La section F de cet article premier exclut les personnes dont on a des raisons sérieuses de penser a) qu'elles ont commis un crime contre la paix, un crime de guerre ou un crime contre l'humanité, b) qu'elles ont commis un crime grave de droit commun en dehors du pays d'accueil avant d'y être admises comme réfugiés ou c) qu'elles se sont rendues coupables d'agissements contraires aux buts et principes des Nations Unies.

118	En l'espèce, le ministre a mentionné dans sa décision d'extradition l'exclusion b), que j'appellerai l'exclusion pour « crime grave ». Dans sa lettre du 30 janvier 2008 faisant suite aux observations soumises par M. Németh pour faire valoir qu'il ne devait pas être extradé, le ministre a fait état de l'exception au principe de non-refoulement visant les crimes graves de droit commun en indiquant qu'en matière d'immigration, ces crimes étaient définis comme des infractions punissables d'une peine d'emprisonnement d'au moins 10 ans. Il a ajouté : « Même s'il n'est pas clair si le droit des réfugiés est applicable dans le contexte de l'extradition, je note que l'infraction de fraude est punissable sous le régime du droit canadien par une peine d'emprisonnement maximale de plus de dix ans » (d.a., vol. 1, p. 8).

119	Il ressort clairement de ces commentaires que la décision du ministre n'a pas tranché la question de savoir si l'exception pour crime grave s'appliquait aux appelants. Elle a laissé ouvertes trois questions cruciales : comment l'exception pour crime grave se rattache à la procédure d'extradition, ce qui constitue un « crime grave de droit commun » en contexte d'extradition et si les appelants étaient accusés d'un tel crime.

120	Premièrement, le ministre s'est reporté à la définition de crime grave dans « le contexte de l'immigration ». Il s'agit là, à mon sens, d'une référence à l'art. 105 de la *LIPR*. Comme je l'ai déjà indiqué, selon cette disposition, si un arrêté d'extradition est pris contre une personne en raison d'une infraction punissable d'une peine de 10 ans d'emprisonnement, cet arrêté est assimilé au rejet de la demande d'asile en application de l'exception pour crime grave de la section Fb) de l'article premier de la Convention relative aux réfugiés. Il semble donc que, dans la *LIPR*, le législateur ait tranché deux questions concernant la mise en œuvre de cette Convention au Canada. Il a établi, premièrement, qu'une infraction punissable d'une peine d'emprisonnement d'au moins 10 ans constitue un « crime grave de droit commun » au sens de la section Fb) de l'article premier. (Je signale que cette approche est également compatible avec les règles régissant l'interdiction de territoire pour grande criminalité édictées à l'art. 36 de la *LIPR*.) Deuxièmement, le législateur a établi que le critère applicable à l'incarcération pour extradition est suffisant pour satisfaire au critère des « raisons sérieuses de penser » énoncé à la section F de l'article premier de la Convention. Dans sa décision toutefois, le ministre a simplement mentionné, qu'« il n'est pas clair » que cette définition de crime grave de la *LIPR* s'applique dans le contexte de l'extradition. Je ne considère pas cela comme une indication qu'elle est applicable.

121 De plus, le ministre a déclaré que l'infraction de fraude était punissable d'une peine d'emprisonnement d'au moins 10 ans, mais il n'a pas conclu que les appelants étaient accusés d'une infraction punissable d'une telle peine. En droit canadien, la peine pouvant être imposée pour fraude dépend du montant en jeu dans l'infraction; si le montant excède 5 000 $, la peine maximale est de 14 ans, sinon elle est de 2 ans : *Code criminel*, al. 380(1)*a*) et *b*). Par conséquent, même en tenant pour acquis que la façon dont la *LIPR* envisage l'application de la définition de crime grave de droit commun sous le régime de la Convention relative aux réfugiés, c'est le montant en jeu dans l'infraction qui détermine si le crime reproché aux appelants en Hongrie constitue un tel crime.

122 Dans sa lettre du 30 janvier, le ministre mentionne que les appelants auraient vendu le droit de location d'un appartement à Budapest pour environ 2 700 $, alors qu'ils n'en avaient pas le droit (d.a., vol. 1, p. 5). Ni le résumé de la preuve ni le résumé supplémentaire fournis au ministre n'indiquent que la fraude alléguée mettait en jeu une somme supérieure à 5 000 $, et ni le dossier ni la lettre en date du 30 janvier du ministre ne renferment de réponse à l'observation que les appelants ont soumise au ministre, selon laquelle le montant de la fraude était inférieur à 5 000 $. Il est vrai que des éléments de preuve au dossier indiquent que la somme touchée par les appelants prenait la forme d'un dépôt relatif à une opération se chiffrant à presque 10 000 $, comme il appert d'une note de bas de page dans le mémoire de l'intimé et comme il en a été succinctement fait mention en plaidoirie. Toutefois, aucun élément de preuve n'établit que le montant réel de la fraude censé avoir été versé aux appelants excédait le chiffre approximatif de 2 700 $ (ou de 2 500 $ mentionné à quelques endroits dans le dossier).

123 Il se peut que le montant en jeu en l'espèce pose une question juridique intéressante, mais j'estime que le ministre n'a pas fondé sa décision sur l'exception pour crime grave. Je le répète, le ministre n'a tranché aucune des questions qui auraient dû l'être pour que cette exception justifie sa décision. Compte tenu des circonstances de la présente affaire, je ne pense pas non plus qu'on puisse retenir l'argument du ministre que l'exception s'applique. Comme la Cour l'a indiqué dans *Lake*, au par. 25, « le ministre [. . .] doit répondre à chacune des observations formulées contre l'extradition et expliquer son désaccord avec celles-ci ». Il ne l'a pas fait concernant cette question. Les appelants avaient fait valoir qu'ils n'étaient pas visés par l'exception pour crime grave parce que le montant en jeu ne dépassait pas 5 000 $. La décision du ministre n'indique pas qu'il est en désaccord avec cette observation, pas plus qu'elle n'explique pourquoi il l'estimait erronée. Le ministre pourra, lorsqu'il réexaminera la présente affaire, déterminer si les appelants sont exclus du régime de protection des réfugiés et, conséquemment, de la protection contre le refoulement, par application de l'exception pour crime grave de droit commun mais, pour l'heure, il est trop tard pour débouter les appelants sur ce fondement.

Conclusion

124 Je suis d'avis d'accueillir le pourvoi, d'annuler l'arrêt de la Cour d'appel ainsi que les décisions du ministre en matière d'extradition et de renvoyer l'affaire au ministre pour réexamen conformément au droit. Les appelants n'ayant pas demandé l'adjudication de dépens, aucune ordonnance n'est rendue à cet égard.

Pourvoi accueilli.

Chapitre 6

CONCLUSION : ARRÊT DE SYNTHÈSE

Décision de la Cour suprême du Canada dans le *Renvoi relatif à la* Loi sur la Cour suprême, *art. 5 et 6*, 2014 CSC 21 (21 mars 2014).

Version française de l'avis rendu par

LA JUGE EN CHEF ET LES JUGES LEBEL, ABELLA, CROMWELL, KARATSANIS ET WAGNER —

Introduction

1   La *Loi sur la Cour suprême* prévoit que trois des neuf juges de la Cour suprême du Canada sont choisis « parmi les juges de la Cour d'appel ou de la Cour supérieure de la province de Québec ou parmi les avocats de celle-ci » : L.R.C. 1985, ch. S-26, art. 6. Le renvoi porte sur deux aspects des conditions de nomination à ces trois postes de juge réservés pour le Québec.

2   Dans la première question, on nous demande si une personne qui a autrefois été inscrite pendant au moins 10 ans au Barreau du Québec répond aux conditions de nomination pour être choisie « parmi les avocats de » cette province au sens de l'art. 6. La deuxième question se posera si la première reçoit une réponse négative. Nous devrons alors déterminer si le Parlement peut légiférer pour permettre la nomination d'une telle personne à l'un des trois postes de juge de la Cour réservés pour le Québec. La réponse à ces questions — qui soulèvent à première vue des questions d'interprétation législative — implique des problèmes plus fondamentaux sur la composition de la Cour et la place qu'elle occupe dans les ordres juridique et constitutionnel du Canada.

3   Ces questions se présentent dans le contexte de la nomination, en vertu de l'art. 6, de l'honorable Marc Nadon, juge surnuméraire de la Cour d'appel fédérale. Le juge Nadon a déjà été inscrit au Barreau du Québec pendant plus de 10 ans, mais ne l'était plus au moment de sa nomination. Comme il n'était un juge ni de la Cour d'appel ni de la Cour supérieure de la province de Québec, il ne pouvait pas être nommé à ce titre. Il s'agit donc de déterminer plus précisément s'il était admissible à une nomination à titre de personne qui a été autrefois membre du Barreau du Québec.

4   À notre avis, il faut répondre à cette question par la négative : une personne actuellement juge à la Cour d'appel fédérale n'est pas admissible à être nommée en vertu de l'art. 6 « parmi les avocats de » la province de Québec. Ces termes exigent que la personne nommée soit un avocat inscrit au Barreau du Québec pendant au moins 10 ans au moment de sa nomination.

5   Quant à la question du pouvoir du Parlement de légiférer pour imposer une interprétation de l'art. 6 et permettre ainsi la nomination d'un ancien membre du Barreau du Québec à l'un des postes de juge de la Cour réservés pour le Québec, nous sommes d'avis qu'il faut aussi y répondre par la négative. Les conditions de nomination fixées à l'art. 6 portent sur la composition de la Cour et bénéficient à ce titre d'une protection constitutionnelle. Selon l'al. 41*d*) de la *Loi constitutionnelle de 1982*, toute modification portant sur la composition de la Cour suprême du Canada doit se faire par proclamation du gouverneur général sous le grand sceau du Canada, autorisée par des résolutions du Sénat, de la Chambre des communes et de l'assemblée législative de chaque province.

6   Ces conclusions signifient, concrètement, que la nomination du juge Nadon et son assermentation comme juge de la Cour sont nulles *ab initio*. Le juge Nadon demeure juge surnuméraire de la Cour d'appel fédérale.

Les questions soumises par renvoi

7   Le 22 octobre 2013, le gouverneur général en conseil a pris le décret C.P. 2013-1105 en vertu de l'art. 53 de la *Loi sur la Cour suprême* afin de soumettre les questions suivantes au jugement de la Cour :

> (1) Une personne qui a autrefois été inscrite comme avocat pendant au moins dix ans au Barreau du Québec peut-elle être nommée à la Cour suprême du Canada à titre de juge de la Cour suprême pour le Québec conformément aux articles 5 et 6 de la *Loi sur la Cour suprême* ?

> (2) Le Parlement peut-il légiférer pour exiger, à titre de condition de sa nomination au poste de juge de la Cour suprême du Canada, qu'une personne soit ou ait été inscrite comme avocat au barreau d'une province pendant au moins dix ans ou adopter des dispositions déclaratoires telles que celles prévues aux articles 471 et 472 du projet de loi intitulé *Loi n° 2 sur le plan d'action économique de 2013* ?

8   Ces questions portent sur l'interprétation juste des art. 5 et 6 de la *Loi sur la Cour suprême* et sur le pouvoir du Parlement de les modifier. Notre avis, donné en vertu du par. 53(4) de la Loi, se limite aux questions de droit et de compétence qu'il faut nécessairement trancher pour y répondre. On ne nous demande pas notre avis et nous ne nous prononçons pas sur les avantages ou les inconvénients des conditions de nomination codifiées aux art. 5 et 6 de la Loi ni sur les modifications qui pourraient y être apportées.

Contexte

9   Le 30 septembre 2013, le premier ministre du Canada a annoncé la nomination à la Cour suprême du Canada du juge Marc Nadon, juge surnuméraire de la Cour d'appel fédérale. Le 3 octobre 2013, le juge Nadon a été nommé juge à la Cour suprême du Canada par le décret C.P. 2013-1050, afin de remplacer le juge Morris Fish à titre de l'un des trois juges provenant du Québec nommés conformément à l'art. 6 de la *Loi sur la Cour suprême*. Le juge Nadon a prêté serment comme juge de la Cour le 7 octobre 2013, en avant-midi.

10   Le même jour, cette nomination a été contestée par une requête présentée devant la Cour fédérale du Canada : dossier de la Cour fédérale n° T-1657-13. Le juge Nadon a alors décidé de ne pas participer aux dossiers examinés par la Cour.

11   Le 22 octobre 2013, le gouverneur général en conseil a soumis les deux questions énoncées précédemment au jugement de la Cour en vertu de l'art. 53 de la *Loi sur la Cour*

suprême. Le même jour, le projet de loi C-4, intitulé *Loi n° 2 sur le plan d'action économique de 2013*, a été déposé à la Chambre des communes. Les articles 471 et 472 du projet de loi C-4 modifiaient la *Loi sur la Cour suprême* par l'adjonction des art. 5.1 et 6.1. Ces dispositions ont par la suite été adoptées et ont reçu la sanction royale le 12 décembre 2013 : L.C. 2013, ch. 40. Le nouvel art. 6.1 précise qu'un ancien membre du Barreau du Québec peut être nommé à la Cour en vertu de l'art. 6.

12   Les articles 5, 5.1, 6 et 6.1 de la Loi sont actuellement libellés comme suit :

> **5.** Les juges sont choisis parmi les juges, actuels ou anciens, d'une cour supérieure provinciale et parmi les avocats inscrits pendant au moins dix ans au barreau d'une province.

> **5.1** Pour l'application de l'article 5, il demeure entendu que les juges peuvent être choisis parmi les personnes qui ont autrefois été inscrites comme avocat pendant au moins dix ans au barreau d'une province.

> **6.** Au moins trois des juges sont choisis parmi les juges de la Cour d'appel ou de la Cour supérieure de la province de Québec ou parmi les avocats de celle-ci.

> **6.1** Pour l'application de l'article 6, il demeure entendu que les juges peuvent être choisis parmi les personnes qui ont autrefois été inscrites comme avocat pendant au moins dix ans au barreau de la province de Québec.

QUESTION 1

A. *La question*

> (1) Une personne qui a autrefois été inscrite comme avocat pendant au moins dix ans au Barreau du Québec peut-elle être nommée à la Cour suprême du Canada à titre de juge de la Cour suprême pour le Québec conformément aux articles 5 et 6 de la *Loi sur la Cour suprême* ?

13   L'article 5 de la *Loi sur la Cour suprême* fixe les conditions générales de nomination à la Cour suprême du Canada en créant quatre groupes de personnes admissibles à une nomination : (1) les juges actuels d'une cour supérieure, et notamment d'une cour d'appel, d'une province; (2) les anciens juges d'une telle cour; (3) les avocats actuels inscrits pendant au moins 10 ans au barreau d'une province; (4) les anciens avocats inscrits au barreau d'une province pendant au moins 10 ans.

14   L'article 6 de la Loi fixe les conditions particulières auxquelles une personne doit répondre pour être nommée juge de la Cour suprême pour la province de Québec. Il définit expressément deux catégories de personnes admissibles à une nomination : (1) les juges de la Cour d'appel ou de la Cour supérieure de la province de Québec, et (2) les membres du Barreau du Québec.

15   Dans le présent renvoi, on nous demande de décider si la deuxième catégorie définie à l'art. 6 englobe *à la fois* les avocats actuellement inscrits au Barreau du Québec *et* ceux qui y ont autrefois été inscrits, ou si l'admissibilité à une nomination se limite aux membres actuels du barreau. Le juge Nadon n'appartient pas à la première catégorie — il n'était juge ni de la Cour d'appel ni de la Cour supérieure du Québec — et n'était pas membre du Barreau du Québec au moment de sa nomination. Il a toutefois été autrefois un avocat inscrit au Barreau du Québec pendant plus de 10 ans. Son admissibilité à une nomination dépend donc des limites de la deuxième catégorie — c'est-à-dire si une personne peut être nommée à la Cour suprême en vertu de l'art. 6 en sa qualité d'ancien membre du Barreau du Québec.

16   Le procureur général du Canada soutient que l'art. 5 fixe les critères d'admissibilité généraux et permet de nommer les avocats, actuels et anciens, à la Cour suprême. Selon lui, l'art. 6 ne restreint pas ces critères ni ne les modifie autrement sur le fond : il a plutôt pour objectif de garantir que les juges nommés pour le Québec remplissent les conditions de nomination générales dans la province de Québec.

17   À notre avis, l'art. 6 réduit à deux groupes le bassin des personnes admissibles, qui comprend quatre groupes en vertu de l'art. 5. En précisant que trois juges doivent être choisis parmi les membres d'institutions expressément énumérées, l'art. 6 exige que les personnes nommées aux trois postes de juge réservés pour le Québec soient choisies parmi les membres actuels de ces institutions, en plus de répondre aux conditions générales fixées à l'art. 5.

18   Notre conclusion s'appuie sur quatre motifs principaux. Premièrement, le sens ordinaire de l'art. 6 est demeuré constant depuis la version originale de cette disposition édictée en 1875 et il a toujours exclu les anciens avocats. Deuxièmement, cette interprétation reflète des différences importantes dans la formulation des art. 5 et 6. Troisièmement, cette interprétation de l'art. 6 favorise son double objet qui consiste à garantir que la Cour possède une expertise en droit civil et que les traditions juridiques et les valeurs sociales du Québec y soient représentées *et* à préserver la confiance du Québec envers la Cour. Enfin, cette interprétation respecte l'économie générale de la *Loi sur la Cour suprême* au sujet de la nomination de juges suppléants.

B.   *Principes généraux d'interprétation*

19   La *Loi sur la Cour suprême* a été édictée en 1875 à titre de loi ordinaire relevant du pouvoir de légiférer conféré par l'art. 101 de la *Loi constitutionnelle de 1867* (S.C. 1875, ch. 11). Toutefois, comme nous l'expliquons plus loin, la Constitution limite maintenant le pouvoir du Parlement de modifier la Loi. En effet, les art. 5 et 6 de la *Loi sur la Cour suprême* contiennent une caractéristique essentielle de la Cour suprême du Canada — sa composition — que protège la partie V de la *Loi constitutionnelle de 1982*. À ce titre, ils doivent être interprétés généreusement en fonction de leur objet et examinés dans leurs contextes linguistique, philosophique et historique : *Hunter c. Southam Inc.*, [1984] 2 R.C.S. 145, p. 155-156; *Edwards c. Attorney-General for Canada*, [1930] A.C. 124, p. 136; *R. c. Big M Drug Mart Ltd.*, [1985] 1 R.C.S. 295, p. 344.

C.   *Historique législatif des articles 5 et 6*

20   Les conditions de nomination des juges pour le Québec résultent de l'entente historique qui a permis la création de la Cour en 1875. Les articles 5 et 6 de la Loi actuelle tirent leur origine de la disposition initiale fixant les conditions de nomination à l'art. 4 de la Loi de 1875. Il est donc utile d'examiner l'historique législatif des dispositions fixant ces conditions. Nous verrons que seule la modification de 1886 a apporté un changement de fond aux conditions générales de nomination à la Cour aujourd'hui énoncées à l'art. 5. Par ailleurs, aucune modification de fond n'a été apportée aux critères de nomination des juges pour le Québec depuis l'entrée en vigueur de la Loi en 1875.

21   La Loi de 1875 établissait dans une seule disposition le processus de nomination, le nombre de juges (un juge en chef et cinq juges puînés), les conditions de nomination générales et l'exigence que deux juges proviennent de la magistrature ou du barreau de la province de Québec : art. 4. Le volet de l'art. 4 à l'origine des art. 4, 5 et 6 de la Loi actuelle était ainsi libellé :

4. [Qualités exigées du juge en chef et des juges.] Sa Majesté pourra nommer, par lettres patentes sous le grand sceau du Canada, — comme juge en chef de cette cour, —

une personne étant ou ayant été juge de l'une des cours supérieures dans quelqu'une des provinces formant la Puissance du Canada, ou un avocat ayant pratiqué pendant au moins dix ans au barreau de quelqu'une de ces provinces et, — comme juges puînés de cette cour, — cinq personnes <u>étant ou ayant été respectivement juges</u> de l'une de ces cours supérieures, <u>ou étant avocats</u> de pas moins de dix ans de pratique au barreau de quelqu'une de ces provinces, <u>dont deux au moins seront pris parmi les juges de la Cour Supérieure ou de la Cour du Banc de la Reine, ou parmi les procureurs ou avocats de la province de Québec</u>;

* * *

4. [Qualification of Chief Justice and Judges, respectively.] Her Majesty may appoint, by letters patent, under the Great Seal of Canada, one person, who is, or has been, a Judge of one of the Superior Courts in any of the Provinces forming part of the Dominion of Canada, or who is a Barrister or Advocate of at least ten years' standing at the Bar of any of the said Provinces, to be Chief Justice of the said Court, and five persons <u>who are, or have been, respectively, Judges</u> of one of the said Superior Courts, <u>or who are Barristers or Advocates</u> of at least ten years' standing at the Bar of one of the said Provinces, to be Puisne Judges of the said Court, <u>two of whom at least shall be taken from among the judges of the Superior Court or Court of Queen's Bench or the Barristers or Advocates of the Province of Quebec</u>;

Selon cette disposition, seules les personnes étant avocats au moment de leur nomination pouvaient être nommées à la Cour, tant pour le Québec que pour le reste du pays.

22 Le seul changement de fond aux conditions de nomination a été apporté en 1886 lors de la révision des lois (S.R.C. 1886, ch. 135). L'article 4 a alors été divisé en plusieurs paragraphes, dont les par. 4(2) et 4(3) qui énonçaient les conditions de nomination générales et, plus particulièrement, les conditions de nomination des juges pour le Québec. En particulier, la formulation du par. 4(2) (maintenant l'art. 5) a été élargie pour inclure quiconque « sera ou aura été » ("*is or has been*") un avocat. Voici les par. 4(2) et 4(3) :

2. [Qui pourra être nommé juge.] Pourra être nommé juge de la cour quiconque <u>sera ou aura</u> été juge d'une cour supérieure dans quelqu'une des provinces du Canada, ou un avocat ayant pratiqué pendant au moins dix ans au barreau de quelqu'une de ces provinces :

3. [Juges tirés du barreau de Québec.] Au moins deux des juges de la cour <u>seront pris parmi</u> les juges de la cour du Banc de la Reine ou de la cour Supérieure, <u>ou parmi</u> les avocats de la province de Québec :

2. [Who may be appointed judge.] Any person may be appointed a judge of the court <u>who is or has been</u> a judge of a superior court of any of the Provinces of Canada, or a barrister or advocate of at least ten years' standing at the bar of any of the said Provinces:

3. [Judges from bar of Quebec.] Two at least of the judges of the court <u>shall be appointed from among</u> the judges of the Court of Queen's Bench, or of the Superior Court, or the barristers or advocates of the Province of Quebec:

23 Nous avons souligné, dans chacune des deux langues officielles, les termes clés des dispositions révisées de 1886 que nous allons maintenant examiner. La Loi de 1886 prévoyait la nomination des avocats, actuels et anciens, à la Cour en général, mais elle n'a pas modifié le langage plus restrictif employé à propos de la nomination des juges pour le Québec. De plus, dans la refonte de 1886, il était précisé que, dans le cas où l'effet des statuts révisés serait

différent de celui des lois abrogées, les « dispositions [des statuts révisés] prévaudront » : *Acte concernant les statuts révisés du Canada*, S.R.C. 1886, ch. 4, art. 8.

24   En 1906, les par. 4(2) et 4(3) sont devenus les art. 5 et 6, mais sans qu'aucun change-ment de fond ne soit apporté : S.R.C. 1906, ch. 139.

25   En 1927, on a ajouté un juge à la composition de la Cour pour porter le nombre de juges à sept au total, mais on a maintenu à deux le nombre de juges pour le Québec : S.C. 1926-27, ch. 38, art. 1; S.R.C. 1927, ch. 35, art. 4 et 6. Le nombre de juges de la Cour a été augmenté à nouveau en 1949, pour être porté à neuf. On a préservé la proportion de juges pour le Québec, en faisant passer leur nombre à trois : *Loi modifiant la Loi de la Cour suprême*, S.C. 1949 (2ᵉ Sess.), ch. 37, art. 1.

26   Le libellé actuel des art. 5 et 6 remonte à la révision des textes législatifs de 1985. Le libellé de la version française des art. 5 et 6 a alors subi un changement qui a créé une ambi-guïté dont nous traiterons plus loin, tandis que la version anglaise est demeurée identique. À ce moment, le Parlement n'avait pas l'intention d'apporter de changements de fond à la Loi : la *Loi sur la révision et la codification des textes législatifs*, L.R.C. 1985, ch. S-20, art. 6. Voici le texte de la Loi de 1985 :

> **5.** [Conditions de nomination] Les juges <u>sont choisis parmi les juges, actuels ou anciens,</u> d'une cour supérieure provinciale <u>et parmi les avocats</u> inscrits pendant au moins dix ans au barreau d'une province.
>
> **6.** [<u>Représentation</u> du Québec] Au moins trois des juges <u>sont choisis parmi</u> les juges de la Cour d'appel ou de la Cour supérieure de la province de Québec ou parmi les avocats de celle-ci.

* * *

> **5.** [Who may be appointed judges] Any person may be appointed a judge <u>who is or has been</u> a judge of a superior court of a province or a barrister or advocate of at least ten years standing at the bar of a province.
>
> **6.** [Three judges from Quebec] At least three of the judges <u>shall be appointed from among</u> the judges of the Court of Appeal or of the Superior Court of the Province of Quebec or from among the advocates of that Province.

27   En résumé, hormis l'augmentation du nombre de juges pour le Québec, qui est passé de deux à trois dans l'art. 6, aucun changement de fond n'a été apporté aux art. 5 et 6 entre la révision de 1886, qui prévalait expressément sur la version antérieure, et la version de la Loi actuellement en vigueur.

D.   *L'article 5*

28   Rappelons que l'art. 5 de la Loi fixe les conditions de nomination générales à la Cour. Cet article crée quatre groupes de personnes qui peuvent être nommées : (1) les juges actuels d'une cour supérieure, et notamment d'une cour d'appel, d'une province; (2) les anciens juges d'une telle cour; (3) les avocats actuels inscrits pendant au moins 10 ans au barreau d'une province; (4) les anciens avocats inscrits au barreau d'une province pendant au moins 10 ans. En conséquence, cette disposition permet généralement la nomination à la Cour des avocats, actuels *ou* anciens, inscrits pendant au moins 10 ans au barreau d'une province.

29   La version anglaise de l'art. 5 ne soulève aucune ambiguïté. Les termes « *is or has been* » s'appliquent manifestement *à la fois* aux juges d'une cour supérieure provinciale *et*

aux avocats inscrits pendant au moins 10 ans au barreau d'une province. L'historique législatif de cette disposition le confirme. La Loi de 1875 limitait les nominations aux personnes « étant ou ayant été respectivement juges de l'une de ces cours supérieures, ou étant avocats » : art. 4. La Loi de 1875 excluait les anciens avocats. Elle permettait la nomination des juges, actuels et anciens, ainsi que des avocats actuels, à l'exclusion des anciens avocats. Toutefois, dans la formulation adoptée lors de la révision de 1886, les termes « quiconque sera ou aura été » s'appliquent tant aux juges qu'aux avocats, de sorte que les anciens avocats forment une quatrième catégorie de personnes admissibles. Comme nous l'avons déjà précisé, les modifications législatives apportées lors de la révision de 1886 étaient conçues pour avoir un effet substantiel sur les textes.

30   Si la version française de l'art. 5 soulève maintenant des ambiguïtés, celles-ci ont été créées par la révision de 1985. Auparavant, le texte français, (« est ou a été ») suivait le texte anglais de près (« is or has been »). De 1886 à 1985, les deux versions incluaient nettement les avocats, actuels ou anciens. La version anglaise les comprend toujours. Toutefois, la version française exige maintenant que les juges soient choisis « parmi les juges, actuels ou anciens » ou « parmi les avocats inscrits pendant au moins dix ans ». Certains pourraient prétendre que la formulation actuelle exclut les avocats qui ne sont pas inscrits au barreau au moment de leur nomination, puisque les termes « actuels ou anciens » ne s'appliquent pas aux avocats. Nous rejetons cet argument.

31   La modification apportée à la version française de l'art. 5 en 1985 n'en a pas changé la portée. Cette modification faisait partie de la révision des textes législatifs qui n'était pas censée en modifier le fond : art. 6 de la *Loi sur la révision et la codification des textes législatifs*; *Sarvanis c. Canada*, 2002 CSC 28, [2002] 1 R.C.S. 921, par. 13. Bref, les versions française et anglaise ont la même portée, comme c'était le cas avant la révision de 1985.

32   Nous concluons de la même manière si nous appliquons la règle selon laquelle l'interprétation d'une loi bilingue exige la recherche du sens commun aux deux versions. En cas d'ambiguïté d'une version, il faut examiner la version rédigée dans l'autre langue officielle pour déterminer si elle est claire et non équivoque : Ruth Sullivan, *Sullivan on the Construction of Statutes*, (5e éd. 2008), p. 99-116; Pierre-André Côté, en collaboration avec Stéphane Beaulac et Mathieu Devinat, *Interprétation des lois* (4e éd. 2009), p. 375-377; *R. c. Daoust*, 2004 CSC 6, [2004] 1 R.C.S. 217, par. 28. La version anglaise de la loi permet sans équivoque la nomination d'anciens avocats, alors que la version française peut raisonnablement recevoir deux interprétations : une qui exclut les anciens avocats comme personnes admissibles à une nomination et une qui les inclut. Le sens commun aux deux versions se trouve uniquement dans la version anglaise non équivoque, dont nous devons dès lors retenir le sens.

33   Enfin, l'inclusion des anciens avocats inscrits pendant au moins 10 ans au barreau est compatible avec l'objet de l'art. 5, qui consiste à garantir que les personnes nommées à la Cour possèdent une expérience suffisante de la pratique du droit.

34   En conséquence, les juges de la Cour fédérale et de la Cour d'appel fédérale satisfont généralement aux conditions de nomination fixées à l'art. 5, puisqu'ils ont été autrefois des avocats inscrits au barreau pendant au moins 10 ans.

E.   *L'article 6*

35   L'article 6 précise qu'au moins trois des neuf juges nommés à la Cour « sont choisis parmi les juges de la Cour d'appel ou de la Cour supérieure de la province de Québec ou

parmi les avocats de celle-ci » (« *shall be appointed from among the judges of the Court of Appeal or of the Superior Court of the Province of Quebec or from among the advocates of that Province* »).

36   Le procureur général du Canada plaide que les art. 5 et 6 doivent être lus en corrélation comme des dispositions complémentaires, de sorte que l'inscription pendant au moins 10 ans au barreau s'applique aux nominations des juges pour le Québec. De l'avis du procureur général, comme l'art. 6 ne précise pas le nombre d'années pendant lesquelles la personne nommée doit avoir été inscrite au barreau, interpréter l'art. 6 isolément de l'art. 5 mènerait à la conclusion absurde qu'un avocat de peu d'expérience pourrait être nommé à la Cour.

37   Nous sommes d'accord pour affirmer que les art. 5 et 6 doivent être interprétés en corrélation. Nous sommes aussi d'avis que le minimum de 10 années d'inscription au barreau s'applique à la nomination des juges pour le Québec. Nous rejetons toutefois la conclusion ultime du procureur général du Canada selon laquelle l'interprétation de ces dispositions de manière complémentaire permet que d'*anciens* avocats inscrits au barreau pendant au moins 10 ans soient nommés aux postes de juge réservés pour le Québec. L'article 6 n'écarte pas les conditions de nomination générales fixées à l'art. 5, qui s'appliquent à toutes les nominations à la Cour suprême. Il y ajoute plutôt des conditions de nomination additionnelles applicables aux trois juges nommés pour le Québec. L'une d'elles exige que les personnes nommées soient inscrites au Barreau du Québec au moment de leur nomination.

38   Cette conclusion s'appuie sur le sens ordinaire et l'objectif de l'art. 6, ainsi que sur le contexte législatif.

(1)   Le sens ordinaire de l'article 6

39   L'article 5 est libellé en termes généraux (« [l]es juges sont choisis parmi »), tandis que l'art. 6 est libellé en termes restrictifs (« [a]u moins trois des juges sont choisis parmi »). Ainsi, l'art. 6 limite le bassin de candidats. Il n'est pas contesté que les limites fixées à l'art. 6 sont d'ordre géographique, car il exige que les personnes nommées appartiennent à l'une des institutions du Québec qui y sont énumérées. Il s'agit de savoir si l'art. 6 exige aussi qu'elles appartiennent à l'une des institutions du Québec qu'il énumère au moment de leur nomination.

40   Le procureur général du Canada plaide que le sens ordinaire de l'art. 6 n'exige pas qu'une personne soit inscrite au Barreau du Québec au moment de sa nomination. Selon lui, le terme « parmi » (« *from among* » en anglais) ne comporte pas de sens temporel et, en conséquence, les termes « actuels ou anciens » (« *is or has been* » en anglais) qui ont un sens temporel dans l'art. 5 s'appliquent à l'art. 6.

41   Nous ne sommes pas de cet avis. Les termes utilisés aux art. 5 et 6 sont très différents. L'article 5 renvoie à la fois aux membres actuels et aux anciens membres des institutions énumérées par l'utilisation des mots « actuels ou anciens » dans la version française et des mots « *is or has been* » dans la version anglaise. En revanche, l'art. 6 renvoie uniquement aux personnes qui sont membres du barreau au moment de leur nomination (« sont choisis parmi » et « *shall be appointed from among* »). Le sens ordinaire des termes utilisés indique clairement la signification de cette différence. Les mots « parmi les juges » et « *from among the judges* » ne signifient pas « parmi les anciens juges » et « *from among the former judges* ». De même, les mots « parmi les avocats » et « *from among the advocates* » ne signifient pas « parmi les anciens avocats » ou « *from among the former advocates* ».

42   Un principe d'interprétation reconnaît que la mention d'un ou de plusieurs éléments d'une catégorie donnée exclut implicitement tous les autres éléments de cette catégorie : Sullivan, p. 243-44. En énumérant expressément les institutions du Québec parmi les membres desquelles les juges doivent être nommés, l'art. 6 exclut toutes les autres institutions. De même, en précisant que trois juges sont nommés « parmi » les juges et les avocats (c'est-à-dire les membres) des institutions énumérées, l'art. 6 exclut implicitement les anciens membres de ces institutions et impose une condition de contemporanéité de l'appartenance à celles-ci.

43   Le fait que les art. 5 et 6 formaient à l'origine une seule disposition —l'art. 4 de la Loi de 1875 — n'ébranle pas notre interprétation, parce que les mêmes conclusions pourraient être tirées du texte de la disposition initiale. À l'époque, comme maintenant, les conditions de nomination générales étaient libellées en termes généraux, tandis que les précisions au sujet des juges pour le Québec étaient exprimées en termes restrictifs : « [. . .] dont deux au moins seront pris parmi les juges de la Cour supérieure ou de la Cour du Banc de la Reine, ou parmi les procureurs ou avocats de la province de Québec [. . .] ».

44   En fait, l'art. 4 de la Loi de 1875 renforce notre conclusion selon laquelle les anciens avocats ne peuvent pas être nommés aux postes de juge pour le Québec. Entre 1875 et la révision de 1886, étaient admissibles les personnes « étant ou ayant été respectivement juges [. . .] ou étant avocats ». Les conditions de nomination des juges pour le Québec ont été édictées à l'origine parallèlement à ces termes généraux, qui excluaient manifestement les anciens avocats. Lorsque les conditions de nomination générales ont été assouplies en 1886 pour permettre la nomination d'anciens avocats, les conditions de nomination aux postes de juge pour le Québec n'ont pas été modifiées sur le fond. Hormis l'augmentation du nombre de juges qui est passé de deux à trois, les conditions de nomination aux postes de juge pour le Québec sont demeurées inchangées sur le fond depuis 1875. En l'absence d'intention expresse de modifier les conditions de nomination des juges pour le Québec depuis qu'elles ont été édictées en 1875, nous concluons que l'art. 6 a conservé le même sens qu'à l'origine et qu'il exclut la nomination d'anciens avocats aux postes de juge réservés pour le Québec. La condition de contemporanéité existe sans équivoque depuis 1875 et n'a jamais été modifiée.

45   En résumé, selon le sens ordinaire des termes utilisés, l'art. 5 crée quatre groupes de personnes admissibles à une nomination : les juges, actuels et anciens, d'une cour supérieure et les avocats, actuels et anciens, inscrits au barreau d'une province pendant au moins 10 ans. Toutefois, l'art. 6 impose une condition additionnelle en exigeant que les personnes nommées aux trois postes de juge réservés pour le Québec soient membres des institutions énumérées de la province de Québec au moment de leur nomination, en plus de satisfaire aux conditions générales fixées à l'art. 5. Ainsi, l'article 6 restreint à seulement deux groupes le bassin de candidats à une nomination pour le Québec : les juges actuels de la Cour d'appel ou de la Cour supérieure de la province de Québec et les avocats actuels inscrits pendant au moins 10 ans au Barreau du Québec.

(2)   L'objet de l'art. 6

46   Cette analyse textuelle respecte l'objectif sous-jacent de l'art. 6. Le procureur général du Canada plaide que l'art. 6 vise seulement à garantir que trois membres de notre Cour possèdent une formation et de l'expérience en droit civil québécois. Il soutient que la nomination d'avocats du Québec, actuels ou anciens, qui posséderaient de toute façon une formation et de l'expérience en droit civil, permet de réaliser cet objectif.

47   Bien que les arguments du procureur général du Canada fassent ressortir un objectif important de l'art. 6, un examen de l'historique législatif révèle que cette disposition possède un objectif additionnel de caractère plus général.

48   En effet, l'article 6 exprime le compromis historique qui a mené à la création de la Cour suprême. Tout comme la protection des droits linguistiques, religieux et scolaires de minorités constituait une considération majeure dans les négociations qui ont mené à la Confédération (*Renvoi relatif à la sécession du Québec*, [1998] 2 R.C.S. 217 (« *Renvoi sur la sécession* »), par. 79-82), la protection du Québec par un nombre minimum de juges du Québec constituait un enjeu majeur de la création de la Cour. Une interprétation téléologique de l'art. 6 doit refléter la conclusion de ce compromis et non saper celui-ci.

49   L'objectif de l'article 6 est de garantir que non seulement des juristes civilistes expérimentés siègent à la Cour, mais également que les traditions juridiques et les valeurs sociales distinctes du Québec y soient représentées, pour renforcer la confiance des Québécois envers la Cour en tant qu'arbitre ultime de leurs droits. Autrement dit, l'art. 6 protège à la fois le *fonctionnement* et la *légitimité* de la Cour suprême dans sa fonction de cour générale d'appel pour le Canada. Le professeur Russell a décrit succinctement cet objectif plus général en des termes que l'histoire justifie :

> [TRADUCTION] [. . .] l'antipathie pour l'idée que des juges d'une tradition juridique étrangère interprètent le Code civil du Bas-Canada ne reposait pas simplement sur une préoccupation à l'égard de la pureté ou de la justesse du droit. Elle découlait plus souvent de la prémisse plus fondamentale que le système de droit civil du Québec constituait un ingrédient essentiel de sa culture distinctive et devait par conséquent, de *droit*, être protégé par des juges empreints des pratiques judiciaires et des valeurs sociales inhérentes à cette culture. [Italiques dans l'original.]
>
> (P. H. Russell, *The Supreme Court of Canada as a Bilingual and Bicultural Institution* (1969), p. 8)

50   À l'époque de la Confédération, le Québec hésitait à accepter la création d'une Cour suprême parce qu'il craignait qu'elle soit incapable de traiter adéquatement les questions de droit civil québécois (Ian Bushnell, *The Captive Court: A Study of the Supreme Court of Canada* (1992), p. 4-5; Russell, p. 8-9). Des députés fédéraux du Québec déclarèrent redouter qu'un « tribunal suprême d'appel » soit

> composé de juges, dont la grande majorité ignorerait les lois civiles du Québec, lequel tribunal serait appelé à réviser et aurait le pouvoir de renverser les décisions de toutes leurs cours du Québec . . .
>
> (*Débats de la Chambre des communes*, 2e Sess., 3e lég. (« *Débats de 1875* »), 16 mars 1875, p. 782-783, Henri-Thomas Taschereau, député de Montmagny, Québec)

51   Le projet de loi créant la Cour suprême a été adopté seulement après que des amendements y furent apportés pour répondre spécifiquement aux préoccupations du Québec. Plus important encore, le projet de loi amendé qui est devenu la *Loi sur la Cour suprême* prévoyait que deux des six juges « seront pris parmi les juges de la Cour Supérieure ou de la Cour du Banc de la Reine, ou parmi les procureurs ou avocats de la province de Québec » : art. 4 de la Loi de 1875.

52   Lors des débats entourant l'adoption du projet d'établissement de la Cour suprême en 1875, des députés des deux côtés de la Chambre étaient conscients de la situation parti-

culière du Québec et de la nécessité d'assurer une expertise en droit civil à la Cour. Ainsi, en deuxième lecture, M. Taschereau, député du parti libéral alors au pouvoir, a décrit l'intérêt spécial du Québec à l'égard du projet de loi :

> Cet intérêt provient du droit de juridiction en appel en matière civile que l'on se propose d'accorder à la Cour Suprême, et de la position particulière de cette province relativement à ses institutions et à ses lois comparées avec celles des autres provinces. Située comme elle l'est, il n'y a pas de province dans la Puissance aussi intéressée que la nôtre dans la passation de l'acte maintenant sous discussion, et qui avant que quelques jours ne se soient écoulés, formera un des chapitres les plus importants dans le livre des statuts de la Puissance.

(*Débats de de 1875*, 16 mars 1875, p. 782)

53   De même, Toussaint Antoine Rodolphe Laflamme, qui a présenté devant le Parlement la disposition prévoyant un nombre minimum de juges du Québec, a qualifié cette exigence de question de droit pour le Québec : « [i]l comprenait que si cette Cour Suprême devait régler et établir définitivement toutes les questions qui embrassaient les intérêts du Bas-Canada, cette province avait droit à deux juges sur les six » (*Débats de 1875*, 27 mars 1875, p. 993). Monsieur Laflamme estimait qu'avec deux juges (un tiers) à la Cour suprême, pour le Québec, « la clause serait une sauvegarde plus considérable et meilleure que sous le présent système », soit celui des appels au Conseil privé (*ibid.*). De son côté, Télesphore Fournier, le ministre de la Justice et procureur général, principal porte-parole pour le projet de loi, a fait valoir que la connaissance du droit civil de ces deux juges bénéficierait à l'ensemble de la Cour : « il y aura, parmi les juges sur le banc, des personnes parfaitement entendues dans la connaissance des lois de cette section de la Confédération, et ces personnes pourront donner le bénéfice de leurs lumières aux autres juges siégeant avec elles » (*Débats de 1875*, 16 mars 1875, p. 799). David Mills, qui appuyait le projet de loi, s'est fait le défenseur de la disposition réservant un nombre minimum de juges pour le Québec face aux critiques qui la taxaient d'« esprit de section ». Selon lui, compte tenu du « système de jurisprudence entièrement différent » au Québec, « il n'était que raisonnable qu'il eût une <u>garantie</u> qu'une portion de la cour comprît le système de lois qu'elle était appelée à administrer » (*Débats de 1875*, 30 mars 1875, p. 1030 (je souligne)).

54   La confiance du Québec envers la Cour dépendait de la présence de deux juges (un tiers) originaires du Québec. Jacques-Olivier Bureau, un sénateur du Québec, a estimé justifié de [TRADUCTION] « confier les droits de ses concitoyens à cette Cour suprême, puisqu'il considérait que leurs droits seraient en sécurité dans une cour dont deux des juges proviendraient de la magistrature de cette province » (*Débats du Sénat*, 2e sess., 3e lég., 5 avril 1875, p. 713). Les commentaires de Joseph-Aldéric Ouimet, député libéral-conservateur de Laval, soulignent également qu'il s'agissait d'une question de confiance envers la Cour :

> Dans Québec un avocat doit avoir dix ans de pratique avant de pouvoir être nommé juge. Les juges des autres provinces pourraient avoir la plus belle intelligence et le plus beau talent possible et cependant ne pas donner autant de satisfaction au peuple de Québec que leur propre Banc Judiciaire.

(*Débats 1875*, 27 mars 1875, p. 995)

55   Les députés du gouvernement comme ceux de l'opposition ont considéré que l'attribution de deux (un tiers) postes de juge au Québec était un moyen d'assurer non seulement

le bon fonctionnement, mais aussi la légitimité de la Cour suprême en tant qu'institution fédérale et bijuridique.

56   Envisagé sous cet angle, l'objectif de l'art. 6 diffère manifestement de celui de l'art. 5. L'article 5 établit un vaste bassin de candidats admissibles; l'art. 6 est plus restrictif. Le Parlement considérait l'exclusion de candidats par ailleurs admissibles aux termes de l'art. 5 comme un moyen d'atteindre le double objectif de (i) garantir une expertise en droit civil et la représentation des traditions juridiques et des valeurs sociales du Québec à la Cour et de (ii) renforcer la confiance du Québec envers la Cour. Exiger que des membres actuels des institutions de droit civil soient nommés garantissait non seulement que ces juges soient qualifiés pour représenter le Québec, mais que les Québécois les perçoivent ainsi.

57   On pourrait prétendre que l'exclusion des anciens avocats inscrits pendant au moins 10 ans au Barreau du Québec ne permet pas de réaliser parfaitement ce double objectif parce qu'elle risque d'exclure des candidats qui possèdent une expertise en droit civil et qui feraient effectivement bénéficier la Cour de leur connaissance des traditions juridiques et des valeurs sociales du Québec. En d'autres mots, on pourrait prétendre que notre interprétation de l'art. 6 est trop limitative au regard des objets de cette disposition.

58   Cet argument n'est pas convaincant. Le législateur aurait pu retenir des critères différents pour réaliser le double objectif de l'art. 6 — en exigeant par exemple une évaluation qualitative de l'expertise des candidats en matière de droit civil et de traditions juridiques du Québec — mais il a plutôt choisi de favoriser la réalisation des objectifs de cette disposition en précisant des critères objectifs de nomination à un poste de la Cour réservé pour Québec. En dernière analyse, le législateur doit tracer la ligne. Les critères choisis par le législateur ne sont peut-être pas parfaits, mais ils favorisent la réalisation de l'objectif de cette disposition : voir Michael Plaxton et Carissima Mathem, « Purposive Interpretation, Quebec, and the *Supreme Court Act* » (2013), 22 *Const. Forum const.* 15, p. 20-22.

59   Nous avons déjà conclu qu'une interprétation textuelle de l'art. 6 exclut la nomination d'anciens avocats. L'interprétation téléologique de cet article nous amène à la même conclusion. La disposition générale relative à l'admissibilité, l'art. 5, a pour objectif sous-jacent l'énonciation des conditions générales minimales applicables à la nomination de tous les juges de la Cour suprême. Par contre, l'objectif sous-jacent de l'art. 6 consiste à consacrer le compromis historique qui a permis la création de la Cour, en restreignant les conditions d'admissibilité aux postes de juge réservés pour le Québec. Il sert à limiter le pouvoir discrétionnaire par ailleurs large du gouverneur en conseil de nommer des juges, afin de garantir que la Cour suprême possède une expertise en droit civil et que les traditions juridiques et les valeurs sociales du Québec y soient représentées, ainsi qu'afin de renforcer la confiance des Québécois envers la Cour.

60   Nous atteignons cette conclusion sans pour autant ignorer ou minimiser de quelque façon que ce soit l'expertise en droit civil des juges de la Cour fédérale et de la Cour d'appel fédérale. À titre d'exemple, l'art. 5.4 de la *Loi sur les Cours fédérales*, L.R.C. 1985, ch. F-7, fait écho à bien des égards à l'art. 6 de la *Loi sur la Cour suprême* en exigeant qu'un nombre minimum de juges de chacune de ces cours proviennent des institutions québécoises. Les juges originaires du Québec jouent un rôle vital au sein des cours fédérales. Cependant, l'art. 6 précise que les juges des cours fédérales ne sont pas, à ce titre, admissibles à l'un des postes de juge de notre Cour réservés pour le Québec. La question n'est pas de savoir si les membres civilistes des cours fédérales feraient d'excellents juges de la Cour suprême du Canada, mais de déterminer s'ils sont admissibles à une nomination en vertu de l'art. 6 à titre d'anciens

avocats, plutôt que d'avocats actuels, de la province de Québec. Nous concluons qu'ils ne le sont pas.

61   Certains arguments qui nous ont été présentés s'appuient fortement sur le contexte découlant des négociations constitutionnelles qui ont suivi le rapatriement de la Constitution en 1982, en particulier sur le consentement du Québec aux réformes constitutionnelles proposées, qui auraient explicitement rendu les juges de la Cour fédérale et de la Cour d'appel fédérale admissibles à l'un des postes de juge de la Cour réservés pour le Québec. L'Accord de Charlottetown allait plus loin en stipulant qu'il inscrivait dans la Constitution les dispositions actuelles de la *Loi sur la Cour suprême* prévoyant « neuf juges, dont trois doivent avoir été reçus au barreau du Québec (barreau de droit civil) » (*Rapport du consensus sur la Constitution : Charlottetown* (1992), p. 8). Le consentement du Québec démontrait, plaide-t-on, que ce dernier acceptait ces conditions de nomination.

62   Cet argument n'est pas convaincant. Les négociations en vue des accords du Lac Meech et de Charlottetown au sujet des conditions de nomination à la Cour ont été entreprises dans le contexte de discussions plus vastes sur des questions intéressant le fédéral et les provinces, qui comprenaient une participation plus importante des provinces au processus de nomination des juges de la Cour suprême. Dans le cas du Québec, les modifications proposées auraient diminué l'importance de l'art. 6 en tant que seule mesure de sauvegarde des intérêts du Québec à la Cour suprême. En effet, ces propositions auraient exigé que le gouverneur général en conseil nomme une personne dont le nom figurerait sur une liste fournie par le Québec. Dans ce contexte, il faut nous garder de toute inférence selon laquelle tous s'entendaient pour donner de l'art. 6 une interprétation différente de celle que nous adoptons.

(3)   Contexte législatif

63   L'économie générale de la *Loi sur la Cour suprême* renforce la conclusion à laquelle nous a amenés une interprétation textuelle et téléologique. En plus d'indiquer quelles personnes peuvent être nommées juges de la Cour suprême du Canada, la Loi indique quels juges des autres cours peuvent agir à titre de juges suppléants de la Cour. Les juges des cours fédérales et de la Cour canadienne de l'impôt, qui sont admissibles à siéger à titre de juges suppléants en général, ne peuvent siéger pour l'audition de l'appel d'un jugement rendu au Québec lorsque le quorum de la Cour n'inclut pas au moins deux des juges nommés aux termes de l'art. 6. Autrement dit, les dispositions régissant l'admissibilité à siéger à titre de juge suppléant de la Cour comportent la même distinction entre l'admissibilité générale et l'admissibilité à un poste de juge réservé pour le Québec. Il ne s'agit pas d'affirmer que ces juges sont exclus pour l'application de l'art. 6 simplement parce qu'ils sont exclus pour l'application du par. 30(2) de la Loi. Le fait est plutôt que l'exclusion prévue au par. 30(2) s'inscrit dans le contexte général qui doit être pris en compte pour l'interprétation des art. 5 et 6 de la Loi.

64   En principe, cinq juges constituent le quorum de la Cour : art. 25 et 29 de la Loi. Lorsque le quorum n'est pas atteint, le par. 30(1) prévoit qu'un juge suppléant peut provenir (a) de la Cour d'appel fédérale, de la Cour fédérale ou de la Cour canadienne de l'impôt, ou, en leur absence, (b) des cours supérieures des provinces. Toutefois, aux termes du par. 30(2), lorsque les juges capables de siéger ne comprennent pas au moins deux juges qui remplissent les conditions fixées à l'art. 6, — c'est-à-dire deux juges issus de la magistrature ou du barreau de la province de Québec — le juge suppléant choisi pour l'audition d'un appel d'un jugement rendu au Québec doit provenir de la Cour d'appel ou de la Cour supérieure du Québec.

65   Ainsi, les juges de la Cour fédérale, de la Cour d'appel fédérale et de la Cour canadienne de l'impôt satisfont aux conditions de nomination générales pour siéger à titre de juge
suppléant de la Cour aux termes du par. 30(1), mais ils ne satisfont pas aux conditions plus
restrictives fixées au par. 30(2) pour remplacer, à titre de juge suppléant, un juge provenant
du Québec. En effet, le paragraphe 30(2) mentionne expressément les juges qui remplissent
les « conditions fixées à l'article 6 », de sorte que les deux articles sont explicitement liés.
De plus, les art. 5 et 6 et les par. 30(1) et 30(2) comportent la même distinction entre les
conditions de nomination générales (art. 5 et par. 30(1)) et les conditions plus restrictives
pour les postes de juge de la Cour réservés pour le Québec (art. 6 et par. 30(2)).

66   Le fait que les juges de la Cour fédérale et de la Cour d'appel fédérale ne peuvent pas
être nommés juges suppléants pour le Québec appuie la conclusion suivant laquelle ces juges
sont, de la même manière, exclus d'une nomination à la Cour en vertu de l'art. 6.

67   On a suggéré qu'il ne faudrait pas accorder d'importance aux termes de l'art. 30 parce
qu'il s'agirait d'une disposition désuète à laquelle on n'a pas eu recours depuis la seconde
décennie du 20e siècle. Nous ne sommes pas d'accord. L'historique de la Loi donne à penser
que l'exclusion des juges des cours fédérales des postes de juge suppléant pour le Québec
ne résulte pas d'un simple oubli. Après la création de la Cour fédérale dans les années 70, on
a révisé le par. 30(1) de la *Loi sur la Cour suprême* pour y faire mention de la Cour fédérale
(*Loi sur la Cour fédérale*, L.R.C. 1970, ch. 10 (2e suppl.) art. 64). Même si l'objectif de la révision était expressément de mentionner la Cour fédérale dans la Loi, comme au par. 30(1), le
législateur n'a pas modifié la disposition qui la suit immédiatement, le par. 30(2). De même,
il n'a pas modifié le par. 30(2) en 2002, lorsqu'il a modifié le par. 30(1) pour mentionner les
deux nouvelles cours distinctes, la Cour d'appel fédérale et la Cour canadienne de l'impôt
(S.C. 2002, ch. 8, art. 175). Même si elle n'est pas concluante, l'omission répétée d'inclure les
juges de la Cour fédérale et de la Cour d'appel fédérale provenant du Québec parmi les juges
suppléants qui peuvent siéger à notre Cour en remplacement de juges nommés aux termes
de l'art. 6 laisse croire que leur exclusion était délibérée. Cette exclusion est compatible avec
le fait que les juges de ces mêmes cours ne peuvent être nommés aux termes de l'art. 6.

68   Lorsque l'article 30 a été édicté à l'origine en 1918 (S.C. 1918, ch. 7, art. 1), le juge
adjoint de la Cour de l'Échiquier provenait du Québec. S'il avait été nommé juge suppléant
pour entendre une affaire provenant d'une province de common law, une majorité du
quorum qui aurait tranché le litige aurait été composée de juristes de formation civiliste.
Le Parlement a jugé que cette conséquence n'était pas souhaitable. L'historique législatif
explique pourquoi le juge adjoint de la Cour de l'Échiquier ne pouvait agir comme juge
suppléant pour entendre les appels de décisions rendues dans une province de common
law. Il n'explique toutefois pas pourquoi ce juge ne pouvait pas non plus agir comme juge
suppléant pour entendre les appels d'une décision rendue au Québec, alors que la représentation du Québec aurait ainsi été préservée pour l'audition des appels provenant de cette
province. Depuis qu'il a prévu pour la première fois la nomination de juges suppléants, le
Parlement a toujours refusé que les juges des cours fédérales, ou de la Cour de l'Échiquier
qu'elles ont remplacée, siègent en qualité de juges suppléants à la Cour suprême dans les
appels des décisions rendues au Québec. S'il s'agit d'une anomalie, le Parlement l'a créée
délibérément et l'a toujours maintenue.

(4)   Conclusion

69   Nous concluons donc que l'art. 5 établit les conditions générales de nomination d'un
vaste bassin de personnes admissibles à un poste de juge à la Cour suprême du Canada.
Cependant, dans le cas des trois postes de juge réservés pour le Québec, l'art. 6 commande

une interprétation plus restrictive des conditions d'admissibilité pour qu'il reflète le compromis historique destiné à protéger les traditions juridiques et les valeurs sociales du Québec.

70   Nous concluons qu'une personne qui a été autrefois inscrite pendant au moins 10 ans au Barreau du Québec peut être nommée juge de la Cour en vertu de l'art. 5 de la *Loi sur la Cour suprême*, mais ne peut pas être nommée en vertu de l'art. 6. Pour être admissible à l'un des trois postes de juge visés à l'art. 6 il faut, en plus de satisfaire aux conditions fixées à l'art. 5, être soit membre du Barreau du Québec soit juge de la Cour d'appel ou de la Cour supérieure du Québec au moment de la nomination. En conséquence, un juge de la Cour fédérale ou de la Cour d'appel fédérale ne peut être nommé à la Cour en vertu de l'art. 6 de la Loi.

71   Nous soulignons en passant que le renvoi ne soulève pas la question de savoir si un juge de la Cour fédérale ou de la Cour d'appel fédérale qui a été autrefois inscrit au Barreau du Québec pendant au moins 10 ans pourrait s'y réinscrire pendant un jour pour être admissible à une nomination à la Cour en vertu de l'art. 6. Nous ne nous prononçons donc pas sur cette question.

QUESTION 2

A.   *La question*

   (2) Le Parlement peut-il légiférer pour exiger, à titre de condition de sa nomination au poste de juge de la Cour suprême du Canada, qu'une personne soit ou ait été inscrite comme avocat au barreau d'une province pendant au moins dix ans ou adopter des dispositions déclaratoires telles que celles prévues aux articles 471 et 472 du projet de loi intitulé *Loi no 2 sur le plan d'action économique de 2013* ?

72   Comme nous avons conclu que, pour être admissible à l'un des postes de juge visés à l'art. 6 il faut, en plus de satisfaire aux conditions fixées à l'art. 5, être soit membre du Barreau du Québec soit juge de la Cour d'appel ou de la Cour supérieure du Québec au moment de la nomination, nous devons examiner la seconde question et déterminer si le Parlement peut adopter des dispositions déclaratoires qui modifieraient la composition de la Cour suprême du Canada.

73   Le procureur général du Canada plaide que les conditions de nomination prévues à l'art. 6 ne sont pas inscrites dans la Constitution. Selon ses prétentions, le Parlement conserve le plein pouvoir de modifier unilatéralement les conditions de nomination fixées aux art. 5 et 6 en vertu de l'art. 101 de la *Loi constitutionnelle de 1867*.

74   Nous ne sommes pas d'accord. Le Parlement ne peut pas modifier unilatéralement la composition de la Cour suprême du Canada. Les caractéristiques essentielles de la Cour sont protégées par la partie V de la *Loi constitutionnelle de 1982*. La composition de la Cour ne peut être modifiée que conformément à l'art. 41[919] de la *Loi constitutionnelle de 1982* et, partant, pareille modification requiert le consentement unanime du Parlement et de l'assemblée

---

919.   L'al. 41*d*) prévoit ce qui suit :

   41. Toute modification de la Constitution du Canada portant sur les questions suivantes se fait par proclamation du gouverneur général sous le grand sceau du Canada, autorisée par des résolutions du Sénat, de la Chambre des communes et de l'assemblée législative de chaque province :

   [...]

   d) la composition de la Cour suprême du Canada ;

législative de chaque province. Les autres caractéristiques essentielles de la Cour ne peuvent être modifiées que conformément à l'art. 42[920] de la *Loi constitutionnelle de 1982*, qui exige le consentement d'au moins sept provinces représentant, au total, au moins la moitié de la population de toutes les provinces.

75　　　Nous examinerons comment la Cour a acquis une protection constitutionnelle au cours de l'histoire, puis nous répondrons aux arguments du procureur général du Canada sur cette question. Enfin, nous traiterons de l'effet des dispositions déclaratoires adoptées par le Parlement.

B.　　*Évolution du statut constitutionnel de la Cour suprême*

76　　　Initialement, la Cour suprême a acquis son statut constitutionnel en raison de l'évolution historique qui en a fait une institution dont la pérennité et le fonctionnement affectaient les intérêts à la fois du Parlement et des provinces. Ce statut a ensuite été confirmé dans la *Loi constitutionnelle de 1982*, dont le contenu reflète la perception que les caractéristiques essentielles de la Cour faisaient partie de la Constitution canadienne.

(1)　　L'évolution de la Cour suprême avant le rapatriement

77　　　Au moment de la Confédération, la Cour suprême du Canada n'existait pas. De plus, la *Loi constitutionnelle de 1867* ne contenait aucune précision à propos de l'institution qui deviendrait la Cour suprême du Canada. On supposait que le Comité judiciaire du Conseil privé de Londres demeurerait l'autorité judiciaire suprême pour le Canada. À titre exemple, George-Étienne Cartier, qui était alors procureur général pour le Bas-Canada, a exprimé l'opinion que « nous trouverons toujours un tribunal d'appel en dernier ressort dans le conseil privé de Sa Majesté », même si une cour générale d'appel pour le Canada devait être créée au pays : Province du Canada, Assemblée législative, *Débats parlementaires sur la question de la Confédération*, 3e Sess., 8e législ., 2 mars 1865, p. 581-582.

78　　　Toutefois, une disposition de la *Loi constitutionnelle de 1867* accordait au Parlement le pouvoir d'établir une cour générale d'appel pour le Canada :

> **101.** Le Parlement du Canada pourra, nonobstant toute disposition contraire énoncée dans la présente loi, lorsque l'occasion le requerra, adopter des mesures à l'effet de créer, maintenir et organiser une cour générale d'appel pour le Canada, et établir des tribunaux additionnels pour la meilleure administration des lois du Canada.

79　　　Sir John A. Macdonald, le premier ministre et ministre de la Justice de 1867 à 1873, fut l'instigateur des débats parlementaires tenus sur l'opportunité d'établir une Cour suprême entre 1868 et 1875. En 1869, puis de nouveau en 1870, il a déposé à la Chambre des communes des projets de loi pour créer la Cour suprême. Aucun de ces projets ne réservait de postes à la Cour pour des juristes québécois. Le Québec s'est opposé ardemment à ces projets de loi au Parlement. Le premier projet de loi est mort au feuilleton et le deuxième a été retiré.

920.　　L'al. 42(1)*d*) prévoit ce qui suit :

> **42.** (1) Toute modification de la Constitution du Canada portant sur les questions suivantes se fait conformément au paragraphe 38(1) :
>
> [...]
>
> *d*)　sous réserve de l'alinéa 41*d*), la Cour suprême du Canada;

80   Au-delà de l'opposition du Québec, on a contesté la nature de la juridiction de la cour et bon nombre d'objections remettaient en question la nécessité même d'une cour générale d'appel. Puisque l'on pouvait faire appel au Conseil privé et que l'Ontario et le Québec possédaient déjà des cours d'appel, une Cour suprême ne constituerait qu'une étape judiciaire intermédiaire sur la voie menant à Londres.

81   Le projet de loi qui est finalement devenu la *Loi sur la Cour suprême* a été déposé par le ministre fédéral de la Justice, Télesphore Fournier, et a été adopté après plusieurs amendements (*Débats de 1875*, 23 février 1875, p. 299). La nouvelle Cour suprême était investie d'une compétence générale d'appel en matières civile, criminelle et constitutionnelle. De plus, la Cour s'était vu conférer une compétence exceptionnelle de première instance, qui n'était pas incompatible avec sa compétence en appel, notamment pour examiner les renvois du gouverneur en conseil : *Re References by Governor-General in Council* (1910), 43 R.C.S. 536, conf. par le Conseil privé, [1912] A.C. 571 (*sub nom. Attorney-General for Ontario c. Attorney-General for Canada*); *Renvoi sur la sécession*, par. 9.

82   En vertu des pouvoirs que lui accordait depuis peu le *Statut de Westminster, 1931*, le Parlement a aboli les appels au Conseil privé en matière criminelle en 1933 (*Loi modifiant le Code criminel*, S.C. 1933, ch. 53, art. 17). Fait historique encore plus important, il a aboli *tous* les appels au Conseil privé en 1949 (*Loi modifiant la Loi de la Cour suprême*, art. 3), ce qui a entraîné de profondes répercussions sur l'architecture constitutionnelle du Canada. En effet, le Conseil privé avait exercé la compétence judiciaire de dernier ressort sur tous les litiges au Canada, y compris ceux relatifs à la Constitution canadienne. Il avait joué un rôle central dans la structure constitutionnelle de notre pays, notamment en traçant les contours de la compétence fédérale et provinciale dans un bon nombre d'arrêts de principe qui nous éclairent encore aujourd'hui quant au partage des compétences (John T. Saywell, *The Lawmakers: Judicial Power and the Shaping of Canadian Federalism* (2002); Warren J. Newman, « The Constitutional Status of the Supreme Court of Canada » (2009), 47 S.C.L.R. (2d) 429, p. 439). Comme l'a expliqué Warren Newman :

> [TRADUCTION] [. . .] la fonction d'appel de dernier ressort du Comité judiciaire du Conseil privé faisait partie intégrante du système judiciaire canadien jusqu'à ce qu'il soit finalement écarté par le Parlement canadien en faveur de la Cour suprême. Tant que le Comité judiciaire continuait d'exercer cette fonction, les Canadiens pouvaient se passer d'une cour générale d'appel pour le Canada. Avec l'abolition des appels au Conseil privé, la juridiction d'appel de la Cour suprême du Canada est devenue essentielle. [p. 434]

83   L'abolition des appels au Conseil privé signifiait que la Cour suprême du Canada héritait du rôle du Conseil en vertu de la Constitution canadienne. En conséquence, les pouvoirs et la compétence dont a été investie la Cour n'avaient [TRADUCTION] « pas une portée moindre que ceux exercés autrefois par le Comité judiciaire à l'égard du Canada » (*Reference re The Farm Products Marketing Act*, [1957] R. C. S. 198, p. 212), ce qui l'amenait notamment à trancher les litiges relatifs au fédéralisme. Un système fédéral doit nécessairement compter sur un arbitre indépendant qui tranche en dernier ressort les litiges relatifs au partage des compétences :

> Un système fédéral repose forcément sur la nécessité qu'existe un arbitre impartial pour régler les conflits de compétence quant aux frontières entre les pouvoirs du Parlement et ceux des législatures provinciales (*Renvoi relatif à la rémunération des juges de la Cour provinciale de l'Île-du-Prince-Édouard*, [1997] 3 R.C.S. 3, par. 124). Les

juges, qui sont chargés de « contrôle[r] les bornes de la souveraineté propre » des deux paliers de gouvernement, sont cet arbitre impartial (*Northern Telecom Canada Ltée c. Syndicat des travailleurs en communication du Canada*, [1983] 1 R.C.S. 733, p. 741).

(*Renvoi relatif à la Loi sur les valeurs mobilières*, 2011 CSC 66, [2011] 3 R.C.S. 837, par. 55; voir aussi *Renvoi sur la sécession*, par. 53.)

84   En outre, le statut de tribunal de dernier ressort désormais reconnu à la Cour l'autorisait à exercer une « 'juridiction unificatrice' sur les tribunaux des provinces » : *Hunt c. T&N PLC*, [1993] 4 R.C.S. 289, p. 318; *Banque de Montréal c. Metropolitan Investigation & Security (Canada) Ltd.*, [1975] 2 R.C.S. 546, p. 556. La Cour suprême du Canada est devenue la clé de voûte du système judiciaire unifié du Canada. Elle « exerce le rôle de juridiction d'appel suprême et exclusive au pays » (*Renvoi sur la sécession*, par. 9). Dans ce rôle, les pouvoirs de la Cour ne se limitent pas à ceux des tribunaux inférieurs dont elle révise les décisions en appel. Elle possède tous les pouvoirs nécessaires pour lui permettre « de remplir son rôle au sommet du système judiciaire canadien en tant que cour de dernier ressort pour tous les Canadiens » : *R. c. Gardiner*, [1982] 2 R.C.S. 368, p. 404, le juge Dickson; *Hunt*, p. 319.

85   À la suite de l'abolition des appels au Comité judiciaire du Conseil privé, la pérennité et le fonctionnement de la Cour suprême sont devenus des questions d'intérêt primordiales pour le Parlement et pour les provinces. La Cour a assumé un rôle vital en tant qu'institution faisant partie du système fédéral. Elle est devenue l'arbitre ultime des litiges sur le partage des compétences et devait désormais juger en dernier ressort les questions de droit public et de droit provincial en matière civile. Grâce à l'expertise de ses juges issus des deux traditions juridiques du Canada, la Cour a veillé à ce que la common law et le droit civil évoluent côte à côte, tout en conservant leur caractère distinctif. La Cour est ainsi devenue essentielle au fonctionnement des systèmes juridiques dans chaque province et, plus généralement, au développement d'un système juridique canadien cohérent et unifié.

86   Dans la dernière partie du 20e siècle, le rôle de la Cour a encore évolué. En 1975, le Parlement a modifié la *Loi sur la Cour suprême* pour abolir les appels de plein droit à la Cour en matière civile (S.C. 1974-75-76, ch. 18). La Cour a ainsi pu commencer à choisir les affaires qu'elle entend en matière civile, ce qui lui a permis de centrer son attention sur les questions juridiques qui revêtent une importance pour le public. En conséquence, la mission de la Cour « consiste désormais moins à corriger les erreurs et davantage à développer la jurisprudence » : *R. c. Henry*, 2005 CSC 76, [2005] 3 R.C.S. 609, par. 53.

87   Cette évolution historique a fait de la Cour suprême une institution constitutionnellement essentielle qui affecte les intérêts à la fois du fédéral et des provinces. De plus en plus, les personnes que préoccupaient les réformes constitutionnelles ont accepté que les réformes à venir devraient reconnaître le rôle de la Cour suprême dans l'architecture de la Constitution.

(2)   La Cour suprême et le rapatriement

88   Nous avons vu que la Cour suprême jouait déjà un rôle primordial dans la structure constitutionnelle en tant qu'arbitre ultime des litiges sur le partage des compétences et en tant que cour générale d'appel pour le Canada. La *Loi constitutionnelle de 1982* a accentué l'importance du rôle attribué à la Cour par la Constitution et a confirmé son statut d'institution protégée par la Constitution.

89   La *Charte canadienne des droits et libertés* a été adoptée lors du rapatriement de la Constitution. Les tribunaux ont alors dû assumer la responsabilité d'interpréter la *Charte* et

d'accorder des réparations en cas de violation de ses dispositions. Le rapatriement a permis également de reconnaître expressément que la Constitution est la « loi suprême du Canada » :

> **52.** (1) La Constitution du Canada est la loi suprême du Canada; elle rend inopérantes les dispositions incompatibles de toute autre règle de droit.

La nécessité de l'existence d'un arbitre judiciaire impartial et dont les décisions font autorité est le corollaire de cette disposition. Les tribunaux sont devenus les « gardiens de la constitution » (*Hunter*, p. 155, le juge Dickson). À ce titre, la Cour suprême du Canada constitue une pierre d'assise de la Constitution. L'adoption de la *Loi constitutionnelle de 1982* a « fait passer le système canadien de gouvernement de la suprématie parlementaire à la suprématie constitutionnelle » : *Renvoi relatif à la sécession*, par. 72.

90   En conséquence, la *Loi constitutionnelle de 1982* a confirmé que les caractéristiques essentielles de la Cour suprême sont protégées par la Constitution. En effet, la Partie V de la *Loi constitutionnelle de 1982* assujettit expressément les changements touchant la Cour suprême et sa composition au respect des procédures de modification de la Constitution.

91   Aux termes de l'al. 41d), les modifications de la Constitution relatives à la « composition de la Cour suprême » requièrent le consentement unanime du Parlement et de l'assemblée législative de chaque province. La notion de « composition » renvoie au paragraphe 4(1) et aux art. 5 et 6 de la *Loi sur la Cour suprême*, qui codifient la composition de la Cour suprême du Canada et les conditions de nomination de ses juges telles qu'elles existaient en 1982. L'alinéa 41d) protège aussi la pérennité de la Cour, puisque son abolition en éliminerait la composition.

92   Le texte de la partie V apparaissait à l'origine dans l'« Accord d'avril » de 1981 (*Accord constitutionnel : Projet canadien de rapatriement de la Constitution* (1981)), signé par huit provinces, dont le Québec. Les notes explicatives de cet Accord confirment que les signataires avaient l'intention de limiter le pouvoir unilatéral du Parlement de réformer la Cour suprême. Cette intention est exprimée en particulier dans la note explicative du texte maintenant devenu l'art. 41, qui requiert un consentement unanime pour les modifications portant sur cinq sujets, dont la composition de la Cour suprême : « [c]et article reconnaît que quelques sujets sont d'une importance tellement fondamentale que des modifications les affectant devraient recevoir l'approbation de toutes les Assemblées provinciales et du Parlement » (p. 9 (note 9)). La note explicative de l'al. 41d) précise justement que « [c]e paragraphe assurerait que la Cour suprême du Canada soit composée de juges dont une partie proviendraient du Barreau du Québec ou d'une Cour du Québec et auraient, par conséquent, une formation en droit civil » (p. 9 (note 9(d))). Les auteurs de cette disposition voulaient manifestement qu'il devienne difficile de modifier la composition de la Cour. Ils entendaient ainsi assurer une protection constitutionnelle spéciale à la représentation du Québec à la Cour.

93   Il ne faut pas s'étonner que l'al. 41d) ait accordé une protection spéciale à la composition de la Cour suprême du Canada. En effet, on reconnaît depuis longtemps son importance cruciale pour le fonctionnement efficace de la Cour et sa légitimité institutionnelle en tant que cour d'appel de dernier ressort au Canada. Comme nous l'avons expliqué, l'entente essentielle qui a permis la création de la Cour suprême portait sur la garantie qu'un nombre relativement important des juges proviendraient d'institutions liées au droit civil et à la culture du Québec. L'objectif de garantir que la tradition juridique distincte du Québec soit représentée à la Cour demeure tout aussi important de nos jours et touche la compétence, la légitimité et l'intégrité de la Cour. Le consentement unanime exigé pour changer la composition de la Cour a donné au Québec la garantie constitutionnelle que sa représentation à la Cour ne

sera pas modifiée sans son consentement. Il était nécessaire de protéger la composition de la Cour à l'al. 41*d*) parce que la protection prévue à l'al. 42(1)*d*) n'aurait pas empêché que le nombre de postes de juge réservés pour le Québec puisse être réduit, peut-être même totalement supprimé, sans le consentement du Québec.

94   L'alinéa 42(1)*d*) applique la procédure de modification 7/50 aux caractéristiques essentielles de la Cour, plutôt qu'à toutes les dispositions de la *Loi sur la Cour suprême*.[921] La mention expresse de la Cour suprême du Canada à l'al. 42(1)*d*) garantit le bon fonctionnement de la Cour suprême. Celui-ci exige qu'une protection constitutionnelle soit accordée aux caractéristiques essentielles de la Cour, identifiées à la lumière de son rôle dans la structure constitutionnelle tel qu'il avait évolué jusqu'au rapatriement. Ces caractéristiques essentielles incluent, à tout le moins, la juridiction de la Cour en tant que cour générale d'appel pour le Canada, notamment en matière d'interprétation de la Constitution, et son indépendance.

95   En résumé, la Cour suprême a acquis son statut constitutionnel parce qu'elle a évolué de manière à devenir une cour générale d'appel *de dernier ressort* pour le Canada, avec compétence sur les appels relatifs à toutes les lois fédérales et provinciales, y compris la Constitution. Ce statut a été confirmé dans la *Loi constitutionnelle de 1982*, qui a assujetti toute modification portant sur la composition de la Cour et ses autres caractéristiques essentielles à des procédures de modification strictes.

C.   *Les arguments du procureur général du Canada*

96   Cependant, le procureur général du Canada plaide (i) que la mention de la Cour suprême dans la *Loi constitutionnelle de 1982* n'a pas d'effet juridique, et (ii) que les vaines tentatives d'intégrer les conditions de nomination dans l'Accord du lac Meech en 1987 et dans l'Accord de Charlottetown en 1992 démontrent que le Parlement et les provinces estimaient que ces conditions n'avaient pas été constitutionnalisées en 1982.

(1)   La thèse des « contenants vides »

97   Le procureur général du Canada prétend que la Cour suprême du Canada n'est pas protégée par la Partie V, parce que la *Loi sur la Cour suprême* n'est pas mentionnée à l'art. 52 de la *Loi constitutionnelle de 1982* parmi les textes législatifs compris dans la Constitution du Canada. Il soutient essentiellement que les mentions de la « Cour suprême » aux al. 41*d*) et 42(1)*d*) sont des « contenants vides » dont le contenu ne sera déterminé que lorsque la Cour sera *expressément* inscrite dans le texte de la Constitution : voir par exemple Peter W. Hogg, *Constitutional Law of Canada* (5ᵉ éd. suppl.), p. 4-21. Il s'ensuit, selon lui, que le Parlement conserve le pouvoir d'apporter unilatéralement des changements à la Cour en vertu de l'art. 101 de la *Loi constitutionnelle de 1867*, jusqu'à ce que la Cour soit expressément constitutionnalisée.

98   Cet argument est dépourvu de fondement. Il signifierait que les auteurs du texte constitutionnel ont constitutionnalisé l'*exclusion* de la Cour suprême de toute protection constitutionnelle : Stephen A. Scott, "Pussycat, Pussycat or Patriation and the New Constitutional Amendment Processes" (1982), 20 *U.W.O.L. Rev.* 247, p. 272; Stephen A. Scott, "The Canadian

---

921.   Cette opinion est partagée notamment par Patrick J. Monahan et Byron Shaw, *Constitutional Law* (4ᵉ éd. 2013), p. 205; Peter Oliver, "Canada, Quebec, and Constitutional Amendment" (1999), 49 *U.T.L.J.* 519, p. 579; W. R. Lederman, "Constitutional Procedure and the Reform of the Supreme Court of Canada" (1985), 26 *C. de D.* 195, p. 196; Stephen. A. Scott, "Pussycat, Pussycat or Patriation and the New Constitutional Amendment Processes" (1982), 20 *U.W.O.L. Rev.* 247, p. 273.

Constitutional Amendment Processes" (1982), 45 *Law & Contemp. Probs.* 249, p. 261; voir aussi Patrick J. Monahan et Byron Shaw *constitutional Law* (4ᵉ éd. 2013), p. 204. Cet argument signifierait aussi que les provinces ont accepté de mettre ce pouvoir unilatéral du Parlement à l'abri de toute modification, à moins que ne soient respectées les procédures astreignantes établies dans la Partie V.

99   Retenir cet argument entraînerait deux conséquences pratiques incompatibles avec l'intention des provinces. Premièrement, cela signifierait que le Parlement pourrait, par une loi ordinaire, modifier unilatéralement et fondamentalement la Cour suprême, y compris la représentation du Québec à la Cour, qui a toujours été garantie. Or, le Québec, qui a signé l'Accord d'avril, n'aurait certainement pas consenti à cela, et les autres provinces non plus. Deuxièmement, cela voudrait dire que la Cour serait moins bien protégée que jamais depuis l'abolition des appels au Conseil privé. Ce résultat illustre l'absurdité du rejet du sens ordinaire de la Partie V. Les auteurs de celle-ci ne peuvent pas avoir eu l'intention de réduire la protection constitutionnelle accordée à la Cour, tout en accentuant le rôle constitutionnel que lui attribue la *Loi constitutionnelle de 1982*.

100   Notre histoire constitutionnelle révèle que les al. 41*d*) et 42(1)*d*) de la *Loi constitutionnelle de 1982* ont été adoptés dans le contexte de négociations constitutionnelles en prévision de modifications futures touchant la Cour suprême. Les procédures de modification établies dans la partie V visaient à orienter ce processus. Lorsque les auteurs du texte législatif ont précisé comment doivent être faites les modifications portant sur la Cour suprême et sa composition, ils avaient manifestement l'intention de préserver le *statu quo* quant au rôle constitutionnel de la Cour, jusqu'à ce que des modifications soient faites : Monahan et Shaw, p. 204-205; W. R. Lederman, « Constitutional Precedure and the Reform of the Supreme Court of Canada » (1985), 26 *C. de D.* 195, p. 200; Henri Brun, Guy Tremblay et Eugénie Brouillet, *Droit constitutionnel* (5ᵉ éd. 2008), p. 233-234. Cette intention concorde avec le consensus politique et social de l'époque selon lequel la Cour suprême constitue un élément essentiel de l'architecture constitutionnelle du Canada.

101   Il est vrai qu'au moment de la Confédération, l'art. 101 de la *Loi constitutionnelle de 1867* a conféré au Parlement le pouvoir d'« adopter des mesures à l'effet de créer, maintenir et organiser une cour générale d'appel pour le Canada ». Le Parlement peut certainement, aux termes de l'art. 101, adopter les modifications d'ordre administratif nécessaires au maintien de la Cour suprême, mais uniquement à condition que ces modifications ne changent rien aux caractéristiques de la Cour qui bénéficient d'une protection constitutionnelle. La nature du pouvoir unilatéral conféré à l'art. 101 de la *Loi constitutionnelle de 1867* a été modifiée par l'évolution de la Cour dans la structure constitutionnelle, comme le reconnaît la partie V de la *Loi constitutionnelle de 1982*. Par conséquent, l'art. 101 exige maintenant que le Parlement préserve — et protège — les éléments essentiels qui permettent à la Cour suprême de s'acquitter de sa mission actuelle.

(2)   *L'Accord du lac Meech et l'Accord de Charlottetown*

102   Le procureur général du Canada plaide que l'Accord du lac Meech et l'Accord de Charlottetown auraient expressément constitutionnalisé les conditions de nomination à la Cour et que, comme ces modifications constitutionnelles n'ont pas été adoptées, les conditions de nomination à la Cour ne sont pas inscrites dans la Constitution.

103   Nous ne pouvons pas retenir cet argument. Comme nous l'avons rappelé, l'adoption de la *Loi constitutionnelle de 1982* a protégé le *statu quo* en ce qui concerne la Cour suprême. Ce *statu quo* incluait expressément la composition de la Cour, dont la représentation du Québec

à la Cour fait partie intégrante. L'Accord du lac Meech et l'Accord de Charlottetown auraient réformé le processus de nomination des juges de la Cour et exigé que les juges pour le Québec soient nommés parmi les candidats figurant sur une liste soumise par le Québec. Ces vaines tentatives de réforme prouvent uniquement qu'on a tenté de réformer plus généralement le processus de sélection, mais ne nous apprennent rien sur la protection constitutionnelle actuelle de la Cour. L'échec de l'Accord du lac Meech et de l'Accord de Charlottetown signifie simplement que le *statu quo* quant au rôle constitutionnel de la Cour est demeuré intact.

D.   *Les effets des dispositions déclaratoires édictées par le Parlement*

104   Tout changement dans la composition de la Cour doit être fait conformément à l'al. 41*d*) de la *Loi constitutionnelle de 1982*. Le par. 4(1) et les art. 5 et 6 de la *Loi sur la Cour suprême* codifient la composition de la Cour suprême du Canada et les conditions de nomination de ses juges telles qu'elles existaient en 1982. L'article 6 est particulièrement pertinent, car il reflète le caractère bijuridique de la cour et représente l'élément clé de l'entente historique qui a permis la création de la Cour suprême. Rappelons que la garantie qu'un tiers des juges de la Cour proviendraient du Québec assurait que la Cour posséderait une expertise en droit civil et que les traditions juridiques et valeurs sociales du Québec y seraient représentées et renforçait la confiance du Québec envers la Cour.

105   Les conditions de nomination générales et les conditions de nomination particulières pour le Québec sont des aspects de la composition de la Cour. En conséquence, toute modification importante portant sur ces conditions de nomination constitue une modification de la Constitution portant sur la composition de la Cour suprême du Canada et entraîne l'application de la partie V de la *Loi constitutionnelle de 1982*. Toute modification des conditions de nomination aux trois postes de juge de la Cour réservés pour le Québec codifiées à l'art. 6 exige donc le consentement unanime du Parlement et des 10 provinces.

106   Comme l'art. 6.1 de la *Loi sur la Cour suprême* (l'art. 472 du projet de loi intitulé *Loi n° 2 sur le plan d'action économique de 2013*) modifie substantiellement les conditions de nomination d'un juge pour le Québec fixées à l'art. 6, il apporte une modification à la Constitution du Canada portant sur un sujet qui requiert le consentement unanime du Parlement et de l'Assemblée législative de chaque province. L'affirmation que l'art. 6.1 est une disposition déclaratoire ne change en rien son effet. Par conséquent, l'art. 6.1 excède le pouvoir du Parlement agissant seul. Toutefois, l'art. 5.1 (article 471) ne modifie pas le droit existant en 1982; il a donc été valablement adopté en vertu de l'art. 101 de la *Loi constitutionnelle de 1867*, bien qu'il soit redondant.

Réponses aux questions du renvoi

107   Nous répondons comme suit aux questions du renvoi

    (1) Une personne qui a autrefois été inscrite comme avocat pendant au moins dix ans au Barreau du Québec peut-elle être nommée à la Cour suprême du Canada à titre de juge de la Cour suprême pour le Québec conformément aux articles 5 et 6 de la *Loi sur la Cour suprême* ?

    Réponse : Non

    (2) Le Parlement peut-il légiférer pour exiger, à titre de condition de sa nomination au poste de juge de la Cour suprême du Canada, qu'une personne soit ou ait été inscrite comme avocat au barreau d'une province pendant au moins dix ans ou adopter des dispositions déclaratoires telles que celles prévues aux articles 471 et 472 du projet de loi intitulé *Loi no 2 sur le plan d'action économique de 2013* ?

Réponse : Pour ce qui est des trois postes de juge de la Cour réservés pour le Québec, la réponse est non. Pour ce qui est de la disposition déclaratoire énoncée dans l'article 472, la réponse est non. Concernant l'article 471, la réponse est oui.

Version française de l'avis rendu par

LE JUGE MOLDAVER —

Introduction

108   Le 22 octobre 2013, le gouverneur général en conseil a soumis les questions suivantes au jugement de la Cour conformément à l'art. 53 de la *Loi sur la Cour suprême*, L.R.C. 1985, ch. S-26 (la « Loi ») :

> 1. Une personne qui a autrefois été inscrite comme avocat pendant au moins dix ans au Barreau du Québec peut-elle être nommée à la Cour suprême du Canada à titre de juge de la Cour suprême pour le Québec conformément aux articles 5 et 6 de la *Loi sur la Cour suprême* ?

> 2. Le Parlement peut-il légiférer pour exiger, à titre de condition de sa nomination au poste de juge de la Cour suprême du Canada, qu'une personne soit ou ait été inscrite comme avocat au barreau d'une province pendant au moins dix ans ou adopter des dispositions déclaratoires telles que celles prévues aux articles 471 et 472 du projet de loi intitulé *Loi no 2 sur le plan d'action économique de 2013* ?

109   Ce renvoi découle de la nomination de l'honorable juge Marc Nadon à l'un des trois postes de juge de la Cour réservés à la province de Québec. Le juge Nadon a autrefois été membre du Barreau du Québec pendant près de 20 ans. Au moment de sa nomination à la Cour, il était juge à la Cour d'appel fédérale[922].

110   Pour répondre à la question 1, il faut décider si les anciens avocats inscrits au Barreau du Québec pendant au moins 10 ans répondent aux conditions de nomination fixées dans la *Loi sur la Cour suprême* relativement aux postes de juge réservés au Québec. Il s'agit d'une question d'ordre juridique, et non politique. Ce n'est pas le rôle de la Cour de faire des commentaires sur l'opportunité d'une nomination ou sur le processus de sélection qui l'a précédée. Ce sont là des questions d'ordre politique qui relèvent du pouvoir exécutif. Elles n'entrent pas dans notre mandat.

111   La réponse à la Question 1 réside dans l'interprétation juste des art. 5 et 6 de la Loi. Pour les motifs qui suivent, je répondrais à la question 1 par l'affirmative. Les articles 5 et 6 permettent de nommer à la Cour tout avocat, actuel ou ancien, inscrit pendant au moins 10 ans au Barreau du Québec. Compte tenu de ma réponse à la question 1, le texte législatif mentionné dans la question 2 est redondant. Il n'a aucun autre effet que de répéter ce que la loi dit déjà. Par conséquent, il n'est pas nécessaire de répondre à la question 2.

112   Cela dit, comme les motifs des juges majoritaires le montrent clairement, une réponse différente à la Question 1 place la Question 2 à l'avant-plan, à mille lieues de la redondance.

---

922.   Le juge Nadon a été nommé à la Division de première instance de la Cour fédérale en 1993. Il a alors été nommé pour combler l'un des 10 postes de cette cour réservés à la province de Québec. Il a ensuite accédé à la Division d'appel de la Cour fédérale en 2001, où il occupait un siège de cette cour réservé à la province de Québec.

Elle soulève des questions constitutionnelles de grande importance pour la Cour et pour son rôle dans notre démocratie constitutionnelle.

113   Bien que ma réponse à la Question 1 me dispense d'examiner ces questions constitutionnelles, j'ai décidé de le faire dans la mesure de ce qui suit. La coexistence de deux systèmes juridiques distincts au Canada — le système de droit civil au Québec et le système de common law ailleurs — constitue une caractéristique unique et fondamentale de notre pays. Il est crucial pour le Québec et pour l'ensemble du Canada que des personnes formées en droit civil fassent partie intégrante du plus haut tribunal du pays. En fait, une garantie à cet égard était un élément capital du compromis auquel en sont arrivés le Parlement et le Québec au moment de la création de la Cour suprême en 1875[923].

114   L'article 6 de la Loi protège le droit du Québec aux trois sièges qui lui sont réservés à la Cour. À l'instar des juges majoritaires, je reconnais que cette garantie a été intégrée à la Constitution et que les trois postes réservés au Québec constituent un élément essentiel de la composition de la Cour. De ce fait, tout changement à cet égard exigerait le consentement unanime du Sénat, de la Chambre des communes et de l'assemblée législative de chaque province conformément à l'alinéa 41*d*) figurant dans la Partie V de la *Loi constitutionnelle de 1982*.

115   Je n'en dirai pas plus. Et ce, parce que j'ai du mal à concevoir qu'une modification de l'art. 6 visant à permettre que les anciens avocats inscrits au Barreau du Québec pendant au moins 10 ans soient admissibles à une nomination à la Cour exigerait l'unanimité, alors qu'il serait possible de modifier d'autres caractéristiques de la Cour — par exemple son rôle de cour générale d'appel pour le Canada et son indépendance — en appliquant la formule 7-50, en vertu de l'al. 42(1)*d*) de la *Loi constitutionnelle de 1982*. En clair, je ne suis pas convaincu que tout changement des conditions de nomination porte sur « la composition de la Cour suprême du Canada » au sens de l'al. 41*d*).

116   Quoi qu'il en soit, la première question qui nous est soumise est beaucoup plus restreinte. On nous demande spécifiquement de déterminer si les conditions de nomination sont plus strictes pour les personnes provenant du Québec que pour celles provenant des provinces de common law.

117   Les juges majoritaires et moi sommes tous d'avis que, suivant l'art. 5 de la Loi, les avocats, *actuels et anciens*, inscrits à un barreau provincial pendant au moins 10 ans, ainsi que les juges, *actuels et anciens*, d'une cour supérieure provinciale, peuvent être nommés juges de notre Cour. Nous différons toutefois d'avis quant à savoir si, dans le cas des trois sièges réservés au Québec, l'art. 6 restreint les conditions de nomination aux seuls membres *actuels* du Barreau du Québec et aux juges *actuels* des cours supérieures de cette province. Contrairement à mes collègues, j'estime que ce n'est pas le cas. À mon humble avis, les mêmes conditions de nomination, énoncées à l'art. 5, s'appliquent à tous les candidats, y compris ceux qui sont choisis parmi les institutions québécoises pour occuper un siège réservé au Québec. L'exigence voulant qu'une personne soit inscrite au barreau au moment de sa nomination ne trouve un appui ni dans le texte de l'art. 6, ni dans son contexte, son historique législatif ou l'objet qui le sous-tend. Cette exigence de contemporanéité ne trouve pas non plus d'appui dans l'économie de la *Loi sur la Cour suprême*. En bref, la contemporanéité n'a jamais été exigée à l'art. 6 et j'estime que toute tentative en vue de l'imposer doit être repoussée.

---

923.   À l'époque, la Loi exigeait que deux des six juges de la Cour proviennent du Québec (*Acte de la Cour Suprême et de l'Échiquier*, S.C. 1875, ch. 11, art. 4). En 1949, lorsque le nombre de juges à la Cour a augmenté pour passer à neuf, le nombre de nominations pour le Québec a été haussé à trois (*Loi modifiant la Loi de la Cour suprême*, S.C. 1949, ch. 37, art. 1).

Analyse

A. *Le texte, le contexte et l'historique des articles 5 et 6*

118 Les art. 5 et 6 de la Loi sont au cœur du débat qui nous occupe :

<table>
<tr>
<td>

5. [Conditions de nomination] Les juges sont choisis parmi les juges, actuels ou anciens, d'une cour supérieure provinciale et parmi les avocats inscrits pendant au moins dix ans au barreau d'une province.

</td>
<td>

5. [Who may be appointed judges] Any person may be appointed a judge who is or has been a judge of a superior court of a province or a barrister or advocate of at least ten years standing at the bar of a province.

</td>
</tr>
<tr>
<td>

6. [Représentation du Québec] Au moins trois des juges sont choisis parmi les juges de la Cour d'appel ou de la Cour supérieure de la province de Québec ou parmi les avocats de celle-ci.

</td>
<td>

6. [Three judges from Quebec] At least three of the judges shall be appointed from among the judges of the Court of Appeal or of the Superior Court of the Province of Quebec or from among the advocates of that Province.

</td>
</tr>
</table>

119 L'article 5 énonce les conditions de base auxquelles une personne doit satisfaire pour être nommée juge de la Cour. L'article 6 garantit au Québec trois sièges à la Cour en précisant que, pour au moins trois des juges, le barreau mentionné à l'art. 5 est celui du Québec, et les cours supérieures mentionnées à l'art. 5 sont la Cour supérieure du Québec et la Cour d'appel du Québec. Autrement dit, l'art. 6 précise l'art. 5 en exigeant que, pour trois postes de juge de notre Cour, les candidats qui satisfont aux critères de l'art. 5 soient choisis parmi trois institutions québécoises (le Barreau du Québec, la Cour d'appel du Québec et la Cour supérieure du Québec). L'article 6 n'impose aucune autre condition.

120 Même si la version française actuelle de l'art. 5 peut être nébuleuse, la version anglaise actuelle est claire. Mes collègues soulignent donc, avec raison selon moi, que, conformément à la règle d'interprétation des lois bilingues selon laquelle il faut retenir le sens commun aux deux versions, il faut se fonder sur la version anglaise de l'art. 5 pour l'interpréter. Comme l'indiquent les mots « *is or has been* », une personne peut être nommée si elle est un avocat, actuel *ou* ancien, inscrit pendant au moins 10 ans au barreau d'une province, ou si elle est un juge, actuel *ou* ancien, d'une cour supérieure. Mes collègues acceptent cette conclusion. Toutefois, relativement aux sièges réservés pour le Québec, ils affirment que l'art. 6 impose comme exigence supplémentaire que les candidats soient des membres *actuels* du Barreau du Québec ou qu'ils soient des juges *actuels* d'une cour supérieure du Québec.

121 En toute déférence, je ne partage pas leur avis. Les articles 5 et 6 sont inextricablement liés — et c'est là la clé pour comprendre que les conditions de nomination minimales de l'art. 5 s'appliquent également à la nomination des juges pour le Québec dont il est question à l'art. 6. Ce lien n'est nulle part plus évident que dans la formulation des art. 5 et 6 eux-mêmes, que je répète ici par souci de commodité, en en soulignant les termes clés :

<table>
<tr>
<td>

5. [Conditions de nomination] <u>Les juges sont choisis</u> parmi les juges, actuels ou anciens, d'une cour supérieure provinciale et parmi les avocats inscrits pendant au moins dix ans au barreau d'une province.

</td>
<td>

5. [Who may be appointed judges] <u>Any person may be appointed a judge</u> who is or has been a judge of a superior court of a province or a barrister or advocate of at least ten years standing at the bar of a province.

</td>
</tr>
</table>

6. [Représentation du Québec] Au moins trois des juges sont choisis parmi les juges de la Cour d'appel ou de la Cour supérieure de la province de Québec ou parmi les avocats de celle-ci.

6. [Three judges from Quebec] At least three of the judges shall be appointed from among the judges of the Court of Appeal or of the Superior Court of the Province of Quebec or from among the advocates of that Province.

122   Tout d'abord, les mots « *[l]es* juges » à l'art. 5 indiquent clairement que les conditions de nomination qu'énonce cet article s'appliquent à *toutes* les personnes nommées juges. Ensuite, les mots « *des* juges » à l'art. 6 renvoient explicitement à la description *des* juges de l'art. 5. Manifestement, il faut lire l'art. 5 afin de comprendre *quels* juges sont mentionnés à l'art. 6 et quelles sont les conditions de leur nomination.

123   Mises à part ces indications textuelles, l'art. 6 mène à un résultat absurde si on *ne* le lit *pas* en conjonction avec l'art. 5. L'article 6 n'indique aucunement pendant combien de temps une personne doit être inscrite au barreau pour devenir admissible à occuper l'un des sièges de la Cour réservés au Québec. Par conséquent, si on ne lit pas l'art. 6 en conjonction avec l'art. 5, *tout* membre du Barreau du Québec, y compris un avocat néophyte admis au barreau la veille, serait admissible à occuper l'un des sièges de la Cour réservés au Québec. Devant ce résultat manifestement absurde, les juges de la majorité reconnaissent que l'expression « avocats de [la province] » à l'art. 6 *doit* être liée à la condition d'inscription au barreau pendant 10 ans que pose l'art. 5.

124   Mais, disent-ils, le lien s'arrête là. Il ne s'étend pas au fait que, pour l'application de l'art. 5, tous les avocats, actuels et anciens, inscrits au barreau pendant au moins 10 ans peuvent être nommés juges de la Cour. J'estime, en toute déférence, qu'il s'agit d'une interprétation sélective. Il n'existe pas à ce jour de principe d'interprétation des lois qui permette de puiser seulement les aspects qui nous agréent dans l'art. 5 — et de rejeter les autres.

125   Étant donné que l'art. 6 renvoie explicitement aux critères d'admissibilité énoncés à l'art. 5 et qu'il serait absurde que l'art. 6 ne tire pas son sens de l'art. 5, il faut logiquement se poser la question suivante : qu'est-ce qui, à l'article 6, impose une exigence de contemporanéité aux personnes nommées pour le Québec ? À mon avis, la réponse est rien du tout.

126   Contrairement aux juges majoritaires, j'estime, avec égards, que le mot « parmi », à l'art. 6, n'impose pas une exigence de contemporanéité aux juges nommés pour le Québec. Ce terme n'a aucune signification temporelle. Il tire son sens du contexte et ne peut, de lui-même, appuyer la prétention qu'une personne doit être un membre *actuel* du barreau ou de la magistrature pour être nommée juge de notre Cour pour le Québec. En bref, il ne modifie pas le groupe de personnes visé à l'art. 6 — celui qui est décrit à l'art. 5.

127   Si le législateur *avait eu* l'intention de faire une distinction entre les personnes nommées pour le Québec et les autres personnes, en exigeant des juges du Québec qu'ils soient des juges actuels ou des membres actuels du barreau, il l'aurait certainement indiqué en termes clairs. Il n'aurait pas masqué cette distinction cruciale entre les candidats du Québec et les autres candidats au moyen d'un terme aussi ambigu et non concluant que le mot « parmi ». L'ajout du mot « actuels » après les mots « juges » et « avocats » à l'art. 6 se serait avéré une solution simple et évidente.

128   En plus de n'avoir aucune signification temporelle, le mot « parmi » renforce l'idée d'un lien inextricable entre les art. 5 et 6. C'est ce qui ressort à l'examen des termes employés à l'origine dans la Loi de 1875 (S.C. 1875, ch. 11). À l'époque, le texte des art. 5 et 6 actuels se

retrouvait dans une même phrase – à l'art. 4 de la Loi de 1875. Cette disposition énonçait les conditions de nomination des juges de la nouvelle Cour suprême :

4. Sa Majesté pourra nommer, par lettres patentes sous le grand sceau du Canada, — comme juge en chef de cette cour, — une personne étant ou ayant été juge de l'une des cours supérieures dans quelqu'une des provinces formant la Puissance du Canada, ou un avocat ayant pratiqué pendant au mois dix ans au barreau de quelqu'une de ces provinces et, — comme juges puînés de cette cour,— cinq personnes étant ou ayant été respectivement juges de l'une de ces cours supérieures, ou étant avocats de pas moins de dix ans de pratique au barreau de quelqu'une de ces provinces, dont deux au moins seront pris *parmi* les juges de la Cour Supérieure ou de la Cour du Banc de la Reine, ou parmi les procureurs ou avocats de la province de Québec; et les vacances survenant dans ces charges seront, au besoin, remplies de la même manière. Le juge en chef et les juges de la Cour Suprême seront respectivement le juge en chef et les juges de la Cour de l'Échiquier. Ils résideront en la cité d'Ottawa, ou dans un rayon de cinq milles de cette cité

4. Her Majesty may appoint, by letters patent, under the Great Seal of Canada, one person, who is, or has been, a Judge of one of the Superior Courts in any of the Provinces forming part of the Dominion of Canada, or who is a Barrister or Advocate of at least ten years' standing at the Bar of any one of the said Provinces, to be Chief Justice of the said Court, and five persons who are, or have been, respectively, Judges of one of the said Superior Courts, or who are Barristers or Advocates of at least ten years' standing at the Bar of one of the said Provinces, to be Puisne Judges of the said Court, two of whom at least shall be taken *from among* the Judges of the Superior Court or Court of Queen's Bench or the Barristers or Advocates of the Province of Quebec; and vacancies in any of the said offices shall, from time to time, be filled in like manner. The Chief Justice and Judges of the Supreme Court shall be respectively the Chief Justice and Judges of the Exchequer Court: they shall reside at the City of Ottawa, or within five miles thereof.

129   Cette disposition utilise le mot « parmi » en rapport avec les juges des cours supérieures du Québec. Et pourtant, le contexte, soit les mots « étant ou ayant été respectivement juges » utilisés précédemment dans la disposition, indique très clairement que les juges actuels *et* anciens étaient admissibles à un siège de la Cour réservé pour le Québec — et rien n'a jamais changé à cet égard. Il n'a jamais été suggéré dans le Hansard — et aucune révision subséquente des lois n'a jamais proclamé — que les anciens juges des cours supérieures du Québec ne peuvent pas être nommés juges de notre Cour. Ce qui a changé, c'est qu'en 1886, les *anciens* avocats inscrits au barreau pendant 10 ans sont devenus admissibles à siéger à la Cour, tout comme les avocats actuels (S.R.C. 1886, ch. 135, par. 4(2)).

130   Lorsqu'on comprend que les juges actuels et anciens des cours supérieures du Québec ont toujours été inclus dans le bassin des personnes admissibles, il n'y a qu'un pas à faire pour constater que les modifications de 1886 n'ont pas réduit à deux le nombre des groupes de personnes admissibles pour le Québec — ce nombre, au Québec (et ailleurs au Canada), a plutôt été porté de trois à quatre[924]. On peut passer au peigne fin le Hansard des débats de 1875 — ou de toute année ultérieure — on n'y trouvera rien qui indique que législateur aurait eu l'intention de ramener les quatre groupes de candidats admissibles énumérés à

---

924.   Le mot « étant » employé à l'art. 4 de la Loi de 1875 en rapport avec les avocats a été remplacé par les mots « sera ou aura été », ce qui indique clairement que les avocats anciens et actuels étaient admissibles. Dans la révision de 1886, le par. 4(2) était rédigé comme suit : « Pourra être nommé juge de la cour quiconque sera ou aura été juge d'une cour supérieure dans quelqu'une des provinces du Canada, ou un avocat ayant pratiqué pendant au moins dix ans au barreau de quelqu'une de ces provinces ».

l'art. 5 à deux groupes seulement dans le cas du Québec. En bref, la distinction entre quatre groupes d'une part et deux groupes d'autre part n'est fondée ni en fait ni en droit.

131 En résumé, le libellé clair et l'historique législatif des art. 5 et 6 appuient la conclusion que les conditions de nomination énoncées à l'art. 5 s'appliquent également aux juges nommés pour le Québec. En outre, l'examen de l'économie générale de la *Loi sur la Cour suprême* — et en particulier de l'art. 30 — n'est d'aucune utilité pour l'interprétation des art. 5 et 6. Je passe à l'examen de cet article uniquement pour expliquer qu'il ne favorise aucune des interprétations des art. 5 et 6 proposées.

B.   *L'article 30 de la Loi sur la Cour suprême*

132   L'article 30 de la Loi constitue dans l'ensemble une anomalie historique. Il traite de la nomination de juges suppléants pour notre Cour :

30. (1) [Nomination d'un juge suppléant] Dans les cas où, par suite de vacance, d'absence ou d'empêchement attribuable à la maladie, aux congés ou à l'exercice d'autres fonctions assignées par loi ou décret, ou encore de l'inhabilité à siéger d'un ou plusieurs juges, le quorum n'est pas atteint pour tenir ou poursuivre les travaux de la Cour, le juge en chef ou, en son absence, le doyen des juges puînés peut demander par écrit que soit détaché, pour assister aux séances de la Cour à titre de juge suppléant et pendant le temps nécessaire :

a) soit un juge de la Cour d'appel fédérale, de la Cour fédérale ou de la Cour canadienne de l'impôt;

b) soit, si les juges de la Cour d'appel fédérale, de la Cour fédérale ou de la Cour canadienne de l'impôt sont absents d'Ottawa ou dans l'incapacité de siéger, un juge d'une cour supérieure provinciale désigné par écrit, sur demande formelle à lui adressée, par le juge en chef ou, en son absence, le juge en chef suppléant ou le doyen des juges puînés de ce tribunal provincial.

(2) [Appels du Québec] <u>Lorsqu'au moins deux des juges pouvant siéger ne remplissent pas les conditions fixées à l'article 6,</u> le juge suppléant choisi pour l'audition d'un appel d'un jugement rendu dans la province de Québec doit être un juge de la Cour d'appel ou un juge de la Cour supérieure de cette province, désigné conformément au paragraphe (1).

30. (1) [Appointment of *ad hoc* judge] Where at any time there is not a quorum of the judges available to hold or continue any session of the Court, owing to a vacancy or vacancies, or to the absence through illness or on leave or in the discharge of other duties assigned by statute or order in council, or to the disqualification of a judge or judges, the Chief Justice of Canada, or in the absence of the Chief Justice, the senior puisne judge, may in writing request the attendance at the sittings of the Court, as an *ad hoc* judge, for such period as may be necessary,

(a) of a judge of the Federal Court of Appeal, the Federal Court or the Tax Court of Canada; or

(b) if the judges of the Federal Court of Appeal, the Federal Court or the Tax Court of Canada are absent from Ottawa or for any reason are unable to sit, of a judge of a provincial superior court to be designated in writing by the chief justice, or in the absence of the chief justice, by any acting chief justice or the senior puisne judge of that provincial court on that request being made to that acting chief justice or that senior puisne judge in writing.

(2) [Quebec appeals] <u>Unless two of the judges available fulfil the requirements of section 6,</u> the *ad hoc* judge for the hearing of an appeal from a judgment rendered in the Province of Quebec shall be a judge of the Court of Appeal or a judge of the Superior Court of that Province designated in accordance with subsection (1).

133   Parce que le par. 30(2) ne mentionne pas les juges des cours fédérales provenant du Québec et que ces derniers ne peuvent agir à titre de juges suppléants pour l'audition de l'appel d'un jugement rendu au Québec lorsque le quorum n'est pas atteint et qu'au moins deux juges de la Cour provenant du Québec ne sont pas disponibles,[925] les intervenants Rocco Galati et Constitutional Rights Centre Inc. plaident que les juges des cours fédérales ne devraient pas être admissibles à un siège *permanent* de la Cour réservé pour le Québec. Mes collègues s'appuient sur cet argument pour conclure à l'exigence de contemporanéité, qui a pour effet d'exclure la nomination de juges des cours fédérales pour occuper à notre Cour un siège permanent réservé au Québec.

134   Pour les motifs qui suivent, je n'accepte pas ces prétentions. L'article 30 n'est d'aucun secours pour l'interprétation des conditions de nomination qu'énoncent les art. 5 et 6 de la Loi. À cet égard, je fais miens, pour l'essentiel, les arguments qu'avance le doyen Sébastien Grammond.[926] au nom des intervenants Robert Décary, Alice Desjardins et Gilles Létourneau.

135   J'ai déjà indiqué que l'art. 30 constitue une anomalie historique. Afin d'expliquer pourquoi le par. 30(2) ne mentionne pas les juges des cours fédérales provenant du Québec, il faut tracer l'historique législatif de cette disposition. Cet article a été adopté en 1918 (S.R. 1918, ch. 7, art. 1). À l'époque, la Cour ne comptait que six juges et la Loi fixait le quorum à cinq juges. Par conséquent, si, pour une raison ou une autre, deux juges ou plus n'étaient pas disponibles, la Cour ne pouvait entendre des appels faute de quorum. En 1918, l'absence de plusieurs juges a placé la Cour dans une situation critique. Le Parlement a réagi en introduisant dans la Loi la notion de juges suppléants. Ces derniers devaient remplir temporairement les fonctions de juge de la Cour suprême de sorte que le quorum soit atteint et que les appels soient entendus.

136   Pour des raisons d'ordre pratique, le Parlement voulait qu'un juge suppléant provienne d'abord de la Cour de l'Échiquier (aujourd'hui remplacée par les cours fédérales) puisque cette cour siégeait elle aussi à Ottawa. À l'époque, la Cour de l'Échiquier ne comptait que deux juges — le « juge » et le « juge adjoint » (*Loi modifiant la Loi de la Cour de l'Échiquier*, S.R. 1912, ch. 21, art. 1).

137   Il importe de signaler qu'à l'époque, le juge adjoint provenait du Québec. Le fait de nommer l'un ou l'autre des juges de la Cour de l'Échiquier pour siéger à titre de juge suppléant pouvait alors faire en sorte que le juge adjoint — un Québécois — soit nommé. Ce qui engendrait la possibilité qu'une majorité de juges civilistes entendent une affaire de common law, si la perte du quorum de la Cour résultait de l'absence de deux juges de common law.

138   Le Parlement a cherché à éviter un tel résultat en précisant que seul pouvait être nommé juge suppléant « le juge » de la Cour de l'Échiquier, un terme qui excluait nécessairement le juge adjoint. Devant le mécontentement du Québec, le Parlement a accepté que, pour entendre l'appel d'un jugement rendu au Québec, si la perte du quorum résultait de l'absence d'au moins deux juges du Québec, le juge suppléant serait choisi parmi les juges des cours supérieures de cette province.[927]

139   En résumé, lorsqu'il a adopté l'art. 30, le législateur visait deux objectifs précis — tout d'abord, s'assurer que notre Cour continue d'exercer ses fonctions et, ensuite, s'assurer que

---

925.   Il convient de noter que des juges suppléants provenant des cours fédérales, qu'ils soient du Québec ou d'ailleurs, *peuvent* remplacer un juge de la Cour provenant du Québec qui est absent. Le paragraphe 30(2) s'applique uniquement lorsqu'au moins deux juges du Québec sont absents pour l'audition d'un appel d'une décision rendue au Québec.

926.   Doyen de la Section de droit civil de la Faculté de droit de l'Université d'Ottawa.

927.   Voir I. Bushnell, *The Federal Court of Canada: A History, 1875-1992* (1997), p. 95-96.

des juges civilistes ne puissent former une majorité lors de l'audition d'un appel sur une matière relevant de la common law. Le législateur a examiné la teneur de l'art. 30 pour la dernière fois en 1920, lorsqu'il a modifié la *Loi sur la Cour de l'Échiquier* pour permettre la nomination de tout juge de la Cour de l'Échiquier à titre de juge suppléant (S.C. 1920, ch. 26, art. 1; S.R.C. 1927, ch. 35, art. 5). À l'époque, il n'était pas possible d'inclure des juges de la Cour fédérale provenant du Québec au par. 30(2), puisque les cours fédérales n'existaient pas et que la Cour de l'Échiquier, qui *existait* alors, n'avait pas de sièges réservés pour le Québec.

140   Les juges majoritaires affirment que « l'omission répétée d'inclure les juges de la Cour fédérale et de la Cour d'appel fédérale provenant du Québec parmi les juges qui peuvent siéger à notre Cour en remplacement de juges nommés aux termes de l'art. 6 laisse croire que leur exclusion était délibérée » (par. 67). En fait, la preuve suggère l'inverse. Les modifications législatives faites pour mettre à jour le nom des cours mentionnées dans cet article étaient de nature organisationnelle et touchaient exclusivement le par. 30(1), puisque le par. 30(2) ne mentionnait pas la Cour de l'Échiquier et ne nécessitait pas d'actualisation.[928] Dans la mesure où, à toutes fins utiles, l'art. 30 est devenu obsolète depuis que le nombre de juges siégeant à la Cour est passé à neuf,[929] il n'est guère surprenant que le législateur ne se soit pas préoccupé de la teneur de cette disposition.

141   Mes collègues signalent que le par. 30(2) renvoie à l'art. 6 — « lorsque au moins deux des juges pouvant siéger ne remplissent pas les conditions fixées à l'art. 6 » — et ils en déduisent que les deux articles sont « explicitement liés » (par. 65). Or, que le premier segment du par. 30(2) renvoie à l'art. 6 n'aide pas à interpréter *ce que signifie l'art. 6*. En effet, l'art. 30 prévoit manifestement que seuls les juges actuels des cours mentionnées peuvent être nommés juges suppléants de la Cour pour *tous* les appels, et non uniquement pour les appels provenant du Québec. Et ce, même si selon l'art. 5, *tant* les juges actuels que les anciens juges peuvent être nommés à titre permanent. Tout comme les conditions de nomination des juges suppléants énoncées au par. 30(1) n'ont pas d'incidence sur les conditions de nomination des juges *permanents* prévues à l'art. 5 (ce dont conviennent tous les membres de la Cour), le par. 30(2) ne peut servir de fondement à une exigence de contemporanéité à l'art. 6 relativement à la nomination de juges *permanents*.

142   Pour ces motifs, je suis d'avis que l'art. 30 n'est d'aucun secours pour interpréter les art. 5 et 6.

143   Aucun exercice d'interprétation législative n'est complet si les objectifs législatifs qui sous-tendent les dispositions en cause ne sont pas examinés. Je parlerai donc maintenant de ces objectifs.

C.   *Les objectifs législatifs*

(1)   L'objet des articles 5 et 6

144   Comme je l'ai expliqué, l'art. 5 énonce les *conditions de nomination minimales* pour le bassin de candidats potentiels. Les conditions très larges prévues par cette disposition

---

928.   Par exemple, en remplaçant la mention de la « Cour de l'Échiquier » au par. 30(1) par « Cour fédérale » lorsque cette dernière a été créée en 1971 (*Loi sur la Cour fédérale*, S.R.C. 1970, ch. 10 (2ᵉ suppl.), art. 64), puis, en y ajoutant « Cour d'appel fédérale » en 2002 (L.C. 2002, ch. 8, art. 175).

929.   Le nombre de juges de la Cour est passé à neuf en 1949. Toutefois, le quorum légal est demeuré à cinq. Il ne serait donc nécessaire de recourir à l'art. 30 que si cinq des neuf juges de la Cour n'étaient pas disponibles.

garantissent que l'exécutif puisse choisir parmi le bassin le plus large possible de candidats qui satisfont aux conditions de nomination de base.

145   L'objectif législatif qui sous-tend l'art. 6 est différent. En effet, cette disposition a, et a toujours eu, pour objet de garantir qu'un nombre déterminé de juges de la Cour soient formés en droit civil et représentent le Québec. Puisque les postes de juge en question doivent être pourvus par des candidats provenant d'une des trois institutions québécoises énumérées à l'art. 6 (le Barreau du Québec, la Cour d'appel du Québec et la Cour supérieure du Québec), ces candidats auront forcément reçu une formation en droit civil. La combinaison de cette formation et de leur lien avec l'une des institutions québécoises nommées sert à protéger la tradition civiliste du Québec et suscite la confiance du Québec envers la Cour. Dans cette mesure, je suis d'accord avec les juges majoritaires. Cependant, ceci dit avec égards, je ne suis pas d'accord pour dire que l'art. 6 vise à garantir que « les valeurs sociales du Québec [. . .] soient représentées [à la Cour] » (par. 18). Le législateur a délibérément choisi d'inclure uniquement des conditions de nomination objectives dans les art. 5 et 6, et rien dans le libellé de la loi ou dans son historique n'autorise à y importer les valeurs sociales — 140 ans plus tard.

146   Je le répète, l'article 6 vise à protéger la tradition civiliste du Québec et à susciter la confiance des Québécois envers la Cour. L'article 6 reconnaît le caractère unique du Québec et la place importante qu'il occupe dans notre pays, et il a joué un rôle clé pour obtenir l'adhésion du Québec à la création de la Cour suprême du Canada. Ce qui est toutefois crucial, c'est qu'aucune preuve n'établit que le Québec n'aurait pas donné son adhésion si, à l'époque, le débat avait aussi porté sur la question de savoir si les avocats, actuels ou anciens, inscrits au Barreau du Québec devaient être admissibles, comme les juges, actuels ou anciens, des cours supérieures du Québec. En effet, selon mon interprétation de l'art. 4 de la Loi de 1875, les juges actuels *et anciens ont toujours été* admissibles à une nomination. Dans la mesure où il a pu y avoir un doute quant aux anciens membres du barreau, la révision législative de 1886 a clairement indiqué qu'ils satisfont eux aussi aux conditions de nomination.

147   Suggérer que le Québec souhaitait soustraire du bassin de candidats potentiels les anciens avocats inscrits pendant au moins 10 ans au Barreau du Québec revient à réécrire l'histoire. Rien dans le débat historique ne laisse croire que c'était le cas. Penser que le Québec aurait eu une raison quelconque de s'opposer à la nomination à la Cour suprême de juges de la Cour du Québec qui avaient été membres du Barreau du Québec pendant au moins 10 ans au moment de leur nomination à cette cour défie la logique et le bon sens.[930] Les juges de la Cour du Québec appliquent le droit civil *quotidiennement*. Je ne saisis vraiment pas pourquoi ces personnes, par ailleurs admissibles à une nomination à la Cour du fait de leur inscription au Barreau pendant 10 ans, cesseraient soudainement d'être acceptables aux yeux de la population du Québec le jour où elles accèdent à la magistrature. De même, malgré l'inexistence des cours fédérales à l'époque, la prétention que le Québec se serait opposé à la nomination à la Cour d'un juge de la Cour fédérale qui y occupe un des sièges réservés au Québec[931] est, à mon avis, tout aussi dénuée de fondement. Ces juges ont été

---

930.   « La Cour du Québec est une cour de première instance qui a compétence en matières civiles, criminelles et pénales de même que relativement à la jeunesse. Elle a aussi compétence en matières administratives et en appel lorsque le prévoit la loi. La Cour du Québec est composée de 270 juges nommés à vie par le gouvernement du Québec. » (Site Web de Justice Québec (http://www.justice. gouv.qc.ca/français/publications/generale/systeme.htm)).

931.   Parmi les 37 sièges de la Cour fédérale, 10 sont réservés à des juges du Québec (*Loi sur les cours fédérales*, L.R.C. 1985, ch. F-7, art. 5.4). Parmi les 13 sièges de la Cour d'appel fédérale, 5 sont réservés à des juges du Québec (*ibid.*).

formés en droit civil et ils continuent d'entendre des causes de droit fédéral impliquant le Québec qui exigent une connaissance pratique du droit civil.

148   Mes collègues soutiennent le législateur est libre de « tracer la ligne » en choisissant une solution peut-être « trop limitative au regard des objets de [l'art. 6] », et en fixant ainsi des critères qui « ne sont peut-être pas parfaits » (par. 57-58). Selon eux, le législateur a choisi certains critères objectifs et il n'appartient pas à la Cour de s'interroger sur la sagesse de sa décision. Je suis d'accord. Cela dit, lorsqu'il s'agit d'interpréter une loi pour déterminer ce que *sont* les critères pertinents — c'est-à-dire ce que le législateur voulait qu'ils soient — il faut éviter d'en arriver à des résultats absurdes. (Voir par ex. *Rizzo& Rizzo Shoes Ltd. (Re)*, [1998] 1 R.C.S. 27, par. 27, et *Morgentaler c. La Reine*, [1976] 1 R.C.S. 616, p. 676). En toute déférence, j'estime qu'il faudrait appliquer ce principe pour interpréter l'art. 6 — et son application mène nécessairement au rejet de l'exigence de la contemporanéité.

(2)   L'exigence de la contemporanéité ne favorise pas la réalisation de l'objectif législatif de l'article 6

149   En plus de rendre inadmissibles des candidats qui pourraient autrement être dignes d'une nomination à la Cour, l'exigence de la contemporanéité ne favorise en rien la confiance du Québec envers la Cour. Il y a quelque 16 000 membres *actuellement* inscrits au Barreau du Québec depuis au moins 10 ans[932]. On ne peut certainement pas prétendre que la nomination de n'importe lequel de ces 16 000 avocats favoriserait la confiance du Québec envers la Cour.

150   Cela devient encore plus évident lorsqu'on comprend qu'une personne peut rester membre du Barreau du Québec en se contentant de payer sa cotisation annuelle et de consacrer un nombre donné d'heures à la formation juridique continue — actuellement, 30 heures par période de deux ans.[933] Fait à noter, il n'existe *aucune* exigence voulant que cette formation continue ait un lien quelconque avec le droit civil, ni qu'elle soit en fait reçue *au* Québec. D'ailleurs, une personne n'est pas tenue de vivre au Québec, *ni d'exercer réellement le droit au Québec*, pour rester membre du Barreau du Québec. Bref, une personne pourrait avoir le lien le plus ténu avec l'exercice du droit civil au Québec et rester, malgré tout, un avocat inscrit au Barreau du Québec depuis au moins 10 ans.

151   Telle est la réalité — et elle illustre à quel point il n'est pas plausible que quelqu'un puisse considérer l'inscription *actuelle* au Barreau du Québec comme une condition essentielle qui garantit la confiance du Québec envers les nominations à la Cour. De même, il est tout aussi peu vraisemblable que le fait d'être un *ancien* membre du Barreau du Québec puisse, à lui seul, miner cette confiance.

152   Mes collègues ont choisi de ne pas traiter de la portée de l'exigence de contemporanéité de l'art. 6, c'est-à-dire de ne pas décider si la réinscription au Barreau du Québec pour une journée suffit pour qu'une personne puisse être nommée juge de la Cour en tant qu'avocat, ou s'il faut une période plus longue — six mois, deux ans, cinq ans, ou peut-être même une période ininterrompue de 10 ans précédant immédiatement la nomination.

---

932.   Mémoire de l'Association canadienne des Juges de Cours Provinciales, par. 26.

933.   *Règlement sur la formation continue obligatoire des avocats*, R.R.Q., ch. B-1, r. 12, art. 2; voir aussi Site Web du Barreau du Québec (https://www.barreau.qc.ca/fr/avocats/formation-continue/obligatoire/index.html).

153   Pour moi, *la contemporanéité c'est la contemporanéité*. Un ancien juge d'une cour supérieure du Québec ou un ancien avocat qui a été inscrit au Barreau du Québec pendant 10 ans pourrait se réinscrire au barreau pour une journée et répondre ainsi aux conditions de nomination à notre Cour. Selon moi, ce raisonnement met en évidence la vacuité de l'exigence de la contemporanéité. Assurément, ce qui est essentiellement un geste de nature administrative ne change rien. Toute interprétation de l'art. 6 exigeant qu'un *ancien* avocat qui a été membre du Barreau du Québec pendant au moins 10 ans, ou qu'un *ancien* juge de la Cour d'appel du Québec ou de la Cour supérieure, redevienne membre de ce Barreau pendant un jour pour être admissible à une nomination à la Cour n'aurait aucun sens d'un point de vue pratique. En toute déférence, j'ai du mal à croire que la population du Québec aurait, pour une raison ou pour une autre, davantage confiance en un tel candidat le vendredi que le jeudi.

Conclusion

154   Pour ces motifs, je suis d'avis de répondre par l'affirmative à la question 1. Les avocats actuels et les anciens avocats inscrits pendant au moins 10 ans au Barreau du Québec ainsi que les juges actuels ou les anciens juges des cours supérieures du Québec, sont tous admissibles à une nomination à l'un des postes de juge de la Cour réservés au Québec. Compte tenu de ma réponse à la question 1, j'estime inutile de répondre à la question 2.

Jugement en conséquence.

ANNEXE 1

LOI D'INTERPRÉTATION
L.R.C. 1985, c. I-21

LOI CONCERNANT L'INTERPRÉTATION DES LOIS ET DES RÈGLEMENTS

TITRE ABRÉGÉ

1. Titre abrégé – *Loi d'interprétation.*

S.R., ch. I-23, art. 1.

DÉFINITIONS ET INTERPRÉTATION

2.(1) **Définitions** – Les définitions qui suivent s'appliquent à la présente loi.

"public officer" « fonctionnaire public » Agent de l'administration publique fédérale dont les pouvoirs ou obligations sont prévus par un texte.

"Act" « loi » Loi fédérale.

"regulation" « règlement » Règlement proprement dit, décret, ordonnance, proclamation, arrêté, règle judiciaire ou autre, règlement administratif, formulaire, tarif de droits, de frais ou d'honoraires, lettres patentes, commission, mandat, résolution ou autre acte pris :

    a) soit dans l'exercice d'un pouvoir conféré sous le régime d'une loi fédérale;

    b) soit par le gouverneur en conseil ou sous son autorité.

"enactment" « texte » Tout ou partie d'une loi ou d'un règlement.

(2) **Abrogation** – Pour l'application de la présente loi, le remplacement d'un texte emporte son abrogation; vaut aussi abrogation du texte sa cessation d'effet par caducité ou autrement.

L.R. (1985), ch. I-21, art. 2; 1993, ch. 34, art. 88; 1999, ch. 31, art. 146; 2003, ch. 22, art. 224(A).

CHAMP D'APPLICATION

3. (1) **Ensemble des textes** – Sauf indication contraire, la présente loi s'applique à tous les textes, indépendamment de leur date d'édiction.

(2) **Présente loi** – La présente loi s'applique à sa propre interprétation.

(3) **Autres règles d'interprétation** – Sauf incompatibilité avec la présente loi, toute règle d'interprétation utile peut s'appliquer à un texte.

S.R., ch. I-23, art. 3.

FORMULE D'ÉDICTION

4. (1) **Présentation** – La formule d'édiction des lois peut être ainsi conçue :

> « Sa Majesté, sur l'avis et avec le consentement du Sénat et de la Chambre des communes du Canada, édicte : ».

(2) **Disposition** – En cas de préambule, la formule d'édiction s'y rattache; viennent ensuite, en énoncés succincts, les articles du dispositif.

S.R., ch. I-23, art. 4.

EFFET

SANCTION ROYALE

5. (1) **Inscription de la date** – Le greffier des Parlements inscrit sur chaque loi, immédiatement après son titre, la date de sa sanction au nom de Sa Majesté. L'inscription fait partie de la loi.

(2) **Entrée en vigueur** – Sauf disposition contraire y figurant, la date d'entrée en vigueur d'une loi est celle de sa sanction.

(3) **Report de l'entrée en vigueur** – Entre en vigueur à la date de la sanction d'une loi la disposition de cette loi qui prévoit pour l'entrée en vigueur de celle-ci ou de telle de ses dispositions une date ultérieure à celle de la sanction.

(4) **Absence d'indication de date** – Lorsqu'une loi prévoit pour l'entrée en vigueur de certaines de ses dispositions une date antérieure ou postérieure à celle de la sanction, ses autres dispositions entrent en vigueur à la date de la sanction.

S.R., ch. I-23, art. 5.

PRISE ET CESSATION D'EFFET

6. (1) **Cas où la date est fixée** – Un texte prend effet à zéro heure à la date fixée pour son entrée en vigueur; si la date de cessation d'effet est prévue, le texte cesse d'avoir effet à vingt-quatre heures à cette date.

(2) **Absence d'indication de date** – En l'absence d'indication de date d'entrée en vigueur, un texte prend effet :

a) s'il s'agit d'une loi, à zéro heure à la date de sa sanction au nom de Sa Majesté;

b) s'il s'agit d'un règlement non soustrait à l'application du paragraphe 5(1) de la *Loi sur les textes réglementaires*, à zéro heure à la date de l'enregistrement prévu à l'article 6 de cette loi, et, s'il s'agit d'un règlement soustrait à cette application, à zéro heure à la date de sa prise.

(3) **Admission d'office** – La date d'entrée en vigueur d'un texte fixée par règlement publié dans la *Gazette du Canada* est admise d'office.

L.R. (1985), ch. I-21, art. 6; 1992, ch. 1, art. 87.

RÈGLEMENT ANTÉRIEUR À L'ENTRÉE EN VIGUEUR

7. Mesures préliminaires – Le pouvoir d'agir, notamment de prendre un règlement, peut s'exercer avant l'entrée en vigueur du texte habilitant; dans l'intervalle, il n'est toutefois opérant que dans la mesure nécessaire pour permettre au texte de produire ses effets dès l'entrée en vigueur.

S.R., ch. I-23, art. 7.

PORTÉE TERRITORIALE

8. (1) **Règle générale** – Sauf disposition contraire y figurant, un texte s'applique à l'ensemble du pays.

(2) **Texte modificatif** – Le texte modifiant un texte d'application limitée à certaines parties du Canada ne s'applique à une autre partie du Canada ou à l'ensemble du pays que si l'extension y est expressément prévue.

(2.1) **Zone économique exclusive du Canada** – Le texte applicable, au Canada, à l'exploration et à l'exploitation, la conservation et la gestion des ressources naturelles biologiques ou non biologiques s'applique également, à moins que le contexte n'exprime une intention différente, à la zone économique exclusive du Canada.

(2.2) **Plateau continental du Canada** – S'applique également au plateau continental du Canada, à moins que le contexte n'exprime une intention différente, le texte applicable, au Canada, à l'exploration et à l'exploitation :

a) des ressources minérales et autres ressources naturelles non biologiques des fonds marins et de leur sous-sol;

b) des organismes vivants qui appartiennent aux espèces sédentaires, c'est-à-dire les organismes qui, au stade où ils peuvent être pêchés, sont soit immobiles sur le fond ou au-dessous du fond, soit incapables de se déplacer autrement qu'en restant constamment en contact avec le fond ou le sous-sol.

(3) **Extra-territorialité** – Dans le cas de lois fédérales encore en vigueur, édictées avant le 11 décembre 1931 et dont la portée extra-territoriale était, en tout ou en partie, expressément prévue ou susceptible de se déduire logiquement de leur objet, le Parlement est réputé avoir été investi, à la date de leur édiction, du pouvoir conféré par le *Statut de Westminster de 1931* de faire des lois à portée extra-territoriale.

L.R. (1985), ch. I-21, art. 8; 1996, ch. 31, art. 86.

RÈGLES D'INTERPRÉTATION

PROPRIÉTÉ ET DROITS CIVILS

8.1 Tradition bijuridique et application du droit provincial – Le droit civil et la common law font pareillement autorité et sont tous deux sources de droit en matière de propriété et de droits civils au Canada et, s'il est nécessaire de recourir à des règles, principes ou notions appartenant au domaine de la propriété et des droits civils en vue d'assurer l'application d'un texte dans une province, il faut, sauf règle de droit s'y opposant, avoir recours aux règles, principes et notions en vigueur dans cette province au moment de l'application du texte.

2001, ch. 4, art. 8.

8.2 Terminologie – Sauf règle de droit s'y opposant, est entendu dans un sens compatible avec le système juridique de la province d'application le texte qui emploie à la fois des termes propres au droit civil de la province de Québec et des termes propres à la common law des autres provinces, ou qui emploie des termes qui ont un sens différent dans l'un et l'autre de ces systèmes.

2001, ch. 4, art. 8.

LOIS D'INTÉRÊT PRIVÉ

9. Effets – Les lois d'intérêt privé n'ont d'effet sur les droits subjectifs que dans la mesure qui y est prévue.

S.R., ch. I-23, art. 9.

PERMANENCE DE LA RÈGLE DE DROIT

10. Principe général – La règle de droit a vocation permanente; exprimée dans un texte au présent intemporel, elle s'applique à la situation du moment de façon que le texte produise ses effets selon son esprit, son sens et son objet.

S.R., ch. I-23, art. 10.

OBLIGATION ET POUVOIRS

11. Expression des notions – L'obligation s'exprime essentiellement par l'indicatif présent du verbe porteur de sens principal et, à l'occasion, par des verbes ou expressions comportant cette notion. L'octroi de pouvoirs, de droits, d'autorisations ou de facultés s'exprime essentiellement par le verbe «pouvoir» et, à l'occasion, par des expressions comportant ces notions.

S.R., ch. I-23, art. 28.

SOLUTION DE DROIT

12. Principe et interprétation – Tout texte est censé apporter une solution de droit et s'interprète de la manière la plus équitable et la plus large qui soit compatible avec la réalisation de son objet.

S.R., ch. I-23, art. 11.

PRÉAMBULES ET NOTES MARGINALES

13. Préambule – Le préambule fait partie du texte et en constitue l'exposé des motifs.

S.R., ch. I-23, art. 12.

14. Notes marginales – Les notes marginales ainsi que les mentions de textes antérieurs apparaissant à la fin des articles ou autres éléments du texte ne font pas partie de celui-ci, n'y figurant qu'à titre de repère ou d'information.

S.R., ch. I-23, art. 13.

DISPOSITIONS INTERPRÉTATIVES

15. (1) **Application** – Les définitions ou les règles d'interprétation d'un texte s'appliquent tant aux dispositions où elles figurent qu'au reste du texte.

(2) **Restriction** – Les dispositions définitoires ou interprétatives d'un texte :

a) n'ont d'application qu'à défaut d'indication contraire;

b) s'appliquent, sauf indication contraire, aux autres textes portant sur un domaine identique.

S.R., ch. I-23, art. 14.

16. Terminologie des règlements – Les termes figurant dans les règlements d'application d'un texte ont le même sens que dans celui-ci.

S.R., ch. I-23, art. 15.

SA MAJESTÉ

17. Non-obligation, sauf indication contraire – Sauf indication contraire y figurant, nul texte ne lie Sa Majesté ni n'a d'effet sur ses droits et prérogatives.

S.R., ch. I-23, art. 16.

PROCLAMATIONS

18. (1) **Auteur** – Les proclamations dont la prise est autorisée par un texte émanent du gouverneur en conseil.

(2) **Prise sur décret** – Les proclamations que le gouverneur général est autorisé à prendre sont considérées comme prises au titre d'un décret du gouverneur en conseil; toutefois il n'est pas obligatoire, dans ces proclamations, de faire état de leur rattachement au décret.

(3) **Date de prise d'effet** – La date de la prise d'une proclamation sur décret du gouverneur en conseil peut être considérée comme celle du décret même ou comme toute date ultérieure; le cas échéant, la proclamation prend effet à la date ainsi considérée.

(4) [Abrogé, 1992, ch. 1, art. 88]

L.R. (1985), ch. I-21, art. 18; 1992, ch. 1, art. 88.

SERMENTS

19. (1) **Prestation** – Dans les cas de dépositions sous serment ou de prestations de serment prévues par un texte ou par une règle du Sénat ou de la Chambre des communes, peuvent faire prêter le serment et en donner attestation :

a) les personnes autorisées par le texte ou la règle à recevoir les dépositions;

b) les juges, notaires, juges de paix ou commissaires aux serments compétents dans le ressort où s'effectue la prestation.

(2) **Exercice des pouvoirs d'un juge de paix** – Le pouvoir conféré à un juge de paix de faire prêter serment ou de recevoir des déclarations ou affirmations solennelles, ou des affidavits, peut être exercé par un notaire ou un commissaire aux serments.

S.R., ch. I-23, art. 18.

RAPPORTS AU PARLEMENT

20. Dépôt unique – Une loi imposant le dépôt d'un rapport ou autre document au Parlement n'a pas pour effet d'obliger à ce dépôt au cours de plus d'une session.

S.R., ch. I-23, art. 19.

PERSONNES MORALES

21. (1) **Pouvoirs** – La disposition constitutive d'une personne morale comporte :

a) l'attribution du pouvoir d'ester en justice, de contracter sous sa dénomination, d'avoir un sceau et de le modifier, d'avoir succession perpétuelle, d'acquérir et de détenir des biens meubles dans l'exercice de ses activités et de les aliéner;

b) l'attribution, dans le cas où sa dénomination comporte un libellé français et un libellé anglais, ou une combinaison des deux, de la faculté de faire usage de l'un ou l'autre, ou des deux, et d'avoir soit un sceau portant l'empreinte des deux, soit un sceau distinct pour chacun d'eux;

c) l'attribution à la majorité de ses membres du pouvoir de lier les autres par leurs actes;

d) l'exonération de toute responsabilité personnelle à l'égard de ses dettes, obligations ou actes pour ceux de ses membres qui ne contreviennent pas à son texte constitutif.

(2) **Dénomination bilingue** – La dénomination d'une personne morale constituée par un texte se compose de son libellé français et de son libellé anglais même si elle ne figure dans chaque version du texte que selon le libellé correspondant à la langue de celle-ci.

(3) **Commerce de banque** – Une personne morale ne peut se livrer au commerce de banque que si son texte constitutif le prévoit expressément.

S.R., ch. I-23, art. 20.

MAJORITÉ ET QUORUM

22. (1) **Majorité** – La majorité d'un groupe de plus de deux personnes peut accomplir les actes ressortissant aux pouvoirs ou obligations du groupe.

(2) **Quorum** – Les dispositions suivantes s'appliquent à tout organisme — tribunal, office, conseil, commission, bureau ou autre — d'au moins trois membres constitué par un texte :

a) selon que le texte attribue à l'organisme un effectif fixe ou variable, le quorum est constitué par la moitié de l'effectif ou par la moitié du nombre de membres en fonctions, pourvu que celui-ci soit au moins égal au minimum possible de l'effectif;

b) tout acte accompli par la majorité des membres de l'organisme présents à une réunion, pourvu que le quorum soit atteint, vaut acte de l'organisme;

c) une vacance au sein de l'organisme ne fait pas obstacle à son existence ni n'entrave son fonctionnement, pourvu que le nombre de membres en fonctions ne soit pas inférieur au quorum.

S.R., ch. I-23, art. 21.

NOMINATIONS, CESSATION DES FONCTIONS ET POUVOIRS

23. (1) **Amovibilité** – Indépendamment de leur mode de nomination et sauf disposition contraire du texte ou autre acte prévoyant celle-ci, les fonctionnaires publics sont réputés avoir été nommés à titre amovible.

(2) **Actes de nomination revêtus du grand sceau** – La date de la prise d'un acte de nomination revêtu du grand sceau peut être considérée comme celle de l'autorisation de la prise de l'acte ou une date ultérieure, la nomination prenant effet à la date ainsi considérée.

(3) **Autres actes de nomination** – Les actes portant nomination à un poste ou louage de services et dont un texte prévoit qu'ils n'ont pas à être revêtus du grand sceau peuvent fixer, pour leur date de prise d'effet, celle de l'entrée en fonctions du titulaire du poste ou du début de la prestation des services, ou une date ultérieure; la date ainsi fixée est, sauf si elle précède de plus de soixante jours la date de prise de l'acte, celle de la prise d'effet de la nomination ou du louage.

(4) **Rémunération** – L'autorité investie du pouvoir de nomination peut fixer ou modifier la rémunération de la personne nommée ou y mettre fin.

(5) **Entrée en fonctions ou cessation de fonctions** – La nomination ou la cessation de fonctions qui sont prévues pour une date déterminée prennent effet à zéro heure à cette date.

S.R., ch. I-23, art. 22.

24. (1) **Pouvoirs implicites des fonctionnaires publics** – Le pouvoir de nomination d'un fonctionnaire public à titre amovible comporte pour l'autorité qui en est investie les autres pouvoirs suivants :

a) celui de mettre fin à ses fonctions, de le révoquer ou de le suspendre;

b) celui de le nommer de nouveau ou de le réintégrer dans ses fonctions;

c) celui de nommer un remplaçant ou une autre personne chargée d'agir à sa place.

(2) **Exercice des pouvoirs ministériels** – La mention d'un ministre par son titre ou dans le cadre de ses attributions, que celles-ci soient d'ordre administratif, législatif ou judiciaire, vaut mention :

a) de tout ministre agissant en son nom ou, en cas de vacance de la charge, du ministre investi de sa charge en application d'un décret;

b) de ses successeurs à la charge;

c) de son délégué ou de celui des personnes visées aux alinéas *a*) et *b*);

d) indépendamment de l'alinéa *c*), de toute personne ayant, dans le ministère ou département d'État en cause, la compétence voulue.

(3) **Restriction relative aux fonctionnaires** – Les alinéas (2)*c*) ou *d*) n'ont toutefois pas pour effet d'autoriser l'exercice du pouvoir de prendre des règlements au sens de la *Loi sur les textes réglementaires*.

(4) **Successeurs et délégué d'un fonctionnaire public** – La mention d'un fonctionnaire public par son titre ou dans le cadre de ses attributions vaut mention de ses successeurs à la charge et de son ou leurs délégués ou adjoints.

(5) **Pouvoirs du titulaire d'une charge publique** – Les attributions attachées à une charge peuvent être exercées par son titulaire effectivement en poste.

L.R. (1985), ch. I-21, art. 24; 1992, ch. 1, art. 89.

PREUVE

25. (1) **Preuve documentaire** – Fait foi de son contenu en justice sauf preuve contraire le document dont un texte prévoit qu'il établit l'existence d'un fait sans toutefois préciser qu'il l'établit de façon concluante.

(2) **Imprimeur de la Reine** – La mention du nom ou du titre de l'imprimeur de la Reine et contrôleur de la papeterie ou de l'imprimeur de la Reine, portée sur les exemplaires d'un texte, est réputée être la mention de l'imprimeur de la Reine pour le Canada.

S.R., ch. I-23, art. 24.

CALCUL DES DÉLAIS

26. Jour férié – Tout acte ou formalité peut être accompli le premier jour ouvrable suivant lorsque le délai fixé pour son accomplissement expire un jour férié.

L.R. (1985), ch. I-21, art. 26; 1999, ch. 31, art. 147(F).

27. (1) **Jours francs** – Si le délai est exprimé en jours francs ou en un nombre minimal de jours entre deux événements, les jours où les événements surviennent ne comptent pas.

(2) **Délais non francs** – Si le délai est exprimé en jours entre deux événements, sans qu'il soit précisé qu'il s'agit de jours francs, seul compte le jour où survient le second événement.

(3) **Début et fin d'un délai** – Si le délai doit commencer ou se terminer un jour déterminé ou courir jusqu'à un jour déterminé, ce jour compte.

(4) **Délai suivant un jour déterminé** – Si le délai suit un jour déterminé, ce jour ne compte pas.

(5) **Acte à accomplir dans un délai** – Lorsqu'un acte doit être accompli dans un délai qui suit ou précède un jour déterminé, ce jour ne compte pas.

S.R., ch. I-23, art. 25.

28. Délai exprimé en mois – Si le délai est exprimé en nombre de mois précédant ou suivant un jour déterminé, les règles suivantes s'appliquent:

a) le nombre de mois se calcule, dans un sens ou dans l'autre, exclusion faite du mois où tombe le jour déterminé;

b) le jour déterminé ne compte pas;

c) le jour qui, dans le dernier mois obtenu selon l'alinéa *a*), porte le même quantième que le jour déterminé compte; à défaut de quantième identique, c'est le dernier jour de ce mois qui compte.

S.R., ch. I-23, art. 25.

29. Heure – La mention d'une heure est celle de l'heure normale.

S.R., ch. I-23, art. 25.

30. Mention de l'âge – En cas de mention d'un âge, il faut entendre le nombre d'années atteint à l'anniversaire correspondant, à zéro heure.

S.R., ch. I-23, art. 25.

DIVERS

31. (1) **Ressort** – Les actes auxquels sont tenus ou autorisés soit des juges, juges de la cour provinciale, juges de paix, fonctionnaires ou agents, soit quiconque devant eux, ne peuvent être accomplis que par ou devant ceux dans le ressort desquels se trouve le lieu de l'accomplissement.

(2) Pouvoirs complémentaires – Le pouvoir donné à quiconque, notamment à un agent ou fonctionnaire, de prendre des mesures ou de les faire exécuter comporte les pouvoirs nécessaires à l'exercice de celui-ci.

(3) Modalités d'exercice des pouvoirs – Les pouvoirs conférés peuvent s'exercer, et les obligations imposées sont à exécuter, en tant que de besoin.

(4) Pouvoir réglementaire – Le pouvoir de prendre des règlements comporte celui de les modifier, abroger ou remplacer, ou d'en prendre d'autres, les conditions d'exercice de ce second pouvoir restant les mêmes que celles de l'exercice du premier.

L.R. (1985), ch. I-21, art. 31; L.R. (1985), ch. 27 (1er suppl.), art. 203.

32. Formulaires – L'emploi de formulaires, modèles ou imprimés se présentant différemment de la présentation prescrite n'a pas pour effet de les invalider, à condition que les différences ne portent pas sur le fond ni ne visent à induire en erreur.

S.R., ch. I-23, art. 26.

33. (1) **Genre grammatical** – Le masculin ou le féminin s'applique, le cas échéant, aux personnes physiques de l'un ou l'autre sexe et aux personnes morales.

(2) Nombre grammatical – Le pluriel ou le singulier s'appliquent, le cas échéant, à l'unité et à la pluralité.

(3) Famille de mots – Les termes de la même famille qu'un terme défini ont un sens correspondant.

L.R. (1985), ch. I-21, art. 33; 1992, ch. 1, art. 90.

INFRACTIONS

34. (1) **Mise en accusation ou procédure sommaire** – Les règles suivantes s'appliquent à l'interprétation d'un texte créant une infraction :

a) l'infraction est réputée un acte criminel si le texte prévoit que le contrevenant peut être poursuivi par mise en accusation;

b) en l'absence d'indication sur la nature de l'infraction, celle-ci est réputée punissable sur déclaration de culpabilité par procédure sommaire;

c) s'il est prévu que l'infraction est punissable sur déclaration de culpabilité soit par mise en accusation soit par procédure sommaire, la personne déclarée coupable de l'infraction par procédure sommaire n'est pas censée avoir été condamnée pour un acte criminel.

(2) Application du *Code criminel* – Sauf disposition contraire du texte créant l'infraction, les dispositions du *Code criminel* relatives aux actes criminels s'appliquent aux actes criminels prévus par un texte et celles qui portent sur les infractions punissables sur déclaration de culpabilité par procédure sommaire s'appliquent à toutes les autres infractions créées par le texte.

(3) **Application aux documents** – Dans tout document, notamment commission, proclamation ou mandat, relatif au droit pénal ou à la procédure pénale :

> *a*) la mention d'une infraction punissable sur déclaration de culpabilité par mise en accusation équivaut à celle d'un acte criminel;

> *b*) la mention de toute autre infraction équivaut à celle d'une infraction punissable sur déclaration de culpabilité par procédure sommaire.

S.R., ch. I-23, art. 27.

ENTRÉE DANS UNE MAISON D'HABITATION POUR ARRESTATION

34.1. Autorisation de pénétrer dans une maison d'habitation – Toute personne habilitée à délivrer un mandat pour l'arrestation d'une personne en vertu d'une autre loi fédérale que le *Code criminel* est investie, avec les mêmes réserves, des pouvoirs que le *Code criminel* confère aux juges ou juges de paix pour autoriser quiconque est chargé de l'exécution du mandat :

> *a*) à pénétrer dans une maison d'habitation désignée en vue de l'arrestation, si elle est convaincue, sur la foi d'une dénonciation sous serment, qu'il existe des motifs raisonnables de croire que la personne à arrêter s'y trouve ou s'y trouvera;

> *b*) à ne pas prévenir au préalable, pourvu que l'exigence posée au paragraphe 529.4(1) du *Code criminel* soit remplie.

1997, ch. 39, art. 4.

DÉFINITIONS

35. (1) **Définitions d'application générale** – Les définitions qui suivent s'appliquent à tous les textes.

"diplomatic or consular officer" « agent diplomatique ou consulaire » Sont compris parmi les agents diplomatiques ou consulaires les ambassadeurs, envoyés, ministres, chargés d'affaires, conseillers, secrétaires, attachés, les consuls généraux, consuls, vice-consuls et leurs suppléants, les suppléants des agents consulaires, les hauts-commissaires et délégués permanents et leurs suppléants.

"bank" « banque » Banque figurant aux annexes I ou II de la *Loi sur les banques*.

"Canada" « Canada » Il est entendu que les eaux intérieures et la mer territoriale du Canada font partie du territoire de celui-ci.

"security" and *"sureties"* « caution » ou « cautionnement » L'emploi de « caution », de « cautionnement » ou de termes de sens analogue implique que la garantie correspondante est suffisante et que, sauf disposition expresse contraire, il suffit d'une seule personne pour la fournir.

"Commonwealth" or *"Commonwealth of Nations"* *"British Commonwealth"* or *"British Commonwealth of Nations"* « Commonwealth », « Commonwealth britannique », « Commonwealth des nations » ou « Commonwealth des nations britanniques » Association des pays figurant à l'annexe.

"Commonwealth and Dependent Territories" «Commonwealth et dépendances» Les pays du Commonwealth et leurs colonies ou possessions, ainsi que les États ou territoires placés sous leur protectorat, leur condominium, leur tutelle ou, d'une façon générale, leur dépendance.

"county" «comté» Peut s'entendre de plusieurs comtés réunis pour les besoins de l'application d'un texte.

"contravene" «contravention» Est assimilé à la contravention le défaut de se conformer à un texte.

«cour de comté» [Abrogée, 1990, ch. 17, art. 26]

«Cour fédérale» [Abrogée, 2002, ch. 8, art. 151]

"statutory declaration" «déclaration solennelle» Déclaration faite aux termes de l'article 41 de la *Loi sur la preuve au Canada.*

"two justices" «deux juges de paix» Au moins deux titulaires de cette fonction réunis ou agissant ensemble.

"Canadian waters" «eaux canadiennes» Notamment la mer territoriale et les eaux intérieures du Canada.

"internal waters" «eaux intérieures»

a) S'agissant du Canada, les eaux intérieures délimitées en conformité avec la *Loi sur les océans,* y compris leur fond ou leur lit, ainsi que leur sous-sol et l'espace aérien correspondant;

b) s'agissant de tout autre État, les eaux situées en deçà de la ligne de base de la mer territoriale de cet État.

"writing" «écrit» Mots pouvant être lus, quel que soit leur mode de présentation ou de reproduction, notamment impression, dactylographie, peinture, gravure, lithographie ou photographie. La présente définition s'applique à tout terme de sens analogue.

"United States" «États-Unis» Les États-Unis d'Amérique.

"reserve force" «force de réserve» S'entend au sens de la *Loi sur la défense nationale.*

"regular force" «force régulière» S'entend au sens de la *Loi sur la défense nationale.*

"Governor", *"Governor General"* or *"Governor of Canada"* «gouverneur», «gouverneur du Canada» ou «gouverneur général» Le gouverneur général du Canada ou tout administrateur ou autre fonctionnaire de premier rang chargé du gouvernement du Canada au nom du souverain, quel que soit son titre.

"Governor General in Council" or *"Governor in Council"* «gouverneur en conseil» ou «gouverneur général en conseil» Le gouverneur général du Canada agissant sur l'avis ou sur l'avis et avec le consentement du Conseil privé de la Reine pour le Canada ou conjointement avec celui-ci.

"Great Seal" « grand sceau » Le grand sceau du Canada.

"Clerk of the Privy Council" or *"Clerk of the Queen's Privy Council"* « greffier du Conseil privé » ou « greffier du Conseil privé de la Reine » Le greffier du Conseil privé et secrétaire du Cabinet.

"local time" « heure locale » L'heure observée au lieu considéré pour la détermination des heures ouvrables.

"standard time" « heure normale » Sauf disposition contraire d'une proclamation du gouverneur en conseil destinée à s'appliquer à tout ou partie d'une province, s'entend :

a) à Terre-Neuve, de l'heure normale de Terre-Neuve, en retard de trois heures et demie sur l'heure de Greenwich;

b) en Nouvelle-Écosse, au Nouveau-Brunswick, dans l'Île-du-Prince-Édouard, dans les régions du Québec situées à l'est du soixante-troisième méridien de longitude ouest et dans les régions du territoire du Nunavut situées à l'est du soixante-huitième méridien de longitude ouest, de l'heure normale de l'Atlantique, en retard de quatre heures sur l'heure de Greenwich;

c) dans les régions du Québec situées à l'ouest du soixante-troisième méridien de longitude ouest, dans les régions de l'Ontario situées entre les soixante-huitième et quatre-vingt-dixième méridiens de longitude ouest, dans l'Île Southampton et les îles voisines, et dans les régions du territoire du Nunavut situées entre les soixante-huitième et quatre-vingt-cinquième méridiens de longitude ouest, de l'heure normale de l'Est, en retard de cinq heures sur l'heure de Greenwich;

d) dans les régions de l'Ontario situées à l'ouest du quatre-vingt-dixième méridien de longitude ouest, au Manitoba, et dans les régions du territoire du Nunavut, sauf l'Île Southampton et les îles voisines, situées entre les quatre-vingt-cinquième et cent deuxième méridiens de longitude ouest, de l'heure normale du centre, en retard de six heures sur l'heure de Greenwich;

e) en Saskatchewan, en Alberta, dans les Territoires du Nord-Ouest et dans les régions du territoire du Nunavut situées à l'ouest du cent deuxième méridien de longitude ouest, de l'heure normale des Rocheuses, en retard de sept heures sur l'heure de Greenwich;

e) en Saskatchewan, en Alberta et dans les régions des Territoires du Nord-Ouest situées à l'ouest du cent deuxième méridien de longitude ouest, de l'heure normale des Rocheuses, en retard de sept heures sur l'heure de Greenwich;

f) en Colombie-Britannique, de l'heure normale du Pacifique, en retard de huit heures sur l'heure de Greenwich;

g) au Yukon, de l'heure normale du Yukon, en retard de neuf heures sur l'heure de Greenwich.

"holiday" « jour férié » Outre les dimanches, le 1er janvier, le vendredi saint, le lundi de Pâques, le jour de Noël, l'anniversaire du souverain régnant ou le jour fixé par pro-

clamation pour sa célébration, la fête de Victoria, la fête du Canada, le premier lundi de septembre, désigné comme fête du Travail, le 11 novembre ou jour du Souvenir, tout jour fixé par proclamation comme jour de prière ou de deuil national ou jour de réjouissances ou d'action de grâces publiques :

a) pour chaque province, tout jour fixé par proclamation du lieutenant-gouverneur comme jour férié légal ou comme jour de prière ou de deuil général ou jour de réjouissances ou d'action de grâces publiques, et tout jour qui est un jour non juridique au sens d'une loi provinciale;

b) pour chaque collectivité locale — ville, municipalité ou autre circonscription administrative —, tout jour fixé comme jour férié local par résolution du conseil ou autre autorité chargée de l'administration de la collectivité.

"superior court" « juridiction supérieure » ou « cour supérieure » Outre la Cour suprême du Canada, la Cour d'appel fédérale, la Cour fédérale et la Cour canadienne de l'impôt :

a) la Cour suprême de l'Île-du-Prince-Édouard ou de Terre-Neuve;

a.1) la Cour d'appel de l'Ontario et la Cour supérieure de justice de l'Ontario;

b) la Cour d'appel et la Cour supérieure du Québec;

c) la Cour d'appel et la Cour du Banc de la Reine du Nouveau-Brunswick, du Manitoba, de la Saskatchewan ou de l'Alberta;

d) la Cour d'appel et la Cour suprême de la Nouvelle-Écosse et de la Colombie-Britannique;

e) la Cour suprême du Yukon, la Cour suprême des Territoires du Nord-Ouest ou la Cour de justice du Nunavut.

"legislative assembly" or *"legislature"* « législature » ou « assemblée législative » Sont assimilés à la législature et à l'assemblée législative l'ensemble composé du lieutenant-gouverneur en conseil et de l'Assemblée législative des Territoires du Nord-Ouest, en leur état avant le 1er septembre 1905, la Législature du Yukon, la Législature des Territoires du Nord-Ouest et la Législature du Nunavut.

"lieutenant governor" « lieutenant-gouverneur » Le lieutenant-gouverneur d'une province ou tout administrateur ou autre fonctionnaire de premier rang chargé du gouvernement de la province, quel que soit son titre, ainsi que le commissaire du Yukon, celui des Territoires du Nord-Ouest et celui du territoire du Nunavut.

"lieutenant governor in council" « lieutenant-gouverneur en conseil » Le lieutenant-gouverneur d'une province agissant sur l'avis ou sur l'avis et avec le consentement du conseil exécutif de la province ou conjointement avec celui-ci, le commissaire du Yukon agissant avec l'agrément du Conseil exécutif du Yukon, le commissaire des Territoires du Nord-Ouest agissant avec l'agrément du Conseil exécutif des Territoires du Nord-Ouest ou le commissaire du Nunavut, selon le cas.

"Act" « loi provinciale » Sont assimilées aux lois provinciales les lois de la Législature du Yukon, de la Législature des Territoires du Nord-Ouest ou de la Législature du Nunavut.

"territorial sea" « mer territoriale »

a) S'agissant du Canada, la mer territoriale délimitée en conformité avec la *Loi sur les océans*, y compris les fonds marins et leur sous-sol, ainsi que l'espace aérien correspondant;

b) s'agissant de tout autre État, la mer territoriale de cet État, délimitée en conformité avec le droit international et le droit interne de ce même État.

"military" « militaire » S'applique à tout ou partie des Forces canadiennes.

"month" « mois » Mois de l'année civile.

"Parliament" « Parlement » Le Parlement du Canada.

"person" « personne » Personne physique ou morale; l'une et l'autre notions sont visées dans des formulations générales, impersonnelles ou comportant des pronoms ou adjectifs indéfinis.

"corporation" « personne morale » Entité dotée de la personnalité morale, à l'exclusion d'une société de personnes à laquelle le droit provincial reconnaît cette personnalité.

"continental shelf" « plateau continental »

a) S'agissant du Canada, le plateau continental délimité en conformité avec la *Loi sur les océans*;

b) s'agissant de tout autre État, le plateau continental de cet État, délimité en conformité avec le droit international et le droit interne de ce même État.

"proclamation" « proclamation » Proclamation sous le grand sceau.

"province" « province » Province du Canada, ainsi que le Yukon, les Territoires du Nord-Ouest et le territoire du Nunavut.

"radio" or *"radiocommunication"* « radiocommunication » ou « radio » Toute transmission, émission ou réception de signes, de signaux, d'écrits, d'images, de sons ou de renseignements de toute nature, au moyen d'ondes électromagnétiques de fréquences inférieures à 3 000 GHz transmises dans l'espace sans guide artificiel.

"broadcasting" « radiodiffusion » Toute radiocommunication dont les émissions sont destinées à être reçues directement par le public en général.

"Her Majesty's Realms and Territories" « royaumes et territoires de Sa Majesté » Tous les royaumes et territoires placés sous la souveraineté de Sa Majesté.

"United Kingdom" « Royaume-Uni » Le Royaume-Uni de Grande-Bretagne et d'Irlande du Nord.

"Her Majesty", *"His Majesty"*, *"the Queen"*, *"the King"* or *"the Crown"* « Sa Majesté », « la Reine », « le Roi » ou « la Couronne » Le souverain du Royaume-Uni, du Canada et de Ses autres royaumes et territoires, et chef du Commonwealth.

« Section d'appel de la Cour fédérale » « Section d'appel de la Cour fédérale » ou « Cour d'appel fédérale » [Abrogée, 2002, ch. 8, art. 151]

« Section de première instance de la Cour fédérale » « Section de première instance de la Cour fédérale » [Abrogée, 2002, ch. 8, art. 151]

"oath" and *"sworn"* « serment » Ont valeur de serment la déclaration ou l'affirmation solennelle dans les cas où il est prévu qu'elles peuvent en tenir lieu et où l'intéressé a la faculté de les y substituer; les formulations comportant les verbes « déclarer » ou « affirmer » équivalent dès lors à celles qui comportent l'expression « sous serment ».

"telecommunications" « télécommunication » La transmission, l'émission ou la réception de signes, signaux, écrits, images, sons ou renseignements de toute nature soit par système électromagnétique, notamment par fil, câble ou système radio ou optique, soit par tout procédé technique semblable.

"territory" « territoires » S'entend du Yukon, des Territoires du Nord-Ouest et du Nunavut.

"contiguous zone" « zone contiguë »

a) S'agissant du Canada, la zone contiguë délimitée en conformité avec la *Loi sur les océans*;

b) s'agissant de tout autre État, la zone contiguë de cet État, délimitée en conformité avec le droit international et le droit interne de ce même État.

"exclusive economic zone" « zone économique exclusive »

a) S'agissant du Canada, la zone économique exclusive délimitée en conformité avec la *Loi sur les océans*, y compris les fonds marins et leur sous-sol;

b) s'agissant de tout autre État, la zone économique exclusive de cet État, délimitée en conformité avec le droit international et le droit interne de ce même État.

(2) **Modification de l'annexe** – Le gouverneur en conseil peut, par décret, reconnaître l'acquisition ou la perte, par un pays, de la qualité de membre du Commonwealth et, selon le cas, inscrire ce pays à l'annexe ou l'en radier.

L.R. (1985), ch. I-21, art. 35; L.R. (1985), ch. 11 (1er suppl.), art. 2, ch. 27 (2e suppl.), art. 10; 1990, ch. 17, art. 26; 1992, ch. 1, art. 91, ch. 47, art. 79, ch. 51, art. 56; 1993, ch. 28, art. 78, ch. 38, art. 87; 1995, ch. 39, art. 174; 1996, ch. 31, art. 87; 1998, ch. 15, art. 28, ch. 30, art. 13(F) et 15(A); 1999, ch. 3, art. 71, ch. 28, art. 168; 2002, ch. 7, art. 188, ch. 8, art. 151; 2014, ch. 2, art. 14.

36. Télégraphe et téléphone – Le terme « télégraphe » et ses dérivés employés, à propos d'un domaine ressortissant à la compétence législative du Parlement, dans un texte ou dans des lois provinciales antérieures à l'incorporation de la province au Canada ne sont pas censés s'appliquer au terme « téléphone » ou à ses dérivés.

S.R., ch. I-23, art. 29.

37. (1) **Notion d'année** – La notion d'année s'entend de toute période de douze mois, compte tenu des dispositions suivantes :

a) « année civile » s'entend de l'année commençant le 1er janvier;

b) « exercice » s'entend, en ce qui a trait aux crédits votés par le Parlement, au Trésor, aux comptes et aux finances du Canada ou aux impôts fédéraux, de la période commençant le 1er avril et se terminant le 31 mars de l'année suivante;

c) la mention d'un millésime s'applique à l'année civile correspondante.

(2) **Précision de la notion** – Le gouverneur en conseil peut préciser la notion d'année pour l'application des textes relatifs au Parlement ou au gouvernement fédéral et où figure cette notion sans que le contexte permette de déterminer en toute certitude s'il s'agit de l'année civile, de l'exercice ou d'une période quelconque de douze mois.

S.R., ch. I-23, art. 28 et 31.

38. Langage courant – La désignation courante d'une personne, d'un groupe, d'une fonction, d'un lieu, d'un pays, d'un objet ou autre entité équivaut à la désignation officielle ou intégrale.

S.R., ch. I-23, art. 30.

39. (1) **Résolutions de ratification ou de rejet** – Dans les lois, l'emploi des expressions ci-après, à propos d'un règlement, comporte les implications suivantes :

a) « sous réserve de résolution de ratification du Parlement » : le règlement est à déposer devant le Parlement dans les quinze jours suivant sa prise ou, si le Parlement ne siège pas, dans les quinze premiers jours de séance ultérieurs, et son entrée en vigueur est subordonnée à sa ratification par résolution des deux chambres présentée et adoptée conformément aux règles de celles-ci;

b) « sous réserve de résolution de ratification de la Chambre des communes » : le règlement est à déposer devant la Chambre des communes dans les quinze jours suivant sa prise ou, si la chambre ne siège pas, dans les quinze premiers jours de séance ultérieurs, et son entrée en vigueur est subordonnée à sa ratification par résolution de la chambre présentée et adoptée conformément aux règles de celle-ci;

c) « sous réserve de résolution de rejet du Parlement » : le règlement est à déposer devant le Parlement dans les quinze jours suivant sa prise ou, si le Parlement ne siège pas, dans les quinze premiers jours de séance ultérieurs, et son annulation peut être prononcée par résolution des deux chambres présentée et adoptée conformément aux règles de celles-ci;

d) « sous réserve de résolution de rejet de la Chambre des communes » : le règlement est à déposer devant la Chambre des communes dans les quinze jours suivant sa prise ou, si la chambre ne siège pas, dans les quinze premiers jours de séance ultérieurs, et son annulation peut être prononcée par résolution de la chambre présentée et adoptée conformément aux règles de celle-ci.

(2) Effet d'une résolution de rejet – Le règlement annulé par résolution du Parlement ou de la Chambre des communes est réputé abrogé à la date d'adoption de la résolution; dès lors toute règle de droit qu'il abrogeait ou modifiait est réputée rétablie à cette date, sans que s'en trouve toutefois atteinte la validité d'actes ou omissions conformes au règlement.

S.R., ch. 29(2ᵉ suppl.), art. 1.

MENTIONS ET RENVOIS

40. (1) Désignation des textes – Dans les textes ou des documents quelconques:

a) les lois peuvent être désignées par le numéro de chapitre qui leur est donné dans le recueil des lois révisées ou dans le recueil des lois de l'année ou de l'année du règne où elles ont été édictées, ou par leur titre intégral ou abrégé, avec ou sans mention de leur numéro de chapitre;

b) les règlements peuvent être désignés par leur titre intégral ou abrégé, par la mention de leur loi habilitante ou par leur numéro ou autre indication d'enregistrement auprès du greffier du Conseil privé.

(2) Modifications – Les renvois à un texte ou ses mentions sont réputés se rapporter à sa version éventuellement modifiée.

S.R., ch. I-23, art. 32.

41. (1) Renvois à plusieurs éléments d'un texte – Dans un texte, le renvoi par désignation numérique ou littérale à un passage formé de plusieurs éléments — parties, sections, articles, paragraphes, alinéas, sous-alinéas, divisions, subdivisions, annexes, appendices, formulaires, modèles ou imprimés — vise aussi les premier et dernier de ceux-ci.

(2) Renvoi aux éléments du même texte – Dans un texte, le renvoi à un des éléments suivants: partie, section, article, annexe, appendice, formulaire, modèle ou imprimé constitue un renvoi à un élément du texte même.

(3) Renvoi aux éléments de l'article – Dans un texte, le renvoi à un élément de l'article — paragraphe, alinéa, sous-alinéa, division ou subdivision — constitue, selon le cas, un renvoi à un paragraphe de l'article même ou à une sous-unité de l'élément immédiatement supérieur.

(4) Renvoi aux règlements – Dans un texte, le renvoi aux règlements, ou l'emploi d'un terme de la même famille que le mot «règlement», constitue un renvoi aux règlements d'application du texte.

(5) Renvoi à un autre texte – Dans un texte, le renvoi à un élément — notamment par désignation numérique ou littérale d'un article ou de ses sous-unités ou d'une ligne — d'un autre texte constitue un renvoi à un élément de la version imprimée légale de ce texte.

S.R., ch. I-23, art. 33.

ABROGATION ET MODIFICATION

42. (1) **Pouvoir d'abrogation ou de modification** – Il est entendu que le Parlement peut toujours abroger ou modifier toute loi et annuler ou modifier tous pouvoirs, droits ou avantages attribués par cette loi.

(2) **Interaction en cours de session** – Une loi peut être modifiée ou abrogée par une autre loi adoptée au cours de la même session du Parlement.

(3) **Incorporation des modifications** – Le texte modificatif, dans la mesure compatible avec sa teneur, fait partie du texte modifié.

S.R., ch. I-23, art. 34.

43. Effet de l'abrogation – L'abrogation, en tout ou en partie, n'a pas pour conséquence :

a) de rétablir des textes ou autres règles de droit non en vigueur lors de sa prise d'effet;

b) de porter atteinte à l'application antérieure du texte abrogé ou aux mesures régulièrement prises sous son régime;

c) de porter atteinte aux droits ou avantages acquis, aux obligations contractées ou aux responsabilités encourues sous le régime du texte abrogé;

d) d'empêcher la poursuite des infractions au texte abrogé ou l'application des sanctions — peines, pénalités ou confiscations — encourues aux termes de celui-ci;

e) d'influer sur les enquêtes, procédures judiciaires ou recours relatifs aux droits, obligations, avantages, responsabilités ou sanctions mentionnés aux alinéas *c*) et *d*).

Les enquêtes, procédures ou recours visés à l'alinéa *e*) peuvent être engagés et se poursuivre, et les sanctions infligées, comme si le texte n'avait pas été abrogé.

S.R., ch. I-23, art. 35.

44. Abrogation et remplacement – En cas d'abrogation et de remplacement, les règles suivantes s'appliquent :

a) les titulaires des postes pourvus sous le régime du texte antérieur restent en place comme s'ils avaient été nommés sous celui du nouveau texte, jusqu'à la nomination de leurs successeurs;

b) les cautions ou autres garanties fournies par le titulaire d'un poste pourvu sous le régime du texte antérieur gardent leur validité, l'application des mesures prises et l'utilisation des livres, imprimés ou autres documents employés conformément à ce texte se poursuivant, sauf incompatibilité avec le nouveau texte, comme avant l'abrogation;

c) les procédures engagées sous le régime du texte antérieur se poursuivent conformément au nouveau texte, dans la mesure de leur compatibilité avec celui-ci;

d) la procédure établie par le nouveau texte doit être suivie, dans la mesure où l'adaptation en est possible

(i) pour le recouvrement des amendes ou pénalités et l'exécution des confiscations imposées sous le régime du texte antérieur,

(ii) pour l'exercice des droits acquis sous le régime du texte antérieur,

(iii) dans toute affaire se rapportant à des faits survenus avant l'abrogation;

e) les sanctions dont l'allégement est prévu par le nouveau texte sont, après l'abrogation, réduites en conséquence;

f) sauf dans la mesure où les deux textes diffèrent au fond, le nouveau texte n'est pas réputé de droit nouveau, sa teneur étant censée constituer une refonte et une clarification des règles de droit du texte antérieur;

g) les règlements d'application du texte antérieur demeurent en vigueur et sont réputés pris en application du nouveau texte, dans la mesure de leur compatibilité avec celui-ci, jusqu'à abrogation ou remplacement;

h) le renvoi, dans un autre texte, au texte abrogé, à propos de faits ultérieurs, équivaut à un renvoi aux dispositions correspondantes du nouveau texte; toutefois, à défaut de telles dispositions, le texte abrogé est considéré comme étant encore en vigueur dans la mesure nécessaire pour donner effet à l'autre texte.

S.R., ch. I-23, art. 36.

45. (1) **Absence de présomption d'entrée en vigueur** – L'abrogation, en tout ou en partie, d'un texte ne constitue pas ni n'implique une déclaration portant que le texte était auparavant en vigueur ou que le Parlement, ou toute autre autorité qui l'a édicté, le considérait comme tel.

(2) **Absence de présomption de droit nouveau** – La modification d'un texte ne constitue pas ni n'implique une déclaration portant que les règles de droit du texte étaient différentes de celles de sa version modifiée ou que le Parlement, ou toute autre autorité qui l'a édicté, les considérait comme telles.

(3) **Absence de déclaration sur l'état antérieur du droit** – L'abrogation ou la modification, en tout ou en partie, d'un texte ne constitue pas ni n'implique une déclaration sur l'état antérieur du droit.

(4) **Absence de confirmation de l'interprétation judiciaire** – La nouvelle édiction d'un texte, ou sa révision, refonte, codification ou modification, n'a pas valeur de

confirmation de l'interprétation donnée, par décision judiciaire ou autrement, des termes du texte ou de termes analogues.

S.R., ch. I-23, art. 37.

DÉVOLUTION DE LA COURONNE

46. (1) **Absence d'effet** – La dévolution de la Couronne n'a pas pour effet :

a) de porter atteinte à l'occupation d'une charge publique fédérale;

b) d'obliger à nommer de nouveau le titulaire d'une telle charge ou de lui imposer la prestation d'un nouveau serment professionnel ou d'allégeance.

(2) **Procédures judiciaires** – La dévolution de la Couronne n'a pour effet, ni au civil ni au pénal, de porter atteinte aux actes émanant des tribunaux constitués par une loi ou d'interrompre les procédures engagées devant eux, ni d'y mettre fin, ces actes demeurant valides et exécutoires et ces procédures pouvant être menées à leur terme sans solution de continuité.

S.R., ch. I-23, art. 38.

ANNEXE

(*article 35*)

[...]

ANNEXE 2

LOI D'INTERPRÉTATION
RLRQ, c. I-16

1. Application de la loi – Cette loi s'applique à toute loi du Parlement du Québec, à moins que l'objet, le contexte ou quelque disposition de cette loi ne s'y oppose.

S. R. 1964, c. 1, a. 1; 1982, c. 62, a. 148.

SECTION I

Abrogée, 1982, c. 62, a. 149.

2. (Abrogé).

S. R. 1964, c. 1, a. 2; 1968, c. 8, a. 1; 1968, c. 9, a. 56; 1982, c. 62, a. 149.

3. (Abrogé).

S. R. 1964, c. 1, a. 3; 1982, c. 62, a. 149.

SECTION II

ENTRÉE EN VIGUEUR D'UNE LOI

4. (Abrogé).

S. R. 1964, c. 1, a. 4; 1968, c. 9, a. 57, a. 90, a. 92; 1982, c. 62, a. 151.

5. Entrée en vigueur d'une loi – Une loi entre en vigueur le trentième jour qui suit celui de sa sanction, à moins que la loi n'y pourvoie autrement.

S. R. 1964, c. 1, a. 5; 1968, c. 23, a. 8; 1982, c. 62, a. 152.

SECTION III

DU DÉSAVEU

6. Effet du désaveu – Une loi cesse d'être exécutoire à compter du jour où il est annoncé, soit par proclamation, soit par discours ou message adressé à l'Assemblée nationale, que cette loi a été désavouée, dans l'année qui a suivi la réception, par le gouverneur général, de la copie authentique qui lui en avait été transmise.

S. R. 1964, c. 1, a. 6; 1968, c. 9, a. 58.

SECTION IV

DES MODIFICATIONS ET ABROGATIONS

7. Modification à une même session – Une loi peut être modifiée ou abrogée par une autre loi passée dans la même session.

S. R. 1964, c. 1, a. 7.

8. Effet des abrogations – Lorsque quelques-unes des dispositions d'une loi sont abrogées et que d'autres leur sont substituées, les dispositions abrogées demeurent en vigueur jusqu'à ce que les dispositions substituées viennent en vigueur, suivant la loi d'abrogation.

S. R. 1964, c. 1, a. 8.

9. Rappel d'abrogation – Quand une disposition législative qui en abroge une autre est elle-même abrogée, la première disposition abrogée ne reprend vigueur que si le Parlement en a exprimé l'intention.

S. R. 1964, c. 1, a. 9; 1982, c. 62, a. 153.

10. Interprétation – L'abrogation, le remplacement ou la modification d'une disposition législative contenue dans une loi du Recueil des lois et des règlements du Québec comporte et a toujours comporté l'abrogation, le remplacement ou la modification de la disposition législative qu'elle reproduit.

S. R. 1964, c. 1, a. 10.

11. Pouvoir d'abroger ou de modifier – Une loi est réputée réserver au Parlement, lorsque le bien public l'exige, le pouvoir de l'abroger, et également de révoquer, restreindre ou modifier tout pouvoir, privilège ou avantage que cette loi confère à une personne.

S. R. 1964, c. 1, a. 11; 1982, c. 62, a. 154; 1999, c. 40, a. 161.

12. Droits acquis, non affectés par abrogation – L'abrogation d'une loi ou de règlements faits sous son autorité n'affecte pas les droits acquis, les infractions commises, les peines encourues et les procédures intentées; les droits acquis peuvent être exercés, les infractions poursuivies, les peines imposées et les procédures continuées, nonobstant l'abrogation.

S. R. 1964, c. 1, a. 12.

13. Effet d'un remplacement ou d'une refonte – Quand une disposition législative est remplacée ou refondue, les titulaires d'offices continuent d'agir comme s'ils avaient été nommés sous les dispositions nouvelles; les personnes morales constituées conservent leur existence et sont régies par les dispositions nouvelles; les procédures intentées sont continuées, les infractions commises sont poursuivies et les prescriptions commencées sont achevées sous ces mêmes dispositions en tant qu'elles sont applicables.

Règlements continués en vigueur – Les règlements ou autres textes édictés en application de la disposition remplacée ou refondue demeurent en vigueur dans la mesure où ils sont compatibles avec les dispositions nouvelles; les textes ainsi maintenus en vigueur sont réputés avoir été édictés en vertu de ces dernières.

S. R. 1964, c. 1, a. 13; 1986, c. 22, a. 30; 1999, c. 40, a. 161.

SECTION V

DE L'IMPRESSION ET DE LA DISTRIBUTION DES LOIS

14. (Abrogé).

S. R. 1964, c. 1, a. 14; 1977, c. 5, a. 212; 1982, c. 62, a. 155.

15. (Abrogé).

S. R. 1964, c. 1, a. 15; 1982, c. 62, a. 155.

16. (Abrogé).

S. R. 1964, c. 1, a. 16; 1968, c. 8, a. 2; 1982, c. 62, a. 155.

17. Notes marginales – Les notes marginales doivent indiquer l'année et le chapitre des dispositions législatives que le texte modifie ou abroge ou auxquelles il se réfère.

S. R. 1964, c. 1, a. 17.

18. Lois réservées – Les lois réservées et ensuite sanctionnées par le gouverneur général en conseil, sont publiées à la Gazette officielle du Québec, et sont imprimées plus tard dans le premier recueil annuel des lois qui est imprimé après la signification de la sanction.

S. R. 1964, c. 1, a. 18; 1968, c. 8, a. 3; 1968, c. 23, a. 8.

19. Publications – Après le 31 décembre 1952, nonobstant toute autre disposition législative inconciliable avec la présente, l'obligation imposée par une loi de publier dans les lois un document, de quelque nature qu'il soit, s'exécutera exclusivement par sa publication à la Gazette officielle du Québec.

S. R. 1964, c. 1, a. 19; 1968, c. 23, a. 8.

20. (Abrogé).

S. R. 1964, c. 1, a. 20; 1968, c. 8, a. 4; 1968, c. 9, a. 59; 1982, c. 62, a. 155.

21. (Abrogé).

S. R. 1964, c. 1, a. 21; 1968, c. 8, a. 5; 1982, c. 62, a. 155.

22. Décrets fournis à l'Éditeur officiel du Québec – Le greffier du Conseil exécutif est tenu de fournir à l'Éditeur officiel du Québec, selon que les circonstances l'exigent, copie de tous les décrets adoptés en vertu des dispositions de la présente loi.

S. R. 1964, c. 1, a. 22; 1968, c. 23, a. 8; 1969, c. 26, a. 2.

23. (Abrogé).

S. R. 1964, c. 1, a. 23; 1968, c. 8, a. 6; 1968, c. 9, a. 60; 1982, c. 62, a. 155.

24. (Abrogé).

S. R. 1964, c. 1, a. 24; 1965 (1ʳᵉ sess.), c. 16, a. 21; 1968, c. 8, a. 7; 1968, c. 9, a. 61; 1968, c. 23, a. 8; 1969, c. 26, a. 3; 1982, c. 62, a. 155.

25. (Abrogé).

S. R. 1964, c. 1, a. 25; 1968, c. 8, a. 8; 1982, c. 62, a. 155.

26. (Abrogé).

S. R. 1964, c. 1, a. 26; 1968, c. 8, a. 8; 1968, c. 9, a. 62; 1982, c. 62, a. 155.

27. (Abrogé).

S. R. 1964, c. 1, a. 27; 1968, c. 8, a. 8; 1982, c. 62, a. 155.

SECTION VI

Abrogée, 1982, c. 62, a. 155.

28. (Abrogé).

S. R. 1964, c. 1, a. 28; 1968, c. 9, a. 63, a. 90, a. 92; 1982, c. 62, a. 155.

29. (Abrogé).

S. R. 1964, c. 1, a. 29; 1968, c. 9, a. 64, a. 90, a. 92; 1982, c. 62, a. 155.

30. (Abrogé).

S. R. 1964, c. 1, a. 30; 1965 (1ʳᵉ sess.), c. 16, a. 21; 1968, c. 8, a. 9; 1968, c. 9, a. 90, a. 92; 1968, c. 23, a. 8; 1969, c. 26, a. 4; 1982, c. 62, a. 155.

31. (Abrogé).

S. R. 1964, c. 1, a. 31; 1968, c. 9, a. 90, a. 92; 1982, c. 62, a. 155.

32. (Abrogé).

S. R. 1964, c. 1, a. 32; 1968, c. 9, a. 90, a. 92; 1982, c. 62, a. 155.

33. (Abrogé).

S. R. 1964, c. 1, a. 33; 1968, c. 8, a. 10; 1968, c. 9, a. 90, a. 92; 1982, c. 62, a. 155.

34. (Abrogé).

S. R. 1964, c. 1, a. 34; 1968, c. 9, a. 90, a. 92; 1986, c. 71, a. 1; 1982, c. 62, a. 155.

35. (Abrogé).

S. R. 1964, c. 1, a. 35; 1968, c. 9, a. 90, a. 92; 1969, c. 26, a. 5; 1982, c. 62, a. 155.

36. (Abrogé).

S. R. 1964, c. 1, a. 36; 1968, c. 8, a. 11; 1968, c. 9, a. 90, a. 92; 1982, c. 62, a. 155.

SECTION VII

Abrogée, 1982, c. 62, a. 155.

37. (Abrogé).

S. R. 1964, c. 1, a. 37; 1968, c. 8, a. 12; 1982, c. 62, a. 155.

SECTION VIII

DISPOSITIONS DÉCLARATOIRES ET INTERPRÉTATIVES

38. Application des règles d'interprétation – Une loi n'est pas soustraite à l'application d'une règle d'interprétation qui lui est applicable, et qui, d'ailleurs, n'est pas incompatible avec la présente loi, parce que celle-ci ne la contient pas.

S. R. 1964, c. 1, a. 38.

39. Lois publiques – Une loi est publique, à moins qu'elle n'ait été déclarée privée.

Connaissance d'office – Toute personne est tenue de prendre connaissance des lois publiques, mais les lois privées doivent être plaidées.

S. R. 1964, c. 1, a. 39.

40. Préambule – Le préambule d'une loi en fait partie et sert à en expliquer l'objet et la portée.

Interprétation – Les lois doivent s'interpréter, en cas de doute, de manière à ne pas restreindre le statut du français.

S. R. 1964, c. 1, a. 40; 1977, c. 5, a. 213.

40.1. (Abrogé).

1979, c. 61, a. 5; 1993, c. 40, a. 64.

41. Objet présumé – Toute disposition d'une loi est réputée avoir pour objet de reconnaître des droits, d'imposer des obligations ou de favoriser l'exercice des droits, ou encore de remédier à quelque abus ou de procurer quelque avantage.

Interprétation libérale – Une telle loi reçoit une interprétation large, libérale, qui assure l'accomplissement de son objet et l'exécution de ses prescriptions suivant leurs véritables sens, esprit et fin.

S. R. 1964, c. 1, a. 41; 1992, c. 57, a. 602.

41.1. Effet d'une loi – Les dispositions d'une loi s'interprètent les unes par les autres en donnant à chacune le sens qui résulte de l'ensemble et qui lui donne effet.

1992, c. 57, a. 603.

41.2. Devoir du juge – Le juge ne peut refuser de juger sous prétexte du silence, de l'obscurité ou de l'insuffisance de la loi.

1992, c. 57, a. 603.

41.3. Lois prohibitives – Les lois prohibitives emportent nullité quoiqu'elle n'y soit pas prononcée.

1992, c. 57, a. 603.

41.4. Loi d'ordre public – On ne peut déroger par des conventions particulières aux lois qui intéressent l'ordre public.

1992, c. 57, a. 603.

42. Droits de l'État – Nulle loi n'a d'effet sur les droits de l'État, à moins qu'ils n'y soient expressément compris.

Droits des tiers – De même, nulle loi d'une nature locale et privée n'a d'effet sur les droits des tiers, à moins qu'ils n'y soient spécialement mentionnés.

S. R. 1964, c. 1, a. 42; 1999, c. 40, a. 161.

43. Renvoi à un article – Tout renvoi, dans une loi du Recueil des lois et des règlements du Québec, à un article, sans mention du chapitre dont cet article fait partie, est un renvoi à un article de ladite loi.

S. R. 1964, c. 1, a. 43.

44. Renvoi à une série d'articles – Toute série d'articles de loi à laquelle une disposition législative se réfère comprend les articles dont les numéros servent à déterminer le commencement et la fin de cette série.

S. R. 1964, c. 1, a. 44.

45. Lois de validation et d'interprétation – Nulle disposition d'une loi du Québec n'infirme les lois passées à l'effet de confirmer, valider, légaliser ou interpréter des statuts ou lois, actes ou documents quelconques.

S. R. 1964, c. 1, a. 45.

46. Renvois abrégés – Toute formule abrégée de renvoi à une loi est suffisante si elle est intelligible; et nulle formule particulière n'est de rigueur.

S. R. 1964, c. 1, a. 46.

47. Formules – Toute formule désignée dans une loi par un chiffre s'entend de la formule correspondante des annexes de cette loi.

S. R. 1964, c. 1, a. 47.

48. Emploi des formules – L'emploi rigoureux des formules édictées par une loi pour assurer l'exécution de ses dispositions, n'est pas prescrit, à peine de nullité, si les variantes n'en affectent pas le sens.

S. R. 1964, c. 1, a. 48.

49. Temps du verbe – La loi parle toujours; et, quel que soit le temps du verbe employé dans une disposition, cette disposition est tenue pour être en vigueur à toutes les époques et dans toutes les circonstances où elle peut s'appliquer.

S. R. 1964, c. 1, a. 49.

50. Temps présent – Nulle disposition légale n'est déclaratoire ou n'a d'effet rétroactif pour la raison seule qu'elle est énoncée au présent du verbe.

S. R. 1964, c. 1, a. 50.

51. « Sera », « pourra », « peut » – Chaque fois qu'il est prescrit qu'une chose sera faite ou doit être faite, l'obligation de l'accomplir est absolue; mais s'il est dit qu'une chose « pourra » ou « peut » être faite, il est facultatif de l'accomplir ou non.

S. R. 1964, c. 1, a. 51.

52. Délai expirant un jour férié – Si le délai fixé pour une procédure ou pour l'accomplissement d'une chose expire un jour férié, ce délai est prolongé jusqu'au jour non férié suivant.

Délai expirant un samedi – Si le délai fixé pour l'inscription d'un droit au bureau de la publicité des droits expire un samedi, ce délai est prolongé jusqu'au jour non férié suivant.

S. R. 1964, c. 1, a. 52; 1970, c. 4, a. 1; 1999, c. 40, a. 161.

53. Genre – Le genre masculin comprend les deux sexes, à moins que le contexte n'indique le contraire.

S. R. 1964, c. 1, a. 53.

54. Nombre – Le nombre singulier s'étend à plusieurs personnes ou à plusieurs choses de même espèce, chaque fois que le contexte se prête à cette extension. Le nombre pluriel peut ne s'appliquer qu'à une seule personne ou qu'à un seul objet si le contexte s'y prête.

S. R. 1964, c. 1, a. 54; 1992, c. 57, a. 604.

55. Destitution – Le droit de nomination à un emploi ou fonction comporte celui de destitution.

Nominations – Lorsqu'une loi ou quelque disposition d'une loi entre en vigueur à une date postérieure à sa sanction, les nominations à un emploi ou à une fonction qui en découle peuvent valablement être faites dans les 30 jours qui précèdent la date de cette entrée en vigueur, pour prendre effet à cette date, et les règlements qui y sont prévus peuvent valablement être faits et publiés avant cette date.

Nominations – Toutefois, s'il s'agit d'une loi ou de quelque disposition d'une loi entrant en vigueur par suite d'une proclamation ou d'un décret, ces nominations ne peuvent se faire qu'à compter de la date de cette proclamation ou de ce décret.

Démission – La démission de tout fonctionnaire ou employé peut valablement être acceptée par le ministre qui préside le ministère dont relève ce fonctionnaire ou employé.

S. R. 1964, c. 1, a. 55; 1968, c. 8, a. 13; 1999, c. 40, a. 161.

55.1. Fonctions exclusives – Le fait qu'une personne exerçant des fonctions juridictionnelles soit nommée dans un tribunal ou dans un organisme dans lequel elle est tenue à l'exercice exclusif de ses fonctions n'a pas pour effet de lui faire perdre, de ce seul fait, compétence sur les affaires dont elle était saisie au moment de cette nomination. Elle peut dès lors terminer ces affaires, sans rémunération à ce titre et sans qu'il soit nécessaire d'obtenir une autorisation.

2002, c. 32, a. 3.

56. 1. **Compétence** – Lorsqu'il est ordonné qu'une chose doit être faite par ou devant un juge, magistrat, fonctionnaire ou officier public, on doit entendre celui dont les pouvoirs ou la compétence s'étendent au lieu où cette chose doit être faite.

2. **Pouvoirs des successeurs et adjoints** – Les devoirs imposés et les pouvoirs conférés à un officier ou fonctionnaire public, sous son nom officiel, passent à son successeur et s'étendent à son adjoint, en tant qu'ils sont compatibles avec la charge de ce dernier.

S. R. 1964, c. 1, a. 56; 1974, c. 11, a. 49; 1999, c. 40, a. 161.

57. Pouvoirs ancillaires – L'autorisation de faire une chose comporte tous les pouvoirs nécessaires à cette fin.

S. R. 1964, c. 1, a. 57.

58. Affirmation solennelle – L'expression du serment peut se faire au moyen de toute affirmation solennelle; toute formule de prestation de serment prévue par une loi ou un règlement est adaptée pour en permettre l'expression.

Prestation du serment – À moins de dispositions spéciales, lorsqu'il est prescrit de prêter ou de recevoir un serment, ce serment est reçu, et le certificat de sa prestation est donné par tout juge, tout magistrat, ou tout commissaire autorisé à cet effet, ayant compétence dans le lieu où le serment est prêté, ou par un notaire.

S. R. 1964, c. 1, a. 58; 1986, c. 95, a. 172; 1999, c. 40, a. 161.

59. Pouvoir de la majorité – Lorsqu'un acte doit être accompli par plus de deux personnes, il peut l'être valablement par la majorité de ces personnes, sauf les cas particuliers d'exception.

S. R. 1964, c. 1, a. 59.

60. Vacance au sein d'un organisme – Un organisme constitué en vertu d'une loi du Parlement, avec ou sans le statut d'une personne morale, et composé d'un nombre déterminé de membres, n'est pas dissout par suite d'une ou de plusieurs vacances survenues parmi ses membres par décès, démission ou autrement.

S. R. 1964, c. 1, a. 60; 1982, c. 62, a. 156; 1999, c. 40, a. 161.

61. Définitions – Dans toute loi, à moins qu'il n'existe des dispositions particulières à ce contraire :

1° les mots « Sa Majesté », « roi », « souverain », « reine », « couronne », signifient le souverain du Royaume-Uni, du Canada et de ses autres royaumes et territoires, et chef du Commonwealth;

2° les mots « gouverneur général » signifient le gouverneur général du Canada, ou la personne administrant le gouvernement du Canada; et les mots « lieutenant-gouverneur », le lieutenant-gouverneur du Québec, ou la personne administrant le gouvernement du Québec;

3° les mots « gouverneur général en conseil » signifient le gouverneur général ou la personne administrant le gouvernement, agissant de l'avis du Conseil privé de la reine pour le Canada; et les mots « lieutenant-gouverneur en conseil », le lieutenant-gouverneur ou la personne administrant le gouvernement, agissant de l'avis du Conseil exécutif du Québec;

4° les mots « Royaume-Uni » signifient le Royaume-Uni de la Grande-Bretagne et d'Irlande; les mots « États-Unis », les États-Unis d'Amérique; les mots « la Puissance » et « Canada », signifient la Puissance du Canada;

5° les mots « l'Union » signifient l'union des provinces effectuée en vertu de l'Acte de l'Amérique Britannique du Nord, 1867, et des lois subséquentes;

6° les mots « Bas-Canada » signifient cette partie du Canada qui formait ci-devant la province du Bas-Canada, et signifient maintenant le Québec;

7° le mot « province », employé seul, signifie la province de Québec; et le qualificatif « provincial » ajouté aux mots « acte », « statut » ou « loi », signifie un acte, un statut ou une loi du Québec;

8° les mots « Parlement fédéral » signifient le Parlement du Canada; les mots « Législature » ou « Parlement » signifient le Parlement du Québec;

9° le mot « session » signifie une session du Parlement et comprend le jour de son ouverture et celui de sa prorogation;

10° les mots « actes fédéraux » ou « statuts fédéraux » signifient les lois passées par le Parlement du Canada; les mots « acte », « statut » ou « loi », partout où ils sont employés sans qualificatif, s'entendent des actes, statuts et lois du Parlement;

11° (paragraphe abrogé);

12° les mots « gouvernement » ou « gouvernement exécutif » signifient le lieutenant-gouverneur et le Conseil exécutif du Québec;

13° les mots « officier en loi » ou « officier en loi de la couronne » signifient le ministre de la Justice du Québec;

14° les mots désignant un ministère ou un officier public se rapportent au ministère ou à l'officier de la même dénomination pour le Québec;

15° (paragraphe abrogé);

16° le mot « personne » comprend les personnes physiques ou morales, leurs héritiers ou représentants légaux, à moins que la loi ou les circonstances particulières du cas ne s'y opposent;

17° le nom communément donné à un pays, un lieu, un organisme, une personne morale, une société, un officier, un fonctionnaire, une personne, une partie ou une chose, désigne et signifie le pays, le lieu, l'organisme, la personne morale, la société, l'officier, le fonctionnaire, la personne, la partie ou la chose même, ainsi dénommé, sans qu'il soit besoin de plus ample description;

18° les mots « grand sceau » signifient le grand sceau du Québec;

19° le mot « commission », chaque fois qu'il se rapporte à une commission émise par le lieutenant-gouverneur en vertu d'une loi ou d'un décret, signifie une commission sous le grand sceau, formulée au nom de la reine;

20° le mot « proclamation » signifie proclamation sous le grand sceau;

21° (paragraphe abrogé);

22° (paragraphe abrogé);

23° les mots « jour de fête » et « jour férié » désignent:

  a) les dimanches;

  b) le 1er janvier;

  c) le Vendredi saint;

  d) le lundi de Pâques;

  e) le 24 juin, jour de la fête nationale;

  f) le 1er juillet, anniversaire de la Confédération, ou le 2 juillet si le 1er tombe un dimanche;

  g) le premier lundi de septembre, fête du Travail;

  g.1) le deuxième lundi d'octobre;

  h) le 25 décembre;

  i) le jour fixé par proclamation du gouverneur général pour marquer l'anniversaire du Souverain;

  j) tout autre jour fixé par proclamation ou décret du gouvernement comme jour de fête publique ou d'action de grâces;

24° le mot « mois » signifie un mois de calendrier;

25° les mots « maintenant » et « prochain » se rapportent au temps de la mise en vigueur de la loi;

26° (paragraphe abrogé);

27° la « faillite » est l'état d'un commerçant qui a cessé ses paiements;

28° le mot « centin » employé dans la version française des lois du Québec signifie la pièce de monnaie appelée « cent» dans les lois du Canada et dans la version anglaise des lois du Québec;

29° (paragraphe abrogé).

S. R. 1964, c. 1, a. 61 (partie); 1965 (1re sess.), c. 16, a. 21; 1966-67, c. 14, a. 1; 1968, c. 9, a. 90; 1978, c. 5, a. 12; 1980, c. 39, a. 62; 1981, c. 23, a. 19; 1982, c. 62, a. 157; 1984, c. 46, a. 20; 1986, c. 95, a. 173; 1990, c. 4, a. 527; 1992, c. 57, a. 605; 2001, c. 32, a. 100; 2004, c. 12, a. 24.

61.1. Conjoints – Sont des conjoints les personnes liées par un mariage ou une union civile.

Conjoints de fait – Sont assimilés à des conjoints, à moins que le contexte ne s'y oppose, les conjoints de fait. Sont des conjoints de fait deux personnes, de sexe différent ou de même sexe, qui font vie commune et se présentent publiquement comme un couple, sans égard, sauf disposition contraire, à la durée de leur vie commune. Si, en l'absence de critère légal de reconnaissance de l'union de fait, une controverse survient relativement à l'existence de la communauté de vie, celle-ci est présumée dès lors que les personnes cohabitent depuis au moins un an ou dès le moment où elles deviennent parents d'un même enfant.

2002, c. 6, a. 143.

62. Renvoi – Un renvoi à une loi du Parlement sanctionnée à compter du 1er janvier 1969 est suffisant s'il indique l'année civile au cours de laquelle la loi est sanctionnée ainsi que le numéro du projet de loi qui l'a introduite ou le numéro du chapitre qui lui est attribué dans le recueil annuel des lois.

Renvoi – Un renvoi à une loi du Parlement sanctionnée avant le 1er janvier 1969 est suffisant s'il indique, outre le numéro de chapitre qui lui est attribué dans le volume des lois qui a été publié pour chaque session par l'Éditeur officiel du Québec, l'année ou les années civiles au cours desquelles s'est tenue la session du Parlement durant laquelle la loi a été sanctionnée, et si plusieurs sessions ont été tenues au cours d'une année civile, en ajoutant la désignation ordinale de la session dont il s'agit pour cette année civile, conformément à la dernière colonne du tableau reproduit à l'annexe A.

1968, c. 8, a. 14; 1968, c. 23, a. 8; 1982, c. 62, a. 158.

63. (Cet article a cessé d'avoir effet le 17 avril 1987).

1982, c. 21, a. 1; R.-U., 1982, c. 11, ann. B, ptie I, a. 33.